**O Risco de Comer
uma Sopa
e Outros Casos
de Direito Penal**

O Risco de Comer uma Sopa e Outros Casos de Direito Penal

I – ELEMENTOS DA PARTE GERAL

M. Miguez Garcia

2012 · 2ª edição, revista e atualizada

**O RISCO DE COMER UMA SOPA
E OUTROS CASOS DE DIREITO PENAL
I – ELEMENTOS DA PARTE GERAL**

AUTOR
M. Miguez Garcia
EDITOR
EDIÇÕES ALMEDINA, S.A.
Rua Fernandes Tomás, n.ᵒˢ 76, 78 e 80
3000-167 Coimbra
Tel.: 239 851 904 · Fax: 239 851 901
www.almedina.net · editora@almedina.net
DESIGN DE CAPA
FBA.
PRÉ-IMPRESSÃO
Jorge Sêco
IMPRESSÃO E ACABAMENTO
PAPELMUNDE, SMG, LDA.
V. N. de Famalicão

Agosto, 2012
DEPÓSITO LEGAL
347594/12

Apesar do cuidado e rigor colocados na elaboração da presente obra, devem os diplomas legais dela constantes ser sempre objecto de confirmação com as publicações oficiais.
Toda a legislação contida na presente obra encontra-se actualizada de acordo com os diplomas publicados em Diário da República, independentemente de terem já iniciado a sua vigência ou não.
Toda a reprodução desta obra, por fotocópia ou outro qualquer processo, sem prévia autorização escrita do Editor, é ilícita e passível de procedimento judicial contra o infractor.

BIBLIOTECA NACIONAL DE PORTUGAL – CATALOGAÇÃO NA PUBLICAÇÃO

GARCIA, M. Miguez
 O Risco de Comer uma Sopa e outros Casos de Direito Penal:
 I – Elementos da Parte Geral
 2ª ed. rev. e actualiz. – (Manuais profissionais)
 ISBN 978-972-40-4852-9

CDU   343

Para a minha gente em Castelo Branco, em Worcester e em Freiburg
Aos que se me quedam, em repouso, no Amoedo, Pazos de Borbén

NOTA BREVE À 2ª EDIÇÃO

Publicados os dois volumes de O Direito Penal Passo a Passo, chegou a grata ocasião de reeditar O Risco de Comer uma Sopa e Outros Casos de Direito Penal. Esgotou-se a primeira edição em poucos meses, graças ao favor do público interessado e ao trabalho diligente da Almedina.

Para a presente edição tratei de refrescar o texto, com preocupações acima de tudo didáticas. Depurando aqui, decantando além, acabei, assim o julgo, por beneficiar alguns pontos, porventura menos claros, acautelando, linha a linha, a ligeireza do tom. O acompanhamento da mais importante doutrina e os desenvolvimentos jurisprudenciais mais recentes permitiram também aditar alguns fragmentos de atualização.

Como desde sempre foi meu propósito, o livro dirige-se a quem queira obter uma visão mais alargada dos problemas penais, a que os novos planos de estudo da licenciatura nem sempre darão resposta cabal. Aos licenciados pré-Bolonha e a quem prepara um concurso ou inicia uma profissão forense oferece-se um meio de sistematizar e rever a matéria com os avanços ganhos nos últimos meses e anos.

Um escritor que muito admiro deixou dito algures que a escrita é a pintura da voz. Estas vinte palestras que passei ao papel sobre a Parte Geral do direito penal são o eco da fatigante, mas sempre intelectualmente estimulante experiência no contacto de uma década com gente jovem e ávida de saber, pronta para discutir o que de mais interessante aparecia para decifrar. Ali onde cabiam duzentos, e onde, apesar disso, a ordem imperava, o aborrecimento nunca foi contagioso.

Cada grupo levantava uma questão que valia a pena. A forma interessada como me questionavam, sobre a tentativa em certos crimes de perigo comum ou sobre pequenos pormenores, como os que antecipavam diferenças entre autoria mediata e instigação, era estimulante e também uma maneira de contactar mais a fundo com novos e velhos problemas.

Reconheço a minha dívida com esses jovens, mas outras pessoas merecem-me igual respeito, pela sua benevolência quanto ao meu desempenho, durante tanto tempo seguido, nesses cursos de preparação para o Centro de Estudos

Judiciários, realizados no Porto. Permito-me convidar dois ilustres magistrados para este encontro que só pode ser simbólico, o Conselheiro José Manuel de Matos Fernandes, que nos beneficiava a todos com o magnetismo do seu brilho intelectual, e o Conselheiro Fernando de Araújo Barros, jurista de talentos múltiplos e coração infinitamente generoso, de quem nos resta a saudade, persistentemente renovada.

A Coimbra cheguei, menino, em data fácil de reter por coincidir com o colapso vital do georgiano José Estaline. Entretido em pequenas tarefas, que me premiavam com intervalos aqui e além, por obra do acaso observei o abrir de portas da Almedina, num dia de 1955 nascido com sol. Mal transpus a soleira da entrada, já tinha ajustado com Joaquim Machado, livreiro e editor insigne, a mais longa das minhas sempre ambicionadas "viagens com os livros". Na sua companhia, abri horizontes, emblemático como ele era na maneira de agir e de estar. Seria ingratidão esquecer este amigo e a sua Família. Agora juiz desembargador, jubilado por mor dos caprichos do tempo a que obedecemos sem pestanejar, cá por mim troco a melancolia do passado recente pela febre de tornar lá atrás.

MIGUEZ GARCIA
2012

BIBLIOGRAFIA SELECIONADA

1. De origem portuguesa:

Atas das sessões da comissão revisora do Código Penal, Parte geral, vol. I e II, ed. da AAFDL.

Américo A. Taipa de Carvalho, A Legítima Defesa, Coimbra, 2005.

Américo A. Taipa de Carvalho, Direito Penal – Parte Geral, vol. II, Porto, 2004.

Eduardo Correia, Direito Criminal, I e II.

Fernanda Palma, Direito Penal, PG (policopiado), ed. AAFDL, 1994.

Germano Marques da Silva, Direito Penal Português – Parte Geral I – Introdução e Teoria da Lei Penal, 2010.

Gomes da Silva, Direito Penal, 2º vol. Teoria da infração criminal. Segundo os apontamentos das Lições, coligidos pelo aluno Vítor Hugo Fortes Rocha, AAFD, Lisboa, 1952.

J. Seabra Magalhães e F. Correia das Neves, Lições de Direito Criminal, segundo as preleções do Prof. Doutor Beleza dos Santos, Coimbra, 1955.

João da Costa Andrade, Da Unidade e Pluralidade de Crimes. Doutrina geral e crimes tributários, Coimbra, 2010.

Jorge de Figueiredo Dias, Direito Penal, sumários e notas das Lições, 1976.

Jorge de Figueiredo Dias, Direito Penal. Parte Geral. Tomo I. Questões fundamentais. A doutrina geral do crime. Coimbra: Coimbra Editora, 2004.

Jorge de Figueiredo Dias, Direito Penal. Parte Geral. Tomo I. Questões fundamentais. A doutrina geral do crime. Coimbra: Coimbra Editora, 2ª ed., 2007.

Jorge de Figueiredo Dias, Formas Especiais do Crime, Textos de Apoio à disciplina de Direito Penal, 2004.

Jorge de Figueiredo Dias, Pressupostos da punição e causas que excluem a ilicitude e a culpa, Jornadas de Direito Criminal, ed. do CEJ.

Jorge de Figueiredo Dias, Temas básicos da doutrina penal, Coimbra, 2001.

Jorge de Figueiredo Dias, Textos de Direito Penal. Doutrina geral do crime. Lições ao 3º ano da Faculdade de Direito da Universidade de Coimbra, elaboradas com a colaboração de Nuno Brandão. Coimbra, 2001.

José de Faria Costa, Formas do Crime, Jornadas de Direito Criminal, CEJ, 1983, p. 152.

José de Faria Costa, Noções Fundamentais de Direito Penal (Fragmenta Iuris Poenalis), Coimbra, 2ª ed., reimpressão, 2010.

José de Faria Costa, O Perigo em Direito Penal, 1992.

M. Maia Gonçalves, Código Penal Português, 3ª ed., 1977.

M. Maia Gonçalves, Código Penal Português, 8ª ed., 1995.

Manuel Cavaleiro de Ferreira, Lições de Direito Penal – Parte Geral I – II, Almedina, 2010.

Manuel da Costa Andrade, Consentimento e Acordo em Direito Penal, 1991.

Paulo de Sousa Mendes, O torto intrinsecamente culposo como condição necessária da imputação da pena, Coimbra, 2007.

Teresa Pizarro Beleza, Direito Penal, 2º vol., 1983.

2. De origem brasileira:

Cezar Roberto Bitencourt, Teoria geral do delito, Almedina, 2007.

Edgard Magalhães Noronha, Direito penal. São Paulo, Saraiva, 1985.

Júlio Fabrini Mirabete, Manual de direito penal 1, Parte Geral. 17ª ed. São Paulo, Editora Atlas, 2001.

Paulo José da Costa Jr., Comentários ao Código Penal, 6ª ed. atualizada, Saraiva, 2000.

3. De origem espanhola:

Cuello Calón, Derecho Penal, t. I (Parte general), vol. 1º, 16ª ed.

Enrique Bacigalupo, Princípios de derecho penal, parte general, 2ª ed, 1990.

Francisco Muñoz Conde, Teoria general del delito, 1991.

Francisco Muñoz Conde/García Arán, Derecho Penal, PG, 1993.

Gonzalo Quintero Olivares, Derecho penal, 1992.

Gonzalo Quintero Olivares, Manual de derecho penal. PG, 3ª ed., 2002.

J. López Barja de Quiroga, Derecho Penal, Parte general, III, 2001.

José Cerezo Mir, Curso de derecho penal español, parte general, II. Teoría jurídica del delito/I, 5ª ed., 1997.

Juan Bustos Ramírez, Manual de derecho penal español, parte general, 1984.

Juan J. Bustos Ramírez/Hernán Hormazábal Malarée, Lecciones de derecho penal español, Volumes I (1997) e II (1999).

Luzón Peña, Curso de Derecho Penal, PG I, 1996.

BIBLIOGRAFIA SELECIONADA

Santiago Mir Puig, Derecho Penal, parte general, 3ª ed., 1990.
Santiago Mir Puig, El derecho penal en el estado social y democrático de derecho, Barcelona, 1994.

4. De origem italiana:

Alberto Cadoppi/PaoloVeneziani, Elementi di Diritto Penale, Parte generale, Cedam, 2002.
António Pagliaro, Principi di diritto penale. Parte generale, 7ª ed., Milão, 2000.
Ferrando Mantovani, Diritto penale, PG, 3ª ed. 1992.
Francesco Antolisei, Manual de Derecho Penal, PG, 8ª ed., Bogotá, 1988 (tradução do italiano).
G. Bettiol, Direito Penal, II, tradução, Coimbra, 1970.
Giovani Fiandaca e Enzo Musco, Diritto Penale PG, 2ª ed., 1994.

5. De origem francesa:

Christiane Hennau/Jacques Verhaegen, Droi Pénal Général, 3ª ed., 2003.
Gaston Stefani/George Levasseur/Bernard Bouloc, Droit Pénal Général, Daloz, 18ª ed., 2003.

6. De origem alemã, austríaca e suíça:

Albin Eser/B. Burkhardt, Strafrecht I. Schwerpunkt, 4ª ed., 1992, p. 86 e ss. (há tradução espanhola: Derecho Penal, Colex, 1995).
Arthur Kaufmann/Winfried Hassemer (org.), El pensamiento jurídico contemporáneo, edição espanhola organizada por Gregorio Robles, 1992.
Baumann/Weber/Mitsch, Strafrecht. Allgemeiner Teil, 10ª ed., 1995.
Bernd Schünemann, Obras, Tomo I (tradução), Rubinzal-Culzoni Editores, 2009.
Bernd Schünemann, Obras, Tomo II (tradução), Rubinzal-Culzoni Editores, 2009.
Bockelmann/Volk, Strafrecht. Allgemeiner Teil, 4ª ed., 1987.
Claus Roxin, Problemas Fundamentais de Direito Penal.
Claus Roxin, Strafrecht Allgemeiner Teil, Band I, 4ª ed., 2006.
Claus Roxin, Strafrecht Allgemeiner Teil, Band II, 2003.
Claus Roxin, Strafrecht Allgemeiner Teil, Band II, 4ª ed., 2006.
Claus Roxin, Strafrecht, Allgemeiner Teil, Band. 1. Grundlagen, der Aufbau der Verbrechenslehre, 2ª ed., 1994. Há tradução espanhola.

O RISCO DE COMER UMA SOPA E OUTROS CASOS DE DIREITO PENAL

Eberhard Schmidhäuser, Strafrecht, Allgemeiner Teil, 1970.

Edmund Mezger, Derecho Penal. Parte General. Libro de estudio. Tradução da 6ª ed. alemã, Buenos Aires, 1958.

Erich Samson, Strafrecht I, 4ª ed., 1980.

F. Haft, Strafrecht, Allgemeiner Teil, 6ª ed., 1994.

Frank Zieschang, Die Gefährdungsdelikte, Duncker & Humbolt, 1998.

G. Jakobs, Estudios de derecho penal, 1997.

G. Jakobs, Strafrecht, AT, 2ª ed., 1993 – há tradução espanhola, publicada em 1995.

G. Stratenwerth, Derecho Penal, parte general, I (el hecho punible), 1982.

H.-H. Jescheck, Lehrbuch des Strafrechts: Allg. Teil, 4ª ed., 1988, de que há tradução espanhola.

Hans Welzel, Das Deutsche Strafrecht, 11ª ed., 1969, parcialmente traduzido para espanhol por Juan Bustos Ramírez e Sergio Yáñez Pérez com o título Derecho Penal Alemán, Editorial Jurídica de Chile, 4ª ed., 1997.

Helmut Fuchs, Österreichisches Strafrecht. AT I, 1995.

Ingeborg Puppe, Strafrecht Allgemeiner Teil im Spiegel der Rechtsprechung, Band I, 2002.

Johannes Wessels, Strafrecht, Allgemeiner Teil, 17ª ed., 1987. Há traduções em português e em espanhol, a partir de edições anteriores.

Kristian Kühl, Strafrecht. Allgemeiner Teil, 4ª ed., 2002.

Martin Killias, Précis de droit pénal général, 2ª ed., Staempfli Ed., Berna, 2001.

Otto Triffterer, Österreichisches Strafrecht. Allgemeiner Teil, 2ª ed., 1993.

Philippe Graven, L'infraction pénale punissable, 2ª ed., Staempfli Ed., Berna,1995.

Satzger. Schnitt. Widmaier, Strafgesetzbuch. Kommentar, Carl Heymanns Verlag, 2009.

Stratenwerth/Kuhlen, Strafrecht. Allgemeiner Teil I. Die Straftat, 5ª ed., 2004.

Udo Ebert, Strafrecht, Allgemeiner Teil, 2ª ed., 1994.

Udo Ebert, Strafrecht, Allgemeiner Teil, 3ª ed., 2001.

W. Hassemer, Einführung in die Grundlagen des Strafrecht, 2ª ed., 1990.

Wessels/Beulke, Strafrecht. Allgemeiner Teil 32ª ed., C.F. Müller, Heidelberg, 2000.

7. De outras origens:

George P. Fletcher, Basic Concepts of Criminal Law, Oxford University Press, 1998.

George P. Fletcher, The Grammar of Criminal Law, vol. I: Foundations, Oxford University Press, 2007.

1 – QUESTÕES FUNDAMENTAIS

I. A função do Direito Penal

1. Proteção através de bens jurídicos: o artigo 40º, nº 1, do CP

A pretensão de ser reconhecido pelos outros é inseparável do ser humano devido à natureza das suas condições existenciais. Por afetos, interesse ou necessidade – tantas vezes em obediência a imposições – acudimos ao lugar dos encontros, interagindo constantemente, no relacionamento com outras pessoas. É fácil entender que uma vida ligada ao reconhecimento dos outros membros do mundo social se inscreva como parte interessada na construção ou na manutenção de uma **ordem social** – de uma vida em comum ordenada. A comunicação, o intercâmbio, a colaboração e a confiança que reciprocamente se geram, assentam em princípios e regras que no seu conjunto concorrem para desenhar os contornos de um todo estruturado de autodesenvolvimento da pessoa humana, cujos momentos mais longínquos se reveem nas vozes do tempo presente. Uma convivência sem controlo social, sem estratégias de prevenção de certas condutas, sem sanções como reação à violação das regras e sem a efetiva aplicação de normas e sanções, se bem que a possamos imaginar, a realidade tende a recusá-la, por clara desadequação.

a) Formas de controlo social

Algumas regras desempenham um relevante papel de controlo e integração social no seio das famílias, nas escolas e nos locais de trabalho, o mesmo é dizer: em inúmeros *mundos da vida* intersubjetivamente compartilhados, na expressiva afirmação de Habermas. Quando não comportam imperativos limitam-se a ser o suporte do juízo de reprovação difuso endereçado a quem as viola – um sistema de usos e costumes, de tradições, mas também de comunhão com um código ético e moral não escrito, por isso mesmo uma forma de controlo social caracteristicamente *informal*.

Outras vezes, gera-se um enlace indissociável com um núcleo de **normas jurídicas**, enquanto mecanismos institucionais mais precisos e vinculantes de organizar a vida e evitar ou resolver focos conflituais.

Aos nossos propósitos interessa uma parcela deste fenómeno, tematizando ideias como as ligadas às normas incriminadoras e punitivas, mais ou menos organizadas e mais ou menos formais. Tais normas, enquanto integradoras do que chamamos **direito penal**, descrevem com a suficiente "precisão" as condutas constitutivas de um crime e as sanções a aplicar aos seus agentes.

Nos modernos estados de Direito[1], o ordenamento jurídico, como qualquer outro sistema de normas, princípios e máximas, assenta num conjunto de valores. Determinados bens, interesses ou valores devem ser preservados e inclusivamente promovidos. A **ordem jurídico-social** coloca-os sob a sua proteção e reage, quando os mesmos são violados, com os meios coativos organizados e implementados pelo próprio Estado. Esta questão acerta o passo com um controlo social *formal* de resposta ou reação. O direito penal procura evitar os comportamentos nocivos mais graves que podem produzir-se numa sociedade. Tudo permite, pois, antecipar que o direito penal, sendo um meio de solução de problemas sociais, tem por função proteger valores fundamentais da vida em comum. A função primordial repousa na proteção de bens jurídicos, complementada pelas funções de garantia, de segurança e coesão[2]. A pena é um recurso primário de que o Estado se serve para tornar possível a convivência entre pessoas. Acode-nos a ideia mais exata de um controlo penal *estritamente formal* que, no entanto, só se tomará em conta quando nenhum outro meio se proporcionar.

b) As normas jurídico-penais

As normas penais têm as pessoas como seus destinatários. Não surpreende que, como origem, se lhes aponte a realidade social. O Estado, que utiliza normas portadoras de proibições ou mandatos (embora, como reflexo de traços contrários, também lance mão de outras, cunhadas de "permissivas"), não poderia garantir a paz social e a realização da justiça sem a intervenção apaziguadora e de con-

---

[1] O **princípio do Estado de Direito** democrático – no sentido de uma ordem de valores que repousa tanto na segurança jurídica como na justiça material e na liberdade – encontra-se consagrado no artigo 2º da Constituição e, de acordo com jurisprudência do *TC*, por ex., o acórdão nº 38/2004, postula uma "ideia de proteção da confiança dos cidadãos e da comunidade na ordem jurídica e na atuação do Estado, o que implica um mínimo de certeza e de segurança no direito das pessoas e nas expectativas que a elas são juridicamente criadas".

[2] Para novas abordagens à função do direito penal, cf. a "Anotação" de José de Faria Costa ao acórdão de 13 de julho de 2011, na Revista de Legislação e de Jurisprudência (*RLJ*), ano 141, nº 3970, p. 60, nota (4). Sobre a questão da definição social do crime, Jorge de Figueiredo Dias, "O comportamento criminal e a sua definição", *Temas básicos da doutrina penal*, 2001, p. 33 e ss.

trolo confiada às **instituições penais**. Existe um núcleo fundamental de normas jurídicas, as chamadas **normas de conduta**, para cujo cumprimento concorre a ameaça da sanção criminal. Com elas trata-se de exprimir o desvalor de determinadas condutas. Comportamentos como os que levam ao homicídio, ao roubo, à violação ou ao abuso de crianças são proibidos sob a cominação de uma pena, de outro modo não seria viável esperar do Direito que cumprisse a sua missão de pacificação no seio da comunidade, tratando-se, como é próprio de um espaço povoado de humanas criaturas, de fatores que desencadeiam fortes sentimentos de insegurança e intranquilidade. Os órgãos de administração da justiça penal, que decidem as causas penais e aplicam **penas** e **medidas de segurança**, estando, a par de outras instituições penais, no cerne do poder do Estado moderno, exprimem, com a sua ação, "uma parte essencial do acordo político que justifica a configuração da Sociedade como Estado"[3]. Num estado que a si mesmo se proclama, através da Lei Fundamental, como um "Estado de direito democrático" (artigo 2º da Constituição), o direito penal leva a cabo uma tarefa de defesa da sociedade, enquanto sanciona as infrações cometidas; ao mesmo tempo, olhando ao futuro, as instituições penais alargam e dão continuidade à missão de proteger o conjunto dos cidadãos, tomando medidas de prevenção da delinquência.

Nestes parâmetros, o direito penal, enquanto conjunto de normas jurídicas que fixam os pressupostos de aplicação das consequências dos crimes (as penas) e dos "factos" consagrados na lei penal como criminosos (as medidas de segurança), imprime importantes limitações ao *ius puniendi* do Estado[4] e assume a sua verdadeira posição dentro do ordenamento jurídico – no papel de derradeira instância em que os cidadãos podem confiar para ver dirimidas específicas tensões jurídicas. Num outro momento, a justiça penal, que se não basta com perseguir o ilícito criminal, orienta-se para as consequências. Com a imposição da pena, o juiz pode perseguir legitimamente qualquer dos seguintes fins:

---

[3] Fernanda Palma, *Direito constitucional penal*, Coimbra, 2006, p. 18.

[4] Entrelaçam-se aqui as linhas mestras das duas formas mais frequentes de definir o direito penal: como conjunto de normas (*direito penal objetivo*) e como poder punitivo do Estado (*direito penal subjetivo*). *Jus puniendi* que, historicamente, tem tido picos de arbitrariedade, infâmia e crueldade, bastando pensar no modo de executar a própria pena de morte. A lapidação, a fogueira, a crucificação e o afogamento eram maneiras de potenciar o sofrimento do delinquente. Não só os descendentes podiam continuar a sofrer por atos de outros, como também os lugares ligados ao infrator deviam ser arrasados e o chão simbolicamente salgado. Vem tudo a propósito das reflexões tanto do Prof. Faria Costa, em *Mal, Símbolo e Justiça*, Coimbra, 2001, p. 41, como do Prof. Eduardo Correia, em "Estudos sobre a evolução das penas no direito português", *BFD*, vol. LIII. Por alturas do Beco do Chão Salgado, na zona de Belém, em Lisboa, existiu em tempos a residência senhorial dos duques de Aveiro, demolida, arrasada, em vista da sentença decretada contra um dos seus membros, depois do atentado contra o rei D. José. O nome que o lugar conserva conserva o sal dessa história.

– A prevenção especial, tanto no sentido positivo ou de ressocialização do delinquente, como em sentido negativo, através da intimidação, para proteger a sociedade de futuras infrações do próprio autor.

– A prevenção geral, tanto positiva, através de um efeito de integração da consciência jurídica dos cidadãos (visando a preservação e a realização da fidelidade ao direito), como negativa, através da intimidação geral de outros potenciais delinquentes.

Tentemos levar por diante uma mais alargada precisão de conceitos, envolvendo o chamado tipo penal, partindo da ideia prévia que o legislador seleciona – resguardando o princípio da intervenção mínima ou de último recurso que a seguir será explanado – os comportamentos mais intoleráveis e lesivos para os mais importantes bens jurídicos. À figura do **tipo penal** confia-se a delimitação do âmbito do ilícito penalmente relevante, na medida em que descreve as características definidoras do *conteúdo* da conduta proibida, dando-lhe além disso uma *forma* específica. O direito penal só protege a subtração de coisa móvel alheia atuando o ladrão com "ilegítima intenção de apropriação" (artigo 203º, nº 1). Como agente do crime de dano, pune-se quem "destruir, no todo ou em parte, danificar, desfigurar ou tornar não utilizável coisa alheia" (artigo 212º, nº 1). Nestes dois casos, exige-se não só a lesão da propriedade mas também uma determinada forma de atuar. Na burla (artigo 217º), na extorsão (artigo 223º) e, especialmente, na usura (artigo 226º), o facto punível é descrito ainda mais pormenorizadamente.

A norma aponta para o(s) valor(es) que se quer ver protegidos. No desenvolvimento de interesses conflitivos, contrapostos, o objeto de proteção de uma norma só pode ser um **bem jurídico**. Ao ditar uma norma penal, o estado de direito, a mais da proibição ou comando de ações (a obrigação de *não* fazer ou de fazer), *faz-nos sentir* a natureza desse mesmo bem jurídico. Se uma norma proíbe furtar, está do mesmo passo a proteger um bem, um bem jurídico como a propriedade ou alguns valores afins, seja, por exemplo, a mera posse. Outras normas protegerão a vida, a honra ou a integridade física. Daí a importância de um princípio como o da lesividade ou **ofensividade**, a que adiante voltaremos. Num estado de direito, à norma ditada sem esse objetivo, de tutela de um bem jurídico, faltará decerto validade material: "toda a norma incriminatória na base da qual não seja suscetível de se divisar um bem jurídico-penal claramente definido é nula, porque materialmente inconstitucional" (Figueiredo Dias).

Neste jogo de interesses contrastantes, para além do **autor** da conduta ou ação típica (da ação correspondente à descrição que dela faz a norma incriminadora) identificamos, normalmente, um outro sujeito, a **vítima**, cujo comportamento pode, por sua vez, relevar para a qualificação jurídica do facto. As questões penais

QUESTÕES FUNDAMENTAIS

aparecem então multiplicadas,[5] podendo o sujeito passivo pôr-se conscientemente em perigo – consentindo ou assumindo um risco –, juntando-se-lhes outras, próprias de diferentes cenários, como o processo penal. Seja a aplicação do princípio *in dubio pro reo*, que tem na sua base a não aplicação de uma pena sem prova bastante dos elementos do crime (o tribunal só deverá condenar se estiver convencido da culpa do agente – se, portanto, não lhe restar nenhuma *dúvida razoável* de que o agente cometeu o crime),[6] ou a presença de uma justificação em casos de legítima defesa, que tem como pressuposto uma agressão atual e ilícita do próprio agredido contra o qual se reage legitimamente. O que tudo passa pela reconstituição histórica e jurídica dos factos, na perspetiva da descoberta da verdade material e da realização da justiça.

c) O conceito de bem jurídico

1. "Bem" significa algo valioso para o indivíduo ou para a comunidade. Aos valores jurídicos protegidos na nossa sociedade chamamos **bens jurídicos**. O conceito de bem jurídico não é específico do direito penal, sendo frequentemente utilizado, por ex., na dogmática civilista, no direito administrativo e na ação disciplinar. Certas formas de conduta (contraordenacionais), ofensivas de bens jurídicos de menor grau, não se sancionam com pena por a ameaça com coima bastar para um controlo social efetivo.

Coerentemente, no artigo 40º, nº 1, o Código Penal dispõe que a aplicação de penas e de medidas de segurança visa a **proteção de bens jurídicos** e a reintegração do agente na sociedade. Enquanto tarefa essencial do direito penal, é uma característica da conceção demoliberal do Estado a defesa de bens jurídicos que tenham **dignidade penal**.

Entre os bens jurídicos protegidos pelo Direito Penal avultam, a título exemplificativo, a vida, a integridade corporal, a honra, o património, a reserva da vida privada, todos *bens jurídicos individuais*. Outros são *bens jurídicos da coletividade*, de titularidade supraindividual: os que, por ex., se identificam com a tutela da realização da justiça (artigos 359º e ss.) ou o exercício de funções públicas (artigos 372º e ss.). Registam-se igualmente situações concretas a que

---

[5] Sobre áreas de relevância, veja-se as apontadas por Manuel da Costa Andrade, *A vítima e o problema criminal*, Coimbra, 1980, especialmente, p. 41 e ss. Vd. também Cláudia Santos, "A 'redescoberta' da vítima e o direito processual penal português", *Estudos em Homenagem ao Prof. Doutor Jorge de Figueiredo Dias*, 2010, vol. III.
[6] Na procura da verdade material, o tribunal estende o seu conhecimento, oficiosamente, a todos os factos e meios de prova relevantes para a decisão. Só quando o dever de investigar se mostra inteiramente cumprido é que o juiz tem oportunidade de formar a sua convicção. Subsistindo, ainda assim, a dúvida, resta-lhe, por fim, acolher-se à sombra do *in dubio pro reo*, aquele princípio que não é mais do que "a expressão, no limite, da prioridade do decidir relativamente ao conhecer", Castanheira Neves, *Questão de facto – Questão de direito*, Almedina, 1967, p. 471.

o legislador oferece uma *proteção simultânea* de bens jurídicos de orientação individual e coletiva, tipificando situações com essa dupla dimensão. No caminho, deparamos, entre outros, com a infração de regras de construção (artigo 277º), a poluição (artigo 279º), a corrupção de substâncias alimentares ou medicinais (artigo 282º), a violação de regras urbanísticas (artigo 278º-A) e um crime de atividades perigosas para o ambiente (artigo 279º-A)[7].

Os bens jurídicos são – para os fins desta cobertura tutelar – unidades de valor social, integram relações sociais concretas: a vida ou a liberdade são relações *entre pessoas* que adquirem significado de bem jurídico na medida em que são confirmadas pela norma. Por isso, não lesa um bem jurídico-penal a agressão de um animal sem dono ou um facto da natureza – animais e coisas não "agem".

Excurso: do direito subjetivo ao conceito de bem jurídico. Não se confunda o conceito de bem jurídico-penal com noções ligadas ao "direito subjetivo" que foi modelo "clássico" donde emanaram princípios e se construíram soluções sobre o objeto da tutela (crime como ofensa a um direito subjetivo). Carrara (1805--1888) escrevia[8] em 1865 que "objeto do delito só pode ser um direito ao qual a lei tenha expressamente conferido a sua tutela com a proibição e a sanção. Uma ação é um delito, não por ofender a pessoa ou a coisa, mas por violar a lei". Ideia que fazia todo o sentido, pois se *B* ficava desapossado da *sua* coisa pelo ladrão não deixava com isso de conservar a propriedade plena sobre ela.

Cedo porém se observou que certas condutas, não necessariamente ofensivas de direitos individuais, podiam repercutir-se negativamente na convivência entre pessoas. O que levou a concluir que ao direito penal deveriam interessar *somente* bens com raízes diretas no mundo material, importantes para a pessoa e a coletividade e passíveis de lesão pela ação criminosa. Ou seja, "em vez de apelar para a disfuncionalidade das perturbações ou frustrações a nível da intersubjetividade, privilegiada pela compreensão do crime como lesão de um direito subjetivo, a lesão do bem jurídico aponta antes para o mundo exterior e objetivo de que preferentemente relevam as "coisas" valoradas como bens jurídicos"[9].

---

[7] Tem vindo a admitir-se uma *estrutura poliédrica* do bem jurídico, na qual podem caber, ao lado de bens jurídicos coletivos ou públicos – e ainda que em posição subordinada –, bens jurídicos pessoais de particulares, o que permitirá a respetiva constituição como assistente; cf., por ex., o acórdão de fixação de jurisprudência de 17 de novembro de 2010: o conceito de ofendido deve derivar da suscetibilidade de o bem jurídico poder ou não ser corporizado num concreto portador individual. Pode um só tipo legal proteger *especialmente* mais do que um bem jurídico, questão a dilucidar, perante cada tipo e cada ação dele violadora", diz-se no acórdão de fixação de jurisprudência nº 1/2003.

[8] Francesco Carrara, *Programma del corso di diritto criminale*, 1865, p. 43.

[9] Costa Andrade, *Consentimento e Acordo*, p. 51. A evolução do conceito de bem jurídico pode ver-se exposta nesta mesma obra, p. 37 e ss. O parágrafo de p. 51 inicia o leitor na importância de Binding, mas também de Liszt, quanto ao "triunfo do bem jurídico".

QUESTÕES FUNDAMENTAIS

Até certa altura, eram os *direitos* que estavam no centro da discussão suscitada pelo crime. Quando da tutela de direitos subjetivos se passou à tutela estadual efetiva, são os *bens* que passam a constituir o essencial. Não deverá surpreender que com um tal critério se retomaram ideias já muito antes expostas – em 1834, em escrito de Birnbaum[10].

No começo do século vinte, o conceito de bem jurídico foi retomado por Binding, autor de uma "Teoria das Normas", que punha em relevo o "direito penal subjetivo" (*jus puniendi*), porquanto cabia ao Estado decidir *o que* queria castigar e *como* o queria fazer. Com isso, passou o crime a exprimir uma "violação do dever" (*desobediência*). Na linha de Birnbaum partia-se da ideia que a pena pressupunha uma lesão de um bem jurídico e que a reação se fazia em razão da violação de um interesse individual, devendo ser entendido como uma ofensa (lesão) de objetos de tutela jurídica, ou seja, de *bens*. Binding, pelo contrário, associava a pena a uma mera lesão do direito, reagindo o Estado a essa desobediência. Com isto, o Estado, à uma, dispõe de poderes ilimitados; à outra, é livre nas suas decisões de proibir formas de comportamento, com a ameaça de sanção. O crime atenta contra as normas, isto é: contra as ordens que exigem a obediência do indivíduo face ao Estado. Binding usava a expressão "deveres de obediência ou submissão" (*Pflichten des Gehorsams oder Botmässigkeit*)[11]. Para autores como Schaffstein – alguns dos que não perfilham as linhas mestras do direito penal liberal, antes um conceito politicamente orientado de direito penal de autor – o cerne do crime consistirá, por isso, na infração de um dever de fidelidade e obediência, passando a encarar-se a conduta como um ato de rebeldia.

O bem jurídico nasce com uma intenção programática, o objetivo de limitar o poder do Estado que, ao definir condutas criminosas, se deverá condicionar à exclusiva proteção de bens jurídicos.

Somente as **condutas** que afrontam (no sentido de lesar ou pôr em perigo) **bens jurídico-penais** de elevado significado para o indivíduo e a comunidade ou simultaneamente para ambos podem ser criminalizadas, de forma a possibilitar essa referida função de tutela e proteção penal. A criminalização de condutas:

---

[10] Recentemente traduzido para espanhol: "Sobre la necesidad de una lesión de derechos para el concepto de delito", Valparaíso: Edeval 2010, originariamente publicado em *Archiv des Criminalrechts* (Halle 1834). Extensamente, sobre as diversas questões expostas, Rafael Alcácer Guiroa, *Lesión de bien jurídico o lesión de deber? Apuntes sobre el concepto material del delito*, com prólogo de E. Gimbernat Ordeig, 2003.

[11] A norma é assim um imperativo dirigido aos indivíduos imputáveis, só pode ser violada desde que o agente proceda voluntária e conscientemente, o que dá como resultado, no esquema de Binding, que só um imputável pode desobedecer. As dificuldades encontradas refletem-se na questão da antijuridicidade objetiva ou subjetiva. Esta veio a impor-se com Welzel e a corrente do ilícito pessoal.

- restringe-se aos comportamentos que violem bens jurídicos essenciais à vida em comunidade;
- limita a liberdade de conformação do legislador: sempre que a punição criminal se apresente como manifestamente excessiva, ou o legislador atue de forma voluntarista ou arbitrária, ou ainda quando as sanções se mostrem desproporcionadas ou desadequadas por não assegurarem a justa medida dos meios penais e dos fins das penas, não se verificando uma adequada proporção entre as sanções e os factos que elas se destinem a punir (veja-se, por ex., o acórdão do *TC* nº 211/95).

O bem jurídico entendido como "interesse juridicamente protegido"[12] (interesses da vida, do indivíduo ou da comunidade), ou "um bem do homem, reconhecido e protegido pelo direito", remonta a *von* Liszt (1851-1919), mas não esgota o leque das definições que ao longo dos tempos têm sido propostas; entretanto, e não obstante os esforços desenvolvidos, não se conseguiu chegar a uma definição aproximadamente clara do que seja o bem jurídico[13]. Um contemporâneo como Wessels orienta-se para os bens vitais, os valores sociais e os interesses reconhecidos juridicamente aos indivíduos ou à comunidade, para quem são úteis, e por isso gozam da proteção do direito. Para Figueiredo Dias, bem jurídico será a expressão de um interesse, da pessoa ou da comunidade, na manutenção ou integridade de um certo estado, objeto ou bem em si mesmo socialmente relevante e por isso juridicamente reconhecido como valioso[14]. Diz mais, que para uma conceção teleológico-funcional e racional do bem jurídico

---

[12] "Associada ao 'bem jurídico', a ideia de fim (*Zweckgedanke*) confirmou a sua entrada na doutrina do crime, começando a prestar-se atenção à **teleologia** do direito, em coincidência com o termo da preponderância da lógica formal": Jescheck, "Zeitschrift für die gesamte Strafrechtswissenschaft" (*ZStW*), 1981, 1, p. 10, citando Liszt, "Der Begriff des Rechtsguts". Foi Liszt quem, quanto ao objeto do direito penal, introduziu o novo conceito de "**ciência total do direito penal**", abrangendo várias disciplinas, entre elas a criminologia e a política criminal. Nisso, teve um papel de assinalável relevo a revista que acabamos de mencionar, que continua, já mais do que centenária, a dedicar-se integralmente às questões penais nesse sentido alargado. A Liszt deve-se também um *Lehrbuch des deutschen Strafrechts*, de 1908, com uma 25ª ed. em 1927. A enumeração de uma espécie de "Do Vivo e do morto na obra de Franz von Liszt", da pena de diversos autores em diferentes épocas, pode ver-se em Klaus Friedrich Röhl, *Das Dilemma der Rechtstatsachenforschung*, p. 3.

[13] Mostram isso mesmo as posições de vários autores, no trabalho coletivo *La teoria de bien jurídico – Fundamento de legitimación del Derecho Penal o juego de abalorios dogmáticos?*, Marcial Pons, 2007. Também José de Faria Costa, *Direito penal especial*, 2004, p. 27 e ss.

[14] Figueiredo Dias, *DP/PG* I, 2007, p. 114. A conclusão vem acompanhada da prevenção de que a ela só se chegou "depois de uma evolução longa, muitas vezes plurissignificativa ou mesmo equívoca e quase sempre eivada de dúvidas e controvérsias que ainda hoje se não encontram definitivamente decididas". Não se nega porém que num **estado de direito material** deve caber ao direito penal uma função de proteção de bens fundamentais da comunidade, das condições básicas necessárias à livre realização da personalidade de cada homem, cuja violação constitui crime.

QUESTÕES FUNDAMENTAIS

– "que hoje se impõe, para que a noção se legitime" – exige dele que obedeça a uma série mínima, mas irrenunciável de condições, "devendo o conceito traduzir, em primeira linha um qualquer conteúdo material, uma certa 'corporização', para que se possa arvorar em indicador útil do conceito material do crime", devendo servir, também, como padrão crítico de normas constituídas ou a constituir, a mais de dever ser político-criminalmente orientado[15].

A discussão tem sido muito rica e bastante controversa, cada qual na sua corrente de pensamento e com o benefício da sua parcela de razão. Dela resultou, entre algumas outras clarificações, a nítida diferenciação entre **objeto de tutela** (identificado com o bem jurídico) e o **objeto da ação**, por ex., a "coisa móvel alheia" no furto: artigo 203º, nº 1, ou a coisa pertencente a *B*, que *A*, para se vingar, destrói: artigo 212º, nº 1; é o objeto próprio do crime, umas vezes realidade imaterial, como nos crimes contra a honra ("bom nome", "respeito", "reputação"), outras a "coisa" corpórea, que pode ser um documento ("*declaração* corporizada em escrito": artigo 255º, alínea *a*)), ou até uma pessoa, como lembraria *von* Liszt, ocasião em que o objeto material da ação poderá coincidir com o próprio sujeito passivo, consumando-se um crime de homicídio (artigo 131º). O objeto da ação foi o corpo da vítima, o objeto de proteção a vida, a menos que a morte tivesse ocorrido devido à conduta-base desvinculada do dolo homicida, por querer o agente atingir unicamente a integridade física, o que, ocorrendo a morte em ligação com a ação, muito provavelmente conduziria a um crime agravado pelo resultado (artigos 18º e 147º)[16].

d) Funções do bem jurídico

1. A função porventura mais relevante do bem jurídico liga-se àquilo que *não deve* ser objeto de tipificação penal (limite do poder estadual). A matéria que não corresponder a um certo **tipo penal** será penalmente irrelevante, de modo que só uma "conduta **típica**" pode dar lugar a um crime, mais precisamente, uma conduta que preencha os elementos descritos no tipo incriminador (*elementos* ou *circunstâncias* típicas). A função de garantia do tipo penal, interligada aos desígnios da **política-criminal**,[17] limita o legislador no momento de produzir normas penais,

---

[15] Jorge de Figueiredo Dias, *Temas básicos da doutrina penal*, p. 45. Nos mesmos *Temas básicos*, p. 204 e ss., encontram-se os fundamentos de uma construção teleológico-funcional e racional do conceito de facto punível.

[16] Nos crimes de perigo concreto a realização típica pressupõe que o objeto da ação seja ajuizado como estando realmente em perigo no caso considerado, explica Roxin, *AT* 1, 1994, p. 273 e 337 e ss. Tratando-se de um crime de perigo abstrato, enquanto crime de simples atividade, pode não haver um objeto da ação, embora se requeira uma conduta típica. Na condução sob o efeito do álcool (artigo 292º) não há um objeto da ação. Este tipo de crime tem ainda de especial a possibilidade de se punir a negligência sem causação de um resultado.

[17] A política criminal procura configurar o direito penal da forma mais eficaz possível para poder cumprir a tarefa de proteção da Sociedade (Jescheck). A Lei nº 17/2006, de 23 de maio, aprovou a Lei-Quadro de Política Criminal, para definição de objetivos, prioridades e orientações em matéria de prevenção da

amparando a confiança dos particulares perante intromissões imprevisíveis por parte do Estado, senhor do *jus puniendi*. Esta perspetiva limitadora, de recurso mínimo às penas – que além de necessárias deverão ser úteis e como tal o menos estigmatizantes possível – faz com que o direito penal encontre a sua legitimidade em articulação com a indispensabilidade da proteção do bem jurídico – é um direito de *ultima ratio*, de proibições mínimas necessárias.

Excurso. À figura do tipo penal confia-se a delimitação do âmbito do ilícito penalmente relevante, na medida em que descreve as características definidoras do *conteúdo* de ilícito típico da conduta proibida, dando-lhe além disso uma *forma* específica, como já foi referido. Por aqui se vê quão acertada é a afirmação de que o tipo penal, enquanto formulação puramente abstrata, "não passa do papel". Com o tipo, o direito penal desempenha uma função de orientação, dirigida aos indivíduos, à comunidade e portanto também ao juiz,[18] dando a conhecer quais as condutas com dignidade penal e simultaneamente necessitadas e merecedoras de castigo.

2. Na função de padrão crítico do sistema penal, o bem jurídico serve ao legislador, indicando-lhe aquilo que ele pode e deve criminalizar e aquilo que ele pode e deve deixar fora do direito penal, amparando os movimentos de **neocriminalização** e **descriminalização** (*abolitio criminis*).

As situações de neocriminalização situam-se preferencialmente nas áreas do ambiente (ecologia) e do direito económico[19]. As reformas, por toda a União Europeia, concentraram-se em domínios da "criminalidade moderna", especialmente a economia e o ambiente, o terrorismo[20] e a criminalidade especialmente violenta e altamente organizada.

---

criminalidade, investigação criminal, ação penal e execução de penas e medidas de segurança. Segundo o artigo 219º, nº 1, da Constituição, ao Ministério Público compete, além do mais, "participar na execução da política criminal definida pelos órgãos de soberania".

[18] Esta função de orientação é servida pelos imperativos mas também pelas proibições do Direito Penal, cf. Uwe Hellmann, *Strafprozessrecht*, 2ª ed., 2006, p. 2.

[19] Claus Roxin, "Zur neueren Entwicklung der Rechtsgutsdebatte", *Festschrift für Hassemer*, 2010, p. 573, empenhado em abordar os novos desenvolvimentos da sociedade, aponta os dois pontos que tem por prioritários: a proteção dos alicerces da vida das futuras gerações e a proteção da natureza. À questão de saber se com este alargamento o espetro das condutas puníveis não irá desacreditar o conceito de bem jurídico na sua globalidade responde firmemente que não. As exceções só servirão para confirmar a regra. Sobre "O papel do direito penal na proteção das gerações futuras", vd. também Jorge de Figueiredo Dias, em estudo com o mesmo nome publicado em separata do Boletim da Faculdade de Direito, volume comemorativo, Coimbra, 2002, mas também em *Temas básicos da doutrina penal*, com a conclusão a p. 184.

[20] Com assento na Lei nº 52/2003 de 22 de agosto: Lei de combate ao terrorismo.

QUESTÕES FUNDAMENTAIS

A Lei nº 32/2010, de 2 de setembro, preocupou-se com as normas urbanísticas e, em certas situações, erigiu em crime a sua violação, ressalvando sempre as obras de escassa relevância (artigo 278º-A). Este artigo segue-se à incriminação de certos danos contra a natureza e precede a norma que previne determinadas formas de poluição, dois preceitos que, ainda recentemente, receberam alterações de algum vulto. O Código, com as mudanças introduzidas pela Lei nº 59/2007, de 4 de setembro, passou a integrar, no artigo 176º, um ilícito de "pornografia de menores" e incriminou, no artigo 174º, o "recurso à prostituição de menores". Passaram a ser crime várias condutas afins da comercialização de pornografia infantil real e *simulada*,[21] assim como a sua aquisição ou posse, mesmo que sem o propósito de divulgar ou ceder. Pune-se nomeadamente a utilização de menor em fotografia, filme ou gravação pornográficos, *independentemente do seu suporte*. Gerou-se, neste entorno, uma tutela desmaterializada, quando as imagens virtuais passaram a ser objeto de proibição. Tomaram-se as medidas necessárias para garantir que sejam puníveis a prática de atividades sexuais com "crianças"[22] quando o agente ofereça dinheiro ou outras formas de remuneração ou pagamento; daí a tipificação constante do artigo 174º, nº 1, que pune o *cliente* (sendo maior), havendo pagamento ou outra contrapartida, em relação à prostituição de menores entre 14 e 18 anos.

Também a Lei nº 56/2011, de 15 de novembro, inovou, criando um crime de atividades perigosas para o ambiente (artigo 279º-A), e alterou a redação dos artigos 274º, 278º, 279º, 280º e 286º.

---

[21] No Festival Internacional de Cinema Fantástico de Sitges (março de 2011), um dos "filmes" a que o público teve acesso, por duas vezes, de madrugada, apresentava imagens da "violação" de um recém-nascido (na figura de um boneco) e outras em que se mascara a prática de sexo com um menor. A exemplo do que acontece em Portugal (artigo 176º, nos 1 e 3), também o Cp espanhol tipifica como crime a exibição de material pornográfico desta natureza, mesmo que não se utilize diretamente um menor. O jornal madrileno El Pais de 11 de março de 2011 dá conta da indignação de certas pessoas ligadas a atividades cinematográficas, que veem na intervenção da Fiscalía (Ministério Público) um ato de censura: "El mundo de la cultura cree que no deben ponerse cortapisas a la libertad de creación". Antinomias e contradições desta ordem são frequentes e uma consequência natural da dinâmica dos sistemas jurídicos. Como não há direitos absolutos, ou ilimitadamente elásticos (Jorge Miranda), e porque entre tais direitos não se verifica unicamente a estrutura própria das causas de justificação, o conflito entre eles deve resolver-se atendendo às diferentes situações concretas. A ponderação conduz também aqui a uma exigência de proporcionalidade que implica o estabelecimento de uma ordem de preferência caso a caso. Ainda assim, é nosso convencimento que a norma não tinha adquirido uma ressonância que implicasse o conhecimento generalizado da proibição.

[22] Criança, no Código Penal (cf. o artigo 171º), é o menor de 14 anos de qualquer dos géneros. Noutras circunstâncias, por exemplo, para efeitos da Convenção sobre os Direitos da Criança, considera-se **criança** todo o ser humano com menos de 18 anos de idade, a não ser que, em conformidade com a lei aplicável, a maioridade seja alcançada antes.

A chamada criminalidade informática, uma emanação recente das experiências humanas, basta-se, no Código, com a previsão dos crimes de burla informática (artigo 221º) e de devassa por meio de informática (artigo 193º); as suas manifestações ilícitas mais significativas estão previstas na Lei nº 109/91, de 17 de agosto (Lei da Criminalidade Informática).

3. Entendido como o conceito central da norma incriminadora, na medida em que orienta a estruturação da PE do Código, o bem jurídico servirá, no mundo das palavras, como critério interpretativo, no sentido de ir ao encontro da finalidade (*telós*) específica do texto legal. Entramos nos domínios da **função teleológica**, indispensável a uma correta exegese. O julgador não tem de se ater unicamente às prescrições legais; ele pode procurar, através da melhor hermenêutica, a mais justa solução para o caso concreto[23]. A interpretação teleológica procura orientar- -se pelo fim da norma – o fim em razão do qual a norma foi criada. Precisar os contornos e o conteúdo do bem jurídico protegido permitirá a utilização deste como eixo interpretativo do tipo penal.

e) O princípio da ofensividade

Uma outra ideia tem por inteiramente compreensível que um crime, para o ser, deva ser *ofensivo* de qualquer coisa. O **princípio da ofensividade**, também designado por *lesividade*, é expressão do dogma *nullum crimen sine iniuria* ("não há crime sem ofensa") e corolário do princípio geral *neminem laedere* (a proibição de lesar a outrem). Se a ofensa a um bem jurídico (no sentido de lesar *ou* pôr em perigo) é a manifestação que pode legitimar a intervenção do Estado, a correspondente incriminação deverá ser indispensável à defesa dos bens jurídicos e esses mesmos bens jurídicos qualificados como "direitos ou interesses constitucionalmente protegidos ante o disposto no artigo 18º, nº 2, da Constituição". A norma contém todo um programa de adequação, de necessidade e de proporcionalidade em sentido restrito[24].

---

[23] Este incentivo não foi esquecido na "Introdução" constante do Decreto-Lei nº 400/82, de 23 de setembro, que aprovou o Código Penal e revogou o anterior, aprovado pelo Decreto de 16 de setembro de 1886. Paul Ricoeur tinha a hermenêutica como a "disciplina que se propõe compreender um texto, compreender a partir da sua intenção, sobre o fundamento daquilo que quer dizer".

[24] Sobre estes subprincípios da proporcionalidade, Gomes Canotilho/Vital Moreira, *Constituição anotada*, p. 152. A cominação da pena só se justifica para proteger um direito ou interesse constitucionalmente protegido, "desde que a mesma não possa ser alcançada por mecanismos de controlo social menos onerosos para a liberdade (necessidade) e que a pena, nomeadamente a privação da liberdade, seja um meio idóneo e eficaz de controlo social (adequação)": Augusto Silva Dias, "*Delicta in se*", p. 652.

QUESTÕES FUNDAMENTAIS

O princípio da lesividade do facto punível, escreve Mantovani,[25] representa uma derivação da exigência constitucional de **proporcionalidade**, que reclama uma significativa atenção aos interesses com relevância constitucional para justificar a limitação dos direitos fundamentais, inerente à sanção punitiva – a pena só se justifica como "justa medida", para proteção de um direito ou interesse constitucionalmente protegido (proporcionalidade). Intervirá como fiel da balança a **dignidade da pessoa humana** enquanto núcleo central desses mesmos direitos fundamentais (artigo 1º da Constituição): o arguido – só para falar de quem, em determinado momento, adquira esta "desconfortável" posição processual (artigos 57º e ss. do Código de Processo Penal) – tem de ser sempre respeitado na sua dignidade de pessoa, o que implica ser tratado como sujeito do processo, e não como simples objeto da decisão judicial. A proporção condiciona a legitimidade do recurso à pena, à categoria do bem e à gravidade da ofensa a reprimir: *"quanto menos grave é a ofensa* (e a gravidade da ofensa decresce à medida que se afasta do estádio da lesão), *tanto mais elevada deverá ser a categoria do bem"*[26]. Seria decerto ilegal, mas também inconstitucional, a punição de um pequeno furto com uma pena de prisão desmedidamente severa.

Nesta área problemática já não é de agora o cruzamento, entre nós, de opiniões díspares, sobretudo a propósito da construção do direito penal económico[27] e, em

---

[25] O princípio da ofensividade (*nullum crimen sine iniuria*) tem lugar destacado na obra do penalista italiano Ferrando Mantovani, podendo consultar-se o *Diritto Penale*, PG, 1992, p. 204, e "Sobre a exigência perene da codificação", tradução do italiano de Cristina Líbano Monteiro, *RPCC* 5, 1995. Mantovani ocupa-se da função político-garantística do bem jurídico e das correspondentes opções do legislador penal, mas também da função dogmática no momento da sua aplicação, assinalando-lhe um aspeto classificatório, outro interpretativo. Cf. também Faria Costa, *O Perigo em Direito Penal*, 1992, p. 629 e s., para quem **"o primeiro nível de ofensividade** que podemos perceber de um ataque a um determinado bem jurídico pode surpreender-se (...) no total aniquilamento do bem jurídico", sendo certo que um bem jurídico singularmente imaterial, como a honra, "pode ser ofendido violentamente, mas por mais forte e aguda que se concretize essa violação ela nunca poderá chegar à nadificação", ao contrário do que acontece com a vida. **Um segundo grau de ofensividade** fica-se pela concreta colocação em perigo de um bem jurídico. Daí que a ofensividade possa operar por dois meios autónomos e bem diferenciados: "através do dano/violação e através do concreto pôr-em-perigo". Deste mesmo autor, atente-se igualmente nas *Noções Fundamentais de Direito Penal*, 2ª ed., reimpressão, 2010, p. 171 e ss.

[26] Citado por Emílio Dolcini/Giorgio Marinucci, "Constituição e escolha de bens jurídicos", na tradução do Prof. Faria Costa, *RPCC* (1994), p. 194.

[27] Há décadas, o Prof. Eduardo Correia punha reservas aos tipos de crime de perigo nas atividades contra a economia, por o alargamento correspondente poder prejudicar a liberdade de iniciativa ou a capacidade e interesse na tomada de decisões pelos administradores ou gestores de empresas, Eduardo Correia, "Introdução do direito penal económico", *Revista de Direito e Economia*, 1977, nº 1, p. 20. Tem correspondido à nossa tradição reservar para legislação penal extravagante "o tratamento de campos tão importantes como os do direito penal económico e financeiro, do ambiente, do trabalho, da circulação rodoviária, das sociedades comerciais", escrevia Figueiredo Dias, "O Código Penal Português de 1982 e a sua reforma", *RPCC* 1993, p. 171. Paralelamente, acentua-se que a tutela do meio ambiente e a ampliação da punibilidade

geral, da introdução de crimes de perigo abstrato ou presumido, em que o bem jurídico se revela ainda, mas de forma ténue. E realmente não é fácil demonstrar que as normas que preveem estes crimes de perigo (abstrato ou presumido) ainda se ligam a um determinado bem jurídico com dignidade penal (necessitado ou carente de tutela penal).

A desvantagem da técnica legislativa dos crimes de perigo abstrato associa-se às *presunções da existência do perigo*, o que priva esta noção de perigo de qualquer função no recorte fático da norma. Estão, por isso mesmo, associados a condutas por assim dizer: "inofensivas", mesmo quando típicas, pois se um pacato cidadão vai dar uma volta com uma pistola-metralhadora automática debaixo do braço e regressa "sem que nada se tenha passado", a conduta, que infringe uma norma (artigo 86º, nº 1, da Lei das Armas), bem se pode qualificar de *inócua*, por não ter gerado um perigo efetivo – mínimo que ele fosse[28]. Na ausência de qualquer perigo – ajuizado *ex ante* e *a posteriori* – dir-se-ia que qualquer punição teria (con-traditoriamente!) que assentar na perigosidade do sujeito e não na perigosidade da conduta, contrariando por outro lado a tendência do direito penal "clássico" de proteção de bens jurídicos, o qual se concentra (ao menos preferencialmente) numa relação individualizável entre autor e vítima.

Tomemos o momento consumativo do crime de falsificação documental (artigo 256º), o qual se entende normalmente como associado à mera atividade do sujeito. Esta é ponderada unicamente pela via legiferante, o perigo aparece como "manifesto" ou como "elemento oculto" – que não é sequer chamado ao mundo da imediata discursividade dogmático-penal, mas que "influencia, decisi-vamente, toda a compreensão dos crimes de perigo abstrato"[29]. Fica por isso como que estabelecido perante a natureza da ação, não podendo o juiz dele se ocupar.

Embora se diga que o "protótipo" dos crimes de perigo abstrato é o da con-dução em estado de embriaguez (artigo 292º),[30] considere-se, de preferência e para mais exata compreensão, a riqueza dogmática do artigo 21º do Decreto-Lei nº 15/93. Basta-se com a aptidão que os atos revelam para constituir um perigo para determinados bens e valores (a vida, a saúde, a tranquilidade...). A opção

a certos crimes económicos por recurso à técnica do tipo de perigo abstrato supõe uma elevada valoração do bem jurídico e uma especial necessidade de proteção do mesmo (Hassemer). Hassemer faz parte da corrente mais restritiva; ainda que se não oponha à inclusão dos crimes de perigo abstrato no chamado direito penal "clássico", não se mostra todavia tão generoso quanto a novas manifestações legais.

[28] Mas é claro que a arma se podia ter disparado por descuido ou até por si só – lembrará quem foi mandado para a guerra colonial na companhia de uma FBP, uma pistola-metralhadora da Fábrica de Braço de Prata. Esta razão porá em dúvida a justeza do esboçado juízo ex ante, a menos que nem a metralhadora nem o portador dela se fizessem acompanhar das munições apropriadas, embora se possa ainda opor que a arma, ao ser, por ex., esquecida ou subtraída, iria parar a mãos inimigas da paz, da tranquilidade e da segurança.

[29] José Francisco de Faria Costa, *O Perigo em Direito Penal*, p. 622.

[30] Roxin, "Zur neueren Entwicklung der Rechtsgutdebate", *Fest. W. Hassemer*, 2010, p. 589.

QUESTÕES FUNDAMENTAIS

legislativa vai no sentido da proteção antecipada – as diferentes variáveis definidoras das condutas passíveis de integrar o ilícito de tráfico de drogas: cultivar, produzir, fabricar, extrair... encontram-se numa relação de alternatividade e progressividade. O acórdão do STJ de 5 de dezembro de 2007, no proc. n.º 3396/07 (para só citar este), nota que as condutas alternativas estão entre si numa relação de progressão criminal, de maneira a que do cultivo de droga se passa à fabricação de produtos estupefacientes que exijam intervenção química, ao transporte e, por último, aos atos de tráfico. A técnica de tutela reconduz-se à multiplicidade dos comportamentos – esgotantemente pensada pelo legislador – em que se pode desdobrar a atividade ilícita. Passa a ser indiferente que o sujeito produza, venda, distribua, compre, ceda, etc.; encontram-se, todas essas formas de conduta em pé de igualdade, sendo, porém, único o delito, ainda que se multiplique no tempo (e no espaço) o modelo de perigo que o legislador pretende evitar com as diferentes ações descritas. É esta específica estrutura delitiva, em sistema de pirâmide, que dá a razão de só se punir as diversas parcelas como um único crime e não em concurso (crime *exaurido*).

Os crimes de perigo abstrato são hoje uma realidade indesmentível – as normas que os preveem são constitucionalmente legítimas, não obstante as observações que por vezes se adiantam de se punirem condutas inofensivas e de se não respeitar com isso a presunção de inocência. Com a figura dos crimes de perigo abstrato ou presumido, a punição de certas condutas, através da vinculação inerente à tipificação desses crimes, não viola o princípio da proporcionalidade,[31] dado que com eles ainda se visa proteger, "se bem que por meio da mais avançada das defesas jurídico-constitucionalmente permitidas", *um concreto e determinado bem jurídico penal*. Com o perigo abstrato, a doutrina italiana, lembra A. Silva Dias,[32] procurou "recuperar a perigosidade abstrata como técnica de tutela legítima nas sociedades atuais, através da compatibilização com os princípios da ofensividade e da culpa".

Excurso. Estes crimes, que tinham estado na sombra, estenderam-se, qual mancha de óleo, tendo encontrado o seu assento em muitos setores da ordem dos bens jurídicos. Mais tarde, depois da Segunda Grande Guerra, converteram-se em filhos diletos do legislador[33]. Contra a expansão destas novas formas de tutela, alega-se (por ex., Hassemer) que a criminalização de comportamentos com vítimas

---

[31] Faria Costa, *O Perigo*, especialmente p. 635 e ss.

[32] Augusto Silva Dias, "*Delicta in se*", p. 242.

[33] Karl Lackner, *Das konkrete Gefährdungsdelikte im Verkehrsstrafrecht*, Berlim, 1967, p. 1: "...hat sie sich in der Zwischenzeit wie ein Ölfleeck ausgebreitet und an vielen Stellen der rechtsgüterordnung ihren Platz gefunden. Spätestens nach dem 2. Weltkrieg ist sie beinahe zum Lieblingskind des Gesetzgebers geworden".

difusas através dos crimes de perigo abstrato significa, em primeiro lugar, um empobrecimento dos pressupostos da punibilidade: em vez de uma vítima visível, em vez de um dano, a punibilidade depende somente da comprovação da conduta perigosa. O núcleo do direito penal deixou de contar com um setor delimitado. Lembra Hassemer,[34] que as modernas sociedades, devido à sua complexidade, são altamente permeáveis ao crime. A frequência dos crimes de perigo é a expressão de uma enérgica e urgente necessidade de criminalização, a incidir sobre áreas "modernas": problemas ambientais, droga, criminalidade organizada, economia, tributação, informática, comércio externo e controlo sobre armas bélicas – nestas áreas se concentra hoje a atenção pública. Os crimes de perigo facilitam a prova ao juiz e dificultam a defesa dos arguidos; descrevem características "empobrecidas" quanto ao conteúdo do ilícito, com limites pouco precisos. Ao contrário dos crimes de lesão do direito penal clássico, têm como pressuposto de punibilidade unicamente uma ação perigosa para o bem jurídico e já não uma lesão dos bens jurídicos, com o que dispensam um qualquer nexo de causação. Do ponto de vista do bem jurídico, significam uma dissolução do conceito, limitado a um "controlo potencial": o lema já não é a proteção dos interesses humanos concretos, mas a proteção de instituições sociais ou "unidades funcionais de valor", o sistema de subvenções, o processamento de dados ou de crédito, o meio ambiente na sua totalidade, a saúde pública, o mercado de capitais. O conceito de bem jurídico, insiste Hassemer, transporta agora, nomeadamente nas áreas do direito penal secundário (económico--social), uma nova, mas completamente diferente, mensagem: a da criminalização.

Se com estas e outras críticas o princípio da lesividade ou o princípio da culpa são abalados é questão a que o Tribunal Constitucional tende a responder pela negativa. No acórdão do *TC* nº 441/94, decidiu-se que na situação concreta o crime de tráfico de estupefacientes (na altura previsto no artigo 23º, nº 1, do Decreto-Lei nº 430/83, agora no artigo 21º, nº 1, do Decreto-Lei nº 15/93, de 22 de janeiro) não põe em causa nenhuma das manifestações do princípio da culpa, por se tratar, desde logo, de um crime doloso, por força do disposto no artigo 13º do CP, estando excluída, nos termos gerais, a responsabilidade objetiva do agente. Acresce que o agente só será punido desde que culpado, não podendo a pena exceder a medida da culpa. Por outro lado, as atividades em que o tráfico de estupefacientes se traduz possuem uma ressonância ética só comparável, em intensidade, às incriminações clássicas às quais está associado, historicamente, o próprio conceito de crime, como o homicídio e o roubo[35].

---

[34] W. Hassemer, "Strafrecht um Wandel", *Journal für Rechtspolitik* 15, 2007, p. 83; e *História das ideias penais na Alemanha do pós-guerra*, AAFDL, 1995, p. 66.
[35] Veja-se ainda o acórdão do *TC* nº 426/91 *BMJ* 411, p. 56. Sobre a discussão atual da compatibilização do perigo abstrato com o princípio da culpa, Augusto Silva Dias, *"Delicta in se"*, p. 796.

QUESTÕES FUNDAMENTAIS

Há situações da vida, autênticos terrenos minados, em que o direito penal não pode deixar de antecipar o *início da punibilidade* por forma a atingir condutas que sejam simplesmente perigosas, em abstrato, para o bem jurídico. Pode, por ex., legitimamente erigir-se em crime a simples "omissão das cautelas destinadas a impedir um desastre nuclear",[36] ainda que um tal acidente esteja bem longe de verificar-se. Tratar-se-ia sem dúvida de um crime de perigo abstrato ou presumido inteiramente compatível com o princípio da ofensividade pela particularidade do contexto em que se iria inserir.

Contudo, se isto é assim para o legislador, também a jurisprudência e a doutrina têm deveres precisos neste campo. Se o julgador ou o aplicador do direito depara com uma *norma suspeita do ponto de vista da ofensividade*, compete-lhe reinterpretá-la à luz deste princípio. Aponta-se essa necessidade com a norma do artigo 295º, nº 1 ("embriaguez e intoxicação"), do CP, visto geralmente como um crime de perigo abstrato. Também geralmente se entende que para este efeito o facto praticado em estado de completa inimputabilidade representa uma mera condição objetiva de punibilidade. A norma não dispensa a colocação nesse estado de embriaguez completa: *quem (...) se colocar em estado de inimputabilidade* derivado da ingestão com consumo de bebida alcoólica ou de substância tóxica. Todavia, esse é, em si, um fenómeno (*Erscheinung*) "socialmente tolerado",[37] embora depois, quando nesse estado o embriagado pratica "um facto ilícito típico", já passa de facto socialmente tolerado a facto criminoso. O ato praticado em estado de embriaguez completa não se liga a uma conduta socialmente censurada (como ocorre por ex., na *rixa*, em que os participantes se acometem tumultuariamente),[38] mas ao simples ato de consumir álcool.

---

[36] O exemplo não foi escolhido de forma arbitrária ou inocente, tanto mais que se vem considerando fundamento da criação de crimes de perigo abstrato (veja-se Kindhäuser, citado por A. Silva Dias, "*Delicta in se*", p. 242) "a preservação das condições de segurança necessárias para uma disposição despreocupada de bens", entendendo-se por segurança "o estado juridicamente garantido à pessoa que dispõe de bens de que tem proteção suficiente". Contudo, as desgraças acontecidas em março de 2011 com os reatores nucleares de Fucuxima, no Japão, mostram como os políticos se aferram ao uso do "tatemae", uma expressão local relacionada com a ocultação de informação ao cidadão comum.

[37] Claus Roxin, *AT* 1, p. 868, remetendo em termos gerais para Arth. Kaufmann.

[38] No Código Penal, a "participação em rixa" (artigo 151º) é também **crime de perigo abstrato**, embora tal opinião não seja unânime. A presunção de perigo é igualmente deduzida de uma **condição objetiva de punibilidade** (morte ou ofensa corporal grave de alguém). A qualificação destes elementos como condições objetivas de punibilidade (impróprias) constitui uma cedência à responsabilidade objetiva e é de evitar, embora se compreendam as dificuldades processuais de prova que a determinam. Sobre o ilícito e a punibilidade no crime de participação em rixa, veja-se o estudo de Frederico de Lacerda da Costa Pinto, *Liber Discipulorum Figueiredo Dias*, p. 869 e ss. Cf. também Rui Carlos Pereira, *O dolo de perigo*, p. 151; Figueiredo Dias, *Direito Processual Penal*, 1988/89; e Volker Krey, *Strafrecht*, BT, Band 1, 9ª ed., 1993, p. 124.

Taipa de Carvalho, por redução teleológica, conclui tratar-se de um crime de **aptidão** (crime de perigo abstrato-concreto) cuja ilicitude é constituída, exclusivamente, pelo *desvalor da* (perigosidade) da ação, concretamente, a autocolocação em estado de embriaguez. O perigo, embora sem referência normativa explícita, apresenta-se, intrinsecamente, como uma qualidade da ação. Todavia, para evitar dúvidas de (in)constitucionalidade, há de admitir-se que a perigosidade seja analisada na sua vertente negativa, "levando em consideração as características do agente"[39].

Dê-se, porém, por assente que não é punida a "singela" situação de embriaguez sem a concorrência de um facto ilícito praticado nesse estado (supondo-o, naturalmente, no contexto dos artigos 20º, nº 1, e 295º). Esse mesmo estado entra na conformação do crime, mas, por si só, não chega para prova da perigosidade com reflexos autónomos, num direito que se apura como direito penal *do facto*;[40] trata-se de uma conduta juridicamente indiferente, mas perigosa por ser a partir dela que a "condição" acaba por ditar a punibilidade. A embriaguez *só por si* não justifica a punibilidade. O crime é "crime de embriaguez e intoxicação", aberto ao perigo para uma diversidade de bens jurídicos, mas exige a prática de um facto ilícito típico, embora o dolo ou a negligência não se lhe refiram, mas à conduta de colocação em estado de embriaguez.

f) A necessidade de proteção

O direito penal só tutela bens essenciais à vida do homem em comunidade e apenas as formas mais graves ou mais intoleráveis de ataques a esses bens. Isso *só* acontece quando não haja outro remédio, por terem fracassado mecanismos de proteção menos gravosos para a pessoa. Augusto Silva Dias, que adere a uma conceção relacional de bem jurídico,[41] entende que só merece o qualificativo

---

[39] Taipa de Carvalho, *Conimbricense*, tomo II, p. 1113; e *A Legítima Defesa*, p. 137. Veja-se também Hans-Jürgen Bruns, "Die Strafzumessung bei Vollrauchdelikten", *Festschrift für Karl Lackner*, 1987, p. 439 e ss.; e Schröder, "Abstrakt-Konkrete Gefährdungsdelikte" *JZ*, 1967.

[40] Nessa perspetiva se pode afirmar que o direito penal está virado para o passado, para um facto que tipifica a ilicitude legal.

[41] E para quem a função do Direito Penal "consiste fundamentalmente no **controlo social de comportamentos** que atentam gravemente contra bens jurídicos que integram as estruturas do reconhecimento recíproco inscritas no mundo da vida moderno". Diz mais: que "qualquer incriminação que não possa ser reconduzida a um bem jurídico que exprima, destarte, a ordem de reconhecimento, ou, visto de um outro prisma, cujo sentido de ofensa não possa ser reconstituído como uma negação de reconhecimento recíproco, ou, se se preferir, como um dano ou perda para a posição jurídico-social das pessoas, está fora do quadro de referência fornecido pela validade jurídico-penal. Pouco monta se essa incriminação merece o qualificativo de crime de perigo presumido, de infração funcional, de delito de acumulação, ou de outro equivalente. Salvo circunstâncias extraordinárias, a reação a essa forma de ilícito deve ser desencadeada através de mecanismo diferentes do Direito Penal". No âmbito da UE, o conteúdo democrático do chamado

QUESTÕES FUNDAMENTAIS

de bem aquele objeto "tido consensualmente como valioso pela comunidade e só são suscetíveis de lograr esse consenso os objetos que possuem um valor de utilidade para a realização dos sujeitos participantes, de tal sorte que a sua lesão possa ser valorativamente experimentada como um dano ou perda" (...) A vida, a integridade física, a propriedade, a qualidade dos bens de consumo, ou o ambiente sadio, *retiram o seu conteúdo de valor* do elevado significado que a comunidade lhes confere como meios de realização individual e coletiva dos seus membros, ou, se se preferir, como meios para a satisfação das suas necessidades básicas". Acrescenta, aliás, que "sem esta dimensão valorativa faltam as qualidades que justificam a atribuição de um valor àquele substrato relacional".

A determinação daqueles fragmentos da vida que devem ser protegidos penalmente implica uma decisão política estadual. Em resumidas contas, pergunta-se se todos os bens jurídicos protegidos pelo direito penal encontram suporte constitucional; e se, além disso, existe uma obrigação de criminalizar, com referência a todos os bens jurídicos porventura elencados na Constituição[42].

Nas leis fundamentais europeias, poderemos relegar para a convivência da exceção as obrigações constitucionais de incriminação endereçadas ao legislador ordinário. Algumas existem, é certo, de forma expressa. Para além destas, aposta-se, aqui e além, de forma débil, na leitura de *obrigações constitucionais implícitas*.

Entre nós, uma obrigação genérica de garantia sancionada na lei fundamental não nos parece corresponder ao chamamento de uma obrigação de tutela penal. É certo que, por ex., "a integridade moral e física das pessoas é inviolável" e que "a lei garantirá a dignidade pessoal e a identidade genética do ser humano" (artigos 25º, nº 1, e 26º, nº 1, da Constituição), mas não se prescreve o modo *como* deverá o legislador organizar a correspondente tutela, deixando-se esse exercício à discricionariedade do legislador ordinário.

Isto sem ignorar que a tutela constitucional se estende, por ex., a quaisquer ofensas à integridade física, independentemente da sua gravidade: *existe um direito a não sofrer ofensas corporais*. Foi assim que o *TC*, no acórdão nº 616/98, aceitou que "o exame de sangue, contra a vontade do examinado, possa constituir, nos limites da proteção constitucional, uma ofensa à integridade física da pessoa". No feixe dos direitos fundamentais, a integridade pessoal liga-se de forma estreita à essencial dignidade da pessoa humana (artigo 1º da Constituição), a par da vida,

---

Tratado de Lisboa oferece uma especial atenção ao direito penal como meio de controlo social. Na base do direito penal valoriza-se todo um código de condutas cuja lesão é entendida como insuportável para a vida em comum, surgindo a pena, de modo necessário, rodeada de um juízo de desvalor ético-social.

[42] Quanto ao desenvolvimento destas duas questões, veja-se Carlota Pizarro de Almeida, "Conceito material de crime", *Casos e materiais de direito penal*, p. 206 e ss; e Maria da Conceição Ferreira da Cunha, *Constituição e crime*, UCP, 1995.

da liberdade e da segurança. Sustentar que uma agressão voluntária e consciente, consubstanciada em atos de violência física, não traduz uma violação de direitos, liberdades ou garantias pessoais dos cidadãos quando daí não resulte qualquer lesão, é entrar pela inconstitucionalidade, como bem decidiu o mesmo *TC* no acórdão nº 226/00.

O Prof. Figueiredo Dias vem sustentando[43] que entre a ordem axiológica jurídico-constitucional e a ordem legal – jurídico-penal – dos bens jurídicos tem de verificar-se uma qualquer *relação de mútua referência*. Relação que não será de identidade, ou mesmo só de 'recíproca cobertura', mas de *analogia material*, fundada numa essencial *correspondência de sentido* e – do ponto de vista da tutela – de *fins*. "Correspondência que deriva, ainda ela, de a ordem jurídico-constitucional constituir o quadro obrigatório de referência, e, ao mesmo tempo, o critério regulativo da atividade punitiva do Estado. É nesta aceção, e só nela, que os bens jurídicos protegidos pelo direito penal devem considerar-se concretizações dos valores constitucionais expressa ou implicitamente ligados aos direitos e deveres fundamentais"[44].

2. Proteção através da sanção: o artigo 40º, nº 2, do CP

Caso nº 1 No final duma festa em casa de amigos, *A* pôs-se ao volante do seu automóvel e, apesar de saber que tinha bebido demais e que por isso não estava em condições de conduzir, seguiu na direção de sua casa. Às tantas, deixou de atinar com o caminho e passou a circular pela faixa esquerda onde embateu num carro que seguia em sentido contrário com observância de todas as regras de circulação automóvel. Do embate resultaram ferimentos graves no outro condutor. A análise ao álcool no sangue de *A* revelou uma *TAS* (taxa de álcool no sangue) de 1,5 g/l.

O caso nº 1 situa-se na área dos crimes contra a segurança das comunicações (artigos 291º e 292º), mas também na dos crimes contra a integridade física (artigo 148º). Além das penas cabidas às correspondentes infrações (prisão ou multa, enquanto **penas principais**), ao *A* pode ainda ser aplicada a **pena acessória** de *proibição de conduzir* veículos com motor prevista nos artigos 69º, nº 1, alínea *a*), e 291º e 292º, fazendo-se uso dos instrumentos processuais correspondentes.

---

[43] Veja-se só *DP/PG* I, 2004, p. 114.

[44] Há quem prefira acentuar que ao direito penal incumbirá proteger bens jurídicos *radicados* na Constituição. Faria Costa, *O Perigo em Direito Penal*, 1992, p. 272, afirma a certo passo que as ordens constitucional e penal tendem a ser coincidentes na sua função protetora de bens jurídicos. Veja-se, deste mesmo autor, toda a exposição contida no *Direito Penal especial – Contributo a uma sistematização dos problemas "especiais" da Parte Especial*, Coimbra, 2004, p. 27 e ss.

QUESTÕES FUNDAMENTAIS

As condições de existência e autodeterminação da pessoa em sociedade (a vida, a liberdade, a paz social) são confiadas, no que diz respeito à sua vertente jurídica, a bens jurídico-penais. Para cumprir a sua função de proteção, o direito penal serve-se da sanção, que não deixa de ser um mal, um mal penal dirigido pelo legislador a quem cometeu um crime. Estamos perante opções conscientemente relacionadas com a privação de algo que, por direitas contas, se reconduz a um bem jurídico. Se a sanção é privativa da liberdade, eis na liberdade o bem que se atinge; se da imposição de uma multa se trata, afeta-se negativamente com ela o património do condenado. Mas se um bem jurídico do delinquente é desta forma atingido, isso significa de algum modo, como correlato, a proteção da liberdade e do património da própria vítima. A discussão tem sido bastante rica, mas hoje não se duvida de que a pena é determinada pela necessidade de proteção de bens jurídicos e não de retribuição da culpa e do facto. Abandonou-se o paradigma retributivo. A inflição de um mal pela imposição de uma pena como que prolonga a censura estadual relativamente ao condenado. A sanção contém um juízo de desvalor relativamente ao agente pelo seu facto e nessa medida uma avaliação negativa da correspondente conduta, o que imprime à norma aplicada (sem dúvida uma norma de determinação: "*tu* não deves matar!") a característica de norma de valoração ("não *se* deve matar!").

a) As teorias absolutas: a reparação do mal do crime

As teorias da retribuição e expiação, ditas teorias absolutas, são muito antigas e têm raízes, por assim dizer, sacralizadas. Apontam para trás, acreditando que o sentido da pena radica na compensação do mal causado. Daí que a gravidade da pena deva encontrar correspondência na gravidade do facto. Ainda há poucas décadas se sustentava que a pena seria legítima se fosse a retribuição de uma lesão praticada de modo censurável. Por ex., Maurach escrevia para Kant[45] que "a pena, pela sua própria natureza, apenas pode ser retribuição (*Vergeltung*) e nada mais. Não importa se esta retribuição é eficaz como *prevenção*. Pelo contrário, o fim de *prevenção* implica uma utilização ilegítima do delinquente no interesse dos outros". Não se recorre à ideia de utilidade da pena: só será legítima a pena justa, mesmo que não seja "útil". A justificação de tal entendimento não se depreende de quaisquer outros fins a alcançar com a pena, mas apenas da realização da ideia de justiça como retribuição de uma culpa passada, enquanto justo equivalente do dano do crime e da culpa do agente. É, em resumo, o pensamento da compensação retributiva, que, neste sentido, só ao condenado diz respeito.

---

[45] Veja-se Beleza dos Santos *BMJ* 73, p. 7.

b) As teorias relativas: prevenção geral e prevenção especial ou individual

Os desenvolvimentos operados já no século dezanove levaram a que aos poucos a justificação e a missão do direito penal deixassem de estar comprometidas unicamente com a ideia da necessidade de compensar o ilícito e a culpa ligados ao crime. Com o contributo de autores humanistas como Feuerbach e de outros, renovadores, como *von* Liszt, as perspetivas foram mudando nos seus traços essenciais, repudiando-se por fim a pena retributiva e afirmando-se a preponderância das finalidades preventivas (prevenção geral e prevenção especial), próprias das doutrinas relativas. A pena intenta contrariar a prática de futuros crimes. Se as penas se destinam, como hoje o Código expressamente declara (muito, afinal, por influência de Liszt), à proteção de bens jurídicos e à reintegração do sujeito na comunidade, os únicos fins da pena estatal reconduzem-se à sua *natureza utilitarista*, passam a interessar não só a quem as sofre mas também aos demais cidadãos, para impedir futuras ações ilícitas.

Excurso. Paul Johann Anselm v. Feuerbach (1775-1883), além de ter enunciado pela primeira vez o princípio "nulla poena sine lege", é geralmente referido na história do direito penal como o fundador de um sistema em que avulta a doutrina da prevenção geral como sua pedra basilar, a qual, por a sua principal referência assentar na ameaça da sanção penal, passou a ser designada como *teoria da coação psicológica*. Para Feuerbach, esta missão tem como destinatários os membros da comunidade. A ameaça penal contida na norma, com o seu efeito psicológico de intimidação, dirige-se à generalidade dos cidadãos, dizendo-lhes que não cometam crimes. Também Bentham (1748-1832) viu nas penas criminais a função preventiva através da *intimidação geral*, pois cada condenação devia servir de aviso aos criminosos potenciais de que sofreriam idêntico tratamento se cometessem crimes. Bentham, autor de uma *Théorie des peines et des récompenses*,[46] entendia que "punir, no seu sentido mais geral, consiste em impor um mal a um indivíduo, devido a um facto por ele cometido ou omitido, e pelo qual merecia ser retribuído", mas acrescentava-lhe uma outra carga valorativa, do tipo utilitarista, porquanto estendia os efeitos da pena a toda a sociedade, atribuindo-lhe também a missão de impedir futuras ações ilícitas (função preventiva através da intimidação geral). Cada condenação servia de aviso aos criminosos potenciais de que sofreriam idêntico tratamento se cometessem crimes. Deste modo, dizia ainda Bentham, a pena produz um mal de primeira ordem, concreto e imediato, e um bem de segunda ordem, abstrato e imediato. Inflige um sofrimento ao indivíduo

---

[46] *Punishments and Rewards*, obra publicada em 1811, também traduzida em espanhol como "Teoría de las penas y sus recompensas".

que o praticou; nos seus efeitos secundários a pena transforma-se toda em bem; intimida os homens perigosos, fortalece os inocentes e é a única salvaguarda da sociedade. Bentham insistiria: as penas ineficazes não se deverão impor, não serviriam para prevenir outros atos semelhantes – convoquemos, pois, o **princípio da utilidade**, como regra que deverá orientar o estabelecimento das penas.

Com as teorias relativas procura-se legitimar a pena pela obtenção de um determinado fim (a ideia de intimidação), tem-se em vista o futuro, olhando em frente. Esse fim ainda é, de algum modo, enunciado ao estilo de Bentham, para quem "as penas legais são males impostos, levando em conta formas jurídicas, a indivíduos condenados pela prática de um ato nocivo, ofensivo da lei, e com o fim de prevenir atos semelhantes".

Chegou-se, por fim, a Liszt (1851-1919). O núcleo do pensamento de Liszt "nada mais era do que a atribuição dos fins de prevenção à pena criminal, contrastando com a alegada *inutilidade* social da pena considerada como a retribuição da culpa passada"[47].

c) Legitimação e finalidades da pena; prevenção geral, prevenção especial

A pena é um meio repressivo indispensável à manutenção das condições da convivência das pessoas. Alguém lhe chamou "uma amarga necessidade" a que se recorre para reforço das proibições cuja observância é absolutamente necessária à subsistência da sociedade (Gimbernat). Sem a cominação sancionatória, o relacionamento pessoal em comunidades como a dos nossos dias seria praticamente impensável. Basta atentar no comportamento, tantas vezes transgressional e agressivo, dos que conduzem a seu bel-prazer na estrada.

A pena comporta, primeiro, uma função de advertência: motivação para um comportamento de acordo com os padrões sociais, por meio da ameaça de um mal para quem violar a norma. Embora algumas vozes reclamem prioridade para a prevenção especial, pelo menos nos casos de pequena e média criminalidade, o destaque vai para a **prevenção geral**: prevenção geral *de intimidação* (o aspeto, por assim dizer, *negativo*) e prevenção geral *de integração* ou *positiva*, com a qual se pretende assegurar a estabilização das expectativas comunitárias na validade e na vigência da norma violada[48].

---

[47] Paulo de Sousa Mendes, *O torto intrinsecamente culposo como condição necessária da imputação da pena*, Coimbra, 2007, p. 315.

[48] Há quem sustente que o conflito existente entre prevenção especial e prevenção geral traduz o eterno conflito entre indivíduo e sociedade, Muñoz Conde, *El error en derecho Penal*, 1989, p. 72. O autor é de opinião que o dilema se resolve quase sempre a favor da prevenção geral, não só porque a sociedade é mais forte do que o indivíduo mas também porque o direito penal, como outros sistemas de controlo social, está ao serviço de interesses sociais que nem sempre coincidem com os interesses individuais.

O RISCO DE COMER UMA SOPA E OUTROS CASOS DE DIREITO PENAL

A pena serve finalidades de **prevenção especial**, o que pode ocorrer corrigindo o delinquente corrigível (ressocialização), intimidando o que pelo menos é intimidável (delinquente ocasional), e tornando inofensivos (pela aplicação da pena de privação da liberdade: o afastamento do ambiente social) os que não são nem corrigíveis nem intimidáveis (delinquente habitual)[49]. Como bem se compreende, o *recorte negativo* consiste na intimidação do próprio agente; o *recorte positivo* é representado pela ressocialização, para evitar a marginalização indevida do condenado. Quando a privação da liberdade for inevitável, terá de se configurar a sua execução de tal forma que evite os possíveis efeitos dessocializadores, fazendo-o participar, ainda que limitadamente, na vida social. Os planos de reinserção social de que fala o artigo 54º do CP contêm os objetivos de ressocialização a atingir pelo condenado, as atividades que este deve desenvolver, o respetivo faseamento e as medidas de apoio e vigilância a adotar pelos serviços de reinserção social. Alude-se com frequência à necessidade da **não dessocialização** (*Vermeidung einer Entsozialisierung*), tendo em vista a vida futura dos condenados que não necessitam ou mesmo recusam as medidas de socialização[50].

Para a jurisprudência (consulte-se, por ex., o acórdão do STJ de 9 de setembro de 2010, no proc. nº 30/08), na determinação da medida concreta da pena entram as exigências de prevenção geral positiva ou de integração (proteção de bens jurídicos) bem como a prevenção especial (reintegração do agente na sociedade). "Será dentro dos limites consentidos pela prevenção geral positiva, diz o acórdão do mesmo STJ de 27 de maio de 2010, no proc. nº 517/08.9, que deverão atuar os pontos de vista da reinserção social".

d) Não há pena sem culpa

Quanto à culpa, para além de suporte axiológico-normativo de toda e qualquer repressão penal, compete-lhe estabelecer o limite inultrapassável da medida da pena a aplicar. A prevenção geral negativa ou intimidatória surgirá como uma consequência de todo este procedimento[51].

É, nem mais nem menos, a aplicação do artigo 40º, nº 1, do CP, nas vertentes da **proteção de bens jurídicos** e da **reintegração do agente na sociedade**.

Aliás, e de acordo com o respetivo nº 2, "em caso algum a pena pode ultrapassar a medida da culpa". De modo que "não há pena sem culpa e a pena deve corresponder, segundo uns, ou ter como limite, segundo outros, um certo quadro

---

[49] A classificação (ocasionais ou não ocasionais; corrigíveis ou incorrigíveis) remonta a *von* Liszt.

[50] Ver, por ex., Gerhard Schäfer, *Praxis der Strafzumessung*, 3ª ed., 2001; e Klaus Laubenthal, *Strafvollzug*, 5ª ed., 2008.

[51] Ainda se ouve o fantasmagórico juiz Burnet, dirigindo-se ao réu e aos circunstantes: "Homem, não é por teres roubado um cavalo que vais ser enforcado – é para que se não roubem cavalos!".

36

de culpa"[52]. Não há, portanto, crime sem culpa, acontecendo que "o princípio da culpa limita o direito penal ao inequivocamente criminoso, isto é, ao âmbito das exigências éticas irrenunciáveis da convivência humana, cuja ofensa é reconhecida por todos como culposa e merecedora de pena". Acompanhando a síntese do acórdão do STJ de 14 de maio de 2008, proc. nº 1010/08: "em caso algum pode haver pena *sem* culpa ou *acima* da culpa (ultrapassar a medida da culpa), pois que o princípio da culpa não vai buscar o seu fundamento axiológico a uma qualquer conceção retributiva da pena, antes sim ao princípio da inviolabilidade da dignidade pessoal. A culpa é condição necessária, mas não suficiente, da aplicação da pena; e é precisamente esta circunstância que permite uma correta incidência da ideia de prevenção especial positiva ou de socialização".

Fica para discutir em que se funda a necessidade da culpa; *ou* em que consiste o desvalor da culpa *ou* o seu próprio conteúdo material; *ou* em que condições de legitimidade é atribuída a culpa. Compreende-se que a categoria do delito mais afetada pela ideia de prevenção seja a culpa[53]. A culpa ou foi, por alguns, eliminada como um dos momentos do crime ou passou, no entender de outros, a funcionar como mero princípio restritivo da responsabilidade penal, como culpa residual, sem capacidade fundamentadora. A culpa, "não constituindo uma finalidade da aplicação da pena, constitui todavia um *limite* inultrapassável da sua medida, de tal modo que toda a **pena preventiva** é do mesmo passo suportada pela culpa (...). A pena orientada pela prevenção geral positiva, se tem como máximo possível o limite determinado pela culpa, tem como mínimo possível o limite comunitariamente indispensável de tutela da ordem jurídica. É dentro destes limites que podem e devem atuar pontos de vista de prevenção especial – nomeadamente de prevenção especial de socialização –, os quais, deste modo, acabarão por fornecer, em último termo, a medida concreta da pena"[54].

O próprio **princípio da culpa** implica, *ipso facto*, que as medidas de segurança privativas da liberdade só existirão para os inimputáveis (artigos 20º e 91º)[55].

No artigo 40º, nº 2, faz-se referência às penas e às **medidas de segurança**. Uma separação estrita entre penas e medidas só é possível quando se entenda a pena do ponto de vista das teorias absolutas (no contexto da *retribuição*), mas os fundamentos tornam-se discutíveis quando nos afastamos dessas premissas e nos

---

[52] A. Silva Dias, "*Delicta in se*", p. 703.

[53] No domínio dos fins das penas a culpa convive de forma, digamos, harmoniosa com a ideia de retribuição. A retribuição como teoria absoluta implica a bilateralidade do princípio da culpa – a pena pressupõe a culpa; por outro lado, sempre que se manifeste a culpa haverá que sancionar com uma pena.

[54] Figueiredo Dias, *idem*, p. 28.

[55] Mas existem medidas de segurança aplicáveis a quem for condenado por crime (artigos 100º e s.). Por outro lado, em certas condições, consignadas nos artigos 102º, 75º e 52º, do CP, o tribunal pode impor ao agente inimputável o cumprimento de certas **regras de conduta**.

propomos enveredar pelo entendimento que atualmente predomina. Quando pena e medida tinham o mesmo fim: incidir sobre o autor para evitar a reincidência, não era possível distingui-las conceitualmente. Para o Prof. Figueiredo Dias, em matéria de finalidades das reações criminais não existem diferenças fundamentais entre penas e medidas de segurança. "Diferente é apenas a forma de relacionamento entre as finalidades de prevenção geral e especial":

- nas penas, que supõem a culpa do sujeito, "a finalidade de prevenção geral de integração assume o primeiro e indisputável lugar, enquanto finalidades de prevenção especial de qualquer espécie atuam só no interior da moldura construída dentro do limite da culpa, mas na base exclusiva daquelas finalidades de prevenção de integração";
- diferentemente, nas medidas de segurança, que pressupõem a perigosidade criminal do sujeito, "as finalidades de prevenção especial (de socialização e de segurança) assumem lugar absolutamente predominante, não ficando todavia excluídas considerações de prevenção geral de integração"[56].

A pôr fim a esta nota, diremos que a aplicação de penas e medidas de segurança é admissível num mesmo processo contra o mesmo agente, mas por factos diferentes. Por um deles (suponha-se a prática de um ilícito típico de cariz sexual), o agente é declarado inimputável, atenta a anomalia psíquica de que é portador, e internado para cura, tratamento ou segurança, se verificada a sua perigosidade. Por outro, cometido na mesma altura, pode o tribunal condená-lo em pena privativa da liberdade, assentando a condenação na consciência da ilicitude e nos demais pilares básicos em que se apoia o conceito de crime. Nestes casos, a medida de internamento será executada antes da pena de prisão a que o agente tiver sido condenado e nesta descontada (**regime do vicariato** ou do intercâmbio, disciplinado no artigo 99º)[57].

---

[56] Cf. Figueiredo Dias. A respeito do **direito das penas e medidas de segurança** veja-se *DP/PG* I, 2007, p. 5 e ss. e 43 e ss.

[57] O artigo 40º, nº 1, atribui às medidas de segurança a mesma função das penas: a de proteger bens jurídicos. No seu significado original, *monismo* aponta para a pena como reação criminal e só para ela. *Dualismo*, em contrapartida, significa que o sistema penal admite, a par das penas dominadas pelo conceito de culpa, outra espécie de reações, as medidas de segurança, de natureza educadora ou terapêutica, dominadas pela perigosidade do sujeito. Com a crise do conceito de culpa (veja-se, à frente, o respetivo Capítulo) entrou também em crise o sistema dualista ou de dupla via. Em geral, sobre o relacionamento da pena com a medida de segurança (e, inevitavelmente, o dilema do "monismo" *ou* "dualismo" do sistema), Figueiredo Dias, *DP/PG* I, 2ª ed., 2007, p. 99 e ss. e *Temas Básicos*, p. 127 e ss.

QUESTÕES FUNDAMENTAIS

e) O valor da eficácia

À violação do bem jurídico deverá seguir-se uma *punição certa e rápida*. A ideia implica, obviamente, a capacidade de atingir ou realizar os fins ou os objetivos, através dos meios ou instrumentos mobilizáveis. O caráter moderado das penas na sua espécie e medida decorre ainda desses mesmos pressupostos de **eficácia**. Reconhece-se, nomeadamente, que "a cominação e a aplicação de penas excessivas desorienta os seus destinatários, tornando pouco credível o próprio sistema penal"[58].

f) Diversão em lugar da pena

Temos vindo a falar duma **justiça penal** que se ocupa do crime enquanto conflito do agente com valores essenciais para a comunidade. De muitos lados, no entanto, se insiste nos méritos das **técnicas de diversão** e da **justiça restaurativa** que procura a reparação dos danos concretos (tanto patrimoniais como morais) sofridos pelos intervenientes concretos, através do estabelecimento de práticas e formas de encontro e de comunicação, *desde que desejadas pelos próprios*, assinala Cláudia Santos[59]. É altura de recordar os crescentes **mecanismos de consenso** e os diversos **institutos orientados para a reparação**. Cláudia Santos escreve que quando se considera que em *um* crime podem existir *dois* conflitos, isso significa que o crime, enquanto acontecimento histórico uno, pode ter várias dimensões e suscitar problemas diversos. Justifica-se sobretudo a referência à Lei nº 21/2007, de 12 de junho, de **mediação penal**, que em inquéritos por crimes cujo procedimento dependa de queixa ou acusação particular habilita o MP a remeter os autos para a mediação institucionalizada, logo que obtenha indícios do crime e de quem foi o seu autor, ou em qualquer momento do inquérito, neste caso a requerimento do arguido e do ofendido. São, de qualquer modo, situações que não consentem parentesco com o privilegiamento sancionatório ampliado pelas, a vários títulos infelizes, alterações de finais do verão de 2007, possibilitando inclusivamente a *extinção da responsabilidade criminal* em situações previstas no artigo 206º, nº 1, mesmo para crime de natureza pública. Relativamente à disciplina do artigo 206º tenha-se em qualquer caso presente as remissões dos artigos 217º, nº 4, 218º, nºs 3 e 4, 219º, nº 5, 220º, nº 3, 221º, nº 5, 222º, nº 3, e 368º-A, nº 7, entre outras.

---

[58] Cf. o sentido unânime da doutrina referida por Anabela Rodrigues, *ob. cit.*, p. 325. O efeito intimidativo deriva menos da severidade da pena do que da sua aplicação *certa* e *rápida*, Figueiredo Dias, *RPCC* 1991, p. 26).
[59] Cláudia Santos *RPCC* 17 (2007), p. 470. Cf. também a mesma *RPCC* 16 (2006), p. 85. Ainda sobre a mediação penal: André Lamas Leite, *Justiça prét-à-porter?*, Rev. do Min. Público, nº 117, p. 85; e Joan J. Queralt, "Vítimas y garantias: algunos cabos sueltos", *Politica criminal y nuevo Derecho Penal*, Libro homenaje a Claus Roxin, 1997.

II. Princípios limitadores do poder punitivo do Estado

No jogo interminável da repressão, as formas primitivas de reparação ou de vingança privada foram-se aos poucos esvaziando de sentido e cederam lugar à afirmação do Estado, que chamou a si o **direito de punir**, acentuando-se a partir de certa altura a fisionomia pública do direito e do processo penal[60].

Foi-se construindo um aparelho jurídico e político em que a superioridade régia dominava. O rei não tem ninguém acima dele no temporal. Mas não há melhor rei do que o que conserva o seu reino em paz. A defesa do *bem comum* e *prol dos nossos reinos* é uma das justificações mais usadas pelo monarca, nomeadamente no momento de legislar[61]. A lei é a questão controversa por excelência: *o próprio soberano deve obedecer* às leis promulgadas por si ou pelos que o precederam no trono. Mas apenas por imperativo de consciência e não estando sujeito a sanções em caso de não o fazer[62].

É particularmente sobre o problema da recusa da violência privada e da lesão da ordem social que a **ação penal** é concebida, como instrumento de **pacificação** e **administração da justiça**, na realidade, como forma de impulsionar um dos setores prioritários da construção do próprio Estado. Significativamente coerentes, os poderes públicos passaram a impor ao agente perturbador da ordem e da paz jurídica a pena, que já não é uma pena como vingança das partes concretamente envolvidas, antes como submissão aos desígnios da punição pública. Por toda a parte, na Europa, esta autêntica revolução vai dando vida à moderna justiça penal, que dita as condutas merecedoras de um juízo de desvalor e censura e as vai tipificando como crime aos olhos da sociedade.

Evoluindo no tempo, a imagem do mundo da nossa época, com os seus modos pessoais de sentir e existir, mostra quanto a vida social carece da inserção do indivíduo numa ordenação de vínculos recíprocos. As comunidades organizadas

---

[60] Alguns dos aspetos que marcam a passagem da **vingança privada** à **justiça pública** e as diferentes orientações da repressão nas épocas moderna e contemporânea podem ver-se em Paolo Prodi, *Uma história da justiça*, Editorial Estampa, 2002, especialmente p. 136 e ss. Cf. também Cuello Calón, *Derecho Penal*, tomo I p. 57 e ss.; e Bernd Schünemann, "Derecho penal de enemigo?", *Obras* II, 2009, p. 41 e ss. Sobre o talião ("olho por olho dente por dente") e a chamada "lex talionis", Udo Ebert, "Talion und Spiegelung im Strafrecht", *Festschrift für Karl Lackner*, p. 399 e ss. e Heinrich Honsell, *Römisches Recht*, p. 174. A igualdade qualitativa entre facto e pena, que está na base do talião, liga-se à expressão latina "talis", que em cada caso impunha idêntica resposta – a resposta à agressão com outra agressão. Outros considerandos em Anabela Rodrigues, *A determinação da medida da pena privativa de liberdade*, dissertação de doutoramento, 1995, p. 165.
[61] Era às vezes o *bem de alguns*, como também se pode ler na dissertação de doutoramento de Luís Miguel Duarte, *Justiça e criminalidade no Portugal medievo (1459-1481)*, Fundação Calouste Gulbenkian, p. 78.
[62] Voltamos a Luís Miguel Duarte, *ob. cit.*, p. 81; e temos presente António Manuel Hespanha, *História das Instituições. Épocas medieval e moderna*, Almedina, 1982, e "Da 'Iustitia' à 'Disciplina'. Textos, poder e política penal no Antigo Regime", *Boletim da Faculdade de Direito*, Coimbra, 1984.

QUESTÕES FUNDAMENTAIS

em moldes democráticos estão ao serviço do desenvolvimento equilibrado do indivíduo. Numa sociedade em que a esfera de liberdade de uns não conhecesse limites, ficariam duramente ameaçados os interesses legítimos de outros. As esferas de liberdade não podem deixar de ser coordenadas, demarcando um salutar espaço de convivência, com a capacidade de dar ouvidos e estabelecer conexões dialogantes.

O direito de punir, o *jus puniendi* do Estado, também dito direito penal em sentido *subjetivo*,[63] só pode ser exercido mediante uma atividade tendente a investigar o "crime" e determinar a responsabilidade dos seus agentes. O Código de Processo Penal (CPP) reflete essa função, prescrevendo que a competência material e funcional dos tribunais em matéria penal é regulada pelas correspondentes disposições e subsidiariamente pelas leis de organização judiciária (artigos 8º a 10º); e que, além disso, a aplicação de penas e de medidas de segurança criminais só pode ter lugar em conformidade com as disposições do mesmo Código (artigo 3º: *princípio da legalidade processual*). Em lugar cimeiro, a Constituição dispõe que o processo assegura todas as garantias de defesa, incluindo o recurso (artigo 32º, nº 1). Num primeiro momento, o direito processual penal esclarece se ocorreu efetivamente a violação de uma norma penal. Se realmente assim foi, segue-se um outro momento que é o de aplicar a norma de direito material acompanhada da correspondente sanção. Por isso se diz que o direito processual (e as normas relativas à **execução** de decisões com força executiva: artigos 467º e ss.)[64] é o instrumento de resolução de um conflito penal. É ameaçando, impondo e executando penas que o atual direito penal enfrenta o indivíduo, de tal modo que os distintos

---

[63] O **direito penal objetivo** (*jus poenale*) define-se em razão do conjunto das normas jurídicas associadas à realização de um crime e à aplicação de penas ou medidas de segurança como principais consequências jurídicas – estuda o crime e os seus efeitos de um ponto de vista jurídico, como conjunto de *normas*. Como já se terá compreendido, o direito penal pode ser *formalmente* caracterizado como a violação da lei penal através de uma ação típica, ilícita e culposa. O **direito penal material** divide-se numa parte geral (PG) e numa parte especial (PE), matéria que no Código tem início no artigo 131º. *Materialmente*, crime é a ação que viola ou põe em perigo um bem jurídico penal. O direito penal também é visto por vezes no sentido de ciência (**ciência do direito penal**). Tem a seu lado a **criminologia**, que se ocupa das formas de aparecimento do crime, as causas do crime, a personalidade do criminoso. De modo diferente, a **criminalística** é a técnica do esclarecimento dos crimes cometidos e da recolha das provas. Usa os modernos métodos e tecnologias na aquisição de provas de tipo material, agrupando uma série de disciplinas que concorrem para a verificação dos elementos constitutivos da infração e para a identificação de quem nela participou. Têm lugar destacado a **medicina legal**, a **toxicologia** e a **psiquiatria forense**.

[64] De acordo com o artigo 42º, nº 1. do CP, a execução da pena de prisão, servindo a defesa da sociedade e prevenindo a prática de crimes, deve orientar-se no sentido da reintegração social do **recluso**, preparando-o para conduzir a sua vida de modo socialmente responsável, sem cometer crimes. O nº 2 dispõe que "a execução da pena de prisão é regulada em legislação própria, na qual são fixados os deveres e os direitos dos reclusos". A Lei n.º 115/2009, de 12 de outubro, aprovou o **Código da Execução das Penas e Medidas Privativas da Liberdade**, entretanto já alterado, nomeadamente pela Lei nº 40/2010, de 3 de setembro de 2010.

estádios de realização do direito penal se estruturam uns sobre os outros e que, portanto, cada etapa seguinte deve acolher em si os princípios da precedente[65].

Anote-se, a este propósito, que as regras processuais distinguem-se em razão de um elevado número de variáveis: umas descrevem o que no sistema de justiça penal se articula com as competências das autoridades judiciárias (o juiz, o juiz de instrução e o Ministério Público), dos advogados e defensores, das autoridades de polícia criminal e dos funcionários de justiça; outras disciplinam a forma e a eficácia dos diversos atos processuais, dispondo, por ex., quanto à produção da prova em audiência e aos modos de a apreciar e valorar, aparecendo, algumas vezes, especificamente direcionadas às condições de validade de um ato, como no reconhecimento de pessoas (artigo 147º do CPP), que não vale como prova se não obedecer ao esquema acolhido na lei penal adjetiva.

1. O caráter fragmentário do Direito Penal

Nem todas as violações de bens jurídicos são puníveis. Ao direito penal exige-se que intervenha *só* em casos significativamente graves, de essencialidade dos bens para a convivência humana em sociedade. O direito penal, enquanto direito protetor das condições indispensáveis à vida em comum, aplica-se apenas a certas parcelas definidas normativamente, a certos fragmentos *ilícitos* da vida social, "aqueles que, de uma perspetiva *teleológica*, representam um ilícito *digno* de uma sanção de natureza criminal"[66]. Tal intervenção só se justifica quando outros meios mais suaves se não mostrem disponíveis. O direito civil, como outras parcelas do Direito – nomeadamente o direito administrativo e o direito disciplinar – também protege bens jurídicos, chama a si uma função protetora. Há, consequentemente, sanções civis (nulidades, indemnização de perdas e danos, etc.). A punição generalizada das violações dos contratos, só para dar este exemplo, seria de todo inadequada. Daí que o que é eficaz jurídico-civilmente nunca deva abrir portas a uma reação penal. Já assim se pensava, fez, entretanto, cento e cinquenta anos: "As penas são um mal acrescentado a outro mal e por isso são um sacrifício que somente se pode justificar quando for indispensável. É este um princípio que, tendo sido consignado na Declaração dos Direitos do Homem, passou para todas as constituições. Há leis cujas proibições se podem sustentar sem aquele sacrifício, sendo bastante a declaração de nulidade dos atos contrários,

---

[65] Sobre a necessidade desta consideração gradual, aliada à teoria das penas, Roxin, *Problemas fundamentais de direito penal*, p. 26.

[66] Figueiredo Dias, *DP/PG* I, 2007, p. 16. Exclui-se, portanto, uma intenção de *continuum* normativo ao direito penal criminal; os hiatos formais não serão entendidos como lacunas a integrar, mas antes como ausência pura e simples de incriminação, cf. A. Castanheira Neves, "O princípio da legalidade criminal", *Digesta* I, p. 402.

ou a reparação pelos meios judiciais. Assim, a lei proíbe ao marido alienar bens de raiz sem outorga da mulher, ao agiota emprestar dinheiro ao filho-famílias, sem contudo impor penas aos que praticarem tais atos, porque para os evitar é bastante declarar a nulidade deles"[67].

O objeto do direito penal não se confunde com a generalidade das ações socialmente desconformes ou ilicitamente violadoras de bens jurídicos (o chamado *caráter fragmentário* do direito penal). Uma limitação desta ordem não representa uma visão reducionista, antes corresponde a uma vantagem de um Estado de direito de feição liberal. Harmoniza-se, aliás, com a forma como na PE se procede à recolha jurídico-penal das condutas tidas por ilícitas. O que significa, por outro lado, que o legislador, consciente e intencionalmente, deixa sem punição comportamentos que fundadamente se assemelham a outros que tem por merecedores de sanção, dependendo, possivelmente, das circunstâncias do caso concreto que ao senso jurídico pudessem parecer mais dignos de pena do que os declarados puníveis[68].

2. O princípio do mínimo de intervenção estadual: artigo 18º, nº 2, da Constituição

Ao direito penal é assinalada a natureza de direito protetor da sociedade e do indivíduo face ao crime. A aplicação de penas e medidas de segurança visa a proteção de bens jurídicos fundamentais, dotados de dignidade penal e necessitados de tutela penal.

Ao direito penal é igualmente assinalada a natureza de direito protetor face ao Estado e ao seu poder punitivo. Deve intervir o menos possível na vida, nos direitos e nas liberdades da pessoa (**princípio de intervenção mínima**) e só está autorizado a fazê-lo como último recurso – *ultima ratio* da política social (**princípio da intervenção subsidiária**), limitando-se à proteção de bens jurídicos. Segundo o artigo 18º, nº 2, da Constituição da República "a lei só pode restringir os direitos, liberdades e garantias nos casos expressamente previstos

---

[67] Basílio Alberto de Sousa Pinto, *Lições de direito criminal*, Coimbra, Imprensa da Universidade, 1861, p. 56.

[68] Maiwald, "Zum fragmentarischen Charakter des Strafrechts", *Festschrift für Maurach*, p. 9 e ss. O direito penal *não* pode – e nem sempre pode, como facilmente se interioriza com o exemplo que se segue – proteger "*toda* a economia, *todo* o património, *toda* a saúde pública, *toda* a natureza", José de Faria Costa, "O direito, a fragmentaridade e o nosso tempo", *Linhas de direito penal e de filosofia*, 2005, p. 9 e ss. Para um alargar de vistas quanto a esta temática, a mais do que se dirá no texto, atente-se no caso tratado pelo acórdão do STJ de 15 de fevereiro de 2012, proc. n.º 476/09, relator: Conselheiro Santos Carvalho, sumariado no blog *Cum Grano Salis*. O médico psiquiatra tinha sido absolvido do crime de violação sobre a sua paciente, grávida. O Supremo Tribunal, impedido de censurar a decisão penal, já transitada, acabou por condenar o médico pelos prejuízos não patrimoniais que o seu ato ilícito (*assédio sexual*) provocou, nos termos dos artigos 39º, nº 3, do Código Deontológico dos Médicos, 483º e 487º do Código Civil.

na Constituição, devendo as restrições limitar-se ao *necessário* para salvaguardar outros direitos ou interesses constitucionalmente protegidos".

Que é vedado ao legislador criminalizar condutas arbitrariamente, sem respeitar uma lógica de necessidade e subsidiariedade, ficou esclarecido no acórdão do *TC* nº 211/95:

> Caso nº 2 Um trabalhador tinha-se recusado a embarcar num navio da marinha mercante em que estava matriculado como pescador. Tendo sido acusado de "crime de deserção", a acusação foi rejeitada por ofensa à Constituição e por os factos não merecerem ser criminalizados. A situação seria simplesmente de natureza laboral.

Ficando-se a ingerência do Estado pelo mínimo necessário à defesa de certos direitos ou interesses, essa função interventiva no âmbito político-criminal limita o **legislador** no momento de produzir normas penais, ficando-lhe vedado incriminar, por exemplo, o adultério ou as relações homossexuais consentidas entre adultos. São igualmente inadequadas as sanções penais para a prostituição e a pornografia que não envolvam menores (embora o lenocínio do artigo 169º se apresente como o *aproveitamento* da prostituição).

a) Descriminalização e despenalização

Concluímos que os factos que não causam dano, mesmo que possam ser sentidos como imorais, não devem ser penalmente sancionados. Melhor dizendo, com Rudolphi: as puras imoralidades ficam fora do objeto das ameaças penais.

A secularização da sociedade, que se começa a desenhar já no século dezoito, conheceu, como sua imediata consequência, a separação entre o Direito e a Moral. Avisava então Diderot (1713-1784) que "a distância entre o altar e o trono não será nunca excessiva"[69]. Mentiras, malícias e outras vulgaridades também não são, por si só, objeto adequado do direito penal. Só as proibições e comandos fundamentais da vida em sociedade merecem adotar o caráter de normas penais.

No correr dos tempos, muitas figuras delitivas têm mudado de forma significativa. Entre as que simplesmente desapareceram encontra-se a bruxaria e as práticas mágicas e de feitiçaria. A usura era sancionada severamente na Idade Média cristã por razões religiosas. Atualmente, a usura é no Código crime patrimonial (artigo 226º, nº 1) que não ocorre sem que o usurário explore situação

---

[69] Citado por Prieto Sanchís, *Justicia constitucional y derechos fundamentales*, Madrid, Editorial Trotta, 2003, p. 265.

de necessidade, de anomalia psíquica ou semelhante, fazendo com que a vítima se obrigue a conceder vantagem pecuniária manifestamente desproporcionada com a contraprestação. Como se trata de crime de "intenção" (ou de "tendência"), com um complicado desenho típico que o nosso resumo não esgota, é duvidoso que alguma vez a norma venha a aplicar-se. A "concorrência desleal" deixou de ser "crime", passando a contraordenação, provavelmente por não ser moldada de acordo "com uma ordem ética de tutela de bens jurídicos", mas segundo uma "ordem técnica de cumprimento de deveres"[70].

Nos países ocidentais deu-se uma larga **descriminalização**[71] quando, nalguns casos, uma lei nova deixou de incriminar certos factos previstos numa lei anterior, de modo que o que antes era crime deixou de o ser. A descriminalização distingue-se da **despenalização**, quando uma lei nova continua a considerar uma conduta como crime, mas submete-a a uma punição mais leve do que aquela que resultava da lei anterior[72].

Um caso recente de descriminalização é o retratado pelo acórdão do STJ de 20 de fevereiro de 2008, *CJ* 2008, tomo I, p. 235. Teria havido "excesso" na análise crítica probatória por banda de um dos juízes do Coletivo, "constitutiva do seu voto divergente sobre a matéria de facto da decisão". Atualmente (depois das mudanças introduzidas pela Lei nº 48/2007), a lei consente a conduta assumida por esse juiz. É agora legalmente possível que o juiz vencido declare com precisão os motivos do seu voto também quanto à matéria de facto, uma vez que a lei deixou de restringir o voto de vencido a matéria de direito. O Tribunal aplicou por isso a lei mais favorável: artigos 367º, nº 1, e 372º, nº 2, do CPP;

---

[70] Costa Pinto, "O ilícito de mera ordenação social e a erosão do princípio da subsidiariedade da intervenção penal", *RPCC* (1997), p. 59, e Augusto Silva Dias, *"Delicta in se"*, p. 21. Os delitos da concorrência desleal fazem parte do Código da Propriedade Industrial (Decreto-Lei nº 36/2003, de 5 de março), sendo os seus atos caracterizados como contraordenações e, consequentemente, puníveis com coimas.

[71] Certos aspetos da descriminalização foram realizados à vista de um acréscimo de sensibilidade às infrações que põem em causa a liberdade de ação de pessoas particularmente indefesas em razão da idade, deficiência, doença ou gravidez e mesmo de dependência económica, como o mostra, por ex., o conteúdo atual da alínea *c*) do nº 2 do artigo 132º; da alínea *d*) do nº 1 do artigo 152º; e da alínea *b*) do nº 1 do artigo 155º. Mas o tema da descriminalização não deverá ser confundido com a "banalização" ou "vulgarização", por ex., do pequeno furto que – mesmo quando cometido por simples vício, garotice, vaidade ou ganância – é, como a seu tempo escreveu Paulo Rangel em artigo de jornal, "desestruturante" e "dissolvente" das mais elementares regras de convivência social. "Não apenas pelo prejuízo que causa às pessoas ou entidades lesadas, mas pelo modo como abala os valores cívicos da confiança em que deve assentar a vida social, a vida social quotidiana no que ela tem de mais prosaico mas também de mais comum".

[72] Procurando melhor definição: "descriminalização significa abandono da incriminação de certos factos (a que alguns chamam 'descriminalização em sentido técnico'), ou atenuação da incriminação, da punição ou da perseguição penal de outros factos (a que chamam 'despenalização')", Jorge de Figueiredo Dias, *Lei criminal e controlo da criminalidade*, 1976, p. 12.

e 371º, nº 1, 2º, nᵒˢ 2 e 4, do CP. Outro caso, igualmente recente, diz respeito ao crime de desobediência que antes da entrada em vigor da Lei nº 48/2007, de 29 de agosto, cometia o arguido faltoso, notificado para comparecer a julgamento em processo sumário[73].

Não se sancionam "certas formas de vida" em que, "livremente", só entram adultos, como a mendicidade e a vagabundagem. Do mesmo modo, não viola a lei aquele que se "vira" contra si mesmo, tentando o suicídio ou recorrendo à automutilação. O direito penal também se não ocupa de certas formas perigosas de praticar desporto. Nalguns casos propende-se a liberalizar o uso de drogas. A moral sexual é de preferência evitada nos códigos, que passaram a desenhar os correspondentes ilícitos como infrações contra a liberdade e autodeterminação sexual. O acórdão do *TC* nº 144/2004 ocupou-se com algum pormenor da relação entre o direito e a moral a propósito da "eventual" inconstitucionalidade da norma contida (na época) no artigo 170º, nº 1, do CP (lenocínio). A palavra "homossexualidade" foi recentemente postergada da matéria criminalmente codificada, mais como sinal do espírito do tempo ("einem Wandel des *Zeitgeistes*") do que como afronta à ideia do bem jurídico. O duelo não chegou a ser incluído na versão inicial do código atual, embora se castigasse, por ex., no de 1852: duelo, repto ou desafio era o combate entre duas ou mais pessoas, premeditado e convencionado, para satisfação de alguma desavença particular, escrevem os "criminalistas" do século dezanove. A pornografia sem o achegar de menores não é matéria do direito penal, mesmo que centrada na mais grosseira importunação e acessível nos mais variados suportes, unicamente para excitação e estímulo de certos gostos[74]. Reclama-se do legislador que prescinda de incriminar condutas por meras razões de oportunidade. Fala-se na **função simbólica** do direito penal por referência a normas penais que somente aparentam proteger um bem jurídico. Um conjunto de normas penais simbólicas não serve como orientador de condutas e encobre os princípios jurídicos que presidem à pena estadual. Em tais casos, o juízo sobre a utilidade das penas, longe de assentar em bases racionais, firma-se antes em

---

[73] Veja-se o atual artigo 385º, nº 3, do CPP, e Celso Leal, na *Revista do CEJ*, nº 7 (2007), p. 125, bem como o acórdão da Relação de Guimarães de 10 de julho de 2008, no processo nº 436/08-2.

[74] Significativo o passo dado a seu tempo na Alemanha quanto ao conceito de **pornografia**. A exemplo de outros casos de desnormativização, desligou-se da valoração moral que carregava, para se fixar em considerações meramente descritivas. Por ex., a pormenorização de certas práticas sexuais, chamando a especial atenção para as perversidades, a exposição ou a "banalização" do desvendar do sexo oral ou anal. A pornografia "constitui, talvez, a manifestação mais imediata da sexualidade, uma vez que, ao contrário do erotismo, não estabelece mediação entre o espectador e o objeto do seu desejo. Nada é sugerido, ou sequer revelado; tudo é exibido", Kristina Orfali, "Um modelo de transparência: a sociedade sueca", *História da vida privada*, p. 599. O filme pornográfico chegou ao ponto de alimentar passagens de gosto sádico e a pornografia com crianças. Finalmente, divulgam-se imagens pornográficas nas redes informáticas.

QUESTÕES FUNDAMENTAIS

cálculos politicamente comprometidos. Critica-se o emprego supérfluo ou arbitrário da sanção criminal (*"overcriminalization"*; *"exzessiver Kriminalisierungen"*)[75].

Excurso. Sobre a diferença entre **direito penal simbólico** e **"crimes simbólicos"**[76]. Encontra-se, certamente, um significado simbólico em crimes como o de ofensa à honra do Presidente da República (artigo 328º) e nos de coação contra órgãos constitucionais e de perturbação do funcionamento de órgão constitucional (artigos 333º e 334º). Idêntico significado parece carregar o crime de furto agravado de coisa móvel alheia afeta ao culto religioso ou à veneração da memória dos mortos e que se encontre em lugar destinado ao culto ou em cemitério (artigo 204º, nº 1, alínea *c*))[77]. Existe igualmente um crime de dano agravado de coisa alheia afeta ao culto religioso ou à veneração da memória dos mortos (artigo 213º, nº 1, alínea *e*)). Muito se tem escrito sobre a responsabilidade do incêndio do Reichstag em 27 de fevereiro de 1933, geralmente visto como um acontecimento marcante no êxito do estabelecimento da Alemanha nazi. Claus Roxin,[78] interessou-se pelo § 130 do StGB, parcialmente idêntico ao nosso atual artigo 240º do CP; no que diz respeito ao § 173 StGB, que criminaliza o incesto, entende que o mesmo terá mais a ver com a proteção de um tabu do que com a de um bem jurídico. A mais disso, não deixou de se pronunciar, "com vigor", diz Ulfrid Neumann,[79] contra a tentativa de construção de bens jurídicos de aparência coletiva como a pretensa "saúde pública" nos tipos penais da droga.

b) A pena deverá ser necessária, além de dever ser adequada e proporcionada

Fácil é agora concluir que nas relações com o *jus puniendi*, também a pena deverá ser necessária, além de dever ser adequada e proporcionada à proteção de determinado direito ou interesse legalmente protegido.

---

[75] "A experiência tem demonstrado que a cedência à tentação de sobrecriminalização acaba por defraudar completamente as esperanças de, por seu intermédio, dominar e controlar o aumento da criminalidade. Na realidade, um tal processo – quantas vezes de duvidosa legitimidade constitucional, por insuficiente atenção prestada ao princípio 'nullum crimen, nulla poena sine lege' – lança o maior descrédito sobre o direito penal e a função que primariamente lhe incumbe de proteção dos valores *fundamentais* da comunidade, esquecendo que aquele só deve intervir como *ultima ratio* da política social", Jorge de Figueiredo Dias, *Lei criminal e controlo da criminalidade*, 1976, p. 10. Não deixa de ser curioso observar a atual tendência do legislador português que valentemente arregaça as mangas para fazer de qualquer inovação da lei penal uma enigmática forma de "luta" e de "combate". Não é caso único. Referindo-se ao que se passa em sua casa, também Hassemer, "Strafrecht um Wandel", *Journal für Rechtspolitik* 15, 2007, nota que o principal substantivo que encabeça as reformas da lei penal alemã dá pelo nome de "Bekämpfung".

[76] Cf. F.-C. Schroeder, *Fest. für W. Hassemer*, 2010, p. 617.

[77] A quem pertence o cadáver? Veja-se, ainda no plano pronunciadamente simbólico, as reflexões de Faria Costa, *Linhas de direito penal e de filosofia*, p. 59 e ss.

[78] Claus Roxin, *AT* 1, p. 15.

[79] Ulfrid Neumann, *ZStW* 123, 2011-2.

A própria **medida de internamento** (medida de segurança tendente a salvaguardar a comunidade da perigosidade do agente de um "facto" descrito na lei como crime), enquanto instrumento limitador do direito à liberdade, está dependente na sua utilização do que a Constituição estabelece em matéria de restrição de direitos, liberdades e garantias no n.º 2 do citado artigo 18º.

Excurso. "O juiz terá de averiguar, antes de tudo, se a aplicação, no caso, da medida de segurança serve concretamente a realização dos fins a que ela se destina, isto é, a finalidade primária da socialização do agente e a finalidade secundária de segurança da sociedade face à perigosidade comprovada; em seguida terá de apurar se, em concreto, uma medida menos onerosa não será suficiente e eficaz relativamente à prossecução dos fins apontados, caso em que se imporá a sua aplicação; finalmente, deverá analisar se a aplicação da medida, apesar de adequada e necessária, não representará para o agente uma carga desajustada, excessiva ou desproporcionada face à gravidade do facto ilícito típico praticado e ao perigo de repetição dos factos da mesma espécie, sendo que, para aferição da proporcionalidade, o fator mais importante é o do grau de perigo resultante da probabilidade de repetição, sendo elementos relevantes, neste contexto, a frequência esperada da repetição e mesmo a brevidade com que se supõe que ela ocorrerá" (acórdão do *STJ* de 28 de maio de 2008, no processo nº 08P1402, *relator*: Oliveira Mendes).

A doutrina consagrada no Tribunal Constitucional vai no sentido de que o recurso a meios penais está, constitucionalmente, sujeito a limites consideráveis.

"Consistindo as penas, em geral, na privação ou sacrifício de determinados direitos (maxime, a privação da liberdade, no caso do confinamento coercivo em estabelecimento penitenciário ou equivalente), as medidas penais só são constitucionalmente admissíveis quando sejam necessárias, adequadas e proporcionadas à proteção de determinado direito ou interesse constitucionalmente protegido (cfr. artigo 18º da Constituição), e só serão constitucionalmente exigíveis quando se trate de proteger um direito ou bem constitucional de primeira importância e essa proteção não possa ser suficiente e adequadamente garantida de outro modo" (acórdão do *TC* nº 99/2002).

Trata-se certamente de uma limitação imposta à atividade estadual que, em vez de uma sua deficiência, desperta a voz das vantagens incomparáveis de uma sociedade livre.

QUESTÕES FUNDAMENTAIS

c) À função de tutela subsidiária do direito penal liga-se a ideia de dignidade penal

Não se podendo impor um castigo, por desnecessário, quando outras medidas assegurem uma proteção suficiente dos bens jurídico, nalguns casos, ainda que se não disponha de meios mais suaves, haverá que renunciar, por falta de idoneidade, à pena, quando ela seja inoperante ou mesmo nociva. O **merecimento de pena** é expressão de um juízo qualificado de intolerabilidade social, presente na valoração ético-social de uma conduta, no que diz respeito à sua criminalização e punibilidade.

À função de tutela subsidiária do direito penal (tutela de *ultima ratio*) de bens jurídicos anda ligada a ideia de **dignidade penal** – o mesmo é aludir a bens jurídicos cuja lesão se revela digna ou merecedora de pena. Para Figueiredo Dias,[80] "pressuposto de punibilidade [a última pedra do edifício do conceito de facto punível e da respetiva doutrina geral] é todo o elemento que não relevando ao nível do tipo de ilícito ou do tipo de culpa, todavia torna o facto suscetível de provocar um efeito ou consequência jurídica, tornando possível que esta se desencadeie" – o facto ilícito-típico e culposo é também em regra facto digno de pena, mas pode suceder excecionalmente que o não seja: pode não coincidir na dignidade penal do facto. A partir destas considerações, estará aberto caminho para completar a ligação da **dignidade penal/falta de dignidade penal** ao binómio **punibilidade/não-punibilidade**, enumerando-se hipóteses tão diversas como "a impunidade da desistência da tentativa (porque o facto praticado não exige punição do ponto de vista preventivo), de factos bagatelares, do auxílio ao suicídio ou dos crimes falimentares, quando o suicídio ou a falência não vêm a ter lugar" – as quais, em função de exigências preventivas, serão remetidos para o denominador da **falta da dignidade penal**, não obstante tratar-se de factos típicos, ilícitos e culposos[81]. Neste contexto, o crime traduz um comportamento ilícito-típico, culposo e digno ou merecedor de pena (e portanto punível)[82].

---

[80] Veja-se desde logo "Sobre a construção da doutrina do crime (do facto punível)", *Temas básicos da doutrina penal*, 2001, especialmente p. 248; e *DP/PG* I, 2007, p. 263, 280 e 669. Dando conta, sobretudo, de alternativas dogmáticas, Manuel da Costa Andrade, *Consentimento e Acordo em Direito Penal*, p. 186; *RPCC* 2 (1992), p. 173; a "Anotação" ao acórdão do *TC* nº 54/04, O abuso de confiança fiscal e a insustentável leveza de um acórdão do Tribunal Constitucional, *RLJ* ano 134, p. 300, e "Merecimento de pena y necesidad de tutela, *"Fundamentos de un sistema europeo del derecho penal"*, Coimbra-Symposium, 1995. Há espaço para alguns autores sustentarem que *"todos* os elementos objetivos e subjetivos de uma incriminação típica incorporam já momentos de dignidade penal" – a tese de Günther da *ubiquidade da dignidade penal*, referida por Costa Andrade, "Dignidade Penal", *RPCC* 2 (1992), p. 195.

[81] Damião da Cunha, "Não punibilidade e dispensa de pena", *RPCC* 15 (2005), p. 229, identifica a não punibilidade com a figura da "dispensa de pena", "por ser este o 'melhor conceito' face aos dados positivos do CP".

[82] Exemplos de *desnecessidade punitiva* postos em destaque por Costa Andrade: o do proprietário, em caso de troca arbitrária e não autorizada de dinheiro (uma nota de vinte euros vale o mesmo que dez moedas de dois euros); ou a apropriação não autorizada de coisa carecida de valor patrimonial ou afetivo.

O RISCO DE COMER UMA SOPA E OUTROS CASOS DE DIREITO PENAL

Caso nº 3 Atento o seu caráter fragmentário, o direito penal só protege certos e determinados bens jurídicos. Se nos reconduzirmos, por ex., ao património cultural, concluímos que só certas expressões dele interessam ao direito penal, mais exatamente: na forma do direito penal "clássico", aplicando-se o crime de dano qualificado (artigo 213º, no Capítulo dos crimes contra a propriedade), a quem destruir, no todo ou em parte, danificar, desfigurar ou tornar não utilizável, "monumento público", ou "coisa pertencente ao património cultural e legalmente classificada ou em vias de classificação"[83].

Quando recentemente se integraram "monumentos culturais ou históricos" num tipo legal de crime de poluição com perigo comum já existente e (até então) unicamente direcionado à criação de perigo para a vida ou para a integridade física de outrem ou para bens patrimoniais alheios de valor elevado (artigo 280º),[84] houve que indagar, sucessivamente, se o correspondente bem jurídico tinha dignidade penal e em que termos (se por exemplo se protegiam valores ecológicos, um ambiente sadio, ou o património cultural). Perante a resposta, que a todas as luzes foi afirmativa (embora se possa discutir a sua oportunidade e o adequado conteúdo), coube indagar quanto à necessidade de pena. De qualquer modo, sempre ficaram de fora da previsão legal as condutas poluentes que não atinjam o grau de gravidade definido no nº 3 do artigo 279º ("**danos substanciais**"). Para alguns perigos "menores" haverá provavelmente outros ramos do direito que cumpram a desejada finalidade de tutela[85]. Entendemos muito bem Mir Puig para quem nem todo o bem jurídico requer tutela penal – nem todo o *bem jurídico* há de converter--se num *bem jurídico-penal*. Num sistema de *ultima ratio*, a questão pode contender com a adesão a fenómenos que concorrem para a expansão do direito penal, atentas as crescentes necessidades de proteção numa sociedade cada vez mais complexa (com a "metastática ampliação do catálogo punitivo", como lhe chama Gimbernat). A ideia do bem jurídico não pode converter-se num convite permanente à incriminação, doutro modo deixa de desempenhar a sua função limitadora.

[83] A norma do artigo 242º (destruição de monumentos) foi revogada pela Lei nº 31/2004, de 22 de julho.
[84] Depois disso, a Lei nº 56/2011, de 15 de novembro (28ª alteração do Código Penal), voltou a modificar a redação desse preceito.
[85] Já agora, a terminar esta breve nota, porque nos dispensaríamos de ler as valiosas considerações da dissertação de doutoramento do Prof. Faria Costa, começando na p. 298? Às tantas, põe-se (põe-nos) o Autor a pensar em um fato singelo: o corte de uma árvore. E logo nos ocorre uma lei escrita, feita pelo rei D. Sancho I, por volta de 1200, preocupado, para o bem da grei, tanto com árvores como com forcas. "Qui pino taiare inforquem-no", mandava o rei, o que, posto em português moderno, quer dizer mais ou menos isto: a quem deitar abaixo pinheiro sirvam-lhe a forca e não façam cerimónias. Mais tarde, no tempo do rei D. Dinis, veio a proibição genérica de "talhar árvore por pé", tudo para evitar a destruição das matas. A informação é veiculada pelo sábio António Sérgio.

3. O princípio da culpa

No plano doutrinal mas também jurisprudencial tem-se vindo a reconhecer que o princípio da culpa não tem *expresso* assento constitucional. Derivando, contudo, da essencial dignidade da pessoa humana, acha-se consagrado nos artigos 1º, 13º, nº 1, e 25º, da Constituição, e articula-se com o direito à integridade moral e física. O direito penal assenta no princípio da culpa. Este supõe a "responsabilidade" da pessoa, enquanto pessoa capaz de avaliar a conformidade ou a não conformidade do seu facto ao direito ou de se determinar de acordo com essa avaliação (artigo 20º).

O princípio da culpa proíbe a incriminação de condutas destituídas de qualquer ressonância ética, impede a responsabilização objetiva, obstando à punição sem culpa e à punição que exceda a medida da culpa (artigo 40º, nº 2). "São consequências desta consagração constitucional, entre outras, a exigência de uma culpa concreta (e não ficcionada) como pressuposto necessário da aplicação de qualquer pena, e a inerente proscrição da responsabilidade objetiva; a proibição de aplicação de penas que excedam, no seu *quantum*, o que for permitido pela medida da culpa e a proibição das penas absoluta ou tendencialmente fixas" (acórdão do *TC* nº 432/2002).

A culpa e a regra da proporcionalidade são também o suporte da aplicação das **penas acessórias**, por ex., a de proibição de contato com a vítima do crime de violência doméstica (artigo 152º). O **internamento de imputáveis** portadores de anomalia psíquica tem as suas regras próprias, estabelecidas nos artigos 104º e ss. Outros pressupostos presidem ao **internamento de inimputáveis** em estabelecimento de cura, tratamento ou segurança – sempre que, por virtude da anomalia psíquica *e* da gravidade do facto praticado, houver fundado receio de que venha a cometer outros factos da mesma espécie (artigo 91º).

Por aqui se vê que culpa e perigosidade delimitam o sistema sancionatório no respeitante à diferença entre as penas e as medidas de segurança. No sistema em que uma via é a pena e a outra a medida de segurança, o mesmo agente pode ser cumulativamente punido por um crime de furto com pena (por ex., de multa) sendo-lhe aplicada uma medida de segurança por um facto descrito na lei como crime de violação cometido na mesma altura. Enquanto a pena pressupõe sempre a culpa do agente e por esta é limitada, a medida de segurança de internamento é independente da culpa do agente e conjuga-se unicamente com a sua perigosidade futura. A medida de segurança só pode ser aplicada se for proporcionada à gravidade do facto e à perigosidade do agente. Mas a aplicação das penas e das medidas de segurança coincide no facto de ambas visarem a proteção de bens jurídicos e a reintegração do agente na sociedade (artigo 40º, nº 1) – em matéria de fins, não há diferença entre penas e medidas de segurança, ainda que na pena a finalidade de prevenção geral positiva assuma o primeiro lugar, adscrevendo-se considerações de socialização e segurança às medidas de reabilitação e segurança.

Excurso. Fernanda Palma[86] fala de uma função meramente restritiva da culpa na determinação da pena (artigos 40º, nº 2, e 70º (*a contrario*) do Código Penal. Significa isso que "a culpa como censura da pessoa do agente (da sua vontade ou da sua orientação de conduta) não justifica a pena nem a sua medida judicial, apenas impede que razões preventivas justifiquem uma pena não proporcionada (superior) à da culpa do agente". Tratando da culpa como *não* fundamento da pena, Faria Costa:[87] "o grande segmento sobre o qual giram e devem girar as conexões entre a pena e a culpa será o de que a toda a pena corresponde uma culpa; nem sempre a toda a culpa corresponde uma pena".

III. Norma e tipo

O **crime** (a infração penal, o delito, a conduta, o comportamento ou a ação punível – todas estas noções se equivalem) representa a lesão ou a ameaça de lesão de um bem jurídico tutelado pela lei penal, com origem num comportamento humano. Os pontos fortes de um conceito *analítico* de crime ligam realidades como *comportamento típico, ilícito e culposo* que, por assim dizer, representam o somatório dos pressupostos materiais da consequência jurídica. Como mais desenvolvidamente se verá nos capítulos seguintes, trata-se de um critério *formal*, marcado pelo início da realização típica da conduta: matar outra pessoa (artigos 131º, 137º), danificar coisa alheia (artigo 212º), subtrair coisa móvel alheia (artigo 203º), etc.

O Direito Penal consiste num conjunto de normas jurídicas, ordenadas e sistematizadas entre si, fundamentalmente com assento no Código Penal (CP). Deitam raízes no mundo dos valores, podendo ser olhadas na sua sistemática conformação abstrata, mas também como instrumento de aplicação ao caso concreto, e consequentemente como objeto da teoria do crime. São normas jurídico-penais de características imperativas, por transportarem uma ordem do legislador, o que as diferencia de outras, como as regras morais. Se a conduta humana viola os elementos descritos numa norma como a do artigo 131º (homicídio) está previsto

---

[86] Fernanda Palma, *Jornadas sobre a Revisão do Código Penal*, 1998, p. 25. Sobre o princípio da culpa (e sobre outros princípios político-criminais que presidem ao Código Penal), Jorge de Figueiredo Dias, "O Código Penal Português de 1982 e a sua reforma", *RPCC* 1993, p. 166, Cf. também a "Introdução" ao Código Penal, constante do Decreto-Lei nº 400/82, de 23 de setembro; Os novos rumos da política criminal e o direito penal português do futuro", separata da *Revista da Ordem dos Advogados*, 3, 1983; e agora *DP/PG* I, 2004, p. 81, com o resumo da teoria penal que defende.

[87] José de Faria Costa, *O Perigo*, p. 373 e ss.

que se lhe siga uma *consequência jurídica* ditada pela própria norma[88]. Trata-se da conhecida estrutura binária: *recorte fático – consequência* (reação criminal: pena ou medida de segurança).

A norma-incriminadora é norma de previsão que se completa com a indicação da correspondente sanção. O primeiro termo da norma contém o *tipo* (os elementos de facto e de direito, o desenho ou descrição da figura delitiva, da concreta conduta proibida ou imposta); o segundo termo faz acrescer à previsão típica as consequências jurídicas. O tipo é o recorte legal do ilícito penal, "o suporte linguístico que contém a descrição dos elementos constitutivos de uma determinada espécie de infração" (A. Silva Dias), em suma, o conjunto de características que tornam penalmente relevante uma conduta humana que, enquanto tal, não tem inteira correspondência com a norma. O tipo limita-se à descrição das formas possíveis de conduta humana que a norma proíbe, podendo dizer-se que a norma penal se desdobra num primeiro segmento que se dirige ao comum dos cidadãos; num outro momento, manda que o juiz aplique a consequência jurídica prescrita quando a norma é infringida. As normas penais dirigem-se às pessoas dizendo-lhes que se devem abster de violar bens jurídicos alheios (lesando-os ou pondo-os em perigo) e determinar-se em conformidade com o direito. São modelos de comportamento, na medida em que contêm uma ordem objetiva para a vida em sociedade. Ao exprimirem aquilo que a ordem jurídica tem como juridicamente correto e, simultaneamente, o que é desaprovado, dão aos seus destinatários indicações a respeito da forma como se devem comportar. Num sentido material e alargado, pertencem ao direito penal todas as normas que regem, sob certas condições, as consequências jurídicas e a forma processual de as impor e fazer executar ao condenado.

Um conjunto de **normas incriminadoras** define no Código as correspondentes infrações, indicando na sua parte puramente descritiva (*tipo*) os pressupostos da responsabilidade penal e disciplinando a natureza das sanções. O CP é um repositório de valores fundamentais da comunidade,[89] enquanto consagra **tipos**

---

[88] Virá a propósito um breve apontamento em ligação com a teoria da normas de Binding, a qual parte da distinção entre **norma** e **lei penal**. A norma, como se deixou expresso, dá vida ao ilícito; a lei faz nascer o crime: "die Norm schafft die rechtswidrige, das Strafgesetz die verbrecherisches Handlung", Binding, *Die Normen und ihre Übertretung*, I, 1922, p. 134. Daí a observação de que a conduta delituosa viola a norma, mas não propriamente a lei penal. Para Binding normas são proibições ou comandos de ações. São assim chamadas porque servem de regras (jurídicas) de conduta às pessoas capazes de ação, limitando, enquanto tais, a sua liberdade, pretendendo dizer-lhes, como já atrás se acentuou, o que não devem e o que devem fazer. A lei penal limita-se a ordenar o modo de reagir à violação da norma, a qual, por sua vez, exprime o desvalor de um facto.

[89] O direito penal é direito *substantivo*, por oposição ao direito processual penal, que é direito *adjetivo*. O direito processual penal elabora e organiza o *cenário* de que o direito penal necessita para se tornar efetivo (Hassemer). Sem ele, não haveria meio de proteger os bens jurídicos nem de impor as consequências

legais constituintes dessas infrações concretas, sancionadas com uma pena ou a aplicação de uma medida de segurança.

A intervenção do direito penal concretiza-se por referência a esse catálogo de bens jurídicos, em articulação com os diversos tipos de crime, seja o do artigo 131º (*homicídio*) ou o do artigo 212º, nº 1 (*dano*) – enlaçados em cheio ao postulado da **reserva de lei**, ao monopólio da lei como fonte do direito penal, em razão da **separação dos poderes**. Na órbita do direito penal liberal, a proteção do bem jurídico oferece um critério material, de relevância assinalável, na construção dos tipos penais: o bem jurídico afirma-se como o conceito central do tipo. Nessa sua posição, e vista a diversidade do seu objeto de valoração, o bem jurídico consente a construção de campos comuns, podendo os correspondentes tipos ser agrupados para funcionarem como elemento classificatório na PE do Código, presidindo o bem jurídico, dentro de cada Título (dos crimes contra as pessoas, dos crimes contra o património, etc.), à estruturação dos *capítulos* (dos crimes contra a vida, dos crimes contra a integridade física, etc.) e das *secções* (exemplo dos crimes contra a liberdade sexual seguidos dos crimes contra a autodeterminação sexual). Mais exatamente, as conexões internas partem dos Livros, nestes entram as Partes (Geral e Especial), em cada Parte os Títulos, em cada Título os Capítulos, nalguns Capítulos as Secções, e dentro destas os Artigos que, contados, vão até ao 386º. Há assim, distribuídos pelo Código, grupos de crimes, por ex., um crime-base como o furto simples do artigo 203º, nº 1, que "arrasta" consigo duas formas qualificadas (artigo 204º, nos 1 e 2) e as modalidades privilegiadas constantes do artigo 207º, mas supondo todas elas a violação do mesmo bem jurídico[90].

---

jurídicas dos crimes. Em palavras breves, trata-se de decidir da inocência ou da culpabilidade de uma pessoa e infligir-lhe, se for o caso, a sanção prevista pelo legislador penal, que só pode ser aplicada em conformidade com as disposições processuais (artigo 2º), a que o próprio Estado se submete.

[90] Com a intenção de exemplificar como se imbricam as questões da PG com as da PE, não nos furtaremos, já nestas primeiras linhas, a uma chamada de atenção para a alínea *f*) do nº 1 do artigo 204º: "Deixando a vítima em difícil situação económica". Poderá o agente que nem sequer representou esta possibilidade e que manifestamente não a quis ser ainda punido por furto qualificado por esta alínea? Negada a possibilidade de um crime qualificado de furto, na falta do indispensável elemento subjetivo quanto à circunstância qualificadora – embora subsista a possibilidade do furto simples – poderá ainda assim enquadrar-se o caso num crime agravado pelo resultado (artigo 18º)? A estrutura teria a seguinte configuração: uma conduta-base dolosa (subtração de coisa móvel alheia) e um resultado agravante (... a vítima em difícil situação económica) dela derivado, sendo certo que este evento ulterior não integra um tipo legal de crime, o que, como também veremos mais à frente, por ex., quanto ao suicídio da vítima do crime de violação, é uma das características dos crimes agravados pelo resultado. Sobre esta interessante questão, veja-se Helena Moniz, *Agravação pelo resultado?*, p. 427.

QUESTÕES FUNDAMENTAIS

Qualquer tipo comporta elementos (a ação, o resultado e a relação causal entre ambos – nos crimes de resultado são os critérios decisivos) que o distinguem dos outros, "tornando-os todos *especiais*, no sentido de serem inconfundíveis",[91] de modo que a ausência de um tipo não pode ser suprida por analogia, alheando-se do direito penal, por exemplo, o atrevimento daquele que secretamente leva consigo um livro alheio com o propósito (já existente no início da ação) de o ler e "restituir" em seguida.

A norma do artigo 131º é uma **norma completa** porquanto descreve claramente o tipo: "matar outra pessoa"; e a consequência jurídica: "prisão de oito a dezasseis anos". É deste modo um **tipo fechado**, em contraposição com os chamados **tipos penais abertos**, de natureza "incompleta", por alguns elementos constitutivos da infração não se encontrarem nele descritivamente incluídos, seja o exemplo dos tipos negligentes em que é necessário que o intérprete analise se houve descuido, imperícia ou imprudência e se o agente, ao menos, pôde ter previsto o resultado (artigo 15º).

Muñoz Conde adverte para a eventualidade de confusão entre "norma" e "artigo" do Código, explicando que normalmente podem coincidir, mas noutras ocasiões os elementos da norma, o tipo e a consequência jurídica encontram-se repartidos por diferentes artigos, acrescentando que quando isso ocorre dentro da mesma secção ou capítulo, a norma não perde a sua natureza de norma completa. Todavia, muitas vezes, para completar o tipo ou a consequência jurídica, há que atentar em diferentes artigos do Código que se não encontram em imediata conexão; ou, inclusivamente, levar em conta uma norma jurídica alheia ao direito penal, surgindo então dois problemas: o das **normas penais incompletas** e o das **normas penais em branco**. Entre nós, o conceito de norma penal em branco estuda-se normalmente em associação com o de tipo penal aberto, a propósito da necessidade de determinação ou taxatividade da norma.

"Os tipos possuem um núcleo central mas os seus limites são porosos". Há no entanto situações de subsunção imediata (e para isto chama a atenção Augusto Silva Dias), como é o caso da idade mínima de 16 anos requerida para a atribuição da capacidade de culpa no artigo 19º do CP. Também é fácil concluir que outras normas penais, como a de falsidade de depoimento (artigo 359º), o começo da ação exprime-se através da sua exata tipificação com o ato de prestar juramento e de ser advertido nos termos legais.

Ao lado da **norma** que "contém um mandato *imperativo* de fazer ou não fazer, o qual, se for violado, dá origem à ilicitude da ação ou da omissão" (Figueiredo

---

[91] Cezar Roberto Bitencourt, *Teoria geral do delito*, 2007, p. 149.

Dias), o conceito de **"tipo"** gera uma proximidade imediata, em termos de perceção e complementaridade de ambas as noções[92].

Quando a **tipicidade** se mostra caracterizada (artigo 131º: *A*, dolosamente, *matou B*, "outra pessoa"), entram em jogo as consequências ligadas a esse facto, que – preenchidos os restantes elementos do crime: ilicitude (por ausência de uma causa de justificação) e culpa (por ausência de uma causa de desculpação) – podem consistir, por ex., na imposição de uma pena de prisão de oito a dezasseis anos.

A diversidade entre normas é praticamente exclusiva do seu recorte descritivo, embora o tipo, por natureza, exprima uma conduta que contraria a norma. No artigo 131º (homicídio) a simplicidade da figura é manifesta: "quem matar outra pessoa". A norma de que deste tipo deriva impõe o dever de respeitar a vida alheia, o que é igualmente de fácil compreensão. Compare-se, em todo o caso, com o "peso" dos elementos típicos que o legislador levou à definição do crime de usura do artigo 226º, apenas para ficarmos com uma primeira ideia de como se distingue um tipo de outro ou outros.

As consequências jurídicas indicadas na norma contêm toda uma outra dimensão. Não será por aí que, por ex., se poderá adequadamente distinguir um crime de ofensa à integridade física simples do artigo 143º, nº 1, de um furto do artigo 203º, nº 1. Além do mais, ambos são punidos dentro de idêntica moldura penal com pena de prisão até três anos ou com pena de multa.

Em termos práticos e atinentes à resolução de casos, a tipicidade constitui *indício de ilicitude* – o pressuposto material que se lhe segue no caminho para a imposição da consequência jurídica. A adequação do facto ao tipo faz surgir o indício de que a conduta é antijurídica (é desde logo antinormativa), decaindo a afirmação perante a configuração de uma causa de justificação[93].

---

[92] Uma mais marcante proximidade encontra-se igualmente na valoração, como uma "unidade", entre o tipo de ilícito e a ilicitude – nesse sentido, "todo o tipo é tipo de ilícito", Figueiredo Dias, *DP/PG* I, p. 401.

[93] Esse efeito de indício não é em geral reconhecido nos chamados **tipos abertos**, como acontece nos crimes negligentes e nas omissões impróprias. Nuns e noutros, ao juiz cabe, até certo ponto, "construir" o conteúdo total do tipo, lançando mão de critérios como o da **posição de garante,** por assim dizer o fator de legitimação da **equivalência da omissão à ação** – afirmada em norma da PG, o artigo 10º, nºˢ 1 e 2. Cf., por exemplo, Welzel, *Das Deutsche Strafrecht*, 11ª ed., 1969, p. 82 e 326, ao tratar do crime de coação (*Nötigung*): "A lei apenas descreve uma parte dos elementos do tipo; a outra parte vê-se remetida para a integração judicial do tipo, sendo dado ao juiz só o ponto de vista segundo o qual ele tem de proceder a essa integração". Na vida social existem casos de coação mediante ameaça de um mal *importante* ("sensível") que se revelam totalmente conformes ao direito, mesmo quando não se encontram justificados por uma norma permissiva especial. O tipo não contém uma descrição objetiva da ação de constrangimento, contentando-se em dizer ao juiz quando é que a ação descrita na norma-incriminadora é ilícita.

QUESTÕES FUNDAMENTAIS

Roxin,[94] na linha de Engisch e outros, designa o conceito que abraça todas as circunstâncias a que se refere o princípio "nulla poena" como *tipo de garantia*. Além da sua função indiciária, o tipo, como *tipo de garantia*, concorre para a segurança do princípio da reserva de lei, cumprindo uma função limitadora do âmbito do penalmente relevante. É assim que só se pode sancionar um facto quando a sua punibilidade está legalmente determinada antes de o mesmo ter sido cometido. Qualquer cidadão deve, portanto, ter a possibilidade, antes de atuar, de saber se a ação é ou não punível.

Entre as normas penais não-incriminadoras podemos enumerar as normas permissivas, que afastam a ilicitude ou a culpa (causas de justificação ou de desculpa), bem como as que se opõem à punibilidade, seja o artigo 24º, nº 1, sobre a desistência da tentativa. Outras visam, simplesmente, explicitar conceitos, como o de "documento", no artigo 255º, alínea *a*). Acrescem as normas penais em branco, associadas a uma necessidade de complementação para que se possa compreender a extensão do seu preceito primário.

Um outro ponto de contacto encontra-se no *concurso aparente*, com origem na possibilidade (aparente) de duas ou mais normas a contemplar uma mesma conduta (a "unidade de lei ou de normas" como prius da indagação material da unidade ou pluralidade de crimes)[95].

Excurso: bem, norma e tipo. Ao longo do seu processo de socialização primária, os sujeitos dotados de entendimento vão adequando as suas condutas às normas. "Os comportamentos que atentam contra tais expectativas generalizadas de um modo insuportável são sentidos pela comunidade como danosos ou "criminosos". Eles produzem uma experiência intersubjetiva de dano e tornam-se objeto de censura ética. Ao tipificar esses "delicta in se", ou seja, ao constituir a partir deles "Tatbestände" delitivos, o legislador transforma em bens jurídico-penais valores que as pessoas de um modo geral interiorizam através do processo de socialização referido. Quando assim procede, o legislador opera dentro do horizonte de sentido comum, participando também ele na experiência normativa base. Bem, norma e "Tatbestand" são, assim, impregnados de sentido ético e quer a sua qualificação jurídico-penal, quer o seu respaldo através da cominação de pena, quer a

---

[94] Claus Roxin, *Teoria del tipo penal*, Depalma, Buenos Aires, 1979, p. 170, fazendo igualmente referência à **função sistemática do tipo**, enquanto conceito que se interpõe entre os elementos "ação" e "antijuridicidade". Aparece também como inevitável a função de estabelecer diferenças quanto às diversas espécies de erros; por ex., o sujeito somente poderá ser punido a título de dolo se representar um facto que preenche um tipo de crime, atuando, ademais, com intenção de o realizar (artigo 14º), mas o erro sobre as circunstâncias fácticas de um tipo de crime exclui o dolo (artigo 16º).

[95] A este propósito, João da Costa Andrade, *Da unidade e pluralidade de crimes. Doutrina geral e crimes tributários*, Coimbra, 2010, p. 171 e ss.

reação à respetiva violação através da aplicação da mesma, contribuem, de modo circular e simbólico, para fortalecer a coesão social-normativa. Bem, norma e "Tatbestand" entram no processo de formação da consciência e tornam-se socialmente percetíveis de um modo geral. O direito penal funciona, deste modo, como uma instância formal de controlo social que assegura, em última "ratio", a vigência de fundamentais expectativas de comportamento normativamente generalizadas"[96].

IV. O princípio da legalidade da intervenção penal: artigo 29º da Constituição

Numa primeira aproximação, o **princípio da legalidade**, afirmado já durante o Iluminismo, exprime a garantia do indivíduo contra eventuais arbitrariedades punitivas por parte dos órgãos estaduais, sejam os tribunais ou os governos (*nullum crimen, nula poena sine lege*). É assim um princípio-garantia: visa "instituir direta e imediatamente uma garantia dos cidadãos",[97] constituindo hoje um dos valores do nosso património espiritual pelo qual vale a pena "defender as muralhas da cidade" (Faria Costa).

Representando, na sua origem e essência, um princípio constitucional, o seu ponto nevrálgico pode ser mais exatamente entendido com uma "garantia dos cidadãos". Uma garantia que a nossa Constituição – ao invés de outras que a tratam a respeito do exercício do poder jurisdicional – explicitamente incluiu no catálogo dos direitos, liberdades e garantias relevando, assim, toda a carga axiológico-normativa que lhe está subjacente. Uma carga que se torna mais evidente quando se representa historicamente a experiência da inexistência do princípio da legalidade criminal na Europa do Antigo Regime e nos Estados totalitários do século XX[98].

O significado deste princípio constitucional não se limita à proibição da retroatividade dos fundamentos penais, contém, para além disso, dirigido ao legislador, um comando estrito de determinação, que da parte dos tribunais tem a

---

[96] Augusto Silva Dias *"Delicta in se e "delicta mere prohibita"*, dissertação de doutoramento apresentada em 2003, mas só publicada em 2008, pela Coimbra Editora. Com considerações sobre a extensão do **controlo social** por banda do direito penal, cf., por ex., Juan J. Bustos Ramírez/Hernán Hormazábal Malarée, *Leciones de derecho penal español*, I, 1997, p. 15 e ss; e Stratenwerth/Kuhlen, *Strafrecht AT* I, 5ª ed., 1994, p. 2 e ss. "Com ele, escreve Muñoz Conde, *Derecho penal e control social*, 1985, p. 36, assegura-se o cumprimento das expectativas de conduta e os interesses contidos nas normas que regem a convivência, confirmando-as e estabilizando-as contrafaticamente, aquando da sua frustração ou incumprimento, com a correspondente sanção".

[97] Gomes Canotilho, Direito Constitucional e Teoria da Constituição, 7ª ed., p. 1167.

[98] Cf. Figueiredo Dias, *Direito Penal. Parte Geral*, I, p. 178, e o acórdão do *TC* nº 183/2008, onde se coloca a questão de saber se as causas de suspensão da prescrição estão, ou não, abrangidas por este princípio--garantia da legalidade criminal.

QUESTÕES FUNDAMENTAIS

sua contrapartida na proibição de analogia, a qual não é permitida para qualificar um facto como crime, definir um estado de perigosidade ou determinar a pena ou medida de segurança que lhe corresponde[99].

O princípio da legalidade é o principal limite imposto pelas exigências do Estado de Direito ao exercício da potestade punitiva. Inclui uma série de garantias para os cidadãos que genericamente podem reconduzir-se à impossibilidade de que o Estado intervenha penalmente para lá do permitido pela lei[100]. Serve de fundamento ao limite da potestade punitiva, mas não dos direitos, liberdades e garantias, do *status libertatis*. Só a lei, com exclusão de outra forma normativa, encontra legitimidade para decidir e definir a concreta incriminação punitiva, excluindo-se tanto a incriminação como a determinação da sanção pelas mãos do juiz, por analogia ou por qualquer outro modo ilegítimo ou incontrolável do *ius puniendi* do Estado.

Assim formulado no que tange ao seu núcleo essencial, o princípio amplia-se com as diferentes ramificações em que se dispersa, desde logo, enquanto princípio plenamente assumido pela comunidade internacional (são sobejamente conhecidos os preceitos da Declaração Universal dos Direitos do Homem, da Convenção Europeia dos Direitos do Homem e do Pacto Internacional sobre Direitos Civis e Políticos: Lei nº 28/78, de 12 de junho). Ainda assim, como observa Muñoz Conde, a mera existência de uma lei não garante o cumprimento do princípio da legalidade, como demonstra o facto de que a existência de leis e, inclusivamente, a proclamação formal do princípio da legalidade terem convivido, em regimes autoritários, com a constante violação dos direitos individuais. Para obstar ao vazio a que deste modo se pode chegar, a lei deverá reunir uma série de requisitos, que geralmente se resumem na necessidade de ser *prévia* à realização do facto que se pretende sancionar, e *escrita*, estabelecendo claramente as características do facto punível.

O artigo 3º da Constituição dispõe que o Estado se subordina à Constituição e se funda na legalidade democrática, além de que a validade das leis e dos demais atos do Estado depende da sua conformidade com a Lei Fundamental.

Uma eficaz prevenção do crime não se faz à custa de uma intervenção arbitrária ou excessiva, mas nos limites ditados pela defesa dos direitos, liberdades e garantias dos indivíduos. A Constituição estabelece no artigo 29º que "ninguém

---

[99] Com o que a proibição de analogia se deverá entender em sentido alargado, como inadmissibilidade de – na aplicação do direito – se ir além do conteúdo de uma norma cujo *sentido literal possível* marca o *limite* da interpretação do preceituado.

[100] Nestes termos, Francisco Muñoz Conde e Mercedes García Arán, *Derecho Penal*, PG, 1993, p. 89. Que o disposto no artigo 29º da Constituição é diretamente aplicável a todo o âmbito do direito penal secundário foi expressamente posto em relevo por Jorge de Figueiredo Dias, "Para uma dogmática do direito penal secundário", *Direito Penal Económico e Europeu: Textos Doutrinários* I, 1998, p. 61.

pode ser sentenciado criminalmente senão em virtude de lei anterior que declare punível a ação ou omissão, nem sofrer medida de segurança cujos pressupostos não estejam fixados em lei anterior"; e os n°s 3 e 4 consignam que "não podem ser aplicadas penas ou medidas de segurança que não estejam expressamente cominadas em lei anterior" e que "não podem ser aplicadas penas ou medidas de segurança mais graves do que as previstas no momento da correspondente conduta ou da verificação dos respetivos pressupostos". O Código Penal, nos artigos 1º, n°s 1 e 2, e 2º, nº 1, como que reproduz a Lei Fundamental, consagrando-se aí que não pode haver crime nem pena que não resultem de uma lei prévia, escrita, estrita e certa. "O facto de o *nullum crimen...* ser o 'pórtico de entrada' do nosso CP é ilustrativo da saliência com que o legislador o quis marcar, fazendo-o recetáculo das aspirações de toda a comunidade"[101].

A atividade punitiva do Estado deverá permitir que o sujeito saiba de antemão se a conduta que realiza é das que se encontram ameaçadas com pena. Só pode ser punido criminalmente o facto descrito e declarado passível de pena por lei anterior ao momento da sua prática (artigo 1º, nº 1, do CP). Também a medida de segurança só pode ser aplicada a estados de perigosidade cujos pressupostos estejam fixados em lei anterior ao seu preenchimento (nº 2), não sendo permitido o recurso à analogia para qualificar um facto como crime, definir um estado de perigosidade ou determinar a pena ou medida de segurança que lhes corresponda (nº 3). Exige-se uma descrição clara das infrações penais. Através dela, a lei, corroborada pela sua origem parlamentar, indica aos cidadãos onde começa a violação do direito, não deixando ao arbítrio do julgador o estabelecimento da fronteira entre o legal e o ilegal.

Resumidamente, e com o concurso do acórdão do *TC* nº 296/99, só a lei (lei parlamentar ou decreto-lei parlamentarmente autorizado) é competente para definir os crimes e, bem assim, os pressupostos das medidas de segurança, tal como só ela pode definir as penas correspondentes e as medidas de segurança aplicáveis (princípio da legalidade penal); "a lei deve especificar com suficiente precisão e clareza os factos que integram os vários tipos legais de crime (ou os pressupostos das medidas de segurança), e tipificar, bem assim, as penas e as medidas de segurança (princípio da tipicidade). É dizer que o princípio da legalidade faz aos tipos legais de crime exigências de determinabilidade e de certeza; quanto aos factos passados, a lei não pode criminalizá-los, nem mandar-lhes aplicar medidas de segurança, nem tão-pouco punir mais severamente crimes praticados com anterioridade, ou aplicar medidas de segurança mais gravosas a pressupostos já antes verificados: é o princípio da proibição da retroatividade da lei penal".

---

[101] André Lamas Leite, As *"posições de garantia" na omissão impura*, 2007, p. 357.

Enquanto limite ao poder estadual, o **princípio da legalidade do processo** decorre do artigo 165º da CRP e tem expressão desde logo nos artigos 2º e 9º do CPP, uma vez que a aplicação de penas e de medidas de segurança criminais só pode ter lugar em conformidade com as disposições do Código, e que, por outro lado, os tribunais judiciais administram a justiça penal de acordo com a lei e o direito.

Interessa igualmente o artigo 219º da Constituição da República, dirigido mais exatamente ao **princípio da legalidade da ação penal**. O Ministério Público tem legitimidade para promover o processo penal, com as restrições constantes dos artigos 49º a 52º (artigo 48º) do CPP. O princípio da oportunidade é como que o contraponto do princípio da legalidade nesta sua vertente, atenta a possibilidade de em certos casos e na base de determinados pressupostos se suspender provisoriamente o processo.

Embora com exceções, ninguém pode ser total ou parcialmente privado da liberdade. Há um princípio da legalidade das medidas de coação e de garantia patrimonial, que a Constituição consagra nos artigos 27º e 62º. Prevê-se no artigo 60º do CPP a possibilidade de ao arguido serem aplicadas medidas dessa natureza e a efetivação de diligências probatórias, *nos termos especificados na lei*, e no artigo 61º, nº 3, alínea *d*), a sujeição a diligências de prova e a medidas de coação e garantia patrimonial *especificadas na lei e ordenadas e efetuadas por entidade competente*. O artigo 191º, ainda do CPP, incorpora a regra de a liberdade das pessoas só poder ser limitada, total ou parcialmente, em função das exigências processuais de natureza cautelar, pelas medidas de coação e de garantia patrimonial previstas na lei.

1. A reserva de lei

O princípio da legalidade, que se cruza com diversos princípios-suporte de um estado de Direito (sejam o princípio da culpa, o princípio da presunção de inocência, o direito ao silêncio e o princípio da separação dos poderes), tem como corolários a ideia da irretroatividade e a da taxatividade ou determinação dos tipos penais e engloba ainda o princípio da *reserva de lei*. Assenta no monopólio da lei como fonte do direito penal em razão da separação dos poderes num Estado de direito democrático. Só uma lei da Assembleia da República ou por ela competentemente autorizada pode definir o regime dos crimes e os pressupostos das medidas de segurança, tal como só ela pode definir as consequências jurídicas: as penas correspondentes e as medidas de segurança aplicáveis (princípio da legalidade penal). No artigo 165º, nº 1, alínea *c*), dispõe o texto constitucional que "é da exclusiva competência da Assembleia da República legislar sobre as seguintes matérias, *salvo* autorização ao Governo: Definição dos crimes, penas, medidas de segurança e respetivos pressupostos...". A única fonte do direito nesta matéria é a lei (e não um qualquer regulamento),[102] ainda que a Assembleia da República possa, mediante uma **lei de autorização**, delegar no Governo essa competência, nos termos do respetivo nº 1 (...*salvo autorização*: hipótese de Governo-legislador, que atua mediante decreto-lei). É a chamada **reserva relativa** de competência legislativa da Assembleia da República.

A competência exclusiva exerce-se quer *pela positiva*, isto é, pela modelação, por via legislativa, dos crimes e penas em sentido próprio, quer *pela negativa*, isto é, pela supressão do quadro criminal de tipos de ilícito e respetivas penas. Por essas duas vertentes da competência, a positiva e a negativa, não serem perfeitamente separáveis, impõe-se, segundo o acórdão do *TC* nº 58/84, a interpretação de que só a Assembleia da República pode intervir legislativamente em *todos* esses domínios.

A revisão *ou* revogação de normas penais incriminadoras constitui, nos termos da alínea *c*) do nº 1 do artigo 168º da Constituição da República, matéria da competência legislativa da Assembleia da República, salvo autorização ao Governo. Não deverá porém desmerecer a ideia de que as causas de exclusão da ilicitude penal (artigo 31º do CP) podem provir de normas extrapenais, embora esta situação se refira unicamente a casos concretos, ainda que dentro da dimensão da ordem jurídica considerada na sua globalidade.

Certo é que a restrição de direitos fundamentais terá que constar de diploma: Lei ou Decreto-Lei autorizado, de acordo com os artigos 18º, nº 3, e 165º, nº 1, alínea *b*), da Constituição, porquanto não há regulamentos restritivos[103].

De capital importância é a afirmação de que por mais socialmente nocivo e reprovável que se afigure um comportamento, tem o legislador de o considerar como crime (descrevendo-o e impondo-lhe como consequência jurídica uma sanção criminal) para que ele possa como tal ser punido.

Mais: Em consonância com o princípio da legalidade existe uma opção "axiológica" de fundo que é a de, *nas situações legalmente imprevistas*, colocar a liberdade dos cidadãos acima das exigências do poder punitivo (veja-se o acórdão do *TC* nº 183/2008). Assim se justifica que nem mesmo os erros e falhas do legislador possam ser corrigidos pelo intérprete contra o arguido. "Esquecimentos, lacunas, deficiências de regulamentação ou de redação funcionam por isso sempre *contra*

---

[102] Entram aqui em questão as **normas penais em branco** (de que mais à frente trataremos), relevando as possibilidades de remissão para outro preceito contido na mesma lei penal, para outra lei distinta ou para uma disposição de grau ou nível inferior (*v.g.*, um regulamento). Dispomos agora de um preceito novo, o artigo 279º-A, onde a remissão é efetuada para o Regulamento (CE) nº 1013/2006, do Parlamento Europeu e do Conselho, relativo à transferência de resíduos.

[103] Para isso chamam a atenção Jorge Miranda – Rui Medeiros, *Constituição Portuguesa anotada*, Tomo I, 2005, p. 16.

o legislador e *a favor da liberdade*, por mais evidente que se revele ter sido intenção daquele (ou constituir finalidade da norma) abranger na punibilidade também certos (outros) comportamentos"[104].

Caso nº 4 O furto qualificado resulta, entre outras circunstâncias agravativas, da subtração, com intenção de apropriação, de coisa móvel alheia **colocada** em veículo (...) ou **colocada** em lugar destinado ao depósito de objetos por passageiros utentes de transporte coletivo (artigo 204º, nº 1, alínea *b*)). A subtração de uma bateria ou quaisquer peças e acessórios dum automóvel, bem como as coisas que no interior foram deixadas integram hoje, sem sombra de dúvida, o furto qualificado por esta alínea.

Para efeitos agravativos, a norma não se restringe agora às *coisas transportadas*, inclui também as coisas *colocadas* no veículo. Todavia, durante muitos anos, faltou na lei este último termo, cuidando o legislador, única e exclusivamente, da coisa *transportada* em veículo. A "lacuna" funcionava contra o legislador, mas nem toda a jurisprudência se conformava, a ponto de terem surgido interpretações no sentido de equiparar um automóvel fechado ao recetáculo (assim a modos de um "cofre"!) de que fala a alínea *e*) do mesmo preceito para, por essa via, qualificar o furto de coisa deixada num veículo. Até que, por fim, tudo foi colocado no seu devido lugar com o acórdão de fixação de jurisprudência nº 7/2000 *DR* I série-A de 7 de março de 2000, que entendeu, e bem, não ser enquadrável "na previsão da alínea *e*) do nº 2 do artigo 204º do Código Penal a conduta do agente que, *em ordem à subtração de coisa alheia*, se introduz em veículo automóvel através do rompimento, fratura ou destruição, no todo ou em parte, de dispositivo destinado a fechar ou impedir a entrada no interior daquele veículo".

2. Exigência de taxatividade da lei (lex certa)

Outro aspeto reside na **determinabilidade** e **certeza**: *lex certa*. A definição típica deve obedecer às exigências de certeza (a princípios de clareza...) contidas no princípio da *tipicidade* (artigo 29º nº 1, da Constituição) e de *segurança jurídica*, próprias do princípio da legalidade.

O comando sobre a determinação dos tipos dirige-se ao legislador. "A descrição de ações deverá ser o mais precisa possível"[105]. Os elementos que integram

---

[104] Figueiredo Dias, *DP/PG* I, 2007, p. 180. Os erros de redação podem ser postos a claro mediante uma interpretação histórica mas não podem ser tratados como o faz a denominada "interpretação corretora".
[105] Claus Roxin, *Politica criminal y sistema del derecho penal*, tradução e introdução de Muñoz Conde, 2ª ed., p. 61.

os diversos tipos legais de crime ou os pressupostos de aplicação das medidas de segurança têm que estar especificados na lei, que igualmente deve tipificar as penas e os pressupostos das medidas de segurança. Só as leis com essas constantes, isto é: aquelas que contêm a descrição da matéria proibida e dos demais requisitos de que depende em concreto a punição, podem dar a certeza do direito. Falamos do tipo legal como *tipo de garantia*, que engloba, juntamente com a sua parte objetiva, uma outra, subjetiva, formada, nos crimes dolosos, pelo dolo e pelos restantes elementos subjetivos específicos do ilícito em questão.

O legislador confronta-se com um mandado de certeza. A criação da norma há de concretizar-se numa determinação clara dos correspondentes elementos, tornando tanto quanto possível manifesto aquilo que *não é* penalmente lícito. No momento da criação dos tipos penais, a técnica legislativa geralmente acautela a conotação com termos *vagos*, pouco afeiçoados a uma interpretação segura, embora na generalidade das proposições jurídicas se possa detetar um núcleo claramente preciso e um campo conceitual difuso (de um *núcleo* conceitual e de um *halo* conceitual fala Engisch). Mas só em casos contados se conseguirá uma precisão completa, face aos limites da própria linguagem e a necessidade de abstração da formulação legal.

Um termo é *vago* ou pouco claro se conduz a uma compreensão incerta, ambivalente ou equívoca, se existem objetos que não estão excluídos nem incluídos claramente na sua extensão, por ex., "menor", que tanto pode ser uma criança, como um adolescente[106]. A confusão pode andar ligada às próprias definições legais – não havendo dúvidas de que os menores de 16 anos são inimputáveis (em razão da idade: artigo 19º), a definição já não serve quando se aplica ao artigo 173º, nº 1, onde a característica "...sendo maior..." se determina conforme à maioridade civil[107]. A vaguidade pode ser reduzida ou afastada se a lei opta pela designação "menor entre 16 e 18 anos" ou "menor de 14 anos". O termo vago pode necessitar de uma valoração – não será um simples trabalho de "adivinhação" – como quando o artigo 132º, nº 2, alínea *e*), se refere a motivo "torpe" ou "fútil", com o "inconveniente" (em termos de "precisão") de ser não só indeterminado como também, em muitos casos, dificilmente determinável, por depender de atitudes ou outras

---

[106] Sobre os conceitos de vaguidade, porosidade e indeterminação, A. Castanheira Neves, "O princípio da legalidade criminal", *Digesta* vol. I, p. 439 e ss.

[107] A execução do crime de infanticídio (artigo 136º), que é um homicídio privilegiado, pode ser anterior ao nascimento, uma vez que a norma prevê a comissão "durante o parto": "a mãe que matar o filho durante ou logo após o parto e estando ainda sob a sua influência perturbadora, é punida (...)". Esse momento é anterior àquele que determina a atribuição da personalidade jurídica, ou seja, o do nascimento completo e com vida (artigo 66º, nº 1, do Código Civil). Também aqui não há coincidência entre os dois ramos do direito, considerando os penalistas que o nascimento se verifica a partir do início dos trabalhos de parto.

QUESTÕES FUNDAMENTAIS

qualificações de ordem subjetiva do sujeito, que ou são reveladas por indicadores externos, ou não. Uma das palavras que mais formas de interpretação conheceu até hoje é a "violência", enquanto violência contra pessoa, diferentemente de violência sobre "coisas" (violência sobre coisas ou é "dano": artigos 212º e 213º; ou "rompimento, fratura ou destruição": artigo 202º, alínea *d*)). Mas as possibilidades de equívoco reduzem-se quando, como no artigo 208º, nº 1, a norma, querendo referir-se, como vem na epígrafe do artigo, ao furto de uso de veículo, esclarece que se trata de utilização de "automóvel ou outro veículo motorizado, aeronave, barco ou bicicleta", o que deixa pendente apenas algumas "vulgaridades", como seja a utilização indevida de uns patins alheios[108].

Deverá o juiz ou o aplicador do direito estar especialmente atento ao adequado tratamento de conceitos com a imprecisão contida, por ex., no que seja um "meio necessário", usado no artigo 32º, sobre a legítima defesa. Está-lhe vedada a aplicação analógica (artigo 1º, nº 3), o que significa a proibição de resolver casos aplicando-lhes a disciplina reservada para um caso similar, a menos que tenha razões para assim proceder, mas a favor do arguido. Na Parte Especial, o juiz, não obstante o caráter fragmentário que a percorre (formando um sistema descontínuo de figuras típicas, que não esgotam a proteção de bens jurídicos), encontra uma constante na definição dos diferentes tipos "(crimes de perigo concreto; crimes de perigo abstrato; crimes de resultado; crimes de realização livre; crimes de resultado de realização vinculada; crimes de omissão pura; crimes de perigo concreto de realização vinculada; normas penais em branco), o que, se por um lado limita as margens do legislador, por outro é uma das certezas do direito, por sobre tudo do direito penal"[109].

Concluímos assim que se a norma deve ser formulada "de modo ao seu conteúdo se poder impor autónoma e suficientemente, permitindo um controlo objetivo na sua aplicação individualizada e concreta",[110][111] "nem sempre é possível

---

[108] O automóvel de brinquedo não pode levantar a voz e dizer: – 'Sou um veículo para os fins desta lei'; nem uns patins podem em uníssono proclamar: – 'Nós não somos um veículo'. (The toy automobile cannot speak up and say, "I am a vehicle for the purpose of this legal rule," nor can the roller skates chorus, "We are not a vehicle"). Deste modo, ao aplicar as normas jurídicas, alguém terá de assumir a responsabilidade de decidir se as palavras se referem ou não a um certo caso, com todas as consequências que esta decisão envolve, "Positivism and the Separation of Law and Moral": H. L. A. Hart: *Harvard Law Review*, vol. 71, nº 4 (Feb., 1958), p. 607; acessível na Internet.

[109] Sobre estes pontos, Faria Costa, "Construção e interpretação do tipo legal de crime à luz do princípio da legalidade", *RLJ* ano 134º, nº 3933, p. 358.

[110] Castanheira Neves, "O Princípio de Legalidade Criminal. O seu problema jurídico e o seu critério dogmático", *Estudos em Homenagem ao Prof. Doutor Eduardo Correia*, I, Coimbra, 1984, p. 334.

[111] Luigi Ferrajoli, *Derecho y razón*, 2001, p. 125, não deixa de lamentar que também os órgãos de investigação se tenham acostumado a formular as suas acusações em termos vagos e indeterminados.

alcançar uma total determinação – nem será, porventura, desejável – bastando que o facto punível seja definido com suficiente certeza: a própria natureza da linguagem impede uma determinação integral, sendo certo que pode representar-se negativamente uma enumeração demasiado casuística, a multiplicar a eventualidade das lacunas e a dificultar a determinação do que é essencial em cada caso" (acórdão do *TC* nº 93/01). Ela será suficiente quando o significado dos elementos descritos no tipo puder ser verificado por meio de uma interpretação que não suscite dúvidas para além do razoável. Saber se a punibilidade se encontra suficientemente determinada depende pois da configuração de cada caso e das circunstâncias determinantes da proibição em causa.

"Disposições esvaziadas de conteúdo são pura e simplesmente inadequadas para proteger bens jurídicos"[112]. Se as leis se tornassem excessivamente rígidas e casuísticas não se poderiam adequar à evolução da vida, à alteração das situações ou às características especiais do caso concreto. A aplicação da lei tem de fazer justiça à variedade de formas que a vida assume, aos desvios que as relações acabam por sofrer ou às especialidades dos casos individuais[113]. O direito penal não poderá renunciar à utilização de conceitos gerais pela impossibilidade de os descrever formalmente com toda a exatidão. Daí advém a necessidade da interpretação judicial. Constitui verdade insofismável que, "quanto mais certos, precisos e determinados estiverem previstos os elementos no tipo, mais fácil se torna a sua interpretação, ou seja, existe maior certeza no âmbito de proteção da norma, permitindo, de uma forma conjuntiva, que o intérprete escape aos alçapões da indeterminação"[114].

A lei deverá ser compreensível para todos, daí o atributo de dever ser clara e simples. Eis a pedra de toque: que um qualquer cidadão possa prever que *esta* sua conduta está abrangida por uma norma incriminadora e é punível. As específicas noções gerais que o legislador porventura adote deverão conter os elementos que tornem a sua identificação compreensível.

A utilização da linguagem traz consigo convenções e regras, mas também opacidades e ambiguidades. Uma relativa indeterminação dos tipos legais de crime pode mostrar-se justificada, sem que isso signifique violação dos princípios

---

[112] Claus Roxin, Problemas fundamentais de direito penal, p. 59.

[113] Não será, porventura, inútil introduzir aqui uma outra situação geradora de situações conflitivas. A "morte de outra pessoa" percorre um espaço que vai do artigo 131º ao artigo 139º do Código, mas encontra nele outras referências, como as que advêm do artigo 146º, nº 1 (agravação pelo resultado), o que tudo concorre para uma tendência de aplicação, por assim dizer mais "individualizada", do direito penal. Se este panorama é benéfico, como no texto se conclui, também é verdade que com ele se criam novas dificuldades delimitativas – como escreve Joaquin Cuello Contreras, *El Derecho Penal Español*, 1993, p. 169, "às dificuldades de distinguir entre o proibido e o não proibido acrescem agora as de distinguir entre o proibido de uma forma e o proibido de outra forma".

[114] Faria Costa, *Noções fundamentais*, 2010, p. 225.

QUESTÕES FUNDAMENTAIS

da legalidade e da tipicidade, conexionando-nos tal observação com **conceitos indeterminados, elementos implícitos do tipo** (como a chamada relação de *fidúcia* no crime de abuso de confiança),[115] **cláusulas e fórmulas gerais** (veja-se um bom exemplo nos artigos 132º, nº 2, alínea *f*, e 240º, nº 1, alínea *a*), do CP, no que toca ao entendimento do que seja o "ódio" – o ódio "racial, religioso, político ou gerado pela cor, etc." ou o ódio "contra pessoas ou grupo de pessoas por causa da sua raça, cor, origem étnica, etc."; outro exemplo no artigo 291º, nº 2, no respeitante às "atividades" de "natureza desportiva ou análoga") e inclusivamente com as chamadas **normas penais em branco**, que moram, paredes-meias, com a proibição de analogia. São conceitos que requerem uma valoração específica para poderem ser aplicados. Nelas, tipicidade e sanção começam por aparecer separadas, ao menos parcialmente. O conteúdo da proibição completa-se por remissão de uma norma a outra. A norma sancionatória (norma primária) é complementada por elementos típicos pertencentes autonomamente a outro lugar ou a outro tempo (uma lei, um regulamento, um ato administrativo...). Veja-se, por exemplo, o artigo 213º, que no nº 1, alínea *b*), se limita a estatuir que quem destruir, no todo ou em parte, danificar, desfigurar ou tornar não utilizável "Monumento público", é punido com pena de prisão até cinco anos ou com multa até 600 dias. A norma só fica completa com o resultado da remissão – depois de o juiz reconhecer que a "coisa" danificada é um *monumento público*, assim "classificado" por lei que deverá ser identificada, ou "em vias de o ser", situação que deverá ser demonstrada. Desta conjugação resulta o tipo completo, formado pela norma primária e a norma complementar. A utilização destas leis específicas resulta da necessidade de tornar flexível a descrição da conduta penal tanto do ponto de vista do lugar como do tempo, por meio da apontada remissão.

A concluir: algumas vezes a expressão "dilema" acompanha de perto a "exigência de taxatividade" que tratamos nestas linhas.

3. Proibição de retroatividade da lei penal (lex praevia)

Quanto aos factos passados, a lei não pode criminalizá-los nem mandar-lhes aplicar medidas de segurança. Nem tão-pouco punir mais severamente crimes praticados com anterioridade, ou aplicar medidas de segurança mais gravosas a pressupostos fácticos já antes verificados.

Se a pena supõe um facto considerado pela lei como infração, o dano infligido por um facto perpetrado antes de existir uma lei que o proibisse não é pena,

---

[115] Outro caso, para quem esteja atento às preocupações do Prof. Faria Costa, *Direito Penal Especial*, p. 70 e ss. e "O personalismo patrimonial e a contaminação do direito penal", *RLJ* ano 139º, nº 3960 (2010), p. 176 e ss., encontra-se no do valor patrimonial da coisa no crime de furto do artigo 203º, nº 1.

mas um ato de hostilidade, pois antes da lei não existe infração da lei; por isso, nenhuma lei feita depois de realizada uma ação pode fazer dela um crime: "Harm inflicted for a fact done before there was a law that forbad it, is not punishment but an act of hostility". "For before the law there is not transgression of the law. No law, made after a fact done, can make a crime"[116].

Embora possa acontecer, e acontece frequentemente, que na sequência da prática de um facto que ao tempo não constituía crime, uma lei nova passe a criminalizá-lo, não pode o legislador editar uma lei penal para punir factos praticados antes da sua entrada em vigor: só pode legislar no sentido de punir factos (impondo uma pena) ainda não cometidos. Uma conduta que à data da sua prática não era punível não poderá ser declarada, em momento posterior, como punível, aplicando-se uma sanção ao seu autor. Trata-se de uma garantia dada ao cidadão que lhe assegura que só será punido quando a lei tiver estabelecido previamente que o facto cometido constitui crime e é, por isso, ameaçado com pena. Com esta espécie de seguro, ninguém será surpreendido por sanções imprevisíveis.

No exemplo de um autor italiano, se *A* mata um cão, pode quanto muito cometer um crime de dano, se o animal for alheio, mas se a vontade do legislador for, depois da morte do cão, a de proibir e sancionar a morte dada voluntariamente a qualquer animal doméstico, editando um crime de "canicídio", o *A* não podia ser punido, nessa previsão, por aqueles factos. Sendo um facto já crime ao tempo da sua prática, a lei nova que preveja para ele uma pena quantitativamente mais grave também se não aplica retroativamente.

A norma penal não pode ser retroativa nem ultra-ativa, o que constitui uma manifestação nuclear da função de garantia do princípio, exigida pela ideia de estado de direito, pois se trata de evitar incriminações persecutórias, leis *ad hoc*; de evitar, em suma, o arbítrio *ex post*. A irretroatividade da lei penal é, no entanto, apenas uma irretroatividade *in peius* ou *in malam partem*, que não *in melius*, pois que, se a nova lei for de conteúdo mais favorável ao arguido (*lex mitior*), já ela se deve aplicar a factos passados (retroatividade *in melius*). Bem se compreende este princípio da aplicação retroativa da lei penal mais favorável, uma vez que o legislador, quando, por ex., elimina incriminações, é porque deixou de considerar as respetivas condutas merecedoras de uma sanção de natureza criminal. Seria, por isso, injusto e inútil ir, agora, punir factos que, depois de uma nova ponderação das coisas, deixaram de ser criminalmente ilícitos, só porque antes o eram: injusto, porque não haveria já razões que, substancialmente, justificassem a punição; e inútil, porque nenhuma necessidade de prevenção se faria já sentir (acórdão do *TC* nº 227/92).

---

[116] Thomas Hobbes (1587-1666), *Leviatan*, p. XXVII e XXVIII.

QUESTÕES FUNDAMENTAIS

No que toca aos pressupostos de aplicação de uma medida de segurança a inimputáveis, tem este que se revelar perigoso, para além de ter praticado o "facto" descrito na norma criminalizadora depois de esta ter entrado em vigor. Não é suficiente a perigosidade criminal, aferida em exame clínico-psiquiátrico, de o inimputável vir a cometer crimes. Neste aspeto, os inimputáveis, não obstante a sua eventual perigosidade, recebem o mesmo tratamento reservado aos imputáveis[117].

4. Proibição de aplicação analógica (lex stricta)

Inevitavelmente relacionada com o tema da determinabilidade/taxatividade sobressai a **proibição de aplicação analógica** (*nullum crimen sine lege stricta*)[118]. Em direito penal não é permitido o recurso à analogia para qualificar um facto *como crime*, definir um estado de perigosidade ou determinar a pena ou a medida de segurança que lhes corresponde (artigo 1º, nº 3). Importa-nos igualmente questionar se a proibição de analogia deve abranger as causas de justificação ou se deve estender-se a proibição de aplicação retroativa às leis que extinguem dirimentes ou reduzem o seu âmbito de aplicação[119]. Não obstante falar-se de analogia, igualmente interessa determinar o campo de interpretação permitida, o sentido literal, as expressões ambíguas ou polissémicas (com mais de um significado), os conceitos, sejam eles normativos ou simplesmente descritivos, fazendo a destrinça do que já entra pelos domínios da analogia proibida (atento o princípio da legalidade).

[117] Um caso interessante liga-se com a impossibilidade de concurso de crimes (no sentido que ao termo "crime" empresta o artigo 1º, alínea *a*), do CPP) cometidos por inimputável, para cálculo do máximo de internamento (artigos 91º e ss.). O artigo 77º só prevê o cúmulo de penas parcelares concretas, de prisão ou de multa, não podendo recorrer-se à aplicação analógica (artigo 1º, nº 3). Todavia, a amostragem da pluralidade de factos cometidos pelo mesmo indivíduo pode servir como elemento significativo da perigosidade (artigo 91º). A lei manda levar em conta, no caso dos delinquentes por tendência (artigo 83º), quando da punição com pena relativamente indeterminada, a avaliação conjunta dos factos praticados.

[118] Sobre o conceito de **analogia** e a sua aplicação num caso em que se discutia a extinção do procedimento criminal após a declaração de falência, veja-se, por ex., o acórdão do STJ de 12 de outubro de 2006, *CJ* 2006, tomo III, p. 207 (procedimento criminal e extinção da personalidade jurídica das sociedades). Vd. também o "caso resolvido" por Marta Felino Rodrigues, *Casos e Materiais de Direito Penal*, p. 359: "a qualificação, ou não, como **analogia proibida** da aplicação do artigo 203º do CP que prevê e pune o crime de furto à hipótese de subtração de um órgão de uma instituição hospitalar é precedida, logicamente, pela verificação, ou não, de um caso omisso". Fez considerações acerca dos princípios da legalidade e da proibição de analogia o acórdão do STJ de 28 de setembro de 2005 *CJ* 2005, tomo III, p. 170, a propósito da detenção, para consumo, de quantidade média individual de droga superior a 10 dias, com referência à Lei nº 30/2000, de 29 de novembro, que descriminalizou "todo o consumo de estupefacientes, mas não o liberalizou".

[119] Cf., sobretudo, Costa Andrade, "O princípio constitucional "nullum crimen sine lege" e a analogia no campo das causas de justificação", *RLJ* ano 134º, nº 3924; bem como Fernanda Palma, *Direito Constitucional Penal*, 2006.

Se fosse permitido ao juiz empregar a analogia em desfavor do arguido, ficaria o princípio da legalidade abalado, no seu todo, em medida insuportável. Contrariava-se a letra da lei, que deixava de corresponder minimamente à natural expressividade linguística da regulamentação legal. Nem seria necessário ir-se ao extremo da aplicação *contra legem*, bastaria só fazê-lo *praeter legem*.

Veja-se, a ilustrar, o acórdão de fixação de jurisprudência 8/2010, que rejeitou anterior projeto de acórdão sobre infração de abuso de confiança fiscal e contra a segurança social, dos artigos 105º e 107º do Regime Geral das Infrações Tributárias (RGIT). Na orientação que fez vencimento, pôs-se de lado a tese da existência de **lacuna**, apontando-se para a previsão de um ilícito penal típico e a controversa compatibilização entre o princípio da legalidade e o recurso à analogia. Para quem defenda uma alteração do sistema normativo, essa alteração pertence às fontes do direito, não ao intérprete: "este capta o sentido da fonte como ele objetivamente se apresenta no momento atual, não lhe antepõe qualquer outro sentido. Razões ponderosas de segurança e de defesa contra o arbítrio alicerçam esta conclusão". A mais disso, como a integração das lacunas constitui uma resposta não pensada e não querida pelo legislador, a reserva de lei (entendida, já pelos pensadores Iluministas, como "unificação das fontes normativas nas mãos do poder legislativo; e supremacia da lei") seria atingida.

2 – INTERPRETAÇÃO E ANALOGIA

"Colega, passe-me o quebra-palavras: encontrei uma que deve ter qualquer coisa lá dentro".

ALEXANDRE O'NEILL

I. A interpretação como pressuposto necessário da aplicação do direito

Artigo 29º, nº 1, da Constituição da República: "Ninguém pode ser sentenciado criminalmente senão em virtude de lei anterior que declare punível a ação ou a omissão, nem sofrer medida de segurança cujos pressupostos não estejam fixados em lei anterior".

Artigo 9º, nº 2, do Código Civil: "Não pode (...) ser considerado pelo intérprete o pensamento legislativo que não tenha na letra da lei *um mínimo de correspondência verbal* (...)".

Artigo 1º, nº 1, do Código Penal: "Só pode ser punido criminalmente o facto descrito e declarado passível de pena por lei anterior ao momento da sua prática".

Artigo 1º, nº 3, do Código Penal: "Não é permitido o recurso à analogia para qualificar um facto como crime, definir um estado de perigosidade ou determinar a pena ou medida de segurança que lhes corresponde".

Súmula. Para a doutrina tradicional, toda a interpretação começa na palavra. O *sentido literal possível* marca o *limite* da interpretação. A **vinculação ao tipo penal** é de regra no direito penal e a única inteiramente coerente com o princípio da legalidade (tipicidade). Deste modo, só o que ainda seja compatível com esse teor literal constituirá interpretação permitida; tudo o mais, pelo menos quando prejudique o agente, poderá identificar-se com analogia proibida.

A interpretação tem que ver com o que, a partir do texto, deve entender-se estatuído[1]. O objeto problemático da interpretação jurídica é o concreto problema prático – o *caso* decidendo.

---

[1] Orlando de Carvalho, em conferência proferida na Comemoração dos Quatrocentos Anos da Casa da Relação do Porto (outubro de 1991), publicação da Fundação Eng. António de Almeida, março de 1995.

Hoje, o juiz, no quadro do preceituado pelo teor literal, decide entre diversas possibilidades interpretativas. O texto legal começa por ser lido na perspetiva de uma pré-compreensão jurídica[2] referida à situação problemática decidenda; leitura que, ao mesmo tempo que se depara com a sua indeterminação significativo-jurídica, suscita possíveis hipóteses interpretativas ao nível decisório[3]. No caminho a percorrer, haverá que rastrear algumas vias iluminantes, prestando a nossa melhor atenção:

– ao relevo da pré-compreensão;
– ao contexto, à situação, à norma do caso e ao âmbito de proteção da norma;
– à interpretação conforme a Constituição;
– à tão falada "divisa" do direito penal de feição liberal: a proteção de bens jurídicos.

1. Interpretar é – numa primeira aproximação – explicar ou aclarar o sentido dos elementos utilizados na lei (tantas vezes vagos ou pouco claros, porosos, "abertos" e porventura relativamente indeterminados, podendo até sofrer de ambiguidade),[4] procedendo-se a uma operação intelectual que procura estabelecer o que nela cabe. Na clarificadora definição do Prof. Manuel de Andrade,[5] "interpretar uma lei significa transmitir e compreender o significado e alcance de uma disposição jurídica".

Cingindo-nos à matéria penal, não raro haverá que buscar o conteúdo e averiguar os contornos de uma ou outra característica do tipo penal – não em abstrato, como acontece nos comentários da doutrina, mas em concreto, com o olhar posto no caso a resolver, tentando "surpreender a sua singular relevância jurídica"[6]. No mundo das palavras – que são os utensílios dos juristas –, não pode dispensar-se a averiguação do que se encontra por trás delas.

Normalmente, deparamos com palavras – sobretudo palavras *indicativas* – usadas na linguagem vulgar ("matar", "castigos corporais", "persistir na intenção de matar por mais de vinte e quatro horas", "mulher grávida", etc.), ou com outras, capazes de gerar ainda menos dúvidas: "não", "quem", "pode", "pessoas do outro ou do mesmo sexo", etc. Às vezes impõe-se ir mais longe e conhecer o significado

---

[2] A compreensão textual, diz Hassemer, pressupõe a antecipação de um sentido.

[3] Sobre o método de considerar a relação entre texto e decisão, compare com mais amplas considerações de A. Castanheira Neves, *Digesta* I, p. 447, nota 335.

[4] "Há uma versatilidade natural das palavras que as leva a desempenhar muitos papéis, e os matizes de sentido que daí resultam não podem ser reduzidos a princípios mecânicos, como se todos os discursos devessem guiar-se por princípios de clareza", João Barrento, *O Poço de Babel*, p. 93.

[5] Manuel de Andrade, Ensaio sobre a teoria da interpretação das leis, 1963.

[6] Fernando José Bronze, *Lições de introdução ao direito*, 2ª ed., 2006, p. 885.

jurídico ou científico de um termo ("crime de perigo comum", enquanto exemplo-padrão do artigo 132º, nº 2; provocar "anomalia psíquica grave ou incurável", como decorre do artigo 144º, alínea *c*); "introdução vaginal ou anal de partes do corpo ou objetos", intuindo-se que, para estes fins (artigo 164º), "objeto" não é o mesmo que "coisa" em sentido civilístico – que não será qualquer "coisa", "qualquer objeto", mas um que pertença a um certo tipo, que tenha uma certa forma, uma certa aptidão; etc.). Ainda há pouco se insuflou no Código um tipo de ilícito (artigo 176º) de sentido parcialmente figurado, quando a detenção de certas imagens virtuais passou a ser objeto de proibição.

A **aplicação do Direito** depende de processos discursivos e institucionais. Para se poder concluir que o conceito de "coisa", tal como decorre do artigo 203º, nº 1, abrange alguns animais, tem de se interpretar o tipo legal correspondente, que põe o acento tónico na natureza "alheia" da coisa. Se o condutor distraído que acaba de estacionar deixa por momentos a sua carteira pousada no lado de fora do carro, acontecendo que um amigo do alheio lhe deita a mão com maus propósitos, a hipótese é (ainda) de *subtração* e preenche o correspondente elemento do crime de furto desse mesmo artigo 203º, nº 1. Também será subtrativo o modo de operar no âmbito do fenómeno criminal de "cash trapping"[7]. Quando começaram a ser divulgados os primeiros dispositivos eletrónicos e com eles se recompôs a "arte de burlar", imediatamente se concluiu que ninguém consegue induzir em erro uma máquina, nem a consegue *determinar* à prática de atos causadores de prejuízo, no sentido que lhe é dado no artigo 217º, nº 1. Não houve remédio senão criar um tipo especial de "burla informática e nas comunicações" que passou a constar do artigo 221º. Noutra situação, a noção de valor dada no artigo 202º, alíneas *a*) a *c*), *valendo* "para efeito do disposto nos artigos seguintes" – os crimes "patrimoniais" de furto, de abuso de confiança, etc. – *não vale* para determinar, ao menos diretamente, o valor (que sempre terá de ser *elevado*) de uma casa alheia posta em perigo por quem começou por provocar "incêndio de relevo", por exemplo, na sua própria habitação (artigo 272º, nº 1, alínea *a*)). Seria perfeitamente descabido indexar, nessas condições, este conceito de valor elevado ao que exceder 50 unidades de conta (citado artigo 202º, alínea *a*)).

---

[7] "Este método de atuação implica que o agente introduza, obstruindo a ranhura por onde saem as notas de banco fornecidas pelas máquinas ATM (caixas de multibanco), uma "régua" de plástico ou metal, concebida de modo a reter e "capturar" (desde logo com auxílio de algum tipo de cola), as notas entregues na sequência dum levantamento de dinheiro, efetuado com recurso a cartão eletrónico ou mecanismo similar". A opinião que aparenta ser maioritária, segundo o trabalho dado a conhecer pela PGR, acessível na Internet, vê na referida atuação criminosa uma simples modalidade específica de execução do crime de *furto* do artigo 203º, na qual o agente procede à *subtração* das notas através da manipulação mecânica por si efetuada.

Ainda neste conspecto, pode ser útil recordar com algum pormenor a maneira como os tribunais começaram por lidar com as inovações trazidas pelo artigo 133º do CP.

Este artigo 133º, ainda que levado ao Código de 1982 como parte do "corte radical" – "altamente salutar", como se salienta na Introdução – "com o sistema tradicional", começou por ser entendido como concorrente do sistema de atenuação especial consagrado no artigo 72º.

A norma contemplava uma primeira possibilidade de privilegiamento, decorrente de o agente matar outra pessoa dominado por emoção violenta, *devendo esta ser compreensível*.

Fixando-se especialmente na "provocação injusta ou ofensa imerecida", da última parte da alínea *b*) do nº 2 daquele artigo 72º, a parte mais significativa da jurisprudência passou a interpretar a nova lei à luz do disposto no direito anterior (Código Penal de 1886), sustentando que o privilegiamento do homicídio continuava a ter como pressuposto essencial a *provocação* da vítima. Nesta base, o Supremo, dando relevo à figura da *proporcionalidade*, entendia que, por ex., a mesma não se verificava quando os valores em confronto são a violação dos deveres conjugais (o "jump to the side", *Seitensprung*, dois eufemismos para *adultério*) e a vida da vítima, que o agente suprimiu, atribuindo a esta um valor de mais elevado grau. A emoção violenta só seria compreensível quando tivesse na sua base uma *provocação* proporcionada ao próprio crime de homicídio[8].

Para a doutrina, "a procura de critérios concretos de compreensibilidade na resolução dos casos [era] o único caminho para a correta **interpretação e aplicação**" do artigo 133º, o qual "representa um elemento importante do caráter humanista e eticista do Código Penal"[9].

Passada que foi mais de uma década, o Supremo Tribunal passou a *não exigir* uma adequada proporcionalidade entre o facto injusto ("provocação") da vítima e o ilícito do agente "provocado". Diz-se por ex. no acórdão do STJ de 29 de março de 2000, proc. nº 00P027, *relator:* Armando Leandro, que a compreensibilidade, *embora não exija uma adequada proporcionalidade* entre o facto injusto ("provocação") da vítima e o ilícito do agente "provocado", "pressupõe, sempre, uma relação entre a emoção violenta e as circunstâncias que a precederam e lhe deram causa (...)".

---

[8] Por outro lado – e este aspeto nem sempre foi objeto de suficiente atenção –, os tribunais, de um modo geral, lançavam as suas vistas apenas sobre a primeira alternativa do artigo 133º (compreensível emoção violenta), ignorando as segunda, terceira e quarta alternativas (compaixão, desespero e motivo de relevante valor social ou moral), "chegando a encontrar-se decisões que negam autonomia a estas", como – com inteira razão – acentua João Curado Neves, "O homicídio privilegiado na doutrina e na jurisprudência do Supremo Tribunal de Justiça", *RPCC* 11 (2001).

[9] Amadeu Ferreira, *Homicídio Privilegiado*, 1991, p. 146.

2. A mediação está confi(n)ada ao papel desempenhado por protagonistas com diferentes e variadas especificidades; de um lado, o legislador, que se exprime por palavras, construindo o "dado" incontornável de um tempo com o rigor imposto pela natureza das coisas; para lá dele, a cada dia mais distanciado – o juiz, o intérprete, aquele a quem cabe aplicar o direito. São terrenos de predominância do **princípio da separação dos poderes** (legislativo, judicial). O que o legislador cria com o teor literal da norma é para ser concretizado pelo labor judicial.

Retenhamos o disposto no artigo 2º, nº 2, do Código Civil, e a advertência de Engisch, de que o sentido literal das palavras empregadas pelo legislador tem uma função decisiva: "A letra da lei não deve ser nunca ultrapassada quando está em jogo a imposição de uma pena: *nullum crimen sine lege*. O sentido literal possível marca o *limite* da interpretação". A **vinculação ao tipo penal** é de regra no direito penal e a única inteiramente coerente com o princípio da legalidade (tipicidade). Deste modo, toda a interpretação começa e acaba na palavra – na expressão simples, mas amplamente significativa, de Costa Andrade, quando procura justificar o postulado de que só o texto da lei recebe a autoridade das mãos do legislador imposta pelo mandamento constitucional da legalidade, não bastando soluções alternativas (que abundantemente enumera) como a da "ideia básica" de Stratenwerth. Mandamento da legalidade que aparece, neste como em outros momentos decisivos, como o seu mais importante referente constitucional (artigo 29º, nº 1, da Lei Fundamental): *nullum crimen sine lege, certa et prior*. A exigência da conformidade do processo interpretativo com a Constituição impõe a sintonia com o pensamento e a doutrina constitucionais.

3. Mas – residirá aqui, porventura, um dos momentos críticos da nossa problemática – a delimitação jurídica da incriminação garante-se pelo tipo legal de crime corretamente interpretado e não pela letra da lei; o texto da lei não pode responder a perguntas com outras palavras que não sejam aquelas que o constituem – a existência do texto é silenciosa (Umberto Eco fala às tantas de uma"máquina preguiçosa"),[10] não está em condições de oferecer sequer "a pré--determinação do âmbito da interpretação". Para se fazer melhor ideia: "objeto da interpretação não será o texto da lei, como texto (o sentido que *no* texto se exprime, esse sentido em termos hermenêuticos gerais), mas a **norma** que esse texto pretende manifestar"[11] – a norma *como unidade que cristaliza valores*, na expres-

---

[10] Umberto Eco. *Lector in fabula*, Bompiani, Milão, 1979. *Lector in fabula* foca, porém, estritamente, os textos narrativos, como logo se reconhece e é recordado por Peter Bondanella, *Umberto Eco e o texto aberto*, Difel, 1998, p. 102.

[11] Castanheira Neves, "Interpretação jurídica", *Polis* 3, p. 659. Leia-se ainda na *RLJ* 118, p. 257, que "o objeto problemático da interpretação jurídica não é a norma como objetivação cultural (o texto--norma), com os problemas de determinação significativa que esse texto-norma como tal suscita) mas o *caso* decidendo, o concreto problema prático".

são devida a Faria Costa. Se nos contentássemos com a seca e descarnada letra da lei, a sua aplicação em direito penal seria decerto uma desordenada andadura de problema para problema.

4. O apego ao significado literal possível vale também na hora de encaminhar conceitos ou posições como o da **analogia stricto sensu** (o julgador afasta-se da lei por ultrapassar o possível significado normativo) e o da **redução teleológica** (afasta-se a lei, por ficar aquém do núcleo irredutível do significado literal)[12].

Preocupação maior dos penalistas são as linhas divisórias de interpretação e analogia, bem como os critérios de diferenciação e limites. Partem da comprovada inexistência de fronteiras firmes a separá-las, não se contestando porém que a "analogia criadora de direito ou de normas" se encontra expressamente proibida (artigo 29º, nº 1, da Constituição, e 1º, nºs 1 e 3, do Código Penal), em clara obediência ao princípio da legalidade (lei certa, precisa e anterior). "A natureza fragmentária, o princípio do mínimo de intervenção, aliados à função de garantia do tipo penal de crime, não podiam senão levar à rejeição da interpretação analógica"[13].

A chamada analogia em *malam partem* agrava a posição do arguido e é proibida, por razões garantísticas e programáticas, de política criminal. Embora a lei penal (artigo 1º, nº 3) exclua unicamente a analogia, também se compreende o laconismo do legislador que naturalmente entendeu que não há uma interpretação *extensiva* (a qual não deve ser confundida com o emprego, pela própria lei, de conceitos extensivos ou de significado ampliador), mas só e apenas uma correta interpretação.

Esta conclusão absoluta, não colhe opinião generalizada. Há quem reconheça, entre **redução teleológica** e analogia, um espaço flexível, que dá azo à concretização caso a caso, por meio de ponderação valorativa[14].

---

[12] As formas de dizer são devidas a Costa Andrade, "O princípio constitucional 'nullum crimen sine lege' e a analogia no campo das causas de justificação", *RLJ* ano 134º, nºs 3924 e 3925, p. 72, com continuação no nº 3926, p. 130. A interpretação comporta-se, por assim dizer, como o contraponto da analogia (*analogia legis*, ou seja, a "transferência" de uma regra jurídica prevista para um determinado caso a outro não regulado, em razão da similitude encontrada). Analogia, nas páginas dos dicionários, significa correspondência, similitude.

[13] Faria Costa, O Perigo em Direito Penal, p. 161.

[14] Advirta-se, com o acórdão do *TC* nº 205/99 que "não é consensual na doutrina a validade construtiva do conceito de interpretação extensiva, como conceito limítrofe da analogia (cf. Castanheira Neves, "O princípio da legalidade criminal", em *Estudos em Homenagem ao Professor Doutor Eduardo Correia*, I, 1984, p. 308 e ss.) nem muito menos há consenso na doutrina portuguesa sobre a não proibição constitucional de tal figura no Direito Penal". Segundo Stratenwerth/Kuhlen, *AT*, 5ª ed., 2004, p. 51, a doutrina maioritária assenta em que o teor literal da lei é o decisivo, no sentido de que "só o que ainda seja compatível com esse teor literal constituirá interpretação permitida; tudo o mais, pelo menos quando prejudique o autor, será analogia proibida". Entendem, no entanto, considerar o sentido (autêntico) da lei, dado que o teor literal de qualquer preceito só em circunstâncias raras se exprime de forma muito incompleta. Somente o

INTERPRETAÇÃO E ANALOGIA

Vejamos um caso de redução teleológica, no domínio do crime de dano (artigos 212º a 214º): vem-se entendendo que em todas essas formas do ilícito se deverá exigir uma certa relevância do resultado danoso. Ficam de fora os danos da integridade da coisa que não tenham significado, aqueles a que falte algum relevo – *minima non curat praetor*, princípio de bagatelas. Alude-se a um conceito de dano consideravelmente "aberto" ou a um momento não escrito do tipo,[15] pondo-se o acento tónico na circunstância de o direito penal só dever intervir contra factos de inequívoca dignidade penal. Exemplo: sujar a camisa de outra pessoa – existe a possibilidade de criar uma transitória diminuição da capacidade de uso que no entanto facilmente se repara.

No mesmo sentido, a transformar danos em coisas destinadas ao uso e utilidade pública – que em princípio entrariam no dano agravado – em dano simples, a necessidade de "redução teleológica" (por interpretação restritiva), como seja o ato de riscar o estofo de uma carruagem de comboio.

Caso nº 1 Tempo houve em que num código penal europeu se punia como agravado quem cometesse o crime de furto no espaço de acesso aos comboios[16]. No âmbito de aplicação da norma incluíam-se, sem qualquer espécie de dúvida, os furtos na sala de espera ou na plataforma, junto à linha.

A letra da lei autorizava ainda a previsão do furto realizado no restaurante da estação ou no vestíbulo de entrada: nesse domínio, consentia, sem dúvida, *um mínimo de correspondência verbal* – o sentido literal não teria sido "ultrapassado". Já o teria sido, e com isso se transferia a questão para a figura da **analogia** (proibida) se aplicássemos a mesma norma aos furtos num aeroporto.

que deste sentido se retira deverá constituir interpretação livre; mas proibida, se desfavorecer o arguido. "O argumento da analogia tem em direito penal de ser proibido, por força do conteúdo de sentido do princípio da legalidade, sempre que ele funcione **contra** o agente e vise servir a fundamentação ou a agravação da sua responsabilidade" (Figueiredo Dias). A conclusão tem apoio inequívoco nos artigos 29º, nº 1, da Constituição, e 1º, nºs 1 e 3, do CP, já referidos.

[15] Veja-se, sucessivamente, Fritjof Haft, *Strafrecht* BT, 5ª ed., 1995, p. 263; e Costa Andrade, *Conimbricense* II, p. 212. Exige-se sempre que a intervenção sobre a coisa, enquanto característica do crime, ultrapasse uma certa relevância; não assim se para a eliminar não forem exigidos gastos ou perdas de tempo. Não existe, porém um critério uniforme de apreciação, como ilustra Ulrich Behm, *Sachbeschädigung und Verunstaltung*, 1984, p. 45 e ss. Com reflexões sobre o esvaziamento de pneumáticos, Rengier, *BT*, 9ª ed., p. 374. Existem também opiniões antagónicas quanto ao conceito de dano, funcional e não necessariamente substancial. Se a lesão do bem jurídico ocorre apenas com a lesão da substância, o ato de atirar ao mar uma taça valiosa não terá expressão do ponto de vista jurídico-penal do dano. Dir-se-ia tratar-se de uma conduta que não incide na coisa em si, mas unicamente na sua possibilidade de uso.

[16] No artigo 204º, nº 1, alínea *b*), o furto em transporte coletivo é qualificado, *mesmo que a subtração tenha lugar na estação, gare ou cais*.

No caso da estação ferroviária, estaríamos perante uma – para alguns, e com razão – duvidosa "redução teleológica" se, em vez de darmos relevo ao "sítio" do cometimento do furto, adotássemos como primeira referência o conceito de *viajante* (furto a viajante, a que a norma não faz qualquer alusão, mas cuja condição convocaria, por natureza – diz-se – a necessidade de proteção penal), de tal modo que, por isso mesmo, por se encontrar a situação no âmbito de proteção da norma, se passava a abranger qualquer superfície da estação, em que o viajante porventura se movimentasse[17].

Outras dificuldades relacionam-se com a **aplicação analógica de uma causa de justificação** (ou, numa visão mais alargada, com a chamada norma excludente, que incluirá situações de justificação e desculpa). A aceitação generalizada de normas permissivas encontra-se em clara sintonia, quanto à exclusão da ilicitude, com o teor do artigo 31º, nº 1, quanto a não ser o facto punível "quando a sua ilicitude for excluída pela ordem jurídica considerada na sua globalidade". Mas não é disso exatamente que se trata, antes daquele outro caso, que pode estar, e há quem assim o sustente, para lá do âmbito de proteção constitucional *nullum crimen sine lege*. Aqui os problemas avançam pela Parte Geral. Certo é que não vemos quem se oponha a um *direito de necessidade defensivo* – um "arranjo", composto, é certo, de elementos positivados (recolhidos da legítima defesa e do estado de necessidade), mas, enquanto tal, sem autónomo assento no Código – quando o interesse lesado pelo defendente não seja muito superior ao interesse defendido. As agressões perpetradas por crianças, doentes mentais notórios e pessoas manifestamente embriagadas terão (todas ou algumas delas) um tratamento particularizado no que diz respeito aos *meios* de defesa. Sinal de que nalguns casos de justificação do facto a analogia funciona: *bonam partem*, claro!

Igualmente será de aceitar que, para chegar à relevância isentadora, se possa aplicar por analogia o disposto no artigo 24º, nº 2, ao menos em situações limite, favoráveis ao agente. O desistente pôs em movimento uma contraconduta apta a salvar o bem jurídico. "Se a consumação sobrevém, o privilégio da desistência não tem lugar e o agente deve ser punido pelo crime consumado. Só no caso, muito particular, de a consumação ser impedida dolosamente pela vítima deverá porventura haver lugar para aplicação analógica do disposto no artigo 24º-2"[18].

---

[17] Quanto a este exemplo, H. Fuchs, *Öst. Strafrecht, AT*, 7ª ed., 2008, p. 36.
[18] Figueiredo Dias, *DP/PG* I, 2ª ed., 2007, p. 7, que refere Jescheck/Weigend, *AT* § 51, IV; e Eser, *S/S* § 24, nº de margem 59.

II. Critérios de interpretação

1. Generalidades

Convém não passarmos por alto que sempre vemos as coisas a partir de "*pressupostos*". Daí a dificuldade de chegar à **compreensão** da *singular relevância jurídica* sem o aproveitamento de uma fase (preliminar) de adequada **pré-compreensão** (*Vorverständnis; preunderstanding*). Fala-se – pelo menos desde Gadamer, o filósofo alemão que ficou conhecido sobretudo pela sua "Verdade e Método" (1960) – do *horizonte de compreensão*, do campo de visão que abarca tudo o que se avista desde um determinado ponto. O horizonte do intérprete fornece-lhe a sua pré-compreensão do mundo. A razão hermenêutica, ao trabalhar com cânones interpretativos (o contexto, o âmbito de proteção da norma), pressupõe horizontes de pré-compreensão; a noção operatória veiculada pela pré-compreensão traz-nos "o rigor possível – e a sua consciência crítica – que o agir ético-jurídico supõe dentro da teia plúrima de relacionações que a sociedade constrói"[19].

Excurso. "Em direito penal, mercê do princípio da tipicidade, da proibição da analogia relativamente à norma que qualifica um facto como crime ou que define um estado de perigosidade (art. 1º, nº 3, do Código Penal) e do princípio da fragmentaridade – para só falarmos de alguns –, não se podem pesquisar quaisquer outros interesses para além daqueles que a norma visa proteger. Neste sentido são interesses *dados, postos*, que o intérprete ou o julgador recebem como algo que não podem e não devem subverter". "O compreender tem à partida, como seu suposto e pressuposto, de estar minimamente iluminado por um pré-compreender". "O **âmbito de proteção da norma** é, em nosso juízo, um cânone interpretativo, cuja consistência teorética nos é dada pela conexão teleológica entre a norma e o fim visado"[20]. Mas não será lícito aspirar surpreender o âmbito de proteção da norma "colhendo unicamente o teor literal". Suponha-se o *educador* (cf. o artigo 173º) que só pratica um ato sexual de relevo com a menor de 17 anos que lhe havia sido confiada para educação porque esta o "instigou". A menor, não obstante tratar-se de alguém criminalmente imputável (artigo 19º), não podendo ser autora também não há razões para a apontar como instigadora, já que *o tipo de ilícito lhe outorga um privilégio que tem a ver com a sua situação pessoal de dependência*. As coisas passam-se de modo diferente no favorecimento de credores (artigo 229º, nº 1). Como este preceito visa proteger o conjunto de credores, qualquer um pode ser instigador do favorecimento. Uma pré-compreensão, um olhar para

---

[19] Faria Costa, *O Perigo em Direito Penal*, 1992, p. 580 e 254.
[20] Faria Costa, *O Perigo em Direito Penal*, 1992, p. 62, 140 e 507.

O RISCO DE COMER UMA SOPA E OUTROS CASOS DE DIREITO PENAL

trás, ilumina a compreensão do fim visado pela norma em qualquer destes dois casos – contrastantes – de "participação necessária".

Interessa igualmente chamar a atenção para outras fronteiras – para as fronteiras entre interpretação (abstrata, como *prius* lógico) e **subsunção** (concreta, como *posterius* lógico), tentando esclarecer elementos que se encontram entre si numa determinada relação. Um paralelo para este tipo de procedimento encontra-se na (moderna) linguística estrutural e nas dificuldades "semânticas", ligadas à explicação do significado de determinadas palavras, a qual se alcança no relacionamento com outras palavras.

Caso nº 2　O médico *M* operou *B*, um moço de dez anos, a um furúnculo numa perna. A operação, realizada de acordo com as *leges artis* foi um êxito. Ao fim de oito dias mal restava a imagem duma pequena cicatriz. Todo o sofrimento tinha passado. Apesar disso, alguém se rebelou contra o cirurgião por não ter providenciado expressamente pelo consentimento do rapaz ou de alguém da família.

O caso encaminha-se imediatamente para o artigo 150º, nº 1, que *não* considera uma cirurgia como ofensa à integridade física (artigo 143º, nº 1), independentemente do consentimento. Nenhum destes dois preceitos foi (diretamente) violado. A falta do consentimento, que para ser eficaz exige o esclarecimento sobre "...a índole, alcance, envergadura e possíveis consequências da intervenção ou do tratamento..." (artigo 157º), só poderia entender-se como interessando a matéria do artigo 156º (intervenções e tratamentos médico-cirúrgicos *arbitrários*), classificado como um dos crimes contra a liberdade pessoal, por ser irrecusável a autodeterminação de cada um sobre o seu corpo, o que levanta não só problemas atinentes à questão da fragmentaridade, como realça a conflitualidade que opõe o bem jurídico (em rigor, uma questão de "liberdade")[21] a bens jurídicos como a vida (da mais alta dignidade). No entanto, o procedimento criminal depende de queixa (artigo 156º, nº 4) e o próprio consentimento não caberia ao menor (artigo 38º, nº 3). Por outro lado, nada nos diz que o consentimento teria sido recusado, relevando assim a última parte do nº 2 do artigo 156º[22].

---

[21] O respetivo bem jurídico é demarcado pela *livre decisão* sobre a autorização ou a realização de um tratamento, mas não a integridade física enquanto tal. Cf. Kienapfel, *Grundriss*, BT I, 3ª ed., 1990, p. 312.
[22] Interessa fazer intervir aqui a figura do chamado "**consentimento hipotético**" (sobre o assunto, Figueiredo Dias, *DP/PG* I, 2007, p. 488), com uma carreira relâmpago ("eine veritable Blitzkarriere") na Alemanha, tanto na jurisprudência como na doutrina, sendo os exemplos mais relevantes, até ao momento em que escrevemos, a obra de Andreas Albrecht, *Schriften zum Strafrecht*, Duncker & Humblot, Berlim 2010, e a posição assumida por Detlev Sternberg-Lieben no § 223 do "Schönke/Schröder-Kommentar",

INTERPRETAÇÃO E ANALOGIA

Seja agora o seguinte exemplo de escola, o de saber se *A* e *B* formaram uma associação criminosa, no sentido do artigo 299º.

– Considera-se associação criminosa um grupo ou organização quando esteja em causa um conjunto de pelo menos três pessoas, atuando concertadamente durante um certo período de tempo (citado artigo 299º, nº 5). Três pessoas podem pois formar uma associação criminosa: *tres faciunt collegium*; é quanto basta.
– *A* e *B* concertaram-se para em conjunto realizarem furtos e roubos durante uns meses, o que realmente aconteceu.
– Como não são três (ou mais) as pessoas necessariamente envolvidas, *A* e *B* não são membros de uma associação criminosa.

Começámos por enunciar a regra de direito (*premissa maior*). Verificámos que os factos (*premissa menor*) revelam apenas a existência de dois indivíduos. Por conseguinte (*conclusão*), *A* e *B* não são responsáveis por um crime previsto e punido pelo artigo 299º do CP. Estabelecidos os factos provados, procurámos a(s) norma(s) onde os mesmos poderiam encaixar (ou não). No caso em análise, concluímos que não preenchem a descrição típica do crime de associação criminosa. É nosso dever, por isso, retomar a questão, procurando saber se há lugar à qualificação "como membro de bando destinado à prática reiterada de crimes contra o património" (artigo 204º, nº 2, alínea *g*)). Perguntaremos: quantos são necessários para formar um bando? Será sempre imprescindível um vínculo organizativo estável? Ou acabaremos por nos contentar com o conceito de coautoria (artigo 26º), se um desses crimes de furto tiver sido cometido por ambos, fora da sua condição de membros do bando?

Este *ir e vir*, este vaguear *do olhar* ("Hin- und Herwandern des Blicks"; "el ir y venir de mirada") entre a situação de facto e a proposição jurídica, ficou célebre depois de enunciado por Engisch.

28ª ed. Mas de muitos lados se considera o "consentimento hipotético" inadequado para subverter tanto a causalidade como a imputação objetiva, não bastando para justificar o facto do médico que, operando sem prestar o devido esclarecimento, preencheu o tipo de ofensa à integridade física, como é próprio do sistema alemão, neste aspeto diferente do português. Também se defende na Alemanha que, a provar-se que o consentimento teria sido dado se o devido esclarecimento tivesse sido prestado, a justificação teria ganho de causa, invocando-se o comportamento lícito alternativo. Como porém se acentua (vd. Wolfgang Mitsch, em comentário no *MedR* (2011) 29, p. 239), "com o reconhecimento do consentimento hipotético enquanto causa de exclusão da imputação (melhor se diria: da tipicidade) o médico que dolosamente deixasse de esclarecer o paciente antes de o operar ficaria em posição de ver completamente afastada a sua responsabilidade – e com isso desligava-se o direito penal da suficiente proteção dada ao doente por via de uma decisão arbitrária do próprio médico".

O teor literal não se pode saber sem ter em conta o sentido. Norma e caso só se deixam coordenar (subsumir) entre si depois de elaborada a correspondente concordância de sentido. Numa imagem plástica, é como se, com a nossa máquina fotográfica, tratássemos de suprimir (de ir eliminando...) as partes desfocadas, procurando alcançar a nitidez dos elementos que interessam à nossa veia "artística". A aplicação concreta processa-se mediante uma contínua ação recíproca, um ir e vir da perspetiva entre a premissa maior e a situação concreta da vida. "É num *ir e vir* do olhar entre a situação de facto e a proposição jurídica, entre a ação efetivamente realizada e a conduta prevista no texto jurídico de referência, que consiste o mecanismo intelectual que configura a subsunção"[23]. Ou, como quer Hassemer, "a aplicação do direito é um processo circular entre a lei e o caso, comparável a uma *espiral*, que vai subindo, se corrige e aperfeiçoa (*emporschraubt, korrigiert und verfeinert*), num processo de mútua compreensão entre a norma e a situação concreta"[24]. Na linha do que acima dissemos quanto à dilucidação de um elemento através das suas relações com outros elementos, "a correspondência que na subsunção se estabelece entre a lei penal e o caso resulta, por um lado, da interpretação da lei; por outro, da compreensão do caso, do tratamento ou do raciocínio levado a efeito. A equiparação entre um caso e os restantes casos que cabem na previsão faz-se por um raciocínio analógico. A teoria do crime como parte geral da interpretação das previsões das leis penais articula-se no horizonte de todas as subsunções possíveis e progride de facto numa *espiral hermenêutica* com cada nova subsunção. Por isso, também se pode descrever como um sistema hermenêutico de tratamento de casos"[25].

Caso nº 3 *A* entrou na loja dum posto de abastecimento de combustível e solicitou um maço de cigarros à empregada. Ato contínuo, o *A* sacou de um objeto de características não concretamente apuradas mas em tudo semelhante a uma pistola, apontou-a ao corpo da empregada e, em disposição imediata de ofender, ordenou-lhe a entrega da quantia que se encontrava na caixa registadora, o que esta fez com receio do A lhe causar a morte ou lesão física. Seguidamente, o *A* abandonou o local, entrou no automóvel em que para ali se deslocara e pôs-se em fuga.

---

[23] Karl Engisch, *Introdução ao pensamento jurídico*, na tradução de J. Batista Machado, Fundação C. Gulbenkian, p. 92 e ss. Cf. também Castanheira Neves, *Questão de facto – Questão de direito*, 1967, p. 219; Karl Larenz, *Metodologia da ciência do direito*, 2ª ed., p. 326 e ss.; e Sousa e Brito, "Sentido e valor da análise do crime", *Direito e Justiça* 1989/90, vol. IV, p. 109 e ss.

[24] W. Hassemer, *Einführung in die Grundlagen des Strafrecht*, 2ª ed., 1990, p. 273. A ideia do círculo, enunciada por Dilthey, tem na sua base a constatação de não haver nem um ponto de partida nem um ponto de chegada para a compreensão.

[25] José de Sousa e Brito, "La inserción del sistema de derecho penal", *Coimbra-Symposium*, 1995. Hermenêutica é o mesmo que interpretação, mas a palavra significa também os métodos ou as técnicas para a realizar.

A defendeu-se, sustentando que só cometera um crime de furto. Deu-se a quebra da resistência da pessoa visada pela utilização dos meios concretos utilizados pelo "ladrão", logo é de roubo que se trata. Ademais, as **coisas percebidas como reais são reais nas suas consequências** – é o **axioma de Thomas**. E isto é assim, porque a "realidade" tem condicionantes subjetivas, ficando exposta aos significados que as pessoas envolvidas lhe conferem na concreta situação. A vítima percebeu a pistola como real e foi essa perceção que venceu a possibilidade de se opor à subtração[26]. Aliás, a vítima não sabia, nem tinha a obrigação de saber, que a arma se encontrava sem munições. A subsunção há de fazer-se na norma que define o crime de roubo, rejeitando-se o caso como de furto.

Por aqui se vê que a interpretação precede a **subsunção**, é como que um seu pressuposto. Vejamos ainda o

Caso nº 4 *A*, pastor, por ordem do dono do gado, levou os animais a pastar no terreno de um vizinho deste.

O dono das ovelhas e das cabras apropriou-se, segundo o acórdão da Relação de Évora de 6 de novembro de 1990, *CJ* 1990, tomo V, p. 275, das ervas que os animais comeram: "subtração dolosa, aferida pela intenção apropriativa de alimentar o seu gado em pastagens de outrem".

Haverá no entanto quem "olhe" para o caso como se fosse de dano. Seja como for, o nosso Código não tem uma incriminação como o artigo 164º do código penal brasileiro,[27] onde se pune autonomamente quem introduzir animais em propriedade alheia – de modo que, para decidir se os factos se subsumem num crime de furto, há que começar por analisar o elemento "subtração" e os significados que comporta para a doutrina e a jurisprudência.

2. Subjetivistas e objetivistas

O objetivo ou o fim da interpretação jurídica tradicional, o que com ela se intenta determinar, transporta, como tema nuclear, a discussão entre *subjetivistas* e *objetivistas*.

---

[26] Da questão da realidade e aparência em situações associadas à legítima defesa contra a ameaça com um objeto em tudo semelhante a uma arma de fogo ocupou-se Knut Amelung, *JURA* 2/2003, começando justamente por mencionar o chamado Thomas-Axiom (W. I. Thomas, *The Child in America*, 1932, p. 572). Peter Bondanella, *Umberto Eco e o texto aberto*, Difel, 1998, p. 157, chama-lhe um axioma fundamental do comportamento social.

[27] O crime não deve ser confundido com o de *abigeato*, o furto de animais nos campos de cultura e plantação, frequente no Brasil (Magalhães Noronha, "Crimes contra o património", *BMJ* 138, p. 44).

O que o legislador cria com o teor literal da norma é para ser concretizado pelo labor judicial. No entanto, devido ao "distanciamento" entre texto normativo e intérprete, entre o momento da feitura da lei penal incriminadora e o momento da sua interpretação/aplicação – com o reconhecimento de um hiato espacial e temporal – passa a não ser indiferente saber se prestamos obediência ao legislador (essa entidade sem outra identificação, que faz leis à custa de compromissos advindos dos debates parlamentares – confluência de muitas e variadas vontades –[28] ou à lei, cuja expressão linguística remonta ao momento da enunciação, agora "escrita e armazenada" na Internet, com a advertência de que "desde 1 de julho de 2006, a edição eletrónica do D. R. faz fé plena e a publicação dos atos através dela realizada vale para todos os efeitos legais".

O mesmo é tentar saber se vale a vontade do legislador (onde reside a faculdade de legislar) ou o que, a partir do texto, deve entender-se estatuído, tendo como pano de fundo o princípio da legalidade.

Os subjetivistas dirão: a lei é para ser interpretada conforme o legislador realmente a quis (o texto "dado", o texto como vida fixada). Dirão os que se encontram do outro lado: a lei deverá ser sempre interpretada como o seu sentido, objetivamente atualizado, o reclama; fidelidade à situação presente, interpretação de acordo com a época atual; extensão do sentido da norma à realidade – eis alguns suportes da chamada **teoria objetivista da interpretação**, que espera uma obediência "pensante" por parte do juiz.

A teoria objetiva abre um leque de possibilidades. É de notar, porém, que não pode ser considerado pelo intérprete o pensamento legislativo que não tenha na letra da lei um mínimo de correspondência verbal: artigo 9º, nº 2, do Código Civil.

A objetividade material da letra da lei pode ainda ser definida como expressão fixa e duradoura da vida, sem esquecer que mesmo na interpretação de um texto medieval há um trajeto, uma distância temporal que precisa ser superada[29]. Mas um mesmo texto (*aquela* letra da lei...) pode proporcionar leituras diversas, tanto mais que se reconhece e se confere um valor positivo a um *mínimo* de correspondência verbal.

---

[28] Realmente, como sustenta Hassemer, *Einführung in die Grundlagen des Strafrecht*, 2ª ed., 1990, p. 256, "não existe um 'querer' do legislador": as leis resultam de compromissos e as opiniões da maioria parlamentar são frequentemente vagas no seu conteúdo. Daí que também os tipos penais sejam algumas vezes vagos e imprecisos. Mas a criação do tipo legal de crime (perspetivada pelas ideias de necessidade e de dignidade penal) "é já em si mesma", como adverte Faria Costa, "o primeiro ato interpretativo da espiral hermenêutica a que a norma jamais poderá fugir".

[29] Foi-nos útil, neste passo, a leitura de Maria Sá Cavalcante Schuback, *Para ler os medievais*, Petrópolis, 2000, p. 13 e ss.

INTERPRETAÇÃO E ANALOGIA

Com o muito que em torno deste tema se questionou, acabou a disputa numa solução intermédia.

3. Um fragmento do papel histórico do positivismo jurídico

Os positivistas entendem que só é cientificamente válido o conhecimento obtido através das ciências experimentais, também ditas positivas, ficando arredado o que, por definição, se encontra fora da experiência sensível. O Positivismo jurídico do século dezanove e do patamar do século vinte seguia a regra, aceite como a única adequada, da aplicação do direito por imediata subsunção ao caso concreto. Este processo de contato sem intermediação com o objeto não encontrava dificuldades de maior na sua concretização pelos juízes.

"Em nome de um radical legalismo",[30] já as clássicas expressões doutrinais de Montesquieu (1689-1755): "Les juges ne sont que la bouche que prononce les paroles de la loi" (de l'Esprit des Lois, 1748, IX, VI), se haviam associado a Beccaria (1738-1794) que, das alturas do seu "Iluminismo" incontestado, via o juiz como um autómato, autorizado a subsumir os factos à lei, mas proibido de levar avante qualquer tarefa interpretativa, aditando o seu próprio ponto de vista. O livro fundamental de Cesare Beccaria, construído ao modo racional-sistemático, foi publicado em 1764: "Seja qual for o delito, o juiz deverá formular um silogismo perfeito: a premissa maior deverá ser a lei geral, a menor o ato conforme ou não conforme à lei; a consequência será a absolvição ou a condenação [a liberdade ou a pena]"; aliás, "os juízes de crimes não podem ter o direito de interpretar as leis penais, pela razão mesma de que eles não são legisladores"[31].

"É proibido ao juiz criar o Direito. De acordo com a teoria da divisão dos poderes, esta tarefa é exclusiva dos representantes do povo. Montesquieu insiste em que a missão do juiz não é em nada criadora, mas exclusivamente reprodutiva; a sentença não deve conter nada para além do exato texto da norma; o juiz deve ser tão só aquele que pronuncia as palavras que ela contém. Deve o intérprete declarar apenas a sanção que a lei prevê para o facto e para isso não necessita mais do que a sua própria vista. Curiosamente, esta forma de autómato jurídico foi por ele construída exatamente na Inglaterra, o país do *judge-made-law*"[32].

---

[30] Assim se exprime A. Castanheira Neves, *O Atual Problema Metodológico da Interpretação Jurídica* – I, Coimbra, 2003, p. 30.

[31] *Des délits et des peines*, par Beccaria, traduit de l'italien, deuxième édition, Paris, 1823.

[32] Gustav Radbruch, *A filosofia do Direito*, p. 67.

Combatia-se, nesses tempos, a indeterminação do pensamento com a arma da "exatidão geométrica", ou seja, de um estilo intelectual todo contraposições claras e consequências lógicas irrefutáveis [33] [34].

Atualmente, faz parte das boas práticas judiciárias (e tem força de lei) fornecer as razões da decisão tomada, permitindo aos interessados penetrarem na intimidade das circunstâncias que a alicerçam, verificando-as e discutindo-as, para eventualmente as contrariarem. A justeza de uma interpretação encontra-se, sobretudo, na força do convencimento do intérprete. A explicação dada pelo intérprete, realçando seletivamente as suas razões e tomadas de posição, permite verificar se a sua atividade se moveu com o indispensável rigor lógico ou racional e se o fez nos parâmetros da legalidade, ou se, pelo contrário, o *quê* e o *como*, mas também o *porquê* da decisão, são a consequência de um mero juízo categoricamente formulado, de um processo instintivo acrítico de formar opiniões. Nesta linha de orientação, o artigo 97º, nº 4, do CPP, para os atos decisórios em geral, manda especificar os motivos de facto e de direito.

III. Os diversos métodos interpretativos

1. Tradicionalmente, distinguem-se quatro métodos interpretativos:

- o método gramatical – e foi dele que nos ocupámos até agora;
- o sistemático;
- o histórico; e
- o teleológico.

---

[33] Ideia cedida por Italo Calvino, *Porquê ler os clássicos*, p. 111.

[34] Sandra Martinho Rodrigues, *A interpretação jurídica do pensamento de Ronald Dworkin – Uma abordagem*, Almedina, 2005, "fecha" a sua dissertação de mestrado, a vários títulos excelente, com o esclarecimento de que a conceção do direito postulada por Dworkin – partindo da premissa de que o positivismo, e, consequentemente, a interpretação tradicional não são suficientes – assenta na convocação dos princípios e na apresentação do direito, não como um dado definitivo, positivado, e de aplicação cega, mas como algo que constantemente se (re)cria, um verdadeiro *work in progress* – o direito realiza-se com a sua aplicação concreta, não se bastando nos critérios positivos. É assim que a interpretação jurídica, como interpretação de uma prática social, **se distancia** do seu criador, **devendo ser continuada** pelo intérprete. Uma interpretação construtiva dominada pelo **princípio da integridade** propõe um programa interpretativo para os juízes decidirem os casos, identificando direitos e deveres legais, a partir do pressuposto de que foram criados por um autor único. Para que uma resposta seja a correta, deve ser determinada de maneira inequívoca pela **coerência** que a irá ligar ao sistema legal – uma decisão judicial será válida se se integrar na coerência da prática judicial considerada como um todo. Propositadamente, sobretudo porque nos encontramos vinculado à hermenêutica dos penalistas continentais, deixamos para trás, na "alternativa" dworkiniana que nos é mostrada pela Autora, mais ampla referência à *chain novel* (o "mosaico" – o paralelo entre a "cadeia de decisões judiciais" e a criação de um romance em cadeia: o romance vai passando de um autor para outro e cada um acrescenta um novo capítulo...), bem como ao propósito de Dworkin de eliminar a discricionariedade, (alegadamente) contida no modelo de interpretação tradicional.

INTERPRETAÇÃO E ANALOGIA

1. Se a **interpretação literal** (gramatical, lógica) é o primeiro passo a dar (para cá do momento da criação da norma), as outras regras tornam-se efetivas, não só quando interagem em diferentes realidades, mas também com o conhecimento que o intérprete tem do mundo e com as suas capacidades de realização. Seja a interpretação histórica (por ex., as exposições de motivos e os trabalhos preparatórios) e a sistemática. Sobre esta, diríamos, de um modo muito simplificado, que se dirige à compreensão normativa, que não "vive" isolada, mas em razão do seu contexto, no todo unitário que o direito deverá constituir, a ordem jurídica.

Engisch, citando palavras do Tratado de Direito Civil de Enneccerus, nota que além do teor verbal hão de ser considerados: "a coerência interna do preceito, o lugar em que se encontra e as suas relações com outros preceitos" (ou seja, a interpretação lógico-sistemática), assim como "a situação que se verifica anteriormente à lei e toda a evolução histórica", bem assim "a história da génese do preceito que resulta particularmente dos trabalhos preparatórios, e finalmente "o fim particular da lei ou do preceito em singular" (ou seja, a interpretação teleológica)[35].

Não poderá, contudo, estabelecer-se uma determinada hierarquia nem uma determinada ordem entre os critérios de interpretação, devendo depender do problema jurídico a resolver qual dos métodos goza em concreto de preferência, *salvo* a limitação imposta pelo nº 1 do artigo 9º do Código Civil, ao determinar que o pensamento legislativo é feito "a partir dos textos".

2. Mas, para que fique a constar – e aqui acompanhamos outra vez as reflexões de Faria Costa – "a matéria da palavra é o que há de menos suscetível ao confinamento, ao estrangulamento da interpretação única ou unívoca". Pode até a regra aparentar toda a clareza, mostrar-se uma "Eindeutigkeitsregel", ter sido formulada com um *sens-clair* ou constituir um *plain-meaning rule* – mesmo assim, na opinião da maioria, não se dispensa o mínimo interpretativo que seja, toda a norma necessita interpretação. O grau polissémico da lei pode ser, desde logo, diminuto ou inexistente (a maioridade penal coincide nos 16 anos, porque são inimputáveis em razão da idade "os menores de 16 anos": artigo 19º), o que dispensa labor interpretativo aturado; o resultado da interpretação, a classificar de declarativa, acaba por se cingir ao teor literal do texto (tomando esta afirmação com as precauções recomendadas desde início). Lidas as palavras que descrevem os elementos do furto, conhecido o conteúdo da norma, o seu âmbito de proteção, a situação em que nos movemos, logo intuímos que os animais são "coisas", mas só se tiverem dono, porque só então os podemos considerar "coisas 'semoventes' alheias". Se o caso interpretando couber nalgum dos significados comuns das

---

[35] Karl Engisch, *Introdução ao pensamento jurídico*, p. 137; p. 77 do texto original publicado pela Kohlhammer, 8ª ed.

O RISCO DE COMER UMA SOPA E OUTROS CASOS DE DIREITO PENAL

palavras escolhidas pelo legislador penal, gera-se um processo de subsunção, passando o intérprete a trabalhar num *ir e vir* entre a ação efetivamente realizada e a conduta prevista no texto jurídico de referência.

Não é caso, pois, de defender uma total vinculação à lei, ao jeito do que faziam os julgadores décadas atrás. Hoje, o juiz, no quadro do preceituado pelo teor literal, decide entre diversas possibilidades interpretativas. Diz Joseph Raz[36] que "a própria ideia de interpretação implica a possibilidade de mais de uma interpretação – de várias interpretações boas ou aceitáveis".

O princípio já se satisfaz levando em conta que o juiz não é livre na interpretação, mas que se encontra vinculado às decisões valorativas legais, que, a mando da lei, se limita a concretizar, completando a norma com o seu labor hermenêutico[37].

Caso n.º 5   *A* derreteu uma valiosa e antiquíssima moeda de ouro pertencente a *B*.
Variante   *A* escondeu a moeda em casa de *B*, em termos de *B* a não poder encontrar sem esforço.

Segundo o artigo 212.º, n.º 1, do CP, comete o crime de dano quem destruir, no todo ou em parte (...) coisa móvel alheia. Se um juiz condenasse *A* como autor de um crime de dano pelos factos elencados na variante, a decisão seria incorreta a vários títulos, desde logo porque a letra da lei não permite encaixar no artigo 212.º, n.º 1, o simples ato de esconder a moeda na casa do seu próprio dono. A situação é claramente atípica e não se aproxima da primeira, que, provando-se o dolo, representa efetivamente um crime de dano.

O legislador só pode fazer-se entender por palavras – frequentemente polissémicas. Produz enunciados, mas não os decifra, a não ser num caso ou outro – e são poucas, muito escassas, as ocasiões para esta interpretação *oficial* (a que alguns chamam "autêntica") – quando, por exemplo, esclarece no artigo 386.º o que se deverá entender por "funcionário",[38] para efeito da lei penal, ou ao expender, de forma plenamente vinculante, que a idade mínima requerida para a atribuição da capacidade de culpa no artigo 19.º do CP é a de 16 anos.

Isto para apenas abordarmos um ou outro rol de definições legais, como as do artigo 202.º (que inclui os conceitos de "arrombamento", "escalamento" e "chaves falsas") e as do artigo 255.º, onde releva a definição de "documento". O *escalamento*

---

[36] Referido por Andrei Marmor, "Três conceitos de objetividade", *Direito e Interpretação*, Martins Fontes, São Paulo, 2000, p. 289.

[37] Veja-se, de novo, Roxin, referindo Krey, *Studien zum Gesetzesvorbehalt im Strafrecht*, 1977.

[38] Esse entendimento do círculo de "funcionários" foi alargado em setembro de 2007, quando se adicionou uma alínea *d*) ao n.º 3 do artigo 386.º, por forma a equiparar ao funcionário, para efeitos do disposto nos artigos 372.º a 374.º, "todos os que exerçam funções no âmbito de procedimentos de resolução extrajudicial de conflitos".

INTERPRETAÇÃO E ANALOGIA

permite a entrada em casa ou em lugar fechado dela dependente tanto por telhados como por aberturas subterrâneas; entre as chaves *falsas*, contam-se, nas condições referidas na alínea *c*) do artigo 202º, as "verdadeiras". Como se vê, há também que interpretar a interpretação "dada" pelo próprio legislador.

Nesta ordem de valorações, o que não resulte das palavras não está em forma de lei – não "vale" (Roxin). Uma vez criado o portador da normatividade, o "sentido da palavra" é o primeiro passo da tarefa interpretativa, mas é também entendido como o seu limite,[39] atento o princípio da legalidade. Como os conceitos que a lei emprega (excetuados os números, os dados, as medidas, e outros, semelhantes, como aquele caso dos 16 anos para a atribuição de capacidade de culpa) admitem em maior ou menor grau vários significados, o intérprete pode *mover-se* dentro dessa pluralidade de significados e pode *optar, sem ultrapassar* os limites legítimos da interpretação[40]. Isso tanto sucede com os conceitos normativos (seja o "meio necessário" referido no artigo 32º a propósito da "legítima defesa" ou o tal "objeto" que penetra ou se introduz em certas partes do corpo da vítima do crime de violação), como os descritivos (caso, por ex., do que seja "edifício" no artigo 272º, nº 1, alínea *a*)), nestes duma forma muito mais simplificada, por neles dominar um estatuto de natureza factual ou empírica. Voltando de novo a Roxin, para saber se alguém continua um ser humano ou é já cadáver, quando o cérebro colapsou mas a circulação do sangue ainda funciona, o juiz tem sempre que *escolher* entre as várias possibilidades, uma vez que o seu exato significado não se encontra pré-determinado na lei.

A partir de que **momento** morre o ser humano? Os especialistas fazem passar a ideia de que a *diagnose da morte encefálica* será a mais segura. Ainda assim, a morte encefálica como o momento da morte não é, de modo algum, incontroversa. Uma vasta corrente, no mundo inteiro, considera que o homem vive também após a morte encefálica e por tanto tempo quanto as demais funções vitais do corpo se conservarem através do *tratamento médico intensivo*. Uma pessoa encefalicamente morta pode ainda, por ex., apresentar uma temperatura corporal normal; o coração bate, os órgãos funcionam mais ou menos. Faria Costa[41] serve-se do "momento da morte" para ilustrar que "o campo interpretativo apresenta fronteiras, elas mesmas definidas por diversas variáveis que, ao cabo e ao resto, se perfilam como algo objetivamente definido" – devido aos desenvolvimentos da ciência médica, o conceito encontra um limite que "não pode ser ultrapassado

---

[39] *Eser/Schönke/Schröder, StGB*, 25ª ed., 1997, p. 30.

[40] Claus Roxin, *AT* 1, 1994, p. 101; e Figueiredo Dias, *DP/PG* I, 2007, p. 188. Cremos que as "leituras" de um texto nunca alcançarão grandeza numérica, estão desde logo circunscritas pelas convenções gramaticais.

[41] Faria Costa, *O Perigo*, p. 452.

por uma interpretação que viesse defender a impossibilidade de determinação desse momento", alegando-se, por ex., que "a morte é uma continuação da vida".

Essa atividade criadora, realizada segundo determinadas regras, é o que chamámos de interpretação.

3. Haverá ainda ocasião para o recurso às razões históricas (por ex., as exposições de motivos e os trabalhos preparatórios). Este último apontamento leva-nos ao contacto com subjetivistas e objetivistas, por, sem rejeitar os esforços de uns e outros, se dever reconhecer o valor de certas realidades, aparecidas, por ex., na sequência de uma ou outra inovação técnica. Com o tempo, o sentido da lei pode-se ir modificando. Uma determinação do sentido atual das palavras pode acontecer quando se verifica uma evolução no campo abrangido por um conceito, por se virem a manifestar nele realidades anteriormente não imagináveis, como, por exemplo, ao integrar-se no conceito de arma, primitivamente pensado para meios mecânicos, as armas químicas[42]. Essas e outras constatações levaram à adoção das **teorias mistas**, que hoje predominam. No seu art. 9º, o nosso CC optou, cautelosamente, por uma transação entre ambas, escreve Fernando José Bronze, assumindo-se "uma posição gradualista, ou (*rectius*) mista". Uma realidade que também a nós se impõe é essa de que "ir procurar o sentido da norma ao passado só tem sentido se tivermos em mente que esse passado é sempre compreendido à luz do presente. O âmbito de proteção da norma, levado a cabo em um determinado momento histórico, não fica aí cristalizado". "O decurso do tempo muda, altera, queiramo-lo ou não, tudo". E dá o **exemplo da honra**: "(...) Aconteceu que determinados ataques ou violações anteriormente considerados como atentatórios da honra dos cidadãos deixaram de o ser (....)"[43]. No diálogo frontal do intérprete com o texto, a compreensão é a compreensão de um intérprete atual que deixa o "dado" – não fazê-lo seria um perversão do princípio da legalidade.

A interpretação histórica aparece frequentemente ligada à questão de saber o que se pretendia com a lei, e por essa via à interpretação teleológica.

4. Os tipos penais são levados ao Código na sua forma definitiva, não se autorizando o juiz a alargá-los nem a subsumir o comportamento do sujeito, tal como decorre da prova, a um tipo penal mais grave do que aquele a que por direitas contas lhe cabe. Seria o mesmo que "inventar" novos crimes. No caso, já referido,

---

[42] Cf. Arthur Kaufmann, *Analogie und Natur der Sache*, 1982, p. 70; e a declaração de voto da Cons. Fernanda Palma no acórdão do *TC* nº 483/2002.

[43] Cf. Faria Costa, "Construção e interpretação do tipo legal de crime à luz do princípio da legalidade", *RLJ* ano 134º, nº 3933, p. 362. Sobre a interpretação e compreensão das regras jurídicas no contexto das teorias subjetivista ou objetivista, vd.. K. Engisch, *Introdução ao pensamento jurídico*, p. 165 e ss.; e K. Larenz, *Metodologia da ciência do direito*, p. 380". Uma síntese da discussão foi feita por Castanheira Neves, na sua colaboração para a *Polis*, já referida.

da moeda de Harro Otto,[44] se um juiz condenasse *A* como autor de dum crime de dano pelos factos da variante, praticaria analogia proibida, dado que a letra da lei não reflete o que realmente se passou: não é o simples ato consciente de esconder a moeda na casa do próprio dono, mas outra coisa diferente, que encaixa, sim, mas na hipótese contemplada na primeira parte do caso. É, por outro lado, uma pura verdade que só na aplicação concreta da própria norma se revelará se o caso a decidir é um caso dessa norma ou não.

A interpretação gramatical é necessária, mas não costuma ser suficiente. Normalmente, utiliza-se em combinação com os outros critérios. Faria Costa confessa a preocupação de contextualizar normativamente o tipo legal de crime que nos compete apreciar: "A norma incriminadora, se é certo que vale por si e em si, não é menos verdadeiro que ela só adquire significado, significado cabal, no âmbito das **relações intrassistemática** em que ela própria se insere". Um caso de *vizinhança normativa* relaciona-o o ilustre pensador com os artigos 134º e 135º (homicídio a pedido e incitamento ou ajuda ao suicídio) que, para nós, encontram semelhanças com a cabeça de Janus, um deus romano com duas faces: para a vítima, o homicídio a pedido é uma espécie de "suicídio" por mão alheia; para o agente, só se pode falar da morte de outra pessoa[45]. O tipo de homicídio a pedido da vítima tem, como elemento negativo, a não existência de suicídio em sentido literal – de facto, o âmbito de proteção de um não pode sobrepor-se ao âmbito de proteção do outro.

A execução do crime de infanticídio do artigo 136º pode ser anterior ao nascimento, uma vez que a norma prevê a comissão "durante o parto": "a mãe que matar o filho *durante* ou *logo após* o parto e estando ainda sob a sua influência perturbadora, é punida (...)". Este momento é anterior àquele que determina a atribuição da personalidade jurídica, ou seja, o do nascimento completo e com vida (artigo 66º, nº 1, do Código Civil). Se já existe um infanticídio, porque a mãe matou o filho durante ou logo após o parto nas condições ditas na norma, fica excluída qualquer forma de aborto (artigos 140º e ss.). Se a mãe já não se encontra sob a influência perturbadora do parto, a morte do filho, dada dolosamente pela mãe, já se encontra fora deste modelo privilegiado de crime contra a vida. Por aqui se alcança como a ordenação sistemática, específica da parte especial do Código, representa um importante critério interpretativo.

5. Também se não passa sem uma mais ampla referência à **interpretação teleológica**: primeiro, a interpretação de acordo com fins e função do direito penal (aspetos de política-criminal); depois, com os olhos no já insistentemente falado

---

[44] Otto, *Grundkurs Strafrecht, AT*, 5ª ed., 1996, p. 21.
[45] As duas cabeças, uma virada para a frente a outra para trás, apontavam para a importância do Passado e do Futuro no caminho dos homens. Jano era o deus tutelar de todos os começos e presidia a todos os finais.

bem jurídico protegido – funciona como critério decisório perante as alternativas colocadas à interpretação dos textos. Lembraremos a afirmação de Mezger de que a interpretação (teleológica) "tem especial relevância no âmbito do direito penal no que se refere à interpretação dos tipos jurídico-penais; o fim de cada um deles orienta-se para a proteção de um determinado bem jurídico cujo descobrimento e aplicação constitui, por isso, uma tarefa especialmente importante da interpretação", o que implica o direito "como uma particular intenção prática que se visa cumprir – e a interpretação uma realização, a determinante realização dessa intenção (nos seus valores e nos seus fins")[46]. Havendo lugar a valorações político-criminais, lançaremos mão de uma interpretação orientada por critérios teleológicos – e consequentemente determinada pela defesa do concreto bem jurídico que a norma penal incriminadora quer proteger), do mesmo passo que se averiguará o lugar que o conceito assume no sistema, melhor dizendo: no todo unitário que o direito deverá constituir, a ordem jurídica.

A assinalada interpretação teleológica poderá excluir do tipo condutas que não lesam ou não põem em perigo um certo bem jurídico. Noutras circunstâncias, dará prevalência a uma forma de conduta, em desfavor de outra ou outras. Perguntemos: quando é que, em geral, se realiza a troca de detenção, passando o furto da fase da tentativa para a consumação? No início do século dezanove seguia-se ainda a teoria da *contrectatio*, para a qual bastava o contacto físico do ladrão com a coisa para se poder afirmar o momento consumativo. A teoria acabou por ser suplantada. Não se furta hoje um piano com o simples facto de se tocar nele, ainda que com esses "maus propósitos". O esforço de preparação e de execução do ladrão de pianos é bem superior ao daquele que se contenta com a colheita de um livro, fiel aos seus desígnios de aproveitar o breve instante de distração do livreiro. Na transferência da "posse" para o ladrão insinuam-se táticas que obviamente têm diferente consistência, o que se reflete, com consequências práticas que não podem ser ignoradas, na interpretação do momento consumativo do crime de furto.

Um ou outro exemplo concorre para melhor compreendermos o envolvimento subjacente.

Caso nº 6 Seja o do valor acautelado nos crimes de falsificação: a *segurança* e a *credibilidade* dos documentos no tráfico jurídico, especialmente no tráfico jurídico-probatório. Bem jurídico será a segurança e a fiabilidade do tráfico jurídico com documentos. A atividade do falsificador, na medida em que quebra a relação que se interpõe entre *aparência* e

---

[46] Respetivamente, E. Mezger, *Tratado de derecho penal*, I, 1955, p. 139; e Castanheira Neves, *Polis* 3, p. 682.

INTERPRETAÇÃO E ANALOGIA

realidade, atenta contra o crédito de que goza o documento, *i. e.,* contra a confiança que outras pessoas depositam em que a sua aparência corresponde à realidade.

Assim retratado o bem jurídico, a nossa perceção diz-nos que o emitente de um documento pode falsificar o *seu* próprio documento.

Caso nº 7 Se agora abrirmos o *Conimbricense* no artigo 223º, vemos que o Comentador, depois de algumas "generalidades" sobre o crime de "extorsão", procura determinar o bem jurídico que nessa mesma disposição, e em seu critério, "visa garantir a liberdade de disposição patrimonial". A "extorsão" é, em primeiro lugar, um crime contra o património, mas a noção de bem jurídico permite ainda concluir pela tutela da liberdade de decisão e de ação e, por essa via, compreender a agravação das penas relativamente às aplicáveis aos crimes que lesam exclusivamente o património, como o furto ou o dano.

A circunstância de na análise do bem jurídico ofendido pelo roubo (artigo 210º) se divisar a tutela da liberdade da pessoa ao lado dos efeitos patrimoniais, permite, por seu turno, compreender a recusa do crime continuado (artigo 30º, nº 2), por este não abranger os crimes praticados contra bens eminentemente pessoais[47].

Contudo, como adverte Augusto Silva Dias,[48] "se o bem jurídico constitui um recurso interpretativo importante, não é o único, nem sequer esgota a chamada interpretação teleológica, que tende à descoberta do fim do preceito incriminador". E dá o exemplo sugestivo do artigo 151º:

Caso nº 8 "Para saber se duas pessoas podem cometer participação em rixa [artigo 151º] ou se são necessários pelo menos três, não adianta apelar ao bem jurídico protegido, antes se torna necessário atender à finalidade político-criminal expressa no modelo de perigosidade subjacente à incriminação".

Trata-se, como explicaremos mais à frente, quando recordarmos a "velhíssima" *assuada,* de um bem jurídico de reminiscências coletivas, como é, ainda hoje, a participação em motim – artigos 302º e 303º[49] – durante o qual são cometidas *coletivamente* violências contra pessoas e em que *vários dos participantes* podem

---

[47] "Salvo tratando-se da mesma vítima", ressalvava-se na última parte do nº 3 do artigo 30º, mas a possibilidade foi expressamente eliminada pela redação da Lei nº 40/2010, de 12 de outubro.

[48] Augusto Silva Dias, *Crimes contra a vida e a integridade física,* AAFDL, 2007, p. 13.

49 Por sua vez, os presos, detidos ou internados que se amotinarem, concertando as suas forças para os fins das duas alíneas do artigo 354º, são punidos com pena de prisão de dois a oito anos.

ser portadores de armas de fogo. Tanto não se exige para haver participação em rixa, mas uma briga de dois não alcança, por assim dizer, o limiar da participação em crime coletivo, logo terão que ser pelo menos três. Com este aprofundar das raízes históricas dos crimes coletivos (tão importantes nas primeiras Ordenações do Reino, com continuação nos códigos oitocentistas), alcançamos a pré-compreensão que nos abre caminhos. Só quem tiver acesso a esses elementos e souber lidar com eles poderá entender este caso concreto como uma simples "contenda recíproca" e não um crime do artigo 151º.

Importa também, pela sua frequência e a disparidades de opiniões que gera, analisar em duas palavras o caso da "arma", tal como ele emerge do art.º 4, do Decreto-Lei n.º 48/95, de 15 de março, aditado por altura da revisão do Código[50].

Caso nº 9 A "seringa é uma "arma"? O conceito de "arma" dado pelo art.º 4, do DL n.º 48/95, de 15 de março, abrange apenas os instrumentos que são ou podem ser utilizados como meios eficazes de agressão, ou seja, aqueles que servem ou podem servir para ofender fisicamente uma pessoa, de forma significativa ou não insignificante. A visão de uma seringa empunhada contra uma pessoa gera, sem dúvida, um temor que paralisa a vontade de resistir de quem quer que seja, porque existe a séria possibilidade de que aquela esteja infetada, nomeadamente com o vírus da SIDA, integrando tal conduta o elemento típico do crime de roubo descrito no art.º 210, n.º 1, do CP, como "ameaça com perigo iminente para a vida ou integridade física". Mas, se para a relevância da **ameaça**, é indiferente que a seringa esteja ou não infetada, o mesmo já não acontece quando está em causa a qualificação de tal instrumento como "arma".

Para este efeito, o que é decisivo não é que a seringa, na sua aparência, seja adequada a provocar um temor que anule a capacidade de reação da vítima, mas,

---

[50] Uma qualificação de raiz e efeitos distintos resulta do nº 3 do artigo 86º da **Lei das Armas** (Lei nº 5/2006, de 23 de fevereiro, alterada pela Lei n.º 59/2007, de 4 de setembro, alterada e republicada pela Lei n.º 17/2009, de 6 de maio, novamente alterada pela Lei n.º 26/2010, de 30 de agosto, e entretanto alterada e republicada pela Lei n.º 12/2011, de 27 de abril). Segundo os nos 3 e 4 do artigo 86º da Lei das Armas, "As penas aplicáveis a crimes cometidos com arma são agravadas de um terço nos seus limites mínimo e máximo, exceto se o porte ou uso de arma for elemento do respetivo tipo de crime ou a lei já prever agravação mais elevada para o crime, em função do uso ou porte de arma. Para os efeitos previstos no número anterior, considera-se que o crime é cometido com arma quando qualquer comparticipante traga, no momento do crime, arma aparente ou oculta prevista nas alíneas a) a d) do nº 1, mesmo que se encontre autorizado ou dentro das condições legais ou prescrições da autoridade competente". No acórdão do STJ de 31 de março de 2011, proc. n.º 361/10.3GBLLE, *relator:* Manuel Braz, entendeu-se que enquanto que a agravação do nº 3 do artigo 86º, encontrando fundamento num maior grau de ilicitude, tem sempre lugar se o crime for cometido com arma; a do artigo 132º só operará se o uso de arma ocorrer em circunstâncias reveladoras de uma especial maior culpa. "Além, para haver agravação, basta o uso de arma no cometimento do crime, aqui não".

INTERPRETAÇÃO E ANALOGIA

sim, que ela, realmente, seja ou possa ser utilizada como meio eficaz de agressão ou, por outras palavras, que sirva ou possa servir para ofender fisicamente uma pessoa, de forma significativa ou não insignificante. Deste modo, resulta claro que uma **seringa infetada** é uma arma (uma vez que a transmissão de uma doença a uma pessoa representa, sempre, para esta, uma ofensa física importante) como o não é uma não infetada ou inócua do ponto de vista sanitário (uma vez que a simples picada de uma agulha não pode, razoavelmente, considerar-se uma lesão física significativa). Não estando provado que a seringa utilizada pelo agente contra a ofendida estivesse infetada, aquela não cabe no conceito penal de arma, não se verificando, assim, a circunstância prevista no artigo 204º, nº 2, al. *f*), do CP, e, por via dela, o crime de roubo qualificado, do artigo 210º, nº 2, alinea *b*), do mesmo diploma (acórdão do STJ de 20 de maio de 1998, processo n.º 370/98 – 3.ª Secção).

Se em vez de uma seringa, a ameaça se produzir com uma pistola descarregada, devemos indagar qual a razão de ser da (eventual) qualificação – o que a determina. Se concluirmos por uma mais elevada eficiência da ameaça, bastará, naturalmente, o uso da arma descarregada. O mesmo valerá para a pistola de imitação. É todavia muito duvidoso que a lei tivesse "construído" a agravação na base destes pressupostos, porquanto a eficiência da ameaça, para a vida ou para a integridade corporal do assaltado, também se compagina com outros fatores presentes no ato de roubar, como seja a *diferença* de forças com que o atacante, disposto a tudo, se apresenta perante a sua vítima, circunstância que não foi "pensada" como agravante – não se vê rasto disso no âmbito de proteção da norma, no seu sentido incriminador. Com estes pressupostos, temos considerado que o crime de roubo cometido com uma pistola só poderá ser qualificado em razão da arma (artigos 204º, nº 2, alínea *f*) e 210º, nº 2, alínea *b*)) quando for caso de um maior perigo determinado pela forma de atuar. Uma pistola de plástico não é uma arma, nem o são as mãos de um "especialista" em luta corporal. Poderão servir para assustar e despojar a vítima do que é seu, com ela na impossibilidade de resistir, praticando o assaltante o crime de roubo "simples". Não há em todo o caso que esquecer que o roubo pode ser cometido com uma pistola de plástico, levando o assaltante consigo uma pistola verdadeira "oculta", para o que der e vier. Em casos destes funciona certamente a agravação, porquanto basta trazer, para definir a forma mais grave, arma aparente ou oculta, no momento do crime (apontada alínea *f*)).

A questão da seringa tem precedentes no ácido sulfúrico que um sujeito atirou à cara duma jovem para lhe conseguir levar a carteira[51]. Vejamos a forma de trabalhar de Arthur Kaufmann: "quando me ponho a questão jurídica de

---

[51] Entre os autores que o referem, veja-se A. Kaufmann, "Panorámica histórica de los problemas de la filosofia del derecho", *El pensamiento jurídico contemporâneo*, A. Kaufmann e W Hassemer (*org.*), 1992, p. 47; e W. Naucke, "Interpretation and analogy in criminal law", *Brigham Young University Law Revue*, 1986, p. 546.

saber se o ácido é uma arma, parto de uma determinada **pré-compreensão** dos factos como um caso de roubo qualificado. Se 'compreendesse' o caso de outra maneira, por exemplo, como de intenção de matar, saber se o ácido era ou não uma arma não teria idêntica importância. Não será portanto possível chegar à compreensão dos problemas relevantes sem uma adequada pré-compreensão, importando igualmente reconhecer, também aqui, como se processa essa compreensão. Só quem tiver acesso à natureza de um roubo qualificado (em função da arma) poderá entender o caso concreto como um caso de roubo 'grave'. Isso somente acontece se o intérprete se introduz no horizonte de compreensão, podendo então fundamentar com argumentos o que já se lhe tinha antecipado como resultado "provisório" (*espiral hermenêutica*)". Também Faria Costa[52] explica que "a pré-compreensão nos dá já um sentido de ordem e de unidade do ordenamento jurídico", só podendo nós ter um sentido, ainda que vago, da unidade do ordenamento jurídico desde que, concomitantemente, estejamos apetrechados com o mínimo de regras para o poder perceber.

IV. Exigência de cumprimento do princípio material da legalidade

Em direito penal não é permitido o recurso à analogia para qualificar um facto *como crime*, definir um estado de perigosidade ou determinar a pena ou a medida de segurança que lhes corresponde (artigos 29º, nº 1, da Constituição, e 1º, nº 3, do Código Penal). "A natureza fragmentária do direito penal, o princípio do mínimo de intervenção,[53] aliados à função de garantia do tipo legal de crime, não podiam senão levar à rejeição da interpretação analógica, sendo neste contexto e intertexto normativo que a proibição de analogia em direito penal pode ser primariamente compreendida"[54].

A analogia proibida viola o princípio da legalidade, pelo excesso a que se chega nos limites impostos pela *letra da lei*, comprometendo a sua clareza e previsibilidade.

---

[52] Faria Costa, *O Perigo*, p. 162.

[53] O direito penal não se manifesta no sentido de um sistema exaustivo de proteção de bens jurídicos, basta-se com um sistema descontínuo de ilícitos decorrentes da *necessidade* de criminalização.

[54] Cf. Faria Costa, *O Perigo*, p. 161, e a referência trazida para as *Noções Fundamentais de Direito Penal*, 2ª ed., p. 149; também Costa Andrade, "O princípio constitucional "nullum crimen sine lege" e a analogia no campo das causas de justificação", *RLJ* ano 134º, nº 3924; bem como Fernanda Palma, *Direito Constitucional Penal*, 2006.

INTERPRETAÇÃO E ANALOGIA

Caso nº 10 Um médico, a pedido de uma mulher casada que desejava ter um filho, embora contra a posição do marido, insistentemente manifestada, praticou artificialmente nela ato adequado à procriação.

Concluindo-se que a matéria é semelhante à da procriação artificial do artigo 168º, poderá ingressar o caso anterior no âmbito dessa mesma incriminação? Se a analogia estivesse indiscriminadamente permitida, podia, pelo menos para alguns, chegar-se à conclusão de ter havido crime. Contudo, este modo de raciocinar não é autorizado em direito penal. Por muito que se pareçam estes comportamentos, por mais semelhantes que sejam, considerar, nestas condições, o ato de procriação artificial como crime representaria **analogia proibida**. O que se pretende mostrar é que a subsunção do comportamento no artigo 168º não encontraria na lei (artigos 9º, nºˢ 1 e 2, do CC, e 168º, do CP) a correspondência verbal adequada. O Código Penal exige o "consentimento", mas este consentimento é o da mulher, não o de outra pessoa, seja o marido, um parente chegado ou um qualquer "conselheiro" matrimonial. Tem-se por adquirido que "através da incriminação da procriação assistida, o legislador recusa-se a proteger uma certa ordenação familiar e matrimonial", sendo irrelevante a concordância ou oposição do marido, por se ter preferido tutelar, como bem jurídico típico, uma expressão de liberdade especial da mulher, *a liberdade de e para a maternidade*[55]. A oposição do marido, ou mesmo *só* a falta do seu consentimento, não entram na redação típica, não desempenham um papel – e essa fundamentação é dada pelo alcance do próprio tipo legal enquanto portador do bem jurídico protegido (ainda aqui a liberdade de querer ou não ser mãe), mesmo que à mulher se não exija um consentimento qualificado, como acontece no artigo 142º, nº 4, para os casos de interrupção da gravidez.

Estas situações ajudam-nos a compreender como e porquê a interpretação tradicional cedeu lugar à questão de saber o que pertence *ainda* à interpretação permitida e o que pertence *já* à analogia proibida em direito penal;[56] permitem-nos, do mesmo passo, sublinhar que não existem fronteiras firmes entre interpretação a analogia e que nenhuma norma está imune à interpretação. Vejamos mais o seguinte:

Caso nº 11 *A* queria "sacar" umas coisas de *B*, Sem se fazer notado, conseguiu pôr-lhe uma droga na bebida. Quando a vítima estava quase a cair num sono profundo, o *A* deitou a mão ao que pretendia e fugiu.

---

[55] *Conimbricense* II, 1999, p. 502; e Costa Andrade, *Consentimento e Acordo*, p. 499. Com um caso parecido, veja-se Enrique Gimbernat Ordeig, *Concepto y método de la ciencia del derecho penal*, 1998, p. 64.
[56] Sobre esta forma de pôr a questão, veja-se por exemplo Figueiredo Dias, *DP/PG* I, 2007, p. 188.

O RISCO DE COMER UMA SOPA E OUTROS CASOS DE DIREITO PENAL

Estava-se na Alemanha e corria o ano de 1951. Os meios do crime de roubo limitavam-se nessa época à "violência" sobre uma pessoa[57]. Discutiu-se se os factos provados propendiam para o furto ou para o roubo. Teria sido usada "força" nas circunstâncias apuradas? Casos destes já tinham sucedido antes, mas os tribunais alemães sempre se tinham recusado a equiparar a situação (a ministração insidiosa de um sonífero) à da violência com emprego da força, por entenderem a equiparação incluída na proibição de analogia. A violência, dizia-se, exigia o emprego da força física, um constrangimento direto sobre a vítima,[58] o contrário não encontrava na letra da norma incriminadora do roubo um mínimo de correspondênca verbal.

Todavia, as circunstâncias sociais tinham mudado. Os juízes (BGHSt 1, 145, de 5 de abril de 1951 – *Betäubungsmittel*) avaliaram os factos numa perspetiva inédita. Consideraram que do lado da vítima tanto dá que o estado de quase inconsciência tenha sido produzido pelo emprego da força física, a murro ou a pontapé, por exemplo, ou pela aplicação, às escondidas, de um narcótico. Ao tribunal não restaram dúvidas de que qualquer dos métodos punha a vítima na impossibilidade de resistir à pretendida subtração. Na perspetiva natural (" für die *natürliche Betrachtung...*"), para a vítima o emprego da violência tanto se dá quando o ladrão usa a sua força muscular (mesmo só em medida reduzida) como quando se serve de outra força natural, física, química, etc. Ponto é que o posterior efeito no sistema nervoso se compare ao derivado da força corporal do assaltante, e para tanto basta que o ladrão tenha atuado ministrando um sonífero ou através de um choque elétrico. Na opinião de Naucke,[59] a doutrina expendida pelos juízes alemães é apenas o resultado óbvio da fluidez de fronteiras entre interpretação e analogia.

Numa outra ocasião, o Tribunal do Reich decidiu, num aresto que fez história, que o "desvio" de eletricidade não era punível pelo § 242 (*furto*) do StGB, por não ser a eletricidade uma "coisa" no sentido jurídico-penal e não ser possível a aplicação da norma por analogia. Apareceu, por isso, o § 248c (*subtração de energia elétrica*) como norma autónoma, destacada da do furto e sucessora da Lei especial de 9.4.1900. Hoje, assevera Eb. Schmidt-Assmann, as relações do juiz com a lei penal têm um cariz bem diferente do de há cento e tal anos. Os juízes são soberanos, já não se reduzem a ser "a boca da lei"; o que mandam fazer é para valer; o que censuram, censurado está; aquilo a que chamam violência, como violência fica a constar.

---

[57] Entretanto, o tipo legal foi ampliado e clarificados os outros meios de que o ladrão se serve para aceder ao alheio.

[58] Assim, Binding, *Lehrbuch* I, p. 93; quanto à superação da posição rígida de Binding, Rainer Keller, *Strafrechtlicher Gewaltbegriff und Staatsgewalt*, 1982, p. 155 e ss.

[59] W. Naucke, "Interpretation and analogie in criminal law", *Brigham Young University Law Review*, 1986, p. 532; e *Strafrecht, eine Einführung*, 7ª ed., 1995, p. 65 e ss.

V. Nomenclatura que distingue entre candidatos positivos, negativos e neutros

Herbert Hart (1907-1994) divulgou a ideia da diferença entre a zona de segurança do núcleo conceitual "luminoso" (o cerne, a zona de certeza: *Bedeutungskern*), distinta da "insegurança" que envolve uma zona de penumbra ou auréola conceitual (*Bedeutungshof*). Ficam nesta última franja os casos "discutíveis", aqueles que não correspondem de forma óbvia às palavras da lei, mas que não chegam ao ponto da exclusão forçada.

Num outro modelo, o modelo dos **"três domínios"**, distingue-se entre a intencional "certeza *positiva*", a "certeza *negativa*" e a "dúvida *possível*".

Outra reflexão ligada ao tema, enquanto património comum da semântica da linguagem vulgar, é caracterizada pelos princípios da **porosidade** e da **vaguidade** (há quem prefira "vagueza") que apontam para conceitos relativamente indeterminados, portanto, de uma "textura aberta". Na base dessa mesma relativa indeterminação – e como aproveitamento dos sentidos naturais ou possíveis da letra da lei – chegam alguns autores a uma nomenclatura que distingue entre aquele trio de candidatos positivos, negativos e neutros[60]. É assim que quando determinado conjunto de factos encaixa num conceito estamos em presença de candidatos positivos desse conceito. Quando não encaixam, estamos perante candidatos negativos, que inequivocamente se excluem. Se não se puder decidir se um conjunto de factos encaixa ou não num conceito, encontramo-nos na presença de candidatos neutrais, relativamente aos quais não seria possível tomar logo uma clara posição de objetiva inclusão ou exclusão. Se assim se respeita ainda o *nullum crimen*, é questão que fica em aberto, pelo menos quanto aos candidatos neutrais[61]. E se o ganho com estes esquemas analíticos compensa, a resposta de Castanheira Neves é perentória: "praticamente muito pouco ou nada".

Vejamos, ainda assim, o seguinte exemplo, relacionado com a aplicação do artigo 208º (furto de uso de veículo):

Caso nº 12   Em plena região montanhosa, *A* e *B* competem um com o outro na descida em patins duma rampa que se desenrola por vários quilómetros. A meio da descida, *A* nota que uma das rodas está avariada, e que

---

[60] Veja-se, por exemplo, Hassemer, *Einführung in die Grundlagen des Strafrecht*, 2ª ed., 1990, p. 181. Com considerações a propósito do modelo dos três domínios, A. Castanheira Neves, *O Atual Problema Metodológico, cit.*, p. 21 e ss, e 179 e ss.

[61] Aproveitemos a opinião de Ulrich Schroth, "Hermeneutica filosófica y jurídica", (org.) Arthur Kaufmann *et al., El pensamiento jurídico contemporaneo*, p. 287, de que o princípio *nullum crimen sine lege* deve ser entendido no sentido de que os candidatos negativos para um conceito jurídico penal em caso algum podem encaixar nesse conceito.

isso o impede de prosseguir. Mais à frente, *B* deixa por momentos a estrada e larga os patins na berma que o *A*, malevolamente, troca pelos seus, o que lhe permite continuar e ganhar a aposta. O *B* dirige-se pelo seu pé a um posto da GNR e faz queixa por furto do uso dos patins.

Caso nº 13 Em lugar do "furto" de uso dos patins, consideremos antes, com Augusto Silva Dias, o furto de uso de um triciclo para transporte de deficientes motores.

O artigo 208º, nº 1, castiga quem utilizar sem autorização de quem de direito automóvel ou outro veículo motorizado, aeronave, barco ou bicicleta.

Alguns poderiam argumentar que se a pena cominada vale para o furto de uso de uma bicicleta também deverá valer para o uso não autorizado duns patins, uma vez que o merecimento é idêntico. Uns patins ainda podem ser um meio de transporte, movido pela força da pessoa que os utiliza, por exemplo para se deslocar em trabalho num espaçoso supermercado.

Dirá outra corrente que se equiparássemos uns patins a uma bicicleta para efeitos de aplicar o artigo 208º, nº 1, ao *A* do nosso caso, desprezaríamos, em clara violação da lei, a **proibição de analogia** contida no artigo 1º, nº 3, por a mesma não ser fonte criadora de delitos. Dito por outras palavras: há um limite à atividade judicial, o juiz não pode criar crimes, mesmo que isso pareça lógico, justo ou oportuno, só o legislador o pode fazer[62]. A exigência de taxatividade e de certeza (*nullum crimen nulla poena sine lege stricta*) é correlata da recusa da aplicação por analogia[63].

Quanto ao uso de um triciclo para transporte de deficientes motores (enquanto coisa alheia, como logo se compreenderá), terá o ato guarida no artigo 208º, nº 1? Parece que a resposta só pode ser positiva, dado haver uma "similitude relevante entre a bicicleta e o veículo de transporte de deficientes, que, apesar das diferenças e da distinta designação linguística, faz com que pertençam ao mesmo 'Typus' (entendido como representando uma *unidade de sentido*): ambos são meios de transporte de tração humana utilizados na vida de todos os dias". É pelo menos o parecer de Augusto Silva Dias[64] [65]. O autor avança o exemplo no

---

[62] Não se exclui, no entanto, que o furto do uso de uma coisa seja jurídico-civilmente relevante, mesmo quando atípico para o direito penal.

[63] Welzel chega à conclusão que o verdadeiro perigo que ameaça o princípio *nulla poena seine lege* não vem da analogia, mas das leis penais indeterminadas, *Das Deutsche Strafrecht*, 11ª ed., 1969, p. 22.

[64] Augusto Silva Dias, "*Delicta in se*", p. 411, nota (945).

[65] Um **Typus** é para Gallas, escreve Roxin, *Teoria del tipo penal*, p. 285, "uma estrutura de pensamento que representa 'uma unidade de sentido', que tem um sentido próprio objetivo". Sobre a estrutura lógica deste conceito na teoria do direito mais recente, recorra-se ainda a I. Puppe, *Kleine Schule des juristischen*

INTERPRETAÇÃO E ANALOGIA

contexto de o Tatbestand de delito ter por detrás um tipo delitivo que confere significado social e consistência valorativa aos seus elementos. Acrescenta que, nos dois exemplos, a bicicleta "é candidato positivo"; o triciclo do segundo exemplo é "candidato neutro" ao elemento típico; os patins, a nosso ver, só em situações extremas poderão designar-se veículo de transporte, na maior parte dos casos servem para "patinar" em horas de lazer ou para a prática de uma modalidade de hóquei. A hipótese do furto do carro de bois, que também é tocada, nem sequer apresenta candidatura. Um carro de bois não é movido por força mecânica, elétrica ou humana. Ao raciocinarmos assim, já estamos no campo de interpretação do "tipo". A consequência, respigada de Augusto Silva Dias e Hassemer,[66] assenta em que a proibição da analogia incriminadora não é "algo exato", mas uma disposição cujo sentido e alcance, tal como sucede em relação a qualquer "Tatbestand" não são determináveis fora do processo interpretativo.

Conclusão: seria interpretação incorreta incluir no artigo 208º, nº 1, o furto de uso do carro de bois.

Se acaso nos encontramos na zona de segurança do núcleo conceitual, restará subsumir os factos ao direito, na certeza de se preservar a função de garantia e

---

Denkens, p. 38, e a Bernd Schünemann, *Obras* I, especialmente p. 501 e 508. Trata-se de uma "noção com vários elementos graduáveis que pode ser concretizada mediante regras de semelhança de casos, em que as várias dimensões estão representadas por diferentes expressões". O autor chama à colação a ideia do domínio do facto que até há pouco Roxin expurgava dos crimes omissivos impróprios, mas onde agora se admite, justificadamente, um subtipo de domínio, a ponto de se passar a entender que a autoria nos crimes de dever não é comandada, *habitualmente*, pelo domínio do facto, mas que em certas alturas está indicado que o seja. O domínio exercido sobre outros na autoria mediata e o domínio comum decorrente da divisão de tarefas na coautoria "são outras expressões do conceito tipológico (*Typus*) do domínio do facto. Estas, por seu turno, tornam a diferenciar-se em vários subtipos", como acontece na autoria mediata quando o domínio do facto seja graduável. De modo algo diferente se comporta um termo jurídico de características tipológicas como o "motivo fútil". O que seja um motivo fútil não pode ser dito em abstrato – faltando-lhe por completo suportes individualizáveis, só pode ser patenteado através de exemplos. Sendo o motivo *fútil* (artigo 132º, nº 2, alínea *e*), última parte) o motivo de *importância mínima*, a inexistência de graduações (a impossibilidade de o implicar em "um mais *ou* um menos") não lhe retira contudo a natureza de expressão tipológica (integra, de resto, um *tipo de culpa*). O sumário do acórdão do STJ de 27 de maio de 2010, no proc. nº 58/08,4JAGRD.CI.SI traduz bem uma característica tautológica e circular, ao acentuar "o desvalor da conduta" (matar outra pessoa) em face do "desvalor daquilo que impulsionou a sua prática" (nem mais nem menos do que uma "ninharia"). Como não nos foi desvelada a matéria probatória, ficamos a pensar numa miríade de hipóteses fácticas numa hipótese em que, para escorreita compreensão, nos bastaria *uma* dessas incontáveis "ninharias". Num outro homicídio o *A*, homem casado e de vida matrimonial estável, aproximou-se da vítima em vista de um relacionamento com ela e ao deparar-se com a intenção dela não consumar um projeto de vida em comum resolveu matá-la de forma fria, calculista, disparando quase à queima-roupa, com a vítima inteiramente à sua mercê. É manifesto que o motivo não pode razoavelmente justificar o crime, nem sequer explicá-lo: é deveras um motivo fútil. Deve portanto indagar-se o que é que determinou o crime, o motivo concreto da atitude do agente, sem o que não é possível afirmar que o motivo foi fútil.

[66] Hassemer, *Einführung in die Grundlagen des Strafrecht*, 2ª ed., 1990, p. 273.

o princípio da legalidade. A partir desse momento inicial, em que se adquire a convicção de o conjunto dos factos encaixar numa norma incriminatória, a interpretação submete-se aos critérios teleologicamente recomendados (em atenção aos fins) bem como às novas realidades e conceções (aquelas a que o legislador histórico não acedeu e não podia ter tomado em conta). Só perante um texto entendível no seu conteúdo e fronteiras será possível saber qual a decisão politico--criminalmente escolhida pelo legislador para esta concreta norma.

Caso nº 14 H. Otto oferece-nos um exemplo interessante colhido de um outro autor (Reichel): Uma lei pode muito bem ser clara na sua textura literal. E mesmo assim poderemos chegar ao ponto de ter que entender o contrário daquilo que parece ser. Assim: "É proibido levar cães para a estação de caminho de ferro". Ninguém verá aqui um segundo sentido. Qualquer miúdo, à vista desarmada, sabe o que seja um cão; e a maioria, se não todos, aponta logo para uma estação de comboios. E todavia, se interpretarmos *in claris* esta proibição de entrar com um cão na estação ferroviária, acabaremos num rematado disparate quando, a seguir, chegarmos à conclusão de que será admissível levar para a sala de espera da estação ursos e leões, não sucedendo o mesmo com os nossos fiéis amigos, regulamentarmente proibidos de viajar numa carruagem para cuja entrada é indispensável a passagem pela estação.

Como temos de reserva, inventariadas de antemão, uma quantidade de soluções possíveis, por esta via, o aplicador do direito vai passando lentamente do conjunto de factos que encaixam numa norma aos "casos incertos". Estarão presentes, ao longo de todo este labor, as regras linguísticas, com referência às significações possíveis da palavra da lei; os critérios (genéricos) do fim de proteção da norma; a compatibilidade com outros critérios de interpretação; e, porque não, a suposta conceção que da norma tinha o legislador histórico, à mercê porém das novas influências e das novas descobertas. A tarefa não pode deixar de ser conforme à Constituição de tal modo que a sua aplicação se mantenha nos parâmetros da Lei Fundamental[67]. Por conseguinte, os factos que hão de encaixar na norma são distintos, aplicando-se os critérios adequados, *dos* factos que não podem encaixar na norma (Schroth).

---

[67] Cf. José Joaquim Gomes Canotilho, *Direito Constitucional e Teoria da Constituição*, 1999, p. 1151, quanto ao **princípio da interpretação conforme à Constituição** como instrumento hermenêutico de conhecimento das normas constitucionais. Também António Manuel Hespanha, *O caleidoscópio do direito. O direito e a justiça nos dias e no mundo de hoje*, Almedina, 2007, p. 554 e ss.

No caso anterior, o legislador apontou o dedo ao "melhor amigo" do homem: proibiu-o de viajar no caminho de ferro, mesmo pagando o valor de um bilhete. Proibiu-o até de se despedir do amigo humano que vai de viagem prolongada. Aliás, se o homem insiste em levar o seu companheiro de caça para a estação lá da terra, a tessitura verbal correspondente dirá que ele cometeu um facto típico, por estar taxativamente proibido transportar cães, mesmo de caça, numa carruagem onde viajam outros passageiros, mas humanos. Contudo, se um amigo dos leões insiste em que o legislador nada tem contra eles, e que não o proibiu de levar o seu leãozinho para a estação (proibição que, taxativamente, só aplicou aos cães), a controvérsia não se resolve por imediata precisão ou imprecisão da redação dada ao tipo, mas pela consideração de fins (interpretação teleológica). Trata-se de resolver um problema social. A lei pensou nos cães como companheiros prediletos dos que viajam de comboio, mas nem todos se comportam "amavelmente" com os restantes passageiros. Não colocou na lista os ursos e leões porque o lugar destes, tirando algum jardim zoológico, ou são as regiões mais a norte ou as "chanas" africanas. Momentos sociais imperam igualmente quando o cão acompanha o invisual, de quem se assume como o guia predileto e indispensável. O cego e o seu guia constituem uma unidade que *não pode* estar proibida de viajar no comboio. A ponderação do fim de proteção da norma permite deixar de enquadrar na hipótese normativa casos que à primeira vista nela encaixavam, mas o efeito contrário também encontra o seu lugar neste universo de palavras.

Com esta conclusão, volvemos às situações limítrofes da interpretação e analogia. A diferença encontra-se na fronteira crítica do princípio da legalidade. É uma fronteira flutuante.

VI. Outras indicações de leitura

A. Castanheira Neves, "O princípio da legalidade criminal", Digesta vol. I.
A. Castanheira Neves, Apontamentos de metodologia jurídica, Lições, ano letivo de 1988-1989.
Boaventura de Sousa Santos, O discurso e o poder, 1980.
Chaïm Perelman, Lógica jurídica, São Paulo, 2004.
Chaïm Perelman, O império retórico: retórica a argumentação, Porto, 1999.
Chaïm Perelman/Lucie Olbrechts-Tyteca, Tratado da argumentação: a nova retórica, São Paulo, 2000.
Cristina Queiroz, Interpretação constitucional e poder judicial, 2000.
Edmond Ortigues, Interpretação, Enciclopédia Einaudi 11, 1987, p. 218 e ss.
Fritjof Haft, Einführung in das juristische Lernen: Unternehmen Jurastudium, 1997.

Fritjof Haft, Juristische Rhetorik, 1985.

Gregorio Robles, O direito como texto: quatro estudos de teoria comunicacional do direito; tradução de Roberto Barbosa Alves, Manole, 2005.

Hans-George Gadamer, O problema da consciência histórica, tradução de A. Freitas e Luísa M. Ferreira, 1998.

Jean-Jacques Boutaud, Sémiotique et communication. Du signe au sens, L'Harmattan, 1998.

Jeremy Waldron. Vagueness in Law and Language: Some Philosophical Issues. California Law Review 82 (1), p. 509.

Joana Aguiar e Silva, A Prática Judiciária entre Direito e Literatura, Almedina, 2001.

Joana Aguiar e Silva, Para uma Teoria Hermenêutica da Justiça – Repercussões Jusliterárias no Eixo Problemático das Fontes e da Interpretação Jurídicas, Almedina, 2011.

José de Faria Costa, "A interpretação em direito penal", Noções fundamentais de direito penal, 2ª ed., reimpressão, 2010, p. 135 e ss.

Manuel Atienza, As razões do direito: teorias da argumentação jurídica, tradução de Maria Cristina Guimarães Cupertino, São Paulo, 2006.

Maria Clara Calheiros, Verdade, prova e narração, Revista do CEJ, nº 10, 2008.

Maria Lúcia Lepecki, Uma questão de ouvido. Ensaios de retórica e de interpretação literária, 2003.

Miguel Teixeira de Sousa, Introdução ao Direito, Almedina, 2012.

Noam Chomsky, Linguagem, Enciclopédia Einaudi 2, 1984, p. 11 e ss.

Oswald Ducrot/TzvetanTodorov, Dicionário das ciências da linguagem, edição portuguesa orientada por Eduardo Prado Coelho, 1973.

Paul Ricoeur, Teoria da interpretação, tradução de Artur Morão, edição comentada, 1995.

Pio Ricci Bitti/Bruna Zani, A comunicação como processo social, ed. Estampa, 1993.

Rui Magalhães, Introdução à hermenêutica, 2002.

3 - A DOUTRINA GERAL DO CRIME

Advertência: As presentes notas destinam-se, fundamentalmente, ao estudo da Parte Geral (PG) do Código Penal, em associação com casos práticos e questões concretas tratadas pelos tribunais. A generalidade dos exercícios procurará responder à questão da punibilidade dos intervenientes. Não se justifica por isso estendê-las ao estudo da queixa e da acusação particular (artigos 113º e s.); da extinção da responsabilidade penal (artigos 118º e s.), ou seja, a prescrição do procedimento criminal, a prescrição das penas e das medidas de segurança ou outras causas de extinção; nem à indemnização de perdas e danos por crime (artigos 129º e 130º). Também não nos ocuparemos das consequências jurídicas do crime (artigos 40º e s.), com algumas breves exceções; nem de aspetos do direito penal internacional, estando fora das nossas atuais cogitações, por ex., a aplicação da lei penal no tempo e no espaço (artigos 2º e 4º).

I. Os elementos e as formas fundamentais do crime

As normas penais incriminadoras aparecem na dupla dimensão de *tipo* e *consequência jurídica*. Quando o tipo se mostra realizado, quer dizer, preenchido nos seus elementos (elementos típicos), segue-se, em regra, a consequência jurídica. A doutrina do crime ocupa-se deste elemento a que chamamos "tipo" e, a mais dele, da "consequência jurídica" (pena ou medida de segurança).

Ainda assim, não é raro o emprego de uma outra terminologia, quando em geral discorremos sobre a doutrina geral do crime. Empregamos expressões como crime, delito, infração e ação, comportamento ou conduta punível. Outro tanto ao fazermos menção de um **facto**. Crime, facto e conduta punível são, de um modo geral, empregados como sinónimos.

Já quando transitamos para o direito processual, o "facto" não aparece com esse mesmo descomprometimento, aparecendo o facto como objeto da acusação (o *acontecimento historicamente situado*),[1] importando saber se se verificaram os elementos constitutivos do tipo de crime: artigo 368º, nº 2, do CPP, do mesmo passo que se impõe distinguir entre a reconstituição histórica e a jurídica dos factos. O tribunal aplica o direito aos factos, procedendo a uma operação de subsunção a um tipo de crime, à qual, se for o caso, se segue a determinação da sanção – pena ou medida de segurança (artigo 369º). Trata-se de um percurso nem sempre linear. Não faltam ocasiões em que se palmilham "percalços", implicados com a disciplina dos artigos 1º, alínea *f*), 284º, 285º, 303º, 358º, 359º e 379º do CPP, sendo nula a sentença que condenar por "factos diversos" dos descritos na acusação ou na pronúncia, se a houver, fora dos casos e das condições previstos nos indicados artigos 358º e 359º (artigo 379º, também do CPP).

Os anteriores conceitos não deverão ser nem material nem funcionalmente confundidos com outros que a lei emprega, por ex., no artigo 40º, nº 3, do CP, dispondo que a medida de segurança só pode ser aplicada se for proporcionada à gravidade do facto (do *facto praticado* por um inimputável em razão de anomalia psíquica), ou no artigo 109º, ao dispor que "são declarados perdidos a favor do Estado os objetos que tiverem servido ou estivessem destinados a servir para a prática de um facto ilícito típico", ou que por este tiverem sido produzidos.

A outro propósito, já anteriormente tivemos ocasião de chamar a atenção para a não punibilidade da "singela" situação de embriaguez completa sem a concorrência de um facto ilícito praticado nesse estado, situando-o no contexto dos artigos 20º, nº 1, e 295º do CP. A situação de embriaguez entra na conformação típica, mas, por si só, não chega para prova da perigosidade com reflexos autónomos, num direito que se apura como direito penal *do facto*; trata-se de uma conduta juridicamente indiferente, mas perigosa por ser a partir dela que a "condição" acaba por ditar a punibilidade.

E, já agora, como tratar o caso do agente inimputável (por anomalia psíquica) que pratica um "facto-crime" (artigo 1º, alínea *a*), do CPP) cujo procedimento depende de queixa (artigo 242º, nº 3, do CPP)? Há de ter-se sempre presente, no mínimo, que a medida de segurança só pode ser aplicada se for proporcionada à gravidade do facto e à perigosidade do agente (artigo 40º, nº 3). Bem pode acontecer que num caso prático se coloque o problema de como reagir à ação de um inimputável por anomalia psíquica, existente no momento da prática de um facto injurioso e passível de atingir a honra de alguém, sabido que o procedimento depende de queixa ou participação, e, eventualmente, de acusação

---

[1] A peça acusatória terá de conter, sob pena de nulidade (artigo 283º, nº 3, alínea *b*), do CPP), além das indicações tendentes à identificação do arguido, os elementos que concorrem para a concretização e compreensão do real acontecido, na medida do possível individualizando-o enquanto *acontecimento* historicamente **situado** no espaço e no tempo. A acusação deverá incluir, se possível, o lugar e o tempo da sua prática.

A DOUTRINA GERAL DO CRIME

particular (artigo 188º). No Código Penal, os crimes particulares são em número reduzido, exigindo a perseguição penal que o queixoso/ofendido se constitua assistente e deduza acusação particular, explicando-se a sua raridade sobretudo pela escassa importância ou repercussão social da infração punível, que se fica pela esfera privada.

1. A ação como primeiro elemento do crime no Código Penal

a) A conduta humana (a ação, o comportamento humano) é o primeiro elemento do crime no Código Penal: "quem matar outra pessoa" (artigo 131º); "quem danificar coisa alheia" (artigo 212º).

Sendo o primeiro elemento do crime, a ação é, por isso mesmo, o indispensável objeto de referência da totalidade das circunstâncias que lhe são atinentes: o elemento aglutinador da tipicidade, da ilicitude e da culpa, no sentido de que nenhum destes outros elementos opera por si só ou isoladamente;[2] os correspondentes predicados aparecem reunidos por forma a poder sustentar-se num caso concreto que a ação é punível, conformando-se como unidade factual típica, ilícita e culposa.

Ao conceito de crime interessa também observar que só uma pessoa pode ser seu autor.

Atualmente, segundo o nº 2 do artigo 11º do CP, na redação da Lei nº 59/2007, de 4 de setembro, "as pessoas coletivas e entidades equiparadas, com exceção do Estado, de outras pessoas coletivas públicas e de organizações internacionais de direito público, são responsáveis pelos crimes (alguns deles identificáveis como característicos de uma "sociedade do risco") previstos nos artigos 152.º-A e 152.º-B, nos artigos 159.º e 160º, nos artigos 163º a 166º, sendo a vítima menor, e nos artigos 168º, 169º, 171º a 176º, 217º a 222º, 240º, 256º, 258º, 262º a 283º, 285º, 299º, 335º, 348º, 353º, 363º, 367º, 368º-A e 372º a 374º. Mas só serão responsáveis quanto a algum desses crimes cometido:

- Em seu nome e no interesse coletivo por pessoas que nelas ocupem uma posição de liderança; ou
- Por quem aja sob a autoridade das pessoas referidas na alínea anterior em virtude de uma violação dos deveres de vigilância ou controlo que lhes incumbem.

É o ente coletivo como tal que responde integralmente também ao nível do direito penal. É certo que os entes coletivos só atuam através de pessoas

---

[2] Embora se possa desvelar, desgarrado dos restantes, para efeitos expositivos ou didáticos.

"naturais", sendo necessário determinar o âmbito e a forma que deve assumir o nexo de imputação do facto à responsabilidade do sujeito com essa dimensão. A lei, como se viu, dispõe que o facto será imputado ao ente coletivo quando o crime for cometido em nome do mesmo e no interesse coletivo por pessoas que nele ocupam uma posição de liderança, mas dispõe igualmente relativamente à falta de vigilância ou controlo dos órgãos ou representantes do ente coletivo que tenha tornado possível a prática do facto por uma pessoa ou sob a sua autoridade[3]. Segue-se um *princípio de analogia*, atribuindo ao ente coletivo capacidade de ação e de culpa jurídico-penais na medida em que eles são "obras do homem" e nessa medida "obras da liberdade"[4].

Mas este paradigma individual adotado pelo pensamento analógico não logra consenso. Como é que, por exemplo, com base na analogia com a ação individual se pode imputar o dolo a uma pessoa coletiva?, pergunta A. Silva Dias. Sem dúvida que *na maior parte dos casos* bastará o recurso aos estatutos da empresa e ao modo como aí é definida a formação da vontade da empresa, mas uma tal solução deixa de fora questões relevantes a que a jurisprudência terá de dar atenção. Teresa Quintela de Brito[5] vai ao encontro da responsabilidade criminal dos entes coletivos através do **domínio da organização** para a execução do crime, acompanhando A. Silva Dias. Domínio da organização como forma de domínio social do facto, "mercê do domínio sobre a fonte de perigo (organização, funcionamento e/ou filosofia de atuação da pessoa jurídica) que constitui a causa essencial do resultado típico". Mais à frente voltaremos a este assunto.

---

[3] De acordo com o artigo 4º da Lei n.º 59/2007, de 4 de setembro (23ª alteração do Código Penal), ao Decreto-Lei nº 15/93, de 22 de janeiro, que revê a legislação de combate à droga; à Lei nº 32/2006, de 26 de julho (procriação medicamente assistida); à Lei nº 52/2003, de 22 de agosto (lei de combate ao terrorismo); à Lei nº 99/2003, de 27 de agosto (Código do Trabalho); e à Lei nº 5/2006, de 23 de fevereiro, com o regime jurídico das armas e suas munições, foram aditadas disposições ou alteradas as existentes quanto à incriminação dos correspondentes entes coletivos. Estas pessoas coletivas e entidades equiparadas passam agora a ser responsáveis, *nos termos gerais*, pelos crimes previstos nas correspondentes leis. O artigo 278º-A, introduzido pela 25ª alteração do Código Penal (Lei nº 32/2010, de 2 de setembro), dispõe sobre violação de regras urbanísticas e declara as pessoas coletivas e entidades equiparadas responsáveis, *nos termos gerais*, pelo crime previsto no seu nº 1. O "novo" crime de "atividades perigosas para o ambiente" (artigo 279º-A) foi aditado pela Lei nº 56/2011, de 15 de novembro (28ª alteração do Código Penal). No artigo 11º está compreendido na formulação genérica do nº 2, quando aí se referem os artigos "262º a 283º".

[4] Figueiredo Dias, "O papel do direito penal na proteção das gerações futuras", separata do Boletim da Faculdade de Direito, volume comemorativo, Coimbra, 2002

[5] Teresa Quintela de Brito, "Responsabilidade criminal de entes cole[c]tivos", *RPCC* 20 (2010), p. 41 e ss. Interessante a chamada de atenção para o facto típico da pessoa jurídica não se confundir "com um estado de perigosidade da organização relativamente à comissão de factos puníveis de certa espécie". Por outro lado, as sanções aplicáveis "são essencialmente cunhadas pela ideia de censura ético-social *de um facto passado*, em ordem a assegurar a tutela efetiva do bem jurídico-penal violado (prevenção geral de integração e, se possível e/ou necessária, prevenção especial)".

b) Dizíamos que só uma **conduta típica** poderá constituir crime, quer dizer: uma conduta que preencha os elementos descritos no tipo incriminador (elementos ou circunstâncias típicas). A mais disso, a conduta típica mas não justificada, portanto ilícita, há de poder ser censurada ao seu autor, há de ser também uma conduta culposa. O que se censura ao autor não é o aspeto associal de conduzir a sua vida, mas um determinado facto por ele praticado. A função do direito penal é orientada para a reação a um facto externo ofensivo de um bem jurídico – não se presta a enfrentar os vícios da personalidade. Não se configura pois como um direito penal de autor, antes se impõe como um **direito penal do facto**. O facto tem de ser sempre o ponto de partida da reação criminal. Mesmo no que aos inimputáveis se refere, a declaração de inimputabilidade não pode deixar de pressupor o estabelecimento da ligação entre a anomalia psíquica e um facto concreto praticado, descrito na lei penal como "crime".

O direito penal do facto, por contraste com o direito penal de autor, representa um dos princípios basilares do direito penal de feição democrática.

c) A circunstância de só uma **conduta típica** poder constituir crime não quer significar qualquer concordância com a pertença ao direito penal do que está antes do facto *ou* de "tudo aquilo que se vê e valora como consequência longínqua do facto"[6]. Vender um pesticida, uma faca de cozinha ou uma arma de fogo pode ser causa da lesão ou da morte de que venha a sofrer uma pessoa, sem que ao vendedor ou ao fabricante do produto possa imputar-se uma ação ilícita.

d) Também é verdade que a figura delitual "só raras vezes" (Sousa Mendes) é caracterizada através da descrição de uma conduta específica.

Caso nº 1 Se *A* introduz um dedo no nariz de *B*, à força, contra a vontade deste, a ação não é típica, no sentido de preencher o crime de violação do artigo 164º, nº 1, alínea *b*), que apenas prevê como tal a introdução vaginal ou anal. Será eventualmente típica no sentido de preencher o crime de ofensa à integridade física do artigo 143º, nº 1. Se o *A* introduz o dedo, não no nariz mas na vagina de *B*, contra a vontade desta, a ação poderá ser elemento do crime de violação, mas também poderá ser, e só, crime de ofensa à integridade física. Se *A*, com dolo de ofender, dá uma facada no corpo de *B*, provocando-lhe uma lesão corporal, a con-

---

[6] Assim, os "Apontamentos para umas reflexões mínimas e tempestivas sobre o direito penal de hoje", *RLJ* ano 139º, nº 3958 (2009), p. 48 e ss. A questão de saber se queremos aceitar o risco, o risco ético-jurídico, de punirmos hoje alguém por um *desvalor de resultado provável*, mesmo que altamente provável, deu ocasião (verificado que o nosso tempo "vive na singeleza perversa do efémero", do transitório, na "mitificação do síndrome da borboleta, enquanto manifestação de um modo de vida que exalta à exasperação os momentos do agora") a reflexões que assentam na gratificante autoridade científica do Prof. Faria Costa.

duta preenche os elementos típicos do referido artigo 143º, nº 1, mas se for um cirurgião "a dar a facada", nos precisos termos do artigo 150º, a conduta não se considera "ofensa à integridade física".

O caso antecedente serve sobretudo para mostrar que a mensagem normativa, cujo sentido intrínseco é orientar ou regular ações humanas, nem sempre é portadora das características simplificadas daquilo que no artigo 131º – dado como exemplo de um "tipo fechado" – se proíbe, a ação de "pura e simplesmente" matar outra pessoa.

"Há figuras de delito em que a conduta humana é imediatamente visualizável. Entre outros exemplos possíveis, os crimes de mera atividade que consistem e se esgotam numa conduta claramente descrita, tais como a violação de domicílio ou a introdução em lugar vedado ao público (artigos 190º, nº 1, e 191º), ou os crimes de mão própria que pressupõem uma certa disposição pessoal, tais como a condução de veículo em estado de embriaguez (artigo 292º), ou que pressupõem um certo envolvimento pessoal, tais como os atos exibicionistas (artigo 171º), a bigamia (artigo 247º) ou o falso testemunho (artigo 360º, nº 1)"[7]. Considere-se, a mais desses, o crime de quem, encontrando-se legalmente privado da liberdade, se evadir (artigo 352º). O sujeito ativo, o recluso, deve necessariamente realizar a ação de se evadir, não podendo utilizar, para isso, interposta pessoa. Mas comete o crime de tirada de presos (artigo 349º), quem instigar, promover ou, por qualquer forma, auxiliar a evasão.

A adequação típica tanto pode operar-se de forma mediata como imediata. A adequação típica imediata ocorre quando o facto se subsume no modelo legal sem necessidade da concorrência de qualquer outra norma como, por exemplo, a procriação artificial não consentida: essa conduta molda-se imediatamente no artigo 168º, sem precisar do sustentáculo de nenhuma outra norma jurídica[8]. A adequação típica mediata, que constitui exceção, necessita da concorrência de outra norma, secundária, de caráter extensivo, que amplie a abrangência da figura típica. Nestes casos, o facto praticado pelo agente não se adequa direta e imediatamente ao modelo descrito na lei, o que somente acontecerá depois de obtido o contributo de uma norma de ordem secundária nos chamados tipos abertos, ou o auxílio de outra norma ampliativa, como ocorre, por exemplo, com a tentativa, idónea ou inidónea; ou o artigo 10º, que, como a tentativa, alarga as margens de punibilidade, possibilitando, em certos casos, a equivalência da omissão à ação.

---

[7] Cf. Paulo de Sousa Mendes, *O torto intrinsecamente culposo como condição necessária da imputação da pena*, 2007, p. 419.

[8] Embora se possa ter de considerar um qualquer desvio, por um dos elementos típicos consistir no "consentimento" da mulher, por ex., o resultante do disposto no artigo 38º, nº 3.

A DOUTRINA GERAL DO CRIME

Neste sentido, o crime de procriação artificial não consentida "cabe" sem mais no artigo 168º, mas para a punição da tentativa deste crime (e ela é possível em razão da medida legal da pena de prisão de um a oito anos) têm de concorrer os artigos 22º, 23º e 73º.

e) O crime (o facto punível, a ação punível, o delito, a infração penal, etc.) consiste numa soma de elementos: uma ação humana (no sentido indicado acima, que engloba os "comportamentos" de certas pessoas jurídicas ou equiparadas, mas tão só em relação a determinados crimes), típica, ilícita e culposa (e, residualmente, *punível*)[9].

Quanto a este último requisito, só há punibilidade da tentativa dos crimes mais graves (artigo 23º, nº 1), embora com as ressalvas previstas na lei. A tentativa impossível não será punível se for "manifesta" (no sentido decorrente do artigo 23º, nº 3). A desistência voluntária conduz à não punibilidade da tentativa (artigo 24º). O furto do artigo 203º, nº 1, entre as pessoas referidas no artigo 207º, alínea *a*), só é punível mediante acusação particular, não bastando que o ofendido se queixe. Para a escola de Coimbra,[10] a ideia-chave é a da "**dignidade penal**", a qual permite que hipóteses tão diversas como a impunidade da desistência da tentativa, de factos bagatelares, do auxílio ao suicídio ou dos crimes falimentares, quando o suicídio ou a falência não vêm a ter lugar, sejam remetidos para o denominador da **falta de dignidade penal**. Apesar da realização integral do tipo de ilícito e do tipo de culpa, a imagem global do facto é uma tal que, em função de exigências preventivas, o facto concreto fica aquém do limiar mínimo da dignidade penal. Considere-se o nº 2 do artigo 35º que não refere uma causa de diminuição ou de exclusão da culpa, e portanto um problema de culpa; refere uma causa de diminuição ou de exclusão da pena, constituindo, assim entrevisto, um problema de punibilidade.

f) Uma ação simplesmente típica e ilícita (um ilícito-típico não-culposo) pode igualmente convocar uma consequência jurídica (medida de segurança), verificados que estejam os respetivos pressupostos (artigos 20º, nº 1: inimputabilidade

---

[9] Chama-se aqui a atenção para a expressão "**dogmática do crime**" (frequente nos manuais) por ter a ver com as regras jurídicas que versam sobre a atribuição da responsabilidade criminal. É um sistema (um sistema aberto) que "consiste numa totalidade coerente, isto é, num complexo de elementos selecionados segundo valorações jurídicas respeitantes à atribuição de responsabilidade e ordenados segundo um código que institui uma regra de precedência teleológica (tipicidade, ilicitude e culpa)", escreve Augusto Silva Dias, "*Delicta in se*", p. 542. Sobre a aplicação dessa **regra de precedência**, veja-se o que se diz mais à frente. É assim que na elaboração de casos práticos atenderemos a modelos de valoração gradual.

[10] Cf., especialmente, os termos utilizados por Figueiredo Dias, *DP/PG* I, p. 617; e Manuel da Costa Andrade, *Consentimento e Acordo em Direito Penal*, p. 186, *RPCC* 2 (1992), p. 173, bem como a "Anotação" ao acórdão do *TC* nº 54/04, "O abuso de confiança fiscal e a insustentável leveza de um acórdão do Tribunal Constitucional", *RLJ* ano 134, p. 300. A mais disso, as precisões contidas no capítulo introdutório.

por anomalia psíquica "no momento da prática do facto"; e 91º: perigosidade do inimputável). Uma ação, um facto ilícito ("contra o património") pode ser elemento de um crime como o de recetação do artigo 231º, nº 1, ainda que não seja culposo.

2. Ações e não-ações; função de delimitação; exclusão das não-ações do conceito de crime

A ação é o elemento imprescindível na responsabilização penal de alguém que mata ou intenta matar outra pessoa (artigo 131º), que fomenta o lenocínio de menores (artigo 175º) ou injuria outrem (artigo 181º, nº 1).

Destinatário de uma norma penal só poderá ser uma pessoa. Não se abre um processo penal, por ex., contra o cão vadio que abocanhou uma criança na rua[11]. Mas, como se viu, as modernas tendências envolvem no conceito de autoria também alguns entes jurídicos, relativamente à comissão de certos crimes (artigo 11º). A comprovação da punibilidade tem de estar ligada a uma conduta, a um específico comportamento de uma pessoa.

Caso nº 2   *A* e *B*, na companhia de um terceiro, andaram a beber, até que entraram na adega de um deles para tomarem mais uns copos. Quando *A* se encontrava agachado para tirar vinho duma pipa, com as pernas afastadas, de costas para *B*, este agarrou-lhe, por detrás, com força, *por los genitales*. Nesse momento, o *A*, contorcendo-se com dores, girou bruscamente o corpo, batendo com o cotovelo no *B*, que perdeu o equilíbrio e caiu, dando com a cabeça no chão de cimento. *B* ficou por algum tempo inconsciente e depois, muito abalado, pediu que o levassem a casa, recusando-se a ir a um hospital. Veio a morrer cerca de uma hora depois, apresentando contusão fronto-parietal produzida na queda[12].

Punibilidade de *A*? Procura-se saber se o comportamento de *A* transpõe o limiar da relevância como comportamento punível. Tratando-se, no caso, de um comportamento reflexo, qual o alcance deste entendimento?

Foi instintivo o movimento corporal que provocou a queda do *B*, reconheceu o tribunal na sentença que absolveu o *A*. A reação foi devida a um estímulo

---

[11] Existe a informação, atribuída a Levy Maria Jordão (1831-1875), autor de um *Comentário ao Código Penal Português*, de que, em 1654, em Portugal, foi queimada uma égua por cumplicidade num crime de bestialidade. Nada sabemos, contudo, quanto a formalidades ou aos concretos procedimentos.

[12] Resumo dos factos apreciados pelo aresto de 23 de setembro de 1983 do Tribunal Supremo de Espanha.

fisiológico ou corporal, sem intervenção da consciência, por ato reflexo ou em curto-circuito. Atos reflexos consistem em movimentos corporais que surgem de um estímulo sensorial a uma ação motora, à margem do sistema nervoso central. A morte do *B* resultou afinal de um simples acidente – à atuação do *A* não se poderá atribuir o significado de ação normativamente controlável[13].

É pouco normal que casos destes cheguem a julgamento, parece até forçado acusar alguém que desde início se intuía ter atuado instintivamente.

Sendo claro que é a vontade que separa a ação humana do simples facto causal, compreende-se que a responsabilidade penal não deva incidir em acontecimentos ligados a *atos reflexos* ou a *comportamentos inconscientes*[14].

E noutros casos, como os *automatismos* – a solução deverá ser idêntica?

Os automatismos são produto da aprendizagem, por ex., o andar, ou o exercício continuado da condução automóvel: meter as mudanças, dar gás, guinar a direção para a esquerda ou para a direita, fazer sinais de luz, meter o pé ao travão.

A controvérsia em torno do conceito de ação foi sem dúvida um dos temas cimeiros da doutrina geral do crime, sobretudo nos anos cinquenta e sessenta do século passado, mas perdeu entretanto muita dessa sua importância. Vozes autorizadas levantaram-se contra a sua "hipervalorização no sistema", adscrevendo-lhe apenas uma **função de filtro**, puramente delimitativa ("negativa"), servindo para "excluir da tipicidade comportamentos *ab initio* jurídico-penalmente irrelevantes – enquanto a primazia há de ser conferida, sem rebuços, ao conceito de realização típica do ilícito e à função por ele desempenhada na construção teleológica do crime"[15].

A doutrina atual, mesmo quando se inclina para a não ação nos atos reflexos, afirma-a em geral ao nível dos automatismos, que se desenvolvem sem a intervenção da consciência ativa.

Deve contudo notar-se que, em certas ocasiões, podem surgir dúvidas quanto a acontecimentos ligados a atos reflexos e a comportamentos inconscientes. Consideremos os seguintes casos práticos:

Caso nº 3   *A* sabe que sofre de epilepsia e até já foi afetado na rua por essa doença, sem consequências para terceiros. Por isso, tem a preocupação de seguir à risca as prescrições dos médicos. Há duas semanas, porém, *A* esqueceu-se de tomar um medicamento muito recomendado, contra

---

[13] Cf. o comentário a esta decisão em Silva Sánchez, "La función negativa del concepto de acción. Algunos supuestos problemáticos (movimientos reflejos, atos en cortocircuito, reacciones automáticas)", *ADPCP*, 1986, p. 905 e s.

[14] A fixação **consciente** do objetivo, a seleção **consciente** dos meios e a realização levada a efeito mediante um ato de direção **consciente** representam o *tipo ideal* de uma ação, o qual, todavia, não esgota a variedade dos comportamentos humanos.

[15] Jorge de Figueiredo Dias, "Sobre o estado atual da doutrina do crime", *RPCC* I (1991), p. 40.

o que era seu hábito. Apesar disso, pôs-se ao volante do automóvel. Em certa altura do percurso *A* sofreu um súbito ataque de epilepsia e perdeu o controlo do carro, que foi atropelar violentamente *B*, na altura em que este atravessava pela passagem destinada aos peões.

Caso nº 4 *A* seguia conduzindo o seu automóvel. No momento em que circulava por uma curva entrou-lhe pela janela, que se encontrava aberta, um inseto num olho. *A* fez, por isso, um "brusco movimento de defesa" com a mão livre, enquanto com a outra segurava o volante. Este movimento comunicou-se à direção do carro e o *A* perdeu o domínio da condução, de tal sorte que o automóvel entrou na faixa contrária e aí chocou violentamente com outro que vinha em sentido contrário, tendo ficado feridas diversas pessoas[16].

A mãe que durante um sono profundo, com as faculdades anímicas inteiramente "desligadas", esmaga com o seu corpo o filho que dorme a seu lado não poderá ser penalmente responsabilizada por uma morte causada nesse estado de inconsciência. Nem o seria em caso de sonambulismo ou de hipnose. Mas o médico que estando de serviço na urgência hospitalar toma um forte sonífero, omitindo uma determinada ação que tinha o dever de praticar, pode ser responsabilizado tanto civil como criminalmente. É certo que também a mãe tinha a obrigação de não criar uma situação de risco para a vida ou a integridade física do filho. Mas aqui a "ação" não está no esmagamento do filho ou na inação do médico que chegou ao hospital, mas sim "na conduta precedente que criou uma situação de perigo para determinados bens jurídicos, ao impossibilitar o cumprimento do dever de não lesar, ou de salvar, bens jurídicos alheios"[17]. Neste sentido, terá havido imprudência da parte da mãe quando colocou o filho a dormir, podendo prever que durante o sono o seu corpo abafaria o do menino. Impõe-se, tudo o indica, diferente solução quando a morte da criança ocorrer porque um terceiro a depôs ao lado da mãe, enquanto esta dormia, em termos de a isentar de qualquer implicação no facto.

Há também quem ponha em dúvida que o caso do epilético seja – no limite, insiste-se – inteiramente alheio ao Direito, observando-se que o indivíduo foi

---

[16] Fliegen-Fall OLG NJW 1975, p. 657; Walter Grop, *AT*, p. 121; e Eser/Burkhardt, *Strafrecht* I, 4ª ed., 1992, p. 29 e ss.

[17] Taipa de Carvalho, *A Legítima Defesa*, p. 92. "A asserção de Roxin segundo a qual 'quem cai inconsciente e parte assim um vaso não agiu' deve frontalmente contestar-se: pode perfeitamente conceber-se que o agente devesse ter tomado um remédio para evitar o ataque, sabendo que se o não fizesse poderia praticar um certo ilícito típico; neste caso a pessoa 'agiu' e pode mesmo, em certas condições, ser jurídico-penalmente responsabilizada e punível", Figueiredo Dias, *RPCC* 1991, p. 39.

por si mesmo ao local onde tudo aconteceu. Se o epilético, por descuido, omite o cumprimento da prescrição médica, com danos para terceiros, a sua responsabilização será ainda mais evidente, eventualmente, com base numa *actio libera in causa*. Com o que se pretende apenas demonstrar que as questões de imputação nem sempre se apresentam como evidentes, ganham, por vezes, contornos e relevo surpreendentes, a exigir atenções redobradas.

Alguns acontecimentos participam pois de processos causais vinculados a movimentos corporais de uma pessoa, como certos atos reflexos, que são causados por uma excitação de caráter fisiológico, um acesso de tosse, um vómito repentino, que praticamente impossibilitam o controlo dos movimentos. É de ato reflexo a conhecida imagem da medicina, em que o médico bate com o martelinho no joelho do paciente e o induz a projetar o pé para a frente, de forma descontrolada. Outros exemplos são as contrações derivadas do contacto com uma corrente elétrica ou da entrada dolorosa de um inseto num olho. Ninguém sustentará em tais casos a relevância penal do comportamento. Mas como melhor se justificará a seguir, houve ainda ação quando uma condutora perdeu o domínio do carro, provocando um acidente, por se ter inclinado para trás, defendendo-se de um inseto que subitamente lhe entrou num olho (caso supra). Por outro lado, se um automobilista, que circula de noite a 90 quilómetros por hora, ao ver aparecer subitamente na estrada um animal do tamanho de uma lebre, a uma distância de 10-15 metros, dirige o carro para a esquerda e embate no separador central, provocando a morte de quem o acompanha a reação de desviar o carro – diz Roxin,[18] a propósito deste caso julgado pelos tribunais alemães – é uma atividade automatizada, em que o condutor atua no seguimento de uma longa prática, a qual se transforma, eventualmente sem uma reflexão consciente, em movimentos. Os movimentos que se repetem constantemente estão, via de regra, em grande parte automatizados no homem. É o que acontece com o caminhar e a condução automóvel. Esta automatização de alguns comportamentos é de um modo geral favorável, por permitir acelerar a reação em situações que não consentem qualquer reflexão, por nisso se perder demasiado tempo. Ainda assim, a automatização pode conduzir, em certos casos, a reações erradas, que se produzem de maneira tão pouco consciente como as formas corretas de conduzir. Mas também os automatismos são ações[19].

Fernando Gil chama à colação **"a intencionalidade operante não refletida"**. E dá exemplos: o gesto não intencional do desportista capaz de antecipar a boa parada, a conduta do automobilista experiente que conversa com o seu vizinho sem pensar nos problemas da estrada que está a resolver, o tocar não planificado do pianista.

---

[18] Roxin, *AT*, I, p. 205, referindo o OLG Frankfurt VRS 28, de 1965.
[19] Fernando Gil, *A Convicção*, Campo das Letras, 2003, p. 36.

As disposições para agir que são fruto da aprendizagem (*erlehrnte Handlungsdispositionen*) pertencem ao conjunto da personalidade, são, por isso mesmo, afirmações da personalidade, independentemente das consequências, nocivas ou não, a que conduzam. Os automatismos e as reações espontâneas, como as derivadas de estados de violenta excitação emocional e de embriaguez profunda, constituem ações. Todos eles representam respostas do aparelho anímico ao mundo exterior, são ainda "exteriorizações da personalidade", e portanto expressão da parte anímico-espiritual do ser humano[20].

No caso da condutora, Eser/Burkhardt apreciam assim a punibilidade de *A*: a condução de um automóvel com a janela aberta e sem que o condutor se concentre suficientemente de modo a evitar automatismos perigosos fazem da condução um comportamento não permitido e perigoso – trata-se, portanto, de um comportamento objetivamente típico. Este comportamento típico produziu lesões corporais noutras pessoas. A produção do resultado típico é também a realização do risco não permitido por parte de *A*. Daí que o tipo objetivo do [artigo 148º] se encontre preenchido. Faltará analisar também em sede de ilícito se *A* atuou negligentemente e se a resposta for afirmativa não prescindiremos da apreciação das possíveis causas de justificação e, eventualmente, das causas de exclusão da culpa.

Para além dos movimentos reflexos, dos movimentos corporais de quem dorme e dos movimentos corporais por ocasião de um ataque epilético, podemos ainda perguntar-nos quanto aos casos de hipnose (geralmente tidos por ações) e os de *vis absoluta*. Assim, se *A*, com todo o vigor, empurra *B* contra a pessoa de *C*, que sai ferido gravemente do encontrão, a ação é de *A*. Ao *B* só poderá apontar-se uma não-ação.

3. A actio libera in causa (a.l.i.c.)

Caso nº 5 *A*, que mora em Braga, vem de há muito congeminando o plano de assaltar uma ourivesaria em Faro, onde estivera a passar férias. Com esse objetivo, meteu-se no comboio para o Algarve e aproveitou o

---

[20] "A ação penalmente relevante exige (mesmo que automática) pelo menos uma possibilidade efetiva de substituir o comportamento automático por um comportamento conscientemente dirigido, imediatamente antes ou durante a execução do agente. Se o agente, para se defender duma mosca ou de uma abelha, tira repentinamente as mãos do volante e deixa o carro guinar para a faixa contrária (provocando um acidente) parece ser possível afirmar que poderia ultrapassar conscientemente a cedência a uma reação defensiva excessiva e incontrolada, se tivesse a possibilidade de prever que outros veículos viajavam na faixa contrária (limiar subjetivo da negligência inconsciente)". Veja-se Eser/Burkhardt, *Derecho Penal*, p. 144. Há até quem ponha em contraste a condutora "apanhada" de surpresa pela abelha ou pela vespa (nem sequer lhe é proibido conduzir de janela aberta) com a situação do guarda do palácio de Buckingham, que tem regras estritas de comportamento e está proibido de levantar a mão para afastar o inseto.

A DOUTRINA GERAL DO CRIME

"bar" para ir bebendo, sabendo, embora, que, finda a viagem, estaria completamente embriagado. E fez tudo isso, conscientemente, para ganhar coragem, pois temia ser descoberto pela polícia. Chegado a Faro, arrombou a porta da ourivesaria e apoderou-se de várias joias, tudo com o valor superior a 15 mil euros. Fez tudo, de resto, como tinha planeado. Concluiu-se, com a intervenção dos peritos, que no momento da prática do assalto, *A* se encontrava incapaz de avaliar a ilicitude do facto, sendo-lhe esta inteiramente indiferente. *A* estava em situação de inimputabilidade (artigo 20º, nº 1, do Código Penal).

O artigo 20º, nº 1, dispõe que é inimputável quem, por força de uma anomalia psíquica, for incapaz, no momento da prática do facto, de avaliar a ilicitude deste ou de se determinar de acordo com essa avaliação.

O Código, no artigo 20º, nº 4, consagra a **doutrina da imputabilidade livre na causa**: a imputabilidade não é excluída quando a anomalia psíquica tiver sido provocada pelo agente com intenção de praticar o facto. O agente coloca-se, ele mesmo, na situação de incapaz de imputação. Trata-se, nesta última hipótese, de uma disposição que visa resolver uma parte da problemática que corre doutrinalmente sob a epígrafe da actio libera in causa[21].

No caso anterior, o furto está envolvido, *ab initio*, com o "pôr-se o agente em situação de embriaguez", noutros termos: com o momento escolhido livremente pelo sujeito entre consumir ou não a substância tóxica[22]. Numa determinada visão das coisas, é este objeto da ação que acaba por ser "causa" da afirmação da culpa quanto ao ato praticado em momento de incapacidade de imputação – e desse modo causal do furto. O "pôr-se o agente em situação de embriaguez" terá sido causa do furto porque o agente se converteu, por si mesmo, em instrumento.

Podemos detetar aí dois arcos de tempo. O primeiro ato, anterior no tempo (produção da anomalia, *actio praecedens*, causa), terá uma relação relevante, no que toca à culpa, com o segundo ato, posterior no tempo (facto cometido com anomalia psíquica, *actio subsequens*).

A questão está mais exatamente no modo de fundamentar a conexão entre os diversos momentos relevantes, não havendo unanimidade (longe disso) entre os

---

[21] Pondera-se por vezes a hipótese de o autor em *actio libera in causa* ser o *seu* próprio autor mediato, mas o paralelismo é incorreto. É certo que num primeiro arco de tempo temos um autor sóbrio (não embriagado) e que a seguir, num segundo momento, temos um autor embriagado, mas isso não é suficiente para converter os casos de *alic* numa quase-autoria mediata. Ver J. Hruschka, *Imputación y derecho penal*, 2005, p. 164.

[22] Nesta maneira de ver, o ato de "embriagar-se" é que determina a culpa do autor. Renuncia--se nestes casos à "simultaneidade" entre ação e culpabilidade, dominante na doutrina de Hruschka. Não há terceiros envolvidos, ninguém que tenha contribuído para o estado de intoxicação do sujeito.

autores quanto a esse ponto[23]. De qualquer forma, está em causa apenas a *actio libera in causa* dolosa, melhor dizendo, pré-ordenada.

Serão muito poucas as sentenças que aplicaram uma pena com fundamento na ação livre na causa ("actio libera in causa": *alic*) e a descrição acima, que facilita a compreensão da figura, só por si, não resolve problema nenhum. Os autores, por ex., Roxin,[24] remetem-se ao chamado "modelo do tipo" ("Tatbestandsmodell") para ligarem a imputação a uma conduta prévia capaz de excluir a culpa. É esta conduta prévia que se há de interpretar como dolosa ou negligente e, nessa medida, como causa de um comportamento típico. Esta construção transporta consigo dificuldades, nomeadamente porque quem bebeu ainda não agrediu nem matou – nem sequer, o fez negligentemente.

A questão, no direito português, encontra-se, como se começou por dizer, expressamente regulamentada no artigo 20º, nº 4, o que não acontece noutros ordenamentos. Este preceito, na ideia desenvolvida pelo Prof. Figueiredo Dias,[25] "não comina uma responsabilização pelo facto ilícito-típico praticado quando o seu autor provocou a sua inimputabilidade" – "o que ele afirma é coisa de todo o ponto de vista diversa, a saber, que 'a imputabilidade não é excluída quando a anomalia psíquica tiver sido provocada pelo agente com intenção de praticar o facto'. Por outras palavras, no entendimento expresso da lei, aquele sujeito é **portador, no momento do facto, de uma anomalia psíquica mas, em todo o caso, imputável**" e como imputável deverá ser tratado: a alic é, nessas condições e quando envolvida na **intenção** de praticar o facto,[26] **facto de um imputável**.

Uma figura próxima é a **actio illicita in causa**. Em caso de anterior provocação de uma conduta típica mas coberta por uma causa de justificação, uma parte da doutrina sustenta que também se lhe deverá aplicar uma construção análoga à da *alic*. Pode muito bem entender-se que, no segundo arco de tempo, a causação do resultado típico ou a simples realização da ação típica, dada a concorrência de uma causa de justificação, estaria em si mesma permitida e portanto não seria antijurídica. Mas se anteriormente o próprio sujeito provocou dolosa e injustifica-damente (ou até só negligentemente) a situação de justificação e a subsequente ação típica, então, por força da criação ilícita de uma tal situação de colisão, deverá responder pela realização ilícita, dolosa ou negligente, do facto.

---

[23] Cf. Figueiredo Dias, "Pressupostos", *Jornadas*, p. 75; *DP/PG* I, 2004, p. 543; de modo diferente na exposição, *DP/PG* I, 2007, p. 588 e ss.

[24] Roxin, *AT* I, p. 755.

[25] Figueiredo Dias, *DP/PG I*, 2007, p. 591.

[26] Construção que, abrangendo o dolo direto e o dolo necessário, acaba por resolver (ainda quando se lhe possa objetar a criação de uma **ficção de imputabilidade**) um dos magnos problemas relacionados com o início da tentativa e a caracterização da figura como dolosa ou negligente.

A DOUTRINA GERAL DO CRIME

Caso nº 6 *A* dedicava-se, com outros, ao roubo para adquirir cocaína, que consumiam.

No acórdão do STJ de 17 de setembro de 2009, processo nº 207/08, *relator*: Armindo Monteiro, pôs-se a questão de saber se essa maneira de agir seria suficiente para afirmar a inimputabilidade. O Supremo foi desde logo de opinião que as situações de inimputabilidade com ligação ao consumo de estupefacientes são muito escassas e no caso a 1ª instância afastara tanto a imputabilidade diminuída como a inimputabilidade (artigo 20º, nºs 1 e 2). Introduziu-se, ademais, a possibilidade de uma "actio libera in causa" que, nas palavras do acórdão, se verifica "quando uma anomalia psíquica contemporânea do facto é provocada pelo agente com o propósito de causar o evento, sendo nessa altura o agente plenamente responsável, porque instrumentaliza o seu próprio corpo de forma a realizar o facto querido pela sua vontade, e nessa circunstância rege o nº 4 do artigo 20º, excluindo a inimputabilidade".

Se a anomalia psíquica se traduzir em embriaguez ou outro estado tóxico não pré-ordenado, valerá, em princípio, o artigo 295º (embriaguez e intoxicação). Mas a embriaguez *só por si* não justifica a punibilidade.

Sem intenção de cometer um crime, o agente embriagou-se, consumiu bebida alcoólica em excesso. Até aqui nada aconteceu de juridicamente relevante. Às tantas, encontrando-se já em situação correspondente à inimputabilidade (derivada da ingestão a que se foi dedicando, mas que tem de ser comprovada) – pratica, nessa situação de completa embriaguez, que o tornava incapaz de avaliar a ilicitude do facto ou de se conformar de acordo com essa avaliação (artigo 20º, nº 1), um determinado ato ilícito típico (dá, por exemplo, umas bofetadas na mulher), ato que é geralmente entendido como condição objetiva de punibilidade. Cometido nestas condições, o crime é o de "embriaguez ou intoxicação" – não o ilícito de ofensas à integridade corporal ou de violência doméstica. Pune-se com a pena prevista (em alternativa) nos nºs 1 e 2 do artigo 295º: de prisão até cinco anos ou multa até seiscentos dias, mas que não poderá ser superior à prevista para o facto ilícito praticado[27].

A este propósito, é de toda a conveniência chamar a atenção para um trecho do trabalho de Helena Moniz, dado que a certas soluções ligadas com as alic se objeta com a chamada responsabilidade objetiva:[28] "Atualmente, temos, pois, o caso de embriaguez autoprovocada [sem intenção de cometer um crime] previsto

---

[27] Veja-se, em via complementar, o mais que se diz sobre este crime no Capítulo 1 – Questões fundamentais, destas notas.

[28] Helena Moniz, *Agravação pelo resultado?*, p. 51 e ss. A autora retoma o tema a propósito da distinção entre os crimes agravados pelo resultado e as condições objetivas de punibilidade (p. 453 e ss.), com importantes desenvolvimentos sobre a figura das condições objetivas de punibilidade.

no art. 295º do CP, na forma de crime de perigo (abstrato-concreto). O tipo protege diversos bens jurídicos, pelo que não se pode afirmar que pretende punir um certo tipo de personalidade". Helena Moniz socorre-se ainda de Jescheck que, quanto ao dolo, o entende referido à conduta do sujeito que se colocou em estado de embriaguez, e não em relação ao facto cometido. Ademais, em paralelo com Jescheck e de algum modo com Taipa de Carvalho, considera que "a punição do agente não se baseia na realização daquele facto, mas na circunstância de se ter colocado naquele estado **assumindo o risco de aquela condição objetiva de punibilidade** [a prática de um facto ilícito-típico] **poderia ocorrer**, assumindo que ao colocar-se naquele estado poderia não estar em condições de prever ou controlar as consequências da embriaguez".

Escreve, por sua vez o Prof. Figueiredo Dias[29] que a condenação "pelo crime do art. 295º não deve impedir, de toda a maneira, que possa vir a ser aplicada uma **medida de segurança pelo facto praticado em estado de inimputabilidade** se o agente dever ser considerado perigoso. Será, por ex., o caso do automobilista que se embriaga completamente para "ganhar coragem" para fazer um lanço de autoestrada em contramão, se na condução vier a praticar de forma inimputável um ilícito-típico de homicídio ou de ofensas à integridade física e o tribunal vier a comprovar que se trata de uma personalidade criminalmente perigosa".

4. O papel histórico do conceito de ação: do sistema "clássico" ao "finalismo"

a) O naturalismo e a sua superação pelo neo-kantismo

Ao longo dos tempos, foram-se registando acesas controvérsias em torno do conceito de ação.

Houve quem defendesse um conceito causal da ação. É o sistema de v. Liszt e Beling, desenvolvido com outros pormenores por Radbruch, o qual se identifica com o chamado sistema "clássico", que se impôs nos finais do século dezanove[30].

Por essa época, o dolo e a negligência configuravam-se como as duas espécies possíveis de culpabilidade. O ilícito reconduzia-se à expressão do acontecer exterior e objetivo. Os fios de que se tecia o seu regime assentavam na causação de um resultado jurídico penalmente relevante devido a uma ação humana. Outro traço marcante da teoria causal da ação consistia em se abstrair do con-

---

[29] Figueiredo Dias, *DP/PG* 1, 2007, p. 594 (21º Capítulo § 61).

[30] Sobre a **teoria causalista (clássica) do delito**, baseada no conceito causalista de ação, pode ver-se o apontamento de Kai Ambos, "Da 'teoria do delito' de Beling ao conceito de delito", *RPCC* 16 (2006), p. 371. Quanto às fases de elaboração do sistema do direito penal (o naturalismo, a influência do neokantismo e o finalismo), Bernd Schünemann, "Introducción al razonamiento sistemático en derecho penal", *Obras* Tomo I, Rubinzal-Culzoni Editores, 2009, p. 259 e ss.

A DOUTRINA GERAL DO CRIME

ceito de vontade, considerando como critério único determinante a eficácia causal da vontade. Não importava o conteúdo da vontade, por não interessar à ação o que o autor queria, mas a simples causação das consequências de um ato voluntário.

Já se vê a importância conferida por esta teoria à associação da causalidade com o conceito de ação: ao fim e ao cabo, o conceito causal de ação só tem em conta a produção causal do resultado. A ação é a causação (ou não evitação) do resultado (morte da vítima do homicídio, destruição da coisa alheia no dano), derivada de uma manifestação volitiva: define-se, portanto, como uma causação arbitrária ou não evitação de uma modificação (de um resultado) no mundo exterior. Ação é todo e qualquer ato proveniente da vontade que ponha em perigo interesses, quer se trate de um movimento corporal, quer se trate da sua falta de realização, compreendendo a ação em sentido estrito e a omissão (conceito unitário), uma e outra proveniente da vontade (v. Liszt).

Num tal sistema, o conteúdo da vontade sai do âmbito da ação e inclui-se na culpa. Para se poder sustentar que existe uma ação basta saber que o sujeito, volitivamente, atuou (ou permaneceu inativo quando devia ter atuado); o conteúdo da vontade só tem importância para o problema da culpa.

O sistema clássico servia-se de um conceito objetivo de tipicidade, à margem de qualquer valoração, apelava, consequentemente, a uma ilicitude objetiva e formal. No ilícito não se levavam em conta fatores de outra natureza: tudo o que fosse objetivo pertencia à ilicitude, tudo o que fosse subjetivo integrava-se na culpa. Sendo o conteúdo da vontade de feição subjetiva, arredado ficava do conceito penal de ação.

Mais tarde, quando o sistema evoluiu, por influência da filosofia de raiz neo--kantiana (aproximadamente, a partir de 1900, até que por volta de 1930 se inicia o seu período de declínio), passou a definir-se o ilícito como um comportamento socialmente danoso, surgindo então a possibilidade de graduar o ilícito e de nele incluir elementos subjetivos, não apreensíveis diretamente pelos sentidos, cuja ausência determina a atipicidade da ação. A descoberta destes elementos subjetivos como integrantes da ilicitude conduziu à negação da neutralidade do tipo penal. Por outro lado, o conceito causal de ação foi sendo progressivamente rejeitado como a pedra angular do sistema penal e como portador das características do crime.

Mezger escrevia, no seguimento dessas correntes inovadoras, que "no núcleo central dos tipos jurídico-penais se encontra uma determinada atividade do autor, que se designa, discursivamente, através de verbos que expressam essa atividade, seja matar (artigo 131º), subtrair (artigo 203º), provocar incêndio (artigo 272º), etc.; ou, ocasionalmente, com substantivos, como aquele que injuria (artigo 181º), dirigindo a outra pessoa palavras ofensivas da sua honra. Os verbos de referência, quando têm formas transitivas, são de índole causal: mencionam um resultado e abarcam toda a conduta causal implicada nesse resultado. Trata-se de elementos objetivos que refletem efeitos objetivos no mundo exterior. Mas – acrescentava Mezger – o direito pode referir-se também à parte interna (subjetiva e psíquica), reconhecendo que a convivência externa das pessoas é sempre, ao fim e ao cabo, a expressão de uma atitude interna e psíquica. E, a exemplificar, apontava para o furto ou a falsificação de documentos, que não se "imaginam" como factos puníveis sem a adição à parte objetiva de um elemento de tendência (finalista) como a intenção de apropriação, no primeiro caso, ou a intenção de causar prejuízo a outrem, no segundo[31].

b) As inovações trazidas pelos finalistas

A quintessência da teoria finalista – que entretanto se começou a impor – "reside na afirmação de que o dolo, como fator caracterizador da ação, seria um elemento essencial do ilícito"[32] e não da culpa, onde os "clássicos" o situavam[33].

Excurso. O *lugar sistemático do dolo* é o ponto culminante da teoria da ação final, caracterizando-a e caracterizando também o correspondente sistema (Eb. Schmidhäuser). O tipo objetivo corresponde à objetivação da vontade integrante do dolo, compreendendo portanto as características do produzir externo do autor. O dolo, elemento fundamental da parte subjetiva, é constituído pela finalidade dirigida à realização do tipo objetivo. Se a finalidade pertence à estrutura da ação, como pensam os finalistas, e o tipo configura ações, compreende-se perfeitamente que se inclua o dolo, não na culpa, mas no tipo. Todavia, o dolo não se esgota na finalidade dirigida ao tipo objetivo: como a ilicitude não é um elemento do tipo, não deverá estender-se à ilicitude o conhecimento e a vontade próprios do dolo.

---

[31] Edmund Mezger, *Derecho Penal, PG, Libro de estúdio*, tradução da 6ª edição alemã (1955), p. 135.

[32] Welzel, especialmente p. 61.

[33] Posição que algumas "escolas" ou tendências continuam ainda, mesmo entre nós, a manter. O Direito Penal anglo-americano permanece vinculado a uma teoria causalista do delito. A responsabilidade criminal supõe, por um lado, a causação dum mal proibido – o *actus reus* duma conduta ofensiva; por outro, um especial estado de espírito relativamente à causação desse mal – *mens rea* ou "guilty mind", cf. George Fletcher, *Basic Concepts of Criminal Law*, Oxford University Press, 1998. É necessário que a acusação comprove, não só o próprio ato (a conduta do infrator, por ex., a entrada sem autorização em casa alheia), como o estado de espírito (a intenção de cometer um crime no interior da casa), mas também as circunstâncias do facto: que se trata de uma casa de habitação e, para o caso de um crime como o de *burglary*, que a entrada ilegal se deu de noite. Na doutrina italiana, sob a influência de Carrara, a diferenciação entre *fatto* (elemento material) e *colpevolezza* (elemento moral) continua a imperar. De modo semelhante, o Direito francês estabelece a diferença entre o *élément matériel* (objetivo) e o *élément moral* ou *psychologique* (subjetivo).

A DOUTRINA GERAL DO CRIME

Deste modo, o erro do tipo excluirá o dolo, e portanto a tipicidade. Se o erro se referir à ilicitude, deixará intacta a tipicidade da conduta[34].

Esta posição irrompeu de modo decisivo da teoria finalista da ação. Nela, o tipo engloba, juntamente com a sua parte objetiva (que tradicionalmente aparecia como sendo a sua essência), uma parte subjetiva, formada pelo dolo e pelos restantes elementos subjetivos específicos do ilícito. De acordo com Welzel,[35] "nos delitos dolosos, o tipo contém uma descrição precisa dos elementos objetivos e subjetivos da ação, incluindo o resultado".

Como bem se compreenderá, "algumas descrições de comportamentos típicos, como subtrair, falsificar, etc., implicam já o dolo dirigido à realização do tipo objetivo. Não admira que, "extraindo este objeto da valoração da categoria da culpa e situando-o na do ilícito", estivesse cumprida a condição necessária para "reduzir" ("purificar") a culpa àquilo que verdadeiramente ela deve ser: um "puro juízo de (des)valor", um autêntico juízo de censura"[36]. Idêntico papel no desenvolvimento de uma nova sistemática na estrutura do crime coube a outros elementos subjetivos do ilícito ("intenção de apropriação" no furto; "intenção de causar prejuízo", nos crimes de falsificação, etc.).

Welzel afirmava que a finalidade é "vidente", a causalidade "cega". Foi este autor quem especialmente desenvolveu a teoria finalista da ação como corrente contrária à teoria causal. O seu ponto de enlace com o direito penal atribui-o Roxin à luta contra o conceito causal da ação.

Outro dos pontos relevantes do finalismo encontra-se, com efeito, na ação: o que define a ação humana é a finalidade. O ser humano não é só o ser que atua, também antecipa o futuro: "der Mensch ist das handelnde Wesen; der Mensch ist (...) vorsehend"[37]. O homem, graças ao seu saber causal, pode prever, dentro de certos limites, as consequências possíveis da sua atividade futura, propor-se objetivos diversos, e dirigir aquela atividade, de acordo com um plano, à consecução de um fim[38]. A ação humana é, portanto, um acontecer "final" e não somente "causal". A ação é baseada na direção do comportamento do autor a um fim previamente fixado por este – é assim o exercício de atividade final (conceito ontológico, da realidade) que existe antes da valoração jurídica, é um conceito pré-jurídico. O dolo como fator caracterizador da ação seria um elemento do ilícito. E porque assim constitui um elemento básico da ação, pertence imediatamente

---

[34] Welzel, p. 62 e ss.; Eb. Schmidhäuser, p. 138.
[35] Welzel, *loc. cit.*, especialmente, p. 58.
[36] Figueiredo Dias/Costa Andrade, Direito Penal. Questões fundamentais. A doutrina geral do crime, 1996, p. 329.
[37] Arnold Gehlen, Der Mensch: seine Natur und seine Stellung in der Welt, 1993, p. 30.
[38] Welzel, p. 33.

ao tipo de ilícito. Aquilo que exprime o sentido de uma ação é a finalidade do autor, é a condução do acontecimento pelo sujeito, de forma que, para os finalistas – e ao contrário do que acontecia com os causalistas – a espinha dorsal da ação é a vontade consciente do fim, reitora do acontecer causal. Devendo o tipo descrever também a estrutura final da ação, isso supunha uma deslocação do dolo e da negligência – até então entendidos como *formas de culpa* – para o âmbito da ilicitude. O dolo e a negligência não são já elementos da culpa mas formas de infringir uma norma e, por conseguinte, elementos da ilicitude.

O dolo constitui um elemento subjetivo do tipo de ilícito doloso. A infração do dever de cuidado diz respeito ao ilícito negligente. Como momentos marcantes, encontram-se os pertencentes à pessoa que realiza a ação: a direção da ação ao resultado nos crimes dolosos, a infração do dever de cuidado nos crimes negligentes. Se na tentativa o dolo pertence ao tipo de ilícito, tem que conservar a mesma função quando se passa ao estádio da consumação.

A discussão entre causalistas e finalistas está dada por encerrada. Do que se não duvida é que a teoria do delito encontra no finalismo um dos pontos mais importantes da sua evolução.

Na doutrina tradicional, e só na sua fase mais avançada, como vimos, é que excecionalmente se incluíram elementos subjetivos no ilícito – e apenas na medida em que influíam na "danosidade social" e tinham a ver com o resultado. Reconheceu-se, por ex. – ponto aliás insistentemente referido – que subtrair, deitar fogo e falsificar implicam já o dolo dirigido à realização do tipo objetivo. Para Welzel, um dado importante reside no desvalor da ação, chegando o penalista alemão ao ponto de afirmar que o desvalor do resultado só tem significado jurídico-penal dentro de uma ação pessoalmente antijurídica (dentro do desvalor da ação).

O conceito de ação e as teses finalistas contribuíram significativamente para as alterações sofridas pelas categorias tradicionais. O dolo, concebido como conhecimento e vontade de realização do tipo objetivo do ilícito, converteu-se no elemento subjetivo geral com sede na ilicitude, deixando, nessa medida, de pertencer à culpa. Em sede de tipo de ilícito, enquanto determinante da direção do comportamento, o dolo entende-se agora, correntemente, como saber e querer, como conhecimento e vontade da realização do tipo objetivo. Resta-lhe, como forma (matéria) de culpa, enquanto modo de formação da vontade que conduz ao facto, o ser portador da atitude pessoal contrária ao direito – resta-lhe, nesta área, o que alguns apelidam de resquício do antigo *dolus malus* do sistema clássico, *i. e*, uma atitude contrária ou no mínimo indiferente em face do bem jurídico ameaçado.

A extração da culpabilidade de todos os indicados elementos subjetivos – que a integravam até então – deu origem, enquanto juízo de censura, a uma

A DOUTRINA GERAL DO CRIME

construção normativa "pura" da culpabilidade. Consumou-se com isso o esvaziamento da culpa[39].

Finalmente, tem-se por adquirido que, no ilícito, ao lado de um **desvalor de resultado**[40] concorre um **desvalor de ação**. O direito é violado pela ocorrência do resultado, mas também pela desobediência à proibição, sendo certo que a ilicitude engloba agora a própria finalidade[41].

A apontada distinção entre desvalor de ação e do resultado pertence, indiscutivelmente, aos finalistas – é deles o mérito de terem assinalado que a ilicitude não depende apenas da causação de um resultado mas também de uma determinada modalidade de atuar, quer dizer, o injusto (=ilícito) é injusto de resultado e injusto de ação. A causação do resultado – a lesão do bem jurídico – não esgota o ilícito. É legítimo até concluir que o desvalor do resultado poderá faltar num determinado caso concreto sem que desapareça o desvalor da ação, *v. gr.*, na tentativa inidónea (artigo 23º, nº 3)[42].

5. As doutrinas modernas do crime, especialmente a do ilícito pessoal

a) A doutrina do ilícito pessoal: desvalor de ação/desvalor de resultado

Já deixámos constância de que a doutrina "clássica" partia de um ilícito puramente objetivo e de um conceito de culpa que abraçava todas as circunstâncias subjetivas. Os pontos de partida do modelo clássico do crime eram a ação causal e a firme separação entre as características externas e internas: todas as características externas, enquanto contrárias ao direito, se incluíam na tipicidade e a partir daí concorriam para qualificar uma ação como antijurídica; todas as circunstâncias internas do crime apareciam alinhadas na culpa. A consequência deste entendimento também já foi analisada ao nível da doutrina da ilicitude objetiva. Para a ilicitude de uma ação basta um resultado externo (a morte de outra pessoa, a destruição

---

[39] Há quem fale neste contexto do **esvaziamento** da culpa (Viganò, "Stato di Necessita", *apud* Nuno Brandão, *Justificação e desculpa por obediência em direito penal*, p. 97, que por seu turno se refere à **apropriação do conteúdo da culpa pela ilicitude**, e à *diluição* dos limites entre uma e outra, "de tal modo que a distinção entre ambas se torna quase impraticável e deixa de assumir relevância significante"). Fernanda Palma, *O princípio da desculpa em Direito Penal*, p. 16 e a exposição subsequente, aponta para "a mera residualidade da culpa, desenhada como um *outro* momento de avaliação normativa do facto determinante da responsabilidade; ou a referência da culpa exclusivamente à atitude ou personalidade do agente".

[40] Sobre os diversos modos de encarar o desvalor do resultado e os aspetos do resultado no direito penal, cf. Helena Moniz, *Liber discipulorum para Jorge de Figueiredo Dias*, p. 541.

[41] Tentemos entender melhor este passo. Quando se englobou a finalidade dentro do tipo do ilícito (como fizeram os finalistas e depois os partidários do injusto pessoal ao referirem-se ao desvalor do ato), o ilícito deixou de ser *só* a lesão de um estado de coisas aprovado pela ordem jurídica (uma antijuridicidade, *i. e*, o *desvalor da situação*).

[42] Cf. Welzel, p. 62.

de uma coisa), portanto um desvalor de resultado. Trata-se de uma formulação puramente descritiva, conducente a uma noção de tipicidade apenas formal: a tipicidade, como primeiro elemento da noção de crime, é pura descrição da ação e do resultado, desligada de qualquer valoração. Um tal entendimento refletia-se na forma de encarar tanto a ilicitude como a culpa. Associado a dados empíricos, dava lugar a uma teoria psicológica da culpa, como um simples *nexo subjetivo*: a relação psíquica do agente com o seu facto. O dolo e a negligência eram *formas de culpa* e a culpa reconduzia-se à presença ou à ausência de dolo ou negligência.

O enfoque naturalista transportava consigo a vantagem das coisas claras. As desvantagens consistiam especialmente em que para a noção clássica de crime eram "do mesmo modo" antijurídicos o homicídio doloso e o negligente, mas também a morte de outra pessoa causada de forma inevitável. O tipo projetava-se numa mera causação de resultados. À distinção procedia-se na culpa.

O conceito causal de ação, que só levava em conta a produção causal do resultado (fosse ele delitivo ou não) criou outras dificuldades ao sistema clássico, especificamente no que respeita à punibilidade da tentativa, onde faltava, por definição, um desvalor de resultado. A mais disso, só levando em conta o conteúdo do que *queria* o sujeito que entrou por arrombamento em casa alheia realmente seria lícito sustentar a resolução de cometer um furto ou um roubo, a de dar o primeiro passo para um rapto com violação ou até atentar contra a vida de um dos que ali residiam. Como o conteúdo da vontade sai do âmbito da ação e se inclui na culpa, a pesquisa teria inevitavelmente lugar na culpa e não em momento anterior, o que praticamente eliminava a distinção entre ilicitude e culpa.

De modo diferente, para a dogmática atualmente dominante, não se parte, na caracterização teórica, da separação entre elementos externos e internos do crime: o decisivo encontra-se na exata determinação do conteúdo do ilícito e da culpa como elementos do crime. No que à ilicitude diz respeito, assume papel importante a proteção do bem jurídico perante um comportamento humano, sabido que o direito penal tem em vista uma determinada direção desse comportamento, por forma a prevenir a lesão ou o pôr em perigo bens jurídico-penais.

Podemos começar por notar que para a moderna **doutrina do ilícito pessoal** a comprovação da causalidade da lesão do bem jurídico é insuficiente e que em sede de ilícito não podem deixar de ser tomados em consideração elementos que pertencem à *pessoa* que realiza a ação[43].

---

[43] Para a Prof. Fernanda Palma, trata-se, porém, e apenas, de "uma subjetividade esquemática que é objeto e condição da ilicitude da ação, ou seja, da sua proibição genérica". A contradição com a norma, geradora de ilicitude, é sempre "aferida pela ação desligada da problemática do sujeito, da sua constituição como pessoa e da sua motivação ou da concreta liberdade da sua vontade". Não é, em resumo, remetida para a culpa "a possível relevância dos aspetos mais substanciais da subjetividade", Fernanda Palma, *O princípio da desculpa em Direito Penal*, p. 16.

A DOUTRINA GERAL DO CRIME

O homicida, no sentido do artigo 131º, ao causar a morte de outra pessoa, viola o bem jurídico "vida". Com a violação deste bem jurídico realiza o agente um ilícito de resultado, e nessa medida, com a sua ação, um **desvalor de resultado**. Com o **desvalor de ação** queremos referir-nos à forma de concretizar a ofensa, o mesmo é dizer: ao modo externo de realização do resultado (lesão do bem jurídico). Por ex., o direito penal só protege o património de terceiro na medida em que o agente atua com astúcia (enganando ou induzindo outrem em erro), por meio de violência ou de ameaça com mal importante, com grave violação dos deveres, ou explorando situação de necessidade (artigos 217º, 223º, 224º e 226º).

Olhando ao dolo do tipo e a outros elementos subjetivos como fazendo parte do tipo de ilícito, não se esgota este no desvalor do resultado, isto é, na produção de uma situação juridicamente desaprovada. Para a ilicitude da ação do agente envolvida na sua finalidade contribuem ainda as restantes características e tendências subjetivas, bem como outras intenções exigidas pela norma penal. Está aí compreendida, por ex., a intenção de apropriação no furto e muito especialmente o dolo do agente, que aparece como o cerne do desvalor pessoal da ação. Não se dando o resultado típico, o crime não passa da tentativa, se ocorrerem os elementos próprios do desvalor da ação. Mas não haverá ilicitude se o resultado se verificar sem que se verifique o correspondente desvalor de ação – não haverá pretexto nem bases jurídicas para punir a simples causação de um resultado. A violação do bem jurídico tanto se liga pois à consumação como à tentativa. No primeiro caso, há destruição, diminuição ou compressão do bem; no segundo, há uma probabilidade associada à destruição, diminuição ou compressão do bem jurídico. Nos crimes dolosos, não se dando o resultado típico, o crime não passa da **tentativa**, mas mesmo assim é necessária a presença dos elementos próprios do desvalor da ação. Nos crimes negligentes não existe a correspondente tentativa. Cf., no entanto, um tipo de ilícito como o do artigo 292º (condução de veículo em estado de embriaguez), onde, mesmo na forma negligente, para a consumação se não exige qualquer resultado: é crime de perigo abstrato, de mera atividade, punindo-se excecionalmente a violação, por essa forma, do dever de cuidado. Mas na maior parte das vezes a conduta negligente só é suscetível de integrar um crime, sendo portanto punível, se ocorrer um desvalor de resultado imputável ao agente (por ex., artigos 137º e 148º).

Não se duvida, pois, que a dicotomia desvalor de ação/desvalor de resultado se tem mostrado "como uma das explicações teóricas mais operatórias quanto à capacidade de composição e decomposição dogmática no campo do direito penal"[44].

---

[44] Faria Costa, *Noções fundamentais*, p. 190.

Excurso. Há quem sustente que o ilícito está integrado *apenas* (ou *sobretudo*) pelo desvalor de ação: o direito proíbe a ação para que se não produza o resultado, dizem algumas posições extremadas. Fala-se no resultado como elemento detonador da punibilidade, nomeadamente nos crimes negligentes. Será simples condição objetiva de punibilidade – e enquanto tal não fundamenta nem agrava a ilicitude do facto[45]. Para Zielinski, o desvalor de ação será o único critério fundamentador da ilicitude, preenche igualmente, por si só, o respetivo conteúdo. Diz mais: que a diferença entre o crime consumado e o tentado não faz sentido no plano da ilicitude; encontra-se, aliás, uma linha de separação qualitativa ("eine *qualitative Scheidelinie*") entre a tentativa acabada (com o desvalor de ação inteiramente realizado) e a tentativa inacabada (em que o desvalor de ação não se encontra completo). O resultado não desempenha qualquer função na ilicitude – é uma simples condição objetiva de punibilidade, é "produto do acaso"[46], de modo que há quem se proponha reduzir o injusto ao desvalor subjetivo da ação. A este propósito observa-se que o resultado é sempre contingente e fortuito, umas vezes acontece outras não. Pense-se na vítima que se despede da vida uns seis meses depois de ter levado um tiro de um seu inimigo, o qual, na ocasião da morte, dorme mais ou menos tranquilamente. Ao acordar e ao tomar conhecimento do evento poderá esperar-se dele que se sinta responsável, que aceite aquela morte como resultado do seu ataque com uma arma?[47] Alega-se, mas não só por isso, que a realização do evento não poderia constituir, de per si, um fator de agravação da pena. Se alguém atira uma granada, ocasião e acaso misturam-se: é muito provável que a explosão se dê, mas às vezes a fragmentação aborta. Quem lança o explosivo pode até certo ponto controlar a sua ação. Logo que o engenho lhe escapa das mãos o sujeito perde o domínio das coisas – tudo o resto passa para outras mãos... Do mesmo passo, a circunstância de o crime se ter esgotado com a ocorrência do resultado nada nos diz em princípio sobre o desvalor da ação. Se alguém transporta uma bomba que às tantas rebenta e mata um terceiro, tanto se pode pensar que cometeu um crime voluntário ou somente um negligente; como do mesmo modo se poderá concluir pela conformidade da sua conduta com a ordem jurídica. Bastará pensar no carteiro que no momento cumpria os seus deveres de distribuir as cartas e as encomendas na sua zona de

---

[45] "As condições objetivas de punibilidade constituem um conjunto de pressupostos ("pressupostos adicionais da punibilidade") que, "se bem que se *não* liguem *nem* à ilicitude *nem* à culpa, todavia decidem ainda da punibilidade do facto", Figueiredo Dias *RPCC* 2 (1992), p. 31. Vd. também a anotação de Pedro Caeiro/Cláudia Santos, *RPCC* 6 (1996), p. 127 e ss.

[46] Zielinski, *Handlung- und Erfolgsunwert im Unrechtsbegriff*, Berlim, 1973, p. 217, 212 e 144, respetivamente.

[47] Uma antiga regra de *common law*, hoje em desuso, segundo informa Moraes Godoy, *Direito nos Estados Unidos*, 2004, p. 49, dizia que o réu não podia ser punido por assassinato se a vítima vivesse mais de um ano e dia após os factos.

A DOUTRINA GERAL DO CRIME

trabalho, sem ter tido motivo para desconfiar de um artefacto criminoso. Num caso destes, dificilmente a ocorrência do elemento exterior poderá fornecer, sem mais, indicações definitivas úteis a um qualquer juízo de desvalor.

A pedra de toque, diz-se, sempre deveria residir no desvalor de ação, independentemente da produção do evento, que o agente não controla, da existência de uma vítima ou da completa afetação do bem jurídico.

Não obstante isso, acredita-se que a desconsideração da valia do resultado do âmbito do ilícito conduziria a consequências pouco ou nada satisfatórias. Escreve Jescheck[48] que o conteúdo do injusto da infração do dever de cuidado não resulta aumentado nem diminuído pela produção ou não produção do resultado; a ação continua sendo desvaliosa (*unsachgemäss*) mesmo quando *nada se passa*. Não obstante este momento ditado pelo acaso (*Zufallsmomment*), não é aceitável conceber a produção do resultado como condição objetiva de punibilidade ou considerá-la menos importante no que à ilicitude da negligência respeita.

Por outro lado, aqueles pontos de vista exigem, para poderem ser devidamente contraditados[49], que se compreenda a função sistemática do resultado.

Um papel importante cabe de facto à tentativa, em que, por definição (artigo 22º, nº 1, última parte), o crime não chegou a completar-se, sendo por isso punida com a pena aplicável ao crime consumado, mas especialmente atenuada (artigo 23º, nº 2). O crime simplesmente tentado aproxima-se da realização típica, mas não se mostra completo.

Um outro papel importante desempenha-o o resultado nos crimes negligentes. Enquanto o resultado se não produz, não é possível aludir a um crime material negligente, o que afasta a possibilidade da sua realização na forma tentada. Tentativa e negligência são, por assim dizer, noções antitéticas.

A ação e o resultado encontram-se estreitamente unidos e devem ser entendidos como uma unidade. Nega-se, com isso, a posição de Zielinski[50], de que entre desvalor da ação e o "ato final" (*sic*) não existe nenhuma ponte.

---

[48] Jescheck, *Lehrbuch des Strafrechts*: Allg. Teil, 4ª ed., 1988, p. 526.

[49] Num plano específico, o do relevo substancial dado pelo legislador ao desvalor do resultado, Faria Costa, "Ilícito-típico, resultado e hermenêutica". *Problemas fundamentais de Direito Penal*, Univ. Lusíada, 2002, chama a atenção para situações em que o resultado desvalioso não querido não é sequer proibido pela ordem penal, sejam certos caso de crimes agravados pelo evento ou o facto de o crime de coação não ser punível quando, por força dessa mesma coação, se visa evitar o suicídio (artigo 154º, nº 3, alínea *b*): "o legislador, de forma coerente, considera, agora de um ponto de vista negativo, que se exclui o juízo de ilicitude quando se evita um resultado desvalioso, mesmo que esse resultado não seja penalmente punível".

[50] Zielinski, *ob. cit.*, p. 212.

Para a ocorrência de um tipo de ilícito como o do artigo 148º (ofensa à integridade física por negligência) ou do artigo 137º (homicídio por negligência) não bastará a violação do dever de cuidado porque só com ela efetivamente "nada se passa"; dizendo por palavras simples, não há mortos nem feridos a lamentar.

No domínio dos crimes dolosos, aceita-se que o tipo subjetivo de ilícito da tentativa é o mesmo que o do crime consumado, o qual comporta um dolo do tipo, como dolo dirigido à realização dos elementos objetivos. Ao tipo subjetivo da tentativa pertencem ainda, a completar o que a lei designa por *decisão* de cometer um crime (artigo 22º, nº 1), intenções especiais ou outros elementos subjetivos específicos, por ex., a intenção de apropriação no furto.

A completa exclusão do desvalor do resultado eliminaria toda e qualquer diferença entre factos tentados e consumados[51] [52].

O correto entendimento encontra-se pois na visão do ilícito pessoal, que nasceu como um conceito duplamente dimensionado: ao lado da lesão do bem jurídico (desvalor do resultado) incluem-se os elementos pessoais que fundamentam o significado negativo do comportamento (desvalor da ação). Não há razões válidas para afirmar que o ilícito se esgota no desvalor de ação ou que o resultado não passa de uma simples condição (objetiva) de punibilidade. Em termos sucintos, podemos afirmar que na doutrina do ilícito pessoal se parte de uma fundamental equivalência entre desvalor de ação e desvalor de resultado. O primeiro degrau da ilicitude centra-se no desvalor da própria ação proibida ou ordenada. Qualquer ação proibida comporta um desvalor quantificável, tanto nos crimes dolosos como nos crimes negligentes. Essa diferente graduação é mais elevada se o agente atua com dolo direto do que nos casos de dolo eventual; o mesmo acontece com a violação do dever de cuidado, bastando pensar que o agente atua, ou não, com negligência grosseira. Com mais atenção descobrimos que o ilícito se eleva nos seus rasgos dominadores quando ao desvalor da ação se vem juntar, nos crimes materiais, o desvalor do resultado.

Temos assim que os principais elementos **pessoais** que informam este modo de pensar se podem enunciar como segue:

– O dolo e as intenções específicas de certos crimes (elementos *subjetivos*); no crime de furto (artigo 203º) o agente atua com ilegítima intenção de apropriação; no crime de burla (artigo 217º) é elemento típico a intenção

---

[51] Enrique Bacigalupo, *Princípios de derecho penal*, PG, 2ª, ed., 1990, p. 97.

[52] Em recente estudo na *RLJ* ano 139º, nº 3962, sobre A análise das formas (*ou a análise das "formas do crime: em especial a tentativa"*), o Prof. Faria Costa alinha relevantes considerações sobre a "perfeição" e a "tentativa", destacando também algumas "manifestas erupções de autonomia dos atos tentados": o artigo 38º, nº 4 ("se o consentimento não for conhecido do agente, este é punível com a pena aplicável à tentativa"); o artigo 24º; e os artigos 23º, nº 2, e 72º e 73º (conjugados).

A DOUTRINA GERAL DO CRIME

de obter para si ou para terceiro enriquecimento ilegítimo; no crime de falsificação (artigo 256º) releva a intenção de causar prejuízo a outra pessoa ou ao Estado, etc.

– As características típicas que (*objetivamente*) se reconhecem ao agente enquanto titular de uma especial posição que lhe confere um dever (por ex., de funcionário, nos artigos 372º e ss.); de quem recebeu coisa móvel alheia por título não translativo da propriedade, donde emerge uma relação de *fidúcia*, nas condições do artigo 205º; do depoente, no artigo 359º, etc.

Vamos ver agora um caso marcado por um desvalor de ação que *não é congruente* com o desvalor do resultado realizado. Além, uma ação condicionada, aqui, um resultado "prematuro", causado por inadvertência.

Caso nº 7 *A* desconfia de que *B*, sua mulher, o engana, mas não está seguro disso. *A* quer a todo o custo certificar-se e está convencido de que ela própria lhe dirá a verdade quando se vir ameaçada com uma pistola. O *A* decide que se a mulher confessar a matará. *A* começa a executar o que tinha em mente, mas antes da mulher abrir a boca, por inadvertência, a pistola dispara-se e a mulher morre das lesões produzidas pelo projétil[53].

Neste caso haverá quem afirme a existência de um desvalor de ação doloso e de um subsequente resultado negligente. *B* morreu no seguimento de dois atos, sendo que o disparo que deu a morte não se conjuga com um desvalor de ação doloso. Deveremos condenar o *A* por tentativa de homicídio (artigos 22º, 23º e 131º)? Ou será que os factos só comportam o crime de homicídio negligente (artigo 137º)? Se nos decidirmos por esta segunda hipótese, como explicar a decisão, ainda que condicionada, de cometer o crime, coincidente com o disparo, prematuro e involuntário? O "erro" sobre o processo causal apontará para a primeira hipótese ou preferencialmente para a segunda? Poderemos concluir, com Schröder, que se a decisão condicionada chega para afirmar um facto doloso, também o mesmo se deverá entender quando o resultado se produz prematuramente? Quanto a nós, se *A não* tinha no momento da ação uma incondicional decisão de vontade, fica-se na dúvida quanto a um dolo homicida, o que nos parece ser a conclusão mais justa. Há elementos que apontam para um dolo homicida; outros porém não o confirmam, daí a dúvida.

---

[53] O caso aparece numa obra de J. Schröder e vem tratado por U. Ziegert, *Vorsatz, Schuld und Vorverschulden*, 1987, p. 67.

b) As teorias sociais da ação e as tendências funcionalistas

As teorias sociais da ação manifestam-se em diversas posturas (Jescheck, Wessels). Pretendem superar os conflitos entre a teoria causal e os pontos de vista finalistas e têm em comum o facto de na determinação do conceito de ação recorrerem, pelo menos, aos critérios de relevância social e de domínio (dirigibilidade, evitabilidade, intencionalidade e similares). A ação define-se como a produção arbitrária de consequências objetivamente intencionáveis e de relevância social ou como o comportamento de relevância social dominado ou dominável pela vontade. A perspetiva social é um denominador comum capaz de aglutinar comportamentos que tanto podem integrar crimes dolosos, como os negligentes e as omissões[54].

Tendem igualmente a impor-se razões e argumentos funcionalistas (teleológico-racionais), que visam atribuir novos conteúdos às categorias dogmáticas do crime orientando-as para o que se chama "a função do direito penal na sociedade moderna",[55] [56] vinculando os elementos do sistema aos seus fins ("Zweckrationalismus"). O que legitima o sistema de aplicação da lei não são as estruturas prévias do objeto de regulação das normas mas a coincidência das suas soluções com determinados fins político-criminais, *i. e,* com os fins das penas. O sistema será o sistema da lei se e na medida em que garanta resultados conformes com as finalidades das penas – e de que se possa esperar maior utilidade, reconhecimento social e maior justiça material nos casos concretos. A pré-estrutura das normas não seria então dada pela ação mas pelos fins das penas.

---

[54] Desenvolvidamente, sobre o conceito social de ação, Luzón Peña, *Curso de derecho penal,* Parte general I, 1996, p. 256 e ss.

[55] Ainda que se distanciem em muitos pontos concretos, as correntes funcionalistas têm em comum alguns princípios fundamentais. Os pressupostos de punibilidade devem orientar-se naturalmente para os objetivos do direito penal e assentar em considerações de política criminal. Cf. o estudo de Roxin, *Contribuição para a crítica da doutrina final,* publicado pela primeira vez em 1962, e traduzido para português, incluído em "Problemas fundamentais de direito criminal", p. 91 e ss.; Winfried Hassemer, *História das ideias penais na Alemanha do pós-guerra,* especialmente, a partir de p. 63; e Figueiredo Dias, *Fundamentos de um sistema europeo del derecho penal. Libro-Homenaje a Claus Roxin,* 1995, p. 447 e ss. Também José de Faria Costa, *Noções fundamentais de direito penal, cit.,* p. 206.

[56] **Orientação para as consequências** do sistema jurídico-penal pode significar que o legislador, a justiça penal e a execução das penas não se veem apenas na função de perseguir o ilícito criminal e impor o castigo ao criminoso, mas que visam pelo menos o objetivo de ressocializar o agente do crime e pôr um travão à criminalidade no seu todo, W. Hassemer, *Einführung,* p. 22. O papel da prognose dos sistemas penais da atualidade são cada vez mais orientados, sobretudo no setor das reações criminais, para a ideia da conformidade com o fim (*Zweckmässigkeitgedanke*), escreve Anabela Rodrigues. *A determinação da medida da pena privativa da liberdade,* 1995, p. 26, acrescentando que "se não é 'a' característica dos hodiernos sistemas jurídicos, a 'orientação para as consequências' é sem dúvida uma das que têm maior relevância".

6. Distinções fundamentais quanto às formas do crime

O direito penal "clássico" protegia fundamentalmente a lesão de bens jurídicos como a vida ou o património, construindo tipos de crime como o homicídio (artigo 131º) ou o dano (artigo 212º, nº 1). Nos casos mais graves, a tentativa era sempre punida; noutras ocasiões, em casos menos gravosos, a lei castigava expressa e excecionalmente a tentativa, como ainda acontece, por ex., no artigo 203º, nº 2.

Entretanto, o legislador penal introduziu no Código diversos crimes de perigo, que protegem o bem jurídico numa fase anterior à lesão, procurando impedir (aspeto do papel preventivo atribuído ao direito penal) a lesão com a punição da simples colocação em perigo.

Os tipos de ilícito de perigo concreto incluem a criação dum perigo para determinado bem jurídico na descrição dos seus elementos. Tome-se, a título de exemplo, o crime de violação da obrigação de alimentos do artigo 250º, nº 3. Este crime "contra a família" começa com o "pôr em perigo" a satisfação das necessidades fundamentais de quem tem direito à prestação e termina com o "cumprimento da obrigação". Enquanto a satisfação das necessidades do alimentando não for realmente ("concretamente") posta "em perigo", o crime não estará perfeito. Os factos integradores dessa colocação em perigo terão de ser provados em tribunal para se poder sustentar que o perigo se concretizou e que, consequentemente, o ilícito se consumou[57]. Nos crimes de perigo abstrato, o tipo não descreve o perigo entre os seus elementos típicos, mas "torna manifesto" que a atividade proibida é sancionada por ser tipicamente (em abstrato) perigosa. Um bom exemplo é o da condução em estado de embriaguez (artigo 292º): o condutor nessas condições é punido independentemente de se ter ou não produzido um perigo concreto para bens jurídicos alheios. Em julgamento, será inútil que a defesa argumente, por isso mesmo, que o condutor com uma determinada taxa de álcool no sangue, que terá de ser medida, só andou cinco quilómetros, de noite, e que no trajeto não se cruzou com qualquer outro veículo, chegando incólume ao lugar onde foi autuado sem perigo ou dano para terceiro.

As referidas incriminações desenham-se como consumadas, descrevendo condutas que preenchem, por inteiro, as circunstâncias típicas objetivas e subjetivas, fazendo com que o furto, por ex., se encontre perfeito só naquelas

---

[57] A Lei nº 61/2008, de 31 de outubro, aditou um nº 2, abrangendo a prática reiterada do crime (*sic*) referido no número anterior, "crime" este, o do nº 1, punível apenas com multa. O nº 4 aplica-se a quem, com a intenção de não prestar alimentos, se colocar na impossibilidade de o fazer e violar as obrigações a que está sujeito criando o perigo previsto no número anterior. Trata-se ainda de um crime de perigo concreto, em que a intenção desempenha um papel fundamental, por desencadear dois resultados: o de o agente se colocar na impossibilidade de não prestar alimentos, e efetivamente não os prestar, violando a obrigação a que está sujeito.

situações em que alguém, com conhecimento e vontade, subtrai coisa móvel alheia, com intenção de apropriação. Se essa subtração, que é simultaneamente ação e resultado, não chega a ocorrer, o crime não se consuma, ficando eventualmente pela simples tentativa (essencialmente, desvalor da ação). Esta pode deixar de ser punível, como decorre do artigo 24º, ao conferir relevância isentadora a certos comportamentos posteriores do autor da tentativa, como a desistência voluntária.

Até à consumação, a ideia delitiva vai percorrer um caminho, o chamado *iter criminis*, em que se distinguem diversas etapas: a fase preparatória; a da execução; e a da consumação, quando todas as características típicas se encontram reunidas. Antes da fase da tentativa, aparecem os atos preparatórios, que nalguns casos também se punem (artigo 21º), embora só a título excecional. Para o início da tentativa exige o Código a prática de atos de execução, mas a noção destes não é inteiramente precisa, ainda que o Código, nas diversas alíneas do nº 2 do artigo 22º, nos forneça diretivas de alguma valia.

Por outro lado, quando alguém age por si só, realizando pessoalmente e por inteiro a conduta típica, a eventual atribuição da responsabilidade penal só a essa pessoa diz respeito. Ainda que na grande maioria das incriminações da parte especial se descrevam condutas construídas de acordo com o modelo do autor individual e que seja evidente que na elaboração da teoria geral do crime se tenha partido da realização singular do ilícito, mesmo assim – e isso é um dado da experiência – o agente não atua sempre sozinho – fá-lo, frequentemente, em conjunto com outro ou outros, quer dizer: em compartipação.

Aditemos a seguir algumas precisões no que toca às ações e omissões e aos crimes dolosos e negligentes.

a) Ações e omissões

A forma normal do comportamento que realiza o tipo é a primeira, o comportamento ativo ou por ação em sentido estrito. Na sua maioria, os tipos de crime aparecem desenhados na forma de comissão por ação – na forma de um agir ativo cominado com pena. Veja-se, por exemplo, o artigo 131º ("quem matar outra pessoa").

Outras vezes, mas em via reduzida, o comportamento cominado com uma sanção consiste numa omissão.

Nas omissões puras ou próprias pune-se a simples inatividade – o dever de auxílio referido no artigo 200º (omissão de auxílio), resulta diretamente da lei. Cf., além do artigo 200º (omissão de auxílio), os artigos 245º (omissão de denúncia), 249º, nº 1, alínea *c*) (recusa de entrega de menor), 248º (recusa de médico), 369º (denegação de justiça) e 381º (recusa de cooperação).

A DOUTRINA GERAL DO CRIME

Nas omissões impuras ou impróprias, o dever de agir para evitar um resultado deriva de uma posição de garantia. Pune-se aquele que, sendo garante, numa situação de perigo, efetivamente nada faz para afastar a ameaça de lesão (da vida, da integridade física, etc.) de outrem. Aplicam-se então as normas sobre a comissão de crimes, por ex., o artigo 131º, fazendo intervir a cláusula extensiva constante do artigo 10º. Tanto dá que a mãe (em posição de garantia) que quer matar o filho o deixe morrer de fome como o deite a afogar na banheira da casa. A expressão significa que o sujeito não é penalmente responsável apenas pela omissão, mas que também o é pelas consequências danosas que derivarem dessa omissão. E como não existem preceitos especiais a castigar estas omissões impuras – empregamos os que punem as respetivas ações.

Os crimes de omissão pura são, por vezes, impropriamente, cunhados como crimes de desobediência – no artigo 200º o comando versa sobre o auxílio necessário ao afastamento do perigo na concreta situação de grave necessidade, o comportamento não consiste numa qualquer atividade (pois a norma especifica-a como o *auxílio necessário* ao afastamento do perigo), mesmo que em abstrato se trate de uma atividade útil. Os crimes de comissão por omissão (omissão impura) devem ser vistos como de não evitação do resultado ordenada pelo comando da ação com que se pretende obviar à lesão de um determinado bem jurídico.

b) Crimes dolosos e negligentes

1. A proibição de lesar ou pôr em perigo bens juridicamente protegidos exprime-se no Código preferentemente na forma de crimes dolosos, por oposição a outros, que punem comportamentos negligentes.

Diz o Código, no artigo 14º, que "1 – Age com dolo quem, representando um facto que preenche um tipo de crime, atuar com intenção de o realizar. 2 – Age ainda com dolo quem representar a realização de um facto que preenche um tipo de crime como consequência necessária da sua conduta. 3 – Quando a realização de um facto que preenche um tipo de crime for representada como consequência possível da conduta, há dolo se o agente atuar conformando-se com aquela realização".

Numa fórmula simplificada, dolo é conhecimento e vontade da realização do tipo. Dolo significa portanto "conhecer e querer os elementos [objetivos] do tipo". "Realização do tipo" significa, nem mais nem menos, que "realização de todas as características objetivas do tipo". Aquele que atua com dolo homicida, sabe que mata outra pessoa e quer isso mesmo ou, pelo menos, conforma-se com o correspondente resultado (artigos 14º e 131º).

Noutros tempos, quando se construía o ilícito na base da causalidade, tanto dava que o crime fosse doloso ou negligente. À forma de conceber o ilícito faltava uma visão dinâmica, aos juristas bastava a comprovação da relação causal. A teoria causalista, por isso mesmo, não aprofundou o problema dos crimes negligentes, pura e simplesmente, aplicou-lhes as regras dos crimes dolosos.

Mesmo hoje, tanto o artigo 131º (homicídio doloso) como o artigo 137º (homicídio por negligência) começam pela mesma expressão: "quem matar outra pessoa". Não é contudo o desvalor do resultado que separa os crimes dolosos dos negligentes. O que separa os dois ilícitos é o desvalor de ação e isso só em tempos mais chegados foi acentuado: o agente doloso atua de forma contrária ou hostil ao Direito, ou pelo menos com indiferença face aos correspondentes valores: quando não "quer" o resultado que representa, conforma-se ao menos com a sua realização (artigo 14º). Onde se deteta um erro de conduta (artigo 15º) é de negligência que se pode tratar e só desta.

A maior parte dos tipos incriminadores estrutura-se no Código como crime doloso consumado de comissão por ação (o homicídio do artigo 131º; as ofensas à integridade física do artigo 143º, nº 1; o furto do artigo 203º, nº 1; a burla do artigo 117º, nº 1).

Ao tipo pertencem todos os elementos que fundamentam um ilícito específico, mas há circunstâncias qualificativas do crime. Por ex., o crime de homicídio encontra no artigo 131º os seus elementos típicos, objetivos e subjetivos ("matar outra pessoa" dolosamente). Já o artigo 132º dispõe que se a morte (de outra pessoa) for produzida em circunstâncias que revelem especial censurabilidade ou perversidade, o seu autor é punido com uma pena sensivelmente agravada, enumerando para tanto alguns índices (os principais, certamente, aqueles que ocorreram ao legislador) dessa culpa especial. Se, ao invés, a culpa do agente se encontrar sensivelmente diminuída, porque, por ex., o filho matou o próprio pai, dominado por compreensível emoção violenta, por compaixão ao desespero face à doença deste, em fase terminal e extremamente dolorosa, o homicídio, cometido numa certa situação de exigibilidade diminuída, pode ser visto como privilegiado e a pena correspondentemente aligeirada (artigo 133º). No Código encontramos outras situações de qualificação/agravação ou de privilegiamento/atenuação, sendo isso logo evidente nalguns crimes contra a propriedade, o furto (artigos 203º, nº 1, 204º, nºs 1 e 2, e 207º), o abuso de confiança (artigo 205º e 207º) e o dano (artigos 212º, nº 1, 207º, e 213º)[58].

Alguns capítulos do Código, por ex., o dos crimes contra a propriedade ou o dos crimes contra a liberdade e autodeterminação sexual são inteiramente

---

[58] No que toca à técnica de qualificação do homicídio, o artigo 132º manda que o intérprete ajuíze se há efetivamente uma culpa especial (através de circunstâncias indiciadoras duma maior censurabilidade ou perversidade: exemplos-padrão) e se é caso de aplicar a mesma norma, portadora de moldura penal de prisão de doze a vinte e cinco anos. O artigo 132º emerge como um **tipo de culpa**. Os elementos típicos (matar outra pessoa, *dolosamente*) encontram-se todos no artigo 131º.

A DOUTRINA GERAL DO CRIME

moldados no dolo. Outras vezes pune-se tanto a conduta dolosa como a simplesmente negligente; veja-se, a ilustrar, o artigo 292º sobre a condução automóvel em estado de embriaguez ("quem, pelo menos por negligência..."). Mas só é punível o facto praticado com negligência nos casos especiais previstos na lei: artigo 13º (princípio da excecionalidade da punição das condutas negligentes: *numerus clausus*). A imputação ao agente há de fazer-se sempre pelo menos a título de negligência, o que modernamente está de acordo com a rejeição da responsabilidade objetiva no domínio do penal (veja-se sobretudo o artigo 18º). Como quer que seja, os caminhos para a boa compreensão do dolo ou da negligência trilham-se na PG, onde constituem importante matéria de estudo. Todos nós sentimos que um homicídio doloso é mais grave do que a morte causada involuntariamente, o problema está em determinar porquê.

2. Na negligência recorta-se um elemento significativo, com o qual interessa desde já tomar contacto: a inobservância do dever de cuidado. A opinião dominante, a exemplo do crime doloso, vê na negligência uma conduta punível que reúne elementos de ilicitude e de culpa. O artigo 15º exprime esse juízo de dois graus, na medida em que se dirige a quem não proceder com o cuidado a que, segundo as circunstâncias, está obrigado e de que é capaz. A doutrina fez os possíveis por encontrar outros caminhos e chegou à equiparação (ou à substituição nalguns casos) da norma de cuidado pela ideia da criação ou potenciação de um risco juridicamente desaprovado, tipicamente relevante ou socialmente inadequado. Neste contexto, para a imputação objetiva do resultado lesivo requer-se que a ação realize um perigo desaprovado que se materializou no resultado concreto final.

Só uma pequena parte dos crimes dolosos tem uma contrapartida negligente, por ex., a ofensa à integridade física ou os crimes contra a vida tanto se definem e punem na forma dolosa como na negligente. Não é assim para o dano, nem o furto, nem qualquer dos vários crimes sexuais ou de falsificação documental, que todos têm expressão exclusivamente dolosa.

3. De capital importância são as combinações dolo/negligência. Por ex., o artigo 272º (incêndios, explosões e outras condutas especialmente perigosas) segue o esquema subjetivo adotado em grande parte dos crimes de perigo comum: no nº 1: ação dolosa e criação de perigo doloso; no nº 2: ação dolosa e criação de perigo negligente; no nº 3: ação negligente e criação de perigo negligente. Os casos de "aberratio ictus", por seu turno, não têm obtido respostas coincidentes, havendo quem aponte como solução correta a punição do agente por tentativa, em concurso eventual com um crime negligente consumado, como no caso do tiro sobre *B*, para o matar, que atinge *C*, que ia a passar, sem nada ter com os que discutiam. Só mais uma nota para deixar claro que uma norma como a do artigo 292º (condução em estado de embriaguez) não desencadeia qualquer

agravação, limitando-se a indicar uma mesma moldura penal para as hipóteses dolosa e negligente, nela previstas, ainda que na determinação da sanção se tenha que distinguir, entre outras circunstâncias, a intensidade do dolo ou da negligência que acompanham a infração (artigo 71º, nº 2, alínea *b*)).

4. Até certa altura aceitou-se uma espécie de responsabilidade objetiva como responsabilidade pelo resultado, na base do princípio canónico do "versari in re illicita" ("v. i. r. i."). De acordo com esta ideia, devia responder penalmente por um resultado lesivo, mesmo quando fosse imprevisível, quem o tivesse causado através de uma conduta inicial ilícita, por se entender que quem se dispõe a realizar algo não permitido, ou com "animus nocendi", fica responsável pelo resultado danoso que a ação vier a ocasionar. Mais tarde, já no século dezanove, nalguns códigos passou a consagrar-se a figurá da preterintencionalidade (de *praeter intentionem*: para lá da intenção). O desenho típico, contemplado na lei com uma especial agravação da pena, assentava num crime-base doloso de que derivava um resultado mais grave (não abrangido pelo dolo do agente). Entendia-se que quem voluntariamente agride outra pessoa sabe que se expõe a ocasionar-lhe a morte. Estando tais elementos (a ação de agredir outrem e o resultado mais grave produzido, a morte) unidos por uma relação causal, era quanto bastava para responsabilizar o agente por tudo o que a sua ação tinha produzido. Só posteriormente se introduziu a doutrina que agora consta do artigo 18º: certos delitos deixaram de ser qualificados simplesmente em função duma consequência mais grave, passando a exigir-se pelo menos a negligência para se poder imputar ao agente o resultado agravante. São, hoje em dia, mais exatamente configurados como crimes agravados pelo resultado, uma vez que o resultado agravante não tem – como acontecia com o crime preterintencional – de constituir um crime negligente: quer porque ele "pode perfeitamente constituir um simples estado, facto ou situação que em si mesmos não possa considerar-se criminoso (v.g., a gravidez no caso do art. 177º-4, ou a circunstância de a privação da liberdade no sequestro durar mais de 2 dias: art. 158-2/a); quer porque pode constituir um resultado típico cometido com dolo eventual numa hipótese em que a lei apenas puna o facto quando cometido com dolo direto"[59].

---

[59] Figueiredo Dias, *DP/PG* I, 2ª ed., 2007, p. 318. O roubo com o resultado agravante doloso de lesão corporal grave (artigo 210º, nº 2, alínea *a*)) contempla o dolo relativamente ao crime fundamental e o dolo relativamente ao resultado agravante típico. É um caso de **dolo/dolo**. Se considerarmos uma hipótese de infração das regras da construção por negligência de que resulta a morte por negligência (artigos 277º, nº 3, e 285º), a combinação estabelece-se ao nível **negligência/negligência**, este, no entanto, sem idêntica configuração.

c) Omissão e negligência

Há alturas em que uma e outra se combinam claramente.

Caso nº 8 *A*, dono de um cão mantém o seu "Serra da Estrela" preso numa trela que lhe permite alcançar parte da propriedade do *A* e parte do passeio. Ao passar, *B* foi atacada subitamente e na perna direita e na cabeça.

O acórdão da Relação de Lisboa de 21 de fevereiro de 2008, *CJ* 2008, tomo I, p. 140, *relator*: Guilherme Castanheira, confirmou a sentença da 1ª instância que condenara o dono do cão. "O *A* não tomou (omitiu) as cautelas necessárias para evitar o resultado ofensivo, nomeadamente assegurando-se que o seu cão, mesmo acorrentado, não chegasse ao caminho". Houve, da sua parte, a violação dum dever de cuidado.

Um dos casos mais interessantes e manifestos do crime de comissão por omissão negligente é o da *baby-sitter* encarregada de cuidar da criança na ausência dos pais e que em vez de ligar ao pequeno se deixa entusiasmar pelos episódios da telenovela. Resultado (cf. o artigo 10º e os artigos 137º e 148º): a criança despenha-se da mesa para onde subira sem reação de quem a devia vigiar e sofre lesões graves ou até a morte. Um outro caso é o do banheiro que por descuido não tem à mão a boia que lhe permitiria salvar quem se afoga na praia que conta com a sua vigilância.

d) Omissão e dolo

No lugar próprio, recordaremos situações idênticas (semelhantes, aproximadas) à do "tristemente famoso caso Kitty Genovese". Titulava o New York Times de 27 de março de 1964: "Thirty-Eight Who Saw Murder Didn't Call the Police", explicando que, três semanas antes (!), "durante mais de hora e meia, esses 38 cidadãos, respeitáveis e cumpridores da lei, limitaram-se a observar um indivíduo que sovava a vítima até à morte, em três investidas sucessivas, na zona de Kew Gardens"[60]. Todos nos lembramos, decerto, da avó da Ribeira do Porto que, para castigar a neta, naturalmente sem dolo homicida, a mergulhou em água a ferver; depois, tratou-a em casa, com umas pomadas, em lugar de a levar imediatamente ao hospital, onde se teria salvo, com uma probabilidade rasante da certeza. Os dias foram correndo e a avó deixou que as coisas corressem também o seu rumo, o que o tribunal interpretou como um indicador de dolo eventual homicida no que respeita ao resultado mortal que veio a acontecer, naturalmente com base na omissão (dolosa), coincidente com o apontado segundo arco de tempo.

---

[60] Cf. também o relato (que reduz para 37 os cidadãos respeitáveis e cumpridores da lei...) publicado por Moraes Godoy, *Direito nos Estados Unidos*, Manole, 2004, p. 46 e s.

II. Os níveis estruturais do crime: facto típico/atípico; ilícito/lícito; culposo/ não-culposo

a) O direito penal geral aparece frequentemente desdobrado nos seus elementos constituintes que, juntos, concorrem para a formação de uma estrutura sistemática complexa. Unidos no ponto de partida desune-os a exigência expositiva – autónomos e organicamente ligados, como peças de um puzzle. Analisando cada elemento em separado, alcançamos uma forma de simplificar tanto o estudo como a compreensão da matéria. Como é de casos da vida que tratamos, busca-se sistematizar e racionalizar cada um deles, com o olhar orientado para um processo decisório eficaz. A separação dos diversos elementos desempenha uma função axial: permite tratar ordenadamente cada um dos problemas de imputação, aqueles que têm a ver com a responsabilização penal do agente. Ocorrem-nos conceitos, como ilicitude ou culpa, com todos os seus contornos de abstração; ocorre-nos uma pluralidade de características concretas: normativas, descritivas, objetivas, subjetivas. Todo este material se reúne "como um mosaico" (Roxin) para a formação do facto punível. A sua força de elucidação, a proliferação de interpretações adrede conseguidas, conduzem-nos pelos caminhos das questões e dos problemas e autoriza-nos a tratá-las como "iguais", sendo embora substancialmente diferentes. Colocadas ao serviço do penalista que quer resolver casos concretos, reais ou fictícios, contam com uma finalidade essencialmente prática e representam um importante valor instrumental.

O recurso a um **sistema analítico do crime** permite, em suma, aceder a um esquema que facilita a solução de "casos" através de uma decisão racional. Formas coerentes de expor a matéria – e elas são variadas – representam, afinal, um aspeto modelar da realidade.

Um dos modelos da doutrina atual é o tripartido da ação típica, ilícita e culposa:[61] tipicidade (como a correspondência entre o facto do agente e a descrição de cada espécie de infração contida na norma penal), ilicitude e culpa. Saber se uma determinada conduta foi realizada de forma ilícita e culposa exige a comprovação de uma determinada ligação entre a tipicidade, a ilicitude e a culpa. Estes três estádios manifestam-se da seguinte forma: no plano da tipicidade pretende-se comprovar se um determinado facto descrito na lei como crime deverá ser imputado ao seu autor; no plano da ilicitude a conduta deverá ser apreciada em conformidade com valores jurídico-penais; no plano da culpa, se a conduta antijurídica (ilícita) deverá ser reprovada ao seu autor. A ação típica poderá ser justificada, não chegando a ser ilícita; a ação típica pode não contar com uma causa de justificação e, apesar de ilícita, poderá ser desculpada, se concorrer uma causa ou eximente de desculpa.

---

[61] Modernamente, está divulgada a preferência por um modelo que se reconduz ao (comportamento) ilícito-típico e culposo.

A DOUTRINA GERAL DO CRIME

Assinala-se no processo analítico a separação da ilicitude (antijuridicidade) e da culpa enquanto dois degraus de valoração cuja identificação representa, por assim dizer, um dos pontos culminantes da dogmática penal.

1. A tipicidade

a) Definições

O "tipo" tem por função delimitar e individualizar as condutas humanas penalmente relevantes: "Quem [dolosamente], matar outra pessoa", no artigo 131º; "Quem [dolosamente], subtrair coisa móvel alheia com intenção de apropriação", no artigo 203º. Abrange portanto a descrição legal de todos os elementos que caracterizam uma conduta como sendo um homicídio, um abuso sexual de menores, uma burla, um furto, etc. É a forma adotada para moldar a matéria proibida, uma espécie de "anúncio ao público", com as proibições e os comandos fundamentais. Pertencem ao tipo *todas* as circunstâncias que concorrem para a violação de um bem jurídico.

Na Parte Especial (PE) do Código Penal, iniciada no artigo 131º, contém-se um número elevado de tipos, organizados e sistematizados de acordo com os critérios escolhidos pelo legislador penal.

Excurso. Se a lei penal quisesse descrever apenas o comportamento voluntário violador do bem jurídico, enquanto tal, diria simplesmente: "Quem, através de uma conduta voluntária, lesar o bem jurídico propriedade (ou: vida; ou: integridade física, ou: pureza da administração pública, etc.), será punido desta maneira ou daquela". Uma norma destas, porém, seria portadora duma punibilidade desmedida. A técnica legislativa é muito mais exigente: "Quem matar..." – aqui é necessária a morte de outra pessoa (um resultado que acresce à ação de produzir a morte) para que o crime de homicídio resulte consumado.

"Tipo" vale como tradução do alemão "Tatbestand"[62] [63]. No Código Penal aparece a expressão "facto ilícito-típico", por ex., no artigo 91º, como pressuposto

---

[62] Veja-se Cavaleiro de Ferreira, *A tipicidade na técnica do direito penal*, 1935, p. 36, que não deixa de sublinhar o valor puramente processual com que o termo apareceu. Daí a relação com o conceito de *corpus delicti*, na sua origem probatória, inquisitorial, como também se pode ler em Kai Ambos, 100 Jahre Belings "Lehre vom Verbrechen", *ZIS* 10/2006, onde remete para Hall, *Die Lehre vom Corpus delicti*, 1933, p. 155. Há tradução portuguesa, publicada na *RPCC*, 16 (2006), p. 363. A expressão *corpus delicti* terá sido cunhada por Farinacius e significava *nihil aliud, quam substantiam & veritatem*. Cf. também Arnd Koch, *Denunciatio: zur Geschichte eines strafprozessualen Rechtsinstituts*, Frankfurt, 2006.

[63] George P. Fletcher, *The Grammar of Criminal Law*, vol. I: Foundations, 2007, p. 145, não encontra em inglês termo perfeitamente condizente com Tatbestand, que exprime algo como "the *prima facie* elements

das medidas de segurança aplicáveis a inimputáveis. Aparece a expressão "tipo de crime" no artigo 16º, nº 1, na disciplina do erro sobre as circunstâncias do facto; e retorna no artigo 22º, nº 2, alínea *a*), quando, a propósito da tentativa, o código se ocupa dos "atos de execução"[64]. O artigo 14º, nºˢ 2 e 3, refere-se à "realização de um facto que preenche um tipo de crime", tal como o artigo 15º, alínea *a*). Na expressão **ilícito-típico**, a tipicidade manifesta-se no seu sentido técnico. No artigo 368º, nº 2, do Código de Processo Penal, trata-se da questão de saber: *a*) Se se verificaram os elementos constitutivos do tipo de crime. O Código de Processo Penal às ocorrências "típicas" considera-as '**Crime**' e define-o, coerentemente, como o **conjunto dos pressupostos** de que depende a aplicação ao agente de uma pena ou de uma medida de segurança criminais (artigo 1º, alínea *a*)), englobando, portanto, e por ex., as condições objetivas de punibilidade.

Excurso. Esta última afirmação, reconduzida à noção de "crime" como conjunto dos pressupostos de que depende a aplicação ao agente de uma pena ou de uma medida de segurança criminais (artigo 1º, alínea *a*), do CPP), merece uma prevenção, pois quando em geral se fala de **condições objetivas de punibilidade** é para afirmar que as mesmas não devem ser confundidas nem desempenhar o papel do resultado nos crimes materiais; são elementos situados fora da culpa, mas também fora do tipo penal, embora sem elas o tipo de ilícito não se mostre integralmente preenchido. A morte (ou a ofensa corporal grave) de um dos rixantes é nesse sentido condição da existência do crime do artigo 151º e da condenação de todos os participantes, mesmo sem a prova do dolo em relação à condição (morte ou ofensa à integridade física grave). Na falta desta, se nada se passa para além duns murros, não poderão ser sequer acusados de participação em rixa; a condição condiciona e limita a punição. Tudo isto sem escamotear que para uma parte da jurisprudência a individualização (no sentido de se determinar a autoria dos crimes de ofensas corporais ou de homicídio que sejam cometidos durante a luta) da autoria desses crimes não impede que cada um dos intervenientes na briga cometa, em acumulação real, também o crime do artigo 151º, já que o conceito de "participação" a que o artigo se refere se contenta e fica perfeito logo que o agente "intervém" na desordem, isto é, nela tome parte ativa, quer cometa quer não crimes autónomos.

---

of the criminal act". Poderá usar-se o termo "definition of the offense". A expressão *definition* denota a ideia de que é na PE do Código que se define o Tatbestand delitivo, enquanto os elementos justificativos ou de desculpa são deixados para a Parte Geral.

[64] Na epígrafe do artigo 16º referem-se as "circunstâncias do facto". "Circunstâncias" são elementos de facto ("matar": artigo 131º) ou características normativas ("alheio": artigo 203º, nº 1; "doença contagiosa": artigo 283º, nº 1; "honra": artigo 180º, nº 1).

A palavra "tipo" aparece frequentemente como **tipo de culpa**, referido à correspondente matéria. Encontramos, de resto, outros elementos suscetíveis de tipificação, como os que integram as causas de justificação, as quais "possuem os seus elementos constitutivos, os seus pressupostos, a sua descrição fáctica", permitindo vê-los igualmente como "verdadeiros tipos que, assim, nos surgem, relativamente ao problema da ilicitude, como substancial e funcionalmente idênticos aos tipos-de-ilícito, embora em sentido contrário ou limitador"[65].

No sentido exposto, o tipo é *tipo de garantia*, satisfazendo os propósitos e as exigências do princípio *nullum crimen sine lege*.

A enumeração dos elementos constitutivos da punibilidade, abrangidos pelo tipo de garantia, mostra os diferentes níveis – ou graus – de valoração que o legislador pretendeu imprimir numa determinada situação. Isso começa por sobressair no artigo 71º, na determinação da medida da pena. Outras sugestões surgem, por ex., da pena privilegiada com que se sanciona o homicídio a pedido da vítima (artigo 134º), ancorada numa *diminuição da ilicitude*, mas também num *menor grau de culpa do agente*. O tipo é caracterizado pelo "pedido" – e a vítima exprime-o de duas maneiras: "Quero morrer!"; e "Mata-me!". A primeira expressão tem a ver com o bem jurídico protegido e diminui o ilícito, a segunda dirige-se à motivação do agente e diminui-lhe a culpa. No tipo de ilícito do artigo 136º (infanticídio), com a expressão "influência perturbadora do parto", o legislador aponta para um estado de semi-imputabilidade ou de imputabilidade diminuída. Estão presentes situações patológicas que acompanham por vezes o parto e que levam a mãe da criança a ter menos discernimento e liberdade de ação, matando o seu próprio filho.

A perigosidade geral ínsita no segmento típico, sendo levada em conta na contabilidade punitiva da incriminação, também releva no estabelecimento das fronteiras entre ilicitude e culpa por, nalgumas situações, significar uma maior culpa (seja por via da especial censurabilidade ou perversidade originada num dos exemplos-padrão do nº 2 do artigo 132º) ou uma mais leve ilicitude, ancorada, porventura, no modo de execução do facto ou na gravidade das suas consequências.

b) A tipicidade em sentido estrito

Tanto a doutrina como a jurisprudência vêm-se servindo, desde há muito, do termo tipicidade, por nela se concentrarem os momentos relevantes para

---

[65] Figueiredo Dias, *O Problema da Consciência da Ilicitude em Direito Penal*, 3ª ed., Coimbra, 1987, p. 89, onde igualmente se alude à noção de **contratipo**. Contratipo será, por ex., o nº 4 do artigo 204º, ao dispor que não haverá lugar à qualificação se a coisa furtada for de diminuto valor.

O RISCO DE COMER UMA SOPA E OUTROS CASOS DE DIREITO PENAL

a determinação da matéria proibida ou imposta pelo legislador (proibições ou comandos de ação que afetam e limitam o espaço de liberdade do indivíduo). Com a expressão "tipicidade em sentido estrito" queremos referir-nos aos elementos da norma penal que fundamentam uma determinada forma de crime ou que determinam o seu caráter qualificado ou privilegiado.

A tipicidade significa *apenas* que a conduta contraria a proibição ou o comando penalmente sancionados, mais exatamente, contraria o que o ordenamento jurídico exige (ou impõe) a qualquer pessoa.

Excurso. Nos finais do século dezanove, os livros alemães distinguiam claramente entre os elementos da ação, a violação da lei (a antijuridicidade) e a culpabilidade. Crime seria a ação antijurídica, culposa, sancionada com uma pena. Até que surgiu Beling (1866-1932), cuja obra, *Die Lehre vom Verbrechen*, de 1906, define crime como a ação típica, antijurídica, culposa, adaptável a um preceito penal e que satisfaça às necessárias condições de punibilidade. Enumerando os elementos deste conceito de crime, temos assim: a ação, a tipicidade, a antijuridicidade, a culpabilidade, a adaptabilidade a um preceito penal e a existência das condições de punibilidade que a lei exige em relação a cada crime. Um dos méritos de Beling encontra-se na clarificação da diferença entre o que, de um modo algo impreciso, se pode chamar a definição da ofensa (o "Tatbestand", o tipo) e a dimensão justificativa, mas o elemento central é ainda representado pela ação (só a conduta humana pode ser qualificada de criminosa), "de que os demais elementos são apenas atributos"[66]. Foi outro nome conhecido, Radbruch, quem, mais tarde, opinou pela supressão do conceito de ação dentre os elementos componentes do crime, regra que ainda hoje seguimos, mas a que se opuseram, com vigor, e com o peso das suas premissas metodológicas, os autênticos "finalistas", que têm em Hans Welzel (1904-1977), a sua figura cimeira.

O juízo a que a tipicidade se submete é pois, a vários títulos, provisório. Só por si, não consente a afirmação de ser a conduta ilícita – tão *só* que o poderá ser. Pois em situações extremas, a morte de uma pessoa, encontrando-se justificada, é tolerada pelo direito. As causas de justificação (que não pertencem à tipicidade) decidem, de modo definitivo, que o facto típico não é antijurídico – melhor: que não conforma, substancialmente, um ilícito-típico.

Consequentemente, o completo preenchimento das circunstâncias típicas (os "elementos de facto ou de direito de um tipo de crime", como se lê no artigo 16º,

---

[66] Cavaleiro de Ferreira, *A tipicidade na técnica do direito penal*, Lisboa, 1935, p. 9, trabalho pioneiro no nosso País, onde "se expõe resumida e sucintamente a teoria do crime conforme foi gizada por Ernst Beling" (do "Prefácio").

nº 1), nada decide quanto aos demais atributos do crime, particularmente a culpa. Ainda assim, há um aspeto relevante que não pode deixar de ser considerado: se o sujeito for portador de anomalia psíquica que lhe retira a capacidade de avaliar a ilicitude do facto, não poderá ser censurado, ainda que tivesse cometido um ilícito-típico com assento, por ex., no artigo 131º – é um inimputável, com referência ao momento da prática do facto (artigo 20º, nº 1).

A função descritiva não engloba as causas de justificação. Caracteriza, isso sim, a matéria proibida, explicitando os dados que apontam para o bem jurídico que o legislador penal entendeu dever proteger. Descobrem-se nela as incidências que levam à compreensão do objeto da ação e a medida do desenvolvimento do ilícito: se o crime se encontra no estádio da tentativa ou se está completo, por ter chegado à consumação, se é uma forma delitual simples, qualificada ou privilegiada, dolosa ou simplesmente negligente, etc.

As **normas incriminadoras** não se revestem de um caráter unitário, fragmentam-se, por assim dizer, em tipo *e* consequência jurídica. O tipo, para os teóricos do direito, é entendido como o correlato da consequência jurídica;[67] no direito penal, é mais exatamente o correlato da sanção legal cominada. O tipo legal configura-se ao jeito de uma imagem abstrata. Na formação do tipo, os elementos da vida anterior do agente (do concreto agente) são inteiramente ignorados, o legislador desliga-se completamente deles. A forma estereotipada da maior parte das normas-incriminadoras apresenta-se com a seguinte configuração típica: "Quem ofender o corpo ou a saúde de outra pessoa de forma a privá-la de importante órgão ou membro... é punido com pena de prisão de dois a dez anos" (artigo 144º, alínea *a*)), embora, por vezes o tipo se dirija ou englobe apenas uma certa categoria de pessoas, como os funcionários públicos (artigo 386º); ou mesmo só uma pessoa particularizada, como no caso da mãe que matar o filho em ato de infanticídio, que tem a ver com o parto e a sua influência perturbadora (artigo 136º). Uma tal circunstância não tira nem põe quanto à natureza abstrata da descrição legislativa.

Caso nº 9 *A* anda de candeias às avessas com o seu vizinho *B*. Um dia *A* entrou no quintal da moradia de *B* e chamou-o de "patife" e "funcionário corrupto", após o que lhe vibrou duas bofetadas na cara. Não contente com isso, chegou-se aos vasos de flores do *A* e partiu-os com pontapés certeiros.

No artigo 181º, nº 1, pune-se quem injuriar outra pessoa, dirigindo-lhe palavras ofensivas da sua honra ou consideração, no artigo 143º, nº 1, pune-se quem

---

[67] Engisch, Festschrift für Edmund Mezger, 1954, p. 130.

ofender corporalmente outra pessoa; no artigo 212º, nº 1, sanciona-se quem destruir, no todo ou em parte, coisa alheia.

A descrição legal tipifica os pressupostos que têm de ser preenchidos para que alguém possa ser perseguido por injuriar ou ofender corporalmente outra pessoa ou por causar danos nos vasos do vizinho. Como o *A* atuou dolosamente, a sua conduta (ofender por palavras; ofender corporalmente; danificar coisa que lhe não pertencia) preenche todos os elementos típicos, objetivos e subjetivos, de cada um dos apontados artigos 181º, nº 1, 143º, nº 1, e 212º, nº 1.

Se a conduta, como nos casos anteriores, realiza (=preenche) **todos**[68] os elementos, objetivos e subjetivos, correspondentes à descrição normativa (ao "desenho" contido na norma-incriminadora), será em princípio ilícita. Dizendo por outras palavras: uma ação será ilícita se e quando se enquadra num tipo normativo, quando preenche as condições de subsunção numa determinada norma penal, e não contende com uma causa de justificação.

O aplicador do direito tem de valorar, em diversas fases ou em diferentes níveis, o comportamento de um possível delinquente antes de chegar ao juízo definitivo que o declara merecedor de uma reação criminal. Encontrado o pressuposto mínimo – uma ação humana – dá-se como apurado o primeiro elemento de valoração com a comprovação da tipicidade da conduta, aferindo-a pela descrição típica contida na norma que se elegeu. Já nesta altura pode uma conduta, por ser (objetiva ou subjetivamente) **atípica** – porque não preenche o tipo e lhe falta a dignidade penal – excluir outros passos posteriores no caminho que se começou a trilhar.

A tipicidade de uma conduta significa em geral ilicitude, na medida em que a indicia (*efeito de indício*). O indício pode no entanto ser neutralizado pela presença de uma causa de justificação. A legítima defesa representa um tipo permissivo que se sobrepõe nos seus efeitos aos pressupostos do facto típico praticado.

Para uma parte da doutrina seria igualmente fundamento real e de validade da ilicitude, seria a sua própria razão de ser (conceção dita da *ratio essendi*) – fundamentalmente, por se entender que o tipo define o que é ilícito. Mas esta maneira de pensar não é aceite por todos, bem pelo contrário.

---

[68] Faltando um desses elementos (basta a falta de um), a conduta será **atípica**. Se a coisa não é alheia ou o agente não atua com intenção de apropriação não poderá haver furto; se a mulher adulta consente na cópula, não se poderá falar de crime sexual; se alguém entra a convite do dono da casa, o consentimento (acordo) exclui a tipicidade da conduta (veja-se, por ex., o caso tratado no acórdão da Relação do Porto de 18 de janeiro de 2006 *CJ* 2006 tomo I, p. 201). Na falta de dolo, o crime, eventualmente, poderá ser castigado como negligente (cf., em especial, o artigo 16º, nºs 1 e 3). Nem sequer haverá ação nos atos reflexos ou em caso de força irresistível, entre outros. O crime pode no entanto não chegar a consumar-se, ficando na fase da tentativa (artigo 22º, nº 1), a qual poderá ser punível (artigo 23º).

Quem hoje em dia se bate por este modo de ver as coisas são os partidários da **doutrina dos elementos negativos do tipo**. Segundo eles, na tipicidade concorrem uma norma de proibição e uma norma de permissão. É como se a lei dispusesse: Quem matar outra pessoa (dolosamente) e não encontrar justificação na legítima defesa, no estado de necessidade, etc., será punido... (temos a norma de proibição no artigo 131º – norma da PE – e a norma de permissão no artigo 32º ou no artigo 34º – normas da PG). O tipo, tal como esta corrente o concebe (como autêntico **tipo penal total ou global de injusto: *Gesamttatbestand*, isto é, tipo em sentido lato)**, tem duas partes: o tipo positivo, com todos os seus elementos ou circunstâncias normativas, próprias da parte especial, havendo depois uma parte negativa do tipo, que é a ausência da causa de justificação, com assento (ou genericamente prevista) na PG do código. Dizendo com Jescheck: o tipo contém não só a valoração *abstrata* de uma ação que viola o correspondente bem jurídico, mas inclui também o *concreto* juízo de desvalor sobre o próprio facto. A justificar a solução, acrescentam que tratando-se de norma de determinação das condutas importa fazer chegar aos cidadãos, seus destinatários, todos os elementos, positivos e negativos, que fundamentam a valoração negativa e a consequente proibição geral de um comportamento. Acabam, deste modo, por construir uma unidade normativa com expressão no indicado tipo total. Mas se assim é, o dolo deveria abranger tanto os elementos que o tipo descreve, mas também a ausência de causas de justificação. O passo seguinte encontra-se na conclusão de que não deveria haver dolo sempre que se detete uma causa de justificação. O mesmo é dizer que se o crime é ilícito tipificado todo o elemento excludente do ilícito faz desaparecer a tipicidade. Ao contrário, para os que não acolhem, antes rejeitam,[69] estes fundamentos explicativos, *um facto típico não será necessariamente ilícito*, mas se no caso concorre uma causa de justificação teremos uma conduta, cujos contornos continuam a ser *típicos* ainda que "ajustados" ao direito.

A ilicitude equivale à infração da norma de conduta, tanto para o crime doloso como para o crime negligente. Neste sentido, conforma o que chamamos de anti-juridicidade, do mesmo passo que a lesão ou o pôr em perigo o correspondente bem jurídico conforma o elemento substancial. Mas como a eficácia indiciadora da ilicitude pode ser neutralizada pela concorrência de uma causa de justificação, o

---

[69] Por ex., Jescheck *AT*, 4ª ed., 1988, p. 224. Jescheck concede que, para efeitos práticos, a teoria que rejeita serve, sobretudo, para resolver um intrincado problema de erro, pois se as causas de justificação podem incorporar-se (*eingegliedert*) no tipo o erro sobre os respetivos pressupostos será tratado, sem mais, como erro do tipo. Mais à frente, ao percorrermos os vários espaços do dolo do tipo, teremos ocasião de compreender melhor o que agora se deixa explicado de modo sumário. Teremos, sobretudo, a oportunidade de melhor compreender que a ausência de qualquer causa de exclusão da ilicitude permite afirmar a ilicitude, daí que, por definição, não possa haver ilicitude onde ela é excluída pela intervenção de uma causa de justificação.

juízo de ilicitude não é definitivo. "Justificar é explicar as razões por que aconteceu um determinado facto ou por que se teve certa conduta"[70]. Porque se agiu em legítima defesa, em estado de necessidade, etc. As causas de justificação procedem do ordenamento jurídico na sua globalidade, daí a desnecessidade de se encontrarem previamente estabelecidas no Código Penal (artigo 31º). O facto não é punível quando a sua ilicitude for excluída pela ordem jurídica – não é ilícito, por ex., o facto praticado em legítima defesa (artigo 31º, nos 1 e 2, alínea *a*), e 32º), embora seja ilícito o facto praticado em *excesso de meios* em legítima defesa (artigo 33º).

Sumariamente diremos que nem toda a conduta típica é uma conduta punível. Ainda que realizada, a proibição geral de matar (na manifesta simplicidade da expressão literal do artigo 131º: "Quem matar outra pessoa...") pode estar justificada por legítima defesa, por uma causa de justificação, que **em nada afeta a tipicidade da conduta**, ainda que exclua a sua ilicitude, ou seja, a sua antijuridicidade ou contradição com o direito. Quem se defende realiza o tipo do homicídio (mata "outra pessoa" dolosamente) mas não será punido porque não chegou a atuar de forma ilícita[71]. Por conseguinte, ao analisarmos a punibilidade de uma conduta devemos examinar sempre, após a comprovação da tipicidade, se concorre no caso uma eximente com esse efeito.

"A ilicitude implica a desaprovação do facto como socialmente danoso em sentido penal, enquanto que a afirmação da tipicidade comporta um mero indício – um indício provisório do juízo de antijuridicidade, que se pode refutar em cada caso concreto. Consequentemente, é na categoria do ilícito que se exprime de modo direto a tarefa do Direito Penal: impedir as condutas socialmente danosas não evitáveis de outro modo"[72]. Na ausência de uma causa de justificação, designamos a ação típica por "ilícito". Quem dolosamente e sem justificação ofender outra pessoa a murro ou à bofetada realiza o **ilícito-típico** do artigo 143º, nº 1[73].

---

[70] Faria Costa, *O Perigo*, p. 437, nota 167; "aquele que agiu em legítima defesa e matou ou feriu tem de justificar a violação do bem jurídico da vida ou da integridade física, porque a ordem jurídica, nos casos contados das condutas penalmente proibidas através da descrição típica, considera indispensável e justo, em nome do princípio da segurança e do agir comunicativo, que nesses casos se exija uma justificação". Não se exclui, porém, o confronto com as consequências do *in dubio pro reo*.

[71] Os chamados tipos-incriminadores, como "conjunto de circunstâncias fácticas que diretamente se ligam à *fundamentação* do ilícito", surgem como portadores da valoração de um comportamento como tal, Jorge de Figueiredo Dias, "Sobre o estado atual da doutrina do crime", *RPCC* 1 (1991), p. 45, observando que os tipos-incriminadores são portadores do *bem jurídico* protegido, "por isso mesmo delimitando o ilícito por forma concreta e positiva". Fácil nos é agora compreender quando o tipo incriminador é tipo de ilícito *e* tipo de culpa.

[72] Claus Roxin, Günther Arzt, Klaus Tiedemann, *Introducción al derecho penal y al derecho procesal*, Barcelona, 1989, p. 38.

[73] Em derradeira instância (e veremos isso mais à frente com outro pormenor), seja o comportamento doloso ou negligente, há lugar a uma revaloração em sede de culpa, examinando-se a posição assumida **pelo agente** perante a ordem jurídica, e não se excluindo, ainda aqui, que a ausência de culpa possa

A DOUTRINA GERAL DO CRIME

Podemos agora concluir, com Wessels,[74] que a valoração de um evento como ilícito percorre duas fases:

- a valoração da tipicidade da conduta (valoração com o concurso do tipo legal); e
- a comprovação de não incidirem causas de justificação (valoração com o concurso da ordem jurídica na sua globalidade).

2. Estrutura e elementos do ilícito

a) Na sua função de proteção, o tipo delimita o âmbito do ilícito

"A ilicitude é a categoria dogmática que detém o primado no conceito de crime",[75] ainda que o processo de criminalização se inicie em todos os casos com a descrição típica do comportamento.

O tipo penal delimita o âmbito do ilícito penalmente relevante, na medida em que descreve as características definidoras do conteúdo de ilícito típico da conduta proibida, dando-lhe ademais uma forma específica. O direito penal só protege a subtração de coisa móvel alheia atuando o ladrão com "ilegítima intenção de apropriação" (artigo 203º, nº 1). Como agente do crime de dano, pune-se quem "destruir, no todo ou em parte, danificar, desfigurar ou tornar não utilizável coisa alheia" (artigo 212º, nº 1). Roxin assinala ao tipo a função de dar expressão às exigências da legalidade e Costa Andrade[76] acentua que "o tipo legal vale pelo que incrimina e, nessa medida, protege; como vale outrossim pelo que não incrimina e, nessa medida, igualmente protege". Em suma: não serve para incriminar o que estiver fora da lei.

---

conduzir à irresponsabilização do agente pelo seu facto. O direito penal, ao impor proibições, pretende evitar factos especialmente indesejáveis, atenta a sua grave danosidade, isto é, pretende evitar os factos penalmente antijurídicos. Mas o direito penal não pode castigar quem realiza algum destes factos *sem culpa*. A questão de saber se concorre ou não culpa só se põe se anteriormente tivermos concluído pela ilicitude do comportamento. A prática pelo agente de um facto ilícito-típico não basta em caso algum para que, na sua base, àquele possa aplicar-se uma pena, "se bem que possa ser fundamento, juntamente com a comprovação da perigosidade, para aplicação de uma medida de segurança", Figueiredo Dias, *DP/PG*, p. 471.

[74] Wessels/Beulke, *AT*, 32ª ed., 2002, p. 37.

[75] Figueiredo Dias, *O Problema da consciência da ilicitude em direito penal*, 3ª ed., 1987, p. 95. A distinção entre o ilícito penal e o ilícito de mera ordenação foi ensaiada por Faria Costa, "A importância da recorrência no pensamento jurídico", *Revista de Direito e Economia* (1983).

[76] Manuel da Costa Andrade, *Consentimento e Acordo*, p. 23. Que a "tarefa do direito consiste em ordenar a vida social mediante normas que delimitam os comportamentos admissíveis dos que não o são" é acentuado por Stratenwerth/Kuhlen, *AT* 5ª ed., 2004, p. 79.

b) Determinabilidade; normas penais em branco

A "determinação" é a consequência necessária de um sistema jurídico se ter organizado por forma codificada e, consequentemente, segundo os critérios da lei escrita[77]. A definição típica deve obedecer às exigências de certeza contidas no princípio da tipicidade (artigo 29º nº 1, da Constituição) e de segurança jurídica, próprias do princípio da legalidade, estruturante do Direito Penal (cf. o artigo 1º do CP). Já em outra ocasião nos ocupámos do assunto, chamando a atenção para conceitos relativamente indeterminados, cláusulas e fórmulas gerais ("injúria", "motivo torpe ou fútil", "meio particularmente perigoso", "monumento público")[78] e inclusivamente para as chamadas **normas penais em branco**. Nestes casos, o legislador estabelece pelo menos a ameaça penal (norma sancionatória: "Sanktionsnorm"); na ausência ou perante a exiguidade de conteúdo semântico, obriga-se a relegar uma parte ou a totalidade da proibição para lei, regulamento ou ato administrativo, ou seja, para uma norma complementar ("Ausfüllungsnorm"), com origem autónoma, de tempo ou de lugar. Por outras palavras, a norma penal em branco contém, pelo menos, uma cominação sancionatória para a violação de disposições jurídicas que foram ou são decretadas num outro local ou num outro momento (BGH 6, 30; e Jescheck)[79]. Trata-se de uma técnica legal frequente no direito penal secundário, mas que aparece também em certas disposições do CP, como o artigo 152º-B, onde se estabelece, como elemento típico, a não observância de disposições legais ou regulamentares, que não são diretamente identificadas, mas só por via de remissão: a complementação vai-se buscar ao exterior da norma, a outras normas extrapenais. A recente Lei nº 56/2011, de 15 de novembro, com a 28ª alteração do Código Penal, introduziu um artigo 378º-A (atividades perigosas para o ambiente), aplicável a quem proceder à transferência de resíduos, quando essa atividade esteja abrangida pelo âmbito de aplicação do nº 35 do artigo 2º do Regulamento (CE) nº 1013/2006, do Parlamento Europeu e do Conselho, de 14 de junho.

Sirva ainda de exemplo o artigo 277º, nº 1, alínea *a*), que tem por exigível:

– ao **arquiteto**: que projete de acordo com a lei e a regulamentação em vigor e que respeite as boas práticas da arte de projetar;

---

[77] Hassemer, *Einführung*, p. 254.

[78] Um bosquejo de **cláusulas gerais** no nosso Código Penal foi feita por Castanheira Neves, *Digesta* I, p. 372, nota 86 (porque também o moderno estado de direito "não pode renunciar na legislação penal a tipos indeterminados e abertos"), embora algumas tenham sido entretanto expurgadas, como a célebre e muito discutida "baixeza de carácter", que se podia ler no nº 4 do artigo 309º como qualificando o crime de dano.

[79] Jescheck, *AT* 4ª ed., 1988, p. 99. Bernd Schünemann, "Die Regeln der Technik im Strafrecht", *Festschrift für Karl Lackner*, p. 367 e ss., trata, com abundância de dados, da conjugação das normas penais em branco com as regras da técnica.

A DOUTRINA GERAL DO CRIME

- ao **diretor da obra**: que proceda a uma consciente escolha dos encarregados e do pessoal da obra; que dê as ordens e instruções corretas e que examine os resultados obtidos; que ordene e faça implementar as necessárias medidas de proteção destinadas a evitar a criação do perigo; que mande parar a obra quando um empreiteiro ou subempreiteiro não cumpra o plano de segurança, saúde e higiene em obra;
- ao **empreiteiro e ao subempreiteiro**: que cumpram as regras de segurança, saúde e higiene no trabalho; que façam com que o seu pessoal as cumpra; que respeitem as instruções do diretor da obra, ou as que provenham diretamente do dono da obra que tenham como objetivo prevenir a criação do perigo em obra[80].

A referência à violação de regras legais, regulamentares ou técnicas encontra-se na norma primária, mas tais regras têm assento e a sua origem em outras leis e em outros espaços do direito diferentes do penal. Estão aqui implicadas disposições do Regulamento Geral das Edificações Urbanas, do Regulamento da Segurança no Trabalho da Construção Civil, do Regime de Licenciamento (municipal) de Obras Particulares, do Estatuto da Ordem dos Engenheiros, entre muitas outras.

Vale o mesmo para o disposto na alínea *b*) do mesmo artigo 277º, nº 1, na parte em que se refere à infração de regras legais, regulamentares ou técnicas, as quais deverão são concretamente identificadas. Como deverá ser, na questão dos resíduos, identificada a concreta razão de se aplicar o nº 35 do artigo 2º do Regulamento (CE) nº 1013/2006, do Parlamento Europeu e do Conselho.

No artigo 279º ("poluição", na redação da Lei nº 56/2011, de 15 de novembro), exige-se que a conduta do agente poluidor contrarie prescrições ou limitações que lhe foram impostas pela autoridade administrativa em conformidade com leis ou regulamentos, sob a cominação da aplicação das penas previstas para a prática do crime, constituindo esta **acessoriedade administrativa** como que uma condição objetiva de punibilidade[81]. O crime de poluição combina-se com um conceito de bem jurídico ainda há pouco insistentemente procurado ou duvidosamente definido. E se isso se passa com o meio ambiente, também os valores urbanísticos e afins apelam para uma necessidade de tutela penal à medida dos avanços tecnológicos e da própria evolução dos sistemas económicos e financeiros.

---

[80] Cf. A. Jaime Martins, "O crime de infração de regras de construção", revista *Pedra & Cal*, ano V, nº 20 (2003).

[81] Cf. o acórdão da Relação do Porto de 3 de abril de 2002, *CJ* 2002, tomo II, p. 235; e Luís Filipe Caldas, "A propósito do novo artigo 227º-A do Código Penal Português", *RPCC* 13 (2003), p. 516. Ainda, Figueiredo Dias, *RPCC* 1991, p. 47, e *O problema da consciência da ilicitude em direito penal*, p. 76 e s.; Cavaleiro de Ferreira, *Lições de Direito Penal* PG, 1, 1988, p. 35; bem como Anabela Miranda Rodrigues *Conimbricense* II, p. 961.

Em casos destes, a norma penal em branco aparece como uma técnica legislativa necessária à abertura do direito penal aos diversos âmbitos de incriminação, constituindo um mecanismo de integração nos modelos institucionais de organização e controlo de determinados setores complexos de atividade. Em tipos desta natureza, é baixo o rendimento técnico dos elementos descritivos. Daí que cada vez mais ao legislador se imponha a necessidade de empregar elementos normativos (com recurso a uma realidade determinada por uma norma jurídica ou social, na aceção de Engisch) ou recorrer à técnica das leis penais em branco. Dificilmente se negará o risco de surgirem elementos ou características com uma forte carga de intederminação. Veja-se, por exemplo, a redação do falado crime de poluição (artigo 279º) que, na base de poluição sonora do ar, da água, do solo, ou pela degradação por qualquer forma das qualidades destes componentes ambientais, agora expressamente se remete à ocorrência de **danos substanciais**, definidos no nº 3 como aqueles que: *a)* Prejudiquem, de modo significativo ou duradouro, a integridade física, bem como o bem-estar das pessoas na fruição da natureza; *b)* Impeçam, de modo significativo ou duradouro, a utilização de um componente ambiental; *c)* Disseminem microrganismo ou substância prejudicial para o corpo ou saúde das pessoas; *d)* Causem um impacto significativo sobre a conservação das espécies ou dos seus *habitats;* ou *e)* Prejudiquem, de modo significativo, a qualidade ou o estado de um componente ambiental.

Recusando o uso desmedido destes recursos (há quem fale numa "fuga" para as cláusulas gerais) e desenvolvendo as necessárias cautelas, evitar-se-ão dúvidas e condicionamentos de ordem constitucional com a acusação de ofensa ao princípio da lesividade (ofensividade), da legalidade penal e determinação ou taxatividade[82]. Atrevemo-nos por um lado a sustentar a necessidade do respeito pela clareza e precisão sem contudo fechar portas à flexibilidade requerida pelas circunstâncias,[83] e sem admitir medidas que possam ser consideradas *excessivas*, porque irão ferir o princípio da proporcionalidade. De qualquer forma, a própria indeterminação verbal só será determinável pelo sentido da norma, o que aponta para a necessidade de interpretação.

---

[82] No caso do acórdão do *TC* nº 147/99 *BMJ* 485, p. 63, a recorrente sustentara que o caráter vago e incompleto de parte da norma penal que refere contrariava os princípios da tipicidade e da legalidade consagrados constitucionalmente. Outras questões de (in)constitucionalidade podem ser vistas em Rui Patrício, "Norma penal em branco, em comentário ao Acórdão do Tribunal da Relação de Évora de 17.4.2001", *RMP* 2001, nº 88. Recentemente, o acórdão do *TC* nº 179/2012 ocupou-se da fiscalização preventiva da constitucionalidade do Decreto nº 37/XII da Assembleia da República – **criminalização do enriquecimento ilícito** – tendo entendido que, quanto à construção normativa, esta era suscetível de se repercutir na formulação típica, ao impedir a necessária concretude, frustrando a possibilidade de tornar apreensível o mandamento jurídico-penal inscrito numa das normas em apreciação.

[83] Outra ideia liga-se à elasticidade que proporciona o *ius aequum* e a justiça material nos quadros valorativos do estado de direito.

A DOUTRINA GERAL DO CRIME

Excurso. Entende Roxin que nos crimes de ação a conduta deverá ser descrita com a precisão possível, ao passo que os crimes de dever requerem uma clara determinação dos deveres penalmente relevantes. A teoria dos "Pflichtdelikten", que Roxin desenvolveu pela primeira vez na sua dissertação, conhece agora a sua interpretação político-criminal. Na Alemanha, alguns dos mais recentes tipos penais são portadores, segundo a opinião mais seguida, da clara tendência para uma questionável indeterminação. Herbert Landau[84] aponta o § 89b do StGB, no Capítulo dos Crimes contra o estado de Direito democrático, que tem a particularidade de remeter para os §§ 129a e 129b e, por esta via, para os §§ 211 e 212 e 239a e 239b; particularmente interessante é também o crime do § 238 I Nr. 5 do mesmo StGB, Stalking/Nachstellung,[85] com uma variante típica que inclui o que se designa por "outras ações semelhantes ou equiparadas". O maior perigo destas formulações, segundo o autor, vem das intervenções policiais junto de supostos "stalkers", fazendo-se valer um tipo penal de fronteiras pouco contidas e de duvidosa legitimidade constitucional. Ora, a prisão serve para reagir a factos ilícitos praticados e imputáveis a um sujeito – mais não pode ser feito no âmbito de um estado de Direito; a detenção para "aviso", levada a efeito pelas polícias, é criticável e sem suporte legal. O Prof. H. Landau informa que em 2009 foram julgadas por este crime 561 pessoas, mas mais de vinte e oito mil casos foram averiguados. No caso *Sitzblockaden* II NJW 95, o tribunal constitucional alemão julgara inconstitucional, por contrária ao princípio da legalidade, a interpretação extensiva do termo "violência", adotada pelos tribunais criminais em circunstâncias coativas e de ocupação, em massa, não autorizada, de vias públicas.

Distinguem-se das normas penais em branco os **tipos penais abertos**: parte dos elementos constitutivos da infração não se encontram incluídos no tipo. Começam por ser tipos incompletos, "em que o juiz teria de alcançar a matéria da proibição – não esgotantemente descrita na definição legal da conduta, mas de determinação necessária para integral preenchimento do tipo – por recurso imediato a uma valoração autónoma que, como tal, se encontraria já fora do tipo e constituiria antes uma pura regra de ilicitude"[86]. Um exemplo corrente é o dos crimes negligentes, onde fica para o aplicador do direito a tarefa de especificar os limites da matéria de proibição, completando a descrição típica; outro, a norma do artigo 10º. Tipo aberto será também o da coação. Explica o Prof. Costa Andrade

---

[84] Herbert Landau, "Strafrecht nach Lissabon", *NStZ* 10, de 15 de outubro de 2011.
[85] Sobre o Stalking/Nachstellung veja-se o capítulo seguinte, ao tratarmos da classificação conforme a reiteração (o número de ações) ou a intensidade.
[86] Figueiredo Dias, *O problema da consciência da ilicitude em direito penal*, 3ª ed., 1987, p. 472. Existem consequências em matéria de erro e repercussões sobre o efeito indiciário, que mesmo na ausência de causas de justificação não apontaria para a ilicitude.

que "uma incriminação como a da Coação confronta-nos com um tipo que nem identifica um bem jurídico suscetível de delimitação descritiva, nem referencia uma conduta suficientemente concretizável, e cuja área de aplicação possível se estende tendencialmente a todos os setores da vida social, sem demarcar as fronteiras entre o permitido e o proibido".

3. Culpa

a) Para um comportamento típico e ilícito ser punido haverá que ser culposo

O derradeiro nível de valoração, passada a prova de fogo da tipicidade e da ilicitude, situa-se na culpa[87]. Culpa é censurabilidade e a pena supõe a culpa, sem culpa não se poderá aplicar uma pena. A aplicação de uma pena supõe sempre que o ilícito típico tenha sido praticado com culpa. Veja-se a propósito o que dispõe o artigo 40º, nº 2: "em caso algum a pena pode ultrapassar a medida da culpa".

Tradicionalmente, a censura própria da culpa é referida ao *poder* individual de uma pessoa para, numa situação concreta, *agir de outra maneira*. A doutrina tradicional encontra na capacidade de culpa uma questão de evitabilidade subjetiva do facto, identifica a imputabilidade com um *poder* (o poder de agir de outra maneira), entendimento amplamente criticado. Na tese formulada pelo Prof. Figueiredo Dias[88] a culpa jurídico-penal surge como o ter que responder pela atitude pessoal, ético-juridicamente censurável, documentada num facto ilícito-típico e que o fundamenta [como *obra do agente,* da sua pessoa ou da sua personalidade]. Por outras palavras: **culpa** é o ter que responder pelas **qualidades pessoais** (e a correspetiva "atitude" manifestada no facto) quando essas qualidades são juridicamente desaprovadas e, neste sentido, censuráveis.

O ilícito penal, isto é, uma conduta típica e ilícita, não é, sem mais, punível: "a qualificação do comportamento como ilícito significa apenas que o facto realizado pelo autor é desaprovado pelo Direito, mas não nos autoriza a conclusão que aquele deva responder pessoalmente por ele" (Roxin). Desde logo, são inimputáveis os menores de 16 anos: são absolutamente inimputáveis em razão da

---

[87] Convém no entanto ter presente que certas disposições penais contêm **cláusulas pessoais de não punibilidade** (circunstâncias que têm o seu fundamento na pessoa do agente e que só a ele aproveitam). Considere-se o seguinte: *A*, maior, ajuda o seu próprio pai a fugir da polícia, em ato seguido ao do cometimento de um roubo. A atuação do *A* não só é típica e ilícita como também é culposa, constituindo uma forma de encobrimento (favorecimento) pessoal (artigo 367º do CP). O *A* todavia não será punido em vista do disposto no artigo 367º, nº 5, alínea *b*), já que "não é punível" quem for parente até ao 2º grau da pessoa em benefício da qual se atuou. De modo semelhante, a tentativa "não é punível" se se derem as condições previstas no artigo 24º.

[88] Figueiredo Dias, *DP/PG* I, p. 471 e ss.

A DOUTRINA GERAL DO CRIME

idade (artigo 19º)[89]. Exige-se, por outro lado, que concorram no autor da infração de uma norma determinadas condições de recetividade dessa mesma norma: no momento da sua atuação, o agente deverá encontrar-se em condições que lhe permitam receber a mensagem normativa e de poder ser influenciado por ela. Se o agente atuou sem culpa, se porventura procedeu em situação de anomalia psíquica, encontrando-se preenchidos os pressupostos do artigo 20º, nº 1, por forma a torná-lo incapaz de avaliar a correspondente ilicitude, não poderá aplicar-se-lhe uma pena, se bem que possa ser fundamento, juntamente com a comprovação da perigosidade, para aplicação de uma medida de segurança. Incluem-se aqui, entre outras, doenças mentais como a esquizofrenia e a oligofrenia; as psicopatias; mas também a intoxicação grave por drogas ou pelo álcool. A inimputabilidade que assim se desenha não é, contudo, a única causa de recusa da culpa, a censurabilidade pessoal que fundamenta o juízo por culpa pode ainda ser excluída em caso de falta de consciência do ilícito não censurável (artigo 17º, nº 1), em casos de estado de necessidade desculpante (artigo 35º) e de excesso de legítima defesa desculpante (artigo 33º, nº 1), que são decerto os mais relevantes.

Uma vez que a ilicitude é o objeto da censura, não há culpa sem ilicitude, sem que se tenha detetado, no caso, um ilícito-típico. A comprovação da culpa significa poder afirmar-se que **um facto** (ilícito-típico) pode ser censurado pessoalmente ao agente. O que designamos por "culpa" acrescenta à ilicitude um novo momento, que completa (no sentido da consumação e da aplicação das consequências jurídicas) o crime (salvo algum caso, raro, de não-punibilidade, seja, a exemplificar, a exceção consignada no artigo 185º, nº 3). A ilicitude é uma relação entre ação e ordem jurídica, que acaba por ligar o primeiro termo ao último. A culpa não se esgota nessa relação, porquanto fundamenta a censura pessoal ao agente por não ter omitido a ação antijurídica (tipicamente ilícita), quando o podia ter feito (artigo 20º, nº 1). A conduta do agente não é aquela que o direito lhe exigia, muito embora ele lhe pudesse ter seguido as prescrições por também ter podido responder positivamente ao apelo da norma[90].

Uma outra distinção, que melhor será entendida quando abordarmos o dolo, mergulha na atitude pessoal de quem cometeu um ilícito-típico: a matéria ou tipo de culpa ou se reconduz a um mero descuido (culpa negligente) ou atingirá pelo menos um grau de indiferença perante o bem jurídico penal violado ou realmente posto em perigo (culpa dolosa). A culpa dolosa tem como primeiro patamar o dolo

[89] A prática, por menor com idade compreendida entre os 12 e os 16 anos, de facto qualificado pela lei como crime dá lugar à aplicação de *medida tutelar educativa* em conformidade com a Lei nº 166/99, de 14 de setembro.

[90] A ideia básica a que se refere o termo *função de apelo* ou simplesmente *apelo* "é a de que certos dados psíquicos têm uma função de apelo, de contramotivação, no sentido de que o autor não realize o tipo de crime" (nota de Luís Greco ao livro de I. Puppe, *A distinção entre dolo e culpa*, p. 18).

155

do tipo, como representação e vontade da realização dos elementos do tipo. A culpa negligente tem na sua base uma atitude ético-pessoal de descuido na prática de factos que acarretam o risco de lesão ou de pôr em perigo bens jurídico-penais.

b) Distinguir, jurídico-penalmente, ilícito e culpa, justificação e desculpa

Se num determinado caso não for possível dirigir um juízo de reprovação ao agente, se não for possível censurar aquele que violou a norma penal, por ter atuado sem culpa, fica excluída a pena, mas continua a existir um juízo de desvalor sobre o facto – a conduta é uma conduta tipicamente ilícita.

Estas diferenças fazem com que tenhamos que separar os elementos que pertencem à ilicitude dos que pertencem à culpa. Fazem parte da ilicitude todos aqueles fatores (e só eles) de cuja presença resulta ser a conduta concreta do agente alvo da desaprovação prevista na norma. Na categoria da culpa integram-se todos aqueles outros momentos que justificam dirigir-se um juízo de reprovação ao agente. A distinção entre ilícito e culpabilidade é referido por Hans Welzel como "o avanço dogmático mais importante das últimas duas ou três gerações [alemãs], em comparação com a distinção francesa do *élément légal, matérial, moral* (*théorie de l'infraction*) e *théorie du délinquant* e com a divisão do *Common Law* em *actus reus, mens rea* e *defences*" [91].

Caso n.º 10 O caso Mignonette, de 1884, na Inglaterra. Uns náufragos, à míngua de alimentos, sacrificaram o companheiro mais novo para conseguirem sobreviver. O tribunal condenou-os à morte, mas os réus foram depois agraciados e a pena substituída por seis meses de cárcere. O tribunal entendeu que a vida duma pessoa é um bem absoluto, não sendo por isso permitida a morte duma pessoa inocente, mesmo em casos extremos.

O sistema analítico, que na altura do caso Mignonette ainda se não tinha desenvolvido, permitiria absolver os réus, estabelecendo a diferença entre causas de justificação e causas de desculpa. Hoje, recorreríamos ao chamado estado de necessidade desculpante (artigo 35.º) para proferir sentença absolutória, não obstante o caráter ilícito do comportamento. O facto (matar outra pessoa dolosamente sem justificação) não é permitido (autorizado) pela ordem jurídica. Todavia, em situações extremas (matar outrem para o comer e conseguir sobreviver), a consequência penal não será aplicada por ausência de culpa. Na verdade age *sem culpa* quem praticar um facto ilícito adequado a afastar um perigo atual" (morrer de fome), e não removível de outro modo (atenta a situação dos náufragos na

---

[91] Welzel, *JuS* 1966, *cit.* por B. Schünemann, *Obras* I, p. 181.

A DOUTRINA GERAL DO CRIME

desmedida solidão do mar alto), que ameace a vida (...), quando não for razoável exigir-lhe, segundo as circunstâncias do caso, comportamento diferente".

Atuando o agente em estado de necessidade desculpante (artigo 35º) haverá um fundamento de desculpa, uma dirimente da culpa. Recorde-se a tábua de Carneades:

Caso nº 11 Após o naufrágio de um navio, os dois marinheiros sobreviventes, *A* e *B*, agarraram-se a uma tábua que só chegava para um – *tabula unius capax*. Para salvar a vida, *A* afastou *B* da prancha e este morreu afogado. Põe-se o problema de saber se *A* pode ser condenado por homicídio.

Uma vez que age sem culpa quem praticar um facto ilícito adequado a afastar um perigo atual e não removível de outro modo que ameace a vida – não há dúvida de que a atuação de *A*, ainda que ilícita, não poderá ser punida. O Direito não autoriza que se mate, mas em casos destes afasta a censura, não obstante reconhecer a ilicitude do facto.

c) Causas de justificação e causas de exclusão da culpa

A par da distinção entre ilicitude e culpa, devem-se também distinguir as causas de justificação das causas de exclusão da culpa. Tanto as causas de exclusão da ilicitude como os fundamentos de desculpa conduzem à impunidade, levam ao mesmo resultado. Ainda assim, há de reparar-se que a conduta justificada, estando autorizada pelo direito, obriga quem por ela se encontra afetado a suportá-la. Pelo contrário, a vítima de uma conduta simplesmente desculpada pode defender-se da agressão (ilícita) amparada por legítima defesa. Haverá que distinguir entre condutas não proibidas e condutas criminalmente não censuradas. O *B* da tábua de Carneades pode (tudo o indica) virar-se eficazmente contra o seu agressor, agindo em legítima defesa – tem por si um direito de defesa. As causas de desculpação não concedem nenhum direito a atuar, tão só eximem da pena[92].

Excurso. Os pressupostos de punição do agente capaz de culpa (artigo 20º, nº 1: "é inimputável quem (...) for incapaz (...) de avaliar a ilicitude...") mostram, desde logo, que *a culpa se refere ao facto ilícito*. Quando o portador de uma anomalia mental mata outra pessoa sem ser em estado de necessidade, a doença nada muda quanto a ser o facto desaprovado. Mesmo aquela criança que num golpe de fúria atira o companheiro de brincadeiras para a água, onde o deixa morrer

---

[92] O que verdadeiramente distingue justificação e desculpa: "a permissão (ou não proibição) do ato como expressão de um direito (justificação) em confronto com a mera desvinculação da pessoa do seu ato ilícito (própria da desculpa)" (Fernanda Palma).

afogado, atua ilicitamente no sentido de que se trata da morte de outra pessoa. Contudo, em nenhum destes exemplos se nos afigura ajustada a imposição de uma pena. O mesmo deverá acontecer quando um adulto são de espírito atua sem consciência da ilicitude do facto, "se o erro lhe não for censurável", conforme dispõe o artigo 17º. Se, por ex., aquela mãe que nada percebe de medicamentos ministra ao filho doente o remédio errado, por o médico se ter enganado ao passar a receita, ficando, por isso, a criança ainda mais doente – tanto a mãe como o médico preenchem elementos típicos de um crime contra a integridade física. De um ponto de vista objetivo, é de reconhecer que a criança ficou afetada na sua saúde ainda mais do que estava antes. O médico não deveria ter receitado este medicamento a esta criança. Observando provisoriamente as coisas tal como resultam do que se acaba de expor, deveríamos castigar o médico por ofensas corporais negligentes. Todavia, deixaríamos a mãe em paz: como pessoa que não estudou medicina não possuía os conhecimentos para reconhecer os perigos associados à ministração do remédio ao filho. Outro caso: Quando hoje em dia assistimos à peça de Sófocles sobre o mito tebano do Rei Édipo, estremecemos com a enormidade do castigo sofrido. Édipo matou o próprio pai e tomou a própria mãe como sua esposa, mas sem saber, tanto num caso como no outro, que se tratava dos seus próprios progenitores. Podemos igualmente concluir que os gregos partiam de um outro conceito de culpa, diferente do nosso. Finalmente, ficamos aptos a melhor compreender que a '[in]imputabilidade' não está só associada às anomalias psíquicas, mas tem a ver com a consciência do ilícito. É nestes momentos que intervêm situações desvaliosas respeitantes à culpa, que acrescem à ilicitude da conduta[93].

Quando alguém salva a sua vida à custa da vida de outrem, sacrifica a vida deste numa situação em que o direito não pode exigir de nenhum deles que prescinda do único meio de se salvar (a tábua) – não pode decidir que a vida do que se salvou é mais ou menos digna de proteção do que a daquele que foi sacrificado.

A este propósito, anote-se que o Código alude ao "facto" (por ex., no artigo 1º) e ao "facto não ilícito" (por ex., no artigo 34º, nº 1). Alude à "ilicitude do facto" (por ex., no artigo 28º, nº 1) e ao "facto punível" (por ex., no artigo 13º). Alude à "culpa" (por ex., no artigo 35º, nº 1). A referida circunstância suscita, entre outros problemas, a separação do ilícito e da culpa. Os artigos 34º e 35º apontam, respetivamente, para a ilicitude e para a culpa.

---

[93] Respigado de Eb. Schmidhäuser, *AT*, p. 117; e *Verbrechen und Strafe, Ein Streifzug durch die Weltliteratur von Sophokles bis Dürrenmatt*, C. H. Beck, 1996, p. 99 e ss.

A DOUTRINA GERAL DO CRIME

d) Interesse prático da distinção entre ilicitude e culpa: alguns aspetos

- A participação num facto justificado fica sempre penalmente impune. O Código não permite que a punição do partícipe, por ex., o cúmplice, fique dependente da culpa de outrem, como se retira do artigo 29º, onde se dispõe que cada participante é punido segundo a sua culpa, independentemente da punição ou do grau de culpa dos outros participantes. É altura de entrar em contacto com os pressupostos da acessoriedade limitada.
- Em matéria de erro, dispõe o artigo 16º, nº 2, que exclui o dolo o erro sobre um estado de coisas que, a existir, excluiria a ilicitude do facto ou a culpa do agente. Trata-se da suposição errónea de uma causa de justificação ou de uma causa de exclusão da culpa, cujo regime o direito português equipara ao do erro sobre uma circunstância típica, mas cujo tratamento noutros espaços (por ex., pela generalidade da doutrina alemã) é diferenciado.
- No que respeita à legítima defesa, é seu requisito uma agressão atual e ilícita (artigo 32º).
- Como elemento típico do crime de auxílio material previsto no artigo 232º, nº 1, bem como do de recetação do artigo anterior, a lei descreve o facto precedente como "facto ilícito típico" contra o património.
- Artigo 72º, nº 1: se uma circunstância, qualquer que ela seja, diminui acentuada ou essencialmente a ilicitude do facto *ou* a culpa do agente, o aplicador da sanção pode atribuir-lhe valor atenuativo especial.
- Não há pena sem culpa, excluindo-se a responsabilidade penal objetiva (por ex., artigos 18º e 147º), e a pena em caso algum deve ultrapassar a medida da culpa (artigo 40º, nº 2). Mas as finalidades da pena só podem ser de natureza exclusivamente preventiva e não retributiva.

III. A teoria do crime construída a partir do tipo de ilícito

Na parte especial (PE) dos códigos, a descrição típica construiu-se na base da conduta humana, o que significa que a lei exige um comportamento humano na forma de uma ação ou de uma omissão como requisito do crime: o artigo 131º contém essa exigência enquanto se refere a "quem matar outra pessoa" por ação. A disposição amplia-se com o disposto no artigo 10º, quando da equivalência da omissão à ação.

A maioria dos autores, no entanto, edifica a teoria do crime a partir do tipo de ilícito, que assim constitui o ponto de partida do sistema, integrando-se a conduta humana (como ação ou omissão) nesse elemento. "A valoração de um comportamento como lícito ou ilícito é o momento fundamental de todo

O RISCO DE COMER UMA SOPA E OUTROS CASOS DE DIREITO PENAL

o problema jurídico-penal. Cede-se a primazia à teoria da realização típica do ilícito[94]. "Importa sempre tomar em conta, para além do desvalor do resultado do comportamento, os elementos configuradores do desvalor da ação, através do qual esta surja como obra de uma pessoa, neste sentido, ligada a um centro ético de imputação: todo o ilícito penal é ilícito pessoal. Ora, para além das realizações típicas dolosas ou negligentes – no sentido, quanto às primeiras, de que o agente previu e quis a realização, e, quanto às segundas, de que ele violou um dever objetivo de cuidado e/ou criou um risco não permitido – é o domínio do acaso ou do acontecimento natural, em suma, é o domínio onde se torna impossível a recondução da realização típica à pessoa do autor. Podendo por isso sem mais concluir-se que o dolo e a negligência, na aceção referida, são elementos constitutivos do tipo (subjetivo) de ilícito"[95] [96].

Chegamos a uma definição tripartida do crime doloso consumado, que se vai desenvolvendo da seguinte forma:

Ação.
1. Tipicidade
    a) Elemento objetivos ("matar outra pessoa";
    b) Elementos subjetivos ("dolosamente", isto é: com conhecimento e vontade de realização dos elementos objetivos).

2. Ilicitude (ausência de causas de justificação).
3. Culpa (ausência de causas de desculpa).
4. Outros elementos adicionais de punibilidade, que interessam apenas a alguns crimes, quer no sentido de permitir a punibilidade da ação (veremos isso, por ex., com as condições objetivas de punibilidade) quer no sentido de a excluir, como acontece com os casos do nº 5 do artigo 367º (favorecimento pessoal).

---

[94] Veja-se sobretudo Jorge de Figueiredo Dias, *Temas básicos da doutrina penal*, Coimbra Editora, 2001, p. 220, que fala na necessidade de a teoria geral da ação "ceder a primazia" à **teoria da realização típica do ilícito**, sendo "preferível que a doutrina do crime renuncie a colocar como elemento básico do sistema um conceito geral de ação, com as suas específicas funções de classificação e de definição e ligação". Ao conceito de ação deve caber apenas uma certa função de delimitação (função negativa de excluir da tipicidade comportamentos jurídico-penalmente irrelevantes). Cf. também *O Problema da consciência da ilicitude em direito penal*, 3ª ed., 1987, p. 69.

[95] Figueiredo Dias, *DP/PG* I, 2ª ed., p. 271.

[96] Como a seu tempo se verá, "o dolo e a negligência são entidades complexas, englobando um conjunto de elementos constitutivos dos quais uns relevam ao nível do tipo de ilícito subjetivo, outros ao nível do tipo de culpa". Cf., de novo Figueiredo Dias, *DP/PG* I, 2ª ed., p. 273.

4 – GENERALIDADES SOBRE O CRIME CONSUMADO DE COMISSÃO DOLOSA

I. A tipicidade nas suas relações com a ilicitude

A morte dolosa de outra pessoa *realiza o tipo* do artigo 131º. Quem mata outra pessoa dolosamente, com consciência e vontade de realizar os elementos objetivos do artigo 131º, *preenche o tipo de ilícito* que coincide nesta norma. Esta conduta típica é ilícita, se não se encontrar coberta por uma causa de justificação; estará porém autorizada pelo direito se no caso convergirem os requisitos e pressupostos de uma causa de justificação, por ex., a legítima defesa (artigo 32º).

A valoração de um evento como típico tem, em todos os casos, dois (de)graus a percorrer:

- a comprovação da tipicidade da conduta: a conduta *não é* atípica; e
- a verificação da ausência de causas de justificação: a conduta típica *não se encontra* justificada.

Cumpre-se com a tipicidade o preceito constitucional segundo o qual ninguém pode ser sentenciado criminalmente senão em virtude de lei anterior que declare punível a ação ou omissão, nem sofrer medida de segurança cujos pressupostos não estejam fixados em lei anterior (artigo 29º, nº 1, da Constituição da República).

Nesta altura poderíamos acolher-nos a uma *descrição sucinta* do "crime" – não coincidente com as definições usuais –, cujos contornos, à custa, certamente, de alguma imprecisão, passariam pelo comportamento proibido (ou imposto) por uma lei certa, escrita, estrita e anterior à prática do facto (*princípio da legalidade*) que provocou, sem justificação, a violação do correspondente bem jurídico, tendo o seu autor podido atuar de outra maneira.

1. Antijuridicidade e ilicitude

O termo antijuridicidade aparece como formal (todo o comportamento que viola a lei penal); ao passo que, materialmente, será antijurídica qualquer conduta que fere o interesse social defendido pela norma – por isso a cunhamos de ilícita. A distinção apareceu com *v.* Liszt: pois se a antijuridicidade é um juízo jurídico de desvalor sobre o facto, a afirmação encerra um duplo aspeto: *"formalmente* antijurídica é a ação como desobediência a uma norma estatal, a um comando ou a uma proibição da ordem jurídica; *materialmente* a ação é antijurídica enquanto comportamento socialmente danoso". A distinção, de qualquer modo, tem um interesse limitado. Do que se trata é saber se a desobediência à norma enquanto tal constitui uma perturbação de um estado de coisas e valores sociais aprovado pela ordem jurídica, ou se o ponto em que o direito penal deve intervir requer no mínimo o pôr em perigo o bem jurídico.

Na sua maior parte, os doutrinadores lançam mão do termo antijuridicidade (também se usa "antijuricidade"), que é o tradicional, mas os portugueses habituaram-se à predominância do termo ilicitude – o "torto" (Unrecht) –, o que não é comum no Brasil (embora a expressão "ilicitude" figure no respetivo CP, por ex., no artigo 21º, onde "o erro sobre a ilicitude do facto, se inevitável, isenta de pena),[1] nem em Espanha, onde a ilicitude ganha expressão a título de "injusto". A maior parte das vezes, ilicitude, antijuridicidade e injusto são empregados indistintamente. Pegando em Welzel,[2] ficamos cientes de que a realização antijurídica do tipo é uma conduta que contraria a ordem de valores da vida social. Por isso se caracteriza frequentemente a antijuridicidade ("Rechtswidrigkeit") como um juízo negativo de valor ("negatives Werturteil") ou como um juízo de desvalor ("Unwerturteil") sobre a conduta típica. Mas se a antijuridicidade assenta numa pura relação (numa contradição entre uma norma e uma conduta), a ilicitude ("Unrecht"), pelo contrário, é algo de substancial, de sentido teleológico: é a própria conduta antijurídica (...), a perturbação arbitrária da propriedade ou da simples detenção, a burla, a tentativa de homicídio, etc. A antijuridicidade é uma qualidade destas formas de conduta, e representa, de facto, a contradição delas com a norma de proibição – como que uma desobediência. Quando o termo antinormatividade aparece ligado à ilicitude significa que o ilícito se define exclusivamente pelo desvalor da conduta. Para alguns autores, a função do desvalor

---

[1] Fernando Galvão, *Direito penal completo*, p. 273, inclina-se para a expressão "ilicitude", por esta se apresentar como mais apropriada "para identificar a qualidade da conduta punível". "Nesse sentido – escreve o penalista brasileiro – *ilicitude* é uma característica da conduta punível, que consiste em sua contradição com a totalidade da ordem jurídica. A tipicidade significa somente a contrariedade da conduta com a norma proibitiva, que é subjacente ao tipo".

[2] Welzel, *Das Deutsche Strafrecht*, 11ª ed., p. 52.

GENERALIDADES SOBRE O CRIME CONSUMADO DE COMISSÃO DOLOSA

do resultado não é equiparável à do desvalor da ação, havendo opiniões que, na sua forma mais extremada, o reduzem, como vimos, a mera condição objetiva de punibilidade. Assunto que, de resto, já temos por abordado.

2. O ilícito é quantificável (graduável)

A ação (a conduta, o comportamento do agente) constitui o eco da sua conformidade ou desconformidade ao direito: permitida, autorizada ou proibida pela ordem jurídica. Se o facto típico (a ação que preenche todos os elementos ou circunstâncias típicas) é também ilícito (por não se encontrar justificado por legítima defesa, direito de necessidade, etc.) faz todo o sentido tê-lo por contrário à ordem estabelecida (antijurídico). Entrando em colisão uma norma de proibição e uma norma permissiva, fica esta em vantagem, relevando, excecionalmente, a conduta típica realizada, como conduta autorizada.

Os indicados elementos valorativos dispõem-se numa relação gradual lógica. A comprovação da ilicitude é pressuposto da culpa e significa que um facto, quanto à sua conformidade com o direito objetivo, foi objeto de averiguação, sob o ponto de vista da ação como do resultado. Chamamos-lhe ilicitude, porque o facto contraria o direito nos seus elementos objetivos e subjetivos, assim lesando ou pondo em perigo um determinado bem jurídico. A culpa, pelo contrário, consiste na censura pessoal dirigida *àquela* pessoa pela *sua* conduta proibida pela ordem jurídica.

O artigo 71º, nº 2, alínea *a*), manda que na determinação concreta da pena, o tribunal atenda, entre outras circunstâncias, ao grau de ilicitude do facto[3]. O desvalor de um crime doloso será mais intenso do que o desvalor do crime simplesmente negligente, tem uma diferente dimensão. Atuando o arguido com intenção de realizar o crime (artigo 14º, nº 1), o desvalor da ação é mais elevado do que registando-se dolo eventual, será mais elevado na negligência grosseira do que na negligência "simples", consciente ou inconsciente (o confronto da penalidade imposta nos dois números do artigo 137º, para o homicídio por negligência, é disto um bom exemplo).

Caso nº 1 I. *A* segue conduzindo o seu automóvel por uma estrada de montanha. Numa curva apertada aventura-se a meter pela faixa à sua esquerda, por ter conseguido ver com antecipação que nenhum carro transitava em sentido contrário. Na ausência de um perigo concreto, que na ver-

---

[3] Sobre a relevância do ilícito (enquanto conceito graduável) para a determinação da medida da pena, Anabela Rodrigues, *A determinação da medida da pena*, 1995, p. 478 e ss. Pode considerar-se diferente, entre muitos outros casos ligados a ilicitude, o dano material e moral produzido (morte de um filho único, morte de um pai de família). Pode vir à tona a brutalidade do processo usado numa violação. Ou até o papel da vítima.

dade não chegou a ocorrer, *A* é responsável por uma situação (ação) de perigo abstrato e só pode ser punido por uma contraordenação estradal. A ação não está acompanhado (do desvalor) de qualquer resultado. II. Suponha-se agora que na mesma curva um condutor surgia às tantas em sentido contrário, mas na sua mão. O embate só foi evitado por este mediante uma manobra arrojada, e contando com o benefício de uma pedra no piso, que in extremis "ajudou" a desviar a trajetória do carro. *Ex ante* poderia já ajuizar-se, a acompanhar o desvalor da ação de *A*, quanto à materialização de um perigo (concreto) para a vida ou para a integridade física do condutor respeitador das normas (desvalor do resultado de perigo). III. Por último, considere-se que na mesma situação o choque não pôde ser evitado e o condutor que seguia na sua mão sofre lesões de alguma gravidade. Ao desvalor da ação perigosa de *A* junta-se o desvalor do resultado de dano (ou de lesão).

O primeiro nível de ilicitude reside no desvalor da ação proibida. E se é verdade que há tipos penais de simples conduta (pode conformar-se um ilícito sem o desvalor de um resultado), o desvalor será ainda mais elevado quando a conduta antijurídica é acompanhada de certas consequências, como por ex., a criação de um perigo concreto (o perigo concreto caracteriza-se por uma situação crítica aguda que tende para a produção do resultado danoso) ou de um resultado de dano (ou seja: um resultado de lesão), que representa a ofensa do bem jurídico em consequência da realização/materialização do perigo. Quanto à medida do desvalor do resultado de dano, o agente pode produzir um ferimento ligeiro, um ferimento grave ou até a morte da vítima. De qualquer forma, a morte voluntária de uma pessoa (artigo 131º) realiza um conteúdo de ilícito bem mais elevado do que um dano em coisa.

O exemplo acima ajuda a compreender que desvalor de ação e desvalor de resultado se encontram numa relação de dependência lógica. A responsabilidade pela colocação em perigo do bem jurídico vida (ou integridade física) do outro condutor (perigo concreto) – ou pela lesão da vida do mesmo condutor – é sempre precedida pela conduta arriscada que se descreve. Daí que possa configurar-se em I. uma ação sem outras consequências, a não ser as contraordenacionais.

Traz igualmente consigo a ideia de que a antijuridicidade, como conceito formal que é, não contém estas virtualidades – não se lhe pode apontar a qualidade substancial que torna graduável a ilicitude.

Excurso: juízo posterior ex ante; juízo a posteriori. Na resolução de casos práticos deparamos, frequentemente, com a ilicitude envolvida *ex ante* num juízo acerca da própria ação.

No caso nº 1 esboçámos um juízo desta natureza.

O juízo valorativo posterior *ex ante* tem por objeto estabelecer de forma objetiva, já depois de produzido o facto, o que teria prognosticado um observador sensato no momento da realização do facto. Trata-se, sem dúvida, de uma ficção, por se ajuizar *a posteriori*, *i. e.*, com o conhecimento certo do que efetivamente se passou. A prognose posterior objetiva não passa de uma ficção; apesar disso, constitui uma boa fórmula de trabalho e como tal tem de ser admitida. Os juízos *ex ante* são prognoses acerca do futuro: têm por objeto predizer o que irá suceder quando já se sabe o que sucedeu e se simula, como se não se soubesse. Exemplo: "se *A* dispara a pistola, desencadeia-se o perigo de que *X*, o visado, seja atingido e morra". Um juízo *a posteriori* terá a seguinte configuração: "foi porque *A* dirigiu a pistola contra *X* e disparou que *X* perdeu a vida". Este tipo de juízos aparece associado desde logo à causalidade adequada[4].

3. O tipo objetivo do ilícito

O **tipo** é o modelo abstrato que descreve um comportamento proibido ou imposto, de que temos vindo a falar repetidamente. A **norma** proíbe a realização das formas de conduta descritas no tipo, cominando a consequência jurídica para o infrator. Ao *tipo* confia-se uma **função de seleção** dos comportamentos humanos penalmente relevantes, separando as condutas típicas daqueles outros acontecimentos que nesse sentido serão irrelevantes. O tipo de crime abarca todas as características da disposição penal que *fundamentam*, *aumentam* ou *diminuem* o injusto penalmente relevante[5].

Pertence-lhe:

– A ação ("matar": artigo 131º);
– O objeto da ação ("outra pessoa": artigo 131º);
– A relação de causalidade (elemento *não escrito*), exigida pelos crimes de resultado; e
– O resultado criminoso (a morte de "outra pessoa": artigo 131º).

Outras circunstâncias fazem parte de determinados tipos de crime, como certas qualidades do *agente* ("funcionário": artigos 378º a 385º, com a correspondente definição no artigo 386º), ou da *vítima* ("abuso sexual de *crianças* ou de *menores dependentes*": artigos 171º e 172º). No artigo 254º remete-se para o

---

[4] Sobre este tema, pode aceder-se à valiosa exposição de Joachim Hruschka, *Strafrecht nach logisch--analytischer Methode*, 2ª ed., p. 411 e ss.
[5] Wessels, *AT*, p. 33.

local do crime: o "lugar *onde* repousa pessoa falecida"; no artigo 152º, nº 2, releva para a agravação do crime de violência doméstica a prática do facto no "domicílio comum" ou no "domicílio da vítima". Outros tipos descrevem a *modalidade da ação* ("violência, ameaça ou astúcia", no rapto: artigo 161º, nº 1; "violência ou ameaça com mal importante" na coação: artigo 154º, nº 1). O *tempo* faz igualmente sentir as suas repercussões; um caso especial tem a ver com a qualificação imposta pela alínea *b*) do nº 2 do artigo 158º ("se a privação da liberdade *durar por mais de dois dias*").

A natureza do crime tem significado prático não só na eventual punibilidade da tentativa (artigo 23º), mas também na cumplicidade (artigo 27º) e no papel ou na intervenção processual do queixoso e do assistente, como decorre do CPP.

Consideremos o artigo 212º, nº 1: "Quem destruir, no todo ou em parte, danificar, desfigurar ou tornar não utilizável coisa alheia é punido...". A palavra "quem" aponta o sujeito do crime, o seu *autor*. Para a *ação* e o *resultado* apontam os termos "destruir, danificar, desfigurar, tornar não utilizável". O *objeto da ação* é uma coisa alheia[6]. Trata-se aqui de um crime comum, que poderá ser cometido por qualquer pessoa, em contraste com os crimes específicos ou especiais (*delicta propria*), em que a lei menciona expressamente as pessoas qualificadas para serem sujeitos da infração, só elas podendo ser portanto autores. Por ex., sujeito de um crime de atestado falso do artigo 260º, nº 1, só poderá ser uma das pessoas nele mencionadas: médico, dentista, enfermeiro, parteira, etc. – é um *crime específico*. Já o crime do respetivo nº 5 ("quem fizer uso dos referidos certificados ou atestados...") é *crime comum*. Nos casos em que a norma exige um certo resultado estaremos perante um *crime de resultado*, que se deverá distinguir dos crimes de *mera atividade*, como é o crime de violação de domicílio (artigo 190º). Os crimes de resultado tanto podem ser de resultado de dano como de resultado de perigo. É matéria já abordada e de que noutra ocasião afinaremos conceitos. Ao lado do autor do crime, do resultado e do correspondente nexo de causalidade, pertencem ainda ao tipo outras circunstâncias, "que caracterizam mais pormenorizadamente a ação do agente"[7]. Veja-se o caso da usura (artigo 226º) e a quantidade de características típicas exigidas para o crime se consumar.

Uma particular atenção merece a distinção entre elementos típicos **descritivos** e **normativos**. Diz Mezger,[8] quanto aos *elementos típicos normativos*, que "o juiz deve realizar um juízo ulterior relacionado com a situação de facto", são portanto aquelas características cuja presença supõe uma valoração. "Edifício"

---

[6] Que isto não é assim em todos os casos de dano, mostra-o o facto de em diversas alíneas do artigo 213º, nº 1, o objeto do dano (agora crime qualificado) ser um monumento público; a coisa destinada ao uso e utilidade públicos a organismos ou serviços públicos; a coisa pertencente ao património cultural; etc.

[7] Roxin, *AT*, p. 244.

[8] Mezger, Derecho Penal. Parte General, p. 147.

GENERALIDADES SOBRE O CRIME CONSUMADO DE COMISSÃO DOLOSA

ou "construção" (artigo 272º, nº 1), "subtração" (artigo 203º, nº 1) são *elementos descritivos* – "designam "descritivamente" objetos reais ou objetos que de certa forma participam da realidade, isto é, objetos que são fundamentalmente percetíveis pelos sentidos ou por qualquer outra forma percecionáveis"[9]. Palavras como "alheio" (artigo 203º, nº 1), "ato sexual de relevo" (artigo 163º, nº 1), "doença contagiosa" (artigo 283º, nº 1), "ou "honra" (artigo 180º, nº 1) exigem ulteriores diferenciações, são *características normativas*. Em situações como a do artigo 386º ou do artigo 255º é a própria lei que adianta a definição, por ex., a de "funcionário", no primeiro caso, ou de "documento", no segundo. Todas estas características devem estar cobertas pelo dolo do autor, ainda que, em relação a alguns, por ex., o "documento", baste que se conheça o significado ao nível do leigo.

Na lista das circunstâncias típicas cabem algumas não explicitamente descritas (*implícitas*) como seja, a relação de causalidade (que o dolo do agente deve abranger nos seus traços essenciais) ou (matéria da PE) as integrantes da *relação de fidúcia* que, para uma parte da doutrina, no crime de abuso de confiança "intercede entre o agente e o proprietário ou entre o agente e a própria coisa e que aquele viola com o crime"[10].

Sendo uma circunstância típica objetiva, deverá, como todas as outras de idêntica natureza, estar coberta pelo dolo do agente.

Caso nº 2 *A derrama mel no interior do relógio de B.*

No que respeita ao dolo de danificar a coisa alheia, deverá o agente saber que da sua ação resulta a impossibilidade da normal utilização do relógio, tal como decorre da norma do artigo 212º[11].

Podem recensear-se outras características objetivas, como a da alínea *f*) do nº 2 do artigo 204º: "Trazendo, no momento do crime, arma aparente ou oculta". O porte de arma nestas condições remete o crime de furto praticado para a mais elevada instância de qualificação, pelo que sempre importará definir o que é uma "arma" e se por exemplo uma arma de fogo descarregada se associa a esse efeito.

A noção de "ilegítimo(a)", que acompanha, por ex., no artigo 203º, a "intenção de apropriação" significa que o ataque ao respetivo bem jurídico não é aprovado pelo direito; se o agente tem um direito sobre a coisa, faltará a ofensa.

---

[9] Engisch, Introdução ao pensamento jurídico, p. 210.

[10] Figueiredo Dias, *Conimbricense* tomo II, pág. 97: "pode e deve dizer-se – com consciência das relevantíssimas consequências dogmáticas que a afirmação importa – que o abuso de confiança é um delito especial, concretamente na forma de delito de dever, pelo que autor só pode ser aquele que detém uma qualificação determinada, resultante da relação de confiança que o liga ao proprietário da coisa recebida por título não translativo da propriedade e que fundamenta o especial dever de restituição".

[11] O caso é referido por Udo Ebert, *AT*, p. 41 e 52.

Levantam-se, porém, dúvidas quanto à bondade da solução quando se trata de coisas fungíveis, como o dinheiro. A mesma expressão, no artigo 210º (roubo), agrega o sentido da inadmissibilidade de qualquer causa de justificação. São elementos típicos, geralmente acolhidos como de natureza objetiva. Por assim ser, o erro que lhe respeite soluciona-se com a disciplina do artigo 16º.

No artigo 190º, e em outros do mesmo capítulo, a expressão "sem consentimento" poderá ser entendida como constituindo uma *menção redundante da ilicitude*[12].

4. O tipo subjetivo do ilícito

Acabou por se impor a perspetiva de um tipo com elementos subjetivos, o dolo e outras características subjetivas, que o sistema clássico, sujeito à ideia de um tipo de ilícito reduzido ao seu lado objetivo, encarava como forma de culpa. Foi a teoria finalista que primeiro remeteu o dolo para o âmbito do tipo, permitindo-nos agora enquadrá-lo, enquanto elemento subjetivo geral (dolo do tipo), nesse lugar sistemático[13].

O dolo tem que se estender a todas as características objetivas do tipo, garantindo a congruência entre o lado objetivo e o lado subjetivo. Para o crime do artigo 131º, o autor há de saber e ter vontade de "matar outra pessoa".

Um crime como o de furto representa um caso de incongruência parcial entre o tipo objetivo e o subjetivo, que exige, além do dolo (como conhecimento e vontade de realização típica), a intenção de apropriação. A subtração de coisa móvel alheia (elemento objetivo do tipo) tem de realizar-se dolosamente, com conhecimento e vontade, sendo a congruência perfeita nessa área.

Sem a comprovação do dolo, não é possível, portanto, afirmar a realização de um crime dessa natureza (crime doloso). O dolo pressupõe que o autor conheça as circunstâncias que pertencem ao tipo objetivo, devendo contar-se com a possibilidade de erro (artigo 16º, nº 1) quanto a tais requisitos. Ocasionalmente, ao lado do dolo como elemento subjetivo geral, detetam-se no tipo outros elementos subjetivos, específicos de certos crimes, que não têm correspondência do lado objetivo, caracterizando o que por vezes se designa por *tendências*, como o ânimo de lucro na burla (artigo 217º, nº 1) ou a intenção de apropriação no furto

---

[12] Sobre esta figura, Figueiredo Dias, DP/PG I, 2ª ed., 2007, p. 292. e *O Problema da consciência da ilicitude*, 3ª ed., p. 475 s. "Elementos normativos do tipo só não serão assim aquelas expressões legais com que redundantemente e sem qualquer utilidade prática (a não ser a de chamar a atenção para a particular frequência com que intervirão tipos-justificadores) o legislador exprime a geral exigência de que a conduta seja ilícita e onde portanto se não trata em nada da configuração do conteúdo próprio do ilícito".

[13] Há autores que continuam a situar o dolo em sede de culpa. Um caso especial é o de Schmidhäuser *AT*, que situa o elemento volitivo do dolo no ilícito e o elemento intelectual na culpa.

GENERALIDADES SOBRE O CRIME CONSUMADO DE COMISSÃO DOLOSA

(artigo 203º, nº 1). Enquanto elementos subjetivos do ilícito estes fatores são na prática de difícil comprovação, embora externamente não faltem elementos a funcionar como indicadores da sua existência.

Excurso. Os elementos típicos do crime de homicídio (doloso) encontram-se todos no artigo 131º. Isso importa para a boa compreensão de que não é o maior desvalor da conduta o elemento essencial da qualificação prevista no artigo 132º. Como melhor veremos no lugar próprio, ao **tipo de culpa** do homicídio qualificado chega-se pela consideração de uma *especial censurabilidade* ou *perversidade* do agente. Também o homicídio privilegiado do artigo 133º assenta na forte diminuição de culpabilidade que se verifica quando o agente é *dominado* por (compreensível) emoção violenta, compaixão, desespero ou outro motivo de relevante valor social ou moral. O artigo 133º consagra uma cláusula de exigibilidade diminuída: a diminuição "sensível" da culpa do agente não pode ficar a dever-se nem a uma imputabilidade diminuída, nem a uma diminuída consciência do ilícito, mas unicamente a uma exigibilidade diminuída de comportamento diferente. Trata-se da verificação no agente de um *estado de afeto*, que pode, naturalmente, ligar-se a uma diminuição da imputabilidade ou da consciência do ilícito, mas que, independentemente de uma tal ligação, opera sobre a culpa ao nível da exigibilidade.

II. Desenvolvimentos sobre a construção dos tipos incriminadores

A PE começa pela descrição dos crimes contra as pessoas, seguindo-se depois a dos crimes contra o património, contra a comunidade e, por último, contra o Estado. As razões que levam os legisladores modernos – diz-se nas Atas – a colocar o ponto de partida da proteção penal na pessoa são de vária ordem e vão desde as razões filosóficas e culturais até às pragmáticas e pedagógicas. Nem o Estado, nem a comunidade são pensáveis sem o homem. Daí que o homem seja o ponto de partida.

A Parte Especial (PE) do Código oferece a **descrição dos tipos penais** que procuram desenhar com a indispensável precisão, os factos incriminados pelo ordenamento jurídico-penal que devem ser conhecidos pelos seus destinatários. Um tipo delimita e define a sua realidade em face de outro ou outros tipos penais.

1. Crimes de resultado e de mera atividade

Existem tipos que se limitam a descrever a ação do agente, sem exigir a produção de um resultado. Consideremos o artigo 359º (falsidade de depoimento ou declaração). Para o crime estar completo bastam as falsas declarações sobre os factos sobre os quais o depoente deve depor, depois de ter prestado juramento

O RISCO DE COMER UMA SOPA E OUTROS CASOS DE DIREITO PENAL

e de ter sido advertido das consequências penais a que se expõe com a prestação de depoimento falso. Não se exige que a falsidade, a acontecer, se projete num evento desconforme com a correta administração da justiça. Este tipo de crimes são designados como de *mera atividade*.

Designamos por *crimes de resultado* aqueles em que o resultado (de lesão ou de perigo concreto) aparece separado da ação do agente tanto espacial como temporalmente. Considere-se o homicídio: entre a ação, por ex. o apertar do gatilho, e o resultado – a morte a tiro de outra pessoa – é possível divisar um afastamento que se projeta tanto no tempo como no espaço: a vítima morreu cinco horas depois no hospital para onde foi levada de helicóptero. O resultado consiste, antes de mais, na lesão de um determinado objeto, a que chamamos *objeto da ação* – e que não deve ser confundido com o *objeto de proteção*, a que chamamos bem jurídico. Crime de resultado de lesão é, entre muitos outros, a burla (artigo 217º, nº 1), que exige uma disposição patrimonial donde decorre um *prejuízo*. Em função do bem jurídico, a distinção opera entre crimes de resultado de dano e crimes de resultado de perigo (crimes de perigo concreto), passando os crimes de perigo abstrato por serem crimes de simples atividade. Nos crimes contra a honra não falta quem veja neles simples crimes de perigo abstrato ou, mais especificamente, de perigo abstrato-concreto (também por vezes chamados crimes de aptidão). Para outros, enquanto crimes de lesão da honra, integram autênticas infrações de resultado, ainda que se trate da lesão de um *objeto ideal*, por não se detetar qualquer modificação de um estado de coisas.

Nos crimes de perigo abstrato há quem aponte para a presença de um desvalor de resultado, pois se se parte da perigosidade objetiva da conduta, o resultado (o simples pôr em perigo ou mesmo a lesão do bem jurídico), ao menos hipoteticamente, não se exclui. Nesta perspetiva, "é inerente à construção dos crimes de perigo uma relação de imputação – nem que seja potencial, como acontece nos crimes de perigo abstrato – entre a ação e o perigo para o bem jurídico, este último constituindo, ainda aqui e sempre, o Leitmotiv do direito penal"[14]. Mas não é esta a perspetiva dominante, que não encontra nenhum resultado que acresça, nestes crimes, à mera atividade tipicamente descrita. Os crimes de perigo abstrato são crimes de perigo presumido pelo legislador, perigo que permanece oculto, sendo embora "manifesto", não se dando margem ao juiz para dele se ocupar.

Há outras especialidades a assinalar. No abuso de confiança (artigo 205º, nº 1: apropriar-se o agente ilegitimamente de coisa móvel que lhe foi entregue por título não translativo da propriedade), ação e resultado como que se confundem. Também no furto (artigo 203º, nº 1) a ação de subtrair coisa móvel alheia corresponde, simultaneamente, a um resultado: resultado subtrativo. A separação será bem nítida

---

[14] Carlota Pizarro de Almeida, *Jurisprudência Constitucional* 7, p. 32.

GENERALIDADES SOBRE O CRIME CONSUMADO DE COMISSÃO DOLOSA

na burla (artigo 217º, nº 1) que exige um comportamento astucioso que, no outro extremo. acaba por gerar um evento, na forma de *prejuízo* patrimonial. Sendo o erro elemento do tipo, tem este que estar em relação, dum lado, com os meios astuciosos empregados pelo burlão; do outro, com os atos de que resulta prejuízo (*duplo nexo de causalidade*). A conduta astuciosa do burlão motiva o erro do enganado; em consequência do erro, o burlado passa ao ato gerador do prejuízo patrimonial.

Excurso: incongruência entre o tipo objetivo e o tipo subjetivo. A propósito dos crimes de resultado, escreve o Prof. Jescheck, tendo unicamente em vista o direito alemão: "Os 'delitos imperfeitos de dois atos' e os 'delitos de resultado cortado' formam grupos especiais dentro dos 'delitos de vários atos' e dos 'delitos de resultado'. O legislador transfere frequentemente o segundo ato do facto punível para o tipo subjetivo, para assim adiantar a linha defensiva". Fala-se nestes casos em delitos "com tendência interna transcendente" [Schmidhäuser: "delitos de objetivo", "Zieldelikten"]. "Nos delitos imperfeitos de dois atos basta que no momento da primeira ação concorra a intenção (*Absicht*) do autor na posterior realização dessa segunda ação, ainda em falta; assim, na falsificação documental (§ 267 do StGB) basta que, por ocasião da falsificação, concorra a intenção de causar prejuízo. Nos delitos de resultado cortado, a produção do resultado não está incluída no tipo, que se basta com a intenção do autor dirigida ao resultado[15]. É o caso da intenção lucrativa (*Vorteilabsicht*) na burla (§ 236 do StGB). Enquanto que no primeiro grupo a intenção se orienta para uma posterior atuação do agente, no segundo, a produção do resultado é independente da própria atuação. O furto (§ 242 do StGB) é o exemplo de um 'delito imperfeito de dois atos', pois requer a intenção de apropriação mediante aquela ação do agente"[16].

O crime de falsificação, além de crime de intenção ou de tendência,[17] é crime de "resultado cortado" porque, no ordenamento alemão, começou por se punir o *uso* de documento falsificado. Todavia, em 1943, foi adiantado o momento consumativo, passando a relevar a falsidade como primeira modalidade comissiva, independentemente do uso dado ao documento falsificado, embora, para o crime consumado, se exigisse uma determinada intenção. O crime, que se construía na base de dois atos (falsificação e uso) passou a bastar-se com a intenção de dar uso ao falso – daí o resultado cortado. O crime é agora de um só ato, embora se previna a punição daquele que *usar documento falsificado por outrem*.

---

[15] "No caso de crimes de resultado cortado", escrevem Jorge de Figueiredo Dias/Manuel da Costa Andrade, "O crime de fraude fiscal no novo direito penal tributário português", *RPCC* 1996, "o legislador erige a 'tentativa' em crime fundamental, tratando a 'consumação' como forma derivada da infração.

[16] H.-H. Jescheck, *Lehrbuch des Strafrechts, AT*, 4ª ed., 1988, p. 239; ainda, Claus Roxin, *Strafrecht, AT* 1, 2ª ed., p. 256, com expressa referência à apropriação no furto (§ 242).

[17] Entenda-se: de tendência *para* a lesão do bem jurídico.

Depois destas explicações, será caso de observar a "incongruência" que por vezes se gera entre o tipo objetivo e o tipo subjetivo, quando um e o outro se não sobrepõem. Nos "delitos imperfeitos de dois atos" basta para a punibilidade a produção do primeiro ato e a intenção de vir a realizar uma ação mais alargada, como que dilatando o *quantum* do ilícito. Ex., *subtrair* coisa móvel alheia, para o ladrão dela se *apropriar*; há, todavia, quem aqui inclua o ato de falsificar para mais tarde, fazendo uso do documento falso, como ele conseguir enganar outrem. Nos "crimes de resultado cortado", a intenção não se dirige a um "fazer" mais alargado, mas sim a um resultado separado do comportamento do sujeito. Ex., a intenção de no tipo de ilícito da burla (artigo 217º) obter enriquecimento ilegítimo. Este fenómeno de "incongruência" dá lugar à designação de "tendência interna trans-cendente", em alemão "Delikten mit überschiessender Innentendenz", porque o tipo subjetivo vai para além (extrapolando-o) do tipo objetivo.

Voltando aos casos de falsificação, a atividade sempre haverá de se projetar num resultado material distinto da ação, como logo se alcança das expressões "fabricar", "alterar"... A ideia resulta mais acessível quando se considere a fal-sificação de moeda, que incorpora algo de palpável, físico, a nota de banco ou a moeda metálica. A falsificação documental, sendo crime de mera atividade (*formal*), de perigo abstrato, exige "um evento por ela causado", como escreve o Prof. Eduardo Correia, "pelo que o crime é um crime formal considerado o resultado final que se pretende evitar, mas é um crime material considerado o facto (modificação exterior) que o põe em perigo",[18] portanto um *crime material de resultado*. A consequência mais relevante de se estar em face de um crime for-mal que também é de resultado material (no sentido indicado) é o de se poder configurar a tentativa, como de resto é expresso o artigo 256º, no respetivo nº 2, e por essa via a possibilidade de desistência voluntária (artigo 24º).

A burla, para além do dolo (*dolo do tipo*), como conhecimento e vontade refe-ridos a todos os pressupostos do tipo objetivo, exige ainda a verificação de um outro (específico) momento subjetivo: a *"intenção de obter para si ou para terceiro enri-quecimento ilegítimo"*. Quer isto significar que o enriquecimento, que tem de estar presente como referente da motivação do agente, não tem de ser efetivamente alcançado ou produzido. "O que empresta ao tipo da *Burla* um desenho singular: é um *crime material* ou de *resultado* na direção do *prejuízo*; e é, simultaneamente, um *crime de resultado cortado* na direção do *enriquecimento*"[19]. A *intenção* de obter um

---

[18] Eduardo Correia, *Direito Criminal* II, p. 288. A questão já fora estudada pelo Prof. Beleza dos Santos na *RLJ*, anos 66 e 67, num extenso artigo sobre crimes de moeda-falsa.

[19] Costa Andrade, "A Fraude Fiscal – Dez anos depois, ainda um crime de resultado cortado?", *RLJ* ano 135º, nº 3939, julho – agosto 2006.

GENERALIDADES SOBRE O CRIME CONSUMADO DE COMISSÃO DOLOSA

enriquecimento ilegítimo não tem de ser realizada, embora o seja muitas vezes[20]. Como observa Jescheck, "o agente tem em vista um resultado [um enriquecimento ilegítimo], que há de ter presente para a realização típica, mas que não é preciso alcançar". Quer dizer: mesmo que o burlão que intentava enriquecer-se saia de mãos a abanar, o crime consuma-se se os restantes elementos próprios do tipo da burla se verificarem.

Um caso específico de crime de resultado encontra-se no artigo 147º. Consagra um dos vários crimes agravados pelo resultado previstos no Código – entre outros, por ex., o artigo 210º, nºs 1 e 2, alínea *a*), última parte.

Estes, e outros, apresentam-se com uma fórmula característica: *se* das ofensas... *resultar* a morte da vítima (artigo 147º); *se* do facto *resultar*... a morte de outra pessoa (artigos 210º, nº 3, e 214º, nº 1, alínea *c*)); *se* dos crimes ... *resultar* morte ou ofensa à integridade física grave de outra pessoa (artigo 285º); *se* dos factos previstos... *resultar* ofensa à integridade física grave (artigo 152º, nºs 1 e 3, alínea *a*)); *se* da privação da liberdade *resultar* a morte da vítima (artigo 158º, nº 3); *se* a privação da liberdade... *tiver como resultado* suicídio ou ofensa à integridade física grave da vítima (artigo 158º, nº 2, alínea *d*)).

Quem voluntariamente mas sem dolo homicida ofender outra pessoa corporalmente e por negligência lhe produzir a *morte* (ou uma *lesão da integridade física grave*: nº 2) comete **um só crime**, um crime agravado pelo evento, embora o facto seja subsumível a duas normas incriminadoras (no caso, a do artigo 143º, nº 1, e a do artigo 137º, nº 1). Não funcionando as regras do concurso de crimes, a hipótese revelará então a "íntima fusão" de um facto doloso, que é já um crime, e um resultado negligente, que determina a agravação da responsabilidade. É esta agravação da pena nos crimes com a descrita estrutura que os autores procuram explicar, a par dos critérios em face dos quais deve fazer-se a imputação ao agente do evento mais grave. A agravação exige a imputação do evento ao agente sob os dois aspetos da imputação objetiva e da imputação subjetiva: artigo 18º. A par do desvalor do resultado (no exemplo, a morte), "terá que se afirmar um desvalor da ação que se traduz na previsibilidade subjetiva e na consequente violação de um dever objetivo de cuidado (negligência)"[21] [22].

---

[20] Esta intenção de obter um enriquecimento ilegítimo é um conceito dispositivo (*Dispositionsbegriffe*) de que fala Hassemer: os conceitos dispositivos não se revelam por si mesmos, é necessário deduzi-los de outros dados. Estes é que são empiricamente verificáveis, funcionam como indicadores da existência dos primeiros, dado tratar-se de disposições subjetivas ou tendências anímicas do sujeito.

[21] Paula Ribeiro de Faria, *Conimbricense* I, p. 245.

[22] No artigo 147º prevê-se pena de prisão de 1 a 5 anos (alínea *a*) do nº 1), em contraste com a moldura penal dos artigos 143º, nº 1, (ofensa à integridade física simples) e 137º, nº 1 (homicídio por negligência): em ambos os casos prisão até 3 anos *ou* multa até 360 dias.

Não se exclui, contudo, que o segmento agravativo encontre assento no dolo. É o que sucederá, por exemplo, no crime de sequestro que tiver como resultado o suicídio da vítima (alínea *d*) do nº 2 do artigo 158º). Mesmo que o agente queira que a vítima se suicide, e desde que não pratique atos executivos dos crimes de homicídio ou de incitamento ou ajuda ao suicídio, deverá ser punido nos termos do nº 2 do artigo 158º, à semelhança do que acontece quando o suicídio da vítima lhe é imputável apenas a título de negligência. Também se não excluem casos de agravação em que o crime fundamental pode muito bem ser um crime negligente (cf., *v. g.*, artigo 148º, nos 1 e 3). Daí ter ocorrido a superação da chamada preterintencionalidade (crime fundamental doloso com resultado agravativo negligente) pela designação de agravação pelo resultado, mais ampla.

Os crimes agravados pelo resultado, que têm referência expressa na PG: artigo 18º, não deverão ser confundidos com os crimes qualificados. Seja a alínea *f*) do nº 2 do artigo 204: trazendo o agente, no momento do crime, "arma aparente ou oculta", circunstância que se não liga a uma específica consequência do facto (como é próprio dos crimes agravados pelo resultado), mas tem de estar coberta pelo dolo (embora para tanto não passe pelo artigo 18º). Outra característica destes crimes reside na qualificação pelo valor (coisa de valor elevado; coisa de valor consideravelmente elevado: alíneas *a*) dos nos 1 e 2), que o disposto no nº 4 jamais fará abortar – representam "autênticos" crimes qualificados.

Nos *crimes de mera atividade*, o tipo esgota-se na realização da ação que descreve como violadora do bem jurídico, não sendo necessária a produção de um resultado material ou de perigo. Ainda assim, casos há, como na violação do domicílio, em que a simples atividade vai fazer surgir um resultado de lesão da intimidade na esfera jurídica do dono da casa – este, todavia, não é descrito na norma incriminadora. Não se colocam, nos crimes de mera atividade, problemas de imputação objetiva, já que se não conexiona a ação com um determinado evento, seja de lesão, seja de perigo. De uma maneira geral, poderemos sustentar que os crimes de perigo abstrato são crimes de mera atividade ("crimes formais", designação entretanto abandonada). Alguns representam, por assim dizer, uma espécie de *conceito-limite* na teoria do crime. Se numa situação idêntica à do artigo 292º a taxa de álcool no sangue do condutor for inferior a 1,2g/l, o direito penal material desconhece-a, por se tratar de uma simples contraordenação.

Crime de mera atividade é o de violação de segredo (artigo 195º), bastando, para a consumação, que o agente revele segredo alheio de que tenha tomado conhecimento, em razão do seu estado, ofício, emprego, profissão ou arte; mas o que lhe vem imediatamente a seguir, o de aproveitamento indevido de segredo (artigo 196º), é crime de resultado, por exigir a provocação de um prejuízo a outra pessoa ou ao Estado.

GENERALIDADES SOBRE O CRIME CONSUMADO DE COMISSÃO DOLOSA

Por sua vez, o artigo 161º pune aquele que por meio de violência, ameaça ou astúcia, raptar outra pessoa. A ação, porém, só é típica se for realizada pelo agente com uma determinada direção de vontade, bastando a intenção de submeter a vítima a extorsão; de cometer crime contra a liberdade e autodeterminação sexual da vítima; de obter resgate ou recompensa; ou de constranger a autoridade pública ou um terceiro a uma ação ou omissão, ou a suportar uma atividade. Trata-se, no fundo, de um sequestro com um *plus* volitivo, finalisticamente dirigido a qualquer dessas circunstâncias (crime de tendência especial da ação: tendência para a lesão de um determinado bem jurídico).

2. Crimes de lesão e de perigo

Atendendo ao modo como o bem jurídico é posto em causa pela ação do sujeito, distinguimos os crimes de *dano* dos crimes de *perigo*. Aqueles primeiros pertence uma lesão ou um dano do objeto da ação posto em causa, por ex., a morte de uma pessoa, uma ofensa à integridade física ou um dano dos artigo 212º e 213º, em qualquer das formas de danificação, destruição, desfiguração ou tornando não utilizável.

Nos *crimes de perigo* não se requer o sacrifício ou a efetiva lesão do bem jurídico, mas como o perigo se identifica com a probabilidade de dano, o legislador previne o dano com a incriminação de perigo.

De perigo concreto, desde logo, como na violação da obrigação de alimentos (artigo 250º, nºs 3 e 4); ou de perigo abstrato, como na importação, fabrico, guarda, compra, venda, transporte (...) de armas proibidas (artigo 86º da Lei das Armas). Os *crimes de perigo concreto* são crimes de resultado, não de resultado de dano, mas de resultado de perigo: o resultado causado pela ação é a situação de perigo para um concreto bem jurídico. Exige-se que no caso concreto se produza um perigo real para o objeto protegido pelo correspondente tipo, por exemplo, se a norma (como no artigo 291º, nº 1), para além da maneira perigosa de conduzir, nela descrita, exige ainda que se ponha em perigo a vida ou a integridade física de outrem ou bens patrimoniais alheios de valor elevado. Se simplesmente ficarem expostos ao perigo bens patrimoniais alheios que não sejam de valor elevado, a incriminação não se aplica. Mas **não existe um crime de perigo com validade geral**: o perigo concreto só se exprime em face das relações especiais de casos particulares: o artigo 138º (exposição ou abandono); o artigo 144º, alínea *d*); o artigo 272º (incêndios, explosões e outras condutas especialmente perigosas); o artigo 277º (infração de regras de construção); etc. Ponto discutido e discutível é a natureza do dolo (dolo de pôr em perigo) que significa, do lado intelectual, representação da possibilidade de se vir a produzir um perigo de lesão do bem jurídico.

Existe, por outro lado, um certo número de ilícitos em que o legislador, partindo do princípio de que certos factos constituem normalmente um perigo de lesão, puniu-os como crime consumado, independentemente da averiguação de um perigo efetivo em cada caso concreto: "para fazer nascer a pretensão punitiva, basta a prática de uma conduta considerada tipicamente perigosa, segundo a avaliação do legislador"[23]. São os *crimes de perigo abstrato*. Por ex., pune-se a condução de veículo em estado de embriaguez (artigo 292º) pelos perigos que advêm para os participantes no trânsito de alguém conduzir excedendo os limites toleráveis de álcool no sangue; ou a detenção de arma proibida (artigo 86º, nº 1, da Lei das Armas) porque o legislador quis evitar os perigos que para as pessoas podem derivar de alguém se passear com uma arma de guerra ou simplesmente proibida. O preceito fica preenchido mesmo que no caso concreto se não verifique uma ameaça para a vida ou para a integridade física de outrem. O artigo 86º, nº 1, da Lei das Armas, limita-se a descrever, pormenorizadamente (quem importar, fabricar, guardar, comprar, vender, ceder ou adquirir a qualquer título, transportar, etc., armas proibidas), as características típicas de que resulta a perigosidade geral da ação. Se, por ex., um contabilista – que anda de candeias às avessas com um seu cunhado, por quem até já foi ameaçado de morte – conscientemente se desloca de casa para o emprego com uma pistola-metralhadora automática (arma proibida), a correspondência da ação com o tipo legal do artigo 86º, nº 1, da Lei das Armas fica logo estabelecida. Neste caso, o perigo abstrato é um perigo *presumido* pelo legislador. Do ponto de vista do tipo o perigo abstrato é, enquanto perigo "oculto", *irrelevante*: ao juiz fica vedada qualquer averiguação sobre a falta de perigosidade do facto subsumível na norma. A norma está redigida de forma a inviabilizar a apreciação negativa do perigo, quer dizer: funda-se numa presunção inilidível de perigo. Outro crime de perigo abstrato ou presumido é o previsto no artigo 21.º do Decreto-Lei nº 15/93, de 22 de janeiro. Constitui o que a doutrina tem apelidado de crime "exaurido" ou "excutido", em que o resultado típico se alcança logo, com aquilo que surge por regra como realização inicial do *iter criminis* (recorde-se as 17 modalidades de ação que o tipo descreve), tendo em conta o processo normal de atuação, envolvendo droga que se não destine exclusivamente a consumo. A previsão molda-se, na verdade, em termos de progressividade, no conjunto dos diferentes comportamentos contemplados, que podem ir de uma mera *detenção* à *venda* propriamente dita. Por isso se tem defendido não ser configurável neste tipo de crime, que é de perigo abstrato, a figura da tentativa ou a da desistência (veja-se, por ex., o acórdão do STJ de 15 de julho de 2008, no processo nº 08P1787). A verdade porém é que se alguém deu início de execução ao crime que decidiu cometer (artigo 22º, nº 1), parece irrecusável a tentativa,

---

[23] W. Hassemer, *A segurança pública no estado de direito*, tradução publicada pela AAFDL, 1995, p. 67.

GENERALIDADES SOBRE O CRIME CONSUMADO DE COMISSÃO DOLOSA

se nada mais acontecer. A atividade descrita neste último acórdão integra atos de execução a que se iriam seguir outros, não fora a intervenção da autoridade, que se pautariam no carregamento do camião e a deslocação da droga para outro sítio. Não se estava perante meros atos preparatórios. A desmentir o bem fundado deste entendimento, poderá porventura objetar-se que se pune como crime consumado a simples detenção (manipulação) da droga, mesmo como ato preliminar de a colocar no mercado por grosso. O "ter consigo" a droga tem o mesmo desvalor legal enquanto ato inicial *ou* ato final de um circuito que pode ser mais ou menos longo.

Quanto a dúvidas de constitucionalidade a propósito dos crimes de perigo abstrato, veja-se, o acórdão do *TC* nº 441/94. Decidiu-se que na situação concreta o crime de tráfico de estupefacientes (na altura previsto no artigo 23º, nº 1, do Decreto-Lei nº 430/83, agora no artigo 21º, nº 1, do Decreto-Lei nº 15/93, de 22 de janeiro) não põe em causa nenhuma das manifestações do princípio da culpa a que se aludira, por se tratar, desde logo, de um crime doloso, por força do disposto no artigo 13º do CP, estando excluída, nos termos gerais, a responsabilidade objetiva do agente. Acresce que o agente só será punido desde que culpado, não podendo a pena exceder a medida da culpa. Por outro lado, as atividades em que o tráfico de estupefacientes se traduz "possuem uma ressonância ética só comparável, em intensidade, às incriminações clássicas às quais está associado, historicamente, o próprio conceito de crime, como o homicídio e o roubo".

Certas categorias intermédias confundem-se com os crimes de **perigo abstrato-concreto**. Por vezes, o legislador apoia-se numa genérica **aptidão** da ação para produzir o evento danoso. "Em tais situações, embora não seja requerida a verificação casuística da criação de um perigo, há lugar à determinação (judicial) da genérica perigosidade da conduta, com base em critérios de experiência[24]. Com efeito, o perigo não está abstratamente contido na razão de ser da norma – nem surge tipicamente exposto como evento, mas apresenta-se como uma qualidade intrínseca à ação. "Produz-se desta forma uma combinação na ação de elementos abstratos e concretos de perigo, concentrados na ação " (Augusto Silva Dias).

Alguns crimes de perigo abstrato envolvem-se pois na categoria intermédia dos crimes de perigo abstrato-concreto – portanto, com alguns requisitos típicos do perigo concreto e outros do perigo abstrato.

Esta categoria intermédia apareceu quando se começou a tratar da questão de saber se o perigo concreto deveria ser ajuizado de acordo com critérios *ex post*. Por ex., dizia-se que no juízo de perigo deveriam ser incluídas todas as circunstâncias conhecidas no momento desse juízo, mesmo aquelas que eram desconhecidas no momento do facto e cujo conhecimento só se adquiriu posteriormente. Partindo

---

[24] Cf., neste sentido, Rui Carlos Pereira, *O dolo de perigo*, p. 25.

deste conceito de perigo é claro que se não podiam incluir nos crimes de perigo concreto aqueles casos em que a própria lei indica que o juiz deverá formular o seu juízo na base de certos elementos e não de todos os que existem.

Já antes, aludindo ao crime de "embriaguez e intoxicação", do artigo 295º, concluímos que nem toda e qualquer pessoa que se embriaga "completamente" comete o crime. Verificada a prática "nesse estado" de "um ato ilícito típico" há que averiguar se, relativamente ao caso (ao agente) concreto, a perigosidade e, portanto, a tipicidade da respetiva conduta não será de excluir (a perigosidade enquanto objeto de um juízo negativo). Deste modo, "sempre que se prove que, relativamente ao arguido, a prática de um facto era inteiramente imprevisível, então deverá considerar-se que a conduta (aquela embriaguez completa) caía fora do âmbito de proibição da norma, pois segundo o juízo *ex ante*, tal conduta não era suscetível, não continha a virtualidade de levar o agente a praticar o facto; isto é, tal conduta não se poderia qualificar de perigosa, e, portanto, não era típica". Esta possibilidade de a perigosidade abstrata ser objeto de um juízo negativo é o que caracteriza o tipo legal de crime abstrato-concreto e é o que salva este tipo legal, como vários outros tipos de perigo abstrato, de um juízo de inconstitucionalidade "com base na violação do princípio da culpa (...) com base na afirmação de uma responsabilidade penal objetiva"[25].

3. Crimes instantâneos, permanentes e duradouros

Nesta área encontramos crimes chamados *instantâneos*, realizados normalmente por um ato único e pontual, como é o caso do dano sobre coisas. Para alguns estudiosos (e uma boa parte da jurisprudência), o furto constituirá um destes crimes instantâneos. A distinção é importante para determinar o momento a partir do qual começam a correr certos prazos, como os da prescrição (artigo 118º) ou o do exercício do direito de queixa (artigo 115º, nº 1); ou para determinar a relevância da desistência da tentativa (artigo 24º).

Considerando as consequências da ação, pode estabelecer-se a diferença entre os crimes permanentes – aqueles em que a criação de uma determinada situação se encontra já finalizada – e os crimes duradouros, em que a comissão do facto dura enquanto dura a ação.

Mais rigorosamente: os *crimes permanentes* completam-se num dado instante quanto a todos os seus elementos constitutivos. Todavia, só se consumam materialmente quando cessa o efeito do crime, a realização do fim do agente, etc.

---

[25] Taipa de Carvalho, *Conimbricense*, tomo II, p. 1113; e *A Legítima Defesa*, p. 137. Para concluir pela exclusão da responsabilidade objetiva, vejam-se também as referências de Helena Moniz, *Agravação pelo resultado?*, p. 51 e ss., que já adiantámos noutro lugar.

Enquanto perdura a conduta lesiva, em cada um desses momentos, o facto como que se renova, continua a realizar-se a violação do interesse que a norma quer tutelar e inclusivamente a contribuir para o incremento da ilicitude e da pena, como acontece com o sequestro que "dura mais de dois dias" (artigo 158º, nº 2, alínea *a*)). A conduta incide sobre um bem jurídico suscetível de "compressão", como serão todos os atentados à honra e à liberdade – não de "destruição", como será o caso da lesão da vida. No sequestro (artigo 158º) o facto prolonga-se no tempo,[26] perdurando do mesmo modo a conduta ofensiva (privação da liberdade). Com o seu comportamento, o sequestrador não só cria a situação típica antijurídica como a deixa voluntariamente subsistir. O crime de violação da obrigação de alimentos do artigo 250º, nº 3: crime contra a família, construído segundo o modelo dos crimes de perigo concreto, começa com o "pôr em perigo" a satisfação das necessidades fundamentais de quem tem direito à prestação e termina com o "cumprimento da obrigação". Os crimes permanentes consumam-se com a realização típica, mas só ficam exauridos quando o agente, por sua vontade ou por intervenção de terceiro (pense-se na violação de domicílio), põe termo à situação antijurídica. Numa perspetiva bifásica, existe neles uma ação e a subsequente omissão do dever de fazer cessar o estado antijurídico provocado, que faz protrair a consumação do delito. Segundo Pagliaro, a *fattispecie* penal incrimina não só a conduta que instaura a situação antijurídica (fase de *instaurazione*), mas também a conduta subsequente que a mantém (fase de *mantenimento*). Além dos indicados podem também alinhar-se nos crimes permanentes a condução de veículo em estado de embriaguez (artigo 292º) e a associação criminosa (artigo 299º).

Há outros casos porém em que o agente cria uma situação antijurídica, mas a sua manutenção já não tem qualquer significado típico. Nestes crimes de efeitos permanentes, com características de *crimes duradouros*, por vezes mencionados como crime de situação (*délit de situation, Zustandsdelikt*) como a bigamia (artigo 247º) ou a ofensa à integridade física grave (artigo 144º), o agente, uma vez criada a situação, que a seguir lhe escapa das mãos, fica sem qualquer capacidade de lhe pôr termo.

A diferença entre crimes de duração e crimes permanentes é especialmente importante para a questão da prescrição, um vez que esta só corre "desde o dia em que cessar a consumação" (artigo 119º, alínea *a*)).

---

[26] O sequestro está, por isso, "nos antípodas dos crimes de realização instantânea", permanecendo o dever, "que se renova a cada instante, porque não cumprido, de libertar a pessoa sequestrada". "A permanência deste dever é que vai determinar que o crime de sequestro se consume no preciso momento – e só nesse – em que, por qualquer razão, esse mesmo dever já não possa ser cumprido (o sequestrado libertou-se ou foi libertado; o sequestrado faleceu)". Faria Costa, *RLJ* ano 134º, p. 255.

4. Crimes comissivos por ação e por omissão

Uma outra classificação tem a ver com o comportamento do sujeito, que pode ser por *ação* ou *omissão*. As mais das vezes, a norma incrimina um comportamento ativo, como no furto (artigo 203º, nº 1). Bem menos frequentemente, o legislador pune a simples inatividade, como nas chamadas **"omissões puras"**, de que é exemplo o artigo 200º, em que um *dever de auxílio* resulta diretamente da lei, e cujo não cumprimento equivale a desobedecer ao comando imposto; por isso tais crimes são (dizem alguns) *crimes de desobediência*. Nas **"omissões impuras"** (veja-se o artigo 10º), o *dever de agir* para evitar um resultado deriva de uma posição de garantia. Pune-se aquele que, sendo garante, numa situação de perigo efetivamente nada faz para afastar a ameaça de lesão (da vida, da integridade física, etc.) de outrem. Aplicam-se então as normas sobre a comissão de crimes, por ex., o artigo 131º. Seja, a título exemplificativo, o caso dos pais que não alimentam o filho, podendo fazê-lo, por quererem vê-lo morto. Esta omissão, atenta a posição de garantia dos pais relativamente ao bem jurídico "vida" do filho, equivale a dar-lhe a morte, dolosamente, de modo ativo. Estas omissões são também chamadas "impróprias" por se encontrarem unidas a um resultado que em condições normais é causado por uma ação[27].

5. Classificação conexa com a autoria

Se para o autor do crime apenas se requer a normal capacidade de ação, chamamos-lhe *crime comum (Allgemein begehbare Delikte)*. Crimes comuns são o furto e a burla, que podem ser praticados por qualquer pessoa.

Se o tipo penal supõe que o autor é portador de determinadas qualidades ou relações especiais encontramo-nos perante *crimes específicos* – só podem ser cometidos por um círculo limitado de sujeitos. O artigo 136º constrói-se, em matéria de autoria, como um *crime específico*, só a mãe o pode cometer – ao contrário dos restantes crimes contra a vida, o preceito não começa com o "quem" anónimo ("namenlose Wer") da generalidade dos crimes comuns[28]. Crimes *específicos próprios* são, por ex., os crimes de funcionário, como o abuso de poder (artigo 382º). Crimes *específicos impróprios* são aqueles em que a qualificação específica do autor tem o sentido de determinar a agravação (*v. g.* o artigo 256º, nº 4: falsificação ou contrafação de documento praticado por funcionário, no exercício das suas funções).

---

[27] Luden, *Abhandlungen aus dem Gemeinendeutschen Strafrecht* II, p. 219.

[28] O crime de parricídio existia, como tal, no artigo 355º do Código oitocentista ("Aquele que matar voluntariamente seu pai ou mãe..."), mas entretanto perdeu as suas características de crime autónomo. Mantém-se o crime de infanticídio (atual artigo 136º), que dantes carregava a especialidade da morte dada pela mãe voluntariamente "para ocultar a sua desonra".

GENERALIDADES SOBRE O CRIME CONSUMADO DE COMISSÃO DOLOSA

A distinção entre crimes comuns e específicos releva no âmbito da comparticipação (artigos 26º e 27º). Exemplo são os *crimes de mão própria* (*délits personalissimes, eigenhändige Delikte*) que requerem uma intervenção pessoal do autor. Melhor dito:[29] "os que pressupõem uma certa disposição pessoal, como na condução de veículo em estado de embriaguez; ou que pressupõem um certo envolvimento pessoal, tais como os atos exibicionistas, a bigamia ou o falso testemunho". Exigindo-se uma execução pessoal imediata do facto descrito na norma, não se podem cometer através de outra pessoa. Trata-se de tipos legais que não admitem a autoria mediata, como o do artigo 170º (importunação sexual), em que se pune quem importunar outra pessoa, praticando perante ela atos de caráter exibicionista, etc., ou o do artigo 292º (condução de veículo em estado de embriaguez), mesmo quando praticado por negligência. O ponto de vista tradicional é o de que a pessoa que consegue que outra conduza em estado de embriaguez pode ser instigadora (ou eventualmente cúmplice) mas não coautora ou autora mediata. Qualquer pessoa pode cometer um desses crimes, não pode é cometê-lo *por intermédio de outrem* [30].

No crime de **associação criminosa** (artigo 299º do CP), "as diversas modalidades de ação integrantes do tipo objetivo de ilícito têm fundamentalmente a ver com a atividade do agente dentro da associação. Uma tal atividade consiste em promovê-la, fundá-la, fazer parte (ser membro), apoiá-la, chefiá-la ou dirigi-la. O juízo de desvalor não é o mesmo em todos os casos",[31] o que bem se compreende. É um dos crimes considerado no artigo 1º, alínea *m*), do CPP, como de "criminalidade altamente organizada", a par do tráfico de pessoas, tráfico de armas, tráfico de estupefacientes ou de substâncias psicotrópicas, corrupção, tráfico de influência ou branqueamento. Preveem-se expressamente como modalidades de associação condutas de favorecimento ou apoio, nomeadamente fornecendo armas, munições, instrumentos de crime, guarda ou locais para as reuniões; condutas de auxílio (sob qualquer forma) com o fim de recrutar novos elementos; a chefia ou direção; e a "simples" qualidade de membro (como "fazendo parte" de tais grupos, organizações ou associações). Aquilo que é verdadeiramente significativo, de um ponto de vista penal material, não será a mera fundação, o "ser membro" ou o favorecimento ou auxílio, mas os crimes específicos cometidos através da associação, que já é em si um crime. Trata-se de um tipo de ilícito que, não obstante se situar na PE, tem características que fazem

---

[29] Veja-se Sousa Mendes, *O torto intrinsecamente culposo*, 2007, p. 420.

[30] Cf., porém, no lugar próprio, o caso do pai (encartado) que manda o filho de 12 anos conduzir na via pública. Mencionando expressamente certos *crimes de expressão*, como o correspondente ao nosso artigo 359º (falsidade de depoimento ou declaração) e o correspondente ao nosso artigo 292º, cf. Walter Gropp, *Strafrecht, Allgemeiner Teil*, p. 142.

[31] Jorge de Figueiredo Dias, *Conimbricense* II, p. 1165 e ss.

dele uma norma compatível, a espaços, com a PG, tanto mais que a infração fica perfeita logo que, pelo menos três pessoas (atuando concertadamente durante um certo período de tempo, o que distingue a situação da mera comparticipação ou até do "bando"),[32] promovam grupo, organização ou associação. E tudo isto antes mesmo da comissão de qualquer crime, portanto ainda numa fase de pré-preparação (artigo 299º, nos 1 e 5). Mais do que um crime contra a paz pública, como costuma aparecer caracterizado, estamos perante uma daquelas infrações destinadas a reprimir comportamentos criminógenos, sustenta F. C. Schröder[33]. Passa-se o mesmo com a instigação pública a um crime (artigo 297º) e a apologia pública de um crime (artigo 298º). Este elemento de "generalidade" no que toca à caracterização do bem jurídico é, como íamos dizendo, mais apropriada à PG. De qualquer forma, nas mãos da associação, o crime deixa de ser um facto isolado para tendencialmente se transformar em algo substancialmente ativo. O potencial lesivo do grupo passa a ser elevado, se não mesmo *enorme*, e a mentalidade dos membros do grupo sofre transformações igualmente de vulto, refletindo a especial perigosidade do comportamento criminoso organizado, por atuação concertada durante um *certo* período de tempo.

A associação criminosa recolhe algumas manifestações específicas dos chamados **crimes coletivos**. A participação em motim, com a sua forma agravada de participação em motim armado (artigos 302º e 303º), para além de se encontrar integrada nos crimes contra a paz pública, visa quem tomar parte em motim durante o qual forem cometidas *coletivamente* violências contra pessoas ou contra a propriedade. Surge como descendente direto da "assuada" (o ajuntamento tumultuoso de pelo menos dez pessoas) e do "arruído" (com lugar nas Ordenações e nos artigos 180º e 185º do CP de 1852). Nos primeiros tempos da monarquia, as penas eram pesadas, pois embora tudo se passasse entre particulares, o crime ganhava foros de vingança privada e de usurpação dos poderes régios. Quando qualquer indivíduo tinha recebido alguma ofensa reunia os seus parentes e amigos, assalariava malfeitores e vadios, e exercia um pretendido direito de vingança sobre a pessoa do ofensor. A assuada e o arruído, explica Frederico de Lacerda da Costa Pinto "são parte da raiz histórica da incriminação da rixa". Pressupunha-se "uma clara distinção entre a autoria do facto coletivo (*participação na assuada*) e a autoria do facto subsequente (*o crime objeto da assuada*), problema que se suscita igualmente no crime do artigo 151º, nº 1, do Código Penal vigente", "destinado

---

[32] À margem das questões tratadas poderá perguntar-se se a constituição de um "bando" (tal como pode deduzir-se do artigo 204º, nº 2, alínea *g*)) é um assunto privado, embora com fins antijurídicos, na suposição de que não atinge os requisitos típicos do crime de associação criminosa (artigo 299º).

[33] F. C. Schröder, "Die Straftatten gegen das Strafrecht", citado por Isabel Sanchez García de Paz, *Homenaje al Dr. Marino Barbero Santos*, p. 674.

GENERALIDADES SOBRE O CRIME CONSUMADO DE COMISSÃO DOLOSA

especificamente a tutelar bens jurídicos pessoais",[34] "fugindo" portanto ao domínio da paz pública.

Há crimes da responsabilidade de certas pessoas coletivas (artigo 11º do CP, na redação da Lei nº 59/2007, de 4 de setembro). Como os entes coletivos só agem através de pessoas "naturais", torna-se necessário determinar o âmbito e a forma que deve assumir o **nexo de imputação** do facto à responsabilidade do ente coletivo. A lei, como se viu, dispõe que o facto será imputado ao ente coletivo quando o crime for cometido em nome do mesmo e no interesse coletivo por pessoas que nele ocupam uma posição de liderança, mas dispõe igualmente quanto à garantia de não produção de resultados típicos, isto é, quando a falta de vigilância ou controlo dos órgãos ou representantes do ente coletivo tenha tornado possível a prática do facto por uma pessoa ou sob a sua autoridade. Há razões para se admitir uma responsabilidade dos entes coletivos no direito penal **ao lado** da eventual responsabilidade das pessoas individuais que agem como seus órgãos ou representante (o *quid* agregador consistirá no chamado **modelo analógico**, relativamente aos princípios do direito penal "clássico"). Deste modo, "o legislador ordinário não é livre de qualificar a mesma conduta como crime se levada a cabo por certos sujeitos típicos e como contraordenação se levada a cabo por outros"[35] [36].

Pelo mesmo facto punem-se duas pessoas, a jurídica e a natural ou as naturais que a formam e tenham atuado, num modelo específico de atribuição da responsabilidade penal, que nem é coautoria nem alguma outra forma de "concurso de pessoas"[37]. Por isso na epígrafe do artigo 11º se inclui tanto a responsabilidade das pessoas singulares como a das pessoas coletivas. O sistema não induz a pensar que se a mesma pessoa física se encontra envolvida no mesmo crime imputado ao ente coletivo em virtude do apontado nexo deva existir uma qualquer corresponsabilização, pois cada um responde pelo *seu* crime.

Tradicionalmente respondia-se de forma negativa à questão da responsabilidade criminal dos entes coletivos, dizendo que *societas delinquere non potest*. Nomeadamente porque os entes coletivos não teriam *capacidade de ação*.

---

[34] Frederico de Lacerda da Costa Pinto, "Ilícito e punibilidade no crime de participação em rixa", *Liber Discipulorum Figueiredo Dias*, p. 869 e ss.

[35] Figueiredo Dias, *DP/PG* I, 2ª ed., 2007, p. 301.

[36] Há uma irrestrita responsabilidade das pessoas coletivas no campo do direito de mera ordenação social (artigo 7º do Regime Geral das Contraordenações: RGCO). De resto, "a aceitação da clara responsabilidade das pessoas coletivas começou pela sua aceitação no âmbito do direito de mera ordenação social", lembra o Prof. Faria Costa, *Noções Fundamentais*, 2ª ed., 2010, p, 42.

[37] Expressão incorreta, fora do contexto da língua espanhola, mas que nos evita empregar aqui uma outra, a de comparticipação, menos adequada à situação de que tratamos.

Excurso. De acordo com o direito vigente, as pessoas coletivas só podem ser responsabilizadas criminalmente em relação a determinadas infrações e nos pressupostos referidos nos diversos números do artigo 11º. A partir desta norma, "uma vez imputado ao ente coletivo a ação psicofísica da(s) pessoa(s) singular(es), deve exigir-se, também neste contexto, que o comportamento – ativo ou eventualmente, em certos casos, omissivo – do ente coletivo tenha criado (ou incrementado) um risco não permitido e que esse risco se tenha vazado no resultado típico"[38]. K. Tiedemann elaborou uma teoria da culpa por defeito da organização, justificando a responsabilidade criminal do ente coletivo pela culpa da não observância do dever de vigilância. A correta organização da pessoa coletiva é dever que emana dela mesma e não apenas das pessoas individuais que a cercam. Para o Prof. Faria Costa,[39] a legitimidade da punição das pessoas coletivas deve, em última instância, encontrar-se na racionalidade material dos *lugares inversos*. Expliquemos: seja um menor que deita um colega de escola a afogar; o menor porta-se como um adulto que atira o seu vizinho ao poço, onde acaba por morrer nessas mesmas condições – porém, não haverá ordenamento penal que trate o menor aquém de certa idade de modo coincidente com o mesmo agir de um adulto. O lugar inverso ao que assim foi desenhado relativamente à imputabilidade "é o que envolve o problema da punibilidade (penal) das pessoas coletivas", permitindo entender como, além do mais, se reconstrói a noção de culpa e se faz da pessoa coletiva um verdadeiro centro de imputação. *Ao invés* do que sucede ao menor, relativamente ao qual se afasta o juízo de censura penal, o direito penal "liberta, cria, expande aquilo que os órgãos das pessoas coletivas assumem como vontade própria e, por isso, tem legitimidade para as responsabilizar penalmente". Teresa Quintela de Brito,[40] como em outro lugar já vimos, vai ao encontro da responsabilidade criminal dos entes coletivos através do **domínio da organização** para a execução do crime, figura cunhada entre nós por A. Silva Dias. Domínio da organização como forma de domínio social do facto, "mercê do domínio sobre a fonte de perigo (organização, funcionamento ou/e filosofia de atuação da pessoa jurídica) que constitui a causa essencial do resultado típico". O ilícito coletivo constrói-se

---

[38] Figueiredo Dias, *DP/PG* I, 2ª ed., 2007, p. 347.

[39] Faria Costa, *Direito penal económico*, Quarteto, 2003, p. 51.

[40] Teresa Quintela de Brito, "Responsabilidade criminal de entes cole[c]tivos", *RPCC* 20 (2010), p. 41 e ss. Interessante a chamada de atenção para o facto típico da pessoa jurídica não se confundir "com um estado de perigosidade da organização relativamente à comissão de factos puníveis de certa espécie". Por outro lado, as sanções aplicáveis "são essencialmente cunhadas pela ideia de censura ético-social *de um facto passado*, em ordem a assegurar a tutela efetiva do bem jurídico-penal violado (prevenção geral de integração e, se possível e/ou necessária, prevenção especial)". Este trabalho de Teresa Quintela de Brito aparece valorizado com um caso prático a que noutro lugar daremos melhor atenção.

GENERALIDADES SOBRE O CRIME CONSUMADO DE COMISSÃO DOLOSA

a partir do facto individual de conexão (realizado por um agente de ligação à pessoa coletiva: titular de órgão, dirigente ou/e um dos seus subordinados, por uma das formas referidas nas alíneas *a*) e *b*) do nº 2 do artigo 11º). O domínio sobre a causa do resultado (*Herrschaft über den Grund des Erfolges*) é devida a B. Schünemann[41]. A posição de garantia deriva tanto do controlo fáctico dos elementos ou procedimentos materiais perigosos (domínio material) como do poder de direção legalmente fundamentado sobre os trabalhadores (domínio pessoal). Não existirá responsabilidade dos órgãos de direção em casos de excesso do subordinado, a menos que a direção tolere a manipulação de objetos que se encontram no âmbito do seu domínio e sejam objetos perigosos.

Anteriormente a 2007 já se admitia a responsabilidade de entes coletivos em setores restritos, ligados, por ex., ao terrorismo e ao tráfico de armas.

Veja-se a Lei nº 52/2003, de 22 de agosto (Lei de combate ao terrorismo), cujo artigo 7º, nº 2, previa a responsabilidade penal dos entes coletivos pelos crimes terroristas quando a falta de vigilância ou controlo dos seus órgãos ou representantes tenha tornado possível a prática dos referidos crimes por uma pessoa sob a sua autoridade: "trata-se aqui, verdadeiramente, de um *novo nexo de imputação* do crime ao ente coletivo"[42] e constitui solução sem raízes na tradição jurídico-penal portuguesa, surgida na sequência da *Decisão-quadro do Conselho, de 13 de junho de 2002, relativa à luta contra o terrorismo*. Também a Lei nº 5/2006, que aprova o novo regime jurídico das armas e suas munições, previa, no artigo 95º, a responsabilidade criminal das entidades coletivas e equiparadas, tornando-as responsáveis pelos crimes previstos nos artigos 86º (detenção de arma proibida) e 87º (tráfico de armas), quando cometidos em seu nome ou no interesse da entidade pelos titulares dos seus órgãos no exercício de funções ou seus representantes, bem como por uma pessoa sob a autoridade destes, em seu nome e no interesse coletivo, ou quando o crime se tenha tornado possível em virtude da violação de deveres de cuidado e vigilância que lhes incumbem.

O Código comporta ainda, a partir do artigo 90º-A, um conjunto de disposições aplicáveis às pessoas coletivas no que diz respeito a penas de multa, admoestação, caução de boa conduta, vigilância judiciária, pena de dissolução, injunção judiciária, proibição de celebrar contratos, privação do direito a subsídios,

---

[41] B. Schünemann, Los fundamentos de la responsabilidad de los órganos de direccion de empresas, 2002, p. 138.

[42] Figueiredo Dias e Pedro Caeiro, "A Lei de combate ao terrorismo (Lei nº 52/2003, de 22 de agosto)", *RLJ* nº 3935 (2005), p. 85. Referindo outras áreas de incriminação e traçando os atuais fundamentos, sentido e limites da responsabilidade penal de entes coletivos, veja-se de Jorge dos Reis Bravo, "Critérios de imputação jurídico-penal de entes coletivos", *RPCC* 13 (2003), p. 207.

O RISCO DE COMER UMA SOPA E OUTROS CASOS DE DIREITO PENAL

subvenções ou incentivos, interdição do exercício de atividade e encerramento de estabelecimento[43].

6. Classificação conforme o modo de cometimento

Quanto ao modo de cometimento, encontramos *crimes de forma livre*, como o homicídio (artigo 131º), em que a ação é referida sem elementos conformadores ou redutores: qualquer forma de execução serve para produzir o resultado exigido pela norma (o homicídio pode ser cometido "seja de que maneira for": "Bater, pisar, disparar, esganar, apedrejar, empalar, enforcar, desmembrar, afogar..." (Susan Sontag); ou o ilícito do artigo 143º, nº 1, que se consuma com qualquer ofensa no corpo ou na saúde. Há dano da integridade corporal, por ex., quando o agressor, por qualquer forma, provoca equimoses, arranhadelas, ferimentos, fraturas, mutilações ou outras lesões do mesmo género na vítima.

Crime de forma vinculada é, por ex., a burla, só passível de ser cometida pelo modo que a norma singulariza; é um dos crimes de meios determinados, sendo a própria lei que descreve a atividade do agente com uma razoável cópia de dados. A burla é, além disso, *crime plurissubsistente* por se desenrolar nos vários atos ou fases que integram a conduta, em ligação causal interna. O roubo (artigo 210º, nº 1), por sua vez, desdobra-se num primeiro ato (emprego de violência ou ameaça) a que se segue, num segundo momento, a subtração da coisa (ou, o que dá no mesmo: fazer com que a coisa seja entregue ao ladrão). O mesmo esquema (dois momentos) verifica-se na violação (artigo 164º). Já o dano (artigo 212º, nº 1) se consuma de um só ato (é nesse sentido um crime *unissubsistente*, a exemplo do tráfico de estupefacientes). Na injúria (artigo 181º, nº 1), basta, por ex., que *A* chame "ladrão" a *B*, mesmo que, no instante seguinte, amplie a ofensa, apelidando-o de "corno" ou "bandido";

Crimes de mera detenção. Ainda quanto à forma de cometimento, podem apontar-se os crimes de simples posse de objetos, como é no Código a detenção de material pedopornográfico virtual e aparente (artigo 176º, nºs 1, alínea *d*), e 4); a detenção de substância explosiva ou capaz de produzir explosão nuclear, etc. (punida já na fase preparatória); a detenção de instrumentos e aparelhagens destinados à montagem de escuta telefónica, e a outros fins especificados na lei, fora das condições legais ou em contrário das prescrições da autoridade competente (artigo 276º)[44]. Existe uma clara relação de domínio entre a pessoa e a coisa

---

[43] Sobre a adequação das sanções aplicáveis à natureza do ente coletivo "criminoso", Mário Pedro Seixas Meireles, *Pessoas coletivas e sanções criminais: juízos de adequação*, Coimbra, 2006.

[44] Para a *Lex Cornelia de Sicariis et Veneficis*, do tempo de Sila, sobre bandos armados, incendiários, sicários e envenenadores, um *veneficus* era aquele que, maleficamente, matava um homem com veneno ou com práticas de magia, ou quem vendesse venenos ao público (Inst. 4.18.5). *Venefici* eram também os que

GENERALIDADES SOBRE O CRIME CONSUMADO DE COMISSÃO DOLOSA

possuída. Daí poderá resultar a permanência do objeto ou objetos em termos de se atribuir ao crime a característica própria dos crimes de duração. Não interessa saber se esse domínio sobre a coisa detida resulta de compra ou de subtração ou de ação de idêntica natureza. Nem desaparece a "detenção" se durante uma busca domiciliária o sujeito se desfaz da droga pelo esgoto das matérias residuais. No que toca à detenção de arma proibida, pode discutir-se se a pluralidade de armas constitui um só crime ou se haverá tantos crimes quantas as armas encontradas na posse do sujeito. O perigo abstrato que acompanha a posse ou detenção de armas proibidas ou ilegalmente detidas sem licença não se multiplica necessariamente face à sua pluralidade instrumental, dado não ser fácil o seu uso simultâneo. Veja-se, contudo, que nas alíneas *c*) e *d*) do nº 1 do artigo 89º da Lei das Armas, se emprega a expressão "arma" – na sua forma singular. Será seguramente só um crime de pornografia de menores do referido artigo 176º a detenção dos materiais ali previstos, seja qual for a sua quantidade e diversidade, atenta a redação típica e a própria natureza das coisas.

Delitos acumulativos. Para a punição dos contributos acumulativos (microlesões de massa, na expressão de Giusino) chama a atenção Augusto Silva Dias, ao estudar a incapacidade de ressonância do Direito Penal à figura da acumulação :[45] "Trata-se de decidir se são admissíveis formas de imputação individual baseadas numa ideia de ação coletiva, ou seja, se podem constituir ilícitos típicos comportamentos cuja razão de ser assenta numa lógica de massas, na circunstância de serem praticados por um grande número". A acumulação resulta, por definição, da realização factual sucessiva que pode chegar a lesar o bem jurídico. Como essa realização se deve a um universo de indivíduos, contraria-se, na opinião de alguns autores, o princípio da culpa, na medida em que se possam imputar a um factos de outros. No entanto, os casos de poluição de águas ou solos, do ar ou mesmo a poluição sonora só relevam se o agente, para além de outras limitações (onde entra a **administrativização** do direito penal e a **flexibilização** das categorias centrais da imputação), atuar de forma grave, provocando danos **substanciais**, que o nº 6 do artigo 279º clarifica (redação da Lei nº 56/2011, de 15 de novembro). Se em geral falamos de atividades acumulativas, que para lesar o bem jurídico demandam a realização factual múltipla e sucessiva, a verdade é que um só indivíduo pode certamente criar o perigo de disseminação de microrganismos ou de uma substância prejudicial para o corpo ou a saúde das pessoas. Todavia, se considerarmos a pena abstrata reservada para uma destas ações (prisão até três

---

preparavam ou **detinham** veneno para matar outrem. Sobre o tema, veja-se Dieter Nörr, "Causam mortis praebere", na obra coletiva de Neil MacCormick e Peter Birks (*org.*), *The legal mind*, Clarendon Press, 1986.
[45] Augusto Silva Dias, *RPCC* (2003), p. 306.

anos ou multa até 600 dias), logo se alcança quão limitadamente o Direito Penal, com os artigos 278º a 280º, se imiscui nos "danos" ambientais.

7. Classificação conforme a pena cominada

Se tivermos em conta a pena cominada, podemos ainda encontrar normas que representam um crime fundamental ("**tipo base**", por vezes na função de "**tipo de recolha**" ou "**tipo de intercetação**"),[46] como o artigo 143º, nº 1 (ofensa à integridade física *simples*), ou a sua versão qualificada, como o artigo 144º (ofensa à integridade física *qualificada*), ou ainda a sua forma privilegiada, de que é exemplo o artigo 146º (ofensa à integridade física *privilegiada*). Por vezes o crime é *complexo*, como o roubo (artigo 210º, nº 1), relacionado com o furto e a coação. É um *delictum sui generis*, que contém elementos desses dois tipos, os quais, reunidos, formam um tipo de ilícito autónomo, com o seu próprio conteúdo de desvalor. O roubo não conhece porém uma forma privilegiada, mas a moldura penal é mais elevada nos casos dos números 2 e 3 do artigo 210º, em contraste com a forma *simples* do nº 1.

8. Da preparação à consumação. Crimes de atentado ou de empreendimento

Como por mais de uma vez se notou, não está o legislador limitado a criar tipos de ofensa aos bens jurídicos, podendo antecipar a punição a um momento coincidente com a ação de pôr em perigo.

A criação de tipos de perigo não é porém a única forma de fazer recuar a punição a um momento anterior ao da ofensa do bem jurídico. Um outro caminho consiste na ameaça de pena através do crime simplesmente tentado, situação desencadeada pelo início de realização típica de um crime que o agente decidiu cometer, sem que este, porém, chegue a consumar-se (artigo 22º). Uma das especialidades desta forma parcial de cometimento do crime consiste em o sujeito agir com dolo de consumação, ao contrário daquela outra hipótese, que se satisfaz com um *dolo de perigo* ou "dolo de pôr em perigo".

Se atentarmos nas diferenças estruturais do ilícito, poderemos encontrar crimes como o homicídio, a ofensa à integridade física ou o dano, onde a consumação "típica" (*formal*) coincide com a chamada consumação material ou "terminação" (esgotamento ou exaurimento). Se a ofensa do bem jurídico já está consumada, se já foram realizados os correspondentes elementos típicos, o crime

---

[46] Tipo de recolha porque intervém naqueles casos em que a circunstância qualificativa, por exemplo, do furto, se não comprova, restando aplicar a norma do crime simples (artigo 203º, nº 1), se todos os elementos típicos desta se verificarem, incluindo todos os restantes pressupostos, nomeadamente de ordem processual.

GENERALIDADES SOBRE O CRIME CONSUMADO DE COMISSÃO DOLOSA

está formalmente consumado[47]. Do ponto de vista material, a consumação coincide com a realização integral do respetivo desvalor. No furto (artigo 203º, nº 1), basta a *intenção* de apropriação, a acompanhar a subtração dolosa de coisa móvel alheia, para se poder afirmar a consumação "típica". A "terminação" do crime virá (eventualmente) com a entrada pacífica da coisa na esfera da disponibilidade do ladrão e que a mesma esteja segura, em sua mão, quer dizer: em pleno sossego. O furto pode portanto estar consumado sem que a apropriação (intencionada) se tenha verificado. Também na burla (artigo 217º, nº 1), a *intenção* de obter um enriquecimento ilegítimo não tem de ser realizada, embora o seja muitas vezes. O ilícito fica formalmente perfeito com o preenchimento de todos os elementos típicos, incluindo a intenção de obter um enriquecimento ilegítimo. Quando a intenção se concretiza (e isso acontece com o êxito da ação criminosa), o ilícito diz-se materialmente consumado.

O artigo 271º prevê a aplicação de pena a quem "preparar a execução", *entre outros*, de atos de contrafação de moeda (artigo 262º), fabricando formas, cunhos, adquirindo papel igual ou que se possa confundir com o utilizado no fabrico de moeda, título de crédito ou valor selado. Tirando os trabalhos puramente artesanais, a resolução criminosa ligada à moeda falsa envolve, por sua natureza, outras pessoas, transcendendo o sujeito isolado. Nisso reside a faceta da especial perigosidade dessas atividades. Não obstante se reconduzirem a uma fase de preparação criminosa, justifica-se plenamente castigar os culpados. O artigo 271º (a exemplo do artigo 275º) pune atos preparatórios enquanto tais, por haver um *alto grau de probabilidade* de realização do tipo de ilícito e a *necessidade* de uma intervenção penal específica num estádio particularmente precoce do *iter criminis*. O próprio artigo 262º aplica-se a quem praticar contrafação de moeda, ato que constitui, materialmente, um ato preparatório. A norma impõe que o sujeito atue com intenção de a pôr em circulação como legítima, desenhando-se como crime de tendência. Com esta configuração, o artigo 262º previne tanto a passagem (artigo 265º) como a aquisição de moeda falsa para ser posta em circulação (artigo 266º), repercutindo a tutela a um momento temporal de preparação destas outras atividades criminosas: o autor material da contrafação, que é sempre um perito, quando não um artista, possibilita, com a sua ação, essas atividades posteriores, numa lógica de divisão do trabalho que se harmoniza com a própria ideia de "preparação". Com efeito, se "preparar" é reunir as condições para algo que vem a seguir, "preparar um crime" é produzir uma atividade dirigida a possibilitar ou tão só a tornar mais fácil a sua posterior realização. No contexto indicado, a função atribuída ao artigo 262º é ainda a de castigar atos preparatórios, embora se trate de um crime autónomo.

---

[47] Cf. outros desenvolvimentos no capítulo dedicado ao *iter criminis*.

O crime de atentado contra a majestade estava previsto no Código Penal de 1852, onde era castigado com a pena de morte. O **atentado** consistia na execução ou na tentativa. Escreve Basílio Alberto de Sousa Pinto[48] que "o Código iguala a execução à tentativa neste crime, em desarmonia com os princípios de direito criminal que mandam que a execução seja muito mais castigada do que a tentativa; mas o grande alarme que este crime causa na ordem social é que faz com que se saia para fora das circunstância ordinárias quando se tratar da sua punição". O atual artigo 327º distingue entre o atentado e a consumação do crime contra a vida, a integridade física ou a liberdade do Presidente da República, sendo o atentado punido com pena de prisão de cinco a quinze anos, se pena mais grave lhe não couber por força de outra disposição legal, e a consumação com a agravação de um terço nos indicados limites mínimo e máximo. Para estes efeitos, a figura do atentado cobre apenas as hipóteses tentadas ou "falhadas".

Continuam a existir "atos de execução" que, enquanto simples atos de tentativa, representam já, nalguns casos, crimes autónomos (dá-se o mesmo com alguns "atos preparatórios"). A situação ilustra-se com os chamados *crimes de empreendimento*, também chamados *crimes de atentado*, em que a tentativa de cometimento do facto é equiparada à consumação e é como tal jurídico-penalmente tratada (crimes de empreendimento *próprios*). Veja-se o caso do artigo 308º, alínea *a*), ou o do artigo 325º, nº 1, para os quais não deve valer a atenuação especial da pena prevista no artigo 23º, nº 2, para a tentativa, nem os efeitos da desistência voluntária concedidos pelo artigo 24º. Como é típico dos casos de *empreendimento*, "*tentar* separar da Mãe-Pátria todo o território português ou parte dele" constitui já crime consumado ainda que a "traição à pátria" acabe por não ter o êxito desejado pelos conspiradores.

Os crimes de atentado encontram-se tradicionalmente entre os "Crimes contra o Estado". Tratando-se de um dos *crimes contra a segurança do Estado* (artigos 308º a 343º), é aplicável a alguns deles a regra do artigo 344º, quanto a atos preparatórios; e em relação a qualquer deles a regra do artigo 345º quanto à pena especialmente atenuada "se o agente voluntariamente fizer *diminuir por forma considerável* o perigo produzido pela conduta ou o afastar".

Repare-se ainda na forma adotada para o nº 1 do artigo 288º (atentado à segurança de transporte por ar, água ou caminho de ferro) e o nº 1 do artigo 290º (atentado à segurança de transporte rodoviário), ambos crimes contra a segurança das comunicações: "quem *atentar* contra a segurança de transporte...". Nestes outros casos é aplicável, por força da remissão do artigo 294º, nº 3, a atenuação especial ou a dispensa de pena "se o agente remover voluntariamente o perigo antes de se ter verificado dano considerável".

---

[48] Basílio Alberto de Sousa Pinto, *Lições de direito criminal*, Coimbra, Imprensa da Universidade, 1861, p. 308.

GENERALIDADES SOBRE O CRIME CONSUMADO DE COMISSÃO DOLOSA

Nalguns destes crimes pode ser pensável e punível, como tentativa, a chamada tentativa inidónea ou impossível (artigo 23º, nº 3, *a contrario*) [49]. Jescheck[50] lembra a existência de tipos que oferecem a mesma estrutura dos tipos de empreendimento *próprios*, na medida em que penalizam já a atuação revestida de uma certa tendência (crimes de empreendimento *impróprios*): a "ofensa... para se opor", ou o "dirigir contra... para se opor", no crime do artigo 347º, nos 1 e 2 (resistência e coação sobre funcionário); o "auxiliar a aproveitar-se..." no artigo 232º (auxílio material). Mas é discutível se em relação a estes tipos impróprios se deverão aplicar as regras gerais da tentativa.

9. Classificação conforme a reiteração (o número de ações) ou a intensidade

Em contraste com outros tipos de ilícito, que para sua consumação se bastam *invariavelmente* com uma única ação (o tiro dirigido ao coração que tira a vida a "outra pessoa"), no crime de "violência doméstica" (artigo 152º) tanto releva a **reiteração** (caracterizadora de uma certa *habitualidade*)[51] como a **intensidade**, o que significa que a conduta daquele que maltrata deve ser especialmente grave. É umas vezes crime de um único ato (neste caso com exigências aprofundadas no plano da ilicitude); outras vezes, não obstante a pluralidade de ações, estas não conformam vários delitos, mas aglutinam-se num só.

Faltando estes aspetos, conformadores de uma maior ilicitude, os respetivos factos serão elementos de ofensa à integridade física simples, ameaça, crime contra a honra, ofensa sexual ou privação da liberdade, constituindo estes mesmos crimes – e não mais do que isso. Em palavras breves, pode afirmar-se que o desenho típico da "violência doméstica" se não conexiona descritivamente com o apontado grupo de infrações, mas a lesão do bem jurídico que suporta a agravação da pena de prisão de 1 a 5 anos só se dá com a inflição de "maus tratos físicos ou psíquicos", afetando as expectativas de uma vida livre e digna, o que, tudo, concorre para a existência de uma norma jurídica autónoma com o seu específico conteúdo de desvalor.

Virá a propósito, assim o cremos, acentuar um certo paralelismo com um tipo de crime de perseguição e assédio, existente na Alemanha e na Áustria: § 238 StGB e § 107a ö. StGB, na linha das manifestações de *Stalking*, conhecidas desde há muito em certos estados norte-americanos[52]. As indicadas normas penais

---

[49] Cf. Figueiredo Dias, *DP/PG* I; 2ª ed., 2007, p 315 e as indicações bibliográficas aí referidas.

[50] Jescheck, *AT*, 4ª ed., p. 240.

[51] Outro dos crimes *habituais* será o de lenocínio do artigo 169º: a reiteração implica a habitualidade.

[52] Outros pormenores no nosso *O Direito Penal Passo a Passo*, 1º vol., Almedina, 2011, p. 169 e ss. Entretanto, pode ver-se Gudrun Hochmayr, "Das sukzessive Delikt – ein neuer Deliktstypus. Zugleich ein Beitrag zur Anwendung der Strafvorschriften gegen Stalking", *ZStW* 122 (2010) 4, p. 757 e ss.; bem como Lynette Karl, *Der Tatbestand der Nachstellung*, ed. Kovac, Hamburgo, 2012.

caracterizam-se por o agente realizar múltiplas ações persecutórias num determinado período de tempo. Pode haver interrupções, não se comportando o agente de forma típica nesses intervalos, que podem ser de semanas. No aspeto subjetivo, deverá o comportamento estar coberto pelo dolo de perseguir continuadamente a "vítima" por alguma forma tipicamente relevante. Para caracterizar a ação, usa-se a expressão **"beharrlich"**, que acentua a pertinácia e a persistência das intrusões sobre a pessoa *stalked*, que pode ser o ex-cônjuge, com o que, não raro, se entra no âmbito da violência conjugal.

Esta forma de realização delitual sucessiva assemelha-se de algum modo à conduta (múltipla) do envenenador que ministra doses que só no seu conjunto serão aptas a dar a morte, a qual ocorre após um período de prolongada ministração do veneno, a qual não tem de ser regularmente levada a efeito. Quem assim congemina uma forma adequada de dar a morte (um método peculiar de matar), deverá manter o dolo homicida na execução de cada ato.

10. Aspetos processuais: crimes públicos, semipúblicos e particulares

Por último, ao lado dos crimes públicos, que o Ministério Público persegue oficiosamente, isto é, por si só, independentemente da manifestação de vontade de qualquer outro interessado (caso do homicídio doloso), existem exceções ao monopólio da acusação por parte do Estado, que se entendem como *desvios* ao princípio da oficialidade e como autênticos *pressupostos processuais* de que a lei faz depender a ação penal. Desde logo, porque se o procedimento criminal depender de "queixa" é necessário que o respetivo titular a apresente ao MP para que este promova a abertura do processo (artigo 49º, nº 1, do CPP); se o procedimento criminal depender de "acusação particular" é necessário (artigo 50º, nº 1, do CPP) não só que o titular do respetivo direito se queixe e se constitua assistente, mas que igualmente deduza a sua acusação (acusação *particular*). São limitações de ordem legal, de modo que a falta de algum destes pressupostos impossibilita a abertura do inquérito por não ter o MP legitimidade para intervir. O CPP edita regras especiais para os crimes particulares *lato sensu* (crimes semipúblicos) em que a legitimidade do MP para acusar necessita de ser integrada por um requerimento, feito segundo a forma e no prazo prescritos, através do qual o titular do respetivo direito (em regra, o ofendido) "exprime a sua vontade de que se verifique procedimento criminal por um crime cometido contra ele ou contra pessoa com ele relacionada" (artigo 113º do CP e artigo 49º do CPP). São limitações que se explicam por os factos não darem lugar senão a um reduzido alarme social e se o ofendido não reage também o Estado o não deve fazer; noutros casos, a promoção processual sem o concurso do ofendido pode ser inconveniente ou mesmo prejudicial para interesses seus, como acontece frequentemente nos crimes sexuais, quando a vítima não quer ver-se envolvida no ambiente da reconstituição de tudo o que anteriormente sofrera de degradante e desgastante para a sua dignidade, a sua imagem e autoestima.

III. Normas incriminadoras; normas de permissão

Retomemos a afirmação de que a tipicidade de uma conduta significa em geral ilicitude, na medida em que a indicia (*efeito de indício*). Este **juízo de ilicitude** não é, como já fomos adiantando, definitivo.

Na ausência de uma causa de justificação, designamos a ação típica por "ilícito". Quem dolosamente e sem justificação ofender outra pessoa a murro ou à bofetada realiza o **ilícito-típico** do artigo 143º, nº 1.

Temos aqui uma norma incriminadora.

A sistematização das causas de justificação repercute-se em dois pontos que neste momento interessa particularizar, um tem a ver com a PG; o outro com a PE:

- A ilicitude do facto pode faltar ou *a*) porque existe (e existe de antemão) o consentimento do lesado (artigo 38º, nº 1: ...o consentimento *exclui a ilicitude* do facto quando se referir a interesses jurídicos livremente disponíveis e o facto não ofender os bons costumes); ou *b*) porque esse consentimento é presumido (artigo 39º, que trata da equiparação ao consentimento efetivo);
- A ilicitude pode ainda ver-se afastada em virtude de o facto encontrar apoio num efetivo direito ao qual se encontra intimamente ligado, em termos de se poder invocar *o princípio do direito prevalecente*. Por ex., nas situações em que o direito da atividade informativa prevalece sobre o direito à honra: o facto atentatório da honra de outra pessoa ficará justificado se ele resultar do exercício legítimo de um direito (artigo 180º, nº 2).

Num mesmo facto podem concorrer duas ou mais causas de justificação, seja a legítima defesa (artigo 32º) e o estado de necessidade defensivo, de origem supralegal (o estado de necessidade defensivo tem sido colocado *entre* a legítima defesa do artigo 32º e o estado de necessidade do artigo 35º). Se bem que na concreta situação se não afaste, em último termo, a atuação em legítima defesa, reconhece-se que se o interesse lesado pelo defendente não é muito superior ao interesse defendido – as agressões de crianças, doentes mentais notórios e de pessoas manifestamente embriagadas deverão ter, com a aplicação do direito de necessidade defensivo, um tratamento mais suave, que faz todo o sentido adotar perante a *rigidez* inerente à legítima defesa nas suas cambiantes tradicionais.

No artigo 32º temos uma *norma de permissão*.

1. Determinação legal da ilicitude: normas de valoração e normas de determinação

A norma penal incriminadora, por ex., o artigo 131º, no que respeita ao modo como se estrutura, é norma de previsão e norma de estatuição.

A partir dos desígnios do legislador, a lei penal toma posição perante o comportamento humano. Diz aos seus destinatários que têm o dever de "não matar" (artigo 131º); simultaneamente, autoriza-os a "matar em legítima defesa" (artigos 31º, nᵒˢ 1 e 2, alínea *a*), e 32º).

À primeira vista, a norma penal nada mais representa do que um comando – é uma norma de determinação. O artigo 131º determina: *"não deves matar"*; o artigo 200º exprime uma ordem com o seguinte sentido: *"deves prestar auxílio"*. Compreende-se por isso que uma doutrina muito difundida encare as regras jurídico-penais como **imperativos**. "A fórmula quer dizer que as regras jurídicas exprimem uma vontade da comunidade jurídica, do Estado ou do legislador. Esta vontade dirige-se a uma determinada conduta dos cidadãos e exige esta conduta, com vista a determinar a sua realização. Enquanto vigorarem, os imperativos jurídicos têm força obrigatória. (...). A partir daqui, a teoria imperativa proclama que, de acordo com a sua substância, o direito consiste em imperativos e só em imperativos"[53]. Nestes parâmetros, a ameaça da pena pretende motivar os cidadãos para que se abstenham de cometer crimes. Todavia, deste modo não se explica o caráter ilícito das condutas de inimputáveis e em geral dos que atuam sem culpa, tornando inviável a distinção entre ilicitude e culpa, já que numa tal perspetiva o imperativo dirige-se apenas e vincula unicamente a vontade daqueles que "são capazes de o conhecer, de o compreender e de o seguir"[54].

Numa mais apurada conceção, os imperativos e as proibições cominadas penalmente vão dirigidos à generalidade dos cidadãos, sem distinguir se estes são ou não suscetíveis de culpa -"não só para deixar claro qual é a conduta de modo geral proibida, como também entre outras coisas porque por vezes e em certa medida também os inimputáveis se deixam determinar ou motivar pela norma penal. Mas em qualquer caso, embora os não culpáveis só anormalmente sejam acessíveis ou praticamente inacessíveis à norma penal (problema de culpa), isso não significa que não atuem de modo contrário à mesma, já que os respetivos comportamentos estão proibidos para todos. Portanto, a norma a que o ato antijurídico se opõe é também *norma – objetiva, geral – de determinação*" (Luzón Peña).

As normas penais são normas de determinação (*tu não deves matar*), mas são igualmente normas de valoração (*não se deve matar*): são modelos de comporta-

---

[53] Cf. K. Engisch, *Einführung*, p. 22.
[54] Luzón Peña, p. 340; cf., também, Bockelmann/Volk, p. 34.

GENERALIDADES SOBRE O CRIME CONSUMADO DE COMISSÃO DOLOSA

mento, na medida em que contêm uma ordem objetiva para a vida em sociedade. Ao exprimirem aquilo que a ordem jurídica tem como juridicamente correto e, simultaneamente, aquilo que é desaprovado, dão aos seus destinatários indicações a respeito da forma como se devem comportar. E porque assim exprimem também um juízo sobre a conduta humana, as normas de direito penal contêm juízos de desvalor: a desaprovação que comportam exprime-se por sua vez através da cominação de uma pena. Naturalmente que, como se começou por acentuar, a norma – *que não desaprova factos, mas condutas* – tem igualmente um elemento imperativo, e a conjugação destas duas ideias merece ser um pouco mais desenvolvida. Seguindo a exposição de Bockelmann/Volk[55]: a norma não diz, por ex.: "as pessoas não devem morrer antes da sua hora", pois se assim fosse entendida, a vida de uma pessoa aniquilada por um raio, por ocasião dum desabamento de terras ou numa avalanche, seria também objeto desse desvalor. Mas não é assim que compreendemos a norma, os acontecimentos naturais não comportam este tipo de valoração penal. Só assim valoramos os comportamentos humanos, mas nem todos, como já se viu. Por isso mesmo, a norma também não pode ser entendida com o seguinte sentido: "As pessoas não devem dar causa a resultados lesivos", pois nela ficaria incurso todo aquele que num simples movimento reflexo, por ex., num ataque de epilepsia, partisse o vaso de flores alheio. A norma deverá antes comportar um sentido como este: "As pessoas devem fazer isto e não aquilo, devem atuar assim ou não devem atuar assim". Uma tal norma será portadora não só de uma valoração como também de um imperativo, será uma norma de proibição ou um comando. Ora, "os comandos e as proibições do Direito têm as suas raízes nas chamadas normas de valoração", de modo que a força de imperativo da norma penal, ao não refletir uma pura arbitrariedade, obedece a um *prius* lógico, "obedece normalmente a prévias reflexões ou valorações" (Luzón Peña; Mezger) – "um *prius* lógico do Direito como norma de determinação é sempre o Direito como norma de valoração, como "ordenação objetiva da vida",[56] ou, como escreve Jorge de Figueiredo Dias,[57] "a norma imperativa ou de determinação supõe sempre logicamente uma norma de valoração que a *antecede* ou, quando menos, *coexiste* com aquela, sendo a determinação proposta, uno ato, com a valoração". Assim entendida, a norma será "um imperativo generalizador",[58] o seu destinatário é, por conseguinte, e em primeira linha, o conjunto dos que integram uma comunidade jurídica, estabelecendo-se uma máxima de caráter geral donde resulta, por assim

---

[55] Bockelmann/Volk, *Strafrecht – Allgemeiner Teil*, 1987, p. 33 e ss.
[56] Engisch, *ob. cit.* p. 28.
[57] Jorge de Figueiredo Dias, O problema da consciência da ilicitude em direito penal, 3ª ed., 1987, p. 129.
[58] Bokelmann/Volk, p. 35.

dizer, a dedução das linhas diretoras da conduta dos indivíduos (*"Tu* não deves fazer aquilo que *se* não deve fazer").

Nas palavras do Prof. Faria Costa,[59] sendo a função de valoração um prius lógico e temporal relativamente à função de determinação, isso faz com que "o juízo sobre o ilícito esteja ligado à função de valoração de um modo objetivo, na medida em que subjaz a todas as ações humanas, a todos os factos da vida independentemente da sua capacidade". Ora, se num determinado caso não for possível dirigir um juízo de censura ao agente, se não houver a possibilidade de censurar aquele que violou a norma penal, por ter atuado sem culpa, fica excluída a pena, mas continua a existir um juízo de desvalor sobre o facto – a conduta é uma conduta ilícita. Estas diferenças fazem com que tenhamos que separar os elementos que pertencem à ilicitude dos que pertencem à culpa. Fazem parte da antijuridicidade todos aqueles fatores (e só eles) de cuja presença resulta ser a conduta concreta do agente alvo da desaprovação prevista na norma. Na categoria da culpa integram-se todos aqueles outros momentos que justificam dirigir-se um juízo de reprovação ao agente[60]. O deslindar conceptual entre as normas jurídicas como normas de valoração que se dirigem a "todos" e a norma de dever como norma de determinação que se dirige "só" a quem está obrigado, torna possível o contraste entre os pressupostos básicos do delito, entre a antijuricidade objetiva e a censura pessoal[61]. O critério em que assentam os pressupostos enunciados é pois o da objetividade jurídica.

Hoje, porém, a corrente dominante do ilícito pessoal não assenta de forma preferencial no critério da objetividade jurídica nem encontrará motivos para a existência de duas espécies de destinatários. Parece estar cortada pela raiz a destrinça clara entre ilicitude e culpa, ao menos por esta via. Aliás, se a norma tem caráter imperativo, articula-se mal com as conceções também atualmente dominantes de orientação para a prevenção, que não atendem a uma livre deci- são do autor, como é apanágio dos padrões retribuicionistas. Ainda assim, um escritor notável como é W. Hassemer[62] encontra justificação para se continuar a distinguir entre normas de determinação e normas de valoração por permitir alcançar o sentido das restrições postas ao conceito de ação, isolando-as do *puro*

---

[59] Faria Costa, O Perigo em Direito Penal, p. 409.

[60] Bokelmann/Volk, p. 36.

[61] A. Serrano Maíllo, *Ensayo sobre el derecho penal como ciencia*, Madrid, 1999, p. 325.

[62] W. Hassemer, *Einführung in die Grundlagen des Strafrecht*, 2ª ed., 1990, p. 207. Enrique Bacigalupo, *Delito y punibilidade*, p. 114, é de opinião que a discussão quanto a saber da pertença à ilicitude ou à culpa não tem importância quando o que se pretende demonstrar é que a separação entre os dois momentos "está condicionada pela existência de um sistema penal de duplo critério legitimador e de um duplo sistema de consequências jurídicas": pena legitimada pela culpa; medida de segurança legitimada pela perigosidade.

GENERALIDADES SOBRE O CRIME CONSUMADO DE COMISSÃO DOLOSA

acaso. As normas de determinação permitem compreender o que se encontra (negativamente) valorado na conduta que descrevem, dando ao juiz os elementos para uma apreciação em conformidade. Simultaneamente, continuam no seu papel de determinação, na medida em que apelam (convidam) ao afastamento do que têm por ilícito. A norma penal compreende-se pois melhor, quando as suas características de determinação e de valoração convergem ou se mantêm unidas.

2. Normas de dever e de proteção

Passou a ser corrente distinguir no tipo de ilícito entre **desvalor da ação** e **desvalor do resultado**. Olhando ao dolo do tipo e a outros elementos subjetivos como fazendo parte do tipo de ilícito, não se esgota este no desvalor do resultado, isto é, na produção de uma situação juridicamente desaprovada. Para a ilicitude da ação do agente envolvida na sua finalidade contribuem ainda as restantes características e tendências subjetivas, bem como outras intenções exigidas pela norma penal. Está aí compreendida, por ex., a intenção de apropriação no furto. Em geral, não se dando o resultado típico, o crime não passa da **tentativa**, se ocorrerem os elementos próprios do desvalor da ação. Mas não haverá ilicitude se o resultado se verificar sem que se verifique o correspondente desvalor da ação – o causador do resultado não será então punido.

A doutrina atualmente dominante encara a norma de proibição como imperativo já no momento de apreciar o ilícito, ou seja, como norma imperativa ou de determinação, que se dirige ao querer das pessoas, dizendo a cada um de nós o que devemos fazer ou não fazer. A norma de determinação é uma norma de conduta: através da norma de proibição e dos dados que ela contém pretende-se que o indivíduo se mantenha à margem do ilícito, que não cometa crimes. A inobservância da norma de proibição, diz Kühl,[63] agindo o sujeito dolosamente, com conhecimento e vontade, significa a realização pessoal do desvalor da ação. Esse desvalor é certamente mais intenso no caso do autor doloso do que quando alguém o faz negligentemente, ainda que com negligência grosseira. Mas como o ilícito se desdobra igualmente em desvalor de resultado, deve entender-se, prossegue o mesmo autor, "que as normas de proibição penais cunhadas nos tipos de ilícito devem ser entendidas não só como **normas de dever**, mas também como **normas de proteção** que garantem a esfera de liberdade do portador do bem jurídico que elas protegem contra ataques do autor do crime. Normas penais que proíbem determinados comportamentos, em primeira linha, porque estes comportamentos podem conduzir à lesão de bens jurídicos alheios. São **normas**

---

[63] K. Kühl, *Strafrecht AT*, 1994, p. 16.

de valoração, que postulam espaços de liberdade entre indivíduos. Quem viola a esfera de liberdade assim protegida viola do mesmo passo a norma de proteção e realiza consequentemente o desvalor do resultado".

3. Normas de permissão

A mais das normas incriminadoras encontramos **normas de permissão**. Se o agente mata em legítima defesa, defendendo-se com os meios necessários de uma agressão que põe em perigo a sua vida, a conduta, apesar de formalmente típica, é aprovada pela ordem jurídica, devendo ser tolerada pelo afetado (artigos 31º, nos 1 e 2, alínea *a*), e 32º). A norma de permissão fica então em vantagem, face à norma de proibição. As causas de justificação ou de exclusão da ilicitude ("eximentes", "dirimentes"; "obstáculos à ilicitude") representam por conseguinte decisões de conflito[64].

Queremos com isto significar que **ações típicas**, correspondentes à previsão normativa (por ex., "matar outra pessoa"), podem encontrar-se justificadas por legítima defesa (artigo 31º). Mas também há factos típicos que, não se encontrando ao abrigo de uma causa de justificação, sendo consequentemente ilícitos, se mostram desculpados, por ex., através da aplicação do artigo 35º (forma do estado de necessidade que *exclui* a culpa); e inclusivamente factos ilícitos praticados por inimputáveis, portanto, incapazes de culpa (artigo 20º).

---

[64] O CP contém ainda normas de outra natureza. Veja-se, a exemplificar, o artigo 20º, nº 1, sobre a inimputabilidade em razão de anomalia psíquica. Só a **situação** de *inimputável* "no momento da prática do facto" releva na compreensão da norma violada. Atente-se ainda – sem de modo algum deixar o assunto esgotado – na diferença estrutural resultante duma norma como a do artigo 109º, que manda declarar perdidos a favor do Estado "os objetos que tiverem servido (...) para a prática de um facto típico ilícito".

5 – NEXO DE CAUSALIDADE. IMPUTAÇÃO OBJETIVA

"Este [o ouro] a mais nobres *faz fazer* vilezas".

CAMÕES, *Lusíadas*, VIII, 98

I. Introdução: causalidade em direito penal e imputação objetiva

Caso nº 1 *A* e *B* trabalham no mesmo matadouro, mas são como o cão e o gato, andam continuamente em discussão um com o outro e até já foram chamados à gerência, que os pôs de sobreaviso: ou acabam com as disputas, ou vão ambos para a rua. Mas nem isso chegou para os acalmar. Uma tarde, *A*, porque não gostou dos modos do companheiro, atirou-lhe ao peito, com grande violência, o cutelo com que costumava trabalhar, enquanto lhe gritava: "desta vez, mato-te mesmo!". A força do golpe foi atenuada pelo blusão de couro que *B* usava por baixo do avental de serviço e *A* só não prosseguiu a agressão porque disso foi impedido por outros trabalhadores, que entretanto se deram conta da disputa. A ferida produzida pelo cutelo não era de molde a provocar a morte da vítima, mas *B* foi conduzido ao hospital onde, por cautela, ficou internado, em observação. Numa altura em que estava sob o efeito de sedativos, *B* recebeu a visita de *C*, sua mulher, a qual tinha "um caso" com *A*, motivo de todas as discórdias. Logo aí *C*, que ambicionava vir a casar-se com *A*, aproveitou para se ver livre do marido, que se recusava a dar-lhe o divórcio: aproveitando um momento de sono, aplicou-lhe uma almofada na cara, impedindo-o de respirar, até que o doente se finou. O posterior relatório da autópsia descreveu a causa da morte, mas os peritos adiantaram que *B* sofria de uma doença do coração que não lhe permitiria sobreviver senão uns dias.

Punibilidade de *A* e *C*?

Caso nº 2 *C* seguia conduzindo o seu automóvel por uma das ruas da cidade quando lhe surgiu uma criança a curta distância, vinda, em correria, de uma rua perpendicular. *C* conseguiu evitar o embate à custa de repentina travagem, mas, no momento seguinte, *V*, homem dos seus 30 anos, que seguia a pé pelo passeio, começou a invetivá-lo em alta grita pelo que tinha acontecido. Perante o avolumar da exaltação e do descontrolo de *V*, *C*, indivíduo alto e fisicamente bem constituído, saiu do carro e pediu-lhe contenção, obtendo como resposta alguns insultos que, indiretamente, envolviam a mãe de *C*. Este reagiu dando dois murros em *V*, que o atingiram na cara e no pescoço. *V* começou então a desfalecer e, apesar de *C* lhe ter deitado a mão, caiu, sem dar acordo de si. Transportado a um hospital, acabou por morrer, cerca de meia hora depois. A autópsia revelou que a morte foi devida a lesões traumáticas meningo-encefálicas, as quais resultaram de violenta situação de "stress", e que a mesma ocorreu como efeito ocasional da ofensa. Esta teria demandado oito dias de doença sem afetação grave da capacidade de trabalho.

Punibilidade de *C*?

Entre as questões a resolver nos casos antecedentes, sobressai a relação de causalidade entre a ação e o resultado.

1. Ao penalista interessa a **causa** de um determinado fenómeno, de um evento particular, que pode ser, por ex., a morte de uma pessoa (artigos 131º e 137º), um atropelamento com lesões corporais no peão (artigo 148º), ou o desencadear de um incêndio com perigo para a vida de outrem (artigo 272º, nos 1 a 3), tudo com assento na PE do Código.

Nesses e noutros tipos penais, ao lado da ação, o próprio tipo descreve o correspondente resultado – de lesão, como por ex. no homicídio doloso (artigo 131º) e negligente (artigo 137º), ou de perigo, como no crime de exposição ou abandono (artigo 138º). Requer-se um resultado, separado – no tempo e no espaço – da ação do autor, da sua conduta externa penalmente relevante. A estes crimes chamamos **crimes de resultado** (crimes de resultado de lesão ou de dano; ou de resultado de perigo), por oposição aos **crimes de mera atividade**, aparentados aos antigamente designados crimes *formais*, como o crime de envenenamento, que chegou a ter assento no CP de 1982, na redação primitiva. Nestes últimos, a lei limita-se a descrever a atividade do sujeito, por ex., o artigo 292º (condução de veículo em estado de embriaguez), com o que o crime fica perfeito sem necessidade de se convocar uma qualquer comprovação de causalidade. Bastará a realização do comportamento descrito, a condução de veículo no indicado estado, em si genericamente perigosa, daí a taxa de álcool no sangue dever ser igual ou superior

NEXO DE CAUSALIDADE. IMPUTAÇÃO OBJETIVA

a 1,2 g/l. Não sendo a *TAS* igual ou superior a 1,2 g/l, o grau de perigosidade não justifica que se ultrapasse o limiar do ilícito contraordenacional.

A causalidade deve averiguar-se não só nos **crimes de resultado** propriamente ditos (*produzir* a morte de outra pessoa – artigos 131º e 137º – *causar* a outra pessoa prejuízo patrimonial – artigo 217º, nº 1 – *provocar* incêndio de relevo – artigo 272º, nº 1), mas também nos chamados **crimes agravados pelo resultado**, como é o roubo dos artigos 18º e 210º, nos 1 e 3, embora, para haver esta agravação, não seja suficiente que o roubo tenha sido condição do evento mortal, sendo ainda necessário que a morte resulte da natureza do comportamento do ladrão e do específico perigo que lhe está associado. À produção do resultado subtrativo (ou equivalente) por meio de violência contra uma pessoa, deve acrescer uma outra relação de causalidade, que se interpõe entre o resultado típico de roubo e a circunstância agravante, a morte.

Tal exigência pode igualmente ser importante nos chamados crimes de perigo, desde logo, sem dúvida, nos **crimes de perigo concreto**, como o já referido crime de exposição ou abandono (artigo 138º), que supõe a possibilidade séria de lesão da vida de outrem; e em alguns "crimes de perigo comum", como o de incêndio (artigo 272º, nº 1), que exige igualmente essa possibilidade de lesão da vida *ou* da integridade física de outrem *ou* de bens patrimoniais alheios de valor elevado.

Há tipos penais, como o do artigo 274º, nº 1 ("provocar incêndio em terreno ocupado com floresta, incluindo matas, ou pastagem, mato, formações vegetais espontâneas ou em terreno agrícola, próprios ou alheios"),[1] em que a perigosidade da ação não surge diretamente do comportamento enquanto tal (como acontece, *v. g.*, na condução em estado de embriaguez), mas de um resultado externo produzido por esse comportamento. A consumação dá-se com a simples produção do incêndio, bastando que o espaço protegido seja afetado de tal maneira que o fogo possa continuar a propagar-se, independentemente de o autor (doloso) continuar empenhado nos seus propósitos. Daí que nestes casos se deva exigir, ao menos, uma relação de causalidade entre a ação do sujeito, por ex., atirar conscientemente um cigarro aceso, o começo do incêndio, seja através da palha seca, e o espaço protegido e incendiado (que pode alcançar uma extensão variável).

O raciocínio articula-se de modo semelhante se *A* esbofeteou *B*, dando-lhe com a mão aberta na parte esquerda da cara, e *B* sofreu por isso comoção cerebral. Em consequência dela ocorreu a lesão dos vasos cerebrais que lhe ocasionou a morte imediata. Existe aqui uma **dupla relação de causalidade**: em primeiro lugar, o nexo entre a ação da lesão (a bofetada de mão estendida) e o resultado da lesão (a comoção cerebral); em segundo lugar, a relação entre a lesão corporal e a morte de *B*.

---

[1] Redação da Lei nº 56/2011, de 15 de novembro.

Nos casos em que o agente provoca incêndio de relevo (artigo 272º, nº 1, alínea a)) ou provoca em terreno ocupado com floresta, incluindo matas, ou pastagem, mato, formações vegetais espontâneas ou em terreno agrícola, próprios ou alheios, criando, em qualquer deles, perigo para a vida ou para a integridade física de outrem, há uma dupla relação de causalidade determinada pela sucessão de eventos. Dando-se o caso de agravação pelo resultado (artigos 18º e 285º) este outro resultado só intervirá como motivo de agravação se um outro **nexo causal** acrescer àqueles outros.

Os autores acentuam a necessidade de um nexo de causalidade entre os diversos elementos objetivos do ilícito da **burla**, mas alguns preferem, com razão, adotar a designação de *causalidade psíquica* (por oposição a causalidade material) ou a de *motivação*. Sendo o erro elemento do tipo, tem este que estar em relação, de um lado, com os meios astuciosos empregados pelo burlão; do outro, com os atos de que resulta prejuízo (de novo, um *duplo nexo de causalidade*). A conduta astuciosa do burlão motiva o erro do enganado; em consequência do erro, o burlado passa ao ato gerador do prejuízo patrimonial. A consumação do crime depende da verificação do prejuízo. Aponta-se o prejuízo patrimonial como sendo o "centro dogmático da burla moderna". Aqui, estabelece-se uma causalidade *entre os diversos elementos individuais de um mesmo tipo penal*.

Aponta-se igualmente para uma **relação de motivação interna** em casos como o do homicídio *por* provocação injusta ou ofensa imerecida (artigo 73º, nº 2, alínea b)), podendo dar-se ainda o exemplo daquele que mata outra pessoa dominado *por* compreensível emoção violenta, compaixão, desespero, etc., como é típico do artigo 133º.

Há porém tipos de crime incapazes de produzir um resultado naturalístico porque nada modificam externamente que seja passível de perceção pelos nossos sentidos, embora produzam um resultado *jurídico* (lesão ou perigo de lesão de um bem jurídico). Os crimes de comissão por **omissão imprópria** compreendem também "um certo resultado" (artigo 10, nº 1), de tal sorte que se o nadador salvador dolosamente deixa que o banhista se afogue, não obstante se lhe poder imputar a *omissão* da ação adequada a evitar o resultado do afogamento, responde por homicídio doloso se as restantes circunstâncias típicas convergirem no caso. Na omissão imprópria, justifica-se a imputação desse resultado ao omitente e, consequentemente, a afirmação da causalidade quando se puder sustentar que a ação devida mas omitida teria, com uma probabilidade muito elevada, uma probabilidade a raiar a certeza, evitado o resultado. Naturalmente, nunca se poderá ter a certeza absoluta de que o teria evitado. Uma orientação moderna vai mais além e procede à imputação sempre que se possa afirmar que a ação devida teria diminuído o perigo de produção do resultado (critério do aumento de risco aplicado às omissões). Um nexo alargado entre a omissão e a atribuição de um

NEXO DE CAUSALIDADE. IMPUTAÇÃO OBJETIVA

evento é sustentado por esta **doutrina do aumento do risco** ("Risikoerhöhungslehre"), para a qual a omissão já deverá ser "quase-causal" quando, através da ação imposta, o risco da produção do resultado (mais ou menos significativo para o correspondente bem jurídico) pudesse ser, não necessariamente evitado, mas ao menos diminuído. Se alguém se encontra com uma criança de meses numa casa rodeada de chamas e, como último e derradeiro recurso, não a atira pela janela ao encontro da multidão que se aglomera na vizinhança (parecendo ser esta a única atividade idónea), a imputação do resultado omissivo deverá afirmar-se uma vez comprovado que a ação de atirar a criança pela janela teria diminuído o risco de ela perecer no incêndio. A dúvida só poderá ser valorada a favor do omitente, como é de regra.

Já numa outra vertente, a imputação ocorre também nos casos em que não existindo um resultado propriamente dito, todavia o tipo descreve uma condição objetiva de punibilidade como no crime de participação em rixa previsto no artigo 151º. A aplicação da norma supõe que *da* rixa resulte morte ou ofensa à integridade física grave, mas não que o participante arguido, acusado ou condenado, tenha causado a morte ou a ofensa à integridade física grave.

2. Numa certa perspetiva, todos os fatores de que depende o acontecer desses efeitos – a morte de uma pessoa no homicídio, certos perigos derivados de um incêndio, etc. – são considerados, em conjunto, como a sua **causa**.

Em diferente perspetiva, *causa* será apenas um desses fatores e só um deles: os outros serão meras **condições**.

Numa boa parte das hipóteses nem sequer surgem dúvidas ao intérprete: se *A* dispara dois tiros a três metros de distância de *B*, atingindo-o na cabeça e no fígado, e *B* morre logo em seguida, não se coloca nenhum problema especial – os disparos são a causa da morte da vítima; esta é, a todas as luzes, **"obra"** de *A* e pode ser-lhe imputada objetivamente, embora a solução mais conforme à simplicidade do caso deva ficar-se pela "causalidade adequada", de que tratamos mais à frente.

No entanto, por vezes, os contornos são difíceis de destrinçar. No exemplo do cutelo, *B* foi agredido por *A*, que agiu com intenção de matar. A lesão provocada pela agressão do *A* não era de molde a provocar a morte de *B*, mas a esta agressão veio juntar-se a ação da mulher, na sequência da hospitalização para tratamento da ofensa recebida. Aliás, *B* podia ter morrido quando era transportado ao hospital se a ambulância em que seguia se tivesse despistado por excesso de velocidade ou fosse colhida por um comboio numa passagem de nível sem guarda. Podia até ter morrido por ser hemofílico, ou por erro médico. Ou mesmo por ter sido alcançado por um incêndio que alguém ateou no edifício da clínica onde fora internado. De qualquer forma, *A* sempre teria morrido uns dias depois, devido a irremediáveis problemas de coração.

O RISCO DE COMER UMA SOPA E OUTROS CASOS DE DIREITO PENAL

3. Durante muito tempo, acreditou-se ser suficiente analisar a relação de causalidade, pensando na ação (causa) que provoca um determinado evento ou resultado (efeito), utilizando para tal as diversas *teorias da causalidade*, nomeadamente a teoria da causalidade adequada. Hoje acredita-se ser isso insuficiente, apelando-se à chamada *imputação objetiva*[2].

Escreve Bernd Schünemann[3] que a reserva de maior peso contra a teoria da imputação objetiva consiste em se afirmar a sua desnecessidade, argumentando que a teoria da adequação se serve de todos os pressupostos adicionais que faltavam à causalidade para se chegar a uma relação juridicamente relevante entre ação e resultado. Objeta-se, contudo, parece que com razão, que a teoria da adequação não poderia resolver os grupos de casos em que se desenvolve – *já bem fora da esfera de influência do seu autor* – um curso causal absolutamente adequado mas longínquo. Mais à frente daremos o exemplo da morte por afogamento de R. Dutschke, por perda da consciência quando tomava banho, devido a deficiências derivadas de um atentado, que permanentemente o afetavam – um caso de *Spätschäden*, de danos sobrevindos posteriormente, como dizem os alemães. Outras situações de dano permanente com consequências tardias podem estar relacionadas com as infeções pelo vírus da imunodeficiência humana ("HIV"), por a morte poder vir a acontecer vinte ou mais anos depois desse primeiro resultado. Exemplos destes demonstram, diz Schünemann, porque é que a *adequação* de um curso causal é uma condição necessária mas não suficiente no plano da imputação penal. De um ponto de vista político-criminal, a imputação só é aceitável quando na sua base se colocam finalidades preventivas. Ora, se toda uma série de consequências tem lugar muito para além do âmbito de influência de quem provocou o primeiro dano, não fará sentido (ao contrário do direito civil, cuja função concorre para a reparação) castigar por esses resultados, como obra sua, quem infringiu a norma de proibição e com isso provocou o primeiro dano (a infeção), sem contudo ter maneira de exercer

---

[2] Outra é a questão da **imputação subjetiva**, a questão de saber se *A* atuou com dolo ou negligentemente. A mera prova da relação de causalidade não basta para responsabilizar alguém desde que no âmbito penal se deixou de aceitar uma espécie de responsabilidade objetiva como *responsabilidade pelo resultado*.

[3] Bernd Schünemann, *Obras I*, p. 386. Para o Prof. Faria Costa, *Noções fundamentais*, 2ª ed. (reimpressão), p. 231, "a causalidade adequada – constituindo mais uma teoria da imputação do que propriamente uma decorrência da causalidade pura – (...) é, ainda, insuficiente para alicerçar a imputação de um resultado às condutas idóneas – segundo as regras da experiência e da normalidade – a produzir tal resultado, particularmente no que respeita aos crimes de perigo". Também o penalista brasileiro Cezar Roberto Bitencourt, *Teoria Geral do Delito*, Almedina, 2007, entende que a *teoria da imputação objetiva* não tem a pretensão de resolver a relação de causalidade, tampouco de substituir ou eliminar a função da teoria da *conditio sine qua non*" (uma das teorias da causalidade); "pretende fazer prevalecer um *conceito jurídico* sobre um *conceito natural* (pré-jurídico) de causalidade".

NEXO DE CAUSALIDADE. IMPUTAÇÃO OBJETIVA

influência sobre a doença. Em resumo: a teoria da adequação será correta no seu ponto de partida, mas não suficiente. Haverá casos, porém, para cuja resolução bastarão as premissas da causalidade adequada, devendo o aplicador do direito quedar-se por esta fórmula.

Causalidade é uma regra empírica (falando sem grande rigor: é uma lei da natureza). Quando concluímos que "o fogo foi ateado por A com um simples fósforo" ou "devido a um curto-circuito", formulamos um juízo empírico. O seu lugar próprio, em termos processuais, é o da enumeração dos factos provados e não provados (artigo 374º, nº 2, do CPP).

A afirmação "o resultado x é obra de A, podendo ser-lhe imputado" representa, pelo contrário, uma forma específica de juízo de valor. Estão essencialmente em causa motivos de direito fundamentadores da decisão.

Causalidade e imputação não são de modo nenhum idênticas. Hoje tem-se por adquirido que o nexo de imputação e o nexo causal não são uma e a mesma coisa.

É assim que, quando falamos de "imputação" (nos pressupostos das *teorias do risco*) partimos do resultado para a ação. O primeiro caminho (causalidade) é conforme às leis naturais e corresponde à doutrina clássica. O segundo caminho (imputação objetiva) tem características normativas e busca resolver insuficiências dos pontos de vista tradicionais. Causalidade e imputação objetiva não podem ser confundidas, ainda que a causalidade seja o primeiro passo para se avançar nos caminhos daquela[4]. Usemos palavras do Prof. Faria Costa para sustentar que *a causalidade é um momento imprescindível e autónomo para a exata caracterização do nexo de imputação objetiva*. É o primeiro *cânone* interpretativo de que nos devemos socorrer para sabermos se *aquele* facto deve ser ou não imputado ao agente. Na verdade – veremos isso a seu tempo com outro pormenor – "só é objetivamente imputável um resultado ilícito, *causado por um comportamento humano*, se esse comportamento tiver criado um perigo de produção do resultado juridicamente desaprovado e se esse perigo se tiver efetivamente realizado na concreta materialização do acontecimento"[5].

As modernas tendências tratam de saber se o resultado verificado (nos crimes de resultado de dano ou de perigo, etc.) deve ou não ser imputado a uma determinada pessoa como **"obra sua"**, independentemente das questões

---

[4] Aliás, a problemática agora em causa (causalidade *e* imputação objetiva) é correntemente exposta, **em conjunto**, para os tipos objetivos dos crimes de comissão por ação dolosos e para os tipos de comissão negligente, devendo começar já por se acentuar que o **nexo causal** entre a ação e o resultado é frequentemente entendido como o pressuposto *mínimo* da punibilidade. Coisa diferente é o maior relevo que à imputação objetiva tem sido reconhecido no campo da delinquência negligente.

[5] Faria Costa, *O Perigo em Direito Penal*, p. 505 e s., bem como a nota (85), que remete para Rudolphi.

subjetivas que possam surgir (dolo ou negligência). Uma tal comprovação será, por assim dizer, o magno problema da responsabilidade penal, por se encontrar na encruzilhada em que se definem autores e vítimas, nomeadamente quando diversas pessoas intervêm num mesmo acontecimento, tornando necessária essa atribuição de responsabilidades e a exata definição dos diferentes papéis assumidos por cada um.

II. Nexo de causalidade

Causalidade é a relação naturalística entre ação e resultado. Com o termo "causalidade" trata-se de saber, tanto para os juristas como para os leigos, **se uma determinada ação foi causa de um certo resultado**. Uns e outros "compreendem" que os eventos futuros dependem dos eventos que os precederam e que a relação de causa e efeito é "responsável" pela sucessão regular dos eventos. Aliás, a expressão foi sempre empregada para denotar essa espécie de relação entre eventos chamados, respetivamente, "causas" e "efeitos". De certo modo, "tout se tient", tudo está ligado: a maré que sobe e desce, o desabrochar da flor, tudo no mundo tem uma causa, embora o que verdadeiramente nos interesse, no plano da imputação, sejam os *comportamentos humanos, incluindo certas pessoas coletivas, e as suas consequências*. O **princípio de causalidade**, ao afirmar a existência de relações causais no universo, exprime "uma das conceções da ordem do mundo e é comummente considerado como um instrumento essencial, ou mesmo o único, para uma válida explicação e previsão dos eventos"[6].

1. As teorias "clássicas" da causalidade

Como adjuvantes no estabelecimento do apontado nexo causal concorrem sobretudo duas fórmulas: a da *equivalência das condições* e a da *condição conforme às leis naturais*. Há quem dê preferência à primeira; há quem se incline para a segunda; outros utilizam as duas nas comprovações a que pretendem chegar (empreendendo, então, uma "dupla" prova da causalidade), embora isso não seja necessário, uma vez que qualquer das fórmulas, quando corretamente utilizada, permite chegar a resultados semelhantes.

---

[6] Stefan Amsterdamski, *Enciclopédia Einaudi* 33, p. 64. **Causalidade** e **finalismo** são dois modos opostos de explicar a sucessão regular dos eventos. A distinção é tratada no mesmo artigo de S. Amsterdamski. Já de resto a abordámos, em momentos anteriores, a propósito das teses finalistas no Direito Penal. As conceções finalistas parece remontarem a Tomás de Aquino, que ensinava que *omne ens inteligens agit propter finem* (todo o ser inteligente age em razão de um fim).

a) A fórmula da equivalência das condições

No plano da causalidade, a doutrina da equivalência das condições continua, ainda hoje, a ter larga aplicação prática, nomeadamente, para a jurisprudência alemã. A teoria, cujos fundamentos vêm dos tempos de Stuart Mill, um dos pensadores liberais mais influentes do século dezanove: *"cause"* – *"the sum total of the conditions"*, assenta em que causa de um fenómeno é todo e qualquer fator ou circunstância que tiver concorrido para a sua produção, de modo que, se tal fator (*condição*) tivesse faltado, esse fenómeno (por ex., a morte de uma pessoa) não se teria produzido (fórmula chamada da *condicio sine qua non*)[7].

aa) O método de eliminação

Partindo deste quadro naturalístico da equivalência das condições, **causa** é, no sentido do direito penal, toda a condição de um resultado que se não possa **suprimir mentalmente** sem que desapareça o resultado na sua forma concreta; ou, na formulação de Mezger, causa do resultado é qualquer condição, positiva ou negativa, que, suprimida *in mente*, faria desaparecer o resultado na sua forma concreta. Vejamos o[8]

Caso nº 3 *A* mergulhou numa situação financeira muito grave após ter perdido um processo judicial movido por um credor. Para se vingar do juiz, telefonou para casa deste e disse à mulher, fingindo ser da polícia, que o marido tinha tido um gravíssimo acidente pouco antes e que não resistira aos ferimentos. A mulher, perante a inopinada notícia, perdeu os sentidos e não resistiu: pouco depois falecia[9].

Nos parâmetros da teoria da equivalência, a causalidade da notícia para a morte da mulher estabelece-se do seguinte modo: o que é que teria acontecido se *A não* tivesse feito o telefonema para casa do juiz? Não tendo sido informada do "infausto acontecimento", a mulher nem teria desmaiado, nem teria morrido pouco depois. Eliminando-se o telefonema suprime-se o resultado, de forma que a conduta de *A* causou a morte da mulher.

---

[7] No direito anglo-americano emprega-se a expressão "but for test" para designar a teoria causal equivalente à *condicio*. O *test* faz-se nos termos que acima ficam expostos; muito em resumo, pergunta-se se o evento se teria produzido "but for," ou seja: na ausência da ação do sujeito. O método exige todavia algumas precisões, para as quais vale a pena consultar, por ex., George Fletcher, *Basic Concepts of Criminal Law*, Oxford University Press, 1998, p. 64 e ss.

[8] Exemplo de v. Heintschel-Heinegg, *Prüfungstraining Strafrecht, Band* 1, 1992, p. 147.

[9] Cf., a propósito de atos desencadeadores de perturbações psíquicas, Faria Costa, *O Perigo*, p. 531.

O RISCO DE COMER UMA SOPA E OUTROS CASOS DE DIREITO PENAL

Condição é assim qualquer circunstância sem a qual o resultado se não produziria. Qualquer condição do resultado, mesmo que seja secundária, longínqua ou indireta, é causa do mesmo. Para efeitos causais todas as condições são equivalentes. Na base desta consideração, para decidir se uma situação, conduta ou facto natural é condição, utiliza-se o indicado **juízo hipotético de eliminação** também dito de **supressão mental**.

bb) **Problemas específicos no âmbito da causalidade**

Como a teoria da equivalência não se livra (para os penalistas... não tratamos aqui e agora da vertente filosófica) de diversas fraquezas, num caso ou outro exige que se lhe introduzam **correções**. Vejamos os mais representativos,[10] a começar na interrupção do nexo causal.

Caso nº 4 *A* e *B* são inimigos de *C*. Certo dia, *A*, com dolo homicida, ministra a *C* um veneno que lhe produzirá inevitavelmente a morte, mas lentamente. Antes de surgir a morte, *C* é morto a tiro por *B*.

Caso nº 5 *A* quer livrar-se do marido, *M*, que a tiraniza e faz num inferno a vida dela e da família. Aproveitando o sono de *M* junto à lareira da sala, *A* vai por trás e dá-lhe uma forte pancada na cabeça com o atiçador do lume. *M* cai desamparado e fica no chão sem sentidos. *A* desaparece para se ir entregar à polícia. Entretanto chega a filha *B* e encontrando o pai naquele estado bate-lhe na cabeça com o atiçador que por ali continuava. *M* morre. Veio a apurar-se que qualquer das pancadas, por si só, era suficiente para dar a morte e que a ação da filha só teve por efeito apressar a morte do pai.

– Há nos casos acima uma **quebra ou interrupção do nexo causal**. O processo causal iniciado com a ministração do veneno (ou com a primeira pancada, no caso da mulher que quer livrar-se do marido) não chegou ao fim, foi "ultrapassado" por um outro processo subsequente que apressou a morte. Nos casos "patológicos", para usar uma expressão do Prof. Pereira Coelho, de quebra ou interrupção do nexo causal, em que inicialmente se põe em marcha uma cadeia causal com capacidade para produzir o resultado, um sucesso posterior abre – de forma totalmente independente da condição posta anteriormente – uma **nova série causal** que, por si só, produz o resul-

---

[10] Já em Eduardo Correia, *Direito Criminal* I, p. 252 e ss., se contactava com as debilidades do pensamento naturalisticamente causal.

NEXO DE CAUSALIDADE. IMPUTAÇÃO OBJETIVA

tado. Consequentemente, dá-se a quebra da primeira série causal por outra que se lhe antecipa, o que pressupõe que a condição posta anteriormente continuaria a surtir efeito até à produção do resultado. Acontece que, para a teoria da equivalência das condições, a causalidade da primeira ação não será excluída. Para a teoria da equivalência, num caso e noutro, *B* matou a pessoa que já teria pouco tempo de vida devido à atuação do terceiro, entretanto desencadeada.

– Nos casos de **causalidade alternativa**, também ditos de dupla causalidade. Se *A* e *B* disparam simultaneamente sobre *C*, atingindo-o, um na cabeça outro no coração, a hipótese é de causalidade alternativa (*dupla causalidade*)[11] [12]. Aplicando-lhe a fórmula da *condicio*, i. é, se por forma independente suprimirmos mentalmente cada uma das condições (o disparo) o resultado não deixa de se verificar. Consequentemente, na lógica da *condicio*, nenhum dos

---

[11] Como nos pelotões de fuzilamento, em que as balas dos soldados atingem o condenado na cabeça ao mesmo tempo, nas situações de dupla causalidade as duas condições levam, *simultaneamente*, ao resultado. Se os irmãos *A* e *B* querem ver-se livres de *C*, o tio rico, e cada um deles, independentemente um do outro, lhe ministra no mesmo prato de sopa uma dose letal de veneno, *C*, com a dose dupla, inevitavelmente, acaba por morrer. Segundo uma opinião, se a autópsia revela que qualquer das doses podia provocar a morte, ainda assim, os irmãos só poderão ser sancionados por homicídio tentado, atenta a inarredável dificuldade probatória. O problema será então de prova e não de causalidade. Acentua-se que só haverá dupla causalidade quando as duas ações concausam o resultado – se o segundo tiro for disparado quando o primeiro já produziu o resultado o que se atinge é, obviamente, um cadáver, e não será causal da morte.

[12] A figura não deverá ser confundida com a **causalidade cumulativa**, aqueles casos em que a concorrência de duas ações, independentes uma da outra, produz o resultado (*A* administra uma porção de veneno e logo a seguir *B* faz o mesmo, sem a existência de qualquer plano comum, mas só a concorrência das duas quantidades é capaz de provocar a morte, por qualquer delas ser insuficiente). O evento típico resultará de mais do que uma causa, sendo cada uma, por si só, insuficiente para produzir o resultado. Os respetivos efeitos unem-se ou potenciam-se (na solução do Prof. Taipa de Carvalho, *A Legítima Defesa*, p. 132, "o que parece estar em causa são tentativas inacabadas"). As causas, aliás, podem ser **variadas** ou mesmo **múltiplas**, dificultando ainda mais a imputação (ex. da poluição de um rio; ou a do que sofre um disparo de arma de fogo na região torácica e vem a morrer quando a ambulância que o levava ao hospital se envolve num acidente e a vítima sofre traumatismo craniano; se o traumatismo não produziu por si só a morte, mas contribuiu para o agravamento da situação, o autor do disparo, comprovado o dolo homicida, responde a este título, embora limitado à tentativa; o responsável pelo acidente responderá por homicídio, provavelmente, negligente). E se o excesso de velocidade do condutor levou à morte de uma criança que, inadvertidamente, atravessa a estrada por manifesta falta de cuidado da mãe – como deve responder o Direito? pergunta a Prof. F. Palma, *RPCC* 9 (1999), p. 549. Detetamos aqui duas causas que convergem no evento, mas "o atropelamento explica apenas parcialmente a morte da criança, tal como o próprio comportamento negligente da mãe". Só mais um exemplo: num encontro no campo, José deixa ficar a espingarda carregada, sem acionar a patilha de segurança. Uma amiga pergunta-lhe se está carregada e José, despreocupadamente, responde-lhe que não. A jovem aponta a arma a um terceiro, dizendo-lhe, em tom de brincadeira: "Tony, vou-te matar!", apertando o gatilho e produzindo a morte instantânea deste. Neste exemplo, o resultado produz-se pela soma das intervenções do dono da arma e da jovem que a manejou. A solução, na ausência de dolo, pode ser a de fazer responder cada um deles por crime negligente. A questão está relacionada com a da chamada autoria nos crimes negligentes (**autorias paralelas**).

disparos seria causa da morte – o que levaria à absolvição dos dois agressores. A supressão mental da condição (por meio da qual se pretende saber se ela é causa do resultado) não é apta a resolver o problema. O resultado só se eliminaria se afastássemos os dois disparos, o que certamente ilustra os limites desta teoria, como frequentemente observam os autores, exigindo que se lhe introduzam certas correções, com os olhos postos nos objetivos do direito penal. Na verdade, havendo várias condições alternativas, qualquer delas poderá eliminar-se mentalmente sem que desapareça o resultado na sua forma concreta. Portanto, cada uma delas é causal do resultado – o que contraria os pressupostos da equivalência das condições.

– Nos casos de **causalidade virtual**. No exemplo do pai da vítima que mata o enforcado afastando e substituindo-se ao carrasco, sempre se poderia afirmar que o enforcado teria morrido nas mesmas e exatas condições da sentença condenatória. Parece não existir qualquer causalidade na ação do pai da vítima se seguirmos à letra a teoria da *condicio*. Conclusão: o processo hipotético de eliminação mental também não é aqui eficaz.

– A crítica mais acertada, e ao mesmo tempo a menos justa, que se dirige à teoria das condições é porém a do "regresso ao infinito", por se considerarem causais, por ex., circunstâncias muito remotas ou longínquas. A morte da vítima foi causada pelo homicida, mas também se poderia dizer o mesmo dos ascendentes deste, os pais, avós, bisavós. Um acidente de viação com vítimas terá sido causado não só pelo condutor mas também pelo fabricante e pelo vendedor do carro. Poderia até ser causa do adultério o carpinteiro que fez a cama onde os amantes o consumaram.

– Outra objeção é a de que assim se responsabilizam pessoas mesmo quando entre o facto e o evento danoso as coisas se passaram de forma totalmente *imprevisível, anómala* ou *atípica*, como no exemplo do ferido, que não morre da agressão, mas no acidente da ambulância que o transporta ao hospital: sendo as condições equivalentes, o agressor seria responsável pelo efeito letal, mesmo que a ferida por si produzida fosse de molde a curar-se em oito dias.

– Outras insuficiências aliam-se a hipóteses próprias da "sociedade do risco" como por exemplo as dos atentados ao ambiente, que conta frequentemente com o concurso de causas, da manipulação genética, da responsabilidade pelo produto; ou mesmo de outra natureza, como a responsabilização de entes coletivos e a repartição de responsabilidades dentro destas entidades, o trabalho de uma equipa médica, cirúrgica, etc.[13].

---

[13] Enumeração sugerida por Figueiredo Dias, *DP/PG* I, 2007, p. 325; e Silva Dias, *Proteção Jurídico-Penal dos Interesses dos Consumidores*, 2001, p. 61. No que toca aos problemas da imputação objetiva do dano ambiental, veja-se ainda Figueiredo Dias, "O Direito Penal na sociedade do risco", *Temas Básicos da Doutrina Penal,*

NEXO DE CAUSALIDADE. IMPUTAÇÃO OBJETIVA

cc) O que é que acontece se aplicarmos aos casos n°s 1 e 2 os pressupostos da teoria da equivalência das condições?

Ao atirar o cutelo contra o peito do colega, ferindo-o, *A* pôs uma condição que, lançando mão da teoria da equivalência, não poderá eliminar-se mentalmente sem que desapareça o resultado. Deste modo, não tem significado, face à equivalência das condições, a circunstância de se tratar de um processo completamente atípico[14] e de à ação de *A* se vir juntar a conduta de *C*. Para esta teoria, mesmo a intervenção de um terceiro, seja ela dolosa ou simplesmente negligente, não quebra a cadeia causal. Nesta perspetiva, a atuação de *A* é causal da morte de *B*.

O caso n.º 1 adianta a hipótese de *A* morrer devido a problemas cardíacos. Os **processos causais hipotéticos** (processos *virtuais*) são aqueles em que o autor provoca o resultado, mas este sempre teria acontecido por forma independente daquela ação, o que significa que tais processos carecem de relevância[15].

Sucedeu que uma outra condição, adiantando-se, apressou a morte – acelerou-se o resultado, como em geral acontece quando se dispara sobre um moribundo, ou quando vem um indivíduo, diferente do carrasco, que *antes* da hora oficialmente marcada para a execução, acionando a guilhotina, mata o condenado. O comportamento da mulher, ao aplicar a almofada na cara de quem, prostrado na cama do hospital, não se podia defender, é causal do resultado (artigo 131.º), de acordo com a fórmula habitual da *condicio*, mesmo que, sem essa atuação, a morte fosse inevitável e se daria num momento posterior devido à doença (processo causal hipotético). A morte (note-se: o *mesmo* resultado) sempre ocorreria, embora de outra maneira. Se se atender ao decurso causal efetivo, a causalidade não se exclui nos casos em que intervêm processos causais hipotéticos. Isto significa que não

p. 155 e ss. Já se observou que a previsibilidade de um resultado lesivo do ambiente deixa de funcionar como critério de imputação, tornando praticamente impossível prever os efeitos da ação (circunstância que não será determinante num crime "clássico", mas por vezes de efeitos devastadores, como é o do incêndio florestal). Não admira que Silva Dias chame a atenção para a "flexibilização" das categorias centrais da imputação jurídico-penal no domínio dos contributos cumulativos ambientais, ideia a que também Vasco Pereira da Silva, *Verde Cor de Direito*, Almedina, 2002, é sensível.

[14] A vítima acabou por morrer, não obstante a agressão com o cutelo surgir desacompanhada de perigo para a vida. O processo causal será igualmente atípico se *A*, com intenção de matar *B*, o fere tão ao de leve que este só tem que receber ligeiros curativos no hospital, para onde é transportado, mas no caminho, por hipótese, a ambulância onde *B* seguia intervém num acidente, batendo fragorosamente num automóvel que se lhe atravessa à frente num cruzamento, e *B* morre, por ter saído gravemente ferido do acidente. Acontece que para a fórmula da *condicio* a **atipicidade do processo causal** não exclui a causalidade, o que amplia excessivamente a responsabilidade, como melhor veremos a seguir.

[15] Uma ou mais condições ficam como que "à espreita", de reserva (*Reserveursachen*). *A*, que recentemente entrou a fazer parte de um bando de criminosos, é incumbido de matar *B*, o que consegue, não obstante ser novato e se tratar da sua primeira "atuação"; *B*, porém, sempre teria sido morto por *C*, outro membro do bando e velho profissional do crime, bem preparado para estas andanças, que estava pronto para disparar, se *A* tivesse falhado o tiro.

O RISCO DE COMER UMA SOPA E OUTROS CASOS DE DIREITO PENAL

se pode contar com tais processos[16]. Não é legítimo perguntarmos, por ex., o que se teria passado se o ofendido não tivesse sido transportado ao hospital: são as circunstâncias *efetivamente realizadas* que deverão ser suprimidas *in mente*, e não as hipotéticas. Decisivo é o **resultado concreto** na sua especial conformação, não uma morte qualquer, como resulta do artigo 131º, mas a morte ocorrida em Salzburg, no dia 7 de novembro de 1983, pelas 23h12m, junto à casa do compositor Amadeus Mozart, depois de uma refeição a que alguém adicionou uma porção de veneno para os ratos[17].

Caso nº 6   *A* planeia atravessar uma vasta região desértica. Tem porém dois inimigos, *M* e *N*, que, independentemente um do outro, fazem o seguinte: *M* envenena a água do cantil do *A*; *N* faz-lhe um pequeno furo, suficiente para a água se ir perdendo. Durante a longa e esgotante caminhada, *A* sentiu necessidade de beber, mas imediatamente verificou que o cantil estava vazio. *A* acabou por morrer de sede.

Terá *N* matado *A*? Segundo a fórmula da *condicio*, se excluirmos mentalmente a ação de *M*, de furar o cantil, mesmo assim *A* teria morrido, não de sede (**o resultado concretamente verificado**), mas por ter bebido a água envenenada. O furo no cantil por onde a água se escoou foi a causa da morte do viajante do deserto. A água envenenada não desempenhou qualquer papel. Só teria sido causa eficiente se a ação de *M* não tivesse ocorrido, de modo que tal condição não será real, mas hipotética ou de reserva.

No caso do automobilista (caso nº 2), o resultado mortal – que na sua expressão naturalística, enquanto acontecimento infausto e infelizmente definitivo, não deixa espaço para discussão – fica vinculado à apreciação da relação causal, como qualquer outro pressuposto geral da punibilidade. Está em causa um comportamento humano *e todas as suas consequências*. Utilizando os rigores formais da *condicio* não é possível excluir a causalidade mortal do murro dado por *C*, ainda que *V* já estivesse em risco de morrer por se encontrar extremamente depauperado. Todavia, mesmo para um não jurista, parece claro que a morte de *V* não deverá ser atribuída a *C*, que condições destas não devem influenciar a causalidade quando tudo não passou de um acontecimento tão invulgar quanto infeliz. Começamos

---

[16] Há quem considere que os processos causais hipotéticos não são nenhum problema de causalidade, não fazendo sentido comparar o processo causal acontecido com o que não aconteceu. Todavia, também há quem defenda a pertinência da validade dos acontecimentos futuros, como bem explica o Prof. Faria Costa, *O Perigo em Direito Penal*, p. 562. Quem corta a corda muito fina que se vai esboroando mas que dá para ir sustentando alguém pendurado de um prédio é certo que antecipa o momento da morte apenas por alguns segundos, mas não deixa de condicionar o momento final (o momento que traz a morte).

[17] Triffterer; *Öst. StrafR*, p. 123.

NEXO DE CAUSALIDADE. IMPUTAÇÃO OBJETIVA

a compreender que a adesão à fórmula da *condicio* leva frequentemente a uma excessiva ampliação da responsabilidade.

dd) Certas insuficiências da *condicio* tiveram que ser corrigidas

O facto de haver água no mar explica certamente o afogamento do náufrago, mas também é verdade que, entre todas as condições (necessárias) deste evento, "causais" são apenas aquelas que no correspondente contexto "fazem a diferença": the "cause, though not a literal intervention, is a *difference* from the normal course which accounts for the difference in the outcome"[18].

Excurso. "A famosa condição INUS": o que *faz a diferença*. Alguém deita um cigarro aceso para o caixote de papéis, acabando o fogo por destruir a casa. Atirar um cigarro para o cesto dos papéis só ateia um fogo se ocorrer uma conjugação (suficiente) de outras condições, positivas e negativas. Uma é a existência de oxigénio no ar; outra o grau de humidade – se estiver a chover e a água invadir a saleta onde se encontram os papéis sem préstimo, a ação de *A* dificilmente entrará num conjunto de condições suficientes para destruir a casa pelo fogo. Deste modo, "*a causa*" é uma condição selecionada num conjunto de condições que se agregam para propiciar a consequência. Cada membro deste conjunto de condições é necessário para completar o conjunto. O oxigénio no ar é por isso tão necessário quanto o deitar o cigarro aceso para o cesto dos papéis. O que *faz a diferença* é o facto de o oxigénio do ar ser "excêntrico" relativamente à questão que nos é posta. Desempenha um papel semelhante ao da velocidade (normal) de um comboio que descarrila, pois se a composição estivesse parada na estação para o embarque de passageiros o descarrilamento não teria sucedido. Numa perspetiva meramente lógico-analítica – entendem Paulo de Sousa Mendes e António João Miranda[19] que é legítimo chamar *causa* "apenas a uma parte insuficiente por si mesma, mas não supérflua, de um conjunto não necessário mas suficiente de condições do resultado". "Essa é a famosa condição *INUS*" – "que variará consoante a parte do processo causal que suscitar a nossa atenção". No incêndio da casa a ponta de cigarro atirada para o cesto dos papéis explica o evento, objeto das nossas preocupações. Ou, como melhor entende Kindhäuser,

---

[18] A observação é devida a Herbert L. A. Hart and A. M. Honoré, *Causation in the Law*, 2ª ed., Oxford, 1985, p. 29. Este mesmo estudo veio a ser incluído numa coletânea organizada por Herbert Morris, *Freedom and responsibility*, Stanford University Press, p. 329 e ss., onde se trata da condição INUS, referida no texto.

[19] Paulo de Sousa Mendes e António João Miranda, "A causalidade como critério heurístico" *RPCC* 15 (2005), p. 186. Sobre a Inus-Bedingung e a teoria de Mackies, cf. Heinz Koriath, *Grundlagen Strafrechtlicher Zurechnung*, Berlim, 1994, p. 322 e ss. INUS: *an Insufficient but Necessary part of a condition wich is itself Unnecessary but Sufficient for the result.*

da totalidade das condições necessárias para explicar o incêndio da casa, foi o cigarro aceso a última condição que, "tendo em vista o resultado da questão, deve ser vista como intencionalmente manipulável e, consequentemente, como relevante para o direito penal"[20]. Tudo isto para pôr em relevo que a observação jurídico-penal da causalidade "apenas se ocupa da relação entre uma determinada conduta e um certo resultado".

A "teoria da adequação" (só para, por enquanto, dar o exemplo desta), não sendo uma teoria da equivalência, procura limitar os inconvenientes que resultam da fórmula da *condicio*, restringindo o âmbito da responsabilidade penal no plano da causalidade: é por isso, mais exatamente, uma *teoria da responsabilidade*,[21] e não, propriamente, uma teoria da causalidade. Para além da causalidade, enquanto exigência mínima do critério de imputação, opera-se com critérios normativos por forma a não identificar causa com *qualquer* condição do resultado.

Não haverá realização causal (adequada) se a produção do resultado depender de um **curso causal anormal e atípico**, ou seja, se depender de uma série completamente inusitada e improvável de circunstâncias com as quais, segundo a experiência da vida diária, não se poderia contar.

Em sentido contrário (de *não* negar o nexo causal) operam as chamadas "causas adicionais hipotéticas", o mesmo é dizer que tal nexo só se interromperá logicamente "quando o resultado se teria verificado, ainda, *sem a atividade do agente*". Não se excluirá a relação de causalidade entre o rapto e o subsequente homicídio de um político, argumentando que mesmo sem o rapto o político teria igualmente morrido na queda do avião em que ia viajar[22].

Sempre com o intuito de corrigir deficiências, nalgumas ocasiões recorreu-se (para além da teoria da adequação) à "imputação subjetiva": quem causa a morte de outra pessoa, ou atua dolosamente ou o faz por negligência, e só nessa medida é que o facto será punível[23].

---

[20] Urs Kindhäuser, "Aumento de risco e diminuição de risco", *RPCC* 20 (2010), p. 16 (tradução de Inês Fernandes Godinho). Kindhäuser dá a seguir o exemplo da jarra pintada por Picasso que o *A* atirou ao chão e se desfez em pedaços. A verdade é que tanto *A* como Picasso contribuíram para que no chão estejam cacos de uma jarra pintada, "todavia, relativamente ao resultado a explicar, apenas está em jogo a modificação da jarra de um estado em que se encontrava inteira para um estado em que está partida".

[21] Vd., por ex., Eduardo Correia, *A teoria do concurso em Direito Criminal* I – Unidade e Pluralidade de Infrações, Almedina, 1963, p. 59 e ss.

[22] Consequência apontada pelo Prof. Eduardo Correia, *Direito Criminal* I, p. 255, que dá o exemplo do *A* que fere mortalmente *B* num comboio, mas antes de morrer há um descarrilamento que lhe causa efetivamente a morte. "Neste caso, o resultado verificar-se-ia independentemente da ação do agente".

[23] Já o Prof. Manuel de Andrade, *Teoria Geral das Obrigações*, Coimbra, 1963, p. 353, no terreno civilístico, ensinava que os partidários da *condicio* procuravam afastar os resultados chocantes a que ela parece

NEXO DE CAUSALIDADE. IMPUTAÇÃO OBJETIVA

Houve também algum ganho de causa com o recurso à chamada teoria da condição conforme às leis naturais (*Lehre von der gesetzmässigen Bedingung*).

b) A teoria da causa como condição conforme às leis naturais

As criticas à fórmula da *condicio* levaram uma parte significativa da doutrina a enveredar pela "condição conforme às leis naturais" que pode enunciar-se assim: uma conduta é causa de um resultado típico quando esse resultado, de acordo com as leis da natureza, estiver ligado a essa conduta por uma cadeia de modificações no mundo exterior[24]. Este critério, que como qualquer outro tem na sua base a fórmula da *condicio, fundamenta a causalidade na experiência e conhecimentos de quem é perito na situação* que se quer pôr em evidência. É importante compreender que esta fórmula **prescinde de um juízo hipotético de eliminação** acerca do que teria ocorrido se as coisas se tivessem desenvolvido de outro modo: no fundo, limita-se a indagar se o resultado se encontra unido à ação de acordo com as leis da natureza. A tarefa é deixada aos peritos, atentos os seus conhecimentos científicos. Há de ser, por exemplo, a medicina legal a decidir se a bala afetou um órgão vital e produziu a morte. Enfatiza-se o papel dos médicos legistas enquanto portadores dos conhecimentos das leis que regem os diversos fatores em jogo.

Com o termo **"lei causal natural"** pretende comprovar-se um número estatisticamente representativo de casos com a repetição do mesmo resultado, em termos de permitir uma **relação causal geral** (*comprovação probabilística da causalidade*). Um comportamento humano será pois causal de um determinado resultado típico se este se lhe seguir no tempo e com ele estiver conexionado em conformidade com as leis naturais. "Para a causalidade no sentido das leis naturais trata-se unicamente de saber se a uma ação se sucede no tempo uma modificação no mundo exterior, de tal modo que a ação esteja necessariamente vinculada por leis naturais identificáveis e as represente como seu resultado típico"[25].

Quais as vantagens desta fórmula? Oferece uma melhor fundamentação relativamente à teoria pura da equivalência das condições no sentido de encontrar **a ação realmente eficiente** para a produção do resultado sem ter em conta causas adicionais hipotéticas.

Apontam-se-lhe porém desvantagens: desde logo, algumas dificilmente superáveis "face ao princípio jurídico-processual penal *in dubio pro reo*", adiantando-se que "uma comprovação probabilística da causalidade não pode constituir mais do que uma mera *hipótese* de causalidade". Neste sentido parece ser a posição de

---

realmente conduzir, operando com a ideia de culpa. "O devedor não responderia senão pelos danos de que tivesse culpa (isto é, que podia ter previsto) e não por todos os danos causados pelo inadimplemento".
[24] Cf. K. Kühl, *Strafrecht, AT*, 4ª ed., p. 34.
[25] Walter Gropp, Strafrecht Allgemeiner Teil, p. 154

Figueiredo Dias, que no entanto faz a ressalva de que a ciência, por ex., a ciência médica, "não prescinde hoje, cada vez mais, destes juízos estatísticos e generalizadores e sobre eles constrói o progresso do conhecimento técnico-científico e das suas realizações. Por isso se pode concluir aqui que uma comprovação conforme às leis científicas, ainda que de base estatística ou probabilística, é bastante como degrau ineliminável, em certos casos, da imputação jurídico-penal, pelo menos sob a forma de que a condição lesiva seja determinada de modo convincente, uma vez que, também de modo convincente, se pode excluir um terceiro fator interveniente"[26]. Daí que alguns vejam nesta modalidade um lado positivo e um lado negativo que convenientemente tratados garantem e acompanham, em definitivo, o espírito e o teor da fórmula.

Caso nº 7 O óleo de colza provocou há anos em Espanha graves lesões e enfermidades, com sintomatologia bastante anómala, e até mortes. O óleo tinha sido adulterado com substâncias que não foi possível determinar integralmente, embora nalguns casos se tivesse identificado a mistura de anilina (produto tóxico), com a *particularidade* de nem todos os consumidores terem manifestado o síndroma de toxicidade e de a natureza tóxica da mistura só ser conhecida pelos que a elaboraram e puseram à disposição dos retalhistas como óleo comestível comum.

Caso nº 8 O óleo de colza tem pontos de contacto importantes com um outro, acontecido na Alemanha, que ditou a sentença do Lederspray (pulverizador de couro) contando também com um síndroma tóxico inesperado, cuja relação de causalidade não chegou a ser esclarecida[27]. Durante mais de vinte anos, a Erdal comercializou uns sprays para a conservação do couro do calçado. Não se conhecem queixas dos usuários, mas nos finais de 1980 a empresa começou a receber reclamações por danos na saúde das pessoas que tinham usado o produto corretamente, sobretudo dificuldades respiratórias, náuseas e febres, detetando-se na generalidade dos casos um edema pulmunar. O BGH, na ausência de outros fatores, socorreu-se de um **processo de exclusão de alternativas** ("Alternativenausschlussverfahren"), no convencimento de que os efeitos nocivos sobre os pulmões das pessoas que tinham utilizado o pulverizador comercializado pela Erdal só poderiam ter sido provocados por este produto.

---

[26] Figueiredo Dias, *DP/PG* I, p. 326.
[27] BGHSt 37, 106, *Juristenzeitung*, 1992, p. 253; I. Puppe, *Strafrecht AT* 1, 2002, p. 59; Schulz *JA* 1996, p. 186; e Walter Gropp, *Strafrecht AT*, p. 149.

NEXO DE CAUSALIDADE. IMPUTAÇÃO OBJETIVA

A problemática é a dos chamados **processos causais não verificáveis**,[28] casos em que reiteradamente o resultado se faz sentir, afetando um número elevado de pessoas que anteriormente estiveram em contacto com um determinado fator, por ex., ingeriram o mesmo produto ou medicamento, havendo uma fundada suspeita ou uma grande probabilidade de que esse seja o agente causador do resultado, embora se desconheça qual o exato mecanismo ou o processo, químico ou físico, produtor do efeito danoso. São casos em que as correspondentes ciências empíricas não foram capazes de o reconstruir *a posteriori,* como aconteceu com o Contergan (talidomida). A questão estará em determinar se basta ou não uma grande probabilidade, eventualmente rasante da certeza, para afirmar a existência da relação causal – embora se não conheça exatamente a totalidade do processo causal. Para o Tribunal Supremo de Espanha, deve considerar-se que no indicado contexto existe uma **lei causal natural** quando, comprovado um facto num número muito elevado de casos semelhantes, seja possível pôr de parte a hipótese de as consequências se terem produzido devido a outros fatores[29] [30]. Tais condições são suficientes, disse o tribunal, para garantir uma decisão *racional* do caso do ponto de vista do direito penal.

---

[28] Sobre o conceito, veja-se Torio, "Cursos causales no verificables", *ADPCP* 1983, p. 221 e ss.

[29] A sentença da *colza* é de 23 de abril de 1992. Sobre o caso da *colza* cf. alguns dos estudos publicados na obra coletiva, org. por Santiago Mir Puig e Diego-Manuel Luzón Peña, *Responsabilidad penal de las empresas y sus órganos y responsabilidad por el produto,* Bosch, 1996; e as considerações de Maíllo, p. 268. No julgamento do óleo de colza, vista a impossibilidade de afirmar a existência de um nexo causal, porque por exemplo os peritos não se entendiam, a consequência lógica seria a aplicação do *in dubio,* dizem alguns. A solução maioritariamente sustentada em Espanha considera, porém, que nos casos complexos o juiz não está necessariamente vinculado a ter de negar a relação de causalidade, podendo esta ser afirmada sempre que se cumpram duas condições: a probabilidade estatística e a exclusão racional de outras soluções. A solução implica que se examinem outras possibilidades do ponto de vista da lógica, dos conhecimentos científicos e das regras da experiência, para poder negar-se a influência de outros fatores na produção do resultado. Nesse sentido, "o juiz, tomando em consideração de forma lógico racional essas duas condições, a probabilidade estatística e a exclusão de outras causas, pode perfeitamente motivar a existência de um nexo de causalidade, apartando-se de algumas conclusões periciais que possa haver, sempre e quando, para além desta base objetiva, se forme a sua convicção quanto a esta questão", Barja de Quiroga, *Tratado de derecho procesal penal,* p. 1386.

[30] "As dificuldades de prova da relação necessária entre a utilização dos produtos consumíveis e os danos na saúde e na vida ocorridos, requerida pelos tipos de homicídio, de ofensas corporais e pelos tipos de perigo comum agravados pelo resultado morte, nos quais os factos foram integrados pelos referidos tribunais superiores [a referência é feita por A. Silva Dias ao óleo de colza mas também ao caso do Lederspray julgado pelo BGH em 1990], levaram estes a **flexibilizar e normativizàr** o nexo causal". E acrescenta: "a **causalidade global** não se baseia já numa relação de necessidade, como a causalidade real, mas em juízos de probabilidade que assentam, por seu turno, numa comprovação estatística (todos ou uma grande percentagem das vítimas consumiram o produto em causa) e numa hipótese negativa (não se conhece outro fator que explique os danos ocorridos)".

Estaria em causa o preenchimento típico do artigo 346 Cp. Trata-se de um crime de perigo. Nestes casos, entende-se, e bem, que a aceitação do risco (concreto ou abstrato, em função de cada tipo) se verifica necessariamente desde que o sujeito se encontre consciente de todos os elementos típicos em que o legislador faz assentar a proibição. A perspetiva *ex ante* obriga a uma exclusão do perigo, reconduzindo a situação ao conforto do risco permitido. E isso é assim, diz Teresa Rodriguez Montañes na obra coletiva organizada por Mir Puig e Luzón Peña, de que em nota se dá notícia, "porque nestes crimes a ação típica não é valorativamente neutra, pois representa a expressão de uma norma de cuidado especialmente tipificada, que delimita o risco permitido do não permitido. A sua realização consciente leva sempre implícita a assunção do risco não permitido para o bem jurídico protegido, exceto se o sujeito adota medidas excecionais que assegurem a sua não verificação". Ponto é identificar a natureza do elemento subjetivo, nomeadamente se ocorre o chamado dolo de perigo. De qualquer forma, em lugar de se começar o raciocínio por este tipo de delito, não seria desajustado, bem pelo contrário, que se procurasse identificar um dolo de matar, que só se compreenderia na sua forma eventual, o qual merece uma especial consideração relativamente aos "produtores" diretos da mixórdia.

Também se emprega a fórmula da condição conforme ou adequada às leis naturais (dentro de certas hipóteses probabilísticas, nomeadamente quanto à causalidade concreta) à interrupção de processos causais de salvamento, por ex., no caso em que *A* impede *B* de ir ao encontro de *C*, para evitar que se afogue, como a todos parece estar iminente. Não pode esperar-se uma comprovação certa de que *C* iria salvar-se, podendo *B*, por ex., perder as forças no trajeto que o separava da pessoa a socorrer.

Caso nº 9 A ação concausou o resultado. A sociedade *A*, de que *B* é gerente, explora, com a devida licença, um estabelecimento de fabrico e armazenagem de produtos explosivos, para carregamento de cartuchos. Havia no local da explosão uma máquina não manifestada e que não estava de acordo com os termos do licenciamento. Apenas podia existir na oficina de carregamento 1 kg. de pólvora a granel e 1 kg. de pólvora em embalagem devidamente acondicionada e de forma alguma podiam ser excedidos os 2 kgs. de pólvora no local. Acontece que no momento da explosão que provocou a morte de várias pessoas existiam no local mais do que os ditos 2 kgs. de pólvora. A distância entre os depósitos de 1ª ou 2ª espécie não poderia ser inferior a 5 metros, mas os depósitos distavam entre si menos de 5 metros. Sem que se contasse com autorização para tal, foi instalada na fábrica uma máquina nova, com uma capacidade produtiva superior. Em certa

NEXO DE CAUSALIDADE. IMPUTAÇÃO OBJETIVA

altura, havendo pessoal no interior da fábrica, deu-se uma explosão de pólvora que teve origem na máquina nova, por motivo que não foi possível apurar, sabendo-se que a dimensão da explosão foi potenciada pela existência de pólvora em suspensão. Esta explosão inicial gera toda a sequência de factos posteriores, incluindo explosões secundárias com quedas de paredes e mortes. No momento da explosão existiam na fábrica mais do que os dois quilos de pólvora permitidos e a distancia entre os depósitos e pólvora era inferior aos cinco metros regulamentares.

A 1ª Instância não pronunciou os arguidos por não ter sido possível determinar a causa primeira da explosão. "Elas poderiam ser muitas: *v.g.* a incúria de um trabalhador (erro humano), um defeito de fabrico na própria máquina, uma instalação elétrica mal feita... Daí a impossibilidade de imputar qualquer violação de dever de cuidado aos arguidos".

Contudo, a Relação de Lisboa (acórdão de 14 de janeiro de 2004, processo nº 8421/2003-3, *relator*: Carlos Almeida), entendeu que basta que a ação seja uma das condições do resultado, não sendo necessário que seja a primeira condição da sua verificação.

E na verdade, outra não seria a solução, com base desde logo na fórmula da condição conforme às leis naturais (mas também na teoria da equivalência das condições). A ação concausou o resultado, é uma das condições deste, sem ter de se cuidar se é a primeira ou a última.

Por assim ser, disse a Relação, "parece inegável que a existência na oficina daquela quantidade de pólvora, em contravenção com o disposto na lei e na licença emitida, foi uma das condições da ocorrência da explosão, daquela concreta explosão, com as características que teve e com os resultados que produziu. De modo que, *afirmada a relação de causalidade*, importa "*averiguar se a imputação do resultado deve ser excluída* por qualquer um dos critérios normativos para o efeito sustentados pela doutrina, ou seja, os da adequação e o da conexão de risco, com todos os seus momentos específicos".

"Em face daquela concreta situação, o resultado verificado surgia ex ante como previsível, não constituindo qualquer ocorrência anômala ou de rara verificação. Por outro lado, o comportamento do arguido B, ao desenvolver a atividade industrial naqueles moldes, incrementou o risco permitido num setor que já é em si muito perigoso, constituindo os resultados produzidos um dos efeitos que a imposição daquelas concretas normas de cuidado visava impedir. A adoção do comportamento imposto pela norma de cuidado teria evitado seguramente a magnitude da explosão e as consequências humanas e matérias que ela provocou, nomeadamente a morte dos três trabalhadores".

Conclusão do acórdão, ainda que só para efeitos de pronúncia: "não se podem, pois, deixar de imputar os resultados verificados à conduta do arguido *B*, gerente da sociedade que explorava a oficina e seu responsável técnico pela segurança".

Vejamos agora outro aspeto, ligado à causalidade como juízo de probabilidade *ex ante*.

Caso nº 10 *A* é dono de uma fábrica que trabalha com abundantes materiais sulfurosos. Poderá ser-lhe imputado o crime de poluição previsto no artigo 280º se as emissões da fábrica criaram perigo para uma floresta primitiva existente na região, que fora considerada por lei um monumento histórico?

O juízo valorativo posterior *ex ante* tem por objeto estabelecer de forma objetiva, já depois de produzido o facto, o que teria prognosticado um observador sensato no momento da realização do facto. Trata-se, sem dúvida, de uma ficção, por se ajuizar *a posteriori*, *i. e.*, com o conhecimento certo do que efetivamente se passou (o juiz, que julga *ex post*, coloca-se numa perspetiva *ex ante*), o que teria podido prognosticar uma pessoa sensata e com conhecimentos especiais da ciência ou arte em questão, se tivesse estado nesse lugar ou nesse momento. Por ex., se uma pessoa convida outra para sua casa numa noite de tempestade e esta morre na queda dum raio, a ficção de pôr alguém sensato e com conhecimentos de meteorologia no momento do convite levará à conclusão de que estatisticamente não era previsível que essa pessoa morresse, e portanto que não se havia produzido uma situação de risco certo. O juízo valorativo *ex ante* concluirá que apesar de ter havido uma morte não se verificou perigo com o convite. A prognose posterior objetiva não passa de uma ficção; apesar disso, constitui uma boa fórmula de trabalho e como tal tem de ser admitida. **O juízo *ex ante* tem por objeto predizer o que há de suceder quando já se sabe o que sucedeu e se simula, como se não se soubesse.**

Há um outro aspeto relevante. Uma vez que o futuro é incerto, só se poderá prever *mais ou menos* o que irá acontecer. Mesmo assim, o grau de previsibilidade representa um importante critério para a conduta exigida. Se a consequência grave da ação é previsível em elevada medida, a conduta aparece com os contornos da matéria proibida. Concluiremos em contrário, se uma dessas consequências for praticamente improvável.

A dificuldade, no caso em exame, está na necessidade de comprovar probabilisticamente (estatisticamente) a causalidade de acordo com as leis da causalidade natural, quer dizer: conforme às leis científicas e por meio de peritagens, analisando, sucessivamente, que uma chuva ácida caiu sobre as árvores

NEXO DE CAUSALIDADE. IMPUTAÇÃO OBJETIVA

(**causalidade geral**)[31] e que foi a emissão da fábrica a causadora desse chuva ácida que pôs em perigo a integridade da floresta primitiva (**causalidade concreta**). Certamente, nenhuma resposta poderá ser dada se anteriormente não estiver demonstrado que uma árvore fica em perigo de morrer face a uma determinada concentração sulfurosa; e que essa concentração foi encontrada na área da floresta. É necessário, além disso, que se eliminem outras fontes de agentes poluidores. As decisões a tomar não prescindem, naturalmente, da análise da efetiva dependência do direito administrativo (*acessoriedade administrativa*, o calcanhar de Aquiles do direito penal ambiental). Aqui apenas cuidámos da relação causa a efeito.

c) A teoria da causalidade adequada: artigo 10º, nº 1

A teoria da causalidade adequada parte da teoria da equivalência das condições,[32] na medida em que pressupõe uma condição do resultado que não se possa eliminar mentalmente, mas *só a considera causal se for adequada* para produzir o resultado segundo a *experiência geral*. Só é *adequada* – portanto, "idónea" e juridicamente significativa – uma causa que de acordo com o curso normal das coisas e a experiência da vida, tenda a produzir um resultado idêntico ao efetivamente produzido. Deste modo, deverão excluir-se todos os **processos causais atípicos** que só produzem o resultado devido a um encadeamento extraordinário e improvável de circunstâncias.

O apuramento da perigosidade da conduta deverá levar-se a cabo num momento coincidente com o início da sua realização (ex-ante) ou posteriormente à ocorrência da mesma?

Caso nº 11   Referido por Mir Puig: *B*, que tem graves problemas cardíacos, cai morto, fulminado, quando ouve da boca de *A* a notícia da morte do seu próprio filho. O facto verificou-se e não restam dúvidas de que *A* foi o causador da morte de *B*. *Ex-ante*, porém, no momento de dar a notícia, a conduta de *A* não se apresenta como perigosa para a vida de *B*.

---

[31] Sobre o aparecimento de uma causalidade global, como sucede na chamada "responsabilidade pelo produto", veja-se A. Silva Dias, *"Delicta in se"*, p. 244. A relevância probabilística parece ter sido adotada por Roxin, *AT* I, § 11, nº de margem 38, como um elemento da *teoria da potenciação do risco* (cf. a seguir os desenvolvimentos sobre a imputação objetiva).

[32] É perfeitamente correto afirmar, como aliás já por mais do que uma vez demos a perceber, que "a adequação é um *mais* que acresce à pura condicionalidade", Pereira Coelho, "O problema da causa virtual na responsabilidade civil", *apud* Manuel de Andrade, *Teoria Geral das Obrigações*, p. 356. A causalidade é um momento imprescindível e autónomo para a exata caracterização do nexo de imputação, portanto também para a causalidade adequada de que agora tratamos.

Terá *A* infringido a proibição de matar outra pessoa? Se se adotar a perspetiva *ex-post*, a resposta só poderá ser afirmativa, mas se a proibição se referir ao momento da ação, *ex-ante*, e se pergunta se *naquele instante* o Direito *proibia* que o *A* desse a *B* a notícia da morte de filho, a resposta deverá ser negativa.

No caso do Lederspray, será bem difícil qualificar o "pôr à venda" o produto como ação negligente, uma vez que a danosidade do produto só ex post foi revelada. Para a corrente maioritária a violação do dever de cuidado deve ser ajuizada ex ante. No caso concreto, todavia, o que poderá ser censurado é a não retirada imediata do produto à disposição dos compradores, depois de se saber na Erdal os defeitos de que padecia, gerando-se com isso uma "conduta de perigo incrementado"[33].

O **modelo de determinação da adequação** assenta numa prognose póstuma: trata-se de um juízo de idoneidade referido ao momento em que a ação se realiza, como se a produção do resultado se não tivesse ainda verificado – é um juízo *ex ante*[34]. Em seu critério sensato, o julgador opera com as circunstâncias concretas em geral conhecidas e as regras da experiência normais (saber nomológico), sem abstrair daquelas circunstâncias que o agente efetivamente conhecia (saber ontológico). Se o agente sabia que a vítima era um hemofílico, deve isso tomar-se em conta para determinar a idoneidade. A norma de conduta, cuja infração integra a conduta típica, deve ser formulada *ex ante* e deve tomar como ponto de partida tanto a situação como os conhecimentos do autor, por não ser apta a regular casos hipotéticos, mas só a conduta do autor individual numa situação histórica muito concreta.

Excurso. I. – Retomando, de algum modo, o que já se deixou exposto: O juízo de adequação é levado a cabo mediante uma **prognose posterior objetiva**. *Posterior*, porque é o julgador que (mentalmente) se coloca no momento da ação, i. é, *ex ante* e não no momento da produção do resultado, *ex post*, pois então deixaria de ser uma prognose e deveria atender-se a condições que o sujeito não teve em mente no momento da atuação. O aplicador do direito, situado no momento em que a ação se realiza, como se a produção do resultado se não tivesse ainda verificado (*ex ante*), deverá ajuizar de acordo com as regras da experiência comum aplicadas às circunstâncias concretas do caso (juízo objetivo, enquanto juízo de experiência ou de probabilidade), levando ainda em conta as circunstâncias que o agente efetivamente conhecia, a sua "perspetiva", de que não pode prescindir-se na afirmação da sua responsabilidade. Se o agressor sabia que o agredido era hemofílico, não

---

[33] Enrique Gimbernat Ordeig, "Das unechte Unterlassungsdelikt", *ZStW* 111 (1999).

[34] Cf. Eduardo Correia, *Direito Criminal* I, p. 258. Extensamente, sobre a valoração (objetiva) *ex ante* do facto, Fernando Molina Fernández, *Antijuridicidad penal y sistema del delito*, Barcelona, 2001.

NEXO DE CAUSALIDADE. IMPUTAÇÃO OBJETIVA

se vê motivo para não lhe imputar a morte deste. Entendendo-se que a produção do resultado era imprevisível ou que, sendo previsível, era improvável ou de verificação rara, a imputação não deverá ter lugar. Trata-se de aspetos subjetivos que se projetam em momentos objetivos do crime[35]. II. – Como observa Roxin: "abstratamente, podemos prever quase tudo...". Por isso, se se parte da visão de um "observador ótimo", alarga-se de tal forma o círculo das circunstâncias a ter em conta que a teoria da causalidade adequada se torna ineficaz para delimitar os casos atípicos, salvo nas situações extremas, preferindo-se por isso a figura do "observador médio", como observador objetivo que tem os conhecimentos especiais do sujeito[36]. Como qualquer de nós não pode fazer uso de outra coisa que não seja o seu próprio saber e as suas próprias capacidade de conhecimento, não faria sentido construir a norma de conduta partindo do conhecimento de algum observador ótimo imaginário, dadas as exigências que acompanham a prevenção geral. A esta luz, faltará a adequação no caso da paralisia facial julgado pelos tribunais alemães: certo indivíduo teve uma discussão com outro e começou a sentir-se indisposto. Devido à excitação, sofreu uma lesão dos vasos sanguíneos do cérebro com paralisia temporária, grave, da fala e dos movimentos – acontecimento ocorrido em circunstâncias especialmente extraordinárias e improváveis, com que se não podia contar na perspetiva de um observador objetivo, considerando tanto as circunstâncias conhecidas como as desconhecidas pelo sujeito. Também entre nós se pode ler, já em Pereira e Sousa, *Páginas de Processos*, que mesmo demonstrando-se que uma hemorragia cerebral resultou de emoção e de excitação provocadas por determinado conflito não pode o autor dele ser responsabilizado por essa consequência, desde que ele a não previu nem podia prever. O acórdão do STJ de 20 de novembro de 1963, *BMJ* 131, p. 272, concluiu que não sendo o ferimento mortal, nem produzindo enfermidade mortal, e encontrando-se a causa da morte em infeção superveniente, circunstância estranha, desconhecida do réu e que não era consequência normal do ato que praticou, não existe nexo de causalidade (adequada) entre a conduta e o evento. III. – Entre outras situações possíveis,[37]

---

[35] Cf., sobretudo, Joachim Hruschka, *Strafrecht nach logisch-analytischer Methode*, 2ª ed., p. 411 e ss. A questão da perspetiva ex ante de um terceiro, no lugar de observador objetivo, pode convocar uma outra, que lhe anda frequentemente associada, mormente quando se trata de avaliar o exercício da legítima defesa pela "vítima" que dispõe de conhecimentos especiais. Pense-se no proprietário da casa assaltada que reage ao ver na mão do intruso a sua própria pistola, que o "ameaçado" sabe encontrar-se perfeitamente incapaz de funcionar.

[36] Schünemann, *GA* 1999, p. 216.

[37] Por exemplo, em conexão com o conhecimento dito "hipotético": se um polícia encarregado da segurança de uma alta entidade vê aproximar-se um indivíduo que aparenta empunhar uma pistola e mesmo assim nada faz, permanecendo impassível, deverá ser sancionado por incumprimento do dever, apesar de no momento seguinte se ter verificado que se tratava de uma pistola de brinquedo. Ao polícia será ilusório argumentar que, "como depois se viu" (*ex post*) a sua não-intervenção era a única correta. Ainda assim, no

estas questões aparecem também ligadas às causas de justificação, à tentativa e aos crimes de perigo concreto. Nestes, o juízo de perigo realizado ex ante pode muito bem alterar-se com o conhecimento de novas circunstâncias ex post, novos dados que permitam realizar um juízo de perigo mais perto da realidade. Vejamos um exemplo de Fernando Molina Fernández:[38] "Se um sujeito com os olhos vendados atira de um décimo andar uma bola de aço com 10 quilos para uma rua com muito trânsito nada se altera lá em baixo, onde ninguém passava, porque uma fuga de água impedia momentaneamente o trânsito; pode também acontecer que a bola, ao cair, apenas roçasse a cabeça dum transeunte, sem lhe produzir qualquer dano (a não ser o susto); também nada se altera se a bola dá numa pessoa e a mata. Nos três casos, o desvalor da ação para o sujeito que a realiza é o mesmo (embora não assim para um terceiro que tenha conhecimentos diferentes dos do autor): em todos eles concorre exatamente o mesmo perigo ex ante. *A posteriori*, no primeiro caso, nada sucedeu (não há um resultado); no segundo, também não foi afetada a vida do transeunte, que apenas "sentiu" prejudicada a sua tranquilidade, além de um certo alarme social – e aqui residiria a razão para nalgumas situações se exigir um resultado de perigo concreto; só no último haverá um genuíno desvalor de resultado, no que respeita ao bem jurídico da vida". IV. – Uma vez que os crimes de perigo concreto são crimes de resultado, neles assume particular importância, por um lado, a questão da imputação objetiva desse resultado à ação perigosa. Interessa, por outro lado, a exata determinação das *componentes do juízo de perigo*. Suponha-se que um condutor ultrapassa numa curva perigosa; a ação corresponde a admitir, na própria perspetiva do condutor (ex ante), a existência de um risco concreto para bens jurídicos alheios. Já assim não será se por volta das duas da manhã o condutor se não detém à vista do sinal vermelho, estando as ruas completamente desertas: a ação não é apta a causar dano, passando por uma situação intermédia de perigo, o condutor está em condições de dominar os efeitos inerentes à condução. Ao juiz interessará saber quais as circunstâncias fácticas a partir das quais se comprova a probabilidade de lesão e quais os conhecimentos de que se poderá servir para avaliar essas circunstâncias de facto. Durante décadas lançou-se mão de uma perspetiva *ex ante*: o observador coloca-se na posição do sujeito e no momento em que este atua, perguntando-se se era previsível que o resultado de perigo ocorresse. Se no momento em que o bombista coloca a bomba-relógio era de esperar que na altura da explosão qualquer pessoa (um

---

que toca às **causas de justificação** e ao seu relacionamento com o **comportamento lícito alternativo**, Figueiredo Dias, *DP/PG* 1, 2ª ed., 2007, p. 400 e s., entende, em sintonia sobretudo com Roxin, que se deverá negar, não só a ilicitude típica sempre que, *ex post*, se tenha obtido a **certeza** de que em caso de comportamento lícito alternativo a conduta seria justificada, como, para os casos de alta e fundada **probabilidade** de tal acontecer, dever intervir a negação da potenciação do risco.

[38] Fernando Molina Fernández, *Antijuridicidad penal y sistema de delito*, 2001, p. 670.

NEXO DE CAUSALIDADE. IMPUTAÇÃO OBJETIVA

funcionário da empresa, um indigente que ali se acolheu, um assaltante vindo pela madrugada) se encontrava no local, embora efetivamente e por acaso ninguém lá estivesse, verificou-se uma situação de perigo. Objetou-se a esta maneira de ver que ela reduzia os crimes de perigo concreto a crimes potenciais de perigo. Uma outra possibilidade assenta num critério *a posteriori*, através do qual se podem ter em conta não só os factos ocorridos depois da ação e os que eram desconhecidos ao tempo desta como os verificados só no momento em que o juiz tivesse que exprimir a sua decisão sobre a existência ou não do perigo. O juiz servia-se assim de todos os conhecimentos (tanto factos como leis científicas) que tivesse à sua disposição. "Se *A* dispara para a perna de *B* que tem uma prótese, em princípio e por meio de um juízo ex ante, todos convêm que *A* desencadeia uma situação perigosa"; mas "se se conhecesse uma tal característica, nunca se diria que o ato de *A* era suscetível de desencadear uma situação perigosa". Daí um juízo de dois contornos: a compreensão de um momento "ex ante" com uma referência à concretude "ex post", que nos parece ser a posição de Faria Costa[39] na procura do critério material para a determinação normativa e relacional do perigo e em que "os dois pólos referenciais que constituem o horizonte compreensivo" da sua visão "são a determinante ex ante, que permite a construção abstrata da relação desencadeadora de uma situação perigosa, e a determinante ex post, ou seja, o facto normativo *acontecido*". V. – Quanto à **tentativa**, a prognose da perigosidade é importante no sentido de determinar a potencialidade lesiva de uma conduta. Não falta quem lhe aponte semelhanças com a forma de tratar os crimes de perigo abstrato. O juízo de perigo tem lugar no início da ação: ex ante.

Na ótica dos que preferem um critério objetivo mitigado, como tem vindo a ser a visão tradicional, na tentativa inidónea (artigo 23º, nº 3) a própria ilicitude seria constituída "por um conceito de perigo, aferido por um juízo ex-ante que releva da ideia de uma aptidão de determinados atos para gerar um sentimento, reconhecível pela generalidade das pessoas, de perturbação da comunidade social, em última análise a portadora dos bens jurídicos que, desse modo, surgem ameaçados", escreve Jorge de Almeida Fonseca [40].

[39] Faria Costa, *O Perigo*, p. 602 e ss. Os diversos critérios do juízo de perigo são extensa e sistematicamente estudados por Marta Felino Rodrigues, *As incriminações de perigo e o juízo de perigo no crime de perigo concreto*, Almedina, 2010. Cf. também Paulo Pinto de Albuquerque, "Crimes de perigo e contra a segurança das comunicações", *Jornadas de direito criminal*, vol. 2º, 1998, especialmente p. 263. Pinto de Albuquerque apenas exclui as teses maximalistas que pretendem: *ou* "fazer incluir no juízo de perigo a consideração das circunstâncias que fundamentam o resultado de perigo posteriormente conhecidas" *ou* "reduzir o juízo de perigo a uma mera diagnose causalista-determinista *ex post* do perigo".

[40] Jorge de Almeida Fonseca, *Crimes de empreendimento e tentativa*, p. 104. Punem-se hipóteses de tentativa inidónea que concretizam situações em que não é manifesta a inaptidão do meio empregado pelo agente ou a inexistência do objeto essencial à consumação do crime. E isto, não obstante ser claramente impossível alcançar o horizonte da consumação, seja porque o meio utilizado é inidóneo seja porque falta

Sustenta por seu turno o Prof. Figueiredo Dias[41] que "a tentativa impossível será punível se, razoavelmente, segundo as circunstâncias do caso **e de acordo com um juízo ex ante, ela era ainda aparentemente possível** ou (como prefere exprimir-se o art. 23º-3) **não era já manifestamente impossível**". A inidoneidade do meio ou a carência do objeto não podem deixar de ser aferidas através das regras da experiência tendo em conta as circunstâncias do caso, portanto *objetivamente*, segundo o critério da generalidade das pessoas relativamente à perigosidade da tentativa. A concreta perigosidade envolve-se num problema de limites qualitativos: existe tentativa inidónea quando, na perspetiva de um terceiro (caso do observador colocado no momento da atuação e sabedor de todas as circunstâncias conhecidas do agente ou que este podia ter conhecido), a execução do sujeito não podia, desde o início, chegar à consumação do delito pretendido; todavia, examinada *ex ante*, **do ponto de vista do autor**, o plano deste, racionalmente, podia alcançar a consumação. O critério baseia-se numa aparência/impressão objetiva de perigo aferida de acordo com um juízo *ex ante*.

Se o sujeito conhece a natureza inócua da substância contida num frasco, se, por absurdo, tenta com ela envenenar alguém, não se realiza qualquer perigo mas só uma *tentativa irreal*, não punível. O **conhecimento da situação que tem o sujeito** é relevante para decidir a perigosidade ex ante de uma ação.

A teoria da **causalidade adequada** parte da teoria da equivalência das condições, na medida em que pressupõe uma condição do resultado que não se possa eliminar mentalmente, mas só a considera causal se for adequada para produzir o resultado segundo a *experiência geral*. Não está em causa unicamente a conexão naturalística entre ação e resultado, mas também uma valoração jurídica (artigo 10º, nº 1, no respeitante à ação *adequada* a produzir um certo resultado, o mesmo valendo quanto à omissão da ação *adequada* a evitá-lo). Excluem-se, como se disse, os processos causais atípicos que só produzem o resultado típico devido a um encadeamento extraordinário e improvável de circunstâncias. À base destes juízos podem dar-se várias hipóteses:

- A *primeira* é a de que o resultado verificado era imprevisível. Nesta hipótese, a causalidade fica logo excluída.
- A *segunda* hipótese é a de que o resultado era previsível, mas de verificação muito rara. Assim, *v. g.*, *A* entra num comboio que vem, daí a pouco, a

---

o objeto essencial; nem existiria qualquer perigo concreto, efetivo, real, típico, para o bem jurídico que se pretende tutelar (embora seja lícito o reconhecimento dum perigo aparente, suscetível de causar alarme e intranquilidade social).

[41] Figueiredo Dias, "Formas especiais do crime" – *Textos de apoio*, 2004, p. 14; e *DP/PG* I; 2ª ed., 2007, p. 716.

NEXO DE CAUSALIDADE. IMPUTAÇÃO OBJETIVA

descarrilar. É claro que um comboio pode descarrilar, mas normalmente não descarrila. Eis aqui um efeito que, embora previsível, é anormal na sua verificação. Ora, também neste caso a causalidade deve considerar-se excluída.

– A *terceira* hipótese é a de que o resultado era previsível e de verificação normal. Neste caso existe justamente a idoneidade abstrata, e, por consequência, quando verificado o evento, deve considerar-se adequado à ação que foi sua condição [42].

No caso do automobilista (caso nº 2), provando-se que o agente reagiu dando dois murros na vítima que o atingiram na cara e no pescoço e que esta começou então a desfalecer e caiu, sem dar acordo de si, acabando por morrer, cerca de meia hora depois, no hospital – o crime será unicamente o do artigo 143º, nº 1, por também se ter apurado que a ofensa teria demandado apenas oito dias de doença sem afetação grave da capacidade de trabalho. O acerto da decisão é acompanhado pelas conclusões da autópsia, reveladoras de que a morte foi devida a lesões traumáticas meningo-encefálicas, as quais resultaram de violenta situação de "stress", e que a mesma ocorreu como efeito ocasional da ofensa. O caso dos colegas do matadouro mostra igualmente que, na perspetiva da teoria da adequação, a morte não pode ser atribuída à agressão com o cutelo, pois foi direta e imediatamente provocada pela mulher – com a particularidade de a ação desta se seguir à ação do primeiro agressor. De resto, o homem sempre teria morrido uns dias depois, de irremediáveis problemas de coração, ou poderia ter morrido num acidente quando era transportado ao hospital.

Caso nº 12 *V* era agricultor numa localidade alentejana, mas as suas relações com a população da aldeia eram pouco amistosas, atribuindo-se-lhe a responsabilidade por factos em geral desaprovados. Em certa altura, desapareceu uma bicicleta e mais uma vez as suspeitas recaíram no *V*. Nesse mesmo dia à tarde, *FR* soube onde *V* se encontrava e, acompanhado por *JP*, *MR* e outros habitantes, dirigiram-se ao local em dois veículos, com vista a capturar o *V*, tendo organizado para o efeito uma *linha de caça*, que foi em perseguição do *V*. *VG*, *VE* e *FB* seguiram-nos no respetivo veículo, uma carrinha de caixa aberta, dado que o *VE*, atendendo à sua idade e estado de saúde, não podia acompanhar a *linha de caça*. Depois de percorrerem uns 700 metros, chegaram junto de *V*. Vários dos arguidos muniram-se entretanto de

---

[42] Cf. Eduardo Correia, *ob.* e *loc. cit.*; e Gomes da Silva, *Direito Penal*, p. 177. Também Figueiredo Dias, *DP/PG* I, 2ª ed., 2007, p. 328.

paus com 50 a 120 cm de comprimento. O *V* aguardava-os de pé, sem esboçar qualquer gesto agressivo ou indicador de tentativa de fuga. Depois de breve troca de palavras, *JP* atingiu-o com uma paulada no braço esquerdo, seguida de duas violentas pancadas na cabeça. Em consequência, o *V* cambaleou e caiu. Os arguidos perguntaram-lhe novamente pelo velocípede desaparecido, mas não obtiveram qualquer resposta. Foi então amarrado de mãos atrás das costas e carregado para o veículo de caixa aberta, sem que opusesse resistência. Os arguidos rumaram para o largo da povoação de *x*, por caminhos secundários. Uma vez aí chegados, e perante grande número de pessoas presentes, a aguardar, em grande tensão emocional, a chegada de *V*, este foi descarregado da viatura, dando ainda alguns sinais de vida. Nessa altura foi agredido pelo arguido *MR* que lhe deu três violentas pancadas na cabeça com um varapau. Várias outras pessoas agrediram *V* com pontapés, até que a GNR interveio e o fez transportar para o hospital, onde chegou já cadáver. As agressões levadas a cabo por *JP* foram causa de fraturas múltiplas do crânio e da face e lacerações da massa encefálica, sendo de natureza letal. Tais agressões foram agravadas pela efetuada pelo *MR*, abreviando o momento da morte.

O acórdão do STJ de 7 de dezembro de 1988, *BMJ* 382, p. 276, entendeu que não é indispensável que cada um dos agentes intervenha em todos os atos a praticar para a obtenção do resultado desejado, bastando que a atuação de cada um, embora parcial, seja elemento componente do todo e indispensável à produção do resultado. Vinha no entanto provado que todos os arguidos, menos o *MR*, agiram em conjunto com vista à captura da vítima, tendo formado, com exceção do *VG* e do *FB*, uma *linha de caça* para o apanharem. As lesões provocadas por *JP* eram de natureza letal e os sete arguidos que haviam apanhado o *V previram a morte deste como consequência necessária das suas condutas*. Quando o *V* foi transportado para a povoação e o abandonaram no largo, ainda com sinais de vida e ao som de gritos como "matem-no, queimem-no", *previram necessariamente que alguma ou algumas pessoas lhe pudessem dar a morte, o que veio a acontecer* com a ação do *MR*. Quanto ao *FB* e ao *VG*, são ambos coautores e não cúmplices. É certo que não estavam presentes quando o *V* foi capturado e agredido, mas *colaboraram no seu transporte para o largo da povoação, e ao chegarem ali previram também a possibilidade de ele ser morto pela populaça*. Não obstante isso, não se retiraram, e descarregaram-no, entregando-o à populaça.

O acórdão é, além do mais, ilustrativo da necessidade de a adequação **se referir a todo o processo causal** e não só ao resultado. "É um ponto", esclarece

NEXO DE CAUSALIDADE. IMPUTAÇÃO OBJETIVA

o Prof. Figueiredo Dias, que dele se ocupou,[43] "em que se suscitam os problemas da 'intervenção de terceiros' e da chamada 'interrupção do nexo causal'. Tendo como referência a regra geral da teoria da adequação, a **atuação de terceiro** que se integre no processo causal desencadeado pelo agente excluirá a imputação, salvo se ela aparecer como **previsível** e **provável**", o que era o caso.

Caso nº 13   O caso da embolia pulmonar. Quando, em 19 de agosto de 1993, *A* seguia conduzindo uma carrinha começou a descrever uma curva para a direita e encostou demasiado a viatura às guardas da ponte que se propunha atravessar de tal modo que apertou entre a carroçaria e as referidas guardas o peão *B*, de 70 anos, que não teve qualquer hipótese de evitar ser entalado. *B* sofreu diversas fraturas, incluindo uma do colo do fémur, vindo a falecer em 5 de setembro de 1993, durante o período de tratamento hospitalar, de embolia pulmonar. Cf. o acórdão da Relação de Coimbra de 2 de abril de 1998, *CJ* 1998, tomo II, p. 56.

O relatório da autópsia concluíra que a morte de *B* foi devida a embolia pulmonar. As fraturas sofridas pela vítima obrigaram a uma situação de imobilização no leito. Em tais situações, a ocorrência de uma trombo-embolia pulmonar, favorecida pelo processo de imobilização, é uma eventualidade sempre possível, surgindo mais frequentemente nas primeiras 2 a 3 semanas após o traumatismo. O tribunal acabou por concluir que as lesões traumáticas decorrentes do acidente de viação devem ser consideradas **causa adequada da morte**. Não se tratou de uma circunstância extraordinária, a embolia é efeito das fraturas provocadas pelo acidente, e por conseguinte as **consequências estão ligadas a estas lesões** e são da responsabilidade de quem as produziu. Não se provou, aliás, ao contrário do que se insinuava, que a vítima não tinha recebido o tratamento adequado.

Por seu turno, o acórdão do STJ de 25 de junho de 1965, *BMJ* 148, p. 184, entendeu que sendo a perfuração intestinal que está na origem de uma peritonite de que a vítima veio a morrer da autoria do réu, mas provando-se que a vítima não foi convenientemente tratada e que, se o houvesse sido, normalmente não resultaria a morte, não existe nexo de causalidade adequada entre o comportamento do réu e a morte.

Caso nº 14   Nexo causal. Devido às características e ao local onde o veículo se encontrava estacionado, o *A* só poderia retirá-lo efetuando uma manobra de marcha-atrás, mas não se apercebeu da trajetória tomada por outro utente da via, tendo-se dado a colisão.

---

[43] Figueiredo Dias, *DP/PG* I, 2007, p. 330.

Disse o acórdão do STJ de 28 de maio de 2008, no processo nº 1778/08: "tem de concluir-se que a conduta do *A* só é passível de juízo de censura na medida em que para além de conduzir sob o efeito do álcool, *facto que não foi de modo nenhum causal do acidente*, estacionou em local proibido. Só que não resultou da factualidade assente qualquer nexo de causalidade adequada entre o estacionamento naquelas condições e a ocorrência do acidente, daquela decorrendo que o *A* cumpriu o dever de cuidado a que estava obrigado".

2. Excurso: Ainda os processos causais "atípicos" e a causalidade

Retornemos aos já falados processos causais atípicos:

Caso nº 15 *A* fere *B*, ao de leve, com uma navalha.

1ª variante: Quando o ferido era levado ao hospital, morre no despiste da ambulância, sendo porém de notar que o ferimento não era mortal.

2ª variante: *B* morre porque houve um incêndio no hospital e não foi possível retirar tods os doentes do pavilhão afetado.

3ª variante: *B* morre por erro grave do médico ou porque o ferimento não foi regularmente tratado.

a) O ferimento com a navalha foi causal da morte de *B*, de acordo com a **teoria da equivalência das condições**. Não chegou a dar-se a interrupção de um processo causal porque o ferimento não era daqueles que previsivelmente conduziria à morte.

Entre outros casos semelhantes, frequentes na praxis e retomados pela doutrina, destacamos, desde logo, o da vítima de uma tentativa de homicídio, que sai ligeiramente ferida e acaba por morrer num acidente provocado pelo motorista da ambulância, ou por um outro interveniente no tráfico, ou porque o operador ou o anestesista comete um erro que viola gravemente as *leges artis* da profissão. Ou aquele em que *A* foge ao golpe mortal de *B*, mas na fuga é atingido por um tijolo que se desprende de uma obra em construção, ou é picado por um inseto e morre, por ser alérgico ao "veneno". Nenhum destes dois processos era previsível, por estarem completamente fora da experiência comum. São todos eles processos causais atípicos.

Não se comprovando no caso acima um dolo homicida do agressor, só lhe pode ser imputado um crime de ofensa à integridade física, correndo a morte por conta de outro processo entretanto desencadeado, o incêndio no hospital, o erro grave do médico, etc.

b) Para a **doutrina da causalidade adequada**, deverão excluir-se todos os processos causais atípicos que só produzem o resultado devido a um encadeamento extraordinário e improvável de circunstâncias. Daí que se *A*, a um metro de distância, dispara à queima-roupa sobre *B* e o mata, é evidente que aqui o juízo de imputação se deve fazer com base na causalidade adequada. Seguindo o Prof. Faria Costa, "seria metodologicamente errado e mesmo absurdo querer introduzir outros critérios para se alcançar a determinação do nexo existente entre a ação e o resultado"[44]. Mas se *A* dá uma pancada em *B*, adequada a produzir-lhe a morte, mas antes desta se verificar *C* desfecha um tiro sobre o *B* que o mata imediatamente, é de seguir a argumentação do Prof. Figueiredo Dias[45] de que a morte não foi concretamente produzida pelo primeiro agressor mas pelo disparo do *C*, "cuja atuação não se integrou no processo causal por aquele posto em marcha".

III. Causalidade e imputação. A (moderna) teoria da imputação objetiva

1. Conexão normativa específica entre ação e resultado (imputação normativa)

Para podermos afirmar que um concreto resultado é consequência de uma conduta proibida necessitamos estabelecer um **nexo causal** entre ambos. Ao falarmos de "causalidade" estamos a pensar na ação (causa) que provoca um determinado evento ou resultado (efeito). A causalidade é a ligação entre dois momentos, é a conexão entre o comportamento humano e o resultado que se lhe segue. Quando falamos de "imputação" partimos do resultado para a ação. O resultado efetivamente produzido só será consequência da conduta perigosa do agente se puder ser-lhe imputado (=atribuído) como **obra sua**. A esta ligação entre essas duas situações chamamos **imputação objetiva** (do resultado à ação). Aquele primeiro caminho, o da causalidade, é conforme às leis naturais e corresponde à doutrina clássica. O segundo caminho tem características normativas e busca resolver insuficiências dos pontos de vista tradicionais. Como já deixámos claro, causalidade e imputação objetiva não podem ser confundidas, sendo aquela, de qualquer modo, o primeiro pressuposto da imputação.

Vejamos, a ilustrar, o

Caso nº 16 *A* quer matar *B*, mas acaba apenas por ferí-lo a tiro num braço, razão pela qual *B* foi conduzido ao hospital, onde foi operado. No período de convalescença, *B* foi apanhado por um incêndio no hospital que lhe provocou a morte.

---

[44] Da mesma forma, acentua ainda o Autor, agora em inteleção inversa, "a força argumentativa da causalidade deve ceder quando tratamos da imputação de um resultado de perigo ou quando nos debruçamos sobre casos em que o que releva é, por exemplo, manifestamente o âmbito de proteção da norma ou a regra da confiança."

[45] Figueiredo Dias, *DP/PG* I, 2007, p. 331, afeiçoando a opinião do Prof. Eduado Correia, *Direito Criminal* I, p. 260.

É agora altura de perguntar:

1º – Terá *A* **causado** a morte de *B*? Partindo do quadro naturalístico da equivalência das condições, **causa** é, no sentido do direito penal, toda a condição de um resultado que se não possa **suprimir mentalmente** sem que desapareça o resultado na sua forma concreta; ou, na formulação de Mezger, causa do resultado é qualquer condição, positiva ou negativa, que, suprimida *in mente*, faria desaparecer o resultado na sua forma concreta. Nestes parâmetros, a causalidade estabelece-se do seguinte modo: o que é que teria acontecido se *A* não tivesse ferido *B* no braço? Resposta: o *B* não teria sido conduzido ao hospital nem aí teria sido apanhado pelo incêndio que lhe provocou a morte. Eliminando-se o ferimento no braço, suprime-se o resultado, de forma que a conduta de *A* causou a morte do *B*.

2º – Será a morte de *B* **obra** de *A*, devendo ser-lhe imputada? Agora, o elemento a que devemos atender é o de que enquanto causa de um determinado resultado apenas valem as condições adequadas, sendo-o a condição previsível, aquela à qual, regularmente, se segue o resultado. No caso, bem se poderia argumentar que dar um tiro no braço de outrem não é adequado a provocar-lhe a morte. A experiência do dia a dia mostra isso mesmo, que do tiro resulta uma ferida, sendo este o resultado adequado e não o resultado mais grave, mortal. Por outro lado, é em absoluto raro que um incêndio se verifique num hospital ou numa parte dele, de modo que não deveremos contar com um evento dessa natureza. O advogado de defesa de *A* sustentaria que a morte de *B* resultou de um **puro acaso**. Dizendo de outro modo: na medida em que *A* disparou contra *B*, criou, como consequência da sua ação perigosa, a possibilidade de o *B* vir a morrer. É normal o disparo de uma arma de fogo ofender corporalmente o visado, criando o risco de complicações capazes de levar à morte. Uma tal normalidade entre o disparo da arma e a morte do *B* não se verificou no caso anterior. Não foi por isso que o *B* morreu, um risco dessa natureza não se concretizou no resultado, a morte do *B*. Este morreu no desenvolvimento de um outro fator de risco, por se encontrar hospitalizado num edifício onde lavrou um incêndio: foi, sem dúvida, um **risco geral da vida**, o de estar internado num hospital no momento em que, na respetiva ala, se desencadeou um incêndio.

Deste modo, não basta que *A* tenha influenciado de alguma maneira o curso causal.

a) Elementos fundamentais da imputação objetiva (conexão de risco)

Mas quando é que o resultado é adequado (no sentido de típico)?

Analisada a questão da causalidade, o agente só deve ser penalmente responsabilizado pela realização do perigo juridicamente relevante. É (mais precisamente) necessário que a sua ação tenha criado **um risco juridicamente relevante** para o bem jurídico protegido e que este se haja concretizado (materializado) no resultado típico. Qualquer outro resultado não é "**obra sua**". Se alguém aponta e dispara um tiro noutra pessoa, matando-a, pode ser acusado de homicídio voluntário, pois o *risco* criado pelo agressor realizou-se na morte da vítima. Mas se o tiro, ainda que disparado com dolo homicida, apenas provoca um ferimento ligeiro e a vítima morre num acidente em que interveio a ambulância que o transportava ao hospital, esta morte não é "obra do agressor". **A conduta deverá conter um risco implícito** (um perigo para o bem jurídico) **que deverá posteriormente realizar-se no resultado a imputar.**

No caso do matadouro (caso nº 1), *A* agiu dolosamente, com intenção de matar *B*, ao atirar-lhe com violência o cutelo com que trabalhava, visando uma zona nobre do corpo, que foi atingida. A morte de *B* não ocorreu, porém, em resultado da conduta de *A*, pois foi causada pela aplicação da almofada, que o asfixiou. Neste sentido, a morte de *B* não pode ser atribuída (imputada) a *A*, não é "obra" de *A*. Todavia, uma vez que *A* praticou atos de execução do crime que decidiu cometer, fica desde logo comprometido com o tipo de ilícito de homicídio tentado dos artigos 22º, nºˢ 1 e 2, 23º, nºˢ 1 e 2, e 131º.

Para estas doutrinas, também chamadas da **conexão de risco**, torna-se indispensável, como ainda há pouco vimos:

- Que o resultado tenha sido causado pelo sujeito. A resposta é dada pela teoria da equivalência das condições.
- Que a condição seja adequada, sendo-o a condição previsível, aquela à qual, regularmente, se segue o resultado.
- Que a conduta tenha criado ou potenciado um risco juridicamente desaprovado (risco não permitido) para a produção do resultado;
- Que esse risco se tenha realizado no resultado típico.

Exige-se a **criação** (ou a **potenciação**) de um risco juridicamente desaprovado. Faltando a relação de causalidade segundo a teoria da equivalência das condições, faltará a possibilidade de imputação objetiva por ausência da criação do risco. Não há criação de um risco ligado a certas circunstâncias, por ex., as muito remotas ou longínquas. Não são objeto de imputação as condutas de confeção ou fabrico de uma arma com que, anos depois, alguém vem a ser morto.

Também não se produz um risco em casos de **diminuição** do risco, de **ausência** de um risco tipicamente relevante ou de não realização do risco no resultado. A imputação objetiva também então se deverá negar.

Sentindo a força manifesta desta linha de pensamento, concluiremos que o resultado concretamente produzido só será imputado à violação da norma se tal resultado representar um desenvolvimento dos riscos que a norma de comportamento precisamente quer evitar. Só então se realizou aquele *risco específico* que é típico da conduta proibida. Se o resultado produzido não representa o desenvolvimento desse risco (*o risco que a norma de comportamento tem em vista evitar*), mas realizou um outro risco, não se verifica, na hipótese, um *adequado* **nexo de risco**, mas a quebra de um nexo causal.

No caso do matadouro, salta à vista que o *B* não morreu da pancada do cutelo, mas da aplicação da almofada no quarto do hospital. Como só será objetivamente imputável um resultado causado por uma ação humana quando a mesma ação tenha criado um risco proibido para o bem jurídico, que deverá posteriormente *realizar-se* no resultado a imputar, esta última exigência para a atribuição do resultado a uma ação humana (manejo do cutelo) não se encontra satisfeita no caso em que o *B* veio a morrer no quarto do hospital por intervenção da mulher. Falta aí o nexo de risco.

b) **Ainda a propósito da criação de um risco não permitido ou o seu incremento ou potenciação**

É incontestável que determinadas atividades perigosas devem ser autorizadas em vista da sua utilidade social, embora com a imposição de certas margens de risco e da estrita observância dos seus limites. Dá-se o exemplo da condução automóvel, uma atividade que frequentemente comporta riscos elevados, com numerosas vítimas e danos, mas a que a sociedade atual não pode, seguramente, renunciar. As condutas associadas a essas atividades são perigosas ("arriscadas") em si mesmas mas autorizadas sempre que respeitem os limites do **risco permitido**.

É neste contexto que surge o princípio do "**risco permitido**", com assento central em toda esta problemática, o qual traduz a necessidade de manter fora do Direito Penal aquelas condutas que se contêm nesse âmbito. São **casos de ausência de risco tipicamente relevante**, atividades levadas a cabo na circulação rodoviária, mas também na construção civil e em certas indústrias perigosas, entre muitas outras.

Excurso. É bem conhecida a existência de normas específicas, reguladoras do trânsito, mas haverá que contar igualmente com regulamentos da construção civil indicadores dos cuidados e precauções a ter na prática das respetivas atividades (uma regra mínima é a exigência aos que trabalham na obra do uso de capacete de proteção), regras de conservação de edifícios, incluindo pontes e viadutos, etc. Além do tráfego rodoviário, surpreende-se a importância das normas de cuidado dirigidas à proteção da vida e da integridade física em domínios como a indústria,

NEXO DE CAUSALIDADE. IMPUTAÇÃO OBJETIVA

o comércio e atividades similares; a proteção de trabalhadores (pense-se só no trabalho dos mineiros); os tratamentos da saúde; a vigilância de crianças; as atividades venatórias; as deslocações por água; o caso dos elevadores; o manejo de armas; etc. Aliás, qualquer condutor sabe que em zona serrana, no pino do inverno, os troços de estrada sem sol podem ter gelo no pavimento e provocar despistes. Nas atividades desportivas, deverá negar-se a tipicidade de ofensas à integridade física do adversário, sendo que a obediência às regras do jogo afastará em princípio o tipo[46].

Podemos fixar-nos em que não haverá imputação quando o resultado se contém nos limites do risco juridicamente permitido, que não chega a ultrapassar. O condutor *C* causa a morte do peão *P* quando este vai de encontro ao automóvel que *C* conduzia de acordo com todas as regras de trânsito. A morte não é de imputar objetivamente ao condutor porque a participação no tráfego rodoviário de acordo com as correspondentes prescrições se contém no âmbito do risco permitido: o resultado não é produto da violação de uma norma de cuidado na forma de conduzir, faltando, portanto, um dos pressupostos indispensáveis à sustentação da negligência. Também em princípio se contém nos limites do risco permitido o condutor que é atingido por um intenso e inesperado golpe de vento e que, projetado para a sua esquerda, acaba por colidir com quem circula em sentido contrário.

No que respeita a atividades como a medicina, o artigo 150º, nº 2, contém, delimitadas, as condutas puníveis enquanto criadoras de um resultado de perigo. Mas se a ação é levada a cabo segundo as *leges artis*, observando o médico as regras conhecidas da arte de curar, a imputação fica excluída, quando não mesmo a tipicidade. Na competição desportiva, "a violação das regras do jogo não tem necessariamente – nem sequer normalmente – de realizar o risco proibido capaz de suportar a imputação do resultado típico. Tal só sucederá nas constelações em que a violação das regras, pela sua violência e desproporcionalidade e pela gravidade das lesões produzidas, *perde a conexão de sentido com o jogo*, mesmo o jogo jogado com o mais exasperado e agónico empenhamento"[47].

Como veremos mais à frente, no risco permitido cabe o **risco geral da vida**, "*o risco imanente à própria comunidade*", como escrevia o Prof. Eduardo Correia. No caso nº 2 a morte está em direta relação com o estado de debilidade da vítima e a sua fraca consistência física, encontrando explicação no *risco geral da vida*.

---

[46] Costa Andrade, "As lesões corporais e a morte no desporto", *Liber Discipulorum Figueiredo Dias*. Neste estudo entende-se que a violação das regras do jogo não tem necessariamente nem sequer normalmente de realizar o *risco proibido* capaz de suportar a imputação do resultado típico.

[47] Figueiredo Dias, *DP/PG* I, 2007, p. 334; e Costa Andrade, "As lesões corporais (e a morte) no desporto", *Liber Discipulorum Figueiredo Dias*, p. 719.

Se alguém que está infetado com uma doença contagia outras pessoas, também aqui se deve afastar, ao menos em princípio, a criação de um perigo juridicamente relevante.

Beneficiará certamente do mesmo tratamento aquele que oferece uma viagem de avião ao tio rico esperando que o avião venha a cair, o que na realidade acontece. Parece evidente que a ação (a compra do bilhete) não produziu qualquer perigo efetivo para o bem jurídico. Este, e outros casos semelhantes, podem aliás ser apreciados ou associados a critérios como o critério do domínio ou o da autor-responsabilidade, sendo "inúmeras as soluções propostas para a sua resolução"[48].

Também não é imputável a ação se as condições não aumentaram de modo essencial o desvalor de resultado ou o fizeram diminuir (*casos de diminuição do risco*): *A*, com um encontrão em *C*, consegue desviar para um ombro o golpe que *B* dirigia à cabeça deste, onde acaba por produzir menor dano. Esta atuação de *A*, que não participa da agressão e se limita a desviar o golpe inicial, não cria qualquer perigo juridicamente relevante, atenua até os efeitos da agressão. Ou, no exemplo de Roxin, *B* desvia o golpe que *A* dirigia a um vaso de valor incalculável para um objeto banal. Em termos naturalísticos, a causalidade, no que respeita à ação daquele que desvia o golpe, não pode ser negada (eliminando o encontrão, o golpe no ombro não chega a ocorrer), mas a ação que diminui o desvalor do resultado não integra a realização típica de um crime de resultado, por este não ser objetivamente imputável ao agente[49].

Quando a conduta aumentou (incrementou... potenciou...) um risco já existente que ameaça um bem jurídico protegido – suponha-se o despiste duma ambulância por erro do condutor, que provoca a morte do doente transportado cujas esperanças de salvamento eram praticamente nulas –, o resultado será ainda imputado ao agente que, com a sua ação, contribuiu para **piorar** a situação do bem jurídico ameaçado[50].

Mas nem sempre será fácil isolar as situações de risco permitido.

---

[48] Stratenwerth/Kuhlen, *Strafrecht, AT*, 5ª ed., p. 95. Só para dar um exemplo de Bernardo Feijóo Sánchez, *El dolo eventual*, publicado em Mundo Jurídico e acessível na Internet: "A verdade é que o sobrinho conhece uma relação de causalidade com o resultado e este produz-se como ele quer, ou seja, sem que haja desvios". A solução, segundo este autor, encontra-se noutro lugar, o qual nada tem a ver nem com a causalidade nem com o dolo; a forma de favorecer a morte do tio não se enquadra em nenhum tipo de homicídio ou de lesões à integridade física. "O problema é puramente valorativo (alcance do tipo), não de dolo". Se o sobrinho desejou a morte do tio, nem sequer haverá dolo, pois o desejar não se confunde com o querer. Mais à frente, teremos ocasião de apurar estes conceitos.

[49] Outra solução passaria pelo consentimento presumido. Se convergirem as regras do estado de necessidade (artigos 34º e 35º), é nesses moldes que deverá ou poderá justificar-se a conduta do bombeiro que num prédio em chamas arremessa pela janela a criança prestes a ficar sufocada, ainda que à custa de algumas mazelas originadas na queda.

[50] Na formulação de Stratenwerth/Kuhlen, *Strafrecht, AT*, 5ª, ed., p. 97, "torna-se responsável pelo resultado não só aquele que põe em perigo um bem jurídico que até então não se encontrava ameaçado, mas também aquele que **piora** (*verschlechtert*) a situação de um bem jurídico já ameaçado".

NEXO DE CAUSALIDADE. IMPUTAÇÃO OBJETIVA

Caso nº 17 O condutor *A* atropelou o peão *B* na passagem para peões. *B* saiu subitamente de entre dois automóveis parados e o *A* não o pôde ver a tempo.

Trata-se de saber se o *A*, apesar do que fica relatado, devia ter parado, sendo manifesto que se o tivesse feito o acidente não se teria produzido e que este se deu no local onde os peões atravessam. Entre os cuidados a observar pelos condutores, especificados no artigo 103º do Código da Estrada, não consta o comando "deves parar na passadeira"; a norma de cuidado o que diz é: "Ao aproximar-se de uma passagem para peões, junto da qual a circulação de veículos não está regulada nem por sinalização luminosa nem por agente, o condutor deve reduzir a velocidade e, se necessário, parar para deixar passar os peões *que já tenham iniciado a travessia da faixa de rodagem*". Sendo as coisas assim, e uma vez que o *B* foi atropelado no seu local de passagem, o condutor, além da redução da velocidade, estava obrigado a parar, o mais tardar, quando o peão iniciou o cruzamento. O **risco proibido** só se terá realizado no acidente do peão *B* se (além da circunstância, comprovada, de o condutor não ter parado), para o explicar, também for necessário demonstrar que *B* tinha iniciado a travessia, pois pode muito bem ter acontecido que o *B* tivesse visto o condutor quando este já tinha alcançado a passagem para peões e tivesse então começado a atravessá-la desprevenidamente por estar convencido de que o condutor iria parar[51].

Suponha-se o médico que inadvertidamente entrega à enfermeira um produto altamente tóxico, e esta, em vez de o resguardar no lugar próprio, usa-o para matar o amante. Se um processo causal baseado em ação não dolosa (deixar uma arma carregada ao alcance de alguém) for aproveitado por outrem que atua dolosamente para diretamente provocar o resultado, o que estará em causa é apenas a responsabilidade por dolo. A intervenção de um terceiro que comete dolosamente um crime exonera do risco o primeiro causador negligente. O risco realizado no resultado é unicamente o do crime doloso. São realidades que têm a ver com a antiga *teoria da proibição de regresso* e com a atual ideia da autorresponsabilidade[52].

---

[51] Considerações que envolvem a doutrina (jurisprudencial) da **simultaneidade** e o **direito de prioridade** podem ver-se em Faria Costa, *O Perigo*, p. 520 e s.

[52] Note-se que a "**participação negligente**" (como favorecimento negligente de uma ação dolosa) não chega a ser punida (artigos 26º e 27º). Mas não será de excluir a relevância de uma norma de cuidado eventualmente infringida, atento o seu fim de proteção. Por ex., o artigo 4º da Lei das Armas dispõe que os portadores de armas são permanentemente responsáveis pela segurança das mesmas, no domicílio ou fora dele, e devem tomar todas as precauções necessárias para prevenir o seu extravio, furto ou roubo, bem como a ocorrência de acidentes.

O RISCO DE COMER UMA SOPA E OUTROS CASOS DE DIREITO PENAL

Caso nº 18 *A* foi atingido por tiros disparados intencionalmente por um seu inimigo, que o queria eliminar. *A* ingressou no hospital com ferimentos muito graves, mas o médico de serviço, com inteiro conhecimento da situação, sabendo muito bem que isso lhe era exigido (posição de *garante*), dolosamente não examinou a vítima que acabou por morrer, embora pudesse ter sido salvo.

Estas hipóteses, diz H. Otto,[53] são problemáticas e "ainda pouco esclarecidas". Representam a quebra de um nexo causal com origem num agir positivo através de uma omissão dolosa. A solução é considerar que a responsabilidade do médico se não substitui à do causador das lesões graves sofridas com os tiros, ficando ambos, lado a lado, quanto a responsabilidades. A solução já não seria a mesma se os ferimentos graves tivessem sido causados por negligência de um terceiro e o médico viesse a ser *falsamente* informado de que os mesmos eram poucos e ligeiros. As coisas não representariam uma omissão do médico, mas equivaleriam à interrupção de um processo que, uma vez iniciado, conduziria, com uma probabilidade rasante da certeza, à salvação da vítima. Também demandariam uma solução diferente se fosse a vítima a achar supérfluo e desnecessário submeter-se a uma operação. O **princípio da confiança** seria então perfeitamente adequado a exonerar o causador do acidente pela morte que viesse a ocorrer.

Noutros casos, de intensificação da lesão do bem jurídico, a conduta é de molde a impedir ou a diminuir as hipóteses de salvamento de um bem jurídico já em perigo, como quando não chega a tempo, ou não chega sequer, o material de socorro, a ambulância ou o carro dos bombeiros. São elementos que deverão ser levados à conta do incremento/potenciação do risco já existente.

O caso do médico e da enfermeira que com ele trabalha convoca igualmente o princípio da confiança, que encontra a sua razão de ser na repartição de tarefas e na divisão do trabalho. O que melhor ilustra a situação será porventura o trabalho de uma equipa de cirurgia operatória[54]. Nestas circunstâncias ninguém terá em princípio que contar que outro membro do grupo cometa erros e muito menos um facto doloso. O médico não terá de entrar em conta com tal risco, por se supor que a enfermeira que o auxilia é uma profissional responsável e em geral poder confiar-se em que as outras pessoas observarão os deveres que lhes incumbem. A menos que o médico pudesse desconfiar dos propósitos da enfermeira, já que então nada justificaria que se pusesse nas mãos dela com que satisfazer ulteriores propósitos de matar alguém.

---

[53] H. Otto, *Grundkurs Strafrecht, AT*, 5ª ed., p. 67.

[54] Sobre o princípio da confiança em matéria de divisão de tarefas no seio de uma equipa, *maxime* no que toca a intervenções médico-cirúrgicas, Jorge de Figueiredo Dias, *Conimbricense* I, p. 109.

NEXO DE CAUSALIDADE. IMPUTAÇÃO OBJETIVA

Cremos poder concluir que se o condutor que goza de prioridade fosse obrigado a parar por via de uma possível transgressão do condutor obrigado a deter-se o direito de prioridade seria progressivamente desvalorizado e nunca mais seria possível a correnteza e a fluidez do tráfego. É uma conclusão inteiramente de acordo com o pensamento do risco permitido. Quem atua de acordo com as normas de trânsito pode pois contar com idêntico comportamento por banda dos demais utentes. O princípio da confiança é utilizado ainda para resolver problemas de imputação quando concorre um comportamento posterior negligente de terceiro, seja, por ex., o erro médico que provoca a morte do acidentado na estrada. É bem duvidoso que o responsável pelo acidente possa neste caso prevalecer-se do erro médico. Se se pode confiar, em princípio, em que outros, com quem trabalhamos, não se deixem levar à prática de factos dolosos, já é muito menos de confiar que essas mesmas pessoas não cometam faltas e erros. Nestes casos deverão configurar-se condutas que se encontram em acumulação e não em situação de alternatividade.

A teoria do aumento do risco não tem dispensado a fórmula dos **comportamentos lícitos alternativos**: a conduta de A levou a um determinado resultado, mas se A agir de outra maneira é provável que leve também ao mesmo resultado. De acordo com a leitura tradicional desta fórmula, não haverá lugar à imputação, por ausência de um nexo de infração do dever ou "conexão de ilicitude" (no sentido de que não bastará para a imputação de um evento a alguém que o resultado tenha surgido em consequência da conduta descuidada do agente, sendo ainda necessário que tenha sido precisamente em virtude do caráter ilícito dessa conduta que o resultado se verificou) se a conduta conforme ao dever não tivesse evitado a produção do resultado. Numa outra formulação, demonstrando-se que o resultado teria tido seguramente lugar ("sensivelmente no mesmo tempo, do mesmo modo e nas mesmas condições"), ainda que a ação ilícita não tivesse sido levada a cabo, "parece que a imputação objetiva **deve ser negada**, seja porque não se torna possível comprovar aqui verdadeiramente uma *potenciação* do risco já autonomamente instalado, seja porque, como acentua Roxin, se não pode dizer sequer que o comportamento do agente *criou* um risco não permitido: verificando-se que tanto a conduta indevida, como a conduta lícita "alternativa" produziram o resultado típico, a imputação deste àquela traduzir-se-ia na punição da violação de um dever cujo cumprimento teria sido inútil, o que violaria o *princípio da igualdade*" [55].

Pode acontecer que se acabe por concluir que a ocorrência do resultado típico era apenas provável ou simplesmente possível. A doutrina tradicional aplicaria aqui os critérios da dúvida, portanto, *pro reo*, mesmo nos casos em que a proba-

---

[55] Figueiredo Dias, *DP/PG* I, 2ª ed., 2007, p. 338. Veja-se também, por ex., K. Kühl, *AT* 4ª ed., p. 50.

O RISCO DE COMER UMA SOPA E OUTROS CASOS DE DIREITO PENAL

bilidade de verificação do resultado por via de uma conduta ilícita devesse ser entendida como mínima.

O decisivo, ao cabo das contas, é o peso ou o significado a atribuir à inadvertência ou à desatenção do agente no âmbito do acontecimento fático e da produção do evento, não se excluindo aqui também a aplicação do *in dubio*. Pode acontecer que a própria vítima tenha contribuído para a violação de uma norma de cuidado, todavia sem capacidade para excluir o comportamento descuidado do agente. O que realmente tem de se apurar é a potenciação do risco e a sua materialização no resultado típico, e se assim é, o comportamento lícito alternativo deverá ter-se por irrelevante[56]. Ao falar-se de comportamento alternativo é no plano dos juízos hipotéticos que nos situamos. Curado Neves reafirma,[57] que "o agente deve ser responsabilizado pelo que fez e o que daí resultou, e não por algo que de todo em todo não aconteceu".

c) A realização/concretização/materialização do risco no resultado típico

Como na altura própria vimos, a imputação objetiva de um resultado a alguém como "obra sua" não supõe apenas que a sua conduta tenha criado ou potenciado um risco juridicamente desaprovado para a produção do resultado, mas também que esse risco se tenha realizado (concretizado) no resultado típico. O aumento ou a potenciação dum risco juridicamente relevante e a sua materialização supõem, além disso, que antes se tenha averiguado uma conexão estreita entre conduta e resultado no sentido da teoria da equivalência das condições.

Não haverá concretização de resultados que não caiam na **esfera de proteção da norma** de cuidado violada pelo agente: o ladrão que ao praticar o furto dá lugar à perseguição pelo guarda, que vem a morrer atropelado, não infringe um dever de cuidado e não é responsável por essa morte[58].

---

[56] Sobre esta matéria, referindo os casos da novocaína, dos pelos de cabra, do ciclista e do farmacêutico, que podem ser confrontados na maior parte dos manuais de direito penal, cf. ainda *von* Heinstschel-Heinegg, *Prüfungstraining Strafrecht*, Band 1, 1992, p. 170; Stratenwerth/Kuhlen, *AT*, 5ª ed., p. 98; Helmut Fuchs, *Öst. Strafrecht*, 7ª ed., 2008, p. 112, e Figueiredo Dias, *DP/PG* I, 2ª ed., 2007, p. 338.

[57] Curado Neves, A problemática da culpa nos crimes passionais, p. 300.

[58] A propósito da criação de um risco não permitido dentro do **âmbito do tipo**, teremos em consideração os seguintes grupos de casos: **colaboração na autocolocação em risco dolosa** (*A* e *B*, para ganharem uma aposta, lançam-se em corrida de motos na estrada, onde *B*, por erro de condução, perde o domínio da moto e sofre lesões físicas graves); **heterocolocação em perigo livremente aceite** (a pedido do passageiro, o condutor do táxi aumenta de forma proibida a velocidade do automóvel que em consequência se despista, sofrendo o passageiro lesões físicas graves); e **imputação a um âmbito de responsabilidade alheio** (*E* provoca um incêndio a sua habitação e *F*, um dos bombeiros, para salvar outro habitante da casa sofre lesões graves). Cf., sobre isto, F. Dias, *DP/PG*, 2ª. ed., 2007, p. 340; e *Conimbricense* I, p. 278 e ss. Há quem aparte o "alcance do tipo ou fim de proteção do tipo" do "fim de proteção da norma de cuidado", erigindo este em critério que se preocupa somente com a realização do risco não permitido nos delitos negligentes (cf. Bernardo Feijóo Sánchez, *Teoria da imputação objetiva*, Manole, 2003).

NEXO DE CAUSALIDADE. IMPUTAÇÃO OBJETIVA

Caso nº 19 *A*, por desatenção, atropela *B* na passagem para peões. *B*, que está ligeiramente ferido, desloca-se ao hospital pelos seus próprios meios, mas o táxi que acabou por apanhar despista-se e no despiste morre o *B*.

Para a resolução deste caso, que manifestamente comporta um desenvolvimento atípico, a imputação deverá ter-se por excluída se o resultado se produz fora do fim de proteção da norma (tutela dos bens jurídicos). No caso, o acidente e a conduta descuidada do *A* foram causais (nos termos da *condicio sine qua non*) da morte do *B*. Todavia, não foi através do atropelamento na passagem para peões, mas por via dum **risco geral da vida**, que se realizou/concretizou um perigo para a vida da vítima[59].

Tendo como adjuvante o caso anterior, para apurarmos se o risco se concretizou no resultado típico, daremos os seguintes passos, perguntando sucessivamente:

- Qual a norma de conduta que no caso foi violada pelo agente? A determinação da violação do dever de cuidado é logicamente prioritária. Dado partirmos do fim de proteção da norma, não podemos deixar de identificar qual seja essa norma. Pode tratar-se de uma norma de direito rodoviário que manda que a condução se faça com o necessário cuidado para evitar atropelar outrem.
- Qual o perigo que com a norma violada se visa evitar? Os peões podem ser atropelados e feridos. Pode a vítima bater com a cabeça no chão ou sofrer uma extensa hemorragia. A norma quer proteger os riscos desta natureza – todos eles. Ainda assim, ninguém está obrigado a conduzir cuidadosamente pela circunstância de qualquer outra pessoa poder vir a tomar um táxi que se despista quando nele se dirigia para receber tratamento.

---

[59] "A conduta que viola uma regra de trânsito e causa, por isso, a morte de outrem não pode ser de imediato considerada como ilícita. Se *A*, que conduzia segundo as regras, se desvia para a outra faixa de rodagem – cometendo assim uma violação do dever de conduzir pela direita – para não atropelar mortalmente *B*, que lhe surge de forma abrupta, e em virtude de esse seu comportamento vem a colher mortalmente *C*, que se encontrava no passeio do outro lado, não age, quanto a nós, de forma a preencher o ilícito-típico. Efetivamente, ele não viola o dever objetivo de cuidado ou, admitamo-lo, só 'formalmente' o viola. (...) Parece-nos indiscutível que **o âmbito de proteção da norma só deve funcionar** quando a concreta modalidade do evento é aquela que precisamente a norma quer evitar. Daí que seja inconsequente querer imputar, *sem mais*, o resultado ao condutor de um automóvel que, em excesso de velocidade, atropelou mortalmente uma pessoa. E o que é mais grave é tentar fazê-lo por meio da argumentação falaciosa de que, se o condutor tivesse guiado o seu automóvel à velocidade regulamentar, teria passado depois de a pessoa já ter atravessado a rua. (...) então mais valia ao condutor ter violado mais intensamente o dever de cumprir o limite de velocidade, porque se assim tivesse atuado teria passado antes, muito antes, do momento em que o peão efetivamente atravessou. (...) as regras reguladoras da velocidade no trânsito automóvel não têm a ver, e bem, com o chegar antes ou depois, mas em permitirem uma adequada e eficaz capacidade de reação aos perigos da circulação", Faria Costa, *O Perigo*, p. 498.

– Qual o perigo produzido no concreto processo causal e concretizado no resultado efetivamente produzido? Produziu-se acaso um outro risco? No exemplo, apenas se poderá falar de um risco geral da vida, não de um risco próprio de quem, ao chegar à passagem para peões, não se detém nem afrouxa a velocidade e atropela quem já atravessava a via.

– A questão de saber que perigo acabou por se concretizar no resultado exige uma resposta ex post, com conhecimento de todas as circunstâncias relevantes para a verificação efetiva do resultado. No caso em exame, uma vez que no primeiro acidente a vítima saiu apenas ligeiramente ferida, vindo os aspetos trágicos a dar-se no segundo acidente, não pode imputar-se a morte à conduta defeituosa do condutor atropelante.

Lançando mão destes critérios, parece desde logo evidente que nos já falados **processos causais atípicos** se deverá recusar a imputação do resultado à ação. O caso do matadouro representa um desses processos. É pertinente inquirir em que medida se pode ou deve considerar a primeira condição (o ato de ferir ligeiramente) como causal para a produção do resultado mortal, já que à primeira "causa" se vem juntar uma segunda. De qualquer forma, todos estarão de acordo em que *A* só poderá ser punido por homicídio tentado: quis matar a vítima e praticou atos de execução do crime que planeou, mas a morte tem outra causa, diferente da agressão com o cutelo, não ocorreu como efeito da conduta de *A*, e portanto não é "obra" deste.

Caso nº 20   *B* caiu à água e tudo indica que vai morrer afogado. *A*, que é bom nadador, prepara-se para acudir a *B*, mas é agredido de tal modo por *X* (inimigo de *B*), que fica incapaz de levar a cabo a sua intenção salvadora. *B* acaba por morrer.

Se a ação de salvamento é interrompida põe-se uma condição do resultado produzido. Não fora a intervenção de *X*, o afogado teria sido salvo com uma probabilidade rasante da certeza. Neste sentido, a conduta de *X* é causal da morte de *B*. Trata-se de um autêntico processo causal *anómalo*: *B* morre afogado; a *X*, que interrompeu um processo causal dirigido à salvação de uma pessoa em perigo, é de imputar a potenciação/realização do perigo para a vida do *B*, que acabou por morrer.

Pode abrir-se outro espaço de dúvidas quando, por ex., um ferido à navalhada é conduzido a um hospital de província mal equipado, mas ainda com os instrumentos necessários para operar o ferido, e a luz falta no momento decisivo, obstando à intervenção médico-cirúrgica adequada, acabando a vítima por morrer. Ou então o ferido morre devido a uma infeção apanhada no próprio hospital.

Poderia ainda prever-se que a morte ocorresse? Estamos, num caso e noutro, a afastar a hipótese da produção dolosa do resultado mortal, daí que, se durante o processo de cura, surgem complicações, seja por ex., uma trombose, e o internado morre, as mesmas devem ser levadas à conta de complicações típicas e a morte imputada ao agente do facto.

Não se podem contudo imputar **consequências danosas** por um tempo indefinido. A conclusão do processo de cura deverá ser o momento decisivo, dizem alguns autores. E dão como exemplo o acontecido com R. Dutschke, um dirigente da revolta estudantil alemã de 1968, que foi vítima de um atentado político e passou a sofrer de deficiência, que permanentemente o afetava. Uns anos mais tarde, por causa disso, perdeu a consciência, quando se encontrava no banho, e morreu por afogamento. Trata-se de uma situação de **dano permanente com consequências tardias**. Podem aqui enquadrar-se situações de transmissão do vírus do HIV, no sentido de saber se se poderá imputar objetivamente ao agente transmissor não só a doença mas também a morte da vítima, que poderá ocorrer anos depois[60]. H-J. Rudolphi[61] distingue dois grupos de casos. O primeiro compreende todos os casos em que a lesão posterior (por ex., a queda mortal do indivíduo a quem tinha sido amputada uma perna) tem a sua causa num dano permanente produzido no passado. Será que as consequências tardias produzidas depois de terminado o (possível) tratamento que levou à cura se podem imputar ao causador do dano com base no elevado risco de morte e de lesão por ele causado? A resposta só pode ser negativa, porque o processo de realização do primeiro perigo, originado na infração de um dever, findou quando as primeiras lesões (a amputação da perna) ficaram curadas. O segundo grupo tem as ver com o desenvolvimento posterior de lesões num momento em que a primeira ainda não se encontra curada. Haverá ainda uma relação de risco? Num caso já antigo, acontecido em Colónia, uma farmacêutica ministrou, em contrário do prescrito pelo médico, um suplemento vitamínico à mulher *A*, que as deu ao filho de cinco meses. A criança sofreu por via disso uma forte intoxicação e teve que ser levada ao hospital onde contraiu gripe, que foi a causa da sua morte. Aqui não se pode concluir pela imputação do dano posterior, por corresponder a uma imputação objetiva (*versari in re ilicita*). Num caso de **broncopneumonia** (acórdão do STJ de 1 de abril de 1993 *BMJ* 426, p. 154), o Coletivo deu como provado que, logo que a vítima caiu na calçada granítica o arguido sujeitou-o enganchando-se nele; e agarrando-lhe a cabeça, embateu-a repetidamente contra o solo, ocasionando-lhe lesões cranio-meningo-encefálicas, necessariamente causais da sua morte.

---

[60] Cf. Roxin, *AT*, p. 904, *Problemas fundamentais de direito penal*, p. 287; e I. Puppe, *AT*, p. 626.
[61] H-J. Rudolphi, *Causalidad y imputación objetiva*, tradução de Claudia López Díaz, Universidad Externado de Colombia, 1998, p. 57.

O tribunal de recurso confirmou que a conduta agressiva do arguido constitui, objetivamente, causa adequada à ocorrência daquela morte. Ora, a defesa alegara que, para a morte da vítima, tinha também contribuído uma broncopneumonia bilateral de que era portador, e que se não tinha verificado o tratamento médico devido, por inexistência atempada da terapêutica adequada. Perante aqueles factos, o Supremo teve por irrecusável que nem a falta de assistência clínica em pronto internamento hospitalar nem a eclosão da broncopneumonia interromperam o nexo que liga a morte da vítima às lesões que o réu lhe infligiu.

Se a vítima é de constituição anormal, como no caso nº 2, do homem que do passeio lança impropérios ao automobilista, é de recusar a previsibilidade do resultado mortal em relação com a agressão a soco, além de outras razões, já adiantadas. A questão está em saber se com a agressão se realizou o perigo de a vítima morrer e a resposta só pode ser negativa, não obstante ser inegável que a conduta do automobilista, além de causal, contribuiu para potenciar o risco correspondente.

Outros comportamentos da vítima podem relacionar-se com problemas de **quebra ou interrupção do nexo causal**. Veja-se o seguinte

Caso nº 21 O risco de comer uma sopa (Verschluckens-Fall: OLG Stuttgart, NWJ 1982, 295; K. Kühl, *Strafrecht AT*, 4ª ed., p. 40; I. Puppe *Jura* 1997, p. 625; *La imputatión objetiva*, Comares, 2001, p. 86; e *Strafrecht AT* 1, 2002, p. 108): O arguido atropelou um reformado quando conduzia em velocidade superior à legal. O peão, devido à gravidade dos ferimentos, teve que ser operado, ficando nos cuidados intensivos, e passou a ser alimentado artificialmente. Quando o doente recuperou a consciência e começou a comer normalmente, "engoliu" um prato de sopa de tal forma que o líquido lhe invadiu os pulmões. Ainda que imediatamente socorrido, o doente não sobreviveu à consequente pneumonia.

Variante: A sopa entrou nos pulmões porque o doente estava tão fraco, depois do que lhe aconteceu, que os seus reflexos se encontravam particularmente diminuídos.

A questão está em saber se o condutor da viatura atropelante responde pela morte do idoso ou apenas pelas lesões originadas no acidente. O tribunal de Stuttgart reconheceu que a operação a que a vítima se submeteu foi um êxito e recusou ver no acidente a causa da morte: o "engasgo" com a sopa deu-se independentemente de quaisquer deficiências corporais relacionadas com o acidente.

Dir-se-á porém que o condutor é responsável pela morte do idoso, já que seguia conduzindo em velocidade incompatível para o local e com isso criou um

NEXO DE CAUSALIDADE. IMPUTAÇÃO OBJETIVA

risco relevante e juridicamente desaprovado para bens jurídicos, tanto para a integridade física como para a vida do atropelado; em suma: a morte da vítima é resultado de um risco criado pelo automobilista. Se repararmos que as pessoas têm de se alimentar e que isso faz parte do nosso dia a dia, inclusivamente dos que se encontram acamados, então é perfeitamente razoável representar a possibilidade de um idoso, nessas condições, se engasgar com a sopa, nomeadamente quando se está em situação de acentuada debilidade física após um longo período de hospitalização – e tudo isto com origem na conduta ilícita do atropelante.

Aliás, se recorrermos à teoria da causa como condição conforme às leis naturais concluímos que o condutor pôs uma condição para a morte da vítima e que este resultado está ligado com o acidente por uma cadeia de modificações no mundo exterior[62].

Também Ingeborge Puppe é de opinião que os riscos específicos que se podem agravar em face do estado de debilidade têm de recair sobre o condutor e não sobre o peão acidentado desde que não esteja em causa um erro médico. O comportamento do condutor, com as suas características proibidas, está vinculado à produção do resultado em termos de **cadeia causal**, verificando-se, consequentemente, o indispensável *requisito de continuidade* (Puppe). Só assim não seria se pudéssemos sustentar que o líquido atingiu os pulmões sem qualquer relação com o estado de debilidade da vítima e a sua fraca consciência, porque então a morte encontraria explicação no *risco geral da vida*[63].

A amplitude da quebra ou interrupção de um processo causal tem tanto a ver com a conduta da vítima como com a de um terceiro que age dolosamente ou mesmo só com negligência. Alguns desses casos, relacionados com a chamada *proibição de regresso* e com *processos de autorresponsabilidade,* já foram sendo ventilados. Outros são por vezes de duvidosa resolução, como os erros ligeiros de tratamento na sequência de lesões graves num acidente que levam à morte da vítima; no nosso entender, tais erros não exoneram o causador do acidente. Já será diferente se o erro médico puder classificar-se de grosseiro, porque então, na maior parte dos casos, o causador das lesões iniciais deve ver a sua responsabilidade pelo risco afastada. H. Otto dá um outro exemplo, do *A* que atropela *B*, por desatenção, na

---

[62] Assim, Hellmann, *JuS* 1990, com a concordância de K. Kühl, *Strafrecht AT*, 4ª ed., p. 40.

[63] Contra esta posição argumenta-se, sobretudo, com "uma inaceitável limitação da liberdade de agir, que obrigaria qualquer um praticamente a abster-se de realizar qualquer conduta para evitar os possíveis resultados que hipoteticamente poderiam derivar, não do comportamento inicial mas do seu relacionamento com qualquer outro fator externo". Cf. Maria Cármen Gómez Rivero, *La imputación de los resultados producidos a largo plazo*. Valencia: Tirant lo Blanch, 1998. p. 49; e Damásio de Jesus, *O risco de tomar uma sopa*, disponível na Internet, a propósito deste caso, comentado por Ingeborg Puppe. Outros aceitam que a lesão produzida no acidente conforma também uma causa da morte, com a ressalva de o processo de cura ainda estar em desenvolvimento, o que induziria a afirmar, como nota Rudolphi, a realização do risco geral de morrer.

passagem para peões, ficando a vítima em perigo de vida. Para se livrar de complicações, *A* dá em seguida um tiro no *B*, intencionalmente, acabando com ele. A morte aparece apenas como sendo a realização da conduta dolosa do *A*, já não como a realização do atropelamento.

Se *A* deixa uma quantidade de droga ao alcance de *B* que a ingere por ser toxicómano e vem a morrer de *over*dose, a conduta de *A* mantém-se dentro do risco permitido, a menos que a conduta posterior da vítima se torne provável em medida excecional. A conduta de *A* criou um perigo que, porém, se não realizou no resultado típico através de um processo causal tipicamente adequado[64].

2. Outras situações de imputação

O critério do *nexo de risco* entronca na noção de **domínio**: para imputar o processo causal a alguém é necessário que este o pudesse dominar, que não seja, pura e simplesmente, um acidente da sua atuação. Num desastre involuntariamente provocado por *T*, *B* sai ligeiramente ferido. Durante uma operação imposta pelo acidente, mas em princípio sem quaisquer riscos, *B* morre devido a complicações com a aplicação da anestesia. Há aqui um caso de "mala suerte", a realização de um risco geral da vida: na morte de *B* não se realizou o risco especificamente ligado à produção do acidente de trânsito. Não se dá a concretização do risco nos processos causais acidentais, que não são dominados pela vontade do agente, sendo caso de negar a imputação. Veja-se a lista elaborada por Kühl, que refere sucessivamente as condições muito afastadas (o fabricante da arma utilizada não podia impedir a ação homicida); os processos causais de natureza excecional, como o do raio que mata o tio que o sobrinho, na esperança que isso acontecesse, tinha convidado a passear no parque); em processos causais que não são habituais (quem fere outrem numa perna, não pode contar com o despiste da ambulância que transporta o ferido ao hospital e que morre no acidente), estando em causa um "**puro acaso**"; e os casos como o do médico que confia uma dose de um produto altamente tóxico à enfermeira para que esta o ponha no lugar adequada mas de que ela se serva para matar o amante.

A noção de domínio anda frequentemente associada à de adequação. Sirva, para ilustrar, o caso do murro dado pelo automobilista, aqui referido como caso nº 2.

Vejamos ainda os seguintes casos, todos eles respeitantes ao problema da autorresponsabilidade[65]. Passamos por alto o daquele que fazia *surf* no tejadilho do automóvel conduzido pelo amigo em plena autoestrada...

---

[64] Podia aliás chamar-se a terreiro o princípio da autorresponsabilidade.
[65] É altura de advertir para a necessidade de não confundir os princípios da autorresponsabilidade com a **dogmática vitimológica** que põe em relevo o papel da vítima da burla, de crimes sexuais como o do

NEXO DE CAUSALIDADE. IMPUTAÇÃO OBJETIVA

Caso nº 22 *A* atacou *B* à facada mas em seguida, olhando para o estado em que este ficara, leva-o a um hospital. Por ser o único dador compatível, *A* dispõe-se mesmo a dar o sangue que fosse necessário. A vítima porém rejeita a oferta do sangue, mesmo sabendo que não é possível fazê-lo chegar de outras origens em tempo útil e acaba por morrer.

Há aqui uma clara interrupção do nexo causal perante uma inusitada e a vários níveis inexplicável posição da própria vítima que recusa a transfusão. O resultado morte não poderá ser imputado ao autor do facto.

Caso nº 23 *A* dá ao seu amigo e companheiro *B* uma porção de heroína: *B* injeta--se com o produto e morre por *over*dose.

Qual a responsabilidade penal do *A*?

O princípio da autorresponsabilidade tem tido acentuado relevo nos últimos anos no âmbito da imputação – embora haja quem tenha intentado resolver casos destes na base do consentimento –,[66] defendendo-se a necessidade de exigir de todos os membros da comunidade uma autoproteção, por exemplo, no tráfego rodoviário, dentro dos limites possíveis. Porque cada um deve proteger os seus próprios interesses, a conduta descuidada da vítima, em certas alturas, pode excluir a imputação objetiva, seguindo-se aqui os critérios gerais, mas numa boa parte dos casos a responsabilidade da vítima poderá coexistir com a sua atribuição ao agente.

O âmbito de proteção de uma norma como a do artigo 131º, de tutela da vida contra a intervenção de terceiros, termina onde começa o âmbito de (auto)--responsabilidade do próprio atingido. No caso, não foi criado qualquer perigo juridicamente relevante, tal como o expusemos ao tratar dos fundamentos da imputação objetiva. A atuação manteve-se dentro do risco permitido.

---

abuso de menores dependentes, dos crimes contra a reserva da vida privada e de outros tipos da PE. Está em causa a influência ou a corresponsabilidade da vítima na prática de uma destas ou de outro tipo de infrações penais. Sobre o tema, em conjugação com a ilicitude material, Roxin *AT* 1, 1994, p. 487, para quem será claramente de acolher a ideia de que um concurso da vítima deverá influenciar a medida do ilícito; e Bernd Schünemann, *ob. cit.*, p. 366, que concebe a utilização da máxima vitimológica unicamente no âmbito interpretativo dos tipos penais. Já na "Introdução" constante do Decreto-Lei nº 400/82, de 23 de setembro, que aprovou o Código Penal, se aludia à problemática da vítima, relevando "a necessidade de evitar que o sistema penal, por exclusivamente orientado para as exigências da luta contra o crime, acabe por se converter, para certas vítimas, numa repetição e potenciação das agressões e traumas resultantes do próprio crime".

[66] Não poderá haver consentimento justificante numa ação de matar, como mostra a relevância penal do homicídio cometido a pedido da vítima (artigo 134º do Cp português; 216º do Cp alemão, e Roxin *AT* 1, p. 343). Igualmente são despropositadas quaisquer considerações do tipo jurídico-contratual. Estará em causa a própria autonomia da pessoa.

Na medida em que *A* deu a heroína ao amigo, pôs uma condição para a morte deste, sendo a morte uma consequência adequada da ação de *B*, por via da entrega da droga. Com isto, o risco para a vida de *B* (que o *A* bem conhecia), incrementou-se significativamente. Todavia, a *A* não será de imputar a morte de *B*, *A* não poderá ser por ela responsabilizado. A autorresponsabilidade querida ou a efetiva autocolocação em risco não desencadeiam o crime de ofensa à integridade física ou o homicídio se conscientemente qualquer deles se tiver realizado a risco do próprio. Quem simplesmente cria, promove ou aumenta um perigo para si mesmo, não torna outrem punível por um dos indicados crimes. Repare-se, aliás, que *A* nem sequer induziu *B* a injetar-se; nem lhe escondeu os perigos associados ao ato de se injetar com heroína. *B* injetou-se de livre vontade e sabia o que fazia, não foi enganado. *B* é responsável pelos seus próprios atos. Veja-se ademais que (ao contrário do que acontece com qualquer "cadeia causal", que pode ir até ao infinito...) a "cadeia de imputação" termina no ponto em que se depara com uma pessoa responsável, não indo para além dela.

Resumindo, temos aqui o seguinte esquema:

- *A* causou o resultado (a morte de *B*)? A resposta (afirmativa) é dada pela fórmula da *condicio*.
- O resultado (a morte de *B*) é de imputar a *A*? Neste passo atenderemos sucessivamente ao princípio da adequação, à doutrina do aumento do risco e ao princípio da autorresponsabilidade.

Bernd Schünemann recorda uma decisão do BGH que condenou por homicídio negligente o autor de um incêndio, porque alguém entrou na casa já em chamas para salvar coisas de sua pertença e acabou morrendo asfixiado. A solução dada pelo tribunal terá alguns fundamentos político-criminalmente acertados, diz Schünemann, pois, se se levar em conta que as pessoas têm tendência a expor-se a riscos consideráveis para salvar os seus bens, a proibição de deitar fogo à casa alheia poderia igualmente proteger as vítimas dos seus próprios descuidos. Mas a solução não contentará boa parte dos juristas. A nosso ver, trata-se de uma exposição a riscos não inteiramente conhecidos ou quantificáveis, a qual não parece fazer sentido, por desproporcionada. De resto, o incendiário podia nem sequer ter a possibilidade de prever a ação de salvamento intentada pela vítima, que conscientemente assumiu o risco.

Seja o

Caso nº 24 Durante uma festa que meteu bebidas em abundância, *A*, um dos convidados, deitou fogo ao andar superior da moradia. Em elevado estado de embriaguez, o filho do dono da casa subiu ao andar em cha-

NEXO DE CAUSALIDADE. IMPUTAÇÃO OBJETIVA

mas, para salvar alguém que por ali estivesse sem dar acordo de si, ou para retirar umas coisas valiosas, mas veio a morrer asfixiado, devido aos fumos (BGHSt 39, 322, I. Puppe, *Strafrecht AT* 1, 2002, p. 165).

O primeiro problema que aqui intervém é o da livre e responsável autoexposição ao perigo em relação com a imputação objetiva.

Uma **autoexposição ao perigo** plenamente responsável quebra a imputação aos outros intervenientes? Será que neste caso a intervenção do filho do dono da casa foi inteiramente livre? Segundo o tribunal alemão, o resultado mortal só poderia ser imputado ao causador do incêndio como negligente. Uma limitação ao reconhecimento de uma liberdade jurídico-penal quando, como no caso, se verifica uma autoexposição consciente da vítima ao perigo, mostra-se especialmente necessária se o autor produz, com a sua ação delitiva, a possibilidade manifesta de uma autoexposição ao perigo consciente, de maneira a desenvolver-se, sem a cooperação ou o acordo da vítima, um perigo considerável para um bem jurídico desta ou de pessoas próximas dela e dá origem, com isso, a um motivo razoável para que se realizem ações de salvamento perigosas. Já assim não seria se o socorro se revelasse desde o início absurdo em termos de se configurar como uma bravata desproporcionada.

Caso nº 25 Aprecia-se o comportamento delitivo de um terceiro que utiliza o processo causal criado pelo autor e causa definitivamente o resultado: *A* deixa a pistola carregada ao alcance de *B* que com ela, e por sua conta, vai matar *C*.

Há que distinguir, começando por determinar se o primeiro autor atua negligente ou dolosamente relativamente ao comportamento do segundo autor. A resposta já foi ventilada quando se falou na figura da *proibição de regresso*, pois o domínio da produção do resultado cabe inteiramente ao autor doloso, sendo o papel do outro simplesmente marginal e sem relevo penal. Pode no entanto objetar-se com a existência de alguma norma de cuidado como será aquela que, no casos das armas, tem por finalidade impedir factos ilícitos dessa natureza cometidos por terceiros (o artigo 41º da Lei das Armas dispõe que os portadores de armas são permanentemente responsáveis pela segurança das mesmas, no domicílio ou fora dele, e devem tomar todas as precauções necessárias para prevenir o seu extravio, furto ou roubo, *bem como a ocorrência de acidentes*). Se a norma for infringida, dir-se-á que o descuido não afasta a imputação ao primeiro autor do resultado produzido pelo segundo autor que atuou na sequência da situação criada por aquele. Teremos então que *o fim de proteção da norma de cuidado* infringida será determinante para a solução, pelo que o princípio não adquire uma feição de generalidade. Em princípio, poder-se-á confiar em que as pessoas não cometam crimes dolosos. Não existem especiais deveres de cuidado quando o dono do *stand* de automóveis vende uma viatura a um terrorista, tendo podido saber, pelas circunstâncias que rodearam a venda (pediu, por ex., o reforço dos mecanismos de suporte) que a viatura iria ser utilizada num grande atentado com bombas. Se no atentado morrem pessoas, Bernd Schünemann[67] pergunta se o vendedor não será responsável por homicídio negligente. A resposta que dá é negativa. Começa por colocar de lado a aplicação da teoria da proibição de regresso, mas alerta para os deveres de cuidado na transação, porque quem vende automóveis limita-se a garantir a correção dos elementos técnicos. Não existe uma aplicação típica criminosa nem deveres de cuidados relacionados com o risco de se cometer um crime. As coisas já seriam diferentes se o interessado tivesse insistido na instalação de um dispositivo detonador. Estaria indicado investigar um nexo do fim de proteção (*Schutzzweckzusammenhang*), que está ausente tanto na venda de um automóvel como na venda de um alicate que mais tarde vai ser utilizado num atentado.

Outros casos aparentados e que poderiam aqui encontrar solução ao menos parcial, serão tratados mais à frente, a propósito da cumplicidade. Antecipemos certas ações de conteúdo aparentemente neutro, como a abertura, por um advogado, duma conta bancária para facilitar o branqueamento de capitais pelo seu cliente. Ou quando alguém, conscientemente, fornece gasolina aos assaltantes dum banco que procuram a fuga de carro. Um dos casos mais antigos deste género foi julgado pelo Tribunal do Reich em 1906, pondo-se a questão de saber se o fornecimento de pão ou de vinho a um bordel favoreceria os comportamentos imorais que tinham lugar[68]. Decidiu-se que o fornecimento do vinho representava um ato de cumplicidade, mas não o do pão, porque só o vinho tem as qualidades afrodisíacas capazes de fomentar as atividades próprias duma casa do género.

IV. Conclusão

Ao aplicarmos a *teoria do risco*, deveremos averiguar:

- Em primeiro lugar, a questão da causalidade, aferindo-a pelos critérios da *csqn*;
- Depois, atender ao princípio da adequação, indagando se ocorre um perigo (=*risco*) juridicamente relevante como requisito relacionado com a *conduta*

---

[67] Bernd Schünemann, *loc. cit*, p. 406.
[68] Schünemann *GA* 1999, p. 224; e de novo em *Obras* I, p. 408.

NEXO DE CAUSALIDADE. IMPUTAÇÃO OBJETIVA

do autor, i. é, se o autor criou em geral um novo risco para a produção do resultado, ou se aumentou um risco já existente;
– Finalmente, se se realizou, i. é, se se materializou ou concretizou o risco (nexo de *risco*).

O risco típico (risco juridicamente relevante) poderá afirmar-se, por ex., se *A*, sabendo que *B* sofre de graves problemas cardíacos, dolosamente, lhe dá a falsa notícia de que uma pessoa muito querida tinha morrido, e com isso *B* sofre um ataque cardíaco.

O risco não será tipicamente relevante se a ação não criar um risco adequado e juridicamente reconhecível para a produção do resultado, como acontece na generalidade dos processos causais atípicos. *A* oferece uma viagem de avião ao tio rico esperando que o avião venha a cair, o que na realidade acontece. A ação não produziu qualquer perigo efetivo para o bem jurídico. Acontece o mesmo quando o perigo se contém no quadro do risco geralmente permitido. O condutor *T* causa a morte do peão *O*, porque este vai de encontro ao automóvel que *T* conduzia de acordo com todas as regras de trânsito. A morte não é de imputar objetivamente ao condutor, porque a participação no tráfego rodoviário de acordo com as correspondentes prescrições se contém no âmbito do risco permitido.

Inclusivamente, o perigo típico está fora de questão quando a ação não incrementa o risco, podendo dar-se até uma diminuição do risco.

Interessa ainda a esfera de proteção da norma como critério de imputação, pois somente haverá responsabilidade quando a conduta afrontar o fim de proteção da norma (se *A* atropela *B* e lhe causa a morte e se, por isso, *C*, mãe de *B*, sofre um ataque cardíaco e morre – este outro resultado não pode ser imputado ao condutor atropelante, pois, está fora da esfera de proteção da norma que só deve proteger os danos que ofendam diretamente o bem jurídico).

Quanto à **responsabilidade dos entes coletivos**, a partir da norma do artigo 11º do CP, "uma vez imputado ao ente coletivo a ação psicofísica da(s) pessoa(s) singular(es), deve exigir-se, também neste contexto, que o comportamento – ativo ou eventualmente, em certos casos, omissivo – do ente coletivo tenha criado (ou incrementado) um risco não permitido e que esse risco se tenha vazado no resultado típico"[69].

Hipóteses como as que aqui se apresentam, que arrastam questões de resolução mais difícil ou duvidosa, costumam aparecer nos textos práticos dos exames e têm que ser identificadas e convenientemente depuradas e resolvidas. Se não se levantam problemas, se a relação de causa e efeito é evidente, como quando *A* dispara sobre *B* a 3 metros de distância e *B* morre logo ali por ter sido atingido no

---

[69] Figueiredo Dias, *DP/PG* I, 2ª ed., 2007, p. 347.

coração, só temos que lhe fazer uma ligeira referência e concluir que, em sede de causalidade (causalidade adequada: artigo 10º, nº 1, do Código Penal), a agressão a tiro, conduzida por *A*, é a causa da morte – ou que, em sede de imputação objetiva, o evento letal é "obra de *A*". Se tivermos um caso em que *A*, à paulada, reduziu a cacos o vaso de flores da vizinha, só teremos que apurar que o vaso é uma coisa que não pertence a *A* e concluir: "*A* partiu o vaso de flores de *B* – os danos por ele produzidos foram em coisa alheia". Será perfeitamente desajustado insistir noutro tipo de considerações.

V. Exercícios e casos práticos

1º exercício. A partir do caso do cutelo, suponha que *i*) *A*, devido a hemorragia, desmaia na ambulância que o transporta ao hospital, vomita e morre; *ii*) durante o trajeto para o hospital, a ambulância choca com um camião que vinha fora de mão e *A* sofre ferimentos mortais; *iii*) após uma operação levada a efeito com êxito, *A* morre por infeção dos ferimentos; *iv*) momentos antes de deixar o hospital, *A* morre devido a um incêndio que se declara no quarto em que se encontra.

2º exercício. Outros casos de participação da vítima: o parceiro sexual que conscientemente tem relações com um infetado pelo HIV sem as cautelas próprias do *safe sex*; o que vende a porção de heroína que ao viciado que com ela se injeta e vem a morrer disso[70].

3º exercício. Suponha-se que dois amigos estiveram sozinhos na casa de um deles até que por volta das onze da noite o visitante desceu ao rés do chão, despedindo-se. Cerca de meia hora depois, o dono da casa ouviu barulhos vindos do piso inferior e desceu, munido de um revólver carregado. Deu um tiro no escuro, contra o vulto de quem supunha ser um ladrão, mas acertou no amigo, que por ali se deixara ficar, completamente a despropósito e sem nada dizer, e que assim acabou ferido de gravidade, caindo inconsciente. Posteriormente, o tribunal identificou esse disparo como tendo sido levado a efeito com dolo homicida na forma eventual e concluiu que o alvejado ficou em condições tais que só levado imediatamente ao hospital teria hipóteses de se salvar. Sem mais incómodos, o dono da casa, porém, voltou para o aconchego do andar de cima. Uns cinco minutos depois do primeiro tiro, voltou a ouvir barulho. Desceu com a arma pronta a disparar mas por inadvertência, a que acrescia estar sem luz, o tiro saiu e atingiu o amigo que morreu uns minutos depois. Qualquer dos disparos alcançou órgãos vitais.

---

[70] Cf. Schünemann *GA* 1999, p. 222; e Costa Andrade, *Consentimento e acordo*, p. 274.

NEXO DE CAUSALIDADE. IMPUTAÇÃO OBJETIVA

4º exercício. Ainda a propósito dos processos causais hipotéticos. Até que ponto a causalidade hipotética se sobrepõe à consequencialidade (aos atos verdadeiramente consequentes)? pergunta a Prof. F. Palma. Veja-se o exemplo da derrocada na *RPCC* 9 (1999), p. 544, e as suas implicações: *A atropelou mortalmente B, que atravessava o sinal de peões, sendo certo que B teria sido atingido por uma derrocada de um prédio, alguns metros à frente do sítio em que foi atropelado.* E leia-se Curado Neves, p. 394: "A verificação do curso hipotético dos eventos em caso de comportamento lícito alternativo do agente não desempenha qualquer papel na determinação da responsabilidade do autor do facto. Não influi sobre a caracterização da conduta típica ou sobre a existência de um desvalor de perigo; não é, também, relevante para a imputação do resultado."

5º exercício. Ainda os processos causais não verificáveis e certos casos de causalidade cumulativa. Pergunta, de novo, a Prof. F. Palma:[71] "Como se delimita a imputação objetiva nas situações em que **uma pluralidade de causas** concorre num evento? As causas cumulativas não anularão a possibilidade da própria imputação objetiva, paralisando o juízo de imputação em situações típicas das sociedades complexas (responsabilidade dos produtores e das empresas relativamente a danos ambientais, por exemplo)?". Como tratar a poluição dum rio, desde que haja muitos a contribuir para o efeito, como normalmente acontecerá?[72]

VI. Indicações de leitura

A causalidade (débil) e o efeito "mariposa" no contexto da nova teoria física do caos: "a condição inicial mais insignificante (o bater de asas de uma mariposa em Santarém) devido a fatores de aceleração e a conexões de elevada complexidade, pode produzir consequências graves a grandes distâncias (um furacão nas Antilhas). O assunto vem a propósito dos danos produzidos à distância ou a longo prazo em A. Silva Dias, "*Delicta in se*", p. 245. Retome-se a nota acima sobre **danos permanentes com consequências tardias.**

Acaso e coincidência são os termos que utilizamos para indicar ligações invisíveis entre as coisas – relações que não compreendemos, C. J. Laughlin, *apud* Bragança de Miranda, Teoria da Cultura, p. 127.

O verbo **imputare** era uma palavra formada por derivação e mantinha, diz Paulo de Sousa Mendes, *O torto intrinsecamente culposo como condição necessária da imputação da pena*, Coimbra, 2007, p. 35, uma relação de sentido com o verbo

---

[71] F. Palma, *loc. cit.*, p. 549.

[72] Cf. Fernanda Palma, *loc. cit.*, e "Direito Penal do Ambiente – uma primeira abordagem", in *Direito do Ambiente*, 1994, p. 431.

putare, cujo significado mais frequente era *contar, calcular*. "No caso vertente [do aporte por Pufendorf da palavra imputação para o léxico do direito natural], o prefixo derivado latino *in-* indicava movimento para dentro e o verbo formado através do emprego desse prefixo dava então qualquer coisa como *meter na conta*". No campo do direito penal, os autores advertem (por ex., Fuchs, p. 93) que o conceito de imputação é por vezes manejado com outros significados, de forma que se deverá ter isso em atenção. Alguns autores, como Frisch e Jakobs, distinguem entre a imputação objetiva do resultado e a imputação (objetiva) da conduta. Em sentido muito alargado, pode falar-se de imputar um acontecimento a alguém, por ex., quando se atribui o desvalor de resultado a um determinado sujeito ou até o resultado das suas boas ações. Pode, aliás, imputar-se um determinado resultado (pelo menos) a título de negligência, como o código dispõe no artigo 18º. No artigo 22º, nº 1, há tentativa quando *não* existe um resultado atribuível ao agente que pratica atos de execução de um crime que decidiu cometer. O resultado decorrente da atuação em legítima defesa (artigo 32º) pode ser imputado à conduta do defendente, não obstante atuar justificadamente. Diz Melo Freire, Instituições de Direito Criminal Português, *BMJ* 155, p. 180, que "a ninguém deve imputar-se o que sucede por acaso". E Levy Maria Jordão, *Commentario ao Código Penal Portuguez* I, 1853, que o "ato cometido debaixo de uma força física irresistível não pode ser imputável porque não é voluntário". O Código de Processo Penal, no nº 1 do artigo 345º, dispõe quanto a perguntas sobre os factos "imputados" ao arguido. George Fletcher, *Basic Concepts of Criminal Law*, Oxford University Press, 1998, p. 69. No dia a dia não queremos saber a causa dos fenómenos comuns e normais. Perguntamo-nos qual é a causa da morte, mas não qual a causa da vida. A morte, num dado momento, apresenta-se como um evento inesperado e é por isso que queremos saber qual a sua causa. De modo diverso, se a pessoa for saudável, o permanecer viva não desperta curiosidade. Ainda assim, se há ocasiões em que a morte nos aparece como praticamente inevitável, por exemplo, no caso de um desastre aéreo, temos dificuldade em compreender por que é que determinado indivíduo foi o único sobrevivente. A que deve ele o tempo de vida que lhe sobra? Veja-se que até para formular a pergunta em termos de causalidade nos sentimos embaraçados! No ano da graça de 2008, falou-se muito de Elizabeth Gladys Millvina Dean, quando fez 96 anos. Em 1912 tinha apenas dois meses e foi embarcada no "Titanic". Sobreviveu a um dos piores desastres marítimos de sempre. Era a única pessoa ainda viva a poder dizer que estava lá quando o navio embateu contra um icebergue e se afundou[73].

---

[73] Nota de atualização: Millvina Dean, a última sobrevivente do Titanic, não chegou aos 100 anos, morreu com 97, no dia 31 de maio de 2009.

NEXO DE CAUSALIDADE. IMPUTAÇÃO OBJETIVA

Acórdão da Relação de Lisboa de 2 de dezembro de 1999, *BMJ* 492, p. 480: não havendo na lei nada que faça presumir que a morte ocorrida após um acidente de viação é consequência deste, não tem cabimento a pretensão de considerar verificado o referido nexo de causalidade por força das disposições legais relativas à prova por presunção, nomeadamente o artigo 349º do Código Civil. Numa área de grande melindre, em que são requeridos particulares conhecimentos científicos, a conclusão de que a morte do ofendido foi causada pelos ferimentos por ele sofridos no acidente há de resultar da prova que constar dos autos e não do recurso a meros juízos de normalidade. Se da prova resultarem incertezas quanto às causas da morte não poderá estabelecer-se o nexo de causalidade por obediência ao princípio *in dubio pro reo*. Se o julgador divergir do estado de dúvida do perito (que no fundo afirmou que face aos elementos técnicos e científicos disponíveis não é possível estabelecer o nexo de causalidade), optando pela existência do nexo de causalidade, deverá fundamentar a divergência nos termos impostos pelo artigo 163º, nº 2, do CPP.

Acórdão do STJ de 15 de janeiro de 2002, *CJ* 2002, tomo I, p. 37: processo atípico; menor que quando brincava com outros dois num edifício em adiantado estado de construção, no 2º andar tocou num tijolo que, caindo, atingiu um deles, que se encontrava no rés do chão. A falta de sinalização do estaleiro não pode considerar-se causa adequada das lesões sofridas pelo menor.

Acórdão do STJ de 22 de março de 2007, Proc. n.º 4808/06-5, no *blog* "Cum grano salis": A perda da aeronave a favor do Estado, nos termos do artigo 35.º do DL 15/93, de 22/1, não merece censura, mesmo à luz daquela jurisprudência mais rigorosa, que exige que entre o objeto e a prática da infração interceda uma relação de funcionalidade ou de instrumentalidade em termos de causalidade adequada, dado que aquela aeronave serviu de instrumento essencial à prática do crime de tráfico de estupefacientes, transportando a droga do Marrocos para Beja.

Acórdão do STJ de 3 de dezembro de 1997, proc nº 97P964, *relator*: Joaquim Dias. Nos crimes de resultado, um dos seus elementos constitutivos é o nexo causal entre a conduta do agente e o resultado. O termo "adequada", inserto no artigo 10º nº 1 do CP, revela expressamente que, em regra, a nossa lei acolhe a teoria da causalidade adequada, segundo a qual uma ação é causa de um resultado, quando, em abstrato, é idónea para produzi-lo, como um id quod plerumque accidit; socorrendo-se da experiência de casos semelhantes, das regras gerais da experiência comum, o tribunal formula um juízo de prognose, reportado ao momento da realização da ação, sobre a verificação de tal idoneidade. À luz da experiência comum, a ação de introduzir, sem rodar, uma chave de luneta no sextavado do "taco" do bujão de um permutador de gás propano, não é adequada a fazer saltar esse "taco" do orifício onde estava enroscado: o "taco"

O RISCO DE COMER UMA SOPA E OUTROS CASOS DE DIREITO PENAL

saltou do orifício, porque estava danificado; igualmente, à luz da experiência comum, não é normal, não corresponde ao *id quod plerumque accidit*, que um bujão enroscado salte por simples contacto, sem qualquer movimento a desenroscá-lo, pois, se o bujão saltou é, porque não estava enroscado, estava muito deteriorado nos filetes de rosca, que não enroscavam. Não se tendo provado que o arguido, quando colocou a chave no "taco", tivesse conhecimento ou devesse conhecer tal deficiência, não lhe podem ser imputadas, ainda que a título de negligência, as consequências da saída do "taco" (fuga franca de gás, seguida de incêndio, de que resultaram dois mortos), pois aquele evento não se insere tipicamente no processo causal.

Acórdão do STJ de 7 de dezembro de 1988, *BMJ* 382, p. 276: homicídio qualificado; interrupção do nexo causal. A adequação a exigir não se deve estabelecer só entre a ação e o resultado, mas em relação a todo o processo causal.

Ana Perestrelo de Oliveira, Causalidade e imputação na responsabilidade civil ambiental, 2007.

Alfonso Serrano Maíllo, Ensayo sobre el derecho penal como ciencia, Madrid, 1999.

Bernd Schünemann, Über die objektive Zurechnung, GA 1999, p. 203.

Bockelmann/Volk, Strafrecht. Allgemeiner Teil, 4ª ed., 1987.

Carlota Pizarro de Almeida, Imputação objetiva. Acórdão do Supremo Tribunal de Justiça de 7 de dezembro de 1988, *in* Casos e materiais de direito penal, p. 299.

Carmen Gómez Rivero, Zeitliche Dimension und objektive Zurechnung, GA 2001, p. 283.

Claus Roxin, Reflexões sobre a problemática da imputação em direito penal, in Problemas fundamentais de direito penal, p 145 e ss.

E. Gimbernat Ordeig, Delitos cualificados por el resultado y causalidad, 1990.

E. Gimbernat Ordeig, Causalidad, omisión e imprudencia, in Ensayos penales, Tecnos, 1999.

E. Gimbernat Ordeig, Qué es la imputación objetiva?, *in* Estudios de derecho penal, 3ª ed., 1990.

Eduardo Correia, Direito Criminal, I, reimp., 1993.

Eser/Burkhardt, Derecho Penal, Cuestiones fundamentales de la Teoría de Delito sobre la base de casos de sentencias, Ed. Colex, 1995.

Faria Costa, O Perigo em Direito Penal, especialmente, p. 471 e ss. e p. 542 e ss.

Gomes da Silva, Direito Penal, 2º vol. Teoria da infração criminal. Segundo os apontamentos das Lições, coligidos pelo aluno Vítor Hugo Fortes Rocha, AAFD, Lisboa, 1952.

H.-H. Jescheck, Lehrbuch des Strafrechts: Allg. Teil, 4ª ed., 1988, de que há tradução espanhola.

Hans Welzel, Das Deutsche Strafrecht, 11ª ed., 1969, de que há tradução parcial para o espanhol.

NEXO DE CAUSALIDADE. IMPUTAÇÃO OBJETIVA

Ingeborg Puppe, Die Lehre von der objektiven Zurechnung, Jura 1997, p. 408 e ss.

Ingeborg Puppe, La imputación objetiva. Presentada mediante casos ilustrativos de la jurisprudencia de los altos tribunales. Granada, 2001.

Ingeborg Puppe, Strafrecht Allgemeiner Teil im Spiegel der Rechtsprechung, Band I, 2002.

J. Seabra Magalhães e F. Correia das Neves, Lições de Direito Criminal, segundo as preleções do Prof. Doutor Beleza dos Santos, Coimbra, 1955, p. 71 e ss.

Joachim Hruschka, Regressverbot, Anstiftungsbegriff und die Konsequenzen, ZStW 110 (1998), p. 581.

João Curado Neves, Comportamento lícito alternativo e concurso de riscos, AAFDL, 1989.

Johannes Wessels, Strafrecht, AT-1, 17ª ed., 1993: há tradução para português de uma edição anterior.

Jorge de Figueiredo Dias, Direito Penal. Parte Geral I, 2ª ed., 2007.

Jorge de Figueiredo Dias, Textos de Direito Penal. Doutrina geral do crime. Lições ao 3º ano da Faculdade de Direito da Universidade de Coimbra, elaboradas com a colaboração de Nuno Brandão. Coimbra, 2001.

José Cerezo Mir, Curso de Derecho Penal Español, parte general, II, 5ª ed., 1997.

José Henrique Pierangeli, Nexo de causalidade e imputação subjetiva, *in* Direito e cidadania, ano V, nº 15 (2002), Praia, Cabo Verde.

José Manuel Paredes Castañon, El riesgo permitido en Derecho Penal, 1995.

Juan Bustos Ramírez, Manual de derecho penal español. Parte general, 1984, p. 170.

Kienapfel, Grundriss des österreichischen Strafrechts, BT, I, 3ª ed.

Kristian Kühl, Strafrecht, Allgemeiner Teil, 1994.

Luís Greco, Panorama da Teoria da Imputação Objetiva, Um. 2ª ed., Ed. Lumen Júris, 2007.

Luzón Peña, Curso de Derecho Penal, PG I, 1996.

Manuel A. Domingues de Andrade, Teoria Geral das Obrigações, Coimbra, 1963.

Maria Joana de Castro Oliveira, A imputação objetiva na perspetiva do homicídio negligente, 2004.

Miguel Díaz y García Conlledo, "Coautoria" alternativa y "coautoría" aditiva, in Política criminal y nuevo Derecho Penal. Libro Homenaje a Claus Roxin, 1997.

Paulo de Sousa Mendes, O torto intrinsecamente culposo como condição necessária da imputação da pena, Coimbra, 2007.

Rui Carlos Pereira, Crimes de mera atividade, Revista Jurídica, nº 1 (1982).

Stefan Amsterdamski, Causa/Efeito, na Enciclopédia Einaudi, volume 33. Explicação.

v. Heintschel-Heinegg, Prüfungstraining Strafrecht, Band 1, 1992.

6 – DOLO E ERRO DO TIPO

I. Notas introdutórias

a) O dolo encontra-se representado no Código, com especial relevo para o artigo 14º, nᵒˢ 1 a 3, que se encarrega das definições: dolo direto, dolo necessário e dolo eventual. Já o artigo 13º dispõe que "Só é punível o facto praticado com dolo ou, nos casos especialmente previstos na lei, com negligência": *numerus clausus* da negligência. Na epígrafe do artigo 16º não entra o dolo; mas o seu regime, quando associado ao erro sobre as circunstâncias do facto, conduz à sua exclusão: "o erro (...) *exclui* o dolo". Ao objeto do dolo chega-se através deste artigo 16º, nº 1 ("elementos de facto ou de direito"); a redação remete para o "conhecimento" e a "consciência da ilicitude do facto", confirmando que a primeira componente é de ordem intelectual e não volitiva ou emocional.

b) Já antes concluímos que uma ação não é ilícita só porque o resultado se verificou e pode ser imputado objetivamente ao seu autor; a ação humana tem ainda de revelar a contradição subjetiva com o dever: o dolo, nos crimes dolosos, a violação do dever de cuidado, nos crimes negligentes. Não bastará alguém sustentar que A matou B ou lhe provocou a morte para nos decidirmos pela aplicação do artigo 131º (homicídio voluntário) ou do artigo 137º (homicídio negligente), por não estarem suficientemente averiguados os fundamentos que presidiram à ação de A. Se porventura dermos por apurado que A retirou donde estava uma coisa pertencente a B, o enunciado não chega para decidirmos que A cometeu um crime de furto (que só existe se o sujeito atuou com intenção de apropriação: artigo 203º, nº 1). Se A leva consigo um livro, sabendo-o alheio, a atividade dolosa pode ser realizada com o propósito de uso transitório, e será atípica (cf. o artigo 208º, limitado ao furto de uso de veículos).

Para a atual **teoria do ilícito pessoal**, é da combinação do desvalor do resultado e do desvalor da ação que decorre a ilicitude do facto. No desvalor da ação concorrem desde logo os elementos subjetivos que conformam o tipo, nomeadamente o dolo como conhecimento e vontade de realização dos correspondentes elementos objetivos (dolo do tipo) – no fundo, o centro nevrálgico do desvalor da ação. Se o fim do direito penal marca, implícita ou explicitamente, a direção do comportamento, não poderá, como facilmente se conclui, esgotar-se no desvalor do resultado. A ação tem igualmente as suas particularidades, atenta a necessidade de a avaliar *ex ante*; é a partir do momento em que se desencadeia – no início da sua execução – que se pode saber se está proibida ou permitida segundo os critérios postos pela ordem jurídica.

O dolo não se esgota no tipo de ilícito (como dolo do tipo). A punição por facto doloso só se justifica por um elemento que pertence ao **tipo de culpa**: "quando o agente revela no facto uma posição ou uma atitude de **contrariedade ou indiferença** perante o dever-ser jurídico-penal"[1] [2].

Enquanto *conhecimento* e *vontade* da realização do tipo objetivo, o dolo é um dolo do tipo. Em sede de tipo de ilícito o dolo entende-se como *determinante da direção do comportamento*. Diferentemente, como **matéria de culpa**, enquanto modo de formação da vontade que conduz ao facto, o dolo é portador da *atitude pessoal* contrária ou indiferente ao direito, especificamente ligado à realização dolosa do tipo. O dolo é um *Typus*, um conceito tipológico, desde logo, por pertencer a dois diferentes sistemas normativos (por um lado, a autoria, por outro, a atitude de indiferença ou de hostilidade ao bem jurídico), mas também por nele podermos surpreender uma forma "forte", de intencionalidade, ao lado de uma forma "enfraquecida", representada pelo dolo eventual. Trata-se de formulações a que iremos dando mais rebuscada pormenorização.

c) Com este prelúdio queremos chamar a atenção para a importância do dolo, como *dolo do tipo* (também dito dolo *natural*) e para *outros elementos subjetivos* que caracterizam certos crimes. Prescindindo desses elementos, não conseguiremos caracterizar adequadamente o comportamento de alguém no plano da tipicidade. O dolo dum bombista exprime o sentido subjetivo do comportamento do sujeito que fabrica e põe a bomba. Vale na mesma medida a afirmação de que nos crimes dolosos (artigo 131º; artigo 203º, nº 1; artigo 164º, nº 1, etc.) o dolo do tipo *determina a direção e o fim da ação*. O dolo forma a característica geral do tipo subjetivo do ilícito e a base para a imputação subjetiva do resultado típico. É, em palavras breves, o elemento subjetivo geral do tipo de ilícito. Aquelas circunstâncias subjetivas, como *a intenção de apropriação* no furto (artigo 203º, nº 1), não se identificam com o dolo, entendido como elemento subjetivo geral, quer

---

[1] Veja-se, sobretudo, Figueiredo Dias, *DP/PG*, I, 2ª ed. 2007.

[2] É, no entanto, certo que essa culpa dolosa estará ausente, em especial, nos casos em que o agente supõe erroneamente a existência dos pressupostos fáticos de uma causa de justificação, de acordo com a teoria limitada da culpa, como melhor se verá mais adiante.

dizer: como *dolo do tipo*[3]. A opinião geral é que elementos subjetivos como estes se situam de forma autónoma *ao lado* do dolo de tipo[4]. O legislador serve-se deles por contribuírem para caracterizar a vontade do agente contrária ao direito e que se repercutem nos modos de cometimento do crime, no objeto da ação e no próprio bem jurídico[5]. São elementos subjetivos específicos de certas classes de crimes dolosos. Veja-se igualmente *a intenção de obter enriquecimento ilegítimo*, que é própria da burla (artigo 217º, nº 1) ou da extorsão (artigo 223º, nº 1), e *a intenção de obter benefício ilegítimo*, que caracteriza o crime de falsificação documental (artigo 256º, nº 1). No furto, a ilegítima intenção de apropriação é a circunstância de ordem subjetiva que, uma vez presente, faz com que tanto a subtração de uma viatura como a dum livro possam envolver-se no ilícito consumado do artigo 203º, nº 1, mas que, faltando – e concorrendo os restantes fatores do crime de furto de uso –, remete a situação para o artigo 208º (*furto de uso de veículo*) no caso da subtração da viatura, deixando impune a do livro.

d) Acrescentemos um pormenor histórico: os causalistas concebiam o dolo como *dolus malus*, por entenderem que só havia dolo quando o sujeito atuava com consciência da ilicitude do facto praticado, quando sabia que a sua ação era contrária ao direito[6]. Para a atual doutrina do ilícito pessoal, dolo como conhecimento e vontade da realização dos elementos objetivos é um dolo do tipo. Como matéria de culpa, o dolo é, como se deixou explicado, o portador da *atitude pessoal* contrária ou indiferente ao direito, especificamente ligado à realização dolosa do tipo. A consciência da ilicitude desvinculou-se do dolo tal como ele era concebido pelos causalistas, como forma de culpa. Para as atuais conceções, o dolo, enquanto representação e vontade, situa-se no tipo; como atitude pessoal contrária ou indiferente ao direito, vamos encontrá-lo na culpa. Dado o modo como todos os elementos se reorganizaram, deixou de haver lugar para um *dolus malus*.

e) De modo um pouco mais incisivo, embora à custa de algumas repetições, voltemos ainda à "dupla valoração", ao "**duplo lugar**" que o dolo ocupa, na medida em que determina não só o desvalor de uma conduta, mas também a culpa do agente. **Na ilicitude**, ele exprime a finalidade, o sentido subjetivo da ação; **na**

---

[3] Também se não identificam com os elementos da *motivação* ou *atitude*, como o agir "com frieza de ânimo" ou ser "determinado por ódio racial, religioso, político ou gerado pela cor", por "motivo torpe ou fútil", etc., os quais se referem fundamentalmente à culpa (embora possam caracterizar também uma maior ilicitude). Não existe uma clara ordenação destes elementos. Provavelmente, não será possível chegar a uma conclusão clara, continuando o seu lugar sistemático a ser muito discutido (cf. Eser Burkhardt, *Derecho penal*, p. 173, e, com outras considerações, Figueiredo Dias, *DP/PG*, 2ª ed., 2007, p. 382).

[4] Wessels, *AT*, p. 61.

[5] Cf. Jescheck, *Lehrbuch des Strafrechts*, Allgemeiner Teil, 4ª ed., 1988, p. 284; e Wessels, *AT*, p. 61.

[6] "A aceitação da expressão "*dolus*" como *dolus malus* tem como consequência que *a consciência da ilicitude seja um elemento do dolo, e como tal seu elemento decisivo*", escreve J. Hruschka, *Imputación y derecho penal*, 2005, p. 128, ao tratar de uma ideia de dolo que remonta ao direito romano.

culpa, será a expressão da atitude contrária ou indiferente ao direito característica da realização dolosa do tipo. Sendo, em regra, o dolo o portador destes dois juízos de desvalor, desempenha necessariamente uma dupla função: na ilicitude, ele exprime a finalidade, o sentido subjetivo da ação; na culpa, será a expressão da atitude contrária ou indiferente ao direito característica da realização dolosa do tipo[7].

A própria expressão codificada deixa transparecer claramente que dolo (artigos 14º e 16º) e consciência da ilicitude do facto (artigo 17º) são se confundem na medida em que formam diferentes categorias. A consciência do ilícito é um elemento da culpa, ao lado da capacidade de culpa (cf. os artigos 19º e 20º, com menção dos "obstáculos à comprovação da culpa"), relevando ainda os fundamentos de desculpa dos artigos 33º, nº 2, e 35º.

Atente-se no nosso já conhecido **modelo estrutural** dos crimes dolosos de comissão por ação:

Ação.
  I. Tipicidade
    1. Tipo objetivo: nos crimes de resultado, resultado e causalidade.
    2. Tipo subjetivo.
      a) Dolo (**dolo do tipo**, como conhecimento e vontade da realização típica: artº 14º).
      b) Outros elementos subjetivos do ilícito.
  II. Ilicitude. Ausência de causas de justificação.
  III. Culpa (o **dolo como forma de culpa** – ou: enquanto *matéria* de culpa – exprime uma atitude contrária ou indiferente ao direito: **culpa dolosa**).
    1. Capacidade de culpa e consciência do ilícito.
    2. Ausência de causas de desculpação.
  IV. Outros pressupostos de punibilidade (excecionalmente).

---

[7] Cf. H.-H. Jescheck, *Tratado de derecho penal*, p. 219; Teresa Serra, p. 32, com mais dados; e Cobo del Rosal/ Vives Anton, *Derecho Penal*, PG, 3ª ed., 1991, p. 457. Na ilicitude, o dolo corporiza o sentido jurídico-social da ação; na culpa, representa a medida e a forma da censurabilidade (Ulrich Ziegert, *Vorsatz, Schuld und Vorverschulden*, p. 139). A punição por facto doloso só se justifica por um elemento que pertence ao **tipo de culpa**: "quando o agente revela no facto uma posição ou uma atitude de contrariedade ou indiferença perante o dever-ser jurídico-penal", Figueiredo Dias, *DP/PG* I, 2ª ed., 2007, p. 350. "Se o princípio da culpa é um princípio político-criminal e dogmático verdadeiramente essencial do sistema penal; e se as sanções penais para o mesmo tipo de crime são distinguidas primordialmente em função do dolo e da negligência (ex.; homicídio doloso, art. 137º-1, pena de prisão de 8 a 16 anos; homicídio negligente, art. 137º-1, pena de prisão até 3 anos ou pena de multa) – então o dolo e a negligência têm de ter significado (pelo menos também) como graus, formas ou tipos de culpa, em todo o caso como *matéria* de culpa", Figueiredo Dias/ Costa Andrade, *Direito Penal. Questões fundamentais*, p. 241; e F. Dias, *O Problema da consciência da ilicitude em direito penal*, 3ª ed., 1987, p. 345 ss. Cf. ainda, quanto ao desdobramento do dolo no tipo e na culpa, Rui Pereira, *Casos e materiais*, p. 146.

DOLO E ERRO DO TIPO

Como mostra o esquema, a questão da "culpa dolosa" só pode suscitar-se se previamente tiver podido comprovar-se um ilícito doloso e, portanto, o dolo do tipo. A culpa dolosa estará ausente, em especial, nos casos em que o agente se encontre em erro de tipo permissivo (artigo 16º, nº 1 e 2), isto é, em que ele suponha erroneamente a existência dos pressupostos fáticos de uma causa de justificação.

f) Ao longo desta exposição, tratámos do dolo entendido como elemento subjetivo geral, o chamado *dolo do tipo*. O dolo, entendido como consciência e vontade da realização típica, forma a *característica geral* do tipo subjetivo do injusto e a base para a imputação subjetiva do resultado típico. O legislador, tratando-se de crime doloso, qualquer que ele seja, limita-se a descrever os correspondentes elementos objetivos – o lado subjetivo fica implicitamente reservado ao dolo como elemento subjetivo geral, *i. e*, como característica geral do tipo subjetivo do ilícito. Por isso mesmo, o artigo 131º deverá ser lido como se rezasse: "Quem [dolosamente] matar outra pessoa...", mas dá no mesmo dizer: "Quem matar outra pessoa...".

g) Dolo e crime agravado.

Caso nº 1   *A*, maior, convence *B*, que ele sabe ter 13 anos, a entrar em determinada moradia, para dali tirar um valioso quadro (mais de vinte mil euros), o que ele faz, alçando-se por uma das janelas do rés do chão cujo vidro partiu.

O ladrão deverá saber (representar) que a coisa subtraída é alheia. Contudo, o dolo refere-se ainda às circunstâncias que *privilegiam* ou *qualificam* o crime (cf., por ex., os artigos 207º, alínea *b*), e 204º, nº 2, alínea *e*))[8]. A especialidade do furto do quadro está em que se não pode deixar de averiguar o dolo de *A* relativamente às circunstâncias qualificadoras (o crime é de *A*, mas executado por *B*, um inimputável: autoria mediata), dando-se especial atenção ao valor do quadro, mas também à entrada por arrombamento, uma vez que não se diz no texto que *B* tenha recebido instruções quanto ao modo de entrar na moradia. Em geral, se o agente não chegou a tomar conhecimento de uma circunstância que agrava ou qualifica o crime, só poderá ser condenado pelo crime base (eventualmente, no papel de *tipo de recolha*: "Auffangtatbestand") correspondente.

---

[8] Recordar-se-á que o valor da coisa subtraída não é elemento normativo do tipo de furto simples, embora funcione, quando atinge determinado quantitativo ("valor elevado" ou "valor consideravelmente elevado"), como circunstância qualificativa. A menos que se pretenda encontrar aí uma circunstância *implícita*.

II. O dolo como representação e vontade

Dispõe o Código, no artigo 14º, que

"1 – Age com dolo quem, representando um facto que preenche um tipo de crime, atuar com intenção de o realizar. 2 – Age ainda com dolo quem representar a realização de um facto que preenche um tipo de crime como consequência necessária da sua conduta. 3 – Quando a realização de um facto que preenche um tipo de crime for representada como consequência possível da conduta, há dolo se o agente atuar conformando-se com aquela realização".

Para o legislador português (de modo diverso do que se passa noutras legislações),[9] dolo é essencialmente **representação** e **vontade**, é a vontade de realizar um tipo penal conhecendo o sujeito todas as suas circunstâncias fácticas objetivas. Numa fórmula simplificada, dolo é *conhecimento e vontade da realização do tipo*. Dolo significa portanto "conhecer e querer os elementos [objetivos] do tipo"[10]. "Realização do tipo" significa, nem mais nem menos, que "realização de todas as características objetivas do tipo". Aquele que atua com dolo homicida, sabe que mata outra pessoa e quer isso mesmo ou, pelo menos, conforma-se com o correspondente resultado.

Mas nem o **conhecimento** (elemento do lado intelectual, cognitivo, o lado da representação) nem a **vontade** (elemento do lado volitivo, do querer) são características perfeitamente definidas. A extensão do elemento intelectual do dolo corresponde não só ao conhecimento *seguro*, mas também à simples possibilidade da realização típica – vai do *absolutamente certo* à região do *muito pouco provável*, formando um campo tão vasto e abrangente de situações que incluem a *probabilidade altíssima*, a *probabilidade baixíssima* e a *maior* ou *menor possibilidade*.

---

[9] Mas não em todas, como na Suíça e na Áustria, onde o art. 12 e o § 5 dos respetivos códigos contêm os elementos do dolo, importando realçar, também pela mesma ordem, as expressões *in Kauf nimmt* e *sich mit ihr abfindet*, como atributos do dolo eventual, no papel da "conformação", que entre nós o artigo 14º, nº 3, adotou. Na Alemanha, tem-se vindo a renunciar a uma definição legal do dolo, não obstante as propostas nesse sentido. Já em 1982, o legislador português tinha querido tomar posição sobre as grandes linhas doutrinais que tocam esta matéria, representando, com a definição do dolo e da negligência, sem dúvida alguma, o repositório de uma larga e profunda elaboração doutrinal mas que, obviamente, não pode espelhar "a diversificada pluralidade de correntes que dentro desta matéria se expressam", Faria Costa, "As definições legais", *BFD*, vol. LXIX, p. 371.

[10] Ou conhecer e conformar-se (dolo eventual). Ainda assim, não se deverá exigir que o agente *queira* realizar todas as características típicas objetivas, mas só a ação e o resultado dela decorrente. No tocante a outros elementos, como por ex. a situação de embriaguez do condutor, a idade da vítima nos abusos sexuais, ou a possibilidade de infetar o parceiro com o vírus da sida, unicamente se exige que o agente *conheça* essas circunstâncias. No recentemente introduzido crime de violação de regras urbanísticas (artigo 278-A), o legislador contentou-se com a **consciência**, por parte do agente, da desconformidade da sua conduta com as regras urbanísticas aplicáveis. Fora do objeto do dolo, ficam as condições objetivas de punibilidade.

DOLO E ERRO DO TIPO

Em certos casos, por exemplo, na difamação caluniosa (artigos 180º e 183º, nº 1, alínea *b*)), no crime de atestado falso (artigo 260º, nº 1) ou de denúncia caluniosa 365º, nº 1, pressupõe-se uma ação premeditada (*a sabendas*: "wissentliches Verhalten") ou uma posição que contraria o próprio conhecimento do agente (*wider besseres wissen*). O médico passa atestado que *sabe* não corresponder à verdade; o caluniador, por *conhecer* a falsidade da imputação, conscientemente mente. Podemos relacionar estas ações com certas formas de **acrasia**, quando alguém contraria o seu *melhor juízo* sobre o que fazer em determinadas circunstâncias. Veja-se ainda um crime como o de denegação de justiça e prevaricação do artigo 369º, que no nº 1 utiliza as expressões "conscientemente e contra direito" e no nº 2 prescreve que se o mesmo facto for praticado "com intenção de prejudicar ou beneficiar alguém", o facto passa a ser qualificado.

Do lado da vontade, entre o querer e o não querer existe abertura para uma progressão do mesmo género[11]. No seu íntimo, o agente tanto pode aprovar o resultado criminoso que previu como possível, como encará-lo com a mais absoluta indiferença ou mesmo nem sequer o desejar. Consciência e vontade não são, assim, separáveis senão por necessidade de análise (Cavaleiro de Ferreira), são elementos que não podem ser vistos isoladamente. O dolo não prescinde de qualquer deles, inclusivamente, porque – de acordo com a perspetiva corrente – *nihil volitum nisi praecognitum*: só se pode querer aquilo que se conhece. Ainda assim, devemos estar advertidos para a correta definição desse segundo elemento quando daqui a pouco considerarmos o dolo eventual.

Como já foi referido, os elementos de natureza objetiva (tipo objetivo) caracterizam a ação típica (o autor, as formas, modalidades e objeto da ação, o resultado, etc.). A atuação dolosa pressupõe que o autor conheça os elementos tipicamente relevantes. Alguns desses elementos típicos são meramente **descritivos** e não levantam dificuldades. São acessíveis à perceção sensorial. Falar em

---

[11] Neste conspecto, o dolo é o que se chama um *Typus* ou conceito tipológico. Compõe-se de elementos variados, com uma intensidade graduável, podendo-se compensar a expressão menos intensa de um desses elementos mediante a expressão mais intensa do outro (cf. Bernd Schünemann, *Obras* I, p. 429). Veja-se, mais à frente, a opinião de Paula Ribeiro de Faria, ao defender que "se o agente infetado com Sida, tendo conhecimento da natureza da doença de que padece, mantém relações sexuais de risco, com um ou mais parceiros, aceitando ou conformando-se com o perigo da transmissão do vírus, não restam muitas dúvidas de que a sua conduta será dolosa e punida como ofensa corporal grave das alíneas *c*) e *d*) do artigo 144º". E, no entanto, não se ignora a baixa taxa de transmissão, com probabilidades mínimas de que o resultado sobrevenha. A modos de compensação, lembremos, ainda com B. Schünemann, que a comportamentos altamente perigosos no tráfico rodoviário se nega, por sistema, o dolo de lesão. A diferença assentará nos critérios ou atitudes de origem intuitiva "que rodeiam as ações tidas como absolutamente intoleráveis para a proteção do bem jurídico, ao lado de outras, perspetivadas como bem menos graves". Pense-se, por outro lado, em que ao lado do dolo direto, como ação intencional, existem expressões mínimas de dolo que roçam o desvalor mínimo da indiferença.

265

"mulher grávida" (artigos 140º e ss.) converge numa ampla dimensão naturalista sobrando escassa necessidade de valoração. Outros são elementos **normativos, para compreendê-los na sua significação é necessário um processo valorativo** – por ex., o caráter *alheio* da coisa subtraída no furto, o *documento* nos crimes de falsificação documental, o *funcionário* nos crimes de funcionário, etc. – que, esses sim, levantam particulares problemas em matéria de culpa e erro,[12] dado reclamarem na sua interpretação um juízo valorativo de caráter normativo-social ou jurídico, enquanto os elementos descritivos podem ser obtidos a partir da voz da experiência e do próprio significado gramatical do termo.

Estes e outros elementos normativos exigem do agente, para que se imputem ao seu dolo, que conheça o sentido correspondente, no essencial e ao nível do mundo das suas representações, à valoração jurídica que contêm. Em geral bastará um sentido prático-social, não se exigindo o conhecimento dos pressupostos materiais nem o dos critérios jurídicos determinantes da qualificação normativa.

Fora do objeto do dolo (mas também fora do tipo, assim concluem por ex., Maurach e Zipf),[13] ficam as **condições objetivas de punibilidade** – e os **pressupostos da culpa** (como, por exemplo, a idade do agente ou, de forma mais geral, a convicção sobre a sua própria inimputabilidade), a pena e as circunstâncias que a permitem graduar em concreto e os pressupostos processuais[14]. As chamadas *condições objetivas de punibilidade* são elementos do crime que se situam fora tanto da ilicitude como da culpa, "não se exigindo, para a sua relevância, que entre elas e o agente exista uma qualquer conexão psicológico-intelectual, podendo ainda serem fruto do mero acaso" (Taipa de Carvalho). Por ex.: o *participante em rixa* (artigo 151º, nº 1) só é punido se ocorrer morte ou ofensa corporal grave, funcionando esta condição como limitadora da punibilidade – e é punido independentemente de ter previsto ou querido que uma pessoa pudesse morrer ou ser gravemente atingida na sua integridade física: cada participante é punido por ter andado envolvido em rixa, mas não pelo resultado de matar ou ferir alguém. A explicação de alguns autores assenta em que o comportamento básico incluído na exigência de culpa oferece já um certo grau de merecimento de pena, porque através dele se desencadeia um perigo. Veja-se ainda a insolvência negligente (artigo 228º), que só é punida se ocorrer a situação de insolvência e esta vier a ser reconhecida judicialmente. As condições objetivas de punibilidade caracterizam assim um "especial desvalor de resultado" que tem de acrescer a um desvalor de ação já existente para que a conduta surja como punível[15].

---

[12] Figueiredo Dias, Direito Penal, sumários das Lições, p. 151.

[13] Maurach e Zipf, *Derecho Penal*, I vol., p. 373.

[14] Teresa Beleza, *O regime do erro*, p. 14.

[15] H. Otto, *Grundkurs Strafrecht, AT*, 5ª ed., p. 90; Jescheck, *AT*, 4ª ed., p. 504.

Compreende-se melhor o papel da vontade como elemento do dolo quando se pensa no caso, referido por Stratenwerth/Kuhlen,[16] do ladrão surpreendido em flagrante na escuridão da noite que, na tentativa de fugir a qualquer preço, agride de morte o seu perseguidor com um golpe da faca que trazia consigo. A morte da vítima não é aqui o verdadeiro fim da ação, e nem sequer seria necessária para o êxito da fuga. No entanto, o perigo de a produzir entende-se como se o fosse, dado que a conduta do sujeito não significava outra coisa que não fosse o aproveitamento da ocasião para se distanciar do furto, assumindo o risco de matar quem o perseguia. É esta compreensão das coisas que fundamenta a necessidade de lhe imputar o resultado mortal a título de dolo. A atitude do sujeito, revelada na forma como tudo decorreu, é demonstrativa de um compromisso sério com a possibilidade de a morte acontecer. Se uma coisa dessas não devia forçosamente tomar-se por inevitável, não deixava de ser lícito concluir pela possibilidade de um tal desfecho. Resta saber que forma de dolo deveremos imputar ao agressor, que se *não quis* a morte do seu perseguidor, ao menos *não a terá desejado*.

III. Formas do dolo

1. As três formas específicas do dolo do tipo: dolo direto, necessário, eventual

Caso nº 2 *A*, possuído de um ódio implacável, quer matar *B* custe o que custar. Pega na pistola que sabe estar carregada e a 2 metros de *B* aponta-lhe ao coração e dispara. *A* utilizou, bem se pode dizer, um método idóneo para a realização dos seus propósitos.

Caso nº 3 *A* quer matar *B*, seu inimigo político. Quando este se desloca num carro aberto, acompanhado do motorista e de dois guarda-costas, *A* atira uma granada para dentro do carro. A morte dos acompanhantes, tida como consequência certa da explosão, é-lhe indiferente.

Caso nº 4 *Caso de Lacmann*:[17] Num terreiro de diversões *A* promete uma determinada quantia em dinheiro a *B* se este estilhaçar com um disparo de arma de fogo a bola de cristal que uma das raparigas da barraca de tiro segura na mão, sem que esta fique ferida. *B* sabe que não é um bom atirador e tem como bastante provável que o tiro não atinja o copo mas a mão da rapariga. Apesar disso dispara e atinge a rapariga na mão.

---

[16] Stratenwerth/Kuhlen *AT*, 5ª ed., 2004, p. 108.
[17] Lacmann *GA* 58 (1911), segundo H. Otto, *Grundkurs Strafrecht* AT, 5ª ed., 1996, p. 79.

Caso nº 5 *A* quer matar *T*, seu tio, de quem é herdeiro. Trata de montar um engenho explosivo num pequeno avião, que é invariavelmente pilotado por *P*, o qual deverá explodir quando se atingir a altura de mil metros, por forma a causar danos graves na cabina do aparelho. *A* não tem a certeza absoluta de que *T* seguirá na próxima viagem do avião. Ainda assim, o plano acaba por ter êxito: a bomba rebenta, o aparelho despenha-se, *T* e *P* morrem. Além disso, um camponês que se encontrava nas proximidades é atingido pelos destroços e fica gravemente ferido. *A* tinha previsto isso como possível[18].

Punibilidade de *A* no caso imediatamente anterior?

A causou quatro eventos: a destruição do avião, a morte do tio, a morte do piloto e lesões corporais no camponês. A partir deste exemplo, vamos ter a oportunidade de contactar com as diversas formas de atitude cognitiva: pode entender-se algo como improvável, como provável, como possível ou como certo; utilizando a linguagem corrente, pode saber-se de certeza certa, pode supor-se, duvidar, acreditar, estar convencido, etc.; o sujeito pode ter um conhecimento certo ou incerto, seguro ou inseguro. Também se pode ordenar a intensidade da outra componente do dolo, a volitiva.

No plano da vontade, o dolo do tipo manifesta-se na intenção, no dolo necessário e no dolo eventual[19]. O **dolo direto** (**dolo de intenção** ou de 1º grau) está identificado, *grosso modo,* com a intenção criminosa no nº 1 do artigo 14º. O dolo direto de primeiro grau dirige-se àquilo que o agente efetivamente quer obter. O agente prevê a realização do facto criminoso e tem como fim essa mesma realização: a realização do tipo objetivo de ilícito surge como *o verdadeiro fim da conduta*[20]. **Intenção** significa que o elemento dominante, a vontade do agente, está conotado com a ação típica ou com o resultado previsto no tipo, ou com ambos: o resultado é o fim, a meta que o agente se propunha. A vontade é, por assim dizer, plena, completa, como no caso (4). A intenção como forma de dolo caracteriza-se portanto por um especial e intenso querer. Em termos cognitivos,

---

[18] Samson, *Strafrecht* I, 4ª ed., 1980, caso nº 6.

[19] As diversas formas de dolo não gozam de designação rígida na doutrina. Na Itália, Pagliaro (*Principi di diritto penale*. Parte generale, 7ª ed., Milão, 2000, p. 274) fala de dolo *intenzionale* ou *diretto*, de dolo *indiretto* e de dolo *eventuale*. Na Alemanha, correntemente, aponta-se para o trio intenção (*Absicht*), dolo direto (*direkter Vorsatz*; *dolus directus*) e dolo condicionado/eventual (*bedingte Vorsatz*; *dolus eventualis*). Também se usa chamar à intenção – dolo imediato (*unmittelbarer Vorsatz*) ou dolo direto de primeiro grau (*dolus directus ersten Grades*); ao dolo direto – dolo mediato (*mittelbarer Vorsatz*) ou dolo direto de segundo grau (*dolus directus zweiten Grades*).

[20] Figueiredo Dias, *Textos*, p. 115.

DOLO E ERRO DO TIPO

o resultado aparece então como "altamente provável ou como certo"[21]. É a forma de dolo que menos problemas levanta.

Excurso. Nos códigos usa-se o termo **intenção** com diversos significados. Já vimos alguns, como a intenção de apropriação ou a intenção de enriquecimento, chamadas "**intenções especiais**". Intenção é ainda a forma mais intensa do dolo e existe quando o agente tem a vontade de produzir, de forma direta e imediata, o resultado típico ou de realizar as circunstâncias típicas que a lei exige serem intencionalmente produzidas; quando, por outras palavras, existe uma vontade finalisticamente dirigida àquele resultado ou àquelas circunstâncias. Veja-se, a ilustrar, o artigo 227º-A (Frustração de créditos), aditado ao Código Penal pelo Decreto-Lei nº 38/2003, de 8 de março (e volvido um ano alterado pelo Decreto-Lei nº 53/2004, de 18 de março), onde se faz depender a punição da circunstância de o devedor atuar para *intencionalmente* frustar, total ou parcialmente, a satisfação de um crédito de outrem. O Código conhece alguns destes crimes, também chamados de **tendência**, em que as intenções normativas não se limitam simplesmente a acompanhar as ações típicas, na medida em que remetem para resultado posterior. É suficiente que o sujeito realize apenas uma parte da ação lesiva, sempre que esta vá acompanhada da intenção ulterior de completar o processo interrompido, o que pode ser ilustrado com os chamados *crimes mutilados de dois atos*,[22] como a falsificação documental – o legislador, para prevenir o *uso* do documento falso, antecipa a punição de quem falsifica **com intenção** de causar prejuízo a outra pessoa ou ao Estado ou de obter para si ou para outra pessoa benefício ilegítimo (artigo 256º).

Tenha-se também em conta a burla do artigo 217º, nº 1, onde a expressão "quem, com intenção de obter..." aponta para o que alguns autores[23] chamam *crime de resultado cortado*, em que à ação típica acresce a prossecução de um resultado ulterior que vai para além do tipo objetivo e que poderá ocorrer *por si mesmo* após o facto, i. é, sem outra intervenção do agente. O conteúdo da intenção não terá que ser realizado para haver consumação. Se o ladrão, com intenção de fazer seu o relógio alheio, o furta ao dono e o mete no bolso, sendo

---

[21] Faria Costa, Tentativa e dolo eventual, p. 26.

[22] É o mesmo que *crime de resultado cortado*. No ordenamento jurídico alemão, começou por se punir o *uso* de documento falsificado. Todavia, em 1943, foi adiantado o momento consumativo, passando a relevar a falsidade como primeira modalidade comissiva, independentemente do uso dado ao documento falsificado, embora, para o crime consumado, se exigisse uma determinada intenção. O crime, que se construía na base de dois atos (falsificação e uso) passou a bastar-se com a intenção de dar uso ao falso – daí o resultado cortado. O crime é agora de um só ato, embora se preveja a punição daquele que *usar documento falsificado por outrem* (artigo 256º, nº 1, alínea *e*)).

[23] Por ex., Jescheck, *AT*, p. 286.

apanhado pouco depois e obrigado a restituir a coisa, o crime estará consumado, ainda que a intenção não tenha sido realizada, porque o golpe falhou. Merece igualmente atenção o disposto no nº 4 do artigo 20º: "A imputabilidade não é excluída quando a anomalia psíquica tiver sido provocada pelo agente **com intenção** de praticar o facto".

O **dolo necessário** (dolo de *consequências necessárias*) está previsto no nº 2 do artigo 14º; dirige-se àqueles efeitos colaterias que o agente sabe necessariamente ligados à obtenção da sua finalidade última. "Produz-se um facto típico indissoluvelmente ligado ao almejado pelo autor e que, por isso mesmo, é conhecido e querido por ele" (Bustos Ramírez). No caso do dolo necessário, o resultado típico é representado pelo agente como consequência *certa* da sua conduta, enquanto que no dolo de intenção "a tensão do agente é forte e marcante, pois o resultado típico corresponde ao objetivo primeiro e final da conduta do agente". "O agente que atua com dolo necessário move-se ao nível ético-jurídico no plano da *certeza*". A morte dos acompanhantes do odiado político é tida pelo autor como consequência *certa* da explosão, e é *necessária* para que também aquele morra. A morte do político – o fim da atuação do bombista – foi causada com intenção, as mortes dos acompanhantes, que para o autor eram indiferentes, foram causadas com dolo direto (de segundo grau), no fundo, um dolo necessário ou de consequências necessárias.

Tanto o dolo necessário como o dolo eventual compreendem duas ou mais finalidades (o ladrão, para chegar aos produtos que estão na montra, parte o vidro). O agente que atua motivado por dolo necessário, ao almejar a finalidade primeira sabe de certeza certa, ou pelo menos tem como seguro que lateralmente, mas de modo *necessário*, a sua conduta irá realizar um facto que preenche um tipo legal de crime[24]. No nº 3 do artigo 14º consagra-se legislativamente o **dolo eventual**. A sua exata compreensão move-se no espaço da mera representação como possível do resultado proibido, "a que se não pode juntar um querer direto e inequívoco" – trata-se de um espaço "onde o elemento da vontade não se perfila frontalmente, antes se insinua na conformação da realização de um facto que preenche um tipo legal de crime". De resto, e como já se notou, "é perfeitamente patente, na estrutura funcional do dolo eventual e independentemente da posição doutrinal que se adotar, a possibilidade de verificação de dois ou mais resultados"[25].

No caso em que A quer a herança do tio, o *fim* da sua atuação é o de alcançar a riqueza do tio e para isso é *necessária* a morte deste e a destruição do avião. A morte do piloto e os ferimentos no camponês são simples consequência da realização daquele objetivo. Trata-se em ambos os casos de relações *volitivas* de A

[24] Faria Costa, *Dolo eventual*, p. 15.
[25] Faria Costa, *idem*, p. 28.

DOLO E ERRO DO TIPO

com os apontados resultados. Para além disso, é possível estabelecer outro tipo de relações, de natureza *intelectual*, ao nível da representação (do conhecimento ou, simplesmente, do saber), com os resultados produzidos. Pode, por ex., sustentar-se que *A* estava *certo* de que a bomba iria explodir e que o avião seria destruído. A morte do piloto dum avião que estava destinado a explodir a mil metros de altitude era também um evento *certo* para *A*. Mas já em relação à morte de *T*, que tanto poderia embarcar como ficar em terra, já não havia o mesmo grau de certeza. Vale o mesmo para os ferimentos no camponês. *A representou* estes dois últimos eventos como *possíveis,* mas não estava certo de que um e outro se viriam a produzir.

A destruição do avião e a morte do tio eram as *principais* consequências *queridas* por *A*, já que, para aspirar à herança (fim da atuação de *A*), ambas essas consequências são pressuposto necessário; consequências *secundárias* ou *acessórias* são a morte do piloto e os ferimentos na pessoa do camponês.

2. O conteúdo da vontade no chamado dolo eventual

A estrutura fundamental do dolo como combinação de elementos cognitivos e volitivos resulta claramente do artigo 14º do Código: mesmo no dolo eventual não se prescinde de uma qualquer relação volitiva ou emocional. Dir-se-ia que a lei (o artigo 14º) já resolveu tudo. Na doutrina, contudo, sobram as divergências – o único ponto de acordo consiste em que, nesta forma de dolo, o agente tem que representar o facto, pelo menos, como consequência possível da conduta (momento *intelectual*). Difícil é saber o que o agente realmente "quer", ou, dizendo de uma forma mais clara: delicado é apurar o conteúdo verdadeiro da vontade no chamado dolo eventual, "onde se age não a fim de produzir a morte, mas a custo de causá-la" (Paulo José da Costa Jr.). De "peculiar configuração do elemento volitivo no dolo eventual" fala Cerezo Mir. São numerosas as divergências doutrinárias quanto a saber se poderá prescindir-se de uma relação emocional (de uma *postura emotiva*) do agente com o resultado;[26] ou se o dolo eventual supõe pelo menos um rudimento do antigo *dolus malus*, i. é, uma atitude no mínimo indiferente em face do bem jurídico ameaçado.

A discussão faz sentido – e ajuda a compreender as clivagens entre o dolo eventual e a negligência consciente, apontando para onde se separam as águas. Na prática, não será indiferente assentar em que determinada conduta foi realizada dolosamente, ainda que com dolo eventual, ou foi simplesmente negligente. O crime involuntário tem molduras penais consideravelmente aligeiradas. Pode até nem haver punição, por se encontrar unicamente prevista a

---

[26] Uma *quantité négligeable*, para alguns autores, até mesmo um simples *adorno*.

dos comportamentos dolosos – *numerus clausus* da negligência: artigo 13º[27]. Além disso, a tentativa e a participação são compatíveis apenas com a prática da infração dolosa (artigos 22º, 26º e 27º). Um olhar breve pelos livros mostra, aliás, os cuidados que os penalistas têm posto no dimensionamento correto destas fronteiras. A ponto de se ter chegado a um autêntico beco sem saída.

Em face da nossa lei penal, são de rejeitar as opiniões que se apoiam unicamente no elemento intelectual (elemento de representação, entendimento que abre portas às *chamadas teorias da representação*). Veja-se mais uma vez o artigo 14º.

A **teoria do consentimento**, de uma maneira ou de outra, *enfrenta o autor com o resultado*: se aquele consente neste, se o aprova, o aceita, se conforma ou se resigna com o resultado, então há dolo eventual, caso contrário, não há. As **teorias da representação**, pelo contrário, caracterizam-se pela renúncia a enlaçar volitivamente o autor com o resultado: para afirmar a existência de dolo (eventual) basta que ao agente pareça sumamente provável, considere séria a possibilidade de produção do resultado, conte com este (assim, Gimbernat). No primeiro caso, o acento tónico põe-se ou na vontade, ou em atitudes emocionais ou de aceitação. O dolo eventual, sustentam os partidários destas teorias (teorias do consentimento ou da aceitação), apela efetivamente a um elemento cognitivo que lhe é imanente e que tem a ver com a possibilidade da realização das circunstâncias típicas. A diferença, porém, entre esta forma do dolo e a negligência consciente, reside na atitude emocional que leva o agente a aceitar, a aprovar ou a conformar-se com o resultado proibido. Se o agente, no confronto com o evento que representou como possível, o aceitou, o aprovou no seu íntimo, se conformou com ele, então podemos afirmar o seu dolo. Não pode ser assim!, dizem, por seu turno, os partidários das teorias da representação, para quem sempre foi difícil demonstrar a existência de qualquer relação volitiva, que

---

[27] "É bem possível que a abordagem diferenciada que se faz entre crimes dolosos e culposos seja consequência da diferente atitude fundamental do autor: quem age com dolo, decide-se pela lesão do bem jurídico, quem involuntariamente pratica um crime, não". G. Stratenwerth, *Derecho Penal*, I, p. 94. O agente decide-se contra o bem jurídico tipicamente protegido e é porque assim se decide que o autor dum crime doloso se distingue do responsável por um crime involuntário. Outros autores afirmam que o crime doloso supõe uma rebelião consciente contra o bem jurídico protegido". Segundo Mir Puig, *El Derecho penal en el Estado social y democrático de derecho*, 1994, qualquer forma de dolo outorga à conduta um significado de *negação* ou de claro *desprezo* pelo bem jurídico atacado, que se não encontram na conduta imprudente. O interesse prático destas perspetivas será para outros bem pequeno: o que se aproveita (cf., por ex., a exposição de Ragués I Vallès, p. 39) é a ideia de que quem se decide contra os bens jurídicos mostra uma maior maldade ou insensibilidade e por esse motivo deve ser mais gravemente castigado do que o autor negligente. Os autores (já assim Binding) que entendem que o dolo e a negligência não formam parte do ilícito, mas só da culpa, são os que acentuam que o crime doloso é **mais grave** do que o simplesmente negligente.

DOLO E ERRO DO TIPO

aliás têm por desnecessária e injustificável: a distinção deve fazer-se a partir da representação do agente – e é quanto basta. No dolo eventual há um elemento específico do conhecimento que não existe na negligência consciente: o agente sabe que o resultado se pode verificar com a sua atuação, mas só haverá dolo se o sujeito souber que esta se reveste de um elevado grau de perigosidade. Noutras situações paradigmáticas, haverá dolo eventual a partir de uma certa probabilidade de realização típica, por ex., se o agente "toma a sério" a possibilidade de violação dos bens jurídicos respetivos. Abaixo deste patamar de certeza, se porventura o agente só remotamente encara essa possibilidade, é de negligência consciente que se pode falar, e só desta.

Há quem, por sua vez, avance conceções do dolo de tendências objectivadoras,[28] prescindindo do elemento volitivo, ou, se se preferir, concebendo o elemento cognitivo como suficiente para induzir a existência de uma vontade de realizar o tipo penal. Essa tendência é fácil de compreender se considerarmos casos como o da roleta russa no plano da relação entre o comportamento do sujeito e a assunção aprovadora do risco.

Caso nº 6 O caso da roleta russa. Os dois amigos, já bastante bebidos, fazem rodar o tambor do revólver, carregado com uma bala, e só uma. Um deles encosta-o à cabeça e prime o gatilho – tac!, ouviu-se o estalido seco do percutor, denunciador. Trocam de papéis, como mandam as regras – tac! e a bala não sai... Até ver, ambos continuam vivos. O tambor do revólver pode ser carregado com seis balas, mas, como se viu, por imperativo da "roleta russa", só leva uma – os dois amigos sabem que o risco de resultado é de 1 : 5.

No caso da roleta russa deverá este conhecimento bastar, morrendo um dos rapazes, para nisso implicar o outro a título de dolo? Poderemos, em geral, reduzir o dolo à **consciência do risco normal** da conduta? E se o risco da conduta for muito elevado? O dolo deverá reconduzir-se ao conhecimento de riscos graves para o respetivo bem jurídico? O dolo esgotar-se-á num **conhecimento qualificado** do agente acerca do risco tipicamente relevante para o bem jurídico? E, na inversa, se a **probabilidade** de realização típica for manifestamente **remota** ou **insignificante**? A prática mostra outros casos de **alta probabilidade** do resultado, como o dos "condutores suicidas" que para ganhar uma aposta conduzem em

---

[28] Podem encontrar-se comentários de Bernd Schünemann a este propósito e à substituição da componente volitiva do dolo nos casos de conhecimento de um risco qualificado por banda do autor em *Obras* I, Rubinzal--Culzoni Editores, Buenos Aires, 2009, p. 419 e ss., bem como em Bernd Schünemann, "Die modernen Tendenz zum objektivierung des Vorsatzbegriffs", *Festschrift für Hans Joachim Hirsch*, p. 364 e ss.

velocidade elevada, durante quilómetros, pelo lado contrário da autoestrada. Ou como o do torturador que para arrancar uma declaração do acusado o interroga "habilmente". "Nestas condutas", escreve o Prof. Muñoz Conde, "a morte de outros condutores ou do interrogado não é exatamente querida, já que assim se perde a aposta ou se fica sem conhecer a 'verdade' dos factos, nem são queridas outras consequências, como a lesão do próprio condutor, ou o escândalo e a responsabilidade criminal, no caso do torturador".

a) A fórmula da "conformação" é o elemento diferenciador entre o dolo eventual e a negligência consciente

Como vimos, a definição tanto do dolo eventual como da negligência consciente encontra-se normativamente condicionada, é-nos dada pelo Código. Num caso como no outro o agente representa como possível a realização de um facto que preenche um tipo de crime: compare-se a formulação dos artigos 14º, nº 3, e 15º, *a*): "...representada como consequência possível...", "representar como possível...".

A diferença está em que, neste último caso, o agente atua sem se conformar com a realização fáctica.

Além da fórmula da "conformação" (*Sich-abfinden mit*), outras há que lhe estão muito próximas, mas que não foram, enquanto tais, acolhidas (diretamente) pelo Código. Por exemplo, a da "aceitação", como no *caso de Lacman* (caso do terreiro de diversões, atrás referido como caso (3)).

Aceitação – resignação – conformação. O Supremo, invocando Mezger, Eduardo Correia e Cuello Calón, já entendeu (acórdão do STJ de 25 de novembro de 1992 *BMJ* 421, p. 323) que "o resultado (morte) da atuação do arguido, pensado como *possível*, considera-se dolosamente *querido* enquanto o sujeito *consente* nesse mesmo resultado"; "no dolo eventual", escreve-se, o sujeito *aceita* o resultado cuja produção se lhe configurou como *provável*. Foi com o chamado caso de *Lacmann* que os tribunais alemães começaram "a referir-se a uma *aceitação em sentido jurídico* sempre que o agente – em vista da finalidade prosseguida, nomeadamente por não poder alcançá-la de outro modo – se resigna com a possibilidade de que a sua ação venha a ter o efeito indesejado"[29]. No exemplo de Lacmann, a ocorrência do resultado tem como consequência o não recebimento do dinheiro, mas é claro que no terreiro de diversões o atirador age com dolo eventual de ofensas corporais.

---

[29] Cf. Figueiredo Dias, *Textos*, p. 122; Ragués I Vallès, p. 103 e ss.; e Stratenwerth/Kuhlen, *AT* 5ª ed., p. 125.

b) A fórmula da "conformação" nos casos mais difíceis e duvidosos; o dado concreto da indiferença como fiel da balança

Haverá certamente dolo quando o agente assume, aprova, consente ou aceita o resultado que previu como possível, mas estas são fronteiras demasiado apertadas, ainda assim, próximas da **teoria da conformação**, adotada no artigo 14º, nº 3. Seguindo a opinião entre nós mais elaborada (Figueiredo Dias; Stratenwerth), age com dolo eventual quem, *tendo previsto um certo resultado como consequência possível da conduta* (elemento intelectual), *toma a sério* a possibilidade de violação dos bens jurídicos respetivos e, não obstante isso, *decide-se* pela execução do facto. Exige-se, como se vê, a **representação** do facto, que aliás é elemento comum ao dolo (em todas as suas formas) e à negligência consciente (artigos 14º e 15º, alínea *a*)). A isso acrescerá o elemento volitivo, traduzido na **decisão pela conduta**. Não se adere, sem mais, ao entendimento de que a ligação psicológica entre o agente e o resultado subsidiariamente visado se tem de estruturar na atitude de aceitação ou aprovação, mas o critério distintivo não pode deixar de recorrer a elementos emocionais (mais emocionais que volitivos!), avaliando-se a **indiferença** por parte do agente pela violação dos bens jurídicos. É essa avaliação que, em último termo, permite qualificar a conduta como dolosa ou negligente, sendo certo que o tipo de culpa dolosa se caracteriza como a expressão, documentada no facto, de uma **atitude pessoal** contrária ou *indiferente* ao dever-ser jurídico-penal, ao passo que a culpa negligente se caracteriza com a expressão, igualmente documentada no facto, de uma atitude pessoal *descuidada* ou leviana em face das exigências desse mesmo dever-ser (Figueiredo Dias).

Vejamos os seguintes casos.

Caso nº 7 O caso dos mendigos russos[30]. São, como se vê, inúmeros os casos difíceis e de fronteira, que se encontram na zona cinzenta. A literatura da especialidade tem exemplos continuamente retomados e discutidos, como o dos mendigos russos, que mutilavam meninos para melhor conseguirem a esmola dos passantes. Algumas das crianças morreram, mas mesmo assim continuaram a mutilar outras e uma destas também morreu. Como os mendigos queriam o menino mutilado, mas *vivo*,[31]

---

[30] O sequestro de um empresário que o Tribunal Supremo espanhol julgou em 27 de dezembro de 1982 tem analogias com este caso. Para melhor o "segurarem", os sequestradores usaram um mecanismo, acionável eletricamente à distância, com uma forte carga explosiva. Não se sabe como se deu a explosão causadora da morte, mas não se duvida de que os sequestradores queriam obter o resgate e para isso necessitavam do refém *vivo*.

[31] Apostavam no êxito, embora não deixassem de aceitar a possibilidade de fracasso, para usar palavras de Fernanda Palma, "Dolo eventual e culpa em direito penal", *Problemas fundamentais de Direito Penal*, Univ. Lusíada, 2002, p. 54.

não haverá dolo direto nem dolo necessário. Haverá dolo eventual? E qual será então o seu conteúdo?

Caso nº 8 O caso do cinturão[32]. *A* e *B* são visitas frequentes da casa de *C*, seu conhecido, que certo dia decidem roubar. Estão convencidos de que este os não denunciará por não querer que as suas tendências homossexuais sejam conhecidas. De qualquer modo, a morte de *C* seria para ambos altamente indesejada. O plano consiste em pô-lo inconsciente, dando-lhe com um saco de areia na cabeça. Ambos recusam uma outra possibilidade: a de o porem inconsciente aplicando-lhe um cinturão de couro em redor do pescoço para que não respire. Certo dia, combinam com *C* passarem a noite na casa deste. Por volta das 4 da manhã *A* aplicou um golpe na cabeça de *C* com o saco de areia, que imediatamente se desfez. *A* e *B* pegaram então no cinturão que, pelo sim pelo não, tinham levado. Envolveram-lho no pescoço e começaram a puxar, cada um pela sua ponta, até que o *C* deixou de estrebuchar. Deitaram depois a mão às coisas do *C*, para se retirarem, convencidos de que este continuava vivo. Ainda tentaram reanimá-lo, mas foi em vão.

Se um condutor ultrapassa outro carro de forma arriscada, apesar das cautelas que o pendura lhe recomenda, e provoca um acidente, não se trata, por via de regra, de um acidente doloso, mas causado por negligência, ainda que consciente. E isto, não obstante o condutor – tal como no caso do cinturão – saber das consequências possíveis e ter sido para elas advertido. O que separa as duas situações é que o condutor normalmente confia, não obstante a consciência (*representação*) do perigo, em que o resultado pode ser evitado devido à sua habilidade como condutor – não fora isso, e procederia doutro modo, já que então poderia ser a primeira vítima do seu próprio comportamento. Como aqui não houve qualquer *decisão* contra os valores jurídicos tipicamente protegidos (por ex.: vida, integridade física, património alheio) é menor a censura e só se lhe adequa a sanção por negligência. No caso do cinturão, os dois amigos, conscientemente, estrangularam o dono da casa, não obstante terem previsto (*representado*) a morte como consequência possível da sua atuação. Ambos tinham consciência de que o uso do cinturão punha em perigo a vida do *C*, como o demonstra o facto de inicialmente terem descartado esse método para evitar tal resultado. Com o que fica comprovado o elemento intelectual. Os delinquentes porém não queriam causar a morte. Prova disso é que inicialmente, para deixar a vítima inconsciente, intentaram agir com um meio

---

[32] BGHSt, 7, 363 (Lederrimen-Fall), a partir dos resumos de Roxin, *AT* 1, p. 356; Eser/Burkhardt, *Strafrecht* I; Christian Jäger, *Examen-repetitorium AT*, p. 58 e Th. Weigend, *ZStW*, VIIC, p. 657.

DOLO E ERRO DO TIPO

o menos lesivo possível. Depois, procuraram até evitá-la, tentando reanimar a vítima. Vale a pena confrontar ainda o caso do cinturão com o do professor que leva uma turma de alunos numa viagem às margens dum rio caudaloso. Alguns alunos insistem que ele os deixe tomar banho. O professor sabe (*representa*) que isso é perigoso e que algum dos alunos pode ser arrastado pela corrente e morrer afogado. Confia no entanto na sorte e nas capacidades natatórias dos seus alunos, acabando por autorizar umas braçadas na água. Um dos alunos afoga-se e morre.

Ao menos nos casos mais difíceis e duvidosos, não é possível lograr uma afirmação do dolo teleologicamente fundada sem apelar, em último termo, **para a indiferença do agente perante a realização do tipo,** como ainda agora vimos. "O agente que revela uma **absoluta indiferença** pela violação do bem jurídico, *apesar da representação da consequência como possível,* sobrepõe de forma clara a satisfação do seu interesse ao desvalor do ilícito e por isso **decide-se** (se bem que não sob a forma de uma "resolução ponderada", ainda que só implicitamente, mas nem por isso de forma menos segura) pelo sério risco contido na conduta e, *nesta aceção*, **conforma-se** com a realização do tipo objetivo. Tanto basta para que o tipo subjetivo de ilícito deva ser qualificado como doloso"[33].

Com este critério poderemos (tudo o indica) dar resposta a alguns dos casos indicados, convocando-os para o lado do dolo eventual.

Veja-se agora um caso atual, em que o agente infetado com sida, no momento dos contactos sexuais não protegidos, conhecendo a probabilidade de transmissão do vírus, encara-a como *um risco meramente abstrato* – não podendo concluir-se que *se decidiu* contra o respetivo bem jurídico.

c) Dolo eventual; negligência consciente (continuação)

Caso nº 9 O primeiro caso da SIDA; um processo longo e dinâmico[34]. *A*, residente em Santa Cruz de Tenerife, esquece-se da sua condição de homem casado – há já alguns anos com *B* –, e envolve-se com uma mulher que conheceu numa visita ocasional a um bar numa viagem à Península. Pouco depois do regresso a casa, *A* começa a sentir-se febril e consulta um médico seu amigo que o informa de que os sintomas são típicos da infeção pelo vírus da sida e o aconselha a fazer um teste. Do teste resulta que *A* foi contaminado com o vírus da sida e isso terá certamente acontecido nessa sua deslocação fora da ilha. *A* sabe que a infeção pode

---

[33] Figueiredo Dias, *Textos*, 2004, p. 130; e agora *DP/PG* I, 2ª ed., 2007, p. 375.

[34] BGHSt 36, 6, e Schramm, "Die Reise nach Bangkok", *JuS* 1994, p. 405; bem como a sentença da audiência provincial de Santa Cruz de Tenerife de 20 de janeiro de 1996, em Martos Nuñez, *Proteccion penal y tutela penal jurisdiccional de la salud pública*, p. 176.

O RISCO DE COMER UMA SOPA E OUTROS CASOS DE DIREITO PENAL

resultar de uma relação sexual e que ainda não há cura para a doença. A fica a saber pelo médico que da infeção pode não resultar qualquer incómodo especial e que a doença só aparece normalmente ao fim de anos, mas que uma vez declarada a doença pode matar e de forma muito dolorosa. O médico preocupa-se especialmente em fazer ver a A que não pode ter relações sexuais sem tomar as precauções adequadas, tendo em conta a possibilidade de contágio. Numa das idas posteriores ao médico, A disse-lhe que nada comunicara à mulher acerca do contágio pelo vírus, pois tinha um medo terrível de que o seu casamento se desfizesse. Confidenciou ainda ao médico que tivera entretanto relações com a mulher, de quem tanto gostava, sem ter tomado quaisquer precauções especiais, pois receava suscitar nela quaisquer suspeitas. Aconteceu que B estava a concorrer a um emprego onde lhe exigiam certos comprovativos do seu estado de saúde e submeteu-se por isso a um teste que deu resultado positivo quanto ao HIV. B que comprovadamente só tinha tido relações íntimas com A, pediu o divórcio e apresentou queixa contra este por homicídio tentado. Nessa altura, a enfermidade ainda não tinha evoluído; nomeadamente, não tinha dado lugar a tumores ou infeções.

a) Ao correr da pena, ocorre dizer que A tinha o exato conhecimento do risco de **contágio** e da ocorrência de **doença** que pode matar, por ser incurável e permanente, embora a experiência nos diga que pessoas infetadas podem viver muitos anos – não se desconhecendo a existência frequente de *long survivors* – e que o desencadear dos sintomas da sida surgem, em regra, seis ou mais anos após a **infeção** – devendo ainda contar-se que muitos seropositivos permanecem sem sinais da doença dez anos depois de terem sido contagiados. Costa Andrade acentua que a evolução da sida é "um processo longo e dinâmico", dado que "entre o contágio e a doença podem mediar mais de vinte anos" – sendo a morte, por isso, um desfecho aleatório[35] [36].

Uma pessoa infetada por HIV pode permanecer completamente assintomática, pode materializar uma série de manifestações leves ou mesmo desenvolver infeções oportunísticas ou neoplasias. Deve portanto estabelecer-se a diferença entre

---

[35] Costa Andrade, *Direito Penal Médico*, Coimbra Editora, 2004, p. 13; também Machado Caetano, *Lições de Sida, Lições de Vida – Sida e comportamentos de risco*, Âmbar, 2ª ed., 2001; e Dreher/Tröndle, *Strafgesetzbuch*, 47ª ed., p. 1107, com outros pormenores.

[36] Há ainda uma outra interpolação no tempo, durante a qual a pessoa infetada dá no teste sinais negativos. Chama-se-lhe "período de janela" (*window period*), uma **janela imunológica** que, nalguns casos, se prolonga por vários meses. Nestas condições "o indivíduo é seronegativo, mas já infetado e infetante" (Costa Andrade).

DOLO E ERRO DO TIPO

a pessoa infetada pelo "HIV" (enquanto simples portadora do vírus) e a pessoa com a doença da sida, embora ambas sejam passíveis de transmitir a enfermidade[37].

b) Estamos a tratar do dolo. Como já resulta da nossa exposição anterior, o dolo não prescinde da sua dimensão volitiva. Não haverá lugar, mesmo num casos destes, para acolher uma noção de dolo diferente da que resulta do artigo 14º.

A afirmação ou a negação do elemento subjetivo geral, nos casos de infeção de outrem com o vírus da sida, por ocasião de relações sexuais de risco, parte necessariamente da análise do caso concreto, sabendo-se que a atitude mental dos parceiros sexuais perante a realização típica pode ser a mais diversa. Há ocasiões em que seropositivos mantêm relações sexuais com um número elevado de parceiros, aceitando o agente o perigo da transmissão do vírus como uma possibilidade real[38]. Noutras, atua com dolo direto, no sentido de querer mesmo *infetar*[39] o parceiro, sendo esse o fim da conduta sexual do agente. Mas também são de ponderar as hipóteses em que é o parceiro do infetado a aceitar livremente o risco de ser contaminado, participando conscientemente duma conduta perigosa sem as cautelas próprias do *safe sex*.

Na prática, para a afirmação do dolo, o elemento volitivo é indispensável e determinante, considerando-se o modo, a intensidade e a frequência dos contactos, tendo-se em conta, se comprovadas, certas práticas sexuais especialmente perigosas ou antes as que intentam diminuir o risco (por ex., o *coitus interruptus*), o grau de esclarecimento ou o nível de inteligência do agente[40]. "Não basta, com efeito, em qualquer situação, um risco objetivamente intenso de um resultado" – e não é isso o que acontece no caso da sida, em que a probabilidade de contágio é baixa – "para se poder afirmar a aceitação do mesmo, sendo sempre necessário que haja um contexto motivacional, objetivamente percetível, que permita ao agente representar a sua conduta, em concreto, como associada à produção daquele resultado"[41].

c) Mas nem só o dolo (conhecimento e vontade) se afirma como momento difícil de deslindar. O crime de homicídio doloso pelo qual poderá responder

---

[37] Diaz Pita et al., "La transmisssion del sida", in Martos Nuñez, Proteccion penal y tutela penal jurisdiccional de la salud pública, p. 162.

[38] Provavelmente, o primeiro caso conhecido terá sido o de um homem conscientemente infetado, que escolhia os seus contactos na principal estação de caminho de ferro de Munique, Bruns, "Aids, Prostitution und das Strafrecht", 1987, *NJW* 693.

[39] Adiantemos o seguinte: quem conscientemente *infeta* outrem nestas condições acredita que o parceiro irremediavelmente vai morrer, daí a anos ou mesmo daí a décadas. Preside a tal ação "uma lógica de crença ou de desejo e não uma lógica de vontade", lembra Augusto Silva Dias. O autor só pode esperar ou desejar, mas não realizar o que, segundo a sua conceção, estiver fora do seu alcance. Veja-se, mais à frente, que *querer* (elemento volitivo do dolo) e *desejar* ("desejo ser milionário") se não confundem.

[40] Cf. Karl Lackner, *StGB*, 20ª ed., p. 1068.

[41] Prof. F. Palma, *Casos e materiais*, p. 313.

O RISCO DE COMER UMA SOPA E OUTROS CASOS DE DIREITO PENAL

uma pessoa infetada pelo "HIV" será (tudo o indica) na forma de tentativa, acontecendo, que "a causa de uma infeção é de dificílima prova"[42]. Trata-se de uma situação de **dano permanente com consequências tardias**, consequentemente, com repercussões de vulto no plano causal. Para além da transmissão do vírus do "HIV" (*infeção*), haverá que determinar se poderá imputar-se objetivamente ao agente não só a *doença* mas também a *morte* da vítima, levando-se em conta que esta, muitas vezes, ocorre anos ou décadas mais tarde[43].

d) Na hipótese, é duvidoso que *A* possa estar comprometido com o crime do artigo 144º, alínea *d*), ou com um homicídio tentado dos artigos 14º, 22º, 23º e 131º.

A teve relações sexuais com *B* e daí resultou ficar esta infetada com o vírus da sida. Podem decorrer anos até que a doença se manifeste sem que entretanto haja dores ou outros incómodos relevantes para o bem estar da pessoa infetada. Ainda assim deteta-se uma diferença entre o estado de saúde da pessoa infetada e o de outra pessoa não atingida pelo vírus e isso tem certamente um significado patológico. Por outro lado, o desencadear da imunodeficiência fica como que pré-programado, em termos de se poder afirmar uma ofensa à saúde e mesmo a provocação de um perigo para a vida[44].

Seja como for, o teste demonstrou a existência da infeção, pelo que *A* ofendeu a saúde da mulher provocando-lhe doença e eventualmente um perigo para a vida mas na base do ilícito do artigo 144º ("Quem ofender o corpo ou a saúde de outra pessoa...") encontra-se sempre um ataque direto e consumado ao corpo da vítima, levado a efeito com dolo de dano, o que aqui claramente não se comprova – o agente não quis nem parece ter-se conformado com a causação da doença[45]. Será de afastar o crime do artigo 144º, alínea *d*), apesar de não se colocarem, no caso, e por parte da mulher, problemas especiais de causalidade, pois *B* não aceitou o risco – e não é de modo nenhum responsável pela transmissão do vírus, já que desconhecia por completo que *A* estivesse infetado e nessas condições não lhe eram exigíveis as cautelas próprias do sexo seguro.

---

[42] Para isto chama a atenção Ingeborg Puppe, *A distinção entre dolo e culpa*, tradução, introdução e notas de Luís Greco, Manole, p. 2004, p. 41.

[43] Cf. Roxin, AT, p. 904; e Problemas fundamentais de direito penal, p. 287; e I. Puppe, Strafrecht Allgemeiner Teil im Spiegel der Rechtsprechung, Band I, 2002, p. 172 e ss.

[44] Cf. Schramm, *JuS* 1994, p. 405; outras indicações em Eser, S/S, *Strafgesetzbuch*, 25ª ed., p. 1603 e s.

[45] Quanto a nós, o autor não terá sequer considerado a inevitabilidade de risco intenso ou uma alta probabilidade de contágio. No *Comentário Conimbricense*, Paula Ribeiro de Faria defende que "se o agente, tendo conhecimento da natureza da doença de que padece, mantém relações sexuais de risco, com um ou mais parceiros, aceitando ou conformando-se com o perigo da transmissão do vírus, não restam muitas dúvidas de que a sua conduta será dolosa e punida como ofensa corporal grave das alíneas *c*) e *d*) do artigo 144º".

DOLO E ERRO DO TIPO

Mostra-se aqui inevitável um ligeiro apontamento sobre a **causalidade** por o contágio de um seropositivo desencadear doença que na representação comunitária conduz à morte da pessoa infetada, ainda que de modo não necessariamente imediato. Mas o processo causal concreto é complexo e sinuoso. Como nota a Prof. Fernanda Palma,[46] a conduta no homicídio é geralmente concebida como "imediatamente causal". Daí o paradoxo destes casos resultar de "a morte da vítima não ser direta consequência da contaminação, mas ser inevitável consequência da incapacidade do organismo resistir às doenças contraídas, como se a contaminação traçasse um destino irreversível para o organismo mas não atuasse de modo causal relativamente à morte". Veja-se também Bernd Schünemann,[47] no tratamento da imputação objetiva e dos danos sobrevindos. Parece-nos, pelo que atrás já ficou dito, que para controlar a causalidade não se torna necessário um conhecimento exato dos nexos existentes entre o fator nocivo e o resultado de dano, quando se puder excluir a produção deste por um fator diferente.

Quanto ao crime do artigo 131º, é ele de natureza dolosa. A questão do elemento subjetivo, como já se deixou entendido, coloca-se aqui com particular acuidade, sendo manifesto que *A* não quis sequer *infetar B*. A afirmação do dolo eventual também se reveste da complexidade inerente a casos como este.

O recurso aos elementos agora mesmo analisados – mas também os motivos, o *animus*, e a pergunta inevitável: decidiu-se *A* pelo ilícito ou simplesmente foi imprevidente? – resulta também determinante na negação do dolo homicida, mesmo na forma "enfraquecida". *A* foi claro: procedeu sem as necessárias cautelas porque se a mulher soubesse ou desconfiasse o casamento estaria perdido. Terá agido numa "lógica de decisão efetivamente perturbada"[48]. A matéria de facto não deixa margem para a afirmação do dolo de matar, pelo contrário, tudo indica que não houve a decisão de tirar a vida de *B* (artigo 22º), o que exclui qualquer forma de tentativa homicida, levando-se em conta que *B* continua viva[49].

---

[46] Fernanda Palma, *Transmissão da Sida e responsabilidade penal*, em Estudos em Homenagem ao Prof. Doutor Inocêncio Galvão Telles, Coimbra, 2002.

[47] Bernd Schünemann, *Obras* I, p. 386 e ss.

[48] Terminologia colhida em Fernanda Palma, *Transmissão da Sida e responsabilidade penal*, que confirma a necessidade de "confrontar o concreto comportamento do agente com o resultado da sua ação e a base da sua decisão de agir".

[49] Em caso de **morte tardia**, acompanhada de processos causais prolongados no tempo e pouco esclarecidos, como são os dos *long survivors* afetados pelo "HIV", podem inclusivamente levantar-se problemas de **prescrição**. No acórdão do *TC* nº 483/2002 ponderou-se se se deveria sobrestar no início do prazo de prescrição do procedimento criminal até que viesse a ocorrer o último dos resultados agravativos, independentemente do momento em que este se verificasse (eventualmente, muitos anos ou largas décadas depois da ação e da verificação de todos os elementos típicos, permitindo a perseguição por tentativa ou por um resultado menos grave entretanto verificado). Estava em causa um crime de propagação contagiosa agravado pelo resultado (artigos 283º e 285º).

O RISCO DE COMER UMA SOPA E OUTROS CASOS DE DIREITO PENAL

Ainda que, por mera hipótese, o marido tivesse agido com dolo,[50] releva a ausência de um imediato significado de homicídio, mesmo só no (complicado e sinuoso, assim o crismam alguns autores) plano causal. Em certa altura o BGH alemão admitiu a existência de dolo eventual em relação à infeção com o vírus (e com isso um resultado de lesão corporal: no direito português os artigos 143º e 145º, quando comprovada a especial censurabilidade), negando, todavia, o dolo em relação ao segundo resultado, a morte, admitindo que a pessoa infetada podia vir a morrer por forma independente da ação do marido. Um outro curso causal podia muito bem ultrapassar aquele iniciado pela infeção (a mulher podia morrer por atropelamento, envenenada, etc.). A mais disso, "alegou-se que o autor confiou só vagamente na não-ocorrência da improvável infeção; mas o autor teria confiado de modo sério em que, caso o parceiro fosse infetado, poder-se-ia encontrar, no período de incubação, uma cura eficaz para a doença, uma vez que também o autor esperava para si uma tal cura"[51].

e) *A* cometeu pelo menos um crime do artigo 148º (ofensa à integridade física por negligência). Produziu-se o contágio, com a ofensa à saúde de *B*. *A* violou o dever de cuidado, pois toda a gente sabe que nas descritas condições os contactos sexuais exigem cautelas muito precisas para evitar que o parceiro fique infetado. *A* não tomou esses cuidados nas ocasiões em que teve contactos sexuais com *B*, pelo que violou o seu dever de cuidado. Não se descortinam dificuldades no respeitante à imputação objetiva. Tanto o resultado (a contaminação) como o processo causal correspondente eram objetivamente previsíveis. O tipo objetivo negligente mostra-se por isso preenchido. Não se pode validamente sustentar que houve acordo de *B*, por falta de vontade desta em ter relações de sexo com uma pessoa infetada pelo "HIV". *B* não tinha conhecimento do estado do parceiro. É de excluir portanto qualquer causa de justificação. A atuação de *A* é censurável e punível nos termos já referidos.

f) Afasta-se a aplicação do artigo 283º, dado a propagação de doença contagiosa ter pressuposta na sua base uma atividade de multiplicação, atingindo-se com a enfermidade mais do que uma vítima.

g) A solução não deverá repugnar, não obstante as fortíssimas necessidades, de ordem político-social, de luta contra a expansão da sida. Pois, como nota o Prof. Figueiredo Dias, secundado por outros escritores, "o legislador é

---

[50] De comprovação bem difícil, repete-se, como em todos as circunstâncias onde o processo causal não for reconhecido como relevante ou dominado pelos agentes. A este propósito, veja-se o exemplo dado por Fernanda Palma, *Transmissão da Sida e responsabilidade penal*, p. 157; também Augusto Silva Dias, *Responsabilidade criminal por transmissão irresponsável do vírus da sida*, na revista cabo-verdiana "Direito e Cidadania", 2004, texto igualmente acessível na Internet.

[51] Veja-se de novo Puppe e Luís Greco.

DOLO E ERRO DO TIPO

naturalmente livre e está legitimado para, se assim o entender, criar um *crime de perigo abstrato* de prática de ato sexual desprotegido por portadores de HIV".

d) Dolo eventual; negligência consciente (continuação)

Caso nº 10   O caso do very-light. *A* foi assistir ao Benfica-Sporting, integrando a claque dos No Name Boys. Do outro lado, no topo norte, ficavam as bancadas da Juve Leo. Antes do início do jogo, *A* lançou um *very--light*, igual aos foguetes que são usados para sinalização luminosa das embarcações, por cima da bancada da Juve Leo. Quando nas bancadas se festejava o 1º golo do Benfica, *A* disparou outro *very-light*. O foguete atingiu a bancada do outro lado, matando aí um adepto do Sporting. A distância entre as duas bancadas é de cerca de 200 metros, em linha reta. *A* lançou o 1º foguete com a mão esquerda, inclinou-o em posição oblíqua, para cima e ligeiramente para a frente, retirou a proteção de borracha que faz aparecer a patilha e empurrou esta de modo a ativar o sistema de propulsão. Assim acionado, o foguete descreveu uma trajetória em arco, indo cair para além das bancadas do topo norte, em cima de umas árvores, junto aos balneários. *A* previra que o foguete assim disparado sobrevoasse a bancada do topo norte do Estádio, reservada aos adeptos sportinguistas, e que já na altura se encontrava repleta de pessoas. Fê-lo de modo a que o mesmo fosse projetado de baixo para cima, em arco, sobrevoando a bancada que avistava à sua frente. Dez minutos depois do início do jogo, imediatamente a seguir ao primeiro golo do Benfica, o *A*, aquando dos festejos por este golo, lançou um segundo foguete. Verificava-se, nessa mesma altura, uma grande agitação no grupo de espectadores, e particularmente nos elementos afetos aos No Name Boys, que rodeavam o *A*, havendo abraços, empurrões, saltos, gritos e outras exaltações de grande regozijo. Também desta vez, o *A* segurou o foguete *very-light* com a mão esquerda, colocou-o obliquamente para cima e inclinado para a frente, no sentido norte, e, com a mão direita, retirou a proteção de borracha que faz aparecer a patilha. Em virtude do seu próprio estado de euforia e da permanente agitação das pessoas que se encontravam junto a si, envolvendo-o, o *A*, no momento em que empurrou a patilha que aciona a respetiva propulsão, inclinou mais o foguete do que havia feito aquando do primeiro lançamento. Assim disparado, o foguete seguiu uma trajetória tensa e quase em linha reta, sobrevoou os jogadores, percorreu toda a distância entre as duas bancadas e foi chocar com o corpo da vítima, que

O RISCO DE COMER UMA SOPA E OUTROS CASOS DE DIREITO PENAL

assistia ao jogo no setor 17, do topo norte do estádio, penetrando na região do peito, de frente para trás, da esquerda para a direita e, ligeiramente, de baixo para cima. Este embate provocou na vítima (...), lesões que, por si só ou associadas, foram causa da morte da vítima. O A apercebeu-se, poucos momentos após, do impacto deste foguete na bancada de adeptos sportinguistas onde se abriu uma clareira. Ao efetuar este segundo lançamento do foguete, A previu que tal instrumento se dirigisse na direção norte, sendo sua intenção que o mesmo sobrevoasse a bancada de espectadores, confiando que seguisse uma trajetória idêntica ao primeiro. Conhecia o modo de ativação, potência e alcance do foguete, bem sabendo que se o mesmo, na sua trajetória, viesse a embater em alguém lhe poderia causar a morte. Sabia que o modo correto de lançar tal foguete é na vertical. Tinha ainda conhecimento que o foguete percorre em linha reta uma distância superior a 200 metros em poucos segundos. No instante do disparo, não previu o A que logo que acionado o mecanismo de propulsão naquelas circunstâncias o artefacto saísse, como efetivamente saiu, quase em linha reta, na direção da bancada em frente de si e que fosse atingir qualquer espectador, ferindo-o ou matando-o. Próximo do intervalo, ouviu dizer que morreu uma pessoa atingida pelo foguete, tendo concluído que essa pessoa fora mortalmente atingida pelo *very-light* por si lançado. Nessa noite, ao ver as imagens na televisão em companhia de um seu amigo, o A ficou emocionado e chocado, não contendo o incómodo que as mesmas lhe causavam[52].

A tinha sido acusado de ter lançado o foguete, propositadamente, na direção da bancada dos adeptos contrários, para os assustar e intimidar, representando a possibilidade de o foguete, na sua trajetória, vir a embater nalgum espectador. Ainda segundo a acusação, A sabia que se tal sucedesse o impacto do foguete era suscetível de produzir a morte do espectador atingido, pelo que se conclui que A admitiu essa mesma possibilidade, conformando-se com a sua eventual verificação (fórmula do dolo eventual).

Excurso. A fórmula positiva de Frank: "em qualquer caso, eu atuo". O acórdão sublinha que o Código Penal português acabou por perfilhar, em matéria de dolo eventual, a **fórmula positiva** de Frank, segundo a qual, se o agente no momento

---

[52] Cf. o acórdão de 13 de fevereiro de 1998 do Tribunal de Círculo de Oeiras, publicado em *Sub judice/ causas* – 2, 1998, p. 49 e ss.; e, a propósito, Maria Fernanda Palma, *Casos e Materiais de Direito Penal*, Coimbra, 2000, p. 307, e "O caso do Very-light. Um problema de dolo eventual", *Themis*, ano I, nº 1, 2000, p. 173.

DOLO E ERRO DO TIPO

da realização do facto, e não obstante a sua previsão como possível, quer atuar, e aconteça o que acontecer, seja qual for o resultado da sua atuação, não renuncia à sua atuação, será responsável a título de dolo pelo facto previsto. Haverá dolo se *A* diz: "tanto se me dá que o livro seja meu ou alheio – em qualquer caso, levo-o"; ou, o que dá no mesmo: "aconteça o que acontecer, em qualquer caso, eu atuo". Não haverá dolo se *A* separar as águas: "se tivesse tido a certeza de que o livro era alheio, não o teria subtraído". Com outra formulação aparece-nos a chamada **fórmula hipotética** de Frank:[53] "haverá dolo eventual quando pudermos concluir que o agente, que previu o facto como possível efeito da sua conduta, não a teria alterado, para o evitar, mesmo que previsse aquele efeito como necessário"[54].

O Prof. E. Correia, autor do Projeto, criticou as duas fórmulas, e acabou por propor que a Comissão adotasse a seguinte redação, que amplia a da fórmula negativa de Frank: "Se a realização do facto for prevista como mera consequência possível ou eventual da conduta, haverá dolo se o agente, atuando, não confiou em que ele se não produziria" – ou seja: desde que o agente atuou, não confiando que o facto previsto como possível se não produziria, haverá dolo". No decorrer da discussão, um dos membros da Comissão revisora assinalou a sua preferência por uma fórmula que consagrasse a ideia alemã do "im Kauf nehmen",[55] ou do "sich mit ihr abfinden"; outro preferia que se fizesse apelo à ideia da "indiferença do agente pela realização do facto"; um terceiro foi mais longe na ideia da restrição ao âmbito do dolo, preconizando que este só deveria considerar-se existente quando o agente "aceitou a realização do facto previsto como possível" (recorde-se, a propósito, o caso de *Lacmann*). A Comissão acabou, como se sabe, por adotar a fórmula da "conformação", de sentido positivo: "atuou conformando-se com

---

[53] Que não será necessário recorrer, na distinção entre dolo eventual e negligência consciente, a fórmulas análogas à "fórmula hipotética de Frank" (para a qual se inclinaram Beleza dos Santos e, durante muito tempo, Eduardo Correia), veja-se Figueiredo Dias, *DP/PG* I, 2ª ed., 2007, p. 375. Também A. Silva Dias *"Delicta in se"*, p. 246, se pergunta se será razoável continuar a distinguir ("tarefa hercúlea" no contexto em que a questão aparece posta) entre o dolo eventual e a negligência consciente, segundo as fórmulas clássicas de Frank. E acrescenta: "Parece desenhar-se entre nós uma tendência doutrinal favorável à criação pontual de um 'tertium genus' delitivo na zona de confluência do dolo eventual e da negligência grosseira".

[54] Beleza dos Santos, *Crimes de Moeda Falsa*; e Eduardo Correia, *Direito Criminal*, I, p. 381.

[55] A expressão *in Kauf nehmen* é difícil de traduzir, diz Gimbernat, *Estudios de Derecho Penal*, p. 247. Originariamente, tinha a ver com a argúcia de alguns comerciantes que, para dar saída a produtos menos apetecíveis, vinculavam a venda das mercadorias desejadas à obrigação de o cliente adquirir também aqueles produtos pouco procurados. Se o interessado não compra o produto de baixa qualidade, também não conseguirá levar o que lhe interessa: diz-se assim que o cliente *nimmt ihn in Kauf*: leva-o, comprado, por acréscimo. O resultado produzido com dolo eventual não era perseguido diretamente; o que o autor queria diretamente era outro resultado, e para alcançar este "comprou o outro", i. e, resignou-se (*conformou-se*) a ficar com ele. A expressão passou assim a designar as situações de dolo eventual em que o autor não pretende diretamente a produção do resultado típico, mas a sua intenção de alcançar outro põe-lhe "às costas" a eventualidade de também se produzir o referido resultado típico.

a sua produção"[56]. O projeto alemão de 1962 continha idêntica proposta: "atua dolosamente (...) quem considera possível a realização típica e se conforma com ela" (§ 16).

No caso do cinturão, os dois ladrões não tinham a certeza de que a vítima morreria estrangulada. Conheciam, no entanto, o perigo concreto, e sabiam que não poderiam dominá-lo, face à maneira como atuavam. Por outro lado, nenhum deles queria, diretamente, a morte do dono da casa; o que eles queriam era pô-lo inconsciente para poderem roubá-lo à vontade. Só que, para conseguirem este resultado, "compraram" o outro, resignaram-se com a produção duma morte que não queriam – e ainda por cima, acabaram por levar as coisas, apoderando-se delas. No caso do professor que vai com os alunos para a beira do rio também podemos afirmar que o agente conhecia o perigo concreto para a vida dos alunos que se metessem na água, ainda que confiando em que tudo iria correr bem. É claro que o professor tem a nossa simpatia – o que não acontece com os dois ladrões: limitou-se a deixar ir os alunos para a água, fê-lo por ser "um tipo porreiro", houve o contributo "culposo" do próprio aluno que morreu... E não houve qualquer decisão contra a vida do aluno, pelo que ao professor só poderá imputar-se a infração negligente.

O adepto benfiquista representou o risco de acertar nos espectadores do outro lado do estádio? E conformou-se com esse risco de resultado? Num caso como o do *very light*, que comporta ação de grande risco, em que – como acentua a Prof. Fernanda Palma – a possibilidade de erro e do desvio do processo causal é grande, "o objeto do elemento intelectual do dolo é a própria possibilidade de desvio do processo causal" (recorde também o que oportunamente escrevemos sobre o objeto do dolo). Se for possível concluir que, *in casu*, este risco de resultado foi objeto da representação do agente, ainda assim temos que abordar a questão do enlace volitivo, analisando as motivações do adepto benfiquista e, nomeadamente, interpretando a "sequência lógica entre as motivações do agir e o desfecho da ação, numa perspetiva de raciocínio prático". Essencial será -e aqui continuamos a seguir a lição da Prof. F. Palma – a consideração de que o fim lúdico associado ao disparo festivo do "very light" não engloba, nos casos de uma personalidade determinada por motivações normais, a aceitação da morte de um espectador". Por outro lado, "para revelar que a ação realizada é uma ação tipicamente deficiente na sua consistência racional, e, portanto, não dolosa", "é essencialíssima a descrição da reação do arguido, em sua casa": nessa noite, ao ver as imagens na televisão, o arguido ficou emocionado e chocado, não contendo o incómodo que as mesmas lhe causavam. Não estaremos assim perante uma personalidade

---

[56] Sobre tudo isto, cf. *Atas*, ata da 7ª sessão, p. 116 e ss.

DOLO E ERRO DO TIPO

indiferente ao resultado, pelo que ao autor do disparo não será de endereçar uma censura própria da culpa dolosa.

O Tribunal de Círculo de Oeiras considerou *A* autor dum crime de homicídio negligente do artigo 137º, nº 2 (negligência grosseira).

3. O objeto do dolo

a) Uma vez que na função dogmática do tipo se integra a descrição do conjunto dos elementos cujo desconhecimento impede a formação do dolo,[57] compreende-se que ao objeto do dolo se chegue através do artigo 16º, nº 1 – por assim dizer, "o núcleo do tipo de erro" (A. Silva Dias) –, "por remeter para "os elementos de facto ou de direito de um tipo de crime". Por exemplo, o recetador (artigo 231º, nº 1) deverá saber (representar, abarcar intelectualmente)[58] que a coisa que adquire foi obtida por outrem mediante facto ilícito típico contra o património. O ladrão deverá saber (representar, ter conhecimento) que a coisa subtraída é alheia.

No caso do sujeito distraído que sai do restaurante com o guarda-chuva de outra pessoa, confundindo-o com o seu, de características idênticas, os elementos objetivos do artigo 203º, nº 1, encontram-se por inteiro preenchidos (houve subtração de coisa móvel alheia), não assim os subjetivos, por **erro** sobre a natureza alheia da coisa. Ao sujeito falta a representação da natureza alheia do guarda-chuva, pelo que, relativamente a ele, o dolo do tipo não pode afirmar-se. Falta-lhe o conhecimento de uma circunstância tipicamente relevante.

b) O dolo do agente tem de estender-se **ao nexo causal** entre a ação do agente e o resultado quando ele for elemento constitutivo da infração – de outro modo, não haverá atuação dolosa. Deve contudo reparar-se que normalmente só um especialista poderá dominar inteiramente o processo causal – na maior parte dos casos, o devir causal só será previsível de forma imperfeita. O jurista também nestes casos aceita a ideia de que o dolo tem de coincidir com o conhecimento da relação causal por parte do agente, mas em traços largos, nas suas linhas gerais. Se assim não acontecesse, bem difícil seria sustentar que uma pessoa agiu dolosamente. Basta portanto que o agente preveja o decurso causal entre a sua ação e o resultado produzido **nos seus traços essenciais**.

Se o crime é de execução vinculada, o erro sobre o processo causal traduz-se, segundo o Prof. Figueiredo Dias, "em um puro erro sobre a factualidade típica

---

[57] Roxin, *AT* I, p. 218.

[58] Diríamos, a partir da exposição de W. Frisch, *Vorsatz und Risiko*, 1983, p. 169: "registar a matéria relevante na consciência", embora se não exija um conhecimento perfeito da situação. Quem conhece, sabe, representou (de forma relevante) o objeto do dolo.

e é claramente relevante"[59]. Se o crime é de execução livre, como o homicídio, pode chegar-se à punição por tentativa, como noutras ocasiões tentamos mostrar.

IV. A dimensão temporal do dolo

A dimensão temporal do dolo tem a ver com a prática do facto. Em direito penal, o dolo abrange o período que vai do começo ao fim da ação que realiza o correspondente tipo objetivo. Como o dolo tem assim de existir no momento do facto, nem um *dolo antecedente* nem um *dolo subsequente* fundamentam tecnicamente um ilícito doloso.

1. Dolo antecedente

Caso nº 11   Dolo antecedente. *A* anda desde há semanas a congeminar um plano para matar *B*, simulando um acidente mortal. Durante uma caçada em que ambos intervêm com outros, *A* dispara inadvertidamente sobre *B*, em cuja presença não reparara. *A* estava até convencido de que tinha apontado e que disparava sobre uma peça de caça escondida no mato. *B* foi atingido e morreu em consequência do disparo.

O primeiro passo consiste em saber se estão preenchidos os elementos objetivos do crime de homicídio doloso do artigo 131º. Se a resposta for afirmativa, deverá apurar-se se também o lado subjetivo se encontra preenchido. Só há homicídio doloso quando o agente atua com conhecimento e vontade de realização típica (artigos 13º e 14º).

Mostra-se preenchida a vertente objetiva do tipo do homicídio doloso. A morte de *B* produziu-se por ação de *A* – ao disparar a arma – e pode ser-lhe objetivamente imputada enquanto resultado mortal. Uma ação será adequada para produzir um resultado (*causalidade adequada*) quando uma pessoa normal, colocada na mesma situação do agente, tivesse podido prever que, em circunstâncias correntes, tal resultado se produziria inevitavelmente: "prognóstico posterior objetivo" – ex ante). Isto significa também que só será objetivamente imputável um resultado causado por uma ação humana quando a mesma ação tenha criado um perigo juridicamente desaprovado que se realizou num resultado típico (*imputação objetiva do resultado da ação*). No caso concreto, a conduta continha um risco implícito (um perigo para o bem jurídico), que posteriormente se realizou no resultado, o qual assim deverá ser imputado ao agente (como obra sua).

---

[59] Figueiredo Dias, *DP/PG* I, 2ª ed., 2007, p. 359.

O tipo subjetivo do homicídio não se mostra porém preenchido. *A* não produziu a morte de *B* dolosamente. Dolo é conhecimento e vontade de realização dos elementos típicos, mas *A* não sabia (*elemento intelectual*) que disparava sobre uma pessoa. Quando *A* apertou o gatilho da espingarda não previu que ia atingir *B*. *A* desconhecia uma circunstância atual e relevante, no sentido do artigo 16º, nº 1.

Nada se altera pelo facto de *A*, anteriormente, ter gizado um plano para matar *B*, simulando um acidente. Este plano não substitui a indispensável previsibilidade do resultado como consequência da ação, é um simples *dolo antecedente*. No fundo, não se trata de um dolo em sentido técnico-jurídico: o dolo, em direito penal, abrange o período que vai do começo até ao fim da ação que realiza o correspondente tipo objetivo.

Uma vez que o tipo objetivo do homicídio está preenchido, mas não o subjetivo, trata-se agora de saber se *A* cometeu um homicídio negligente do artigo 137º. Veja-se também o disposto no artigo 16º, nos 1 e 3: *o erro exclui o dolo, ficando ressalvada a punibilidade da negligência nos termos gerais*. No caso do nº 1 do artigo 16º, o erro versa sobre um elemento constitutivo do tipo-de-ilícito objetivo e não permite, em consequência, que se verifique a congruência indispensável entre este e o tipo-de-ilícito subjetivo doloso. Pode haver, nestes casos, punição a título de negligência, mas aqui a existência de negligência depende da censurabilidade do erro. Essa censurabilidade assenta no exame descuidado da situação, o que explicará a punibilidade a título de negligência, se esta for possível.

A comprovação da negligência tem que se fazer tanto no tipo de ilícito como no tipo de culpa: é um exame de dois graus – cf. o artigo 15º que, ao referir o cuidado a que o agente "está obrigado" e de que é "capaz", num caso e noutro "segundo as circunstâncias", aponta para a consideração de um dever de cuidado objetivo, situado ao nível da ilicitude, a par de um dever subjetivo, situado ao nível da culpa. O artigo 137º, nº 1, pune quem matar outra pessoa *por* negligência. São momentos típicos a causação do resultado e a violação do dever de cuidado que todavia, só por si, não preenchem o correspondente ilícito típico. Acresce a necessidade da imputação objetiva do evento mortal. Este critério normativo pressupõe uma determinada conexão de ilicitude: não basta para a imputação de um evento a alguém que o resultado tenha surgido em consequência da conduta descuidada do agente, sendo ainda necessário que tenha sido precisamente em virtude do caráter ilícito dessa conduta que o resultado se verificou; por outro lado, a produção do resultado assenta precisamente na realização dos perigos que deve ser salvaguardada de acordo com o fim ou esfera de proteção da norma. O risco desaprovado pela ordem jurídica, criado ou potenciado pela conduta descuidada do agente, e cuja ocorrência se pretendia evitar de acordo com o fim de proteção da norma, deve concretizar-se no resultado mortal, acompanhando um processo causal tipicamente adequado.

No âmbito da culpa deve comprovar-se se o autor, de acordo com a sua capacidade individual, estava em condições de satisfazer as exigências objetivas de cuidado.

A terá violado o dever objetivo de diligência? A valoração jurídico-penal realiza-se comparando a conduta do agente com a conduta exigida pela ordem jurídica na situação concreta. Ora, o homem "sensato e cauteloso" do "círculo de atividade do agente" (i. é, um caçador sensato e prudente...) teria previsto os perigos que rodeavam a atividade desenvolvida e ter-se-ia abstido de a levar a efeito sem que antes se tivesse informado de que disparava contra uma peça de caça e não contra uma pessoa. O caçador está autorizado a realizar a ação perigosa somente com as suficientes precauções de segurança, doutro modo, impõe-se-lhe que a omita completamente.

A estava aliás em condições tanto de se abster de disparar como de se informar (exame da capacidade individual em sede de tipo de culpa). A **devia** e **podia** ter procedido como fica indicado.

Em suma: o risco criado pela conduta descuidada de A concretizou-se no resultado mortal: A cometeu um crime de homicídio negligente do artigo 137º, nº 1.

2. Dolo subsequente (superveniente)

Caso nº 12 A compra a B uma câmara de vídeo, que B tinha furtado. A não suspeita de que se trata de coisa furtada, nem tem motivos para isso. Mais tarde A lê num jornal que a câmara tinha sido furtada, mas nada faz. Poderá falar-se de recetação (artigo 231º, nº 1)?

A questão do *dolo subsequente* verifica-se quando o sujeito adquire ou recebe a coisa de boa fé, vindo depois a ter conhecimento da sua proveniência ilícita, por ser coisa obtida por outrem através de um facto ilícito típico contra o património. Se o sujeito não restitui a coisa a quem de direito, ao detê-la dolosamente cometerá um crime de recetação, pois deter a coisa, sabendo o sujeito dessa sua proveniência ilícita, é uma das modalidades de cometimento do crime (artigo 232º).

– Nos crimes de duração, como o sequestro, a permanência do dever de libertar a pessoa sequestrada é que vai determinar que o crime de sequestro se consuma "no preciso momento – e só nesse – em que, por qualquer razão, esse mesmo dever já não possa ser cumprido (o sequestrado libertou-se ou foi libertado; o sequestrado faleceu)"[60]. Deste modo, se A, inconscientemente,

---

[60] Cf. Faria Costa, *RLJ* ano 134º, p. 255.

DOLO E ERRO DO TIPO

manteve *B* num espaço fechado, e depois se dá conta disso, comete o crime de sequestro se não corre a libertar imediatamente o *B*.

– Nos crimes de dois ou mais atos colocam-se especiais problemas quanto á incidência do dolo, pois se no decorrer de uma disputa violenta *A* derruba *B* e, aproveitando-se do estado de inconsciência de *B*, lhe subtrai a carteira, só haverá roubo se o propósito de deitar mão à carteira já existia no momento em que a violência foi exercitada – no fundo, se essa violência foi o meio de conseguir o sujeito apropriar-se do alheio.

– Se a avó mergulha a neta de três meses na água a ferver, apenas para a castigar e, num segundo arco de tempo, se limita a pôr-lhe umas pomadas nas queimaduras que (tudo o indica) conduzirão à morte da criança, haverá um crime de omissão doloso se o resultado (a morte da vítima) ainda pudesse ser evitado conduzindo-se a criança imediatamente ao hospital. O dolo homicida é subsequente ao dolo de ofensa à integridade corporal, mas aqui trata-se de um autêntico dolo.

V. Particularidades

1. A intensidade da componente cognitiva: forma de consciência do dolo

Pode o agente atuar conhecendo todas as circunstâncias do facto. Se ficou claro que, no caso concreto, o dolo não se pode reduzir a este elemento, volveremos a nossa atenção para a componente volitiva, para uma vontade dirigida à realização do facto. Mas que quer dizer "saber", "conhecer"? Terá o sujeito que prestar atenção a cada elemento em particular (de uma coisa, de uma pessoa), no sentido de o "ter presente"? Ou será bastante um conhecimento potencial ou mesmo "um conhecimento situado no patamar inferior da consciência atual"?[61]. O mesmo é perguntar: que grau de conhecimento se torna necessário para o dolo? Responder que basta que se conheça o significado ao nível do leigo, sendo correto, não resolve todas as questões.

De um modo geral, é necessária a **consciência atual** (um *pensar* no momento do facto) e não um conhecimento simplesmente potencial. Esta consciência atual não supõe, porém, que o agente tenha que prestar toda a sua atenção ao correspondente facto típico. Haverá dolo quando o agente, no momento da ação, pelo menos tinha a possibilidade de pensar (dessa forma **atualizada**: *actuelles Bewusstsein*) na realização do tipo. O porteiro pode ter fechado à chave a porta da biblioteca instalada no primeiro piso do edifício da faculdade, deixando ali fechado um

---

[61] Eser/Burkhardt, *Derecho Penal*, p. 139.

estudante que na altura terminava um trabalho. Dizer que o porteiro teria de saber que alguém ainda ali se encontrava será razão para sustentar um descuido, mas não uma atuação dolosa, pelo que o estudante não foi vítima de sequestro.

Caso n.º 13   *A* entra numa igreja e leva consigo um crucifixo do altar[62].

A atua com a consciência necessária de que se trata de "coisa afeta ao culto religioso", a qual "se encontra em lugar destinado ao culto", dado que a ideia de lugar de culto dá para reconhecer que o altar e o crucifixo lhes estão ligados de forma inarredável. Verificando-se os restantes elementos, *A* arrosta com um crime de furto qualificado pela circunstância da alínea *c*) do n.º 1 do artigo 204.º.

Só excecionalmente, sobretudo nos casos em que intervêm *qualidades permanentes da própria pessoa do agente*, é que bastará uma **consciência actualizável** para se poder afirmar o dolo do tipo. Tais circunstâncias, por assim dizer, pertencem ao âmbito dum **saber acompanhante de feição permanente** (*ständigen Begleitwissen*). Um funcionário não pensa de forma continuada nessa sua condição, pelo que a apontada **coconsciência** (*Mitbewusstsein*) é quanto basta para a afirmação do dolo do funcionário em caso de crime de que essa qualidade seja um dos elementos. São significados, qualidades ou relações como que **inerentes** aos objetos percetíveis pelos sentidos. Helmut Fuchs[63] dá ainda o exemplo do homem casado que no momento de quebrar a jurada fidelidade não se dá conta dessa sua, porventura já algo prolongada, condição.

2. Conexão do facto com o dolo e "dolus alternativus"

Fala-se ainda de **dolo alternativo** (*dolus alternativus*). O autor quer uma ação determinada, mas (embora não chegue a confrontar-se com qualquer erro) não tem a certeza se com essa ação, entre dois tipos ou resultados que mutuamente se excluem, acabará por realizar um ou o outro. Aceita, no entanto, pelo menos, ambas as possibilidades[64]. Este *Entweder-oder* (...*ou* ...*ou*) estabelece a diferença entre o dolo alternativo, em que o dolo cobre ambas as possibilidades, embora só uma delas se vá realizar, e o *dolo cumulativo*. Neste último, o agente pretende alcançar dois ou mais resultados típicos em progressão criminosa: começa com dolo de ofensa à integridade física e quando vê o adversário inconsciente, acaba-lhe com a vida, possuído, desta vez, de dolo homicida. Recorde-se o caso da avó da Ribeira,

---

[62]   Exemplo de Roxin, *AT* I 2ª ed., 1994, p. 401.

[63]   Helmut Fuchs, *Öst. Strafrecht AT* I, 1995, p. 117; outros dados em Figueiredo Dias, *DP/PG* I, 2004, p. 339.

[64]   Nestes termos, Wessels/Beulke *AT*, 32ª ed., 2002, p. 79; e Florian Jessberger e Camill Sander *JuS* 2006, p. 1065.

DOLO E ERRO DO TIPO

no Porto, que para castigar a neta mergulha a pequenina em água a ferver. O dolo é de ofensa à integridade física, mas num segundo arco de tempo, a avó resolve não levar a neta ao hospital para ser socorrida e salva, não obstante o estado da criança mostrar que de outro modo não conseguirá resistir. Esta omissão está claramente coberta por dolo (ainda que eventual) homicida. Um dolo segue-se a outro dolo, numa espécie de progressão, até que a morte sobrevém, muito embora pudesse ter sido evitada com uma probabilidade rasante da certeza.

O dolo alternativo pode ser ilustrado com o exemplo do político e do guarda--costas ou do marido e da mulher que caminham juntos no passeio em frente. Perante dois resultados típicos possíveis, o agente aceita como possível (dolo eventual) a morte da pessoa que não tendo sido visada com a sua ação acaba no entanto por ser atingida (*A* quer atirar sobre *B*, apercebe-se, contudo, que pode atingir *C*, que o protege, e mesmo assim dispara, vindo a matar o último). É patente a existência de um homicídio consumado. Todavia, põe-se ainda a questão de saber se acresce um homicídio tentado (na pessoa do visado que não chegou a ser atingido), respondendo-se geralmente pela negativa, pois o dolo homicida já foi "gasto" – o agente quis e conseguiu matar uma pessoa: "conta com ambas as possibilidades e conforma-se com elas, devendo por isso o seu dolo ser afirmado relativamente ao tipo objetivo de ilícito realmente preenchido pela conduta"[65]. Pode ainda acontecer que o agente esteja em dúvida quanto a uma qualidade essencial do objeto da ação: dispara sobre algo que, na sua representação, tanto pode ser uma pessoa como uma estátua. O dolo dirige-se ao dano e à ofensa à integridade física, mas como só um objeto foi atingido, só um dos dois crimes lhe pode ser imputado. Em todos os casos de dolo alternativo, o agente só deve ser punido por um deles e claramente o mais grave, já que se propôs cometer um único crime e só um. A punição pode até ser só por tentativa, como no caso daquele que dispara contra uma pessoa postada diante de uma janela, aceitando que tanto pode ferir a pessoa como atingir a janela. Neste caso, a ação dirige-se a objetos diferentes, sendo certo que o agente conta atingir só um deles. Se atinge a janela e falha o homem, só lhe deve ser imputada um crime de ofensa à integridade física qualificada na forma tentada ou um homicídio tentado (se o dolo homicida tiver sido comprovado).

3. Excesso na execução

Caso nº 14 Dolo direto/dolo eventual. *A* e *B* haviam decidido cometer diversos crimes de roubo, atuando sempre em conjunto. Na execução de um desses roubos, o *B*, indo além do acordado, começou a disparar,

---

[65] A frase entre aspas reflete a posição de Figueiredo Dias, *DP/PG* I, 2ª ed., 2007, p. 378.

atingindo três pessoas, das quais duas morreram. *B* agiu com dolo direto de homicídio. *A*, por sua vez, não planeou tal resultado. Provou-se porém em julgamento que *A* previu que tal resultado pudesse acontecer, conformando-se com o mesmo. Na verdade, o *A* forneceu as armas e respetivas munições ao *B* para efeito do cometimento dos crimes de roubo, prevendo que do seu uso pudesse resultar a morte dos visados e deslocando-se ambos para o local com a intenção de roubarem. Chegados ao local, o *A* aguardou na viatura a consumação dos ilícitos por parte do *B*, proporcionando de imediato a fuga.

Conclusão do acórdão do STJ de 6 de dezembro de 2001, *CJ* 2001, tomo III, p. 227: no que respeita aos crimes perpetrados – excluídos os homicídios – ambos os arguidos são coautores; no que respeita aos crimes de homicídio, o *B*, executor material, responde a título de dolo direto, enquanto que o *A*, para quem tais homicídios configuram um excesso ao plano traçado quanto à execução do roubo, responde apenas a título de dolo eventual.

4. O dolo de perigo (dolo de pôr em perigo)

Caso nº 15 Dolo de dano e dolo de perigo; violação do dever de cuidado. *A* quer dar uma lição a *B* e não se importa mesmo de o mandar para o hospital a golpes de matraca, mas como o quer bem castigado afasta completamente a hipótese da morte da vítima, a qual, inclusivamente, lhe repugna. A morte de *B*, todavia, vem a dar-se na sequência da sova aplicada por *A*.

Há aqui três resultados: as ofensas são provocadas com *dolo de dano*; o perigo para a vida fica coberto com o chamado *dolo de perigo*; a morte, subjetivamente, pode vir a ser imputada a título de negligência, por *violação do dever de cuidado*. *A* representou as ofensas à integridade física de *B* e quis provocar-lhas. Além disso, representou o perigo para a vida deste, embora tivesse afastado por completo a hipótese de lhe provocar a morte. Apesar da morte de *B*, fica afastado o homicídio doloso, por falta de dolo homicida, mesmo só na forma eventual.

A, no entanto, provocou ofensas à integridade física de *B* e quis isso mesmo; além disso, representou o perigo para a vida deste: a hipótese cai desde logo na previsão do artigo 144º, alínea *d*). Um dos elementos típicos deste crime é a provocação de perigo para a vida: o crime é de perigo concreto e o agente deve representar o perigo que o seu comportamento desencadeia, tem de agir com dolo de perigo. Existirá **dolo de perigo concreto** quando o sujeito atua, não obstante estar consciente de que a sua conduta é apta, na situação específica,

DOLO E ERRO DO TIPO

para produzir um determinado resultado de pôr em perigo concreto, ainda que, simultaneamente, lhe negue a aptidão para produzir um resultado de lesão da vida[66]. O dolo de perigo distingue-se do dolo de lesão por via da configuração mais débil dos pertinentes elementos; por outro lado, desempenha papel idêntico ao da negligência consciente quando o relacionamos com o resultado. Há porém quem não estabeleça diferenças, por em ambos os casos se querer o facto típico e este ou comporta dano ou perigo; a haver diferença, esta não radica no dolo, mas na contextura das diferentes tipicidades (Quintano Ripollés). Parece-nos ser esta a posição a seguir[67].

No entanto, se para além do resultado de ofensas à integridade física querido pelo agente e do resultado de perigo para a vida que o mesmo representa se der o resultado morte, que excede a intenção do agente, podendo este, no entanto, ser-lhe imputado a título de negligência (artigo 18º), o crime é punido com a pena de prisão de 3 a 12 anos – artigos 18º, 144º, alinea *d*), e 145º, nº 1, alínea *b*). Como o faria a generalidade das pessoas, *A* devia ter previsto, ao agredir *B* com sucessivos golpes de matraca, a possibilidade de vir a ocorrer o resultado letal, pelo que a morte lhe pode ser subjetivamente atribuída com base na violação do dever de cuidado.

Não haverá seguramente dolo de perigo se se apurar a direção da vontade (como dolo direto ou mesmo só eventual), relativamente e um resultado que não vem a acontecer. Estaríamos então no plano da tentativa (supondo-se presentes os restantes elementos da mesma, nomeadamente o começo de execução de um crime doloso). O dolo de tentativa é o dolo do crime consumado.

Caso nº 16   *A* foi mandado parar por um polícia, mas em lugar de obedecer lança o carro contra o agente de trânsito, dando a entender que não irá parar nem desviar-se.

---

[66] Raguès I Vallés, p. 173. Aquele que em circunstâncias normais toma parte no tráfego rodoviário sabe muito bem que determinadas formas de comportamento (por ex., as referidas no artigo 291º, nº 1, alínea *b*)) são perigosas. E nem sequer é necessário que esse conhecimento tome aspetos, por assim dizer, de grande relevo. Quem produz chamas numa estação de venda de combustível conhece a perigosidade abstrata do seu modo de atuar, mas fica igualmente implicado na representação de um perigo em *concreto* para a vida ou a integridade física de outrem ou para determinados bens patrimoniais alheios.

[67] W. Frisch, *Vorsatz und Risiko*, p. 300, para quem o assunto se esgota no seu substrato cognitivo – com o que se afastam específicos elementos dolosos de raiz volitiva ou emocional – sustenta que "age com dolo de perigo quem atribui à sua própria conduta uma tal dimensão perigosa que faz dela uma conduta típica". Existem também posições extremadas, assentes em que quando alguém aceita o risco está a conformar-se com o dano. Mas uma parte da doutrina nacional aceita que é possível representar o perigo, pretendê-lo como tal, para conseguir um objetivo, mas não aceitar o dano, e até nem o representar.

Quem assim lança o carro diante do polícia que o mandou parar age com o dolo de perigo necessário para o artigo 291º[68]. O perigo não precisa de surgir imediatamente. Quem coloca pedras nos carris de um comboio que está a funcionar, diz Ingeborg Puppe, age com dolo segundo o artigo 288º, ainda que a próxima composição só seja esperada para dali a algumas horas e que não se possa excluir a possibilidade de que, nesse meio tempo, um vigilante retire as pedras.

5. A questão da comprovação do dolo

Como é que num julgamento se comprova o dolo do agente? No que respeita a noções como intenção, dolo, voluntariedade (cf. o artigo 24º, nº 1), as dificuldades derivam de o seu objeto se encontrar "escondido atrás de um muro". Só se pode "saber" o que está por detrás do muro – "o que passou pela cabeça" dum sujeito ou o que há no seu "foro íntimo" – com o auxílio de um conjunto de dados e não à simples vista desarmada. Tem-se em vista a averiguação de uma realidade que se baseia em vivências subjetivas do autor no momento do facto e que só é apreciada em momento posterior do processo. Não se trata de uma valoração vazia, mas da averiguação intuitiva de conteúdos da consciência do outro. À intenção, dolo, ânimo de lucro, etc., dá-se-lhes o nome de *conceitos dispositivos* por refletirem uma disposição subjetiva ou tendência anímica do sujeito. São diferentes dos objetos apreensíveis do mundo exterior, como são os ramos das árvores. E como não é possível observá-los empiricamente, torna-se necessário deduzi-los de outros elementos – estes sim, empiricamente observáveis e que funcionam como **indicadores** da sua existência – em conjugação com as regras da lógica e da experiência do dia a dia (artigo 127º do CPP)[69].

O dolo, aquilo que se conhece e se quer, pertence ao mais íntimo da psique humana.

Compreendem-se assim as dificuldades da prova do dolo[70]. Não se tratará de uma comprovação no sentido de uma dada realidade, mas de um juízo de atribuição parecido ao juízo de ilicitude. O mundo da nossa experiência consiste sempre em duas partes, uma objetiva, a outra subjetiva, podendo a primeira representar uma extensão incalculavelmente mais vasta do que a segunda. A parte objetiva não pode, porém, ser omitida ou suprimida – é a soma do que podemos pensar

---

[68] O artigo 347º, nº 2, também se aplicará à situação, supondo, no entanto, um dolo de dano: o condutor que desobedece, a mais disso, dirige contra "funcionário" o veículo que conduz, "para se opor a que ele pratique ato relativo ao exercício das suas funções, mas contrário aos seus deveres".

[69] Cf. W. Hassemer, *Einführung in die Grundlagen des Strafrechts*, 2ª ed., 1990, p. 183; e *Kennzeichen des Vorsatz*, p. 304. Um processo interior necessita de critérios exteriores, diz Wittgenstein, nas *Investigações filosóficas*.

[70] "Como tudo o que tem natureza espiritual, o dolo não é propriamente provado mas imputado", escreve J. Hruschka, *Strafrecht nach logisch-analytischer Methode*, 2ª ed., p. 425, e ss. e *Imputatión y derecho penal*, 2005, p. 155.

DOLO E ERRO DO TIPO

num determinado período de tempo; a subjetiva é o "estado" interior em que o pensamento vem e vai"[71].

Tanto mais que não existem presunções de dolo[72].

Acontece que, em certa altura, começaram a proliferar nos textos legais europeus as denominadas "presunções de dolo"[73]. E já antes se punha o dolo a cargo do sujeito *ex re*, como dolo indireto, fazendo-o simplesmente derivar da natureza exterior da conduta realizada, sem necessidade de uma confissão ou do acompanhamento de outros indícios. Sobretudo na Itália, os tribunais, desde que provada a expressão ofensiva, tinham por provado o dolo de injuriar. Em casos destes, torna-se sem dúvida mais fácil provar o dolo, mas fazê-lo como regra "parece à primeira vista dificilmente conciliável com o moderno princípio da imputação subjetiva"[74] e mesmo com o princípio da presunção de inocência. Imagine-se um estrangeiro que se dirige a um português em termos ofensivos, sem ter consciência de estar a proferir palavras injuriosas (*miscommunication*). O conteúdo da presunção do dolo implicaria até uma espécie de inversão do ónus da prova. De modo que, hoje em dia, tem-se por desaparecida a figura do *dolus in re ipsa*, ainda que muitos sustentem que as diferenças relativamente às máximas de experiência das provas por indícios não são substanciais. É assim claro o abandono das presunções de dolo[75]. Ao intérprete resta considerar as circunstâncias exteriores (objetivas) que de qualquer modo possam ser expressão da relação psicológica do

---

[71] William James, The Varieties of Religious Experience. A Study in Human Nature, The Modern Library, NY, 1902; Penguin Classics paperback, 1982.

[72] As presunções fundamentam-se, regra geral, quando não sempre, no que se percebe como "normal" ou "provável". O juiz, valendo-se de um certo facto e das regras da experiência conclui que esse facto denuncia a existência de outro facto. "Uma presunção de dolo será um preceito ou uma praxis de acordo com a qual sempre que se prova a concorrência do tipo objetivo de um crime, também se tem por provado o correspondente dolo", J. Hruschka, "Sobre la difícil prueba del dolo", *Imputación y derecho penal*, 2005, p. 151. Veja-se, com proveito, do Conselheiro José Santos Cabral, "Prova indiciária e as novas formas de criminalidade", *Julgar*, 17, Maio/Agosto 2012, p. 13.

[73] Nicola Flamarino dei Malatesta assinala, num livro já centenário, *A Lógica das Provas em Matéria Criminal*, p. 173 e 191, alguns casos "em que o elemento material faz admitir o elemento intencional, quando *res ipsa in se dolum habet*, nos casos, em suma, de presunção de dolo". Veja-se, sobre o tema, o acórdão da Relação de Guimarães de 7 de abril de 2003, *CJ* 2003, tomo II, p. 291.

[74] Ramon Ragués i Vallès, *El dolo y su prueba en el proceso penal*, Barcelona, 1999, p. 280.

[75] Cf. Jorge de Figueiredo Dias, "Ónus de alegar e de provar em processo penal?", *RLJ*, ano 105º, p. 125: "Temos por absolutamente seguro que a moderna e irresistível tendência para uma autêntica personalização do direito penal se não compadece com uma estrita indagação da culpa dentro dos férreos moldes das antigas *presunções de dolo*. (...) uma coisa é a presunção, *de iure* ou *iuris tantum*, do dolo, absolutamente inadmissível, repetimos em qualquer terreno do direito penal moderno; outra coisa, *completamente diferente* – e, esta sim, aceitável – seria a necessidade de o juiz comprovar a existência do dolo através de presunções naturais (não jurídicas) ligadas ao princípio da normalidade ou da regra geral ou às chamadas máximas da vida e regras da experiência". No direito inglês, quanto à máxima *res ipsa loquitur* (*the thing speaks for itself*), significando que as coisas falam por si, que não são necessários outros pormenores, cf. Maureen Spencer/ John Spencer, *Evidence*, 4ª ed., Oxford University Press, 2005, p. 27.

agente com o facto, inferindo unicamente de tais circunstâncias a existência dos elementos representativos e volitivos, na base das comuns regras da experiência (a dinâmica do crime e a forma de o levar a cabo; a direção, o número e a violência dos golpes que atingiram a vítima; a idoneidade da arma empregada na agressão; a zona do corpo procurada e atingida; a atividade anterior e posterior do agente e as suas relações com a vítima; as palavras proferidas pelo agressor, bem como os seus motivos, a energia e o vigor que pôs na ação, etc.).

Caso nº 17 *A* é tido pelos companheiros de atividades venatórias como um bom conhecedor de armas e excelente caçador, mas é igualmente conhecido pelo seu espírito vaidoso, além de ser brigão e violento. Quando em certa altura andavam à caça, encontrando-se *B* em campo aberto, a pouco mais de 10 metros do *A*, este puxou, não da caçadeira de chumbos, mas de uma arma de balas que municiou. A apontou ao *B* e disparou. A bala atingiu *B* no coração e matou-o. No julgamento, *A* fez valer o seu direito ao silêncio. A cena foi resumida como acima se descreve por três testemunhas presenciais, que os juízes acharam inteiramente dignas de crédito.

A única questão com algum relevo é a do apuramento do dolo homicida, dada a sua natureza interna. Sendo o *A* caçador, prático no manejo de armas, sabia muito bem que um disparo, mesmo a 10 metros, é perigoso não só para a integridade física mas também para a vida da pessoa visada. Os juízes, ainda que de forma indireta, podem assim convencer-se da agressão consciente e voluntária, com dolo homicida – o *A* não só previu a morte do *B*, quis também matá-lo. Daí a importância da determinação dos *factos provados*, que condicionam a aplicação do direito (artigo 368º, nºs 2 e 3, do CPP).

Numa agressão de resultado mortal, o dolo homicida é revelado, como se disse, pelo número e a extensão dos ferimentos, mas também pela violência e a reiteração dos golpes, pela natureza do instrumento utilizado e pela zona do corpo procurada e atingida. Do mesmo modo, podem tirar-se ilações da circunstância de o agente confessar que confiou na sorte ou da escolha assumida de meios ou processos reconhecidamente perigosos, por exemplo, o infetado com sida que conscientemente prescinde de qualquer proteção quando tem relações sexuais. Estes elementos devem ser analisados como um todo e conferidos com os **motivos** do agente, os quais representam o **fio lógico** que pode coordenar as restantes vertentes da sua responsabilidade, atribuindo-lhes a necessária univocidade.

"Compreendemos o lenhador ou o apontar de uma arma não só de um modo atual, mas também segundo a sua **motivação**, ao sabermos que o lenhador

DOLO E ERRO DO TIPO

executa essa ação por um salário ou para cobrir as suas necessidades, ou para sua recreação (racional) ou, porventura, "porque reagiu a uma excitação" (irracional), ou quando aquele que dispara o faz por uma ordem com o fim de executar alguém ou de combater os inimigos (racional) ou por vingança (afetiva e, nesse sentido, irracional). Compreendemos, finalmente, a cólera quanto à sua **motivação** ao sabermos que lhe está subjacente o ciúme, a vaidade doentia ou a honra lesada (afetivamente condicionada, por conseguinte, compreensão irracional da motivação)"[76]. Para sabermos se a morte de uma pessoa foi praticada em estado passional, por ciúme, ou motivada por ódio, procuramos reconstituir o estado de espírito do agente contemporâneo da ação. Se este nos explica ter agido num impulso instintivo e incontrolável de ciúme e no decorrer das investigações se comprova que a arma do crime foi comprada poucas horas antes de este acontecer, a afirmação do arguido ficará certamente enfraquecida.

Do **catálogo dos indicadores** fazem parte os que giram em torno da situação objetivamente perigosa para o bem jurídico tipicamente protegido: a maior ou menor força explosiva duma bomba e a distância do alvo a que é colocada; a possibilidade de orientar o tiro duma arma de fogo para o alvo pretendido; a utilização dum silenciador; o período de tempo, mais ou menos prolongado, de que o criminoso dispôs. Um *coquetel molotov* com o pavio aceso atirado para dentro de um quarto é um método idóneo para deitar fogo à casa, ainda que no caso concreto só afete o quarto, decidiram os tribunais alemães em 1995. A mesma jurisprudência procura frequentemente deslindar o que sejam **métodos de matar**:[77] quem impede outro de respirar, apertando-lhe um travesseiro contra a cara ou por estrangulamento, utiliza um método de matar; também o é o ato de lançar uma pessoa inconsciente para a água. Quem persegue outro com um automóvel para o atropelar aplica um método de matar, mas quem lança o carro na direção do polícia que o mandou parar, deixando de antemão claro que não obedecerá a esse comando e que não está disposto a desviar-se ou a travar diante do polícia, cria, de facto, um risco não permitido para o guarda, mas não aplica um método de matar,[78] embora possa cometer um crime do artigo 347º, nº 2, por

---

[76] Max Weber, "Conceitos sociológicos fundamentais", tradução por Artur Morão do 1º capítulo de *Wirtschaft und Gesellschaft*, Edições 70, 1997.

[77] A partir do artigo 10º do nosso CP, será qualquer conduta "adequada" a produzir o homicídio. Não será adequada, ao menos numa situação normal, deitar demasiado sal na comida de outra pessoa. Como escreve Günther Jakobs, *Estudios de derecho penal*, 1997, p. 224, "deitar sal em demasia não cria um risco não permitido de causar a morte". Ainda assim, a questão pode ingressar no direito penal se o sujeito que quer envenenar outra pessoa lhe ministra, por erro, uma dose de sal, pensando que se trata de arsénio.

[78] Veja-se, sobretudo, W. Hassemer, *Einführung in die Grundlagen des Strafrechts*, 2ª ed., 1990, p. 183; e "Kennzeichen des Vorsatz", *Gedächtnisschrift für A. Kaufmann*, p. 289 e ss. Ainda, Joerg Brammsen, "Inhalt und Elemente des Eventualvorsatzes – Neue Wege in der Vorsatzdogmatik?", *JZ* (1989), p. 71;

O RISCO DE COMER UMA SOPA E OUTROS CASOS DE DIREITO PENAL

desobedecer ao sinal de paragem e dirigir o veículo contra o guarda para se opor a que ele pratique ato relativo ao exercício das suas funções. Nos Estados Unidos, certas dificuldades relacionadas com a comprovação do dolo foram, em parte, ultrapassadas qualificando uma série de delitos como "strict liability offences": não interessa, por ex., se o agente sabia ou não a idade da vítima nos crimes sexuais[79]. Existem aliás outras regras probatórias que se põem a cargo do acusado e que dessa forma acabam por ter o mesmo efeito duma presunção de culpa.

6. Saber (conhecer, representar, ter consciência). Querer, desejar. Os fins. Os motivos. Dolo específico, dolo genérico.

A vontade é o elemento dinâmico do dolo, mas só se pode querer aquilo que ainda não aconteceu -a componente intelectual é estática, observa Trifftterer. "Saber" significa apreender intelectualmente, ter conhecimento ou estar consciente relativamente a elementos da realidade fáctica ou de direito dum tipo de crime. O Código exprime-o de diferentes modos: no artigo 14º diz-se que o agente "representa"; no artigo 16º usa-se o termo "conhecimento"; no artigo 17º alude-se à "consciência". "O querer só tem sentido enquanto plena manifestação da vontade, quando se estriba no conhecimento, nisso se distinguindo do mero desejo"[80]. Portanto: o "querer" não se confunde com o "desejar" nem se confunde com os motivos do sujeito.

"O verbo querer corresponde a um registo linguístico distinto de desejar e querer". "Esta diferença, escreve em complemento Augusto Silva Dias,[81] "é assinalada por Wittgenstein. Segundo ele, o verbo crer ou acreditar convoca um sentido puramente subjetivo, que – ao contrário de saber ou conhecer – não carece de uma relação com factos suscetíveis de ser demonstrada, como resulta da frase "creio na reencarnação". (...) "Afirma António Marques (...) que o jogo de linguagem volitivo vai desaparecendo à medida que a possibilidade de concretização do seu objeto se desvanece. No seu lugar surge o desejo".

O caso paradigmático é o do sobrinho que convence o tio rico a dar um passeio pela floresta em dia de tempestade na esperança que um raio lhe caia em cima, ou que o convence a tomar um avião, esperando que num acidente o tio acabe por morrer. Num caso destes, há quem observe que o sobrinho atua claramente

---

e Ingeborg Puppe, *A distinção entre dolo e culpa*; tradução, introdução e notas: Luís Greco, Manole, 2004, p. 84 e ss. Em geral, sobre a "determinação do dolo", cf., por ex., Ragués I Vallès, *El dolo y su prueba en el proceso penal*, p. 189 e ss.

[79] Cf. Eser/Burkhardt, caso nº 6.

[80] Faria Costa, *Tentativa e dolo eventual*, p. 41; Fabien Lamouche, *Le Désir*, Hatier; Welzel, *Das deutsche Strafrecht*, 11ª ed., 1969, p. 66.

[81] Augusto Silva Dias, Responsabilidade criminal por transmissão irresponsável do vírus da Sida.

DOLO E ERRO DO TIPO

com o objetivo de conseguir determinado resultado, não se duvidando que o faz intencionalmente, portanto com dolo, mas outros afastam o querer, explicando que o sobrinho não quis a morte do tio, simplesmente a desejou. Se o assaltante mata o empregado do Banco para se apoderar do dinheiro, provavelmente não lhe deseja a morte, talvez preferisse não lha provocar; apesar disso quer produzir a morte na medida em que não lhe resta outro caminho para deitar a mão ao dinheiro. O assalto é doloso independentemente dos motivos: lucrativos, de vingança, políticos, etc. (Muñoz Conde). Os motivos do Zé do Telhado, de tirar aos ricos para dar aos pobres, não descaracterizam os ilícitos, embora façam dele um assaltante (historicamente) *simpático*. O motivo é a causa desencadeante da conduta e está quase sempre imbuído de natureza emocional – é o que nos leva a agir ou a adotar uma atitude; "é a unidade indissolúvel do pensar e do agir"[82]. "Motivo" quer dizer uma conexão de sentido que surge ao próprio agente ou ao observador como "fundamento" significativo de um comportamento"[83]. As motivações associam-se, mesmo na linguagem vulgar, ao ânimo e à intencionalidade – é neste plano que atuam a vontade e o desejo, o querer e o impulso, as forças conscientes e as pulsionais[84]. Veja-se que a motivação da *avidez* do homicida agrava a sua culpa, nos termos do artigo 132º, n°s 1 e 2, alínea *d*). O motivo pode aliás ser torpe ou fútil (artigo 132º, nº 2, alínea *d*), mas então deve indagar-se o que é que determinou o crime, o motivo concreto da atitude do agente, sem o que não é possível afirmar que o motivo foi fútil (acórdão do STJ de 7 de dezembro de 1999 *BMJ* 492, p. 168). Espera-se do tribunal de julgamento que forneça um quadro factual lógico que permita a compreensão do circunstancialismo que torna possível o cometimento do crime (acórdão do STJ de 13 de janeiro de 2011, processo nº 36/06.8). Considerando que "nem sempre o móbil do crime tem de ficar provado para que o crime se consume" e com considerações a propósito da motivação do crime e do dolo como categorias distintas, podem ver-se os acórdãos

---

[82] Cesare Segre, Introdução à análise do texto literário, p. 387.

[83] Max Weber, *Conceitos sociológicos fundamentais*, tradução por Artur Morão do 1º capítulo de Wirtschaft und Gesellschaft, Edições 70, 1997, p. 29.

[84] A propósito da coerência cardiocerebral, sinergia mente-corpo, confirmamos, com Fernando Dias, no blogue *A Fisga*, que as informações que nos chegam ao cérebro provocam modificações que se traduzem em emoções, perceções, crenças, desejos "e por aí fora". A Prof. Fernanda Palma, *Direito Penal. Parte Especial. Crimes contra as pessoas*, Lisboa, 1983, p. 63, recorda que o comportamento intencional é definido, na leitura de Anscombe, "Intention", de 1963, como aquele que é possível utilizar no discurso linguístico como resposta à pergunta "porquê". "Na base desta perspetivação do ato intencional está toda uma orientação filosófica sobre o conceito de vontade que nega a equiparação da vontade a qualquer estado íntimo do agente, como um estado emocional (por ex., desejo). Essa orientação "extrovertida" sobre a vontade já vem de Aristóteles, para quem o ato voluntário se caracteriza pelo estado cognitivo do agente que consistiria no desenvolvimento de um raciocínio prático dirigido à ação de que a própria ação surgisse como conclusão lógica". O livro de Anscombe pode ser lido na tradução espanhola, com o título "Intención", valorizada com uma interessante "introdução" de Jesús Mosterín.

do STJ de 9 de novembro de 1994 *BMJ* 441, p. 49, e de 14 de abril de 1999 *BMJ* 486, p. 110. O fim é consciente e volitivo. Ainda que os fins determinados pelo agente e os motivos que o tenham impelido a agir não sejam normalmente considerados como elementos integrantes do dolo, por vezes o tipo legal inclui como elemento do crime um certo fim ou motivo: chama-se-lhe dolo específico, por oposição a dolo genérico.

7. Outros dois casos de sida

Caso nº 18 O segundo caso da Sida. *A* conhecia perfeitamente o seu estado de seropositivo e as modalidades de contágio da sida. Mesmo assim, e sem que alguma vez tivesse usado qualquer proteção, durante cerca de 10 anos manteve um número elevado de relações sexuais de cópula com *B*, sua mulher. *B*, que nunca suspeitou do estado de seropositivo do marido, acabou por morrer, vítima da sida. No julgamento, provou-se que o *A* aceitou o alto risco, que efetivamente se concretizou, tanto de um possível contágio como do provável evento letal derivado da infeção eventualmente produzida[85].

Caso nº 19 O terceiro caso da Sida. *A*, que era seropositivo, manteve repetidas vezes relações sexuais com *B*, com quem vivia, sem adotar as cautelas aconselháveis nesses casos. *A* explicou à companheira, com todos os pormenores, a doença de que sofria, os riscos de infeção e a ausência de qualquer esperança de cura, mas esta insistiu em manter com ele relações sem preservativo, com o que ele, por fim, acabou por concordar. *A* veio a ser acusado de tentativa de ofensa à integridade física, mas o tribunal alemão absolveu-o, considerando que aquele que se limita a promover, torna possível ou favorece a autocolocação em perigo decidida e levada a cabo de maneira autorresponsável, não pode, do ponto de vista jurídico, ser sancionado por crime de ofensa à integridade física ou de homicídio, mesmo naqueles casos em que se realiza o risco aceite conscientemente. Quem toma parte numa autocolocação em perigo, decidida de maneira autorresponsável, participa em algo que não representa um crime no sentido dos §§ 25, 26 e 27 I do StGB. As práticas sexuais entre pessoas conhecedoras da situação (vírus da sida) e das suas possíveis consequências, configuram, segundo Otto, uma ação suportada de igual modo por ambos os parceiros[86].

---

[85] Cf. a sentença de 14 de outubro de 1999 do Tribunale di Cremona, *Il Foro Italiano*, 2000, Parte seconda, p. 347

[86] Costa Andrade, *Consentimento e Acordo*, p. 273.

DOLO E ERRO DO TIPO

Para estas posições, tais casos ficam assim fora do âmbito de proteção típica. Mas a vida não é um bem jurídico disponível e entre nós pune-se tanto o incitamento como a ajuda ao suicídio (artigo 135º do Código Penal). A circunstância de a vítima ter dispensado o uso do preservativo não pode excluir, a nosso ver, a responsabilidade de quem infeta. A obrigação de evitar a transmissão ao parceiro também é dirigida ao indivíduo portador da doença que cria o risco de produção do resultado.

8. Tentativa e dolo eventual: admissibilidade da figura da tentativa de homicídio em caso de dolo eventual

Caso nº 20   Dolo eventual e tentativa acabada. Movida por violento ciúme, e após conhecimento da infidelidade dele, a A disparou com uma carabina sobre o companheiro, atingindo-o no peito. Agiu com dolo eventual relativamente à morte deste, que não ocorreu, acórdão do STJ de 8 de março de 2006, no proc. nº 06P269.

Sendo eventual o dolo do homicídio, levantava-se a debatida questão da punibilidade da tentativa.

A representação da morte do marido não é o elemento decisivo que permita imputar a *A* um crime a título de dolo eventual: o traço comum às duas categorias dogmáticas – dolo e negligência – é justamente o referente cognitivo. Mas o caso anterior era de tentativa acabada, aquilo que dantes se chamava um *homicídio frustrado* – "a respeito do qual não se levantava a mínima dúvida sobre o acolhimento da figura do dolo eventual".

Mas como conciliar a tentativa com o dolo eventual? A tentativa será incompatível com o dolo eventual?

Tradicionalmente, a jurisprudência tem-se manifestado no sentido da admissibilidade de um crime tentado cometido com dolo eventual. Cf., entre muitos outros, o acórdão do STJ de 20 de novembro de 1996, *BMJ* 461, p. 194. A tentativa é compaginável com qualquer das modalidades do dolo no artigo 14º do CP, escreve-se no acórdão STJ de 2 de março de 1994, CJ 1994, tomo 1, p. 243; assim, se o arguido, ao disparar 3 tiros de pistola sobre a ofendida, a cerca de 2 metros, livre e conscientemente, admitiu que lhe podia causar a morte, a qual só não se verificou por haver sido operada de urgência, a sua conduta preenche todos os elementos típicos do crime de homicídio na forma tentada. A tese jurisprudencial tradicional aparecia creditada com palavras de Jescheck, para quem a tentativa exige o tipo subjetivo completo. Em primeiro lugar, o dolo, tal como no delito consumado, também na tentativa se deve referir aos elementos subjetivos do tipo. Do mesmo modo, nos tipos qualificados os elementos qualificadores devem ser

O RISCO DE COMER UMA SOPA E OUTROS CASOS DE DIREITO PENAL

abrangidos pelo dolo. O dolo pode igualmente revestir a forma de dolo eventual, sempre que o mesmo seja suficiente para o tipo respetivo (cf. o acórdão do STJ de 3 de fevereiro de 1995, *cit.*; e o acórdão do STJ de 31 de março de 2004, *CJ* 2004, tomo I, p. 234).

A compatibilidade entre a comissão dolosa eventual e a tentativa não é, no nosso direito, aceite por todos.

Para o Prof. Faria Costa afigura-se indispensável que na tentativa se verifique a intenção direta e dolosa por parte do agente, "em que parece de excluir o dolo eventual, já que o agente, apesar da representação intelectual do resultado como possível, ainda não se decidiu". Neste sentido, o querer intencionado é incompatível com a representação eventual do resultado[87].

Diferente, e inteiramente de subscrever, é a posição do Prof. Figueiredo Dias:[88] "a decisão a que se refere o art. 23º-1 não tem de (nem deve) ser entendida em termos diferentes e mais exigentes do que aqueles que valem para qualquer tipo de ilícito doloso, que exige *sempre* ser integrado por uma "decisão", não necessariamente por uma "intenção"; (...) não existe nenhuma incompatibilidade lógica e dogmática entre o tentar cometer um facto doloso e a representação da realização apenas como possível, conformando-se o agente com ela; (...) decisivamente, estão nestes casos colocadas as mesmas exigências politico-criminais, a mesma "dignidade punitiva" e a mesma "carência de pena" que justificam a punibilidade de qualquer tentativa".

Caso nº 21 Disparos numa discoteca com centenas de pessoas, limitando-se o resultado a oito dias de doença sem afetação de qualquer órgão vital. *A*, com dolo eventual, atingiu *B* a tiro numa discoteca com centenas de pessoas, limitando-se o resultado a oito dias de doença

---

[87] Cf. *Jornadas*, p. 160; e "STJ, Acórdão de 3 de julho de 1991 (Tentativa e dolo eventual revisitados)", *RLJ*, ano 132º, nº 3903, p. 167 e ss.

[88] Figueiredo Dias, *DP/PG* I, 2007, p. 694. Para Maria Fernanda Palma, Da "Tentativa Possível" em Direito Penal, p. 79-81, "na perspetiva do desvalor da ação, do ilícito, não há qualquer razão para diferenciar qualitativamente o dolo eventual". Igualmente, no sentido da "perfeita compatibilidade da tentativa com o dolo eventual", Taipa de Carvalho, *A Legítima Defesa*, p. 225. Em Espanha, Muñoz Conde, *Derecho Penal*, PG, 1993, p. 372, para efeitos de imputação subjetiva, aceita a compatibilidade entre a comissão dolosa eventual e a tentativa: o terrorista que põe uma bomba, admitindo a possibilidade de ferir mortalmente alguém, comete um homicídio na forma tentada se a bomba não chega a explodir, ou se, explodindo, não fere ninguém ou fere ligeiramente alguém que por ali passava no momento. Na Itália prevalece a orientação da jurisprudência a favor da solução positiva: o dolo da tentativa é dolo de consumação, vontade de cometer o delito perfeito, e neste compreende-se também o dolo eventual. Em sentido contrário, todavia, pode ver-se a Cass., de 20 de outubro de 1986, in *Foro Italiano*, 1987, II, 509, com apontamento de Fiandaca; e parte da doutrina, ao afirmar que não é possível punir a tentativa com dolo eventual sem violar a proibição de analogia *in malam partem*; no dolo eventual não seria admissível a representação dos atos "come univocamente diretti", como univocamente dirigidos à prática do crime. É uma especialidade italiana.

DOLO E ERRO DO TIPO

sem afetação de qualquer orgão vital. Não se provou que o *A* tivesse apontado a arma de calibre 9 mm em direção do peito do *B*, que se encontrava imediatamente à sua frente. Provou-se, no entanto, que o *A*, ao empunhar a arma que sabia estar municiada, e ao premir o gatilho e disparar, teve consciência de que os disparos que efetuava eram suscetíveis de causar a morte; prefigurou tal possibilidade, aceitando a verificação do resultado: acórdão de 13 de julho de 2005, *CJ* 2005, tomo II, p. 249, *relator:* Conselheiro Henriques Gaspar.

O *A* foi condenado na 1ª instância por homicídio tentado com dolo eventual. O Supremo Tribunal, na apreciação do recurso, ter-se-á confrontado com um **indisfarçável excesso**, ganhando relevo a **"justiça do caso"**. A decisão de facto do Coletivo não fora posta em causa; ademais, não se notava insuficiência para a decisão da matéria de facto provada, nem contradição insanável da fundamentação ou entre a fundamentação e a decisão, nem erro notório na apreciação da prova (artigo 410º, nº 2, do Código de Processo Penal). Provado estava pois que o *A*, "ao empunhar a arma, que sabia que se encontrava municiada, e ao premir o gatilho e disparar, teve consciência que os disparos que efetuava, atendendo ao local onde se encontravam, uma discoteca com 200 ou 300 pessoas, e à distância, de poucos metros, que se encontrava das pessoas que atingiu, *eram suscetíveis de lhes causar a morte*". Ora, o disparo não provocara no *B* senão lesões que determinaram oito dias de doença. Contrariando o ponto de vista que prevalecera na 1ª instância, o Supremo Tribunal entendeu que "a conformação do agente não pode ir além do resultado efetivo, não podendo, *em direito penal do facto*, ser outro diverso daquele cuja possibilidade também previu e que efetivamente se verificou". Daí a afirmação, por um lado, de que os factos provados "são insuficientes para provar o crime de homicídio tentado"; por outro, que o *A* só podia ser considerado autor de um crime do artigo 143º[89].

O acórdão revogatório não chegou a analisar – nem teria que o fazer – a natureza do dolo (enquanto dolo de ofensa à integridade física e não dolo homicida) por ter verificado que a ofensa efetivamente produzida integrava um ilícito dependente de queixa (artigo 143º, nº 2)[90].

Dir-se-á, no entanto, e a propósito, que no dolo homicida se contêm tanto o dolo de dano da integridade física alheia como o dolo de perigo para a vida ou para a produção de lesões mais graves do que as efetivamente produzidas

---

[89] O acórdão não deixa de chamar à liça a posição do Prof. Faria Costa, que atrás esboçámos muito por alto.

[90] Mesmo na falta de queixa de *B*, sendo a agressão a tiro de pistola, o facto poderia (eventualmente, isto é: se comprovada a culpa especial do autor) integrar o crime qualificado dos artigos 143º, nº 1, e 145.º nºs 1 e 2, e 132º, nºs 1 e 2, alínea *h*), do Código Penal.

na vítima da agressão, ou do perigo geralmente associado ao meio utilizado pelo agressor.

Houve tempo em que parte da doutrina entendia que o dolo homicida exclui, por definição, a existência de um dolo de ofensa ao corpo ou à saúde. Quem agride não pode querer ao mesmo tempo o dano do corpo ou da saúde e a morte de outrem, dizia-se. A moderna **teoria unitária** entende porém que o dolo de ofensa corporal está contido no dolo homicida. Os crimes de morte e os crimes contra a integridade física são em princípio compatíveis, salvo os casos de agravação pelo resultado, pois a lesão corporal é o estádio intermédio (*Durchgangsstadium*) por onde passa o homicídio[91].

Homicídio qualificado com dolo eventual? Cabe ainda perguntar se existirá uma *tentativa de homicídio qualificado* no nosso Código. Será que a especial censurabilidade ou perversidade indiciadas pelas circunstâncias do nº 2 do artigo 132º se circunscrevem "ao último grau de lesão da vida – a consumação – ou compreendem também as outras formas de crime?"[92]. Uma outra questão, que o Supremo já resolveu dando-lhe resposta positiva, é a da conformidade do homicídio qualificado com o dolo eventual: "em princípio, o facto de o agente atuar com dolo eventual, não impede que a sua conduta possa corresponder à comissão de um crime de homicídio qualificado. Assim, cometem o crime de homicídio qualificado, ainda que com dolo eventual, aqueles que agridem a vítima, atuando e conformando-se com a sua morte, que ocorre, apenas com o propósito de obstar a que a vítima impedisse os seus intentos de se apropriarem dos seus bens, pelo que a atuação dos arguidos foi motivada por avidez" (acórdão do STJ de 2 de dezembro de 1992 *BMJ* 422, p. 79). Cf., ainda, o acórdão do STJ de 7 de maio de 1997 *BMJ* 467, p. 419: "o dolo eventual é perfeitamente compatível com a punição pelo crime do artigo 132º". O crime de homicídio qualificado, sendo punível apenas a título de dolo, compatibiliza-se com este em qualquer das suas formas e, portanto, também com o dolo eventual (acórdão do STJ de 20 de abril de 2006, proc. nº 06P363, *relator*: Conselheiro Rodrigues da Costa)[93].

Crime de homicídio qualificado na forma tentada com dolo eventual? O acórdão do STJ de 6 de maio de 1993, *CJ* 1993, p. 227, considerou que o arguido – cuja conduta não pode deixar de revelar especial censurabilidade, por

---

[91] Cf. Küpper, *StrafR*, BT 1, 1996, p. 45; Eser, in *S/S*, 25ª ed., p. 1518; Sigmund P. Martin, *JuS* 1999, p. 298; ainda, sobre a relação que intercede entre o homicídio e as ofensas corporais, Faria Costa, *O Perigo em Direito Penal*, p. 389.

[92] Cf. Teresa Serra, *Homicídio qualificado*, p. 79 e ss.

[93] Este acórdão tem outros motivos de interesse, nomeadamente, por reconhecer que o tribunal de júri tem uma legitimidade acrescida, por a prova assentar, em boa medida, em ato de reconstituição e por aos arguidos se imputar o desaparecimento dos restos mortais da vítima (crime sem cadáver).

DOLO E ERRO DO TIPO

ser grande a sua torpeza – que atuou livre, voluntária e conscientemente, admitindo, ao efetuar o disparo contra o J – seu companheiro de café, apenas porque este pretendia dissuadi-lo de ir à procura da mulher e do amante para os matar –, que lhe podia causar a morte e *conformando-se* com tal resultado, o que só não veio a acontecer por o J ter sido prontamente socorrido, cometeu um *crime de homicídio qualificado na forma tentada (com dolo eventual)*: artigos 131º, 132º, nos 1 e 2, *c*), 14º, nº 3, 22º, nos 1 e 2, *c*), 23º, nº 2, e 74º, nº 1, *a*). No caso em que A pensa que está a matar o pai, quando dispara sobre outra pessoa com quem o confundiu, diz Augusto Silva Dias: "Não sendo manifesta a inexistência do objeto e sendo comprovada a especial censurabilidade ou perversidade de A, este será punível por tentativa impossível de homicídio qualificado e não por homicídio simples consumado, que funcionaria, no caso, como solução atenuante. Por inidoneidade do meio: por exemplo, A pensa que está a utilizar veneno para matar, quando na verdade utiliza sais de fruto sem disso se dar conta; ou pensa que as pontas de fogo que aplica à vítima servem para lhe aumentar o sofrimento, quando afinal a vítima está inconsciente, sem que o agente se aperceba"[94].

Veja-se, no bom sentido, o acórdão do STJ de 23 de novembro de 2006, no proc. 06P3770: Se já não é fácil compatibilizar o dolo eventual com a especial censurabilidade ou perversidade do agente, muito mais difícil parece ser essa conjugação quando a especial censurabilidade não advém de uma qualquer circunstância facilmente objectivável (v. g., o uso de uma arma com um grande poder destruidor), mas da própria formação de vontade do agente (que decide usar o objeto de agressão de modo inesperado e súbito, para que a vítima não desconfie, mas com dolo eventual quanto ao resultado). Por isso, não se tendo provado o dolo direto ou necessário quanto à intenção de matar, mas apenas o dolo eventual, *não se verifica uma especial censurabilidade que se possa reconduzir ao crime de homicídio qualificado tentado,* por ter o agente desferido um golpe com a parte metálica de uma sachola (mais vulgarmente designada por "olho da sachola"), por trás, do lado esquerdo, na cabeça do assistente e, assim, atuado de forma inesperada, súbita, sem que a vítima tivesse sequer desconfiado dos seus intentos, a uma curta distância, pois aquela forma mitigada de dolo é, neste caso, incompatível com um tipo especial de culpa. Deste modo, o recorrente deverá ser condenado um crime de homicídio simples, na forma tentada, p. p. pelos art.ºs 13.º, 22º, 23º e 73º nº 1, als. *a*) e *b*), do Código Penal.

Outros problemas de congruência dolo eventual/tentativa. Os problemas de "congruência" envolvendo o dolo eventual estendem-se a outras áreas, como

---

[94] Em sentido diferente, Teresa Serra, *Homicídio qualificado,* p. 89, por entender que só há tentativa do artigo 132º quando os atos de execução do homicídio são acompanhados da verificação efetiva da circunstância qualificadora.

no caso tratado pelo acórdão do Tribunal Constitucional *DR* II série, nº 88, de 15 de abril de 1997, e *BMJ* 464, p. 113, que se ocupou de um crime de difamação cometido através de meios de comunicação social com dolo eventual. Sustentava-se tratar-se de uma restrição desproporcionada ao exercício da liberdade de expressão e de opinião. Dizia-se mais exatamente que o considerar-se que a mera hipótese de uma eventual lesão ao bom nome e reputação implica a criminalização de uma conduta praticada no exercício da liberdade de expressão e de opinião, no âmbito da participação na vida política, configura uma restrição desproporcionada, desmedida, excessiva, violando o princípio da proibição de excesso consagrado no artigo 18º, nº 3, da CRP. Cf., ainda, a propósito, o acórdão de 28 de setembro de 2000 do Tribunal Europeu dos Direitos do Homem (Caso Gomes da Silva *contra* Portugal: liberdade de imprensa; restrições para proteção do bom nome e da reputação), com um comentário de Eduardo Maia Costa, *Revista do Ministério Público*, ano 21 (2000), nº 84.

VI. Erro do tipo

Ao **objeto do dolo** chega-se através do artigo 16º, nº 1, que remete para "os elementos de facto ou de direito de um tipo de crime". Recordemos que o recetador (artigo 231º, nº 1) deverá saber (representar, abarcar intelectualmente) que a coisa que adquire foi obtida por outrem mediante facto ilícito típico contra o património. O ladrão deverá saber (representar, ter conhecimento) que a coisa subtraída é alheia.

No caso do sujeito distraído que sai do restaurante com o guarda-chuva azul de outra pessoa, confundindo-o com o seu, também azul, os elementos objetivos do artigo 203º, nº 1, encontram-se por inteiro preenchidos (houve subtração de coisa móvel alheia), não assim os subjetivos, por **erro** sobre a natureza alheia da coisa. Ao sujeito falta a representação da natureza alheia do guarda-chuva, pelo que, relativamente a ele, o dolo do tipo não pode afirmar-se. Falta-lhe o conhecimento de uma circunstância tipicamente relevante. O dolo do tipo não chega a constituir-se (e portanto não pode afirmar-se) quando faltam os correspondentes pressupostos, isto é, quando há por parte do sujeito uma *representação errada* ou uma *falta de representação*[95]. Sendo o tipo o portador da valoração da correspondente conduta como ilícita, o conhecimento de todos os seus elementos constitutivos (de facto ou de direito, positivos ou negativos, descritivos ou normativos, etc.) é indispensável a uma correta orientação da consciência do agente.

---

[95] Veja-se, nomeadamente, Jorge de Figueiredo Dias, *DP/PG*, I, 2ª ed., 2007, p. 256.

DOLO E ERRO DO TIPO

Colocando-se a questão ao nível do conhecimento, o erro do tipo tem a ver com a consciência-psicológica (artigo 16º) e não se confunde com o **erro moral ou erro de valoração** (artigo 17º), o qual, de resto, tem um diferente regime, deixando, sempre, intocado o dolo do tipo. O erro moral ou erro de valoração resolve-se no âmbito da culpa, e pode conduzir à exclusão da culpa ou à sua atenuação (artigo 17º, nos 1 e 2). Na tese desenvolvida pelo Prof. Figueiredo Dias, estarão aqui em causa a errónea convicção do agente de que a incriminação não existe, ou de que, existindo, todavia não cobre a conduta intentada, bem como a errónea aceitação quer da existência de um obstáculo à ilicitude que o direito não reconhece, quer de que o âmbito de um obstáculo juridicamente reconhecido é mais amplo do que na realidade o é, cobrindo com a sua força justificadora a conduta intentada. A **relevância** do erro moral como problema de culpa deverá ser apreciada segundo um **critério de censurabilidade** que poderá conduzir à sua irrelevância, à exclusão da culpa ou à sua atenuação (artigo 17º, nos 1 e 2) e por conseguinte no lugar próprio.

1. O erro sobre a factualidade típica e sobre certas proibições

O artigo 16º, nos 1, primeira parte, dispõe que este **erro sobre a factualidade típica** – erro sobre elementos de facto ou de direito de um tipo de crime – *exclui o dolo*.

Consequência: ainda que a ação preencha o tipo objetivo do ilícito, em caso de erro sobre a factualidade típica, a sanção fica excluída quando se tratar de crime exclusivamente doloso (artigo 14º). Se *A* leva consigo o guarda-chuva de outra pessoa, no convencimento de que é o seu (desconhecimento da natureza alheia da coisa), não será punido por furto (artigos 14º, 16º, nº 1, e 203º, nº 1). A regra do artigo 16º, nº 3, não funciona num caso como este por só serem puníveis situações de "furto" cometidas dolosamente. Mas se excecionalmente o facto for punível por negligência (artigos 13º, última parte, e 15º), o agente poderá ser punido a este título: artigo 16º, nº 3, ficando ressalvada "a punibilidade da negligência nos termos gerais." É o caso de, durante uma caçada, *A* atingir mortalmente o seu companheiro *B* a tiro, confundindo-o com um animal. *B*, por brincadeira, tinha-se escondido atrás de uns arbustos e começara a grunhir como se fosse uma peça de caça. *A* desconhecia que atirava sobre "outra pessoa" (artigo 131º). A representação errada da situação exclui a punição a título de dolo (artigos 14º, 16º, nº 1, e 131º), mas se o erro for censurável, se o caçador disparou descuidadamente, sem proceder ao exame atento da situação, *A* será punido por crime negligente (artigos 13º, última parte, 15º, 16º, nos 1 e 3, e 137º, nº 1).

Dizendo por outras palavras: o artigo 16º contém regras sobre as consequências de um erro sobre a factualidade típica, sobre um elemento objetivo da infração. Aquele caçador que dispara na suposição errónea de que atrás dos arbustos está uma peça de caça, quando se trata de uma pessoa, é punido, por via do artigo 16º, por homicídio negligente (artigo 137º) e não pelo crime do artigo 131º. É uma espécie de ilícito misto, com duas caras, de dolo e negligência. O crime foi cometido com dolo (dolo do tipo), mas há uma *deficiência* na componente intelectual que abre as portas à censura por negligência, se esta, por um lado, estiver prevista como punível (e o homicídio, ao contrário do furto, tanto é punível como doloso como a título negligente) e se tiver efetivamente verificado, com todos os seus ingredientes, na hipótese concreta[96].

O dolo refere-se ainda às circunstâncias que *atenuam* ou *qualificam* o crime. Para se poder punir o ladrão pelo crime hiperqualificado de furto da alínea *c)* do nº 2 do artigo 204º é necessário demonstrar que o sujeito conhecia a natureza "altamente perigosa" da coisa subtraída, doutro modo não se regista a agravação, mas tão só o furto simples (artigo 203º, nº 1). Deve aplicar-se a norma penal menos grave no caso de erro sobre o pedido da vítima em estado terminal. Se o acompanhante toma erradamente a sério o pedido e mata o doente grave comete o homicídio privilegiado do artigo 134º, e não o do artigo 131º[97]. Mas há situações, como a do roubo com o resultado agravante de lesão corporal grave (artigo 210º, nº 2, alínea *a)*).

Para atuar dolosamente, o autor deve ademais ter previsto o processo causal (elemento futuro, portanto, de previsão) nos seus traços essenciais, porque a relação de causalidade é um elemento do tipo, como o são a ação e o resultado.

Ao lado do erro sobre a factualidade típica (artigo 16º, nº 1, 1ª parte), deparamos com o **erro sobre proibições** cujo conhecimento for razoavelmente indispensável para que o agente possa tomar consciência da ilicitude do facto. Para seguir a lição do Prof. Figueiredo Dias, há casos em que o desconhecimento da proibição legal impede o conhecimento total do substrato da valoração e determina uma insuficiente orientação da consciência ética do agente para o problema da ilicitude. Por isso "o conhecimento da proibição é requerido para afirmação do dolo do tipo, sem que por isso deixe de ser um dolo natural". A relevância do erro sobre proibições legais terá o seu lugar privilegiado no ilícito de mera ordenação

---

[96] Para completar esta parte da matéria dir-se-á, com Figueiredo Dias (vejam-se as correspondentes referências em Maria João Antunes, *Medidas de segurança de internamento e facto de inimputável em razão de anomalia psíquica*, 2002, p., 334) que o erro sobre elementos do tipo aproveita ao agente inimputável – exclui o dolo do tipo, dolo natural (artigo 16º, nº 1, primeira parte) – rigorosamente nos mesmos termos em que aproveita ao agente imputável. Portanto, o agente deverá ser absolvido por falta de dolo (do tipo), não por inimputabilidade; com a consequência de, nessa base, não haver lugar à possibilidade de lhe ser aplicada qualquer medida de segurança.

[97] Quanto a esta última hipótese, cf. Figueiredo Dias, *DP/PG* I, 2ª ed., p. 357, e Costa Andrade, na anotação ao artigo 134º no *Conimbricense*. Não é porém solução unânime.

DOLO E ERRO DO TIPO

social e no direito penal secundário (especialmente no direito penal económico),[98] mas também, em certos casos de ilícito penal, apontando-se alguns *crimes de perigo abstrato* em que a conduta em si mesma, *desligada da proibição*, não orienta suficientemente a consciência ética do agente para o desvalor da ilicitude[99].

Podemos extrair daqui uma primeira ilação: a de que as proibições não são elementos do tipo, mas (no nosso direito) às vezes são tratadas como se o fossem. A norma de proibição pode ser indispensável à relevância "axiológica da conduta" (Figueiredo Dias) ou "de criação predominantemente política" (Cavaleiro de Ferreira): uma proibição "fraca", passe a expressão. Neste caso, como exige o artigo 16º, nº 1, última parte, o seu conhecimento é "razoavelmente indispensável à tomada de consciência da ilicitude" e a ignorância dita a exclusão do dolo.

Há condutas que – diferentemente do que sucede com um homicídio, um roubo, uma violação ou uma falsificação documental (autênticos "delicta in se") – não podem reputar-se, em si mesmas, como axiologicamente relevantes: são axiologicamente neutras. Poderá estar então em causa, por banda do agente, uma falta de cuidado (omissão do dever de se informar e de se esclarecer sobre a proibição legal), e por essa via a possibilidade de ter atuado negligentemente. O incumprimento de um dever de informação e esclarecimento sobre proibições legais e não um dever de pôr em tensão a consciência-ética e de a conformar com as valorações da ordem jurídica[100]. Silva Dias[101] reconhece que "a par de condutas cujo desvalor jurídico-penal tem correspondência ao nível das representações ético-sociais correntes, que o tornam imediatamente apreensível na vivência prática de todos os dias, outras há incriminadas que, destituídas daquela correspondência, tornam dependente a apreensão do seu conteúdo de desvalor jurídico-penal do conhecimento da proibição jurídica formal".

---

[98] Melhor dizendo (cf. Figueiredo Dias, *DP/PG*, I, 2ª ed., 2007, p. 365): quando "a relevância axiológica da conduta, se bem que existente, é de tal maneira **ténue**, sobretudo por força da estreita ligação das incriminações e dos seus termos a razões contingentes e mutáveis de política social, que também neste âmbito o conhecimento da proibição deve considerar-se razoavelmente indispensável para a orientação do agente para o desvalor da ilicitude".

[99] Será o caso do condutor apanhado a conduzir com a *TAS* (taxa de álcool no sangue) de 1,2 g/l, o mínimo indispensável para se "passar" da contraordenação estradal para o crime do artigo 291º. Quantos condutores saberão (estarão conscientes) de que a linha divisória se estabelece nestes moldes? É certo que se são condutores e resolvem beber, daí nascerá o dever de se informarem e, acima de tudo, evitarem beber. A quantificação normativa (1,2 g/l) representa o "salto qualitativo que sofre a perigosidade social da conduta e a sua censurabilidade ética" (Figueiredo Dias).

[100] A proibição será em regra censurável nos casos de condutas axiologicamente neutras que se relacionam com a atividade profissional do agente ou com o círculo de vida a que este pertence, por ex., as proibições que atingem a atividade do médico, do farmacêutico, do caçador, do automobilista – não censurável para o estranho (Figueiredo Dias, *O Problema da consciência da ilicitude em direito penal*, 3ª ed., 1987, p. 409).

[101] Augusto Silva Dias, *"Delicta in se"*, p. 36,

O RISCO DE COMER UMA SOPA E OUTROS CASOS DE DIREITO PENAL

Se o agente ignorar a vigência da norma incriminadora, desconhecerá a existência da proibição. Tome-se, a mais dos já indicados, o recente crime de "violação de regras urbanísticas" do artigo 278º-A, decerto ainda não suficientemente assimilado pela consciência dos valores comunitários, relativamente ao qual a afirmação do dolo do tipo deve exigir o conhecimento da proibição legal. Pondere-se ainda o crime de "tráfico de influência" do artigo 335º. Deverá o agente ter conhecimento de que "solicitar ou aceitar, para si ou para terceiro, vantagem patrimonial, ou a sua promessa, para abusar da sua influência, real ou suposta, junto de qualquer entidade pública", é punido...". Um conhecimento que não necessita ser preciso: bastará ter a ideia de que a "cunha", pelo menos em certas condições e dirigida a certas entidades, é agora crime. Encontrando-se o sujeito em situação de erro intelectual, que o impede de tomar consciência da ilicitude, ficará *excluído* o dolo.

Uma outra ilação acaba por mostrar que este passo sobre o conhecimento da proibição legal fornece a chave da compreensão do que seja o verdadeiro fundamento da distinção entre as duas formas de erro contidas nos artigos 16º (erro de tipo, que exclui o dolo) e 17º (erro sobre a ilicitude, que deixa o dolo intocado, mas pode chegar a excluir a culpa, se o erro não for censurável). Quem subtrai coisa que erroneamente supõe ser sua, encontra-se em erro de tipo (erro **intelectual** ou de **conhecimento**): *não sabe* que subtrai coisa alheia; porém, se alguém acredita ter o direito de subtrair coisa alheia (seja, como exemplo, o credor na relação com o seu devedor insolvente), encontra-se em erro sobre a ilicitude, que é erro **moral** ou de **valoração**.

Seguindo o pensamento de Augusto Silva Dias,[102] "a formação do dolo é condição necessária para aceder adequadamente ao problema da ilicitude, existindo entre o dolo e a consciência da ilicitude uma relação de instrumentalidade". O conjunto dos elementos necessários para a constituição do dolo "é determinado pelo artigo 16º, nº 1, o qual, como é bom de ver, não se cinge à representação da factualidade típica, mas – sobretudo nos 'delicta mere prohibita' – abrange as proibições cujo conhecimento é razoavelmente indispensável para a obtenção da consciência da ilicitude ('tipo de erro')". Além disso, a diferença entre o dolo e a consciência da ilicitude "situa-se ao nível do objeto de referência e não do processo cognitivo, sendo de rejeitar, por isso, distinções frequentes como erro de conhecimento-erro de valoração ou erro intelectual-erro moral". Tanto o dolo como a consciência da ilicitude dependem da representação de significados normativos ao nível da linguagem corrente. Ambos se formam dentro do complexo significativo que o agente usa para compreender a realidade[103].

---

[102] Augusto Silva Dias *"Delicta in se"*, p. 367.

[103] É assim que, para o Autor, se o juízo sobre a mulher grávida que decide ingerir um potente abortivo para matar o nascituro quando as dores de dilatação já tinham começado de forma irreversível, atua com

312

2. O erro sobre os pressupostos de uma causa de justificação

"Os elementos objetivos das causas de justificação, referidos no artigo 16º, nº 2, integram igualmente o tipo de erro, embora a falsa representação da sua existência não exclua propriamente o dolo, afastando antes a atitude perante os valores e normas lesados que é própria do dolo. Todavia, também o erro sobre os elementos objetivos de uma causa de justificação impede que o dolo seja plenamente formado e desempenhe a sua função de apelo. Na verdade, quem quer agredir outro pensando que essoutro o vai agredir e que, desse modo, está a repelir uma agressão atual e ilícita (quando na realidade nada disso se passa), pensará que o seu comportamento é lícito, ou seja, não é alertado nem conseguirá aceder ao desvalor respetivo"[104].

O artigo 16º, nº 2, dispõe que o preceituado no número anterior, quanto ao erro sobre elementos de facto ou de direito de um tipo de crime, *abrange* o erro sobre um estado de coisas que, a existir, excluiria a ilicitude *ou a culpa do agente*.

"Um erro desta espécie [sobre **elementos objetivos das causas de exclusão da culpa**], adverte Figueiredo Dias,[105] só será relevante se recair sobre pressupostos de um *estado de necessidade desculpante*. Bem se podendo afirmar que, tendo o agente atuado com consciência do ilícito, ele tinha a sua consciência-ética corretamente orientada para o desvalor respetivo. Ainda aqui, porém, a lei portuguesa faz valer a forma de censura do erro como forma de censura do facto", podendo dar origem à punição do facto a título negligente. Mas há quem tenha a inclusão no nº 2 do artigo 16º dos elementos objetivos das causas de exclusão da culpa por duvidosa, por assentar "numa equiparação meramente formal com o erro do tipo justificador"[106]. Um exemplo é oferecido por Wessels/Beulke,[107] o do pescador à linha que segue com um companheiro num pequeno bote e que, pensando que era essa a única possibilidade de se salvar, deita pela borda fora o outro pescador mais fraco, sem saber que um navio salva-vidas estava já à vista e pronto a intervir.

O regime deste nº 2 segue materialmente o regime do erro sobre o facto típico – por se tratar de um erro de natureza intelectual ele pòssui um efeito idêntico ao erro sobre o facto típico, ficando excluído o dolo.

---

dolo de aborto ou de homicídio, "depende, não da comprovação de se a agente conhecia o critério jurídico do início dos trabalhos do parto, resultante do tipo de infanticídio do artigo 136º, mas da indagação de se, segundo as significações correntes no mundo da vida da agente, isto é, segundo a experiência normativa por ela partilhada, a mesma podia ter representado o objeto da ação como uma 'pessoa' ou como um 'feto'".

[104] Nestes termos, A. Silva Dias, *"Delicta in se"*, p. 367.

[105] Figueiredo Dias, *Temas Básicos*, p. 299.

[106] Sobre o assunto: Augusto Silva Dias, *"Delicta in se"*, p. 367. Também Maria João Antunes, *Medidas de segurança de internamento*, 2002, especialmente p. 410, faz referência ao tema.

[107] Wessels/Beulke *AT*, 32ª ed., 2002.

Caso nº 22 *A* mascarou-se de assaltante de bancos e para divertir os amigos dirige-se ao Banco *x*. O caixa *C*, atemorizado, acredita que se trata de um assalto a sério e mata *A*, com a arma que tinha ali à mão.

C supôs erroneamente que se verificavam os pressupostos da legítima defesa e se fosse esse o caso o *C* teria **efetivamente** por si um direito de defesa. De acordo com o disposto no artigo 16º, nº 2, o dolo fica excluído, *estendendo-se* a solução da exclusão do dolo (contida no número anterior, "o núcleo do tipo de erro") e da punição a esse título ao erro sobre os pressupostos de uma causa de exclusão da ilicitude. *C*, que atuou em situação de erro-suposição, não revelou uma atitude interior contrária ou indiferente à violação dos bens jurídicos. O tipo de culpa doloso fica excluído e com ele a punição do agente por crime dessa natureza, ainda que, se constatada a violação de um dever de cuidado e os restantes elementos da negligência, a responsabilidade a este título se possa vir a efetivar. A atitude interior será então de indiferença ou leviandade perante os bens jurídico-penais. Rejeitada pois a existência de uma culpa dolosa, *C* só poderá ser condenado por negligência: artigo 16º, nº 3. É a solução encontrada no quadro da **teoria da culpa limitada**[108]. Quer isto significar que a exclusão do dolo em caso de erro sobre os pressupostos de uma causa de justificação opera ao nível da culpa e não da ilicitude, não obstante, nas palavras da lei, se "excluir" o dolo.

VII. Desvios causais e imputação ao dolo

Num primeiro levantamento do terreno, vimos que o dolo do agente tem de estender-se ao **nexo causal** entre a ação do agente e o resultado quando ele for elemento constitutivo da infração[109] – de outro modo, não haverá atuação dolosa.

1. Concretização do dolo e "dolus generalis"

Um caso especial de *erro sobre o processo causal* dá-se quando o crime se executa em dois atos, julgando o agente que o resultado se deu com o primeiro, quando, na verdade, foi com o segundo que se produziu. A opinião geralmente seguida encara a hipótese como um processo unitário: o dolo do primeiro ato vale também para o segundo. Trata-se, nesta perspetiva, dum dolo "geral" (**doutrina do dolus**

---

[108] Veja-se, por ex., Valle Muñiz, "La naturaleza graduable de lo injusto y la actuación en desconocimiento del pressuposto objetivo de una causa de justificación", *Política criminal y nuevo Derecho Penal*, Libro Homenaje a Claus Roxin, 1997.

[109] Acentua o Prof. Eduardo Correia, *Direito Criminal* I, p. 390.

DOLO E ERRO DO TIPO

generalis) que cobre todo o processo e que não merece nenhuma valoração jurídica privilegiada (Jescheck). Se *A*, julgando que a sua vítima morreu quando lhe deitou as mãos ao pescoço, deita à água o suposto cadáver, vindo a morte a ocorrer por afogamento, deve ser castigado como autor material de um homicídio doloso consumado:[110] achou que matou por estrangulamento, mas acabou por matar por afogamento, diferença sem relevo para o ordenamento jurídico.

Mas aqui não há unanimidade de soluções, orientando-se uma parte da doutrina para a punição por tentativa em concurso eventual com o cometimento negligente do facto.

Caso nº 23   *A*, enquanto estrangula uma sua vizinha – *B* –, enche-lhe a boca com duas mãos cheias de areia, para evitar que os gritos dela se ouçam. Ao proceder assim, *A* atuou com dolo eventual homicida, como o Tribunal, mais tarde, veio a apurar. *B* fica prostrada, sem dar acordo de si, mas continua viva. *A*, julgando-a morta, atira o que supunha ser o cadáver de *B* à água e *B* morre afogada.

Distingue-se perfeitamente um primeiro arco de tempo durante o qual *A* atuou com dolo homicida, ainda que eventual. Enquanto estrangulava *B* e lhe enchia a boca com areia, representou a morte desta como consequência necessária da sua conduta. Isso significa que durante a primeira parte dos factos – enquanto a estrangulava, etc. –, *A* atuou com dolo homicida, mas já não se poderá sustentar o mesmo para a segunda parte do acontecido – quando o suposto cadáver foi atirado à água e *B* morreu afogada –, pois aí *A* não atuou, seguramente, com dolo homicida.

Terá *A* cometido um crime de homicídio do artigo 131º, ao atirar *B* para a água, onde morreu?

O tipo objetivo do homicídio mostra-se preenchido. A vítima morreu. Existe um nexo de causalidade entre esta atuação de *A* e a morte da vítima. Na verdade, *B* morreu afogada. O facto de se atirar alguém à água, ainda por cima inconsciente, é meio adequado para dar a morte por afogamento.

Todavia, a vertente subjetiva não se mostra preenchida. *A não sabia* que atirava à água uma pessoa viva e que assim lhe dava a morte. *A* supunha-a morta. Ora, para se afirmar o dolo, seria necessário que o agente soubesse que estava perante uma pessoa ainda com vida. Esta parte do comportamento de *A* não se pode envolver com o homicídio doloso. Intervém o artigo 16º.

---

[110] Noutras situações o "erro" do sujeito é igualmente irrelevante, por exemplo, se o resultado querido realmente se produziu, mas com ligeiras variações. O erro é do mesmo modo irrelevante quando incide sobre a qualificação jurídica do ato: o autor pensa, por exemplo, que comete um furto quando na realidade o que os factos integram é um roubo, punido mais severamente. Outras situações merecem ser contabilizadas.

O crime executa-se em dois atos,[111] julgando o agente que o resultado se deu com o primeiro, quando, na verdade, foi com o segundo que se produziu. Como se disse, a opinião geralmente seguida encara estas hipóteses como um processo unitário: o dolo do primeiro ato vale também para o segundo. Trata-se assim de um dolo "geral" (doutrina do *dolus generalis*) que cobre todo o processo e que não merece nenhuma valoração jurídica privilegiada. Nesta perspetiva, *A* deve ser punido como autor material de um homicídio doloso consumado.

Esta doutrina do "dolus generalis", para a qual o desvio do processo causal é puramente acidental, esquece, contudo, que só se pode falar de dolo homicida enquanto o agente encara seriamente como possível a realização dos elementos objetivos do crime e se conforma com o resultado. Mas, no nosso caso, o dolo homicida de *A* termina naquele ponto em que *A* supõe que *B* está morta. Os restantes momentos típicos já não estão cobertos pelo dolo do agente com este significado e alcance. Relativamente a esta segunda parte do acontecido, o dolo que cobre a primeira parte funciona como um simples "dolus antecedens", já não é, para este efeito, um dolo verdadeiro e próprio. O que significa ainda que a doutrina do *dolus generalis* aceita um mero dolo antecedente como se de verdadeiro e próprio dolo se tratasse[112].

Face à conclusão a que se chegou, cabe perguntar se *A*, na medida em que atirou uma pessoa em estado de inconsciência para a água, praticou um crime de homicídio involuntário do artigo 137º. As respetivas condições objetivas (infração do dever objetivo de cuidado, previsibilidade do resultado...) estão certamente preenchidas. Além disso, *A*, ao agir nas circunstâncias apuradas, **deveria ter previsto** a morte da vítima, tanto mais que no momento anterior tinha agido com dolo eventual. Parece igualmente que *A* **poderia ter previsto** a morte de *B* através da sua descrita atividade. (Esta última possibilidade ficará excluída para quem pense que os dados de facto são escassos. Com efeito, pode pôr-se em dúvida que *B* **podia saber** que a segunda parte do acontecido – atirar *B* à água... era uma atuação homicida).

No que respeita à primeira parte do acontecido – estrangulamento da vítima, deitar-lhe areia na boca – trata-se de saber se ela constitui um homicídio doloso do artigo 131º.

---

[111] Por isso se lhe chama também **erro sucessivo** ou **"aberratio causae"**. Os casos de **ocorrência prematura do resultado** desdobram-se do mesmo modo em dois atos: O autor enforca a vítima, mas esta (ao contrário do plano do autor) morre logo do enforcamento, sendo já cadáver quando é atirada do nono andar, surgindo, só então, o que poderia corresponder ao dolo de matar; nos casos de *dolus generalis* o autor pensa causar o resultado já com o seu primeiro ato, mas a vítima vem a morrer em virtude do segundo ato, que não é acompanhado da intenção de matar.

[112] J. Hruschka, Strafrecht nach logisch-analytischer Methode, 2ª ed., 1997, p. 27.

DOLO E ERRO DO TIPO

A primeira pergunta: estarão reunidos os respetivos elementos típicos objetivos? *B* morreu, o que significa que se produziu um resultado que, em princípio, será o resultado de uma ação homicida. Ponto é que se estabeleça um nexo de causalidade entre esta parte do comportamento de *A* e a morte de *B*. A conclusão não será de modo nenhum óbvia. Há quem negue essa conexão entre a ação de estrangular, por um lado, e, por outro, a morte da vítima, tal como ela ocorreu no caso concreto: supondo que a morte da vítima por afogamento é o objetivo pretendido pelo agente, então o estrangulamento não será o meio adequado para atingir essa finalidade. Dito de outro modo: com o estrangulamento (etc.) não se materializa objetivamente o perigo da morte *por afogamento*[113] [114].

Nessa medida, *A* só poderá ser responsabilizado por tentativa de homicídio se considerarmos esta compatível com o dolo eventual. Aderindo à corrente dominante, diremos, a concluir, que *A* é autor material de um crime de homicídio doloso, na forma tentada (artigos 22º e 131º), podendo os factos, eventualmente, preencher também o ilícito típico ao artigo 137º, gerando-se uma situação de concurso aparente.

Caso nº 24 Os amantes de Teruel. Cerezo Mir refere o seguinte episódio julgado em Teruel (recorde, a propósito, os *Amantes de Teruel*, personagens do século treze, que inspiraram poetas e dramaturgos como Tirso de Molina): *A* surpreendeu sua mulher, *B*, com *C*, amante desta, na própria casa do casal. Iniciou-se luta corporal entre os dois homens e *B* passou, às tantas, a dar o seu contributo contra o marido, ajudando o amante, até que *A* caiu inanimado, pensando os dois que lhe tinham tirado a vida. *C* levou então o corpo para debaixo de uma viga onde havia uma argola, fez um nó corrediço com uma corda, passando uma ponta desta pela argola e o laço da outra ponta foi passado pelo

---

[113] A solução será diferente para quem afirme a conexão entre a ação e o resultado: o eventual erro por parte de *A* quanto à causação da morte funcionaria como elemento de ligação entre a atuação de A – estrangulamento, etc. – e a morte da vítima.

[114] Repare-se na solução dada por Stratenwerth, *Derecho Penal*, Parte especial, I, 1982, p. 103: "Se partirmos do critério da adequação, a solução está em saber se o curso realmente seguido era ou não previsível no momento da primeira ação, sem dúvida coberta pelo dolo. A resposta terá que ser afirmativa quando o autor, desde o princípio, tinha a intenção de cometer o segundo ato que mais tarde se verifica ser o que diretamente causou o resultado. O crime doloso deverá entender-se assim como consumado. Se o segundo ato não estava planeado desde o princípio, mas o autor só se decide a executá-lo no momento em que se acha concluído o primeiro, então a adequação do desenrolar do processo que levou à produção da morte é mais do que duvidosa e provavelmente deveria ser negada: a resolução posterior apenas se pode prever em geral durante a execução da primeira ação, ainda dominada pelo dolo homicida. Aqui estaríamos perante uma tentativa e a eventual causação negligente de um resultado".

pescoço do dono da casa. Foi ao içarem o corpo que os dois amantes provocaram a morte do infeliz, por asfixia.

Caso nº 25 *A*, casado com *M*, vem acalentando a ideia de deitar a mão à fortuna considerável desta. Num encontro com *B*, que tinha conhecido uns dias antes, considerando-o "desmiolado", conta-lhe histórias mirabolantes a respeito da mulher: que tinha poderes demoníacos e bom seria que marchasse desta para melhor. *B* aceita ser recompensado com cinco mil euros para *A* se ver livre da mulher. Entra na residência do casal numa altura em que *A* estava para fora. Facilmente chega à sala, pela porta que *A* de propósito deixara aberta. *B* surpreende *M* por trás, agredindo-a à martelada na cabeça. Convenceu-se de que a tinha matado, embora a mulher estivesse apenas inconsciente. Tendo ouvido barulhos, *B* escondeu-se na altura em que *R*, o amante de *M*, entrou na sala. Pela natureza dos ferimentos, *R* logo pensou que *M* tinha caído pelas escadas e, como tencionava pôr termo á relação que mantinha com ela, decidiu aproveitar a situação, livrando-se de discussões intermináveis. Agarrou numa almofada do sofá e pressionou-a contra a cara de *M*, depois de se ter verificado que a mulher podia sobreviver. Quando *R* se convenceu de que *M* já não respirava, arrumou cuidadosamente a almofada e retirou-se da casa. *B*, que se mantivera quieto no seu esconderijo, e que de nenhum modo colaborou na atuação de *R*, aguardou uns minutos e arrastou *M* para a piscina, onde a mulher morreu por afogamento.

I. Punibilidade de *B*

B pode ter cometido um crime do artigo 131º. *M* morreu. *B* deu-lhe com um martelo na cabeça. Põe-se porém a questão de saber se a pancada na cabeça é causal relativamente ao resultado apontado e se a morte de *M* pode ser objetivamente imputada a *B*, já que *M* morreu por afogamento. Sem a ação de *B*, *M* não teria desmaiado e não teria morrido depois por afogamento na piscina, o que significa que a pancada dada por *B* é *condicio sine qua non* da morte de *M*. Os problemas põem-se no plano da imputação objetiva. Aqui tem de averiguar-se se entre a pancada do martelo que cria o perigo juridicamente desaprovado e a morte por afogamento existe o necessário *nexo de risco*, i. é, se o perigo criado por *B* – produção da morte em razão da lesão com uma pancada – se manifesta no resultado (a morte por afogamento) por forma tipicamente relevante. Do que não há dúvida é que a primeira ação de *B* está coberta pelo seu dolo homicida,

DOLO E ERRO DO TIPO

não assim a segunda, pois quando *B* atira o que julga ser o cadáver para a piscina não atua seguramente com dolo homicida. Como se viu antes, há autores que afirmam um nexo de risco entre a primeira ação e o resultado final se o curso realmente seguido era previsível no momento da primeira ação, coberta pelo dolo. No caso em análise, *B* tinha, desde o princípio, a intenção de cometer o segundo ato, tinha a intenção atirar *M* para a água da piscina, e esta segunda atuação é a que diretamente vem a causar o resultado. Quem optar por este caminho conclui que *B* cometeu um crime de homicídio consumado. Resta averiguar a existência de um exemplo-padrão, já que as circunstâncias podem apontar para uma especial censurabilidade ou perversidade de *B* (artigo 132º, nºˢ 1 e 2). Convém desde logo indagar se o agente foi determinado por avidez (alínea *c*), em vista da recompensa prometida.

II. Punibilidade de *R*

R pode ter cometido um crime do artigo 131º (eventualmente qualificado – artigo 132º – se se verificarem circunstâncias reveladoras da especial censurabilidade ou perversidade do agente). Com efeito, *R* aplicou a almofada na cara de *M*. Esta morreu, i. é, produziu-se o resultado típico. Todavia, não é possível afirmar a causalidade. Na falta de um resultado imputável a *R*, este só pode ser castigado por tentativa, sendo certo que o agente decidiu cometer o homicídio na pessoa de *M* e que houve começo de execução (artigos 22º e 23º).

III. Punibilidade de *A*

A, que prometeu uma quantia em dinheiro a *B* para que este praticasse o homicídio, não é seguramente seu coautor (artigo 26º). Nada indica, por outro lado, que o papel de *A* seja o de autor mediato. Mesmo que *A* estivesse convencido de que utilizava *B* na execução do homicídio, que este era cometido *através* de *B*, o que realmente se verificou foi o completo domínio do facto por parte do *B*. O papel que cabe a *A* é o de instigador (artigo 26º, última variante). *A* determinou *B* através da paga em dinheiro, não se colocando especiais problemas quanto à natureza do seu dolo já que *A* queria que o *concreto* crime fosse cometido e foi isso que aconteceu. Resta saber se *A* deve ser punido como instigador de um homicídio simples ou qualificado (artigos 131 e 132º, nºˢ 1 e 2, c), recordando-se aqui que *B* terá sido determinado por avidez. *A* terá sido, como o outro, determinado por avidez, na medida em que aspirava à herança da mulher, embora seja caso de à cabeça invocar o exemplo-padrão da alínea *b*) do nº 2.

2. Desvio do processo causal

a) Consequências de ser o erro essencial

Caso nº 26 *A* aponta contra *B* com dolo homicida, aperta o gatilho da espingarda, mas falha o alvo. Todavia, o tiro assustou uns cavalos que, em tropel, lançados em correria e desnorteados, foram colher *B* mortalmente.

Mostra-se preenchido o tipo objetivo do homicídio doloso. Não se poderá razoavelmente questionar um nexo de causalidade entre o tiro disparado por *A* e a morte de *B*. Vistas as coisas de um ponto de vista objetivo, a circunstância de o agente ter espantado uns cavalos que vão provocar a morte da vítima é seguramente um meio apto para atingir o fim, a morte de uma pessoa.

Os problemas surgem quando se pergunta se o lado subjetivo do ilícito se encontra do mesmo modo preenchido. Com efeito, o dolo do agente não abarcou, nem sequer eventualmente, o curso efetivo dos factos. Há aqui um *desvio do curso dos acontecimentos* relativamente à representação que deles fazia *A*. Ora, como se sabe, a relação causal entre a ação e o resultado também pertence, como ponto de referência do dolo, ao tipo de ilícito objetivo.

O dolo homicida refere-se ao conjunto dos elementos típicos do caso concreto. Se assim não acontecer, faltará um elemento essencial do agir doloso e o agente não poderá ser sancionado por conduta dolosa (artigo 16º, nº 1). Um desses elementos típicos, cuja presença deve ser apurada, é, nos crimes de resultado, a relação de causalidade entre a ação e o resultado produzido. Para atuar dolosamente, o autor tem que conhecer tanto a ação como o resultado; além disso, deve ter previsto o processo causal nos seus traços essenciais, porque a relação de causalidade é um elemento do tipo, como o são a ação e o resultado. Consequentemente, o dolo do agente deve estender-se também ao nexo causal entre a ação do agente e o resultado – de outro modo, não haverá atuação dolosa.

Deve contudo reparar-se que normalmente só um especialista poderá dominar inteiramente o processo causal – na maior parte dos casos, o devir causal só será previsível de forma imperfeita. De modo que o jurista aceita a ideia de que o dolo tem que coincidir com o conhecimento da relação causal por parte do agente, mas em traços largos, nas suas linhas gerais. Se assim não fosse, bem difícil seria sustentar que uma pessoa agiu dolosamente. Basta portanto que o agente preveja o decurso causal entre a sua ação e o resultado produzido *nos seus elementos essenciais*.

Qualquer desvio do processo causal que se enquadre na experiência geral ou seja adequadamente causado é um desvio não essencial. Dito de outro modo: as divergências entre o processo causal representado e o real não são essenciais e carecem de significado para o dolo de tipo se se mantiverem ainda dentro dos

DOLO E ERRO DO TIPO

limites previsíveis de acordo com a experiência geral e não justifiquem outra valoração do facto[115]. Mas se o desvio do processo causal efetivamente representado pelo agente for essencial o dolo fica excluído (artigo 16º, nº 1), por ser o erro relevante.

Deste modo, não é relevante o desvio, e consequentemente o agente pratica um homicídio doloso consumado, quando *A* atira *B* duma ponte para que este se afogue, se porventura *B* cai desamparado nos rochedos junto à ponte e vem a morrer por via disso e não por afogamento (exemplo de Welzel)[116].

A dispara contra *B* com dolo homicida supondo que *B* morreria imediatamente. Porém, *B* morreu uns dias depois no hospital, por não ter sobrevivido aos ferimentos provocados pelo tiro. O tipo objetivo do crime do artigo 131º mostra-se preenchido, bem como o subjetivo. O desvio do processo causal relativamente à representação de *A* não é essencial e não é apropriado para excluir o dolo homicida.

b) Se o desvio for relevante (essencial), o enquadramento faz-se no crime tentado

No ex. anterior, *B* não morre imediatamente e é socorrido, mas quando era transportado para o hospital a ambulância foi esmagada por um comboio quando atravessava uma passagem de nível sem guarda e *B* morreu. A morte de *B* não pode ser entendida como "obra" de *A*. Deteta-se um desvio essencial entre o processo causal representado por *A* (a morte imediata de *B*) e o efetivamente acontecido, não sendo este previsível no momento em que *A* disparou contra a vítima. Ainda assim, há homicídio tentado. *A* decidiu matar *B* (outra pessoa) e disparou contra *B* – artigos 22º e 131º.

Merece especial atenção o desvio do processo causal sempre que neste se possam destacar diversos momentos.

Se o resultado se dá num estádio anterior ao que foi previsto pelo agente, então adota-se o critério já referido antes.

A atira *B* duma ponte para que este se afogue; *B* cai desamparado nos rochedos junto à ponte e vem a morrer por via disso e não por afogamento (exemplo de Welzel, já mencionado). Não é relevante (essencial) o desvio, e consequentemente o agente pratica um homicídio doloso consumado.

---

[115] Wessels, *AT*, p. 77.

[116] O caso da ponte ("Brückenpfeilerfall") é um clássico da literatura alemã, referido, entre outros, por Welzel, mas também por Stratenwerth/Kuhlen, *AT* 5ª ed., 2004, p. 116; Wessels/Beulke, *AT*, 39 ed., 2009, p. 87; e tratado com outros pormenores por Dennis Dold, "Die Zurechnung des Erfolgs bei den Vorsatzdelikten", *ZStW* 122 (2010), 4.

Caso nº 27 *A* pretende matar *B* com um tiro da pistola que para tanto adquiriu. Ignora todavia que a pistola se encontra sem munições. Contudo, *C*, o vendedor, tinha montado um dispositivo que, ao apertar do gatilho da pistola, faria detonar uma bomba colocada na mochila que *B* costumava usar. *A* desconhecia a implantação de um tal mecanismo. *A* premiu o gatilho e a bomba, ao explodir, matou *B*[117].

Caso nº 28 Desvio do processo causal; dolo; essencialidade do erro. *A* esconde uma bomba, pronta a detonar a certa hora, nas instalações duma casa editorial. *E*, a empregada da limpeza, toca na bomba com a vassoura e morre na explosão que imediatamente se seguiu. *A* concordava com a morte de qualquer pessoa.

A encontra-se comprometido com um crime de homicídio. O lado objetivo supõe a morte de uma pessoa. *A* provocou a morte de *E* ao colocar a bomba no edifício da editora. Para a causalidade é irrelevante que tenha sido *E* a detonar a bomba. Deu-se uma situação de perigo comum em que o agente não pode em geral determinar nem limitar os efeitos das forças que ele próprio desencadeia. *A* não podia avaliar antecipadamente o número de pessoas que iriam morrer ou que ficariam feridas nem os estragos produzidos em coisas alheias: a bomba era portanto um instrumento dessa natureza. O tipo subjetivo supõe o dolo. *A* contava que com a explosão iriam morrer pessoas, mas não sabia quem iria ser atingido. Para o dolo do tipo não é contudo necessário que o agente represente uma concreta pessoa como vítima. Basta, pelo contrário, que a vítima seja individualizada segundo outros critérios. Foi o que aconteceu: *A* queria a morte de quem ali se encontrasse no momento da explosão. Uma dessas pessoas era *E*. *A* quis portanto a morte de *E*, quis causar a morte de *E*.

A representou diferentemente o processo causal: tratava-se de uma bomba relógio e a explosão tinha hora marcada, mas a detonação deu-se quando a vassoura da limpeza lhe bateu. Não há aqui realmente nenhum desvio do processo causal representado. Tradicionalmente, fala-se do desvio do processo causal como um problema de dolo e numa coisa todos estão de acordo: se o desvio for insignificante, haverá crime doloso na forma consumada. Se, pelo contrário, o desvio for relevante, o enquadramento faz-se no crime tentado. O desvio será não essencial se o decurso causal se contiver ainda nos limites da previsibilidade ditada pela experiência geral e não se justifique qualquer outra valoração do facto. Para a determinação daquela previsibilidade opera-se com a doutrina da causalidade adequada. No caso concreto, o desvio contém-se nos limites previsíveis,

---

[117] Quanto a este problema, Dennis Dold, *loc. cit.*, com outras indicações.

consequentemente os factos representados e os realizados não entram em grave contradição. Por outro lado, *A* agiu com dolo homicida, sabendo que não podia dominar os efeitos da explosão. *A* agiu também com dolo no que respeita ao perigo comum que representava o meio letal por si escolhido. Cf. o artigo 132º, nº 2, alínea *h*).

Um caso semelhante é relatado por Binding e dele se fazem eco Bockelmann/Volk[118]. Um tal Thomas, aliás, Alexandre Keith, para receber um elevada quantia do seguro, planeou o rebentamento em alto mar de um barril que encheu de pólvora e mandou embarcar. Convenceu-se de que a explosão não ocorreria antes, por ser de confiança o dispositivo detonador. Infelizmente, ao manipular o artefacto, os carregadores deixaram escorregar o barril e a explosão foi imediata, deixando no cais numerosos mortos e feridos. Thomas acabou por cometer suicídio. Não fora esse o desfecho, a acusação seria certamente por homicídio doloso, por ser irrelevante o desvio ocorrido, que o sujeito bem podia ter previsto.

3. O error in persona vel objeto

Caso nº 29 Para afastar um seu concorrente *C*, *A*, homem de negócios, contrata *B*, assassino profissional, para "liquidar" *C*. Fornece-lhe indicações precisas: a aparência e modos de vestir, a morada, a hora de saída de casa, incluindo o hábito de se reunir no "café" do lado com os amigos. *B* estuda pormenorizadamente o terreno, aguarda pacientemente durante cerca de uma semana, até que, certo dia, repara que à hora indicada lhe aparece um indivíduo a sair da casa, com um sobretudo em tudo indêntico ao do sujeito a liquidar. *B* não hesita, aproveita a oportunidade, a abate-o a tiro. Tratava-se porém de um cunhado de *C* que na véspera chegara do Rio de Janeiro e pedira emprestado o sobretudo deste para dar uma pequena volta matinal pela cidade.

Um erro sobre o objeto da ação de qualquer crime (artigo 131º: pessoa; artigo 212º: coisa) é um erro sobre uma característica típica. Quem não sabe que dispara contra outro caçador, por julgar que no lugar dele estava escondido um cão de caça, encontra-se em erro do tipo e só poderá vir a ser condenado por crime de homicídio negligente se o disparo for mortal (artigos 16º, nºs 1 e 2, e 137º).

Esta situação não tem porém a ver com o error in persona vel objeto, de que se pode rastrear, como mais conhecido (e discutido... por causa da punibilidade do compartícipe), o chamado Rose/Rosahl, de meados do século dezanove,

---

[118] Bockelmann/Volk, *Strafrecht*, Allgemeiner Teil, 4ª ed., 1987, p. 70.

O RISCO DE COMER UMA SOPA E OUTROS CASOS DE DIREITO PENAL

que na Alemanha voltou a acontecer, em moldes semelhantes, em tempos mais chegados (o segundo Rose/Rosahl: BGHSt 37 (1992), p. 214)[119].

O agente do caso imediatamente anterior sabe contra quem tem de disparar, para satisfazer a "encomenda", mas, ao fim e ao cabo, não era o cunhado do *C* o objeto de ação esperado. A modalidade seria estruturalmente idêntica se em lugar de visar uma pessoa, a "encomenda" fosse para destruir o carro de marca de *C*, vindo o executante a destruir um carro semelhante dum vizinho de *C*, por pura *confusão*.

A pergunta coloca-se no plano da *imputação ao dolo*. Terá *C* atuado dolosamente ao matar *B*? *C* errou acerca da identidade da sua vítima, de modo que alguns tentam desatar os nós da situação adiantando que no exato momento de atuar deu-se a troca: a intenção do "matador" dirigia-se à "liquidação" de *C*, mas transformou-se e fixou-se no "atual" objeto de ação. Logo, o homicídio é mesmo o do artigo 131º.

Os objetores replicam que assim se constrói um dolo fictício. Para estes, a decisão correta passaria por considerar que a identidade da ação não se altera quando uma pessoa é "confundida" com outra. O "nome" e as características físicas e relacionais da pessoa não desempenham qualquer papel. O matador formou a intenção de matar uma pessoa e tirou a vida a uma pessoa. O homicídio será sem dúvida o do artigo 131º, mas com assento noutra sorte de explicações.

Podem suscitar-se algumas perplexidades quando o objeto da ação se não encontra "à vista" do agente. Suponha-se que para matar o concorrente, o nosso *A* manda entregar-lhe uma garrafa de um "excelente" vinho envenenado, de que, já em sua casa, a mulher da esperada vítima é a primeira a servir-se e por isso morre. Apesar de não se tratar de um caso "normal", o erro sobre a identidade da vítima será também aqui irrelevante, uma vez que a garrafa foi entregue a quem a iria beber. A ideia do agente, de que a pessoa a morrer envenenada seria quem bebesse o vinho, acabou por se realizar[120].

Situações destas repercutem-se, naturalmente, na responsabilidade do instigador. Notar-se-á que o *se* e o *como* da decisão de matar a pessoa "errada" couberam ao executor. Não será fácil admitir, por isso, que o homicídio, na sua forma concreta, esteja coberto pelo dolo do instigador (de novo o problema da *imputação ao dolo*). Nesta base, alguns consideram que da parte deste se desenha uma instigação tentada (punível). Ou que o mandante tenha agido com negligência – por exemplo, mostrou uma fotografia desatualizada ao assassino profissional e o erro deste explica-se pela "pouco cuidado" do "interessado" na formação e preparação do plano.

---

[119] Sobre este caso, Claus Roxin, "Rose-Rosahl redivivus", *Festschrift für Günter Spendel*, 1992.
[120] Eser/Burkhardt, *Strafrecht* I, caso nº 9.

DOLO E ERRO DO TIPO

Há uma última objeção a ser confrontada, elucidativa neste contexto, por dever considerar-se o "desvio" irrelevante na pessoa do instigador tratando-se, como se trata, de um caso limite, em que estará em jogo a vida de outra ou outras pessoas. O erro do instigado deverá imputar-se ao instigador naquelas situações em que seguramente foi como que *pré-programado* por este. Todavia, não será sem razão que assim se volta a poder perguntar se o dolo se encontra rigorosamente delimitado, dado que a morte da pessoa por ele determinada não chegou a acontecer, o que só abre espaço para a tentativa de homicídio. A proximidade imediata da vítima também se não dava desta feita – a vítima, como no caso da garrafa envenenada, mais uma vez não estava "à vista" do instigador.

A solução mais sólida afigura-se-nos não prescindir dos seguintes contornos: os pressupostos do dolo a imputar são os que se concretizaram (realizaram) no resultado do plano do instigador. Ora, em exemplos destes, parece claro que essa realização falha.

4. "Aberratio ictus": desvio de golpe

Caso nº 30   *A* quer matar *B*, seu marido, que nesse dia se encontra de turno ao serviço de bombeiros da região. Lembrando-se do gosto que ele tem por uma certa marca de vinhos, leva-lhe uma garrafa, mas tem o cuidado de lhe adicionar uma dose de um certo veneno que sem dúvida será suficiente para lhe dar a morte. *B*, todavia, é chamado para ir combater um incêndio e oferece a garrafa a *C*, um dos companheiros que ficam no aquartelamento, o qual é também um conhecido apreciador. *C* bebe o vinho e morre envenenado.

Volta a colocar-se a pergunta: terá *A* atuado dolosamente ao provocar do modo indicado a morte de *C*?

A situação de **desvio de golpe** corresponde àqueles casos em que na execução do crime ocorre um desvio causal do resultado sobre um outro **objeto da ação**, diferente daquele que o agente queria atingir: *A* quer matar *B*. Tem *B* à sua frente. Mas em vez de *B* o tiro atinge mortalmente *C*, que se encontrava ao lado do outro. Por **erro na execução**, vem a ser atingido um objeto diferente (e um bem jurídico diferente, em caso de extinção da vida) daquele que estava na previsão do agente. Como quer que seja, os elementos objetivos e subjetivos do tipo do artigo 131º encontram-se realizados.

Distingue-se, como bem se compreende, do típico **"error in persona vel objeto"**, na medida em que o agente não está enganado sobre a qualidade (ou identidade) da pessoa ou da coisa, pois no "error in persona" o que há é uma confusão. No exemplo anterior, o "assassino" profissional mata um terceiro completamente alheio ao "acordo", por supor que é a vítima que lhe fora indicada e que só "conhece" pelas indicações dadas. Pelo contrário, na "aberratio ictus" atinge-se *quem* (ou *o que*) está ao lado.

A discussão sobre o tratamento a dar a este grupo de casos movimenta-se, tradicionalmente, na Alemanha, entre os pólos da teoria da individualização e da teoria da equivalência. A doutrina e a jurisprudência manifestam a sua preferência pela *teoria da individualização*. O dolo concretizado num objeto determinado conduz unicamente à punibilidade por uma tentativa de homicídio (de B, no exemplo), uma vez que ele se realizou não no concreto objeto, mas num objeto que lhe estava ao lado (C, no exemplo). A lesão (mortal) querida não se verificou; a lesão (mortal) efetivamente produzida fica de fora do dolo concretizado e quando muito pode integrar um crime negligente.

Mas se o agente quis matar uma pessoa (B) e também matou uma pessoa (C), então estamos perante um homicídio doloso consumado, pois todos os homens têm o mesmo valor perante a lei. A identidade de uma pessoa (o seu nome) não desempenha qualquer papel. É o que sustentam os partidários da teoria da equivalência, para quem o dolo tem que abranger unicamente os elementos genéricos do resultado típico: o desvio causal não tem aqui nenhuma influência sobre o dolo. Ainda assim, apontam-se três casos[121] que são especiais por terem um tratamento unitário. O primeiro envolve as ocorrências em que o objeto visado e o atingido não são tipicamente idênticos. Exemplos: o disparo com dolo homicida sobre uma pessoa falhou o alvo desejado e atingiu apenas o animal que a pessoa visada levava pela coleira: não haverá dano da "coisa" alheia, o cão, por não estar a ação coberta pelo dolo correspondente, podendo contudo existir tentativa de homicídio (artigos 22º e 131º); A aponta para uma jarra valiosa e atinge mortalmente B, que estava ao lado: (tentativa de dano e homicídio negligente). Noutra hipótese, sendo tipicamente equivalentes, pode existir uma causa de justificação contra o visado, a qual, todavia, não ocorre relativamente ao atingido (o defendente, querendo atingir o atacante, vem a ofender corporalmente a mulher deste, que estava ao lado e não tivera qualquer intervenção: haverá uma tentativa, justificada por legítima defesa, de ofensas corporais e, eventualmente, um crime negligente na pessoa da mulher). Outra constelação de casos têm a ver com processos causais que se desenvolvem fora do contexto adequado. No exemplo, ainda de Roxin, em que A dispara sobre B, mas o tiro falha o alvo e vai sucessivamente fazer ricochete na parede de uma casa e noutro qualquer objeto, até que atinge um transeunte na esquina da rua, de forma completamente imprevisível, só pode sustentar-se a tentativa de homicídio de B, não obstante tratar-se

---

[121] Roxin, *AT* 1, p. 420.

DOLO E ERRO DO TIPO

de bens jurídicos eminentemente pessoais, que a teoria da equivalência colocaria, nas hipóteses normais, ao mesmo nível.

Finalmente, haverá homicídio consumado se o agente aceitou como possível (dolo eventual) a morte da pessoa que não tendo sido visada com a sua ação acabou no entanto por ser atingida (caso, por ex., do guarda-costas do visado: *A* quer atirar sobre *B*, apercebe-se, contudo, que pode atingir *C*, que o protege, e apesar disso dispara, vindo a matar o último). Numa situação destas, em que mesmo os partidários da teoria da individualização têm que admitir um homicídio consumado, põe-se a questão de saber se acresce um homicídio tentado (na pessoa do visado que não chegou a ser atingido), respondendo-se geralmente pela negativa, pois o dolo homicida já foi "gasto": o agente quis e conseguiu matar uma pessoa. A questão está relacionada com o chamado **dolo alternativo**, em que o agente se propõe ou de conforma com a realização de um ou de outro tipo de ilícito.

Para os casos em que a discussão se mantém, há propostas de solução que se situam entre a teoria da individualização e a da equivalência. Alguns autores sustentam que não faz sentido falar de "aberratio ictus" quando se trata exclusivamente de bens jurídicos patrimoniais (teoria da equivalência material), pois carece de significado a individualização do objeto da ação para a correspondente realização típica e para a correspondente ilicitude: só os motivos que levaram à atuação é que, na representação do agente, têm a ver com a individualização do objeto, o que é irrelevante. Roxin entende que a teoria da individualização merece ser acolhida na medida em que a realização do plano criminoso (*"Tatplan"-Theorie*) supõe um objeto individualizado, caso contrário, aplicam-se os critérios da teoria da equivalência. Assim, se *A*, durante uma altercação num bar, quer matar o seu inimigo *B* e em vez dele atinge o seu próprio filho, o plano do agente soçobra, tanto do seu ponto de vista subjetivo, como por critérios objetivos. Não seria exatamente o mesmo se o tiro tivesse atingido um terceiro, completamente desconhecido. Saber se o agente, que tivesse contado com o desvio de golpe, ainda assim teria atuado, é um caminho que pode indiciar uma solução correta nestes casos.

Entre nós, o tratamento a dar aos casos de "aberratio ictus" foi objeto de larga querela,[122] entendendo-se hoje que a solução correta estará em punir o agente nos pressupostos da teoria da concretização: só por tentativa, ou em concurso desta com um crime negligente[123].

---

[122] Veja-se M. Maia Gonçalves, *Código Penal Português*, 5ª ed, Coimbra, 1990, p. 100.

[123] Figueiredo Dias, *Direito Penal*, sumários das Lições, p. 193, e *DP/PG* I, 2ª ed., 2007, p. 361. Veja-se o acórdão da Relação do Porto de 23 de junho de 2004, no proc. nº 0412246, onde se decidiu, mas incorretamente, como o mostra o voto de vencido, que "deve ser condenado pelo crime projetado (ofensa à integridade física simples) e não pelo crime cometido (ofensa à integridade física grave) o arguido que, ao pretender dar uma bofetada na ofendida atinge gravemente na cara com um prato que aquela interpôs entre si e a mão do arguido".

VIII. Outras indicações de leitura

Acórdão do STJ de 12 de dezembro de 1984 *BMJ* 342, p. 227: não se provou que o arguido, ao desfechar a espingarda a cerca de 1,35 metros de distância sobre a vítima, tivesse tido a intenção de causar a morte desta, e consequentemente que tivesse agido com o chamado dolo direto. Porém, como essa morte se lhe representou como uma consequência possível da conduta, e não obstante o arguido atuou, conformando-se com tal resultado – agiu com o chamado dolo eventual.

Acórdão da Relação do Porto de 25 de fevereiro de 2004, proc. 0344749, *relatora*: Isabel Pais Martins. Dolo eventual e tentativa. Existem algumas divergências na doutrina e mesmo na jurisprudência quanto à relevância ou irrelevância do dolo eventual para a perfeição da figura da tentativa, assentes na redação do artigo 22.º, n.º 1, ao estabelecer que "há tentativa quando o agente pratica atos de execução de um crime que decidiu cometer", sendo, no entanto, esmagadoramente maioritário o entendimento no STJ de que aquela forma de dolo pode concorrer com o crime tentado. A expressão "decidiu cometer" tem o sentido de apenas excluir a negligência ou mera culpa. Compreende, porém, qualquer das modalidades de dolo, designadamente o dolo eventual. O facto de não existir, no dolo eventual, uma intenção diretamente dirigida à consumação do crime, nem por isso se pode afirmar que o agente não tomou uma decisão sobre o crime. O ato de conformação com a realização do facto criminoso representado vale essa decisão, ao contrário do que acontece com a negligência em que essa intenção não existe. Tal como o crime doloso consumado admite qualquer das modalidades de dolo também a tentativa supõe o dolo em qualquer das suas modalidades e, por isso, ainda que eventual. O agente que representa um resultado e o aceita, conformando-se com a sua produção, representa totalmente o acontecimento que quer, ao menos eventualmente. O argumento que se quer extrair da redação do artigo 22.º, n.º 1, de limitar o dolo na tentativa ao dolo intencional ou direto não se mostra, portanto, fundado; a expressão "decidiu cometer" pode e deve ser interpretada no sentido de compreender qualquer das modalidades de dolo, designadamente eventual.

Acórdão do STJ de 18 de setembro de 1991 *BMJ* 409, p. 433: o arguido desfechou contra o ofendido um golpe com um canivete, dirigido de baixo para cima, atingindo-o na zona do pescoço, de modo voluntário e livre, na intenção de ferir: tais factos apontam inequivocamente, ainda que de forma oblíqua e indireta, que o golpe foi intencionalmente dirigido ao pescoço e não, às cegas, contra outra zona corpórea.

Acórdão do STJ de 1 de abril de 1993 *BMJ* 426, p. 154: dolo eventual: comprovação dos atos psíquicos. A e B envolveram-se em discussão, tendo o B caído no solo.

DOLO E ERRO DO TIPO

Uma vez este no solo, o A encavalitou-se nele, e agarrando-o pela cabeça por várias vezes lhe deu com ela no pavimento de paralelepípedos de granito. Apesar de não ter havido um pronto internamento hospitalar, o Supremo deu como assente a conexão, em termos de adequação causal, entre as lesões produzidas e a morte. Como o A praticou a agressão prevendo a possibilidade da ocorrência letal, aceitando-a, é autor de homicídio voluntário simples com dolo eventual.

Acórdão do STJ de 16 de janeiro de 1990, *CJ* 1990, tomo I, p. 6: sobre o apuramento da intenção a partir da avaliação da conduta do réu.

Acórdão do STJ de 11 de dezembro de 1996 *BMJ* 462, p. 207: sendo o dolo um ato psíquico, porque ocorre no interior do sujeito, só é revelado indiretamente através de atos exteriores. Se a natureza do instrumento utilizado, a zona atingida e as características da lesão consentirem a ilação de que o arguido, agredindo a vítima, representou a morte desta como consequência possível da sua ação e agiu conformando-se com tal evento, estará fundamentada a existência de dolo eventual.

Acórdão do STJ de 14 de junho de 1995, *CJ* 1995, tomo II, p. 226: o dolo eventual é integrado pela vontade de realização concernente à ação típica (elemento volitivo do injusto da ação), pela consideração séria do risco de produção do resultado (fator intelectual do injusto da ação) e, por último, pela conformação com a produção do resultado típico como fator da culpabilidade.

Acórdão do STJ de 18 de junho de 1986 *BMJ* 358, p. 248: provando-se que o réu representou a morte da vítima como consequência possível dos disparos que fez, e mesmo assim disparou, conformando-se com o resultado representado e a que se mostrou indiferente, não pode duvidar-se que agiu com dolo eventual e não apenas com negligência.

Acórdão do STJ de 7 de maio de 1997 *BMJ* 467, p. 419: os arguidos muniram-se da caçadeira, que todos sabiam estar carregada com a respetiva munição, prevendo a possibilidade de ser efetuado um disparo que atingisse mortalmente o acompanhante da mulher e conformando-se com esse resultado, sendo-lhes indiferente que da execução do seu plano, primordialmente destinado à satisfação do instinto sexual, pudesse resultar a morte de um dos membros do casal.

Albin Eser/B. Burkhardt, Strafrecht I. Schwerpunkt, 4ª ed., 1992, p. 86 e ss. (há tradução espanhola: Derecho Penal, Colex, 1995).

António Marques, Ficção e representação. Nótula sobre o conceito de representação e as suas conexões estéticas, Revista de Comunicação e Linguagens, nº 32, dezembro de 2003.

Beleza dos Santos, Crimes de Moeda Falsa, RLJ, anos 66/67 (1934-1935), nos 2484 e ss.

E. Gimbernat Ordeig, Acerca del dolo eventual, Estudios de Derecho Penal, 3ª ed., 1990, p. [240].

O RISCO DE COMER UMA SOPA E OUTROS CASOS DE DIREITO PENAL

E. Gimbernat Ordeig, Algunos aspetos de la reciente doctrina jurisprudencial sobre los delitos contra la vida (dolo eventual, relación parricidio-asesinato), in Ensayos Penales, Tecnos, 1999.

Eduardo Correia, Direito Criminal, I, p. 378 e ss.

Erich Samson, Strafrecht I, 4ª ed., 1980.

F. Haft, Strafrecht, Allgemeiner Teil, 6ª ed., 1994.

Faria Costa, Noções Fundamentais de Direito Penal, 2ª ed., (reimpressão), Coimbra, 2010.

Gomes da Silva, Direito Penal, 2º vol. Teoria da infração criminal. Segundo os apontamentos das Lições, coligidos pelo aluno Vítor Hugo Fortes Rocha, AAFD, Lisboa, 1952.

Günter Stratenwerth, Derecho Penal, Parte general, I, El hecho punible, 1982, p. 107 e ss.

Ingeborg Puppe, Strafrecht Allgemeiner Teil im Spiegel der Rechtsprechung, Band I, 2002.

J. Pinto da Costa, Vontade de matar, in Ao sabor do tempo – crónicas médico--legais, volume I, edição IMLP, [2000].

J. Seabra Magalhães e F. Correia das Neves, Lições de Direito Criminal, segundo as preleções do Prof. Doutor Beleza dos Santos, Coimbra, 1955, p. 106 e ss.

Johannes Wessels, Derecho penal, parte general, 1980, p. 69 e s.

Jorge de Figueiredo Dias, "Acerca do tratamento do erro no sistema penal moderno", Temas básicos da doutrina penal, p. 281 e ss.

Jorge de Figueiredo Dias, Pre ssupostos da punição, Jornadas de Direito Criminal, CEJ, 1983, p. 69.

Jorge de Figueiredo Dias, Sobre o estado atual da doutrina do crime, 2ª parte, Revista Portuguesa de Ciência Criminal, ano 2º (1992), p. 18.

Jorge de Figueiredo Dias, Direito Penal, Parte Geral, tomo I, 2ª ed., 2007.

José Cerezo Mir, Curso de derecho penal español, parte general, II. Teoría jurídica del delito/I, 5ª ed., 1997.

Joseph Maria Tamarit Sumalla, La tentativa con dolo eventual, Anuario de Derecho Penal y Ciencias Penales, tomo XLV, fasc. II, Mayo-Agosto, 1992.

Manuel da Costa Andrade, Direito penal médico. Sida: testes arbitrários, confidencialidade e segredo, Coimbra. 2004.

Manuel Cavaleiro de Ferreira, Lições de Direito Penal – Parte Geral I – II Almedina, 2010.

Maria Fernanda Palma, A teoria do crime como teoria da decisão penal (Reflexão sobre o método e o ensino do Direito Penal), in RPCC 9 (1999), p. 523 e ss.

Maria Fernanda Palma, Dolo eventual e culpa em direito penal, in Problemas fundamentais de Direito Penal. Homenagem a Claus Roxin, Univ. Lusíada, Lisboa, 2002.

DOLO E ERRO DO TIPO

Maria Fernanda Palma, Questões centrais da teoria da imputação e critérios de distinção com que opera a decisão judicial sobre os fundamentos e limites da responsabilidade penal, in Casos e Materiais de Direito Penal, Coimbra, 2000, p. 53.

Maria Luisa Couto Soares, A dinâmica intencional da subjetividade, Análise, 21/2000, p. 47.

Maria Luisa Couto Soares, A intencionalidade do sentir, A Dor e o Sofrimento – Abordagens, Campo das Letras 2001.

Muñoz Conde, Teoría general del delito, 1991, p. 60 e ss.

Muñoz Conde/García Arán, Derecho Penal, PG, 1993.

Paula Ribeiro de Faria, Comentário ao Artigo 144º (Ofensa à integridade física grave), Conimbricense, p. 223 e ss.

Ramon Ragués i Vallès, El dolo y su prueba en el proceso penal, Barcelona, 1999.

Rolf D. Herzberg, Aids: Herausforderung und Prüfstein des Strafrechts, JZ 10/1989.

Rolf D. Herzberg, Die Abgrenzung von Vorsatz und bewuster Fahrlässigkeit – ein Problem des objektiven Tatbestandes, JuS 1986, 4, p. 249 e ss.

Rudolphi, Fälle zum Strafrecht, 1977, p. 82.

Rui Carlos Pereira, O Dolo de Perigo, 1995.

Teresa Pizarro Beleza, Direito Penal, 2º vol, p. 205 e ss.

Teresa Serra, Homicídio qualificado. Tipo de culpa e medida da pena. Coimbra, 1992.

Thomas Weigend, Zwischen Vorsatz und Fahrlässigkeit, ZStW, VIIC, p. 657.

Ulrich Schroth, Die Differenz von dolus eventualis und bewußter Fahrlässigkeit, JuS 1992, 1, p. 1.

Ulrich Ziegert, Vorsatz, Schuld und Vorverschulden, 1987.

Wessels/Beulke, Strafrecht. Allgemeiner Teil 32ª ed., C.F. Müller, Heidelberg, 2000.

7 - CAUSAS DE JUSTIFICAÇÃO. NORMA PROIBITIVA, NORMA PERMISSIVA

I. Causas de justificação: função e efeitos

1. Uma conduta típica pode não ser ilícita por concorrer uma causa de justificação

Vamos supor que, no desenrolar do nosso trabalho, concluímos que uma ação realiza as características típicas de um tipo legal, que preenche, por ex., o desenho típico do artigo 143º, nº 1 (ofensa à integridade física simples), o que significa que o seu autor, agindo dolosamente (com consciência e vontade), ofendeu outrem corporalmente, a soco, a pontapé, à paulada, etc. A conduta afigura-se-nos ilícita, desde logo porque, aderindo à ideia de que *tipicidade indicia ilicitude*, com a comprovação de todos os elementos típicos outra não deverá ser, razoavelmente, a conclusão. Esta qualificação será, no entanto, forçosamente provisória se o sujeito atuou numa situação específica. Se o fez, por ex., em legítima defesa, a conduta, apesar de formalmente típica, é aprovada pela ordem jurídica, devendo ser tolerada pelo afetado (artigos 31º, nºs 1 e 2, alínea *a*), e 32º). Entram em colisão uma **norma de proibição** e uma **norma de permissão**, ficando esta em vantagem[1]. Uma ação coberta por uma causa de justificação é sempre conforme ao Direito.

No caso da ofensa corporal, se o visado reage em situação de legítima defesa, a conduta típica é como que submetida a um primeiro controlo e por efeito dele (comprovada a legítima defesa: artigo 32º), exclui-se a ilicitude e a punibilidade do facto (artigo 31º, nºs 1 e 2, alínea *a*)).

---

[1] A propósito da complementaridade material e funcional do tipo legal e das causas de justificação na fundamentação e formulação tanto do juízo de justificação como do juízo de ilicitude, cf. T. de Carvalho, *A Legítima Defesa*, p. 148 e ss. Cf. também Costa Andrade, *Consentimento e Acordo*, p. 23 e 245; José de Faria Costa, *O Perigo em Direito Penal*, p. 431; e Fernanda Palma, *Legítima defesa*, p. 704 e ss.

2. Os efeitos das causas de justificação

Atuando uma causa de exclusão da ilicitude, segue-se que:

- Relativamente ao agente: fica a coberto de qualquer reação criminal e a sua conduta justificada, ainda que formalmente típica; se for considerado inimputável (artigos 20º e 91º) não poderá ser-lhe aplicada uma medida de segurança, cujo pressuposto mínimo assenta na prática de um facto ilícito típico; de resto, a medida de segurança só pode, em geral, ser aplicada se for proporcionada à gravidade do facto e à perigosidade do agente (artigo 40º, nº 3);
- Relativamente a um comparticipante (cúmplice): atenta a regra do artigo 27º, que consagra a acessoriedade limitada: se o autor principal se conduz de forma típica mas não antijurídica (ilícita), porque, por exemplo, age em legítima defesa, o cúmplice, ainda que participando dolosamente, não responderá por qualquer crime. Subsistindo a legítima defesa, o autor principal não gera qualquer situação antijurídica;
- Relativamente à vítima: a conduta, apesar de formalmente típica, é aprovada pela ordem jurídica, devendo ser tolerada pelo afetado (artigos 31º, nᵒˢ 1 e 2, alínea *a*), e 32º).

Se *A* atua justificadamente perante a pessoa de *B* (em legítima defesa, em estado de necessidade justificante, por ordem da autoridade, por ex., para o prender, etc.) não pode este ripostar em legítima defesa, antes tem o dever de tolerar tal situação. Não está legitimada por legítima defesa a agressão do ladrão sobre o seu perseguidor que intenta, pela força, logo após o roubo, recuperar as coisas roubadas.

As relações cidadão/polícia podem suscitar outros problemas nesta área, como quando se pretenda impor certos procedimentos relativos a provas de sangue ou a testes de alcoolemia ou se empregam cães polícias. Num outro caso analisado por Jakobs, o polícia, desconhecendo que o indivíduo que ele detém não é a pessoa procurada mas um seu irmão gémeo, cuja fotografia acompanha o mandado de captura, atua em conformidade com o Direito, não estando o detido autorizado a reagir, defendendo-se, apesar de saber muito bem que está inocente.

Um caso particular é o de *A* que, por mera casualidade, sabe que os sintomas de uma grave enfermidade de uma pessoa aparentemente desmaiada são apenas simulados. *A* pode impedir que se chame uma ambulância, sem que isso constitua qualquer tipo de coação. Se quem se propõe chamar a ambulância faz assentar essa necessidade unicamente em seu critério subjetivo, mas sem que essa necessidade realmente exista, falta a justificação para tanto, tornando possível o estado de necessidade defensivo contra a medida interventiva[2].

---

[2] Jakobs, *AT*, p. 356; Roxin, *AT*, p. 525.

Suponha-se agora o assalto em que *A* ameaça *B* com uma pistola descarregada, o que este não sabe. Na perspetiva da vítima no momento da ocorrência do assalto o objeto utilizado era perfeitamente idóneo não só a quebrar a resistência da mesma, mas simultaneamente fazê-la sentir-se ameaçada na sua vida e integridade física. A agressão era antijurídica no sentido do artigo 32º, nas mesmas condições em que o seria perante uma pistola carregada.

Analisaremos ainda casos frequentes de *legítima defesa putativa:* se *A* vê que o seu carro está a ser deslocado do sítio em que o estacionara e reage ao que toma pelo furto do carro, quando na realidade do que se tratava era de acudir com ele a uma emergência, por ser o único meio de salvar uma vida, a intervenção na esfera jurídica de *A*, por não ser ilícita, não autoriza a legítima defesa, pois lhe falta um dos pressupostos do artigo 32º – mas poderá prevalecer-se do regime, que lhe é favorável, do artigo 16º, nºs 2 e 3.

3. Limites conceituais

Devemos distinguir as causas de justificação das **causas de desculpa** (excesso de defesa desculpante (artigo 33º, nº 2); estado de necessidade desculpante (artigo 35º)), baseadas na *não-exigibilidade*. Nestes casos, a conduta continua a ser ilícita (antijurídica), embora o agente não seja criminalmente punido por não haver lugar à censura própria do agir culposo.

Do mesmo modo se devem distinguir das **cláusulas de exclusão da tipicidade.** Veja-se uma destas cláusulas no artigo 150º, nº 1, do CP, outra no artigo 274º, nº 8. Se alguém entra na habitação de outra pessoa com o **acordo** desta, não comete o crime do artigo 190º, nº 1, a conduta é *atípica*. Tenha-se também presente, para boa compreensão das diferentes situações, uma norma como a do nº 2 do artigo 35º, que não refere uma causa de diminuição ou de exclusão da culpa, e portanto um problema de culpa, antes uma **causa de diminuição ou de exclusão da pena**, configurando, nesta medida, uma *questão de punibilidade*, como a desistência voluntária da tentativa (artigo 24º) ou a ofensa à memória de pessoa falecida quando tiverem decorrido mais de 50 anos sobre o falecimento (artigo 185º, nº 3).

Ainda uma nota: uma conduta que preencha o tipo da coação (artigo 154º), não será punível "se a utilização do meio para atingir o fim visado não for censurável" (artigo 154º, nº 3, alínea *a*)). Os fundamentos de exclusão da censurabilidade e, por essa via, da ilicitude penal ("o facto não é punível") não necessitam de se associar a uma qualquer força justificativa[3]. O § 240 do StGB (e de modo semelhante o nosso artigo 154º) constrói-se da seguinte maneira: é acionado um *meio* determinado (violência ou ameaça com mal importante). A vítima é,

[3] Udo Ebert, *AT*, p. 64.

com isso, coagida a uma ação, omissão ou tolerância – é o *resultado* da coação. Este resultado é idêntico ao fim visado da 2ª parte do preceito. Uma outra eventual finalidade, mais distante, não releva para estes efeitos, segundo a opinião dominante. Uma vez que o fim (próximo) visado deve estar em relação com o meio, será aí que se vai buscar resposta para a *censurabilidade*. Se a resposta for afirmativa há coação típica[4].

Também a "participação em rixa" (artigo 151º) *não é punível* quando for determinada por motivo não censurável, nomeadamente quando visar reagir contra um ataque, defender outrem ou separar os contendores. Interessa também o nº 2 do artigo 35º, que não refere uma causa de diminuição ou de exclusão da culpa, e portanto um problema de culpa; refere uma causa de diminuição ou de exclusão da pena, constituindo, assim entrevisto, um *problema de punibilidade*.

Outros elementos passíveis de serem associados à ilicitude, embora sem força justificativa (ou mesmo *só* de desculpação), podem bastar para a atenuação da pena: o grau de ilicitude do facto entra na "determinação da medida da pena", tal como emerge do artigo 71º, nºs 1 e 2, alínea *a*); atenua-se especialmente a pena nos casos previstos no artigo 72º, relevando a "provocação injusta" ou a "ofensa imerecida" da alinea *b*) do respetivo nº 2.

II. Estrutura e elementos

A discussão teórica envolve diferentes maneiras de ver. Falam alguns na *função indiciária da tipicidade*, o mesmo é dizer que, normalmente, a realização de um facto típico gera a suspeita de que esse facto é também antijurídico, embora essa presunção possa ser desvirtuada pela concorrência de uma causa de justificação (**doutrina do tipo indiciador**). Se não concorre nenhuma causa de justificação afirma-se a ilicitude. Deduz-se daqui que na prática a função do juízo de ilicitude se reduz a uma constatação negativa da mesma: o tipo simplesmente indicia o juízo de ilicitude, embora isso conte com algumas exceções, que veremos oportunamente, em especial quando se trata de "tipos abertos".

Para a chamada **teoria dos elementos negativos do tipo**, as causas de justificação constituem verdadeiros elementos (negativos) do tipo, elementos que porém devem inexistir para que a tipicidade se revele: se a conduta do agente for lícita, em virtude da existência de uma causa de justificação, o facto deixará de ser típico. Por conseguinte, o tipo de homicídio não se esgotaria no "matar outra pessoa", passando a exprimir-se num "matar outra pessoa, sem que concorra legítima defesa, estado de necessidade, ou outra causa de justificação".

---

[4] Cf. o nosso *O Direito Penal Passo a Passo*, 1º vol., p. 248, Almedina 2011.

Rejeitada, como julgamos que deverá ser, a doutrina dos elementos negativos do tipo (veja-se o desenvolvimento da questão mais à frente), as **causas de justificação** ou de exclusão da ilicitude ("eximentes", "dirimentes"; "obstáculos à ilicitude") representam decisões de conflito. Suponha-se que uma norma de proibição (por ex., o artigo 131º) colide com uma norma permissiva (por ex., o artigo 32º): esta fica em vantagem.

1. Elemento subjetivo das causas de justificação

Uma boa parte da doutrina exige nas causas de justificação a concorrência de um elemento subjetivo. Deste modo, a norma permissiva deverá conter, a mais do elemento objetivo da causa de justificação, a intenção de atuar de acordo com o ordenamento jurídico. Por exemplo, na legítima defesa, o defendente deve atuar com ânimo de assegurar a defesa; no estado de necessidade justificante com a intenção de afastar o perigo; ou a autotutela, ao exercitar a ação direta. "Hoje domina completamente a ideia de que a justificação (ao menos plena) depende *em todos os casos* do conhecimento do estado de coisas justificador, quando não mesmo, por vezes – mas não sempre – de uma certa direção da vontade do agente[5]. Para outros autores basta porém a consciência de que concorrem no caso os elementos da situação objetiva de justificação. Não se encontrando presente esse elemento subjetivo, a pena deveria ser a correspondente à da tentativa, porque então não se teria produzido uma "compensação" no ilícito, a relativa ao desvalor do resultado. No plano normativo, veja-se o disposto no nº 4 do artigo 38º, no quadro do *consentimento*. A punibilidade do agente com a pena aplicável à tentativa explica-se por o **desvalor de resultado** ser *compensado* pela ocorrência da situação objetiva justificante, mas é duvidoso que este regime, consagrado para o consentimento, valha analogicamente, para as restantes causas de justificação[6].

2. Concorrência de causas de justificação

Uma conduta pode estar justificada por mais do que uma causa. Suponha-se alguém que agarra o ladrão em fuga com o produto do furto ou do roubo. Em flagrante delito, qualquer pessoa pode proceder à detenção se uma autoridade judiciária ou entidade policial (autoridades ou agentes policiais) não estiver presente ou não puder ser chamada em tempo útil. Atento o flagrante, a detenção não

---

[5] Figueiredo Dias, *Direito Penal* 1975 (aditamentos), p. 18.
[6] Cf. Rui Carlos Pereira, *Justificação do facto e erro em direito penal*; Raul Soares da Veiga, "Sobre o consentimento desconhecido", *RPCC*, ano 1 (1991), p. 327). Ver ainda Américo A. Taipa de Carvalho, *Direito Penal – Parte Geral*, vol. II, p. 152; e Costa Andrade, *Consentimento e Acordo*, p. 521 e ss.

ocorre mediante mandado, embora só seja autorizada se o crime for punível com pena de prisão (artigo 255º do CPP). Intervindo na detenção pessoa diferente da autoridade judiciária ou entidade policial, o detido é entregue imediatamente a uma dessas entidades, a qual redige auto da entrega e procede de acordo com o estabelecido no artigo 259º do CPP, comunicando-a de imediato ao juiz ou ao MP. Se o agente é surpreendido a cometer o crime, há flagrante delito, acentuando-se a atualidade da infração e com ela a legitimidade da ação de defesa. Com efeito, está também coberta por legítima defesa a resposta necessária para recuperar a detenção da coisa subtraída se a reação tiver lugar *logo após* o momento da subtração, enquanto o ladrão não tiver logrado a posse pacífica da coisa (Figueiredo Dias). Justifica-se a detenção do ladrão e a apreensão da coisa pela via dos artigos 174º, nº 4, alínea *c*), e 255º, nºˢ 1, do CPP, enquanto se exerce a legítima defesa, por concorrerem os requisitos e pressupostos do artigo 32º do CP.

A concorrência de mais do que uma causa de justificação é importante, explica Jakobs, quando o sujeito conhece só uma das situações justificantes. O caso deve ser solucionado como se a pessoa de cujo comportamento se trata as conhecesse todas.

Há no entanto situações que exigem um posicionamento diferente. A exclusão da ilicitude das ofensas à honra nos termos do artigo 180º, nº 2 (*prossecução de interesses legítimos*) obedece ao principio da ponderação de interesses, que constitui o fundamento de outras causas de justificação (gerais e especiais) como o direito de necessidade (artigo 34º). Aquela surge, porém, em relação a esta última, como "lex specialis", afastando a sua aplicação através de um *regime específico de relevância da ponderação de interesses*. Daí que a questão de saber se pode ser salvaguardado um interesse legitimo à custa de uma lesão da honra **apenas** possa ser resolvida no quadro do artigo 180º, nº 2, do Código Penal (assim, o acórdão da Relação de Coimbra de 19 de junho de 1996, *CJ*, 1996, tomo 3, p. 52).

III. As causas de justificação procedem de todo o ordenamento jurídico

Nas hipóteses práticas interessa portanto averiguar se uma determinada conduta é ilícita ou se está justificada. Uma das questões envolvidas é a da **unidade da ordem jurídica.** Veja-se o artigo 31º, nº 1, no papel de "**cláusula geral de justificação**". Causas de justificação não são apenas as que o CP como tal tipifica (a legítima defesa, o direito de necessidade, a prossecução de interesses legítimos (artigo 180º, nº 2), etc.), mas também as que derivam de outros ramos do direito (o estado de necessidade do direito civil, a ação direta), mesmo quando não se encontram legalmente explicitadas (causas de justificação *implícitas*): a "adequação social", o "risco permitido", estas, pelo menos, para alguns pontos de vista.

CAUSAS DE JUSTIFICAÇÃO. NORMA PROIBITIVA, NORMA PERMISSIVA

Quem, pois, exerce um direito não pode agir contra o direito – o facto não é ilícito quando levado a efeito no "exercício de um direito" (artigo 31º, nº 2, alínea *b*)).

Um problema conexo é o da proibição de aplicação retroativa de leis que extinguem dirimentes ou reduzem o seu âmbito de aplicação. Por outro lado, um facto penalmente não ilícito pode configurar um ilícito civil, por forma a impor a pertinente indemnização.

Outra questão (que aliás pode ter a ver com a proibição de analogia) prende-se com as **autorizações legais**, que no processo penal justificam a prática pelos agentes da autoridade de intromissões nos direitos fundamentais dos cidadãos que constituem ações criminalmente típicas (coação, violação de domicílio, violação de correspondência ou de telecomunicações, etc.)[7] [8]. "Ao titular de um poder oficial são concedidos **concretos direitos de intervenção** cujo exercício, numa relação igualitária, seria ilícito; mas que, no caso, representam o **exercício de um direito** (artigo 31º, nº 2, alínea *b*)) ou /e o **cumprimento de um dever**"[9].

Excurso. Normas de ilicitude e normas de justificação de ilicitude. "O reconhecimento de um ato autorizativo público, como causa justificativa de atividades privadas ilícitas lesivas de direitos e interesses de terceiros, com eventual irradiação para outras ordens jurídicas (a ordem jurídico-civil e a ordem jurídico-penal), está longe de obter respostas concordantes na doutrina e na jurisprudência. (...) Se a ilicitude é uma *invariante* quanto aos pressupostos, então é ainda compreensível que em nome da unidade da ordem jurídica as *causas justificativas da ilicitude* tenham um efeito irradiante de um ramo para outro ramo de direito. (...) Se um ato autorizativo administrativo exclui a ilicitude no âmbito do direito administrativo, ele deverá também ser considerado como causa justificativa da ilicitude no domínio jurídico-civil e, eventualmente, também no âmbito jurídico-penal. Mas será assim? Não deveremos partir de pressupostos radicalmente divergentes, como os da independência e especificidade da qualificação jurídica da ilicitude dentro dos vários ramos da ordem jurídica global?"[10]. Saber sob que condições

---

[7] Cf. sobretudo Costa Andrade, "O princípio constitucional *"nullum crimen sine lege"* e a analogia no campo das causas de justificação", *RLJ* ano 134º, nº 3924; e J. J. Gomes Canotilho, "Atos autorizativos jurídico--públicos e responsabilidade por danos ambientais", *BFD* (1993), p. 23.

[8] Tenha-se presente, de modo especial, as **apreensões**, que são autorizadas, ordenadas ou validadas por despacho da autoridade judiciária (artigo 178º, nᵒˢ 3 e 4, do CPP, interessando ainda os respetivos artigos 174º, nº 4, alínea *c*), e 256º, nº 2, última parte). O CPP contém igualmente regras atinentes a formas especiais de apreensão nos artigos 179º (apreensão de cartas, encomendas, valores, telegramas ou qualquer outra correspondência), 180º (apreensão em escritório de advogado ou em consultório médico), 181º (apreensão em estabelecimento bancário) e 182º (segredo profissional ou de funcionário e segredo de Estado).

[9] Figueiredo Dias, *DP/PG* I, p. 457.

[10] Cf. J. J. Gomes Canotilho, "Atos autorizativos jurídico-públicos e responsabilidade por danos ambientais", *BFD* (1993), p. 23.

constitui a autorização oficial uma causa de justificação é questão que se suscita quando ela tenha sido obtida **incorretamente**, isto é, quando ela, por razões fácticas ou jurídicas, não deveria ter sido concedida[11].

IV. As diversas causas de justificação: da legítima defesa à ação direta

As formas porventura "mais estabilizadas" de justificação são a **legítima defesa** e o **direito de necessidade**.

Uma ação justificada por legítima defesa (artigo 32º) *ou* por direito de necessidade (artigo 35º) *não é ilícita*. Ambas as causas de justificação desenham uma imagem final idêntica. Desdobram-se, no entanto, em diferenças fundamentais.

Vejamos os traços estruturais da legítima defesa. Com a ação de defesa só se atingem bens ou interesses do agressor. Na imagem tradicional da legítima defesa nota-se uma ausência de ponderação do valor dos bens jurídicos, intervindo a ideia, divulgada desde meados do século dezanove, de que "o Direito não tem que ceder perante o ilícito". Rejeita-se que a legítima defesa esteja, à partida, limitada por um **critério de proporcionalidade** entre os bens jurídicos que são sacrificados pela defesa, por um lado, e os que são ameaçados pela agressão, por outro. No entendimento tradicional, a lei legitima, em princípio, a conduta dirigida à defesa do património do defendente à custa da vida do agressor. É porém pertinente reconhecer que a completa renúncia ao princípio da proporcionalidade não convence nem é conveniente em determinadas situações. Basta pensar nos casos em que a solidariedade mantém um papel determinante: não parece tolerável que para impedir uma lesão insignificante se justifique matar um agressor, porventura até menor ou inimputável.

Ao contrário, no direito de necessidade dominam razões de recíproco solidarismo entre os membros da comunidade jurídica. Daí que o direito de necessidade se apresente como uma causa de justificação envolvida na **ponderação de interesses**. A ideia-chave é a seguinte: entre o bem a salvaguardar e o bem a sacrificar para sua proteção deverá interceder uma tal ponderação. Resultando dessa ponderação a predominância do bem ou do interesse a salvaguardar, a conduta estará justificada. A fonte do perigo pode, por ex., ser uma coisa (ataques de animais, o fogo numa mata), ou pode empregar-se coisa alheia para afastar o perigo, e então teremos o afastamento do perigo à custa de terceiro.

Quanto ao círculo dos bens jurídicos. Tanto podem recensear-se situações de aproximação como diferenças expressivas entre legítima defesa e direito de necessidade. Numa situação de legítima defesa o perigo provém de um agressor

---

[11] Para outros desenvolvimentos, Jorge de Figueiredo Dias, *DP/PG* 2ª ed., 2007, p. 503.

CAUSAS DE JUSTIFICAÇÃO. NORMA PROIBITIVA, NORMA PERMISSIVA

injusto à custa do qual é afastado. A "agressão" é também aqui uma manifestação de "perigo" para a pessoa do defendente, é um caso especial de perigo. Noutras situações, o perigo pode também provir de uma coisa (pense-se no ataque de um animal) ou pode até ser endossado a um terceiro, sacrificando-se uma coisa alheia para o afastar. No artigo 34º, a lei renova a expressão, vinda já do artigo 32º, "interesses juridicamente protegidos do agente ou de terceiro" como sendo o **objeto do perigo.** O estado de necessidade (artigo 34º) pressupõe uma situação conflitual de bens jurídicos, mas os bens ou interesses em conflito não se encontram tipificados. Protegido pelo direito de necessidade pode ser assim, em princípio, qualquer bem jurídico, penal ou não penal. Podem estar cobertos pelo direito de necessidade, segundo a norma homóloga do código penal alemão, o corpo, a vida, a honra e a propriedade, mas esta enumeração é aí apenas exemplificativa, não tem um significado taxativo nem se encontra limitada aos bens do sujeito. Por conseguinte, na justificação qualquer bem jurídico é merecedor de proteção pelo direito de necessidade, incluindo os interesses da comunidade ou qualquer outro interesse geral. Assim, no exemplo do Prof. Figueiredo Dias, se alguém comete um facto típico patrimonial de valor relativamente pequeno para afastar um perigo atual de contaminação ambiental. Aponta-se como exceção a vida (nascida), porque o seu sacrifício não se pode justificar nunca, nem sequer para salvar outra vida. Se nos encontramos face a um caso de "vida contra vida", como no exemplo da *tabula unius capax*, que só podia transportar um dos náufragos, se o sujeito mata o companheiro para se salvar a si mesmo, a situação corresponde, quanto muito, a um estado de necessidade desculpante, aplicando-se o artigo 35º: o facto não será censurado porque não há meio de resolver o conflito: não pode haver lugar a uma ponderação de bens, porque esta jamais poderá basear-se em um deles ser mais velho do que o outro, ou deter no navio naufragado um posto cimeiro, sendo o sacrificado simples grumete ou cozinheiro, etc.

A **legítima defesa** tem na sua base uma agressão atual e ilícita, quer dizer: um atentado à autonomia alheia. A agressão é qualquer ameaça de lesão a bens ou interesses juridicamente tutelados. A agressão **atual** é a que se mostra iminente, está em curso ou ainda perdura. Este requisito permite distinguir a legítima defesa do **uso ilícito da força**, que pode verificar-se em duas hipóteses. Uma primeira hipótese contempla a prática de um, por assim dizer, ato violento preventivo contra quem se presume *estar para* agredir; o emprego da força é ilícito por ser usada demasiado cedo. Uma segunda hipótese é aquela em que o agredido se vira contra o seu agressor, num tipo de reação que tem lugar tarde de mais, quando a agressão já se encontra terminada. Também aqui um tal procedimento é ilícito: a legítima defesa não pode ser exercida nem demasiado cedo nem demasiado tarde, embora não se exclua, por último, a hipótese de **erro sobre a legítima**

defesa[12]. Quando a reação se dá a pretexto de uma agressão que já se não realiza efetivamente, podemos estar perante a figura do *desforço* ou da *desforra* ("revide") que é uma forma de fazer justiça pelas próprias mãos, de algum modo aparentada com a "retorsão", que o Código prevê no artigo 143º, nº 3, alínea *b*), ligando-a à possibilidade de isenção da pena. Concluindo quanto a este ponto: a reação não pode ser exercida nem demasiado cedo nem demasiado tarde. Além de atual, a agressão deverá ser **ilícita**; a agressão é ilícita se for objetivamente contrária ao ordenamento jurídico. Por seu turno, **o valor dos bens sacrificados pela *ação defensiva* não determina, à partida, qualquer limite às possibilidades de defesa**, a qual deverá ser objetivamente necessária e subjetivamente conduzida pela vontade de defesa, dirigida contra o agressor e não contra bens jurídicos de terceiros. A defesa é necessária se e na medida em que, por um lado, é adequada ao afastamento da agressão e, por outro, representa o meio menos gravoso para o agressor. Pode aliás o sujeito atuar com o propósito de defesa, com *animus defendendi*, mas usando um meio excessivo e assim ultrapassando os limites da *necessidade*, o que retira capacidade justificativa ao ato defensivo e o confirma como ilícito (artigo 33º).

O **direito de necessidade** é a forma justificante do estado de necessidade, configurando-se como outra das causas de exclusão da ilicitude. De acordo com o artigo 34º, não é ilícito o facto praticado como meio adequado para afastar um perigo atual que ameace interesses juridicamente protegidos de terceiro. Ponto é que se verifiquem os requisitos das três alíneas seguintes, destacando-se no pensamento legislativo a qualificação da superioridade do interesse (alínea *c*): "haver *sensível* superioridade do interesse a salvaguardar relativamente ao interesse sacrificado". Tem de ser um perigo não suscetível de ser conjurado de outro modo, colocando-se no âmbito do confronto ou colisão entre bens jurídicos, em que o sacrifício de um é a salvaguarda de outro. A "ação" do estado de necessidade, como única hipótese de afastar o perigo, deve ser objetivamente necessária e

---

[12] Um **excesso extensivo**, mesmo relacionado exclusivamente com a falta de atualidade da agressão, acaba por reconduzir-se a um facto doloso ilícito e culposo (dando ocasião, por sua vez, ao exercício da legítima defesa), mas não se exclui um erro sobre a legítima defesa, seja sob a forma de erro sobre os seus pressupostos, artigo 16º, nº 2, seja, o que será mais frequente, a de um erro sobre a ilicitude, artigo 17º (cf. Figueiredo Dias, *DP/PG* I, p. 576; e *DP/PG* I, 2ª ed., 2007, p. 626). Diferentes das **situações de excesso** são pois os casos de **erro sobre a legítima defesa**: 1º De erro sobre os pressupostos ou requisitos da legítima defesa (o agente representa falsamente que está a ser alvo de uma agressão atual e ilícita, como vimos noutro lugar) ou mesmo a necessidade do meio. Aplica-se o artigo 16º, nº 2, podendo o defendendo ser punido por negligência se o erro lhe for censurável e o facto for punível a esse título (artigos 16º, nº 2, e 13º); 2º De erro sobre a existência ou limites da legítima defesa. O agente supõe que a legítima defesa se desenha de modo diverso ou com limites diversos dos estabelecidos legalmente, sendo por isso um erro de valoração e não um puro erro intelectual ou de conhecimento, aplicando-se, consequentemente, a disciplina do artigo 17º.

CAUSAS DE JUSTIFICAÇÃO. NORMA PROIBITIVA, NORMA PERMISSIVA

subjetivamente conduzida pela vontade de salvamento. Podem existir diferentes modos de afastar o perigo e se uma dessas modalidades produz menor dano, se é a menos gravosa, corresponderá então ao meio adequado. O facto de esse meio coativo não ser substituível por outra medida menos gravosa torna-o *necessário*.

A mais do conflito de bens ou interesses do artigo 34º, o Código regula o **conflito de deveres** no artigo 36º, com as roupagens de uma "especialização do estado de necessidade justificante". Fica excluída a ilicitude sempre que o agente deixe de cumprir um dever para cumprir outro de valor superior ou *igual*. Também aqui prevalece a ideia de que "o direito não pode exigir dos seus destinatários nada que seja de cumprimento impossível, pelo que, em estado de colisão inextrincável de deveres iguais, só pode ser exigido do agente que cumpra um deles, conferindo-lhe a ordem jurídica uma plena liberdade de escolha"[13]. Adverte o mesmo ilustre autor que "verdadeiro conflito de deveres, nos termos e para os efeitos do art. 36º, só se dá quando inexoravelmente colidam dois *deveres de ação* e quando, por conseguinte, a problemática do facto a justificar ocorra no domínio da omissão penalmente relevante; quando, diferentemente, a colisão se verifique entre *um dever de ação e um dever de omissão*, a problemática respetiva já não cabe no âmbito do conflito de deveres, regulado no art. 36º, mas reentra sim de pleno no âmbito do direito de necessidade, a que se refere o art. 34º".

O nosso ordenamento jurídico erige o **consentimento** "à categoria de causa geral de justificação" ("consentimento-justificação"), permitindo distingui-lo do **acordo** *que exclui o tipo*[14].

Para melhor entendimento do alcance do "consentimento", nem sempre suficientemente diferenciado do **acordo** que exclui o tipo, veja-se o acórdão da Relação do Porto de 18 de janeiro de 2006 *CJ* 2006 tomo I, p. 201. Imagens tinham sido recolhidas com autorização do ofendido e destinavam-se a ser utilizadas por estação televisiva para fins jornalísticos. O filme, em que o ofendido aparecia numa sala de operações, foi *consentido* e a sua utilização também *consentida*, o que "configura a forma paradigmática da exclusão do ilícito típico". Para os julgadores nem sequer tinha havido "uma conduta penalmente típica". Neste caso não se tratava pois de consentimento-justificante. Consentimento e acordo são diferentes tanto no plano teleológico-axiológico como no plano prático-normativo, adverte o Prof. Costa Andrade, tendo no entanto a preocupação de acentuar que "os nomes são seguramente o menos importante".

O "acordo" exprime uma manifestação de vontade "que mediatiza a realização positiva, e porventura a mais autêntica, dos bens jurídicos pertinentes" (Costa

---

[13] Faria Costa, *Jornadas*, p. 63.
[14] Costa Andrade, *Consentimento e Acordo*, p. 197 e 537; e "Consentimento em direito penal médico", *RPCC* 14 (2004), p. 122.

Andrade), como nos crimes contra a liberdade (artigo 156º: entendendo-se que a liberdade de dispor do corpo ou da própria vida é uma *liberdade pessoal*, não comunicável, por ex., do menor que necessita de uma transfusão de sangue que os pais, por motivos religiosos, não consentem),[15] a liberdade sexual (a dissuasão penal em matéria de sexo só tem praticamente a ver com o constrangimento ou a imaturidade do parceiro), o domicílio (artigo 190º), a privacidade (artigos 192º, 194º e 195º), etc. A "cláusula dos bons costumes" tem tudo a ver com o consentimento justificante, mas não pode invocar-se no contexto do *acordo*. O Código erige, com efeito, os *bons costumes* em critério geral de limitação da validade e eficácia do consentimento (justificante) do ofendido. "Enquanto o artigo 149º se propõe explicitar e concretizar o conteúdo da cláusula no domínio específico dos crimes contra a integridade física, o artigo 38º prescreve-a em termos extensivos a todas as manifestações do consentimento",[16] embora seja, por via de regra, no âmbito dos crimes contra a integridade física que a generalidade das legislações a fazem valer. Será legítima a punição de lesões corporais consentidas em nome da sua *imoralidade*? Pense-se nas ofensas corporais praticadas para satisfação de perversões sadomasoquistas ou com a esterilização voluntária. Ou as levadas a cabo para a obtenção indevida de um seguro ou quando um médico efetua uma intervenção cosmética no rosto do paciente para ocultar a autoria de um crime. Parece ser o caráter *grave e irreversível* da lesão que deve servir para integrar, essencialmente embora não só,[17] a cláusula dos bons costumes, o que excluirá a punição do autor duma insignificante ofensa sadista ou masoquista. Por aqui se detetam as dificuldades de determinar a extensão a conferir aos interesses jurídicos que devam considerar-se *livremente disponíveis*. A vida humana integra um bem jurídico absolutamente indisponível. Mas não se pune o suicídio; o suicídio e a automutilação,[18]

---

[15] É este um dos problemas mais interessantes ao nível do "consentimento". Costa Andrade, *Conimbricense* I, p. 383, reconhece que o direito português não dispõe de mecanismos legais da ultrapassagem da oposição do representante de menor de 16 anos. Não se põe de parte que o médico, nos casos urgentes que ameacem a vida ou a saúde do menor, dispense, sem consequências, a autorização, que tenha sido recusada por motivos "irrelevantes" (incompreensão grosseira, motivos sectários, etc.). De casos de **Notoperationen** fala Kienapfel nessa mesma linha, *Grundriss*, 3ª ed., 1990, p. 316, embora, se houver tempo para tal, entenda preferível o recurso à decisão do juiz.

[16] Augusto Silva Dias, *RPCC* 16 (2006), aborda a eventual qualificação da excisão como facto contrário aos "bons costumes", tendo em conta o disposto no nº 2 do artigo 149º.

[17] Faria Costa, *Jornadas*, p. 60.

[18] A mutilação para isenção do serviço militar era punida no artigo 321º do Código Penal, redação originária, mas a incriminação desapareceu em 1998. Veja-se agora porém o que consta do Código de Justiça Militar. Os ferimentos autoinfligidos constituem um fenómeno produzido pela Primeira Guerra Mundial e estão relacionados com os avanços recentes da medicina. John Keegan, *O rosto da Batalha*, ed. Fragmentos, 1976, p. 208, revela que não encontrou exemplos de ferimentos autoinfligidos antes do desenvolvimento dos antissépticos. Sobre a excisão, Augusto Silva Dias, "Faz sentido punir o ritual do fanado?", *RPCC* 16 (2006), p. 204 e ss.

CAUSAS DE JUSTIFICAÇÃO. NORMA PROIBITIVA, NORMA PERMISSIVA

não sendo atitudes lícitas ou ilícitas, são manifestações de uma *"posse* natural", distintas do puro exercício de um direito[19]. A Lei nº 16/2007, de 17 de abril, sobre exclusão da ilicitude nos casos de interrupção voluntária da gravidez, alterou o artigo 142º do CP, prevendo um formalismo escrito para o consentimento da mulher grávida (consentimento qualificado). Ao consentimento efetivo é equiparado o **consentimento presumido,** prescreve por sua vez o artigo 39º, nº 1. A eficácia do consentimento presumido como causa de justificação "radica na vontade hipotética que é possível referenciar, por mais irracional e incompreensível que ela possa parecer. O que é decisivo é 'um juízo de probabilidade de que o interessado, se tivesse tido conhecimento da situação de facto, teria consentido na ação (Mezger)", sendo precisamente nos tratamentos médicos que se encontra um dos campos privilegiados de intervenção justificativa[20]. Há intervenções médicas que caem fora do círculo da ação médica (artigo 150º). São, por exemplo, as realizadas com finalidade cosmética, de investigação científica, para doação de tecidos ou órgãos e esterilização não terapêutica. Essas intervenções médicas são, em princípio, atentatórias da integridade física. Só que a sua eficácia indiciadora da ilicitude pode ser neutralizada por concorrência de causa de justificação bastante. A começar pelo **consentimento-justificação,** a verificarem-se os seus pressupostos e respeitadas as suas limitações normativas, nomeadamente as decorrentes da cláusula dos **bons costumes.** Pois se o regime dos tratamentos arbitrários (artigo 156º) se circunscreve à ação terapêutica em sentido estrito, então todas as demais formas de intervenção médica que não se reconduzem a este figurino terão forçosamente de suscitar o problema da existência ou não da lesão corporal, suscetível de justificação mediante consentimento[21].

O dever de obediência consiste em acatar e cumprir as ordens dos legítimos superiores hierárquicos, dadas em objeto de serviço e com a forma legal. Mas o **dever de obediência hierárquica** cessa quando conduz à prática de um crime (artigo 36º, nº 2)[22].

A **ação direta** está, por seu turno, prevista no artigo 336º do Código Civil. Representa o recurso à força, mediante vias de facto, para realizar ou assegurar o próprio direito, quando a ação direta for indispensável pela impossibilidade de recorrer em tempo útil aos meios coercivos normais para evitar a inutilização

---

[19] Orlando de Carvalho, Teoria Geral da Relação Jurídica (Bibliografia e Sumário desenvolvido), polic., 1970, p. 50.

[20] Manuel da Costa Andrade, "Consentimento em direito penal médico", *RPCC* 14 (2004), p. 136 e ss.

[21] Manuel da Costa Andrade, *Consentimento e Acordo*, p. 464.

[22] Veja-se também o artigo 271º, nº 3, da Constituição da República. Sobre a obediência hierárquica, e especialmente os casos de ordens formalmente legítimas, cuja execução implica a prática de um ilícito criminal, Américo A. Taipa de Carvalho, *Direito Penal – Parte Geral,* vol. II, p. 259. Também Nuno Brandão, *Justificação e desculpa por obediência em direito penal,* dissertação de mestrado, FDUC, 2004.

prática desse direito, contanto que o agente não exceda o que for necessário para evitar o prejuízo. Pressupõe, por isso mesmo, que a lesão de um determinado direito já se tenha consumado. Quando os requisitos da ação direta se verificam, o facto torna-se lícito, nem sequer havendo lugar a indemnização pelo prejuízo[23]. São, em resumo, requisitos da justificação: que o recurso à força seja indispensável; que o agente não exceda o que for necessário para evitar o prejuízo; que o facto não sacrifique interesses superiores aos que o agente visa realizar ou assegurar. Pode pelo exposto concluir-se que a lei mistura nesta figura elementos da legítima defesa e do estado de necessidade (justificante), falando-se de um *espaço de justificação intermédio* entre a legítima defesa e o estado de necessidade.

Também no Código Civil deparamos com manifestações do estado de necessidade justificante, de que se ocupa o artigo 339º do Código Civil, ao dispor que *é lícita* a ação daquele que destruir ou danificar coisa alheia com o fim de remover o perigo atual de um dano manifestamente superior, quer do agente, quer de terceiro. Este estado de necessidade é diferente da ação direta e dela se distingue na medida em que, com ele, se procura evitar a consumação de um dano. Seja o caso de *A*, dono de um cão de raça (valor: 2000 euro) que costuma manter preso, por saber da sua perigosidade para terceiros. Por inadvertência, certo dia *A* deixou aberto o portão, tendo o bicho aproveitado o ensejo de sair à rua. Aí, investiu contra *B*, que tranquilamente se deslocava para casa. *B*, reagindo ao ataque e à iminência de ser mordido, puxou da pistola e disparou, do que resultou ter o cão ficado ferido com gravidade. Como o cão ameaçou a integridade física do *B*, a medida defensiva adotada por este encontra-se justificada dado que o perigo, sem dúvida atual, de ser mordido e ferido pelo cão encaminha-se para um dano manifestamente superior ao ferimento causado no animal.

Existem diversos preceitos em que os pressupostos de uma autêntica **autorização legal** se encontram regulados. No caso do artigo 255º, nº 1, alínea *c*), do CPP, encontra-se uma condição justificativa da privação da liberdade levada a efeito por particulares, embora de modo provisório e subsidiário (**detenção em flagrante delito**). A norma prevê que em flagrante delito, *qualquer pessoa* pode proceder à detenção se uma autoridade judiciária ou entidade policial (autoridades ou agentes policiais) não estiver presente ou não puder ser chamada em tempo

---

[23] "Trata-se de uma forma primária e grosseira de realização da justiça, que pode falhar contra os mais fortes, mas que se pode tornar necessária pela impossibilidade de os meios estaduais chegarem a tempo de evitar prejuízos irreparáveis" (Antunes Varela, *Das obrigações em geral*, 1º vol., 2ª ed., p. 428). Com elementos informativos úteis, vd. a exposição de Taipa de Carvalho, *A Legítima Defesa*, p. 291, sobretudo na contraposição com o chamado "estado de necessidade defensiva". A ação direta e a detenção em flagrante delito, quando exercidas por particulares, são medidas excecionais e "têm de respeitar o princípio da ponderação dos interesses concretos": cf. Taipa de Carvalho, *loc. cit.*, e Eduardo Correia, *Direito Criminal* II, p. 113.

útil[24]. Atento o flagrante, a detenção não tem como suporte um mandado, mas mesmo nessas circunstâncias a detenção só é autorizada se o crime for punível com pena de prisão (artigo 255º). Em casos contados, por ex., o do artigo 366º, nº 2 (simulação) e o recente nº 1 do artigo 250º (violação de obrigação de alimentos), o Código Penal conhece sanções penais diferentes da prisão, punindo só com multa a infração correspondente. Se o crime for de natureza semipública a detenção só se mantém, ainda que estejam presentes todos os restantes pressupostos, se logo em ato seguido houver queixa de quem de direito. Se por ex., num crime de furto simples (artigo 203º, nº 1, CP), crime semipúblico, por o procedimento depender de queixa) o titular do direito, imediatamente contactado pela polícia, declara que se não pretende queixar, o detido é imediatamente solto, sem procedimento. Se o crime for particular, como são, nalgumas situações, os crimes contra a honra, só haverá lugar à identificação do infrator, mas os termos seguintes ficam dependentes da constituição do ofendido como assistente. Intervindo na detenção pessoa diferente da autoridade judiciária ou entidade policial, o detido é entregue imediatamente a uma dessas entidades, a qual redige auto da entrega e procede de acordo com o estabelecido no artigo 259º, comunicando-a de imediato ao juiz ou ao MP.

O que fica justificado é apenas a privação da liberdade, já não qualquer forma de violação da integridade física da pessoa detida.

Neste caso, como no anterior, relativo à ação direta, do que se trata é da atuação legítima em lugar do Estado ou dos seus órgãos como meio de realizar a ordem jurídica de modo provisório (*agere pro magistratu; faire comme officier*).

Quanto a um **direito dos pais corrigirem os (seus) filhos**, cf. os artigos 1878º e 1885º do CC; relativamente aos **tutores**, o artigo 1935º, também do CC. Um tal direito de correção como justificativo do facto é reconhecido apenas em relação aos pais e tutores. Não existe uma norma escrita a conferir aos professores um direito de castigo na escola. Hoje em dia, aliás, nega-se um *direito de castigo* do professor relativamente aos seus alunos, mesmo que este pretenda que à sua atuação preside uma finalidade pedagógica e se guarda uma relação adequada com a falta cometida e a idade do jovem. Também por isso mesmo se não poderia prevalecer o professor da *adequação social* da ofensa[25]. Também não existe um direito de corrigir

---

[24] Numa nota histórica, Foucault, "La verité et les formes juridiques", *Dits et écrits*, tome II, Gallimard, 1994, lembra as consequências do flagrante delito: é o caso do indivíduo surpreendido ao praticar o crime. Nesse momento, as pessoas que o apanharam em flagrante tinham o direito de o levar ao soberano, a quem detinha o poder político, e de lhe dizer: "Vimo-lo a fazer esta ou aquela coisa, daí que seja necessário puni-lo ou impor-lhe uma reparação".

[25] Veja-se a propósito o acórdão do STJ de 5 de abril de 2006 seguido de um comentário de Paula Ribeiro de Faria na *RPCC* 16 (2006), p. 317, acerca da fronteira entre o castigo legítimo de um menor e o crime de maus tratos do artigo 152º do CP.

O RISCO DE COMER UMA SOPA E OUTROS CASOS DE DIREITO PENAL

os filhos de outras pessoas; o direito de correção é pessoal e, por conseguinte, em princípio insuscetível de transferência. O acórdão da Relação do Porto de 7 de novembro de 2007, proc. nº 0743758, entendeu que um catequista não tem o poder-dever de correção em relação a menor a quem ministra catequese.

As questões em torno do direito de correção dos pais sobre os filhos têm a ver com as ofensas à integridade física (em menor grau com a violação da liberdade pessoal: ameaças, coação, sequestro), na forma de "castigos corporais". A recusa de que se trata de factos típicos pode derivar da simples insignificância ou mesmo da chamada adequação social. As condições de justificação são três: que o agente atue com finalidade educativa; que o castigo seja criterioso e portanto proporcional; e que ele seja sempre e em todos os casos moderado[26].

As ações socialmente adequadas, isto é, as ações que não contrastam com as exigências, os aspetos, as características, os fins da vida em sociedade num dado momento histórico, não deveriam considerar-se correspondentes a uma abstrata fatispécie delituosa, ainda que, formalisticamente, lhe possam ser referidas[27]. "A ideia básica é a de que não pode constituir um ilícito jurídico-penal uma conduta que *ab initio* e em geral se revela como socialmente aceite e reconhecida"[28]. Segundo Welzel, ficam excluídas do tipo de ilícito aquelas condutas que embora estejam nele formalmente incluídas se mantêm dentro da ordem social histórica "normal" da comunidade. Welzel menciona como exemplos, as privações da liberdade irrelevantes, a entrega de presentes aos funcionários por altura do Natal, as condutas meramente indecorosas ou impertinentes no âmbito sexual. A idêntica conclusão se chega com o **princípio da insignificância**, formulado por Roxin,[29] que permite, na maior parte dos tipos, excluir danos de pouca monta. Por exemplo, a ameaça deve ser "sensível" para que a "coação" passe o umbral da criminalidade (no tipo do nosso artigo 154º, a ameaça vem acompanhada da referência a um "mal importante"). Temos como ajustado que em todas as formas do ilícito do artigo 212º, nº 1, se exige uma certa relevância do resultado danoso. Ficam de fora os danos da integridade da coisa que não tenham significado, aqueles a que falte algum relevo (bagatelas...); as *insignificâncias* não merecem a tutela penal, não terão *dignidade penal* e portanto não serão puníveis, não obstante típicas, ilícitas e culposas.

---

[26] Wessels/Beulke AT, 32ª ed., p. 122; Figueiredo Dias, DP/PG I, p. 468.

[27] Cf. Cerezo Mir, "El delito como acccion típica", *Estudios Penales. Libro Homenaje al Prof. J. Anton Oneca*, Ed. Universidad de Salamanca, 1982, p. 176.

[28] Figueiredo Dias, RPCC 1991, p. 48.

[29] Com apontamento breve em Politica criminal y sistema del derecho penal, p. 73.

V. O erro sobre os pressupostos de uma causa de justificação

1. Tratamento jurídico

Caso nº 1 *A* interpreta erroneamente como agressivo um gesto de *B* que de noite se aproxima de si (por ex., para lhe pedir uma informação, ou para lhe pedir um cigarro) e o golpeia, com intenção de se defender.

A só pode ser sancionado pelo artigo 148º, mas nunca pelo artigo 143º.

No artigo 16º, nº 2, o regime do erro é idêntico, nos seus efeitos, ao erro sobre o facto típico, ficando excluído o dolo. O artigo 16º, nº 2, dispõe que o preceituado no número anterior, quanto ao erro sobre elementos de facto ou de direito de um tipo de crime, *abrange* o erro sobre um estado de coisas que, a existir, excluiria a ilicitude ou a culpa do agente. O regime deste nº 2 segue materialmente o regime do erro sobre o facto típico – por se tratar de um erro de natureza intelectual ele possui um efeito idêntico ao erro sobre o facto típico, de forma que também aqui se *exclui o dolo*.

Os casos de erro sobre um pressuposto objetivo, de facto ou de direito, de uma causa de justificação, situam-se entre o autêntico erro de tipo e o autêntico erro de proibição. Assemelham-se ao erro de tipo porque, tal como neste, o agente erra sobre elementos objetivos de facto ou de direito (normativos ou descritivos); estão perto do erro de proibição porque ao errar a respeito do conhecimento de circunstâncias que fundamentam a ilicitude erra afinal o agente a respeito da ilicitude do facto.

Quem atua na suposição de que o faz com o beneplácito de uma causa de justificação alcança o apelo da norma de Direito tanto quanto aquele que ignora a existência de um elemento do facto. Ambas as situações conferem com a razão de ser da regulamentação prevista no artigo 16º, mas não com a prevista no artigo 17º.

Excurso. *Subjetivamente*, o agente supõe falsamente que no caso convergem os elementos justificadores (artigo 16º, nº 2). Não opera a este nível:

- o erro sobre a própria existência de uma causa de justificação; ou
- sobre o seu âmbito; ou
- a própria abrangência ou os correspondentes limites.

Resumidamente: o médico crê que pode operar sem consentimento do doente, baseando-se num suposto direito da sua profissão; ou tem como suficiente o consentimento sem que tenha havido a necessária e prévia informação: erro sobre a existência e erro sobre os limites, que deverão ser resolvidos conforme

O RISCO DE COMER UMA SOPA E OUTROS CASOS DE DIREITO PENAL

a disciplina do artigo 17º, como erro de valoração – sem prejuízo da valorização das circunstâncias apontadas na última parte da alínea *b*) do nº 1 do artigo 156º). Em caso de erro sobre elementos privilegiantes do homicídio, a doutrina alemã pronuncia-se pela aplicação no caso concreto da norma do crime privilegiado. Imagine-se que *A* está junto ao leito de *B*, doente terminal, e supõe erradamente que este lhe pede que lhe acabe com a vida, por estar farto de viver. Por isso, ministra-lhe uma droga em dose letal que produz o seu efeito. Todavia, *B* limitara--se a lamentar-se da sua triste sorte. *A* seria punido como autor de um crime do artigo 134º com pena de prisão até 3 anos, mesmo comprovando-se que nenhum pedido lhe tinha sido dirigido[30].

A solução encontrada para o artigo 16º, nº 2, no âmbito das chamadas teorias da culpa limitadas "é a correta, essencialmente, porque a situação de quem erra sobre os pressupostos de um tipo justificador é, em definitivo, materialmente **idêntica** à de quem erra sobre os elementos que pertencem a um tipo incriminador, na perspetiva da responsabilidade dos agentes: nenhum deles tem, por virtude do erro em que incorre, a sua consciência ética corretamente orientada para se pôr e resolver o problema da concreta ilicitude do facto"[31]. Em resumo: o agente erra sobre circunstâncias fácticas que em abstrato correspondem a uma causa de justificação.

No caso anterior, *A* atuou na falsa convicção de que se verificavam os pressupostos de uma causa de justificação, a legítima defesa. A hipótese enquadra-se no regime do artigo 16º, nos 1, 2 e 3, sendo certo que o crime de ofensas à integridade física se exprime tipicamente tanto na forma dolosa como na negligente. Também aqui o agressor só poderá ser punido pelo crime negligente, dado que o seu erro *exclui* o dolo. O *A* acreditou estar a atuar justificadamente. Não se vislumbra aqui uma atitude contrária ao Direito, mas tão só um exame descuidado da situação. O efeito é o do erro do tipo: exclui o dolo, mas permite a punição como crime negligente, desde que haja previsão legal desta modalidade. Tudo isso melhor se compreenderá quando se atente na redação do indicado nº 2, ao prescrever que

---

[30] Coincide neste ponto a opinião do Prof. Costa Andrade, *Comentário Conimbricense*, tomo I, anotação ao artigo 134º, p. 69. Outra é a opinião da Prof. Teresa Beleza: o erro deverá projetar a sua influência dirimente apenas no desvalor da ação e não no desvalor do resultado do facto – quem mata outrem em erro sobre o pedido, e é o que acontece no caso anterior, *tem intenção de matar uma pessoa*, i. é, *tem dolo de homicídio*, mas erra sobre uma circunstância desse facto, sobre a existência do pedido. O agente deverá ser punido por tentativa de um homicídio privilegiado (artigos 134º, 22º e 23º) em concurso com um crime de homicídio negligente (artigo 137º), desde que concorram os correspondentes pressupostos. Se não houver negligência, o resultado não poderá ser imputado ao agente. Afasta-se igualmente a aplicação do artigo 16º. Cf. Teresa P. Beleza e Frederico de Lacerda da Costa Pinto, *O Regime Legal do Erro*, p. 15 e ss.

[31] Figueiredo Dias, *DP/PG* I, 2ª ed., 2007, p. 398. As controvérsias a propósito encontram-se resumidas, por ex., em Hillenkamp, *32 Probleme AT*, 8ª ed., 1996, p. 74 e ss. J. Hruschka, "Imputación y derecho penal", 2005, p. 127, pergunta se *Realmente es "limitada" la teoria "limitada" de la culpabilidade*.

CAUSAS DE JUSTIFICAÇÃO. NORMA PROIBITIVA, NORMA PERMISSIVA

o preceituado no número anterior, *abrange* um erro sobre um estado de coisas que, a existir, excluiria a ilicitude do facto. O discurso normativo equipara o erro sobre certas proibições ao erro sobre a factualidade típica, passando, no momento seguinte, a expender que o nº 2 *abrange* um erro que (também) exclui o dolo.

Caso nº 2   *A* mascarou-se de assaltante de bancos e para divertir os amigos dirige-se ao Banco *x*. O caixa *C*, atemorizado, acredita que se trata de um assalto a sério e mata *A*, com a arma que tinha ali à mão.

C errou sobre os pressupostos fáticos de uma causa de justificação. Supôs erroneamente que se verificavam os pressupostos da legítima defesa e se fosse esse o caso o *C* teria **efetivamente** por si um direito de defesa[32]. De acordo com o disposto no artigo 16º, nº 2, o dolo fica excluído, *estendendo-se* a solução da exclusão do dolo (contida no núcleo do tipo de erro) e da punição a esse título ao erro sobre os pressupostos de uma causa de exclusão da ilicitude. *C*, que atuou em situação de erro-suposição, não revelou uma atitude interior contrária ou indiferente à violação dos bens jurídicos. O tipo de culpa doloso fica excluído e com ele a punição do agente por crime dessa natureza, ainda que, se constatada a violação de um dever de cuidado e os restantes elementos da negligência, a responsabilidade a este título se deva vir a efetivar. A atitude interior será então de indiferença ou leviandade perante os bens jurídico-penais. Rejeitada pois a existência de uma culpa dolosa, *C* só poderá ser condenado por negligência: artigo 16º, nº 3. É a solução encontrada no quadro da **teoria da culpa limitada**[33]. Quer isto significar que a exclusão do dolo em caso de erro sobre os pressupostos de uma causa de justificação opera ao nível da culpa e não da ilicitude, não obstante, nas palavras da lei, se excluir o dolo. Esta posição justifica-se com a ideia de que a reprovação a ser feita ao agente que supõe a existência de um facto permissivo, se refere unicamente à sua falta de atenção ("nur seine mangelnde Aufmerksamkeit")[34]. Para a opinião dominante, o dolo permanece intocado como elemento subjetivo do tipo, suprimindo-se, no entanto, a reprovação por comportamento doloso[35].

---

[32] A avaliação que da sua conduta faz o agente corresponde, nos seus exatos termos, à avaliação que dela faz o direito, especialmente através das causas de justificação, como tal legitimadas. Fossem as coisas conforme o agente as imaginava, a conduta estaria sem dúvida justificada. O que o agente quer é mover-se dentro da situação jurídica autorizada, e não realizar qualquer resultado desvalioso.

[33] A designação "teoria limitada" explica-se por o erro sobre um pressuposto de facto de uma causa de justificação se *destacar* do âmbito de aplicação do artigo 17º e se *equiparar*, nas suas consequências jurídicas, ao erro do tipo.

[34] Jescheck, *AT*, p. 416; e Wessels, *AT*, p. 133

[35] Nestes termos, exceto na remissão para o local da obra de Jescheck, Paul Bockelmann, *Strafrecht, Allgemeiner Teil*, 1987, p. 126. Segundo Jescheck, *AT*, 4ª ed., p. 416, a semelhança com o erro do tipo assenta na correspondente *estrutura*: também o erro permissivo se refere aos momentos descritivos e normativos

Adotando-se a teoria limitada da culpa não será punível a participação de outrem (por ex., um cúmplice) que, mesmo sabendo que o autor principal incorre em erro sobre os elementos fáticos de uma causa de justificação, colabora na sua execução. Por via da regra da acessoriedade limitada, a punibilidade do cúmplice é afastada, por ser atípica a ação principal, já que num primeiro momento se afastou o dolo.

2. Duplo erro

Caso nº 3 Exclusão *efetiva* da ilicitude do facto. Duplo erro. *E*, educador, julga ter sido o aluno *A* quem lhe faltou ao respeito (na realidade foi *B*) e castiga-o com gravidade.

A hipótese é de duplo erro: **erro sobre os pressupostos do direito de correção** (*A* crê estar legitimado a corrigir o aluno com ofensas corporais *graves*) e **erro sobre o âmbito do direito de correção**.

A propósito, escreve o Prof. Figueiredo Dias:[36] "Suposta a censurabilidade dos erros, seria evidentemente absurdo pretender que logo o erro sobre os pressupostos do obstáculo à ilicitude tornaria o crime negligente, quando é certo que, se tal erro não existisse e o professor tivesse castigado da mesma forma o aluno respeitador (*B*), o crime seria doloso. A razão está, como é claro, em que o erro sobre os pressupostos só releva (ou mesmo só existe em sentido próprio) quando conduz o agente a aceitar um estado de coisas que, a existir, excluiria *efetivamente* a ilicitude do facto, mas já não quando, mesmo a existir, só na conceção do agente a excluiria". Ora, o agente "aceitou erroneamente os pressupostos, não de um obstáculo à ilicitude existente, mas de um que o direito não reconhece". E como o direito não o reconhece, o erro só poderá ser tratado no âmbito do artigo 17º.

---

duma proposição jurídica. Para Helmut Fuch, *Öst. Strafrecht AT*, 7ª ed., 2008, na ideia do agente forma-se uma completa coincidência do correto e do ilícito com o Direito. Compreende-se assim a ausência do específico desvalor da ação dolosa e desse modo também as bases para a imputação do desvalor do resultado (efetivamente levado a cabo): falta no caso um ilícito doloso. Verificando-se os elementos próprios da negligência, como parece que será o caso, é por aqui que o intérprete deverá progredir, cumprindo o nº 3 do artigo 16º.

[36] Figueiredo Dias, *O problema da consciência da ilicitude em direito penal*, 3ª ed., 1987, p. 444, nota 59; também K. Kuhl, *AT*, p. 429.

CAUSAS DE JUSTIFICAÇÃO. NORMA PROIBITIVA, NORMA PERMISSIVA

VI. Casos práticos

1. Legítima defesa putativa. Estado de necessidade putativo. Excesso e erro acumulados

Caso nº 4 Legítima defesa putativa. *A* e *B* são velhos amigos do tempo da "tropa", mas não se veem vai para 20 anos. *B* vem ao Porto e encontra o amigo no final de uma animada partida de futebol. O facto de cada um "torcer" pelo seu "clube" não impede que *A* convide o amigo para passar a noite em sua casa e partir no dia seguinte para Lisboa. Entretanto, animados, aproveitam para jantar juntos e beber uns copos. Até que, finalmente, por volta das duas da manhã, apanham um táxi para casa. Chegados, *A*, por gentileza, dá a dianteira ao amigo que na fraca claridade do "hall" de entrada se vê violentamente agredido com a única "arma" que havia em casa: o rolo da massa. Como é seu timbre, *B* reage de imediato à ofensa e, para evitar "levar" mais, como tudo indicava, assesta um vigoroso murro no agressor vindo do escuro, que logo cai no chão, desamparado. Era, porém, uma agressora, a mulher de *A*, que já não se opunha às contínuas escapadelas noturnas do marido, mas que, estando sozinha em casa e temendo ser assaltada, se munira do que tinha à mão, intentando defender-se do que supunha ser um assaltante.

Punibilidade da mulher?

A mulher de *A* ofendeu *B* voluntária e corporalmente, assestando-lhe um golpe com o rolo da massa, pelo que fica desde logo comprometida com o disposto no artigo 143º, nº 1, do Código Penal. Não há dúvida de que, apesar de o local se encontrar envolto na penumbra, a mulher de *A* sabia que atingia uma pessoa com o golpe e quis isso mesmo. Ainda assim, a mulher de *A* queria evitar que a sua casa fosse assaltada e agiu com esse propósito, não pensando sequer que estava a atingir o amigo do marido. Trata-se, no entanto, de um "erro" irrelevante, por ser um *erro sobre os motivos:* a mulher atingiu corporalmente a pessoa que estava à sua frente. É um caso típico de *error in persona:* no artigo 143º, nº 1, pune-se simplesmente quem ofender o corpo ou a saúde de "outra pessoa" [sem atender, por ex., às qualidades, à idade ou à saúde desta], e foi isso o que aconteceu.

Poderá a conduta da mulher de *A* ser justificada por legítima defesa? Para tanto deveria existir uma agressão atual e ilícita de interesses juridicamente protegidos (artigo 32º). Entre esses interesses ameaçados de lesão por *B* não se encontrava – numa perspetiva objetiva – a propriedade de *A*, pois *B* não lhe pretendia subtrair o que quer que fosse. Ainda assim, pode considerar-se a hipótese de uma violação de domicílio (artigo 190º). Todavia, como *A* e a mulher viviam juntos nessa casa, qualquer deles tinha o direito de convidar um estranho a entrar e permanecer no domicílio para aí passar a noite. Como *B* fora convidado por *A*, não existia qualquer agressão e portanto não se configurava uma situação de legítima defesa. A mulher de *A* atuou ilicitamente.

Deve contudo notar-se que a mulher de *A* agiu na suposição errónea de que *B* era um assaltante – **e se tal fosse o caso** existiria uma agressão à propriedade e ao domicílio alheios. Para defesa desses valores seria então *necessário* o emprego do rolo da massa e portanto o uso que dele a mulher de *A* fez estaria justificado, de acordo com o disposto no artigo 32º.

Ora, uma vez que, assim, a mulher de *A* atuou em erro sobre um estado de coisas que, a existir, excluiria a ilicitude do facto, à situação aplica-se o disposto no artigo 16º, nºs 1 e 2, ficando excluído o dolo. A mulher de *A* só poderá ser punida por negligência (artigos 16º, nº 3, e 148º, nº 1). Se não se puder afirmar que a mulher de *A* violou um dever de cuidado, então fica excluída a punição, mesmo só por negligência (artigos 15º e 148º).

Punibilidade de *B*?

Ao agredir a mulher a murro, *B* ficou desde logo abrangido pelo disposto no artigo 143º, nº 1. *B* ofendeu corporalmente outra pessoa, e agiu voluntariamente.

No entanto, o comportamento de *B* está justificado por legítima defesa (artigo 32º). A agressão com o rolo da massa por parte da mulher era *ilícita*, por não estar coberta por qualquer causa de justificação (artigo 31º). Além de ilícita, a agressão era *atual* – estava ainda a desenvolver-se quando se deu o contra--ataque de *B*. A questão que pode ser levantada é a de saber se a ação defensiva era necessária. Para ser legítima, a defesa há de ser objetivamente *necessária*: "o modo e a dimensão da defesa estabelecem-se de acordo com o modo e a dimensão da agressão". A defesa só será pois legítima se se apresentar como indispensável para a salvaguarda de um interesse jurídico do agredido e, portanto, como o meio menos gravoso para o agressor[37]. Acontece que *B* entrava pela primeira vez na casa que, ainda por cima, se encontrava envolta na escuridão. Consequentemente, não lhe seria exigível supor, naquela quase fração de segundo, que a agressão viesse da mulher de *A* e, inclusivamente, que esta estivesse em erro. Como *B* atuou com *vontade de defesa*, a ofensa à integridade física da mulher de *A* mostra-se justificada. *B* não atuou ilicitamente.

As conclusões que apresentámos sugerem que se pode chegar ao extremo de, não obstante haver duas agressões, nenhum dos autores dessas agressões dever ser sancionado pela sua respetiva conduta. Na apontada perspetiva, quem por erro não censurável pensa exercer legítima defesa expõe-se ao direito de legítima defesa do "suposto" agressor.

---

[37] Cf. Figueiredo Dias, *Legítima defesa*, Polis.

CAUSAS DE JUSTIFICAÇÃO. NORMA PROIBITIVA, NORMA PERMISSIVA

Atente-se, todavia, no seguinte modo de encarar a questão. Uma vez que, na hipótese de "legítima defesa putativa" por erro objetivamente inevitável, se não verifica a *ratio supraindividual,* o que significa que não está em causa a salvaguarda da ordem jurídica – não haverá lugar à legítima defesa. No entanto, continua a afirmar-se a *ratio individual de autoproteção,* de autodefesa face a uma agressão que, embora não ilícita, todavia o agredido não tem o dever de suportar – então, diante de tal agressão, B, ou um eventual terceiro, pode opor-se mediante o direito de necessidade defensivo, que lhe permite o sacrifício de um bem superior, embora (diferentemente da legítima defesa) não muito superior[38]. Aliás, tanto o "defendente" como o "agressor" são *juridicamente inocentes,* como diria a Prof. Fernanda Palma, justificando-se provavelmente o tratamento do caso, ao nível do direito de necessidade defensivo, com referência à ideia de equidade.

Na legítima defesa putativa acontece um fenómeno muito curioso de **troca de papéis**: aquele que crê defender-se é, na realidade, um agressor; aquele que foi tomado por um agressor acaba, ao fim e ao cabo, por se defender legitimamente de uma agressão real de que é vítima. E, por paradoxal que pareça, ambos podem ficar isentos de responsabilidade criminal, mesmo que, inclusivamente, provoquem um ao outro graves lesões[39].

Caso nº 5 Legítima defesa putativa. A vem a sair dum parque de estacionamento, de madrugada, cerca das 3 horas. De repente, convencido de que vai ser agredido por X, que dele se aproximava para se certificar do caminho mais curto para o hotel onde está hospedado, empurra-o, fazendo com que X, caindo para o lado, sofra uma lesão num joelho.

Caso nº 6 Estado de necessidade putativo. A, que se sente perdido na serra, onde foi apanhado por uma tempestade de neve, arromba a porta de uma vivenda isolada, vendo nisso a derradeira possibilidade de não morrer de frio durante a noite que se aproxima. A, todavia, podia ter entrado por uma das janelas da casa, sem causar qualquer dano, já que a mesma não estava fechada.

Caso nº 7 Excesso, excesso asténico, excesso na legítima defesa putativa. A, de 19 anos de idade, é titular duma licença de caça. Um dia, enquanto caçava, avistou B, julgando tratar-se de um caçador furtivo. B pôs-se em fuga, o que fez avolumar as suspeitas de A, que o perseguiu. B acabou por

---

[38] Taipa de Carvalho, p. 187.
[39] Cf. Francisco Muñoz Conde, "Legítima" defensa putativa? Un caso límite entre justificación y exculpación, *in* Fundamentos de un sistema europeo del derecho penal, 1995, p. 183.

parar numa clareira, voltou-se e encaminhou-se na direção de *A*. Este julgou que ia ser por ele atacado, o que objetivamente não correspondia à verdade. No entanto, *A* acreditou que o outro se dirigia para ele querendo agredi-lo. *A* disparou a espingarda e acertou mortalmente em *B*. Noutra variante, *A* dispara a espingarda por estar assustado e profundamente perturbado com a situação. Numa última variante, *A* dispara a espingarda porque odeia caçadores furtivos e está cada vez mais convencido de que *B* é um deles.

Se quem se defende crê erroneamente que se verifica uma agressão atual, dá-se um caso de excesso extensivo de legítima defesa. A esta suposição errónea de uma situação de facto justificante chama-se vulgarmente *legítima defesa putativa*, a qual engloba situações que, em última análise, se reconduzem à disciplina do *erro*. Compreendem-se aí, tanto a hipótese em que o agente atua na falsa convicção de que se verificam os pressupostos da legítima defesa – *erro sobre as circunstâncias de facto* (artigo 16º, nº 2), como aquelas em que o agente, "não obstante representar de forma correta o circunstancialismo fático em que atua, erradamente pensa que o âmbito da legítima defesa abrange também a sua conduta – *erro sobre a ilicitude* (artigo 17º).

No caso nº 5 está, assim, fora de questão invocar o artigo 33º do Código Penal, cujo nº 1 se refere ao "excesso *nos meios* empregados em legítima defesa". Como *A* atuou na falsa convicção de que se verificavam os pressupostos da legítima defesa, a hipótese enquadra-se no regime do artigo 16º, nº 2, sendo certo que o crime de ofensas à integridade física se exprime tipicamente tanto na forma dolosa como na negligente.

O caso nº 6 não terá nada a ver, *em princípio*, com o erro sobre a factualidade típica. O *A* atuou com dolo do tipo e com consciência do ilícito. Resta saber se no quadro das circunstâncias representadas pelo agente lhe era ou não exigível outro comportamento, porque então a culpa deve considerar-se excluída, nomeadamente quando o erro era inevitável. Se não for caso de atender a estas limitações, o agente deve ser punido por crime de dano, por subsistir o dolo (o erro será irrelevante) e ser o facto ilícito e culposo.

O caso nº 7 pode enquadrar-se no **"excesso de legítima defesa putativa"**: o autor julga erroneamente que se está a iniciar uma agressão e excede, em **legítima defesa presumida**, os limites da defesa. Pode parecer que também este caso deve ser tratado no quadro normativo do erro, por se tratar de legítima defesa putativa. Repare-se, todavia, que o agente excede os limites da justificação, admissíveis na própria situação por ele suposta. Por outras palavras: verificou-se um erro sobre os requisitos da legítima defesa tendo o agente utilizado conscientemente um meio desnecessário para repelir a agressão por ele suposta.

CAUSAS DE JUSTIFICAÇÃO. NORMA PROIBITIVA, NORMA PERMISSIVA

O agente será punido **em termos análogos** aos do excesso previsto no artigo 33º, nᵒˢ 1 e 2, podendo ser excluída ou atenuada a responsabilidade. Não obstante o erro, o crime continua a expressar-se dolosamente.

Com efeito, mesmo que *B*, efetivamente, tivesse agredido *A* ilicitamente – o que não aconteceu – então não teria sido necessário, atenta a natureza das coisas, matar *B* para afastar a agressão. Teria havido meios menos gravosos com que se poderia obter imediatamente o mesmo efeito. Por exemplo, *A* podia ter disparado para as pernas de *B*, tanto mais que este se encontrava afastado de *A* quando o tiro partiu. *A* podia ter visado outra parte do corpo menos sensível. Não há razão para impor as consequências jurídicas decorrentes da disciplina do erro. Pelo contrário, releva o excesso de meios empregados, pelo que o agente deve, em princípio, *ficar inteiramente responsável a título de dolo* [40] [41].

Quais os crimes praticados nas diversas situações apontadas?

Caso nº 8 Excesso e erro cumulados. A vítima ergueu um cajado de madeira, com cerca de 130 cm de comprimento e 7 de diâmetro, revestido na parte superior com uma placa de alumínio com pregos. O *A* entendeu tal gesto como sendo o início de uma agressão por parte da vítima. Foi neste contexto que o *A* levantou a enxada e, agindo ocom o propósito de tirar a vida à vítima, desferiu-lhe uma pancada com o olho de metal, atingindo-o na cabeça e fazendo-o cambalear. Ato contínuo, o *A* desferiu-lhe mais uma pancada com a enxada, atingindo-a na cabeça e na cara e fazendo-a cair. A vítima acabou por morrer por via das ofensas.

O acórdão do STJ de 30 de outubro de 1993 *BMJ* 429, p. 523, equiparou a situação à existência real dos pressupostos de legítima defesa, sendo certo que a enxada era o único meio de que, na altura, o *A* dispunha e podia dispor para se defender da agressão com o cajado, que estava iminenete (artigo 32º). Tratou-se pois do meio necessário para a defesa. Houve no entanto excesso de defesa do *A* quando este empregou esse meio de defesa para além de todos os limites necessários.

O caso foi apreciado pela Prof. Maria Fernanda Palma[42]. Além do mais, a anotação chama a atenção para a circunstância de uma legítima defesa putativa não

---

[40] Cf., a este respeito, por ex., Helmut Fuchs, *Öst. Strafrecht*, *AT* I, p. 182; J. Hruschka, *Strafrecht*, 2ª ed., 1988, p. 269

[41] Se a causa do excesso tivesse sido o próprio erro a responsabilidade dolosa ficaria excluída. Será o caso do defendente que, erroneamente, supõe que a agressão irá continuar e volta a disparar sobre o agressor. Explica a Prof. Fernanda Palma, *Casos e materiais*, p. 171, que "**o excesso extensivo de legítima defesa é então absorvido pelo erro sobre os pressupostos da legítima defesa**, excludente do dolo. Identicamente, se for o próprio erro a justificar a utilização de um meio mais gravoso para o agressor, verificar-se-á uma situação de erro excludente de responsabilidade por crime doloso, não sendo relevante autonomamente o excesso".

[42] Prof. Maria Fernanda Palma, *Casos e materiais*, p. 321.

poder equiparar-se à legítima defesa efetiva, subsumindo-se antes no artigo 16º, nº 2, e fundamentando apenas a exclusão do dolo e não já a justificação do facto. Se tiver existido simultaneamente excesso, isto é, se aquele comportamento, mesmo no caso em que tivesse havido agressão ilícita, fosse uma reação excessiva, então somente por **analogia** com a situação prevista no artigo 33º, nº 2, se poderia aplicar a figura do excesso. Tal analogia não é proibida, porque estamos no domínio de normas permissivas e não diretamente de normas que visam a qualificação jurídica dos factos como crime (artigo 29º, nᵒˢ 1 e 2, da Constituição e artigo 1º, nº 1, do CP). Por outro lado, diz a anotação, "tal analogia pode justificar-se porque o agente tem a sua capacidade de determinação pela norma afetada devido ao estado emocional (asténico) e pode não ter representado corretamente os pressupostos da legítima defesa por circunstâncias não plenamente domináveis pela sua vontade".

2. Causas de justificação (outros desenvolvimentos). Tipo de ilícito, tipo de justificação.

Caso nº 9 *A*, indivíduo de poucas forças, quando se encontrava na casa de *C* começou a ser agredido sem motivo por *B*, indivíduo de porte avantajado. *A* bem podia ter fugido da dependência e da própria casa de *C*, logo que foi ameaçada a sua integridade física. Em vez disso, porém, pegou numa garrafa exótica que se encontrava ali à mão e arremessou-a contra *B*. O objeto atingiu *B* no peito. *B* tropeçou e caiu no chão. Sofreu uma ferida contusa. O objeto caiu e desfez-se em cacos. *A* previu tudo isso.

No que diz respeito a *B*, o artigo 143º, nº 1, corresponde ao crime fundamental de ofensas à integridade física, pelo que, se houver uma circunstância qualificativa, esta não deverá ser descurada. Havendo, pelo contrário, uma causa de justificação, o ilícito não se verifica.

O tipo objetivo do crime fundamental contra a integridade física (artigo 143º, nº 1) mostra-se preenchido. Não há razões para pôr em dúvida que o ferimento sofrido por *B* é imputável a *A*. A vertente subjetiva do ilícito está, do mesmo modo, preenchida. *A* previu o resultado, a ofensa contra a integridade física, como consequência da sua descrita atuação.

Pode todavia acontecer que o facto se encontre justificado. Uma justificação da ofensa corporal de *B* não se encontra excluída. Os pressupostos de justificação do crime de dano (artigo 212ºº, nº 1) podem ser no entanto diferentes e podem até não ocorrer. De qualquer forma, as situações não devem ser confundidas.

A ofensa corporal de *B* poderá ser especialmente justificada por legítima defesa (artigos 31º, nᵒˢ 1 e 2, a), e 32º). Da atuação atribuível a *B* surgiu um perigo

CAUSAS DE JUSTIFICAÇÃO. NORMA PROIBITIVA, NORMA PERMISSIVA

para a integridade física de *A*. *B* agrediu, no sentido do artigo 32º. A agressão era atual, face à imediata ameaça da integridade física de *A*, e era ilícita – *B* não tinha o direito (não tinha nenhum direito) de empregar a força contra *A*. Este encontrava-se em situação de legítima defesa. Nesta situação, o arremesso da garrafa representava uma atuação defensiva em princípio adequada perante a agressão. Era, por outro lado, o meio mais suave para a defesa. *B* era fisicamente muito mais possante e *A* limitou-se a atirar-lhe com a garrafa ao peito – e não, por ex., à cabeça. A defesa escolhida por *A* foi o *meio necessário* no sentido do artigo 32º. Mostram-se preenchidos os pressupostos objetivos do tipo justificador.

Contra esta solução não se pode objetar que *A* se poderia ter posto em fuga (*commodus discessus*). Em situação de legítima defesa, a defesa é sempre permitida. Não é caso de introduzir na discussão as limitações "ético-sociais" para que, hoje em dia, tanto se chama a atenção. Num caso regra, como este é, o defendente tem o direito de praticar todos os atos de defesa idóneos para repelir a agressão, desde que não lhe seja possível recorrer a outros, também idóneos, mas menos gravosos para o agressor. A situação não está sujeita a quaisquer limitações decorrentes da comparação dos bens jurídicos, interesses ou prejuízos em causa, nem *A* estava obrigado a evitar a agressão através da fuga, por mais cómodo e possível que isso fosse. Veja-se, no bom sentido, o acórdão da Relação de Lisboa de 14 de fevereiro de 2006 *CJ* 2006, tomo I, p. 138.

Como já se disse, o artigo 32º do Código Penal exige, para que se verifique legítima defesa, que a conduta do agente tenha sido meio necessário para repelir uma agressão. A exigência de o facto ser praticado como meio necessário – de defesa – para impedir a agressão implica a necessidade de o agente atuar com *animus defendendi*. As condições deste (i. é, as condições subjetivas de justificação do facto por legítima defesa) encontram-se também satisfeitas: o defendente agiu com vontade de defesa.

Há certas causas justificativas, por ex., a legítima defesa, relativamente às quais se põe o problema de saber se bastará, do lado subjetivo, o conhecimento pelo agente da situação justificadora, ou será ainda necessário um certo *animus* ou intenção de atuar no sentido da licitude.

A conhecia a situação de legítima defesa e estava igualmente ciente da forma e da medida defensiva por si escolhida. A lesão corporal de *B* está consequentemente justificada por legítima defesa (artigos 31º, nºˢ 1 e 2, a), e 32º).

Devemos agora apreciar o que se passou com *C*. Está em causa o dano causado por *A*.

O tipo objetivo do artigo 212º, nº 1, mostra-se preenchido. A garrafa foi destruída por ação de *A*. Também o lado subjetivo se encontra preenchido. *A* previu a destruição da garrafa, que é coisa móvel alheia, em consequência da sua atuação. Não é necessário um dolo específico quando se trata de crime de dano.

É caso para averiguar se ocorre alguma causa de justificação. A justificação já atendida (por legítima defesa) não se estende a este caso, ainda que se trate sempre da mesma ação. A garrafa pertencia a *C* e este não praticou qualquer agressão. Os pressupostos do artigo 34º (direito de necessidade) estarão presentes?

O estado de necessidade surge quando o agente é colocado perante a alternativa de ter de escolher entre cometer o crime, ou deixar que, como consequência necessária, se o não cometer, ocorra outro mal maior ou pelo menos igual ao daquele crime. Depende ainda da verificação de outros requisitos, como a falta de outro meio menos prejudicial do que o facto praticado e a probabilidade da eficácia do meio empregado.

Todavia, o estado de necessidade, contrariamente ao que ocorre com a legítima defesa, é eminentemente *subsidiário*. Não existe se o agente podia conjurar o perigo com o emprego de meio não ofensivo do direito de outrem. A própria possibilidade de fuga (recaindo o perigo sobre bem ou interesse inerente à pessoa) exclui o estado de necessidade, pois tal recurso, aqui, não representa uma conduta infamante.

Consequentemente, não se encontra, por esta via, justificado o crime de dano do artigo 212º.

Repare-se, para terminar, que também o consentimento (artigo 38º) exclui a ilicitude do facto. Ao consentimento efetivo é equiparado o consentimento presumido, definido nos nos 1 e 2 do artigo 39º. Atendendo, todavia, à escassez da matéria de facto, não nos será razoavelmente permitido supor que *C*, o dono do vaso, teria eficazmente consentido.

O Código não dispõe de uma norma geral sobre os elementos subjetivos das causas de justificação, mas o artigo 38º, nº 4, estabelece que no caso de o consentimento não ser conhecido do agente, este será punível com a pena aplicável à tentativa. A punibilidade da tentativa explica-se por o desvalor de resultado ser compensado pela ocorrência da situação objetiva justificante, mas é duvidoso que este regime, consagrado para o consentimento, valha analogicamente, para as restantes causas de justificação.

3. As causas de justificação e os atentados à honra

a) Factos justificativos

Deve considerar-se excluída a responsabilidade penal dos atentados à honra sempre que eles resultem da realização, exercício ou defesa de direitos, com fundamento numa das várias alíneas do nº 2 do artigo 31º. Quando um facto for praticado no exercício de um direito, não será passível de incriminação; o mesmo sucederá sempre que a ordem jurídica, considerada na sua totalidade, excluir a

CAUSAS DE JUSTIFICAÇÃO. NORMA PROIBITIVA, NORMA PERMISSIVA

ilicitude. No caso dos jornalistas, prevalecendo o direito de informar livremente, o facto atentatório da honra de outra pessoa estará justificado se ele resultar do exercício legítimo de um direito. Embora se não reconheça qualquer privilégio autorizando-o a cometer qualquer atentado à honra das pessoas, não haverá crime se o jornalista se mantiver dentro dos limites do direito de informação: a liberdade de expressão encontra-se limitada pelas disposições penais e pelas regras da prova liberatória, não bastando porém invocar a liberdade de expressão ou o direito do público a ser informado. Também não haverá crime quando a ofensa for irrogada em juízo e estiver relacionada com o objeto do processo. De acordo com o artigo 132º do CPP é dever das testemunhas responder com verdade às perguntas que lhe forem dirigidas, e a quem cumpre corretamente o seu dever de testemunha não se pode exigir que, a mais disso, comprove que o seu relato é verdadeiro.

Caso nº 10 Quando um juiz de Direito depõe num processo disciplinar instaurado contra uma funcionária judicial, por atos praticados no Tribunal onde ambos exerciam funções, e declara: "que confirma que por várias vezes chamou a atenção do Sr. Escrivão para expressões e atuações menos próprias da funcionária x, não pode agora confirmar quais, mas recorda-se de alguns tratamento por "você" e de por vezes de má vontade no cumprimento do determinado." Recorda-se ainda de duas boas funcionárias concorrerem para o Tribunal do Trabalho, por via do mau ambiente criado por aquela funcionária. Para isso poderia concorrer o facto de a mesma ser licenciada em Direito e por isso se julgar mais apta que as demais", não comete um crime de difamação e falsidade de testemunho.

O acórdão do STJ de 21 de abril de 2005, proc. nº 05P756, *relator*: Simas Santos, justificou a decisão nos seguintes termos: "a prova recolhida vai no sentido da verdade dos factos imputados pelo juiz nas suas declarações e as declarações tiveram lugar: no decurso de um processo disciplinar (Decreto-Lei n.º 343/99 de 26 de agosto, alterado pelo DL 157/00 de 26 de agosto) contra a funcionária, sendo aplicável (art. 89.º) o regime geral dos funcionários e agentes da Administração Pública e no domínio desse diploma (Decreto-Lei n.º 24/84, de 16 de janeiro) as testemunhas devem ser ouvidas de acordo com as regras próprias do processo penal, mas adaptadas, por aligeiramento, ao procedimento disciplinar e, de acordo com o art. 132º do CPP é dever das testemunhas responder com verdade às perguntas que lhe forem dirigidas [n.º 1, al. d)]. O interesse público (e a lei) impõem que aqueles que são ouvidos em processo administrativo de natureza disciplinar têm a obrigação de se pronunciar, com verdade, sobre os factos que se encontrem a ser averiguados: a matéria respeitante aos elementos constitutivos da infração disciplinar, e a personalidade da arguida, bem como todas as circunstâncias em que a infração tiver sido cometida que militem contra ou a favor da arguida (art. 28 do Estatuto Disciplinar). Do art. 180º do C. Penal, resulta a que o legislador não foi alheio à ideia de, em casos especiais, se considerarem não puníveis condutas que têm atrás de si motivos relevante e sérios, declarando o n.º 2 desse artigo a impunibilidade da conduta quando: a imputação vise realizar **interesses legítimos**, como «sucede, por exemplo, quando se exerce o direito de informar ou qualquer outro direito, bem como quando se atua no cumprimento de um dever, como é o caso da prestação de um depoimento em juízo» ou em processo sancionatório público, como é o caso de um processo disciplinar; ou se faça a prova da verdade da imputação ou mesma seja tida, de boa fé, como verdadeira. Mas também se pode afirmar que está ausente a intenção, ou a consciência de injuriar, toda a vez que o arguido se limitou a depor no âmbito daquele processo, narrando o que de relevante conhecia, procurando somente colaborar na descoberta da verdade e não ofender quem quer que fosse".

Quando o representante do Ministério Público imputa ao acusado a prática de factos desonrosos não comete um crime contra a honra, na medida em que é obrigado por lei a motivar os seus juízos, fazendo-o no quadro funcional que lhe é próprio. O advogado, por ex., gozaria de uma verdadeira *imunidade,* porque as expressões necessárias à defesa do cliente "estão a coberto de justificação bastante, devendo, por isso, considerar-se *dirimida* a respetiva ilicitude penal. Isto em nome do exercício de um direito (artigo 31º, nos 1 e 2, alínea *b*), do CP); e um direito com a eminente e singular dignidade jurídico-constitucional do direito de defesa em processo penal cometido ao advogado do arguido"[43]. O exercício da função pública de discussão e crítica no âmbito literário, artístico ou científico, mesmo quando desfavorável e dura, não perde a validade. Já não assim se o propósito do crítico for o de denegrir, como no caso do acórdão do STJ de 2 de outubro de 1996, *CJ* 1996, tomo III, p. 147, que reprimiu excessos gratuitos: o jornalista deixou de discutir o mérito de uma obra arquitetónica para se passar a dirigir exclusivamente ao autor do respetivo projeto, passando a tratá-lo de "pulha", sem qualquer conexão com aquela. No caso concreto do artigo 142 III do Código Penal Brasileiro dispõe-se que não constitui infração o conceito desfavorável emitido por funcionário público, em apreciação ou informação que preste no cumprimento de dever do ofício. É hipótese especial de estrito cumprimento do dever legal cabível ao funcionário público, mas logo se previne que a norma não exime quem dá publicidade ao facto beneficiado por

---

[43] António Arnaut, *Estatuto da Ordem dos Advogados*, 1995, p. 70, citando um parecer dos professores J. Figueiredo Dias e Costa Andrade.

este inciso. Cf. Paulo José da Costa Jr.[44] tem por certo que nas informações ou pareceres desfavoráveis o uso de expressões ofensivas não poderá caracterizar o crime, "mesmo porque o funcionário está dando cumprimento a um dever legal". De qualquer modo, o simples exercício duma função ou duma profissão não basta para suprimir o caráter ilícito do ato difamatório, o funcionário, nesse caso, deve agir no quadro das suas funções e em conformidade com as regras que lhe são próprias.

b) Prova da verdade dos factos

No direito português não é elemento do tipo de ilícito da difamação ou da injúria que a afirmação produzida seja falsa, mas a lei penal admite a "exceptio veritatis" com a consequente exclusão da punibilidade da conduta, isto é, admite que o arguido, em certas circunstâncias, tome a iniciativa de provar que a imputação que produziu, ofensiva da honra do queixoso, é verdadeira. Deste modo, deve ser punido tanto aquele que atingiu a honra de outrem com afirmações falsas, como aquele que, no processo, não logrou a prova da verdade (ou da simples veracidade). Por isso se diz que quem anda a propalar "coisas" a respeito de outrem chama a si o "risco" da prova da verdade daquilo que põe a circular. O que, bem entendido, não deve ser confundido com a inversão de qualquer "ónus da prova".

A *exceptio veritatis* reflete de certo modo a ideia geral de que as imputações de factos falsos socialmente desvaliosos representam condutas lesivas da honra. Não será assim se esses mesmos factos forem verdadeiros. Mas deve notar-se, por um lado, que há factos ofensivos da honra que são insuscetíveis de prova, por outro, que a dignidade de uma pessoa pode ser afetada, independentemente da verdade ou da falsidade do facto imputado, a partir da própria forma da imputação ou das circunstâncias em que a mesma se produziu.

A "exceptio veritatis" está diretamente relacionada com o exercício da liberdade de expressão e informação. Contribui para que a opinião pública possa controlar e censurar comportamentos alheios, ainda que a censura assim exercida revele contornos privados – por isso, a crítica que por vezes se faz ao sistema, apontando os abusos, é a de que se usurpa a correspondente função pública. Certo é, porém, que se a lei se abre à prova da verdade das imputações criam-se condições favoráveis à consolidação do Estado democrático, pois se permitem condutas que de outro modo dificilmente seriam assumidas. Proibindo, ao invés, a prova da verdade das imputações, isto é, sacrificando a verdade nas relações sociais, o direito de censura privada como que é substituído pelo direito ao segredo – o segredo da desonra.

---

[44] Paulo José da Costa Jr, *Comentários ao Código Penal.*

Estando em causa o que hoje chamamos a função pública da imprensa, compreende-se que já no séc. XIX houvesse a preocupação de conciliar a proteção devida aos cidadãos "contra as injúrias e ataques da malevolência" com os direitos de dizer a verdade e de apreciar livremente os atos de cada um. Dizia Silva Ferrão: pode entender-se por um lado que a lei não deve punir a difamação como crime senão quando os factos imputados forem falsos e consequentemente que a prova da verdade exime. O ponto culminante é a falsidade, a fraude ou a mentira[45]. O contrário equivale a adotar o princípio *veritas convicii non liberat ab injuria*. Estas doutrinas opostas influíram poderosamente na confeção dos códigos modernos.

A exclusão da ilicitude penal (ou simplesmente a exclusão da punibilidade) por via da prova da verdade dos factos é portanto um dado adquirido nos Estados democráticos, em cujas legislações se éncontra autorizada com maior ou menor latitude.

c) Condições de admissibilidade da prova liberatória

A lei impõe restrições à prova da verdade, de contrário poderiam derivar inconvenientes para o próprio queixoso, independentemente do seu resultado concreto. Se a afirmação desonrosa tem natureza muito geral, a prova pode estender-se praticamente a todos os aspetos da vida do lesado, mesmo os mais íntimos. Acresce a hipótese da publicidade (negativa) do processo – o *strepitus judicii* – de tal forma que o perdedor será, ainda e sempre, o lesado. A prova da verdade é uma espada de dois gumes.

Perante o quadro normativo (artigos 180º, n.ᵒˢ 2 a 4, e 181º, nº 2), a primeira tarefa do intérprete será a de verificar se no caso é admissível a prova da verdade (ou a da veracidade), na condição de ter sido requerida.

Veja-se, por ex., o artigo 328º do Código Penal (ofensa à honra do Presidente da República): "afigura-se-nos que não é admissível prova das imputações feitas, por razões de Estado e porque não foi aqui reproduzida disposição correspondente à do artigo 180º, nº 2, alínea *b*), sem prejuízo de o dolo poder ser afastado pela boa fé do arguido";[46] e o acórdão da Relação de Lisboa de 30 de maio de 1989, *CJ* 1989, tomo III, p. 168. Também no crime de ofensas à memória de pessoa falecida do artigo 169º do CP-82 não é admissível a prova da veracidade dos factos (acórdão da Relação de Lisboa de 10 de janeiro de 1994, *CJ* 1994, tomo I, p. 141).

O artigo 180º, nº 2, exige, desde logo, que a imputação tenha sido feita para realizar interesses legítimos, excluindo a prova nos casos relativos à intimidade da vida privada e familiar (nº 3). Mas não se exige, necessariamente, o reconheci-

---

[45] Mello Freire, Inst. de Jur. Cr., tit. 12º, § 6º.
[46] Maia Gonçalves, *Código Penal Português*, 8ª ed., 1995, p. 944.

CAUSAS DE JUSTIFICAÇÃO. NORMA PROIBITIVA, NORMA PERMISSIVA

mento de um interesse público, por ex., o de informar por meio da imprensa, cuja missão está justamente relacionada com a formação da opinião pública. Basta um interesse privado, o do advogado na defesa do seu cliente ou na sustentação da acusação do assistente, o da parte num processo, o do cientista que acusa outro de plágio. A noção de "interesse legítimo" envolve a prossecução de uma finalidade reconhecida pelo Direito como sendo digna de tutela, independentemente da sua natureza pública ou privada, ideal ou material.

Além disso, deve a imputação revelar-se necessária à salvaguarda de interesses legítimos. Reconhecendo-se, por ex., que a liberdade de imprensa está, por via de regra, associada à salvaguarda de valores ou à prossecução de interesses como "a transparência da administração pública, a descoberta e prevenção de atos de corrupção, a proteção de minorias discriminadas, etc.", deve também reconhecer-se aí a existência de interesses "a levar à balança da ponderação, nomeadamente para efeitos de determinação de manifestações concretas de ilicitude"[47]. "É compreensível e aceitável que não se possam trazer à luz da publicidade factos ofensivos da honra, ainda que verdadeiros, relativos a 'particulares', quando não exista qualquer interesse legítimo na divulgação" – ou "quando esteja em causa a sua 'vida privada e familiar"[48]. "O desenho normativo reserva à *prossecução de interesses legítimos* a força bastante para, só por si, tornar jurídico-penalmente toleráveis tanto as agressões à honra como as agressões à vida privada: já não será assim em relação às condutas que se projetam ao mesmo tempo sobre ambos os bens jurídicos. Porque então emergirão duas expressões de danosidade social que reciprocamente se potenciam e amplificam, tornando unívocas a dignidade penal e a carência de tutela penal das condutas pertinentes"[49].

A circunstância de a imputação se referir à intimidade da vida privada e familiar não exclui pois, *eo ipso*, a possibilidade de justificação da conduta. Pelo contrário, e como já se referiu, o que se impõe é que se examine se ocorre um dos fundamentos das alíneas *b)*, *c)* e *d)* do nº 2 do artigo 31º, não sendo ilícito o facto praticado no exercício de um direito, no cumprimento de um dever imposto por lei ou por ordem legítima da autoridade ou com o consentimento do titular do interesse jurídico lesado. Sempre que um facto for praticado no exercício de um direito, não será passível de incriminação; o mesmo sucederá sempre que a ordem jurídica, considerada na sua totalidade, excluir a ilicitude. Não haverá crime se o jornalista se mantiver dentro dos limites do direito de informação.

A prova da verdade serve unicamente para excluir a punibilidade da conduta do difamador, não se destina a agravar a posição do queixoso nem pode

---

[47] Costa Andrade, *Sobre a reforma*, p. 450.
[48] Figueiredo Dias, p. 135.
[49] Costa Andrade, *Sobre a reforma*, p. 455.

ser pretexto para prolongar ou ampliar o processo difamatório. Deve por isso restringir-se ao facto imputado, ao seu conteúdo objetivo, sem se transformar em instrumento de nova ofensa, beliscando ou agravando, por exemplo, a vida privada do visado. A prova da verdade não deve ser utilizada para uma ofensa generalizada à pessoa do lesado. Nenhum *interesse legítimo* justifica uma devassa dessa ordem, a qual pode ser, pelo contrário, ocasião de maiores ressentimentos e de vindita ou represália. E isso independentemente de os factos serem verdadeiros ou falsos. A prova liberatória não pode estender-se, por ex., à capacidade de delinquir ou à reputação do queixoso[50]. A prova admitida é a do facto imputado e não a da sua *notoriedade* – a prova deve ser a da realidade do facto e não do que dizem outros (voz pública), a seu respeito. De modo que "a convicção do autor da imputação tem de assentar numa base objetiva, não lhe bastando louvar-se sobre 'o que se dizia'. Se era difícil ou impossível colher dados sobre a imputação, impunha-se-lhe que não veiculasse a notícia" (acórdão da Relação do Porto de 20 de janeiro de 1988, *CJ* 1998, tomo I, p. 231).

A prova restringe-se pois às afirmações de factos, isto é, ao substracto factual ou aos correspondentes fundamentos de facto da imputação. Ficam dela excluídos os juízos de valor[51].

A prova da verdade fica estabelecida se puder concluir-se que a imputação é substancialmente correta, independentemente de pormenores sem significado ou de exageros irrelevantes. Fica apurada a verdade quando se chega à conclusão que o facto, objeto da afirmação, é exato na sua tessitura essencial. A afirmação é falsa quando não são verdadeiros os seus pontos essenciais, mas não bastam para a tornar falsa os exageros de pouca monta ou as incorreções acidentais ou secundárias.

No desenrolar das diligências probatórias, o juiz tem portanto o estrito dever de zelar por que os apontados limites e a identidade da imputação não fiquem abastardados. Inclusivamente, não deve autorizar a prova da verdade de factos anteriores ou posteriores, semelhantes ou equivalentes ao que constitui o núcleo da imputação. Ainda assim, pode a diligência apoiar-se naquelas circunstâncias que o agente conheceu posteriormente ou que resultaram de uma posterior clarificação da situação.

---

[50] É vedado ao agente do crime de difamação a prova da verdade das imputações quando o que se pretende é provar a adequação à pessoa ofendida do uso de certos termos, epítetos e expressões ofensivas, como: mentiroso, intruso, manhoso, prepotente, vira-casacas e de usar métodos reles e baixos" (acórdão da Relação do Porto de 29 de maio de 1991, *CJ* 1991, tomo III, p. 275).

[51] Juízos de valor fundamentam-se e comprovam-se apenas com outros juízos de valor. Acontece não ser possível a prova destes derradeiros juízos de valor, são indemonstráveis, capazes, não de nos revelar tudo, mas de nos dar só um ponto de vista. Cf. G. Radbruch, *Rechtsphilosophie – Studium Ausgabe*, 2ª ed., 2003, p. 15.

CAUSAS DE JUSTIFICAÇÃO. NORMA PROIBITIVA, NORMA PERMISSIVA

O Código de Processo Penal de 1929 continha um capítulo sobre o processo por difamação, calúnia e injúria, onde, no artigo 590º, se estabelecia a tramitação a seguir quando o arguido pretendia provar a verdade das imputações: "...deduzirá por artigos a sua defesa na contestação...". Não existe atualmente semelhante disposição. Ainda assim, a altura apropriada para o início dos correspondentes trâmites será a contestação. O interessado deve aí anunciar e tornar claro que pretende fazer a prova da verdade (ou de possibilitar o controle pelo tribunal da simples veracidade dos factos), para que o imputado, que neste aspeto tem o direito de se defender, não seja surpreendido. Compreende-se por isso que em julgamento se não admitam a bel-prazer do interessado testemunhos de última hora que contribuam para expandir *ad nauseam* sucessivos momentos probatórios. A prova relativa à "exceptio veritatis" tem de ser previamente anunciada e admitida pelo juiz da causa, para que possa ser contrariada, sem o que não pode ser conhecida em recurso (acórdão do STJ de 17 de março de 1994, *CJ* 1994, tomo I, p. 251).

d) Prova da veracidade

A lei autoriza também a prova da veracidade: a conduta não será punível se a imputação for feita para realizar interesses legítimos e (cumulativamente) o agente tiver fundamento sério para, em boa fé, a reputar verdadeira. A lei esclarece (pela negativa) que a boa fé se exclui quando o agente não tiver cumprido o dever de informação que as circunstâncias do caso impunham sobre a verdade da imputação (cf. os artigos 180º, nos 2 e 4, para a difamação, 181º, nº 2, para a injúria).

Ainda aqui a admissibilidade da prova está ligada a dois pressupostos: o de que o agente deve invocar a sua boa fé, e o de que não se trata da imputação de facto relativo à intimidade da vida privada e familiar.

O objeto da boa fé – conceito de raiz civilística com que o direito penal normalmente não opera – é aqui o mesmo da prova da verdade: o conteúdo da imputação. E porque de boa fé se trata, é desde logo necessário que o agente tenha acreditado na verdade da sua imputação. Se o agente sabe que a suspeita não tem fundamento ou se entretanto recebeu informações que a desmentem, não deve fazer a imputação. Se mesmo assim a fizer, bem pode dizer-se que agiu à margem do dever de lealdade e das específicas regras de cuidado que as *leges artis*, típicas do respetivo agrupamento profissional, porventura lhe imponham.

Por outro lado, só estão em causa factos e circunstâncias que o agente conhecia ao tempo da imputação. Ao contrário da prova da verdade, não pode a prova da veracidade apoiar-se em circunstâncias que resultem posteriormente verificadas ou conhecidas.

Deve ser "sério", no dizer da lei, o fundamento da imputação. Não são portanto sérias suspeitas infundadas ou conclusões apressadas. A questão decisiva nesta variante da prova liberatória é a de saber que exigências de seriedade, no que toca aos fundamentos da boa fé, se devem colocar, já que a lei se limita a excluí-la quando o agente não tiver cumprido o dever de informação que as circunstâncias do caso impunham sobre a verdade da imputação. Fundamentalmente, vale a regra de que o agente empreendeu os passos exigíveis de acordo com as circunstâncias e as suas relações pessoais para verificar a correção da sua imputação e a considerar como um dado adquirido. O tribunal há de estar ciente dos esforços que o agente diz ter realizado, da credibilidade das suas fontes e do fundamento que teve para reputar como verídico o conjunto das informações a que teve acesso. Todos esses dados devem ser controlados pelo tribunal, mas tal exigência ficará frustrada se o agente simplesmente se refugia no direito, quando lhe deva ser reconhecido, de não revelar as suas fontes (cf. os artigos 22º, alínea *c*), da Lei de Imprensa, sobre o direito ao sigilo dos jornalistas, e 8º da Lei nº 62/79, de 20 de setembro: "1 – Os jornalistas têm o direito de recusar a revelação das suas fontes de informação, não podendo o seu silêncio sofrer qualquer sanção direta ou indireta").

Bem se compreende que se se divulgam certas imputações, v. g., pela imprensa, mesmo que não tenham um conteúdo marcadamente sensacionalista, as exigências quanto ao dever de informação serão mais elevadas do que naqueles outros casos em que, por exemplo, alguém presta declarações como queixoso e se refere a terceiro.

e) Efeitos da prova liberatória

Quanto aos efeitos da prova da verdade da imputação, decorre do artigo 180º, 2, como se viu, que a conduta *não é punível*, nos limites acima ditos, se, cumulativamente, a imputação for feita para realizar interesses legítimos. O agente será isento se satisfez o seu dever de informação nas indicadas condições cumulativas, mas a essa conclusão só se acede em cada caso concreto.

VII. Outras indicações de leitura

Américo A. Taipa de Carvalho, A Legítima Defesa, dissertação de doutoramento, 1995.

Américo A. Taipa de Carvalho, Direito Penal – Parte Geral, vol. II, Porto, 2004.

Antolisei, Manuale di diritto penale, PG, 10ª ed., Milão, 1985.

António Carvalho Martins, O aborto e o problema criminal, 1985.

Augusto Silva Dias, Faz sentido punir o ritual do fanado?, RPCC 16 (2006).

CAUSAS DE JUSTIFICAÇÃO. NORMA PROIBITIVA, NORMA PERMISSIVA

Baumann/Weber/Mitsch, Strafrecht, AT, Lehrbuch, 10ª ed., 1995.

Boaventura de Sousa Santos, L'interruption de la grossesse sur indication médicale dans le droit pénal portugais, BFDC, XLIII, 1967.

Claus Roxin, G. Arzt, Klaus Tiedemann, Introducción al derecho penal y al derecho penal procesal, Ariel, Barcelona, 1989.

Claus Roxin, Teoria da infração, Textos de apoio de Direito Penal, tomo I, AAFD, Lisboa, 1983/84.

Costa Andrade, O princípio constitucional "nullum crimen sine lege" e a analogia no campo das causas de justificação, RLJ ano 134º, nº 3924.

Costa Andrade, Comentário ao artigo 149º, Conimbricense I, p. 276 ss.

Eb. Schmidhäuser, Zum Begriff der Rechtfertigung im Strafrecht, Fest. für K. Lackner, 1987.

Eduardo Correia, Direito Criminal, I, p. 418; II, p. 49.

Eduardo Maia Costa, Evasão de recluso, homicídio por negligência, comentário ao ac. do STJ de 5 de março de 1992, RMP (1992), nº 52.

Enrique Gimbernat Ordeig, El estado de necesidad: un problema de antijuridicidad, in Estudios de derecho penal, 3ª ed., 1990.

Enrique Gimbernat Ordeig, Rechtfertigung und Entschuldigung bei Befreiung aus besonderen Notlagen, in Rechtfertigung und Entschuldigung, III, her. von A. Eser und W. Perron, Freiburg, 1991.

Eser/Burkhardt, Strafrecht I, 4ª ed., 1992; em tradução espanhola: Derecho Penal, Cuestiones fundamentales de la Teoría de Delito sobre la base de casos de sentencias, Ed. Colex, 1995.

F. Haft, Strafrecht, AT, 6ª ed., 1994.

Francisco Muñoz Conde, "Legítima" defensa putativa? Un caso límite entre justificación y exculpación, in Fundamentos de un sistema europeo del derecho penal, 1995, p. 183. Publicado, em tradução portuguesa, na RPCC 6 (1996), p. 343.

Francisco Muñoz Conde, Derecho Penal, PG, 1993

Giuseppe Bettiol, Direito Penal, Parte Geral, tomo II, Coimbra, 1970.

Gonzalo Quintero Olivares, Derecho Penal, PG, 1992.

H.-H. Jescheck, Lehrbuch des Strafrechts: Allg. Teil, 4ª ed., 1988, de que há tradução espanhola.

J. J. Gomes Canotilho, Atos autorizativos jurídico-públicos e responsabilidade por danos ambientais, BFD (1993), p. 23.

Jorge de Figueiredo Dias, Liberdade, culpa, direito penal, 1976, p. 244.

Jorge de Figueiredo Dias, Pressupostos da Punição e causas que excluem a ilicitude e a culpa, in Jornadas de Direito Criminal, ed. do CEJ.

Jorge de Figueiredo Dias, Textos de Direito Penal. Doutrina geral do crime. Lições ao 3º ano da Faculdade de Direito da Universidade de Coimbra, elaboradas com a colaboração de Nuno Brandão. Coimbra 2001.

José António Veloso, "Sortes", Separata de Estudos Cavaleiro de Ferreira, RFDL, 1995.

José Cerezo Mir, Curso de derecho penal español, Parte general, II, 5ª ed., 1997.

José Cerezo Mir, Curso de Derecho Penal Español, PG II, Teoría Jurídica del delito/2, 1990; 2ª ed., em 1998, como Parte General III.

José Cerezo Mir, Las causas de justificación en el derecho penal español, Fest. für H. H. Jescheck, 1985, p. 441 e ss.

José de Faria Costa, O Perigo em Direito Penal, p. 392.

José Faria Costa, O direito penal económico e as causas implícitas de exclusão da ilicitude, in Direito Penal Económico, CEJ, 1985.

Juan Bustos Ramírez, Manual de derecho penal español. Parte general, 1984.

K. Kühl, Strafrecht, AT, 1994.

Luzón Peña, Curso de Derecho Penal, PG I, 1996.

Maria Fernanda Palma, A justificação por legítima defesa como problema de delimitação de direitos, 1990.

Maria Fernanda Palma, Justificação em Direito Penal: conceito, princípios e limites, in Casos e Materiais de Direito Penal, Coimbra, 2000, p. 109.

Maria Fernanda Palma, O estado de necessidade justificante no Código Penal de 1982, in BFD, Estudos em Homenagem ao Prof. Doutor Eduardo Correia, III, 1984. Publicado igualmente in Casos e Materiais de Direito Penal, Coimbra, 2000, p. 175.

Nuno Brandão, Justificação e desculpa por obediência em direito penal, dissertação de mestrado, FDUC, 2004.

Rui Carlos Pereira, Justificação do facto e erro em direito penal.

Teresa P. Beleza, Direito Penal, 2º vol., AAFDL.

Vaz Serra, Causas justificativas do facto danoso, *BMJ* 85.

8 – A LEGÍTIMA DEFESA

I. Notas introdutórias

1. Fundamento justificador: proteção individual/afirmação do Direito

a) Em termos muito gerais, o fundamento justificador da legítima defesa encontra-se na ideia (de origem hegeliana), divulgada desde meados do século dezanove,[1] de que **"o Direito não tem que ceder perante o ilícito"**, ainda que esta fórmula não deixe de ser contraditória e, para alguns autores, vazia de sentido. É porém a conceção tradicional, que se identifica com um critério objetivo da ilicitude, que concebe a ação como antijurídica quando esta contradiz as normas objetivas do Direito[2].

Para esta maneira de ver, ainda hoje seguida,[3] com a legítima defesa visa-se (**conceção dualista**):

– A tutela dos *interesses individuais* ameaçados pela agressão;
– A *salvaguarda da ordem jurídica*, conseguida, dentro do espírito da prevenção geral, pela criação de um importante fator dissuasório nos potenciais agressores.

---

[1] Em 1885, Karl Binding, *Handbuch des Strafrechts*, Bd. I, Leipzig, p. 732, posteriormente reimpresso, sustentava que "a legítima defesa é um dos parágrafos mais conseguidos do Código Penal". A observação mereceu o consenso generalizado dos penalistas, pelo menos até aos anos oitenta do século passado.

[2] Qual o fundamento da legitimidade de uma defesa, ela mesma violadora de bens jurídicos? Para responder de imediato a estas questões demos a palavra, uma vez mais, a Eduardo Correia: "Porquê? Por se entender que, em princípio, o uso do meio exigido ou necessário para a defesa ou prevenção de uma agressão atual e ilícita do agente ou terceiros corresponde à prevalência do justo contra o injusto, à defesa do direito contra a agressão, ao princípio de que a ordem jurídica não quer ceder perante a sua agressão", Faria Costa, *O perigo em direito penal*, p. 393.

[3] Desde logo pelos que continuam a manifestar a sua preferência por critérios de ilicitude objetiva, como se disse, mas também pelos que se apoiam em razões funcionalistas, de natureza preventiva. Veja-se, a seguir, a nota 5.

Com a invocação da *necessidade de defesa da ordem jurídica* pretende-se justificar o sacrifício de bens jurídicos de valor superior ao da agressão, assim se rejeitando, decididamente, a ideia de que a legítima defesa está, à partida, limitada por um **critério de proporcionalidade** entre os bens jurídicos que são sacrificados pela defesa, por um lado, e os que são ameaçados pela agressão, por outro[4].

Exemplo: De forma atual e ilícita, *B* ataca o património de *A*, que reage e mata *B* em legítima defesa, sendo que a morte de *B* era o meio necessário para defesa do património.

Na perspetiva tradicional, a lei legitima a conduta de *A* para a defesa do seu património à custa da vida do agressor. Uma das vias para evitar situações desrazoáveis, será por ex., a invocação de um abuso de direito.

b) Para a escola de Coimbra, os dois fundamentos (a necessidade de defesa da ordem jurídica e a necessidade de proteção dos bens jurídicos) ligam-se e interpenetram-se através da ideia de que na legítima defesa se trata em último termo de uma **preservação do Direito na pessoa do agredido**. Com a *necessidade de proteção dos bens jurídicos individuais* estará em causa a "**defesa** – e consequente **preservação** – **do bem jurídico** (para mais ilicitamente) **agredido**, deste modo se considerando esta causa justificativa um instrumento (relativo) socialmente imprescindível de *prevenção* e por aí, de *defesa da ordem jurídica*"[5]. De modo que em matéria de fundamento de legítima defesa não se deverá sufragar nem uma conceção supraindividualista, nem individualista, mas "**intersubjetiva**": "à defesa de um bem jurídico acresce sempre o propósito da preservação do Direito na esfera de liberdade pessoal do agredido, tanto mais quanto a ameaça resulta de um comportamento ilícito de outrem. Só assim ficando explicada – na medida possível – a razão por que a defesa é legítima ainda quando o interesse defendido seja de menor valor do que o interesse lesado pela defesa: é que, dir-se-á, ainda neste caso o interesse defendido é aquele que *prepondera* no conflito, porque ele preserva do mesmo passo o Direito na pessoa do agredido"[6].

---

[4] C. Valdágua, Aspetos da legítima defesa, p. 31

[5] Nota a Prof. Fernanda Palma, *Casos e materiais de direito penal*, p. 87, que, "por razões preventivas, a visão funcionalista mantém a pura defesa da ordem contra o ilícito como fundamento e critério delimitador da legítima defesa, admitindo a chamada legítima defesa "ilimitada" (isto é, a defesa de qualquer bem jurídico numa proporção desrazoável relativamente ao bem preservado), sem atender à 'insuportabilidade de uma não-defesa' de certos direitos essenciais (no confronto com bens de uma relevância qualitativamente inferior). Por outro lado, a visão funcionalista é levada a negar a legítima defesa (concebida como ilimitada) contra agressões de inimputáveis, por ser inadequada uma resposta de defesa da ordem (de efeitos ilimitados) contra o agente incapaz de se determinar pelos valores do Direito".

[6] Cf., por último, Figueiredo Dias, *DP/PG* I, 2ª ed., 2007, p. 406.

2. A legítima defesa é subsidiária da intervenção da força pública

A legítima defesa é subsidiária da intervenção do poder público e só será exercida em caso de estrita necessidade: assim, se a força pública não pode "ou não quer injustificadamente intervir" (Fernanda Palma). Dá-se aos indivíduos o poder de responder a uma agressão com outra agressão, o que decerto representa uma **exceção** ao **monopólio estadual** do uso da força. Este regime torna-se necessário por a administração, que não tem o dom da ubiquidade, nem sempre poder intervir no momento e onde se torna imprescindível.

O regime jurídico do instituto assegura mais exatamente o "uso de um meio necessário e exigido para a defesa contra a agressão atual e ilícita de bens jurídicos **do agente** ou **de terceiro**"[7]. Ainda assim, a legítima defesa serve ao defendente para reagir a agressões, não serve porém para castigar o agressor, como se continuássemos nos tempos da vingança privada.

3. A legítima defesa não está à partida limitada por um critério de proporcionalidade

Para as posições dominantes justifica-se o sacrifício de bens jurídicos de valor superior ao da agressão, quer dizer: ao agredido não se exige nenhum tipo de consideração face à **proporcionalidade** da sua defesa, já que o próprio agressor se situou fora do ordenamento jurídico, devendo as consequências ficar a seu cargo. A defesa está limitada (isso sim!) pelo **meio necessário** para repelir a agressão. No entanto, ainda que se aluda ao requisito da *necessidade,* recusa-se decididamente a ponderação dos bens afetados. Nesta perspetiva, quem defende a sua propriedade poderá fazê-lo à custa de um valor superior (por ex., a vida do ladrão), o único limite imposto ao exercício da legítima defesa dependerá da intensidade da agressão e dos meios à disposição no caso concreto, mas não do valor dos bens em conflito.

É esta a ideia que arranca em 1848 com um trabalho de Berner (1818-1907)[8] e que Ihering acentua ainda com maior ênfase numa sua monografia sobre a luta pelo direito. Berner reconhecia que "sem dúvida, a vida vale mais do que um objeto patrimonial, mas esta comparação não deve estabelecer-se: o Direito vale mais do que o injusto". Seguindo esta corrente, Ihering (1818-1892) insistia na ideia de que introduzir o princípio de proporcionalidade na legítima defesa significaria atrofiá-la, reduzindo-a a um papel semelhante ao do estado de necessidade, com a consequente desproteção do agredido e privilégio para os delinquentes[9].

---

[7] Eduardo Correia, *Direito Criminal* II, 1965, p. 35.
[8] Berner, "Lehrbuch des deutschen Strafrechts", 18ª ed., 1889, reimpressa em 1986, p. 107, *cit.* por Anette Grünewald, "Notwehreinschränkung – insbesondere bei provoziertem Angriff", *ZStW* 122 (2010), 1, p. 37 e ss.
[9] Iglesias Río, p. 315.

4. O recurso ao "abuso do direito" e a outras formas de limitar a defesa

Mas então, como resolver o caso do dono da macieira que, para conservar a sua maçã, mata a criança?

A solidez da conceção tradicional, assente em que a legítima defesa – qualquer que seja a proporção entre os bens do agredido e do agressor a afetar pelo exercício da defesa – "realiza sempre o mais alto de todos eles, que é, por força da sua essência, a defesa da ordem jurídica" (Eduardo Correia), não deixou de ser temperada, nos casos de mais chocante desproporção entre os interesses em causa, pelo recurso ao **"abuso do direito"**. A ilegalidade da agressão, considerada apenas sob o ponto de vista objetivo, não podia deixar de ser confrontada com os casos de ataque de crianças e inimputáveis, nem com o caso do proprietário que mata a criança que lhe tenta furtar uma maçã (além de termos o sacrifício da vida para recuperar a maçã, o valor desta é manifestamente "insignificante").

Também, a partir de certa altura, passaram a ouvir-se as vozes dos que pretendiam introduzir-lhe um **ingrediente ético-social**, de consequências ainda mais amplas, "que exclui a sua legitimidade, no caso de uma flagrante desproporção entre os interesses do defendente postos em perigo pelo ataque e os do agressor sacrificados pela necessidade da defesa" (Eduardo Correia).

Ao ponto de que, hoje, "tudo é questionado na legítima defesa" (Taipa de Carvalho).

E assim, para este autor,[10] se bem compreendemos, a agressão, para além de ilícita e atual, deverá ser dolosa, censurável e não insignificante – e dirigida aos bens jurídicos individuais vida, integridade física, saúde, liberdade, domicílio e património do defendente ou de terceiro, ficando de fora da legítima defesa os casos em que tenha havido provocação. Adiante se voltará a estes pontos de vista. Acrescente-se apenas que, numa obra igualmente recente, a Prof. Fernanda Palma[11] distingue entre uma **legítima defesa ilimitada** e uma **legítima defesa limitada ou moderada**. A legitimidade da defesa fica sujeita à igualdade da natureza (não do valor concreto) dos bens defendidos e lesados. "Toda a legítima defesa é regida por uma não desproporcionalidade, possibilitando a ofensa de bens superiores, mas não qualitativamente superiores aos assegurados, numa espécie de inversão do critério ponderativo previsto para o direito de necessidade, nas alíneas *b*) e *c*) do artigo 34º do Código Penal"[12]. Deste modo, relevará "a distinção entre os bens jurídicos imediatamente conexionados com a essencial dignidade da pessoa humana, cuja afetação permitiria uma defesa que pode atingir a intensidade máxima (provocar, por exemplo, a morte do agressor), e os restantes bens

---

[10] Taipa de Carvalho, *A Legítima Defesa*, dissertação de doutoramento, 1995.
[11] Fernanda Palma, A justificação por legítima defesa como problema de delimitação de direitos, 1990.
[12] Fernanda Palma, *A justificação*, p. 565 e ss. e 837.

A LEGÍTIMA DEFESA

jurídicos tutelados constitucional e penalmente, cuja ofensa apenas implicaria uma defesa que pode sacrificar bens da mesma natureza"[13].

Questão é saber "se assim se não foi (ou está a ir-se) *longe de mais* e a assistir-se àquilo que, com Hassemer, se pode chamar uma verdadeira "erosão da dogmática da legítima defesa"[14].

II. As grandes áreas problemáticas

A tendência moderna vai no sentido de entender o agressor como uma pessoa humana, seja pela aplicação da ideia do "abuso de direito", seja pela exigência de o considerar capaz de culpa ou mais exatamente por uma consideração de solidarismo. Se o agressor é claramente um **incapaz de culpa**, o rigor da legítima defesa tradicional deverá (na opinião de alguns autores), ceder o lugar por exemplo a um estado de necessidade defensivo, uma figura que tem sido colocado *entre* a legítima defesa (artigo 32º) e o estado de necessidade (artigo 35º). Mas, como veremos com mais pormenor, existem outras "medidas" suscetíveis de conduzir a idênticos resultados. Põem-se igualmente problemas nos casos de **sensível desproporção** entre os interesses ofendidos pela agressão e pela defesa; nas **relações entre pessoas muito chegadas** (por ex., entre cônjuges), nomeadamente, com relações de garantia, certos autores introduzem igualmente sensíveis limitações na legítima defesa. A atenção para com as outras pessoas e o ideal da solidariedade sobrepõem-se ao interesse da defesa da ordem jurídica; e mesmo nos casos de **provocação, dolosa ou intencional**, em que o agressor se pretende acolher ao manto da legítima defesa para assegurar impunidade, existe, claramente, um abuso do direito e o agente será punido por crime doloso. Já acima se deu conta de outras justificações para negar a legítima defesa em casos destes.

III. Requisitos

1. Requisitos da legítima defesa

Os requisitos de eficácia e os pressupostos da legítima defesa tornam mais claro tudo o que se acaba de dizer. Para a legítima defesa exige-se em primeiro lugar uma **agressão** de interesses juridicamente protegidos do agente ou de

---

[13] Rui Carlos Pereira, "Os crimes contra a integridade física na revisão do Código Penal", *Jornadas sobre a revisão do Código Penal*, AAFDL, 1998, p. 183.

[14] Figueiredo Dias, *Textos*, p. 168.

terceiro. A agressão supõe a ameaça direta, imediata, desses interesses, através de um comportamento humano. Veja-se o artigo 32º.

Uma pessoa leva a efeito uma	Em situação de LD, o agredido exerce a
AGRESSÃO	DEFESA
actual	**necessária**
A agressão actual é a que se mostra iminente, está em curso ou ainda perdura.	A defesa é necessária se e na medida em que, por um lado, é adequada ao afastamento da agressão e, por outro, representa o meio menos gravoso para o agressor.
ilícita	**com *animus defendendi***
A agressão é ilícita se for objectivamente contrária ao ordenamento jurídico: ex., não há legítima defesa contra legítima defesa.	A defesa deve ser subjectivamente conduzida pela vontade de defesa.

Estrutura da legítima defesa

a) A atualidade da agressão

A agressão deverá ser **atual**. A agressão atual é a que se mostra iminente, está em curso ou ainda perdura. Se ainda pode ter êxito, se não está consumada, é atual. A atualidade da agressão exige assim que, em "ambiente" de sincronização, se estabeleçam os seus parâmetros "antes" e "depois". No primeiro caso, deverá atentar-se na formulação do artigo 22º, nº 1, e verificar se o agente pratica atos de execução de um crime (*critério do início da tentativa*). No ex., do Prof. Taipa de Carvalho, "já será agressão atual o gesto de *A* de agarrar o revólver que tem à cinta – e não apenas o empunhar e apontar essa arma – quando, no contexto da azeda troca de palavras entre *A* e *B*, nada indica que ele não irá utilizar, de facto, a arma contra *B*. Salvo circunstâncias concretas muito claras no sentido de que ele não dispararia, em hipótese alguma, a arma contra *B* (hipótese muito improvável e que ter-se-ia de provar), assistia ao *B* um direito de legítima defesa que poderia, se necessário, conduzir à morte do *A*". Permite-se que o agredido ou o que está em *perigo* de agressão se defenda.

Certo é que, para qualquer teoria que se reclame da *defesa mais eficaz,* o ladrão de bancos chegou já ao estádio da agressão quando, no *hall* de entrada do edifício, coloca a meia na cara para não ser reconhecido. Os partidários da *legítima defesa preventiva* admitem que se atinja a tiro o *voyeur* que, em dias seguidos, "espreita" uma e outra vez, e que vai a fugir, por ter sido surpreendido, desde que haja a certeza de que se assim não for, o indiscreto metediço voltará a fazer das suas. A aplicação da norma da legítima defesa, por analogia, a situações desse cariz

A LEGÍTIMA DEFESA

explicará igualmente que se invoquem os critérios da legítima defesa no caso do tirano familiar, por ex., para justificar a atuação da mulher que, apanhando a dormir o marido que permanentemente, anos a fio, inferniza a vida de toda a família, aproveita para o abater e ter finalmente descanso. Tratar-se-ia daquelas situações em que a ameaça da agressão está próxima mas não está iminente e só poderiam rotular-se de *situação análoga à legítima defesa*. A aceitação, por ante-cipação, destas situações de "legítima defesa" é de rejeitar perante a nossa lei penal, mas não seria de todo desajustado afeiçoá-las ao estado de necessidade desculpante do artigo 35º[15] [16].

Cabe também aqui a discussão sobre o que representam certas instalações agressivas, por ex., muros e cercas eletrificados, armadilhas colocadas com inten-ção de proteger vivendas isoladas contra assaltos, ou até minas explosivas, falando alguns autores de *legítima defesa antecipada*. Esta, nos casos indicados, e em outros semelhantes (no Minho e nas Beiras, por ex., coroavam-se os muros de cacos de vidro), limita-se à aparência da simultaneidade da agressão e da ação de defesa e é rejeitada, inclusivamente, por poder atingir um não agressor, que até pode ser uma criança. Falta a atualidade do perigo no momento em que as *offendicula* são predispostas, explica G. Bettiol,[17] que entende reconduzir a questão ao âmbito do exercício do direito de propriedade, ainda que seja de exigir uma *relação de propor-ção* entre o bem que se pretende proteger e aquele que poderá, eventualmente, ser ofendido. O sentido originário destes dispositivos automáticos de defesa, escreve Miguel Ángel Iglesias Río, significava "obstáculo", "estorvo" ou "resistência", de acordo com a interessante reconstrução etimológica do termo *offendicullum* ou *offensaculum* realizada pelo italiano Massari. O *offendiculum* reduzia-se a meios que, por sua natureza, serviam unicamente para constituir um obstáculo impeditivo do livre e fácil acesso à propriedade privada, mas sem possuir capacidade de reação ofensiva. Incluíam-se no conceito objetos de características as mais diversas: vidros cortantes incrustados na parte superior de um muro, cancelas com pontas, valas com arame farpado, pontas de lança, fossas a impedir a passagem, etc.

---

[15] "Fernanda Palma, depois de, adequadamente, criticar e recusar a "teoria da eficácia da defesa", sugere que haverá uma certa analogia entre estas situações de criação de um perigo atual de uma próxima (embora não iminente) agressão ilícita e as situações subsumíveis à disposição jurídico-civil sobre a *ação direta*, prevista no Código Civil, art. 336º. É minha convicção, todavia, que nem o teor literal, nem a função, nem a natureza dos direitos objeto de proteção pelo art. 336º do Código Civil permitem a sua aplicação analógica às situações de perigo atual de uma agressão (ou repetição de agressão) ilícita", Taipa de Carvalho, p. 290.

[16] Cf. um caso semelhante de legítima defesa preventiva no BGH *NJW* 1979, 2053, com anotação de Hirsch *JR* 1980, p. 115 e ss. e Hruschka *NJW* 1980, p. 21 e ss. Do mesmo modo, Michael Pawlik, "Der rechtfertigende Defensivnotstand" *JURA* 1/2002, p. 29.

[17] G. Bettiol, *Direito Penal*, PG, tomo II, Coimbra, 1970, p. 211. Veja-se também Maria Fernanda Palma, *A Justificação por Legítima Defesa*, 1990, p. 337.

Excurso. O *affaire* Lègras. Há décadas, discutiu-se nos tribunais franceses um caso em que, nas palavras do representante do Ministério Público, se enfrentavam duas conceções do homem e da sociedade: de um lado os fanáticos da ordem pública desejavam que se lhes reconhecesse o direito de julgar soberanamente ou de executar a justiça da forma mais expedita. Havia outros para quem a pessoa humana estará sempre em primeiro lugar. A casa de campo de Mr. Lègras fora assaltada umas doze vezes até que o proprietário decidiu encher de pólvora um transistor que meteu num armário. Dois "visitantes" não autorizados sofreram na cara os efeitos da explosão. Um dos ladrões morreu e o Sr. Lègras foi conduzido perante um tribunal de jurados que o absolveu. A posição radical de alguns juristas que apoiaram a decisão fazia assentar este "enérgico" direito de legítima defesa na circunstância de que uma nova agressão "podia verificar-se a qualquer momento...".

Nos crimes permanentes, como o sequestro (artigo 158º) e a violação de domicílio (artigo 190º), a agressão dura pelo tempo que durar a situação típica. Se o intruso que permanece no domicílio alheio recusa retirar-se, pode o dono da casa invocar a legítima defesa, mas não assim se simplesmente lhe bloqueia a saída com o pretexto de que já chamou a polícia.

Deve ter-se igualmente em atenção a *permanência* da agressão no caso do ladrão que vai a fugir com o produto do furto. Aliás, no que toca aos crimes patrimoniais, a doutrina geralmente entende que a agressão permanece enquanto se não der o *esgotamento*, terminação ou consumação material, independentemente da consumação formal ou jurídica[18]. Segundo Iglesias Río, nos crimes contra a propriedade, como o furto – cuja forma de execução possibilita a proteção defensiva, mesmo depois de se dar a consumação do facto delitivo concreto – a agressão será *atual* enquanto o ladrão não tiver a coisa subtraída em pleno sossego, enquanto não dispuser pacificamente do produto do furto, quer dizer: até que a lesão do direito de propriedade para a vítima não seja irreversível. Por conseguinte, a vítima poderá perseguir, *in actu*, o delinquente para recuperar o subtraído – justificando-se que para recuperar os bens ou valores se utilizem os meios da legítima defesa. No entendimento do Prof. Figueiredo Dias,[19] releva "o *momento até ao qual a defesa é suscetível de deter a agressão*, pois só então fica afastado o perigo de que ela possa vir a revelar-se desnecessária para repelir a agressão. Até esse último momento a agressão deve ser considerada como atual. É à luz deste critério que devem ser resolvidos os casos que mais dúvidas levantam neste ponto, os dos *crimes contra a propriedade*, nomeadamente o do crime de *furto*. Ex.: *A* dispara e fere gravemente *B*,

[18] Kühl, *Jura* 1993, p. 62.
[19] Figueiredo Dias, *Textos*, p. 177.

A LEGÍTIMA DEFESA

para evitar que este fuja com as coisas que acabou de subtrair. Poder-se-á considerar a agressão de *B* como ainda atual? A solução não deve ser prejudicada pela discussão e posição que se tome acerca do momento da consumação do crime de furto. O entendimento mais razoável é o de que está coberta por legítima defesa a resposta necessária para recuperar a detenção da coisa subtraída se a reação tiver lugar logo após o momento da subtração, enquanto o ladrão não tiver logrado a posse pacífica da coisa".

O furto é (para a posição dominante) um crime instantâneo, mas os seus efeitos são permanentes. Cf., aliás, com a situação desenhada no artigo 211º (violência depois da subtração) e com os casos de *agressão frustrada* em que o ladrão foge de mãos a abanar porque não conseguiu apanhar o que queria. Se o ladrão abandonou o que subtraiu e foge de mãos vazias, o lesado não está autorizado a exercer a legítima defesa, que é desnecessária. De qualquer forma, se o dono da coisa furtada não a recupera de imediato, *i. e*, se a agressão perde a sua atualidade, no indicado sentido, a recuperação forçada da presa só poderá fazer-se com apoio na *ação direta* (artigo 336º do Código Civil).

Discute-se muito igualmente se e em que medida é que a vítima de uma tentativa de extorsão (artigo 223º) fica em posição de se defender legitimamente. Para negar a necessária atualidade, sustenta-se que a agressão à liberdade de disposição cessa logo que a ameaça é proferida e que os perigos para os interesses patrimoniais do visado se situam ainda no futuro, mas o critério é muito discutível.

b) A ilicitude da agressão

A agressão deverá ser **ilícita**. A agressão é ilícita se for objetivamente contrária ao ordenamento jurídico – mas não se exige, como logo decorre da letra do artigo 32º, que a conduta preencha um tipo de crime. O livreiro pode reagir contra o estudante que pretende levar para casa um livro, só para o ler, restituindo-o em seguida: o *furtum usus* do livro não é penalmente punido, mas a situação é objetivamente ilícita, os interesses do livreiro, proprietário do livro, são interesses juridicamente protegidos. Aponta-se, porém, uma restrição a esta *unicidade* entre ilicitude geral e ilicitude da agressão para efeitos de legítima defesa:[20] "a agressão não será ilícita para este efeito relativamente a interesses ("direitos relativos") para cuja "agressão" a lei prevê procedimentos especiais, como será o caso dos direitos de créditos e dos de natureza familiar. Não estarão por isso cobertas por legítima defesa, *v. g.*, as agressões ou ameaças tipicamente relevantes levadas a cabo pelo credor sobre o devedor para que este lhe pague; ou pelo marido sobre a mulher para impedir que ela abandone o lar conjugal".

---

[20] Figueiredo Dias, *Textos*, p. 179.

O RISCO DE COMER UMA SOPA E OUTROS CASOS DE DIREITO PENAL

Deve por outro lado notar-se que **não há legítima defesa contra legítima defesa**. Se *A* atua justificadamente perante a pessoa de *B* (em legítima defesa, em estado de necessidade justificante, por ordem da autoridade, por ex., para o prender, etc.) não pode este ripostar em legítima defesa, antes tem o dever de tolerar tal situação. Não está legitimada por legítima defesa a agressão do ladrão sobre o seu perseguidor que intenta, pela força, recuperar as coisas roubadas. Recordem-se ainda os frequentes casos de *legítima defesa putativa*: se *A* vê que o seu carro está a ser deslocado do sítio em que o estacionara e reage ao que toma pelo furto do carro, quando na realidade do que se tratava era de acudir com ele a uma emergência, por ser o único meio de salvar uma vida, a intervenção na esfera jurídica de *A*, por não ser ilícita, não autoriza a legítima defesa, pois lhe falta um dos pressupostos do artigo 32º – mas poderá prevalecer-se do regime, que lhe é favorável, do artigo 16º, n°s 2 e 3. As relações cidadão/polícia podem também suscitar problemas nesta área, como quando se pretenda impor certos procedimentos relativos a provas de sangue ou a testes de alcoolemia ou se empregam cães polícias.

2. Requisitos da ação de defesa

a) A necessidade do meio

Com a defesa do agredido converte-se o próprio agressor em vítima e o agredido em autor. Para ser legítima, a defesa há de ser objetivamente necessária: "o modo e a dimensão da defesa estabelecem-se de acordo com o modo e a dimensão da agressão". O agredido pode defender-se com *tudo o que seja necessário*, mas *só com o que for necessário*. A defesa só será pois legítima se se apresentar como indispensável (*unumgänglich*), imprescindível (*unerläßlich*), atuando o defendente com os meios exigíveis para a salvaguarda de um interesse jurídico, portanto, com o meio menos gravoso para o agressor. O juízo sobre a adequação do meio defensivo depende do **conjunto das circunstâncias** (*"Kampflage"*) em que se desenrolam tanto a agressão como a ação de defesa, devendo ter-se especialmente em consideração a intensidade da agressão, a força e a perigosidade do agressor e as possibilidades de defesa do defendente: contra um agressor de 130 quilos, que bate repetidamente com a cabeça da vítima na capota do automóvel, pode o agredido defender-se à facada: BGHSt 27, 336. No caso do acórdão do STJ de 10 de fevereiro de 1994, *BMJ* 434, p. 286, o defendente, de 77 anos, repeliu uma agressão atual e ilícita (tiro de arma de fogo contra ameaças de agressão corporal, antecedidas de insultos), mas provou-se que o fez em situação de medo prolongado, convencido de que a vítima, homem forte, de 30 anos, o ia atacar, bem como a sua mulher, com mais de 90, na sua própria casa. "A necessidade de defesa há de apurar-se segundo a **totalidade das circunstâncias** em que ocorre a agressão e, em particular, com base na intensidade daquela, da perigosidade do agressor e da forma de agir". Cf. o acórdão do STJ de 4 de novembro de 1993, referido pelo acórdão do STJ de 7 de dezembro de 1999, *BMJ* 492, p. 159. "O juízo de necessidade reporta-se ao **momento** da agressão, tem natureza *ex ante*, e nele deve ser avaliada objetivamente **toda a dinâmica do acontecimento**, merecendo todavia especial atenção as *características pessoais do agressor* (idade, compleição física, perigosidade), os instrumentos de que dispõe, a intensidade e a surpresa do ataque, em contraposição com as *características pessoais do defendente* (o porte físico, a experiência em situações de confronto) e os instrumentos de defesa de que poderia lançar mão"[21].

Onde em princípio se rejeita o exemplo de Lucky Luke, que disparava mais rápido do que a sua própria sombra! Há situações em que é possível não usar logo a arma de fogo que está à mão, dando ao meio de defesa uma utilização gradual ou escalonada, podendo inclusivamente começar-se com uma ameaça verbal ou um tiro de aviso. Pode, no entanto, o defendente ver-se na necessidade de visar logo o agressor se com o aviso se perder tempo, piorando a situação de quem se defende ou tornando definitivamente impossível a defesa. Nesse caso, o disparo deverá ser dirigido a zonas do corpo do agressor que não sejam vitais: as pernas, o braço, etc. A fuga do defendente não tem qualquer influência na defesa necessária, fugir não é defender-se (veja-se, no bom sentido, o acórdão da Relação de Lisboa de 14 de fevereiro de 2006 *CJ* 2006, tomo I, p. 138). Acontece também quando há vários indivíduos simultaneamente em situação de legítima defesa. Se um deles pode, eficazmente, usar um meio menos gravoso, se o mais forte – por ex., um praticante de luta livre – tem à sua disposição o meio menos gravoso que é a defesa corporal, não deve o outro defendente, o mais fraco, usar a pistola que traz consigo. Finalmente, se houver ocasião de chamar a polícia, é isso que se deve fazer.

Já anteriormente referimos a tendência para não admitir a legítima defesa (excluindo-a) contra agressões insignificantes, como no caso do furto das maçãs. Todavia, não será sinónimo de agressão insignificante a crassa desproporção dos bens, existindo esta, por ex., no caso do *furtum usus* ou mesmo no caso do furto da propriedade de um automóvel, mas em que o bem jurídico do agressor a ser lesado pela necessária ação de defesa é a substancial integridade física do ladrão ou mesmo, eventualmente, a sua vida. Agressão insignificante não

---

[21] Figueiredo Dias, *Textos*, p. 185.

é o equivalente de crassa desproporção. Para Taipa de Carvalho, não sendo a agressão dolosa e culposa intervirá, como também já se acentuou, um **direito de necessidade defensivo**: o interesse lesado pelo defendente não será então muito superior ao interesse defendido. As agressões de crianças, doentes mentais notórios e de pessoas manifestamente embriagadas terão assim um tratamento particularizado. Nos casos em que o agente pretende criar uma situação de legítima defesa para, impunemente, atingir o agressor, há quem entenda que, para lá da falta de vontade de defesa, não se verifica a própria necessidade de defesa – o direito entraria em contradição consigo mesmo se permitisse tais ações defensivas. Poderia sempre invocar-se o abuso do direito. Se a provocação não é intencional, mas apenas negligente, deve-se evitar a legítima defesa agressiva. Mas do conceito de necessidade resulta, por último, que não está em causa uma proporcionalidade dos bens jurídicos – tanto a propriedade como o domicílio podem ser defendidos com os meios necessários para repelir a agressão, ainda que, nas concretas circunstâncias, o defendente deva servir-se, unicamente, do meio menos gravoso para a sustar[22].

A defesa é necessária se e na medida em que, por um lado, é adequada ao afastamento da agressão e, por outro, representa o meio menos gravoso para o agressor.

Caso nº 1   *A*, que se encontrava-se sozinho com a mãe em casa, foi por esta acordado durante a noite, após se terem ouvido ruídos indicadores de que estava em curso uma tentativa de introdução no local. Isso mesmo foi constatado pelo *A*, ao verificar ter sido aberta uma janela que ele próprio havia fechado. Foi assim que o *A* disparou dois tiros para o ar, mas a tentativa de intrusão prosseguiu, tendo então o *A* disparado, de novo, na direção de onde provinha o ruído e a uma distância de cerca de dois metros, atingindo um dos ladrões.

Disse o Tribunal (acórdão da Relação do Porto de 27 de setembro de 2006, proc. nº 0546987): "não pode deixar de considerar-se que o arguido utilizou **os meios necessários** para afastar a agressão, não lhe sendo exigível, depois de já ter efetuado dois disparos para o ar, que utilizasse outros meios de defesa, suportando riscos para si e para a sua mãe, aguardando pelo esclarecimento global da situação, nomeadamente, pela entrada dos intrusos no interior da casa para então reagir, pois que nessa altura poderia ser tarde demais".

---

[22] Não será adequada como ação de defesa a reação de quem foi intencionalmente fechado numa cave e que aproveita para destruir as garrafas de vinho do proprietário. Na verdade, nenhuma relação existe entre a agressão e a apontada reação de quem foi privado da sua liberdade.

A LEGÍTIMA DEFESA

Pondere agora a solução a que chegou o Supremo no seguinte

Caso nº 2   *A* tinha escondido em sua casa, para a passar a explorar, uma prostituta
estrangeira, que até então exercia por conta de *M*. Esta, acompanhada
dos guarda-costas, dirigiu-se à casa do *A* à procura dela, tocou à campainha, entrou e vasculhou a casa, danificando o telefone. Não a tendo
encontrado, retirou-se. Nessa noite, após segunda tentativa da *M* para
encontrar a prostituta na casa, com agressões ao *A*, este conseguiu
telefonar à polícia, que compareceu a seguir no local e conseguiu
acalmar os ânimos, identificando os presentes e aconselhando o *A* a
permanecer em casa com a porta fechada à chave. Logo que os agentes
se retiraram, a *M* e acompanhantes saltaram o muro de vedação da casa
do *A* e dirigiram-se à porta. Então o *A* abriu a porta da casa e, empunhando uma arma de caça, disparou um tiro *na direção* da *M*, a qual se
encontrava a uma distância de 2,5 a 3,5 metros, tendo-a atingido no
hemitorax esquerdo, produzindo-lhe lesões que acabaram por levar à
morte. *A* estava convencido que a *M* e acompanhantes estavam armados. Não se provou que o *A* tenha previsto que eles fossem fazer uso
das armas que o *A* julgava que eles detinham. Também não se provou
que o *A* não tivesse previsto o uso das armas.

O acórdão do STJ de 21 de janeiro de 1998, *BMJ* 473, p. 133, disse (a propósito
da **necessidade do meio**) o seguinte: "Não se infere que o atirar para o chão ou
para o lado fosse suficiente para, sem riscos para o defendente, proteger os bens
jurídicos agredidos ou em iminência de agressão; pelo contrário, patenteia-se
objetivamente que a *M* e acompanhantes se não deteriam perante tal tipo de
defesa – não se detiveram pela intervenção da polícia, não se detiveram quando
entraram na casa do *A* e aí o agarraram e agrediram, como não se detiveram
perante um espaço fechado, como se não iriam deter na porta da casa: estavam
obcecados em levar a moça à força. Com esta situação, os riscos recairiam sobre
os ocupantes da casa, pois que, falhado o primeiro tiro, o *A* não teria mais possibilidades de usar a arma, seja pelas características desta, seja pela proximidade
da *M* e acompanhantes que por certo não ficariam estáticos". O *A*, ainda segundo
o acórdão, agiu sob pressão das circunstâncias; aliás, os riscos de um resultado
mais gravoso, desde que não exceda manifestamente a necessidade do meio,
devem correr por conta do agressor, não podendo, ademais, inferir-se que no
caso um tiro, por exemplo, para as pernas, seria meio eficaz e sem riscos para
suster a agressão, por não ser de afastar um recrudescimento do comportamento
agressivo, em especial por parte dos guarda-costas. Conclusão do STJ: o facto
praticado pelo *A* reveste a natureza normativa de "meio necessário para repelir

a agressão"; aliás, também aqui funciona o *in dubio ro reo* (*in dubio pro defendente*), uma vez que a dúvida sobre a existência da legítima defesa é também necessariamente uma dúvida sobre o facto penalmente ilícito;[23] por isso revogou a decisão da 1ª instância, que se encaminhara para a afirmação do excesso.

Há situações de **excesso de legítima defesa**, por uso de um meio não necessário à defesa. É o chamado *excesso de meios* ou *excesso intensivo* de legítima defesa, enquadráveis na previsão do artigo 33º e suscetíveis de uma punição especialmente atenuada (artigo 72º) ou merecedores da própria exclusão da culpa, nos casos em que o excesso de meios fique a dever-se a "perturbação, medo ou susto não censuráveis".

Diferentes das situações de excesso são os casos de **erro sobre a legítima defesa**:

- De erro sobre os pressupostos ou requisitos da legítima defesa (o agente representa falsamente que está a ser alvo de uma agressão atual e ilícita, como vimos noutro lugar) ou mesmo a necessidade do meio. Aplica-se o artigo 16º, nº 2, podendo o defendendo ser punido por negligência se o erro lhe for censurável e o facto for punível a esse título (artigos 16º, nº 2, e 13º);
- De erro sobre a existência ou limites da legítima defesa. O agente supõe que a legítima defesa se desenha de modo diverso ou com limites diversos dos estabelecidos legalmente, sendo por isso um erro de valoração e não um puro erro intelectual, aplicando-se, por isso, a disciplina do artigo 17º.

b) A vontade de defesa

Saber se é necessária uma **vontade de defesa** foi objeto de larga controvérsia, por detrás da qual se encontravam, de um lado, os partidários da ilicitude objetiva, do outro, os da doutrina do ilícito pessoal. O conceito objetivista é definido pelo desvalor de resultado, mas o ilícito como desvalor de ação e com os elementos pessoais (subjetivos) que lhe estão associados passou a influenciar largos setores da doutrina. Hoje em dia entende-se, predominantemente, que o ilícito é desvalor de resultado mas é também desvalor de ação e ambos têm o mesmo peso na sua conformação. Deste modo, se *A*, dolosamente, cometeu homicídio na pessoa de *B* a conduta só estará justificada se à situação de defesa e à ação de defesa se juntar o elemento subjetivo do tipo permissivo que é a vontade de defesa, pois só assim

---

[23] Tem-se hoje, com efeito, por indiscutível que o princípio se aplica aos elementos fundamentadores e agravantes da incriminação, mas também às causas de exclusão da ilicitude e da culpa, bem como às causas de exclusão da pena e para muitos igualmente às circunstâncias atenuantes. Veja-se Baumann/Weber/Mitsch, *Strafrecht Allgemeiner Teil*, 10ª ed., 1995, p. 151; e Figueiredo Dias, *Direito Processual Penal*, 1974, p. 211.

se afasta o desvalor de ação, *i. e*, a vontade de realização do crime. O acórdão do STJ de 19 de janeiro de 1999, no *BMJ* 483, p. 57, parece ser o exemplo de uma orientação pacífica no sentido de se exigir que o agredido aja com intenção de se defender de uma agressão – portanto, que o *animus defendendi* é requisito da legítima defesa.

A defesa deve, portanto, ser subjetivamente conduzida pela vontade de defesa, não lhe bastam os critérios objetivos anteriormente assinalados. É necessário que o agente tenha *consciência* de que se encontra perante uma agressão a um bem jurídico próprio ou de terceiro, e que atue com *animus defendendi*, ou seja, com o intuito de preservar o bem jurídico ameaçado[24]. Frequentemente, os autores distinguem entre a *defesa de proteção* e a *agressiva*, no primeiro caso, se, por ex., o defendente se limita a levantar ou a exibir a arma, fazendo ver ao adversário o que o espera. O defendente pode até evitar o ataque, escapando à agressão, ou pedir a ajuda de outrem, por ex., da polícia. A forma agressiva corresponde ao dito "a melhor defesa é o ataque". As situações têm a ver, naturalmente, com a *necessidade* de defesa. Voltaremos ao assunto a propósito da provocação intencional (*pré-ordenada*), nos casos em que o agente pretende criar uma situação de legítima defesa para, impunemente, lesar um bem do agressor. "Dado que a principal intenção do agente é, não defender-se, mas sim atacar o outro indivíduo, não se encontra satisfeito o indicado elemento subjetivo" (Figueiredo Dias). Já se viu que, nestes casos, a conduta deve considerar-se sempre ilícita. Outra questão liga-se com as consequências do "desconhecimento da situação objetiva justificante". De acordo com o artigo 38º, nº 4, Código Penal é punível, com a pena aplicável à tentativa, o facto praticado sem conhecimento da existência de consentimento do ofendido suscetível de excluir a responsabilidade criminal. Na sua interpretação corrente, a solução do Código aplica-se ao consentimento e em todos os outros casos em que o agente atua sem conhecer uma situação justificadora realmente existente. Entrar-se-ia em contradição normativa se o Código, que aceita em princípio a punibilidade da tentativa impossível, "deixasse de punir, também a

---

[24] Figueiredo Dias, "Legítima defesa", *Polis*. Diz-se no acórdão do STJ de 19 de julho de 2006, proc. nº 06P1932: "conquanto parte da nossa jurisprudência e certo setor da doutrina continuem a exigir, como elemento ou requisito essencial da legítima defesa, a ocorrência de *animus defendendi*, isto é, a vontade ou intenção de defesa, muito embora com essa vontade possam concorrer outros motivos, tais como indignação, vingança e ódio, a verdade é que a doutrina mais representativa defende que o elemento subjetivo da ação de legítima defesa se restringe à **consciência da "situação de legítima defesa"**, isto é, ao conhecimento e querer dos pressupostos objetivos daquela concreta situação, o que se justifica e fundamenta no facto de a legítima defesa ser a afirmação de um direito e na circunstância de o sentido e a função das causas de justificação residirem na afirmação do interesse jurídico (em conflito) considerado objetivamente como o mais valioso, a significar que em face de uma agressão atual e ilícita se deve ter por excluída a ilicitude da conduta daquele que, independentemente da sua motivação, pratica os atos que, objetivamente, se mostrem necessários" para a sua defesa".

O RISCO DE COMER UMA SOPA E OUTROS CASOS DE DIREITO PENAL

título de tentativa, aquele que atuou numa situação efetivamente justificante, mas sem como tal a conhecer"[25]. A solução é correntemente aceite pelos autores alemães[26]. A situação contrária, a de alguém agir com vontade de defesa sem que se verifiquem os pressupostos objetivos da legítima defesa, leva, como já se viu, à figura da legítima defesa putativa.

Caso nº 3 *A*, que foi contactado na sua residência por um vigilante noturno de uma escola, pedindo-lhe auxílio em virtude de a escola estar a ser assaltada por quatro indivíduos e não ter conseguido contactar as autoridades policiais e que dispara um tiro sobre um dos assaltantes que perseguia, o qual o enfrenta empunhando uma faca – tiro que vem a ser a causa determinante da morte do assaltante – atua no exercício de um direito – a legítima defesa e, por isso, não pode ser criminalmente punido, acórdão do STJ de 5 de junho de 1991 *BMJ* 408, p. 180.

Caso nº 4 Agiu em legítima defesa o agente policial trajando à civil que pretendendo interferir em defesa de um indivíduo que estava a ser agredido por outros três, foi por estes rodeado em disposição de o agredirem, um deles empunhando uma faca, e recuou, e disparou sem êxito um tiro de revólver para intimidação e, em estado de perturbação, disparou outro tiro contra a perna esquerda daquele que empunhava a faca, prostrando-o no solo e provocando-lhe lesões determinantes de 30 dias de doença. Mas já não agiu em legítima defesa quando disparou o terceiro tiro contra a região malar de outro dos mencionados indivíduos que tinha na mão um rádio portátil e distava um metro e meio, provocando-lhe a morte, por não ter o propósito de defesa nem subsistir o perigo de agressão iminente, acórdão do STJ de 20 de novembro de 1991, *BMJ* 411, 244.

Um dos problemas mais relevantes do direito de justificação é o de saber se se pode salvar um simples bem patrimonial (com exceção, naturalmente, dos de valor insignificante) à custa do sacrifício de uma vida humana ou de uma grave lesão da integridade física. A lei ordinária portuguesa não impõe quaisquer limites à legítima defesa, em função da natureza – patrimonial ou não patrimonial – dos bens jurídicos protegidos. A proporcionalidade entre os valores dos bens agredido e defendido não é requisito imposto pela disciplina jurídica da legítima defesa no nosso Direito e, por isso, em princípio, não pode sustentar-se que o valor do

---

[25] Figueiredo Dias, *Pressupostos da punição*, p. 61.
[26] Cf., por todos, Kühl, *StrafR*, p. 167.

patrimónío haja de ceder perante o valor da integridade física ou da vida. Isto, sem prejuízo de exclusão do âmbito da legítima defesa das hipóteses em que, atentos os critérios ético-sociais reinantes, se verifique uma manifesta e gritante desproporção dos interesses contrapostos.

IV. Limites

1. Aspetos gerais

Para a legítima defesa exige-se em primeiro lugar uma **agressão** de interesses juridicamente protegidos do agente ou de terceiro. A agressão supõe a ameaça direta, imediata, desses interesses, através de um comportamento humano. Não podemos ignorar, naturalmente, o que se dispõe no artigo 32º.

Se *A* se dirige a *B* para lhe dar um abraço e *B* supõe (por erro) que este o vai agredir, a situação não legitima uma defesa e só pode contar com os efeitos associados à chamada **legítima defesa putativa**. As aparências de agressão, por ex., o empunhar uma pistola de brinquedo ou as "agressões" combinadas entre "agressor" e "defendente" não legitimam, objetivamente, a defesa. Mas se alguém empunha uma pistola sem munições em termos de conscientemente afetar a liberdade de disposição de outrem pode o "ameaçado" usar os meios da legítima defesa.

Notar-se-á também que à atuação do defendente só estão expostos os bens jurídicos do agressor. Se na defesa se atingem bens jurídicos de um terceiro (não agressor) poderá desenhar-se um **estado de necessidade** (artigo 34º), com as correspondentes consequências, mas nunca uma legítima defesa.

Não são porém agressões nesse sentido certos comportamentos em geral tolerados, como os encontrões nos transportes públicos, nem os ataques de animais, na medida em que as normas têm como naturais destinatários os entes humanos. É diferente o caso em que o cão é açulado por uma pessoa contra a outra, podendo esta reagir em legítima defesa, mas então reage à ação humana. Discute-se se a agressão pode ocorrer por omissão, sendo caso paradigmático o da mãe que recusa alimentar o filho acabado de nascer ou o do preso que procura, pelos seus próprios meios, sair da cadeia, agindo inclusivamente contra a pessoa dos guardas, depois de cumprida a pena, quando estes se recusam a executar a ordem judicial de libertação[27].

---

[27] Cf. outros dados em Figueiredo Dias, *Textos*, p. 171, e agora *DP/PG* I, 2ª ed., 2007, p. 409, nomeadamente quando esteja em causa a legitimidade da defesa às omissões puras e impuras. Ex., poderá forçar-se um automobilista a transportar ao hospital a vítima de um acidente?

Não existe unanimidade no estabelecimento das fronteiras de certos interesses juridicamente protegidos, como os ligados à **privacidade**. Haverá diferenças entre espreitar sem consentimento para o interior do quarto de dormir de uma senhora, intervindo o sujeito na esfera íntima da pessoa, e espreitar de longe um par de namorados que permanecem juntos no interior dum carro, à beira-mar[28].

A corrente maioritária entende que a agressão não precisa de ser praticada dolosamente. Bastará uma conduta negligente ou mesmo um comportamento desprovido de culpa. Neste sentido vai a opinião do Prof. Eduardo Correia: "Sendo antijurídica, a agressão não precisa, de qualquer forma, de ser culposa: mesmo atos involuntários (*v. g.*, em estado de epilepsia), atos não dolosos, atos de crianças, de dementes (...)." Também Figueiredo Dias escreve que "a situação de legítima defesa pressupõe a ilicitude da agressão, mas não a **culpa do agressor**" – podem assim ser repelidas em legítima defesa agressões em que o agente atue sem culpa, devido a inimputabilidade, à existência de uma causa de exclusão da culpa ou a um erro sobre a ilicitude não censurável". Todavia, estas posições conduzem, inevitavelmente – diz-se –, ao "vago, genérico e indefinível tópico" das limitações ético-sociais, pelo que, alguns autores[29] entendem que a legítima defesa pressupõe o caráter doloso [e censurável] da agressão. A ideia é que o próprio conceito de agressão "exige vontade lesiva e, sobretudo, porque face a ações imprudentes carece de sentido e não pode realizar-se a função de intimidação da legítima defesa"[30].

Nesta perspetiva, contra a ação imprudente caberá estado de necessidade defensivo (supra legal).

O **estado de necessidade defensivo** tem sido colocado *entre* a legítima defesa (artigo 32º) e o estado de necessidade (artigo 35º). Os autores que, como Taipa de Carvalho, Luzón Peña, Eb. Schmidhäuser e H. Otto exigem que a agressão seja culposa propõem a aplicação das regras do estado de necessidade defensivo, que requer a ausência de grande desproporção e a subsidiariedade da defesa. As condutas que apontam para o estado de necessidade defensivo "têm algo a menos do que a agressão ilícita pressuposta pela legítima defesa e algo a mais do que o perigo para um bem jurídico do estado de necessidade justificante.

---

[28] O acórdão do STJ de 4 de fevereiro de 1981, *BMJ* 304, p. 235, ocupou-se do caso de *A* que, a cerca de 4 metros, disparou a caçadeira contra o vulto dum mirone que, em agosto, por volta das 22 horas, lhe surgira defronte da janela do quarto e se quedou a espreitar para o interior. Anteriormente, em noites sucessivas, já o *voyeur* tivera idêntico procedimento. Questões como esta prendem-se com a privacidade e o estado emocional dos importunados, mas também têm a ver com a atualidade da agressão, entrando num grupo de casos a conformar a chamada *legítima defesa preventiva*.

[29] Por ex., Taipa de Carvalho, p. 258 e ss.

[30] Outros desenvolvimentos em Taipa de Carvalho, *cit.*, p. 259.

A LEGÍTIMA DEFESA

Nelas, o agente desencadeia uma defesa contra uma agressão que não pode constituir o substrato de um direito de legítima defesa (...). O problema do estado de necessidade defensivo, tal como o da defesa preventiva, nasce da necessidade de proteção de bens colocados em perigo, apesar de não ser claramente configurável um dever de suportar a defesa preventiva, inere, todavia, a esta figura uma necessidade atual de defesa, intensificando-se, materialmente, as exigências de proteção do titular dos bens jurídicos ameaçados. O contexto ético que torna o tratamento jurídico destas situações problemático respeita, ainda e sempre, à equidade, pois tanto defendente como agressor são *juridicamente inocentes*" [31]. "No estado de necessidade defensivo, penso que o princípio fundamental é o da autodefesa, intervindo o princípio da solidariedade como princípio-limite. Isto é, embora seja justo e razoável que seja a fonte da agressão a suportar as consequências da resolução do conflito, já se compreende, todavia, em nome do princípio da solidariedade, que, tratando-se, por exemplo, de um agressor inimputável, se proíba a intervenção defensiva, quando esta for afetar um bem muito superior ao defendido"[32]. Para o Prof. Figueiredo Dias, "o que agressões de crianças, de doentes mentais ou, em geral, de agressões de quem atua notoriamente sem culpa pode determinar é uma modificação dos limites da *necessidade* da ação de defesa" – o agredido, poderá, por ex., sem desdouro, esquivar-se à agressão [33].

Caso n⁰ 5 *C*, um indivíduo esquizofrénico, fugido do estabelecimento onde tinha sido internado, atacou *P* com uma faca, pelas costas e preparava-se para continuar a agressão. *P* era um sacerdote, que regressava a casa, vindo do serviço religioso do fim da tarde, mas *C* estava convencido de que a pessoa atacada era antes o chefe de um bando de criminosos que o queriam eliminar. Um terceiro, *D*, que não queria nada com religiosos mas não sabia tratar-se de um padre, embora o tivesse tomado por um conhecido desportista, no instante decisivo conseguiu salvar-lhe a vida, em ação de defesa de terceiro, disparando por uma janela aberta um tiro que veio a ferir *C* com gravidade.

---

[31] Prof. Fernanda Palma, *A Justificação*, p. 798.

[32] Taipa de Carvalho, p. 185.

[33] Mas quando está em causa uma agressão atual, ilícita, dolosa e praticada por uma pessoa plenamente consciente da censurabilidade social do seu ato – não há qualquer fundamento para impor ao agredido ou o **dever de fuga ou desvio** ou o dever de não sacrificar bens do agressor que sejam muito superiores aos que são objeto de uma tal agressão: a recusa de uma tal proporcionalidade dos bens, não violando qualquer princípio ético-jurídico, é, ainda, necessária, sob o ponto de vista da função preventiva, geral e especial, de uma tal categoria de agressões. Cf. Taipa de Carvalho, p. 390; e acórdão da Relação de Lisboa de 14 de fevereiro de 2006, *CJ* 2006, tomo I, p. 138.

Certos aspetos inovadores constituem [em certo sentido], ao nível da legítima defesa, "reflexo do trânsito de uma **conceção marcadamente individualista** para uma **mundividência social ou solidarista**, que se observa no âmbito criminal" (Figueiredo Dias). Os autores alemães têm, com efeito, procurado introduzir **limitações de sentido ético-social em atenção à solidariedade**, à consideração para com o atacante, sem que, todavia, as opiniões sejam uniformes. Deve aliás notar-se que a solidariedade é um "corpo estranho"[34] ao direito penal, ainda que, em alguns lugares, se não excluam os correspondentes deveres. Confronte-se o disposto no artigo 200º e os fundamentos do estado de necessidade justificante (artigo 34º), que apontam para a solidariedade devida a quem se encontra em situação de necessidade. Em sentido alargado, nas tentativas de limitação ético-social argumenta-se com os correspondentes princípios legitimadores: a tutela dos *interesses individuais* ameaçados pela agressão e a *salvaguarda da ordem jurídica*, registando-se situações que exigem o recuo de ambos os princípios e mesmo a exclusão da legítima defesa.

O estado de necessidade do artigo 339º do Código Civil não terá aplicação no caso anterior. *C*, não obstante aparecer como portador de uma doença mental – de uma anomalia psíquica que, preenchidos os pressupostos do artigo 20º, o convertiam num inimputável, não deixa de ser uma pessoa. Roxin, ao tratar do § 228 do BGB,[35] alerta para que se não confundam pessoas com "coisas" – e são estas que têm lugar no dispositivo civil idêntico ao nosso artigo 339º. Mesmo assim, porque se trata de um inimputável, propõe-se aproveitar o regime do § 228 para o aplicar à presente situação, na parte em que se valoriza um modelo de proporcionalidade. A exigência de solidariedade para com um atacante incapaz de culpa adapta-se ao regime aplicável ao agente em estado de necessidade justificante, mesmo quando não se nega a natureza agressiva da ação do *C*. Ponto é que a reação se faça com conhecimento de que a ação é a de um inimputável.

Como ainda agora observámos, também há quem opere com um "estado de necessidade defensivo", que requer a ausência de grande desproporção e a subsidiariedade da defesa. Todavia, não é seguro que o autor do disparo estivesse a par da condição de inimputabilidade do primeiro agressor. Também se não apurou se *D* tinha a possibilidade de empregar um meio mais suave para pôr termo à agressão, ocasião em que caberia, em razão do princípio da solidariedade, um "direito de necessidade interventiva"[36].

---

[34] Naucke, *StrafR.*, p. 298 e ss.; Kühl, *StrafR.*, p. 179.

[35] Claus Roxin, *AT* 1, § 16, nº de margem 67.

[36] Sobre esta figura, Taipa de Carvalho, *A Legítima Defesa*, p. 346. Será o caso de *A* "apontar uma arma (que se veio a verificar que estava descarregada) a *B*; este, em verdadeiro direito de legítima defesa, prepara-se para disparar, imediatamente contra *A*. Todavia, *C*, que se encontrava perto de *B* e que, por acaso, sabe que o revólver de *A* está sem qualquer bala, impede o *B* de disparar, embora, para tal, lhe tenha de causar lesões corporais leves (p. e., "através de um empurrão".

2. O caso especial da criação propositada da aparência de uma situação de LD

Caso nº 6 Criação propositada da aparência de uma situação de legítima defesa. Num café duma vila beirã, houve uma escaramuça inicial entre *A* e *B*, provocada por este: logo após a entrada do *A* no café, o *B* insistiu em humilhar e agredir o seu antagonista, dizendo-lhe, inclusivamente, "Ah, ladrão, que te hei de matar", ao que o outro respondeu: "Se queres matar-me, mata-me". Pouco depois, o *A* voltou ao café, pediu água quente para descongelar o para-brisas do carro, regressou ali para devolver a garrafa vazia e pediu uma cerveja, tendo permanecido no interior do café até que este fechou e todos saíram. O *A* foi à frente, o *B* atrás e, saindo quase ao mesmo tempo, dirigiram-se cada um para os respetivos carros, estacionados do outro lado da rua. O *B*, que se encontrava manifestamente embriagado, foi ao seu carro donde retirou uma bengala. O *A* retirou, por sua vez, um revólver do seu carro. O *B* então desferiu uma bengalada na cabeça do outro e o *A*, cambaleante, em resposta, efetuou um disparou com o revólver, atingindo o *B* numa parte não apurada do corpo. Por causa da bengalada, o *A* veio a cair do outro lado da estrada, tendo sido seguido pelo *B*, que o pretendia agredir pela segunda vez com a bengala. Receando ser de novo atingido, o *A* efetuou mais quatro disparos. Os cinco tiros atingiram o *B*, designadamente no tórax e no abdómen, tendo um deles atingido órgãos vitais, provocando a morte do *B* como causa direta e necessária. O *A* agiu voluntária, livre e conscientemente, com o propósito de matar o *B*.

Uma vez que *A* deu vários tiros na pessoa de *B* fica desde logo comprometido com a tipicidade do artigo 131º. *A* disparou e *B* morreu. A morte foi produzida pelos tiros disparados por *A*. Este agiu dolosamente, com conhecimento e vontade de realização do tipo de ilícito indicado. *A* sabia que matava *B* (outra pessoa) com os tiros e quis isso mesmo. Trata-se agora de saber se se encontra presente qualquer causa de justificação ou de desculpação.

O Tribunal de Trancoso condenou *A* como autor material de um crime de homicídio com atenuação especial da pena (artigos 72º, nºs 1 e 2, alínea *b*), 73º, nº 1, alíneas *a*) e *b*), e 131º) na pena de 5 anos de prisão. O *A* recorreu, desde logo por entender que agiu em legítima defesa. Argumenta ter praticado o facto como meio necessário para evitar a sua morte, intentando repelir a agressão que se iniciara e era atual e ilícita. Além disso, quis defender-se e a existência de vários tiros não retira o *animus defendendi*, pois um homem médio não tem tempo para pensar, após levar uma arrochada na cabeça que o atira à distância. O Supremo (acórdão de 7 de dezembro de 1999, *BMJ* 492, p. 159) entendeu que se não configura "situação de legítima defesa", pois o que existe é a propositada criação, pelo *A*, da "aparência de uma situação de legítima defesa". O *A* andou a entrar e a sair do café; entretanto, o *B*, que se encontrava com uma elevada taxa de alcoolemia no sangue, permanecera sempre ali e não há referência a que se tivesse intrometido de novo com o *A*, apesar daquelas idas e voltas deste, e só saiu quando saiu toda a gente, incluindo o *A*. Porque não foi o *A* embora enquanto o *B* estava no café, sabendo-se (porque também ficou provado) que este era pessoa conflituosa? Cá fora, o *A* podia ter-se metido na viatura e partido, ma optou por aguardar que o *B* estivesse armado com a bengala para, munido do revólver e empunhando-o em direção àquele, se dirigir para a vítima, encurtando assim a distância entre os dois de modo a instigar o *B* a desferir-lhe a bengalada e a poder ser por ela atingido, em vez de o intimidar com o revólver, mantendo-se fora do alcance da bengala manejada pelo *B*. Não pode por isso deixar de concluir-se, como se fez no acórdão do Supremo, que o *A*, conhecedor do temperamento conflituoso e agressivo do *B*, quis tirar desforço da humilhação que este lhe infligira – e provocou deliberadamente uma situação objetiva de legítima defesa, para deste modo alcançar, por meio ínvio, a impunidade de um ataque que fez desencadear propositadamente. Não há assim legítima defesa. E porque não há legítima defesa, também se não configura excesso de legítima defesa, porque este pressupõe a existência de uma situação autêntica de legítima defesa a que se responde com excessos dos meios empregados.

V. Interpretação corrente do artigo 32º

Caso nº 7 RGSt 55, 82[37]. *Abuso do direito e crassa desproporção do significado da agressão e da defesa. A estava desde o começo da noite de guarda a umas árvores de fruto numa sua pequena propriedade. Acompanhava-o um pequeno cão e tinha consigo uma espingarda de caça. Pela manhã, viu dois homens que subtraiam fruta. A chamou-os e os homens puseram-se em fuga, levando consigo a fruta, uma meia dúzia de maçãs. Não responderam aos avisos que A lhes fazia, ameaçando-os com a arma, para pararem. A não viu outra possibilidade de recuperar a fruta senão disparar um tiro. Ao disparar, A ofendeu corporalmente um dos homens, de forma grave. Considere-se com ligeira variante que A era um inválido que utilizava uma cadeira de rodas.*

---

[37] Cf. também George Freund, *Strafrecht Allgemeiner Teil: Personale Straftatlehre*, 1998, p. 469.

A LEGÍTIMA DEFESA

A questão que se coloca é a de saber se *A* pode ser responsabilizado pela prática, em autoria material, de um crime do artigo 144º (ofensa à integridade física grave). Não há dúvida de que houve uma lesão grave provocada com a arma. Pode entender-se que *A* podia recuperar a fruta dos ladrões mesmo com violência, por via da legítima defesa (artigos 31º, nos 1 e 2, alínea *a*)), e 32º), já que no caso concreto não tinha outro meio senão o uso da arma. Pode todavia perguntar-se se existia uma agressão atual. Numa certa perspetiva, os ladrões estavam em fuga e a agressão terminara (este não será, contudo, o entendimento corrente, pois os dois homens iam a fugir e levavam consigo a fruta, que em situações normais bem podia ser recuperada). Por outro lado: seria ainda admissível este tipo de defesa? Seria relevante o valor da coisa furtada?

De muitos lados, a limitar a necessidade de defesa, exige-se que não haja uma **sensível (escandalosa, crassa) desproporção** entre os interesses ofendidos pela agressão e a defesa, negando-se a defesa a qualquer preço. Na medida em que a defesa constitua resposta proporcionada a uma agressão injusta não há dúvida de que, seja qual for a atitude anímica que acompanha a vontade de defesa, existe autêntica causa de justificação que legitima o ato realizado. Contudo, a importância e a transcendência contidas na concessão a uma pessoa de direitos que inclusivamente se negam ao Estado, como, por exemplo, o de matar outra pessoa, impõem a necessidade de limitar esse direito individual a certas situações realmente excecionais[38]. Com efeito, se é certo que a legítima defesa visa salvaguardar interesses individuais e com isso a salvaguarda geral do direito, nem sempre estas necessidades individuais e comunitárias têm que ser valoradas de igual maneira, podendo haver casos em que se exclua a proteção individual ou a de um interesse geral, *limitando-se* ou *excluindo-se* o direito de legítima defesa (*rectius*, restringindo, em certos casos, a possibilidade de defesa ou condicionando-a à inevitabilidade da agressão[39].

Também entre nós se anotam os recentes ventos da renovação, que pode fazer-se caber sem esforço no rótulo geral das *limitações ético-sociais* do direito de legítima defesa[40]. Nelas avulta, como já se disse, a recusa de legitimidade da defesa em caso de escandalosa desproporção entre o bem jurídico defendido e o lesado pela defesa, mas também a limitação dos bens que podem ser defendidos à custa da morte do agressor. Invoca-se o artigo 2 II *a*) da Convenção Europeia dos Direitos do Homem e o "abuso de direito" como limite da legítima defesa.

Uma parte da doutrina entende que a morte de uma pessoa só se justifica para defesa da vida, da integridade física e da liberdade, mas nunca para a defesa de

---

[38] Muñoz Conde, *Derecho Penal*, PG, 1993, p. 292.
[39] F. Palma, p. 835.
[40] Figueiredo Dias, "Pressupostos da Punição", *Jornadas*, p. 59.

coisas ou de bens patrimoniais. O artigo 2 II *a*) da Convenção ("ninguém pode ser intencionalmente privado da vida, exceto para assegurar a defesa de qualquer pessoa contra uma violência ilegal") dirige-se, no entanto, unicamente às relações Estado-cidadão. Os particulares, que não são destinatários da Convenção, só em casos excecionais é que podem defender os seus bens com o recurso à força das armas.

Os campos problemáticos (já o acentuámos e nisso continuaremos a insistir) estendem-se às agressões realizadas por inimputáveis (pode haver legítima defesa, mas serão frequentes as limitações da necessidade da defesa, impondo-se antes uma 'defesa de proteção');[41] às agressões provocadas por ato ilícito do agredido; às agressões associadas a uma certa relação especial de garantia (como, por ex., entre cônjuges); e às agressões leves, proporcionalmente inofensivas[42].

Estes grupos de situações em que a legítima defesa está sujeita a *limitações ético-sociais* foram especialmente eleitos pela jurisprudência e literatura alemãs. Welzel,[43] por exemplo, entendia que não era admissível legítima defesa no caso de absoluta desproporção, relacionando a lesão, não com o bem jurídico ameaçado, mas com a irrelevância criminal da agressão. A jurisprudência proclama, com frequência, que não será necessário estabelecer uma relação entre o bem jurídico agredido e o lesado pela defesa; contudo, uma defesa em que o dano causado seja desproporcionado relativamente ao dano ocasionado pela agressão constitui um abuso de direito, e é, portanto, antijurídica.

Na nossa hipótese, a agressão era atual. Os ladrões estavam em fuga e levavam consigo a fruta subtraída, que não largaram. O furto não estava exaurido ou materialmente consumado, a presa não se encontrava em pleno sossego. Será caso de ter presente toda a teoria da *permanência da consumação*, "que evidentemente permitirá sempre o exercício da legítima defesa"[44]. Ou ainda o entendimento de que está coberta por legítima defesa a resposta necessária para recuperar a detenção da coisa subtraída "se a reação tiver lugar *logo após* o momento da subtração, enquanto o ladrão não tiver logrado a posse pacífica da coisa"[45]. Se o ladrão vai a fugir com a coisa e a perseguição é interrompida, parece que a consumação material se pode afirmar, ficando o ladrão na disponibilidade da coisa

---

[41] No caso tratado pelo acórdão do STJ de 5 de abril de 2006, a encarregada de um lar deu uma bofetada num menor inimputável por este lhe ter atirado com uma faca. Há quem, em casos destes, invoque a figura da retorsão. Cf. o comentário de Paula Ribeiro de Faria na *RPCC* 16 (2006), p. 317, acerca da fronteira entre o castigo legítimo de um menor e o crime de maus tratos do artigo 152º do CP.

[42] Eser, *Strafrecht* I, 4ª ed., 1992, p. 122; C. Valdágua, p. 31.

[43] Welzel, *Das Deutsche Strafrecht*, 11ª ed., p. 87.

[44] Eduardo Correia; Antolisei, p. 257.

[45] Figueiredo Dias, *Textos*, p. 177, releva "o *momento até ao qual a defesa é suscetível de deter a agressão*, pois só então fica afastado o perigo de que ela possa vir a revelar-se desnecessária para repelir a agressão. Até esse último momento a agressão deve ser considerada como atual".

A LEGÍTIMA DEFESA

furtada, perdendo-se a oportunidade de exercer legitimamente a defesa, por ter desaparecido o requisito da atualidade da agressão. Também será difícil contestar os restantes requisitos da legítima defesa, sobretudo a necessidade do tiro como a única possibilidade de imediatamente pôr termo à agressão.

Ainda assim, face à extrema (crassa) desproporção entre o valor da fruta defendida e o perigo para a vida, provocado pelo disparo, seria de denegar a legítima defesa de *A*? Em que termos?

Na interpretação corrente do artigo 32º do Código Penal continua a entender-se, como já repetidamente se acentuou, que o defendente tem o direito de praticar todos os atos de defesa idóneos para repelir a agressão, desde que lhe não seja possível recorrer a outros, também idóneos, mas menos gravosos para o agressor, não estando sujeito a quaisquer limitações decorrentes da comparação dos bens jurídicos, interesses ou prejuízos em causa[46]. O Prof. Figueiredo Dias[47] escreve que "a L.D., enquanto causa de exclusão da ilicitude, atribui ao agente um autêntico "direito de defesa", cujo exercício, à semelhança de qualquer outro direito subjetivo, se tem de submeter aos limites do abuso de direito, regulado no artigo 334º do Código Civil. Neste preceito consagra-se, ao estilo de cláusula geral, um princípio fundamental do direito, que ultrapassa o domínio privatístico do diploma em que se insere. De acordo com ele, também a L. D. encontraria determinados limites "[...] impostos pela boa fé, pelos bons costumes ou pelo fim social ou económico desse direito", circunstância que levaria a excluir do seu âmbito as hipóteses em que, atentos os critérios ético-sociais reinantes, se verificasse uma manifesta e gritante desproporção dos interesses contrapostos".

Existe hoje unanimidade sobre a ilegitimidade da defesa abusiva. "A necessidade da defesa deve ser negada sempre que se verifique uma insuportável (do ponto de vista jurídico) relação de desproporção entre ela e a agressão: uma defesa notoriamente excessiva e, nesta aceção, abusiva, não pode constituir simultaneamente defesa necessária"[48]. Por outro lado, no caso anterior há uma crassa desproporção do significado da agressão e da defesa. Face à diminuta relevância da agressão, expressa pelo insignificante valor da fruta subtraída (uma meia dúzia de maçãs), e ao também diminuto prejuízo patrimonial do ameaçado, a medida defensiva tão drasticamente adotada não se justificava nem por uma ideia de defesa nem pelo princípio da salvaguarda geral do direito, porquanto era abusiva. Mas era abusiva justamente por via dessa crassa desproporção, ainda que no caso tivesse sido utilizado o *meio* necessário.

---

[46] C. Valdágua, p. 54.
[47] *Legítima defesa, cit.*
[48] Figueiredo Dias, *Textos*, p. 199.

A é autor material de um crime do artigo 144º do Código Penal. Estão reunidos os correspondentes elementos objetivos e subjetivos. Não opera a justificação por legítima defesa nem qualquer outra. Mas não se exclui que a pena possa ser especialmente atenuada nos termos do artigo 72º, nᵒˢ 1 e 2.

VI. Excesso intensivo de LD: artigos 32º e 33º. Manipulação consciente da situação?

Caso nº 8 *A* e *B* viveram durante algum tempo no estrangeiro, onde os pais tinham estado emigrados, e quando voltaram para Portugal propuseram-se explorar uma casa de passe num dos bairros de Lisboa. *S*, o chefe dum grupo de jovens "cabeças rapadas", tinha-se proposto combater o comércio da prostituição naquela zona. Decidiu, por isso, com os seus seguidores, atacar a casa de passe dos arguidos por volta da meia noite de 31 de maio de 1991. As ordens eram para inutilizar as instalações e empregar a força contra quem se lhes opusesse. Os arguidos souberam destas intenções da parte de tarde desse mesmo dia, quando dois indivíduos do grupo extremista lhes vieram propor que, se os arguidos pagassem à volta de cinco mil contos, nada aconteceria. *A* e *B* recusaram-se a pagar e decidiram fazer frente aos atacantes, sem nada comunicarem à polícia. Com isso quiseram deixar claro que não consentiam que se lhes extorquisse dinheiro nem se deixavam influenciar por ações violentas. A polícia, se tivesse sido informada, teria comparecido no local com forças suficientes para frustrar qualquer ataque. Por volta das 23h30, *A* e *B* aperceberam-se de que a uns 150 metros do local onde se encontravam se juntavam uns 30 a 50 jovens, armados de paus, matracas e chicotes. Para lhes fazer ver que não tinham qualquer hipótese de atacar a casa de passe, *A* e *B* avançaram para o ajuntamento, transportando-se no seu automóvel. O arguido *A* levava consigo uma espingarda carregada e *B* uma pistola de gases. Já perto dos jovens, *A* saiu do carro, mostrou-se com a arma empunhada e convidou os do grupo a "desaparecerem" e a deixá-los em paz. Ao mesmo tempo ia apontando a arma para os jovens que na rua o rodeavam a uma distância entre 10 e 50 metros. Os jovens puseram-se em fuga e acolheram-se atrás dos carros, das árvores e nas entradas das casas que por ali havia. *A*, convencido de que tinha os antagonistas em respeito, dirigiu-se, de volta ao carro, para dali se retirar com *B*. Foi então que *S*, o chefe dos rapazes, saiu do seu próprio automóvel, que ficara estacionado à beira da estrada, e com as mãos no ar, em lentidão provocadora, se foi aproximando até 6 ou 8 metros de *A*. Quando este lhe apontou a arma, *S* gritou-lhe: "dispara, dispara, sacana! – vê se te atreves!". *A* ficou alterado por causa da repentina mudança dos acontecimentos e foi recuando, com a arma pronta a disparar, de volta para o carro. Quando já estava quase sentado ao volante da viatura, o *S* aproximou-se até cerca de um metro, e segurou com a mão direita na porta do carro do lado do condutor. O tribunal não deu como não provado que o *S* levava uma navalha na mão, pronta a usar, com a lâmina à vista. Entretanto, alguns dos rapazes que se tinham escondido voltaram a mostrar-se e aproximaram-se até cerca de 6 metros do carro dos arguidos. Foi então que *B*, para evitar o ataque que estava a todas as luzes iminente, lançou gases na direção de *S*, através da porta aberta do lado do condutor. *S*, para se livrar do impacto, desviou a cara para a direita. Nesse momento, *A* disparou, a pelo menos meio metro de distância da cabeça de *S*, aceitando a morte deste como consequência dessa sua atuação. *S* foi atingido mortalmente atrás do pavilhão auricular direito. (Adaptação do texto comentado por Bernd Müller-Christmann, Überschreiten der Notwehr – BGHSt 39, 133, *in* JuS 1994, p. 649. A decisão apareceu noutras publicações, igualmente com comentários, nomeadamente, de Roxin, NStZ 1993, p. 335, e Arzt, JZ 1994, p. 314; cf. também Fritjof Haft/Jörg Eisele, Jura 2000, p. 313).

A questão que aqui se levanta prende-se com a aplicação do artigo 33º: 1 – Se houver excesso dos meios empregados em legítima defesa o facto é ilícito mas a pena pode ser especialmente atenuada. 2 – O agente não é punido se o excesso resultar de perturbação, medo ou susto não censuráveis.

Está em causa o chamado *excesso intensivo* de legítima defesa – o agente, numa situação de legítima defesa, perante a agressão iminente de que era vítima, utilizou um meio não necessário para repelir a agressão, i. é, excedeu-se nos meios necessários para a defesa. O artigo 33º aplica-se a situações destas.

O defendente atua também ilicitamente se ultrapassa os limites temporais da legítima defesa, se se defende em caso de ataque que já não seja atual ou tenha deixado de o ser (caso de *excesso extensivo posterior* ou *em sentido próprio*). O defendente excede, conscientemente, os limites temporais da legítima defesa se, por ex., estando o agressor já no chão, neutralizado, o defendente continua a bater-lhe, dando-lhe repetidos pontapés. Neste caso, pode acontecer que o defendente tenha consciência de que está a agredir o seu antagonista – o agressor inicial – e que o faz ilicitamente, sem qualquer justificação, podendo a sua pena, eventualmente, ser atenuada nos termos do artigo 73º, nº 1. No caso de simples *retorsão*, o tribunal pode até dispensar de pena, se a ofensa se contiver no artigo 143º (ofensa à integridade física simples, nºs 1 e 3, alínea *b*).

Se o defendente reage cedo demais, quando a agressão ainda não é atual, mas ele a tem como tal, ou supõe erroneamente que a sua conduta ainda é justificada, autorizada pelo direito, por ex., pensa que o seu agressor, apesar de estar por terra, ainda está em condições de voltar a agredi-lo, então tratar-se-á de uma hipótese a resolver em sede de erro (artigos 16º, nº 2). Certo é que, sempre que se trate de uma falsa representação dos pressupostos objetivos necessários à legítima defesa estaremos perante uma legítima defesa putativa, a que são aplicáveis os princípios gerais sobre o erro.

A defesa é necessária se e na medida em que, por um lado, é adequada ao afastamento da agressão e, por outro, representa o meio menos gravoso para o agressor. Os casos mais frequentes de excesso têm a ver com a utilização de um meio de defesa que, "sendo adequado para neutralizar a agressão, é, porém, claramente mais danoso (para o agressor) do que um outro de que o agredido ou terceiro dispunha e que também era, previsivelmente, adequado" (Taipa de Carvalho). Por ex., durante uma discussão por razões de trânsito, os dois condutores saem dos respetivos carros e entram a discutir; a dado passo, *A* começa a esmurrar o seu antagonista e *B* saca do revólver que sempre o acompanha, dispara-o na cabeça de *A* e provoca-lhe a morte, a qual poderia ter sido evitada se *B* se tivesse limitado a defender-se a soco ou a visar as pernas do agressor. Note-se que a decisão sobre a existência ou não de excesso "não pode deixar de atender á globalidade das circunstâncias concretas em que o agredido se encontra, nomeadamente, a situação de surpresa ou de perturbação que a agressão normalmente constitui, a espécie de agressor e os meios agressivos, de que dispõe, bem como as capacidades e os meios de defesa de que o agredido se pode socorrer"[49]. De qualquer forma, o artigo 33º, havendo excesso de legítima defesa, e independentemente de se tratar de um excesso asténico (perturbação, medo, susto, capazes de desencadear reações de pânico) ou esténico (cólera, ira), prevê a possibilidade de atenuação especial da pena. Deve no entanto notar-se que, **em caso de excesso de legítima defesa, o facto é sempre ilícito** (nº 1). O agente só não será punido (nº 2) se o excesso resultar de perturbação, medo ou susto não censuráveis.

No caso anterior pode pôr-se ainda a questão de saber se *A* intentou criar uma situação de legítima defesa para, impunemente, atingir o agressor *S* (**agressão pré-ordenadamente provocada**). Uma vez que a principal intenção do agente é então a de atacar o outro indivíduo, não se encontra satisfeito o elemento subjetivo da legítima defesa, a vontade de defesa. Ademais, a defesa não será então *necessária* por também se não verificar a necessidade de afirmação da ordem jurídica – não há uma defesa do lícito perante o ilícito. Nesse caso, ficaria excluída a legítima defesa e a aplicação do regime do artigo 32º. Do mesmo modo, também se não

---

[49] Cf. Taipa de Carvalho, p. 346.

A LEGÍTIMA DEFESA

poderia aplicar o regime do artigo 33º, que supõe a afirmação da legítima defesa, embora em situação de excesso de meios.

Se se considerar que a provocação não foi intencional, a legítima defesa não estará excluída. Os dados postos à nossa disposição não permitem porém concluir que *A* tinha qualquer hipótese de evitar a legítima defesa agressiva. Mas a defesa de *A,* tal como se processou, não representa, de modo nenhum, o meio menos gravoso para o agressor. *A,* em vez de visar e atirar na cabeça do antagonista, para conseguir neutralizá-lo, poderia tê-lo visado noutra parte do corpo, sem lhe provocar a morte. Nesta perspetiva, face ao excesso de legítima defesa (artigos 32º e 33º, nº 1), a morte de *S* é ilícita (artigo 131º), não se encontra justificada, mas a pena pode ser especialmente atenuada (artigo 72º, nºs 1 e 2) perante a provocação injusta e a circunstância de *A* ter atuado sob a influência de ameaça grave. Em último termo, se se concluir que o excesso na atuação de *A* resultou de perturbação, medo ou susto, o mesmo não será punido, mas para tanto é necessário que o defendente não deva ser censurado pelo seu excesso.

O tratamento da **provocação intencional** tem tido as mais variadas respostas na doutrina:[50]

- Há quem entenda que a ação de defesa é justificada por legítima defesa mesmo quando o defendente provocou intencionalmente a situação. Argumenta-se com a ideia de que o direito não tem que ceder perante o ilícito e que, portanto, o provocador não perde o direito ao exercício da defesa, na medida em que o faz enquanto representante da ordem jurídica. Outros concluem igualmente pelo efeito eximente se o princípio da autodefesa não se puder impor de outro modo, especialmente se o sujeito não se puder esquivar à agressão. Por sua vez, os partidários da doutrina da actio illicita in causa (aiic) entendem que a provocação não faz desaparecer o direito de defesa e que, portanto, a defesa necessária se justifica – todavia, o "defendente" será responsabilizado pela causação do facto anterior no tempo (actio praecedens), intencionalmente dirigido à execução da ação típica que posteriormente levou a cabo.
- Para a teoria do abuso do direito, quem tiver provocado intencionalmente uma agressão, para assim poder lesar outrem a pretexto de legítima defesa, movimenta-se a descoberto da lei, agindo sem a "legitimação suprapessoal" (Roxin) de que carece para exercitar o seu papel de representante da ordem jurídica. Noutro entendimento, o provocador renuncia à proteção jurídica, de forma que o seu contra-ataque não integra qualquer defesa. Quem, de

---

[50] Veja-se um resumo em Hillenkamp, *32 Probleme,* p. 16 e ss.

antemão, inclui nos seus planos a agressão do adversário renuncia, de forma inequívoca, à proteção de um bem jurídico, agindo sem vontade de defesa.

– Há quem negue a legitimidade do provocador para assegurar a defesa do ordenamento jurídico, fazendo-se depender o seu direito de defesa exclusivamente da necessidade de autoproteção, aceitando-se, por ex., a defesa passiva: esquivar-se a um ataque, etc.

VII. Em jeito de balanço

Em jeito de balanço, poderemos dizer o seguinte:

– **Agressões não culposas** (doentes mentais, crianças, pessoas agindo em erro objetivamente inevitável ou em estado de necessidade desculpante) – não põem seriamente em causa a validade da ordem jurídica, ficando a legítima defesa limitada à sua função de proteção individual. Deste modo, se lhe for possível, deve o defendente evitar o agressor ou procurar a ajuda da autoridade, se não for possível, deverá orientar-se ainda na linha de uma defesa de proteção, através duma resistência dissuasora e suportando o risco de pequenos danos. Todavia, conserva o seu direito de legítima defesa, protegendo-se no âmbito do necessário, segundo uns (Roxin, p. 211). Outra solução passa pelo recurso ao estado de necessidade defensivo (Jakobs; Frister, *GA* 1988, p. 305; e os restantes autores referidos antes), ou pelo estado de necessidade desculpante, nomeadamente, nas situações em que um indivíduo tresloucado (*Amok*, em alemão) "decide" matar quantos encontra até ser abatido[51]. Neste âmbito, os casos mais facilmente reconhecíveis são os de ataques à propriedade feitos por crianças ou por doentes mentais notórios, ou as palavras com que ofendem a honra de outrem. Os casos de erro serão mais difíceis de detetar, como quando alguém leva consigo o guarda chuva alheio, convencido de que é o seu. O que então se impõe é o esclarecimento da confusão. Há, porém, quem exclua deste grupo os indivíduos embriagados, que culposamente se colocaram nesse estado.

---

[51] A palavra Amok tem origem nas línguas malaias. Pode corresponder a uma modalidade de loucura ou uma forma de suicídio. "O que está em causa, decerto, é o surto brutal de uma *agressividade* que foi longamente recalcada e que em certo momento se tornou incontrolável", L. Knoll, *Dicionário de psicologia prática*, p. 21. Os nossos autores, como Tomé Pires e Fernão Mendes Pinto referem-se abundantemente à utilização de amoucos nos exércitos do mundo malaio. A forma portuguesa *amouco* parece resultar do cruzamento do malaio *amok* com o termo vernáculo *mouco*, Francisco Contente Domingues e Luís Filipe Barreto (*org.*), *A Abertura do Mundo*, vol. II, p. 217.

A LEGÍTIMA DEFESA

- Nos casos de **sensível desproporção** entre os interesses ofendidos pela agressão e pela defesa (face à modalidade dos bens jurídicos e a medida da respetiva lesão) não é admissível legítima defesa, já que então se trataria de abuso do direito – não se mata a tiro de espingarda o ladrão que vai a fugir com umas maçãs de pouco mais de dois euros. Os autores (por ex., Ebert) advertem, no entanto, que o facto de se admitir este tipo de limitações não equivale a acolher, em termos gerais, o critério da proporcionalidade da legítima defesa.
- Nas **relações entre pessoas muito chegadas** (por ex., entre cônjuges), nomeadamente, com relações de garantia, certos autores introduzem igualmente sensíveis limitações na legítima defesa. A atenção para com as outras pessoas e o ideal da solidariedade sobrepõem-se ao interesse da defesa da ordem jurídica.
- Nos casos de **provocação, dolosa ou intencional**, em que o agressor se pretende acolher ao manto da legítima defesa para assegurar impunidade, existe, claramente, um abuso do direito e o agente será punido por crime doloso. Já acima se deu conta de outras justificações para negar a legítima defesa em casos destes.
- Se a **provocação não for dolosa**, por ex., se alguém causa uma agressão com negligência consciente, se no hotel abre a porta errada, ou se, na condução, por falta de consideração, põe repetidamente em perigo a vida de um peão, a legítima defesa fica limitada, em atenção à função de proteção de interesses individuais, colocando-se, nomeadamente, a hipótese de evitar a legítima defesa agressiva. Também aqui certos autores consideram, por último, as regras do estado de necessidade defensivo e de situações de necessidade "análogas" ao estado de necessidade justificante.

VIII. Outras indicações de leitura

Artigo 151º, nº 2, do Código Penal: A participação em rixa não é punível quando for determinada por motivo não censurável, nomeadamente quando visar reagir contra um ataque, defender outrem ou separar os contendores.

Decreto-Lei nº 457/99, de 5 de novembro de 1999, aprova o regime de utilização de armas de fogo e explosivos pelas forças e serviços de segurança. De acordo com os artigos 2º, nº 1, e 3º, nº 2, "o recurso a arma de fogo só é permitido em caso de absoluta necessidade, como medida extrema, quando outros meios menos perigosos se mostrem ineficazes, e desde que proporcionado às circunstâncias, só sendo de admitir o seu uso contra pessoas quando tal se revele necessário para repelir agressões que constituam um perigo iminente de morte ou ofensa grave que ameace vidas humanas." Cf., desenvolvidamente, Américo A. Taipa de Carvalho, Direito Penal – Parte Geral, vol. II, 2004, p. 204.

O "auxílio necessário": A legitimidade da defesa por terceiro ("auxílio necessário") encontra-se expressamente prevista no artigo 32º: "...interesses juridicamente protegidos do agente ou de terceiro".

"O revide a um ataque passado é represália ou vingança. Jamais legítima defesa". Paulo José da Costa Jr., p. 60.

Sobre movimentos alternativos ao monopólio estatal da força (empresas privadas de segurança, milícias de bairro, movimento do *vigilantism* nos Estados Unidos): cf. a monografia de Iglesias Río adiante referida, nomeadamente, p. 282 e ss.

Acórdão da Relação de Coimbra de 17 de setembro de 2003, *CJ* 2003, tomo IV, p. 39: legítima defesa, **agressões insignificantes ou irrelevantes** (puxar as barbas).

Acórdão da Relação de Coimbra de 9 de outubro de 2001, *CJ* ano XXVI 2001, tomo IV, p. 24: **ação direta**, artigo 336º do Código Civil.

Acórdão da Relação de Lisboa de 14 de fevereiro de 2006 *CJ* 2006, tomo I, p. 138: defesa; excesso; não é exigível que a vítima da agressão encete a **fuga** para a fazer cessar.

Acórdão da Relação do Porto de 17 de março de 1999, *CJ*, 1999, tomo II, p. 220: pressuposto da "necessidade" da ação direta.

Acórdão do STJ de 12 de junho de 1997, *BMJ* 468, p. 129: agente que, para pôr termo a uma discussão a soco e a pontapé, dispara três vezes uma pistola para uma zona vital do corpo do agressor, a uma distância não superior a 1 metro: o ato não é praticado em LD nem com excesso de LD, é um **crime de homicídio voluntário** simples.

Acórdão do STJ de 16 de janeiro de 1990, *CJ*, 1990, tomo I, p. 13: medida da pena aplicável ao **crime de homicídio voluntário tentado, cometido com excesso de legítima defesa**: atenuação especial do artigo 33º, nº 1, e o disposto no artigo 23º, nº 2, para a punição do crime tentado.

Acórdão do STJ de 19 de março de 1998, processo nº 1413/97 – 3.ª Secção: A chamada "**legítima defesa putativa**" e o **excesso de legítima defesa** não se confundem: A primeira, traduz-se na errónea suposição de que se verificam, no caso concreto, os pressupostos da defesa: a existência de uma agressão atual e ilícita. A "perturbação, medo ou susto não censuráveis" de que fala o n.º 2, do artº 33, do CP, respeita ao "excesso dos meios empregados em legítima defesa", isto é, aos requisitos da legitimidade da defesa: necessidade dos meios utilizados para repelir a agressão. Uma coisa é o erro sobre a existência de uma agressão atual e ilícita no qual o agente desencadeia a defesa (legítima defesa putativa), e outra distinta, a irracionalidade, imoderação ou falta de temperança nos meios empregues na defesa, resultantes do estado afetivo (perturbação ou medo) com que o agente atua.

Acórdão do STJ de 19 de novembro de 1998, *CJ* 1998, tomo III, p. 221: tendo a ação do arguido ocorrido após ter terminado a agressão de que foi vítima, não existe legítima defesa e, não existindo esta, não pode falar-se em excesso de legítima defesa.

Acórdão do STJ de 21 de janeiro de 1998, *BMJ* 473, p. 133: caso da prostituta. LD, não punibilidade; conduta ilícita da vítima, in dubio pro defendente; excesso culposo e doloso. Tem voto de vencido. Neste caso, o tribunal considerou corretamente que se usou do meio necessário para repelir a agressão, afirma Figueiredo Dias, *Textos*, p. 188.

Acórdão do STJ de 25 de Junco de 1992, *BMJ* 418, p. 569: legítima defesa, direito de necessidade, estado de necessidade desculpante, excesso de legítima defesa.

Acórdão do STJ de 26 de maio de 1994, *CJ* 1994, tomo II, p. 239: não existe excesso de LD, mas **excesso extensivo**, a pretexto de legítima defesa, nem conduta em estado de perturbação, medo ou temor quando objetivamente não existe ou não existe já uma situação de LD, nomeadamente por o arguido ter feito terminar a agressão de que tinha sido vítima.

Acórdão do STJ de 7 de dezembro de 1999, *BMJ* 492, p. 159: não se pode considerar agindo em legítima defesa aquele que **provoca deliberadamente** uma situação objetiva de legítima defesa para alcançar, por esse meio ínvio, a impunidade de um ataque desencadeado propositadamente já com intenção de matar o agressor.

Américo A. Taipa de Carvalho, A Legítima Defesa, dissertação de doutoramento, 1995.

Américo A. Taipa de Carvalho, Direito Penal – Parte Geral, vol. II, Porto, 2004.

Antolisei, Manuale di diritto penale, PG, 10ª ed., Milão, 1985.

Carolina Bolea Bardon, El exceso intensivo en la legítima defensa, ADPCP, vol. LI, 1998.

Claus Roxin, As restrições ético-sociais ao direito de legítima defesa, in Problemas Fundamentais de Direito Penal.

Costa Andrade, O princípio constitucional "nullum crimen sine lege" e a analogia no campo das causas de justificação, RLJ ano 134º, nº 3924.

Eb. Schmidhäuser, Zum Begriff der Rechtfertigung im Strafrecht, Fest. für K. Lackner, 1987.

Eduardo Correia, Direito Criminal, I, p. 418; II, p. 49.

Eduardo Maia Costa, Evasão de recluso, homicídio por negligência, comentário ao ac. do STJ de 5 de março de 1992, RMP (1992), nº 52.

Eser/Burkhardt, Strafrecht I, 4ª ed., 1992; em tradução espanhola: Derecho Penal, Cuestiones fundamentales de la Teoría de Delito sobre la base de casos de sentencias, Ed. Colex, 1995.

F. Haft, Strafrecht, AT, 6ª ed., 1994.

Fernando J. F. Araújo de Barros, Legítima defesa, 1980.

Francisco Muñoz Conde, "Legítima" defensa putativa? Un caso límite entre justificación y exculpación, in Fundamentos de un sistema europeo del derecho penal, 1995, p. 183. Publicado, em tradução portuguesa, na RPCC 6 (1996), p. 343.

G. Bettiol, Direito Penal, II, Coimbra, 1970.

H.-H. Jescheck, Lehrbuch des Strafrechts: Allg. Teil, 4ª ed., 1988, de que há tradução espanhola.

Ines Fasten, Die Grenzen der Notwehr im Wandel der Zeit, Kovac, 2011.

J. J. Gomes Canotilho, Atos autorizativos jurídico-públicos e responsabilidade por danos ambientais, BFD (1993), p. 23.

Jorge de Figueiredo Dias, Direito Penal PG I, 2ª ed., 2007.

Jorge de Figueiredo Dias, Legítima defesa, Pólis.

Jorge de Figueiredo Dias, Liberdade, culpa, direito penal, 1976, p. 244.

Jorge de Figueiredo Dias, Pressupostos da Punição e causas que excluem a ilicitude e a culpa, in Jornadas de Direito Criminal, ed. do CEJ.

Jorge de Figueiredo Dias, Textos de Direito Penal. Doutrina geral do crime. Lições ao 3º ano da Faculdade de Direito da Universidade de Coimbra, elaboradas com a colaboração de Nuno Brandão. Coimbra 2001.

José Cerezo Mir, Las causas de justificación en el derecho penal español, Fest. für H. H. Jescheck, 1985, p. 441 e ss.

José de Faria Costa, O Perigo em Direito Penal, p. 392.

José Faria Costa, O direito penal económico e as causas implícitas de exclusão da ilicitude, Direito Penal Económico, CEJ, 1985.

Julio Fioretti, Sobre a Legítima Defeza, Lisboa, Clássica Editora, 1925. Tradução de "Su la legittima difesa", Torino, publicada, pela primeira vez, em 1886.

K. Kühl, Die "Notwehrprovokation", Jura 1991, p. 57 e ss.

K. Kühl, Strafrecht, AT, 1994.

Luzón Peña, Curso de Derecho Penal, PG I, 1996.

Maria da Conceição S. Valdágua, Aspetos da legítima defesa no Código Penal e no Código Civil, 1990.

Maria Fernanda Palma, A justificação por legítima defesa como problema de delimitação de direitos, 1990.

Maria Fernanda Palma, Justificação em Direito Penal: conceito, princípios e limites, in Casos e Materiais de Direito Penal, Coimbra, 2000, p. 109.

Maria Fernanda Palma, Legítima defesa, in Casos e Materiais de Direito Penal, Coimbra, 2000, p. 159.

Maria Fernanda Palma, O estado de necessidade justificante no Código Penal de 1982, in BFD, Estudos em Homenagem ao Prof. Doutor Eduardo Correia, III, 1984.

Marnoco e Sousa, A legítima defesa no direito penal português, Estudos Jurídicos, abril, 1903, nº 4.

Miguel Ángel Iglesias Ríos, Fundamentos y requisitos estructurales de la legítima defensa, Granada, 1999.

Rui Carlos Pereira, Justificação do facto e erro em direito penal.

Teresa Quintela de Brito, O direito de necessidade e a legítima defesa no Código Civil e no Código Penal, 1994.

Vaz Serra, Abuso do direito em matéria de responsabilidade civil, *BMJ* 85, p. 243.

9 – O DIREITO DE NECESSIDADE; OU: O "MAL MENOR" COMO CAUSA DE JUSTIFICAÇÃO

I. A dupla previsão normativa dos artigos 34º e 35º

O estado de necessidade previsto no artigo 34º é uma outra **causa de justificação**.

No tratamento do estado de necessidade, o Código adotou uma via que distingue

– o estado de necessidade justificante (artigo 34º); e
– o estado de necessidade desculpante (artigo 35º).

Além de expressões supralegais ou de origem civilística, devem ser considerados estes dois "estados de necessidade". Tirando a "necessidade" da situação, pouco muda entre um e o outro: num caso, a consequência jurídica acerta o passo com a justificação; no outro, com a desculpação. Diferentes, são as bases em que assentam: num a ponderação de interesses (mais vantagens do que danos);[1] no outro, a manifestação do princípio da inexigibilidade (não ser razoável exigir ao agente, segundo as circunstâncias do caso, comportamento diferente: algo que não andará longe do "instinto de sobrevivência"). Se soubermos ler nas entrelinhas, acabamos por compreender que **ponderação de interesses** e **inexigibilidade** estão, do mesmo modo, estreitamente relacionados. O fundamento da justificação do estado de necessidade parte da compatibilização da missão do direito

---

[1] "Há situações da vida em que uma ação, que pelo seu recorte externo preenche a factualidade típica de um crime, constitui o único meio de defesa de um bem jurídico ou o cumprimento de um dever imposto ou reconhecido pelo direito. Em tais casos, a qualificação como conforme ao direito, não proibida ou ilícita, da mesma ação terá de decidir-se a partir das relações de valor entre os bens jurídicos ou deveres em conflito, sancionados pelo direito vigente" (aresto do RGSt, citado por Faria Costa, *O Perigo em Direito Penal*, p. 163). É o princípio da **ponderação de bens e deveres**.

de proteção de bens jurídicos com uma situação de perigo e de conflito em que não se podem salvar todos – e aí entram em jogo a ponderação de interesses e a ideia da inexigibilidade. Há fatores de inexigibilidade que também intervêm na ponderação de interesses.

A conclusão impõe-se por si mesma:

- umas vezes o estado de necessidade exclui a ilicitude: casos de sacrifício de valores menores para salvar valores maiores;
- outras vezes exclui a culpa: casos de sacrifício de valores iguais aos que se salvam, ou mesmo de valores maiores, quando ao agente não era exigível outro comportamento.

Não há perfeita correspondência dual, chegou-se a uma **solução diferenciada**: o estado de necessidade constitui obstáculo à ilicitude quando o interesse protegido é sensivelmente superior ao sacrificado e causa de desculpa nas restantes hipóteses definidas no artigo 35º.

Adivinha-se uma colisão de bens jurídicos em ambas as situações, dos artigos 34º e 35º. Vamos ocupar-nos não só das hipóteses em que os interesses a defender e os que se torna para tal necessário sacrificar são de **igual valor**, como dos que são de **valor superior** ou de **valor menor**, uns relativamente aos outros.

Caso nº 1   A "tabula unius capax", em que os interesses em conflito são **de valor equivalente**: vida contra vida; "ou quando, para salvar uma vida é necessário fazer outrem cair de um andaime, causando-lhe graves ferimentos; quando, para evitar um naufrágio, o capitão tem de lançar ao mar parte da carga; quando, para vencer uma doença grave ou mortal, é necessário utilizar remédios pertencentes a outrem; quando, para debelar um incêndio, importa utilizar ou danificar coisas pertencentes a outrem, v. g. utilizando para as mangueiras água de um poço alheio ou arrombando a porta de um vizinho, etc.

Caso nº 2   É ainda possível que alguém, como único meio de v. g. evitar uma grave ofensa corporal, não resista a sacrificar a vida alheia (p. ex. para evitar a perda de um braço ou da vista não resista a atirar sobre outrem, causando-lhe a morte, a bomba que vai explodir nas suas mãos) – o interesse a defender é **de valor inferior** ao do interesse sacrificado"[2]. Já não se observa a *equivalência* que encontramos nos exemplos anteriores.

[2] Veja-se, por ex., Eduardo Correia, *Direito Criminal* II, p. 70.

Estes exemplos ajudam a rastrear as diferenças entre a legítima defesa (artigo 32º, onde ainda é possível descortinar uma situação de necessidade que leva o agredido a defender-se justificadamente) e as situações disciplinadas nos artigos 34º e 35º. Em legítima defesa o perigo provém de um agressor injusto à custa do qual é afastado. O perigo, porém, pode provir de uma coisa (pense-se no ataque de um animal) ou pode até ser endossado a um terceiro, utilizando-se uma coisa alheia para o afastar – o que não corresponde aos pressupostos da legítima defesa.

Se o direito de necessidade (estado de necessidade justificante) se aproxima da legítima defesa – uma vez que a "agressão", como manifestação de "perigo" para a pessoa do defendente, é um caso especial de perigo – igualmente se aproxima do estado de necessidade desculpante. Primeiro, por cumprirem a sequência legal dos artigos 34º e 35º; depois, pela situação básica que lhes é comum: a situação de perigo atual para determinado bem ou interesse jurídico de determinada pessoa, só removível através de uma ação típica. Como dissemos, a fonte do perigo pode, por ex., ser uma coisa (ataques de animais, o fogo numa mata), ou pode empregar-se coisa alheia para afastar o perigo, e então teremos o afastamento do perigo à custa de terceiro. Mas têm consequências diferentes, que é bom ter sempre em atenção. Acresce serem mais variadas as manifestações do estado de necessidade justificante, incluindo-se nelas as do artigo 339º do Código Civil e o estado de necessidade defensivo, supralegal, de que falámos a propósito da legítima defesa. Todas estas formas do estado de necessidade justificante são concretizações dos princípios da necessidade e da ponderação de interesses. Justifica-se a conduta típica quando, em situação de necessidade, havendo sensível superioridade do interesse a salvaguardar relativamente ao interesse sacrificado, for razoável impor ao lesado o sacrifício do seu interesse, *i.e*, dá-se a salvaguarda de um dos interesses à custa do outro (caso do artigo 34º do CP). Mas logo se vê que a ponderação de interesses só se suscita como requisito do direito de necessidade. Fora de uma situação de "necessidade" fica afastada tanto a possibilidade de a conduta ser justificada como a de o agente ser desculpado.

A ideia do efeito justificante da situação de necessidade entronca na teoria da colisão de Hegel,[3] cujo cerne reside nessa falada ponderação de interesses – do interesse a salvaguardar relativamente ao interesse a sacrificar. Perante a sensível superioridade do primeiro, o facto move-se na senda de um interesse retrospetivo, justificativo. "O problema, posto com a maior largueza por Hegel a propósito da colisão entre a vida e a propriedade, conduziu a admitir neste caso um verdadeiro direito (não, pois, equidade ou mero "ius aequivocum"), um direito de necessidade: para conservação do bem jurídico da vida, quando em

---

[3] Cf. Haft, *Strafrecht AT*, 6ª ed., 1994, p. 88.

O RISCO DE COMER UMA SOPA E OUTROS CASOS DE DIREITO PENAL

perigo, pode sacrificar-se a este o bem jurídico da propriedade de outrem. É a esta luz, como nota Bockelmann, que se considera legítima a manutenção daquele bem cuja destruição representaria *a maior violação jurídica*. O que, em linguagem moderna, significa considerar lícita a realização de um interesse superior àquele que se sacrifica"[4].

A ideia do efeito desculpante da situação de necessidade identifica-se com a teoria da adequação de Kant: quem atua em estado de necessidade age e permanece em situação de ilicitude, mas porque lhe não é exigível outra conduta deverá ser desculpado[5]. A recusa da justificação em casos destes, de vida contra vida, é hoje, por toda a parte, direito positivado. O caso da tábua de Carnéades, do náufrago que chega primeiro e afasta o companheiro, seguro de que o que lhe resta é a morte, por na tábua só caber um, é modernamente considerado como um estado de necessidade compatível unicamente com a ideia da desculpação. Afastar o companheiro da tábua salvadora, que com isso vem a morrer afogado, é um ato típico e ilícito, embora o veredicto final coincida numa atuação *sem culpa*. Não se lhe pode atribuir um efeito justificante, não "cabe" no artigo 34º. Nem a ilicitude do ato "necessitado" é excluída.

Também não se lhe devem conferir as consequências preferidas pela chamada *doutrina do espaço livre de direito*, que encontra uma trama de comportamentos "não proibidos", casos que não são de justificação nem entram no âmbito da culpabilidade, antes se apresentam como juridicamente neutros (também por isso integrados na chamada "doutrina da neutralidade"), preferindo o direito não intervir. O exemplo mais conhecido, invocado pelos que aderem a esta fórmula, é o do alpinista suspenso com outro por uma corda que se encontra quase a ceder e que por isso suporta apenas um deles. O da frente decide cortá-la, deixando despenhar-se no abismo o companheiro, pendurado a seguir. Na crítica a esta posição releva a necessidade de uma clara distinção entre autorizar alguém a defender-se e a conformidade ao direito, que gera um dever de tolerância relativamente a quem atua. Os antigos, como Basílio Alberto de Sousa Pinto,[6] observam "que pode o perigo ser justo de ambos os lados, como sucede no naufrágio, quando dois se querem salvar na mesma tábua. Aqui não tem lugar o direito porque há a necessidade e se se castigarem os atos praticados em virtude dela, nem por isso deixarão de se praticar em caso semelhante, não servindo nem de emenda nem de exemplo o castigo".

---

[4] Eduardo Correia, *Direito Criminal* II, p. 81.
[5] Cf. Haft, *Strafrecht AT*, 6ª ed., 1994, p. 88.
[6] Basílio Alberto de Sousa Pinto, *Lições de direito criminal portuguez*, Coimbra, Imprensa da Universidade, 1861, p. 69.

Rejeitado o exagero desconcertante dos "comportamentos neutros", podemos, resumidamente, fixar-nos no seguinte:

Entre o bem a salvaguardar e o bem a sacrificar para sua proteção deverá interceder uma ponderação de bens e interesses (maior vantagem do que prejuízo: fundamento de uma solidariedade com quem se encontra em situação de necessidade). Resultando dessa ponderação a predominância do bem ou do interesse a salvaguardar, o agente estará justificado. Por ex.: *A* parte os vidros da janela de um terceiro porque esse é o único meio de ventilar uma habitação cheia de gás onde *A* está prestes a morrer asfixiado. É o resultado do *efeito justificante do estado de necessidade*, com assento no artigo 34º.

Partindo da fórmula diferenciada, o Código Penal português acolheu o estado de necessidade justificante no artigo 34º: se o interesse salvaguardado for de valor sensivelmente superior ao sacrificado, o facto estará justificado por direito de necessidade. E acolheu no artigo 35º o estado de necessidade desculpante: se o interesse salvaguardado não for de valor sensivelmente superior ao sacrificado o facto é ilícito, mas o agente poderá ver a sua culpa excluída. Ex.: *A* mata outra pessoa para salvar a própria vida.

A doutrina alemã distingue a salvaguarda de interesses próprios ou alheios realmente (*wesentlich*) preponderantes sobre outros em conflito como causa de justificação; e como causa de desculpação a salvaguarda de interesses próprios e fundamentais, como a vida, a integridade física e a liberdade, face a outros iguais ou mesmo superiores.

Caso nº 3 O caso Mignonette, de 1884. Uns náufragos, à míngua de alimentos, sacrificaram o companheiro mais novo para conseguirem sobreviver. O tribunal condenou-os à morte, mas os réus foram depois agraciados e a pena substituída por seis meses de cárcere. O caso seria hoje tratado no âmbito do estado de necessidade desculpante (cf., a seguir, a tábua de Carnêades). O tribunal inglês, como nota Roxin, não tinha outra alternativa – o direito insular tinha que rejeitar, logicamente, a causa de justificação, sendo certo que ali se não conhecia uma isenção da responsabilidade independente da justificação. A sentença, ainda assim, não fugiu a manifestar "a mais sentida expressão de compaixão pelos sofrimentos dos acusados", e a Coroa, lançando mão do indulto, comutou a pena, como já se disse, para seis meses de privação da liberdade "sem trabalhos pesados". Roxin comenta: alcançou-se assim, por vias travessas ao estrito plano do Direito positivo, uma solução próxima da que o direito continental oferece com a solução diferenciada entre ilícito e culpabilidade.

Excerto da sentença do caso Mignonette: "Não é correto dizer-se que existe uma necessidade absoluta e sem reservas de alguém preservar a sua própria vida (...). Não é necessário sublinhar o grande perigo que decorre da circunstância de se admitir o princípio que aqui foi discutido. Qual o critério valorativo que permite comparar as vidas? Será o de se ser forte ou inteligente? (...) No caso que nos ocupa, foi escolhido o mais fraco, o mais jovem, o menos capaz. Haveria uma maior necessidade de o matar e não os adultos? A resposta deverá ser "não"! Não se contesta, neste caso particular, que os factos eram "diabólicos", mas também é evidente que uma vez admitido tal princípio o mesmo poderá constituir o manto legal para que se passem a praticar crimes horríveis ..."[7].

II. Elementos da situação de necessidade

1. A atualidade do perigo

O direito de necessidade do artigo 34º supõe desde logo um "perigo" que ameaça interesses juridicamente protegidos do agente ou de terceiro. Há situações a que, face às circunstâncias concretas, provavelmente se seguirá um evento lesivo – são situações de *perigo*. **Perigo** é portanto a **probabilidade séria de dano**, é **o dano em potência**. Do conceito de dano e do conceito de probabilidade chega-se assim ao de perigo[8]. Mas é ainda de perigo a situação em que se encontra um bem jurídico cuja lesão já se iniciou e pode ser continuada, pois o perigo não acaba necessariamente com o começo da lesão. O dano não é um *aliud*, mas um *plus*, relativamente ao perigo. No exemplo de Mitsch, quando as chamas que lavram numa casa começam a "lamber" a casa do vizinho, esta fica em perigo. Do mesmo modo, num edifício em chamas, há o perigo de o fogo alastrar e danificar

---

[7] Queens Bench Division 1884 (14 QBD, 273), *apud* J. Verhaegen, "L'humainement inacceptable en droit de la justification", *RICPT*, 1981, p. 269.

[8] O **juízo de probabilidade** é resultado de um silogismo, em que a premissa maior é representada por aquilo que sói acontecer (conhecimento nomológico) e a premissa menor pelo caso concreto (conhecimento ontológico). Destarte, uma dose de veneno costuma matar (conhecimento nomológico); Tício ministra uma taça de veneno a Caio (conhecimento ontológico); logo, Tício provavelmente matará Caio. A probabilidade é um critério apriorístico. Dele se parte para se chegar ao perigo. Probabilidade é abstração de provável. Provável opõe-se a efetivo, como probabilidade (ou possibilidade) opõe-se a efetividade. Efetivo é aquilo que já se verificou. Refere-se a um processo causal já desenvolvido. Diz respeito ao passado, ou ao presente. Jamais ao futuro. Provável, ao contrário, é aquilo que ainda não se efetivou. É um processo causal *in fieri* (que está sendo feito), em estado embrionário. Projeta-se rumo ao futuro. Quando aquilo que pode acontecer se realiza, a probabilidade se transmuda em **certeza**. Probabilidade, porém, ainda não é certeza. É atitude potencial, é possibilidade relevante de vir a ser. Assim, Paulo José da Costa Jr., *Direito Penal Objetivo*, p. 24.

outras partes do mesmo edifício. Só quando se extingue o fogo ou a casa ardeu completamente é que o perigo desaparece. A situação de perigo distingue-se de uma situação não perigosa pela existência de elementos que tornam provável a imediata produção de um dano. Quando no interior de uma casa de lavoura se deita um cigarro aceso para um molho de palha, torna-se provável, num juízo de prognose *ex ante*, o desencadear de um incêndio. Portanto: um cigarro aceso deitado para um molho de palha corresponde à criação de uma situação de perigo. Se não se ateia o fogo, mesmo assim a situação não deixou de ser perigosa. Há coisas que, por vezes, ameaçam produzir danos – animais, explosões, emissões tóxicas, queda de edifícios, ou fenómenos naturais, como as tempestades, tremores de terra, avalanches, inundações, furacões.

O bem jurídico a salvaguardar tem que se encontrar objetivamente em perigo e este deverá ser **atual**. O perigo é atual quando for simultâneo ao facto e se a qualquer momento puder conduzir ao dano. Se no momento da prática do facto já existe uma lesão do interesse protegido, o perigo é obviamente atual – aliás, o que é decisivo não é propriamente a atualidade do perigo mas o envolvimento em que se encontra o bem jurídico a salvaguardar.

Caso nº 4 *A* aponta para *B* com intenção homicida uma pistola carregada – nesse momento, a vida de *B* está em perigo, ainda que o tiro não acerte. Não haverá perigo para a vida se nas mesmas condições a pistola não estiver carregada.

Um perigo atual existe quando a possibilidade de um dano é tão iminente que com quase total certeza vai ter lugar se não se adotar imediatamente uma medida de defesa, o que também pode ocorrer com os chamados "perigos duradoiros", em que a qualquer momento, e portanto a configurar igualmente a atualidade do perigo, se pode dar uma situação de perigo, como por ex., o da derrocada de um edifício em ruínas.

2. O objeto do perigo

No artigo 34º, a lei renova a expressão, vinda já do artigo 32º, "interesses juridicamente protegidos do agente ou de terceiro" como sendo o **objeto do perigo** – e aí reside uma diferença importante relativamente ao estado de necessidade desculpante, onde se limita a ameaça à vida, à integridade física, à honra ou à liberdade. Neste contexto, uma greve de fome, voluntariamente assumida, ou uma tentativa de suicídio não representam uma situação de perigo, mas se alguém é encontrado inconsciente na via pública, em estado que faz perigar a vida, justifica-se o uso não autorizado de um carro alheio para o transporte ao hospital.

O RISCO DE COMER UMA SOPA E OUTROS CASOS DE DIREITO PENAL

A situação de necessidade pode concretizar-se num perigo para o agente ou para terceiro (repare na expressão correspondente do artigo 32º: interesses juridicamente protegidos do agente ou de terceiro). Exemplos: *A* causa lesões corporais em *B* para salvar a própria vida. *A* causa lesões corporais em *B* para salvar a vida de *C*. O pai, na casa em chamas, atira pela janela o filho que quer salvar, mas à custa de ferimentos na criança. Neste caso, a vida do terceiro é salvaguardada à custa da integridade física do mesmo terceiro, havendo portanto identidade entre o **portador do interesse a salvaguardar** e o **portador do interesse sacrificado**.

A situação de necessidade pressupõe uma situação conflitual de bens jurídicos, mas os bens ou interesses em conflito não se encontram tipificados no artigo 34º. Protegido pelo direito de necessidade pode ser assim, em princípio, qualquer bem jurídico, penal ou não penal. Podem estar cobertos pelo direito de necessidade, segundo a norma homóloga do código penal alemão, o corpo, a vida, a honra e a propriedade, mas esta enumeração é aí apenas exemplificativa, não tem um significado taxativo nem se encontra limitada aos bens do sujeito. Por conseguinte, na justificação qualquer bem jurídico é merecedor de proteção pelo direito de necessidade. Por outro lado, se no artigo 35º o bem a salvaguardar não tem que ser mais valioso do que o bem a sacrificar, na justificação essa ponderação de bens jurídicos tem um significado decisivo. Daí que se possa afirmar que são suscetíveis de gozar da cobertura do direito de necessidade também os interesses da comunidade ou qualquer outro interesse geral. Assim, no exemplo do Prof. Figueiredo Dias, se alguém comete um facto típico patrimonial de valor relativamente pequeno para afastar um perigo atual de contaminação ambiental. Os autores como Eser/Burkhardt apontam uma exceção: a vida (nascida), porque o seu sacrifício não se pode justificar nunca, nem sequer para salvar outra vida. Se nos encontramos face a um caso de "vida contra vida", como no exemplo da *tabula unius capax*, que só podia transportar um dos náufragos, se o sujeito mata o companheiro para se salvar a si mesmo, a situação corresponde, quando muito, a um estado de necessidade desculpante.

Caso nº 5 Um bombeiro pode salvar uma criança, mas só atirando-a, lá bem do alto do edifício em chamas, para os colegas que improvisaram uma tela amortecedora na base do prédio. Existe o perigo de a criança cair mal e partir a base do crânio. O perigo que assim ameaçava a criança realizou-se e a morte, infelizmente, veio a ocorrer.

A ação do bombeiro encontra-se coberta pelo artigo 34º. Só havia uma alternativa à morte da criança pelas chamas. Quando o bombeiro se decidiu por atirar a criança do alto do prédio em chamas escolheu – como meio adequado

414

ao afastamento da ameaça – pôr em perigo um bem jurídico para evitar a lesão certa do bem jurídico. A situação reporta-se ao mesmo bem jurídico mas isso não obsta à aplicação do artigo 34º. O caso entra em cheio na ponderação de riscos.

III. Pressupostos do direito de necessidade

1. A sensível superioridade do interesse a salvaguardar

No artigo 34º, o pressuposto de justificação mais complicado será provavelmente o da alínea *b*): haver **sensível superioridade do interesse a salvaguardar** relativamente ao interesse sacrificado – e representa uma diferença significativa no confronto com o artigo 35º. A vida humana está no lugar cimeiro destas considerações, é, em absoluto, o valor mais elevado – e isso sem referências qualitativas à idade, à posição social, à eventual doença do sujeito, ou mesmo quantitativas, porquanto se rejeita o confronto entre uma e várias vidas. Considere-se o caso, a analisar em sede de estado de necessidade desculpante, do agulheiro que, para salvar a vida das centenas de pessoas que viajam no comboio, admite a hipótese de o desviar para uma linha secundária onde dois ou três trabalhadores serão inevitavelmente trucidados. Em geral, nos interesses em jogo não entra uma avaliação abstrata – em abstrato, a saúde é mais valiosa que o património, mas o decisivo consistirá antes numa **ponderação global** concreta dos interesses em conflito. Um quadro de van Gogh pode bem ser salvo à custa dumas arranhadelas na pessoa do guarda do museu. Recomenda-se que se aprecie a extensão e a iminência do perigo, a intensidade dos sacrifícios, o tipo e a dimensão das consequências secundárias ou mediatas, a obrigação especial da tolerância do perigo por parte, por ex., de bombeiros ou polícias e, por fim, a esfera de procedência da fonte de perigo[9]. Suponha-se o médico que leva o atropelado com ferimentos graves ao hospital, não obstante conduzir com uma elevada taxa de álcool no sangue e acabou a "corrida" sem pôr em perigo (perigo concreto), nesse percurso, qualquer bem jurídico dos restantes intervenientes no tráfego. Ficam frente a frente a concreta saúde de um e o perigo abstrato de alguém morrer atropelado por um condutor embriagado (perigo presumido, do artigo 292º).

O ponto de partida nesta questão é a ponderação abstrata de interesses. Leva-se esta a cabo contrapondo os bens jurídicos em colisão e considerando o grau de proteção que lhes é outorgado pelo ordenamento jurídico. Um dos índices poderá ser a medida legal da pena cominada: a vida de uma pessoa,

---

[9] Eser, p. 260; pormenorizadamente, Figueiredo Dias, *DP/PG* I, 2007, p. 456 e ss.

bem jurídico protegido no artigo 131º, é hierarquicamente superior ao bem jurídico da integridade física, protegida pelos artigos 143º e ss. O legislador reconhece um maior valor ao direito à vida da pessoa nascida, relativamente ao não nascido. Justifica-se a corrida perigosa da ambulância que transporta um ferido em estado crítico, mas já não quando transporta um doente com uma indisposição ligeira (Figueiredo Dias). Mas em definitivo o que resulta decisivo é a ponderação global concreta de ambos os interesses contrapostos. Os bens jurídicos afetados só constituem uma parte, se bem que considerável, dos fatores valorativamente relevantes. Há que valorar outros elementos (positivos ou negativos), como, por ex.: a dimensão e a proximidade do perigo, a quantidade e a intensidade da lesão do bem jurídico (interesse completamente aniquilado ou só parcialmente ou ligeiramente afetado), o tipo e a dimensão das consequências secundárias ou remotas, a obrigação especial de tolerância do perigo por parte dos afetados em virtude da aceitação profissional (polícias, bombeiros, etc.), e finalmente a esfera de procedência da fonte de perigo. Este último fator pode ser importante no caso de autoprovocação da situação do estado de necessidade ainda que se não exclua a aplicação do artigo 34º (como acontece com o artigo 35º) pelo facto de o autor ter provocado o mesmo ou cooperado na produção da situação de necessidade.

2. A não provocação de uma situação de perigo

Na ponderação de interesses pode interessar saber, para solucionar casos como o apresentado a seguir, se o perigo foi ou não provocado pelo próprio sujeito, já que, nos termos do artigo 34º, alínea *a*), é necessário à justificação "não ter sido voluntariamente criada pelo agente a situação de perigo, salvo tratando-se de proteger o interesse de terceiro".

Caso nº 6 Na madrugada de 15 de abril de 1970, quando *A* seguia conduzindo o seu veículo automóvel pelo troço da então chamada autoestrada dos Carvalhos, nas proximidades do Porto, fazendo-o de acordo com as pertinentes regras de direito rodoviário, viu, a uns escassos cinco ou seis metros de distância, que um vulto humano se lançava em correria para atravessar a faixa de rodagem. *A* ainda se esforçou por travar e desviar a trajetória do seu carro mas, atenta a curta distância e o inopinado da situação, não conseguiu evitar o embate, que foi violento, ficando o peão estendido no chão, sem dar acordo de si. *A* ia a sair do carro para se inteirar do real estado da pessoa atropelada e providenciar socorros, mas deu-se conta de que uma chusma de indivíduos armados de paus e em berreiro desenfreado, gritando que o iam matar, se aproximava do local do acidente. Temendo não poder explicar o sucedido nem deter a multidão, que manifestamente se preparava para fazer "justiça" por sua conta, *A*, ainda que consciente de que abandonava a vítima do atropelamento e que o "abandono de sinistrado" era punido pela lei, voltou a entrar no carro, que acelerou, indo entregar-se à polícia, em Vila Nova de Gaia, onde fez um relato circunstanciado de tudo o que acontecera.

Interessa saber desde logo, explica o Prof. Figueiredo Dias, "o que pretendeu a lei com o requisito, neste contexto, da **voluntariedade** da criação do perigo", sabendo-se que o fundamento justificante do estado de necessidade é a solidariedade devida a quem se encontra em situação de necessidade. Ora, a justificação só deverá considerar-se afastada se a situação for **intencionalmente** provocada pelo agente, isto é, se ele premeditadamente criou a situação para poder livrar-se dela à custa da lesão de bens jurídicos alheios. De qualquer modo, sempre haverá que ter em conta a ressalva da última parte da alínea *a*) do artigo 34º quando se trata de proteger interesses alheios.

No caso, apreciado pela Relação de Coimbra (acórdão de 16 de maio de 2001, no proc. nº 1105/2001), do indivíduo que após cortar a sua própria orelha, não tendo aí ninguém que o conduzisse ao posto médico para se tratar, conduziu com uma das mãos enquanto com a outra segurava a orelha cortada, e que só por isso resolveu conduzir o veículo, mesmo sabendo que havia ingerido bebidas alcoólicas – não deu lugar à aplicação do artigo 34º, considerando o Tribunal ilícita a condução (artigo 292º), destacando-se o facto de a situação de perigo para a integridade física do infrator ter sido criada voluntariamente.

Analisemos agora a seguinte situação factual, onde é evidente a responsabilidade do agente pelo seu estado de necessidade, mas onde se não vê uma concreta "provocação" da sua parte: *B* tem casa e jardim fora do perímetro urbano e porque teme ser assaltado, adquire um cão treinado para essas necessidades. *A* passa por ali perto e, pensando divertir-se, põe-se a acicatar os ânimos do animal, que o persegue e ameaça morder nas pernas. *A* toma consciência de que já não consegue safar-se, tem porém tempo para pegar num pau bem grosso e dá uma pancada no cão, que o atinge num dos olhos, em termos de o deixar cego. A pancada era necessária para *A* não ser mordido pelo animal.

3. A razoabilidade de impor ao lesado o sacrifício do seu interesse

Há que igualmente levar em conta a limitação imposta pela alínea *c*) do artigo 34º, exigindo, para a justificação, que seja razoável impor ao lesado o sacrifício do seu interesse em atenção à natureza e ao valor do interesse ameaçado.

São conhecidas as dificuldades que uma avaliação em concreto da hierarquia dos interesses conflituantes pode suscitar, recorda Faria Costa[10]. "Nesta matéria devo bastar-me com acentuar que pontos de apoio para a levar a cabo são oferecidos, quer pela medida das sanções legais cominadas para a violação dos respetivos bens jurídicos, quer pelos princípios ético-sociais vigentes na comunidade em certo momento, quer pelas modalidades do facto, a medida da culpa ou por pontos de vista político-criminais. Como ainda e também, noutro plano pela extensão do sacrifício imposto e pela extensão e premência do perigo existente".

4. O conhecimento da situação objetiva justificante

Como veremos no caso do condutor médico, exige-se o conhecimento dos elementos e pressupostos objetivos do direito de necessidade existentes na situação concreta.

IV. Elementos corretivos

A atuação ("o facto praticado") deverá ser adequada ao afastamento do perigo, de modo que não se justificam medidas que à partida não ofereçam a mínima possibilidade de eficácia. Podem existir diferentes modos de afastar o perigo e se uma dessas modalidades produz *menor dano*, se é a menos gravosa, corresponderá então ao *meio adequado*. O facto de esse meio coativo não ser substituível por outra medida menos gravosa torna-o *necessário*. Se houver outras variantes tão danosas quanto a considerada, então o perigo não será removível de outro modo. A fuga e o afastar-se alguém perante o perigo são modalidades que em situação de necessidade devem ser assumidas – ao contrário do que se passa com a legítima defesa; em estado de necessidade, a fuga não é desonra nem covardia. Tudo isso corresponde, aliás, à **natureza subsidiária** do estado de necessidade: não é caso de invocá-lo se o agente puder conjurar o perigo de outro modo, sem ofender o direito alheio. Se o perigo só puder ser afastado mediante uma certa e determinada atuação, então passa esta a assumir-se, diríamos: automaticamente, como necessária. A **ação de necessidade** configura-se como uma *actio duplex,* por ter dois lados: "uma vertente de lesão de um bem jurídico e uma dimensão de salvaguarda de bens jurídicos"[11].

---

[10] Faria Costa, *Jornadas,* p. 62.
[11] Küpper *JuS* 1987, p. 81, e Costa Andrade, *Consentimento e Acordo,* p. 164.

O DIREITO DE NECESSIDADE; OU: O "MAL MENOR" COMO CAUSA DE JUSTIFICAÇÃO

Caso nº 7 *A*, médico, obriga *P*, um doente internado no hospital onde presta
serviço, a dar sangue a *B*, que sem ele teria morrido. *P*, todavia, tinha-se
recusado a dar sangue voluntariamente.

Estão, frente e frente, a preservação da vida de *B*, e uma ofensa à integridade
física de *P*, bem como a sua liberdade de decisão. A mais disso, está em causa o
sentimento de segurança de todos os outros doentes internados naquele estabelecimento hospitalar. A doutrina maioritária sustenta que a imposição coativa
da doação de sangue transcende a eficácia justificativa do direito de necessidade
– descontadas as hipóteses de subsistência de particulares deveres de garante.
E isto pese embora a particular e evidente natureza do conflito: de um lado o
valor da vida, do outro uma agressão relativamente inócua à integridade física. Só
que a imposição coativa da doação contraria pura e simplesmente o princípio da
liberdade e da dignidade humana. Em tais casos, a expressão da solidariedade só
poderá ter sentido se constituir um ato de liberdade ética. O homem não deverá
em qualquer caso ser utilizado como meio[12].

Uma outra limitação tem a ver com a ação de certas pessoas, em vista da sua
posição perante o perigo: soldados, elementos policiais, bombeiros. Parece haver
a obrigação especial da tolerância do perigo por parte dessas pessoas.

V. Casos práticos

Caso nº 8 Direito de necessidade justificante (artigo 34º) *A* vê que a sua filha
de três anos largou a mão da mãe, que a acompanhava, e deitou a
correr para a estrada onde, passados uns segundos, vai ser apanhada
por uma viatura. *A* lança-se no encalço da filha, mas esbarra em *B*,
uma senhora de cerca de 60 anos que com o encontrão cai e fratura
a rótula.

Leia o artigo 34º e considere os diversos elementos importantes para a solução.
Primeiro, a atualidade do perigo para um bem jurídico. O bem jurídico a salvaguardar tem que se encontrar objetivamente em perigo e este deverá ser atual.
O perigo é atual quando for simultâneo ao facto e se a qualquer momento puder
conduzir ao dano. Um perigo atual existe quando a possibilidade de um dano é
tão iminente que, apreciado ex ante, com quase total certeza vai ter lugar se não
se adotar imediatamente uma medida de defesa.

---

[12] Cf. Costa Andrade, *Consentimento e Acordo em direito penal*, p. 239, e os diversos autores aí citados.

O RISCO DE COMER UMA SOPA E OUTROS CASOS DE DIREITO PENAL

Depois, a adequação da ação. A atuação ("o facto praticado") deverá ser adequada para afastar o perigo, de modo que não se justificam aquelas medidas que à partida não oferecem a mínima possibilidade de eficácia. Podem existir diferentes modos de afastar o perigo e se uma dessas modalidades produz *menor dano*, se é a menos gravosa, corresponderá então ao *meio adequado*. O facto de esse meio coativo não ser substituível por outra medida menos gravosa torna-o *necessário*. Se o perigo só puder ser afastado mediante uma certa e determinada atuação, então passa esta a assumir-se, sem mais, como necessária[13].

Por fim, a sensível superioridade do interesse a salvaguardar. É o pressuposto da alínea *b*): haver sensível superioridade do interesse a salvaguardar relativamente ao interesse sacrificado – e representa uma diferença significativa no confronto com o artigo 35º. Voltando a palavras já ditas: a vida humana está no lugar cimeiro destas considerações, é, em absoluto, o valor mais elevado – e isso sem referências qualitativas à idade, à posição social, à eventual doença do sujeito; ou mesmo quantitativas, porquanto se rejeita o confronto entre uma e várias vidas.

No caso anterior encontram-se reunidos todos os pressupostos de aplicação do artigo 34º.

Caso nº 9 *A* foi chamado de urgência por *D*, sua doente, que vinha sendo submetida a diálises periódicas. Dado o estado da paciente, *A* sabia que na ausência de cuidados imediatos a vida de *D* correria perigo. Por isso, e porque tinha ingerido uma boa quantidade de álcool (como médico sabia que a taxa de álcool no sangue deveria andar por 1,4 g/l, como efetivamente acontecia), chamou um táxi. Foi em vão: não havia táxis disponíveis àquela hora. Havia pouco trânsito e era de noite. Nenhum colega se encontrava disponível para o substituir junto da doente. Contrariado, acabou por se pôr ao volante do seu próprio carro, a caminho da casa de *D*. Quando, porém, seguia por uma das ruas da localidade, de repente, sem que nada o fizesse prever, apareceu-lhe na frente do carro *H*, que por breves instantes tinha estado parado atrás de um muro, à beira da rua, sem que o condutor o pudesse ter visto antes. Foi-lhe impossível evitar embater no peão, não obstante seguir a velocidade que não era superior à velocidade regulamentar de 50 km/h. A vítima sofreu ferimentos graves e caiu, inconsciente, no chão. *A* parou, saiu do carro, mas viu logo que para salvar a vida de *H* tinha que o transportar imediatamente ao hospital. E assim fez, pelo caminho mais rápido,

---

[13] A **ação de necessidade** configura-se como uma *actio duplex*, por ter dois lados: "uma vertente de lesão de um bem jurídico e uma dimensão de salvaguarda de bens jurídicos", Küpper *JuS* 1987, p. 81, e Costa Andrade, p. 164.

sabendo muito bem que punha em jogo a vida da sua doente renal. Logo que deixou *H* no hospital, *A* dirigiu-se imediatamente para casa da doente. Mal chegou, apercebeu-se da morte desta, ocorrida poucos minutos antes[14].

Punibilidade de *A* ?

1. O atropelamento de *H*.

Punibilidade de *A* por ofensas corporais por negligência (artigo 148º, nº 1).

Do acidente resultaram ofensas corporais graves na pessoa de *H*, pelo que *A* pode estar comprometido com o disposto no artigo 148º, nos 1 e 3.

A estava obrigado a pôr na condução que empreendeu os necessários cuidados. Seguia pela via pública, ao volante do seu automóvel, não obstante a taxa de álcool no sangue ser superior a 1,2 g/l e deste modo contrariar o comando do artigo 292º do CP. Todavia, é duvidoso que o resultado típico, as lesões corporais na pessoa de *H*, possa ser objetivamente imputado a *A*. A causação do resultado e a violação do dever de cuidado, só por si, não preenchem o correspondente ilícito típico. Tratando-se de ofensas à integridade física, acresce a necessidade da imputação objetiva do evento. Este critério normativo pressupõe uma determinada *conexão de ilicitude:* não basta para a imputação de um evento a alguém que o resultado tenha surgido em consequência da conduta descuidada do agente, sendo ainda necessário que tenha sido precisamente em virtude do caráter ilícito dessa conduta que o resultado se verificou.

Na altura do acidente, *A* circulava à velocidade regulamentar, fazendo-o pela sua mão de trânsito. Um condutor sóbrio não teria procedido de outra maneira – nomeadamente, não poderia ter previsto que um peão saísse inopinadamente detrás de um muro, à beira da estrada, e se atirasse em correria para debaixo do automóvel, sem dar ao condutor a mínima possibilidade de travar ou de se desviar para não embater na vítima.

Uma vez que temos como apurado que o *comportamento lícito alternativo* provocaria igualmente o resultado danoso, este não deverá ser imputado ao condutor. Não obstante a elevada taxa de álcool no sangue (*tas*), não se pode concluir que os perigos daí advindos se tivessem concretizado no resultado típico, *i. e.* nas ofensas à integridade física graves sofridas pelo atropelado. A *doutrina do aumento do risco* chegaria aqui a idênticos resultados, porquanto a alcoolemia do condutor não aumentou o risco de embater no peão. Observe-se, por outro lado, que, de acordo com os critérios correntes do *princípio da confiança*, "ninguém terá em princípio de responder por faltas de cuidado de outrem, antes se pode confiar

---

[14] Com elementos recolhidos da OLG Hamm NJW 1977, 1892, de 20 de dezembro de 2004; M. Aselmann e Ralf Krack, *Jura* 1999, p. 254 e ss.; Bockelmann/Volk, *AT*, p. 99; e H. Otto, *AT*, p. 131.

em que as outras pessoas observarão os deveres que lhes incumbem"[15]. Qualquer utente da via "tem de confiar nos sinais, nas comunicações, dos outros utentes e tem, sobretudo, de confiar, em uma ótica de total reciprocidade, na perícia, na atenção e no cuidado de todos os outros utilizadores da via pública"[16]. Quem atua de acordo com as normas de trânsito pode pois contar com idêntico comportamento por banda dos demais utentes da via e *A* podia confiar em que ninguém, de repente, sairia de detrás do muro nas apontadas circunstâncias. O condutor só pode confiar que, pelo facto de agir segundo o direito, não pode ser penalmente responsabilizado por factos que não pode evitar. No caso, o condutor não podia evitar o que aconteceu, porque, para além do mais, não previu – nem tinha que prever – o resultado. Falta também aqui, como se vê, um elemento essencial à imputação por negligência, que é a previsibilidade. Podemos assim concluir que *A* não cometeu o crime de ofensas à integridade física por negligência do artigo 148º, nº 1.

Punibilidade de *A* pelo crime de condução perigosa de veículo rodoviário (artigo 291º).

Para haver este crime, seria necessário demonstrar que no caso o resultado de perigo teve origem na condução em estado de embriaguez de *A*. Como logo se vê, houve um perigo que se concretizou, chegou a ocorrer uma situação de dano para a integridade física do atropelado, de que essa situação de perigo concreto se apresenta como um estádio intermédio. Todavia, não foi o perigo decorrente da condução em estado de embriaguez que cristalizou no evento danoso – a condução não ultrapassou o *risco permitido* na correspondente atividade. Na verdade, só a conduta inadequada de *H* pode explicar a realização do risco que ficou caracterizado. *A* não cometeu este crime.

Punibilidade de *A* pelo crime de condução de veículo em estado de embriaguez (artigo 292º).

A conduzia com uma *tas* (taxa de álcool no sangue) superior a 1,2 g/l. Fazia-o, como já se disse, com suficiente conhecimento de que a taxa andaria por esse valor, e consequentemente com dolo eventual, na medida em que igualmente se conformou com a condução nessas circunstâncias (artigo 14º, nº 3). Ainda assim, e porque a taxa estava muito perto do seu valor mínimo, sempre se poderia afirmar, pelo menos, a negligência do condutor, sendo certo que a norma prevê igualmente a punição desta forma de culpa.

Em caso de **conflito no cumprimento de deveres jurídicos** não é ilícito o facto de quem satisfizer dever de valor igual ou superior ao do dever que sacrificar (artigo 36º, nº 1).

---

[15] Figueiredo Dias, *Direito penal*, sumários e notas, Coimbra, 1976, p. 73.
[16] Faria Costa, *O Perigo*, p. 488.

O DIREITO DE NECESSIDADE; OU: O "MAL MENOR" COMO CAUSA DE JUSTIFICAÇÃO

Existe uma situação de conflito de deveres quando o agente se encontra pelo menos perante dois deveres jurídicos, com a consequência inevitável de só poder satisfazer um à custa do outro. Em geral, distinguem-se três grupos de hipóteses. Ou o agente tem de obedecer a dois comandos (*deveres de ação*), por ex., se um médico em caso de acidente presta os primeiros socorros apenas a uma das vítimas, embora se lhe impusesse o dever de acudir a todas. Ou pode haver colisão entre uma ação e uma omissão (*conflito entre um dever de ação e um dever de omissão*), "questão que, como é sabido, foi abundantemente tratada após (e em consequência das ordens criminosas dadas pelos "superiores" nazis) a segunda grande guerra – é, hoje, maioritariamente, entendido que é uma questão a equacionar e a resolver segundo os princípios e disposições do direito de necessidade (geral – C. P., art. 34º – ou especiais – casos de detenção em flagrante por autoridade (...)"[17]. Há quem não aceite, porém, que se possa dar uma situação de colisão entre dois *deveres de omissão*. O condutor que entra na autoestrada pela via de acesso errada não pode voltar para trás nem seguir para a frente – nem pode ficar ali parado, mas isso provavelmente não representa qualquer colisão de deveres, uma vez que a situação se esgota em transgredir a norma que na condução em estrada proíbe que se circule contra a mão.

A, por um lado, tinha o dever de omitir a condução em situação de alcoolemia (**dever de omissão**), por outro, era seu dever prestar em tempo útil os cuidados de que a sua paciente estava tão necessitada (**dever de ação**).

Acontece que a situação assim desenhada representa mais fielmente um direito de necessidade. "O chamado "conflito de deveres", quando, verdadeiramente, coenvolver um problema de justificação (de exclusão da ilicitude), é ao direito de necessidade que se deve subsumir e como tal ser resolvido"[18].

De acordo com o artigo 34º, não é ilícito o facto praticado como meio adequado para afastar um perigo atual que ameace interesses juridicamente protegidos de terceiro. Ponto é que se verifiquem os requisitos das três alíneas seguintes. No caso concreto, existia um perigo atual para a vida da paciente, existia, portanto, uma situação de necessidade. Conduzir em estado de alcoolemia até à casa da doente (ação em estado de necessidade) deveria ser – e era, objetivamente – a maneira adequada de afastar o perigo, coberta, subjetivamente, pela vontade de salvar a vida da doente. *A* procurou um táxi, consciente de que não podia conduzir a sua própria viatura, mas sem êxito. Por outro lado, *A* não estava em posição de contar com a ajuda de um colega que fizesse o seu trabalho. De forma que se não descortina um meio menos gravoso, rodeado de menores custos, de afastar o perigo. Além disso, *A* atuou com conhecimento da situação de necessidade.

---

[17] Taipa de Carvalho, *A Legítima Defesa*, p. 172.
[18] Taipa de Carvalho, *A Legítima Defesa*, p. 173.

O RISCO DE COMER UMA SOPA E OUTROS CASOS DE DIREITO PENAL

Finalmente, pode muito bem garantir-se que o interesse a salvaguardar era sensivelmente superior ao interesse a sacrificar. Havia claramente um **perigo concreto** para a vida da doente renal em contraposição com um **perigo abstrato** que era a segurança do trânsito rodoviário. Podemos concluir que a conduta de A está justificada por aplicação dos artigos 31º, nos 1, e 34º[19] [20].

2. O que aconteceu depois.

Punibilidade de A: comissão por omissão do crime dos artigos 10º e 131º.

Uma vez que A não prestou o auxílio médico à sua paciente e esta morreu, A pode ter cometido o crime em referência.

Deu-se o resultado mortal e isso pode ser imputado a A, já que este, com uma probabilidade quase a raiar a certeza, o podia ter evitado[21].

Como a doente estava a ser tratada por A, este encontrava-se em **posição de garante** por vias do contrato estabelecido entre ambos (critério tradicional) ou por assunção do dever de proteção e auxílio (critério doutrinal mais recente). A conhecia a sua posição de garante, sabia que havia a possibilidade de salvar a vida da doente e que esta podia morrer – houve, por isso, dolo da sua parte. Não intervém o artigo 34º porque falta a sensível superioridade do interesse a salvaguardar, que é requisito da alínea b). A conduta poderá todavia analisar-se no âmbito da colisão de deveres. É certo que A tinha o dever de garante perante a sua doente renal e não o tinha relativamente ao atropelado – neste caso, a ingerência não vem acompanhada da culpa do condutor, nem o acidente lhe pode ser ilicitamente atribuído. O responsável pelo acidente foi sem dúvida nenhuma o peão. O dever de acudir à paciente renal seria valorativamente mais elevado do que o de ajudar o peão atropelado. Há de notar-se contudo que no artigo 36º se não faz uma valoração deste tipo, o bem jurídico da vida não é mensurável em função da idade ou de privilégios sociais, nem em função de critérios exteriores

---

[19] Todavia, e como se deixou sugerido, a solução poderá ocorrer já no domínio do artigo 36º, no âmbito do **conflito de deveres**, com a vantagem de não ser necessário assentar na sensível superioridade do interesse a salvaguardar, já que, no caso de conflito no cumprimento de deveres jurídicos, não é ilícito o facto de quem satisfizer dever de valor igual ou superior ao do dever que sacrificar. Contentando-se a lei com um dever de valor igual, a tarefa do intérprete ficará muito mais facilitada.

[20] Apontamento jurisprudencial. Cf. o acórdão da Relação de Lisboa de 5 de maio de 1998, *CJ* 1998, tomo III, p. 141: A, em estado de embriaguez, conduziu a mulher ao hospital, depois de esta ter sido acometida de doença súbita e grave – e de A ter, sem sucesso, diligenciado por conseguir outro transporte. Apenas se admitiu no acórdão a exclusão da culpa (artigo 35º). O Prof. Figueiredo Dias (*DP/PG* I, 2ª ed., p. 444) cita o acórdão da mesma Relação de 19 de junho de 1996 e comenta que no caso em que A, embriagado, conduziu um automóvel para socorrer a mãe, que, sofrendo de doença grave e vivendo só, lhe tinha telefonado dizendo que se sentia mal e necessitava de assistência – pode ser uma conduta justificada se ela traduzir o meio único de conduzir em tempo um doente grave ao hospital.

[21] A **causalidade omissiva** constrói-se em termos hipotéticos e não em termos naturalísticos. O juízo formulado em matéria de causalidade omissiva é, por sua própria natureza, fundado num método de estrutura probabilística e será tanto mais válido quanto mais perto da certeza se encontrar.

O DIREITO DE NECESSIDADE; OU: O "MAL MENOR" COMO CAUSA DE JUSTIFICAÇÃO

como aqueles que vinham sendo apontados. *A* estava em posição de apenas poder salvar uma das vidas – *e foi isso que fez*. A conduta não é portanto ilícita[22].

Mas se se rejeitarem os pressupostos justificadores da situação, *i. e*, se se concluir que a conduta de *A* é ilícita, não se lhe poderá recusar os efeitos do **estado de necessidade desculpante**, tal como decorrem do artigo 35º.

VI. Ainda a estrutura do estado de necessidade justificante (estado de necessidade "objetivo" ou "direito" de necessidade)

Podemos associar nesta altura, para melhor as compreender, a figura do artigo 34º (direito de necessidade) e a do artigo 339º do Código Civil (**estado de necessidade jurídico-civil**). Neste artigo 339º encontra-se consagrado um verdadeiro direito de necessidade, proclamando-se que é lícita a ação daquele que destruir ou danificar coisa alheia com o fim de remover o perigo atual de uma dano manifestamente superior, quer do agente quer de terceiro. No artigo 34º, o direito de necessidade torna a conduta lícita, mas é preciso: *a*) Não ter sido voluntariamente criada pelo agente a situação de perigo, salvo tratando-se de proteger o interesse de terceiro; *b*) Haver sensível superioridade do interesse a salvaguardar relativamente ao interesse sacrificado; e *c*) Ser razoável impor ao lesado o sacrifício do seu interesse em atenção à natureza ou ao valor do interesse ameaçado. Um interesse a salvaguardar (interesse juridicamente protegido) e um interesse a sacrificar estão assim frente a frente. O interesse a salvaguardar é alvo da ameaça de um perigo atual. O afastamento do perigo conduz ao sacrifício de um outro interesse. Uma ponderação entre os interesses contrapostos aponta para a prevalência do interesse protegido. A ponderação compreende todas as circunstâncias que caracterizam a concreta situação de colisão, comparando-se ambos os bens, por ex., a vida dum lado, a propriedade do outro.

"Onde estas regulamentações [artigo 339º do CC, artigos 195º do CP e 135º do CPP e outras diversas regulamentações dos atos de autoridades, nomeadamente policiais] se revelem mais estritas do que o art. 34º não pode recorrer-se a este para cobrir uma situação como capa da justificação. Mas, por outro lado, o artigo 34º contém concretizações, *v. g*. na exigência de adequação do meio, que podem refletir-se na interpretação de especiais causas de justificação baseadas também na ideia da prevalência, em situação conflitual, de interesses mais valiosos, valendo em tais questões o art. 34º como *lex generalis* na matéria"[23].

---

[22] "Autêntico **conflito de deveres** suscetível de conduzir à justificação existe apenas quando na situação colidem distintos deveres de ação, dos quais só um pode ser cumprido". Figueiredo Dias, *DP/PG* I, 2ª. ed., p. 446.

[23] Figueiredo Dias, *Textos*, p. 214.

VII. Outras indicações de leitura

Código Civil: artigo 339º, nº 2 – obrigação de indemnizar o lesado pelo prejuízo sofrido.

Acórdão do STJ de 25 de junho de 1992, *BMJ* 418, p. 569: legítima defesa, direito de necessidade, estado de necessidade desculpante, excesso de legítima defesa.

Acórdão da Relação de Coimbra de 5 de julho de 2000, *RPCC* 10 (2000): Segredo. Artigo 135º. **Segredo** médico. O tribunal só pode impor a quebra do segredo profissional se verificar que os interesses que o segredo visa proteger são manifestamente inferiores aos prosseguidos com a sua revelação.

Acórdão da Relação de Coimbra de 11 de julho de 2002, CJ 2002, tomo V, p. 36: exclusão da ilicitude. Princípio da ponderação dos valores conflituantes. Condução sem habilitação legal.

Baumann/Weber/Mitsch, Strafrecht, AT, Lehrbuch, 10ª ed., 1995.

Claus Roxin, G. Arzt, Klaus Tiedemann, Introducción al derecho penal y al derecho penal procesal, Ariel, Barcelona, 1989.

Claus Roxin, Teoria da infração, Textos de apoio de Direito Penal, tomo I, AAFD, Lisboa, 1983/84.

Costa Andrade, O princípio constitucional "nullum crimen sine lege" e a analogia no campo das causas de justificação, RLJ ano 134º, nº 3924.

Eduardo Correia, Direito Criminal, I, p. 418; II, p. 49.

Eduardo Maia Costa, Evasão de recluso, homicídio por negligência, comentário ao acórdão do STJ de 5 de março de 1992, RMP (1992), nº 52.

Enrique Gimbernat Ordeig, El estado de necesidad: un problema de antijuridicidad, in Estudios de derecho penal, 3ª ed., 1990.

Eser/Burkhardt, Strafrecht I, 4ª ed., 1992; em tradução espanhola: Derecho Penal, Cuestiones fundamentales de la Teoría de Delito sobre la base de casos de sentencias, Ed. Colex, 1995.

F. Haft, Strafrecht, AT, 6ª ed., 1994.

Giuseppe Bettiol, Direito Penal, Parte Geral, tomo II, Coimbra, 1970.

Gonzalo Quintero Olivares, Derecho Penal, PG, 1992.

Jorge de Figueiredo Dias, Direito Penal, Parte Geral I, 2ª ed., 2007.

Jorge de Figueiredo Dias, Textos de Direito Penal. Doutrina geral do crime. Lições ao 3º ano da Faculdade de Direito da Universidade de Coimbra, elaboradas com a colaboração de Nuno Brandão. Coimbra 2001.

José António Veloso, "Sortes", Separata de Estudos Cavaleiro de Ferreira, RFDL, 1995.

Juan Bustos Ramírez, Manual de derecho penal español. Parte general, 1984.

Maria Fernanda Palma, A justificação por legítima defesa como problema de delimitação de direitos, 1990.

Maria Fernanda Palma, Justificação em Direito Penal: conceito, princípios e limites, in Casos e Materiais de Direito Penal, Coimbra, 2000, p. 109.

Maria Fernanda Palma, O estado de necessidade justificante no Código Penal de 1982, in BFD, Estudos em Homenagem ao Prof. Doutor Eduardo Correia, III, 1984. Publicado igualmente in Casos e Materiais de Direito Penal, Coimbra, 2000, p. 175.

Taipa de Carvalho, A Legítima Defesa, dissertação de doutoramento, 1995, especialmente, p. 172 e ss.

Taipa de Carvalho, Direito Penal, Parte Especial, II vol., 2004.

Teresa P. Beleza, Direito Penal, 2º vol., AAFDL.

Teresa Quintela de Brito, O direito de necessidade e a legítima defesa no Código Civil e no Código Penal, 1994.

Udo Ebert, Strafrecht, Allgemeiner Teil, 2ª ed., 1993.

10 – ELEMENTOS SOBRE A CULPA

I. O conceito de culpa

1. A origem do conceito de culpa

Os últimos anos do século dezanove conheceram as primeiras tentativas de separar a ilicitude da culpa. "O injusto e a culpa considerados como elementos separados no sistema científico do crime nasceram de uma revolução doutrinária" protagonizada por Franz *von* Liszt. "Essa inovação é vulgarmente distinguida ainda hoje em dia como se fosse a maior conquista de todos os tempos da dogmática jurídico-penal"[1]. Em tempos mais recuados não se conhecia uma verdadeira doutrina da culpa; distinguia-se entre *imputatio facti*, ou seja: a imputação objetiva de um evento enquanto facto exterior, e a *imputatio juris*, a imputação subjetiva, a chamada à responsabilidade penal do autor. Samuel Pufendorf (1634-1694) foi quem trouxe a palavra imputação (*imputatio*) para o léxico do *direito natural*,[2] tendo-se a partir daí desenvolvido as ideias fundamentadoras da moderna distinção entre ilicitude e culpa[3].

2. A distinção entre ilicitude e culpa

a) Em páginas precedentes procurámos caracterizar a ilicitude, demarcando-a da culpa, circunstância que o próprio código em várias ocasiões acentua, por exemplo, no artigo 17º, nº 1: "age sem **culpa** quem atuar sem consciência da **ilicitude** do facto, se o erro lhe não for censurável"; ou no artigo 72º, nº 1:

---

[1] Paulo de Sousa Mendes, *O torto intrinsecamente culposo como condição necessária da imputação da pena*, 2007, p. 35 e s.

[2] Paulo de Sousa Mendes, *O torto intrinsecamente culposo como condição necessária da imputação da pena*, 2007, 49; H.-H. Jescheck, AT 4ª ed., 1988, p. 377.

[3] Fritjof Haft, *Einführung in das juristische Lernen*, 6ª ed., p. 78.

"o tribunal atenua especialmente a pena (...) quando existirem circunstâncias (...) que diminuam por forma acentuada a **ilicitude do facto**, a **culpa do agente** ou a necessidade da pena".

Os dois elementos encontram-se numa relação lógica. Sendo a culpa a censura pessoal pelo facto ilícito praticado, então a comprovação da ilicitude é indispensável para podermos reprovar ao agente o caráter desvalioso do facto. O que estará em causa é um **poder** individual (um nexo pessoal entre o agente e o facto) e já não o **dever** que a todos incumbe: culpa é censurabilidade do comportamento humano por o culpado ter atuado contra o *dever* quando *podia* ter atuado de acordo com ele. No quadro normativo decorrente do artigo 20º do CP, culpa deverá entender-se, em sentido literal, como o juízo de censura àquele que, sendo capaz de avaliar a ilicitude dos seus atos e de se determinar de acordo com essa avaliação, optou, ao agir, por contrariar o direito.

b) A decisão concreta (do aplicador do direito), no entanto, limita-se à **constatação formal** de que não concorrem situações de inimputabilidade ("**obstáculos**" à comprovação da culpa) e de causas de desculpa: o juiz aplica um "esquema formal segundo o qual a culpa é uma pura consequência do ilícito"[4]. Isso, aliás, é patente, quando atentamos nos modelos estruturais que têm acompanhado a nossa exposição. Comprovada a autoria de um facto ilícito-típico, haverá que estar atento à presença de algumas das figuras desculpantes tipificadas: o estado de necessidade desculpante (artigo 35º), o excesso de defesa resultante de perturbação, medo ou susto não censuráveis (artigo 33º, nº 2), e inclusivamente a figura híbrida, que é a obediência indevida desculpante (artigo 37º). Afirma-se a culpa na ausência de qualquer circunstância eximente ou de um "obstáculo" à culpa, como veremos a seguir. Num plano mais abrangente, podem verificar-se, ligadas à culpa, mas sem a excluir, situações de *privilegiamento*, como a decorrente de o agente atuar dominado por compreensível emoção violenta no crime de homicídio do artigo 133º, ou outros requisitos fundamentadores de uma atenuação especial da pena.

c) Também o CPP faz menção da culpa. Veja-se o artigo 368º, nº 2, alínea *c*): em certo momento, são submetidos a deliberação e votação do tribunal os factos relevantes para – entre outras – a questão de saber "se o arguido atuou com culpa". Daí a conveniência de um preceito como o do artigo 376º do mesmo Código que, no nº 3, dispõe: "Se o crime tiver sido cometido por inimputável, a sentença é absolutória, mas se nela for aplicada medida de segurança, vale como sentença condenatória para efeitos do disposto no nº 1 do artigo anterior e de recurso do arguido". Quem, sendo suscetível de imputação em razão da idade, vir reconhecida em juízo a sua inimputabilidade por "crime" (na singeleza com que aparece definido no artigo 1º, alínea *a*)), a partir dos pressupostos previstos

---

[4] Fernanda Palma, O Princípio da Desculpa em Direito Penal, 1995, p. 13.

ELEMENTOS SOBRE A CULPA

no artigo 20º, nº 1, do CP, não poderá deixar de ser absolvido, embora a sentença valha como condenatória se nela for aplicada medida de segurança, tanto para que se extingam as medidas de coação como para efeitos de recurso (artigo 376º, nos 1 e 3). Vale como condenatória a sentença absolutória que aplique medida de segurança a um inimputável. É assim inegável que pode ser arguido, obrigando à sua constituição como tal (artigos 58º e 59º do CPP), quando for o caso, uma pessoa inimputável em razão de anomalia psíquica.

3. Os fundamentos e o conteúdo da culpa

a) Introito

- Culpa é censurabilidade; o que ao arguido se censura é o facto cometido, não a sua forma de conduzir a vida, nem – ao menos por via de regra – o seu caráter[5];
- A decisão concreta (do aplicador do direito) limita-se à **constatação formal** de que não concorrem situações de inimputabilidade (**"obstáculos"** à comprovação da culpa) e de causas de desculpa. O juiz aplica um "esquema formal segundo o qual a culpa é uma pura consequência do ilícito": comprovado o ilícito típico e não concorrendo quaisquer causas de desculpa (o estado de necessidade desculpante: artigo 35º; o excesso de defesa resultante de perturbação, medo ou susto não censuráveis: artigo 33º, nº 2), afirma-se a culpa do agente;
- Ao contrário da ilicitude, que se analisa num *desvalor* de ordem *geral*, a culpa afirma-se enquanto *desvalor individual* que recai sobre o autor do facto, o sujeito concreto;
- A culpa é sobretudo um juízo de desvalor sobre um facto, mais precisamente, sobre a ação ilícita do agente: trata-se da consequência afirmada pela **teoria normativa da culpa** que continua a ser seguida;
- Quanto aos dados subjetivos – nomeadamente o dolo do agente, enquanto conhecimento e vontade –, deverão analisar-se em plano diferente da culpa, por fazerem parte da tipicidade, embora com possíveis reflexos na culpa, melhor dito: enquanto matéria de culpa, tal como a seu tempo se expôs.

---

[5] Embora na alínea *f)* do nº 2 do artigo 71 (determinação da medida da pena) se aluda à falta de preparação para manter uma conduta lícita; este recorte porém só deverá ser considerado quando "essa falta" **se manifeste no facto**. Se **qualidades especiais** forem especialmente desvaliosas de um ponto de vista jurídico-penalmente relevante, seja a *crueldade* e *brutalidade* que em regra acompanha os psicopatas "insensíveis" (veremos isso ao analisarmos o modo de tratar o facto de um "imputável diminuído" em razão de anomalia psíquica), essas mesmas qualidades entram no juízo de censura, agravando a pena, segundo a opinião praticamente incontestada.

b) Desenvolvimentos

À antiga visão naturalista, que tratava de reconduzir todos os conceitos jurídicos a dados empíricos, andava associada a **teoria psicológica da culpa**. A culpa era concebida como um simples *nexo subjetivo*,[6] desligado de um qualquer juízo valorativo. O dolo e a negligência eram *formas de culpa* e a culpa reconduzia-se à presença ou à ausência de dolo ou negligência.

O conceito psicológico da culpa foi substituído pela **teoria normativa da culpa**, "ainda hoje dominante"[7]. Foram autores germânicos quem, logo nos primeiros anos do século vinte, referindo-se à insuficiência da relação psicológica para a culpa, utilizaram o termo *censurabilidade* para a precisar e ampliar os seus contornos[8] [9]. A relação psíquica entre o agente e o facto passa a ser observada sob a perspetiva (ético-valoradora) da censura que o seu caráter desvalioso implica. Reconheceu-se que a censura ao agente em que a culpa há de traduzir-se não tem a ver só com componentes de raiz psicológica, mas também e sobretudo com elementos normativos. Uma das razões decisivas da viragem assentou em que também o agente que atua em estado de necessidade atua com dolo e isso bastaria para se dizer que tinha culpa e se tinha culpa não poderia, sem contradição, beneficiar de um efeito "*des*culpante". Por outro lado, se havia inimputáveis capazes de agir com dolo, a imputabilidade não podia ser um pressuposto da culpa (que se exprimia nas formas de dolo e negligência).

O conceito normativo de culpa foi alvo das atenções da "doutrina da ação final". Com esta, os elementos subjetivos saíram do conceito de culpa, permanecendo aí somente o critério da censurabilidade. O dolo, que até então era entendido como

---

[6] Para o sistema "clássico", como já por mais de uma vez acentuámos, todos os elementos objetivos do delito deviam localizar-se no ilícito e todos os elementos subjetivos na culpa.

[7] Claus Roxin, *AT* I, p. 703; Jescheck, *AT*, p. 378.

[8] Esta orientação teve origem na teoria de Frank, informa o Prof. Cavaleiro de Ferreira, *A tipicidade na técnica do direito penal*, Lisboa, 1935, p. 37, que adianta outros pormenores.

[9] "A ilicitude e a culpa aparecem frequentemente referidas aos conceitos de "dever" e "poder", respetivamente. Aponta-se James Goldschmidt como o primeiro a relacionar a definição de censurabilidade com a infração de uma específica norma jurídica. A ilicitude relaciona-se com a violação do dever estabelecido pelo direito, independentemente de saber se o seu autor tinha a possibilidade, ou não, de o cumprir. Na culpa, do que se trata é da capacidade individual de satisfazer o dever", Stratenwerth/Kuhlen, *Strafrecht AT*, 5ª ed., p. 81. Tais fórmulas, dizem ainda os mesmos autores, não sendo falsas, são porém imprecisas. Por um lado, para as tendências "finalistas", o "poder" desempenha já um papel no âmbito do ilícito na medida em que supõe, pelo menos, a causação voluntária de um resultado jurídico-penalmente relevante ou até mesmo a evitabilidade do decurso causal. O "poder" de que depende a culpa tem toda uma outra natureza, qual seja: a possibilidade de conhecer as exigências decorrentes do dever e de se comportar de acordo com elas; é, por outras palavras, a possibilidade de uma decisão *responsável*. Por outro lado, o "dever" desempenha uma função essencial também ao nível valorativo da culpa. O direito penal valora aquele "poder" dentro de certos parâmetros normativos e não ilimitadamente – e é só isso que se exige do sujeito concreto.

um elemento da culpa, passa agora a conformar um elemento essencial do ilícito, mais exatamente da tipicidade. Chegou-se assim a uma conceção normativa "pura" de culpa. Para Welzel,[10] elementos da censurabilidade são a imputabilidade (atentas as suas forças psíquicas, o autor é capaz de se motivar de acordo com a norma) e a possibilidade de avaliar o ilícito (o autor está em condições de se motivar de acordo com a norma por ter a possibilidade de compreender a antijuridicidade). Do juízo de censura participam ainda os elementos da exigibilidade de outro comportamento. Extraindo o objeto da valoração (o dolo) da categoria da culpa e situando-o na do ilícito, "estava cumprida a condição necessária para 'reduzir' ('purificar') a culpa àquilo que verdadeiramente ela deve ser: um 'puro juízo de (des)valor', um autêntico *juízo de censura*"[11]. O dolo e a negligência abandonaram a sua condição de "formas de culpa", ainda que se continue, por ex., a dar relevo a um duplo lugar do dolo, nos termos que anteriormente expusemos. O dolo é determinante não só do desvalor de uma conduta, mas *também da culpa do agente*; concorre efetivamente para o juízo de censura, circunstância, porém, que o não converte num elemento autónomo, próprio da culpa.

A culpa fundamenta a censura pessoal contra o agente com capacidade de motivação em conformidade com o dever jurídico. O Prof. Beleza dos Santos apontava para a existência de um *dever*, que não foi cumprido, e de um *poder* de cumpri-lo[12]. Nas últimas décadas tem-se entendido a culpa como censura ético-jurídica dirigida a um sujeito por não ter agido de modo diverso, estando tal pensamento ligado à aceitação da liberdade do agente, à aceitação do seu "poder de agir de outra maneira".

Uma tal conceção não se pode manter, dizem vozes autorizadas. Para Roxin, ainda se poderia aceitar ela basear-se na premissa indemonstrável do *livre arbítrio*, mas a doutrina falha porque, "mesmo que se assente no pressuposto da existência de uma liberdade de decisão, teoricamente pensável, não é, indiscutivelmente, passível de verificação científica a existência de um poder de o agente concreto agir de outra maneira, no momento do facto"[13]. "Se um tal poder é inverificável

---

[10] Hans Welzel, *Das Deutsche Strafrecht*, 11ª ed., p. 138 e ss.

[11] Figueiredo Dias/Costa Andrade, *Direito Penal. Questões fundamentais. A doutrina geral do crime*. UC, 1996, p. 329. Nuno Brandão, *Justificação e desculpa por obediência em Direito Penal*, 2006, p. 97, a propósito deste esvaziamento da culpa, retrata-o como a **apropriação do conteúdo da culpa pela ilicitude**, aditando-lhe uma consequência: a *diluição* dos limites entre uma e outra – "de tal modo que a distinção entre ambas se torna quase impraticável e deixa de assumir relevância significante".

[12] J. Seabra Magalhães e F. Correia das Neves, *Lições de Direito Criminal*, segundo as preleções do Prof. Doutor Beleza dos Santos, Coimbra, 1955, p. 95.

[13] Os defensores da doutrina do poder agir de outra maneira fazem assentar a consequência exposta não no poder do agente concreto, mas sim no poder de que, segundo as regras da experiência, dispõe o homem médio, na capacidade da maior parte dos homens. O chamado **conceito social de culpabilidade** reduz o juízo de culpabilidade à constatação de que o autor é "capaz de reagir normativamente, quer dizer:

O RISCO DE COMER UMA SOPA E OUTROS CASOS DE DIREITO PENAL

em concreto, então a sua aceitação ou negação, sob certos pressupostos, há de constituir uma daquelas 'verdades' de *crença* ou de *adesão*, sem as quais, de resto, o homem se verá impossibilitado de atuar no domínio normativo e de o compreender – e, para mais, uma 'verdade' que, não sendo decisivamente contrariada pelos dados da experiência, constitui uma aceitável hipótese de trabalho"[14] [15].

Para alguns autores, tendo-se por comprovada a realização de um facto que afeta um bem jurídico penalmente protegido (facto ilícito-típico), o decisivo, na questão que nos ocupa, estará em saber se há **necessidade preventiva** de pena ou antes de uma medida de segurança, por ex., um internamento coativo para tratamento psiquiátrico. Para poder responder, haverá que estabelecer um conjunto de condições objetivas e subjetivas para a imputação, que têm a ver com exigências sociais. Neste contexto, tem-se por admissível dividir estas condições de forma a que umas fiquem a pertencer à ilicitude e outras à figura da imputação individual.

É neste sentido que aparece a categoria da **responsabilidade**, desenvolvida por Roxin[16]. Na sistemática do crime, trata-se de uma (outra) valoração que se segue à ilicitude e, em regra, desencadeia a punibilidade. "Enquanto com o predicado da ilicitude o facto é apreciado do ponto de vista de que viola a ordem do dever-ser jurídico-penal e é proibido por ser socialmente danoso, a responsabilidade significa uma valoração do ponto de vista da responsabilização

---

motivado pelas normas de forma normal – um homem médio na sua situação não teria cometido o facto"; cf. Bernd Schünemann, *Obras I*, p. 17; e Jescheck, *AT* 4ª ed., 1998, p. 366. Como se verá mais à frente, Figueiredo Dias liga o efeito normativo – segundo pressuposto do artigo 20º, nº 1 – à impossibilidade de compreensão de um comportamento que pode ser causalmente explicado, acontecendo, no entanto, que a anomalia psíquica **oculta** a verdadeira personalidade do agente, impedindo que ela se ofereça à contemplação compreensiva do juiz. Uma pessoa nestas circunstâncias decerto não estará capaz de ser influenciado pelas penas (artigo 20º, nº 3).

[14] Jorge de Figueiredo Dias, *Liberdade, culpa, direito penal*, p. 62.

[15] Como explica Paulo de Sousa Mendes, *O torto intrinsecamente culposo como condição necessária da imputação da pena*, Coimbra, 2007, p. 53, "a liberdade era designada filosoficamente por liberum arbitrium indifferentiae e era definida rigorosamente como sendo a possibilidade de, numa situação dada, o sujeito realizar uma ou outra de duas ações diametralmente opostas. A capacidade de indiferença da vontade livre não significava que o sujeito não tivesse motivos para realizar uma dessas duas ações, mas significava apenas que podia decidir a realização da ação contrária independentemente dos motivos, em vez de ser determinado a seguir o rumo dos motivos". É a liberdade de se decidir em um qualquer sentido, indiferentemente de limitações e condicionamentos, como escreve Curado Neves, *A problemática da culpa*, p. 398. "O livre-arbítrio como fundamento da culpabilidade tem sido o grande vilão na construção moderna do conceito de culpabilidade e, por isso mesmo, é o grande responsável pela sua atual crise", diz Cezar R. Bitencourt, *Teoria geral do delito*, Almedina, 2007, p. 293.

[16] Roxin, *AT* I, p. 59 e ss; e 700 e ss. Também "Culpa e responsabilidade", *RPCC* 4 (1991), p. 503, na tradução de Maria da Conceição Valdágua do § 19 do primeiro volume do Tratado do Prof. Roxin; e "Culpabilidad" y "responsabilidad" como categorias sistematicas juridico-penales, *Culpabilidad y prevencion en derecho penal*, 1981. Por último, o elucidativo resumo de Ulfrid Neumann, *ZStW* 123 (2011) 2, p. 217, por ocasião dos 80 anos do Prof. Roxin.

ELEMENTOS SOBRE A CULPA

jurídico-penal do agente. Segundo os critérios do direito penal, é merecedor de pena quem realiza os pressupostos que fazem surgir como 'responsável' uma ação tipicamente ilícita". "A responsabilidade depende de dois dados, que terão de acrescer ao facto ilícito: a culpa do agente e a necessidade preventiva da uma sanção penal, necessidade esta que deve ser extraída da lei[17]. O agente atua com culpa quando realiza um ilícito penal, embora, na situação concreta, (ainda) pudesse ser alcançado pelo apelo que emana da norma e possuísse uma capacidade suficiente de autocomando, tendo, por isso, acesso, no plano psíquico, a uma alternativa de comportamento lícito. Uma atuação que seja nestes termos culpada carece, em regra, de ser reprimida penalmente, por razões preventivas, uma vez que, quando o legislador abrange um comportamento no tipo legal de crime, assenta em que ele, a verificarem-se a ilicitude e a culpa, tem, normalmente, de ser combatido com recurso aos meios de caráter punitivo. A necessidade preventiva da punição não precisa então de qualquer fundamentação especial, pelo que a responsabilidade penal se verifica, desde logo, com a existência da culpa".

Compreende-se que a categoria do delito mais afetada pela ideia de prevenção seja a culpa[18]. A culpa ou foi, por alguns, eliminada como um dos momentos do crime ou passou, no entender de outros, a funcionar como mero princípio restritivo da responsabilidade penal, como culpa residual, sem capacidade fundamentadora.

A aceitação destas tendências constituiria, diz o Prof. Figueiredo Dias, "uma perda irreparável no sistema e não é de modo algum imposta pelas premissas de que arranca. Se as finalidades da pena são na verdade exclusivamente **preventivas**, só o são porque do mesmo passo se chama a debate o **princípio da culpa**

---

[17] "Segundo a minha doutrina, a culpa e a necessidade de prevenção (geral e especial) constituem, em conjunto, aquela categoria que eu denomino "responsabilidade" (e já não 'culpa', porque esta designa apenas um pressuposto necessário, mas não suficiente, da responsabilidade)", Claus Roxin, "Sobre a evolução da ciência juspenalista", *Problemas fundamentais de Direito Penal*, Univ. Lusíada, 2002, p. 245. Uma consequência dogmática reside na desistência da tentativa dever ser entendida como exclusão da responsabilidade penal e não – como é o entendimento dominante na Alemanha – enquanto causa pessoal da não aplicação da pena, Roxin *AT* II § 30 nº de margem 29. Por sua vez, o § 35 *não* representará um estado de necessidade *desculpante*, por excluir a responsabilidade; dá-se o mesmo com o excesso de legítima defesa do § 33. Outra consequência pode ver-se na adjudicação à categoria da responsabilidade das condições objetivas de punibilidade, como acontece com a embriaguez no § 323a, correspondente ao nosso artigo 295º.

[18] Recorde-se que no domínio dos fins das penas a culpa convive de forma, digamos, harmoniosa com a ideia de retribuição. Modernamente, acredita-se que as finalidades da pena só podem ser de natureza exclusivamente preventiva e não retributiva. Roxin escreve igualmente que a pena estatal é uma instituição exclusivamente humana, criada com o fim de proteger a sociedade, não podendo, por isso, ser imposta se razões preventivas a não exigirem. Como finalidade básica da aplicação da pena aponta-se para o "restabelecimento, através da punição, da paz jurídica comunitária", a acompanhar a ideia da prevenção geral positiva ou de integração.

enquanto elemento *limitador* do poder e do intervencionismo estatais, comandado por exigências irrenunciáveis de respeito pela **dignidade da pessoa**". Se a medida da pena não pode, em caso algum, ultrapassar a medida da culpa (artigo 40º, nº 2), a culpa tem a função de estabelecer "uma proibição de excesso",[19] constituindo o limite inultrapassável de todas as considerações preventivas.

Já vimos que o princípio da culpa não tem expresso assento constitucional, mas decorre da dignidade da pessoa humana e do direito à liberdade (artigos 1º e 25º, nº 1, da Constituição). "São consequências desta consagração constitucional, entre outras, a exigência de uma culpa concreta (e não ficcionada) como pressuposto necessário da aplicação de qualquer pena, e a inerente proscrição da responsabilidade objetiva; a proibição de aplicação de penas que excedam, no seu *quantum*, o que for permitido pela medida da culpa e a proibição das penas absoluta ou tendencialmente fixas" (acórdão do *TC* nº 432/2002).

Vem a propósito sublinhar que na definição da **culpa material** certas posições apelam, por ex., não à vontade ou à liberdade de ação: *livre arbítrio*, mas ao caráter (à responsabilidade pelo que se é) ou à personalidade que no facto se exprime. O Prof. Eduardo Correia sugeria que não deve tanto encontrar-se o critério da culpa na má utilização do poder de agir de outra maneira quanto na violação de um dever de conformação da personalidade do agente à exigências do Direito.

Atualmente, para a escola de Coimbra (e agora muito em resumo) a **culpa** jurídico-penal surge como o **ter que responder pela atitude pessoal**, ético--juridicamente censurável, documentada num facto ilícito-típico e que o fundamenta [como *obra do agente*, da sua pessoa ou da sua personalidade]. Culpa é o ter que responder pelas qualidades pessoais (e a correspetiva "atitude") manifestada no facto quando essas qualidades são juridicamente desaprovadas e, neste sentido, censuráveis[20].

Ponto de conexão para este juízo de culpabilidade é a ação ilícita, melhor dizendo, o facto ilícito-típico. De notar que, na determinação da medida da pena (artigo 71º, nos 1 e 2, alíneas *e*) e *f*)), releva a falta de preparação para manter

---

[19] A expressão é ainda de Figueiredo Dias, *Temas Básicos*, p. 109.

[20] A crença de que o homem se decide a si mesmo, criando o seu próprio ser ou afirmando a sua própria essência é criticada por sua vez por Roxin, *RPCC* 4 (1991), p. 519, por estas suposições serem tão insuscetíveis de prova como o poder de agir de outra maneira no momento do facto. "Por isso, elas podem ser objeto de crença filosófica, mas não podem servir de base a uma conceção empírico-racional do direito penal". A Profª Fernanda Palma, *O princípio da desculpa*, p. 17, diz, por seu turno, que "quem analisa a culpa na perspetiva da atitude ou da personalidade revelada no facto coloca, em geral, a mesma questão de divergência da posição pessoal com um padrão socialmente vigente ou culturalmente aceite". Salienta por isso (e por outras razões que também expõe) que "a culpa tem sido um espaço de análise limitado no que se refere ao sentido subjetivo das ações, por força de critérios normativos pré-definidos e rígidos de aceitabilidade cultural dos comportamentos".

uma conduta lícita, dando-se igual relevo à conduta anterior ao crime. Em tal contexto, será claramente negativo o facto de um jovem adulto se apresentar com um percurso criminoso precoce e, em especial, ter antecedentes criminais por crimes da mesma natureza, além de, por ex., ter cometido o crime pelo qual porventura esteja a ser julgado, durante o período de suspensão da execução de uma pena.

II. Obstáculo à comprovação da culpa

A falta de liberdade para a pessoa se determinar pode resultar:

- ou da **idade**, e esta (fixada na lei em dezasseis anos: artigo 19º) será então um elemento ligado à incompleta maturação do sujeito que lhe não permitirá um *correto entendimento* e o *domínio da vontade*;
- ou de uma incapacidade motivada por uma **anomalia psíquica**.

1. Inimputabilidade em razão da idade: artigo 19º

São inimputáveis os menores de 16 anos, assim declarados por virtude da sua incompleta maturidade, que lhes não permitirá uma correta avaliação e decisão: são absolutamente inimputáveis em razão da idade (artigo 19º). A prática, por menor com idade compreendida entre os 12 e os 16 anos, de facto qualificado pela lei como crime, dá lugar à aplicação de medida tutelar educativa em conformidade com a Lei nº 166/99, de 14 de setembro: Lei Tutelar Educativa (LTE). A LTE (a par da Lei nº 147/99, de 1 de setembro, Lei de Proteção das Crianças e Jovens em Perigo) introduziu um modelo que distingue entre *menores em perigo* e *menores delinquentes* e é dominado por duas vertentes: *responsabilizar* e *educar*. A aplicação de uma medida tutelar educativa tem como pressuposto a necessidade, subsistente no momento da sua aplicação, de correção da personalidade do menor, no sentido do respeito para com os valores e princípios essenciais conformadores do dever-ser jurídico-penal. A LTE exige ainda que a decisão de aplicação de uma medida tutelar seja proferida até o menor completar 18 anos, podendo a medida prolongar-se até aos 21 anos, momento em que cessa obrigatoriamente. Um **regime especial para os jovens adultos** está previsto no artigo 9º do CP e foi concretizado pelo Decreto-Lei nº 401/82, de 23 de setembro, com a adoção preferencial de medidas corretivas. Com vista a conferir maior flexibilidade na aplicação das medidas de correção, permite-se expressamente que a um jovem imputável até aos 21 anos possa ser aplicada tão só uma medida corretiva, que pode ir da simples admoestação ao internamento em centros de detenção. Busca-se instituir um direito mais reeducador do que sancionador. No artigo 4º de mesmo decreto-lei prevê-se uma atenuação especial da pena para os casos em que deva ser aplicada pena de prisão, exigindo que se aprecie uma menor maturidade em concreto como fundamento de uma menor censurabilidade. Significa isto que "a atenuação especial não é automática, estando sempre dependente de um juízo que tome em consideração a culpa menos grave do agente e/ou as exigências de prevenção, sobretudo de prevenção especial que no caso se façam sentir"[21].

2. Inimputabilidade em razão de anomalia psíquica: artigo 20º

A inimputabilidade, enquanto inimputabilidade em razão de **anomalia psíquica**, representa – de modo diverso do erro sobre elementos de um tipo justificador (artigo 16º, nº 2) ou do erro sobre elementos de uma causa de inexigibilidade (excesso de legítima defesa: artigo 33º, nº 2; ou o estado de necessidade desculpante: artigo 35º) – um *obstáculo à determinação da culpa*, isto é: conduz à impossibilidade de afirmação, no caso, da culpa jurídico-penal.

A **inimputabilidade** não é propriamente uma causa de exclusão da culpa mas, mais exatamente, uma "causa impeditiva fáctica da determinação da culpa",[22] podendo ser designada como um **obstáculo** à sua verificação.

Se o agente procedeu em situação de anomalia psíquica, encontrando-se preenchidos os pressupostos do artigo 20º, nº 1, por forma a torná-lo incapaz de avaliar a correspondente ilicitude, não poderá aplicar-se-lhe uma pena. Por ausência de culpa, o sujeito não é suscetível de ser responsabilizado pelo ato que praticou, não pode ser penalmente censurado.

Segundo as opções legislativas (artigos 20º, nº 1, e 91º, nº 1), relevam, nos termos que a seguir serão desenvolvidos, como pressuposto de aplicação de uma **medida de segurança de internamento de inimputável perigoso** – parecendo bem fundada a solução de se incluir na previsão *os jovens adultos inimputáveis em virtude de anomalia psíquica*: artigo 1º, nº 3, do Decreto-Lei nº 401/82, de 23 de setembro[23] – os seguintes elementos:

---

[21] Figueiredo Dias, *DP/PG* I, p. 553.

[22] Figueiredo Dias, *apud* M. Cortes Rosa, "La función de la delimitación de injusto y culpabilidad en el sistema del derecho penal", in *Fundamentos de un sistema europeo del derecho penal*, Bosch, 1995.

[23] A matéria do Decreto-Lei nº 401/82, de 23 de setembro, faz parte do **direito penal dos jovens imputáveis** com idade compreendida entre os 16 e os 21 anos, devendo, tanto quanto possível, aproximar-se dos princípios e regras do **direito reeducador de menores** (nº 3 dos considerandos iniciais). O artigo 3º, nº 3, expressamente declara que "O disposto no presente diploma não é aplicável a jovens penalmente inimputáveis em virtude de anomalia psíquica".

ELEMENTOS SOBRE A CULPA

- a prática de um facto ilícito típico[24];
- a componente biopsicológica; e
- os fatores normativos, também ditos psicológicos (componente psicológico--normativa).

A conexão entre a anomalia psíquica e o "facto" concreto praticado (considerado na lei penal como um crime) é pressuposto da declaração de inimputabilidade. E tudo isso tem de ser provado, em processo rodeado das garantias próprias do Estado de direito,[25] sendo idêntica a tramitação processual do crime do agente imputável e a do facto, *descrito como crime por uma lei penal,* do agente inimputável, importando ter presente, para uma mais exata compreensão desta terminologia, que, para efeitos processuais, "crime" é o "conjunto de pressupostos de que depende a aplicação ao agente de uma pena ou de uma medida de segurança criminais" (artigo 1º, alínea *a*), do CPP). Esta equiparação entre o regime dos imputáveis e o dos inimputáveis convive, de resto, em sintonia mais ou menos conseguida, noutros domínios[26]. É no facto praticado que se encontra o ponto fulcral de aproximação da medida de segurança aos pressupostos de aplicação da pena, enquanto estes se centram na prática de um crime, na prática de um facto típico, ilícito e culposo[27]. Como, por outro lado, as anomalias psíquicas podem ser as mais diversas e diferentes também os seus efeitos, só nestes parâmetros é possível compreender que, numa *mesma* ocasião, a *mesma* pessoa tenha cometido dois factos típicos distintos (v. g. uma violação e um furto) e deva ser declarado inimputável em relação a um (por ex., a violação, por força

---

[24] Aqui usamos a expressão resultante do artigo 91º, nº 1, do CP. Veja-se Figueiredo Dias, *Direito penal português. As consequências jurídicas do crime,* 1993, p. 467: "pressuposto de aplicação da medida de segurança de internamento é a prática, pelo inimputável, não de um mero ilícito-típico, mas de um *facto criminoso, com ressalva de todos os elementos que pertençam à categoria da culpa ou que dela decorram".* Também *Direito Penal,* 1975, p. 82: "a aplicação de uma medida de segurança pressupõe a prática pelo inimputável de um *facto descrito como crime por uma lei penal* (não de um *facto ilícito penal,* como a doutrina dominantemente ensina)". Faria Costa, *Noções fundamentais,* 2ª ed., p. 12 e *passim,* fala de "factos" suscetíveis de desencadearem medidas de segurança. Para uma boa compreensão há de ainda ter-se presente que o juízo sobre a inimputabilidade tem na sua base o crime praticado.

[25] O princípio da proporcionalidade tem valia jurídico-constitucional – a par da culpa, que inclusivamente detém a função "ótima" (Figueiredo Dias) de limitar o poder sancionatório do Estado – e encontra-se presente na aplicação de qualquer medida de segurança.

[26] Veja-se o caso do agente imputável que o tribunal manda internar em estabelecimento destinado a inimputáveis pelo tempo correspondente à duração da pena em que foi condenado, se concorrerem as razões que sustentam o regime do artigo 104º do CP. Por outro lado, em certas condições, consignadas nos artigos 102º, 75º e 52º, do CP, o tribunal pode impor também ao agente inimputável o cumprimento de certas **regras de conduta**.

[27] Maria João Antunes, *Medida de segurança de internamento e facto de inimputável em razão de anomalia psíquica,* Coimbra, 2002, p. 369 e ss.

de uma tara sexual grave que sobre ele pesa) e imputável, plenamente capaz de culpa, relativamente ao outro.

Todas estas questões se envolvem com o disposto no artigo 91º quanto ao internamento de inimputáveis, dado que, "quem tiver praticado um facto ilícito--típico e for considerado inimputável, nos termos do artigo 20º, nº 1, é mandado internar em estabelecimento de cura, tratamento ou segurança, sempre que, *por virtude da anomalia psíquica* e *da gravidade do facto praticado*, houver fundado receio de que venha a cometer outros factos da mesma espécie".

Torna-se indispensável que a anomalia psíquica fundamente o ato praticado – que seja a razão dele. "Só quem padece de anomalia psíquica e por *essa razão* estava ao praticar o facto incapaz de avaliar a sua ilicitude pode ser considerado incapaz de culpa". É o conceito de anomalia psíquica que permite separar os casos em que os defeitos mentais do agente conduzem à exclusão da culpa, e isso, "independentemente das circunstâncias específicas em que o facto foi praticado, separando-os dos casos em que é o circunstancialismo envolvente do facto que justifica a exculpação"[28]. **Não será legítimo** aferir da perigosidade criminal para efeito de aplicação de uma medida de segurança de internamento, por exemplo, quando o inimputável age em legítima defesa necessária (circunstância que entra em contacto unicamente com situações objetivas e psicológicas), em erro sobre a factualidade típica[29] ou quando desiste validamente da tentativa de cometimento de um crime; **mas já é legítimo**, quando a situação for de estado de necessidade desculpante (artigo 35º), excesso de legítima defesa desculpante (artigo 33º, nº 2) e de erro não censurável (artigo 17º).

Por outro lado, há de contar-se sempre com a **limitação** posta pelo artigo 40º, nº 3, no sentido de a medida de segurança só poder ser aplicada "se for proporcionada à gravidade do facto e à perigosidade do agente". Como noutro lugar dissemos, pode acontecer que num caso prático se coloque o problema de como reagir à ação de um inimputável por anomalia psíquica, existente no momento da prática de um facto injurioso e passível de atingir a honra de alguém, sabido que o procedimento depende de queixa ou participação, e, eventualmente, de acusação particular (artigo 188º). No Código Penal, os crimes particulares são

---

[28] João Curado Neves, *A problemática da culpa nos crimes passionais*, Coimbra, 2008, p. 168.

[29] O erro sobre elementos do tipo exclui o dolo (artigo 16º, nº 1) e não pode deixar de aproveitar ao agente inimputável; tal como seria com um imputável, o agente tem de ser absolvido por não ser a sua conduta dolosa e não por inimputabilidade com origem numa anomalia psíquica. A questão residual de o inimputável ser sujeito a medida de segurança se tiver violado o dever objetivo de cuidado (artigos 16º, nºs 1 e 3, 13º, 15º e 91º, nº 1) e for perigoso, é admitida expressamente, por ex., por Figueiredo Dias, *Temas Básicos*, p. 355 e 370. Não assim, quanto ao erro sobre elementos de um tipo justificador (artigo 16º, nº 2) e ao erro sobre elementos de uma causa de inexigibilidade, "por nestas hipóteses estarmos perante verdadeiros problemas de culpa", Maria João Antunes, *Medidas de segurança de internamento*, p. 335.

ELEMENTOS SOBRE A CULPA

em número reduzido, exigindo a perseguição penal que o queixoso/ofendido se constitua assistente e deduza acusação particular, explicando-se a sua raridade sobretudo pela escassa importância ou repercussão social da infração punível, que se fica pela esfera privada.

A caracterização da componente biopsicológica, sobretudo da sua gravidade, está exposta, pela natureza das coisas, à intervenção de especialistas, nomeadamente em psiquiatria forense, sendo praticamente irrelevante o papel do juiz, ainda que, formalmente, lhe caiba a última palavra. São vastas as exigências colocadas ao correto e eficaz entendimento entre juristas e cientistas do homem, entre juiz e peritos. O juízo técnico, científico ou artístico inerente à prova pericial *presume-se* subtraído à livre apreciação do julgador, diz o artigo 163º do CPP. O suporte do juízo pericial encontra-se no "scientifica *scientifice* tratanda" (o que é científico deve ser cientificamente tratado: a solução encontra-se pericialmente). Apresentado o laudo pericial com as conclusões científicas, o juiz fica-lhes vinculado, sem espaço para a formação de uma convicção *própria* (artigo 374º, nº 2, última parte, do CPP), a menos que veja razão para divergir dos peritos, mas então passa a caber-lhe um dever de justificação acrescido. Ainda assim, o desejável é a estreita colaboração, o diálogo frutuoso, do perito com o juiz. O artigo 20º, nº 2, confere, ainda assim, um vasto poder ao juiz, podendo, por último, em termos que a seguir serão mais extensamente analisados, vir a declarar a inimputabilidade do **arguido duvidoso**. Neste nº 2 encontra-se consagrado um regime "propositadamente flexível"[30]. O juiz *ou* declara a imputabilidade *ou* a inimputabilidade: é a alternativa dada pelo legislador.

A autoridade judiciária pode aliás convocar os peritos para prestarem esclarecimentos complementares (artigo 158º do CPP) e é esse tipo de diligências que muitas vezes começa por se impor.

a) Os fatores biopsicológicos

A conexão biopsicológica é o primeiro requisito da inimputabilidade: o agente sofre de anomalia psíquica (artigo 20º, nº 1). A lei não nos faculta um catálogo dos diversos fundamentos biopsicológicos da incapacidade de culpa[31]. Compreende-se no termo todo e qualquer transtorno ocorrido ao nível do psíquico, adquirido ou congénito. Entre outras, as patologias mentais no sentido clínico, como as psicoses e a oligofernia, as neuroses (vulgarmente catalogáveis como **doenças**

---

[30] Carlota Pizarro de Almeida, *Modelos de inimputabilidade*, Almedina, 2000, p. 91.

[31] Há no entanto uma classificação internacional das doenças da Organização Mundial de Saúde. Um *Manual de diagnóstico e estatística das perturbações mentais*, com origem na American Psychiatric Association, tem vindo a ser periodicamente publicado por Climepsi Editores, estando a tradução da 4ª edição (revista) a cargo de José Nunes de Almeida.

mentais), as psicopatias e certas situações de inimputabilidade temporária devidas à intoxicação por drogas, incluindo o álcool, o que significa que muitas destas situações não se reconduzem ao conceito médico de doença mental. Deverá, deste modo, contar-se com o caráter **permanente** ou simplesmente **passageiro** do transtorno psíquico. A incapacidade situa-se, explicitamente, no *momento da prática do facto* (artigo 20º, nº 1) e não, por exemplo, ao momento da intervenção pericial ou ao do julgamento.

O Projeto Eduardo Correia escolheu a expressão "anomalia psíquica" (não coincidente com a definição médica). Anomalia psíquica, sendo uma expressão neutra, pode significar "doença mental", mas também *outras* anomalias. O substracto biopsicológico da inimputabilidade passa agora a poder abranger "não apenas a 'doença mental' em sentido estrito, mas toda e qualquer 'anomalia psíquica': das psicoses à oligofrenia, das psicopatias às perturbações da consciência, das neuroses às personalidades com reações ou tendências anómalas isoladas"[32].

Discute-se se certos estados que não implicam qualquer doença, mas são de natureza fisiológica, devem ser incluídos no conceito de anomalia psíquica contido no artigo 20º. Relevam, sobretudo, os estados intensos de afeto, como nalgumas circunstâncias os decorrentes do ciúme. Algumas destas ações poderão ser reconduzidas ao estado de necessidade desculpante do artigo 35º. Curado Neves[33] critica posições alemãs que convergem num juízo de inimputabilidade, admitindo, porém, que **em certas situações excecionais** o estado passional possa integrar um emoção violenta por forma a beneficiar o homicida do regime de privilegiamento do artigo 133º, portanto naqueles casos em que se encontra ainda uma razão para minorar a culpa, mas que não chegam à absolvição por falta dela.

Para o Prof. Figueiredo Dias e para o seu conceito de culpa jurídico-penal assente numa liberdade concebida como modo-de-ser característico de *todo* o existir humano, "ao menos nas suas formas mais graves, a anomalia psíquica **destrói** as conexões reais e objetivas de sentido da atuação do agente, de tal modo que os atos deste podem porventura ser 'explicados', mas não podem ser 'compreendidos' como factos de uma pessoa ou de uma personalidade". A **comprovação da culpa jurídico-penal** "supõe um 'ato de comunicação pessoal' e

---

[32] Figueiredo Dias, "Sobre a inimputabilidade", *Temas Básicos*, p. 265; cf. também o acórdão do STJ de 11 de fevereiro de 2004, *CJ* 2004, tomo I, p. 197. Desenvolvidamente, sobre a delimitação conceitual onde o direito e a medicina "se tocam", João Curado Neves, *A problemática da culpa nos crimes passionais*, Coimbra, 2008, p. 167 e ss.; também Pedro Polónio, *Psiquiatria forense*, Lisboa, 1975, e Couto Soares Pacheco, *O ciúme*, Afrontamento, 1998 ("trata dos ciúmes sexuais, quer dizer, dos ciúmes amorosos"). O StGB alemão, no § 20, acolheu, além de outras, as expressões "perturbação psíquica doentia" ("krankhafte seelische Störung") e "anormalidade psíquica severa" ("tiefgreifenden Bewusstseinsstörung").

[33] Curado Neves, A problemática da culpa nos crimes passionais, p. 649 e ss.

ELEMENTOS SOBRE A CULPA

portanto de 'compreensão' da pessoa ou da personalidade do agente. Por isso, o juízo de culpa jurídico-penal não poderá efetivar-se quando a anomalia mental **oculte** a [verdadeira] personalidade do agente, impedindo que ela se ofereça à contemplação compreensiva do juiz. Daí que, diferentemente do que sucede com os casos de inexigibilidade e a falta de consciência da ilicitude, que afastam a culpa do agente, a inimputabilidade, enquanto incapacidade de culpa, constitui um obstáculo à comprovação desta, quando se acredite que a personalidade do agente é ocultada pela doença. Mas *só* a anomalia psíquica (a enfermidade mental no seu mais amplo sentido e não também a tendência para o crime, o condicionamento do meio) é suscetível de destruir a conexão objetiva de sentido da atuação do agente e, portanto, a possibilidade de 'compreensão' da sua personalidade manifestada no facto"[34] [35].

b) Os fatores normativos

Não bastará a comprovação da existência no agente de uma anomalia psíquica, mesmo quando esta pareça desenvolver-se em grau elevado ou desproporcionadamente.

A componente biopsicológica, tal como se enquadra na racionalidade do artigo 20º, nº 1, contempla apenas as perturbações (anomalias) de ordem psíquica, mas não as do caráter. Não ficam porém de lado, antes são abrangidas, as situações temporárias provocadas por fatores exógenos como o **álcool**. Ponto é que, também agora, o efeito produzido **oculte** a personalidade do agente, impedindo o juízo judicial de compreensão, tal como ficou definido atrás.

---

[34] Figueiredo Dias, *DP/PG* I, p. 523 e ss.

[35] O entendimento de que as anomalias psíquicas podem ser verificadas através da sua **compreensão** ou da sua **explicação** (o par "**Verstehen** und **Erklären**") foi introduzido por Karl Jaspers (1883-1969), na sua *Allgemeine Psychopathologie*, p. 252 e ss., o qual, por sua vez, partia de outros autores, em especial de Wilhelm Dilthey (1833-1911), para chegar ao que designou a "psicologia da compreensão" ou das "ciências do espírito". Um exemplo interessante, que pode ser visto em Rof Carballo, *Biología y psicoanálisis*, Bilbao, 1972, p. 146 (acessível na Internet), é o do desmaio do conferencista. Do ponto de vista fisiopatológico, o desmaio pode explicar-se como consequência de uma anemia cerebral, originada na acumulação de sangue no abdómen. Pode porém compreender-se, quer dizer, ser entendida, como receio de dar a conferência. A primeira hipótese fornece-nos uma explicação que consideramos satisfatória, devido às observações regulares na experiência médica. Se, pelo contrário, nos pomos no lugar de quem vai dar a conferência e representamos o medo de fracassar – se nos pomos "dentro" do conferencista – entendemos que pode ter tido medo. O desmaio já não é um mero mecanismo mas algo que, contextualmente, faz sentido. Voltando a Dilthey: "as ciências da natureza explicam; as do espírito compreendem" (utilizámos Wilhelm Dilthey, *Dos escritos sobre hermeneutica*: "El surgimiento de la hermeneutica" y "Los esbozos para una crítica de la razón histórica", prólogo, tradução e notas de Antonio Gómez Ramos; epílogo de Hans Ulrich Lessing, Madrid, 2000). Pode ver-se também de Paul Ricoeur, *Teoria da Interpretação*, Edições 70, o 4º ensaio, inteiramente dedicado à explicação e compreensão na tradição hermenêutica alemã.

443

Se a apreensão da conexão objetiva de sentido entre a pessoa e o seu facto se implanta em terreno onde preferencialmente campeiam as **psicopatias**, entramos, muito provavelmente, nas hipóteses chamadas de *imputabilidade diminuída*[36].

A conexão **normativo-compreensiva** é o segundo requisito do artigo 20º, nº 1: por força da anomalia psíquica, o agente, no momento da prática do facto, é incapaz de avaliar a ilicitude deste ou de ser determinar de acordo com essa avaliação. Só nos casos de perturbações profundas da consciência (e só neles) é que o agente deve ser considerado incapaz de avaliar a ilicitude do facto ou de se determinar de acordo com essa avaliação.

Não se desconhece que, amiúde, a fronteira entre o imputável e o inimputável continua a ser extremamente difícil de traçar – já o reconhecia a Introdução ao Decreto-lei nº 400/82, que aprovou o Código Penal. Mais uma razão para o perito e o juiz deverem tentar uma espécie de racionalização retrospetiva de um processo psiquicamente anómalo.

E então: [37]

– Se a tentativa é lograda o agente deve, apesar da anomalia psíquica de que eventualmente sofra, da sua origem e da sua gravidade (sabe-se que mesmo num processo psicótico, numa esquizofrenia, âmbitos mais ou menos latos do estado anímico permanecem essencialmente intocados e o facto praticado pode ser por isso "compreensível") *ser considerado imputável*.

– Se a tentativa falhar o agente deve *ser considerado inimputável*.

Sendo o agente declarado inimputável, estão-lhe reservadas as medidas de segurança, referidas à perigosidade (artigos 91º e ss.), excluindo-se a aplicação de qualquer pena e excluindo-se, na ausência dos relevantes pressupostos factuais, a própria afirmação da perigosidade, intervindo, também aqui, as consequências do *in dubio*.

A **conexão temporal** traduz-se em que o fundamento biopsicológico da inimputabilidade tem de verificar-se no momento da prática do facto (artigo 20º, nº 1). A inimputabilidade deixou de ser um estado (constante, duradouro, temporário, acidental) para passar a ser uma característica do concreto facto de um

---

[36] O **conceito de doença mental**, escreve o médico Dr. Fernando Dias, no blogue a *Fisga*, em 17 de abril de 2011, é um pouco complexo e difuso, o **cérebro do psicopata** não é como o das outras pessoas. "Enquanto os psicóticos perdem a noção da realidade, os psicopatas sabem muito bem aquilo que fazem, não perdendo o domínio da vontade, que é uma grande vontade de poder. Elaboram os seus planos com grande inteligência e mestria, com perfeita consciência do bem e do mal, e dos crimes que cometem. A haver uma falha, ela reside no facto de não terem o mínimo de compaixão pelos outros. A vida das outras pessoas é-lhes indiferente".

[37] Ainda segundo a lição de Figueiredo Dias.

agente. **Inimputável** passou a ser a pessoa que, no momento da prática de um certo facto desenhado na lei penal como crime, se encontra onerada com um substrato biopsicológico que se traduz no concreto facto praticado e o colora com um determinado efeito normativo de base psicológica, que incide na capacidade de entender ou de se autodeterminar em consonância com o dever jurídico.

c) Consequências jurídico-penais

Se o sujeito, no momento da prática do facto, era incapaz de culpa, não poderá ser, por falta dela, alvo de sanção penal (pena de prisão ou multa).

Não se exclui, no entanto, a aplicação de uma medida de segurança.

Produzida a prova e deliberado quanto à questão da culpabilidade (com especial atenção ao disposto na alínea *e*) do nº 2 do artigo 368º do CPP), se comprovada a inimputabilidade[38], impõe-se a absolvição, em coerência com a falta de culpa do agente: "se o crime tiver sido cometido por inimputável, **a sentença é absolutória**" (artigo 376º, nº 3), com a ressalva de valer como condenatória se nela for aplicada medida de segurança, mas só para efeitos de extinção, ou não, das medidas coativas e de recurso do arguido. A medida de segurança de internamento é aplicada, verificando-se os pressupostos contidos no artigo 91º, nº 1. Entra aqui o conceito de **perigosidade** que, sendo um conceito jurídico, não se submete à competência pericial: o arguido é mandado internar, sempre que por virtude da anomalia psíquica e da gravidade do facto praticado, houver fundado receio de que venha a cometer outros factos da **mesma espécie**. O nº 2 dispõe quanto ao internamento de duração mínima. Nos preceitos seguintes encontra-se um vasto leque de soluções pertinentes ao internamento de inimputáveis perigosos.

Na PE, atenção especial merece o nº 9 do artigo 274º (incêndios florestais), relativamente à comissão por inimputáveis a quem tiver sido aplicada a medida de segurança prevista no artigo 91º, sob a forma de **internamento intermitente e coincidente com os meses de maior risco de ocorrência de fogos**.

III. Os chamados imputáveis perigosos

Os pressupostos e efeitos da prática de crime doloso por **delinquentes por tendência** (os chamados **imputáveis perigosos**) encontram-se nas diversas normas do capítulo dedicado à **"pena relativamente indeterminada"** (artigos 83º e ss.).

---

[38] Veja-se também a **absolvição só por falta de imputabilidade** prevista no artigo 101º que regula a cassação e interdição do título de condução de veículo com motor.

O RISCO DE COMER UMA SOPA E OUTROS CASOS DE DIREITO PENAL

IV. Imputabilidade diminuída ("borderline"; ou: os casos "fronteiriços"): artigo 20º, nᵒˢ 2 e 3

1. Introito

A questão da imputabilidade diminuída não necessita de um tratamento legislativo próprio, devendo ser resolvida à luz da culpa e da inimputabilidade: o artigo 20º, nº 2, quis oferecer ao juiz (o perito dos peritos) uma **norma flexível**... "Se o juiz entender que o efeito normativo da inimputabilidade só parcialmente se verifica pode concluir, nos casos mais graves e duvidosos, pela inimputabilidade; se não o fizer, a lei não diz que a imputabilidade diminuída deve necessariamente conduzir a uma pena atenuada" (assim, o acórdão do STJ de 27 de janeiro de 2010, no processo nº 401/07 – 5ª).

Como se expõe no acórdão do STJ de 27 de maio de 2010, processo nº 6/09-3ª: a culpa agravada [seja um homicídio fundado num específico *tipo de culpa*, por especial censurabilidade ou perversidade do agente, manifestada em algumas situações referidas no nº 2 do artigo 132º] é necessariamente incompatível com a imputabilidade diminuída, da qual decorre uma menor capacidade de autodomínio e autodeterminação pessoal do agente.

Também segundo o acórdão do STJ de 27 de janeiro de 2010, no processo nº 401/07-5ª: se a perturbação não é plena, mas antes diminuída, deve ser encarada *ou* nos termos do nº 2 do artigo 20º, *ou* apenas no quadro da medida concreta da pena, porventura, por via dela, atenuada ou, pelo contrário, agravada.

2. Desenvolvimentos

a) Nos casos ditos de **imputabilidade diminuída** ou de **imputabilidade duvidosa**[39] comprova-se a existência de uma anomalia psíquica (por ex., uma psicopatia ou uma neurose) mas sem que se tornem claras as consequências que daí devem fazer-se derivar relativamente ao elemento normativo-compreensivo exigido; casos pois em que é pouco clara ou simplesmente parcial a compreensibilidade das conexões objetivas de sentido que ligam o facto à

---

[39] **Imputabilidade atenuada**, na expressão de Cristina Maria Costa Coelho, *A doença mental (des)culpada, um modelo de avaliação da responsabilidade criminal*, Coimbra, 2007, trabalho realizado nos quadros da psiquiatria e da saúde mental. O conceito de imputabilidade atenuada, acentua a autora a p. 143, "não se encontra claramente definido no nosso Código Penal, sobretudo porque habitualmente se traduz numa atenuação da pena, nomeadamente em indivíduos com perturbações da personalidade". E acrescenta: "Se nalguma situações esta atenuação é justificável, noutras, contudo, parece-nos mais adequada a determinação de um plano individualizado de reabilitação e ressocialização em função da doença ou dos problemas mentais em causa".

ELEMENTOS SOBRE A CULPA

pessoa do agente[40]. As consequências fazem-se sentir na determinação do grau de culpa e da medida da pena do imputável diminuído, pois é de um imputável que se trata.

- Na perspetiva tradicional, deveria a pena do imputável diminuído, atendendo à menor culpa, ser obrigatória e correspondentemente atenuada, pois em caso algum a pena pode ultrapassar a medida da culpa (artigo 40º, nº 2, do CP, em coerência com imperativo de ordem constitucional). Todavia, a menor culpa não trava a perigosidade, pois, estando o sujeito menos consciente e responsável pelos seus atos, por vezes até aparece aumentada – ao ponto de o tornar *especialmente perigoso* para a comunidade, situação que por sua vez se envolve na dificuldade de aceitar a conjugação de penas e medidas de segurança [41].
- Porém, se as conexões objetivas de sentido são ainda compreensíveis e o agente deve, por isso, ser considerado imputável, então as **qualidades especiais do seu caráter** entram no objeto do juízo de culpa. Se essas qualidades forem especialmente desvaliosas de um ponto de vista jurídico-penalmente relevante (pense-se na *crueldade* e *brutalidade* que em regra acompanha os psicopatas "insensíveis"; ou na *pertinácia* dos "fanáticos") elas fundamentarão **uma agravação da culpa** e **um aumento da pena**; se pelo contrário elas fizerem com que o facto se revele mais digno de tolerância e de aceitação jurídico-penal estará justificada uma atenuação da culpa e uma diminuição da pena.

No caso a seguir, *A*, um "borderline" (imputável diminuído, relativamente ao qual os juízes não tinham elementos para aplicar a norma do nº 2 do artigo 20º), cometeu dois crimes de homicídio qualificado.

---

[40] Assim, Jorge de Figueiredo Dias, *DP/PG* I, p. 539, cuja doutrina se segue de muito perto.

[41] Quando se procurava o tratamento do agente dentro de um *sistema dualista* de reações criminais, a ele se aplicaria uma pena atenuada referida à culpa do facto, mas acompanhada de uma medida de segurança que obviasse à sua especial perigosidade. Sobretudo por isso, o problema da imputabilidade diminuída é reconhecidamente de difícil solução, até porque nem sempre se aceita que, face a uma menor culpa, se opte pela atenuação especial, como decorre do artigo 40º, nº 2. Carlota Pizarro de Almeida, *Modelos de inimputabilidade*, p. 88, chama para isso a atenção e para a circunstância de a menor culpa não evitar a perigosidade, "por vezes até aumentada pelos motivos que tornam o indivíduo menos consciente e responsável pelos seus atos". E acrescenta: "daqui resulta um impasse, de difícil solução quando se recusa a conjugação das penas com medidas de segurança – a declaração de uma **inimputabilidade artificial** (o nº 2 do artigo 20º deixa essa faculdade à consideração judicial) terá, então, o objetivo de permitir a aplicação de medidas de segurança a indivíduos imputáveis de cuja elevada perigosidade a sociedade queira defender-se". Assim também o acórdão do STJ de 5 de novembro de 2008, no processo nº 08P2584, com outros motivos de interesse. Sobre o relacionamento da pena com a medida de segurança, que respeita igualmente à questão do "monismo" ou "dualismo" do sistema, Figueiredo Dias, *Temas Básicos*, p. 127 e ss.

O RISCO DE COMER UMA SOPA E OUTROS CASOS DE DIREITO PENAL

Caso nº 1 *A*, que era habitual frequentador da casa da *B*, foi a casa desta, observou onde se encontrava a sua mochila, e introduzindo uma das mãos no seu interior, sacou de lá a pistola, sabendo que esta ordinariamente era lá guardada e, com ela empunhada, aproximou-se de *C*, que estava sentado num sofá, premiu o gatilho e disparou contra ele, atingindo-o na cabeça e matando-o. A vítima ficou sensivelmente na posição em que se encontrava. De seguida, dirigiu-se ao quarto onde *B* se tinha recolhido, acabando por se deitar, e com a mesma arma empunhada, disparou contra aquela, atingindo-a na nuca e matando-a, acórdão do STJ de 14 de julho de 2006, proc. 06P1926.

O acento tónico, quanto à pessoa do agente reside na **imputabilidade diminuída**. O Supremo Tribunal fixou a pena em 15 anos de prisão por cada crime de homicídio, *em homenagem aos fatores derivados da mitigação da culpa e da atenuação da imputabilidade*. Reconheceu-se haver fatores que mitigam a culpa: dificuldade de controlo dos impulsos, interpretação sumária das situações e passagem à ação. Por outro lado, faziam-se sentir fortes exigências de prevenção geral e especial, com o perigo de repetição de novos atos assinalado no relatório psiquiátrico.

Não obstante tratar-se de um jovem adulto, aplicou-se o Código Penal, em detrimento do Regime Especial para Jovens com idade compreendida entre os 16 e os 21 anos. O Supremo foi sensível à ausência de sinais demonstrativos de que a ressocialização do arguido seria facilitada pela atenuação especial da pena resultante da aplicação dum tal regime, não permitindo a factualidade assente um juízo de prognose favorável à atenuação especial da pena com vantagens para o condenado.

Caso nº 2 *A*, médico, estava convencido de que *B* tinha algo a ver com a morte de um seu cavalo e levou-o consigo numa carrinha de caixa aberta para a sua quinta, onde começou por amedrontá-lo. Mas como *B* nada lhe contasse sobre a morte do animal, *A* empurrou-o para dentro de casa e começou aos berros e a exibir uma pistola e um punhal que trazia à cinta, ameaçando-o de morte, após o que o começou a agredir com as mãos e aos encontrões contra as paredes. A dado passo, *A* apercebe-se de que *B* jazia inanimado, sem dar acordo de si e a esvair-se em sangue. Sem cuidar de, como médico que é, o examinar e socorrer, se acaso ainda estivesse com vida, *A*, que já havia decidido matar *B*, agarrou no corpo deste e depositou-o, dobrando-lhe as pernas, dentro de um baú e sobre este colocou uma mala de viagem. *A* procedeu assim com o objetivo de acabar com a vida de *B*, se acaso tal ainda não tivesse acontecido, e ainda o de ocultar o seu cadáver. A morte de *B* foi provocada, de forma direta e necessária, pelas múltiplas agressões que *A* lhe infligiu, tendo agido sempre de modo frio, lento, persistente e indiferente ao sofrimento, ao medo e à dor da vítima. *A* padece de doença (*psicose maníaco-depressiva*) que em fases mais agudas lhe provoca o enfraquecimento da sua capacidade volitiva, mormente quando não se submete ao adequado tratamento.

O acórdão do STJ de 23 de setembro de 1992 *BMJ* 419, p. 454, reconheceu que *A* estava **próximo da inimputabilidade**, mas como o arguido não perdeu a consciência da ilicitude dos atos que cometeu com a maior barbaridade e crueldade, não se justifica que a diminuição da imputabilidade conduza à atenuação da culpa e da pena. *A* foi condenado pela prática, em concurso real, de um crime de homicídio qualificado (artigo 132º, nos 1 e 2, alínea *g*) e de um crime de ocultação de cadáver (artigo 254º). Escreve-se no acórdão[42]:

"Não diz a lei se a imputabilidade diminuída deve por necessidade conduzir a uma pena atenuada. Não o dizendo parece, porém, não querer obstar à doutrina – também entre nós defendida por Eduardo Correia e a que eu próprio me tenho ligado – de que **pode haver casos em que a diminuição da imputabilidade conduza à não atenuação ou até mesmo à agravação da pena**. Isto sucederá, do meu ponto de vista, quando as qualidades pessoais do agente que fundamentam o facto se revelem, apesar da diminuição da imputabilidade, particularmente desvaliosas e censuráveis, v. g., em casos como os da brutalidade e da crueldade que acompanham muitos factos dos psicopatas insensíveis, os da inconstância dos lábeis ou os da pertinácia dos fanáticos". Conclusão do acórdão: não pode ter-se como diminuída a culpa do *A* em razão dos seus prejuízos mentais. Aquele que é médico e que não quis tratar dos seus males psíquicos, não perdeu a consciência da ilicitude dos atos que cometeu com a maior barbaridade e crueldade, não se justificando assim uma atenuação da culpa em proporção da sua muito diminuída imputabilidade. "No entanto, como não se vê que a anomalia mental do *A* haja sido provocada por ele nem que o ter-se arredado do tratamento médico tenha tido lugar com vista a mantê-la, no propósito determinado de cometer o crime, também não pode tal anomalia constituir circunstância agravativa considerada só por si".

Caso nº 3 Toda a conduta de agressão do *A* contra sua irmã deficiente, batendo-lhe com uma mola metálica, de tal modo que a colocou em situação física de não conseguir falar, respirar e manter o equilíbrio, a introdução vestida numa banheira e o banho de água fria a que a sujeitou e, por

---

[42] Por remissão a Figueiredo Dias, "Pressupostos da Punição", *Jornadas*, p. 75 e ss.

fim, a nova agressão no chão da zona da cozinha, calcando-lhe a cabeça, colocando-lhe a mão na boca e nariz, impedindo-a de respirar até praticamente desfalecer e levando a efeito uma nova agressão a murro e pontapé até a vítima não dar acordo de si constituem uma conduta de grande brutalidade, reveladora de uma especial censurabilidade por parte do agente. O seu comportamento é plenamente compatível com a deficiência moral de que é portador, que se caracteriza pela indiferença pelos outros, violência impulsiva e frieza afetiva, mas tal não atenua a sua culpa, dado no momento dos factos se encontrar capaz de avaliar a respetiva ilicitude e de se determinar de acordo com essa avaliação, pois ainda que estivesse etilizado podia ser censurado por se ter colocado nessa situação.

Solução dada pelo acórdão do STJ de 21 de maio de 2008, proc. nº 08P577. Olhando ao regime do artigo 20º, nº 2, sempre que a capacidade do agente para avaliar a ilicitude e se determinar por ela está muito diminuída, *embora seja ainda possível um juízo de censura*, este é *substituído* por um juízo de perigosidade, substrato da aplicação de uma medida de segurança. Para os demais casos, isto é para aquelas situações em que o agente podia agir doutra maneira, o Prof. Eduardo Correia defendia que se "é maior a tendência do agente para o crime (e portanto menor a sua culpa referida ao facto), mais clara consciência terá ele do seu dever de a corrigir e portanto mais censurável será a sua omissão e maior a sua culpa na preparação da personalidade" (...), o que justifica a aplicação duma pena sempre que, apesar da anomalia, o agente pode dominar os seus efeitos, sendo censurado por o não ter feito. Dentro desta perspetiva, o Prof. Figueiredo Dias entende que a questão da imputabilidade diminuída não necessita de um tratamento legislativo próprio, devendo ser resolvida à luz da culpa e da inimputabilidade. (...) Se a anomalia de que o arguido sofre não é uma tal que o impeça de dominar os seus efeitos de forma a dever ser considerado perigoso, tal exclui a sua inimputabilidade. Deste modo, terá de ser responsabilizado pelos traços do seu caráter, especialmente os desvaliosos do ponto de vista jurídico-penal".

b) Na resolução de casos, cumpre destacar que a norma do nº 2 do artigo 20º permite ao juiz, **em situações graves** e **não acidentais**, considerar o agente **imputável** ou (artificialmente...) **inimputável**. E isto, consoante a compreensão das conexões objetivas de sentido do facto como facto do agente se revele ou não ainda possível relativamente ao essencial do facto.

O aplicador do direito levará em conta os factos apurados no seu conjunto e a norma do nº 2 do artigo 20º. Suponha-se que, realizado exame às faculdades mentais de *A*, se verificou tratar-se de indivíduo portador de anomalia psíquica grave (esquizofrenia), cujos efeitos o mesmo em certas alturas não dominava, sem

ELEMENTOS SOBRE A CULPA

que por isso pudesse ser censurado. Tinha, no entanto, no momento da prática do facto, a capacidade para avaliar a ilicitude deste, podendo ter-se determinado de acordo com essa avaliação sensivelmente diminuída. Situações destas, no plano da norma flexível que é o nº 2 do artigo 20º, autorizam o juiz a considerar o agente imputável *ou*, como antes se disse, artificialmente, inimputável, aplicando-lhe então o regime que a estes cabe.

V. Efeitos da intoxicação por drogas, incluindo o álcool

1. Actio libera in causa (alic): artigo 20º, nº 4

O artigo 20º, nº 1, tem como pressupostos cumulativos da inimputabilidade em razão de anomalia psíquica, por um lado, a existência de uma anomalia psíquica, por outro, a incapacidade de o arguido, em consequência dessa anomalia, avaliar a ilicitude do facto ou de se determinar de acordo com essa avaliação. É nos parâmetros do artigo 20º, nº 1, a partir desses pressupostos, que se avaliam os efeitos da embriaguez ou da intoxicação por drogas. O arguido será inimputável devido a embriaguez somente se esta provocar a aludida incapacidade de avaliação e de autodeterminação. Pondere-se, a título de exemplo, o acórdão do STJ de 29 de março de 2000, *BMJ* 495, p. 120: *Provando-se que o arguido havia ingerido grande quantidade de bebidas alcoólicas, daí não se infere necessariamente que se encontrava em estado de embriaguez* e, como tal, em situação de inimputabilidade, não sendo assim contraditório considerar-se que em tais circunstâncias o arguido agiu livre, voluntária e conscientemente.

Caso nº 4 *A* foi convocado como testemunha num julgamento. Durante a audiência, *A* prestou depoimento falso, depois de ajuramentado e de ter sido advertido pelo juiz das respetivas consequências penais. *A* sabia que um tal comportamento era contrário à lei. Todavia, na altura, *A* estava sob o efeito de psicofármacos, tendo-se concluído, da colaboração dos peritos e o juiz, que por isso *A* se encontrava incapaz de avaliar a ilicitude do facto, sendo-lhe esta inteiramente indiferente. *A* estava em situação de inimputabilidade (artigo 20º, nº 1, do Código Penal).

Uma conduta relevante começara antes da prestação do depoimento. Há que determinar se a mesma consistiu numa conduta livre de *A*, por se poderem distinguir várias hipóteses: a) foi o próprio *A* quem resolveu tomar o psicofármaco, sabendo das consequência; b) *A* não se opôs, por ex., a que um terceiro lhe injetasse a droga, e, portanto, não impediu a situação de inimputabilidade (omissão);

c) *A* não evitou, através de um comportamento ativo de terceiro, a situação de inimputabilidade: logo após a ministração da droga, podia ter procurado um médico que lhe aplicasse um antídoto; d) *A* evitou, através do seu comportamento ativo, que a situação de inimputabilidade que o ameaçava fosse eliminada: logo após a ministração da droga, impediu que um médico lhe aplicasse um antídoto.

Comprovada a primeira hipótese, a atuação de *A* preenche os elementos objetivos do crime do artigo 360º, nᵒˢ 1 e 3. *A* sabia o que fazia, nomeadamente, sabia que o seu depoimento era falso. Com o que ficam preenchidos os momentos subjetivos. Não se descortina qualquer causa de justificação. Como o facto se consumou e foi cometido de forma dolosa é ilícito. Põe-se porém a questão de saber se estamos perante um facto culposo. As considerações devem fazer-se, em especial, a propósito do artigo 20º. *A* prestou o seu depoimento falso em situação de anomalia psíquica, a qual o tornava incapaz de avaliar a correspondente ilicitude. Mostram-se assim preenchidos os pressupostos do artigo 20º, nº 1. Bem se poderá, por isso, concluir que *A* atuou "sem culpa". Com o que não ficarão definitivamente arrumados todos os problemas aqui envolvidos, se considerarmos as restantes hipóteses que podem ter presidido à ministração do fármaco.

Caso nº 5 *A*, que mora em Braga, vem de há muito congeminando o plano de assaltar uma ourivesaria em Faro, onde estivera a passar férias. Com esse objetivo, meteu-se no comboio para o Algarve e aproveitou o "bar" para ir bebendo, sabendo, embora, que, finda a viagem, estaria completamente embriagado. E fez tudo isso porque a viagem o aborrecia. Chegado a Faro, arrombou a porta da ourivesaria e apoderou-se de várias joias, tudo com o valor superior a 15 mil euro. Fez tudo, de resto, como tinha planeado.

Caso nº 6 *A*, que mora em Braga, vem de há muito congeminando o plano de assaltar uma ourivesaria em Faro, onde estivera a passar férias. Com esse objetivo, meteu-se no comboio para o Algarve e aproveitou o "bar" para ir bebendo, sabendo, embora, que, finda a viagem, estaria completamente embriagado. E fez tudo isso, conscientemente, para ganhar coragem, pois temia ser descoberto pela polícia. Chegado a Faro, arrombou a porta da ourivesaria e apoderou-se de várias joias, tudo com o valor superior a 15 mil euro. Fez tudo, de resto, como tinha planeado. A intervenção dos peritos, e da sua colaboração com o juiz, concluiu-se que no momento da prática do assalto, *A* se encontrava incapaz de avaliar a ilicitude do facto, sendo-lhe esta inteiramente indiferente. *A* estava em situação de inimputabilidade (artigo 20º do Código Penal).

ELEMENTOS SOBRE A CULPA

Podem aqui distinguir-se dois arcos de tempo. Não se trata da congruência entre o lado objetivo e o subjetivo do ilícito de furto, mas da questão de saber se há coincidência entre a ação, objetiva e subjetivamente típica, e a culpa do agente. A "separação" dá-se no momento em que começa a anomalia psíquica com relevância penal (artigo 20º, nº 1). Recomenda-se que se comece com a segunda parte do acontecido, quando ocorre a subtração das joias.

Em geral, em casos como estes, traz-se à colação a chamada "actio libera in causa" (*alic*). São constelações de casos com a seguinte estrutura: o autor, encontrando-se em estado que exclui a capacidade de culpa (artigo 20º) comete um facto considerado na lei como crime (*actio*), após ter produzido na sua pessoa, de forma censurável, aquele estado, sabendo, ou pelo menos podendo saber (*causa libera*) que em posterior situação de inimputabilidade cometeria precisamente esse facto. São processos que se desenrolam em vários atos. O primeiro ato, anterior no tempo (produção da anomalia, *actio praecedens*, causa) tem uma relação relevante, no que toca à culpa, com o segundo ato, posterior no tempo (facto cometido com anomalia psíquica, *actio subsequens*). A responsabilidade por facto em que o agente se tenha colocado por si mesmo encontra-se prevista no artigo 20º, nº 4: a falta de capacidade de culpa não afasta a responsabilidade criminal.

Já em outra ocasião abordámos esta questão, que no direito português se encontra expressamente regulamentada no artigo 20º, nº 4, o que não acontece noutros ordenamentos. Na ideia desenvolvida pelo Prof. Figueiredo Dias,[43] "não comina uma responsabilização pelo facto ilícito-típico praticado quando o seu autor provocou a sua inimputabilidade" – o que o preceito afirma "é coisa de todo o ponto de vista diversa, a saber, que 'a **imputabilidade não é excluída** quando a anomalia psíquica tiver sido provocada pelo agente com intenção de praticar o facto'. Por outras palavras, no entendimento expresso da lei, aquele agente é **portador, no momento do facto, de uma anomalia psíquica mas, em todo o caso, imputável**" e como imputável deverá ser tratado: a alic é, nessas condições e quando envolvida na **intenção** de praticar o facto,[44] **facto de um imputável**.

Em primeiro lugar, o autor há de ter produzido a anomalia de maneira dolosa. Em segundo lugar, é necessário que o dolo estivesse dirigido, já no momento em que o autor ainda tinha capacidade de culpa, à execução da ação típica que posteriormente levou a cabo, uma vez perdida a sua capacidade de culpa. A *alic* só existe onde a inimputabilidade é provocada, com o dolo *intencional* (que abrangerá o dolo direto e o dolo necessário), no propósito de cometer o facto. Deste

---

[43] Figueiredo Dias, *DP/PG I*, 2007, p. 591.

[44] Construção que, abrangendo o dolo direto e o dolo necessário, acaba por resolver (ainda quando se lhe possa objetar a criação de uma **ficção de imputabilidade**) um dos magnos problemas relacionados com o início da tentativa e a caracterização da figura como dolosa ou negligente.

453

O RISCO DE COMER UMA SOPA E OUTROS CASOS DE DIREITO PENAL

modo, os comportamentos tendentes a determiná-la (como autênticos atos de execução e não meramente preparatórios) fazem já parte integrante do tipo de crime que vai ser cometido[45].

Caso nº 7 *A* sofre continuadamente de ciúmes por causa da namorada, que se dá com outros rapazes. Resolve, por isso, aplicar-lhe um sova que lhe há de servir de lição. Sabe no entanto que estando sóbrio não tem coragem de lhe pôr a mão. E é por isso, para ganhar coragem e para depois fazer o que tem a fazer, que se decide a visitar o seu bar preferido, montado na motorizada com que costuma deslocar-se. Bebe até ficar incapaz de avaliar o alcance dos seus atos, como os peritos acabaram por concluir em profícua colaboração com o juiz. Quando se retirava, já quase a alcançar a porta do estabelecimento, *A* tropeçou e foi cair em cima de um móvel antigo, que o dono do bar tinha em grande estima, e que logo se partiu com o peso do corpo de *A*. Mas nem isso o deteve. Pegou na motorizada e, conduzindo-a, rumou na direção da casa da namorada, como tinha planeado. Ali, encontrou, não a namorada, mas a irmã desta, com quem era extremamente parecida, e que, como *A* bem sabia, estava a passar férias com a irmã. *A*, por engano, encheu de bofetadas a cara da rapariga, provocando-lhe bastantes dores e uma forte humilhação.

A simples excitação, resultante da ingestão de bebidas alcoólicas, não implica necessariamente a supressão ou a afetação da vontade ou do seu controlo, nem afasta a possibilidade de uma atuação livre e consciente do agente ou da capacidade deste para avaliar a ilicitude da sua conduta e de se determinar de acordo com ela. Todavia, *A*, com as bebidas que tomou, já não conseguia avaliar o significado dos seus atos. E conforme o disposto no artigo 20º, nº 1, é inimputável quem, por força de uma anomalia psíquica for incapaz, no momento da prática do facto, de avaliar a ilicitude deste ou de se determinar de acordo com essa avaliação.

No que toca aos estragos produzidos no móvel antigo é duvidoso que se possa afirmar uma *ação* com relevância penal, pois tudo aconteceu por ter o *A* tropeçado. Está, aliás, fora de questão que o *A* tivesse tido a vontade de praticar este facto no momento anterior à provocação da anomalia psíquica (artigo 20º, nº 4) e sem dolo não existirá o crime de dano (artigo 212º, nº 1). Quanto à condução da motorizada em estado de embriaguez, sendo a *TAS* (taxa de álcool no sangue) bem superior, como tudo o indica, a 1,2 g/l, parece que também o dolo direto ou necessário se deverá excluir, desde logo, por não haver lugar à afirmação da intenção. Faltando

---

[45] Figueiredo Dias, *DP/PG* I, 2007, p. 588 e ss.

ELEMENTOS SOBRE A CULPA

um nexo dessa ordem entre a pessoa do *A* e o facto ilícito praticado no indicado estado, pondere-se, ainda assim, a responsabilidade derivada do artigo 295º, nº 1, que abrange o dolo eventual e a simples negligência, em congruência com a fórmula do artigo 292º. Faltará saber se *A* poderá ser responsabilizado, e em que termos, pela ofensa à integridade física (artigos 14º, nº 1, 20º, nº[os] 1 e 4, e 143º, nº 1) na pessoa da irmã da namorada, levando-se em conta que o *error in persona* é irrelevante. Dada a matéria de facto provada e o entendimento, já exposto, quanto ao modo de interpretar o artigo 20º, nº 4, *A*, sendo embora portador, no momento do facto, de uma anomalia psíquica, **deverá ser tratado como imputável**, pelo que cometeu, pelo menos, o crime de ofensa à integridade física do artigo 143º, nº 1, e eventualmente o crime do artigo 295º, por referência ao artigo 292º.

2. O crime de embriaguez e intoxicação: artigo 295º, do CP

O Código prevê no artigo 295º o crime autónomo de embriaguez e intoxicação, de que demos notícia logo de início.

No artigo 20º, nº 4, consagra a doutrina da imputabilidade livre na causa.

Para os restantes casos valerá o artigo 295º, se a anomalia psíquica se traduzir em embriaguez ou outro estado tóxico não preordenado.

O critério distintivo residirá na motivação que leva o agente a embriagar-se: pode ser para praticar um crime em situação de inimputabilidade, sendo o agente punido pela prática da infração que realmente cometeu (artigo 20º, nº 4); ou sujeitar-se à incriminação autónoma do artigo 295º (que afasta o enquadramento penal na infração especificamente realizada, a qual só intervém no momento da escolha da pena), por autocolocação em estado de inimputabilidade devido a embriaguez ou intoxicação

Nos casos nº[os] 5 e 6, que crimes cometeu *A* ?

– No artigo 20º, nº 4, a inimputabilidade não é excluída quando a anomalia psíquica tiver sido provocada pelo agente com intenção de praticar o facto – compreende apenas a alic com dolo direto ou com dolo necessário.

– Os casos de dolo eventual e os negligentes estão abrangidos pelo artigo 295º, nº 1.

– Cabem no nº 1 do artigo 295º os casos em que o agente pratica um facto ilícito típico num momento de inimputabilidade provocada por ele próprio – sem qualquer conexão psicológica com o momento da autocolocação em perigo.

– Os casos de *imputabilidade diminuída* autoprovocada seguem a regra geral, não cabem no artigo 295º, que pressupõe um estado de inimputabilidade autoprovocada.

Cabe ainda recordar um apontamento, já atrás apresentado do Prof. Figueiredo Dias,[46] que escreve: "A condenação pelo crime do art. 295.º não deve impedir, de toda a maneira, que possa vir a ser aplicada uma **medida de segurança pelo facto praticado em estado de inimputabilidade** se o agente dever ser considerado perigoso. Será, por ex., o caso do automobilista que se embriaga completamente para "ganhar coragem" para fazer um lanço de autoestrada em contramão, se na condução vier a praticar de forma inimputável um ilícito-típico de homicídio ou de ofensas à integridade física e o tribunal vier a comprovar que se trata de uma personalidade criminalmente perigosa".

VI. Casos de inexigibilidade legalmente prevista; ou: as "duas inequívocas" causas de desculpa

1. Generalidades

Já noutro lugar escrevemos que só se a conduta contiver as cores da ilicitude avançamos para o outro nível de valoração que é a culpa – só quando, pois, respondemos pela negativa à questão de saber se a atuação está ou não justificada. Culpa é censurabilidade face à conduta antijurídica. Em situações normais, dirige-se censura por culpa aos agentes imputáveis que se conduziram contra o direito com consciência da ilicitude. Há contudo situações que, uma vez verificadas, impedem que relativamente ao agente, apesar de imputável e de ter agido com consciência da ilicitude, se forme um juízo de reprovação.

O exemplo porventura mais impressivo é o "clássico" da tábua de Carneades: um dos náufragos agarrou-se a uma tábua que só dava para um. Quando outro se aproximou, no esforço de salvar a vida, o que ocupava a tábua afastou vigorosamente o segundo, que acabou por se afogar. A ordem jurídica não aprova esta forma de proceder. Como não tinha havido uma agressão por parte do que vinha para também se servir da tábua, a atuação do primeiro náufrago não se encontrava justificada. Nomeadamente, não se encontrava justificada por legítima defesa (artigo 32º). Temos, todavia que reconhecer que determinados motivos ou emoções (por ex., para conseguir sobreviver) podem obstar a uma conduta normal. Por outro lado, todos intuímos que, ao falar-se de sanções penais, não é missão do direito penal constranger alguém à condição de herói ou santo. Em situações extremas como esta, o direito renuncia a censurar o agente, do mesmo passo que renuncia a impor-lhe uma pena, não obstante ser possível formular contra ele um juízo de desvalor.

---

[46] Figueiredo Dias, *DP/PG* 1, 2007, p. 594 (21º Capítulo § 61).

2. A não exigibilidade de conduta diversa é sobretudo um princípio regulador do ordenamento jurídico

Existem outros casos dignos de ser referidos, em que ao agente não poderá ser razoavelmente exigida conduta diversa.

Sabe-se que estando a defesa limitada pelo meio *necessário* para repelir a agressão, não é justo nem adequado que aquele que atuou em legítima defesa veja a sua ação justificada porque, no caso, usou de excesso de meios. Aplica-se-lhe, por isso, o regime do artigo 33º e não o do artigo 32º. Todavia, quem se defende com excesso de meios por perturbação, medo ou susto não censuráveis beneficia de uma situação de desculpa, ficando impune (...o agente não é punido...), embora a sua atuação seja também ilícita, mesmo quando se possa concluir por uma ilicitude diminuída. O facto desenrola-se em situação de tal modo excecional que a decisão relativamente a uma conduta conforme ao direito resulta claramente dificultada – e é desculpada porque a culpa que aí possamos ainda detetar fica para lá dos limites da *dignidade penal* dos bens jurídico-penais envolvidos. Pode de resto mostrar-se significativa a ausência de considerações de eficácia preventiva da lei penal.

Na mesma linha se invoca a impunidade do estado de necessidade desculpante (artigo 35º).

Em casos destes intervém a ideia de **(in)exigibilidade**. As normas penais têm um âmbito de exigência fora do qual não se pode exigir responsabilidade a ninguém: quando a obediência à norma coloca o sujeito fora dos parâmetros do que é exigível faltará esse elemento e com ele a culpa (Muñoz Conde). O Prof. Figueiredo Dias aponta um duplo suporte da inexigibilidade:

– Correspondência do facto àquele que seria também praticado por um homem fiel ao direito;
– Não manifestação naquele de qualidades da personalidade juridicamente desvaliosas e censuráveis: "Não faria sentido censurar o agente pela personalidade manifestada no facto, quando afinal ela acaba por se revelar adequada no essencial ao modelo suposto pela ordem jurídica. Ponto é que a situação exterior seja uma tal que permita afirmar que também a generalidade dos homens 'honestos' ou 'normalmente fiéis ao direito' teria provavelmente atuado da mesma maneira; e que as qualidades pessoais juridicamente relevantes manifestadas no facto não sejam, apesar disso, juridicamente censuráveis"[47].

---

[47] Jorge de Figueiredo Dias, *DP/PG* I, 2ª ed., 2007, p. 609. Extensamente, sobre a doutrina da inexigibilidade, Curado Neves, *A problemática da culpa nos crimes passionais*, p. 667 e ss. Curado Neves expõe um grupo de casos, entre eles o dos crimes de **abuso de confiança fiscal** cometidos por empresários que não entregam à segurança social os montantes deduzidos para esse efeito e que alegam ser movidos por estado

O legislador português erigiu expressamente o princípio da exigibilidade como pressuposto autónomo da justificação (o artigo 34º prevê, entre os requisitos do direito de necessidade, "ser razoável impor ao lesado o sacrifício do seu interesse em atenção à natureza ou ao valor do interesse ameaçado"). Mas não abriu caminho à inexigibilidade como causa geral de desculpação. Autorizou apenas a sua relevância em concretizações como as apontadas, de estado de necessidade desculpante (artigo 35º) ou de perturbação, medo ou susto não censuráveis (artigo 33º, nº 2). Também a inexigibilidade na negligência "não pode configurar-se como uma *causa geral* de exclusão da culpa, mas tem de precipitar-se nas cláusulas específicas de desculpa reconhecidas pela lei"[48]. A não exigibilidade do comportamento é sobretudo um **princípio regulador** do ordenamento jurídico,[49] que tanto pode exercer a sua influência no âmbito das causas de justificação, como também, e de forma até mais acentuada, no das causas de desculpa.

3. Os principais fundamentos de desculpação

Alguns residem na PG:

– O excesso de legítima defesa que tiver resultado de perturbação, medo ou susto, não censuráveis (artigos 32º e 33º, nº 2);
– O estado de necessidade desculpante (artigo 35º).

Outros têm assento na PE:

– A não punibilidade da omissão de auxílio quando se verificar grave risco para a vida ou integridade física do omitente *ou* quando, por outro motivo relevante, *o auxílio lhe não for exigível* (artigo 200º, nº 3).

---

de necessidade, pois de outra forma não poderiam continuar a pagar os salários aos seus trabalhadores (muito em resumo: se uma empresa não pode satisfazer o total dos seus débitos deve abrir falência, em lugar de distribuir o dinheiro que ainda tem de forma diferente da desejada pelo direito; "o que o empresário denomina 'perigo' é na realidade o resultado da aplicação de determinadas regras jurídicas"). Outro, o do caixeiro viajante que fazia desfalques nos dinheiros que recebia, pois só assim se poderia pagar as boas roupas sem as quais não impressionaria os potenciais clientes (caixeiro-viajante que será parente próximo do pároco que falsificava o registo da data de nascimentos dos filhos dos mineiros, para que estes pudessem gozar de um dia feriado que só era concedido se o nascimento tivesse ocorrido em dias úteis.

[48] Jorge de Figueiredo Dias, *Temas básicos da doutrina penal*, p. 379. Cf. também Faria Costa, *O Perigo*, p. 514 e s.

[49] Assim se lhe refere Edmund Mezger, *Derecho Penal*, PG, Libro de estúdio, 1958, p. 273, remetendo para Henkel.

ELEMENTOS SOBRE A CULPA

4. O excesso de legítima defesa que tiver resultado de perturbação, medo ou susto, não censuráveis

	Agressão ----------------- actuação em situação de defesa objectiva	
Situação	*Excesso extensivo de LD.* O defendente reage cedo de mais quando a agressão ainda não é actual, mas ele a tem como tal, ou supõe erroneamente que a sua conduta ainda é justificada, autorizada pelo direito, por ex., pensa que o seu agressor, apesar de estar por terra, ainda está em condições de voltar a agredi-lo.	*Excesso intensivo de LD.* O agente excedeu-se **nos meios** necessários para a defesa.
Exemplo	Pontapés contra o agressor que já está inconsciente.	Tiro no fígado quando bastava atingir as pernas do agressor.
Tratamento legal	Não se aplica o artigo 33º. Hipótese eventualmente a resolver nos termos do artigo 16º, nᵒˢ 2 e 3, ou do artigo 17º, quando concorram os correspondentes pressupostos.	O facto é sempre ilícito (artigo 33º, nº 1), podendo haver atenuação especial. O agente é desculpado em situação de afecto *asténico* (se o excesso resultar de perturbação, medo ou susto, não censuráveis).

Estrutura do excesso de LD (*adaptado* de F. Haft *AT*, p. 137).

Nos termos do artigo 33º, nº 1, se houver excesso de meios empregados em legítima defesa, o facto é ilícito mas a pena pode ser especialmente atenuada.

Segundo o correspondente nº 2, o agente não será punido "se o excesso resultar de perturbação, medo ou susto não censuráveis".

Existe uma estreita relação entre este artigo 33º (excesso de legítima defesa) e o artigo 32º, sobre a legítima defesa. O primeiro funciona, ao menos parcialmente, como um fundamento de desculpa; o artigo 32º como uma causa de justificação. Mas o excesso aqui em causa é sempre excesso de legítima defesa – como diz a lei, com maior rigor, é um *excesso de meios empregados em legítima defesa.*

Ao estudar a legítima defesa, concluímos que o agredido pode defender-se com *tudo o que seja necessário,* mas *só com o que for necessário.* A defesa só corresponderá às exigências que fazem dela uma causa de justificação quando se apresenta como indispensável, imprescindível, atuando o defendente com os meios exigíveis para a salvaguarda de um interesse jurídico, portanto, com o meio menos gravoso para o agressor. Se o defendente tiver feito uso do meio *necessário,* será inteiramente descabido declarar o facto ilícito em lugar de eventualmente o considerar justificado.

Embora no caso concreto se verifiquem os fundamentos da atuação em legítima defesa, o sujeito pode ter agido com manifesto *excesso nos meios*, não se justificando que, para deter a agressão, fosse necessário, por ex., dirigir um tiro à caixa torácica quando se podia pôr termo à agressão com um tiro nas mãos ou nas pernas; ou quando se pôs termo à agressão com um golpe de faca quando bem se podia ter utilizado as mãos. Nestas circunstâncias, não é possível fazer valer o regime do artigo 32º.

A lei, no artigo 33º, previne o excesso de meios, retirando a este excesso, a que chamamos *intensivo* (para o distinguir da outra forma de excesso a que chamamos *extensivo*),[50] a força da justificação. Quem se defende em excesso nos meios de legítima defesa não logra as vantagens da causa de justificação: ultrapassa a medida da necessidade do meio e o seu facto é ilícito.

O facto ilícito assim configurado implica, como regra, a inteira responsabilidade do agente (artigo 33º, nº 1, primeira parte). A lei, no entanto, concede que a pena possa ser especialmente atenuada (artigos 33º, nº 1, última parte, e 72º e 73º) se acaso se detetar uma diminuição do conteúdo do ilícito.

A mais disso, pode acontecer que uma agressão atual e ilícita provoque na vítima um **estado de afeto** que o conduza à reação defensiva em excesso. Em certos casos, as emoções resultam diretamente do facto exterior e são relativamente rápidas – o desencadear da emoção é imprevisto e repentino; frequentemente, o sujeito fica impedido de permanecer "frio", o que lhe dificulta a avaliação da situação de defesa. A defesa com excesso de meios é sempre ilícita, podendo, no entanto, o agente não ser punível. O excesso de meios é ilícito mesmo quando resultar de perturbação, medo ou susto, não censuráveis. Contudo, para casos destes (de algum modo à semelhança do que se passa com o estado de necessidade desculpante), desde que o excesso não seja censurável, a lei prevê uma causa específica de desculpa (artigo 33º, nº 2).

Com Curado Neves, convirá ter presente que a desculpa é admitida de forma diferente do que acontece no estado de necessidade: o excesso "também pode ter lugar no estado de necessidade, mas nesse caso impedirá a desculpa da conduta excessiva". No excesso de defesa o titular dos bens a sacrificar é o agressor que criou a situação ; no estado de necessidade é um terceiro não envolvido que o acaso colocou no caminho da ação de salvamento. Daí a conclusão de ser "natural que os seus interesses sejam protegidos mais rigorosamente do que os do autor da agressão que suscita a defesa"[51].

---

[50] Para assim o distinguir, mas, sobretudo, porque com o excesso intensivo de legítima defesa o sujeito defende o bem jurídico atacado com uma maior concentração de esforços.

[51] Curado Neves, *A problemática da culpa nos crimes passionais*, p. 714.

ELEMENTOS SOBRE A CULPA

Há pois todo o interesse em esclarecer se o agente procedeu em situação de afeto asténico ou não. As diferentes consequências tem na sua base as razões psíquicas que acompanham o excesso: desde logo, o medo, o susto ou a perturbação (geradores de um efeito asténico: do grego *sthenos* = força; *a-sthenes* = sem forças). Só o afeto asténico (a perturbação, o medo, o susto) *desculpa* o excesso, mas não outros. A lei exige (artigo 33º, nº 2) que o afeto asténico que está na base do excesso seja, ele próprio, não censurável; segundo o critério do Prof. Figueiredo Dias, deve ultrapassar aquela medida de intensidade que a ordem jurídica espera que seja suportável por todo o homem "fiel ao direito" (que se ultrapasse, digamos assim, o critério da inexigibilidade).

Em situação diferente, nomeadamente de afeto esténico, a lei trata o agente como inteiramente responsável. O afeto esténico (o sentimento de ódio, a cólera ou a vingança) nunca poderá relevar em questão de excesso de legítima defesa: a única via pela qual ele poderá ganhar significado será, eventual e excecionalmente, a da inimputabilidade (ou imputabilidade diminuída) do artigo 20º. O seu efeito não se compagina com a exclusão da culpa.

A diferença pode explicar-se por critérios de prevenção. Os estados de perturbação, medo ou susto "não provocam a imitação e por isso podem ser tratados com maior benignidade"[52]. Não deverá todavia entender-se que os efeitos do estado de afeto *asténico* sejam automáticos; haverá antes que relacioná-los com a teoria da falta de culpa, pelos caminhos da inexigibilidade. Igualmente não deverá considerar-se razão para excluir a culpa um excesso nos meios *conscientemente* dirigido v. g. ao castigo do primeiro agressor. Bem pode acontecer que o agredido se encontre numa situação psíquica de tal modo anormal que o leve a ultrapassar os limites da legítima defesa. O afeto e o uso intensivo dos meios de defesa, ainda que consciente, não se excluem, nem a lei estabelece diferenças a esse propósito.

"Quando o ordenamento jurídico manda que o defendente, em caso de legítima defesa, deve escolher o meio defensivo menos gravoso, não obstante a situação de perigo e de apuro, coloca-o perante uma tarefa árdua, pois tem que conservar a serenidade e a obediência ao direito numa situação em que o autodomínio se perde facilmente. Acresce a isto que o defendente tem de se haver com a lesão que tenha sofrido. Por isso, já em tempos mais recuados se admitiu a possibilidade de uma atenuação penal. Chegou-se mesmo a equiparar o excesso devido a perturbação, medo ou susto ao regime da própria legítima defesa no § 41 do StGB prussiano de 1851"[53]. Hoje em dia, como se viu, também no direito português o autor "não é punido", segundo o artigo 33º, nº 2, se ultrapassou os limites da legítima defesa por perturbação, medo ou susto não censuráveis.

---

[52] Claus Roxin, *Culpabilidade y prevencion en Derecho Penal*, Madrid, 1981, p. 80.
[53] H.-H. Jescheck, *Lehrbuch des Strafrechts: Allg. Teil*, 4ª ed., 1988, p. 442 e s.

É certo que o facto continua a ser ilícito e que apenas se reduziu o seu conteúdo de culpa. Para Jescheck, o legislador renuncia a formular a censura por culpa por considerar tão diminutos o conteúdo do ilícito e a culpa pelo facto que não se alcança o patamar do **merecimento penal**. No excesso de legítima defesa (excesso intensivo, de meios) o desvalor do resultado diminui na medida do valor do bem protegido pelo autor, o desvalor da ação fica anulado em boa parte pela situação de legítima defesa e a vontade de conservação; a culpa toma outra configuração, já que a perturbação, o medo e o susto dificultaram o essencial da formação da vontade com referência à norma.

Não se exclui o concurso de afetos asténicos e esténicos mas a comprovação de que um afeto esténico cofundamentou o facto é em princípio incompatível com a exclusão da culpa, tudo devendo então ser remetido para a questão da medida da pena[54].

Caso nº 8 "Se uma mulher se defende de um galanteador importuno que lhe faz observações indecorosas atingindo-o gravemente com um bastão, quando seria suficiente empurrá-lo ou dar-lhe uma bofetada, e se o medo que está na base do facto só é explicável porque aquela mulher tem tendência para ver em cada galanteador um tarado sexual perigoso, torna-se claro que este medo não pode ser provado pela ordem jurídica e não pode, por conseguinte, conduzir à desculpa". (Exemplo do Prof. F. Dias).

Pode também acontecer que o agente ultrapasse, na sua situação de defesa, os meios correspondentes, a ponto de ofender um terceiro e não (ou não apenas) quem o ataca. Como uma tal situação não se enquadra na legítima defesa e sem esta não se verificam as condições de excesso previstas no artigo 33º (estão em causa unicamente as relações que se estabelecem entre o defendente e o atacante), o estado de afeto não pode ter como consequência a exclusão da culpa.

Um **excesso extensivo** (mesmo relacionado exclusivamente com a falta de atualidade da agressão), acaba por reconduzir-se a um facto doloso ilícito e culposo, ou a um erro sobre a legítima defesa (seja sob a forma de erro sobre os seus pressupostos, artigo 16º, nº 2, seja, o que será mais frequente, a um erro sobre a ilicitude, artigo 17º). A causa de desculpação "excesso de legítima defesa asténico não censurável", prevista no artigo 32º, n º 2, não se aplica às situações de excesso extensivo de legítima defesa, desde logo porque a lei restringe (artigo 33º, nº 1) a figura do excesso de legítima defesa ao excesso dos meios (excesso intensivo).

---

[54] Cf. Figueiredo Dias, *DP/PG* I, 2007, p. 625.

ELEMENTOS SOBRE A CULPA

Caso nº 9 Comportamento provocatório; excesso de meios. *A* vinha mantendo uma relação com uma mulher casada aproveitando as ausências do marido desta, que trabalhava num turno da noite. *M* começou a desconfiar da infidelidade da mulher e proibiu a entrada de *M* em sua casa. Uma noite que "regressou mais cedo" deparou com *A*, impedindo-o de sair até que chegasse alguém entretanto prevenido, que lhe serviria de testemunha do adultério. Na luta que se seguiu, o marido enganado pegou numa garrafa de cerveja para agredir com ela o outro, mas este teve artes de lha tirar e deu-lhe com ela na cara, partindo-lhe o osso do nariz e provocando-lhe um pequeno ferimento.

Não há dúvida de que *A* ofendeu *M* voluntária e corporalmente, provocando-lhe fratura do osso do nariz e um ferimento ligeiro, com o que, pelo menos, ficará incurso na previsão da norma fundamental dos crimes contra a integridade física (artigo 143º, nº 1). Se não for caso de negar a legítima defesa, a questão estará em saber se a conduta de *A* podia ser justificada ou se *A* podia ser desculpado. Todavia, não deixará de ser razoável sustentar-se que *A* provocou o ataque de *M* com o seu comportamento adúltero e a entrada em casa de *M*, contra a vontade deste. Deve por isso perguntar-se se, por sua vez, *M* não terá atuado em legítima defesa, e, consequentemente, com vontade de defesa, ponderando-se a (in)admissibilidade da legítima defesa contra outra legítima defesa.

A ilicitude da agressão que a lei exige para que se possa verificar a legítima defesa engloba dois aspetos: a prática por alguém de um ato violador de interesses juridicamente protegidos de outrem, e a não contribuição do defendente para o aparecimento daquele ato. E compreende-se que assim seja, porque, quando o defendente, pelo seu comportamento, dá origem àquela atuação violadora dos interesses juridicamente protegidos de alguém, esta última tem a suscetibilidade de funcionar como uma legítima defesa contra aquele comportamento, sendo também certo que não pode haver legítima defesa contra legítima defesa (acórdão do STJ de 25 de setembro de 1991, *BMJ* 409, p. 483).

Ficará limitado ou excluído o direito de defesa de *A* por causa do seu comportamento provocatório? Ou, simplesmente, *A* excedeu-se no seu direito de legítima defesa?

M proibira expressamente a entrada de *A* na morada do casal, mas este violou o direito de *M*, verificando-se, com isso, a lesão de interesses juridicamente protegidos e suscetíveis de legítima defesa. Acontece todavia que *A*, ao ser surpreendido, só não terá desaparecido, saindo da moradia, porque *M* disso o impediu. Com o que bem se pode pôr em dúvida a atualidade dessa apontada agressão. Com efeito, no momento em que *M* impede a saída de *A*, fica excluído o perigo que anteriormente ameaçava o correspondente bem jurídico. Por outro lado, *M* só

O RISCO DE COMER UMA SOPA E OUTROS CASOS DE DIREITO PENAL

poderia alegar o seu direito de defesa, em termos de se excluir a legítima defesa de *A*, se tivesse atuado com a consciência de estar a defender-se. Para a existência deste elemento subjetivo da justificação, é necessário que o autor conheça a agressão ilícita e pretenda repeli-la. No entanto, *M* só pretendia reter *A* para conseguir com isso provas da infidelidade da mulher, não existindo qualquer sinal de que *M* estivesse motivado por uma vontade subjetiva de defesa. Vendo-se assim na necessidade de se defender, *A* atuou para repelir uma agressão atual e ilícita. Embora no caso se verifiquem os requisitos da atuação em legítima defesa, *A* agiu com manifesto *excesso nos meios* empregados, por não se justificar que, para deter a agressão, fosse necessário golpear o seu antagonista na cara, de molde a fraturar-lhe a cana do nariz, numa altura em que este acabava de ser desapossado da garrafa de que o defendente justamente se serviu. A lesão produzida na pessoa de *M* deve ser considerada antijurídica. Havendo excesso dos meios empregados em legítima defesa o facto é ilícito mas a pena pode ser especialmente atenuada (artigos 33º, nº 1, e 72º). O agente só não é punido se o excesso resultar de perturbação, medo ou susto não censuráveis (artigo 33º, nº 2). A legítima defesa justifica apenas as ações defensivas que são *necessárias* para afastar uma agressão atual e ilícita da forma menos gravosa para o agressor. Se o defendente ultrapassa esse limite, atua ilicitamente (*excesso intensivo de legítima defesa*).

No presente caso, mesmo quando comprovado um *animus defendendi*, *A* não utilizou os meios necessários para fazer cessar a agressão. Um desses meios seria o do recurso à força pública, que, no entanto, se vê logo como impraticável. De qualquer forma, e como já se acentuou, não se justifica que, para deter uma agressão que o agressor só podia continuar com as mãos, se golpeie o antagonista na cara com a garrafa que o defendente acabara de lhe arrebatar. A situação é a de excesso de legítima defesa, enquadrável na previsão do artigo 33º, nº 1, suscetível de uma punição especialmente atenuada (artigo 72º). Não se descarta, contudo, o acerto da absolvição, se a favor de *A* pudermos garantir o excesso resultante de perturbação, medo ou susto não censuráveis, que só a escassez da prova nos impede de afirmar em definitivo.

Caso nº 10 Excesso de legítima defesa não punível; excesso asténico e não censurável. *A* matou *B*, seu irmão. Com uma faca de cozinha, *A* desferiu um golpe no tórax da vítima, causando-lhe, como consequência direta e necessária, ferida corto-perfurante transfixiva do lobo superior do pulmão esquerdo, e lesão determinante da morte. Houve por parte da vítima uma agressão atual, ou seja, um desenvolvimento iminente aos interesses pessoais (integridade física) de *A* e ilícita, por o seu autor não ter o direito de a fazer, já que a primeira se aproximou do segundo e seguiu-o, mesmo quando este recuou para o interior da

ELEMENTOS SOBRE A CULPA

cozinha, com o propósito de o agredir a murro e a pontapé, tal como já o fizera a uma irmã, a um irmão e ao pai de ambos. O Tribunal, considerando que *A* agiu em legítima defesa, com excesso asténico do meio utilizado, não censurável e, por isso, não punível, de acordo com o artigo 33º, nº 2, com referência ao artigo 32º, absolveu-o.

O Supremo (acórdão de 5 de junho de 1991, *BMJ* 408, p. 180) confirmou a decisão: "Houve por parte de *A* agressão à vida da vítima em defesa do bem acima referido, como meio necessário, na impossibilidade manifesta de recorrer à força pública. para repelir ou paralisar a atuação do agressor, atual e ilícita. A atuou com o propósito de defesa, com animus defendendi. Mas com uso de meio excessivo, injustificável, irracional, para se defender, através de meio letal. O excesso do meio usado pelo *A* ficou a dever-se ao **medo** que o *A* tinha da vítima, pessoa que, embora mais baixa de estatura, era mais encorpada e mais forte do que ele e tinha praticado luta greco-romana, de tal modo que já por diversas vezes o havia agredido e obrigado a tratamento hospitalar".

Há que considerar o excesso como asténico e não censurável e, por falta de culpa, a consequente não punição do *A*, uma vez que **sem culpa** não há punição criminal.

Caso nº 11 A vítima preparava-se para agredir o réu, pois logo que se deparou com ele disse-lhe: "É agora o fim da tua vida". Então, convencido de que a vítima o ia matar, o réu foi imediatamente buscar a caçadeira e, metendo-lhe dois cartuchos, disparou-a contra a vítima. As palavras ameaçadoras, proferidas por um homem como a vítima, não podem ser minimizadas. Este criara a imagem dum marginal perigoso, andava sempre armado, trazia as pessoas em sobressalto, chegara a abrir fogo contra agentes da GNR. A atitude da vítima denuncia claramente o perigo de uma agressão ilegal iminente, não motivada por provocação, ofensa ou qualquer crime atual praticado pelo réu. Houve, todavia, excesso nos meios empregados, mas o réu estava muito perturbado, agindo dominado pelo medo de que a vítima viesse a concretizar as suas ameaças: medo desculpável. O réu foi absolvido. Acórdão do STJ de 11 de maio de 1983, *BMJ* 327, p. 476.

Caso nº 12 Excesso de legítima defesa punível. *A* parou o carro que conduzia na Rua do Progresso para conversar com *X*, sua companheira. *B* aproximou-se do veículo e bateu na janela fechada. *A* abriu a janela e *B* pediu-lhe 50 escudos, que *A* lhe negou, após o que arrancou. Mais tarde, no Bairro do Aleixo, quando *A* com a companheira e os

O RISCO DE COMER UMA SOPA E OUTROS CASOS DE DIREITO PENAL

filhos saía do carro, *B* dirigiu-se-lhe dizendo: "Agora, filho da puta, passa para cá o dinheiro; vou-te roubar, filho da puta, passa para cá o dinheiro". *A* e *B* ficaram frente a frente. *A* avançou então para *B* munido de um instrumento corto-perfurante, espetou-o no tórax, atingindo o coração. *A* representou a morte de *B* como consequência possível do seu ato de espetar, no corpo dele, o instrumento corto--perfurante, mas espetou-o, conformando-se com a morte, que veio a ocorrer. Acórdão do STJ de 11 de dezembro de 1996, *BMJ* 462, p. 207.

Segundo o acórdão, o homicídio privilegiado difere do homicídio com atenuação especial da provocação pela diferença de grau de intensidade da emoção causada pela ofensa e ambos diferem da legítima defesa, "grosso modo", porque nos primeiros o agente, ao contrário do último, não atua com *animus defendendi*. E o excesso de legítima defesa não se enquadra em alguns daqueles porque o agente atua com a intenção de se defender mas exorbitando nos meios empregados.

No caso, verificava-se a circunstância da *provocação injusta* prevista na alínea *b*) do nº 2 do artigo 72º. Como era timbre da jurisprudência da altura, "a reação não foi proporcional à ofensa", negando-se a possibilidade de enquadramento no artigo 133º, entendimento entretanto abandonado[55].

Decidiu-se que o *A* cometeu, como autor material, um crime de homicídio do artigo 131º, mas em excesso de legítima defesa, nos termos do artigo 33º, nº 1, atento o excesso dos meios empregados. *A*, quando desferiu o golpe, encontrava-se enervado e exaltado pelo comportamento de *B*: as circunstâncias recomendam a **atenuação especial da pena**, facultada no artigo 33º, nº 1 (artigo 72º).

Caso nº 13   Insiste-se em que o excesso de legítima defesa pressupõe sempre a legítima defesa. *A*, que andava incompatibilizado com *B*, agrediu-o a certa altura a socos e a pontapés, sem dar qualquer explicação. Por causa dessas agressões, *B* não sofreu lesões graves, cuja natureza o obrigasse designadamente a receber tratamento hospitalar. A determinada altura, estando *A* e *B* a uma distância não superior a um metro um do outro e *A* se preparava para continuar a agredir *B* a soco, este, já em estado de exaltação, empunhou uma pistola que trazia consigo e apontando-a ao tórax de *A* disparou pelo menos 3 tiros, atingindo-o com 2 balas nessa região do corpo e com uma bala na região abdominal, que foram causa necessária e adequada da sua morte. *B* disparou "com intenção de matar a vítima, querendo dessa forma obstar a que esta continuasse a agredi-lo".

---

[55] Veja-se, com outro pormenor, o nosso *O Direito Penal Passo a Passo* I, p. 100.

A situação corresponde à que foi tratada no acórdão do STJ de 12 de junho de 1997, *CJ*, 1997, p. 238, assim parcialmente sumariado: Sem legítima defesa, nos seus pressupostos, não pode ter lugar o excesso de legítima defesa. E assim, quando o agente, para pôr termo a uma agressão a soco e a pontapé, dispara três vezes uma pistola para uma zona vital do corpo do agressor, a uma distância não superior a um metro, não pratica o ato em legítima defesa nem com excesso de legítima defesa, mas sim um **crime de homicídio voluntário.**

5. O estado de necessidade desculpante: artigo 35º

1. O estado de necessidade desculpante (artigo 35º), de que alguns aspetos foram entretanto abordados, supõe uma determinada situação de necessidade, com a existência de um perigo atual e não removível de outro modo, que ameace a vida, a integridade física, a honra ou a liberdade do agente ou de terceiro.

As diferenças entre o direito de necessidade (artigo 34º) e o estado de necessidade desculpante (artigo 35º) não se limitam aos pressupostos legais. No primeiro caso, exige-se uma sensível superioridade do interesse a salvaguardar relativamente ao interesse sacrificado; no segundo, os interesses a defender e os que se torna para tal necessário sacrificar são de **igual valor**, de **valor superior** ou de **valor menor**, uns relativamente aos outros. No casos do artigo 34º, o facto não chega a ser ilícito; e porque assim é tolerado pelo direito, o agente que atua em estado de necessidade não está sujeito a suportar os efeitos de uma legítima defesa. Nos casos do artigo 35º, o facto é ilícito, podendo a conduta do que atua em estado de necessidade ver-se afetada por ação de quem, legitimamente, se defende. Saber se as diferenças se repercutem igualmente nas incidências do erro, leva a uma discussão de que já atrás deixámos notícia. Quando o agente atua na suposição errónea de que o faz nos termos do artigo 34º (sobre a existência dos pressupostos fáticos de uma causa de justificação), encontra-se em erro de tipo permissivo (artigo 16º, nos 1 e 2), consequência que se não aplica, segundo alguns, ao artigo 35º (suposição errónea sobre elementos objetivos de uma causa de exclusão da culpa). Favorável a esta solução é a leitura do Prof. Figueiredo Dias: a lei portuguesa faz valer a forma de censura do erro como forma de censura do facto, podendo dar origem à punição do facto a título negligente. Há quem, porém, tenha a inclusão no nº 2 do artigo 16º dos elementos objetivos das causas de exclusão da culpa por duvidosa, por assentar "numa equiparação meramente formal com o erro do tipo justificador"[56].

---

[56] Augusto Silva Dias, *"Delicta in se"*, p. 367. Na conclusão, também Wessels/Beulke, *AT*, 32ª ed., 2002, p. 138.

2. Se nos encontramos face a um caso de "vida contra vida", como no exemplo da *tabula unius capax*, que só podia transportar um dos náufragos, se o sujeito mata o companheiro para se salvar a si mesmo, a situação corresponde, quanto muito, a um estado de necessidade desculpante. Tal como no direito de necessidade (artigo 34º), o estado de necessidade desculpante supõe uma situação de conflito entre bens jurídicos, em que a salvaguarda do bem em perigo só é possível sacrificando o agente um bem jurídico alheio. No direito de necessidade, o bem jurídico em perigo tem de ser "sensivelmente superior" ao bem sacrificado (alínea *b*) do artigo 34º). De modo diferente, o estado de necessidade desculpante pressupõe ter sido a situação resolvida de modo ilícito, devendo entender-se e qualificar-se como ilícito o comportamento de quem atua em contexto que a seguir se verifica ser desculpante. Aquilo que o autor faz ao atuar em estado de necessidade é e permanece ilícito. Mas porque lhe não era exigível outra conduta deverá ser desculpado. Ex.: *A* mata outra pessoa para salvar a própria vida, como no caso que se segue.

Caso nº 14   Voltemos à tábua de Carneades. Carneades, filósofo que viveu no século II antes de Cristo, conta que, após o naufrágio de um navio, os dois marinheiros sobreviventes, *A* e *B*, agarraram-se a um tábua que só chegava para um (*tabula unius capax*).

Para salvar a vida, *A* afastou *B* da tábua e este morreu afogado. Põe-se o problema de saber se *A* pode ser condenado por homicídio. Só os problemas jurídicos é que estão aqui em causa – e nomeadamente a aplicação dos artigos 34º e 35º do Código Penal. Trata-se de um *dilema jurídico*, de uma situação conflitiva em que uma pessoa tem que escolher entre dois males. *A* só podia tentar salvar a vida afastando o outro da tábua, afogando-se este. *B* podia tentar salvar a vida atuando do mesmo modo contra *A*. Matar ou ser morto, eis o dilema dos marinheiros. H. Koriath[57] propõe quatro variantes da situação, mas insiste numa delas, que é a seguinte:

B tentou primeiro afastar *A* da prancha – foi em reação a esta conduta do *B* que *A*, por sua vez, o empurrou, tendo *B* morrido afogado.

Nos termos do artigo 131º é autor de um homicídio quem matar outra pessoa, *i. e*, quem causar (produzir) a morte de outrem. O problema está em saber se *A* efetivamente matou *B*. Como estamos a referir-nos a um resultado concreto, a ação de *A* deverá ter sido condição necessária dessa morte, pois, se assim não fosse, a morte de *B* não se teria dado naquela precisa altura e nas apontadas circunstâncias. *A* provocou a morte de *B* e esta pode-lhe ser atribuída, de acordo com os critérios

---

[57] H. Koriath, *JA* 1998, p. 250.

ELEMENTOS SOBRE A CULPA

da imputação objetiva. Por outro lado, *A* previu a morte de *B* e conformou-se com ela. Agiu pelo menos com dolo eventual. A atuação de *A* é ilícita, a menos que se encontre coberta por uma causa de justificação.

Terá *A* agido em legítima defesa? Esta supõe uma agressão ilícita. Não há motivo para duvidar que a atuação de *B*, ao pretender que *A* largasse a tábua, embora sem êxito, é uma agressão objetivamente ilícita. Alguns autores exigem que a agressão seja igualmente dolosa e culposa, para que fique inteiramente livre a via da legítima defesa. Esta posição apoia-se no facto de com a legítima defesa se pretender a salvaguarda da ordem jurídica. O defendente defende não só os seus interesses individuais mas proclama também a afirmação do direito – e isso só pode ser conseguido quando se trata de ações culposas, ou seja, de um comportamento conscientemente dirigido contra o direito. Nas circunstâncias trágicas em que se desenrolou, a morte de *B* não poderá ser taxada de conscientemente dirigida contra o direito. Claro que, contra esta posição se pode argumentar desde logo com a letra da lei, que invoca apenas a agressão ilícita, sem mais. E depois, sempre ocorre perguntar: então, não podemos defender-nos de comportamentos objetivamente perigosos? A resposta é pela positiva, mas tem uma *nuance:* para nos defendemos de condutas perigosas não necessitamos de invocar os critérios estritos da legítima defesa *ilimitada*, pois temos à nossa disposição o estado de necessidade defensivo (supralegal) e mesmo o estado de necessidade justificante do artigo 34º. Em conclusão: como *B* não atuou culposamente, não houve uma agressão aos interesses juridicamente protegidos de *A*, pelo que este não pode invocar uma situação de legítima defesa para justificar o que se seguiu.

A também não pode invocar um direito de necessidade que justifique a morte de *B*.

O direito de necessidade supõe uma situação de necessidade e a justificação arranca de ter sido o facto praticado numa situação de necessidade. O desenho é o de uma situação atual de perigo para um bem jurídico, que não pode ser afastado de outra maneira (artigo 34º). Ora, no caso, estas condições mostram-se cumpridas: *A* encontrava-se numa situação de perigo atual para a vida; e sem a morte de *B* o perigo não seria afastado.

Entre os requisitos do direito de necessidade conta-se o da alínea *b*) do artigo 34º, onde se exige sensível superioridade do interesse a salvaguardar relativamente ao interesse sacrificado. Como o caso era de vida contra vida, *A* não pode invocar esta causa de justificação. Não devemos sequer chamar aqui à colação o princípio da proporcionalidade, pois na situação trágica descrita, de óbvio dilema, não estava em jogo qualquer ponderação de interesses, mas unicamente a oportunidade de um deles sobreviver à custa do outro.

A sensível superioridade a que se refere o artigo 34º, alínea *b*), não significa uma especial superioridade (quantitativa ou qualitativa) de um dos interesses.

Antes designa o processo que permite concluir pela superioridade de um dos interesses: uma "normal sensibilidade aos valores ("cultural e socialmente determinada")[58].

A conduta de *A*, ao causar dolosamente a morte de *B*, é ilícita, não está coberta por qualquer causa de justificação. Vejamos agora se *A* pode ser desculpado.

Nos termos do artigo 35º, nº 1, "age sem culpa quem praticar um facto ilícito adequado a afastar um perigo atual, e não removível de outro modo, que ameace a vida, a integridade física, a honra ou a liberdade do agente ou de terceiro, quando não for razoável exigir-lhe, segundo as circunstâncias do caso, comportamento diferente". Supõe-se, tal como no estado de necessidade justificante (artigo 34º) uma colisão de bens jurídicos.

3. Como já noutra ocasião explicámos, o estado de necessidade constitui obstáculo à ilicitude quando o interesse protegido é sensivelmente superior ao sacrificado e causa de exclusão da culpa nas restantes hipóteses. É uma conceção diferenciadora ou *dualista* do estado de necessidade. Por isso se compreende que alguns requisitos do estado de necessidade justificante sejam comuns ao estado de necessidade desculpante: o perigo para bens jurídicos, a adequação do meio, a sua necessidade, etc., embora se devam prevenir situações de ajustamento.

a) O perigo atual e não removível de outro modo

A origem do perigo é aqui indiferente. Pode vir da natureza, do homem ou de um animal. Quanto à natureza do perigo é à sua atualidade, foi dito o suficiente ao tratar do artigo 34º.

Não pode reivindicar-se do estado de necessidade desculpante o soldado alvo de sevícias do superior que foge, desertando, quando podia queixar-se dele; do mesmo modo a mulher que é sujeita às sevícias do companheiro e que o mata quando podia abandoná-lo ou queixar-se dele.

Mas não está excluído que em alguns casos se possa remeter uma solução definitiva para a cláusula estrita da inexigibilidade, observa o Prof. Figueiredo Dias,[59] acrescentando, quanto à cláusula de que o perigo não seja removível doutro modo, que ao menos em princípio se escolha **o meio adequado menos oneroso** para os direitos do terceiro não implicado; quem pode salvar-se de um perigo de morte ferindo um terceiro não implicado não pode matá-lo para depois se escudar na cláusula da inexigibilidade. Também não se deverá atender a perigos simplesmente insignificantes.

---

[58] Cf. Fernanda Palma, *O estado de necessidade justificante*.
[59] Figueiredo Dias, *DP/PG* I, p. 563,

b) Os bens suscetíveis de serem lesados

Os bens jurídicos nesta situação são sempre bens jurídico-penais. Não se trata da preservação de bens jurídicos mais valiosos à custa de bens jurídicos de menor valor, mas de ser ou não exigível do agente, na concreta situação, um comportamento adequado ao direito. Compreende-se, por isso, que segundo o artigo 35º a exclusão da culpa só possa ocorrer quando se trata de preservar determinados bens jurídicos individuais, concretamente a vida, a integridade física, a honra ou a liberdade. Dúvidas podem porém suscitar-se, desde logo quanto ao bem vida, nomeadamente se tem de tratar-se de vida de pessoa já nascida ou se pode tratar-se de vida intrauterina.

c) O perigo deve ameaçar bens jurídicos do agente ou de terceiro

Não se seguiu a fórmula alemã que restringe a possibilidade de desculpação às situações em que os bens jurídicos em perigo pertençam ao próprio, a parentes seus ou a uma pessoa próxima do agente. Na falta de uma restrição aos casos em que o perigo ameace "um parente ou outra pessoa próxima" do agente (induzindo neste uma pressão igual ou superior à que teria lugar se os bens jurídicos em perigo fossem do agente) a solução correta estará no funcionamento da cláusula de inexigibilidade, *segundo a circunstâncias do caso* (artigo 35º, nº 1).

d) A cláusula de inexigibilidade e o seu significado

Além dos indicados pressupostos, é ainda necessário, segundo o artigo 35º, nº 1, que não seja razoável exigir do agente, *segundo as circunstâncias do caso*, comportamento diferente, exigência onde que se contém a verdadeira cláusula de inexigibilidade.

Havendo agentes que têm o dever jurídico (institucional ou profissional) de especialmente suportar o perigo, casos ditos de exigibilidade *intensificada* (polícia, bombeiros e outros), há então o dever de suportar perigos acrescidos ou perigos especiais, não podendo aqui aceitar-se a intervenção da cláusula de inexigibilidade se a ameaça se mantém dentro da área típica de perigos que o agente tem o dever de correr ou suportar[60].

Por outro lado (na falta de uma disposição análoga à do artigo 34º, alínea *a*)), se o perigo é **intencionalmente** provocado pelo agente (nomeadamente com o objetivo de poder mais tarde reivindicar-se de uma desculpa por estado de

---

[60] E será mesmo duvidoso, escreve o Prof. Figueiredo Dias, que possa creditar-se ao agente uma atenuação da pena em função da diminuição da culpa, se bem que tudo dependa, em última análise, da espécie de qualidades pessoais manifestadas no facto e da sua maior ou menor censurabilidade.

necessidade) esta deve ser negada. Em todas as restantes hipóteses não se vê razão bastante[61] para que se negue *a priori* a possibilidade de exclusão da culpa, tudo devendo depender do resultado a que conduza a apreciação em concreto da questão da inexigibilidade.

No que diz respeito à proporção os desproporção dos bens jurídicos conflituantes (veja-se as três hipóteses legais), pode nascer o problema de saber se, sendo **o bem salvaguardado sensivelmente inferior ao bem lesado** não deve considerar-se pura e simplesmente excluído do quadro do estado de necessidade desculpante na base de que, ainda aqui, o agente deve suportar o perigo (por ex., quando *A* produz em *B* uma ofensa grave à sua integridade física para afastar de si o perigo de um leve ferimento). Uma recusa de exclusão da culpa só deve em princípio ter lugar (Figueiredo Dias) em caso de **crassa desproporção** dos bens em jogo, devendo todos os restantes casos ser decididos em função da cláusula de inexigibilidade da situação.

e) O elemento subjetivo

Não será necessário que o agente atue por motivos nobres ou que a sua finalidade última seja a salvação do bem jurídico em perigo; mas torna-se indispensável que ele pratique a ação para – sejam quais forem os motivos últimos – determinar com ela a preservação do bem jurídico ameaçado.

f) A possibilidade de atenuação especial ou de dispensa de pena: um problema de punibilidade

Nos termos do artigo 35º, nº 2, "se o perigo ameaçar interesses jurídicos diferentes dos referidos no número anterior, e se verificarem os restantes pressupostos ali mencionados, pode a pena ser especialmente atenuada ou, excepcionalmente, o agente ser dispensado de pena".

Neste caso, a culpa persiste, porventura diminuída; o que falta é a necessidade de pena: o nº 2 do artigo 35º não refere uma causa de diminuição ou de exclusão da culpa, e portanto um problema de culpa; refere uma causa de diminuição ou de exclusão da pena, e portanto um problema de punibilidade.

Vejamos agora um caso jurisprudencial.

Caso nº 15   Estado de necessidade desculpante? As barreiras de proteção da passagem de nível encontravam-se avariadas e em posição de vedarem a passagem de veículos que circulassem na estrada que cruzava com

---

[61] Figueiredo Dias, *DP/PG* I, p. 566.

ELEMENTOS SOBRE A CULPA

a linha férrea, mas *A* decidiu atravessá-la com o veículo que conduzia, um camião pesado, articulado, de mercadorias, com 15 metros
de comprimento total, contornando as referidas barreiras, que são
só meias barreiras. Para tanto, começou por invadir a meia faixa
esquerda, contornando a barreira da direita, considerando o seu
sentido de marcha e depois encetou o contorno da meia barreira do
outro lado, não chegando porém a concluir a travessia da via férrea,
por força do obstáculo que lhe surgiu por diante, o veículo automóvel
conduzido por *B*, que se recusou a retroceder para dar passagem ao
A. Deste modo, o veículo de *A* acabou por ser embatido pelo comboio. O *A*, ao iniciar a travessia, previu como possível que a qualquer
momento podia surgir um comboio, cujo embate não poderia evitar;
apesar disso, confiou em que tal não aconteceria.

Cf. o artigo 288º, nᵒˢ 1, alínea *d*), e 2, e o acórdão do STJ de 5 de maio de 2005,
CJ 2005, tomo II, p. 195, que afastou um direito de necessidade de *A* (o direito
de circulação estava condicionado pela existência de barreiras à passagem de
qualquer veículo e sinalização indicativa de proibição; a composição ferroviária
tinha de resto prioridade absoluta, conforme o artigo 3º do Decreto-Lei nº 568/99,
de 23 de dezembro). Negou igualmente qualquer circunstância excludente da
culpa, nomeadamente um estado de necessidade desculpante. *B* comprometeu
igualmente a segurança da circulação de transporte ferroviário por se ter colocado
fora de mão, impedindo que *A* transpusesse a passagem de nível com as barreiras
fechadas pela única zona disponível.

VII. A falta de consciência do ilícito não censurável

1. A **neutralidade** ou **relevância axiológica da conduta** em si mesma
considerada é o verdadeiro critério de relevância ou irrelevância do erro sobre
proibições legais. Como melhor se viu noutro lugar, age sem dolo quem desconhece preceitos jurídicos cujo conhecimento seria (razoavelmente) indispensável para tomar consciência da ilicitude do facto, em paridade com aquele
que não representa circunstâncias do facto que correspondem a um tipo de
crime. Num caso e noutro, fica ressalvada a punibilidade da negligência. Cf. o
artigo 16º, nᵒˢ 1 e 3.

2. Sobre o sentido do critério de não-censurabilidade da falta˙de consciência
do ilícito, veja-se a exposição de Figueiredo Dias, recomendando que o legislador,
como veio a acontecer no artigo 17º, nº 1, tomasse partido a favor da possibilidade de uma falta de consciência da ilicitude não censurável e sobre o seu efeito

eximente da culpa, fazendo a afirmação de princípio de que *age sem culpa quem pratica um facto sem consciência da sua ilicitude, se o erro lhe não for censurável*[62]. Nesse sentido, o critério que nos permite dizer *quando* e *onde* pode falar-se de uma **falta de consciência do ilícito não censurável** há de decorrer, na sua expressão mais geral, do conteúdo material do conceito de culpa jurídico-penal elaborado na respetiva obra e de que acima demos nota; deduz-se imediatamente do conceito de culpa pela personalidade[63]. A não censurabilidade da falta de consciência do ilícito radicará, por conseguinte, na **retitude da consciência errónea**, "na persistência no agente, apesar do erro, de uma *consciência ética fiel ao direito manifestada no facto e que em último termo o fundamenta*; é dizer, de uma atitude de fidelidade ou correspondência a exigências ou pontos de vista, se bem que parcelares por participarem de uma situação conflitual, em todo o caso aceitáveis ou mesmo reconhecidos pelo direito".

"Também a personalidade que erra sobre o sentido de uma valoração jurídica se mantém substancialmente 'responsável', parecendo por isso dever arcar com a culpa pelo ilícito-penal cometido. Pode acontecer no entanto que apesar do erro de valoração em que incorreu, a personalidade do agente venha a revelar-se essencialmente conformada com a suposta e exigida pela ordem jurídica". Em casos tais (cujo fundamento repousa assim em uma consideração de certo modo paralela à que serve de base à inexigibilidade) fica excluída a censurabilidade da falta de consciência do ilícito e, por aí, a culpa do agente (artigo 17º, nº 1)[64]. Quais os requisitos dos quais depende a verificação no agente de uma consciência jurídica *reta* que constitui **causa de exclusão da culpa**? Na obra do Prof. Figueiredo Dias,[65] uma falta de consciência do ilícito não censurável só pode em princípio verificar-se em situações em que a **questão da ilicitude concreta** se revele **discutível e controvertida**. A questão há de ser uma daquelas em que conflituem diversos pontos de vista juridicamente relevantes, ou em que estes conflituem com razões de estratégia ou de oportunidade, estas também juridicamente relevantes. Necessário ainda se torna à não censurabilidade da falta de consciência do ilícito que tenha sido o propósito do agente de corresponder a um ponto de vista juridicamente relevante – ou, quando não o propósito consciente, pelo menos o produto de um esforço ou desejo continuado de corresponder às exigências do direito. Um dos casos em que se inscreverá

---

[62] Figueiredo Dias, *O Problema da consciência da ilicitude em direito penal*, 3ª ed., 1987, p. 362.

[63] O Prof. Roxin, à guisa de comentário, acrescenta na *Rivista italiana di diritto e procedura penale*, p. 34: "é de facto evidente que a sanção penal é tanto mais necessária do ponto de vista preventivo, quanto mais intensamente se exprima num crime a índole do agente, vale dizer: a sua personalidade".

[64] Veja-se agora também *DP/PG* I, 2ª ed., 2007, p. 628 e ss.

[65] Por ex., o referido *DP/PG*, 2ª ed., 2007, p. 637 e ss.

ELEMENTOS SOBRE A CULPA

a possibilidade de uma falta de consciência do ilícito não censurável será o do erro sobre a existência ou os limites de uma causa de justificação (nomeadamente sobre o direito de necessidade sob as suas diversas formas). Note-se que muitas vezes já o tipo incriminador e a consequente "proibição geral" supõe a decisão legislativa de um conflito, de pontos de vista de valor juridicamente relevantes e é produto dela.

3. O legislador, no artigo 17º, nº 2, resolveu também o problema de saber se a falta de consciência da ilicitude censurável poderá exercer influência autónoma na determinação da medida concreta da culpa, no sentido de a atenuar relativamente à do mesmo facto que tivesse sido praticado com consciência da ilicitude, bem como o de saber quando e em que medida exerce a falta de consciência da ilicitude uma tal influência. De modo que, *se o erro lhe for censurável será o agente punido a título de dolo* (com a pena aplicável ao crime doloso respetivo, portanto, a título de **culpa dolosa**), *podendo no entanto a pena ser especialmente atenuada.*

4. Vem a propósito relacionar este tema com o do respeito pela diferença no Direito Penal ou mesmo com o problema do défice de condições de aquisição de valores do sistema.

Caso nº 16 Um caso (interessante) – "que pode constituir erro sobre a ilicitude" é o apontado por Augusto Silva Dias[66] – de "algumas situações de excisão, sobretudo aquelas que são praticadas por pessoas que chegaram há pouco tempo ao país de destino e não tiveram ainda oportunidade de conhecer e compreender os valores pelos quais se rege aí a vida social".

A **excisão** é uma prática costumeira de certas comunidades, que a toleram e promovem, ou mesmo impõem. Está porém prevista em norma penal pelo Estado e pode constituir crime de ofensa à integridade física grave (artigo 144º, alínea *d*)), havendo perigo para a vida; ou alíneas *a*) e *b*), neste último caso se ficarem afetadas as capacidades de fruição sexual)[67]. No caso, o comportamento dos intervenientes (todos ou só alguns) não estará justificado, nomeadamente

---

[66] Augusto Silva Dias, "Faz sentido punir o ritual do fanado?" *RPCC* 16 (2006), p. 219. Também Fernanda Palma, "Questões centrais da teoria da imputação", *Casos e materiais de direito penal*, p. 84; e João Curado Neves, *A problemática da culpa nos crimes passionais*, p. 686.

[67] Após as alterações introduzidas em 2007, a alínea *b*) do artigo 144º do CP passou a ter a seguinte redação: Quem ofender o corpo ou a saúde de outra pessoa de forma a: "Tirar-lhe ou afetar-lhe, de maneira grave, a capacidade de trabalho, as capacidades intelectuais, de procriação **ou de fruição sexual**, ou a possibilidade de utilizar o corpo, os sentidos ou a linguagem".

O RISCO DE COMER UMA SOPA E OUTROS CASOS DE DIREITO PENAL

não estará justificado por consentimento nem por um "direito à cultura";[68] o facto é ilícito, mas a questão merece ser ponderada no plano da exclusão da culpa, podendo acontecer que todos ou alguns desses mesmos intervenientes tenham atuado com falta de consciência da ilicitude não censurável (artigo 17º, nº 1), por não terem representado corretamente o significado desvalioso do facto, não podendo consequentemente orientar-se por ele.

O que especialmente relevará para a atribuição da consciência da ilicitude "não é saber se o agente está informado ou não acerca do caráter proibido do facto, mas se a informação que tem – quando a tem – lhe permite apreender o desvalor que está associado à proibição" ("o agente pode saber que o facto é proibido, pode ter sido informado disso mesmo, mas se não entender o sentido da proibição, não conseguirá alcançar o respetivo desvalor; muito menos o caráter qualificado deste, indispensável para a formulação da censura de culpa jurídico-penal").

Quanto a saber se a falta de consciência da ilicitude é ou não censurável, "a resposta depende da exigibilidade ou não de um esforço reflexivo para alcançar o desvalor do facto no caso concreto", diz ainda Augusto Silva Dias[69] – a qual depende, por seu turno, do tempo de estadia no país de destino e do grau de integração dos autores"[70].

Fernanda Palma sustenta que o critério de Figueiredo Dias (**a retitude da consciência errónea**) "pode não ser adequado ao tratamento de casos de pessoas que vivem em meios muito segregados e desintegrados dos valores gerais constitutivos da sociedade"[71]. E explica que "também no problema da consciência da ilicitude se manifesta uma interpenetração das responsabilidades coletivas e individuais, de modo que uma consciência da ilicitude não meramente formal (ou até a própria consciência formal da ilicitude) é inexoravelmente um problema de educação e de integração social. Se é verdade que a tese de Figueiredo Dias, ao admitir em nome pelo respeito da liberdade ética uma ponderação concreta de valores divergentes da "oficial", introduz moderação, liberdade e respeito pela diferença no Direito Penal, tal tese está, por outro lado, exclusivamente dependente de uma mítica liberdade em absoluta igualdade de condições individuais. O recurso a critérios baseados na compreensão do modo de interiorização de

---

[68] Vale a pena ler as reflexões de Augusto Silva Dias também quanto a esta parte.

[69] Veja-se também Taipa de Carvalho, "Direito à diferença étnico-cultural, liberdade de consciência e direito penal", *Direito e Justiça* 2002, tomo I,

[70] Veja-se agora *"Delicta in se"*, especialmente, p. 383, admitindo o Autor que a convicção ético-cultural religiosa pode relevar no plano da culpa, "quer ao nível da sua exclusão, se, por exemplo, aquela convicção estiver na base da formação de um erro sobre a ilicitude não censurável, quer ao nível da sua atenuação, se tal convicção puder considerar-se um motivo respeitável, tendo em conta a pressão psíquica que a motivação ético-religiosa normalmente exerce sobre os agentes e a tolerância com que um Estado de Direito democrático e pluralista tendencialmente deve tratar esta espécie de motivação".

[71] Fernanda Palma, *O princípio da desculpa*, p. 190.

ELEMENTOS SOBRE A CULPA

valores parece ser um complexo caminho imposto por uma teoria da justiça que fundamenta a responsabilidade individual num domínio (ainda que mínimo) dos meios de aquisição dos valores do sistema"[72].

VIII. A obediência indevida desculpante

Segundo o artigo 37º, "age *sem culpa* o funcionário que cumpre uma ordem sem conhecer que ela conduz à prática de um crime, não sendo isso evidente no quadro das circunstâncias por ele representadas". O preceito pode ser visto como uma ramificação da norma constitucional que no artigo 271º, nº 3, dispõe: "Cessa o dever de obediência sempre que o cumprimento das ordens ou instruções implique a prática de qualquer crime", garantia que o artigo 36º, nº 2, renova, dispondo que "O dever de obediência hierárquica cessa quando conduzir à prática de um crime". Não existe na ordem democrática nem no Estado de direito um dever de obediência cega nas relações hierárquicas, embora o subordinado deva obediência a uma ordem formal e materialmente legítima do superior hierárquico. Faz-se prevalecer a *obrigatoriedade* da ordem ("vinculação"; "*Verblindlichkeit*")[73].

O texto legal é sem dúvida ambíguo e suscita dificuldades interpretativas. A doutrina, de uma forma geral, considera que a obediência indevida desculpante não se reporta (tirando um caso ou outro, passível de subsunção direta no artigo 35º) a um problema de inexigibilidade. O artigo 37º, não sendo uma causa de desculpação propriamente dita, não obstante o agente atuar *sem culpa*, envolve-se antes no problema do erro (destacando-se a parcela típica "sem *conhecer* que [a ordem] conduz à prática de um crime"). Não é claro, porém, se consistirá, e quando, num erro de conhecimento ou num erro de valoração. Neste último caso, tratar-se-ia, decerto, de um regime relativo à ilicitude, o qual, em termos genéricos, consta no artigo 17º.

A questão gira em torno de duas realidades, próprias das relações superior hierárquico/subordinado e da boa organização e eficiência dos serviços públicos, onde a hierarquia assume um papel que se projeta em diversas direções. No exterior dessa ordem de relações, encontramos a pessoa afetada pelo cumprimento ou a prática da ordem. E aqui podemos já adiantar que (sendo a obediência hierárquica causa de justificação quando a ação ordenada é lícita) o exercício *legítimo*

---

[72] Fernanda Palma, "Questões centrais da teoria da imputação", *Casos e materiais de direito penal*, p. 83 e s. Quanto ao desenvolvimento dos critérios avançados por Figueiredo Dias, veja-se o que acima se adianta e, por ex., *DP/PG* I, 2ª ed., 2007, p. 635 e ss.

[73] Para a tradução do termo, conferimos Michael Inwood, *Dicionário Heidegger*, traduzido da 1ª edição inlgesa, J. Zahar ed., 1999.

O RISCO DE COMER UMA SOPA E OUTROS CASOS DE DIREITO PENAL

da autoridade estadual não autoriza uma reação em legítima defesa do terceiro afetado pela intervenção, podendo essa reação vir a integrar o crime de resistência e coação sobre funcionário ou mesmo de desobediência (artigos 347º e 348º). A ordem da autoridade, sendo legítima, exclui a ilicitude dos factos praticados pelos executores, porque, em geral, o facto praticado não é ilícito, antes se mostra justificado, quando assentar numa *ordem legítima da autoridade* (artigo 31º, nºˢ 1 e 2, alínea *c*))[74]. Já há muito que a jurisprudência alemã (BGHSt 4, 161) concluiu pela contradição em compelir o funcionário à obediência para a seguir o expor à resistência impune dos cidadãos.

Caso nº 17 Desenrola-se uma manifestação não autorizada (ilegal) na zona central da cidade. O chefe da polícia acorre com os seus agentes militarizados, munidos de granadas de gás lacrimogéneo. O chefe manda dispersar mas a multidão faz orelhas moucas ao repetido chamamento à reposição da ordem. Verificando que não tem outro meio de os fazer dispersar, e apercebendo-se de que já alguns se preparavam para replicar com improvisados coquetéis molotov, manda avançar os militares, com o prévio lançamento dos gases. Do que se seguiu resultaram alguns feridos ligeiros.

Dir-se-ia que o artigo 37º representa uma norma dispensável, porque as relações entre a autoridade ou o serviço e o funcionário (subordinado) sempre se poderiam analisar e resolver através das causas gerais de exclusão da culpa, seja a inimputabilidade ou a falta de consciência do ilícito não censurável; ou até através de legislação especial, aplicável no âmbito das atividades militares, policiais ou outras, onde a importância do bom funcionamento do serviço aparece em grau destacado.

Certo é que uma ordem *ilegítima* (uma ordem de autoridade ou de serviço que conduza à realização de um facto criminalmente ilícito) "contamina" o facto típico praticado em execução da mesma, passando ele mesmo à condição de ilícito. Uma ordem ilegítima não constitui portanto uma causa de justificação deste facto. Mais: sendo ilícita a conduta realizada em cumprimento de uma ordem superior ilegítima, pode o subordinado ver-se perseguido e penalmente responsabilizado pelo *seu* facto, além de se sujeitar à defesa legitimamente exercida pelo terceiro

---

[74] "Legítima" tendo em conta um critério formal (competência e relação hierárquica entre o superior e o funcionário, bem como um procedimento que observe as formalidades essenciais) e as bases materiais relativas à autorização legal para a prática do facto típico ordenado. Sobre este ponto, veja-se, por ex., Américo A. Taipa de Carvalho, "Obediência hierárquica e responsabilidade jurídica do funcionário", *Estúdios penales y criminológicos*, XX, Universidade de Santiago de Compostela, p. 292.

visado que fica livre da comissão de um crime, seja de desobediência ou de resistência a funcionário[75].

O subordinado pode saber que no caso não se encontram verificados os pressupostos de que depende a legitimidade da ordem que lhe mandam executar.

Pode também acontecer que o subordinado desconheça (não saiba) que a ordem é ilegítima, situação que logo se reconduz ao artigo 37º, que tem na sua base o cumprimento de uma ordem por funcionário nessa situação – "...cumpre uma ordem *sem conhecer* que ela conduz à prática de um crime", mas que também, por natureza, envolverá o regime do erro.

E aqui dividem-se as águas.

Figueiredo Dias[76] considera que no artigo 37º não cabe, por ex., o caso (de exclusão da culpa por inexigibilidade) de um subordinado, que, cumprindo a ordem ilegítima, pratica um ilícito como forma adequada de afastar um perigo não removível de outro modo que ameace a sua integridade física ou de terceiro; ele atua *sem culpa* se não for de lhe exigir, segundo as circunstâncias do caso, comportamento diferente. Em casos desta natureza, a exclusão da culpa resulta do estado de necessidade desculpante (artigo 35º, nº 1) em que o subordinado atuou. Esta problemática é estranha ao artigo 37º.

O problema a que se refere o artigo 37º suscita-se *apenas* "quando o subordinado praticou o ilícito com dolo do facto, mas sem consciência da sua ilicitude. É então que a culpa é excluída por força da própria falta de consciência da ilicitude", salvo se a ilicitude fosse evidente no quadro das circunstâncias representadas pelo subordinado que assim atuou dolosamente, mas sem consciência da sua ilicitude. A solução não se fica pela aplicação do artigo 17º, nº 1. No artigo 37º, a lei alarga o âmbito da desculpa, dispondo à cabeça que o funcionário age *sem culpa*. É um critério "muito mais amplo e menos exigente de desculpa", diferente do problema da não censurabilidade do erro sobre a ilicitude, que na tese do Prof. Figueiredo Dias implica a manutenção no agente de uma reta – se bem que errónea – consciência ético-jurídica, fundada numa atitude de fidelidade a pontos de vista eticamente relevantes.

Nuno Brandão segue outro caminho,[77] considera a obediência indevida desculpante como um caso especial de erro sobre os pressupostos de uma causa de

---

[75] Estamos a supor ordens ilegítimas que conduzam à prática de um crime (homicídio, ofensas à integridade física, coação, sequestro, etc.), pois é só destas que o artigo 37º trata. Existem relações de subordinação onde impera a obrigatoriedade da obediência a ordens mesmo quando ilegítimas, desde que dirigidas à prática de obrigações não penais (ordens ilegítimas obrigatórias).

[76] Cf. Figueiredo Dias, *DP/PG* I, 2007, p. 645 e ss.

[77] Nuno Brandão, *Justificação e desculpa por obediência em Direito Penal*, 2006. A solução não rejeita (antes se impõe por si mesma) que o funcionário que atua em cumprimento de ordens superiores possa beneficiar de uma exclusão da culpa por inexigibilidade nos termos gerais, se verificados os pressupostos do estado de necessidade desculpante do artigo 35º.

justificação. Não configura portanto um caso especial de erro sobre a ilicitude (por ser o erro implícito na obediência indevida desculpante um erro de conhecimento: artigo 16º, nº 2), "devendo avaliar-se nos termos gerais do artigo 17º a falta de consciência da ilicitude relativa ao facto ordenado que leve o subordinado a cumprir a ordem".

Todavia, se for caso de aplicar o artigo 16º, nº 2, como nos parece derivar das posições mais consentâneas em caso de erro sobre os pressupostos de uma causa de justificação (erro de conhecimento), o caso não chega a contender, ou não chega necessariamente a implicar, com o regime do artigo 37º, desde que se leve em conta a possibilidade de aplicar diretamente o preceituado acerca do erro disciplinado no artigo 16º. De qualquer forma, o dever de obediência hierárquica cessa "quando conduzir à prática de um crime" (artigo 36º, nº 2). Como escreve o Prof. Figueiredo Dias (retomando a bondade da sua solução), se a falta da consciência por erro sobre a existência ou os limites de uma causa de justificação representa um erro moral ou de valoração, também é verdade que a especificidade do artigo 37º se situa no âmbito da censurabilidade da falta de consciência do ilícito. O critério da censurabilidade atinente ao artigo 17º não prescinde da averiguação no agente de uma reta orientação da sua consciência ética para o desvalor da ilicitude do facto. O critério exigido pelo artigo 37º "*estreita* este âmbito": o tratamento da censurabilidade do erro será mais restrito do que o contido no artigo 17º, nº 2. O artigo 37º o que faz é tornar dependente a exclusão da culpa da *evidência* da ilegitimidade da ordem. A forma de articular, neste contexto, o pensamento de uma consciência reta com a ideia da evidência não será porém tratada aqui.

IX. Outras indicações de leitura

O problema da **defesa da honra** como critério de desculpa (artigo 35º do CP) e a questão dos valores culturalmente enraizados. A referência à honra, no artigo 35º, abrangerá as ofensas corporais ao cônjuge surpreendido em flagrante adultério? Cf. Fernanda Palma, *O princípio da desculpa em Direito Penal*, p. 180. O adultério deixou de ser crime, embora se considere para certos efeitos violação dos deveres conjugais. Uma ideia mais generosa e ainda pouco generalizada diz que a infidelidade da mulher não mancha a honra do marido mas a de quem praticou o adultério. De qualquer modo, parece que poucos estarão dispostos a retaliar, lavando em sangue aquilo que poderá ser considerada uma desonra.

Acórdão da Relação de Coimbra de 29 de outubro de 2003, *CJ* 2003, tomo IV, p. 49: retardo mental; tem legitimidade para o **exercício do direito de queixa,**

ELEMENTOS SOBRE A CULPA

o **ofendido portador de oligofrenia em grau leve** e que se demonstrou saber distinguir o bem do mal; as declarações prestadas em audiência por esse ofendido podem ser valoradas pelo tribunal em julgamento.

Acórdão da Relação de Coimbra de 3 de outubro de 2001, *CJ* 2001, tomo IV, p. 54: na **acusação para declaração de inimputabilidade** do arguido apenas há que lhe imputar factos objetivos integradores de crime ou crimes, não sendo necessário dela constar matéria factual suscetível de integrar o elemento subjetivo (dolo) daqueles factos ilícitos típicos.

Acórdão da Relação de Lisboa de 21 de abril de 2004, no processo nº 3704/08. A inimputabilidade tal como a imputabilidade circunscreve-se ao facto ou factos objeto do processo em que foi declarada.

Acórdão do STJ de 19 de outubro de 1995, *CJ* 1995, tomo III, p. 210: aceitando o tribunal coletivo o **juízo científico quanto à inimputabilidade do arguido**, tem, todavia, o poder de livre apreciação quanto aos elementos de facto que revelem a sua perigosidade; perturbações mentais geradoras de inimputabilidade.

Acórdão de 25 de novembro de 1993 do Tribunal do júri do 4º Juízo Criminal de Lisboa, *CJ* 1993, tomo V, p. 311: imputabilidade, **crueldade**.

Acórdão do STJ de 25 de outubro de 2007, proc. nº 07P3255. Estando provado que o arguido foi e é seguido por médico psiquiatra, apresentando um quadro de depressão, com grande ansiedade, deficiente controlo dos impulsos e insónias muito marcadas; fez terapêutica regular com ansiolíticos, antidepressivos e estabilizador de humor, sendo que a sua situação tem sido de difícil resolução, necessitando de continuar a terapêutica e o apoio psicoterapêutico regular; era à data dos factos consumidor de cocaína e haxixe, sendo dependente destas substâncias, iniciou os consumos de cocaína cerca de um ano antes de ser detido, com consumos intensos nos últimos 6 meses; mas mantém conservada a capacidade de avaliar a licitude ou ilicitude dos atos praticados com algum alheamento da realidade (mas com *insight*), e comportamentos que denotam desinibição, impulsividade e passagem ao ato, que afetam, sem excluir, a sua capacidade de determinação, não se deve concluir pela **imputabilidade diminuída**.

Acórdão do STJ de 14 de maio de 2009, proc. nº 389/06.8. Compreende-se que uma **idade avançada** fazendo "voltar a uma segunda infância produza sobre a imputabilidade consequências importantes", havendo, ainda, também que respeitar os velhos, consigna o Prof. Eduardo Correia, Direito Criminal, II, p. 382. Dos 21 aos 70 anos vigorava no CP de 1886, uma plena imputabilidade, comentava Luís Osório, in Notas ao Código Penal, I, pág. 161. O CP atual é omisso quanto a esse ponto, diversamente do que sucede com os jovens de idade compreendida entre 16 e 21 anos (...). Não será em nome, pois, da inimputabilidade ou imputabilidade diminuída, que é de reduzir a pena; não se trata de rotular o idoso como um subcidadão de segunda classe, diminuído necessariamente física, psicológica e psiquiatricamente, a quem tudo é consentido só por o ser, em nome de uma imputabilidade diminuída, passando ao limbo do esquecimento o seu crime, o que poderia ser grave, pondo em risco a ordem jurídica, a segurança e a proteção jurídica dos cidadãos pela quase justificação do delito.

Acórdão do STJ de 12 de abril de 2000, *CJ*, 2000, tomo 2, p. 172: medidas de segurança; **pressupostos da duração mínima do internamento**; crime de homicídio voluntário qualificado; com uma anotação na RPCC 10 (2000). Considerou-se incorreta a decisão do tribunal a quo em integrar os factos na previsão do artigo 132º do Código Penal.

Acórdão do STJ de 13 de janeiro de 1998, *BMJ* 473 p. 78: inimputabilidade; **condenação no pedido cível do arguido não imputável**.

Acórdão do STJ de 13 de maio de 1998, processo nº 276/98: Um "distúrbio emocional" resultante do falecimento de um ente querido, ocorrido anos antes da prática dos factos, também apodado de **"destrambelhamento emocional"**, ainda que tivesse eventualmente sobrecarregado a "sua grave perturbação psíquica", não basta, segundo as regras da experiência, para constituir estados de inimputabilidade ou de imputabilidade diminuída, relevantes em matéria criminal.

Acórdão do STJ de 14 de julho de 1994, *BMJ* 439 p. 269: dependência do álcool; a existência de um estado de **embriaguez** na comissão de crimes não tem natureza atenuativa.

Acórdão do STJ de 20 de abril de 1994, *CJ* 1994, tomo II, p. 190: **danos por inimputável**; indemnização.

Acórdão do STJ de 20 de maio de 1998, *CJ* 1998, tomo II, p. 205: A **toxicodependência**, por resultar normalmente da sucessiva reiteração de um facto ilícito penal – o consumo de droga – em princípio, não só não tem efeito desculpabilizante ou de atenuação geral como indicia falta de preparação para manter conduta lícita: do mesmo modo, embora essa circunstância possa implicar sempre uma redução da capacidade de entender e querer do agente, a imputabilidade diminuída daí decorrente não só não determina, necessariamente, uma atenuação da pena como até pode constituir fundamento da sua agravação, tudo dependendo do circunstancialismo específico de cada caso concreto.

Acórdão do STJ de 24 de fevereiro de 1993, *CJ* 1993, t. 1, p. 204: a existência de um estado de **embriaguez** na comissão de crimes não tem natureza atenuativa e, antes pelo contrário, é tratada como um fator suscetível de conduzir a um acentuado agravamento da pena e, inclusivamente, à aplicação de uma pena relativamente indeterminada.

ELEMENTOS SOBRE A CULPA

Acórdão do STJ de 26 de fevereiro de 1998, *CJ*, 1998, tomo 1, p. 211; *BMJ* 474, p. 184: **ligeira deficiência mental** do arguido; local de cumprimento da pena.

Acórdão do STJ de 27 de novembro de 1997, *BMJ* 471 p. 177: declaração de inimputabilidade penal; **internamento; suspensão da medida**.

Acórdão do STJ de 28 de junho de 1990, *CJ* 1990, tomo 4, p. 92: arguido inimputável e perigoso: deve ser mantida a sua **prisão preventiva**, verificando-se, no decurso do inquérito fortes indícios da prática de crime que a admite e de continuação da atividade criminosa.

Acórdão do STJ de 30 de outubro de 2001, *CJ*, 2001, tomo III, p. 202: **limite máximo da medida de internamento**; não aplicação dos perdões; obrigatoriedade da reapreciação da situação do internado; providência de habeas corpus e medida de segurança.

Acórdão do STJ de 30 de setembro de 1998, proc. nº 720/98: A **imputabilidade diminuída**, embora de um modo geral deva logicamente conduzir a uma atenuação da pena aplicável, não é reconhecida pela lei como situação em si mesma especialmente atenuante: a lei vigente nem sequer a inclui entre as circunstâncias elencadas no art.º 72, n.º 2, do CP, como exemplos ilustrativos de situações justificativas de atenuação especial da pena.

Acórdão do STJ de 7 de julho de 1999, BMJ 489 p. 100: **toxicodependência** – inimputabilidade e imputabilidade diminuída; perícias médicas. Tem **anotação** de Carlota Pizarro de Almeida, *Casos e materiais*, p. 325.

Acórdão do STJ de 7 de maio de 1998, processo nº 170/98: A **simples "excitação"**, resultante da ingestão de bebidas alcoólicas, não implica necessariamente a supressão ou a afetação da vontade ou do seu controle, nem afasta a possibilidade de uma atuação livre e consciente do agente ou da capacidade deste para avaliar a ilicitude da sua conduta e de se determinar de acordo com ela.

Sentença de 1998, 11.15, caso Silva Rocha vs. Portugal, Tribunal Europeu dos Direitos do Homem, Sub judice/causas – 18 (2000), p. 37.

Augusto Silva Dias, A relevância jurídico penal das decisões de consciência, 1986.

Augusto Silva Dias, Faz sentido punir o ritual do fanado? RPCC 16 (2006).

Carlos Pérez de Valle, Consciencia y Derecho Penal, Granada, 1994.

Carlota Pizarro de Almeida, Modelos de Inimputabilidade. Da teoria à prática, Coimbra, 2000.

Cláudio Brandão, Culpabilidade: sua análise na dogmática e no direito penal brasileiro, RPCC 15 (2005), p. 209.

Claus Roxin, Culpabilidad y prevención en derecho penal, tradução, introdução e notas de F. Muñoz Conde, 1981.

Claus Roxin, Sul problema del diritto penale della colpevolezza, Riv. ital. dir. proc. penale, 1984, p. 16.

Cristina Líbano Monteiro, Perigosidade de inimputáveis e "in dubio pro reo", BFD (Studia Iuridica), 1997 (com uma 2ª Parte versando "a prova da perigosidade").

Cunha Rodrigues, Sobre o estatuto jurídico das pessoas afetadas de anomalia psíquica, in Lugares do Direito, Coimbra Editora, 1999, p. 51 e ss.

F. Dias, O livre-arbítrio e a conceção compatibilista, no *blog* A Fisga, em 15 de janeiro de 2010.

Fernando Manuel Oliveira Sá, No momento atual, e sob o ponto de vista médico-legal prático, justifica-se a separação entre psicopatas inimputáveis e "não imputáveis", RDES, 1968.

Frederico de Lacerda da Costa Pinto, Justificação, não punibilidade e dispensa de pena na revisão do Código Penal, Jornadas sobre a revisão do Código Penal, FDUL, 1998.

J. Pinto da Costa, Fundamentos da psiquiatria forense, in Ao sabor do tempo – crónicas médico-legais, volume I, edição IMLP, [2000].

J. Seabra Magalhães e F. Correia das Neves, Lições de Direito Criminal, segundo as preleções do Prof. Doutor Beleza dos Santos, Coimbra, 1955.

Joachim Hruschka, Probleme der actio libera in causa heute, JZ (1989), p. 310.

Joana Costa, Perturbações da personalidade no contexto da inimputabilidade, Julgar 15, setembro/dezembro de 2011.

João Curado Neves, A Problemática da Culpa nos Crimes Passionais, Coimbra, 2008.

João Paulo Ventura, Toxicodependência, motivação, comportamento delituoso e responsabilidade criminal: alguns nexos de comprovada causalidade, RPCC, ano 7 (1997), p. 461.

Jorge de Figueiredo Dias, Direito penal português. As consequências jurídicas do crime, 1993.

Jorge de Figueiredo Dias, Direito Penal. Parte Geral I, tomo I, 2ª ed., 2007.

Jorge de Figueiredo Dias, Dos factos de convicção aos factos de consciência, in Temas básicos da doutrina penal, Coimbra Editora, 2001.

Jorge de Figueiredo Dias, Le modèle "compréhensif" de la doctrine du manque d'imputabilité en raison d'anomalie psichique, Studi in memoria di Pietro Nuvolone. vol. 1º, 1991, p. 195.

Jorge de Figueiredo Dias, O problema da consciência da ilicitude em Direito Penal, 3ª ed., 1987.

Jorge de Figueiredo Dias, Pressupostos da punição e causas que excluem a ilicitude e a culpa – CEJ, Jornadas de Direito Criminal, O Novo Código Penal Português e Legislação Complementar, 1983.

Jorge de Figueiredo Dias, Sobre a inimputabilidade jurídico-penal em razão de anomalia psíquica: a caminho de um novo paradigma?, in Temas básicos da doutrina penal, Coimbra Editora, 2001.

ELEMENTOS SOBRE A CULPA

Jorge de Figueiredo Dias, Sobre o estado atual da doutrina do crime, 2ª parte, RPCC 1992, p. 7 e ss.

Jorge de Figueiredo Dias, ZStW 95 (1983), p. 220.

Jorge de Figueiredo Dias/Manuel da Costa Andrade, Direito Penal. Questões fundamentais. A doutrina geral do crime, 1996.

José Garcia Marques, Incidência da droga na criminalidade: a imputabilidade do toxicodependente, Revista do Ministério Público, nº 54 (1993), p. 43 e ss.

José Lamego, "Sociedade aberta" e liberdade de consciência, AAFDL, 1985.

José Souto de Moura, Problemática da culpa e droga, Textos 1, CEJ, 1990-91.

Lourenço Martins, Diagnóstico nas intoxicações. Problemática da imputabilidade e da criminalidade resultante ou ligada ao consumo de droga, RMP ano 8 nº 29.

Maria Fernanda Palma, Desenvolvimento da pessoa e imputabilidade no Código Penal português, in Casos e Materiais de Direito Penal, Coimbra, 2000, p. 101.

Maria Fernanda Palma, O princípio da desculpa em direito penal, 2005.

Maria João Antunes, Alterações ao sistema sancionatório – As medidas de segurança, RPCC 8 (1998), p. 51; e Jornadas de Direito Criminal. Revisão do Código Penal, CEJ, vol. II, p. 119.

Maria João Antunes, O Internamento de Imputáveis em Estabelecimentos Destinados a Inimputáveis, BFD (Studia Iuridica), 1993.

Nuno Brandão, Anotação ao acórdão do Supremo Tribunal de Justiça de 12 de abril de 2000 (limites de duração da medida de segurança de internamento), RPCC 10 (2000).

Nuno Brandão, Justificação e desculpa por obediência em Direito Penal, 2006.

Nuria Castelló Nicás, La imputabilidad penal del Drogodependiente, Granada, 1997.

Pedro Polónio, Psiquiatria Forense, 1975.

11 - CRIMES AGRAVADOS PELO RESULTADO

I. Preterintencionalidade e agravação pelo resultado

Caso nº 1 Profundamente ofendida por Albuíno, rei dos lombardos, Rosamunda, sua esposa, deitou-se na cama da concubina dum dos duques da Corte, o qual manteve com ela relações de sexo sem desconfiar da troca. Consumado o ato, Rosamunda deu-se a conhecer e disse ao duque: –"Acabas de fazer algo que te obriga a matar o rei ou a morrer às suas mãos". Episódio da *Legenda Dourada*, uma coleção de lendas e vidas de santos do séc. XIII[1].

Constatando que o duque, ao praticar o facto, não suspeitava de nada, o penalista alemão Günther Jakobs, que leu a lenda áurea de Jacobus de Voragine, comentou[2] o episódio de Rosamunda, lançando a seguinte pergunta: –Se acaso não mata o rei, porque terá o duque de morrer? "De acordo com as modernas conceções, faltando dolo ou negligência, não havia nada que reprovar ao duque, mas isso não é determinante para a lenda: o comércio carnal do vassalo com a esposa do rei ofende a ordem hierárquica, 'provocando uma ferida no organismo de todas as relações vitais', a qual só pode sanar-se eliminando a contradição que está na sua base. Isso significa que um deles, o rei ou o duque, terá que desaparecer da face da terra".

1. Até certa altura aceitou-se uma espécie de responsabilidade objetiva[3] como *responsabilidade pelo resultado*, na base do princípio canónico do "versari in re

---

[1] Saiu há anos uma tradução portuguesa da obra de Jacques de Voragine, a *Legenda Áurea*, Civilização Editora, Porto, 2004. O livro é igualmente acessível na versão francesa: *La Legende Dorée*, Gallimard, Paris, 2004.

[2] Numa conferência proferida na Universidade Nacional de Córdoba, Argentina. A conferência, em versão espanhola, pode facilmente encontrar-se na *internet*.

[3] Diremos que a **responsabilidade penal objetiva** se manifesta quando o agente é responsabilizado unicamente por ter dado causa ao resultado desaprovado.

illicita" (v.i.r.i.)[4]. De acordo com esta ideia, devia responder penalmente por um resultado lesivo, mesmo quando fosse imprevisível, quem o tivesse causado através de uma conduta inicial ilícita, por se entender que quem se dispõe a realizar algo não permitido, ou com "animus nocendi", fica responsável pelo resultado danoso que a ação vier a ocasionar. Gimbernat[5] escreve que o *versari* se caracteriza por uma imputação a uma ação de resultados só fortuitamente acontecidos.

Mais tarde, nalguns códigos, passou a consagrar-se a figura da **preterinten-cionalidade** (de *praeter intentionem*: para lá da intenção). O desenho típico, contemplado na lei com uma especial agravação da pena, assentava num crime-base doloso de que derivava um resultado mais grave (não abrangido pelo dolo do agente). Entendia-se que quem voluntariamente agride outra pessoa sabe que se expõe a ocasionar-lhe a morte. Estando tais elementos (a ação de agredir outrem e o resultado mais grave produzido, a morte) *unidos por uma relação causal*, era quanto bastava para responsabilizar o agente por tudo o que a sua ação tivesse produzido.

Só em 1953 se introduziu no direito alemão um preceito (o § 56, correspondente ao atual § 18 do StGB e de algum modo ao nosso atual artigo 18º), através do qual certos delitos deixaram de ser qualificados simplesmente em função de uma consequência mais grave, passando a exigir-se *pelo menos* a negligência para se poder imputar ao agente o resultado adicional agravante[6]. Diz Hassemer[7] que o § 18 representa agora, nesta forma de delitos, *o lado do agente*, permitindo ainda que, com a questão da culpa ultrapassada e assim resolvida, se recordasse *um despojo quase fóssil* de uma época passada do direito penal.

Em Portugal, o comentador Maia Gonçalves escrevia, em 1977, porventura a esconjurar hesitações ou mal entendidos, que no homicídio preterintencional o resultado (morte) não podia ser imputado dolosamente ao autor que só teve intenção de ofender corporalmente, acrescentando, de modo significativo, "que a jurisprudência do Supremo tem, ultimamente, exigido a negligência do agente quanto à produção do resultado". A este entendimento, que se prolonga na rejeição da mera responsabilidade objetiva no domínio do penal, não terão sido

---

[4] A teoria remonta à chamada "irregularidade", que tinha a ver com a exclusão de pessoas indignas para o desempenho de funções eclesiásticas. Cf. Ed. Mezger, *Derecho Penal, PG, Libro de estudio*, Buenos Aires, 1957, p. 235; e H. Blei, *Strafrecht, I. AT*, 18ª ed., 1983, p. 118. Sobre o *versari* e a passagem para o âmbito dos delitos agravados pelo resultado, cf. Hassemer, *Einführung*, p. 190. Outros pormenores em Jescheck *AT* 4ª ed., p. 235; entretanto, também Helena Moniz, *Agravação pelo resultado?*, Coimbra, 2009, p. 17 e ss.

[5] Gimbernat, *Ensayos penales*, p. 329.

[6] R. Rengier, *Erfolgsqualifizierte Delikte und verwandte Erscheinungsformen*, p. 62, refere um elevado número de decisões dos tribunais superiores anteriores à entrada em vigor do § 56 do StGB que, no seguimento da jurisprudência prussiana, sustentavam que a responsabilidade penal qualificada pelo resultado era independente da culpa do agente.

[7] W. Hassemer, *Einführung in die Grundlagen des Strafrecht*, 2ª ed., 1990, p. 190.

CRIMES AGRAVADOS PELO RESULTADO

alheias as teses do Anteprojeto,[8] onde se fazia a exigência expressa da negligência do agente na produção do resultado[9]. Exigência essa que só não estará agora a acompanhar o correspondente artigo 145º (atual 147º), como se pretendia, por ter sido levada à PG do Código, incluída no artigo 18º, que, seguindo o modelo germânico (o falado § 18 do StGB), dispõe que "quando a pena aplicável a um facto for agravada em função da produção de um resultado, a agravação é sempre condicionada pela possibilidade de imputação desse resultado ao agente pelo menos a título de negligência". De modo que "a culpa continua a ser exigida e, consequentemente, a ter que ser provada a sua existência", escrevia-se no acórdão do STJ de 7 de março de 1990, *CJ* 1990, tomo II, p. 9.

2. Mas nem sempre se estabelece com precisão a diferença que intercede entre o **crime agravado pelo resultado**, referido nesse artigo 18º, e o chamado **crime preterintencional**.

Para certos autores, especialmente italianos,[10] no crime agravado pelo resultado, ao contrário do preterintencional, o resultado ulterior, mais grave, derivado por negligência da conduta criminosa, lesa um bem jurídico que, por sua natureza, não contém o bem jurídico anteriormente lesado. Assim, seria preterintencional a lesão corporal seguida de morte sem dolo homicida (art. 584: *A*, unicamente com dolo de ofender corporalmente, dá um violento murro em *B*, fazendo-o cair pelas escadas, mas este morre em seguida, devido aos graves ferimentos provocados na queda); se do uso de armas em duelo (art. 396) deriva como consequência uma lesão grave ou gravíssima ou a morte, o crime seria o agravado pelo resultado. O *Codice* oferece no art. 43 a definição do crime preterintencional: "quando da ação ou omissão deriva um evento danoso ou perigoso mais grave do que o querido pelo agente".

Nas situações de agravação pelo resultado (artigo 18º), "o crime fundamental não tem de ser agora um crime doloso, mas pode muito bem ser um crime negligente (cf., *v. g.*, art. 148º-1 e 3). Em segundo lugar, o resultado agravante não tem – como acontecia com o crime preterintencional – de constituir um crime negligente: quer porque ele pode perfeitamente constituir um simples estado, facto ou situação que em si mesmos não possa considerar-se criminoso (*v.g.*, a gravidez no caso do art. 177º-3, ou a circunstância de a privação da liberdade no sequestro durar mais de 2 dias: art. 158-2/*a*); quer porque pode constituir um

---

[8] E dum modo especial os trabalhos contemporâneos de Figueiredo Dias, por ex., a "Anotação" ao acórdão do Supremo de 1 de julho de 1970, que veio a ser publicada na *Revista de Direito e de Estudos Sociais*, ano XVII, nᵒˢ 2, 3 e 4.

[9] Cf. as *Atas* das sessões da Comissão Revisora, Ata da 4ª sessão, artigo 157º.

[10] Cf, por ex., G. Fiandaca/E. Musco, *Diritto penale, parte general*, 2ª ed., 1994, p. 478 e ss.; e Alberto Cadopi/ PaoloVeneziani, *Elementi di diritto penale*, PG, 2002, 306 e ss.

O RISCO DE COMER UMA SOPA E OUTROS CASOS DE DIREITO PENAL

resultado típico cometido com dolo eventual numa hipótese em que a lei apenas puna o facto quando cometido com dolo direto (...)"[11].

Para exemplificar: o crime de roubo com o resultado agravante doloso de lesão corporal grave (artigo 210º, nº 2, alínea *a*)) contempla o dolo relativamente ao crime fundamental e o dolo relativamente ao resultado agravante típico. É um caso de dolo/dolo. Se considerarmos uma hipótese de infração das regras da construção por negligência de que resulta a morte (artigos 277º, nº 3, e 285º), a combinação estabelece-se ao nível da ação negligente e do resultado agravante negligente.

Caso nº 2 Valendo-nos de um exemplo de Armin Kaufman, se *A* entra num estábulo cheio de palha seca com um lampião a petróleo que perde combustível e de que saltam chispas, estando consciente dessas deficiências, realiza um incêndio doloso (**dolo/dolo**: a ação é dolosa e a criação de perigo é igualmente dolosa). Se *A*, não obstante saber dessas deficiências, coloca o candeeiro numa bandeja para evitar que o combustível se derrame (de tal maneira que a utilização nessas con-dições não seja mais perigosa do que a normal) a conduta será **atípica**, por se manter dentro do risco permitido. Mas se uma tal precaução é insuficiente, porque, por ex., a bandeja não tem capacidade para reter o combustível, a imputação só poderá justificar-se por **negligência**.

O exemplo é ilustrativo do esquema subjetivo dos incêndios, mas facilita a compreensão do lado subjetivo do ilícito relativo às explosões, à libertação de gases tóxicos, às radiações, às inundações, e aos desmoronamentos ou desabamen-tos de construção. Ajuda também na compreensão da **tentativa** destes crimes, limitada à primeira variante: ação dolosa. Se o agente se prepara para "pôr fogo", começando por derramar gasolina a que tenciona chegar a chama do isqueiro que tem consigo, altura em que é surpreendido, não chegando o fogo a atear-se e alastrar em termos relevantes, mostram-se preenchidos os pressupostos da tentativa (artigos 272º, nº 1, alínea *a*), 22º e 23º).

Ademais, alimenta a compreensão dos crimes agravados pelo resultado em contraste com os crimes tipicamente qualificados. Veremos mais à frente a opi-nião de Helena Moniz, assente em que, tratando-se de uma conduta com uma lesão terminada, o tipo é antes o qualificado (e não o agravado pelo resultado). E ajuda também no encaminhamento para as regras concursais, quando, como se dá no desenvolvimento da primeira parte do caso anterior (suponha-se que *A* "põe fogo" no estábulo para dessa forma matar *B*), sendo aliás de assinalar que

---

[11] Figueiredo Dias, *DP/PG* I, 2ª ed., 2007, p. 318.

490

CRIMES AGRAVADOS PELO RESULTADO

a produção dolosa do resultado principal, no seguimento do incêndio, pode igualmente determinar a qualificação do homicídio por recurso ao exemplo--padrão da última parte da alínea *h*) do nº 2 do artigo 132 (utilização de meio que se traduz na prática de crime de perigo comum).

Devemos, por conseguinte, privilegiar a designação "crimes agravados pelo resultado", embora não nos repugne que se continue a empregar, por exemplo, o termo "nexo de preterintencionalidade", como modo de explicar a ligação entre um crime fundamental doloso e a consequência mais grave que lhe esteja associada a título negligente e sempre entendido como um conceito restrito que não se identifica(va) necessariamente com o concurso de crimes. E isto sem prejuízo de se pretender (Helena Moniz) que a manutenção dos crimes agravados pelo resultado nos sistemas jurídicos atuais passa "pela sua completa autonomização face à sua história e face a figuras que lhe são próximas, como a preterintencionalidade".

Dos crimes agravados pelo resultado (ex.: artigos 18º e 147º) devemos distinguir os crimes qualificados. A certos tipos simples, como o de furto do artigo 203º, acrescem elementos relativos à ilicitude que agravam a pena (artigo 204º, nºs 1 e 2). O legislador previu um tipo simples de homicídio (artigo 131º), acompanhado de uma forma qualificada (artigo 132º). É na norma que incrimina o homicídio "simples", enquanto norma fundamental da tutela da vida, que se desenha a conduta proibida e se descrevem os elementos objetivos e subjetivos do ilícito. Só a existência comprovada dos elementos de natureza qualificativa autoriza que da pena do tipo simples se passe ao regime sancionatório mais grave. O crime de homicídio qualificado é punido mais severamente do que o homicídio simples exatamente porque a sua prática revela, por banda do seu autor, uma *especial censurabilidade ou perversidade*. A norma combina um critério generalizador – a cláusula geral do nº 1, relativa a essa especial censurabilidade ou perversidade – com outro especializador, contido no nº 2, que concretiza a maior culpa através da técnica dos exemplos-padrão, também chamados exemplos-regra, constituídos por conceitos indeterminados, como seja o motivo torpe ou fútil (alínea *e*), ou por circunstâncias relacionais entre autor e vítima, como nos casos em que o agente é ascendente ou descendente desta (alínea *a*)). No artigo 144º trata-se de um tipo grave de ofensa à integridade física, punido em medida agravada em vista da produção de um resultado mais grave (ofensa donde resulta perda de *importante* órgão ou membro; ofensa que provoca doença *particularmente* dolorosa ou permanente, etc.) diferente do contido no tipo simples (artigo 143º). Um crime como o dos artigos 18º e 147º (agravação pelo resultado) também não deve ser confundido, no que toca ao elemento resultado, com os tipos que somente se consumam com a intervenção de uma condição objetiva de punibilidade, por ex., o crime de participação em rixa do artigo 151º; ou o crime do artigo 295º, de embriaguez e intoxicação. A punição fica dependente da prática de um facto ilícito, o qual funciona, portanto, como um pressuposto de punibilidade.

Excurso. Certos crimes, como os "incêndios, explosões, inundações", etc., são especialmente dotados para aparecerem qualificados *ou* agravados pelo resultado: como crime fundamental, o ilícito do artigo 272º tem todas as condições para dele resultar morte ou ofensa à integridade física grave de outra pessoa. Outros crimes com idêntica aptidão são os dos artigos 273º, 277º, 282º, 283º, 284º, 287º a 291º – cf. o que, a confirmar isso mesmo, se dispõe nos artigos 285º e 294º. O roubo é também um desses crimes: cf., no artigo 210º, nº 3, a pena de prisão de 8 a 16 anos, idêntica à do homicídio do artigo 131º, com que se pune o autor do roubo de que resulta a morte de outra pessoa[12].

II. Crime agravado pelo resultado: artigos 18º e 147º

À *conduta*-base liga-se um perigo típico de produção de um evento mais grave. Mas não tem faltado quem ligue o resultado agravante com o *resultado* do crime-base. Não é fácil optar, como se verá em seguida com o caso Rötzel, quando a empregada doméstica, para se livrar das agressões do filho da patroa, tenta a fuga mas cai da varanda da casa e morre dos ferimentos sofridos na queda.

Caso nº 3 Numa esquadra de polícia, *A* saca da pistola, que em serviço tem sempre carregada, e com ela golpeia *B* na cabeça, porque este o insultara na véspera. Ao bater na cabeça de *B*, a pistola dispara-se, provocando a morte deste.

Os factos integram um crime de ofensa à integridade física do artigo 143º, nº 1. Mas como *B* morreu com o disparo da pistola e este evento não pode ser envolvido no dolo do agente, que manifestamente não o quis – ainda que eventualmente o tivesse representado sem no entanto se conformar com o risco da sua produção – o crime será o do artigo 147º (agravação pelo resultado), se pudermos imputar-lhe tal resultado a título de negligência (artigo 18º). O que, por outro lado, significa também que se o disparo mortal tivesse sido acompanhado da intenção de matar, o crime seria o do artigo 131º (homicídio).

---

[12] Na sequência disto, é caso para perguntar: por que motivo há um roubo agravado pelo resultado morte, ou um crime de violação agravado pelo evento mortal (artigos 164º, nº 1, e 177º, nº 3), e não há um crime de coação agravado pelo mesmo resultado?

CRIMES AGRAVADOS PELO RESULTADO

O artigo 147º é um crime contra a integridade física, ainda que o resultado agravativo seja a morte de outra pessoa. Para alguns autores porém o crime consiste, estruturalmente, num homicídio negligente cometido através duma ofensa corporal dolosa, o que permite incluí-lo entre os crimes contra a vida,[13] significado que face à lei portuguesa se rejeita por inteiro.

O artigo 147º consagra um dos vários crimes agravados pelo resultado previstos no Código. Quem voluntariamente mas sem dolo homicida ofender outra pessoa corporalmente e por negligência lhe produzir a *morte* (ou uma *lesão da integridade física grave*: nº 2) comete um só crime, um crime agravado pelo evento, embora o facto seja subsumível a duas normas incriminadoras (no caso, a do artigo 143º, nº 1, e a do artigo 137º, nº 1).

Não funcionando as regras do concurso de crimes, a hipótese revela então a "íntima fusão" de um facto doloso, que é já um crime, e um resultado adicional negligente, que determina a agravação da responsabilidade. É esta agravação da pena nos crimes com a descrita estrutura[14] que os autores procuram explicar, a par dos critérios em face dos quais deve fazer-se a imputação ao agente do evento mais grave. Tarefa que nem sempre se apresenta com a simplicidade das coisas evidentes. Na verdade, um evento pode ocorrer por obra do acaso ou do fortuito, não sendo justo imputá-lo então a alguém como obra sua, nomeadamente depois que se reconheceu não haver responsabilidade sem culpa.

A agravação (Jakobs: "agravação considerável") exige a adequação do evento ao agente e a imputação subjetiva: artigo 18º. A par do desvalor do resultado (no exemplo, a morte de uma pessoa), "terá que se afirmar um desvalor da ação que se traduz na previsibilidade subjetiva e na consequente violação de um dever objetivo de cuidado (negligência)"[15] [16]. O que significa que a agravação é sempre condicionada, como aliás acontece com as hipóteses dolosas, pela *possibilidade de representação do facto na sua expressão agravada*.

No caso nº 3, *A* praticou – tudo o indica – um crime do artigo 147º,[17] nº 1, alínea *a*). Foi o ato de ofender a integridade física (ofensa **consumada**), na forma

---

[13] Schmidhäuser, *BT* 2/47.

[14] O entendimento exposto terá o mérito didático-expositivo de mostrar como se imbricam as duas parcelas, mas não pretende substituir a doutrina dominante entre nós de ser o crime uma **unidade** e não um evento agravante unido a um crime fundamental (assim, Figueiredo Dias, *DP/PG* I, 2ª ed., 2007, p. 746) ou uma simples junção de dois tipos penais.

[15] Paula Ribeiro de Faria, *Conimbricense* I, p. 245. Temos uma conduta de que derivam dois resultados e um deles é a materialização de um perigo típico ligado àquela conduta, Helena Moniz, *Agravação pelo resultado?*, p. 431.

[16] No artigo 147º prevê-se pena de prisão de 1 a 5 anos (alínea *a*) do nº 1) – em contraste com a moldura penal dos artigos 143º, nº 1, (ofensa à integridade física simples) e 137º, nº 1 (homicídio por negligência): em ambos os casos prisão até 3 anos ou multa até 360 dias.

[17] No posicionamento derivado das alterações de 2007. Antes correspondia ao artigo 145º.

da pancada voluntariamente dada na cabeça de *B*, a causa da morte deste. Não basta porém que a ação do agressor apareça como simples condição do resultado, a aplicação do artigo 147º supõe ainda um **específico nexo de perigo** entre o comportamento agressivo e o evento mais grave (morte ou ofensa à integridade física grave). A esse comportamento agressivo, na forma da ofensa consumada com a pistola carregada, liga-se um perigo típico de produção de um evento mais grave, no caso a morte. A conduta do agente, lesiva da integridade física, era perfeitamente adequada a provocar a morte – o perigo para a vida veio a materializar-se na morte da vítima.

Excurso. Em comparação com o concurso formado por uma ofensa à integridade física dolosa e um homicídio negligente, um crime como o do artigo 147º (agravação pelo resultado) é mais pesadamente reprimido. Daí a tendência para uma leitura restritiva assente no postulado de que a norma deverá ser interpretada no sentido de o resultado agravante corresponder à materialização do perigo típico: a produção do resultado mais grave deverá revelar-se como *típica* (ou *imediata*) consequência do crime-base. Todavia, "Quando requeremos que o perigo seja **típico** isso não significa apenas a sua "normalidade", mas a sua referência à espécie do delito fundamental: que ele possa dizer-se quase consequência necessária *daquela espécie de delito* e não também de outras espécies relativamente às quais a agravação pelo resultado não se encontre legalmente prevista. Daí que, nesta compreensão das coisas, surgirá de facto "largamente desvalorizada a exigência, feita em número significativo de casos pela jurisprudência alemã, de que o resultado agravante se revele consequência *imediata* – também em sentido temporal – do delito fundamental"[18].

É certo que muito frequentemente a própria lesão corporal espelha, de forma imediata e em si mesma, o risco específico que pode conduzir à morte da vítima ("**vulnus letale**"), reproduzindo a estreita "relação de afinidade" que intercede entre o crime fundamental doloso e o evento agravante (**adequação**).

Este específico nexo de risco pode detetar-se, por ex., nestes outros casos, que seguramente se incluem no artigo 147º: *A* espeta *B* com uma faca pontiaguda – a ferida conduz imediatamente à morte, por ter sido atingido o coração; ou a morte ocorre logo a seguir, devido a uma grave hemorragia ou através duma infeção imediatamente a seguir à hospitalização. Em qualquer dos casos tenha-se presente que *A* atua unicamente com intenção de ofender corporalmente, por

---

[18] Figueiredo Dias, *DP/PG* 1, 2ª ed., 2007, p. 319. Discordando, ao menos parcialmente, Helena Moniz, *Agravação pelo resultado?*, p. 545: "haverá casos , em que, mesmo com um correto entendimento do que seja "perigo típico", o perigo típico foi criado e, todavia, o resultado agravante não corresponde à materialização daquele perigo, mas de um outro perigo criado, a partir da intervenção da própria vítima".

CRIMES AGRAVADOS PELO RESULTADO

conseguinte fora do dolo homicida, mas com conhecimento de que a sua conduta é idónea a lesar o bem jurídico de maior dignidade (a vida) e não apenas a integridade física.

A jurisprudência alemã mais antiga partilhava com uma boa parte da doutrina a ideia da teoria da letalidade (*Letalitätslehre*) que punha em relevo a caracterização da lesão corporal como ponto de conexão decisivo para o específico nexo de risco, de tal forma que o perigo se deveria realizar precisamente no resultado mortal que derivava da forma e da gravidade dessa lesão. Mas em breve se compreendeu que se havia lesões que necessariamente conduziriam à morte, noutros casos a morte só ocorreu porque a essa causa outra se lhe agregou, como seja a insuficiência dos cuidados médicos. Essa posição não é agora tida como tema central pelos tribunais alemães (o *BGH* rejeita a tese da letalidade), que se concentram sobretudo na demonstração da causalidade, da imputação e das questões ligadas à negligência, que arrastam outras como a da punibilidade da tentativa e o papel desempenhado em todo o processo por terceiros e pela própria vítima, ainda que continue a exigir-se, naturalmente, um específico nexo de risco entre a conduta (a lesão) fundamental dolosa e o resultado mais grave[19]. Tomemos o caso tratado pelo BGH em 15 de novembro de 2007 (BGH 4 StR 453/07).

Caso nº 4 *A*, tinha-se reunido com outros numa discoteca. Em certa altura, René, já fortemente alcoolizada, quis dançar com *A*, que a repeliu. Em seguida, estando René, alcoólica inveterada e de constituição "algo complicada", estirada no chão, *A* aplicou-lhe um violento pontapé na região superior do tórax. Provou-se que o *A* evitou apanhar a cabeça da mulher, por saber da perigosidade que representava um pontapé de um indivíduo calçado naquela zona do corpo. A mulher veio a morrer na sequência disso. Os médicos especificaram o processo causal e descreveram-no como uma "raridade na medicina".

Nestes pressupostos, a 1ª instância não aplicou o § 227 (correspondente ao nosso artigo 147º). Em recurso, porém, o BGH apreciou prioritariamente a realização do perigo específico decorrente do crime fundamental (doloso), como quando alguém, de pé calçado, pontapeia no peito, violentamente, outra pessoa prostrada no solo. O tribunal superior não levou em consideração (para além das regras da experiência) a cadeia causal em que entrou aquela "raridade médica", nem a frágil constituição da vítima. Debruçou-se, isso sim, sobre os pressupostos da negligência, especialmente a previsibilidade do evento (objetiva

---

[19] Cf. o balanço feito por Georg Steinberg em *NStZ* 2010, 2, p. 72 e ss., das decisões do BGH envolvendo o § 227 StGB entre novembro de 2007 e outubro de 2008.

e subjetivamente), sem achar necessária a pormenorização do processo causal, que teve em conta unicamente nos seus rasgos essenciais. O perigo foi tratado como específico, e não como atípico, dado tal anormalidade só aparecer quando o resultado representa a realização de um outro perigo, em particular um risco geral da vida (se a ambulância, por exemplo, se despistasse no caminho para o hospital, morrendo a paciente). A reação orgânica (ainda que medicamente rara) a um pontapé violentamente desferido na indicada zona do corpo não é um risco geral da vida nem a morte teve que ver com um outro qualquer risco. Pode pois concluir-se que um pontapé violento, desferido com a ponta do sapato contra a caixa torácica de uma pessoa prostrada no chão, seguido da morte da vítima, não encontra refúgio num risco geral da vida. Não configura um processo atípico, ainda que como condição da morte intervenha uma "raridade médica".

Este caso, acentua-se,[20] distingue-se daquele outro em que uma mãe obriga o filho de quatro anos, com o peso de 15 quilos, a engolir um pudim, onde foram encontrados 32 gramas de sal de cozinha, circunstância que a mãe desconhecia ser mortal. À mãe faltava o conhecimento do perigo para a vida de uma tal conduta, e não portanto apenas o conhecimento de uma das várias formas mortais da ingestão do sal de cozinha.

Vejamos se alguma das seguintes modalidades se adequa à agravação pelo resultado.

Caso nº 5 *A* desferiu contra *B*, numa altura em que este se encontrava fortemente embriagado, dois murros que o atingiram na boca, em termos, todavia, de lhe causar apenas lesões ligeiras. Aliás, o atingido nem sequer chegou a cair. Não se poderá afirmar que os dois murros foram a causa da morte de *B*, por falta do específico nexo de adequação, já que, de acordo com a experiência geral da vida, é completamente improvável que a morte aconteça diretamente em tais circunstâncias. *A* só poderá ser castigado pelo crime do artigo 143º, nº 1.

Caso nº 6 Se *A* dá uma bofetada em *B* e esta, num berreiro injustificado, corre ao encontro de outra pessoa, mas sem adotar as mais elementares cautelas inicia a travessia da rua com o sinal vermelho para os peões e vem a ser colhida por um automóvel, sofrendo lesões causais da morte, *A* só poderá ser responsabilizado pela agressão física inicial à bofetada.

---

[20] Veja-se Georg Steinberg no citado *NStZ* 2010, 2, p. 73.

CRIMES AGRAVADOS PELO RESULTADO

No caso nº 3, *A* atuou dolosamente, contudo o evento agravante não foi dolosamente causado nem acidentalmente produzido. Fazendo apelo ao princípio da normalidade ou da regra geral, ou às chamadas máximas da vida ou regras da experiência, não é possível excluir a responsabilidade de *A* na morte de *B* por negligência, já que, ao bater na cabeça da vítima com uma pistola carregada que por efeito da pancada logo se disparou, agindo portanto com flagrante violação dos mais elementares cuidados, *A* estava em condições de prever o infausto acontecimento: violou a diligência devida, estando capacitado para a observar. A morte de *B* é obra de *A*, que por isso cometeu um crime dos artigos 18º e 147º, nº 1, alínea *a*), por não haver qualquer causa de justificação ou de desculpação. A lesão causada com o bater da pistola não é daquelas que carreguem consigo a ideia de que a morte sobreveio em razão delas; com ela apenas se satisfaz a opção típica de o crime base aparecer consumado. A conduta, no fundo, é que conduz à lesão do bem jurídico vida, por ser adequada a produzir lesões conducentes à morte. Se num primeiro arco de tempo se concretizou uma simples (ainda que dolosa) ofensa à integridade física, logo a seguir releva a conduta e os seus efeitos. Com a ofensa do corpo (consumada) veio a produzir-se a morte, circunstância "adicional" que o agente sempre podia ter previsto em razão da forma altamente perigosa de agir.

A integração do caso nº 3 nos artigos 147º e 18º, exclui, consequentemente, o concurso de crimes (artigo 30º, nº 1: na forma de concurso ideal, uma ação, dois tipos de ilícito violados), a punibilidade de *A* não se reconduz aos artigos 143º, nº 1, e 137º.

Vamos ver se esta solução será ou não a adequada ao caso seguinte.

Caso nº 7 Numa esquadra de polícia, *A* saca da pistola, que em serviço tem sempre carregada, e vai para bater com ela na cabeça de *B*, que o acabara de insultar. Sem que, porém, tenha chegado a tocar no *B*, a pistola dispara-se, provocando a morte deste.

A não chegou a agredir *B* com uma pancada da pistola[21], como pretendia, **não se consumou**, nesse sentido, a ofensa do corpo ou da saúde. Deu-se o evento mortal, que não estava nos planos de *A* e só poderá ser-lhe assacado se comprovados os pressupostos da negligência. Considerando que a razão de ser do artigo 147º se baseia em o resultado agravante se encontrar dependente da verificação das

---

[21] Uma terceira versão da pancada na cabeça com uma pistola municiada é referida por Roxin, *AT* II, § 59, número de margem 326, a propósito da tentativa agravada pelo resultado: *A* bate com a pistola carregada (e pronta a disparar) na cabeça da vítima, mas o resultado morte não se verifica. Como a conduta já continha o perigo da verificação desse resultado, deverá admitir-se a punição da tentativa agravada pelo resultado.

próprias ofensas corporais e dos meios empregados na sua consumação, a hipótese da tentativa de crime agravado pelo resultado é de afastar. Neste contexto nem sequer será caso de afirmar um concurso efetivo (concurso ideal) de uma "tentativa de ofensa à integridade física simples" (atenção: *não punível no nosso direito*) e um homicídio por negligência (artigos 15º e 137º, nº 1). O *A* será punido por este crime do artigo 137º.

Cabe no entanto perguntar se os casos nºˢ 3 e 6 serão mesmo diferentes, a ponto de exigirem diferente tratamento.

No artigo 147º é elemento típico uma ofensa corporal dolosa (**consumada**): "quem ofender o corpo ou a saúde de outra pessoa...", diz o nº 1; "quem praticar as ofensas previstas no artigo 143º...", diz o nº 2, e isso só acontece no primeiro caso. No outro, a ofensa corporal não chegou a concretizar-se, daí que só possa aplicar-se-lhe o concurso de crimes (com a indicada limitação de não ser punível, no nosso direito, a tentativa de ofensa corporal simples).

Ainda assim, há quem pretenda (quanto a nós sem razão) que o caso nº 3 não cabe no artigo 147º – diz-se que a ofensa corporal dolosa, mesmo consumada, não foi causa da morte, enquanto tal, não desempenhou nisso qualquer papel. Os autores que assim possam pensar (eventualmente influenciados pela velha teoria da letalidade, entretanto abandonada) só integram no artigo 147º aquelas hipóteses em que a própria ofensa corporal dolosa conduziu à morte, ou naquele outro em que *A*, sem dolo homicida, atinge com um objeto perfurante o coração de *B*, que morre logo em seguida. Qualquer destas condutas constitui uma elevada fonte de perigosidade.

Trata-se, contudo, de uma restrição sem suficiente apoio no nosso direito, sendo bem difícil encontrar um meio mais perigoso do que o manejo de uma pistola carregada e pronta e disparar, como foi o caso.

Caso nº 8 *A* empurrou *B* dolosamente, fazendo-o despenhar-se duma altura de 3,5 metros, o que lhe provocou diversas fraturas e um longo internamento hospitalar. *B* morreu devido a complicações associadas a uma embolia pulmonar, derivada da permanente imobilização a que esteve sujeito[22].

O artigo 147º exige, como se viu, um perigo típico ligado à conduta-base. Neste caso, o crime fundamental doloso mostra-se consumado: *A*, atuando dolosamente, fez com que *B* se precipitasse duma altura de 3,5 metros. Mas como não parece existir aqui uma estreita conexão entre a lesão corporal e a morte de *B*, que só

---

[22] Hochsitzfall: *BGH* St 31, 96 – 30.06.82.

CRIMES AGRAVADOS PELO RESULTADO

veio a ocorrer na sequência de um prolongado internamento, haverá quem recuse em hipóteses como esta a aplicação do artigo 147º.

Nos anais dos tribunais portugueses pode fazer-se o confronto com o caso de A, que podendo prever a morte de B, empurra-o com violência para trás, quando ambos se encontravam sobre um patamar em cimento, sem gradeamento ou qualquer outra proteção, situado a cerca de 2 metros do solo, fazendo cair a vítima de costas e bater com a cabeça no pavimento alcatroado da rua, em resultado do que sofreu fraturas necessariamente determinantes da morte. O acórdão do STJ de 5 de julho de 1989 *BMJ* 389, p. 304, não hesitou em integrar a situação nos artigos 144º, nº 1, e 147º, nº 1, e condenou A, atentas as circunstâncias (os dois eram amigos, tinham estado a beber, o arguido andava dominado por um período de desorientação, por estar sem trabalho – e, em especial, uma reação incompreensível da vítima), na pena de 3 anos de prisão.

Caso nº 9 O caso Rötzel, *BGH* NJW 1971, 152[23]. A, quando se encontrava no andar superior da casa de sua mãe, agrediu B, a empregada doméstica, causando-lhe uma ferida profunda no braço direito e fratura do osso do nariz. O Tribunal veio a apurar que a empregada, amedrontada perante a intenção manifestada por A de continuar a agredi-la, procurou fugir pela janela do quarto para um terraço anexo, mas caiu e veio a morrer por causa dos ferimentos sofridos na queda.

Já vimos, como exemplo de um crime agravado pelo resultado (artigos 18º e 147º), o caso de quem, sem intenção homicida, golpeia a cabeça de outrem

---

[23] Um outro caso, muito semelhante, foi objeto de apreciação pelo BGH – decisão de 10 de janeiro de 2008, 5 StR 435/07 – onde claramente se renunciou à mais antiga linha restritiva. Durante uma discussão acesa, A espetou uma faca com lâmina de cerca de 20 cms. nas costas da mulher, golpeando a fundo cerca de quatro centímetros. A mulher, em pânico, fugiu para outra divisão da casa e atirou-se da janela, estatelando-se duma altura de cerca de 25 metros, sofrendo lesões que foram a causa da morte. Diferente, mas do mesmo modo capaz de oferecer um bom ponto de referência, a acusação apreciada pelo *TC* de Viana do Castelo (juiz-presidente: João de Matos-Cruz Praia). A saiu de casa em busca de Igor, seu companheiro, dirigindo-se ao apartamento onde residiam D e E e onde Igor efetivamente se encontrava. Desferiu várias pancadas na porta de entrada com uma das duas garrafas que trazia consigo ao mesmo tempo que gritava que ele lhe abrisse porta. Nesta altura, Igor estava na sala com D. Igor acabou por abrir a porta, tendo a A entrado de rompante e começado a gesticular com as garrafas que empunhava. Igor impediu a A de avançar para outras divisões da casa, colocando-a fora do apartamento. Nessa altura, já D tinha ido para o quarto onde se encontrava a E. Pensando que a A tinha ido atrás de si, apavorada e com medo, D saltou da janela do quarto para a varanda de outro dos quartos da casa, dizendo à outra para fazer o mesmo, o que esta aceitou. Acabaram, no entanto, por cair as duas, sofrendo lesões. Pela queda das duas mulheres não se pôde, à luz do artigo 10º, responsabilizar penalmente a A, faltando o nexo de *adequação/imputação* entre o facto de esta ter entrado na casa e a circunstância de as duas terem caído da varanda, pois nem sequer ficou demonstrado que a A tenha seguido no encalço de D e E, desconhecendo-se, inclusivamente, qual o seu real propósito.

com uma pistola carregada, a qual, sem a vontade do agente, se dispara com a pancada e mata a vítima; para alguns autores terá idêntica estrutura a hipótese jurisprudencial em que a vítima das pancadas é projetada para a estrada, acabando por morrer atropelada. Mas as coisas complicam-se quando a vítima enceta a fuga perante o agressor e se expõe a uma situação de perigo para a vida.

Os tribunais alemães [já antes das alterações do StGB, em 1998] nega[va]m-se a enquadrar nos crimes agravados pelo resultado alguns destes casos, especialmente quando o perigo de lesão se esgota num único ataque. Em geral, no plano da causalidade, a jurisprudência opera com os critérios alargados da teoria da equivalência, a qual, aplicada aos feitos de moldura penal agravada, torna exigível a adoção de critérios corretivos e limitadores. Daí que, se a morte ocorreu *indiretamente*, quando a vítima tentava a fuga, o risco típico, específico dos crimes agravados pelo resultado, não se realizou, não foi a ofensa sofrida que causou a morte da vítima. A consequência deve portanto surgir *diretamente* do crime fundamental, sem a mediação do comportamento imputável da vítima ou de terceiro[24]. Dizendo de outro modo: a agravação, enquanto resultado, há de estar imediatamente conexionada com a ação desenvolvida no primeiro arco de tempo.

No caso anterior, poderemos dar o nosso aplauso à seguinte solução: a reação de B verificou-se na sequência de violenta agressão, de que são prova a natureza e a gravidade das lesões sofridas, e na iminência de voltar a ser agredida, B, procurando a fuga, pretendeu afastar um perigo atual e não removível de outro modo, que ameaçava a sua integridade física – não lhe era exigível comportamento diferente (cf. o artigo 35º, nº 1). A concreta atuação de A era tipicamente idónea a arrastar consigo o evento agravante e deste não se pode dizer que foi obra da própria vítima, que manifestamente atuou em situação de pânico. Houve uma grave alteração psíquica da vítima. A morte de B é expressão de um perigo específico contido no comportamento de A e esse perigo específico encontra-se diretamente ("tipicamente") relacionado com a agressão sofrida.

A solução poderia ser diferente se a agressão já estivesse terminada e a vítima morresse, por ex., numa queda por não prestar atenção ao caminho por onde se retirava em pranto desatado. Nesta eventualidade, a morte aparecia como circunstância atípica de um processo causal em que o agente do crime de ofensas corporais já não estava envolvido.

Ultrapassada a questão da imputação objetiva, nos termos referidos, restaria ao intérprete aplicar os artigos 15º e 18º (e 147º). A violação do dever de cuidado era manifesta face ao agir de A, a quem se impunha que evitasse a lesão dos interesses de B. Resta por isso averiguar, como já se disse, a previsibilidade individual (subjetiva) do evento mortal, enquanto elemento da negligência.

---

[24] Jakobs, *AT*, p. 331.

CRIMES AGRAVADOS PELO RESULTADO

III. Agravação pelo resultado?

Caso nº 10   *C* seguia conduzindo o seu automóvel por uma das ruas da cidade quando lhe surgiu uma criança a curta distância, vinda, em correria, de uma rua perpendicular. *C* conseguiu evitar o embate à custa de repentina travagem, mas, no momento seguinte, *V,* homem dos seus 30 anos, que seguia a pé pelo passeio, começou a invetivá-lo em alta grita pelo que tinha acontecido. Perante o avolumar da exaltação e do descontrolo de *V, C,* indivíduo alto e fisicamente bem constituído, saiu do carro e pediu-lhe contenção, obtendo como resposta alguns insultos que, indiretamente, envolviam a mãe de *C.* Este reagiu dando dois murros em *V,* que o atingiram na cara e no pescoço. *V* começou então a desfalecer e, apesar de *C* lhe ter deitado a mão, caiu, sem dar acordo de si. Transportado a um hospital, acabou por morrer, cerca de meia hora depois. A autópsia revelou que a morte foi devida a lesões traumáticas meningo-encefálicas, as quais resultaram de violenta situação de "stress", e que a mesma ocorreu como efeito ocasional da ofensa. Esta teria demandado oito dias de doença sem afetação grave da capacidade de trabalho.

A questão aponta, *prima facie,* para o chamado crime agravado pelo resultado, o qual, visto no recorte típico do artigo 147º, nº 1, se reconduz à existência de um crime fundamental doloso e de um evento agravante, não abrangido pelo dolo inicial do agente, a par de uma especial agravação da pena cominada para a reunião daquele crime fundamental doloso com o resultado.

Acontece, todavia, que o sistema do facto punível é sequencial. Não pode proceder-se ao tratamento sistemático de um determinado problema de forma arbitrária, por existir uma hierarquia normativa dos graus de imputação[25]. Ainda que o conhecimento das diversas vertentes em que se desdobra a negligência, em casos como o que temos em mãos, seja o seu momento culminante, não se dispensa a análise prévia da existência dos restantes elementos objetivos do tipo, muito especialmente do nexo objetivo que porventura ligue a ação ao resultado.

Ora, está fora de dúvida que *C* agrediu *V* corporalmente, em termos de lhe produzir, como consequência da sua atuação dolosa, oito dias de doença. A mais disso, o resultado mortal – que na sua expressão naturalística, enquanto acontecimento infausto e infelizmente definitivo, também não deixa espaço para discussão –, fica vinculado à apreciação da relação causal, como qualquer outro

---

[25] W. Hassemer, *Einführung in die Grundlagen des Strafrecht,* 2ª ed., 1990, p. 203.

O RISCO DE COMER UMA SOPA E OUTROS CASOS DE DIREITO PENAL

pressuposto geral da punibilidade. Está em causa, portanto, um comportamento humano *e as suas consequências*.

De acordo com a teoria das condições, de que tantos juristas ainda continuam a fazer uso, a morte de *V* foi causada pela agressão. Com efeito, nesse contexto, todas as condições do resultado são equivalentes... Causa será, no sentido indicado, toda a condição de um resultado que não possa suprimir-se mentalmente sem que desapareça o resultado na sua forma concreta. É a fórmula da *condicio sine qua non*: causa do resultado é qualquer condição, positiva ou negativa, que suprimida *in mente* faria desaparecer o resultado na sua forma concreta (Mezger). Se procedermos a essa operação mental, com apego ao que aconteceu, i. é, suprimindo a agressão, logo se vê que o resultado não teria ocorrido, pelo menos nas circunstâncias que se encontram relatadas. Cedo se reconheceu, porém, que uma tal maneira de proceder, especialmente quando associada a casos destes, era claramente insuficiente, carecendo de ser demonstrada uma estreita relação entre a conduta do agente e o evento mortal. Não bastando a simples afirmação da causalidade, é ainda necessário que à realização dolosa do crime fundamental esteja ligado um perigo específico. Só então existe o especial conteúdo do ilícito que justificará a pena realmente mais grave, correspondente ao crime agravado pelo resultado. O intérprete deve, desde logo, atender à maneira como o crime fundamental doloso foi cometido. Uma lesão corporal dolosa pode, aliás, revelar o perigo que lhe é característico não só pela natureza do resultado lesivo mas também pela concreta maneira de atuar do agressor.

As lesões de *V* teriam demandado um período de doença por oito dias, pelo que não podem ter sido elas, em si mesmas, a causa adequada do resultado letal. Concretamente consideradas, não são um meio idóneo para provocar a morte, nem esta pode reputar-se uma consequência normal e frequente daquela causa. Aliás, a confirmar isso mesmo, a perícia médico-legal não deixa de acentuar que a morte "ocorreu como efeito ocasional da ofensa", o que põe de manifesto a própria impossibilidade de, transcendida a abstrata consideração dos fenómenos, se afirmar qualquer nexo de adequação.

Nem outra conclusão seria compatível, em boa verdade, com a global consideração dos factos que rodearam a agressão: a vítima, exaltada, foi agredida a soco, começou a desfalecer e acabou por cair ao chão, num quadro humano perfeitamente compatível com a situação de *stress* que o relatório da autópsia também invoca. Não se apurou diretamente a violência da agressão, mas o efeito, limitado a oito dias de doença, deixa margem ao entendimento de que se não ultrapassou o trivial de tais casos. Por outro lado, mesmo tratando-se de agressor mais forte, tudo indica que não terá sido a violência da pancada a determinar a queda do atingido, mas o desfalecimento de que ficou possuído. É também verdade que aquele que dá uma pequena bofetada a *B*, provocando-lhe um ataque cardíaco

CRIMES AGRAVADOS PELO RESULTADO

do qual resulta a morte, também não cria, sequer, uma situação de perigo[26]. Podemos por isso concluir com a indispensável segurança que a morte do infeliz *V* se deu em circunstâncias especialmente extraordinárias, situando-se fora do curso normal dos acontecimentos, em termos de, não podendo ser "obra" de *C*, também não concorrer para um nexo de preterintencionalidade.

O artigo 147º não tem aqui aplicação. Resta a norma residual do artigo 143º, nº 1, do Código Penal, que deverá aplicar-se enquanto *tipo de recolha*, e cujos elementos objetivos e subjetivos se encontram preenchidos. A conduta-base integra, apesar de tudo, um tipo penal autónomo. A ocorrência do resultado morte não impede que se puna autonomamente a conduta-base, que afinal não o era porque só provisoriamente esteve "ligada" a um resultado espúrio, que se concluiu não ser "obra" do agente.

Caso nº 11   *A* e *B* desentendem-se um com o outro quando, ao volante dos respetivos automóveis, seguem por uma das autoestrada mais movimentadas do País, onde é quase contínuo o tráfego de grandes camiões de mercadorias. Acabam por parar na berma da autoestrada, abandonam os carros e, por entre ameaças, *A* desfere um murro na cara de *B*. A seguir, saca de uma faca que levava consigo e só não a espeta no abdómen de *B*, como pretendia, porque este, num gesto repentino, se desvia. Ao desviar-se do golpe é, no entanto, apanhado pelo rodado traseiro de um dos camiões que por ali transitam. Os ferimentos sofridos com o atropelamento provocaram-lhe a morte. *A*, como o Tribunal mais tarde averiguou, não teve em momento algum dolo homicida.

Neste caso, a agressão era atual e estava já iniciada. *B* desviou-se para evitar uma lesão mais grave. O impulso corresponde a uma reação defensiva perfeitamente elementar, podendo afirmar-se o específico nexo de perigo entre o comportamento agressivo (doloso, consumado) e o resultado mortal. O crime fundamental doloso, tal como foi concretamente cometido, era tipicamente idóneo a arrastar consigo o evento agravante. Resta agora saber se, de acordo com os conjugados artigos 18º e 147º, o agente é responsável, a título de negligência, pelo evento mortal. A análise começa, portanto, com a realização do crime fundamental e o perigo que dele resulta para a vida da vítima, mas na afirmação da negligência não se pode prescindir da *previsibilidade* individual do resultado mortal.

Esta solução não encontrará unanimidade. O Tribunal alemão que em 1971 apreciou o caso Rötzel excluiu a "preterintencionalidade", na falta de uma relação

---

[26] Veja-se a propósito Faria Costa, *O perigo em direito penal*, Coimbra, 1992, p 194.

direta entre o evento mortal e a agressão – acabando por responsabilizar o agressor por um crime doloso contra a integridade física e um homicídio negligente. A solução alemã para casos destes, encontrada no plano da unidade criminosa entre um crime doloso de ofensas corporais e um homicídio negligente, não tem correspondência entre nós, onde não se faz a distinção entre as regras do concurso ideal e as do concurso real de crimes.

Caso nº 12   *A*, para roubar *B*, agride-o, batendo-lhe na cabeça com uma barra de ferro. *A* não atuou com dolo homicida, mas deu-lhe com tanta força que *B* não resistiu à violência da pancada e morreu[27].

O artigo 210º, nº 3, é um crime agravado pelo resultado: "se *do facto* resultar a morte de outra pessoa, o agente é punido com pena de prisão de 8 a 16 anos". O preceito aplica-se se qualquer dos ladrões, por negligência, causar a morte de outra pessoa, se, por ex., ao puxar da arma para amedrontar aquele que transporta o dinheiro, provoca um ataque cardíaco na pessoa do idoso que o acompanhava, e que acaba por morrer. "Outra pessoa", no sentido em que se exprime o preceito, será desde logo o visado pelo roubo. Mas poderá ser alguém alheio ao roubo, por ex., um passante que é atingido por uma bala perdida disparada por um dos assaltantes como forma de colocar a vítima do roubo na impossibilidade de resistir. Exclui-se porém a pessoa de qualquer destes, já que a norma não protege quem, realizando um perigo de vida, se torna responsável pela sua criação: há como que uma autocolocação em risco consentida. Por extensão, se a polícia mata a tiro um dos autores do roubo, não se pode responsabilizar um coautor (pela morte causada pelos disparos policiais). E com isto voltamos aos que entendem que o resultado agravante só poderá conexionar-se com o crime base se surgir *diretamente* da ação.

Para haver esta agravação, não basta que o roubo tenha sido condição *sine qua non* do evento mortal. A mais disso é necessário que a morte resulte do comportamento do ladrão e do específico perigo que lhe está associado. Exemplo: durante um roubo o ladrão envolve-se em luta com a pessoa assaltada. Um dos tiros então disparados vai ferir mortalmente uma pessoa que ia a passar e não teve tempo de buscar refúgio. Há quem todavia identifique uma hipótese destas com a *aberratio*

---

[27] O roubo é um crime complexo, composto de furto e coação – o ladrão apodera-se da coisa alheia mas para a conseguir constrange outra pessoa a suportar a subtração. A norma dirige-se em primeira linha à tutela da propriedade. E embora se proteja ao mesmo tempo a liberdade individual, o atentado à liberdade representa apenas o meio para a realização do crime contra a propriedade. Deste modo, sendo o roubo um crime autónomo -e não, simplesmente, um furto agravado pelo emprego da violência –, comete tal ilícito aquele que, empregando a força contra outra pessoa, lhe tira a coisa que esta tem em seu poder (ou a "obriga" a entregar-lha), ainda que tal coisa seja de valor diminuto.

CRIMES AGRAVADOS PELO RESULTADO

ictus: tentativa de homicídio na pessoa do visado com o tiro (artigos 22º e 131º) e homicídio negligente do atingido (artigo 137º).

Certo é que tal agravação já não ocorrerá se os ladrões, pondo-se em fuga de carro, acabam por atropelar mortalmente um peão que atravessava a rua. E se os ladrões se tivessem limitado a roubar os medicamentos urgentes que *P* transportava com destino a *T* ("outra pessoa"), o qual, por isso, não foi socorrido e morreu?

A propósito do conceito de **negligência grosseira** e dos graus de negligência, recorda a Prof. Fernanda Palma que nos crimes agravados pelo resultado tenta-se justificar a medida da pena, em certos casos superior à que resultaria do concurso ideal entre o crime doloso-base e o crime negligente, através da exigência de uma negligência qualificada ou grave[28]. Convém porém observar que na atual redação do artigo 210º, nº 3, já se não exige, como no anterior artigo 306º, nº 4, que o agente atue com "negligência grave", sendo no entanto pertinente reconhecer que o ato que dá a morte terá origem num sujeito armado e que a agravação não pode deixar de assentar na negligência que, atentas as circunstâncias, só pode ser, de seu natural, "grosseira".

Considere-se agora o caso nº 13.

Caso nº 13   *A, B* e *C* iniciam, como combinado, um assalto aos escritórios da firma *x*. Sob a ameaça de armas, obrigam todos os presentes a recolherem-se num dos compartimentos, que isolam, e começam a reunir valores para levarem consigo. Porém, como o cofre é demasiado pesado e não conseguem transportá-lo pelas escadas, atiram-no por uma das janelas, mas ao cair do 5º andar o cofre atinge *P,* que por ali passava e que vem a morrer devido às lesões sofridas.

Não será aqui decisivo apreciar a questão do segmento temporal de aplicação do artigo 210º, nº 3,[29] i. é, saber se na agravação se incluem os casos letais ocorridos depois de conseguida a subtração – se a morte, ocorrendo já em momento seguinte ao da disponibilidade do cofre pelos ladrões, ainda se dá no desenvolvimento deste crime, sem que isso se confunda com a violência "depois da subtração", típica do artigo 211º, a qual vai obrigatoriamente acompanhada da intenção de conservar ou não restituir as coisas subtraídas. Ainda assim, é pertinente perguntar se, *in casu*, o cofre estaria mesmo na disponibilidade dos assaltantes, que até tiveram

---

[28] Fernanda Palma, *Direito Penal*. Parte Especial. Crimes contra as pessoas, Lisboa, 1983, p. 102. Quando for de rejeitar o critério da "imediação", parece-nos que se deverá prescindir da "negligência grosseira".
[29] Não é indiferente determinar se o roubo se consumou ou se, pelo contrário, não passou da tentativa. Pode com efeito acontecer que o evento agravante tenha sido produzido *através* da tentativa de roubo, havendo quem negue a possibilidade de se configurar uma *tentativa de crime agravado pelo resultado*.

necessidade de o atirar pela janela para acederem aos valores lá guardados. Quando é que afinal se consumou o crime? ou, o que dá no mesmo, *como* é que se "rouba" um cofre?

No plano objetivo, o evento agravante tem de ser em concreto consequência adequada do crime-base de roubo (simples), devendo averiguar-se se neste se continha um perigo típico, nos termos antes definidos. Como também já se acentuou, podem não ser lineares as seguintes constelações de casos: a morte de "outra pessoa" ocorre por acidente; é devida ao comportamento de um terceiro (princípio da confiança); é devida ao comportamento da própria vítima (princípio da autorresponsabilização). Mas não pode ser imputada aos assaltantes a morte de quem os persegue após o roubo sem qualquer reação destes; ou de quem morre com os disparos do polícia que vai em perseguição do ladrão. Também se não dá a agravação deste crime, no sentido indicado, se um passante é atingido por uma rajada descontrolada do ladrão que procura a fuga, depois de irremediavelmente frustrada a ação; nem no caso daquele que é atropelado pela carrinha que transporta o produto do assalto e se despista por excesso de velocidade.

No caso anterior haverá quem afirme que o crime só poderá ser o do artigo 137º (homicídio por negligência) em concurso efetivo com um crime de roubo (este eventualmente agravado em razão do emprego de arma). E com razão, a nosso ver. Com efeito, a vítima morreu por lhe ter caído o cofre em cima, mas o perigo de isso acontecer não era específico do roubo, podia surgir dum crime de furto, executado sem violência contra as pessoas, bastando que os ladrões tivessem entrado na casa ou no escritório desertos, numa altura em que ninguém mais ali se encontrasse, e procedessem de modo idêntico com o cofre.

Não deixa de ser verdade, por outro lado, que a morte do transeunte ocorreu já depois de empregados os meios coercivos (ameaça com arma de fogo) tendentes a colocar a pessoa visada pelo roubo na impossibilidade de lhes resistir.

Vejamos, ainda a propósito, o seguinte caso.

Caso nº 14   *A* e *B* fazem um cerco ameaçador a *C*, quando o encontram sozinho numa zona montanhosa, onde o frio é intenso e o tempo mostra muito má cara. Pretendem, e conseguem por esse processo, que este lhes entregue toda a roupa que levava vestida, incluindo um excelente casacão que lhe custara mais de mil euros na semana anterior. *C* morre de frio ao fim de algum tempo de exposição às intempéries.

Num caso destes, relativamente à morte de *C*, bem difícil seria afastar o dolo (ao menos eventual). O castigo dos dois ladrões seria então por roubo (simples) e homicídio doloso, em concurso efetivo: antigo crime de latrocínio – a menos

CRIMES AGRAVADOS PELO RESULTADO

que se possa sustentar diferente solução com base no exemplo-padrão da alínea *c*) do nº 2 do artigo 132º, invocando-se a *avidez* do ladrão (punição por homicídio qualificado, cujo desvalor consumirá o do roubo), ou afirmando-se a relevância de qualquer outra circunstância do nº 2 do artigo 132º.

Vamos supor, no entanto, que não houve dolo homicida, ou que este se não provou – e recordemos que o homicídio negligente só pode resultar *do facto*, que não poderá ter lugar *como motivo* sob pena de configurar um absurdo. Consideremos que a vítima do roubo da roupa morreu de frio, mas que o mesmo poderia ocorrer com a simples subtração, como naquele caso em que alguém toma banho, deixando a roupa descuidadamente à distância, e o ladrão aproveita para lha levar, vindo o infeliz banhista a morrer num resfriado, por entretanto se terem alterado profundamente as condições atmosféricas. No caso anterior, o perigo do resfriamento da vítima do roubo não é típico deste, o mesmo poderia ter ocorrido por ocasião de um simples furto da roupa. Ainda que se possa estabelecer uma relação causal entre a violência empregada contra *C* e a subtração da roupa, cuja falta provocou a morte deste pelo frio, não existe qualquer relação específica de risco entre os meios coativos empregados e o evento mortal. Consequentemente, não aplicaremos o tipo agravado do artigo 210º, nº 3. Chegaríamos a idêntica solução, se o *C*, ao procurar um caminho de fuga, ou ao pretender chegar à povoação seguinte o mais depressa possível para fugir duma ameaçadora tempestade, tivesse caído no abismo por não prestar atenção ao trilho por onde caminhava.

IV. Crime agravado pelo resultado; dolo de dano e dolo de perigo; violação do dever de cuidado

Caso nº 15 *A quer dar uma lição a B e não se importa mesmo de o mandar para o hospital a golpes de matraca, mas como o quer bem castigado afasta completamente a hipótese da morte da vítima, a qual, inclusivamente, lhe repugna. A morte de B, todavia, vem a dar-se na sequência da sova aplicada por A.*

Há aqui três resultados: as ofensas são provocadas com dolo de dano; o perigo para a vida fica coberto com o chamado dolo de perigo; a morte, subjetivamente, pode vir a ser imputada a título de negligência, por violação do dever de diligência.

A representou as ofensas à integridade física de *B* e quis provocar-lhas. Além disso, representou o perigo para a vida deste, embora tivesse afastado por completo a hipótese de lhe provocar a morte. Apesar da morte de *B*, fica

O RISCO DE COMER UMA SOPA E OUTROS CASOS DE DIREITO PENAL

afastado o homicídio doloso, por falta de dolo homicida, mesmo só na forma eventual. *A*, no entanto, provocou ofensas à integridade física de *B* e quis isso mesmo; além disso, representou o perigo para a vida deste: a hipótese cai desde logo na previsão do artigo 144º, alinea *d*). Um dos elementos típicos deste crime é a provocação de perigo para a vida: o crime é de perigo concreto e o agente deve representar o perigo que o seu comportamento desencadeia, tem de agir com dolo de perigo.

Mas se para além do resultado de ofensas à integridade física querido pelo agente e do resultado de perigo para a vida que o mesmo representa se der o resultado morte, que excede a intenção do agente, podendo este, no entanto, ser-lhe imputado a título de negligência (artigos 15º e 18º), o crime é punido com a pena de prisão de 3 a 12 anos – artigos 18º, 144º, alínea *d*), e 147º, nº 1, alínea *b*)). Como o faria uma pessoa medianamente sensata, *A* devia ter previsto, ao agredir *B* com sucessivos golpes de matraca, a possibilidade de vir a ocorrer o resultado letal, e como igualmente podia ter previsto, tal evento é-lhe subjetivamente atribuído com base na violação do dever de cuidado.

V. Os crimes contra a liberdade agravados pelo resultado

Em princípio, qualquer crime pode levar a uma consequência atípica mais grave. Imagine-se o dono da coisa furtada que corre atrás do ladrão mas escorrega, bate com a cabeça na calçada e morre; ou alguém que ao passar na rua leva com o cofre atirado do 5º andar, como se ilustrou em exemplo anterior. Ainda assim, o legislador só introduziu a agravação pelo resultado para certos crimes, em atenção à tendência geral para os mesmos produzirem tais consequências. E isso com base no perigo típico contido no crime fundamental, pois só então se verificará o necessário nexo entre ele e a consequência agravante[30].

As exigências que, como vimos, se colocam quando tratámos das ofensas à integridade física dolosas entre o crime fundamental e o evento mortal ou a ofensa corporal mais grave explicam-se – escreve I. Puppe – pela grande amplitude do crime doloso de ofensas corporais, que se inicia num nível de ilicitude bastante baixo. Pense-se por ex. numa bofetada, a que muito raramente se seguem resultados mais graves. Bem diferente será o empurrão dado no condutor apeado na berma de uma autoestrada de grande movimento ou em alguém que trabalha junto a uma máquina trituradora em atividade. Os crimes contra a liberdade, por ex., o sequestro (artigo 158º), comportam geralmente, desde que se iniciam, um elevado nível delitivo. Por isso mesmo, pode-se prescindir, no que respeita à conexão entre

[30] Roxin, *AT*, p. 271; e I. Puppe, *AT*, p. 218.

CRIMES AGRAVADOS PELO RESULTADO

o ilícito básico e a consequência agravante, de exigências significativas. Se no caso da empregada doméstica, o agressor a mantém presa, de modo que a morte desta tanto pode ser explicada por a vítima procurar libertar-se da agressão como da detenção em que é mantida – a morte, como evento agravante, irá entroncar no sequestro e não na ofensa que se produziu. Vejamos o

Caso nº 16 (Ainda Puppe, *AT* p. 219): *A* e *B* deitaram a mão a *C*, filho dum rico industrial, para conseguirem deste um elevado resgate. Meteram o preso num caixote de madeira com uma aparelhagem ligada por um cabo a uma corrente elétrica, informando-o da existência de um microfone no interior, de modo que se ele gritasse ou procurasse fazer barulho ou mesmo libertar-se a corrente ligava-se, com "desagradáveis" consequências para o detido. *A* e *B* meteram o caixote numa viatura e um deles bateu a porta com tal violência que acabou por ligar a corrente elétrica. A vítima sofreu com isso lesões de tal modo graves que não resistiu e morreu.

Variante: A vítima sobreviveu, mas as lesões afetaram-lhe a coluna vertebral, ficando definitivamente imobilizada.

Neste caso, verifica-se, sucessivamente, a lesão da liberdade e a manutenção dessa situação estando a vítima encerrada no "caixote elétrico", bem como a produção do evento agravante, ou seja, a morte da vítima (artigos 158º, nº 3, e 160º, nº 1, alínea *c*), e 2, alínea *b*)). Além disso, ocorre um comportamento negligente do agente que bate com a porta da viatura, a qual afinal não serviu para manter detida a vítima, como se pretendia, mas que ainda assim representa um ato de execução do crime contra a liberdade, por ser apto a prolongar no tempo a conduta ofensiva. Morresse a vítima "simplesmente" por ter tido um ataque cardíaco no cativeiro do "caixote elétrico", poderia igualmente concluir-se pela agravação pelo resultado (artigos 158º, nº 3, e 160º, nº 2, alínea *b*): "*se da privação da liberdade resultar a morte da vítima...*"), por ser típico destes crimes contra a liberdade que da vítima se apodere uma situação de medo e angústia. O correspondente perigo realizava-se por ter a vítima sofrido um enfarte mortal, na sequência dessa situação de *stress*. Os piratas do ar, recorda Puppe, devem em regra contar que entre os passageiros ou a tripulação do avião haja uma pessoa com insuficiência cardíaca. Por razões semelhantes, fica a cargo dos sequestradores a agravação da responsabilidade quando a pessoa mantida sob sequestro acidentalmente morre ao intentar libertar-se, ou é atingida pelos tiros disparados pela polícia que supunha tratar-se de um dos criminosos, ou quando é transportada de carro para outro esconderijo e vem a morrer no despiste da viatura, por negligência do condutor, um dos sequestradores.

O RISCO DE COMER UMA SOPA E OUTROS CASOS DE DIREITO PENAL

VI. O comportamento de terceiro ou da vítima como fator causal

Caso nº 17 O comportamento de terceiro como fator causal. Sem dolo homicida, A agrediu B várias vezes, dando-lhe com um martelo na cabeça, de tal modo que B perdeu a consciência, pensando o agressor que lhe tinha tirado a vida. A foi logo contar a C, um seu familiar, tudo o que se tinha passado, tendo-se este dirigido de imediato à casa onde jazia a vítima, que conseguiu pendurar pelo pescoço, simulando um suicídio. A autópsia revelou que as pancadas produzidas com o martelo eram absolutamente idóneas a provocar a morte de B, ainda que esta tivesse ocorrido por efeito do estrangulamento, quando C pendurou com uma corda o que supunha ser um cadáver.

A especialidade deste caso está na intromissão do terceiro que atua no interesse do agente e que provoca a morte da vítima, sem intenção de a apressar, não obstante isso ter acontecido. O A, com as pancadas de martelo, produziu um perigo para a vida da vítima, sendo que a morte sempre viria a ocorrer por via das ofensas, ainda que algum tempo mais tarde. Se o C não tivesse intervindo no processo causal, a morte ter-se-ia produzido através de um processo causal que cumpriria tanto a exigência de ela ter ocorrido de forma ¯imediata, como os requisitos da realização do perigo específico contido na ofensa corporal, que sem dúvida estava consumada, era letal e fora produzida dolosamente.

Caso nº 18 O comportamento da vítima como fator causal. A e B, atuando concertadamente, ainda que sem dolo homicida, agrediram C na cabeça, de forma tão violenta que esta teve que ser conduzida ao hospital e internada. Aí foi-lhe observado que corria perigo de vida se não se mantivesse em repouso e sujeita aos tratamentos prescritos. Ainda assim, C, que era uma alcoólica inveterada, logo que viu uma oportunidade, abandonou o hospital para procurar o que beber, mas veio a morrer três dias mais tarde, com uma comoção cerebral, que nas condições de hospitalização teria sido detetada e convenientemente tratada.

Caso nº 19 A e B, depois de uma discussão com C, homem dos seus 60 anos, perseguiram-no e, em conjugação de esforços, agrediram-no repetida e violentamente, a soco e pontapés, na cabeça e pelo resto do corpo. Fora a cana do nariz partida, C sofreu apenas extensas contusões pelo

CRIMES AGRAVADOS PELO RESULTADO

corpo, mas com a excitação e a angústia o coração não aguentou e pouco depois *C* teve dois ataques cardíacos sucessivos, tendo morrido por altura do segundo.

Punibilidade de *A* e *B*?

VII. O artigo 18º e a expressão "pelo menos"

Consideremos a hipótese de *A* ter provocado em *B* uma ofensa corporal grave (artigo 144º), vindo o *B* a morrer sem que este resultado possa ser atribuído a *A* a título de dolo. O crime é o do artigo 147º, nº 1, alínea *b*), como já vimos. É um caso que se estrutura como um crime fundamental doloso com resultado negligente (combinação dolo/negligência). Aplica-se-lhe ademais o artigo 18º. Não se verifica a agravação pelo resultado doloso, dado que então o crime seria o do artigo 131º, mas verifica-se a exigência mínima (*...pelo menos...*) de negligência como título de imputação subjetiva, e como expressão da inadmissibilidade de responsabilização penal objetiva. A existir dolo quanto a um evento típico, não haverá lugar à agravação pelo resultado mas sim à punição segundo o crime doloso – o que resulta do próprio princípio da culpa.

Caso diferente será o do roubo com o resultado agravante doloso de lesão corporal grave (artigo 210º, nº 2, alínea *a*)), por contemplar o dolo relativamente ao crime fundamental e o dolo relativamente ao resultado agravante típico. É um caso de dolo/dolo.

Se agora considerarmos uma hipótese de infração das regras da construção por negligência de que resulta a morte por negligência (artigos 277º, nº 3, e 285º), o facto diz-se negligente.

Pode também acontecer que o evento mais grave não constitua resultado de nenhum tipo de crime (doloso). É o que sucederá, por exemplo, no crime de sequestro que tiver como resultado o suicídio da vítima (alínea *d*) do nº 2 do artigo 158º). Neste caso, mesmo que o agente queira que a vítima se suicide, mas desde que não pratique atos executivos dos crimes de homicídio ou de incitamento ou ajuda ao suicídio, deverá ser punido nos termos do nº 2 do artigo 158º, à semelhança do que acontece quando o suicídio da vítima lhe é imputável apenas a título de negligência[31].

---

[31] Sobre estas matérias: Rui Carlos Pereira, *O Dolo de Perigo*, 105; e *O crime de aborto e a reforma penal*, 1995, p. 37; J. Damião da Cunha, "Tentativa e comparticipação nos crimes preterintencionais", *RPCC*, 2 (1992), p. 561; e Américo A. Taipa de Carvalho, *Direito Penal – Parte Geral*, vol. II, 2004, p. 407.

VIII. Participação em crime agravado pelo resultado

Caso nº 20 *A* pretende dar uma sova na pessoa de *B* e para isso utiliza uma matraca, atingindo-o, porém, na cabeça e produzindo-lhe aí lesões que foram a causa direta da morte de *B*. *A* não tinha sequer previsto o evento mortal como consequência da sua atuação. Acontece que o *A* tinha sido induzido por *C* a dar a sova no *B*, mas o *C*, quando convenceu o outro, nem sequer tinha pensado em que o *B* podia morrer.

Punibilidade de *A* e *C*?

A ofendeu *B*, voluntária e corporalmente (artigo 14º, nº 1), ficando desde logo comprometido com o disposto no artigo 143º, nº 1, sem que se verifique qualquer causa de justificação ou de desculpação. Como *A* ofendeu o corpo de *B*, e este veio a morrer, põe-se a questão de saber se este resultado, que não estava abrangido pelo dolo inicial de *A*, deve ser imputado à atuação deste, agravando o crime, nos termos do artigo 147º. A agravação exige a imputação do evento ao agente sob os dois aspetos da imputação objetiva e da imputação subjetiva: artigo 18º. Ao desvalor da ação, que se traduz na previsibilidade subjetiva e na consequente violação de um dever objetivo de cuidado (negligência), acresce, aliás em íntima conexão, o desvalor do resultado (no exemplo, a morte).

As dificuldades relacionam-se mais exatamente com a instigação nos crimes agravados pelo resultado e portanto com a responsabilidade de *C*, que convenceu o autor principal a dar a sova no *B*, embora sem ter, também ele, pensado nas consequências mortais. Como se sabe, a instigação deverá dirigir-se à consumação dum facto doloso: "quem, dolosamente, determinar outra pessoa à prática do facto" (artigo 26º). No caso concreto, só o ilícito base, de ofensa à integridade física, é que foi praticado dolosamente, a morte só poderá ser imputada a título de negligência.

O instigador só responderá pelo evento agravante quando este possa ser-lhe imputado a título de negligência (artigo 18º). O facto do instigador surge nestes casos como determinação dolosa do instigado ao crime fundamental e como *autoria paralela* negligente relativamente ao evento agravante [32].

---

[32] Jorge de Figueiredo Dias, *Formas Especiais do Crime, Textos de Apoio à disciplina de Direito Penal*, Coimbra, 2004, p. 28, a propósito do dolo na instigação (**instigação-determinação** a um *concreto* facto punível).

CRIMES AGRAVADOS PELO RESULTADO

IX. Os crimes de perigo e a agravação pelo resultado

Não são frequentes os crimes de perigo (singular) agravados pelo resultado. Já não assim quanto aos crimes de perigo comum, como, em princípio, se pode ver do artigo 285º[33].

No artigo 138º, nº 1, crime de perigo singular, o resultado referido no nº 3 é a morte (pena de prisão de três a dez anos) ou uma ofensa à integridade física grave (pena de prisão de dois a oito anos, igual à do artigo 144º).

Não vemos obstáculo à aplicação das regras da agravação da pena (artigo 18º). Quem, voluntariamente, mas sem dolo homicida se conduzir de acordo com o disposto no artigo 138º, nº 1, e por negligência produzir a *morte* (ou uma *lesão da integridade física grave*) da vítima comete um crime agravado pelo evento, punido com as molduras resultantes da agravação das indicadas alíneas a) e b) do nº 3). Intervirá a norma do artigo 18º, mas não só: há de atender-se a que o evento agravante (morte ou ofensa grave) seja "imputável à situação de perigo criada e diretamente conexionada com a ausência de capacidade de defesa por parte da vítima". Verificado um destes resultados, mas em consequência de **uma outra fonte de perigos**, "o princípio será o de afirmar um concurso entre este crime e o crime negligente produzido",[34] o mesmo é dizer que o elemento mais grave se consuma como crime autónomo na ausência de um nexo causal. As críticas que se fazem a este enquadramento nos crimes agravados pelo resultado consistem fundamentalmente em se estar em presença de um único e mesmo bem jurídico protegido pelo tipo[35]. Tratando-se de uma conduta com uma lesão terminada, na expressão de Helena Moniz, o tipo é antes o qualificado (e não o preterintencional ou agravado pelo resultado), sendo punido com prisão de três a dez anos se do facto resultar a morte da pessoa cuja vida foi colocada em perigo, o que

---

[33] Alguns dos crimes comuns incluídos no artigo 285º, como seja o caso da propagação de doença do artigo 283º, são claramente de perigo concreto. Helena Moniz entende que "quando a conduta-base integra um crime de perigo concreto e a agravação tem lugar quando aquele perigo concreto é materializado, não estamos perante um crime agravado pelo resultado", dado estarem em linha elementos do mesmo bem jurídico "cuja proteção tinha sido antecipada". Mesmo que esta restrição deva ser atendida, vista a estrutura dos crimes agravados pelo resultado, sempre seria de admitir tais tipos de crime quando a ação-básica e o resultado agravativo se distinguirem pela materialização de perigos distintos, como é o caso do artigo 280º (poluição com perigo comum), embora por motivos diferentes, desde as alterações do fim do verão de 2007, que pôs a par, num crime de poluição, a criação de perigo para a vida ou a integridade física de outrem e a criação de perigo para monumentos culturais ou históricos (ficando a caracterização da modalidade de perigo a cargo da "competente autoridade" administrativa). No artigo 283º o perigo associado ao comportamento do agente coincide, ponto por ponto, com o motivo de agravação que se lhe aplica por força do artigo 285º: temos, aqui e além, o resultado morte ou ofensa à integridade física grave para outra pessoa, mas nada disto tem a ver com monumentos culturais ou históricos.

[34] J. M. Damião da Cunha, *Conimbricense* I, p. 124.

[35] Veja-se Helena Moniz, *Agravação pelo resultado?*, p. 732.

O RISCO DE COMER UMA SOPA E OUTROS CASOS DE DIREITO PENAL

aponta para a negligência relativamente ao resultado letal, que tem de ser comprovada nos termos gerais, sem ter de se passar pelo artigo 18º, que só se aplica à agravação pelo resultado. No artigo 138º existirá, nesta perspetiva, um crime "simples" de perigo (concreto) para a vida (nº 1, com duas modalidades típicas), um primeiro crime qualificado no nº 2, em face da relação próxima do agente com a vítima (ascendente, descendente, etc.) e um outro crime qualificado no nº 3.

X. A tentativa estará excluída nos crimes agravados pelo resultado?

Caso nº 21 Tentativa agravada pelo resultado? *A*, munido de uma pistola municiada e pronta a disparar, dirigiu-se a *B* para o roubar, gritando-lhe: "passa para cá a massa", mas não chegou a obter esse resultado porque a arma se disparou quando o *A* carregou no gatilho, estando a vítima mortal a cerca de um a dois metros. O gesto deveu-se a imperícia, inexperiência e falta de conhecimento da forma de manuseamento da arma.

O evento agravante foi produzido *através* da tentativa de roubo (o roubo não chegou a consumar-se, mas houve atos de execução do crime de roubo que o *A* decidiu cometer). O roubo assume-me como o delito fundamental doloso, todavia não consumado. A tentativa é cominada com pena: artigos 23º, nº 1, e 210º, nº 1. O evento agravante foi produzido por negligência (artigos 15º e 18º). O crime por que o *A* responde é o dos artigos 22º, 23º, 210º, nºs 1 e 3[36].

Imaginemos agora que *A*, a seguir ao disparo mortal, tinha desistido voluntariamente de levar avante a sua de roubar a vítima. Seria caso de aplicar as

---

[36] Um caso destes foi julgado pelo STJ (acórdão de 3 de novembro de 2005, *CJ* 2005 tomo III, p. 193). O Tribunal disse que não era necessário, face ao resultado não querido imputável ao arguido a título de negligência (crime preterintencional) ficcionar a consumação do crime de roubo para punir o respetivo agente, nos termos do artigo 210º, nº 3, do CP. Saber se nestes casos é admissível a figura da "desistência" (artigo 24º) não tem resposta unânime. Os tribunais alemães julgaram há anos uns assaltantes que, com uma pistola municiada, se aproximaram da vítima para a roubarem. Tinham no entanto combinado que a pistola não seria usada de forma a produzir dano na pessoa. Ainda assim, a arma disparou-se quando a vítima foi abordada, mas por inadvertência do seu portador e todos acabaram por se retirar sem nada levar. O tribunal entendeu tratar-se de uma tentativa de roubo qualificada, mas deu relevo à desistência. Parece ser de dar razão a Roxin, *AT* II, § 30, número de margem 290, pois se do facto resultou a consequência mais grave, não se mostra abandonada a realização do crime de roubo. Não deve ser dado relevo à desistência, entende Figueiredo Dias, *DP/PG* I, 2ª ed., 2007, p. 746, se "o perigo típico, ligado à conduta tentada, já se atualizou no evento agravante", e assim, "não parece *em princípio* adequado e justo privilegiar o comportamento unitário [para Figueiredo Dias, o crime é uma **unidade** e não um evento agravante unido a um crime fundamental] com a relevância da desistência". Logo se vê pelo inciso que o Autor admite em casos justificados a quebra da unidade e a atribuição ao agente da atenuação especial própria do crime fundamental apenas tentado.

CRIMES AGRAVADOS PELO RESULTADO

consequência derivadas do artigo 24º quanto à tentativa de roubo? A resposta só poderá ser afirmativa.

Caso nº 22 Tentativa agravada pelo resultado? *A* e *B* fazem montanhismo mas em certo momento desentendem-se e, na discussão, *A*, sem dolo homicida, atira uma pedra ao companheiro que se desvia mas perde o equilíbrio, despenhando-se no abismo.

O perigo específico do resultado mais grave relaciona-se aqui com o **desvalor da ação** praticada por *A*, logo: artigos 18º, 22º, 23º e 147º, nº 1. No caso, se *A* vai para socar *B* e este, instintivamente, se desvia mas é apanhado por um camião e morre, o resultado agravante, que não estava abrangido pelo dolo do agente, é imputável à ação deste, não obstante a agressão não se ter consumado (se o tivesse sido não restaria espaço para uma tentativa). Logo: punição nos parâmetros da tentativa de crime agravado pelo resultado: 15º, 18º, 22º, 23º, 73º, 143º, nº 1, e 147º, nº 1.

A estrutura do caso a seguir é diferente:

Caso nº 23 *A* e *B* são amigos. Apesar disso, em certa altura entraram a discutir porque cada um queria fazer valer a sua parcela de razão. Quando passaram às vias de facto, *A* meteu um dedo violentamente num olho de *B*. O facto de *B* com isso ficar cego era-lhe completamente indiferente. Tal porém não chegou a acontecer.

Regista-se aqui a realização plena do crime fundamental de ofensa à integridade física, na medida em que o *A* meteu um dedo no olho do amigo, ofendendo-o corporalmente. O dolo do *A* não chegou a dar lugar à cegueira e um evento mais grave não chegou a ocorrer.

A solução deve ser procurada nos seguintes parâmetros: admite-se uma tentativa do delito agravado se o resultado se liga à ação, mas não assim se ele se liga ao resultado do delito fundamental. Neste sentido, deve punir-se por tentativa de violação sexual agravada (artigos 164º e 167º, nº 3) se já da violência usada para lograr a violação resultar a morte da vítima, embora a violação não tenha sido consumada. "Mas já não se deve punir por tentativa de incêndio agravado (artigos 272º e 285º) se a morte resultar não do incêndio que não se logrou atear, mas de intoxicação de produto usado para o efeito"[37]. No caso do olho atingido,

---

[37] Figueiredo Dias, "Formas especiais do crime" – *Textos de apoio*, 2004, p. 18. No caso de alguém sequestrar outrem de modo a privá-lo da liberdade, para que não possa estar presente num julgamento que terá lugar daí a três dias (artigo 158º, nº 2, alínea *a*)), mas a vítima vir a ser libertada ao fim de poucas

O RISCO DE COMER UMA SOPA E OUTROS CASOS DE DIREITO PENAL

o crime base encontrava-se consumado (com ofensa à integridade física), com a fase da tentativa já ultrapassada.

XI. Outras indicações de leitura

Acórdão do Tribunal Constitucional nº 483/2002: início do prazo prescricional dos crimes agravados pelo resultado. Consumação para fins de punição e efeitos para fins de contagem de prazo prescricional.

Acórdão do STJ de 3 de novembro de 2005, *CJ* 2005 tomo III, p. 193: o crime fundamental de roubo pode ficar no estádio da tentativa e, no entanto, produzir-se o evento mais grave (a morte). Não é necessário, face ao resultado não querido imputável a um dos arguidos a título de negligência (crime preterintencional) ficcionar a consumação do crime de roubo para punir o respetivo agente, nos termos do artigo 210º, nº 3, do CP. No decurso da ação tendente a obter tal resultado, a arma que o arguido empunhava disparou em virtude do mesmo ter carregado o gatilho, estando a vítima a cerca de um a dois metros, devendo-se o gesto a imperícia, inexperiência e falta de conhecimento da forma de manuseamento da arma.

Acórdão do STJ de 1 de junho de 1994, *BMJ* 438, p. 197: nexo de causalidade; regras da experiência comum; empurrão que leva alguém a embater com a cabeça numa parede.

Acórdão do STJ de 5 de julho de 1989, *BMJ* 389, p. 304: *A*, podendo prever a morte de *B*, empurra *B* voluntária e conscientemente para trás, quando ambos se encontravam sobre um patamar em cimento, sem gradeamento ou qualquer outra proteção, situado a cerca de 2 metros do solo, fazendo cair a vítima de costas e bater com a cabeça no pavimento alcatroado da rua, em resultado do que sofreu fraturas necessariamente determinantes da morte.

Acórdão do STJ de 6 de março de 1991, *BMJ* 405, p. 185, e *CJ* 1991-II5: ofensas corporais – duas fortes bofetadas no ofendido – agravadas pelo resultado – morte; homicídio preterintencional; nexo de causalidade entre o resultado e a ação.

Acórdão do STJ de 7 de março de 1990, *BMJ* 395, p. 237: ofensas corporais agravadas pelo resultado; omissão de auxílio; concurso real.

Acórdão do STJ de 9 de junho de 1994, CJ, ano II (1994), tomo II, p. 245: empurrão que leva a ofendida a embater com a cabeça numa parede, procedendo o arguido com negligência quando a abandonou sem a socorrer.

---

horas de cárcere, a punição justifica-se por tentativa e não por crime consumado – o agente não logra a verificação do evento agravante, embora tente ou consuma o delito fundamental. Cf. também Wessels/ Beulke, *AT*, p. 204.

CRIMES AGRAVADOS PELO RESULTADO

Acórdão do STJ de 13 de dezembro de 1989, *BMJ* 392, p. 232: arremesso de balde de chapa esmaltada contra outra pessoa, atingindo-a na cabeça e fazendo-a cair, desamparada, para trás.

Acórdão do STJ de 15 de junho de 2000, CJ ano VIII (2000), tomo 2, p. 221: morte de menor; castigos corporais como projeto educacional.

Acórdão do STJ de 23 de maio de 1990, *BMJ* 397, p. 239: ofensas corporais graves, agravação pelo resultado.

Acórdão do STJ de 26 de outubro de 1994, *BMJ* 440, p. 306: homicídio preterintencional.

Acórdão do STJ de 27 de junho de 1990, *BMJ* 398, p. 336: ofensas corporais com dolo de perigo de que resultou a morte.

Acórdão do STJ de 9 de maio de 2001, CJ, ano IX (2001), tomo II, p. 187: agravação pelo resultado; coautoria, cumplicidade.

Anotação ao acórdão do STJ de 1 de junho de 1994, *BMJ* 438, p. 202: com numerosas referências jurisprudenciais.

Atas das sessões da Comissão Revisora, Ata da 4ª sessão (artigo 157º).

Christoph Sowada, Das sog. "Unmittelbarkeits" – Erfordernis als zentrales Problem erfolgsqualifizierter Delikte, *Jura* 1994, p. 643 e ss.

Conceição Ferreira da Cunha, Conimbricense, PE, tomo II.

Eduardo Correia, Direito Criminal, I, p. 440.

Gimbernat Ordeig, Delitos cualificados por el resultado y causalidad, 1990, p. 165.

H. Hormazabal Malaree, Imputación objetiva y subjetiva en los delitos cualificados por el resultado, Anuário de Derecho Penal y Ciencias Penales, tomo XLII, fasc. III, Madrid, Set./Dez., 1989.

Ingeborg Puppe, La imputación objetiva. Presentada mediante casos ilustrativos de la jurisprudencia de los altos tribunales. Granada 2001.

Ingeborg Puppe, Strafrecht Allgemeiner Teil im Spiegel der Rechtsprechung, Band I, 2002.

J. Damião da Cunha, Tentativa e comparticipação nos crimes preterintencionais, RPCC, 2 (1992).

Johannes Wessela, Strafrecht, BT-1, 17ª ed., 1993.

Jorge de Figueiredo Dias, "Anotação" ao acórdão do Supremo de 1 de julho de 1970, Revista de Direito e de Estudos Sociais, ano XVII.

Jorge de Figueiredo Dias, Direito Penal. Parte Geral Tomo I, 2ª ed., 2007, p. 318 e ss.

Jorge de Figueiredo Dias, Responsabilidade pelo resultado e crimes preterintencionais, 1961 (não publicado).

Jorge de Figueiredo Dias, Textos de Direito Penal. Doutrina geral do crime. Lições ao 3º ano da Faculdade de Direito da Universidade de Coimbra, elaboradas com a colaboração de Nuno Brandão. Coimbra 2001.

José Cerezo Mir, El "versari in re illicita" en el codigo penal español, in Problemas fundamentales del derecho penal, 1982, p. 60.

Jürgen Wolter, Zur Struktur der erfolgsqualifizierten Delikte, JuS 1981, p. 168 e ss.

Kai Ambos, Preterintencionalidad y cualificación por el resultado, Reflexiones desde el Derecho comparado. InDret, Revista para el análisis del derecho, Barcelona, 2006 (acessível na *internet*).

Küpper, Strafrecht BT 1, 1996.

Miguel A. Boldova Pasamar, La imputación subjetiva de resultados "más graves" en el Código Penal Español, Anuário de Derecho Penal y Ciencias Penales, XLVII, fasc. II, 1994.

Paula Ribeiro de Faria, Comentário ao artigo 145º, Conimbricense, PE, tomo I.

Rudolf Rengier, Erfolgsqualifizierte Delikte und verwandte Erscheinungsformen, 1986.

Rudolf Rengier, Strafrecht BT II, 4ª ed., 2002.

Santiago Mir Puig, Preterintencionalidad y limites del articulo 50 del Código Penal, Libro Homenaje al Prof. J. Anton Oneca, 1982, p. 318 e ss.

12 – A NEGLIGÊNCIA

I. Generalidades

1. Até há relativamente pouco tempo, os crimes negligentes tinham uma importância limitada, só saíram da sombra com a progressiva industrialização, o rápido desenvolvimento dos meios tecnológicos e o aumento significativo dos veículos em circulação. Atualmente, um tema recorrente centra-se em manifestações de imperícia e erro associadas aos tratamentos e outras intervenções de médicos e cirurgiões. Mostram-se nos telejornais pontes que definham e se esboroam por não haver dinheiro para consertos desde o "reinado" do marquês de Pombal. O tempo dos noticiários mede-se pelo número e a importância das vítimas que se despenham nas águas e vão, devoradas, rio abaixo, no caudal das enchentes. Chama-se à responsabilidade quem provocou tamanhas desgraças, aplicando-se-lhe os artigos 137º e 148º. Ambos são crimes de resultado, construídos em função do respetivo desvalor. Mas a lei também presta atenção às simples condutas negligentes, castigando, por ex., uma praga dos nossos dias, a condução em estado de embriaguez (artigo 292º), independentemente da produção de um qualquer resultado. Quer isto dizer que há no Código crimes negligentes de mera atividade, em que a lei se limita a descrever a conduta que o agente realiza, com o relevo posto unicamente no desvalor da ação, e crimes negligentes de resultado, estando estes em maioria. Não se configurando uma "tentativa" negligente, o facto só vem a assumir significado quando o resultado ocorre e passa a ser imputável ao agente em termos causais. Uma ação negligente, em que o autor "não conhece" nem "quer" o resultado, nunca pode representar uma decisão de atuar (artigo 22º, nº 1), dizem alguns; outros observam que a punição da tentativa negligente é uma questão de somenos, quaisquer que sejam os pressupostos dogmáticos que a amparem[1]. Pense-se naquele que por conduzir

---

[1] Igualmente se rejeitam formas de "cumplicidade" negligente, por ser imprescindível um duplo dolo. A "comparticipação" numa ação negligente só é concebível na forma de **autorias paralelas** ou (no aproveitamento doloso da conduta descuidada de outrem) como autoria mediata.

519

distraído não liga ao sinal vermelho. Se matar ou ferir o peão que atravessa a via no lugar para tanto destinado desencadeia-se o ilícito criminal com a verificação do evento previsto na norma penal; se nada se passar, se não houver sequer lesões, ou se não for possível contabilizar um perigo concreto para a vida ou a integridade física de outrem ou para bens patrimoniais alheios de valor elevado (artigo 291º), o ilícito situa-se simplesmente no plano contraordenacional. Será porventura uma questão de "sorte", ou melhor: será o "acaso" a infiltrar-se nos interstícios da vida.

2. Noutros tempos, quando se construía o ilícito na base da causalidade, tanto dava que o crime fosse doloso ou negligente. À forma de conceber o ilícito faltava uma visão dinâmica, aos juristas bastava a comprovação da relação causal. A teoria causalista, por isso mesmo, não aprofundou o problema dos crimes negligentes, pura e simplesmente, aplicou-lhes as regras dos crimes dolosos[2]. Mesmo hoje, tanto o artigo 131º (homicídio doloso) como o artigo 137º (homicídio por negligência) começam pela mesma expressão: "quem matar outra pessoa". Não é contudo o desvalor do resultado que separa os crimes dolosos dos negligentes. O que separa os dois ilícitos é o desvalor da ação e isso só em tempos mais chegados foi acentuado: o agente doloso atua de forma contrária ou hostil ao Direito, ou pelo menos com indiferença face aos correspondentes valores: quando não "quer" o resultado que representa, conforma-se ao menos com a sua realização (artigo 14º). Onde se deteta um simples erro de conduta (artigo 15º) é de negligência que se poderá tratar e só desta.

3. Na negligência recorta-se um elemento significativo, com o qual interessa desde já tomar contacto: a **inobservância do dever de cuidado**. A opinião dominante, a exemplo do crime doloso, vê na negligência uma conduta punível que reúne elementos de ilicitude e de culpa. O artigo 15º exprime esse juízo de dois graus, na medida em que se dirige a quem não proceder com o cuidado a que, segundo as circunstâncias, está obrigado e de que é capaz. A doutrina fez os possíveis por encontrar outros caminhos e chegou à equiparação (ou à substituição nalguns casos) da norma de cuidado pela ideia da **criação ou potenciação de um risco juridicamente desaprovado**, tipicamente relevante ou socialmente inadequado[3]. Neste contexto, para a imputação objetiva do resultado lesivo requer-se que a ação realize um perigo desaprovado que se materializou no resultado concreto final, como a seu tempo se explicou, ao tratarmos da causalidade, com

---

[2] Em Bustos Ramírez, *Manual de derecho penal español*, PG, 1984, p. 262 e ss., podem ler-se os pormenores da evolução posterior dos crimes negligentes.

[3] Alguns autores contestam a necessidade da violação do dever de cuidado; outros, como Roxin, consideram-no irrelevante, por não trazer nada de novo relativamente aos critérios gerais de imputação objetiva (em que é por completo absorvido), na medida em que só haverá negligência se o agente criar um risco não permitido (Roxin *ATI*, p. 892 e ss.).

A NEGLIGÊNCIA

menção de alguns aspetos da teoria do risco. Por outro lado, o cuidar reclama, como quer Faria Costa, "a necessidade de uma definição daquilo de que se deve cuidar".

4. Não se decretou a punibilidade da negligência em geral, não existe no nosso direito penal o *crimen culpae*, um tipo de crime negligente que declare ilícita e puna qualquer violação do dever de cuidado. Existem crimes negligentes concretos, *crimina culposa*. O artigo 13º especifica que só é punível o facto praticado com negligência nos casos especiais previstos na lei (princípio da excecionalidade da punição das condutas negligentes: *numerus clausus*). Situação que se manifesta em correspondência com o sistema de *ultima ratio* para proteção de bens jurídicos, enquanto fundamento limitador do direito penal. Convém aliás notar que só uma pequena parte dos crimes dolosos tem uma contrapartida negligente, por ex., a ofensa à integridade física ou os crimes contra a vida tanto se definem e punem na forma dolosa como na negligente. Não é assim para o dano, nem o furto, nem qualquer dos vários crimes sexuais ou de falsificação documental, que todos têm expressão exclusivamente dolosa. De capital importância são as combinações dolo/negligência[4]. Por ex., o artigo 272º (incêndios, explosões e outras condutas especialmente perigosas) segue o esquema subjetivo adotado em grande parte dos crimes de perigo comum: no nº 1: ação dolosa e criação de perigo doloso; no nº 2: ação dolosa e criação de perigo negligente; no nº 3: ação negligente e criação de perigo negligente. Na preterintencionalidade/agravação pelo resultado o agente atua com dolo relativamente ao tipo fundamental, acrescendo uma consequência que se imputa a título negligente (ex., artigos 18º, 147º). Os casos de "aberratio ictus", por seu turno, não têm obtido respostas coincidentes, havendo quem aponte como solução correta a punição do agente por tentativa, em concurso eventual com um crime negligente consumado, como no caso do tiro sobre *B*, para o matar, que atinge *C*, que ia a passar, sem nada ter com os que discutiam. Só mais uma nota para deixar claro que uma norma como a do artigo 292º (condução em estado de embriaguez) não desencadeia qualquer agravação, limitando-se a indicar uma mesma moldura penal para as hipóteses dolosa e negligente, nela previstas, ainda que na determinação da sanção se tenha que distinguir, entre outras circunstâncias, a *intensidade* do dolo ou da negligência que acompanham a concreta infração (artigo 71º, nº 2, alínea *b*)). O crime é de mera atividade, daí que a violação do dever de cuidado objetivamente devido não

---

[4] O caso do roubo com o resultado agravante doloso de lesão corporal grave (artigo 210º, nº 2, alínea *a*)), contempla o dolo relativamente ao crime fundamental e o dolo relativamente ao resultado agravante típico. É um caso de **dolo/dolo**. Pode dar-se a infração das regras da construção por negligência de que resulta a morte negligente (artigos 277º, nº 3, e 285º).

possa conexionar-se com um *resultado*, mas com "a realização de um facto que preenche um tipo de crime"[5].

5. Diga-se ainda, de forma breve, que em caso de erro sobre as circunstâncias do facto (artigo 16º) fica ressalvada a punibilidade por negligência, mas esta só ocorre se uma norma a prevê nos termos gerais, o que significa a necessidade de comprovação de todos os elementos de um determinado tipo de ilícito negligente. O artigo 16º contém regras sobre as consequências de um erro sobre a factualidade típica, quer dizer, sobre um elemento objetivo da infração. O caçador que dispara na suposição errónea de que por trás dos arbustos está uma peça de caça, quando se trata de uma pessoa que andava nos trabalhos agrícolas, é punido, por via do artigo 16º, por homicídio negligente (artigo 137º) e não pelo crime do artigo 131º. É uma espécie de crime misto, com duas caras, de dolo e negligência. O crime foi cometido com dolo (dolo-de-tipo: *dolo natural*), mas há um *deficit* na componente intelectual que explica a censura por negligência. Pode também acontecer que vindo *A* a sair dum parque de estacionamento, de madrugada, cerca das 3 horas, de repente, convencido que vai ser agredido por *X*, que dele se aproximava para se certificar do caminho mais curto para o hotel onde está hospedado, empurra-o, fazendo com que *X*, caindo para o lado, sofra uma lesão num joelho. Neste caso, *A* atuou na falsa convicção de que se verificavam os pressupostos de uma causa de justificação, a legítima defesa. A hipótese enquadra-se no regime do artigo 16º, nos 1, 2 e 3, sendo certo que o crime de ofensas à integridade física se exprime tipicamente tanto na forma dolosa como na negligente. Também aqui o agressor só poderá ser punido pelo crime negligente, dado que o seu erro *exclui* o dolo.

6. O Código distingue a negligência consciente da inconsciente (artigo 15º). Na negligência consciente (*luxuria*) o agente representa como possível a realização de um facto que preenche um tipo de crime mas atua sem se conformar com essa realização – o agente previu a possibilidade do resultado, por exemplo, um acidente, e apesar disso atua, ou deixa de tomar as medidas recomendadas na situação concreta. Na negligência inconsciente (*negligentia*) o agente não chega sequer a representar a possibilidade de realização do facto – o agente nem sequer pensou nas consequências, embora pudesse tê-lo feito e devesse tê-las previsto.

7. Para alcançar o elemento diferenciador entre o dolo eventual e a negligência consciente, o legislador optou (artigo 14º, nº 3) pela fórmula da *conformação* do agente com a realização do tipo de ilícito objetivo. Ao menos nos casos mais difíceis e duvidosos, "não é possível lograr uma afirmação do dolo teleologicamente fundada sem apelar, em último termo, **para a indiferença do agente perante a realização do tipo**". "O agente que revela uma **absoluta indiferença**

---

[5] Figueiredo Dias, *DP/PG* I, 2007, p. 869. A possibilidade de realização de um facto que preenche um tipo de crime está, a par da realização do resultado, representada no artigo 15º.

A NEGLIGÊNCIA

pela violação do bem jurídico, *apesar da representação da consequência como possível*, sobrepõe de forma clara a satisfação do seu interesse ao desvalor do ilícito e por isso *decide-se* (se bem que não sob a forma de uma "resolução ponderada", ainda que só implicitamente, mas nem por isso de forma menos segura) pelo sério risco contido na conduta e, *nesta aceção*, conforma-se com a realização do tipo objetivo" (Figueiredo Dias). É por aí que, em último termo, se separam as águas entre a conduta dolosa e a simplesmente negligente.

8. A negligência pode andar associada a formas de comissão por **omissão impura** (artigo 10º). Veja-se o que escrevemos no parágrafo correspondente. Um dos casos mais interessantes e manifestos do crime de comissão por omissão negligente é o da *baby-sitter* encarregada de cuidar da criança na ausência dos pais e que em vez de ligar ao pequeno se deixa entusiasmar pelos episódios da telenovela. Resultado: a criança despenha-se da mesa para onde subira sem reação de quem a devia vigiar e sofre lesões graves ou até a morte. Um outro exemplo é o do banheiro que *por descuido* não tem à mão a boia que lhe permitiria salvar quem se afoga na praia que conta com a sua vigilância. Tanto a *baby-sitter* como o banheiro se encontravam, ao tempo da omissão e da violação do dever de cuidado, em posição de garantes da evitação do resultado. Ainda que associando-se um simples *non facere* a um erro de conduta, a pena pode ser especialmente atenuada (artigo 10º, nº 3, e 73º).

9. Sobre o crime negligente, entre as exposições mais conhecidas entre nós, para além dos autores nacionais (por ex., Jorge de Figueiredo Dias, "Velhos e novos problemas da doutrina da negligência", *Temas básicos da doutrina penal*, Coimbra Editora, 2001; e agora em *Direito Penal. Parte Geral* I, 2ª ed., 2007), encontram-se as de Jescheck, *Lehrbuch des Strafrechts: AT*, 4ª ed., 1988, de que há tradução espanhola; Johannes Wessels, *Strafrecht, AT*-1, 17ª ed., 1993 (com uma 40ª edição em 2010: Wessels/Beulke, Strafrecht Allgemeiner Teil, Die Straftat und ihr Aufbau), de que há traduções para o português (Brasil) e para o espanhol a partir de edições muito anteriores; e Mir Puig, *Derecho Penal*, Parte general, Barcelona, com diversas edições. Cf., ainda, sempre com proveito, F. Muñoz Conde, *Derecho Penal*, Parte general, igualmente com diversas edições.

II. A negligência no Código

1. O artigo 15º formula um juízo de dois graus, na medida em que se dirige a quem não proceder com o cuidado a que, "segundo as circunstâncias", está obrigado (*deve*) e de que é capaz (*pode*). Tal como o "dolo", o conceito jurídico da "negligência" tem uma dupla natureza, o que implica esse exame "de dois graus". Dentro do **tipo de ilícito** deve comprovar-se que não foi observado o cuidado

exigido objetivamente. No âmbito da culpa (**tipo de culpa**) deverá apurar-se se o autor, de acordo com a sua capacidade individual, estava em condições de satisfazer as exigências objetivas de cuidado.

2. O artigo 137º, nº 1, dispõe que quem matar outra pessoa *por* negligência é punido com pena de prisão até três anos ou com pena de multa; o artigo 148º, nº 1, prescreve que quem, *por* negligência, ofender o corpo ou a saúde de outra pessoa é punido com pena de prisão até um ano ou com pena de multa até 120 dias. No artigo 292º, nº 1, sublinha-se que quem, ao menos *por* negligência, conduzir veículo, com ou sem motor em via pública ou equiparada, com uma taxa de álcool no sangue igual ou superior a 1,2 g/l é punido com pena de prisão até um ano ou com pena de multa até 120 dias, se pena mais grave lhe não couber por força de outra disposição legal. A mesma formulação (pelo menos *por* negligência) é a utilizada nos artigos 210º, nº 2, alínea *a*) e 295º, nº 1, ostentando o artigo 18º a expressão "pelo menos *a título* de negligência".

A menção aos artigos 137º, nº 1, e 148º, nº 1, é suficientemente ilustrativa de que o agente deve *causar* o resultado "*por*" negligência, sendo este um pressuposto deste tipo de ilícito. Em termos gerais, a pergunta a fazer é se o agente produziu o resultado típico "através" da violação do dever de cuidado objetivo. Para definir esse *através* usam-se diversas fórmulas: a jurisprudência nacional vale-se geralmente do "nexo de causalidade adequada" entre o comportamento do arguido (violador da norma de cuidado) e o resultado, por ex., a morte da vítima. A doutrina frequentemente usa a terminologia alemã do "nexo de infração do dever" ou "conexão de ilicitude", no sentido de que não bastará para a imputação de um evento a alguém que o resultado tenha surgido em consequência da conduta descuidada do agente, sendo ainda necessário que tenha sido precisamente em virtude do caráter ilícito dessa conduta que o resultado se verificou[6].

Caso nº 1 *A*, industrial, inquieta-se com as manobras que o seu guarda-livros faz na escrita da empresa, a ponto de lhe surgir uma úlcera estomacal, não tendo os médicos dúvidas quanto a essa origem.

A questão está em saber se ao contabilista da empresa pode ser imputada uma ofensa corporal negligente na pessoa do industrial (artigo 148º), sabendo-se que a úlcera representa um prejuízo tanto no corpo como na saúde (artigo 143º, nº 1). A ofensa, disseram os médicos, foi produzida por via da continuada falsificação da escrita. Poderemos afirmar no caso uma conexão de ilicitude, tal como ficou definida? É certo que foi a conduta do contabilista a causar a ofensa noutra pessoa. Mas não há, na situação descrita, nenhum dever especial que possa ser atribuído

---

[6] Lackner; Wessels, p. 199; Curado Neves, p. 197.

ao contabilista de impedir o aparecimento de uma úlcera noutra pessoa. Nem existe um tal dever de ordem geral, pelo que ao contabilista não pode ser imputado o resultado em apreço. A ofensa sofrida pelo empresário não foi produzida *por* negligência do contabilista.

Caso nº 2 Nexo causal. Devido às características e ao local onde o veículo se encontrava estacionado, o A só poderia retirá-lo efetuando uma manobra de marcha-atrás, mas não se apercebeu da trajetória tomada por outro utente da via, tendo-se dado a colisão.

Disse o acórdão do STJ de 28 de maio de 2008, no processo nº 1778/08: "tem de concluir-se que a conduta do A só é passível de juízo de censura na medida em que para além de conduzir sob o efeito do álcool, *facto que não foi de modo nenhum causal do acidente*, estacionou em local proibido. Só que não resultou da factualidade assente qualquer nexo de causalidade adequada entre o estacionamento naquelas condições e a ocorrência do acidente, daquela decorrendo que o A cumpriu o dever de cuidado a que estava obrigado".

3. No mais das vezes, o Código remete simplesmente para o requisito da negligência. Noutras ocasiões, porém, a lei prevê uma punição mais gravosa para a negligência *grosseira*. Fala-se de **negligência grosseira** nos artigos 137º, nº 1, 156º, 274º, nº 5, 351º e 369º, nº 5. Usa-se a expressão "grave incúria ou imprudência (...), grave negligência" no artigo 228º, nº 1, alínea *a*), a propósito da insolvência negligente. No crime de recetação, a expressão "faz razoavelmente suspeitar", usada no artigo 231º, nº 2, aproxima-se da figura da negligência grosseira, "compreendida como fundada num especial grau de previsibilidade do agente"[7].

A doutrina moderna parece negar importância prática à distinção entre negligência consciente e inconsciente, e o legislador também lha não atribui, só lhe interessa separar a negligência consciente do dolo eventual. As duas formas de negligência recebem tratamento idêntico, estão estruturalmente equiparadas, relevando em qualquer delas a violação do dever de cuidado, que na negligência inconsciente se refere ao não reconhecimento do perigo e na consciente a uma sua falsa valoração. Outra é a questão do "peso" com que cada uma delas contribui para a determinação concreta da pena, não faltando quem sustente que é na negligência inconsciente que reside a maior falta de consideração pelo outro. Quanto à negligência *grosseira*, não se ocupou o legislador da sua definição, ficando o critério legal a cargo do aplicador do direito.

---

[7] Rui Carlos Pereira, *O dolo de perigo*, p. 111. Note-se contudo que a opinião hoje dominante atribui à recetação do nº 2 do artigo 231º caráter doloso, identificando-se o elemento subjetivo exclusivamente com o dolo eventual. Cf. Pedro Caeiro, *Conimbricense* II, p. 497.

III. A estrutura do crime negligente; a violação de um dever de cuidado é o eixo em torno do qual gira o conceito de negligência

O **tipo de ilícito negligente** supõe, no plano do desvalor da ação, a violação do dever objetivo de cuidado (= violação do cuidado objetivamente devido) e a previsibilidade objetiva da realização típica. Estes dois pressupostos típicos não se encontram propriamente um ao lado do outro, estão porém tão "intimamente ligados" que "não podem ser apreciados isoladamente" (Kühl). Além da violação do dever de cuidado e da previsibilidade objetiva, concorre o resultado como elemento dos crimes negligentes de resultado. Quem conduz um automóvel e, por seguir distraído, não para num sinal vermelho, age com manifesta falta de cuidado, mas se nada aconteceu, se o condutor não provocou mortos nem feridos, falta a concorrência dum evento típico – consequentemente, não preenche a conduta o crime do artigo 137º, nem o do 148º, quanto muito uma contraordenação estradal, ou o crime do artigo 291º, se estiverem presentes os restantes pressupostos. Elementos da culpa serão a capacidade de culpa, a consciência da ilicitude, ao menos na forma potencial, e a exigibilidade (recordem-se certas situações de conflito, que levam à exclusão da culpa, não obstante a violação do dever de cuidado). Acrescem os elementos específicos da negligência individual.

Esquematicamente, a estrutura dos crimes negligentes poderá ser assim representada:

A. Tipo-de-ilícito

- Ação ou omissão da ação devida. Recorde-se o que se disse oportunamente sobre os automatismos na condução automóvel. Os *automatismos* são produto da aprendizagem. A doutrina atual, mesmo quando se inclina para a não ação nos atos reflexos, afirma-a em geral ao nível dos automatismos, que se desenvolvem sem a intervenção da consciência ativa.
- Violação do dever objetivo de cuidado. A violação do dever de cuidado determina-se por critérios objetivos, nomeadamente, pelas exigências postas a um homem avisado e prudente na situação concreta do agente. A extensão do dever de cuidado é referida ao homem médio do concreto círculo de responsabilidades em que o agente se move (por ex., como médico, como motorista de pesados, etc.). O dever de cuidado é limitado pelo *princípio da confiança*: ninguém terá em princípio de responder por faltas de cuidado de outrem, antes se pode confiar em que as outras pessoas observarão os deveres que lhes incumbem.
- Produção do resultado típico nos crimes negligentes de resultado. Por ex., a morte de "outra pessoa", no artigo 137º, nº 1.

A NEGLIGÊNCIA

- Previsibilidade (objetiva) do resultado, incluindo o processo causal. Negligência consciente; negligência inconsciente (artigo 15º). Um resultado será objetivamente previsível se for previsível para um homem sensato e prudente, colocado na situação do agente no momento da ação, de acordo com a experiência geral (juízo de adequação).
- Imputação objetiva desse resultado à ação do sujeito. Causalidade. Imputação normativa. Adequação, nexo de risco, aumento do risco perante comportamento lícito alternativo. A produção do resultado pode ficar fora do âmbito de proteção da norma; o resultado pode verificar-se também em caso de comportamento lícito alternativo.
- Nexo de imputação entre a violação do dever de cuidado e o resultado: (artigo 15º: "quem, por não proceder com o cuidado..."), como exigência adicional à do nexo anteriormente apontado (entre a ação e o resultado típico).
- Concorrência, ou não, de uma causa de justificação.

B. Tipo-de-culpa

- Censurabilidade da ação objetivamente violadora do dever de cuidado. Capacidade de culpa. A negligência supõe que o agente seja capaz de cumprir o dever de cuidado e de prever o resultado típico. Deve comprovar-se se o autor, de acordo com as suas qualidades e capacidade individual, estava em condições de satisfazer as correspondentes exigências objetivas, tendo em atenção a sua inteligência, formação, experiência de vida; deve olhar-se também às especialidades da situação em que se atua (medo, perturbação, fadiga). Se o agente, por uma deficiência mental ou física, ao tempo da sua atuação não estava em condições de corresponder às exigências de cuidado, não poderá ser censurado pela sua conduta.
- Previsibilidade individual. A previsibilidade individual está excluída na *negligência inconsciente*; na *negligência consciente* o agente representa sempre como possível a realização de um facto que preenche um tipo de crime. A punibilidade poderá ocorrer por *culpa na assunção*.
- Exigibilidade do comportamento lícito. A conduta cuidadosa não será exigível quando a sua adoção não for de esperar duma pessoa na situação do agente.

1. O dever de cuidado/o risco permitido

Nas modernas sociedades industrializadas torna-se impossível proibir toda e qualquer ação que implique um perigo de lesão de bens jurídicos. A permissão de condutas perigosas é geralmente explicada por desígnios de desenvolvimento

O RISCO DE COMER UMA SOPA E OUTROS CASOS DE DIREITO PENAL

científico, técnico ou económico. É o caso da circulação rodoviária e de outros meios de transporte por caminho de ferro, por água e por ar, que em si mesmos são perigosos, mas cujo exercício é permitido, mediante cuidados adequados a evitar desastres pessoais e danos em coisas. Quando estes cuidados são observados, espera-se que o risco não venha minar a confiança instalada; quando não são cumpridos, aumenta o perigo de se desencadearem efeitos nocivos. Na prática, todavia, torna-se igualmente impossível sistematizar cada um dos deveres de cuidado, tão diferentes são entre si. Ainda assim, pode dizer-se que o dever de cuidado tem assento:

– Na norma incriminadora, por ex., o artigo 291º, ao referir-se à violação grosseira das regras da circulação rodoviária por quem conduzir veículo na via pública; ou nas normas que incluem na sua previsão a proibição genérica de matar (artigos 131º; 137º).
– Em numerosos setores da vida, nas chamadas **regras de conduta**. São **normas específicas**, como as normas de trânsito, que são as mais frequentemente invocadas, em vista do desenvolvimento a que chegou a circulação automóvel, regulamentos da construção civil (uma regra mínima é a exigência aos que trabalham na obra do uso de capacete de proteção), regras de conservação de edifícios, incluindo pontes e viadutos, etc.; ou **regras de experiência**, por ex., as *leges artis* de determinadas profissões ou grupos profissionais, como o dos médicos, enfermeiros, dentistas, engenheiros, caçadores, etc.[8] Além do tráfego rodoviário, em cujo exercício qualquer condutor sabe que em zona serrana, no inverno, os troços de estrada sem sol podem ter gelo no pavimento e provocar despistes, surpreende-se a importância das normas de cuidado dirigidas à proteção da vida e da integridade física em domínios como a indústria, o comércio e atividades similares; a proteção de trabalhadores; os tratamentos da saúde; a vigilância de crianças; as atividades venatórias; as deslocações por água; o caso dos elevadores; as competições desportivas; o manejo de armas; etc. São hoje

[8] Cf., especialmente, Figueiredo Dias, *Velhos e novos problemas*, que, a propósito do que se passa com "as normas profissionais e análogas (nomeadamente as de caráter *técnico*, as chamadas *leges artis*)", alude à atividade de "médicos, dentistas, enfermeiros, engenheiros, arquitetos, caçadores, desportistas, guardas prisionais, soldados, hoteleiros ou outras pessoas ligadas a qualquer nível, à cadeia alimentar". O médico, quando leva a efeito uma diligência da sua especialidade, em especial uma operação, deve agir de forma a evitar danos, procedendo como mandam as regras e a experiência da arte médica. Trata-se de "normas de trabalho", expressas ou não, criadas por associações de interesse privado, nomeadamente, em áreas técnicas, que são o resultado da experiência e da prática de prevenir e de lidar com o perigo e que por isso estabelecem claramente os limites do risco permitido. O que em abstrato é perigoso poderá não o ser em concreto (Roxin). Cf. também Bustos Ramírez e Hernan Hormazabal Malarée, *Leciones de Derecho Penal* vol. II, p. 175 e ss.

em número quase inabarcável as decisões sobre a velocidade em geral prescrita na circulação automóvel, particularizando-se casos de condução com mau tempo, em situações de invernia, ou com deficiente visibilidade; de acidentes por falta de segurança do próprio veículo; ou em cruzamentos de pouca visibilidade; de condução em estado de fadiga ou cansaço ou de condutor com pouca experiência; de encandeamento por outro veículo que circula em sentido contrário; de golpe de direção na sequência da introdução de um inseto na cabine, etc.[9]

– Num **dever geral de cuidado**, exigindo atenção para as circunstâncias concretas do caso, de tal forma que a mãe não deve manter medicamentos ao alcance da criança nem dar-lhe uma caixa de fósforos para as mãos. O Direito impõe a todos o dever de evitar a lesão de terceiros: é o dever geral de cuidado, de forma que, quando falamos das características típicas dos crimes negligentes e trabalhamos metodicamente, devemos indagar quais são os comportamentos que a ordem jurídica exige numa determinada situação – só assim poderemos medir a conduta do agente, saber se ela corresponde à do homem avisado e prudente na situação concreta do agente, critério que corresponde ao geralmente adotado. A medida do cuidado exigível coincidirá com o que for necessário para evitar a produção do resultado típico (Jescheck). Para o Prof. Figueiredo Dias interessa a "violação de exigências de comportamento em geral obrigatórias cujo cumprimento o direito requer, na situação concreta respetiva", para evitar a lesão dolosa de um bem jurídico.

O dever de cuidado radica, desde logo, na abstenção de qualquer ação idónea ao preenchimento do tipo de delito imprudente: é o chamado **cuidado como omissão de ações perigosas**. Onde não existem modelos de comportamento formulados para áreas especializadas devem servir duas regras gerais de orientação:

– Quem pretender levar a cabo uma certa conduta cujo risco não está em condições de avaliar, deverá **informar-se**; se não se puder informar ou esclarecer deverá **abster-se de agir**.
– O sujeito deve buscar a tempo os conhecimentos, experiências e faculdades sem os quais a realização da ação seria irresponsável por causa do risco que

---

[9] "Todos sabemos do grande rigor e minúcia com que se estabelecem regras de cuidado – é isso precisamente que a comunidade tem o direito de esperar – quando se lida com instrumentos ssuceptíveis de desencadearem danos massificadores (José de Faria Costa, *O Perigo em Direito Penal*, p. 517). O artigo 4º da Lei das Armas dispõe que os seus portadores são permanentemente responsáveis pela segurança das mesmas, no domicílio ou fora dele, e devem tomar todas as precauções necessárias para prevenir o seu extravio, furto ou roubo, bem como a ocorrência de acidentes.

lhe está associado. Quem pretender conduzir um camião deverá frequentar o número de aulas suficiente para obter a respetiva licença. Atua de forma incorreta o médico que inicia e prossegue um tratamento para que lhe falta a necessária especialização. Ao médico competia abster-se de tal tratamento, ou então impunha-se-lhe que adquirisse os necessários conhecimentos ou que solicitasse a assistência de um colega especializado. Viola o dever de cuidado quem conduzindo em estado de extremo cansaço atropela um peão, já que nesse estado não pode reagir com a suficiente rapidez. Também aqui o conteúdo do dever de cuidado consiste, antes de mais, em reconhecer os perigos que surgem da conduta concreta para o bem jurídico protegido e adotar a atitude correta correspondente, ou seja, realizar a ação perigosa somente com as suficientes precauções de segurança ou omiti-la completamente[10]. Por isso atua objetivamente de forma contrária ao dever quem empreende uma atividade que, por falta de experiência, não é capaz de levar a cabo.

As condutas realizadas ao abrigo dum "risco permitido" não chegam a preencher o tipo de ilícito negligente. Começaremos por lembrar Engisch, para quem a observância do dever objetivo de cuidado se traduz no cumprimento de um cuidado interno e de um cuidado externo[11]. Os critérios dos nossos tribunais estão longe de ser uniformes, reportam-se geralmente à infração do dever de cuidado, acrescentando razões próprias de outra figura que se identifica com o risco penalmente relevante. Considere-se de novo a condução automóvel, que, como outras atividades próprias das sociedades modernas, e como tal imprescindíveis, comportam riscos que, em certas ocasiões, nem mesmo com o maior cuidado se podem evitar. Como também já se observou, põe-se em relação a tais atividades a questão da sua *necessidade social* ou da sua *utilidade social* e, por isso mesmo, o Direito aceita-as, não as proíbe, não obstante os perigos que lhes estão associados. As condutas realizadas ao abrigo do **risco permitido** não são negligentes, não chegam a preencher o tipo de ilícito negligente. Se o agente não criou ou incrementou qualquer perigo juridicamente relevante não existe sequer a violação de um dever de cuidado. A negligência exclui-se se o agente se contém nos limites do risco permitido, se num atropelamento não criou nem potenciou um risco para a vida ou para a integridade física da vítima. Veja-se o caso do peão que é atropelado no troço da via junto ao hospital.

---

[10] Wessels, p. 196.

[11] Engisch, *Vorsatz und Fahrlässigkeit*, p. 273 e ss. O dever de comportamento externo apropriado conexiona-se com a previsibilidade do perigo evitando que o resultado se produza (**cuidado externo**: *äussere Sorgfalt*). Nos casos mais simples, como veremos mais adiante ao tratar da **culpa na assunção**, o dever de cuidado radica em o sujeito se abster de uma ação idónea à realização típica negligente.

A NEGLIGÊNCIA

Atualmente sustenta-se, nos quadros da teoria do risco, que a exemplo do delito doloso se requer para o delito negligente uma ação que realize um perigo juridicamente desaprovado para a imputação objetiva do resultado lesivo. Chega-se assim a equiparar e nalguns casos a substituir a norma de cuidado pela ideia da criação ou potenciação (incremento) de um perigo tipicamente relevante e juridicamente desaprovado[12]. Neste contexto poderá concluir-se que não atua de forma negligente quem se mantém nos limites dum risco permitido. As atividades perigosas autorizadas pela ordem jurídica (transportes ferroviários, marítimos e aéreos, atividades mineira e industrial, etc.) e as que são permitidas no tráfego rodoviário a quem está habilitado não constituem qualquer causa de justificação para o homicídio, as lesões corporais, os danos, etc., que ocorram no âmbito de atividades perigosas, pois isso não necessita qualquer justificação, na medida em que a ação causadora do resultado – que assim não representa uma lesão do dever de cuidado nem tão pouco a realização dolosa de um tipo de ilícito – não ultrapasse o âmbito do risco permitido. Deste modo, atua negligentemente quem causa um resultado típico através de uma ação que aumenta o risco acima da medida permitida (aumento do risco da produção do resultado), como conduzir em velocidade desmedida, fazer uso de pneus gastos, pôr a navegar um navio incapaz, não se deter na passagem para peões quando um já iniciou a travessia, etc.[13]

---

[12] Alguns autores contestam, como vimos, o recurso à violação do dever de cuidado; outros consideram-no irrelevante, por não trazer nada de novo relativamente aos critérios gerais de imputação objetiva, na medida em que só haverá negligência se o agente **criar** um perigo não permitido. Aliás, nem o exato conteúdo da noção de negligência nem a sua integração na teoria do crime se encontram já suficientemente esclarecidos – muitas vezes são, até, amplamente discutidos, existindo um número considerável de modelos e de noções sistemáticas. (Cf. Lackner, p. 119). Kühl observa que, no respeitante à construção do crime negligente, nos vemos infelizmente confrontados com uma "multiplicidade de modelos em número dificilmente abarcável". Continua a ser discutida a ordenação sistemática tanto da "violação do dever objetivo de cuidado" como do "conhecimento de realização típica" com que alguns a substituem ou que lhe dão como acrescento. Contudo, acabou por se impor um modelo que inclui esta característica no tipo de ilícito da negligência. Para fins didáticos, costuma-se alinhá-la logo à cabeça (depois da tipicidade, examina-se a ilicitude e a culpa).

[13] Cf. Wessels; T. R. Montañes; Bockelmann/Volk. O problema material é já antigo; embora em 1861 se dissesse que o caminho de ferro era um empreendimento antijurídico, isso só tinha a ver com os pressupostos da responsabilidade civil. Mas já muito antes da "época da técnica" não só a construção civil, as pedreiras, as minas, a navegação, etc., eram "atividades perigosas", como também havia cavalos que tomavam o freio nos dentes, crianças que caíam nos poços, combustões que causavam danos, em resumo, também certas coisas do uso diário eram perigosas. Para poder chegar à formulação do risco permitido foi preciso, por um lado, que se produzisse um aumento quantitativo dum novo tipo de perigos, que se tornou evidente especialmente no âmbito do tráfego ferroviário e rodoviário, e, por outro, que se soubesse até que ponto era possível dominar, com um comportamento cuidadoso, o âmbito do risco nas atividades perigosas que se iam ampliando – e mesmo saber até que ponto é que isso só se poderia obter renunciando ao "progresso". G. Jakobs, *El delito imprudente*, p. 173.

Caso nº 3 Incremento ou potenciação de um risco juridicamente relevante. O condutor *A* atropelou o peão *B* na passagem para peões. *B* saiu subitamente de entre dois automóveis parados e o *A* não o pôde ver a tempo[14].

Trata-se de saber se o *A*, apesar do que fica relatado, devia ter parado, sendo manifesto que se o tivesse feito o acidente não se teria produzido e que este se deu no local onde os peões atravessam.

Entre os cuidados a observar pelos condutores, especificados no artigo 103º do Código da Estrada, não consta o comando "deves parar na passadeira"; a norma de cuidado o que diz é: "Ao aproximar-se de uma passagem para peões, junto da qual a circulação de veículos não está regulada nem por sinalização luminosa nem por agente, o condutor deve reduzir a velocidade e, se necessário, parar para deixar passar os peões *que já tenham iniciado a travessia da faixa de rodagem*". Sendo as coisas assim, e uma vez que o *B* foi atropelado no seu local de passagem, o condutor, além da redução da velocidade, estava obrigado a parar, o mais tardar, quando o peão iniciou o cruzamento. Todavia, o **risco proibido** só se terá realizado no acidente do peão *B* se (além da circunstância, comprovada, de o condutor não ter parado), para o explicar, também for necessário demonstrar que *B* tinha iniciado a travessia, pois pode muito bem ter acontecido que o *B* tivesse visto o condutor quando este já tinha alcançado a passagem para peões e tivesse então começado a atravessá-la desprevenidamente por estar convencido que o condutor iria parar[15].

Todos os indicados preceitos e regras fornecem indicações para a determinação da medida de cuidado – a sua violação **indicia**, em medida elevada, uma falta de cuidado. Contudo, trata-se unicamente de indícios. O conteúdo do dever de cuidado depende das "circunstâncias" (artigo 15º), embora tais circunstâncias só sejam relevantes se forem cognoscíveis *ex ante*. Se numa emergência, para evitar atropelar uma criança que surge na via de forma inopinada, o automobilista invade a faixa esquerda, violando a norma que o manda circular pela direita, e vem a embater numa pessoa que na paragem aguarda o autocarro, causando-lhe ferimentos, compreende-se que esta violação é necessária para preservar o bem jurídico da vida da criança – não será essa circunstância que fundamenta uma conduta ilícita. Para evitar uma colisão, o condutor de um dos veículos pode – e deve – imprimir à sua viatura uma velocidade bem acima dos limites permitidos se essa for a forma de evitar embater no carro que vem em sentido contrário. Mas a observância de tais regras não exclui necessariamente a negligência.

---

[14] Puppe, *La imputación*, p. 67.
[15] Considerações que envolvem a doutrina (jurisprudencial) da **simultaneidade** e o direito de prioridade podem ver-se em Faria Costa, *O Perigo*, p. 520 e s.

A NEGLIGÊNCIA

Caso n.º 4 Numa central nuclear, o diretor, um perito altamente qualificado, apercebe-se em determinado momento duma estranha avaria no reator e conclui imediatamente que, se cumprir o que está administrativamente determinado, poderá produzir-se uma fuga radioativa de proporções catastróficas. As consequências poderão, todavia, minimizar-se se se contrariarem os regulamentos.

Neste caso, o que se exige ao perito é que infrinja a norma, mesmo que, assim, se vá criar um outro risco. Ponto é que este seja menor e se evite a fuga radioativa. Não haveria então um desvalor objetivo da ação, *sendo o risco criado um risco permitido*. Consequentemente, não poderíamos apontar ao perito a violação dum dever de cuidado. Pense-se, aliás, na suscetibilidade de reconduzir os factos a uma situação de necessidade e a um conflito entre dois males desiguais que pode chegar a impor a infração da norma especial para evitar o mal maior. O estado de necessidade seria, *in casu*, de molde a excluir o desvalor objetivo da ação, ainda que subsistindo um desvalor de resultado[16].

Uma **limitação** ("sensata": Wessels) **das exigências de cuidado** deriva do **princípio da confiança**. Provindo o perigo da atuação de outras pessoas, não precisará o agente de entrar em conta com tal risco, "uma vez que as outras pessoas são (ou devem supor-se), elas próprias, seres responsáveis. Por outras palavras, ninguém terá em princípio de responder por faltas de cuidado de outrem, antes se pode confiar em que as outras pessoas observarão os deveres que lhes incumbem"[17]. Se o condutor que goza de prioridade fosse obrigado a parar por via de uma possível transgressão do condutor obrigado a deter-se, o direito de prioridade seria progressivamente desvalorizado e nunca mais seria possível um tráfego fluído. É uma conclusão inteiramente de acordo com o pensamento do risco permitido. Quem atua de acordo com as normas de trânsito pode pois contar com idêntico comportamento por banda dos demais utentes.

Mas não se pode prevalecer do princípio da confiança quem não se conduz de acordo com as normas. O princípio também não é aplicável nos casos em que reconhecidamente se não justifica a confiança num comportamento regular de outrem. Exs: condutas inábeis de pessoas muito idosas ou de crianças; de peões manifestamente desorientados; situações de trânsito especialmente perigosas e complicadas; sempre que outro utente da via deixe entender, pelo seu comportamento, que não está a cumprir as regras de trânsito: se um condutor repara que outro não observa a prioridade deve também ele deter-se e não deve prosseguir, confiando no seu "direito" (cf. Roxin, com mais dados).

---

[16] Cf. Teresa R. Montañes, *ob. cit.*, p. 202, com outras indicações.
[17] Figueiredo Dias, *Direito penal, sumários e notas*, Coimbra, 1976, p. 73.

O princípio da confiança não vale apenas para o trânsito rodoviário, mas em todos os casos em que muitos são "responsáveis" por um perigo" – **trabalho de equipa**[18]. Define-se a diligência de cada um e o risco permitido mediante a compartimentação do círculo de responsabilidades (cf., por ex., para a colaboração em operações, experiências científicas, ações de salvamento e semelhantes). O BGH reconheceu que, numa operação, os médicos que nela participam podem, em princípio, confiar numa colaboração isenta de erros dos colegas das outras especialidades. Se não confiássemos nos outros não só seria impossível repartir tarefas como teríamos que omitir as condutas suscetíveis de serem influenciadas por uma conduta alheia[19].

Dever de diligência e princípio da confiança no âmbito da circulação rodoviária. As pessoas devem abster-se de atos que impeçam ou embaracem o trânsito ou comprometam a segurança ou comodidade dos utentes das vias: artigo 3º, nº 2, do Código da Estrada. As relações do princípio da confiança com as regras de cuidado no âmbito da circulação rodoviária analisam-se numa série quase infindável de decisões judiciais, cujos principais exemplos se podem ver coligidos no lúcido comentário de Paula Ribeiro de Faria[20]. Também para Kienapfel aparece o princípio da confiança, bem como a questão do **tempo de reação**, com especial significado no que toca à limitação dos deveres objetivos de cuidado na circulação rodoviária.

Responsabilidade de terceiro. Se um processo causal baseado em ação não dolosa (deixar uma arma carregada ao alcance de alguém num local onde se trava uma discussão violenta) for aproveitado por outrem que atua dolosamente para diretamente provocar o resultado, o que está em causa é apenas a responsabilidade por dolo. A intervenção de um terceiro que comete dolosamente um crime *exonera* do risco o primeiro causador negligente. A "participação negligente" não chega a ser punida (artigos 26º e 27º). O risco realizado no resultado é unicamente o do crime doloso. São realidades que têm a ver com a antiga *teoria da proibição de regresso* e com a atual ideia da autorresponsabilidade[21]. Roxin refere os seguintes casos típicos de contribuição negligente para suicídios e autolesões:

---

[18] Jakobs, El delito imprudente, p. 176.

[19] **O princípio da desconfiança.** Quem se comporta de maneira não cuidadosa confia na desconfiança dos outros? Quem entra numa via rápida com muito trânsito confia em que os condutores que vêm atrás travem? De acordo com jurisprudência constante, trata-se de uma confiança que não o deve ser, i. é, que não está permitida. Jakobs, *El delito imprudente*, p. 177.

[20] Paula Ribeiro de Faria, *Conimbricense*, PE, tomo I, p. 264 e s. Ainda, K. Lackner, p. 122; Krümpelmann, Lackner-FS, p. 289; Cramer, *S/S*, p. 211 a 215

[21] Cf. Weber, *in* Baumann/Weber/Mitsch, *AT*, p. 225; Roxin, *AT*, p. 159, e *Problemas fundamentais*, p. 276; e Figueiredo Dias, *Temas básicos da doutrina penal*, p. 366..

A NEGLIGÊNCIA

– Favorecimento negligente de um suicídio: *A* tinha empreendido uma viagem de automóvel com uma amiga e levava no carro a sua pistola de serviço carregada. A mulher tirou-a durante um "paragem para descanso", sem que o *A* se tenha apercebido e suicidou-se.

– O caso de alguém que se põe em perigo para salvar outros.

– O caso da perseguição de um ladrão, se o perseguidor, que ia de automóvel, sofre um acidente, sem que no mesmo tenha tido influência a pessoa perseguida. A solução correta é a de não se responsabilizar o indivíduo que se perseguia por ofensas corporais ou pela morte do perseguidor.

2. A conduta negligente reúne elementos de ilicitude e de culpa, induzindo a um exame de dois graus

a) O tipo-de-ilícito negligente

A violação do dever de cuidado (=violação do dever de diligência) determina-se por critérios objetivos. Determina-se, nomeadamente, pelas exigências postas a um homem avisado e prudente na situação concreta do agente. A extensão do dever de cuidado é referida ao "homem médio" do círculo social ou profissional do agente, *i. e*, do concreto círculo de responsabilidades em que o agente se move (por ex., como médico, como motorista de pesados, etc.). A medida do cuidado devido é portanto independente da capacidade de cada um (opinião maioritária).

Certos autores entendem, contudo, que este **critério generalizador** é dispensável. Apontando para a objectivização da capacidade individual de atuação, incluem (já) no tipo de ilícito imprudente a inobservância de um dever subjetivo de cuidado,[22] que ocorreria sempre que o agente tivesse podido prever a possibilidade da produção do resultado: na determinação da concreta ilicitude da negligência não interviria assim o homem medianamente prudente, na medida em que a diligência ou a violação da diligência deverão comprovar-se a partir das capacidades individuais do agente. Para muitos, é difícil entender porque é que os mais capazes não têm que se empenhar, com toda a sua capacidade, para evitar a lesão de bens jurídicos. Adiante veremos melhor que a opinião maioritária se sente obrigada a fazer uma exceção ao seu critério generalizador do homem médio: não obstante a observância das exigências gerais de cuidado deve excecionalmente afirmar-se a lesão do dever de diligência se o agente, a quem não faltam conhecimentos especiais ou capacidades especiais, não os empregou para

---

[22] Para estas posições, o cuidado subjetivo deve ser entendido já como um problema de tipo, por isso, quando o autor não seja capaz de atender ao cuidado objetivo, não se poderá censurá-lo – e nem sequer agirá ilicitamente. Na verdade, *ad impossibilia nemo tenetur*.

O RISCO DE COMER UMA SOPA E OUTROS CASOS DE DIREITO PENAL

evitar o resultado danoso. Funcionalizando-se o dever de cuidado, este teria o seu limite mínimo demarcado objetivamente, enquanto o limite máximo seria fixado de acordo com as capacidades do sujeito.

Afirmamos a previsibilidade objetiva do resultado quando, segundo as máximas da experiência e a normalidade do acontecer, o resultado produzido pela ação é consequência idónea (adequada) da conduta do agente. Consequências imprevisíveis, anómalas ou de verificação rara serão juridicamente irrelevantes, como se viu oportunamente. Objetivamente previsível tem que ser, não só o próprio resultado, como igualmente o processo causal, ainda que apenas nos seus traços essenciais. A relação de causalidade é um elemento do tipo, como o são a ação e o resultado. Consequentemente, a previsibilidade do agente deve estender-se também ao nexo causal entre a ação do agente e o resultado. Deve contudo reparar-se que normalmente só um especialista poderá dominar inteiramente o processo causal – na maior parte dos casos, o devir causal só será previsível de forma imperfeita. De modo que o jurista aceita a ideia da representação da relação causal por parte do agente em traços largos, nas suas linhas gerais, essenciais.

Caso nº 5 *A* é atropelado e fica tão ferido que não restam quaisquer esperanças de o salvar. Ainda assim, é conduzido ao hospital, mas no trajeto e ambulância despista-se e *A* morre, não dos ferimentos produzidos no atropelamento mas por causa do despiste da ambulância.

O condutor atropelante não poderá ser responsabilizado pela autoria negligente do homicídio de *A*, nos termos do artigo 137º, nº 1, mas só pelas ofensas corporais (artigo 148º, nº 1) produzidas.

A teoria da adequação parte da teoria da equivalência das condições, na medida em que pressupõe uma condição do resultado que não se possa eliminar mentalmente, mas só a considera causal se for adequada para produzir o resultado segundo a *experiência geral*. Não está em causa unicamente a conexão naturalística entre ação e resultado, mas também uma valoração jurídica. Excluem-se, consequentemente, os processos causais atípicos que só produzem o resultado típico devido a um encadeamento extraordinário e improvável de circunstâncias. Deste modo, não haverá realização causal (adequada) se a produção do resultado depender de um curso causal anormal e atípico, ou seja, se depender de uma série completamente inusitada e improvável de circunstâncias com as quais, segundo a experiência da vida diária, não se poderia contar.

Podemos, aliás, recorrer a critérios de imputação objetiva, associados à *teoria do risco*. Por ex., excluindo a imputação nos processos causais que fogem inteiramente às regras da experiência, com os quais se não pode razoavelmente contar empregando um juízo de adequação. Se *A* ao conduzir o seu automóvel toca

A NEGLIGÊNCIA

ligeiramente em *B*, produzindo-lhe pouco mais do que um arranhão e este vem a morrer por ser hemofílico, não lhe poderá ser imputada a morte mas só ofensas corporais por negligência – faltará o **nexo de risco**. Pressupõe-se, por outro lado, uma determinada **conexão de ilicitude**: não basta para a imputação de um evento a alguém que o resultado tenha surgido em consequência da conduta descuidada do agente, sendo ainda necessário que tenha sido precisamente em virtude do caráter ilícito dessa conduta que o resultado se verificou[23]. Com efeito, "as ações negligentes de resultado pressupõem uma estrutura limitadora da responsabilidade que se perfila de forma dúplice: de um lado, a violação de um dever objetivo de cuidado (...), valorado também pelo critério individual e geral, e de outro, a exigência de um especial nexo, no "sentido de uma conexão de condições entre a violação do dever e o resultado"[24]. A soma de uma conduta descuidada com um resultado causado por esta não pode bastar para fundar a responsabilidade por um crime negligente, sendo necessário que o perigo criado pelo agente com a sua conduta típica *se concretize* no resultado para que este possa ser imputado àquela. Faltará o **nexo de ilicitude** ou **conexão de violação de cuidado** (*Pflicht--Rechtswidrigkeitszusammenhang*) se o resultado se teria igualmente verificado observando o agente o cuidado devido. Dizendo doutro modo: o resultado só é objetivamente imputável ao agente se assentar na respetiva ação e no nexo de ilicitude. Falta este no caso em que o resultado se teria produzido também se o agente tivesse respeitado o cuidado a que estava obrigado.

Caso nº 6 *T*, condutor de um camião, ultrapassa *O*, ciclista embriagado, guardando apenas a distância de 75 cms. O dá uma guinada para a esquerda, devido a uma inesperada reação provocada pelo álcool, cai e é atropelado pelas rodas traseiras da viatura. Se o condutor tivesse observado a distância regulamentar (1m, 1,5m) o acidente mortal teria comprovadamente ocorrido e com ele o resultado mortal. Se se puder suprimir mentalmente, não a ação de T (ultrapassagem), mas a contraditoriedade ao dever dessa ação (ultrapassar a curta distância) sem que o resultado desapareça com a necessária segurança, então não falta a causalidade mas a conexão de ilicitude. A atuação de T não é punível (cf., nomeadamente, Curado Neves).

Consequentemente, nos crimes negligentes de resultado, como o homicídio (artigo 137º) ou as ofensas à integridade física (artigo 148º), a causação do resultado e a violação do dever de cuidado, só por si, não preenchem o correspondente

---

[23] Cf. Lackner; Wessels, p. 199; Curado Neves, p. 197.
[24] Faria Costa, *O Perigo*, p. 487.

537

ilícito típico. Para além da causalidade da conduta, o resultado tem que ser "obra" do sujeito, tem que lhe ser objetivamente imputável. Se *A*, por atropelamento, sofreu pouco mais do que uns arranhões, pode vir a morrer no despiste da ambulância que o transporta ao hospital. Se a vítima partiu uma perna pode vir a morrer de embolia entretanto sobrevinda como complicação. Devemos responsabilizar o condutor do carro pela morte do atropelado, como "obra" sua? E se a vítima vem a morrer por, ela própria, se ter recusado a fazer o tratamento adequado?

Caso nº 7 *A* chocou violentamente com o carro de *B* quando procurava chegar a horas ao aeroporto. Sofreu lesões na cabeça, mas apesar das dores violentas e do conselho dos médicos, não desistiu da viagem e veio a morrer no avião. Se tivesse sido operado a tempo, havia todas as probabilidades de ser salvo. A responsabilidade penal do outro condutor não se pode estender à morte de *A*, mas não se exclui a eventualidade de o condenar por ofensas à integridade física negligentes.

Ao lado dum risco básico permitido, que não pode ser excluído mesmo quando concorram condições ideais, existe a permissão de correr riscos incrementados (trajetos com nevoeiro, partes de estradas com gelo, deslocações em horas de ponta) sempre que a realização da atividade sob as condições que incrementam o risco se considere mais útil do que a sua proibição absoluta. Torna-se por isso impossível indicar o risco permitido fazendo uso duma percentagem. (...) A medida *mínima* do risco quotidiano converte-se numa ampliação da liberdade de atuar: quem conduz com pneus gastos a uma velocidade de apenas 10 quilómetros por hora, ou quem não respeita às duas da manhã a velocidade de 30 quilómetros por hora estabelecida à porta da universidade atua de modo não permitido, mas não supera o risco mínimo permitido no tráfico rodoviário[25]. Uma vez por outra, em dia de forte tempestade e de ventania desatada, a polícia corta o trânsito na ponte da Arrábida, impedindo que se corram riscos mais do que incrementados.

A mais do que se disse, não serão imputáveis resultados que não caiam na **esfera de proteção da norma** de cuidado violada pelo agente: o ladrão que ao praticar o furto dá lugar à perseguição pelo guarda, que vem a morrer atropelado, não infringe um dever de cuidado e não é responsável por essa morte. Outro exemplo: O condutor *T* segue a alta velocidade e atropela o menor *M* que atravessa de modo imprevisto. *T* causa a morte de *M* no exercício da condução, todavia, mesmo à velocidade regulamentar, o acidente não teria sido evitado: pode invocar-se aqui um comportamento lícito alternativo. Se concluirmos que

---

[25] G. Jakobs, *El delito imprudente*, p. 174.

A NEGLIGÊNCIA

o **comportamento lícito alternativo** (que é, por natureza, hipotético, mas serve para clarificar critérios) teria igualmente produzido o resultado danoso, este não dever ser imputado ao agente.

A doutrina dominante limita a imputação objetiva com o fim de proteção da norma: não são imputáveis resultados que não caem na esfera de proteção da norma de cuidado violada pelo agente. Deste modo, mesmo que tenha violado um dever objetivo de cuidado, o agente não é responsável se a norma donde este cuidado deriva não tinha por finalidade evitar resultados como o produzido.

Caso nº 8 *A* conduz junto de um hospital à velocidade de 50 quilómetros por hora, excessiva, por haver no local sinalização indicadora de hospital e da proibição de se circular a mais de 30. Se um peão, imprevistamente, sai por trás de um automóvel estacionado e em correria se mete na frente do carro de *A*, não tendo este qualquer possibilidade de travar ou de se desviar, o condutor, na ausência de um nexo de proteção, não deve ser responsabilizado pelas ofensas corporais porventura sofridas pelo peão pelo simples facto de circular a 50, já que a velocidade indicada no sinal tinha por exclusiva função evitar ruídos exagerados que perturbassem os doentes e não a disciplina do trânsito.

Caso nº 9 No domínio dos cuidados médicos, um doente tem que ser anestesiado para ser submetido a uma operação, mas o seu médico, antes disso, não trata de averiguar, recorrendo a especialistas, se ele suportará a anestesia. O médico não poderá ser responsabilizado por homicídio involuntário, caso o paciente não sobreviva à anestesia, se se chegar à conclusão que não havia nenhuma contraindicação relativamente à anestesia mas simplesmente que a vida do doente teria sido prolongada com o adiamento da operação. A função do dever de cuidado que impõe ao médico que mande verificar em primeiro lugar a tolerância do doente à anestesia não é conseguir *aquele* prolongamento. Na verdade, "o âmbito de proteção e a finalidade prosseguidos pela norma devem prevalecer sobre o registo do seu rigoroso cumprimento"[26].

Caso nº 10 *A* conduz de acordo com as regras mas guia sem carta de condução e com uma taxa proibida de álcool no sangue. Às tantas vê-se implicado num acidente.

[26] Faria Costa, *O Perigo*, p. 499.

O RISCO DE COMER UMA SOPA E OUTROS CASOS DE DIREITO PENAL

Neste exemplo de Roxin,[27] "não se realizou nenhum dos perigos imanentes à violação da norma". A punição por homicídio ou ofensas corporais negligentes não corresponderia ao fim de proteção das normas infringidas também neste caso, e por isso deve excluir-se[28].

Faltará um *nexo de ilicitude* se se concluir que o resultado produzido também não teria sido evitado conduzindo-se o sujeito de acordo com o direito, *i. e.*, usando do necessário cuidado. De acordo com a fórmula do **comportamento lícito alternativo**, haverá que colocar a seguinte hipótese: "O que é que teria acontecido se, na situação concreta, o agente se tivesse comportado de acordo com o direito?" Gimbernat recorda que para evitar este recurso a processos causais hipotéticos como fundamento de uma absolvição, Roxin estabeleceu, em 1962, a sua teoria do "aumento do risco" que não opera com nenhuma especulação hipotética, mas apenas com saber se a conduta negligente, em comparação com a correta, incrementou ou não o risco de produção do resultado. O próprio Gimbernat, por seu lado e nesse mesmo ano, introduziu na ciência penal a teoria do "**fim de proteção da norma**", que igualmente prescinde, para determinar se um resultado deve ou não ser imputado a um determinado comportamento formalmente negligente, do confronto com o que teria sucedido se o autor se tivesse comportado corretamente, estabelecendo como critério determinante o de saber se o resultado concreto produzido era um dos que o Direito queria evitar com a imposição de um determinado dever de diligência[29] [30].

[27] Claus Roxin, Problemas fundamentais de direito penal, p. 274.

[28] "A conduta que viola uma regra de trânsito e causa, por isso, a morte de outrem não pode ser de imediato considerada como ilícita. Se *A*, que conduzia segundo as regras, se desvia para a outra faixa de rodagem – cometendo assim uma violação do dever de conduzir pela direita – para não atropelar mortalmente *B*, que lhe surge de forma abrupta, e em virtude de esse seu comportamento vem a colher mortalmente *C*, que se encontrava no passeio do outro lado, não age, quanto a nós, de forma a preencher o ilícito-típico. Efetivamente, ele não viola o dever objetivo de cuidado ou, admitamo-lo, só "formalmente" o viola. (...) O âmbito de proteção da norma só deve funcionar quando a concreta modalidade do evento é aquela que precisamente a norma quer evitar. Daí que seja inconsequente querer imputar, *sem mais*, o resultado ao condutor de um automóvel que, em excesso de velocidade, atropelou mortalmente uma pessoa. E o que é mais grave é tentar fazê-lo por meio da argumentação falaciosa de que, se o condutor tivesse guiado o seu automóvel à velocidade regulamentar, teria passado depois de a pessoa já ter atrvessado a rua. (...) então mais valia ao condutor ter violado mais intensamente o dever de cumprir o limite de velocidade, porque se assim tivesse atuado teria passado antes, muito antes, do momento em que o peão efetivamente atravessou. (...) as regras reguladoras da velocidade no trânsito automóvel não têm a ver, e bem, com o chegar antes ou depois, mas em permitirem uma adequada e eficaz capacidade de reação aos perigos da circulação", Faria Costa, *O Perigo*, p. 498.

[29] Gimbernat, *Ensayos penales*, p. 219.

[30] Nos trabalhos práticos, tratando-se de um caso do dia a dia, i. é, de solução manifesta, procederemos à subsunção no preceito ou na regra correspondente. Mas se se trata de especialidades que o preceito ou a regra não comportam de modo explícito e imediato, então haverá que produzir considerações adicionais sobre a violação de um dever objetivo de cuidado ou a criação ou o incremento (aumento ou potenciação) de um risco não permitido.

A NEGLIGÊNCIA

Com a realização do tipo fica indiciada a ilicitude da conduta, a exemplo do que se passa nos crimes dolosos. No domínio das causas de justificação, as mais significativas serão, nesta área, a legítima defesa, o estado de necessidade e o consentimento que não exclua a tipicidade. Dizem alguns autores que por se tratar de negligência não é necessário o elemento subjetivo de justificação.

b) O tipo-de-culpa nos crimes negligentes

Só age negligentemente quem estava em condições de satisfazer as exigências objetivas de cuidado – podendo então ser-lhe censurada a conduta violadora do dever de cuidado e o facto de ter agido não obstante a previsibilidade do resultado. Dizendo por outras palavras: para que exista culpa negligente é necessário que o agente possa, de acordo com as suas capacidades pessoais, cumprir o dever de cuidado a que estava obrigado; deve portanto comprovar-se se o autor, de acordo com as suas qualidades e capacidade individual, estava em condições de satisfazer as correspondentes exigências objetivas. Para tanto, deve ter-se em atenção a sua inteligência, formação, experiência de vida; deve olhar-se também às especialidades da situação em que se atua (medo, perturbação, fadiga). Se o agente, por uma deficiência mental ou física, ao tempo da sua atuação não estava em condições de corresponder às exigências de cuidado, não poderá ser censurado pela sua conduta.

Ao tipo de culpa dos crimes negligentes pertence assim a previsibilidade individual (subjetiva). A previsibilidade do resultado típico e do processo causal nos seus elementos essenciais deverá verificar-se não só no plano objetivo, mas igualmente no plano subjetivo, de acordo com a capacidade individual do agente. Na **negligência consciente** o agente representa sempre como possível a realização de um facto que preenche um tipo de crime.

Caso nº 11 *A*, que conduzia um carro desportivo, num troço muito concorrido da estrada, mas sem visibilidade, corta o trajeto numa curva e vai embater frontalmente com outro carro que vinha em sentido contrário pela sua mão de trânsito. *A* contava que a estrada estivesse livre de trânsito, mas tal crença era infundada.

Na negligência inconsciente o agente não chega sequer a representar a possibilidade de realização do facto, ficando excluída a previsibilidade individual, especialmente por falhas de inteligência ou de experiência.

Não obstante a violação do dever de cuidado pode surgir uma situação conflitiva capaz de justificar a exclusão da culpa. Veja-se o seguinte caso da jurisprudência alemã:

Caso nº 12 *A*, ainda que consciente da gravidade da doença do filho, não o leva a tempo ao hospital. Esse seu comportamento foi explicado em tribunal pelos insistentes pedidos do próprio filho, por a mãe da criança ter ali morrido uns dias antes.

Decidindo-se o pai por não levar o filho ao local da morte da mãe, a rogo do próprio filho doente, deverá excluir-se a negligência do pai por se desenhar uma situação de colisão praticamente equivalente à do estado de necessidade justificante (artigo 35º, nº 1). Acompanhando Figueiredo Dias,[31] a inexigibilidade na negligência "não pode configurar-se como uma *causa geral* de exclusão da culpa, mas tem de precipitar-se nas cláusulas específicas de desculpa reconhecidas pela lei". Ora, é patente que no caso em exame há um menor grau de ilicitude relativamente ao correspondente facto doloso.

3. O caso especial da culpa na assunção

Caso nº 13 Atua negligentemente o médico que inicia uma operação do tipo que lhe não é minimamente familiar, e que às tantas enfrenta complicações que não domina.

Quando tratámos do dolo pôs-se de manifesto que o momento decisivo para a sua existência é o da prática do facto. Em direito penal, o dolo abrange o período que vai do começo ao fim da ação que realiza o correspondente tipo objetivo. Esta ideia deve ser retomada na análise da negligência. Se *A* inicia uma viagem de carro sabendo que não está em condições de conduzir, dado o seu extremo cansaço, e mais tarde tem um acidente, devido a esse seu estado de esgotamento, empreende uma atividade de forma imprudente. O acidente deu-se, é certo, num momento posterior, mas o *A* já no início, quando pegou no carro, estava obrigado a abster-se de conduzir. A negligência por assunção, explica Jakobs,[32] existe apenas quando o autor já num momento anterior é garante da qualidade dum seu comportamento posterior, e tem correspondência em situações conhecidas como de *omissão por ação*, como será o caso do guarda da linha que se embriaga tão fortemente que já não está capaz de acionar as barreiras na passagem de nível e acaba por provocar a morte das pessoas que atravessam com o comboio na linha. Em termos gerais pode dizer-se que se alguém empreende uma tarefa para a qual não possui os necessários conhecimentos ou capacidades pode incorrer em falta de cuidado. À culpa na assunção chama-se também *culpa por excesso* e representa um caso

---

[31] Jorge de Figueiredo Dias, *Temas básicos da doutrina penal*, p. 379.
[32] G. Jakobs *AT*, p. 323.

especial do dever de omissão. Como no caso do médico, o dever de cuidado exige que para dominar a ação se possuam os necessários conhecimentos e capacidades.

IV. Dolo e negligência

Caso nº 14 *A*, guarda da linha, abre as cancelas logo após a passagem de um comboio. *B*, mal o caminho fica livre, inicia a travessia da dupla via férrea, ao volante do seu automóvel, onde viajavam outras três pessoas, mas o carro vem a ser aí embatido por um outro comboio, que surge em sentido contrário ao do primeiro. *B* morreu e com ele dois dos passageiros. O outro ficou gravemente ferido.

Considere as seguintes variantes:

– *A* tinha-se levantado nesse dia descontente com a vida e "disposto a fazer sangue". Não lhe repugnava, até, que o seu nome viesse nas primeiras páginas dos jornais. Quando abriu as cancelas sabia muito bem que o segundo comboio estava prestes a passar pelo local e previu que o carro de *B*, que se aproximava, seria arrastado e esmagado pela composição.
– *A* segunda composição era especial, destinada a transportar os adeptos dum clube nortenho que ia jogar à Capital. *A* não fora informado da passagem deste segundo comboio nem lhe era possível saber que esse comboio iria passar.
– *A* fora informado da passagem do segundo comboio, mas esqueceu-se e foi por se ter esquecido que abriu as cancelas nas circunstâncias referidas.
– *A* fora informado da passagem do segundo comboio, mas esqueceu-se. Foi por esquecimento que abriu as cancelas nas circunstâncias referidas. Encontrava-se na altura em estado de extrema fadiga por causa do trabalho a que vinha sendo submetido desde há dias. Com efeito, quem fazia os outros turnos, inclusivamente os turnos da noite, não comparecera ao serviço, e *A* não pregara olho. *A* chegou, inclusivamente, e por mais de uma vez, a protestar com veemência junto dos seus superiores, mas ninguém ligou.

No caso nº 14, *A* causou (produziu) a morte de *B* e dos dois passageiros e lesões graves no outro. Salta à vista que tudo isso, enquanto resultado, lhe pode ser causalmente atribuído (elemento do tipo objetivo) nas diferentes hipóteses apresentadas. Nas hipóteses descritas sob as alíneas *b*), *c*) e *d*), *A* não previu que tal evento viesse a acontecer.

No caso da alínea *b*), poderemos, já no domínio objetivo do ilícito, afastar a responsabilidade de *A*, uma vez que a conduta deste não violou qualquer dever de diligência (artigo 15º). Nenhum guarda da linha, na concreta situação de *A*, teria a possibilidade objetiva de prever o preenchimento do tipo, incluindo, nomeadamente, a produção do resultado típico. Essa violação pode ser claramente afirmada nas hipóteses das alíneas *c*) e *d*), mas nesta última situação, a da alínea *d*), parece não ser exigível que *A* adotasse outro comportamento, pois tudo indica que não estava capaz, face às suas capacidades pessoais de momento, de reconhecer e cumprir o dever de cuidado objetivo.

Podemos agora fazer o confronto com a hipótese mais simples, que é a da alínea *a*). A imputação objetiva do resultado, relativamente ao qual *A* atuou dolosamente, não oferece então qualquer dúvida. Podemos também reconhecer que o lado subjetivo do ilícito se encontra preenchido. *A* conhecia os perigos para os apontados bens jurídicos, tendo aberto a cancela com dolo homicida. Não existe qualquer causa de justificação ou de desculpação. A conduta integrará, pelo menos, a norma fundamental do homicídio doloso (artigo 131º). Fica para resolver a questão de saber quantos crimes foram cometidos e se algum deles foi simplesmente tentado (artigo 22º).

Num homicídio doloso podemos contentar-nos com a verificação de que uma ação produziu a morte de uma pessoa em termos de, sendo causal, lhe poder ser imputável objetivamente. Na medida em que há dolo, fica fora de dúvida que o comando "não matarás", fundamento do preceito do artigo 131º, foi contrariado.

Nos crimes negligentes não podemos contentar-nos com tão pouco. Tal como o "dolo", o conceito jurídico da "negligência" implica um exame "de dois graus":

Em primeiro lugar, dentro do tipo de ilícito deve comprovar-se que não foi observado o cuidado exigido objetivamente. Se a conduta observou o cuidado requerido na situação concreta não será ilícita. Se, pelo contrário, a conduta violou o cuidado imposto, dando lugar, de forma adequada, à verificação do correspondente resultado, fica preenchido o tipo de ilícito negligente – surgindo o resultado como uma consequência previsível e normal da violação do dever de cuidado pode ser imputado ao agente. Em segundo lugar, no âmbito da culpa deve apurar-se se o autor, de acordo com a sua capacidade individual, estava em condições de satisfazer as exigências objetivas de cuidado. Está aqui em causa um critério subjetivo e concreto, ou individualizador, que deve partir do que seria razoavelmente de esperar de um homem com as qualidades e capacidades de agente[33]. Logo, se for irrazoável, ou inexigível não poderemos consubstanciar um juízo de censura ao agente e não há, por isso, fundamento para a punição[34].

Na parte especial do Código, são de resultado a quase totalidade dos crimes negligentes. São estes – e não os de mera atividade negligente, em que a lei se

---

[33] Figueiredo Dias, "Pressupostos", *Jornadas*, p. 71.
[34] Faria Costa, *O Perigo*, p. 516.

A NEGLIGÊNCIA

contenta com a simples violação do dever de diligência – os que suscitam a maior parte dos problemas.

Nos poucos crimes negligentes de mera atividade a ação típica está descrita na lei, por exemplo, no artigo 292º, que se refere à "condução de veículo em estado de embriaguez *por* negligência". Num caso destes, deve comprovar-se não só o conhecimento da realização típica, mas igualmente a ação descuidada do agente.

O artigo 137º (homicídio por negligência) do Código Penal, na medida em que se limita a descrever os elementos objetivos "matar outra pessoa", configura, por um lado, um crime de resultado, implicando desde logo a imputação deste à ação, e, por outro, um tipo de ilícito necessitado de complemento. Enquanto o resultado se não produz, não é possível aludir a um crime material negligente, o que afasta a possibilidade da sua realização na forma de tentativa (artigo 22º, nº 1).

Em suma: O tipo-de-ilícito dos crimes materiais negligentes é constituído pela violação de um dever objetivo de cuidado e a possibilidade objetiva de prever o preenchimento do tipo e a produção do resultado típico quando este surja como consequência da criação ou potenciação, pelo agente, de um risco proibido de ocorrência do resultado. A fórmula da previsibilidade objetiva põe ao aplicador do direito a tarefa de averiguar como teria agido um homem avisado e prudente do círculo de atividade do agente (por ex., um médico, um condutor de camião, um engenheiro civil, um guarda-linha) na situação concreta, com vista a prevenir perigos para outrem da maneira mais indicada. Esta valoração (objetiva) realiza-se comparando a conduta do agente com a conduta exigida pela ordem jurídica na situação concreta. Se porventura existir uma divergência entre a conduta efe-tivamente realizada e a conduta – conforme ao dever de cuidado – que deveria ter sido realizada, o tipo de ilícito objetivo da negligência fica preenchido, desde que o agente, *pelo menos*, pudesse ter previsto a sua realização como possível (negligência inconsciente, artigo 15º, alínea *b*)). Se o tipo de ilícito se mostra preenchido, é ainda necessário submeter o caso a critérios subjetivos, próprios do tipo-de-culpa. No que respeita à culpa, e à correspondente lesão do dever de cuidado, deve empregar-se, naturalmente, um critério subjetivo. É necessário comprovar que o autor, de acordo com as suas qualidades e capacidade indivi-dual, estava em condições de satisfazer as correspondentes exigências objetivas. Para tanto, deve ter-se em atenção a sua inteligência, formação, experiência de vida; deve olhar-se também às especialidades da situação em que se atua (medo, perturbação, fadiga).

Na hipótese concreta descrita na alínea *d*) do caso nº 14, as condições objetivas que moldam o tipo-de-ilícito negligente (infração do dever objetivo de cuidado, previsibilidade do resultado) estão certamente preenchidas. Qualquer guarda da linha, avisado e prudente, teria feito tudo para não se esquecer que um comboio especial ia ali cruzar àquela hora, comportamento que, de resto, estará prescrito nos correspondentes regulamentos. Ficaria, em suma, advertido para os perigos que a abertura extemporânea da cancela acarretavam para a vida e a integridade física de quem *confiadamente* atravessasse a linha férrea. Assim, *A,* ao agir nas circunstâncias apuradas, devia ter previsto o acidente, com as mortes e as lesões corporais para as pessoas que viajavam no carro, e abster-se de abrir as cancelas antes da passagem do segundo comboio, o que não fez. No entanto, face à situação de extrema fadiga de *A,* será pelo menos arriscado afirmar que este podia ter previsto que o desditoso evento resultaria da sua descrita conduta. Com o que estamos em condições de afirmar que o tipo-de-ilícito se encontra preenchido. Não assim o correspondente tipo-de-culpa, pelo que a conduta de *A,* não sendo passível de censura, também não será alvo de punição por homicídio ou ofensas à integridade física negligente. Não seria certamente razoável nem exigível dirigir um juízo de censura a quem, encontrando-se nas descritas condições, não acatou a norma de cuidado que no caso cabia para evitar o resultado danoso.

V. Negligência: critério generalizador/critério individualizador

Caso nº 15 Justifica-se que se ponha de lado a doutrina do duplo grau? *A,* durante um período, de abril de 1995 aos começos de 1996, por diversas vezes ofereceu a seu sobrinho *E,* nascido a 20 de junho de 1981, cassetes-vídeo com filmes de terror. Entre outros, havia alguns da série "Sexta-feira 13", que descreviam a morte de pessoas, reproduzida de forma perfeitamente animalesca. O herói da série era uma figura de terror conhecida por "Jasão". Na tarde de 2 de março de 1996, *E,* aproveitando a ausência dos pais, resolveu pôr-se na pele de "Jasão" e pregar um bom susto à prima *S,* de 10 anos de idade. Confecionou ele próprio um capuz e vestiu um camuflado, onde derramou tinta vermelha, a fingir sangue. Munido dum machado e duma faca, *E* encaminhou-se para o local onde na sua ideia encontraria a pequena. Esta estava em casa na companhia de *R,* pessoa adulta, o que deixou *E* irritado. Então, aproximou-se de ambos e começou por vibrar duas facadas na cabeça de *R,* para o impedir de se opor aos seus propósitos. Logo a seguir, sentindo-se um autêntico Jasão, deu duas machadadas na cabeça da prima *S* e afastou-se do local[35].

A, o tio, foi acusado de dois crimes de ofensas corporais por negligência. Contudo, o tribunal absolveu-o.

[35] Bay ObLG, 28.10.98, *NJW* (1998), p. 3580.

A NEGLIGÊNCIA

Estão em causa os elementos constitutivos do crime negligente. Não basta, porém, a ocorrência do resultado desvalioso, por ex., as ofensas corporais ou a morte de uma pessoa. Na verdade (e sem tratar agora das questões causais, seja, por ex., a interrupção do processo causal), um comportamento só será negligente se, por um lado, o resultado se produzir pela violação daquelas exigências de cuidado que a ordem jurídica, na situação concreta, associa ao homem avisado e prudente do círculo de atividade do agente; e se, por outro lado, o resultado era previsível também para esse homem, dotado dessas qualidades e capacidades. Nesta ótica, a medida do cuidado devido é independente da capacidade de cada um: o dever de cuidado é um dever objetivo, não é possível que o seu conteúdo se determine em função da capacidade individual de quem atua. Uma vez apurados estes elementos, que configuram o tipo de ilícito da negligência, é altura de averiguar (em sede de culpa) se ao agente pode ser dirigido um juízo de censura, se – atendendo à sua inteligência e formação, às suas qualidades e capacidades, à sua posição social e experiência de vida – o agente estava em condições de cumprir o dever objetivo de cuidado e de prever o resultado típico.

Certos autores entendem, contudo, que o critério generalizador é dispensável. Apontando para a objectivização da capacidade individual de atuação, incluem no *tipo de ilícito imprudente* a inobservância de um dever *subjetivo* de cuidado, que ocorreria sempre que o agente tivesse podido prever a possibilidade da produção do resultado. O ponto de referência dessas opiniões situa-se assim na previsibilidade individual (subjetiva) e no cumprimento do dever individual (subjetivo) de cuidado: na determinação da concreta ilicitude da negligência não intervirá uma "pessoa avisada e sensata da mesma profissão ou círculo social do agente" porque a diligência ou a violação da diligência deverão comprovar-se a partir das capacidades individuais do agente – consequentemente, não será em sede de culpa que os traços individuais do agente, as suas capacidades para evitar a lesão de determinados bens jurídicos, deverão ser analisados.

É claro que por trás destas teses está uma particular conceção da ilicitude.

No caso anterior, uma pessoa sensata e prudente (**critério generalizador**) não teria certamente previsto os "crimes" de *E* e por isso nenhuma negligência se poderá imputar a *A*, que deverá ser absolvido. A solução talvez pudesse ser diferente optando-se logo por um critério onde os (eventuais) conhecimentos especiais do agente tivessem assento em igualdade com as restantes circunstâncias atendíveis. É por isso que, frequentemente, esses conhecimentos especiais do indivíduo são tidos em conta no juízo de previsibilidade objetiva que serve de base à determinação da diligência devida. Esse juízo de previsibilidade leva-o o intérprete a cabo colocando-se no momento da ação, tendo em conta as circunstâncias do caso concreto que uma pessoa sensata e inteligente podia reconhecer mais as conhecidas pelo autor (juízo de *prognose póstuma*, em que o observador,

547

colocado *ex ante*, entra em consideração com os *conhecimentos especiais* do agente). Considere-se o caso de um cirurgião extraordinariamente capaz que durante uma operação perigosa se limita a usar a sua perícia e habilidade imprescindíveis para poder levar a cabo este tipo de operações: a correspondente conduta estará de acordo com a diligência objetivamente devida e não se integra no tipo de ilícito dos crimes de ação imprudente. Isto não significa, necessariamente, que o cirurgião fique impune, caso deixe de fazer uso da sua capacidade excecional, apesar de ter previsto a possibilidade da morte do paciente estando em condições de a evitar mediante o uso das suas capacidades excecionais[36].

É difícil entender porque é que os mais capazes não têm que se empenhar, com toda a sua capacidade, para evitar a lesão de bens jurídicos. A opinião maioritária sente-se obrigada a fazer uma exceção ao seu critério generalizador do homem médio:[37] não obstante a observância das exigências gerais de cuidado deve excecionalmente afirmar-se a lesão do dever de diligência se o agente, a quem não faltam conhecimentos especiais ou capacidades especiais, não os emprega para evitar o resultado danoso. Como exemplo de conhecimentos especiais atente-se nos de um camionista quanto à perigosidade dum cruzamento que normalmente não é reconhecido com perigoso. Como exemplo de capacidade especial, mencione-se o cirurgião altamente dotado ou o corredor de rali. Um e outro ter-se-iam comportado cuidadosamente se se tivessem empenhado de acordo com os critérios médios de um cirurgião ou de um automobilista e assim causassem a morte ou a lesão de uma vítima, que no entanto teriam sido evitadas se um e outro se tivessem comportado de acordo com as suas especiais capacidades.

O Prof. Figueiredo Dias é de opinião que "quanto às capacidades superiores à medida, devem elas ser tomadas em conta no sentido de poderem fundar o tipo de ilícito do homicídio negligente. Preenche por isso aquele tipo de ilícito o médico que, dominando uma técnica cirúrgica altamente sofisticada, ou sendo mesmo o único no mundo que a domina, não usa a sua excecional capacidade com um certo paciente que, em consequência, vem a falecer". Daí a conclusão geral: "em matéria de tipo de ilícito negligente vale um critério **generalizador** relativamente aos agentes dotados de capacidades médias ou inferiores à média, um critério **individualizador** relativamente a todos os agentes dotados de especiais capacidade (superiores à média"[38]. É uma **tese intermédia** quanto ao padrão aferidor da negligência em sede de tipicidade, como acentua Teresa Quintela de Brito[39].

[36] Cf. Cerezo Mir. Ainda, Mir Puig, El Derecho penal en el estado social y democrático, p. 70 e ss.
[37] Cf., por ex., Roxin, p. 907.
[38] Jorge de Figueiredo Dias, *Conimbricense* I, p. 110.
[39] Teresa Quintela de Brito, *RPCC* 12 (2002), p. 395.

A estrutura dos crimes negligentes de resultado, para a **posição minoritária** que defende a dispensabilidade do critério generalizador, poderá ser assim representada:

A. Tipicidade:

- Tipo objetivo. Elementos típicos: ação, produção do resultado típico, conexão entre ação e resultado.
- Tipo subjetivo: violação do dever subjetivo de cuidado tendo em conta os elementos típicos: ação, produção do resultado típico, conexão entre ação e resultado.
- Concorrência, ou não, de uma causa de justificação

B. Culpa:

- Capacidade de culpa.
- Exigibilidade do comportamento lícito.

VI. Graus de violação do dever objetivo de cuidado; negligência grosseira

Caso nº 16 *A* e *B* vão juntos à caça para os lados da Idanha e resolvem ocupar o mesmo *bungalow* no parque de campismo junto da barragem. Antes de se deitarem, fazem o que em tais circunstâncias já se tornou um hábito, verificam mais uma vez que as respetivas armas estão descarregadas. *A* desperta cedo, na manhã seguinte, pega na arma e aponta-a ao amigo, que ainda na cama se esforça por dormir "só mais um bocadinho". Ao mesmo tempo grita-lhe, com ar divertido – ó Zé!, se não te levantas já daí, levas um tiro. Então, para enorme surpresa de *A*, da espingarda sai o tiro que inesperadamente atinge o amigo e o mata. *A* não quis, seguramente, tal desfecho.

Do comportamento de *A* bem se pode dizer que violou intensamente, de forma extremamente grosseira, o dever objetivo de cuidado. Ninguém negará que se trata de um comportamento particularmente perigoso. O resultado era igualmente de verificação altamente provável à luz da conduta adotada. Não omitindo a conduta, o *A* revelou uma atitude particularmente censurável de leviandade perante o comando jurídico-penal, mostrando com isso insensatez e irresponsabilidade[40].

---

[40] Sobre isto: Roxin *AT*, p. 918; e Figueiredo Dias, *Temas básicos da doutrina penal*, p. 381, referindo o acórdão da Relação de Évora de 19 de novembro de 1991 *CJ* 1991, tomo V, p. 260. "O conceito [de negligência grosseira] implica uma especial **intensificação** da negligência não só ao nível da culpa mas também ao nível do tipo de ilícito; "a negligêncoa grosseira constitui um **grau essencialmente aumentado ou expandido de negligência**" (Figueiredo Dias, *Conimbricense* I, p. 113).

O próprio Código separa a negligência consciente da inconsciente, mas esta distinção não tem a ver com a noção de negligência grosseira.

A origem da figura "parece radicar na distinção 'escolástica' entre culpa lata, leve e levíssima que foi utilizada no direito penal comum por inspiração do direito civil. A moderna doutrina da negligência prescindiu dessa distinção porque ela pressupunha a conceção da negligência como forma de culpa sem um fundamento autónomo de ilicitude. A identificação da negligência com a violação do dever de cuidado implicava uma unificação ou generalização do conceito de negligência, tendencialmente incompatível com a distinção de graus de negligência. E, a reforçar esta incompatibilidade, encontrava-se também a conceção finalista de culpa que pretendia referir a culpa (quer a respeitante ao facto doloso, quer ao facto negligente) somente à potencial consciência da ilicitude)"[41].

Existem normas estradais cuja violação apresenta um grau de perigo potencial superior ao de outras: são aquelas cuja violação o Código da Estrada classifica como contraordenações muito graves e cuja prática indicia uma conduta grosseiramente negligente (acórdão da Relação de Coimbra de 5 de março de 1997, *BMJ* 465, p. 657). A negligência grosseira a que alude o nº 2 do artigo 137º do Código Penal abrange aqueles casos em que, de forma mais flagrante e notória, se omitem os cuidados mais elementares (básicos) que devem ser observados ou aquelas situações em que o agente se comporta com elevado grau de imprudência, revelando grande irreflexão e insensatez (acórdão da Relação de Coimbra de 6 de março de 1997, *BMJ* 465, p. 657). Agiu com negligência grosseira o condutor de um automóvel que imprimia ao mesmo mais do dobro da velocidade permitida no local onde transitava, circunstância que lhe fez perder o controlo sobre a viatura, o que, por sua vez, deu lugar a que aquela saísse da faixa de rodagem da via e passasse a circular pela berma da estrada (acórdão da Relação de Coimbra de 13 de janeiro de 1999, *CJ* 1999, tomo I, p. 43).

VII. Negligência e pluralidade de eventos

Caso nº 17 O *A*, médico de profissão, omitiu os deveres de fiscalização da qualidade da água tratada para diálise, da qual era o único responsável, tendo por via de tal omissão, ocorrido oito mortes de doentes.

Serão tantos os crimes de homicídio ou ofensas corporais quanto o número de ofendidos?

---

[41] Prof. Fernanda Palma, *Direito Penal. Parte Especial. Crimes contra as pessoas*, Lisboa, 1983, p. 101.

A NEGLIGÊNCIA

No processo da hemodiálise de Évora, o acórdão do STJ de 7 de outubro de 1998, na linha do que "tem decidido o Supremo Tribunal de Justiça", condenou o *A* por um único crime de homicídio negligente. Na 1ª instância, perante uma pluralidade de eventos mortais (oito), o Coletivo decidira-se pelo concurso efetivo de crimes.

Diz o Supremo:[42] sendo oito as mortes verificadas (por negligência), está-se perante um concurso de crimes, já que por oito vezes se encontra violado o mesmo dispositivo legal: art.º 136, nº 1, do CP de 1982 ou artº 137, nº 1, do CP de 1995. Tendo as oito mortes resultado como consequência necessária, direta e única da conduta negligente – omissão dos deveres de fiscalização da qualidade da água tratada para diálise – do arguido, que se prolongou de meados de 1992 a 22 de março de 1993, verifica-se uma situação de concurso ideal. Estando-se perante uma negligência inconsciente – o arguido não chegou a representar a possibilidade de morte dos insuficientes renais crónicos por não proceder com o cuidado a que estava obrigado –, não havendo manifestação de vontade de praticar atos ou omissões de que saísse tal resultado, não pode falar-se de falta de consciência de ilicitude ou em erro sobre a ilicitude. Na negligência inconsciente a ilicitude está intimamente ligada tão só ao não proceder o agente com o cuidado a que está obrigado.

A definição de culpa inconsciente tem estado ligada à corrente jurisprudencial que entende que, em regra, só é possível formular um juízo de censura por cada comportamento negligente – a pluralidade de eventos delituosos (por ex., no mesmo acidente verificou-se a morte de uma pessoa e ferimentos em outras duas) não pode ter a virtualidade para desdobrar as infrações. O acórdão do STJ de 8 de janeiro de 1998, *CJ* 1998, tomo I, p. 173, considera que se não verifica concurso de infrações quando, do mesmo acidente e do mesmo comportamento negligente, resultar a morte de uma pessoa e ofensas corporais em outras – trata-se de crime de resultado múltiplo, em que se pune o mais grave, funcionando os outros como agravantes a ter em conta na fixação concreta da pena. Na mesma linha decisória, o acórdão do STJ de 21 de setembro de 2005 CJ 2005, tomo III, p. 167, consignando que o *A*, com uma só ação, violou por três vezes a mesma disposição legal, havendo um só crime

As divergências doutrinárias[43] assentam em que o resultado não é irrelevante para o preenchimento do ilícito nos crimes negligentes; a punição do concurso

---

[42] O texto integral pode ser encontrado na Revista do Ministério Público, ano 19 (1998), nº 76 e ss., com anotação de Paulo Dá Mesquita. Cf., ainda, o texto parcial do mesmo acórdão em *CJ*, ano VI (1998), tomo III, p. 183 e ss. Sobre os problemas do concurso no âmbito dos delitos negligentes, Pedro Caeiro/ Cláudia Santos, *RPCC* 6 (1996).

[43] Veja-se Pedro Caeiro/Cláudia Santos *RPCC* 6 (1996). E agora o acórdão do STJ de 13 de julho de 2011, *relator*: Conselheiro Henriques Gaspar, publicado na *Revista de Legislação e de Jurisprudência*, ano 141, setembro/outubro de 2011, p. 25, com uma "Anotação" do Prof. José de Faria Costa.

ideal no quadro da unidade criminosa não poderia fundamentar a decisão do tribunal (artigo 30º, nº 1); ainda que a decisão se baseie – como parece – na unicidade do juízo de censura, em razões impostas pelo princípio da culpa, não é curial distinguir entre negligência consciente e inconsciente: a maior falta de respeito pelo outro reside precisamente na negligência inconsciente (Stratenwerth). Havendo uma pluralidade de tipos preenchidos, imprescindível seria mostrar que a falta de representação dos factos só permite a formulação de um juízo de censura. Por outro lado, está excluída a continuação criminosa, visto tratar-se de bens eminentemente pessoais.

Enquadrando-se a morte de várias pessoas através da mesma ação, a questão remete para o concurso efetivo, sob a forma de concurso ideal, "com absoluta indiferença por que a negligência tenha sido consciente ou inconsciente"[44]. Cumpriria encontrar a pena única aplicável, de acordo com o princípio do cúmulo jurídico, começando por determinar a pena concreta cabida a cada um dos três crimes cometidos, nos termos do artigo 71º do CP; seguidamente, construir-se-ia a moldura do concurso (artigo 77º. nº 2, do CP) que teria como limite máximo a soma das diversas penas parcelares e como limite mínimo a pena concreta mais grave; finalmente, considerando conjuntamente os factos e a personalidade do agente, encontrar-se-ia a pena única a aplicar.

VIII. Regresso à questão da imputação objetiva

Caso nº 18   *A* dá a *B*, seu amigo, uma porção de heroína. *B* injeta-se com a substância, mas morre na sequência disso, de sobredose.

Em muitos domínios, a negligência começa quando se ultrapassam os limites do risco permitido.

As condutas realizadas ao abrigo do risco permitido não são negligentes, não chegam a preencher o tipo de ilícito negligente. Se o agente não criou ou incrementou qualquer perigo juridicamente relevante não existe sequer a violação de um dever de cuidado. O exemplo discutido de há muito é o do jovem que marca um encontro com a namorada e esta vem a morrer, no local do encontro, na queda de um meteorito (ou na queda dum raio, ou por outro fenómeno natural, tanto dá): a conduta do rapaz não criou um risco juridicamente relevante e não existe qualquer violação duma norma de cuidado, portanto, não se lhe poderá imputar a morte da namorada. Por outro lado, se alguém conduz uma viatura com observância das regras estradais e mesmo assim provoca lesões noutra pessoa que

---

[44] Figueiredo Dias, *Conimbricense* I, p. 114.

A NEGLIGÊNCIA

se atravessa na frente do carro – também se não verifica uma violação do dever de cuidado. A negligência exclui-se se o agente se contém nos limites do risco permitido, se não criou nem potenciou um risco para a vida ou para a integridade física da vítima do atropelamento. Também não existe lesão do dever de cuidado se o agente dolosamente se limita a colaborar na autocolocação em risco de outra pessoa, se, por ex., anima o condutor a carregar no acelerador e este vem a morrer no despiste do carro que acabou por não conseguir dominar.

Imaginemos que *A* dá a *B,* seu amigo, uma porção de heroína e que este se injeta com a substância, vindo a morrer na sequência disso. Será *A* responsável pela morte de *B*? Na medida em que *A* deu a heroína a *B,* pôs-se uma condição para a morte deste. A morte de *B* é, do mesmo modo, uma consequência adequada da ação de *A.* Com a entrega da heroína, *A* aumentou, de forma relevante, o risco da morte de *B.* Dir-se-á que a morte de *B* é assim de imputar a *A.* O BGH E 32, 262 decidiu, porém, em sentido contrário – uma vez que *B* ainda era capaz de, por si, tomar decisões, por ex., a de conscientemente se injetar com heroína, e como *A* não tinha deveres especiais para com *B*, não era, por ex., médico deste (portador de um especial dever de pessoalmente evitar o resultado: artigo 10º), a morte de *B* não pode ser imputada a *A. B* é o responsável pela sua própria morte – **princípio da autorresponsabilidade**.

No caso do meteorito, ninguém dirá que o resultado era previsível: falta, desde logo, a criação dum perigo juridicamente relevante. Falta a realização do perigo criado se *A*, atingido a tiro, de raspão, num braço, vem a morrer no despiste da ambulância que o conduz ao hospital. Passa-se o mesmo com a evitabilidade. Se numa povoação segue um carro em velocidade excessiva e um peão se lhe atira para a frente, não haverá negligência do condutor se for claro que o atropelamento não poderia ter sido evitado mesmo que a velocidade fosse a prescrita.

Em risco de perder o comboio, *A* promete uma boa gorjeta ao taxista se este o puser a tempo na gare. O passageiro não será responsável por homicídio involuntário se, por falta de cuidado do motorista, um peão for colhido mortalmente quando o carro seguia a velocidade superior à permitida. Mas *A* já será responsável se puser ao volante do carro, para que o conduza, uma pessoa notoriamente embriagada que vem a causar a morte do peão. Neste caso, *A* atua com manifesta falta de cuidado.

Voltamos ao princípio da confiança. O princípio da confiança deve valer, inclusivamente, nos casos em que, por regra, se deve confiar em que outrem não comete um crime doloso. Se se tivesse que responsabilizar o vendedor e outros intervenientes não seria possível a venda de facas, fósforos, isqueiros, substâncias inflamáveis, machados e martelos. Se tivéssemos que adivinhar que estávamos a oferecer a outrem a oportunidade de cometer um crime doloso então a vida moderna seria o mesmo que renunciar ao trânsito nas estradas. Trata-se também

O RISCO DE COMER UMA SOPA E OUTROS CASOS DE DIREITO PENAL

aqui de um caso de risco permitido: os perigos inevitáveis são aceites por causa das vantagens individuais e sociais que o princípio da confiança oferece. Reside aqui o autêntico núcleo da velha *teoria da proibição de regresso*, segundo a qual não é punível a colaboração não dolosa em delitos dolosos[45].

IX. Indicações de leitura

Paula Ribeiro de Faria, *Conimbricense* I, p. 266: aplicação do artigo 148º no âmbito da atividade médica: cumprimento por parte do médico do dever objetivo de cuidado.

Acórdão da Relação de Guimarães de 28 de abril de 2008, processo nº 2369/07: A omissão é a causa do evento, uma vez que a ofendida não teria sofrido as lesões corporais se o arguido tivesse montado um serviço de vigilância e sinalização adequado às circunstâncias do caso, nomeadamente colocando pessoal na via pública, mais concretamente em cada um dos extremos do perímetro de segurança, a assinalar o perigo e a impossibilidade de passagem aos respetivos utentes, pelo tempo indispensável ao rebentamento e, bem assim, sinalização indicativa da existência de perigo de projeção de pedras resultante do uso de explosivos em operação de desaterro.

Acórdão da Relação de Guimarães de 24 de setembro de 2007, proc. nº 135207: **heterocolocação em perigo consentida**: *A* e outros resolveram fazer uma fogueira; *A* retirou um bidão de gasolina que estava no interior do veículo de um dos colegas. A *M* encontrava-se a cerca de um metro e meio do local onde o *A* realizava os preparativos para atear a fogueira. O *A* verteu uma porção de gasolina numa lata e acendeu-o com um isqueiro, mantendo o recipiente de plástico com a gasolina na outra mão. Nesse momento, fez-se uma labareda de fogo, tendo as chamas alastrado para o bidão que o *A* segurava. Com a mão atingida pelas chamas, o *A* largou o recipiente e rebolou no chão para apagar o fogo que se lhe propagava às roupas. Quando o bidão caiu ao chão, algumas das chamas atingiram a perna esquerda da *M*, daí derivando queimaduras no corpo. O *A* defendeu-se dizendo que a *M*, ao dar o consentimento para atear a fogueira, expôs-se "com plena consciência do risco a uma situação de perigo que é obra de terceiro", de tal modo que a lesão por ela sofrida "foi consequência de um risco por ela assumido, tendo a mesma responsabilidade que o *A*, uma vez que também a *M* consentiu na realização da fogueira". A Relação, contudo, julgou tal argumentação improcedente.

---

[45] Cf. Roxin, p. 899.

A NEGLIGÊNCIA

Acórdão da Relação de Coimbra de 4 de novembro de 1998, *CJ* 1998, tomo V, p. 45: para a punição da negligência é preciso a culpabilidade, a qual requer, para além do mais, a prova (...) de que por sua inteligência e cultura, sua experiência de vida e situação o agente está individualmente em condições de cumprir o dever de cuidado que havia sido objetivamente prescrito.

Acórdão da Relação de Coimbra de 6 de março de 2002, *CJ* 2002, tomo II, p. 41 (relação de causalidade entre a condução com álcool e o acidente de que resultou a morte do peão): nos crimes negligentes presume-se a negligência com a inobservância de lei ou regulamento; porém, o acidente produzido há de ser do tipo daqueles que a lei quis evitar quando impôs a disciplina traduzida na norma violada.

Acórdão da Relação de Coimbra de 4 de maio de 2005, proc. nº 746/05. Não pratica o crime de homicídio com negligência grosseira a condutora em relação à qual apenas se provou que entrou numa curva a velocidade não concretamente apurada, ainda que superior ao limite estabelecido para o local em 10 km./h, não adequando a velocidade ao trânsito que seguia à sua frente, iniciando uma travagem no decurso da qual foi colidir na traseira de um velocípede, já no fim da curva.

Acórdão da Relação de Lisboa de 10 de março de 2004, proc. nº 8175/2003. A **negligência grosseira**, prevista no nº 2 do art. 137º do Código Penal, implica não só agravação ao nível da culpa mas também ao nível do tipo de ilícito. Este último caso, estando-se perante acidente de viação, deverá corresponder ao cometimento de contraordenação «muito grave» ou, pelo menos «grave».

Acórdão da Relação do Porto de 6 de março de 2006, proc. nº 0544514. Não age com **negligência grosseira** (de forma temerária em alto e relevante grau) a sinistrada que, conduzindo o seu veículo na autoestrada e tendo deixado cair uma garrafa de água de 0,33l, se debruçou para a apanhar, entrou em despiste e invadiu a faixa separadora central, depois de ter derrubado as barras de proteção, pois o ato de se debruçar para apanhar a garrafa não traduz uma conduta grave (próxima do dolo), representando antes um ato irrefletido, automático, a identificar com a negligência simples ou leve.

Acórdão do STJ de 14 de março de 1990, *BMJ* 395, p. 276: acidente de viação; **unidade e pluralidade de infrações**.

Acórdão do STJ de 15 de outubro de 1997, *CJ* 1997, tomo III, p. 212: culpa inconsciente; acidente de viação; **unidade e pluralidade de infrações**.

Acórdão do STJ de 21 de janeiro de 1998, *BMJ* 473 p. 113: crimes de homicídio com negligência grosseira e de condução sob o efeito do álcool. Dupla valoração da condução sob o efeito do álcool – na condenação por condução sob esse efeito e na agravação qualificativa do homicídio negligente na forma grosseira. Prisão efetiva.

O RISCO DE COMER UMA SOPA E OUTROS CASOS DE DIREITO PENAL

Acórdão do STJ de 29 de abril de 1998, processo nº 149/98: na negligência simples é violado o dever objetivo de cuidado ou dever de diligência, aferido por um homem médio. A negligência grosseira exige grave violação do dever de cuidado, de atenção e de prudência, grave omissão das cautelas necessárias para evitar a realização do facto antijurídico, quando não se observa o cuidado exigido de forma pouco habitual ou que no caso concreto resulta evidente para qualquer pessoa.

Acórdão do STJ de 7 de abril de 2005, *CJ* 2005, tomo II, p. 26: acidente ferroviário; prioridade absoluta de que gozam as locomotivas ferroviárias nas **passagens de nível**.

Acórdão do STJ de 7 de março de 1990, *BMJ* 395, p. 258: ocupou-se da questão de saber se, quando por via do mesmo acidente resulta a morte de duas ou mais pessoas, o agente comete um só crime ou se, ao invés, perpetra tantos crimes quantos os sujeitos ofendidos.

Acórdão do STJ de 7 de outubro de 1998, *CJ* año VI (1998), tomo III, p. 183; publicado também na Revista do Ministério Público, nº 76 (1998), com anotação de Paulo Dá Mesquita: sendo oito as mortes verificadas (por negligência), está-se perante um **concurso de crimes**, já que por oito vezes se encontra violado o mesmo dispositivo legal: art.º 136, n.º 1, do CP de 1982 ou art.º 137, n.º 1, do CP de 1995. Tendo as oito mortes resultado como consequência necessária, direta e única da conduta negligente – omissão dos deveres de fiscalização da qualidade da água tratada para diálise – do arguido, que se prolongou de meados de 1992 a 22 de março de 1993, verifica-se uma situação de concurso ideal. Estando-se perante uma negligência inconsciente – o arguido não chegou a representar a possibilidade de morte dos insuficientes renais crónicos por não proceder com o cuidado a que estava obrigado –, não havendo manifestação de vontade de praticar atos ou omissões de que saísse tal resultado, não pode falar-se de falta de consciência de ilicitude ou em erro sobre a ilicitude. Na negligência inconsciente a ilicitude está intimamente ligada tão só ao não proceder o agente com o cuidado a que está obrigado.

António João Latas, "Descrição e prova dos factos nos crimes por negligência – questões de ordem geral", *Revista do CEJ*, nº 11, 2009.

Bernardo Feijóo Sánchez, Teoria da imputação objetiva, trad. brasileira, 2003.

Bockelmann/Volk, Strafrecht, Allgemeiner Teil, 4ª ed., 1987.

Burgstaller, Wiener Kommentar, § 6.

Claus Roxin, Problemas Fundamentais de Direito Penal.

Claus Roxin, Strafrecht, Allgemeiner Teil, Bd. 1. Grundlagen, der Aufbau der Verbrechenslehre, 2ª ed., 1994.

Cramer, *in* Schönke/Schröder, Strafgesetzbuch, Kommentar, 25ª ed., 1997.

Eduardo Correia, Direito Criminal, I e II.

A NEGLIGÊNCIA

Eduardo Correia, Les problemes posés, en droit pénal moderne, par le développement des infractions non intentionnelles (par faute), *BMJ* 109, p. 5.

F. Haft, Strafrecht, AT, 6ª ed., 1994.

Faria Costa, As Definições Legais de Dolo e de Negligência, BFD, vol. LXIX, Coimbra, 1993.

Faria Costa, Dolo eventual, negligência consciente (parecer), CJ, acórdãos do STJ, ano V (1997).

Faria Costa, O Perigo em Direito Penal, especialmente, p. 471 e ss.

Günter Stratenwerth/Kuhlen, Strafrecht, AT, 5ª ed., 2004.

Günter Stratenwerth, Derecho Penal, PG, I. El hecho punible, 1982.

Günter Stratenwerth, L'individualizzazione della misura di diligenza nel delitto colposo, Riv. ital. dir. proc. penale, 1986, p. 635.

Günther Jakobs, El delito imprudente, in Estudios de Derecho Penal, 1997.

Günther Jakobs, Strafrecht, Allgemeiner Teil, 2ª ed., 1993.

H.-H. Jescheck, Lehrbuch des Strafrechts: Allg. Teil, 4ª ed., 1988, de que há tradução espanhola.

Hans Welzel, Das Deutsche Strafrecht, 11ª ed., 1969, parcialmente traduzido para espanhol por Juan Bustos Ramírez e Sergio Yáñez Pérez com o título Derecho Penal Aleman, Editorial Jurídica de Chile, 4ª ed., 1997.

Helmut Fuchs, Österreichisches Strafrecht. AT I, 1995.

Ingeborg Puppe, La imputación objetiva. Presentada mediante casos ilustrativos de la jurisprudencia de los altos tribunales. Granada 2001.

Ingeborg Puppe, Strafrecht Allgemeiner Teil im Spiegel der Rechtsprechung, Band I, 2002.

João Curado Neves, Comportamento lícito alternativo e concurso de riscos, AAFDL, 1989.

João Palma Ramos, "Crimes rodoviários. Especificidades da negligência", *Revista do CEJ*, nº 11, 2009.

Johannes Wessels, Strafrecht, AT-1, 17ª ed., 1993: há tradução para o português de uma edição anterior.

Jorge de Figueiredo Dias, Direito penal, sumários e notas, Coimbra, 1976.

Jorge de Figueiredo Dias, Pressupostos da punição, *in* Jornadas de Direito Criminal, CEJ, 1983.

Jorge de Figueiredo Dias, Sobre o estado atual da doutrina do crime, RPCC 1 (1991).

Jorge de Figueiredo Dias, Velhos e novos problemas da doutrina da negligência, *in* Temas básicos da doutrina penal, Coimbra Editora, 2001.

José Cerezo Mir, Curso de Derecho Penal Español, parte general, II, 5ª ed., 1997.

José Manuel Paredes Castañon, El riesgo permitido en Derecho Penal, 1995.

Karl-Heinz Gössel, "Velhos e novos caminhos da doutrina da negligência", BFD, 59 (1983).

Kienapfel, Grundriß des österreichischen Strafrechts, BT, I, 3ª ed., 1990, especialmente § 80.

Kristian Kühl, Strafrecht, Allgemeiner Teil, 1994.

Maria Joana de Castro Oliveira, A imputação objetiva na perspetiva do homicídio negligente, Coimbra Editora, 2004.

Mir Puig, Derecho Penal, parte especial, Barcelona, 1990.

Mir Puig, El Derecho penal en el estado social y democrático de derecho, 1994.

Otto Triffterer, Österreichisches Strafrecht, AT, 2ª ed., 1993.

Paula Ribeiro de Faria, Sobre a individualização da medida de cuidado no âmbito do ilícito negligente, Estudos em homenagem ao Prof. Doutor António Castanheira Neves, Vol. III, Studia Ivridica, 92, 2009.

Pedro Caeiro/Cláudia Santos, Negligência inconsciente e pluralidade de eventos: tipo-de-ilícito negligente – unidade criminosa e concurso de crimes – princípio da culpa. RPCC 6 (1996).

Samson, Das Fahrlässigkeitsdelikt, Systematischer Kommentar zum Strafgesetzbuch, Band I, AT (§§ 1-79 b), 2ª ed., 1977.

Teresa Rodriguez Montañes, delitos de peligro, dolo e imprudencia, Centro de Estudios Judiciales, Ministerio de Justicia, Madrid, 1994.

Tomé de Carvalho, "Descrição e prova dos factos nos crimes por negligência, especificidades no domínio da negligência médica", *Revista do CEJ*, nº 11, 2009.

Udo Ebert, Strafrecht, Allgemeiner Teil, 2ª ed., 1993.

13 – O CRIME DOLOSO DE COMISSÃO POR OMISSÃO

I. Omissão: delicta ommissiva; delicta commissiva per ommissionem

Caso nº 1 Um casal, cujas relações estão praticamente desfeitas, passa férias junto ao mar. Em certo momento, durante um passeio pelo molhe, a mulher cai acidentalmente à água, num sítio já um pouco afastado da costa. Não sabe nadar e mal se pode mexer: como era já tarde, vestira roupa grossa por causa do frio. Vai-se afogar, inevitavelmente, dentro de instantes, se ninguém a ajudar. O marido, que também está pesadamente vestido, mas que é bom nadador, considera que deve "deixar que as coisas sigam o seu rumo" e é assim que se decide. No molhe passeiam numerosas pessoas que ali passam férias. Algumas não se deram conta do acidente. Outras observaram-no mas não fazem nada. A mulher morre afogada[1].

Ninguém mexeu uma palha, de forma que interessa definir o círculo dos que podem ser acusados de um crime omissivo. Na primeira linha encontram-se o marido e os outros veraneantes que estavam presentes quando se deu o acidente. Mas também fará parte dos "suspeitos" o porteiro do hotel que viu o casal a discutir e pensou que "aquilo" não iria durar mais de dois ou três dias? Poderão ficar excluídos os parentes do casal que conheciam a veemência das discussões? E o advogado a quem a mulher informara das razões por que queria o divórcio? E o grupo de turistas japoneses que a uns 200 metros do molhe "sentiu" que qualquer coisa estava para acontecer?

O marido não prestou qualquer auxílio e deixou que as coisas seguissem o seu rumo, pelo que fica logo comprometido com o crime do artigo 200º, nº 1. O mesmo acontece com alguns veraneantes, sobretudo os bons nadadores ou

---

[1] Cf. Wolfgang Naucke, *Strafrecht. Eine Einführung*, 7ª ed., 1995.

O RISCO DE COMER UMA SOPA E OUTROS CASOS DE DIREITO PENAL

os que tinham consigo um telemóvel e podiam comunicar com o 112 (*número nacional de socorro*). O artigo 200º aplica-se à omissão de auxílio, àqueles que pura e simplesmente nada fazem numa situação de grave necessidade – na norma não se exige que o afastamento do perigo seja efetivo, o que se exige é a prestação do auxílio *necessário* ao afastamento do perigo. É por isso que o preceito do artigo 200º se aplica ao marido – porque este, apercebendo-se de tudo o que se passava, dolosamente nada fez. Não é o facto de a mulher ter morrido que se vai agora imputar ao marido e/ou aos veraneantes, é *apenas* o facto de estes lhe não terem prestado o auxílio necessário ao afastamento do perigo.

Eis a pedra de toque da distinção entre as omissões puras e impuras. Nas omissões puras pune-se a simples inatividade[2] – o **dever de auxílio** resulta diretamente da lei.

Nas omissões impuras, o **dever de agir** para evitar um resultado deriva de uma posição de garantia. São também chamadas omissões "impróprias" por estarem unidas a um resultado que em condições normais é causado por uma ação[3]. Pune-se aquele que, sendo garante, numa situação de perigo, efetivamente nada faz para afastar a ameaça de lesão (da vida, da integridade física, etc.) de outrem. Aplicam-se então as normas sobre a comissão de crimes, por ex., o artigo 131º. Tanto dá que a mãe que quer matar o filho o deixe morrer de fome como o deite a afogar na banheira da casa. A expressão significa **que o agente não é penalmente responsável apenas pela omissão, mas que também o é pelas consequências danosas que derivarem dessa omissão**. E como não existem preceitos especiais a castigar estas omissões impuras – empregamos os que punem as respetivas ações.

O marido e os veraneantes (só alguns, naturalmente) podem ser punidos por um crime de omissão pura. Bem difícil será sustentar, no entanto, que as mesmas pessoas são **responsáveis pela morte da mulher**, ou seja, por omissão "impura" (ou "imprópria"), como autores de um crime de comissão por omissão.

---

[2] Os crimes de omissão são crimes de dever; os crimes de comissão por omissão são, além disso, crimes específicos. Em ambos os casos, *autor* é o omitente. Nos crimes próprios, o facto punível esgota-se na infração de uma *norma precetiva*, nos crimes impróprios a norma proíbe *(norma proibitiva)* a produção de um resultado. À primeira vista, "punir as omissões pode parecer semelhante a punir pensamentos ou intenções; por outro lado, omitir uma conduta é imediatamente equiparado a um "nada fazer" que não é abrangido por uma ordem de proibições basicamente constituída por proibições de ações". Todavia, "no campo ético", ações e omissões podem equiparar-se: "segundo a linguagem das normas, as proibições podem integrar comando de ações", Fernanda Palma, *RPCC 9*, p. 553; também Eduardo Correia, *Direito Criminal*, I vol., p. 271. Os crimes de omissão pura são crimes de "desobediência" – no artigo 200º o comando versa sobre o auxílio necessário ao afastamento do perigo na concreta situação de grave necessidade, o comportamento não consiste numa qualquer atividade, mesmo que em abstrato se trate de uma atividade útil. Os crimes de comissão por omissão (omissão impura) devem ser vistos como de não evitação do resultado ordenada pelo comando da ação com que se pretende obviar à lesão de um determinado bem jurídico.

3 Luden, Abhandlugen aus dem Gemeinendeutschen Strafrecht, II, p. 219.

O CRIME DOLOSO DE COMISSÃO POR OMISSÃO

Os tribunais são poucas vezes chamados a julgar um crime de omissão impura. Mas as omissões impuras aparecem frequentemente nos exames escritos, de modo que o candidato deve fazer um redobrado esforço por dominar o assunto.

Deve, desde já, atender-se a que são **requisitos comuns** gerais à omissão própria e à omissão imprópria:

– O dever jurídico de agir;
– A omissão da ação devida;
– A possibilidade de agir ou capacidade de agir ou de ação: falta tal capacidade de ação quando ao agente não assistem a força física, a destreza manual, a inteligência, os conhecimentos técnicos, os instrumentos necessários para praticar a ação devida (J. A. Veloso).

1. Crime de omissão de auxílio/omissão pura: artigo 200º

O Código contém uma série de tipos onde se prevê a punição de quem omite uma determinada ação, por ex., os artigos 200º (omissão de auxílio), 245º (omissão de denúncia), 249º, nº 1, alínea *c*) (recusa de entrega de menor), 284º (recusa de médico), 369º (denegação de justiça), 381º (recusa de cooperação). O mais conhecido, com lugar assegurado nos trabalhos práticos, é o do artigo 200º: "1. Quem, em caso de grave necessidade, nomeadamente provocada por desastre, acidente, calamidade pública ou situação de perigo comum, que ponha em perigo a vida, a integridade física ou a liberdade de outra pessoa, deixar de lhe prestar o auxílio necessário ao afastamento do perigo, seja por ação pessoal, seja promovendo o socorro, é punido com pena de prisão até 1 ano ou com pena de multa até 120 dias. 2. Se a situação referida no número anterior tiver sido criada por aquele que omite o auxílio devido, o omitente é punido com pena de prisão até 2 anos ou com pena de multa até 240 dias. 3. A omissão de auxílio não é punível quando se verificar grave risco para a vida ou a integridade física do omitente ou quando, por outro motivo relevante, o auxílio lhe não for exigível".

A proibição penal de matar, de furtar, de violar ou de sequestrar exige unicamente do agente que omita certas ações, que, abstendo-se de matar alguém, de furtar, de violar, etc., deixe intocada a situação existente através da qual se protege a vida, a propriedade e a liberdade das pessoas. Pelo contrário, a punição das omissões, ao criar um dever de agir em favor do próximo, significa um impulso para melhorar as relações sociais. Um direito penal que sanciona omissões próprias e impróprias pune quem não corresponde aos apelos e às expectativas de solidariedade dos outros membros da sociedade. A punição por "omissão de auxílio" deve ser entendida unicamente no sentido de que cada um deve preocupar-se com os outros, mesmo com os anónimos, em caso de grave e iminente perigo para essas pessoas. A questão do bem jurídico protegido tem pois a ver com a solidariedade humana, ainda que o seu lugar sistemático aproxime o preceito das "gravações e fotografias ilícitas" e da "subtração às garantias do Estado de direito Português", que o Código alinha no capítulo dos crimes contra *outros* bens jurídicos pessoais. Consagrando-se um dever de solidariedade social, espera-se que o seu destinatário, enquanto membro da sociedade, se manifeste responsavelmente para com os outros, exigindo-se-lhe uma certa disponibilidade para ajudar. Objeto da tutela são efetivamente a vida, a integridade física ou a liberdade de outra pessoa. Não se incluem no artigo 200º, com referência ao perigo que justifica a prestação do auxílio, os bens patrimoniais alheios de valor elevado, como se faz, por ex., no artigo 272º, nº 1. Trata-se de um crime de omissão pura e de perigo concreto, sendo seu pressuposto típico a concretização de um perigo (caso que "ponha em perigo" a vida, etc.).

O dever de auxílio obriga qualquer pessoa. A norma começa com o "Quem" *anónimo* dos crimes comuns e isso o distingue do dever de garante que no artigo 10º, nº 2, recai *pessoalmente* sobre o omitente. A situação típica que desencadeia um dever de auxílio é um caso de grave necessidade (aferido ex ante o perigo para o bem jurídico). A grave necessidade significa uma situação, por ex., de desastre ou acidente, com risco iminente de lesão relevante para a vida, a integridade física ou a liberdade de alguém. Discute-se, no entanto, a extensão desses perigos para a vida ou para a integridade física. Uma doença ou uma gravidez só serão de atender quando se envolvam em caso de grave necessidade, isto é, quando estejam sob a ameaça de perigo iminente para a vida ou a integridade física. A norma porém atende à liberdade pessoal nas suas diversas manifestações, incluindo a liberdade e a autodeterminação sexual. Um desastre, um acidente, etc., pode ser provocado dolosamente, pode mesmo tratar-se de um ilícito típico. E pode ter sido originado inclusivamente pela própria vítima, a qual, mesmo assim, não perde a proteção que a norma lhe confere. Discute-se, no entanto, a questão da tentativa de suicídio, que terá que se apresentar como um caso de grave necessidade e que pode conduzir a situações de inexigibilidade em face da atitude de quem se encontra disposto a morrer a todo o custo. Veja-se, a propósito, o artigo 154º, nº 3, alínea *b*). A situação de perigo comum significa a possibilidade de lesão para um grande número de pessoas, a situação de calamidade pública é, por ex., a de um período de fome generalizada.

A conduta que a lei descreve como ilícita é a não prestação (omissão) do auxílio necessário ao afastamento do perigo. O auxílio é o *necessário* ao afastamento do perigo e o critério ou juízo da necessidade é o do observador avisado. Uma boa parte da doutrina entende que a prestação do auxílio já não é necessária se, por ex., a vítima entretanto morreu; e que o dever cessa naqueles casos em que a vítima é socorrida por outros meios. Outros recorrem à figura da tentativa inidónea, que

O CRIME DOLOSO DE COMISSÃO POR OMISSÃO

no caso, atenta a medida da pena, não chegaria a ser punível (artigo 23º, nos 1 e 3). Mas não tem sido esse o entendimento dos nossos tribunais. O acórdão do STJ de 10 de fevereiro de 1999, *CJ* 1999, tomo 1, p. 207, entendeu que comete o crime de omissão de auxílio do artigo 200º, nos 1 e 2, do CP, o condutor que se afasta do local do acidente sem providenciar socorro à vítima – apesar de haver aí pessoas, uma delas haver mesmo chamado uma ambulância –, e ter regressado mais de 10 minutos depois, já que ele, como causador do acidente, continua obrigado a comportamento positivo no sentido da prestação de auxílio.

O auxílio deve ser prestado em tempo oportuno, mas a correspondente atuação não tem que ser pessoal, basta que o obrigado promova o socorro, por ex., chamando um médico, o 112, etc. Se a prestação de auxílio logra êxito ou não – é irrelevante, a lei apenas exige que se preste o auxílio *necessário*. Aliás, tudo depende das circunstâncias, inclusivamente, das capacidades pessoais de quem tem o dever de agir.

Não podem ser ignoradas as limitações derivadas da própria capacidade de agir. Trata-se da capacidade física de executar uma determinada ação. Não se omite o auxílio com um barco a uma pessoa que se afoga se não existe barco;[4] ou, no exemplo de Wessels, quem passeia em Bona não omite o salvamento de pessoas que caíram ao Reno em Colónia. De quem não é médico só se podem esperar os "primeiros socorros", e mesmo o socorro de um médico pode estar limitado se ele não dispuser dos instrumentos e dos medicamentos necessários. Como pressuposto do auxílio, está, pois, a possibilidade fáctica de o prestar. Aliás, a correspondente omissão não é punível quando se verificar o grave risco a que se alude no nº 3 do artigo 200º. Não omite o auxílio quem não puder ajudar, por exemplo, sem pôr a sua vida em risco, porque isso não lhe é razoavelmente de exigir. Também é assim no artigo 128 do Código Penal suíço (no texto italiano): "Chiunque omette di prestare soccorso a una persona da lui ferita o in imminente pericolo di morte, *ancorché, secondo le circostanze*, lo si potesse da lui ragionevolmente esigere (...)".

O crime é unicamente doloso e o omitente deve saber, não só que se está perante uma situação de grave necessidade, como deve conhecer os restantes fatores típicos, nomeadamente que a prestação do auxílio é necessária e lhe é exigível. Aquele que nada faz por supor, erradamente, que a vítima está morta, pode ficar impune por aplicação do artigo 16º, nos 1 e 3. O crime estará consumado logo que o agente manifeste de forma percetível a sua resolução de não prestar o auxílio.

Outra questão prática está no contacto destas matérias com as situações de conflito de deveres (artigo 36º, nº 1), por ex., de um médico que é chamado para tratar um seu cliente que saiu ligeiramente ferido dum acidente e que se recusa

---

[4] Stratenwerth, *AT*, p. 278 e ss.

a dar prioridade ao outro sinistrado cuja vida manifestamente corre perigo. Atender-se-á, no entanto, a que a recusa de auxílio da profissão de médico está prevista, como crime específico, no artigo 284º.

No nº 2 do artigo 200º prevê-se a forma agravada de cometimento do crime por aquele que tiver criado a situação de grave necessidade (uma forma de "ingerência"), por ex., atuando em legítima defesa.

2. Comissão por ação e por omissão; omissão imprópria: artigo 10º

O contacto com o crime do artigo 200º confirma que só alguns tipos penais da PE comportam omissões. Tirando esse, e poucos mais, os desenhos típicos descrevem antes condutas ativas, como no artigo 131º, aplicável a quem dolosamente "matar outra pessoa". Mas tanto mata aquele que abate a tiros um vizinho por uma banal discussão como o que consciente e voluntariamente deixa morrer de fome a velhinha sua mãe, com quem vivia desde sempre. A conduta do que mata o vizinho (por ação) entra diretamente no artigo 131º, mas a daquele que dolosamente deixa a mãe morrer de fome, nada fazendo para impedir tal resultado, dificilmente se torna intelegível sem uma norma que estabeleça o correspondente dever de agir, alargando o âmbito de punibilidade da previsão do homicídio. A diferença está em que o dever de evitar que a senhora morra radica, não numa qualquer pessoa, mas naquele seu filho, ou seja: nas descritas circunstâncias, o indivíduo sobre quem recai um dever jurídico que *pessoalmente* o obriga a evitar esse resultado. Esta **posição de garantia** é por assim dizer o fator de legitimação da **equivalência da omissão à ação** e é afirmada em norma da PG, o artigo 10º, que, se por um lado alarga as margens de punibilidade, por outro faculta "uma razão de ser para que um *non facere* possa merecer o mesmo desvalor, quer de omissão, quer de resultado, que o próprio *facere*"[5].

O artigo 10º funciona ao nível do *tipo aberto*, necessitado de complemento, por força do qual certos omitentes são considerados como garantes da não--realização típica. A existência de um dever jurídico de garante pela não produção do resultado serve do mesmo modo para determinar o círculo de pessoas de onde sai o omitente. A casa da senhora velhinha podia ser frequentada por uma sua irmã mais nova, que ali vinha de quando em vez, sabia-se até da existência de uma outra irmã, deslocada na Austrália, mas é na pessoa do filho que se apreendem o sentido e as razões político-legislativas para que a morte da mãe pela fome seja equiparada à do vizinho violentamente abatido por alturas duma altercação. Outra é a questão de saber quais os **pressupostos** sob os quais essa equiparação procede.

---

[5] Faria Costa, *Omissão*.

Torna-se compreensível que deixar a mãe à míngua de comida é tão perigoso como alimentá-la com uma sopa envenenada e supõe não só que a mãe se encontrava em estado de se não poder alimentar por ela mesma mas também que o filho estava consciente de que a mãe acabaria por morrer se porventura ele lhe não valesse. Deste filho esperava-se que ele, como qualquer outra pessoa, se tivesse abstido de levar a efeito ações homicidas. Esperava-se, além disso, que se empenhasse em evitar que a morte da mãe se verificasse por qualquer outra causa. Na expressiva imagem de Maiwald,[6] o filho era uma espécie de guarda-redes, pronto para impedir, não o golo na sua baliza, mas a morte da mãe, omitindo aquilo que a pudesse provocar e fazendo o necessário para que a mesma se não produzisse.

II. Distinção entre ação e omissão

Perante condutas exteriormente equívocas ou ambíguas, suscitam-se por vezes questões de distinção prática entre crimes de ação e de omissão. A solução está ligada à circunstância de saber se o agente criou ou potenciou o perigo para o bem jurídico ameaçado (conduta *ativa*) ou antes se não diminuiu ou eliminou um tal perigo (conduta *omissiva*). Importa determinar se o sujeito desenvolveu um nexo causal direto, dirigido ao resultado, ou não. Neste último caso, trata-se de um simples não intervir.

A distinção tem um grande significado porque só nos crimes impróprios se pressupõe um "especial dever jurídico de pessoalmente evitar o resultado" no sentido do dever de garantia, mas também porque a atenuação especial prevista no nº 3 do artigo 10º só se aplica à omissão. Sendo a comissão por ação o caso normal, deve esta forma prevalecer sobre a outra, o que obriga a uma clara distinção. O conceito de omissão deve ter uma tal conformação que torne plausível a necessidade de atribuição de uma posição de garante ao sujeito.

Deve aliás ter-se presente que alguns tipos de crime constroem-se, parcialmente, na base de uma omissão. Seja a estrutura do artigo 190º (violação de domicílio) que, ao lado de um agir (introduzir-se o sujeito na habitação de outra pessoa) prevê como elemento típico "permanecer depois de intimado a retirar-se". A passividade está logo preenchida e estruturalmente é tratada em paralelo com a variante típica "introduzir-se". Do mesmo modo se pode analisar no crime de sequestro (artigo 158º, nº 1) o elemento residual "ou de qualquer forma a privar da liberdade": o sujeito impede, e para tanto bastará a sua simples presença, que outrem exerça o seu direito a mudar de lugar. Trata-se de uma forma de lesão do bem jurídico através de uma simples omissão. Mais difícil será o tratamento

---

[6] Maiwald, *JuS* 1981, p. 475.

do "nada dizer" nos crimes de expressão como o do artigo 359º, no sentido de fazer equivaler o silêncio a uma afirmação mentirosa (depoimento falso). A sua condição de crime de perigo abstrato conduz à ausência de um resultado que é característico da aplicação do artigo 10º.

Nos seguintes grupos de casos, pode não ser nítida a distinção entre ação e omissão:[7]

- Ação e omissão seguem-se, uma à outra, no tempo – *A*, que, distraído, conduzia o seu automóvel, atropela *B*, ciclista, que seguia pela sua mão de trânsito; *A* não socorre *B*, e conscientemente abandona-o, ferido, sabendo que o mesmo, se não for socorrido, vai morrer, o que efetivamente acontece. Para boa parte da doutrina, trata-se de um problema de concurso: a um crime negligente por ação, segue-se um homicídio doloso, por omissão.
- Durante a sua atuação, o sujeito omite o cuidado devido – *A* causa um acidente com danos pessoais, por conduzir, de noite, sem luz.
- Em vez da ação esperada, segue-se uma outra – *A*, médico, opera por erro a perna direita do paciente, que está doente, mas da perna esquerda.
- Um processo causal, destinado a salvar a vida de *A*, é interrompido por atuação consciente de *B*.
- O médico *A* desliga a máquina que no hospital mantinha artificialmente vivo o doente *B*. Para a opinião dominante, trata-se de uma ação consistente no desligar da máquina.
- É o próprio sujeito quem se coloca na impossibilidade de atuar de acordo com o seu dever: o nadador-salvador não pode salvar *B*, que está prestes a afogar-se, por ter perdido a noite anterior numa festa de arromba.

Parece ser a forma de criação do perigo para bens jurídicos o adequado critério de delimitação: "ao agente deve ser imputada uma *ação* sempre que ele criou (ou aumentou) o perigo que vem a concretizar-se no resultado; uma *omissão* sempre que ele não diminuiu aquele perigo"[8].

Caso nº 2 *A* dispara contra *B* com dolo homicida, mas logo a seguir abandona-o, a esvair-se em sangue, bem podendo tê-lo socorrido, dado ter os meios para tanto. Umas três horas depois, *B* morreu. Qual dos indicados aspetos deverá prevalecer, a morte por ação ou a morte por omissão?

---

[7] v. H.-Heinegg, p. 362.
[8] Cf. Figueiredo Dias, *DP/PG* I, 2ª ed., 2007, p. 910.

O CRIME DOLOSO DE COMISSÃO POR OMISSÃO

Suponha-se, inclusivamente, que o homicida reparou que a pessoa contra quem disparou não era aquela que efetivamente queria alvejar – claramente um *error in persona*[9]. Indo mais longe, pondere-se o facto de a vítima ter insistentemente pedido ao agressor que o levasse ao hospital, o que ele recusou, pondo-se em fuga.

Excurso. Vem de muito longe a questão da equiparação entre ações e omissões que num sentido jurídico provoquem um certo resultado, lembra a Prof. Teresa Beleza. E cita uma disposição dos Fueros de Medinaceli relativa à omissão como uma forma de execução da pena capital: *non coma nin beba ata que muera*. A propósito do *ius maletractandi*, também García de Cortázar,[10] refere o amplo direito de coerção do senhor relativamente aos camponeses: "al solariego puede el señor tomarle el cuerpo e todo cuanto en el mundo ovier", dirá el Fuero Viejo de Castilla, y cuanto a Aragón, Pedro IV reconoció en 1380 que el señor no sólo podía encarcelar al colono sino hacerlo morir de hambre, sed o frio". Uma visita a Peñiscola leva-nos invariavelmente à residência do "último" papa de Avinhão, o aragonês Pedro de Luna[11] e ao local dos emparedamentos. O condenado era metido num buraco aberto na parede da principal sala do "castelo", que o carrasco se encarregava de tapar com tijolos. Faltando-lhe uma fresta para respirar, a morte era quase imediata (por ação?!). Na variante em que se lhe deixava uma fresta, o condenado continuava a respirar, mas morria de fome e sede, lentamente, ao fim duns dias (por omissão!), sem que lhe servisse de consolo o cheiro das iguarias alinhadas ali ao lado, à mesa de quem dispunha do poder de vida e de morte. Na ficção, o "Barril de Amontillado", de Edgar Allan Poe, conta a história de um indivíduo que, sentindo ter sido humilhado, decide vingar-se ao jeito do Papa Luna – e castigar quem o injuriou, com a preocupação, conseguida, de ficar impune. Na cave, diz o narrador já no final da novela, ouviu-se por algum tempo o tilintar de guizos. Depois, e durante meio século, nenhum mortal perturbou o sossego dos ossos amontoados da desgraçada vítima. *In pace requiescat!*

III. Os elementos do crime doloso de comissão por omissão

A *posição de garante* ocupa o **papel central** destes crimes, cujo ilícito apresenta, como em qualquer outro crime doloso, um lado objetivo e um lado subjetivo. A posição de garante e a chamada *cláusula de correspondência* ("...o facto abrange não

---

[9] Seguindo-se a uma ação dolosa uma omissão dolosa, a ação consome a omissão, de acordo com a tese de Grünwald, *cit.* por Rolf D. Herzberg, *Die Unterlassung im Strafrecht und das Garantenprinzip*, p. 284.
[10] García de Cortázar, na Historia de España Alfaguara II, p. 229.
[11] Bento XIII, o "Papa Luna", morreu em 1423.

só a ação adequada a produzi-lo como a omissão da ação adequada a evitá-lo...")
pertencem ambas ao tipo objetivo. Ao tipo objetivo pertence também a produção
do **resultado**. Exige-se que o omitente tenha a *possibilidade de evitar o resultado*,
de forma que, se ao sujeito falta a capacidade de intervir, também não omite a
evitação do resultado. A mais disso, deve apurar-se a *causalidade* da omissão, a qual
existirá se, com a execução da ação pelo omitente, tivesse sido possível evitar o
resultado. Do lado subjetivo, o dolo deve abranger todos os elementos objetivos do
ilícito, por ex., o omitente deve conhecer os elementos fáticos donde deriva a sua
posição de garante: o marido do nosso exemplo deve saber que a pessoa que caiu à
água é a sua mulher, ou o seu filho, etc. Apurando-se todos os elementos objetivos
e subjetivos do ilícito deve verificar-se se existe qualquer causa de justificação,
que na maior parte dos casos estará relacionada com uma situação de necessidade
ou de colisão de deveres, por ex., o caso do médico que num acidente com várias
vítimas só pode salvar uma vida. A mais disso, no plano da culpa, deve apurar-se
se existe qualquer situação de inexigibilidade como motivo de desculpação.

Propõe-se o seguinte esquema estrutural do crime doloso de omissão imprópria:

Tipo objetivo do ilícito
Tipo subjetivo do ilícito

   – O dolo do tipo;
   – Outras características subjetivas.

Inexistência de causas de justificação.
Inexistência de causas de desculpa.

1. A produção do resultado típico

No que respeita ao lado objetivo do tipo, interessa desde logo averiguar se
no caso prático se produziu a morte por afogamento da mulher na sequência da
inação do marido, ou seja, se se verificou o resultado típico (artigo 131º). Na falta
do resultado, pode ainda assim colocar-se a possibilidade de crime de comissão por
omissão na forma de **tentativa** face à *resolução* de o sujeito não evitar o resultado
(artigo 22º, nº 1). O nada fazer não corresponde, só por si, à omissão. Tem que
haver algo determinado, para que se possa dizer que à omissão corresponde uma
sanção penal. Esse algo determinado é, nos crimes de comissão por omissão, a
evitação do resultado típico. O criminoso, para o ser, tem que, desde logo, omitir
uma determinada ação de salvamento de cuja realização resultaria a possibilidade
de evitar o resultado. Trata-se daquilo que no artigo 10º, nº 1, se chama a omissão
da ação adequada a evitar o resultado.

2. A omissão da ação adequada a evitar o resultado

O Direito não exige que alguém se esforce inutilmente ou sem sentido. Uma das ações adequadas a evitar a morte da mulher, no caso prático, seria o marido atirar-se à água e nadar até junto da mulher, mantendo-a a boiar, ou, se não soubesse nadar ou se soubesse nadar mal, atirar-lhe uma boia ou uma corda a que ela se pudesse agarrar. Ou pegar no primeiro barco que lhe aparecesse. A realização da ação *adequada* a evitar o resultado típico deve estar ao alcance do sujeito, este deve ser capaz de a executar. Assim, se o marido não soubesse nadar, se não fosse capaz de se atirar à água (a circunstância de envergar roupa pesada não seria só por si motivo para não se atirar à água, pois a roupa tira-se rapidamente), seria manifesta a falta de capacidade para realizar qualquer destas ações, ainda que pudesse executar outras, também elas adequadas. Aliás, a falta de conhecimentos pode impedir o sujeito de agir, por ex., se desconhecer de todo como se põe a funcionar o motor do barco.

3. Imputação do resultado ao omitente

Justifica-se a imputação do resultado ao omitente e, consequentemente, a causalidade quando se puder afirmar que a ação devida e omitida teria certamente evitado o resultado. Naturalmente, nunca se pode ter a certeza absoluta de que o teria evitado. "Quando se fala de certeza neste contexto entende-se uma probabilidade muito elevada, uma probabilidade a raiar a certeza, de modo que não subsistam dúvidas suficientemente relevantes para impedir a condenação. Uma orientação moderna vai mais além e faz a imputação sempre que se pode afirmar que a ação devida teria diminuído o perigo de produção do resultado (*critério do aumento de risco aplicado às omissões*)" (J. A. Veloso).

4. Fundamentos do dever de garantia

O dever de garantia, a posição de garante, assenta num dever especial (dever *pessoal,* como diz a lei: artigo 10º, nº 2) de evitar o resultado. Nas legislações próximas da nossa, o dever de agir encontra expressão ou numa norma genérica, sem menção das fontes que dão origem ao dever, ou na expressa formulação das fontes, como acontece com o artigo 11º do Código Penal espanhol de 1995, que equipara a omissão à ação quando exista uma específica obrigação legal ou contratual de atuar ou quando o omitente tenha criado uma situação de risco para o bem juridicamente protegido mediante uma ação ou omissão precedente. Mas o legislador português não seguiu essa linha de orientação. Não limitou as fontes do dever jurídico de agir à enumeração tripartida tradicional, que é considerada pouco satisfatória: *a lei*, que define deveres jurídicos primários; *o contrato*, por ex., uma educadora assume o dever de vigiar a criança que foi confiada aos seus cuidado; e a *ingerência*, ou seja, uma atuação precedente geradora de perigos. A questão tem a ver diretamente com o *princípio da legalidade*, aceitando-se correntemente a determinação das posições de garante – na esteira da doutrina alemã – a partir de *planos* que complementam os tipos. Em suma, a ordem jurídica tem que fornecer a fundamentação para relacionar o omitente com um certo resultado. Um dever moral não será suficiente para determinar uma posição de garante, relevando o *grau de intimidade* da relação do sujeito com o bem jurídico, sendo que esta *proximidade* está dada aqui pela **relação social** que o omitente mantém com o titular do bem jurídico (Bacigalupo). Em geral, liga-se o dever de garantia à **proximidade** do agente **com certos bens jurídicos** e **determinadas fontes de perigo**, antes que diretamente à lei, ao contrato e à ingerência, conceção que tem a seu favor o advérbio "pessoalmente" do nº 2 do artigo 10º (Figueiredo Dias)[12]. Não haverá objeção decisiva a que as margens da equiparação sejam alargadas, de modo a caberem dentro delas situações como as de "**clara comunidade de vida**" e as chamadas "**posições de senhorio ou de domínio**", com especial incidência nas situações ditas de "monopólio", sempre que haja um domínio exclusivo sobre uma fonte de perigo, que pode ser simplesmente acidental[13]. Para alguns autores, a presença física do omitente, tratando-se de situações de monopólio de facto, comunidade de vida e comunidade de "perigo", é imprescindível no desencadear do resultado desvalioso. Trata-se de uma orientação doutrinária em que o ponto fulcral para considerar que uma situação fáctica é capaz de gerar um dever jurídico de garante residirá, antes de tudo o resto, na *esfera de domínio positivo do omitente*. Este tem de poder intervir, em termos reais, no nexo de causação/evitação do resultado desvalioso. Mas o critério é concebido tão-só como um critério adjuvante e densificador.

"Com ele, verdadeiramente, ainda se não responde à questão essencial, qual seja: porque razão é que um anónimo cidadão que passeia ao pé de um pequeníssimo lago de um jardim público e vê nele uma criança a afogar-se e nada faz – quando é a única pessoa presente – pode e deve ser penalmente responsabilizado

---

[12] Para o Professor Figueiredo Dias, o dever de garantia não resulta dos indicados fundamentos positivos (lei, contrato e ingerência), mas sim de "uma valoração ético-social autónoma, completadora do tipo, através da qual a omissão vem fundamentalmente a equiparar-se à ação na situação concreta, por virtude das exigências de solidarismo do homem para com os outros homens dentro da comunidade. Decisiva é uma relação fáctica de proximidade (digamos existencial) entre o omitente e determinados bens jurídicos que ele tem o dever pessoal de proteger, ou entre o omitente e determinadas fontes de perigo por cujo controlo é pessoalmente responsável, alargando-se assim o catálogo das situações em que o dever de garantia se afirma". Vejam-se, porém, agora, os desenvolvimentos contidos em *DP/PG* I, 2ª ed., 2007.
[13] Alguns estudiosos sustentam que o "monopólio" (e mesmo a "comunidade da vida"), não encontra um princípio fundamentador que concretize o dever jurídico de agir.

O CRIME DOLOSO DE COMISSÃO POR OMISSÃO

pela morte da criança?". "Na verdade – escreve o Prof. Faria Costa –,[14] se o dever jurídico de garante emergir da lei e do contrato podemos conceber que o omitente não esteja fisicamente presente no momento em que se desencadeia o resultado proibido e nem por isso ele deve ver excluída a sua responsabilidade. O pai que, com manifesta negligência, deixa o filho, de 4 ou 5 anos, em casa onde há uma varanda sem gradeamento protetor e sai, para ir ao cinema, é responsável, se bem que por negligência, pela morte de seu filho se este tiver caído da varanda abaixo. Todavia, mesmo assim, o critério da **presença física situacional do omitente** – fora, repete-se, das situações que não tenham sido envolvidas pela força conformadora da lei e do contrato – não é ainda de todo em todo convincente. Daí que ele deva ser visto tão-só como um critério adjuvante e densificador. Mas com ele, verdadeiramente, ainda se não responde à questão essencial, qual seja: porque razão é que um anónimo cidadão que passeia ao pé de um pequeníssimo lago de um jardim público e vê nele uma criança a afogar-se e nada faz – quando é a única pessoa presente – pode e deve ser penalmente responsabilizado pela morte da criança? Porque motivo é que nasce para esse anónimo cidadão um especial dever de garante pela não produção do resultado desvalioso?".

Face ao que se dispõe no artigo 10º, suscita-se a questão de saber se, no caso prático, pelo menos o marido pode ser responsabilizado pela morte da sua mulher. Outro problema é o de saber se a pena aplicada ao marido que se torna responsável pela morte da sua mulher deve ou não ser mais elevada do que a pena dos que se limitaram a não prestar o auxílio a que estavam obrigados.

5. O lado subjetivo nos crimes dolosos de comissão por omissão

Nos delitos de ação o dolo refere-se aos elementos descritos no tipo. Nos delitos de omissão, o dolo refere-se às características típicas de que decorre um dever de ação. Em parte estão descritas no tipo, outras não estão descritas. O dolo estende-se também a estas características não descritas no tipo. O omitente deve saber que não intervém – deve portanto ter presente que omite uma ação – e deve estar consciente de que pode executar essa mesma ação. A posição de garante pertence ao tipo, mas já não o consequente dever de ação, que é elemento da ilicitude, tal como o correspondente dever de omissão nos delitos de comissão por ação. No que respeita ao elemento volitivo do dolo, há especialidades que devem ser assinaladas. Nos delitos de ação, há normalmente uma clara expressão. Nos de omissão, o omitente frequentemente "deixa as coisas seguirem o seu caminho", sem que se possa falar de uma vontade em sentido próprio. Na maior parte das vezes exclui-se aqui uma intenção. Para o dolo direto e o dolo eventual

---

[14] Faria Costa, *A Omissão*.

é decisivo assentar no fator intelectual. Ex., *A*, mulher casada, observa no decorrer do tempo que o seu amante se ocupa do plano de matar o marido. A situação aqui vai-se desenvolvendo, pouco a pouco, de tal modo que quanto à vontade da mulher – comparando-a com a vontade num delito de ação – nenhumas dúvidas se suscitam. Para o dolo basta que a mulher saiba da situação típica e conheça a sua capacidade de agir.

IV. Os diversos deveres de garantia

Considerando agora as principais posições de garantia, comece-se por referir que a equiparação da omissão à ação pode suscitar dificuldades de ordem constitucional e no âmbito do princípio *nullum crimen sine lege*. Exige-se, naturalmente, uma **rigorosa determinação dos concretos deveres de garantia** (exemplo disso será o cp espanhol, como já vimos acima). O seu catálogo, observa o Prof. Figueiredo Dias,[15] deverá ser o mais estrito e determinado possível – propondo-se a valia da chamada **teoria das funções**, segundo a qual os deveres de garantia se fundam ou numa função de guarda de um bem jurídico concreto (criadora de deveres de proteção e assistência; *ou* de especiais posições de proteção de bens jurídicos) ou numa função de vigilância de uma fonte de perigo (determinante de deveres de segurança e de controlo; *ou* em especiais posições de controlo de fontes de perigo)[16]. Resumidamente, as fontes de garantia reduzem-se a deveres especiais com determinados bens jurídicos e à responsabilidade por determinadas fontes de perigo.

1. Anterior intervenção geradora de perigos (ingerência)

Em caso de anterior intervenção geradora de perigos o sujeito é obrigado, como garante, a impedir a produção do correspondente dano. Quem cria o perigo tem o dever de impedir que este venha a converter-se em dano. Isso vale, muito especialmente, para os casos em que alguém, com a sua conduta, pôs a vida de outrem em perigo. Ainda assim, há quem tome posição contra, quem seja anti-ingerência[17]. A tendência é, aliás, para lhe introduzir limitações. Desde logo, porque a **ingerência lícita** não é de molde a fundar um dever de impedir um resultado. Não bastará que o perigo seja adequado, mas é ainda necessário que ele tenha sido *ilícita* ou *inadmissivelmente* criado. Sendo assim, o automobilista não

---

[15] Figueiredo Dias, *DP/PG* I, 2ª ed., 2007, p. 925 e 937, com outros pormenores.

[16] A **teoria das funções** é devida a Armin Kaufmann, *Unterlassungsdelikte*, p. 283, que, como decorre suficientemente do texto, baseia a posição de garante na posição funcional *materialmente* existente entre o sujeito e o bem jurídico. Cf. também Mir Puig, *Derecho Penal*, PG, 1990, p. 333.

[17] Cf., com ampla informação, Hillenkamp, *AT- 32 Probleme*, p. 228.

O CRIME DOLOSO DE COMISSÃO POR OMISSÃO

estaria investido na posição de garante de evitar o resultado letal se ele não tivesse produzido ilicitamente o acidente e ainda que este constituísse causa adequada da morte – isto sem prejuízo da punibilidade pelo artigo 200º.

O caso típico de ingerência que não costuma levantar problemas é o do automobilista que negligentemente atropela um ciclista e o deixa ficar estendido na estrada, embora se aperceba que a vítima irá morrer se não receber assistência médica devido aos ferimentos graves que sofreu. Morrendo o ciclista, como o condutor se apercebeu que iria acontecer, este será responsável por um crime negligente e por um homicídio doloso, desde que se tivesse conformado com a morte que assim representou (dolo eventual). Teremos então um ilícito negligente cometido por ação (atropelamento) e o subsequente crime doloso (tentado) cometido por omissão. A conduta descuidada do automobilista é causal da morte do ciclista e este resultado pode ser-lhe imputado a título negligente, pois o dolo posterior não é suscetível de interromper o nexo de imputação negligente (morte por atropelamento). A posição de garante do automobilista no crime doloso deriva, naturalmente, da situação de ingerência decorrente do seu comportamento ilícito anterior. Esta hipótese, como se disse, não deverá contar com ampla contestação porque o automobilista, por um lado, criou o perigo adequado, e, por outro, o perigo foi ilicitamente criado, pois, como vimos, o automobilista atuou negligentemente. Ainda assim, tem-se-lhe objetado com a questão do *dolo subsequente:* a passividade da omissão que se segue ao atropelamento, fortuito ou negligente, não conduz senão ao dolo subsequente e às objeções que contra este se formulam (outras informações em Gimbernat). Não conhecemos, por outro lado, qualquer decisão jurisprudencial que coincida com a solução exposta, ficando-se a praxis pela aplicação do artigo 200º, ainda que na sua forma agravada do nº 3. Na Espanha, diz-nos ainda Gimbernat, tem acontecido o mesmo[18].

A "ingerência" pode, aliás, estar associada à legítima defesa, criando o defendente um perigo para a vida do seu agressor. A opinião mais amplamente divulgada[19] entende que daqui não nasce qualquer posição de garante e por isso quem legitimamente e de forma necessária se defende não tem o dever de atuar no sentido de impedir a morte do agressor – foi a vítima da legítima defesa quem com a sua agressão ilícita colocou a sua própria vida em perigo e portanto não pode esperar ajuda de quem estava investido num *direito de intervenção* na sua esfera pessoal. Fica, no entanto, espaço para a discussão quando o defendente provoca o perigo para a vida do agressor depois de neutralizada a agressão. Um caso de que derivará a posição de garante será o seguinte: o do ciclista que, para salvar a vida, se desvia numa curva do automobilista que em sentido contrário vem fora

---

[18] Gimbernat, *Ensayos*, p. 282.
[19] Por ex., Wessels *AT*, p. 232.

de mão e que, despistando-se, vai ferir uma pessoa que aguarda na paragem do autocarro. Podendo o ciclista invocar uma situação de necessidade justificante no afastamento de um perigo para a sua própria vida (vida em comparação com a integridade física), ainda assim, parece que lhe compete o dever de evitar outros danos maiores na pessoa do peão. Houve, da parte do ciclista, uma intervenção na esfera pessoal de um terceiro que nada tinha a ver com o que se passou na estrada[20]. Podemos chegar à mesma conclusão no caso do indivíduo que, sem saber que outro se encontra dentro, fecha a porta de uma divisão dum edifício (atuação precedente), omitindo a libertação de quem ficou privado de se movimentar quando posteriormente se apercebe do que antes fizera. Por outro lado, não bastam perigos mínimos (princípio de bagatelas): quem, por ex., oferece uma bebida alcoólica a outrem não é ainda garante relativamente ao perigo daí proveniente (por ex., através da condução automóvel). O perigo de causar um prejuízo a outrem deve ser, como já se disse, um perigo adequado. Assim, falta especialmente o perigo se se abre um círculo de responsabilidade para outrem. Quem, por ex., indica outrem como testemunha num processo não é cúmplice, por omissão, de falsas declarações (artigo 359º, nº 1). Finalmente, o dever de garante do condutor nos casos indicados é só em relação ao bem jurídico posto em perigo pela sua violação do dever (vida, integridade física da vítima do acidente), já não em relação a outros perigos que ameacem vítima, ou que ameacem, por ex., o cônjuge do agente.

2. Responsabilidade por condutas ilícitas de terceiro

No capítulo da responsabilidade por condutas ilícitas de terceiro (dever de garante por vigilância de outrem), cabe começar por observar que cada um é responsável pelos seus próprios atos e que a este princípio apenas fogem os educadores quanto aos menores, os professores relativamente aos alunos no respetivo círculo escolar, os guardas prisionais para com os maus tratos recebidos por presos de outros presos. A responsabilidade termina, por ex., no cônjuge. Entre marido e mulher haverá um especial dever de proteção, mas quem não impede o seu cônjuge de cometer crimes não assume qualquer posição de garante, restando apenas a questão residual de saber se existe uma qualquer forma de comparticipação. Nenhum dos cônjuges é guarda do outro. Uma tal posição ficou clara para a doutrina alemã, acrescentando-se que o contrário conduziria a uma "corresponsabilidade por crimes cometidos dentro da estirpe" (*Sippenhaftung*), retrocedendo-se aos tempos medievais[21].

---

[20] Kühl, *Strafrecht AT*, p. 590.
[21] Baumann/Weber/Mitsch, *Strafrecht, AT*, 10ª ed., 1995, p. 267, e E. Gimbernat Ordeig, *Ensayos penales*, p. 337.

3. Deveres de proteção relativamente a determinados bens jurídicos

Os **laços familiares** impõem deveres de garantia, mas o âmbito em que isso ocorre não foi ainda estabelecido com a necessária precisão. O núcleo fundamental assenta no vínculo natural dos pais para com os seus filhos. Enquanto os filhos, por si sós, são incapazes de sobreviver, têm os pais o dever de lhes prestar a colaboração correspondente às suas necessidades. Não alimentar uma criança equivale a ministrar-lhe veneno, são duas maneiras de lhe fazer perigar a vida. O contrário levanta algumas perplexidades, porque os filhos não são "responsáveis" pela existência dos pais. Ainda que pais e filhos se devam, de acordo com a lei civil (artigo 1874º do Código Civil), *mutuamente* respeito, auxílio e assistência, só o vínculo entre pais e filhos é que é, por assim dizer, *elementar* – e mantém-se mesmo onde falta uma estreita comunidade de vida. Também nem todos aceitam que das relações conjugais derivam deveres de garante, mas do que não há dúvida é que qualquer dos cônjuges espera auxílio do outro e confia na sua proteção em situações de necessidade, *rectius,* de apuro, como coisa natural e justificada. Os vínculos conjugais determinam, pelo menos, o dever jurídico de ambos se protegerem e ajudarem, de acordo com as suas forças, em caso de perigo para a vida. Cf., quanto ao dever de cooperação e quanto ao dever de assistência, respetivamente, os artigos 1674º e 1675º do Código Civil. Mas já não se compreende tão bem um tal dever recíproco de proteção quando o casamento está desfeito e, sobretudo, se os cônjuges fazem vidas separadas. Neste caso, pelo menos, a confiança recíproca nas situações de necessidade já se não justifica.

Estes deveres de garante podem ainda surgir em **casos de estreita comunhão de vida** ou de **estreita comunhão de perigos**. Tem-se em vista, em primeiro lugar, situações semelhantes ao casamento, com características *duradouras* e que, por força da *mútua confiança* estabelecida (critério restritivo e fundamentador), demandam igualmente deveres recíprocos em situações de necessidade. Já não assim com a "simples" amizade ou relações de namoro, como também não é possível estabelecer um critério geral que valha para os que moram na mesma casa, ou os que trabalham na mesma empresa, ou outras **comunidades de acaso**, pois aí do que se trata é de saber se entre duas pessoas se estabeleceram relações de confiança no sentido que ficou delineado. Pessoas que simplesmente vivem na mesma casa para pouparem nas despesas não estão, só por essa circunstância, ligadas de tal modo que daí lhes advenham recíprocos deveres de garantia. Mas não se exclui que o desenvolvimento das relações entre algumas dessas pessoas acabe nessa situação. Outra hipótese é a de perigos para bens extremamente valiosos de quem participa em expedições, por ex., na montanha, comprometendo, por um lado, os diferentes membros em recíprocos deveres, e, por outro, o guia que os assumiu por contrato. O que queremos acentuar é que quem toma parte

O RISCO DE COMER UMA SOPA E OUTROS CASOS DE DIREITO PENAL

numa destas expedições (geralmente de *curta* duração), é responsável pela vida dos seus camaradas, mas não pelos respetivos bens. Não estão no mesmo plano os passageiros vítimas de um naufrágio, pois aí ninguém se constitui garante da vida de ninguém. A doutrina dominante nega a existência de deveres de evitação do resultado em **comunidades originadas em desgraças** (*Unglücksgemeinschaften*). Arzt[22] põe no entanto em confronto duas situações extremas: os sobreviventes dum naufrágio que – até em sentido figurado – se sentam no mesmo barco, procurando salvar-se, e os clientes duma discoteca onde às tantas lavra um incêndio. A duração da situação e o isolamento do mundo exterior são essencialmente distintos. No caso da discoteca não se origina uma autêntica comunidade na desgraça. Mas, conclui Arzt, os náufragos, que se encontram no mais absoluto isolamento relativamente a outras comunidades e têm a responsabilidade de se manterem unidos e de se apoiarem reciprocamente, são garantes da evitação dos danos que ameacem qualquer deles. Sendo todos eles garantes, e podendo verificar-se pluralidade de omissões perante a eclosão de um certo resultado, em situação equiparável à ação (artigo 10º), as diversas "autorias" deverão qualificar-se como *autorias paralelas*, em razão do cometimento de crime ou crimes de dever.

No domínio da estreita relação de vida não existe pleno acordo quanto ao *âmbito dos bens jurídicos* cuja lesão há que impedir se não se quer incorrer num crime de comissão por omissão: "que se castigue por 'homicídio por omissão' quem deixa morrer a tia doente com quem vive" não significa, porque seria "patético", que o sobrinho responda igualmente por "dano por omissão" se omite alimentar o canário da tia ou regar as suas flores. Gimbernat, que cita Grünwald nesta passagem, comenta: estes exemplos, com que se pretende demonstar que as posições de garante não fazem responder, em comissão por omissão e indiscriminadamente, por todos os bens jurídicos (vida, propriedade, etc.) de quem goza da garantia, fizeram carreira na doutrina posterior, que remete frequentemente para os exemplos de Grünwald do canário e das flores da famosa tia.

Deveres de custódia podem ser assumidos, tomando o agente o bem jurídico à sua guarda, como no caso da *baby-sitter*, a qual se encarrega de substituir os pais, que estão vinculados ao portador do bem jurídico por um vínculo natural, mas que assume, do mesmo passo, deveres de garante para com a criança. Se o serviço se inicia, a eventual nulidade do contrato não pode deixar sem efeito a posição de garante da *baby-sitter*. Mesmo quando esta é contratada "só até à meia-noite" e os pais regressam depois das duas da manhã, permanece a posição de garante, por vias da correspondente "assunção fáctica", não obstante o termo do contrato. Se a *baby-sitter* abandona a criança responderá pelos eventuais danos da vida ou da

---

[22] Arzt, *JA* 1980, p. 713.

O CRIME DOLOSO DE COMISSÃO POR OMISSÃO

saúde desta, como se os tivesse causado[23]. Mas se por ex., alguém contrata os seus serviços e a *baby-sitter* se encarrega de cuidar de uma criança na ausência dos pais, mas não chega a iniciar funções, e, não obstante, os pais ausentam-se em viagem pensando que aquela virá e tratará da criança – num caso destes quem viola o dever de garante são os pais e só eles. Se o guia de montanha não comparece no dia da excursão, o contrato não é cumprido, mas se os candidatos a alpinistas avançam por sua conta e risco o guia faltoso não pode ser responsabilizado pela morte de algum deles durante a expedição. Nesta área podem aparecer problemas específicos dos médicos nas relações com os seus clientes, nomeadamente, no auxílio médico à morte por omissão, se, por ex., o médico assiste, impassível, à agonia da sua doente, que acaba de se injetar com uma dose letal de heroína e lhe pede para nada fazer porque quer pôr termo à vida. Ao contrário do que acontecia anos atrás, a doutrina tende atualmente a atribuir a primazia à **vontade do paciente** relativamente ao **dever de preservação da vida**[24].

4. Posições de senhorio ou de domínio

Já antes se aludiu à ideia de *domínio*. Alguns autores transportam-na especificamente para o **domínio da coisa** (Sachherrschaft) e nela encontram uma das razões que lhes permite relacionar o omitente com um certo resultado. Cita-se o exemplo doutrinário, já dos primeiros anos do século vinte, de quem, por curiosidade ou para realizar um assalto, penetra numa cave alheia, fechando-se-lhe a porta, que só poderá ser aberta por fora, na sequência dum golpe de vento. Como explica Gimbernat, aqui não existe uma intervenção precedente, porque a porta foi fechada por uma causa natural e não pelo proprietário. Ainda assim, será este quem tem o domínio da coisa e com ele um dever de atuar, gerador de uma comissão por omissão. Hoje em dia voltam-se a discutir estas ideias, reconduzindo-as, por último, aos deveres do tráfico. Os **deveres de segurança no tráfico** englobam todos os casos em que houve um agir precedente gerador de perigos. A mais disso, estes deveres, erigidos em critério independente, explicam como se pode reconduzir um resultado a uma omissão noutras situações que não conheceram um agir precedente (cf. Gimbernat). O proprietário do edifício que *não repara* os defeitos do telhado, sobrevindos por ocasião de uma

---

[23] Gimbernat, *Ensayos*, p. 286.

[24] Numa decisão muito conhecida (caso *Wittig*: BGHSt 32, 367, de 4 de julho de 1984: cf. BGH *NJW* 1995, 204, e artigo em *Der Spiegel* 49/1996, p. 41), o Tribunal Federal absolveu o médico que se limitou a ficar sentado à beira da cama da desesperada viúva, de 76 anos, vítima de uma sobredose, mas cujo coração ainda batia. Isso em nome do respeito pela vontade suicida da doente, expresso em escrito dirigido ao médico, e da preferência pela possibilidade de uma morte digna e livre de dores perante a eventualidade de um período de vida curto, na perspetiva do pior sofrimento.

forte tempestade, responsabiliza-se como garante pela integridade física de quem passa na rua relativamente à queda de telhas. Vale o mesmo para o dono do cão que é deixado à solta e que morde o filho do vizinho que brincava no jardim anexo à moradia, ou o carteiro. O morador duma casa ou o encarregado dum estabelecimento, como titulares do domínio da coisa, têm a obrigação de garante de impedir as lesões de bens jurídicos que se reconduzam a acidentes ou a ações delitivas de terceiras pessoas que ameacem produzir-se *dentro da sua esfera de domínio*. Há, como já se disse, perigos que podem ter origem em instalações industriais ou em residências, por ex., em galerias ou setores mal iluminados ou em escadas com deficiências, mas o dono do restaurante onde ocasionalmente se faz a divisão do produto dum assalto não comete qualquer recetação por via da sua omissão[25]. Nem existe qualquer dever jurídico que obrigue a remover escritos difamatórios na parede de uma casa. O dono da casa não comete nenhum crime contra a honra por omissão. A **vigilância de fontes de perigo** liga-se ainda a camiões, animais – pense-se no tigre fugido do jardim zoológico ou do circo –, e a determinado tipo de instalações. Quando a ordem jurídica aprova o domínio sobre essas coisas nasce o dever de as controlar e de evitar os perigos que delas derivam. Já levantam dúvidas os casos em que um terceiro colabora na criação da situação perigosa. O proprietário dum camião tem que o manter em condições de circular mas também tem que impedir a condução por incapazes ou por quem não esteja habilitado. Na condução por pessoa embriagada, os perigos derivam do condutor e não da coisa, como bem se compreende.

Uma palavra ainda sobre as denominadas *posições de monopólio*, para transcrever um apontamento do Prof. Taipa de Carvalho, com o entendimento de que estas devem ser incluídas no dever geral de auxílio (artigo 200º) e excluídas do dever de garantia, pois "não deverá ser o facto de poderem ser vários ou apenas um a salvar o bem jurídico que fará com que se deva afirmar apenas o dever de auxílio ou o dever de garante". Mas não se esqueça a orientação doutrinária que apela à *esfera de domínio positivo do omitente*. Em situações de monopólio, o resultado desvalioso bem poderá (deverá?) imputar-se ao omitente recorrendo a esses pressupostos explicativos e fundamentadores. Se em local longínquo da serra, *A* tropeça e sofre um acidente com a própria espingarda, *B*, que o acompanha e é o condutor do jipe, embora nada tendo com o disparo que feriu gravemente o companheiro, não pode omitir a condução ao hospital mais próximo do desafortunado *A*, por ser *B* quem dispõe dos meios e da oportunidade de o fazer – e

---

[25] Em Espanha foi muito comentada a decisão do Tribunal Supremo (106/1996) que, contra o parecer do Ministério Público, confirmou a condenação de J. Khalid por crime de tráfico de estupefacientes. O condenado não participou ativamente em qualquer ato de tráfico, mas explorava um bar em que outros traficavam drogas. J. A. Lascuraín Sánchez, *Los delitos de omisón*, p. 16.

O CRIME DOLOSO DE COMISSÃO POR OMISSÃO

só ele. É um daqueles casos em que a garantia deve funcionar, uma situação de "perigo agudo e iminente para bens jurídicos de valor cimeiro na ordem axiológica constitucional", os quais não demandam mais do que "um pequeno esforço do agente" para serem salvos[26].

O catálogo antecedente, baseado essencialmente nos autores alemães, não é obviamente definitivo. Existem igualmente deveres de garante que não se adaptam a este esquema. Um exemplo, para alguns, é o da burla. Pode a burla cometer-se por omissão? Outra questão é a de saber se concorre mais do que um dever de garante. Por ex., o pai (que tem naturalmente um dever de custódia) coloca o seu próprio filho em situação de perigo para a vida (dever de segurança por atuação precedente, geradora de perigos). Nestes casos, o próprio dever não sai reforçado (dever não é um conceito graduável). Porém, sai reforçada a exigibilidade da ação de salvamento.

V. A equiparação da ação à omissão: a cláusula de equivalência: artigo 10º, nº 1

Há "casos refratários à equiparação", na expressão de Faria Costa. A ressalva da primeira parte do nº 1 do artigo 10º do Código Penal ("outra intenção da lei"), que acresce à exigência de que o tipo legal de crime compreenda "um certo resultado", tem sido interpretada no sentido de excluir da equiparação da omissão à ação certos *crimes de execução vinculada*[27]. Essa equiparação estará autorizada nos chamados *crimes de forma livre*, como o homicídio, que pode acontecer por envenenamento, por aplicação de uma corrente elétrica, pelo disparo duma arma de fogo, etc.

Nos crimes de forma livre, a posição de garante é a decisiva na questão da equivalência da omissão com um agir positivo.

Ao contrário, nos crimes em que a lei descreve os meios de execução, a cláusula da equiparação funciona como obstáculo à comissão por omissão, se for essa "a intenção da lei".

Considere-se especialmente o homicídio, onde a indicada equiparação estará sem sombra de dúvida autorizada (desde que acompanhado de dever de garante,

---

[26] Figueiredo Dias, *DP/PG* I, 2007, p. 952. A pessoa em causa não tem de ser a única a deter o domínio dos meios e das oportunidades de salvar o bem jurídico carecido de amparo, "antes pode tratar-se de uma pluralidade – em princípio, em todo o caso, restrita e rigorosamente definida – de pessoas, desde que qualquer uma delas domine em absoluto a situação e tenha a mesma possibilidade (e o mesmo custo) de intervenção". Recorda-se, a propósito, o "tristemente famoso *caso Kitty Genovese*", que já foi sumariamente abordado.

[27] Alguns autores apontam, mas sem razão, o crime de burla do artigo 217º, onde logo ressalta o segmento "*factos* que astuciosamente provocou".

dado ser esta posição de garantia elemento estruturante da própria equiparação)[28]. Atendendo ao elevado valor do bem jurídico que é a vida, bastará qualquer ação que, de modo objetivamente imputável, seja causa da morte de outra pessoa[29]. Mas naqueles em que o tipo descreve uma forma vinculada de execução, ou pelo menos torna dependente dela o desvalor da ação, a apontada restrição legal (se for essa "a intenção da lei") "só pode ter o sentido de reenviar o aplicador do direito para uma valoração autónoma, de caráter ético-social, através da qual ele determine se, segundo as concretas circunstâncias do caso, o desvalor da omissão *corresponde* ou é *equiparável* ao desvalor da ação, na perspetiva própria da ilicitude. Se, atenta a interpretação devida ao tipo legal de ação quanto à espécie e ao modo de execução ou aos meios determinados que ela supõe, o aplicador se pronunciar pela não correspondência, deve ele então concluir que outra era no caso a intenção da lei, nos termos e para os efeitos da cláusula geral de equiparação contida no artigo 10º-1"[30]. Acontece que, para alguns autores, na burla a omissão tem **significado social** idêntico à correspondente ação descrita no tipo, não está relacionada unicamente com a produção do resultado, está igualmente implicada no modo típico da sua produção: exige-se, não uma qualquer lesão, mas uma lesão provocada por erro ou engano[31] [32]. Ponto é que a conduta astuciosa, que na lei portuguesa é elemento típico imprescindível, se possa então caracterizar. Veja-se o seguinte

Caso nº 3 Burla por omissão. Causação de um prejuízo produzido por engano. Não evitação de um erro. *J* é jogador reputado mas já com 35 anos. Pertence aos Panteras Negras e interessa aos Panteras Brancas, ambos da primeira liga de futebol. Era sabido que *J* se tinha lesionado, de forma que os Panteras Brancas não estavam na disposição de largar mão de um milhão de euros pela sua contratação por um ano. O jogador concordou

---

[28] Como bem recorda André Lamas Leite, *As "posições de garantia" na omissão impura*, p. 136.

[29] O. Triffterer, öst. *Strafrecht, AT*, 2ª ed., 1994, p. 56. "Bater, pisar, disparar, esganar, apedrejar, empalar, enforcar, desmembrar, afogar...", exemplos que retinem nos ouvidos dos que gostam de ler a Susan Sontag.

[30] Figueiredo Dias, *Pressupostos da punição*, p. 55. Esta autónoma "valoração ético-social" constitui o melhor critério para chegar à conclusão de que no caso o desvalor da omissão é semelhante ao da ação, quando existir o imprescindível dever de garantia.

[31] Udo Ebert, p. 163; Haft, p. 206.

[32] Udo Ebert, p. 163: A cláusula de equivalência tem a ver com o modo de produção do resultado, diz respeito somente àqueles tipos que não se limitam a sancionar a simples causação do resultado (desvalor do resultado), mas que, para além disso, exigem uma determinada modalidade de ação (desvalor da ação). A equivalência da omissão à ação assenta, nestes tipos de ilícito, na circunstância de a omissão não estar em relação somente com a produção do resultado, mas também com o modo típico da sua produção. Na burla exige-se, não uma qualquer causação dum prejuízo mas um prejuízo produzido por erro ou engano; a omissão deverá incluir portanto a não evitação de um erro.

O CRIME DOLOSO DE COMISSÃO POR OMISSÃO

por isso que o seu médico, *M*, atestasse a sua capacidade de jogar a temporada inteira na primeira liga, tendo-se ademais combinado que sem isso o ajuste não se faria. *M* passou o atestado, dando o *J* como fisicamente apto e capaz de aguentar o ano inteiro sem problemas. Estes dados todavia não diziam respeito a *J*, mas a um outro jogador dos Panteras Negras, o *P*, de 25 anos. O médico recorreu ao computador mas, *por engano*, trabalhou com os dados do *P*, que havia observado quando este ingressara no seu atual clube. Acontece que o médico se apercebeu do seu erro, sem dúvida devido a uma mera desatenção, ainda antes do fecho da contratação do *J*. Apesar disso, nada fez no sentido de repor a verdade dos factos, porque tinha interesse próprio na contratação do *J* por um novo clube, o que lhe dava a garantia de voltar a ganhar uns largos milhares como acontecera várias vezes nos anos em que o *J* era mais jovem e cobiçado no mundo do futebol. Logo no primeiro encontro pelo seu novo clube manifestou-se no *J* uma lesão anterior que o pôs no "estaleiro" por toda a temporada. (Inteiramente devido a Mitsch, *Strafrecht*, BT II, p. 430, salvo algum "desvio" propositado na tradução).

Responsabilidade penal do médico?

No caso de anterior intervenção geradora de perigos o sujeito é obrigado, como garante, a impedir a produção do correspondente resultado de dano. Quem cria o perigo tem o dever de impedir que este venha a converter-se em dano (*ingerência*). O médico redigiu o seu relatório baseado em informações falsas de que, por engano, se socorrera, cumprindo-lhe por isso desfazer o engano, atuando positivamente, explicando o que acontecera (o que só não terá feito em vista de um enriquecimento da sua parte, que de resto sabia ilegítimo). Todavia, omitiu esse dever jurídico de pessoalmente evitar o resultado que acabou por se produzir no património dos Panteras Brancas. Sabia, além disso, que com a verdade reposta, o clube não teria assinado o contrato. Sendo a omissão dolosa, parece indubitável a existência de um engano causal do erro em que o clube caiu e igualmente causal da disposição patrimonial que levou ao prejuízo sofrido (dupla causalidade). Como se acentuou, sobre o agente impendia um dever jurídico que "pessoalmente" o obrigava a a evitar o prejuízo no património dos Panteras Brancas. Por fim, o nada ter feito corresponde a uma mesma valoração ético-social que se pretendeu incluir no tipo legal da burla.

André Lamas Leite[33] aponta um caso em que a autónoma "valoração ético--social" a encontrar no *ommitere* milita no sentido de negar a equivalência": o do

---

[33] André Lamas Leite, *As "posições de garantia" na omissão impura*, p. 137.

funcionário do registo civil que, no decurso do processo preliminar de publicações se apercebe que um dos nubentes é casado e omite o facto. O funcionário não pratica um crime de bigamia por omissão, não obstante se desenhar uma posição de garantia a partir do artigo 242º, nº 1, alínea *b*), por não ser possível aqui "perspetivar uma equiparação entre o desvalor do *facere* e do *ommitere*, simplesmente porque o autor de tais delitos tem de *criar um perigo para bens jurídicos*. Também há quem negue a possibilidade de omissão imprópria relevante nos crimes patrimoniais por a pessoalidade do dever se referir a bens jurídicos pessoais.

Parece-nos, no entanto que o exemplo de Mitsch que aqui trazemos, por assentar numa ingerência ilícita, encontra nesta uma razão clara para desmentir a inexistência de um dever jurídico pessoal. A nosso ver, a objeção contra Mitsch só pode ter a ver com o dolo, mas sem êxito. O processo que conforma a alegada burla, crime exclusivamente doloso, cria uma dupla envolvência, uma atuação inicial negligente que explica a "ingerência", e uma omissão dolosa que alimenta o resultado. Certo que o prejuízo foi produzido por engano, mas este engano é característica da burla, nada tem a ver com o engano inicial donde deriva o dever de garantia (com o enganar-se o médico na manipulação dos dados). Aparecem desenhados dois arcos de tempo, que se sucedem, é certo, mas obedecendo cada um deles a lógicas distintas.

À margem, acrescentaremos que para a formação do erro em que se envolveu, o clube não deu qualquer contributo[34]. A omissão do médico é punível como burla, faltando aferir do valor para eventualmente qualificar o crime.

VI. Problemas de concurso

A *função subsidiária* do crime de omissão de auxílio (artigo 200º) perante os crimes de comissão por omissão imprópria: a omissão de auxílio só entra em questão onde não exista um dever de garante do agente pela não verificação de um resultado típico. A interpretação do artigo 10º do Código Penal deve fazer--se em si mesma e por si mesma, independentemente da interpretação que se faça do artigo 200º. E se deste modo os âmbitos dos dois preceitos em alguma área se cobrirem, deve aí dar-se decidida prevalência ao artigo 10º sobre o artigo 200º.

No caso prático inicial, parece que podemos agora colocar a pergunta decisiva: se perante um casamento a todos os títulos "desfeito", ao marido é de impor uma posição de garante e se, perante a sua omissão, será autor de um homicídio cometido por omissão (artigos 10º, 131º) ou se simplesmente deve ser castigado

---

[34] Veja-se, sobretudo, Cramer, *S/S*, 25ª ed., p. 1839 e ss.

O CRIME DOLOSO DE COMISSÃO POR OMISSÃO

por aplicação do artigo 200º. Haverá ainda aí – ao menos – uma relação fáctica de proximidade, "digamos: existencial" (Figueiredo Dias), entre o omitente e determinados bens jurídicos que ele tem o dever pessoal de proteger?

VII. Erro sobre a posição de garante; erro sobre o dever de garante

Caso nº 4 *P*, exímio nadador, enquanto passeia na praia, observa um rapaz que por entre as ondas se debate e que, manifestamente, se afoga se não for socorrido de imediato. *P* ignora que se trata do seu próprio filho e nada faz.

Caso nº 5 O marido do primeiro caso prático vê como a sua mulher se debate nas águas, prestes a afogar-se, mas nada faz, pois, conhecendo embora os recíprocos deveres que se devem os cônjuges que vivem em estreita comunhão de vida, ainda assim está convencido que, perante as contínuas infidelidades da mulher, só lhe cabe um difuso dever de auxílio e não o de evitar que a mesma morra.

No primeiro caso, o pai erra sobre uma circunstância do tipo objetivo do ilícito. Como o dolo tem que se estender, inclusivamente, à posição de garante, mas o pai não sabe que é o filho que se está a afogar, aplica-se o artigo 16º, nºs 1 e 3. *P* só poderá vir a ser punido por homicídio negligente, se pudesse ter previsto que quem se afogava era o seu próprio filho. No segundo caso, concluindo-se por um erro de valoração ou erro moral, o marido pode ser absolvido com fundamento em erro não censurável sobre a ilicitude – artigo 17º, nº 1, ficando para resolver se nesse caso poderá vir a ser condenado com base no artigo 200º.

VIII. Tentativa de crime de comissão por omissão

Nas omissões impróprias, a decisão de quem omite uma ação é dirigida à não evitação do resultado. Quem omite espera, por um lado, que o resultado se produza; por outro, tem a consciência de que a produção do resultado é evitável com a ação salvadora que está ao seu alcance. Na perspetiva de quem omite, a execução da ação salvadora deverá também evitar a produção do resultado com uma probabilidade rasante da certeza. A prova da decisão de cometer um crime por omissão é assim bem mais complexa do que nos crimes tentados de comissão por ação, exigindo-se, a mais do que se assinalou, que o omitente tenha a posição de garante e conheça as correspondentes circunstâncias fundamentadoras.

O RISCO DE COMER UMA SOPA E OUTROS CASOS DE DIREITO PENAL

Ainda assim, o omitente que é garante da não produção do resultado e tem a real possibilidade de o evitar só entra no âmbito da punição (por tentativa) se "praticar" atos de execução (artigo 22º, nº 2, alíneas *a*), *b*) e *c*), o que traz para a discussão o problema da compatibilidade da solução legal aplicada às omissões com o **desempenho de uma certa atividade corporal**, como anteriormente se observou. A doutrina pronuncia-se correntemente por essa compatibilidade, sustentando-se que **a tentativa dos delitos omissivos se inicia no momento em que a ordem jurídica exige de alguém que não viole o seu dever de garante permanecendo inativo**. Mas quando é que poderemos dizer que a situação para o bem jurídico em perigo é de tal modo ameaçadora que o garante tem que atuar, cumprindo o seu dever? Quando é que do ponto de vista do próprio que permanece inativo se atinge uma situação critica ("ein akutes Stadium") de perigo para o bem jurídico?

Suponha-se o caso da mãe que vê o filho prestes a cair da janela do 5º andar onde residem. A mãe, que é garante, terá que intervir imediatamente, deitando-lhe a mão, agarrando-o por um braço – não lhe é dada uma segunda possibilidade de evitar a morte do filho. Mas se o guarda da linha vê um ébrio sentado nos carris e sabe que o próximo comboio passará só daí a uma hora não terá que intervir imediatamente. Em caso de perigo distante e faltando a proximidade do resultado a tentativa começa no momento em que o perigo entra numa fase aguda e o garante continua inativo ou no momento em que este renuncia à possibilidade de intervir e deixa que as coisas sigam o seu rumo[35]. Pode, com efeito, o garante partir do princípio que a ação salvadora do bem ameaçado ainda poderá impedir *mais tarde* o resultado desvalioso sem que entretanto se incremente o risco para o bem jurídico. Tome-se ainda o exemplo da mãe que quer deixar morrer o filho à fome e renuncia a dar-lhe a primeira refeição, ou o da enfermeira que não dá a injeção necessária para que o doente terminal se conserve vivo: uma e outra sabe que, *só por isso*, não surge um perigo para a vida do filho ou do paciente. De forma que, para a mãe que quer deixar morrer o filho, a tentativa só se inicia quando a privação de o alimentar prejudica, de forma relevante, o bem estar corporal da criança, quando haja um prejuízo para a saúde – consequentemente, um perigo concreto. Pode é acontecer que a mãe se alheie totalmente do filho e o abandone, desde logo e completamente, à sua (má) sorte, distanciando-se da situação de perigo, ficando o filho à mercê do seu destino. Num caso destes, a tentativa inicia-se logo que a mãe se afasta, mesmo sabendo que a vida do filho não fica imediatamente ameaçada. Considere-se contudo o caso do empregado da padaria que aplica uma rasteira ao colega, não se importando de o ver morto. Este, com a rasteira, cai e fica preso de tal forma que, em dois minutos, o mais

---

[35] Wessels, *AT,* p. 229.

O CRIME DOLOSO DE COMISSÃO POR OMISSÃO

tardar, será alcançado por uma máquina que, inevitavelmente, lhe esmagará a cabeça. O causador de tudo isto não intervém, podendo fazê-lo, e olha para o outro, consciente de que a cada instante o perigo se incrementa, até que, no instante decisivo, vem o patrão e liberta o ameaçado.

IX. Outros casos práticos

Caso nº 6 Omissão; furto; ameaça existencial. *A*, que acompanha *B*, sua mulher, repara, numa aglomeração de pessoas à entrada do Metro, que um carteirista deita a mão à bolsa da senhora e retira de lá várias notas de 50 euro. *A* nada faz.

Não está em causa a atuação do ladrão, mas o comportamento do marido, pretendendo-se saber se este, em comissão por omissão, pode ser responsabilizado pelo crime de furto (artigos 10º e 203º, nº 1). A quantia não constitui um bem patrimonial "existencialmente" importante para a mulher. Neste exemplo de Bärwinkel, referido por Gimbernat, o marido só seria responsabilizado pela comissão de furto por omissão se o ladrão tivesse subtraído "todo o património" da mulher, por ex., se lhe tivesse levado a caderneta de depósitos, supondo que com ela podia transferir todo o dinheiro para uma sua conta. Adviria então para o marido o dever de evitar o furto, por nele se conter uma *ameaça existencial*. Com efeito, entende-se geralmente que a garantia só entrará em jogo quando a omissão acompanha a *ruína total* do portador da garantia. Compare-se a solução com o que anteriormente se escreveu sobre os vínculos conjugais em caso de perigo para a vida.

Caso nº 7 Omissão, artigos 10º, 131º. *A* é filho de um médico, *B*, com quem vive. *A* sofreu um acidente e para lhe salvar a vida impõe-se uma transfusão de sangue imediata. A situação é de tal ordem que *B* é a única pessoa cujo sangue serve para a transfusão. Acontece até que, de momento, *B* é também única pessoa que pode proceder a essa transfusão. Está junto de si uma enfermeira que o pode ajudar a dar o sangue e a proceder à transfusão. Todavia, *B* não dá o sangue e *A* morre. *A* teria sido salvo se a transfusão se tivesse realizado em devido tempo[36].

---

[36] Cf. J. Hruschka, *Strafrecht nach logisch-analytischer Methode*, 2ª ed., 1988, p. 148, bem como Costa Andrade, *Consentimento e Acordo em direito penal*, p. 239, e os diversos autores aí citados.

O RISCO DE COMER UMA SOPA E OUTROS CASOS DE DIREITO PENAL

Trata-se de saber se *B* cometeu um homicídio por omissão (artigos 131º e 10º do Código Penal).

A morreu. Deu-se um evento, a morte de outra pessoa, o qual corresponde ao "resultado", no sentido dos artigos 10º e 131º. *B* tinha podido evitar a morte de *A*, procedendo à transfusão do seu próprio sangue. Houve todavia omissão de *B*, não obstante, como pai de *A*, ser responsável pela vida deste, enquanto interesse ameaçado. Nessa medida, em razão dos laços que o ligavam a *A*, seu filho, com quem vivia, e dos correspondentes deveres de assistência (auxílio, guarda ou proteção), *B* encontrava-se investido na posição de garante (artigo 10º, nº 2). Quanto à transfusão, a mesma era, a todas as luzes, adequada e necessária.

Além disso, era exigível que *B* procedesse à transfusão. O interesse (protegido) de *A* à conservação da vida era manifestamente superior ao interesse (a sacrificar) de *B* à sua integridade física. Mas, em definitivo, não seria só isto que fundamentaria a exigibilidade do sacrifício de uma quantidade de sangue que, de qualquer forma, não seria irrelevante. Esse sacrifício tem que ser também "ajustado" (*adequado*: artigo 34º) às exigências do dever de assistência. A necessária ação de salvaguarda tem que ser um meio "ajustado" (*adequado*) ao afastamento do perigo[37].

Perante um perigo atual que ameaça interesses juridicamente protegidos de terceiro, a transfusão sanguínea seria o meio adequado para o afastar (artigo 10º, nº 1). Havendo manifesta superioridade do interesse a salvaguardar relativamente ao interesse sacrificado, era razoável impor a *B* o sacrifício do seu interesse em atenção à natureza e ao valor do interesse ameaçado de *A*. No fundo, trata-se de fazer valer aqui as razões que justificam o direito de necessidade previsto no artigo 34º do Código Penal.

O lado objetivo do tipo dos artigos 10º, 131º mostra-se preenchido e do mesmo modo o subjetivo. *B* conhecia todas as circunstâncias relevantes ao preenchimento do tipo objetivo.

Não se descortinam causas de justificação ou de desculpação, pelo que *B* cometeu um homicídio consumado por omissão (artigos 10º, 131º).

Terá *B* cometido igualmente um crime de omissão de auxílio (artigo 200º do Código Penal)?

Houve um "acidente", no sentido referido na norma. *B* omitiu a atividade consistente no auxílio que lhe era possível. O auxílio era "necessário", também no sentido do artigo 200º.

---

[37] Cf. as expressões "ação adequada a produzi-lo" e "omissão da ação adequada a evitá-lo" do artigo 10º, nº 1 – e "meio adequado para afastar um perigo" do artigo 34º. Cf., ainda, no artigo 35º, nº 1, a expressão "praticar um facto ilícito adequado a afastar um perigo". Recorde, por último, que no artigo 200º, nº 1, se emprega o termo "auxílio necessário ao afastamento do perigo".

A omissão de auxílio não é punível quando se verificar grave risco para a vida ou a integridade física do omitente ou quando, por outro motivo relevante, o auxílio lhe não for exigível (nº 3 do artigo 200º). No caso concreto não se verificaria, tudo o indica, grave risco para a vida e é de crer que também a integridade física de *B* não ficaria em grave risco. Todavia, parece que o direito de necessidade não justifica que se imponha a um qualquer – anónimo – uma doação de sangue necessária para salvar a vida de outrem. *B*, não obstante ser o pai de *A*, "joga" aqui, face aos elementos típicos, um papel idêntico a qualquer outra pessoa. A norma "desiste" de estabelecer qualquer relação entre os intervenientes. O "Quem" com que se inicia o preceito é o mesmo da generalidade dos preceitos incriminadores do Código. Ora, a doutrina maioritária sustenta que a imposição coativa da doação de sangue transcende a eficácia justificativa do direito de necessidade – descontadas as hipóteses de subsistência de particulares deveres de garante, como se viu antes. E isto pese embora a particular e evidente natureza do conflito: de um lado o valor da vida, do outro uma agressão relativamente inócua à integridade física. Só que a imposição coativa da doação contraria pura e simplesmente o princípio da liberdade e da dignidade humana. Em tais casos, a expressão da solidariedade só poderá ter sentido se constituir um ato de liberdade ética. O homem não deverá em qualquer caso ser utilizado como meio. No caso concreto, o auxílio "necessário" não será também o "meio adequado" ao afastamento do perigo. Existe assim um motivo relevante que permite sustentar que *este* auxílio não é exigível a *B*, no sentido do nº 3 do artigo 200º.

O tipo de ilícito do artigo 200º não se encontra por isso preenchido. *B* não omitiu o auxílio necessário, no sentido do artigo 200º.

X. Indicações de leitura

Fernanda Palma, "Transmissão da Sida e responsabilidade penal", Estudos em Homenagem ao Prof. Doutor Inocêncio Galvão Telles, Coimbra, 2002, a propósito da fundamentação da posição de garante em certos casos relacionados com a Sida. Por exemplo: quando o médico do doente é simultaneamente médico da mulher, é o único a conhecer a doença e sabe também que o marido não informa a mulher. Neste caso específico parece haver um dever de violar o segredo médico (artigo 195º CP).

Acórdão do STJ de 10 de maio de 2000, *BMJ* 497, p. 125: crime de omissão de auxílio; pressupostos necessários. Função subsidiária da incriminação pelo artigo 200º.

Acórdão da Relação do Porto de 15 de dezembro de 1999, *BMJ* 492, p. 485: sentido da expressão "grave necessidade" referida ao crime de omissão de auxílio; condutor que embate num ciclomotor, provocando a queda do respetivo condutor, e continua a marcha, pondo-se em fuga, por recear as pessoas presentes, que imediatamente socorreram a vítima e chamaram uma ambulância.

Acórdão do STJ de 12 de fevereiro de 2004 no processo nº 03P3202. O indivíduo que comete um ato ilícito, maxime, um crime contra a integridade física grave de outra pessoa e, em seguida, não lhe presta o auxílio necessário, providenciando por si ou promovendo a ajuda de que carece, sendo que a situação é de molde, objetivamente, a criar perigo para a vida do ofendido, não comete o crime de omissão de auxílio, nem na sua forma qualificada, prevista no nº 2 do artº. 200º do CP, nem, ao menos, por força do dever geral de auxílio, previsto no nº 1?

Acórdão do STJ de 9 de julho de 2003, *CJ* 2003, tomo II, p. 240: pratica um crime de homicídio por omissão o arguido que vivendo com a vítima que é sua mãe, tem 80 anos de idade e está acamada, durante 12 dias não lhe deu qualquer tipo de alimento, nem providenciou para que alguém o fizesse; ausentou-se de casa, bem sabendo que a vítima não tinha possibilidade de se alimentar, desse modo aceitando e conformando-se com a ideia de que tal abstenção lhe poderia causar, como causou, a morte. A relação de proximidade existencial em que se encontrava o arguido (filho) com a vítima (mãe), colocando-a na sua própria e exclusiva dependência, criou no arguido o dever jurídico de proteção e assistência tornando-o pessoalmente responsável pela vida da vítima. Tem um voto de *vencido*.

Acórdão da Relação de Coimbra de 1 de junho de 1988, *CJ* 1988, t. 3, p. 110: comete o crime de homicídio por omissão a ré que teve plena consciência de que a conduta do corréu – dando a beber vinho em que misturara veneno – conduziria necessariamente à morte do filho, e podendo tê-la contrariado ou impedido, nada fez nesse sentido. O dever de agir para evitar o resultado necessário derivava, nesse caso, do disposto no artº 1878º do C. Civil.

Acórdão do STJ de 16 de janeiro de 1990, *CJ* 1990, tomo I, p. 33: pratica também o crime de omissão de auxílio o autor de crime de ofensas corporais qualificadas pelo resultado letal, que não removeu, nem procurou remover o perigo que criou através da sua anterior conduta criminosa.

Acórdão da Relação de Évora de 14 de maio de 2002; *CJ* 2002, tomo III, p. 269: o bem protegido no crime de omissão de auxílio não é a integridade física, ou a vida da vítima, mas sim o direito natural de socorro que assiste a todas as pessoas. Assim, o facto de a morte da vítima ter ocorrido imediatamente após um acidente não obsta à verificação daquele crime.

Acórdão do STJ de 10 de fevereiro de 1999, *CJ* 1999, tomo I, p. 207: comete o crime de omissão de auxílio do artigo 200º, nos 1 e 2, do Código Penal, o

O CRIME DOLOSO DE COMISSÃO POR OMISSÃO

condutor que se afasta do local do acidente sem providenciar socorro à vítima, apesar de haver aí pessoas, uma delas haver mesmo chamado uma ambulância, e ter regresssado mais de dez minutos depois, já que ele, como causador do acidente, continua obrigado a comportamento positivo no sentido da prestação de auxílio.

Acórdão do STJ de 24 de abril de 1997, *BMJ* 466: possibilidade de cometimento de burla por omissão.

Américo A. Taipa de Carvalho, A Legítima Defesa, dissertação de doutoramento, 1995.

Américo A. Taipa de Carvalho, Direito Penal, Parte Geral, Volume II, 2004.

André Lamas Leite, As "Posições de Garantia" na Omissão Impura – em Especial, a Questão da Determinabilidade Penal, 2007.

Augusto Silva Dias, Entre "comes e bebes": debate de algumas questões polémicas no âmbito da proteção jurídico-penal do consumidor (a propósito do Acórdão da Relação de Coimbra de 10 de julho de 1996), RPCC 8 (1998).

Claus Roxin, "Do limite entre comissão e omissão", Problemas fundamentais de direito penal, p. 169 e ss.

Damião da Cunha, Algumas reflexões críticas sobre a omissão imprópria no sistema penal português, Liber discipulorum Figueiredo Dias, p. 481.

E. Gimbernat Ordeig, Causalidad, omisión e imprudencia, in Ensayos penales, Tecnos, 1999.

E. Gimbernat Ordeig, Das unechte Unterlassungsdelikt, ZStW 111 (1999), p. 307 e ss.

E. Gimbernat Ordeig, La omisión impropia en la dogmática penal alemana. Una exposición, Ensayos penales, Tecnos, 1999.

E. Gimbernat Ordeig, Sobre los conceptos de omisión y de comportamiento, Estudios de Derecho Penal, 3ª ed., 1990, p. [182].

Erich Samson, Begehung und Unterlassen, Festschrift für Welzel, 1974, p. 579 e ss.

F. Haft, Strafrecht, Allgemeiner Teil, 6ª ed., 1994.

Geilen, Probleme des § 323 c StGB, Jura 1983, p. 78.

Gunther Arzt, Zur Garantenstellung beim unechten Unterlassungsdelikt (2. Teil, 2. Hälfte), JA 1980, p. 712.

H. Otto, Grundkurs Strafrecht, Allgemeine Strafrechtslehre, 5ª ed., 1996.

Hans Welzel, Das Deutsche Strafrecht, 11ª ed., 1969, parcialmente traduzido para espanhol por Juan Bustos Ramírez e Sergio Yáñez Pérez com o título Derecho Penal Aleman, Editorial Jurídica de Chile, 4ª ed., 1997.

H-H. Jescheck, Tratado de Derecho Penal, parte general, Granada, 1993.

J. Seabra Magalhães e F. Correia das Neves, Lições de Direito Criminal, segundo as preleções do Prof. Doutor Beleza dos Santos, Coimbra, 1955, p. 57 e s.

O RISCO DE COMER UMA SOPA E OUTROS CASOS DE DIREITO PENAL

Jorge de Figueiredo Dias, A Propósito da Ingerência e do Dever de Auxílio nos Crimes de Omissão, Anotação ao ac. do STJ de 28 de abril de 1982, RLJ, ano 116º, (1983), nº 3706.

Jorge de Figueiredo Dias, Comentário ao artigo 134º, Conimbricense, p. 66.

Jorge de Figueiredo Dias, Direito Penal, sumários, 1975.

Jorge de Figueiredo Dias, Direito Penal. Parte Geral I, 2ª ed., 2007.

Jorge de Figueiredo Dias, Pressupostos da punição e causas que excluem a ilicitude e a culpa, in Jornadas, p. 52.

José António Veloso, Apontamentos sobre omissão, Direito Penal-I, AAFDL, 1993.

José de Faria Costa, Omissão (Reflexões em Redor da Omissão Imprópria), BFDUC. vol. LXXIII, 1996.

Juan Antonio Lascuraín Sánchez, Los delitos de omisión: Fundamento de los deberes de garantía, Civitas, 2002.

Júlio Gomes, Estudo sobre o dever geral de socorro, in Rev. de Direito e Economia, ano XIV (1988), p. 101.

Karl Lackner, StGB, Strafgesetzbuch mit Erläuterungen, 20ª ed., Munique, 1993.

Küpper, Strafrecht BT 1, 1996.

Manuel da Costa Andrade, Comentário ao Artigo 135º (Incitamento ou ajuda ao suicídio), Conimbricense, p. 91.

Manuel da Costa Andrade, Consentimento e Acordo, p. 445 e ss.

María Ángeles Cuadrado Ruiz, La responsabilidad por omisión de los deberes del empresário, Ed. Bosch.

Maria do Céu R. S. Negrão, Sobre a omissão impura, RMP, ano 7º (1986), nº 25.

Maria Fernanda Palma, A teoria do crime como teoria da decisão penal (Reflexão sobre o método e o ensino do Direito Penal), RPCC 9 (1999), p. 523 e ss.

Marta Felino Rodrigues, A teoria penal da omissão e a revisão crítica de Jakobs, Coimbra, 2000.

Pedro Marchão Marques, Crimes Ambientais e Comportamento Omissivo, Revista do Ministério Público, ano 20 (1999), nº 77.

Seelmann, "Unterlassene Hilfleistung" oder: Was darf das Strafrecht? JuS 1995, p. 281.

Teresa P. Beleza, Direito Penal, 2º volume, tomo II, 1980.

Teresa Quintela de Brito, A tentativa nos crimes comissivos por omissão: um problema de delimitação da conduta típica, Coimbra, 2000.

Torio Lopez, Límites políticos criminales del delito de comisión por omisión, Anuário de Derecho Penal y Ciencias Penales, Madrid, 1984.

v. H.-Heinegg, Prüfungstraining Strafrecht, Bd. 1, 1992.

Wolfgang Naucke, Strafrecht. Eine Einführung, 7ª ed., 1995.

14 - O CRIME DE COMISSÃO POR OMISSÃO NEGLIGENTE

Um dos casos mais interessantes e manifestos do crime de comissão por omissão negligente é o da *baby-sitter* encarregada de cuidar da criança na ausência dos pais e que em vez de ligar ao pequeno se deixa entusiasmar pelos episódios da telenovela. Resultado: a criança despenha-se da mesa para onde subira sem reação de quem a devia vigiar e sofre lesões graves ou até a morte. Um outro caso é o do banheiro que por descuido não tem à mão a boia que lhe permitiria salvar quem se afoga na praia que conta com a sua vigilância.

I. Imputação negligente

Caso nº 1   *V* foi vítima de atropelamento, tendo o seu corpo sofrido projeção em distância superior a 3 metros. Foi socorrida pelos bombeiros e transportada ao hospital, onde chegou pelas 18.05 horas. Encontrava-se no serviço de urgência o médico M, a quem coube toda a observação e determinação do tratamento à V, tendo-lhe sido dado conhecimento do motivo da admissão. A V apresentava politraumatismo por atropelamento, escoriações na face e tronco e dores nas mãos. A paciente foi sujeita aos seguintes exames, que ofereceram os resultados que seguem: (...). Num politraumatizado por atropelamento com projeção à distância e queda no asfalto. Cerca das 23.00 horas do mesmo dia o M deu alta à ofendida, a qual foi transportada, em ambulância, para a sua residência. Desde o momento em que deu entrada no hospital até que dele saiu que V queixou-se sempre de dores. Pelas 23.45 horas do dia seguinte foi verificado o óbito de V no seu domicílio. Realizada autópsia médico-legal, no respetivo relatório ficou a constar o seguinte: "A morte de V foi devido a politraumatismo, nomeadamente às lesões raqui-medulares descritas. Estas, bem como as restantes lesões, resultaram de violento traumatismo de natureza contundente tal como o que pode ser devido a acidente de viação, como consta da informação atrás descrita". Do relatório da autópsia consta que existiam fraturas do 6º ao 9º arcos costais esquerdos, contusão do lobo pulmonar inferior esquerdo, contusões musculares variadas, contusão uterina, ovárica e vesical e fratura da coluna dorsal D7/D8. Quando da autópsia não se detetou qualquer lesão que, por si só, justificasse a morte. Na maioria dos casos a fratura e as lesões raqui-medulares com lesão medular completa poderão desenvolver um quadro de futura incapacidade, mas não desencadear a morte. Quando deu entrada no hospital V referiu que havia sido atropelada, não tendo mencionado projeção à distância e queda no solo. O M desconhecia que a paciente tivesse sido projetada quando do atropelamento. Entre os exames ordenados pelo M consta o exame "Combur", por via do qual se visa detetar elementos estranhos à urina. V era obesa e à data do atropelamento tinha 64 anos de idade.

O acórdão da Relação do Porto de 12 de novembro de 2008, no processo nº 0813421, *relator*: José Carreto, entendeu que o resultado (morte) deve ser imputado objetivamente à conduta omissiva do médico que não prestou à lesada os cuidados médicos necessários e adequados a evitar o resultado que a situação exigia, segundo as "legis artis" e os conhecimentos da medicina. O Tribunal condenou o M como autor de um crime de homicídio por negligência dos artigos 137º, 26º e 10º na redação do CP de 1995. Disse ainda: "Tendo em conta que ocorreu um acidente de viação, que causou lesões traumáticas e fraturas ósseas, que necessitavam tratamento médico para serem curadas, e não se mostrando que aquelas lesões por si só causassem a morte, pois "Quando da autópsia não se detetou qualquer lesão que, por si só, justificasse a morte", e tendo em conta que aquelas lesões não se curam, por si próprias mas necessitam para tal de ser tratadas, afigura-se-nos óbvio, que a causa da morte foi por um lado as lesões causadas em acidente de viação e por outro a falta de tratamento médico adequado destas. É a conclusão lógica, imediata que decorre das regras da experiência. (...) É assim também de imputar o resultado morte á conduta negligente do médico, que não apenas não observou as normas de cuidado que lhe eram exigidas enquanto tal (cf. Comentário cit., pág. 108), como violou as regras legais, profissionais, e da experiência médica, sendo que o mesmo tem capacidade para observar tais regras, deveres e normas, sendo que a inobservância dos "cuidados" adequados, como resulta dos factos provados, abrangeu tanto o diagnóstico, como a prevenção e a "indicação médica" ou seja o tratamento idóneo/adequado (segundo os conhecimento e experiências da medicina) e a realização segundo as legis artis."

II. A omissão e os casos especiais de negligência por assunção

Caso nº 2   Atua negligentemente o médico que inicia uma operação do tipo que lhe não é minimamente familiar, e que às tantas enfrenta complicações que não domina.

Quando tratámos do dolo pôs-se de manifesto que o momento decisivo para a sua existência é o da prática do facto. Em direito penal, o dolo abrange o período que vai do começo ao fim da ação que realiza o correspondente tipo objetivo. Esta ideia deve ser retomada na análise da negligência. Se A inicia uma viagem de carro sabendo que não está em condições de conduzir, dado o seu extremo cansaço, e mais tarde tem um acidente, devido a esse seu estado de esgotamento, empreende uma atividade de forma imprudente. O acidente deu-se, é certo, num momento posterior, mas o A já no início, quando pegou no carro, estava obrigado a abster-se de conduzir. A negligência por assunção, explica Jakobs,[1] existe apenas quando o autor já num momento anterior é garante da qualidade dum seu comportamento posterior, e tem correspondência em situações conhecidas como de omissão por ação, como será o caso do guarda da linha que se embriaga tão fortemente que já não está capaz de acionar as barreiras na passagem de nível e acaba por provocar a morte das pessoas que atravessam com o comboio na linha. Em termos gerais pode dizer-se que se alguém empreende uma tarefa para a qual não possui os necessários conhecimentos ou capacidades pode incorrer em falta de cuidado. À culpa na assunção chama-se também culpa por excesso e representa um caso especial do dever de omissão. Como no caso do médico, o dever de cuidado exige que para dominar a ação se possuam os necessários conhecimentos e capacidades.

---

[1] G. Jakobs *AT*, p. 323.

15 – ETAPAS DE REALIZAÇÃO DO FACTO DOLOSO PUNÍVEL

I. O *iter criminis*: um caminho mais ou menos longo

Caso nº 1 1. *A* encontra-se numa situação financeira bastante delicada e projeta arranjar dinheiro com o assalto a um banco. 2. Sabe mais ou menos o tipo de estabelecimento adequado e acaba por encontrar uma filial da Caixa, numa localidade do distrito de Aveiro, com um sistema de alarme aparentemente antiquado e com uma saída para a autoestrada, logo ali a meia dúzia de quilómetros. 3. *A* tem perfeita consciência de que não pode realizar sozinho o assalto, de modo que associa um seu antigo companheiro de "negócios" – *B* – ao plano assim pacientemente elaborado. 4. No dia combinado, *A* e *B* deslocam-se para as proximidades da agência da Caixa num Mercedes a que conseguiram deitar a mão pouco antes, levando consigo uma pistola metralhadora, estacionam o carro perto do banco, num local donde podem facilmente encaminhar-se na fuga para a autoestrada, saem, levando *A* a arma escondida debaixo do casaco, e entram na agência, mas logo *A* se dá conta da presença de dois polícias uniformizados entre os clientes e faz sinal de retirada para o companheiro, abandonando ambos o local. 5. Contudo, poucos dias depois vão pôr de novo o plano em prática, deixando desta feita a arma no carro, depois de *A* chegar à conclusão de que na agência estava só o gerente, que lhe seria fácil imobilizar de surpresa enquanto *B* deitava a mão ao dinheiro. 6. Como tinham planeado, realizado com êxito o assalto, *A* e *B*, com o dinheiro num saco, entram no Mercedes, mas ao ver que um transeunte, desconfiado, ia para anotar a matrícula do carro, o *A* dispara uma rajada de aviso para o ar com a pistola metralhadora, a qual, conforme era vontade de *A*, não atingiu ninguém. 7. *A* e *B* fugiram do local sem serem identificados, tendo abandonado o Mercedes em Aveiro, onde dividiram o dinheiro roubado no banco, separando-se em seguida.

Neste exemplo (*adaptado*) de Kühl,[1] detetam-se nitidamente distintas fases de realização.

Os factos, no seu conjunto, têm o seu principal centro de gravidade nas características típicas desenvolvidas por A e B e referidas sob o nº 5, as quais integram a coautoria de um crime de roubo (artigos 26º e 210º, nº 1), sem que interesse aos nossos atuais propósitos determinar se se trata de roubo simples ou qualificado. Com efeito, na execução do plano conjunto, A imobilizou, pela força, o gerente, enquanto B deitava a mão ao dinheiro, recolhendo-o no saco, atuando ambos com intenção de apropriação de coisa móvel (o dinheiro) que sabiam ser alheia. O golpe foi bem sucedido, o roubo foi não só consumado mas também exaurido, a partilha acabou por fazer-se em pleno sossego.

Se agora repararmos na factualidade referida sob o nº 4, apenas nos resta subsumi-la na tentativa de roubo (artigos 22º, nºs 1 e 2, e 210º, nº 1), eventualmente qualificado, pois quem decidiu cometer um crime de roubo e, sem alcançar o resultado, se limita a praticar atos de execução desse crime – o qual se consuma por *meio* de violência contra uma pessoa *para* subtrair coisa móvel alheia – será castigado por tentativa de roubo. No caso, as dificuldades de integração de tais factos na tentativa não deixam de ser acentuadas, já que, por um lado, os contornos do ilícito típico que a lei descreve como consumado na parte especial do código não são simplesmente lineares, por outro, porque a noção de atos de execução não é inteiramente precisa, ainda que a lei, nas diversas alíneas do nº 2 do artigo 22º, nos forneça diretivas de alguma valia. Tomando a factualidade descrita sob o nº 4, o anterior furto do Mercedes não pode seguramente ser visto como ato de execução, no sentido do emprego de violência contra uma pessoa, mas haverá início de execução, possivelmente, quando A e B se aproximam do local do crime ou, pelo menos, quando entram nas instalações do banco com a arma, já que, segundo a experiência comum e salvo circunstâncias imprevisíveis, é de esperar que a estes se lhes sigam atos idóneos a produzir o resultado típico, havendo uma estreita conexão temporal (e, no caso, espacial) entre a ação de A e B e o resultado que ambos pretendiam alcançar. A descrita atuação de A e B integra atos que precedem imediatamente a ação típica inserindo-se na execução, de acordo com o plano concreto que os assaltantes se propõem realizar. Decorridos mais uns segundos e dados mais meia dúzia de passos, se não se confrontassem com imprevistos, A e B teriam sacado da arma, exigindo a entrega do dinheiro em caixa. Praticaram pois atos de execução, como tal definidos no artigo 22º, nº 2, alínea *c*). Ainda assim, A e B não passaram do estádio da tentativa, acontecendo até que ambos abandonaram o cometimento do crime de roubo, pois, como se vê do mesmo nº 4, deixaram o local quando se deram conta da presença de dois polícias

1 K. Kühl, *AT*, p. 434.

uniformizados entre os clientes. Não se pode dizer que, com isso, *A* e *B* desistiram de prosseguir na execução do crime, no sentido de beneficiarem do regime dos artigos 24º e 25º, deixando a tentativa de ser punível, já que manifestamente faltam os pressupostos de aplicação destas normas, sendo até difícil sustentar que, afinal, *A* e *B* desistiram de prosseguir na prática do crime, pois continuaram, dias depois, a execução do mesmo plano que anteriormente tinham elaborado. Na verdade, "quando não haja desistência do propósito criminoso não há ainda desistência voluntária da tentativa, mas interrupção voluntária da execução e a interrupção voluntária da execução, para nela prosseguir mais tarde, não equivale à revogação da intenção de consumar o crime" (Prof. Cavaleiro de Ferreira). Na medida em que os factos que integram a tentativa decorrem de uma resolução autónoma tomada por *A* e *B*, ficará para determinar se os mesmos se encontram em situação de *concurso efetivo* com os restantes crimes praticados, incluindo, o furto do Mercedes (artigo 30º, nº 1; artigos 203º, nº 1, e 204º).

> **1. Estádio da resolução criminosa**: independente de um começo de realização efetiva, **não é punível** (*cogitationes poenam nemo patitur*).
>
> **2. Estádio da preparação da execução de um tipo de ilícito**: o agente passa da cogitação à ação objetiva, procura os instrumentos necessários à prática do crime, escolhe o local e a hora para melhor atuar, etc. Os atos em que tal se traduza **não são, salvo disposição em contrário, puníveis** (artigo 21º). *Excecionalmente*, atos preparatórios passam a ser típicos: *a*) atos materialmente preparatórios são formalmente transformados em crime: artigo 262º (contrafação de moeda); *b*) atos preparatórios são punidos enquanto tais: artigos 271º e 275º.
>
> **3. Estádio da tentativa**: é a fase da realização *incompleta*, apenas *parcial*, do tipo penal, ou seja: do modelo descrito na lei. A tentativa de cometimento de um crime **em princípio é punível** (artigo 23º, nº 2). Há atos de execução (da ação típica) que representam já crimes autónomos (crimes de empreendimento ou atentado).
>
> **4. Estádio da consumação**: a consumação típica ou formal verifica-se logo que o comportamento doloso preenche a totalidade dos elementos do tipo objetivo do ilícito. É, neste sentido, a última fase da atuação criminosa. Interessa no caso da desistência da tentativa (artigo 24º, nº 1, quanto à verificação do *resultado não compreendido no tipo de crime*); em matéria de comparticipação, na medida em que esta deve ocorrer, ao menos em via de princípio, antes da consumação; em tema de concurso de crimes, se e na medida em que se confira relevo e autonomia normativas à categoria do "concurso ideal".
>
> **5. Estádio da terminação**: a consumação material ou terminação dá-se apenas com a realização completa do conteúdo do ilícito em vista do qual foi erigida a incriminação, desde que o agente tenha atuado com o dolo de o realizar. Interessa para efeito de prescrição do procedimento criminal (artigo 119º, nº 4: a "verificação de resultado não compreendido no tipo de crime").

Representação gráfica do *iter criminis* (adaptado de F. Haft AT, 6ª ed., 1994, p. 211; e Figueiredo Dias DP/PG I, 2ª ed., 2007, p. 681 e ss)

No caso prático, a matéria do nº 1, o projeto de assaltar um banco, não é punível, na medida em que a simples manifestação de vontade, como diria *von* Liszt, não integra nenhuma ação, nenhum ilícito, nenhum crime: *cogitationes poenam nemo patitur*. "A vontade má como tal não se pune, só se pune a vontade má realizada", observa Welzel[2]. A atividade descrita sob o nº 2, a busca de uma agência adequada para o assalto, fica-se pela região dos atos preparatórios, ainda que levados a efeito na execução do plano criminoso, mas que não chegam a ser atos de execução do crime planeado. Estes *atos preparatórios* não são puníveis (artigo 21º), embora, por vezes, uma disposição legal preveja tais espécies de atos como crime autónomo. Veja-se, por ex., o artigo 271º, onde se pune *quem preparar* a execução dos atos referidos nos artigos 262º (contrafação de moeda), 263º (...), "fabricando, importando, adquirindo para si ou para outra pessoa, expondo à venda ou retendo: formas, cunhos, clichés, prensas de cunhar, punções, negativos, fotografias ou outros instrumentos que, pela sua natureza, são utilizáveis para realizar crimes".

A rajada disparada para o ar pode constituir um crime de ameaça do artigo 153º, mas não seguramente o do artigo 211º (violência depois da subtração), pois, não obstante a situação de flagrante delito aí prevista, os arguidos não atuaram para conservar ou não restituir o dinheiro subtraído. Tanto aqui como naquilo que se descreve sob o nº 7 poderemos surpreender a fase de *exaurimento* ou *esgotamento* do crime de roubo, que se consumou quando da subtração do dinheiro por meio da violência (*consumação formal ou jurídica*), mas que agora logra a sua **consumação material**, com o completo êxito do assalto, a proporcionar a divisão da presa em pleno sossego.

Diga-se, por último, que também será punível o uso da pistola metralhadora, que é arma proibida (arma de guerra; arma de fogo automática), com o cometimento do crime dos artigos 2º, nº 1, alínea *i*), e 86º, nº 1, alínea *a*), da Lei nº 5/2006, de 23 de fevereiro (Lei das Armas)[3].

Por aqui se vê a importância concedida à distinção entre atos preparatórios e atos de execução. Os atos executivos são em princípio puníveis, mas aqueles outros só excecionalmente se punem. Pune-se a tentativa dos crimes mais graves (artigo 23º, nº 1: "a tentativa só é punível se ao crime consumado respetivo corresponder pena superior a 3 anos de prisão"), mas num caso ou noutro a regra cede, por ex., no furto "simples" (artigo 203º, nᵒˢ 1 e 2). Ao contrário, no ilícito de ofensa à integridade física "simples" (artigo 143º, nº 1) os limites da punição manifestam-se, apenas e só, com a consumação do crime.

---

[2] "Auch im Willensstrafrecht wird der böse Wille als solcher nicht bestraft, sondern nur der sich verwirklichende böse Wille", Hans Welzel, *Das Deutsche Strafrecht*, 11ª ed., p. 187.

[3] Lei das Armas: Lei nº 5/2006, de 23 de fevereiro, alterada pela Lei n.º 59/2007, de 4 de setembro, alterada e republicada pela Lei n.º 17/2009, de 6 de maio, novamente alterada pela Lei n.º 26/2010, de 30 de agosto, e entretanto alterada e republicada pela Lei n.º 12/2011, de 27 de abril.

ETAPAS DE REALIZAÇÃO DO FACTO DOLOSO PUNÍVEL

Temos, pois, por adquirido, que a ideia delitiva surge na pessoa e a partir daí até à consumação se percorre um caminho, o chamado *iter criminis*, que pode ser mais ou menos longo e complicado. Ponhamos o caso da moeda falsa. O falsário não pode operar em total isolamento, por não lho consentir a complexidade do empreendimento criminoso, tantas vezes projetado a nível internacional, e que, indo da fabricação ao comércio do falso, exige uma organização que reúna os que operam no lado técnico e os que reservam para si a venda e a colocação do produto em circulação. Para dar vida a uma organização do género, onde impera o anonimato e se não dispensa o segredo, é necessária a disponibilidade dum financiador, que congrega gentes das mais diversas habilidades técnicas e diferentes capacidades, nomeadamente no plano psicológico. Todavia, se noutro exemplo *A* lança a *B* um insulto estúpido e soes, a ofensa da honra esgota-se no fluxo do instantâneo, tudo se dissolve na mais pura imaterialidade. A ideia da instantaneidade dos factos, indiciadora da mais patente desnecessidade de preparação criminosa, torna-se ainda mais sugestiva se tivermos em mente que não havia antecedentes, que ofendido e ofensor nem sequer se conheciam.

A fase interna (a fase da tentação: assim lhe chamavam os escolásticos), ou seja, a decisão de cometer o crime, durante a qual o autor idealiza o seu plano, não faz parte do caminho que leva ao crime, pois ninguém responde por meras cogitações, uma vez que estas não podem constituir uma perturbação social. "A punibilidade não pode ter lugar quanto a atos internos, sejam eles o desejo, a ideia, a deliberação ou a resolução criminosa" (Cavaleiro de Ferreira)[4].

Há porém um momento em que a resolução criminosa se manifesta; o sujeito dá início à exteriorização da sua vontade com a preparação e a execução do crime. Por vezes, a conduta fica-se por um débil esforço de preparação. Se *A* e *B* combinaram assaltar uma vivenda e se limitaram a juntar as ferramentas para estroncar as portas, é certo e seguro que o projeto se malogrou, embora se conceba que os interessados o voltem a ativar. Chegando eventualmente o momento em que todas as características típicas se mostram preenchidas, atinge-se a consumação.

---

[4] Observava o Prof. Beleza dos Santos, *Lições de Direito Criminal* (1954/1955), p. 50, a propósito do aforismo *cogitatio poena non patitur*: "É certo que no crime de ameaças há uma simples manifestação dum projeto criminoso que pode não ter qualquer espécie de realização. Mas o que em tal crime se pune não é a mera revelação do pensamento, antes a ofensa ao sentimento ou interesse da segurança individual". Na altura dominava a ideia de que elemento típico nos crimes de ameaças ou provocação eram "os atos de declaração da vontade criminosa", Vítor Faveiro, *Código Penal Português anotado*, 1952, p. 44. A **punibilidade das simples omissões** pode também, para alguns, identificar-se com a punição do próprio pensamento. Aplicar a alguém uma pena na ausência de um comportamento ativo e por uma mera decisão interior parece pois equivaler a uma grave distorção introduzida no sistema. Todavia, a sanção penal não se aplica propriamente à simples passividade mas à omissão que provoca a ocorrência de um evento lesivo, exigindo-se ainda que sobre o omitente recaia o dever jurídico de pessoalmente evitar esse mesmo resultado (artigo 10º).

O RISCO DE COMER UMA SOPA E OUTROS CASOS DE DIREITO PENAL

Preparação, execução do crime e consumação são as etapas do *iter criminis*. Mas as duas etapas anteriores à consumação (preparar e tentar) nem sempre constituem, como já se deixou esboçado, uma ofensa suficientemente grave que justifique uma reação criminal.

II. Preparação, execução do crime e consumação

1. Como não se pode sancionar o simples propósito criminoso (*de internis non judicat praetor*), por não ter relevância social, a fronteira da punibilidade inicia-se com as primeiras manifestações da vontade delitiva.

A distinção entre a atividade preparatória não punível e a atividade executiva punível é da maior importância na qualificação da conduta. Mas nem todos os critérios distintivos satisfazem, porque entre preparar e tentar o crime não há diferença marcante: serão muito poucas as condutas de preparação com óbvia capacidade para pôr em perigo um bem jurídico que, no limite, justificam a atenção do legislador (artigo 21º).

Com efeito, só excecionalmente os atos preparatórios podem ser punidos, como se faz no artigo 274º, que tem por legítimo aplicar uma pena a quem secretamente se prepara para fazer ir pelos ares um edifício público comprando, por ex., os explosivos necessários. Quem adquire explosivos executa uma conduta abstratamente perigosa e essa especial (elevada) perigosidade basta como justificação da punibilidade de atos que nem sequer alcançaram a dignidade e a importância de atos executivos dum crime. Veja-se, para melhor compreensão, que comprar uma caçadeira que vem a servir para matar alguém (no exemplo dado pelo Prof. Figueiredo Dias) não faz parte do ato de "matar" nem tão-pouco de "tentar matar outra pessoa" (artigos 131º e 22º).

Daqui podemos concluir que os atos preparatórios se definem em função da violação do bem jurídico, "do ataque ao ordenamento social que a ordem jurídica quer prevenir" (Figueiredo Dias).

No nosso Código, o artigo 271º prevê a aplicação de pena a quem "preparar a execução", entre outros, de atos de contrafação de moeda (artigo 262º), fabricando formas, cunhos, adquirindo papel igual ou que se possa confundir com o utilizado no fabrico de moeda, título de crédito ou valor selado. Tirando os trabalhos puramente artesanais, a resolução criminosa ligada à moeda falsa envolve, por sua natureza, outras pessoas, transcendendo o sujeito isolado. Nisso reside a faceta da especial perigosidade dessas atividades. Não obstante se reconduzirem a uma fase de preparação criminosa, justifica-se plenamente castigar os culpados. O artigo 271º (mas também o artigo 275º) pune atos preparatórios enquanto tais, por haver um *alto grau de probabilidade* de realização do tipo de ilícito e a

ETAPAS DE REALIZAÇÃO DO FACTO DOLOSO PUNÍVEL

"*necessidade* de uma intervenção penal específica num estádio particularmente precoce do *iter criminis*"[5].

O próprio artigo 262º aplica-se a quem praticar contrafação de moeda, atividade que constitui, materialmente, um ato preparatório. A norma impõe que o sujeito atue com intenção de a pôr em circulação como legítima, desenhando-se como crime de tendência[6].Com esta configuração, o artigo 262º previne tanto a passagem (artigo 265º) como a aquisição de moeda falsa para ser posta em circulação (artigo 266º), repercutindo a tutela a um momento temporal de preparação destas outras atividades criminosas: o autor material da contrafação, que é sempre um perito, quando não um artista, possibilita, com a sua ação, essas atividades posteriores, numa lógica de divisão do trabalho que se harmoniza com a própria ideia de "preparação". Com efeito, se "preparar" é reunir as condições para algo que vem a seguir, "preparar um crime" é produzir uma atividade dirigida a possibilitar ou tão só a tornar mais fácil a sua posterior realização. No contexto indicado, a função atribuída ao artigo 262º é ainda a de castigar atos preparatórios, embora se trate de um crime autónomo[7].

2. Quanto à tentativa (que pode ser acabada ou inacabada), só se pune, em regra, a dos crimes mais graves ou de média criminalidade, aqueles a que corresponder pena superior a 3 anos de prisão (artigo 23º, nº 1). Estão no entanto previstas exceções, por ex., para um bom número de crimes patrimoniais, como o furto *simples* (artigo 203º, nºs 1 e 2) e a modalidade de dano *não agravado* (artigo 212º, nºs 1 e 2). A partir daqui podemos sustentar, com algum rigor, que a tentativa de cometimento de um crime é em princípio punível, representando a "realização dolosa *parcial* de um tipo de ilícito objetivo"[8]. Ao praticar *atos de execução* "de um crime que decidiu cometer sem que este chegue a consumar-se" (artigo 22º,

---

[5] Figueiredo Dias, *DP/PG* I, 2ª ed., 2007, p. 683.

[6] Para a consumação do crime basta a referida intenção, mas o ataque ao ordenamento social apenas se dá com a entrada em circulação da moeda contrafeita, *Conimbricense* II, anotação antes do artigo 262º.

[7] O Prof. Figueiredo Dias, por ex., "Formas especiais do crime" – *Textos de apoio*, 2004, p. 4, entende que a solução legislativa de punir autonomamente a matéria dos artigos 262º e 271º, por se reconduzir a uma "preparação da preparação" conduz a punição "a estádios demasiado precoces e duvidosos da realização do crime material" (colocar em circulação moeda falsa) "e é, por conseguinte, altamente questionável em perspetiva politico-criminal". Em suma: não se deve punir a *tentativa de ato preparatório*, mesmo que ela fosse em geral punível se o ato preparatório constituísse um crime autónomo. Se se punem os atos preparatórios enquanto tais implica não deverem voltar a considerar-se puníveis como crime autónomo, sob pena de violação do princípio *ne bis in idem* ("recebido em certa medida no art. 29º-5 da CRP"). Sobre a via para uma "correta desimplicação", quanto a este ponto, Figueiredo Dias, *DP/PG* I, 2ª ed., 2007, p. 684 e 999.

[8] "A tentativa, como realização parcial de um tipo de ilícito, participa já (parcialmente) deste ilícito e *pode* por isso ser *punível*. Se *deve* sê-lo em concreto depende de considerações politico-criminais relacionadas sobretudo com a gravidade da infração e com os limites que a figura a si mesmo se assinala", Figueiredo Dias, *DP/PG* I; 2ª ed., 2007, p. 685.

nº 1), o agente "viola já a norma jurídica de comportamento que está na base do tipo de ilícito consumado" (Figueiredo Dias).

A distinção entre atos preparatórios e atos de execução arranca da ciência medieval italiana, que distinguiu o *conatus proximus* e o *conatus remotus* em função da maior ou menor proximidade relativamente ao resultado final[9]. Os atos *remotos* (distantes) seriam meramente preparatórios por não serem em si perigosos; os atos mais próximos seriam executivos pela proximidade da ofensa.

Geralmente, a conduta tentada é individualizada através do conceito do *início de execução* da ação típica. No Código português, o artigo 22º, nº 2, empenha-se numa definição analítica dos **atos de execução**, desde os que preenchem um elemento constitutivo de um tipo de crime, aos que forem idóneos a produzir o resultado típico, até aos que, segundo a experiência comum e salvo circunstâncias imprevisíveis, forem de natureza a fazer esperar que se lhes sigam atos das espécies indicadas nas alíneas anteriores. Trata-se, ainda assim, de uma fórmula imprecisa em várias situações, por serem naturalmente diversas as normas a que se aplica.

Esses "atos de execução", enquanto simples atos de tentativa, representam já, nalguns casos, crimes autónomos (vimos o mesmo para alguns "atos preparatórios"). A situação ilustra-se com os chamados **crimes de empreendimento**, também chamados "crimes de atentado", em que a tentativa de cometimento do facto é equiparada à consumação e é como tal jurídico-penalmente tratada. Veja-se o caso do artigo 308º, alínea *a*), ou o do artigo 325º, nº 1, para os quais não deve valer a atenuação especial da pena prevista, no artigo 23º, nº 2, para a tentativa, nem os efeitos da desistência voluntária previstos no artigo 24º. Como é típico dos casos de *empreendimento*, "*tentar* separar da Mãe-Pátria todo o território português ou parte dele" constitui já crime consumado ainda que a "traição à pátria" acabe por não ter o êxito desejado pelos conspiradores; ou: na forma adotada com a revisão de 2007 no nº 1 do artigo 288º e no nº 1 do artigo 290º, ambos crimes contra a segurança das comunicações: "quem *atentar* contra a segurança de transporte...". Note-se que nalguns destes casos pode ser pensável e punível, como tentativa, a chamada tentativa inidónea ou impossível (artigo 23º, nº 3, *a contrario*)[10].

3. O crime consuma-se com o preenchimento doloso da totalidade dos elementos do tipo objetivo descritos na norma incriminadora, a qual, para essa hipótese, prevê a aplicação de uma pena ao infrator. Aferir da consumação do

---

[9] Veja-se, por ex., Devesa, *Derecho penal español*, PG, 1992, p. 783. O termo latino **conatus** designa a noção de esforço, de tendência (Fabien Lamouche, *Le Désir*, p. 79); é o empenho, o impulso, a tentativa, Torrinha, *Dicionário latino-português*, 3ª ed., 1945.

[10] Cf. Figueiredo Dias, *DP/PG* I; 2ª ed., 2007, p 315 e as indicações bibliográficas aí referidas.

crime é um exercício casuístico por serem diversos os elementos estruturais das distintas espécies incriminadoras, não faltando casos em que a lei considera como consumados delitos que estruturalmente não passam de casos de tentativa. Nos crimes de mera atividade a consumação coincidirá com a completa realização da conduta proibida; nos crimes de resultado a consumação pressupõe o efetivar da ação e a mais disso a produção do evento típico. Se isso corresponde também à consumação material do delito, se o agente conseguiu ou não os fins que se propunha, para o efeito de estar o crime "perfeito" é indiferente: o crime pode estar consumado e dele não haver resultado todo o dano que o agente visara.

O **exaurimento** (*esgotamento, terminação* ou *consumação material* do crime) é a *fase posterior* ("Nachzone") à consumação. Em certos casos, à consumação, entendida como simplesmente *formal ou jurídica*, segue-se este outro momento, dito de exaurimento, o qual, a exemplo da fase interna de cogitação, não integra o *iter criminis*. E embora por via de princípio se exclua que acontecimentos posteriores possam entrar na valoração do crime já consumado, no furto, por exemplo, a distinção entre a consumação e o exaurimento releva para a boa compreensão de que esses dois momentos não têm necessariamente que coincidir. Em muitos casos ocorrerá esta terminação ou consumação material, ou seja, a plena realização do objetivo pretendido pelo agente, mas ela não é necessária, já que a norma se basta com a consumação formal ou jurídica. A terminação ou consumação material do crime (crime exaurido) constitui, neste sentido, uma fase do crime posterior à sua consumação[11].

Melhor se entendem assim as peculiaridades da vida que levam o dono da coisa a disparar e ferir gravemente o ladrão que foge com o produto do furto. O crime estará perfeito, de acordo com a visão corrente do cometimento instantâneo – e a reação a tiro é inequivocamente posterior à consumação. Poder-se-á considerar a agressão de B como ainda atual? Para a melhor doutrina, a solução não deve ser prejudicada pela discussão e posição que se tome acerca do momento da consumação do crime de furto. "O entendimento mais razoável é o de que está coberta por legítima defesa a resposta necessária para recuperar a detenção da coisa subtraída se a reação tiver lugar *logo após* o momento da subtração, enquanto o ladrão não tiver logrado a posse pacífica da coisa"[12].

---

[11] "A consumação material dá-se apenas com a realização completa do conteúdo do ilícito em vista do qual foi erigida a incriminação, desde que o agente tenha atuado com o dolo de o realizar". Justamente nesta aceção fala o art. 24º-1 da *verificação do resultado não compreendido no tipo de crime*, como observa o Prof. Figueiredo Dias, *DP/PG* I; 2ª d., 2007, p. 686.

[12] Figueiredo Dias, *Textos*, p. 177, Releva "o *momento até ao qual a defesa é suscetível de deter a agressão*, pois só então fica afastado o perigo de que ela possa vir a revelar-se desnecessária para repelir a agressão. Até esse último momento a agressão deve ser considerada como atual".

O RISCO DE COMER UMA SOPA E OUTROS CASOS DE DIREITO PENAL

A boa compreensão da diferença entre a consumação formal e o exaurimento do facto punível está igualmente associada à figura da cumplicidade (artigo 27º). É possível a cumplicidade sucessiva, que ocorre quando o crime, já formalmente consumado, ainda não se encontra exaurido, terminado[13]. Se para ajudar o ladrão que foge com o produto do furto *A* se lança ao proprietário das coisas, impedindo-o, como este pretendia, de perseguir o criminoso, *A* será cúmplice do crime cometido, desde que a decisão tenha sido tomada antes da consumação típica. Já não é possível a cumplicidade se o crime está não só formalmente consumado, como por vezes é possível e acontece no furto, por ex., mas também terminado, *i. e*, exaurido. Qualquer "auxílio" será então elemento típico de uma disposição autónoma, ou do crime do artigo 232º (auxílio material), ou do artigo 231º (recetação) ou do artigo 367º (favorecimento pessoal), que é uma forma de encobrimento. Pense-se no caso em que *A*, para ser simpático com *B*, que já lhe prestou favores semelhantes, guarda consigo o ouro que este acabara de furtar. Ou quando *A*, sabendo que *B* é autor dum furto em determinado local, onde, na atrapalhação da fuga, deixou vestígios que imediatamente o comprometem, trata de eliminar esses vestígios, subtraindo-os à investigação policial.

Por outro lado, tanto a **restituição** da coisa (furtada ou ilegitimamente apropriada) como a **reparação** integral ou parcialmente realizadas (artigo 206º) estão conotadas apenas com consumação material de qualquer das infrações, uma e outra supõem, necessariamente, a consumação material. O preceito não se aplica, por isso, à *tentativa* de furto ou de abuso de confiança. Aplica-se, no entanto, por remissão, e a partir das correspondentes normas, à apropriação ilegítima em caso de acessão ou de coisa achada (artigo 209º, nº 3), ao dano (artigo 212º, nº 4) e ao dano qualificado (artigo 213º, nº 4), à burla (artigo 217º, nº 4) e à burla qualificada (artigo 218º, nº 4), entre outros crimes patrimoniais.

Sabemos também que o homicídio se consuma com a "morte de outra pessoa" (artigo 131º). Se no momento seguinte ao evento mortal um terceiro ajuda o homicida a ver-se livre do cadáver, não cabe a este terceiro o papel de cúmplice mas só o de autor de um crime de encobrimento (artigo 367º) ou de profanação de cadáver (artigo 254º).

Considere-se agora aquele momento indissociável da burla, referido no artigo 217º, nº 1, como a "intenção de obter para si ou para terceiro enriquecimento ilegítimo". O enriquecimento tem de estar presente como referente da motivação do agente, mas não tem de ser efetivamente alcançado ou produzido.

---

[13] A admissão da figura da "cumplicidade sucessiva" pode nalguns casos significar um considerável agravamento da posição de quem presta auxílio, dando lugar, quando for o caso, à **imputação parcial do facto** (por ex., *A* comete um roubo mas ao seu cúmplice *B* só deverá imputar-se a parte do furto), propondo além disso uma parte da doutrina o recuo à fase da "consumação típica" da aplicação dos crimes autónomos do artigo 232º (auxílio material), ou do artigo 231º (recetação) ou do artigo 367º (favorecimento pessoal),

ETAPAS DE REALIZAÇÃO DO FACTO DOLOSO PUNÍVEL

O crime fica perfeito com a ocorrência do prejuízo patrimonial. Se a *intenção* de obter um enriquecimento ilegítimo se realizar em fase posterior à consumação, isto é, se o autor consegue satisfação para a intenção que perseguia, nada se altera porque, como sugestivamente escreve o Prof. Costa Andrade,[14] o tipo de burla "é um *crime material* ou de *resultado* na direção do *prejuízo*; e é, simultaneamente, um *crime de resultado cortado* na direção do *enriquecimento*". Em casos destes, a consumação material está para além das previsões típicas (embora esteja nas previsões do burlão...) e não é tida em conta.

Sucede coisa semelhante com a **corrupção passiva** (artigo 372º), que é crime de perigo, portanto de consumação antecipada. O crime fica perfeito com a simples solicitação da vantagem (mesmo que o funcionário não tenha a intenção de realizar a contrapartida), exaurindo-se ou com o recebimento do indevido, ou com a realização da contrapartida, ou com ambos, sem que qualquer destes momentos se repercuta na situação anteriormente consolidada.

Cruzam-se também aqui certos aspetos dos crimes de duração ou de execução continuada como o sequestro ou a violação de domicílio. No sequestro, o crime atinge a perfeição com a privação da liberdade de outra pessoa (artigo 158º, nº 1), não dependendo do preenchimento de um determinado lapso de tempo,[15] mas se a detenção se mantiver por mais de dois dias, a pena passa a ser a agravada do nº 2 do artigo 158º. Não obstante a consumação já ter ocorrido, a circunstância temporal agravante entra em cena. Como noutra ocasião explicámos, com o seu comportamento, o sequestrador não só cria a situação típica antijurídica como a deixa voluntariamente subsistir. Deste modo, os crimes permanentes consumam-se com a realização típica, mas só ficam exauridos quando por vontade do agente ou por intervenção de terceiro (ou até porque o sequestrado faleceu no cativeiro...), se põe termo à situação antijurídica.

Some-se a isto o caso, ainda de algum modo semelhante, daquele que dá vários murros na pessoa de *B*, ofendendo-o corporalmente (artigo 143º, nº 1). O crime consuma-se com o primeiro murro, mas se *P* acorre e ambos continuam a socar *B*, em conjugação de esforços e de intenções, haverá comparticipação, ambos são coautores. O crime, sendo daqueles cujo tipo não exige a reiteração de atos, mas esta pode ocorrer em razão do modo da conduta do autor, só ganha a sua completa expressão com o comportamento agressivo terminado. Diferente será a responsabilidade do *A* que deu vários murros em *B* e desapareceu, para logo *P* aproveitar a oportunidade e se vinga de *B* que está por terra. Dá-lhe por sua vez diversos pontapés. Não há comparticipação, cada um comete o "seu" crime.

---

[14] Costa Andrade, "A Fraude Fiscal – Dez anos depois, ainda um crime de resultado cortado?", *RLJ* ano 135º, nº 3939, julho – agosto 2006.

[15] Ainda assim, deve ficar claro que pode ser por aí que o sequestro se distinga da coação.

Por fim, a distinção entre consumação formal e material assume relevo na área da desistência da tentativa, quando, não obstante a consumação, o desistente "impedir a verificação do resultado não compreendido no tipo de crime" (artigo 24º, nº 1). Por seu turno, a relevância da verificação do resultado "não compreendido no tipo de crime" é pressuposto no artigo 119º, nº 4, para o prazo de prescrição só correr a partir do dia em que esse resultado se verificar.

16 – A TENTATIVA

I. Generalidades

1. Nem sempre é fácil estabelecer o âmbito e os contornos da tentativa. Trata-se porém de uma matéria com acentuada relevância para a boa compreensão dos fundamentos da intervenção jurídico-penal do Estado. A tentativa, que representa uma forma especial dessa intervenção, explica-se pela ausência de consumação, por não serem os propósitos criminosos inteiramente realizados, só o sendo em parte. Consumação e tentativa estão assim intimamente ligadas. Pode mesmo dizer-se que o dolo da tentativa é o mesmo do delito consumado; o bem jurídico violado ou simplesmente posto em perigo é também o mesmo. Quem mata outra pessoa age com o mesmo dolo daquele que a intenta matar. A principal diferença é que, no crime tentado, a lesão, o evento – a morte de uma pessoa, a destruição duma coisa, o prejuízo na burla – não chegou a verificar-se. Num sistema que não exige responsabilidade penal enquanto se não produz um facto antijurídico imputável a um determinado indivíduo, para se alcançar o patamar da punibilidade há necessidade de demonstrar que este *já fez* alguma coisa. O crime tende sem dúvida para a perfeição, mas nos casos em que a execução é incompleta não é fácil determinar em que deverá consistir a manifestação exterior da resolução criminosa, o que deve esse sujeito *ter feito*, para nessa medida o responsabilizarmos. E porque só quando o sujeito passa a fronteira dos atos preparatórios é que aparece a tentativa como fase executiva do crime, esse *fazer alguma coisa* terá que representar *algo mais* do que a simples preparação do crime, exprimindo a ofensa do bem jurídico em grau que a ordem jurídica, em princípio, já não está disposta a tolerar.

Na maior parte dos sistemas europeus, a conduta tentada continua a ser individualizada através do conceito do **início de execução** da ação típica, ideia que vem dos tempos napoleónicos. Nalguns casos, remete-se simplesmente para "um início de execução", como no art. 121-5 do Código penal francês,

O RISCO DE COMER UMA SOPA E OUTROS CASOS DE DIREITO PENAL

caracterizando-o a *praxis* pelos atos que devam ter como consequência direta e imediata a consumação do crime. Noutras paragens, a fórmula do começo de execução completa-se pela referência a factos exteriores, como no artigo 16º, nº 1, do Código penal espanhol: "Hay tentativa cuando el sujeto da principio a la ejecución del delito diretamente por hechos exteriores, practicando todos o parte de los atos que objetivamente deberían producir el resultado, y sin embargo éste no se produce por causas independientes de la voluntad del autor". O Código português, nas três alíneas do nº 2 do artigo 22º, empenha-se numa definição dos atos de execução – sem que esta especificação, diz por ex., o relatório da Comissão ministerial para a reforma do Código Penal italiano (constituída em 1 de outubro de 1998), "seja realmente de molde a contribuir para a definição da conduta, por ser evidente que a exigência de uma manifestação exterior da resolução criminosa se retira já do princípio geral da materialidade do crime. Ora, o problema é o da individualização do grau de desenvolvimento da conduta punível, cuja solução se procura conseguir com o critério do início de execução".

O artigo 23º, nº 1, contém a regra fundamental da punibilidade da tentativa: "salvo disposição em contrário, a tentativa só é punível se ao crime consumado respetivo corresponder pena superior a 3 anos de prisão". Quer isto significar que em princípio só se pune a tentativa dos crimes dolosos mais graves (grande e média criminalidade). Em casos contados, prevê-se a punibilidade da tentativa de crimes menos graves, como o furto – artigo 203º, nº 2: "a tentativa é punível". Num significativo número de casos, como o de ofensa à integridade física *simples* (artigo 143º, nº 1), os limites da punibilidade manifestam-se com a consumação do crime, pois nenhuma disposição legal a contempla numa fase anterior: intentar praticar um desses crimes não é punível, muito menos prepará-lo. A tentativa de cometimento de um crime é – deste modo e em princípio – punível, representando a "realização dolosa *parcial* de um tipo de ilícito objetivo"[1].

No artigo 23º, nº 2, sublinha-se que a tentativa é punível com a pena aplicável ao crime consumado especialmente atenuada, o que remete diretamente para o artigo 73º. É de **atenuação obrigatória** que se trata e não simplesmente facultativa. A moldura penal modificada nos termos deste artigo é uma nova penalidade, "e é-o para todos os efeitos legais", escreve Pedrosa Machado: "pode ser objeto de substituição nos mesmos termos em que o poderia ser a pena concreta correspondente à determinação da medida abstrata de que aí se parte como função do cálculo a efetuar".

---

[1] "A tentativa, como realização parcial de um tipo de ilícito, participa já (parcialmente) deste ilícito e *pode* por isso ser *punível*. Se *deve* sê-lo em concreto depende de considerações politico-criminais relacionadas sobretudo com a gravidade da infração e com os limites que a figura a si mesmo se assinala" (Figueiredo Dias, *DP/PG* I; 2ª ed., 2007, p. 685).

A TENTATIVA

Tomemos, a ilustrar, o crime de homicídio voluntário do artigo 131º, punido com pena de prisão de 8 a 16 anos. Pegando no critério do artigo 73º temos: 1º O limite máximo (16 anos) é reduzido de um terço = 5 anos e 4 meses de prisão; 2º O limite mínimo (8 anos) é reduzido a um quinto, por ser superior a 3 anos, e isso dá 1 ano 7 meses e 6 dias de prisão. O que se reconduz à moldura penal abstrata cabida à tentativa de 1 ano 7 meses e 6 dias de prisão a 5 anos e 4 meses de prisão. Se nestes parâmetros a pena judicial não for fixada em medida superior a cinco anos, nada obsta, bem pelo contrário, à sua suspensão, supondo presentes todos os requisitos de que a lei a faz depender (artigo 50º)[2].

2. Como acontece na generalidade dos códigos penais, na parte especial a conduta punível é descrita por referência a um autor singular ("quem" matar outra pessoa; "o médico" que recusar o auxílio da sua profissão...) e à infração na sua forma consumada. A técnica de abranger mais pessoas no tipo penal (por ex., um cúmplice) ou aquelas situações que não chegaram à consumação (*A* disparou a matar, mas o visado não morreu, continua vivo) exige que nos códigos se estabeleçam normas que permitam ampliar os tipos penais na correspondente medida. Diz-se que tais disposições, como o artigo 22º (ou o artigo 27º), são **normas de extensão**, implicam uma *extensão dos tipos penais*:[3] são uma causa de extensão da tipicidade, um alargamento dos tipos da parte especial. Sem a norma sobre a tentativa esta ficaria impune, por na parte especial se prescreverem unicamente as formas que levam à consumação. Nesta conceção, a tentativa não faz surgir tipos autónomos, mas **tipos dependentes** que devem ser referidos ao tipo de uma determinada forma de delito[4].

---

[2] Para a determinação da pena quando ocorram agravantes especiais, como a reincidência, e fatores atenuativos também especiais, como a tentativa, que conduzem à aplicação do regime dos artigos 72º e 73º, há que atender, em primeiro lugar, ao conjunto dos elementos agravativos para se obter a correspondente moldura penal, para depois se fazerem atuar os requisitos atenuativos e se determinar a respetiva moldura punitiva. O furto qualificado agravado por reincidência tem como moldura penal uma punição entre 2 anos e 8 meses e 8 anos de prisão; sendo ele especialmente atenuado deve ser punido com prisão entre 30 dias e 5 anos e 8 meses de prisão – veja-se, por ex., o acórdão do STJ de 2 de maio de 1996 *CJ* 1996, p. 175. No acórdão do STJ de 16 de janeiro de 1990 *CJ* 1990, tomo I, p. 13, trata-se da moldura penal aplicável ao crime de homicídio voluntário tentado, cometido com excesso de legítima defesa: atenuação especial do artigo 33º, nº 1, e o disposto no artigo 23º, nº 2, para a punição do crime tentado. No acórdão do STJ de 19 de setembro de 1990 *CJ* 1990, tomo 4, p. 17, conclui-se ser possível a atenuação especial por qualquer das circunstâncias do artigo 73º [72º] em relação ao crime tentado. O acórdão do STJ de 1 de março de 2000 *BMJ* 495, p. 59, contém uma operação de cúmulo sucessivo dos efeitos de diversas atenuantes especiais aplicáveis.

[3] Era essa a ideia do autor do Projeto (*Atas* da Parte Geral, p. 165): "todas as disposições que mandam punir atos anteriores à consumação do crime são extensões, verdadeiros *alargamentos* do direito penal, e, por isso mesmo, *tipos dependentes*".

[4] Há, no entanto, autores para quem na tentativa se cria um tipo diferente e autónomo. Por ex., Mir Puig, *Derecho Penal*, PG, 1990, p. 357, e *ADPCP* 1973, p. 349, é de opinião que a tentativa não constitui uma "forma de aparecimento" do delito consumado, já que a consumação e a tentativa supõem tipos

Como quer que seja, a tentativa vem no Código entre as "Formas do crime" (assim a epígrafe que antecede o artigo 21º), sendo inteiramente de rejeitar opiniões, especialmente de origem anglo-americana,[5] que veem na tentativa a forma primária do ilícito. O resultado, observam esses autores a justificar-se, é sempre contingente e fortuito, umas vezes acontece outras não. Alega-se por isso que a realização do evento não poderia constituir, de *per si*, um fator de agravação da pena. Se alguém atira uma granada, ocasião e acaso misturam-se: é muito provável que a explosão se dê, mas às vezes a fragmentação aborta. Quem lança o explosivo pode até certo ponto controlar a sua ação. Logo que o engenho lhe escapa das mãos o sujeito perde o domínio das coisas – tudo o resto fica nas mãos do "acaso". De forma que a pedra de toque sempre deveria residir no desvalor da ação, independentemente da produção do evento, que o agente não controla, da existência de uma vítima ou da completa afetação do bem jurídico.

Numa outra lógica, o acento tónico põe-se no evento, com a consequente projeção no bem jurídico, procurando saber-se quem é responsável por ele e em que condições. O crime simplesmente tentado aproxima-se da realização típica, o que justifica a aplicação de uma pena mais leve.

Estas duas perspetivas, quanto a saber se ações tentadas e consumadas terão idêntico merecimento, apelam respetivamente a momentos de ordem subjetiva e objetiva, confrontando-se ao longo do tema que analisamos, mas há quem trate de harmonizá-las com inteira justificação e merecimento. Para a mais consistente doutrina nacional,[6] que vê na **teoria da impressão** o fundamento da legitimação da tentativa impossível e a que melhor se compatibiliza com o regime conferido aos atos de execução e à atenuação especial obrigatória da pena, a tentativa, "como realização dolosa *parcial* de um tipo de ilícito objetivo (...) representa uma violação do ordenamento social jurídico-penalmente relevante por meio da intranquilidade em que coloca bens jurídico-penais": a correspondente *ilicitude* "não se basta apenas com um desvalor da ação, mas exige ainda também um des-

---

distintos, ainda que relacionados. Não existe porém nenhuma norma a tipificar criminalmente o ato de "tentar matar outra pessoa" ou de "tentar subtrair coisa móvel alheia", o que desmente o acerto dessa afirmação. A distinção tem alcance prático: se considerássemos que a moldura penal do crime tentado é a correspondente a um tipo de crime autónomo, não se lhe aplicaria o disposto no nº 2, última parte, do artigo 118º – o prazo de prescrição do procedimento criminal por um crime tentado deveria, nesta perspetiva, que não acompanhamos, calcular-se com base no limite máximo da pena aplicável ao crime tentado (sobre isto, cf., em especial, Miguel Pedrosa Machado, *Formas do Crime*, p. 11).

[5] Entre muitos outros, veja-se George P. Fletcher, *Basic Concepts of Criminal Law*, Oxford University Press, 1998. Na discussão do tema, também Fernanda Palma, *Da "Tentativa possível" em Direito Penal*, p. 120 e ss. Na doutrina europeia, não falta também quem entenda (por ex., os cultores das formas extremadas da teoria do ilícito pessoal) que o direito só é violado pela desobediência à proibição e não pela ocorrência (sempre fortuita) do resultado.

[6] Figueiredo Dias, *DP/PG* I, 2ª ed., 2007, p. 685 e 691 e s.

A TENTATIVA

valor de resultado, **ao menos sob a forma da intranquilidade** de bens jurídicos penalmente protegidos".

É fácil, por outro lado, compreender que o crime que acabou por consumar-se passou, inevitavelmente, pela fase da correspondente tentativa, enquanto fase intermédia. Mas a "tentativa" só se revela naquela outra constelação de casos; a segunda não é mais do que esse "estádio intermédio" que a consumação absorve[7]. Quando, noutro lugar, estudarmos os problemas de concurso, estes aspetos, em especial o conceito de "estádio intermédio", serão mais detalhadamente expostos, a par de noções como a "subsidiariedade" e a "consunção", que lhe são próprios.

II. Fundamentos da punibilidade da tentativa

Os partidários das **teorias objetivas** fundamentam a punibilidade no perigo concreto para o bem jurídico protegido: a ação dirigida à realização do crime deverá ser "objetivamente perigosa". A razão para castigar diferentemente as atividades executórias (quando puníveis) e a consumação assenta na maior ou menor **proximidade** objetiva relativamente à afetação do bem jurídico. Comparado com a consumação, o perigo derivado da preparação ou da fase executiva de um crime é quantitativamente inferior, ainda que todas essas etapas se reconduzam a uma mesma finalidade subjetiva: o dolo da tentativa é o mesmo do crime consumado: já antes observámos que quem tenta matar age com o mesmo dolo de quem mata.

Nesta perspetiva, a perigosidade objetiva em regra não chega, por estarem demasiado longe da afetação do bem jurídico, para justificar que se punam as atividades simplesmente preparatórias. Também dificilmente haverá lugar à punição da tentativa "inidónea" ou "impossível" (artigo 23º, nº 3), por não ser objetivamente perigosa, mas justifica-se castigar a tentativa (punível) com a pena do crime consumado especialmente atenuada na forma de atenuação obrigatória[8].

O juízo sobre o perigo é formulado na perspetiva de um observador objetivo situado no lugar do autor (*ex-ante*), com todos os conhecimentos e possibilidades de que este dispõe, assim como o conhecimento médio existente na comunidade. Este requisito é um momento constitutivo de toda a ação de tentativa, não só da tentativa idónea, mas também da inidónea ou impossível.

As **teorias subjetivas** consideram como fundamento da pena as manifestações da vontade do agente, contrárias ao Direito, acentuando o desvalor subjetivo da

---

[7] J. Rath, *JuS* 1998, p. 1006.

[8] Na **tentativa inidónea** a resolução delitiva traduzida em atos executivos exteriores não pode conduzir à consumação do delito. Isto poderá ficar a dever-se, entre outras circunstâncias, a inaptidão do meio empregado e a inexistência do objeto material, essencial à consumação.

ação: o ilícito é ilícito do comportamento através do qual o agente, vistas as coisas da sua perspetiva, viola uma norma de proibição. O que, se por um lado justifica a punibilidade de formas de tentativa inidónea, por outro possibilita o alargamento da tentativa (punível) à custa da fase preparatória do *iter criminis*. Chega-se até a equiparar a tentativa à consumação, reservando-lhes idêntica penalidade, por não verem os partidários destas teses uma vontade delituosa menos desvaliosa no crime simplesmente tentado. O que nela deita raízes, a ponto de se ter tornado imprescindível, é o recurso ao *plano do agente* e, por aqui, ao mundo subjetivo das suas representações.

As duas principais posições surgem frequentemente combinadas. Por ex., no código alemão põem-se em relevo as representações do autor e prevê-se a punição da tentativa inidónea (§ 22); a mais disso, limita-se o âmbito da tentativa de acordo com critérios objetivos (§ 22: "unmittelbar ansetz" – realização imediata do tipo" e exige-se para a tentativa impossível uma certa medida de perigosidade objetiva[9]. Nesta perspetiva mista, ainda assim domina a componente subjetiva e com ela a autorização para o juiz atenuar a pena, mas em moldes simplesmente facultativos.

A **teoria da impressão**, especialmente sensível à vertente subjetiva da tentativa, é em geral a acolhida na Alemanha. De acordo com esta teoria, o fundamento da punibilidade é, certamente, a vontade contrária a uma norma de conduta (norma proibitiva ou impositiva), mas a punibilidade da exteriorização da vontade dirigida ao facto só poderá afirmar-se quando possa ser abalada a confiança da comunidade na vigência da ordem jurídica e lesado o sentimento de segurança coletiva e com ele a paz jurídica[10]. Quer dizer: pune-se a tentativa porque a atuação da vontade contrária ao direito (*componente subjetiva*) possui **a capacidade de perturbar a confiança da comunidade** na vigência do ordenamento jurídico (*componente objetiva*). Os fundamentos da teoria não aparecem em oposição com o sancionamento da tentativa impossível, mas obstam à punibilidade da tentativa **irreal** ou **supersticiosa**, porque esta – naturalmente – não desestabiliza a confiança da comunidade na vigência do ordenamento jurídico[11].

Caso nº 1 A polícia soube que um "rato de hotel", há muito conhecido pelas suas atuações, geralmente bem sucedidas, tinha sido visto a "rondar" uma residencial da "Baixa". O visado admitiu que andava por ali à espera de uma oportunidade para atuar.

---

[9] Ebert, p. 111.
[10] Jescheck, *AT*, p. 463.
[11] Ainda Jescheck, *ob.* e *loc. cits.*

A TENTATIVA

Neste exemplo de Naucke, se nos orientarmos pelo critério da perigosidade objetiva do comportamento do ladrão de hotéis concluiremos que o "marginal" ainda não tinha sequer posto em perigo qualquer bem jurídico – não tendo havido "início de execução", não se atingiu o limiar da punibilidade. Mas se partirmos da perigosidade subjetiva do agente, vendo-o sem mais como inimigo, facilmente chegamos a resultados opostos, que o legislador certamente não terá querido adotar no nosso Código Penal, que não faz assentar a punibilidade na **personalidade do agente**: o que eventualmente se pune é a conduta (*conduta externa*) realizada e não a mera decisão da sua realização. Nem o pendor retribucionista e de expiação nem as atuais finalidades de ressocialização exigiriam no nosso exemplo a efetividade da sanção.

Fiandaca/Musco recordam como, durante o regime fascista italiano, se verificou a tendência para dilatar os limites da tentativa punível por meras razões de controlo político, abandonando-se o critério tradicional do início da execução. E concluem que o verdadeiro *punctum dolens* da punibilidade da tentativa coincide com a preocupação de evitar que o instituto se preste, na sua aplicação concreta, a ser manipulado.

Em 1930, na Itália, com o Código Rocco, abandonou-se a fórmula do "início de execução" utilizada pelo Código Zanardelli, substituindo-a pela da idoneidade e inequivocidade dos atos. Já Carrara se referia a esta "univocità degli atti", pois, se alguém pega numa espingarda e se prepara para disparar, isso significa tanto que quer abater legitimamente uma peça de caça como a intenção de matar um companheiro ou simplesmente de lhe causar lesões corporais. Portanto, "se um ato destes tanto pode conduzir ao crime como à ação inocente, então não passa de um ato preparatório".

Tradicionalmente, para a doutrina portuguesa, o critério fundamental apresenta-se como materialmente objetivo,[12] não se dispensa a ideia do perigo para o bem jurídico: perigo real no caso da tentativa possível, aparência de perigo no caso da tentativa impossível (punível). A justificação é marcada pelo pensamento da adequação, aplicado ao registo analítico dos atos de execução (artigo 22º, nº 2), e pela imposição legal da atenuação especial ao facto simplesmente tentado (artigo 23º, nº 2).

---

[12] Entendimento que era o perfilhado pelo Prof. Eduardo Correia, *Direito Criminal* II, p. 231: "A ilicitude é constituída, na tentativa, simplesmente pelo perigo que a ação cria para bens protegidos pelo direito criminal"; o elemento subjetivo não faria parte, de forma essencial, do conceito de tentativa, era, unicamente, "uma condição exterior da sua punibilidade".

Não se dispensa, contudo, um outro momento que comporta o *significado objetivo* do comportamento, ou seja, a valoração do plano do agente. Por isso se reclama preferentemente a consagração de um critério objetivo mitigado[13][14][15].

Nesta ótica, na tentativa inidónea (artigo 23º, nº 3) a própria ilicitude seria constituída "por um conceito de perigo, aferido por um juízo ex-ante que releva da ideia de uma aptidão de determinados atos para gerar um sentimento, reconhecível pela generalidade das pessoas, de perturbação da comunidade social, em última análise a portadora dos bens jurídicos que, desse modo, surgem ameaçados"[16].

Numa ordem jurídica que admite a punibilidade da tentativa inidónea em determinadas circunstâncias (artigo 23º, nº 3), e uma delas é assentar na prática de atos de execução (artigo 22º, nº 2), pode certamente concluir-se que os elementos que fundamentam a punição das formas imperfeitas de execução (puníveis) residem tanto no pôr em perigo os bens jurídicos previstos na parte especial do Código (critério objetivo) como na vontade de conseguir a sua lesão típica (critério subjetivo). Deste modo, para todos os casos de tentativa punível (não consumação) mostra-se adequada a pena prevista para a consumação aplicando-se a atenuação especial obrigatoriamente, como manda o artigo 23º, nº 2, em perfeita correspondência com os diferentes graus de realização do facto (facto punível).

---

[13] O Prof. Faria Costa escreve que o critério fundamental apresenta-se como objetivo "já que a tentativa tem que integrar uma referência objetiva a certa negação de valores jurídico-criminais na forma de lesão ou perigo de lesão de bens jurídicos protegidos mas a que há que adicionar o próprio plano do agente integrado na sua intencionalidade volitivamente assumida, que, face ao texto legal e segundo a nossa opinião, não pode ser limitado ao mero papel de esclarecer o *significado objetivo* do comportamento do agente, antes dever ser valorado em *si mesmo*. Por outro lado, é indiscutível que na seriação do que são atos de execução se adotou deliberada e conscientemente um critério que assenta no pressuposto da causalidade adequada...".

[14] Para o Prof. Figueiredo Dias, "Formas especiais do crime" – *Textos de apoio*, 2004, à luz do enquadramento desenvolvido a p. 3, a **teoria da impressão** "é a que melhor se compatibiliza com o regime conferido aos atos de execução, à atenuação especial obrigatória da pena da tentativa e à tentativa impossível". Veja-se agora, no mesmo sentido, *DP/PG* I, 2ª ed., 2007, p. 692

[15] Para Mezger, *Tratado*, p. 220, o que caracteriza a tentativa é precisamente o **dolo de lesão** na *parte subjetiva*, ligado ao simples "**pôr em perigo**" na *parte objetiva*.

[16] Jorge de Almeida Fonseca, *Crimes de empreendimento e tentativa*, p. 104. Punem-se hipóteses de tentativa inidónea que concretizam situações em que não é manifesta a inaptidão do meio empregado pelo agente ou a inexistência do objeto essencial à consumação do crime. E isto, não obstante ser claramente impossível alcançar o horizonte da consumação, seja porque o meio utilizado é inidóneo seja porque falta o objeto essencial; nem existiria qualquer perigo concreto, efetivo, real, típico, para o bem jurídico que se pretende tutelar (embora seja lícito o reconhecimento dum perigo aparente, suscetível de causar alarme e intranquilidade social).

III. Os elementos da tentativa

"Na prova de um caso prático", escreve o Prof. Claus Roxin,[17] "a resolução tem de se discutir, logo de início, como primeiro elemento da tentativa. Nessa medida, é tratada de forma diferente do crime consumado, onde se começa sempre com a investigação do tipo objetivo e o tipo subjetivo só complementa. A necessidade de escolher, na tentativa, uma ordem diferente resulta de não poder ser averiguado o complemento para o preenchimento do tipo objetivo, enquanto não se sabe a que é que o autor estava resolvido. Quando, por ex., numa troca de palavras, alguém puxa de uma pistola, isto pode ser o complemento de um homicídio, se o autor simultaneamente quer disparar sobre o interlocutor; se, pelo contrário, ele só quer ameaçar com a arma, trata-se, quando muito, do elemento que faltava para uma coação".

Por facilidade, nos trabalhos práticos perfilharemos o seguinte *esquema*:

Verificação prévia:

a) Se o crime se não consumou; e
b) Se, no caso concreto, a tentativa é punível.

Elementos da tentativa:

a) Elementos subjetivos: a decisão de cometer um crime;
b) Elementos objetivos: a prática de atos de execução.

Inexistência de causas de justificação.
Inexistência de causas de desculpação.
Verificação posterior: desistência da tentativa, nos termos do artigo 24º, deixando a mesma de ser punível.

1. A componente subjetiva: a decisão criminosa

No artigo 22º, nº 1, o Código limita-se a dispor que "há tentativa quando o agente praticar atos de execução de um crime que decidiu cometer, sem que este chegue a consumar-se", sem adiantar qualquer definição do que verdadeiramente seja a tentativa. Trata-se, mesmo assim, de uma formulação relevante para estabelecer a distinções, como já demos a entender.

---

[17] C. Roxin, Problemas fundamentais, p. 298.

a) Exigência de tipicização da ilicitude/referência à resolução do agente

Caso nº 2 É indispensável recorrer ao plano do autor, uma vez que a descrição típica, como modelo de conduta, admite conteúdos multimodais. Se um homem pega numa escada e a coloca por forma a poder aceder à janela do primeiro andar, onde vive uma família abastada de que faz parte uma jovem de 18 anos, logo se porá a questão do significado de tal ato. Pode muito bem tratar-se do operário que vai iniciar a pintura das janelas encomendada na véspera. Mas se o homem atua pela calada da noite e quando é detido tem consigo uma pistola levanta-se legitimamente a hipótese de perigo para bens jurídicos. Qual, ou que bens jurídicos ficam então comprometidos – é a pergunta que aparece a seguir, uma vez que a atuação do sujeito tanto pode acompanhar a resolução de cometer um furto ou um roubo, representar o primeiro passo para um rapto com violação ou até atentar contra a vida de um dos que ali residem.

Se alguém pega numa espingarda e aponta, isso pode significar só que está a afinar o ponto de mira. Se alguém exibe um revólver, pode fazê-lo por jactância, para alardear proezas, ou mostrar que se prepara para uma sequência violenta. O próprio tiro pode ser só um tiro de "aviso" ou de intimidação. Fica espaço para o agente usar a arma como reforço duma ameaça e anúncio das exatas consequências que ficam a pender sobre o ameaçado[18].

Na tentativa é pois inegável a exigência de combinação dum elemento subjetivo, a resolução para o facto, com um critério objetivo, que consiste em se iniciar uma atividade que conduza à realização típica. A referência à expressão "atos de execução de um crime" que o agente "decidiu cometer" leva a incorporar na tentativa esta resolução criminosa, à qual pertence[19] tanto o dolo do tipo, enquanto dolo dirigido à realização típica, como eventuais circunstâncias subjetivas específicas.

Caso nº 3 A, depois de ter cumprido pena de prisão por furto qualificado, introduz-se, sem autorização, na casa de morada de B, uma jovem com quem, uns cinco ou seis anos antes, chegou a ter "um caso" a que ela pôs definitivamente termo.

[18] A quem ameaça falta (ainda) uma resolução de homicídio ou de ofensa à integriade física, etc. No artigo 153º, nº 1, pune-se a ofensa consumada ao sentimento ou interesse da segurança individual.

[19] Estamos, naturalmente, a aceitar que o tipo subjetivo de ilícito da tentativa é o mesmo que o do crime consumado, o qual comporta um dolo do tipo, como dolo dirigido à realização dos elementos objetivos. Ao tipo subjetivo da tentativa pertencem ainda, a completar o que a lei designa por *decisão* de cometer um crime, intenções especiais ou outros elementos subjetivos específicos, por ex., a intenção de apropriação no furto.

A TENTATIVA

Objeto da atenção do intérprete tem de ser sempre um determinado tipo de crime, selecionando-se tudo o que possa contribuir para identificar o plano concreto de realização do agente. Neste nosso caso, a simples entrada na habitação sem consentimento assume reflexos imediatos no que respeita a um crime como o furto. As certezas esbatem-se quando se pensa na liberdade sexual porque então essa entrada irregular (ela mesma constitutiva de um crime de violação de domicílio) não é ato que baste para iniciar a execução da violação sexual mesmo que a vítima escolhida se encontre no interior da casa[20]. É inegável que para resolver hipóteses com esta configuração teria de se estabelecer o claro significado da entrada do A, se para furtar, se para violar a antiga namorada, ou se, num plano, digamos, mais abrangente, para subtrair valores e forçar sexualmente a rapariga. Sem uma referência ao dolo como conhecimento e vontade de realização do tipo- -de-ilícito objetivo "não é possível fundamentar tipicamente o ilícito da tentativa"[21].

b) Pode haver dúvidas quanto a saber se o agente se decidiu ou não pela execução do facto

A doutrina entende que uma mera decisão (vontade) condicional não é bastante, dando ainda o exemplo do acontecimento fáctico precocemente interrompido (como poderá ser o caso da *tentativa inacabada*), "uma vez que não tenham chegado a ser executados aqueles atos da realização típica que manifestariam indubitavelmente a existência de uma vontade dirigida à consumação"[22].

Caso nº 4 Vontade (in)condicional? *A* é um indivíduo com algumas luzes mas que preferiu dedicar-se, quase como modo de vida, ao furto de objetos valiosos com que invariavelmente abastece "clientes" de bom gosto e que pagam sem problemas. *A* tem em vista o local dum comerciante que

---

[20] As coisas podem figurar-se diferentemente se o *A* fecha a porta da casa da vítima à chave. Pode pensar-se, é certo, em início de execução do sequestro. Na medida em que "então pode existir uma afetação da segurança e uma proximidade da lesão da liberdade sexual" (F. Palma) igualmente pode justificar-se a qualificação do facto como tentativa de violação.

[21] Figueiredo Dias, "Sobre o estado atual da doutrina do crime", *RPCC* 1 (1991), p. 50.

[22] Figueiredo Dias, *DP/PG* I, 2ª ed., 2007, p. 693. Claus Roxin, *Problemas fundamentais de Direito Penal*, p. 298, procura delimitar a resolução da – sempre não punível – não resolução, pondo o acento tónico, sucessivamente, na inclinação para o facto, na resolução de fundamentos factuais conscientemente incertos, e na resolução com reserva de desistência. "Uma decisão pelo facto existe logo que os motivos que empurram para o cometimento do delito alcançaram predominância sobre as representações inibidoras, mesmo também quando possam restar ainda algumas dúvidas" (*Strafrecht AT* II, *in* Figueiredo Dias, *DP/PG* I, *cit.*). Saber se há lugar a uma "vontade condicional" de realizar a ação executiva é ponto diferente de um verdadeiro dolo eventual (cf., por ex., Figueiredo Dias, "Formas especiais do crime" – *Textos de apoio*, 2004, p. 4; e *DP/PG* I, 2ª ed., 2007, p. 693).

ainda há dois dias anunciava a venda de uns biombos antigos, expostos bem à vista de todos. Tem quem lhos pague, por forma a viver durante uns meses sem atrapalhações de dinheiro. Da rua, *A* convence-se que é possível entrar na loja durante a noite sem grandes problemas e levar os biombos, mas no momento decisivo, por volta das 4 da manhã, apesar de tudo lhe correr pelo melhor, acaba por nada fazer quando pressente que seria uma maçada pegar às costas aquelas coisas tão belas mas também tão pesadas.

Comparemos agora esta situação com a que se segue [23].

Caso nº 5 Vontade (in)condicional? O mesmo *A*, dias depois, apercebe-se de que um alfarrabista anunciava a venda de um dos dois exemplares ainda existentes da 1ª edição da "Peregrinação" de Fernão Mendes Pinto que com toda a certeza interessaria a um colecionador, seu conhecido. Depois de se certificar que a livraria não dispunha do mais modesto sistema de alarme preparou-se para partir o vidro da montra, mas não chegou a rebentá-lo porque, ao meter o pé de cabra à madeira, vendo melhor, o livro já ali se não encontrava, bem podendo acontecer que tivesse sido entretanto vendido.

Neste segundo caso, a componente subjetiva encontra-se preenchida. *A* atuou com dolo de subtrair o livro valioso, que sabia não lhe pertencer, para dele se apropriar. Pode no entanto objetar-se que *A*, no momento de atuar, não estava certo de levar o empreendimento até final, faltando por conseguinte uma incondicional decisão de vontade, o que representa um aspeto decisivo para alguns autores. De acordo com o plano que o *A* idealizara, na livraria não deveria estar instalado qualquer sistema de alarme, a montra tinha que ser arrombada e o livro deveria achar-se ali exposto. *A* não sabia se todas estas condições estariam preenchidas, mas dando-se o caso de estarem, a decisão de executar o assalto era definitiva, o que significa que o sujeito se resolveu não obstante estar consciente da incerteza de tais circunstâncias. Tanto basta para que possamos assegurar que ele agiu dolosamente, com intenção de se apropriar do livro. Ademais, o *A* praticou atos de execução do crime que decidira cometer, pois queria sem dúvida tirar o livro da montra logo que conseguisse rebentá-la, chegando até a meter o pé de cabra à madeira. Quer dizer que esta atuação se situa na zona imediatamente anterior à subtração idealizada, descortinando-se portanto uma estreita conexão temporal entre a ação de *A* e o resultado que pretendia alcançar. São pois atos de execução

---

[23] Ambas sugeridas por Samson, *Strafrecht* I, p. 163.

A TENTATIVA

e como tal definidos no artigo 22º, nº 2, alínea *c*). Tanto a ilicitude como a culpa resultam provadas, por não haver justificação ou causas de desculpação. Por fim, como o livro não estava disponível, tudo sugere a impossibilidade de uma desistência relevante.

No caso dos biombos, o que se poderá afirmar é que *A não* tinha no momento da ação uma incondicional decisão de vontade, daí, para alguns autores, a inexistência de dolo de furto, ficando a conduta impune.

Naquele caso, já antes apresentado, do marido que desconfia da mulher e que quer a todo o custo certificar-se das suas "infidelidades" (acabando por matá-la inadvertidamente ao apontar-lhe desastradamente a pistola, convencido que ela própria lhe diria a verdade quando se visse ameaçada), as principais questões envolvidas têm ainda a ver com o dolo da tentativa e o dolo da consumação, bem como com o decurso do processo causal. Podemos considerar desde logo dois aspetos: no que toca ao conteúdo da vontade do *A*, não se exclui a decisão de matar a mulher; todavia, o resultado, tal como ele concretamente se realizou, não pode ser ligado à vontade do agente, o *A* nem o representou nem o quis (representação e vontade só abrangem a morte da mulher caso ela confessasse as eventuais infidelidades). O resultado é tão só de natureza negligente. Estando a imputação do resultado a título de dolo inteiramente fora de questão, o tipo subjetivo só comportará a punibilidade por tentativa, nunca pelo crime consumado, sendo certo que o *A* praticou atos de execução do crime de homicídio que (*na condição* da mulher confessar as eventuais infidelidades) decidira cometer.

Deveremos condenar o *A* por tentativa de homicídio (artigos 22º, 23º e 131º)? Ou será que os factos só comportam o crime de homicídio negligente (artigo 137º)? Se nos decidirmos por esta segunda hipótese, **como explicar a decisão, ainda que condicionada, de cometer o crime existente no momento da ação, isto é, no momento do disparo, prematuro e involuntário?** O "erro" sobre o processo causal apontará para a primeira hipótese ou preferencialmente para a segunda?

c) Se para a consumação é suficiente o dolo eventual, também o será para a tentativa

Tradicionalmente, a jurisprudência vem-se manifestando no sentido da admissibilidade de um crime tentado cometido com dolo eventual, sendo a tentativa compaginável com qualquer das modalidades do dolo no artigo 14º do CP, escreve-se no acórdão STJ de 2 de março de 1994, *CJ* 1994, tomo 1, p. 243. O Prof. Faria Costa tem como indispensável que na tentativa se verifique a intenção direta e dolosa por parte do agente, "em que *parece* de excluir o dolo eventual, já que o agente, apesar da representação intelectual do resultado como possível, ainda não se decidiu."[24]. Diferente é a posição do Prof. Figueiredo Dias, que entendemos dever seguir-se:[25] "a decisão a que se refere o art. 23º-1 não tem de (nem deve) ser entendida em termos diferentes e mais exigentes do que aqueles que valem para qualquer tipo de ilícito doloso, que exige *sempre* ser integrado por uma "decisão", não necessariamente por uma "intenção"; (...) não existe nenhuma incompatibilidade lógica e dogmática entre o tentar cometer um facto doloso e a representação da realização apenas como possível, conformando-se o agente com ela; (...) decisivamente, estão nestes casos colocadas as mesmas exigências politico-criminais, a mesma "dignidade punitiva" e a mesma "carência de pena" que justificam a punibilidade de qualquer tentativa".

d) No direito vigente só se pune a tentativa dolosa, não existe a "tentativa" dos crimes negligentes

É amiúde acentuada a inexistência de uma "tentativa negligente" – não se configura nos crimes negligentes nem "tentativa" nem "cumplicidade". Quem atua de forma imprudente não manifesta, observa Jescheck, a *decisão* de cometer um delito. Uma ação negligente, em que o autor "não representa" nem "quer" o resultado, nunca pode integrar uma decisão de atuar (artigo 22º, nº 1). Por ex., o artigo 137º (homicídio por negligência), na medida em que se limita a descrever os elementos objetivos "matar outra pessoa", condiz, por um lado, com a figura dum crime de resultado, implicando desde logo a imputação deste à ação, por outro, com um tipo de ilícito necessitado de complemento. Enquanto o resultado se não produz, não é possível aludir a um crime material negligente, o que afasta a possibilidade da sua realização na forma tentada. Tentativa e negligência são, por assim dizer, noções antitéticas. Atente-se, no entanto, em que, por vezes, se pune autonomamente a violação negligente do dever de cuidado: cf. o artigo 292º, onde se não descreve a realização de um resultado[26].

2. É ainda necessário que se verifiquem atos de execução de um crime que o "agente decidiu cometer"

Caso nº 6 *A* está a ser julgado por ter abusado sexualmente de *B*. A mãe da criança, *M*, quer matar a tiro o *A* na sala de audiência: *a*) Encosta a pistola à cabeça do *A* e tem já o dedo no gatilho quando, no momento

---

[24] Cf. *Jornadas*, p. 160; e "STJ, Acórdão de 3 de julho de 1991 (Tentativa e dolo eventual revisitados)", *RLJ*, ano 132º, nº 3903, p. 167 e ss. Veja-se, por último, Fernanda Palma, Da "Tentativa possível" em *Direito Penal*, p. 79; e o acórdão da Relação do Porto de 25 de fevereiro de 2004, proc. 0344749.

[25] Figueiredo Dias, *DP/PG* I, 2007, p. 694.

[26] Sobre a questão, também Fernanda Palma, Da "Tentativa possível" em Direito Penal, p. 77.

A TENTATIVA

derradeiro, a intervenção enérgica e decidida de um dos guardas ali presentes impede o disparo; *b*) quando *M* ia para tirar a pistola da carteira, a arma cai-lhe das mãos e o guarda recolhe-a para a apreender; *c*) *M* entra na sala de audiência com outras pessoas que queriam assistir ao julgamento e leva a arma consigo.

Caso nº 7 Homicídio por omissão na forma tentada? Invocando a necessidade de se ausentar de casa por uns dias, a mãe de *F* pede ao amigo com quem vive que lhe cuide do bebé na sua ausência. *A* concorda, diz-lhe que vá descansada, porque ele tratará da criança como se fosse a própria mãe. No entanto, *A*, que quer ver-se livre do menino, para a mãe poder dispor de mais tempo para ele, deixa-o completamente à mercê da sorte, sem lhe prestar os cuidados mínimos. Durante dias, *A* limitou-se pacientemente a ouvir o choro angustiante da criança até que, por fim, chegou à conclusão que a morte era uma questão de horas. Foi nessa situação extrema que a mãe regressou e se deu conta de que a criança ainda podia ser salva, pelo que imediatamente a levou ao hospital mais próximo, felizmente com êxito.

É difícil apontar com precisão a linha divisória entre a preparação e a execução, o momento em que se passa da fase dos atos preparatórios e se chega à dos atos executivos. Foram vários os critérios propostos para a diferenciação.

Os práticos dispunham de critérios meramente cronológicos: *actus remotus, remotissimus, propinquus et proximus*[27]. Em geral, os atos *remotos* ou distantes seriam apenas preparatórios, por não serem em si perigosos; já os mais próximos seriam atos de execução, por colocarem em risco o bem jurídico.

O Código italiano de 1930 construía o crime tentado com referência aos contornos imprecisos do conceito de "atti idonei" e "diretti in modo non equivoco" a commetere il delito: atos idóneos, dirigidos de modo não equívoco à prática do delito. Todavia, o requisito da idoneidade não contribui decisivamente para a tipificação da conduta da tentativa. Por sua vez, o requisito da direção não equívoca dos atos – a inequivocidade do comportamento – não atinge suficientemente o

---

[27] Nos crimes de lesa majestade, no assassinato, no parricídio e no envenenamento (crimes *nefandos*), a tentativa, aquilo a que se chamava o **conatus proximus**, devia ser punido como o próprio crime, interpretando o direito romano. Para outros casos estabelecia-se uma regra diferente, punia-se a tentativa que não produzia efeitos: conatus punitur etiam effectu non secuto, mas graduava-se a pena conforme os atos estivessem mais distantes ou mais próximos da consumação. Com a prática do actus remotus o réu incorria num castigo ligeiro. Ao actus proximus aplicava-se uma pena mais severa, mas ainda assim inferior à do crime consumado. Cf. Steven Pallot na *Jersey Law Revue* (consulta *Internet*), que cita o "Répertoire (Daloz) de législation, de doctrine et de jurisprudence 1861 Edition Tome XLII 1er Partie".

perfil da tipicidade, ficando o juiz com a liberdade de determinar o conteúdo e os limites do instituto.

Tanto no código penal alemão como no austríaco o critério da individualização da conduta típica continua a ser o da "execução do tipo", mas o limiar da punibilidade é antecipado com a referência aos atos que precedem "diretamente", "imediatamente", os atos executivos.

Também o nosso código (artigo 22º) equipara aos atos executivos (os que preencherem um elemento do tipo de crime; os que forem idóneos a produzir o resultado típico) aqueles que, segundo a experiência comum e salvo circunstâncias imprevisíveis, forem de natureza a fazer esperar que se lhes sigam atos executivos. A disciplina da tentativa orienta-se, entre nós, quanto a este aspeto, numa direção objetiva, centrada no conceito da punibilidade dos atos executivos da conduta típica. Um homicídio tentado não começa só quando o agente dispara a arma sobre a vítima, mas já antes, quando faz a pontaria, e até mesmo quando, já em ambiente de violenta discussão, desarma a segurança da pistola municiada, dando sequência ao seu plano delitivo de matar outra pessoa.

Caso nº 8   *A* quer matar *B* com uma bomba e trata de reunir o explosivo e os materiais para fazer uma bomba relógio, que monta em sua casa. Em seguida, escapa-se pela calada da noite e entra na casa de *B*, que supõe vazia. Começa por tirar a bomba do saco onde a transporta. *B*, todavia, encontra-se em casa, no piso mais elevado, e como ouviu barulho acende a luz para ver o que se passava. *A* dá-se conta de tudo. Com medo de ser preso, agarra no saco e deixa a bomba sem ter posto a trabalhar o maquinismo que conduz à deflagração [28].

Punibilidade de *A* ?

Os atos tipificados são atos de execução mas também o são os dotados de idoneidade, isto é, de capacidade potencial de produção do evento típico, por ex., disparar uma pistola contra alguém a curta distancia é adequado a criar um perigo típico para a vida do visado[29]. A lei considera ainda executivos os atos que, apesar

---

[28] cf. Samson, caso nº 28, p. 155; e as *Atas* da Comissão Revisora do Código Penal, Parte geral, AAFDL, p. 171.

[29] Para a "vexata quaestio" da caracterização dos atos que importam já um início de execução, o Prof. E. Correia propunha o que se consigna agora nas três alíneas do nº 2 do artigo 22º do Código. Assim, são atos de execução, desde logo, **os que preenchem um elemento constitutivo do tipo legal**. "Só que, por vezes, – sobretudo quando a lei não descreve de forma vinculada uma certa ação, mas só o resultado típico – é difícil saber se um certo ato preenche ou não um elemento típico. Certo será, todavia, que a execução que todo o tipo supõe há de abranger **os atos idóneos a causar o resultado nele previsto** – razão por que também tais atos hão de considerar-se como executivos".

A TENTATIVA

de em si não serem idóneos a produzir o resultado, a mais valia da experiência comum mostra que a eles se seguirá, em imediata conexão temporal (quando não espacial), a prática dos atos idóneos a produzir o resultado. São atos que embora formalmente preparatórios e situados nos limites da ação típica, são inerentes à própria execução, inserindo-se no plano concreto que o agente se propõe realizar. O critério da alínea *c*) do aludido nº 2, com **apelo à experiência comum**, visa melhorar a chamada fórmula de Frank,[30] que tem servido para solucionar casos como o deste bombista. Neste sentido, não seria só atividade executória a da pessoa que pega numa pistola e a dispara. Quando alguém, no decorrer de uma rija discussão, que já envolveu murros e pontapés, saca da pistola e a aponta a um dos antagonistas, diz a voz da experiência que no momento seguinte, salvo qualquer imprevisto, o vai atingir a tiro.

Caso nº 9 *A planeia amedrontar, alarmar e intimidar B, C e D, de modo a que se sintam inseguros para assim os obrigar a pagarem-lhe avultadas somas, através de explosões de grande porte. A, porém, foi surpreendido e preso, sem ter conseguido o constrangimento das vítimas, no momento em que entrava em ação, ficando deste modo impossibilitado de prosseguir o seu escopo criminoso.*

A intimidação constrangedora através de explosões de grande porte encontra-se já "na zona imediatamente anterior à realização do tipo legal do crime", pois através da mesma se cria situação da qual se deve esperar, normalmente, o efeito pretendido pela realização do fim do agente. A sua idoneidade para conduzir ao constrangimento propriamente dito é ponto que se não discute, em nome das regras da vida e das formulações da lógica e do senso comum. No concreto, há mesmo sinais de que tudo estava projetado para a passagem, sem solução de continuidade, à chamada "fase decisiva do facto". Há dolo (dolo direto) de extorsão consumada: *A* previu, quis e perpetrou – até onde lho consentiu a causa externa impeditiva – o facto mesmo de operar para constranger à entrega de somas elevadas, na mira de, em último termo, conseguir a entrega das mesmas. Mostra-se assim preenchido o tipo especial do crime (extorsão) na forma tentada (cf. o acórdão do STJ de 16 de janeiro de 1992 *BMJ* 413, p. 206). Sublinha-se a expressão "sem solução de continuidade", empregada pelo Supremo como adequada linha de orientação. No acórdão do STJ de 1 de abril de 1992, *BMJ* 416, p. 341, acima referido, alude-se a uma "estreita conexão temporal entre a ação e o resultado", com o mesmo sentido.

---

[30] Como confessadamente se insere nas *Atas* da Parte Geral, p. 171.

Vamos ainda analisar outros dois casos, o primeiro bem mais simples do que o outro.

Caso nº 10   Atos preparatórios ou de execução? *B*, secretária de *A*, dirige-se ao gabinete deste para assunto de serviço. Aí, *A* agarra-a pelos braços e empurra-a contra a parede, tentando beijá-la. Ato contínuo, *A* introduz uma das mãos por baixo da camisola que *B* vestia e apalpou-lhe os seios, ao mesmo tempo que a forçou a deitar-se. Apesar dos gritos de *B*, *A* puxou-lhe violentamente as meias e as cuecas e, com uma das mãos, esfregou-lhe a vagina, o ventre e as pernas. *A* tentou ainda introduzir um dedo na vagina de *B*. Só não o conseguiu por ela ter fugido. *A* foi em sua perseguição e forçou-a a entrar de novo no escritório, o que não sucedeu porque *B*, agarrando-se à porta, acabou por fugir. Desde início, era intuito de *A* manter pela força relações sexuais de cópula completa (por penetração peniana) com a *B*, mesmo contra a vontade desta.

Caso nº 11   Atos preparatórios ou de execução? *A* que acabara de ter um forte desentendimento com o cônjuge decide pôr termo à vida. Para isso enche um copo com uma bebida alcoólica à qual adiciona veneno. No entanto, *A* afasta-se momentaneamente do aposento onde deixara o copo com veneno com a manifesta intenção de ao voltar o tomar. Só que, passados momentos, por uma qualquer resolução interior (in)condicionada, decide antes, por aquele mesmo meio, matar o cônjuge já que sabia que este tinha uma forte dependência alcoólica e não deixaria de beber o conteúdo do copo que deixara ficar na outra sala. *B* não chega a beber o líquido envenenado por razões que para o caso pouco montam. (Exemplo do Prof. Faria Costa).

Começaremos por insistir em que na resolução de casos práticos deve verificar-se se o facto se não consumou (artigo 22º, nº 1) e se a tentativa é punível (artigo 23º). A primeira questão nem sempre tem resposta linear, basta retornarmos ao furto, que uns têm por crime de realização instantânea, deixando escassa margem para a afirmação da tentativa, defendendo outros uma mais ampla latitude para o crime ficar perfeito.

A verdade é que "a consolidação de um critério material de consumação não pode, de modo algum, ser levada a cabo através de uma formulação geral abstrata válida para todos os crimes"[31]. Recorde-se o que e certa altura dissemos, por ex., a propósito do crime de sequestro, crime permanente, onde se deteta um *facere*

---

[31] Faria Costa, *RLJ* ano 134, p. 255.

A TENTATIVA

e um *omittere*. Nos crimes de perigo é até possível discutir a viabilidade de em geral se aceitar a tentativa, teríamos então um *crime de perigo de perigo*, solução que de alguns lados se contesta. Indo mais longe, ao capítulo da causalidade, temos o exemplo de *A* que tudo fez para matar *B*, mas este, quando em desespero era levado para o hospital, vem a finar-se no trajeto da ambulância devido a acidente por excesso de velocidade. Um tal processo causal anómalo responsabiliza certamente o condutor da ambulância. E como a morte de *B* não é "obra" de *A*, este só poderá responder por tentativa de homicídio.

Depois, seguindo a técnica do próprio Código, é altura de determinar se o agente *decidiu* cometer um crime. Por fim, verifica-se se houve começo de execução, se o agente pôs em marcha o plano que concebeu, praticando atos de execução (artigo 22º, nºs 1 e 2). O tipo tentado, tal como na consumação, tem as componentes objetiva e subjetiva. Nas infrações consumadas, o elemento objetivo revela-se completo, não assim nos casos de tentativa, que devem começar pela comprovação integral do tipo subjetivo. Só assim ficamos em condições de determinar se quando o agente desfechou o tiro queria matar ou simplesmente ferir a pessoa que se encontrava a uns 10 metros, ou até pura e simplesmente assustá-la para melhor a roubar.

À verificação do elemento subjetivo, incluindo as circunstâncias subjetivas especiais, como a intenção de apropriação no furto, segue-se a comprovação de que o agente praticou atos de execução do crime que decidiu cometer, o que nalgumas hipóteses se revela mais complicado do que no caso da secretária, bastando pensar, por ex., na burla ou na usura, que são crimes de execução vinculada ou de meios determinados, em que é a própria lei que descreve a atividade do agente com maior ou menor cópia de dados.

Para que o agente seja condenado por tentativa não basta que os factos do crime consumado tenham sido planeados e existam na mente daquele e que a consumação não ocorra por circunstâncias alheias à sua vontade. Todo o crime tem um sujeito passivo – a vítima – e, por isso, os atos de execução têm de ser exteriorizados, de modo a mostrar a intenção criminosa do agente. No crime de burla, na modalidade de "conto do vigário", os atos de execução têm de incidir sobre o burlado, a vítima em perspetiva. Na verdade, tendo os arguidos procurado testar a ingenuidade da pseudo vítima e envolvê-la na distribuição pelos pobres da quantia de um milhão de escudos, sem que esta tenha aceite a proposta daqueles e, desconfiando das suas intenções, foi contar o que se passava à GNR, que procedeu à detenção imediata dos arguidos pondo termo às intenções destes, não se passou dos atos preparatórios: acórdão do STJ de 11 de março de 1998 Processo n.º 1493/97 – 3.ª Secção.

No caso da secretária, *A* praticou, sem dúvida, um crime de violação, na forma tentada, previsto e punido pelos artigos 22º, 23º, 73º e 164º, nº 1, consumando-se igualmente um crime de coação sexual (artigo 163º, nº 1), o que dará lugar a um concurso de normas.

O RISCO DE COMER UMA SOPA E OUTROS CASOS DE DIREITO PENAL

Manifesta-se aqui a adesão à chamada *doutrina da conexão típica espácio-temporal*, "isto é, da continuidade e imediatidade entre o último estádio da preparação e o primeiro estádio da execução típica"[32].

Ora, é nesta última categoria de atos que se integra a conduta de A. Embora se trate de atos formalmente preparatórios situam-se nos limites da ação típica, sendo manifesta a sua inerência à própria execução. São atos que se inserem no plano concreto que o agente se propõe realizar.

Conforme vem provado, era intuito de A manter pela força relações sexuais de cópula completa (introdução) com a B, contra a vontade desta. Na realização deste plano forçou-a a deitar-se, apalpou-lhe os seios, puxou-lhe violentamente as meias e as cuecas e de seguida com uma das mãos, esfregou-lhe a vagina, o ventre e as pernas. Quando tentava introduzir um dedo na vagina da ofendida, conseguiu esta libertar-se de A, o qual foi em sua perseguição e forçou-a a entrar de novo no escritório, o que não sucedeu porque a ofendida, agarrando-se à porta, acabou por fugir. Segundo a experiência comum e salvo circunstâncias imprevisíveis, a estes atos seguir-se-iam atos idóneos a produzir o resultado típico. Há uma estreita conexão temporal entre a ação de A e o resultado que pretendia alcançar. Os seus atos precedem imediatamente a ação típica inserindo-se na execução, de acordo com o plano concreto que se propôs realizar. São pois atos de execução e como tal definidos no artigo 22º, nº 2, alínea c).

No caso da bebida envenenada, um exemplo de escola muito conhecido, o Prof. Faria Costa[33] aponta para uma tentativa de envenenamento (artigos 22º, nºs 1 e 2, 23º, nº 1, e 146º da primitiva versão do Código) e comenta: "Em primeiro lugar, os atos de "execução" (*v. g.*, deitar veneno no copo) não têm qualquer relevância na sua forma ativa já que primeiramente foram praticados tendo em vista um ato que não é punido criminalmente. Eles só podem ganhar valor jurídico--penal quando socialmente era de esperar que o agente tivesse atuado de modo a evitar a lesão do bem jurídico da vida. Só que, em segundo lugar, neste caso, o momento objetivo em que socialmente se esperava a atuação do agente tem de passar necessariamente pelo próprio agente. Isto é, só quando ele decide inverter o ato de suicídio em homicídio por envenenamento é que verdadeiramente era socialmente esperado que o agente removesse o copo com veneno. Nesta perspetiva (...) o desvalor da ação só adquire ressonância jurídica quando primeiramente tiver por base atos de execução objetivamente determinados". A atividade executiva consistiria no caso em deixar à mercê da vítima escolhida a bebida já envenenada, com a consciência de que esta de modo nenhum seria rejeitada.

A importância do plano concreto de realização do agente é mais convenientemente entendida no seguinte caso de escola:

---

[32] Taipa de Carvalho, *A Legítima Defesa*, p. 272.
[33] Faria Costa, *Jornadas*, p. 161.

A TENTATIVA

Caso nº 12 Atos preparatórios ou de execução? *M* tenciona envenenar o marido e para isso confeciona um bolo ao qual adiciona uma substância venenosa.

Nesta hipótese, explica o Prof. Figueiredo Dias,[34] o ato será de execução se ela espera que o marido se servirá ele mesmo; mas constitui simples ato preparatório se guarda o bolo para à sobremesa da refeição seguinte o servir ao marido. Se este, chegando a casa, descobre por si mesmo o bolo, o facto só deve ser imputado à mulher a título de negligência.

Caso nº 13 Pacto para matar; autoria e início de execução. "Conspiração". *A* planeou matar a mulher e para isso resolveu contratar uma ou duas pessoas, mediante o pagamento de montante a combinar, sendo que todos os pormenores, nomeadamente o modo, local e data, seriam determinados e ditados por si. Para tanto contactou telefonicamente o armazém de *S*, dizendo que precisava de alguém "para tomar conta de uma pessoa", e tendo sido atendido por *X*, este entendeu que aquele procurava alguém que cuidasse de uma pessoa, idosa ou doente, pelo que lhe disse que poderia colocar um anúncio no placar do armazém, tendo o *A* informado que preferia enviar uma carta. O *A* remeteu então pelo correio uma carta onde adiantava as primeiras informações sobre a pessoa de quem precisa que "cuidassem", explicitando que "de matar" se tratava, fornecendo elementos sobre a rotina do "alvo"; estabelece o momento e o local do cometimento do crime; decide da arma do crime; determina o seu modo de execução; impõe a simulação do móbil do crime; define a data do crime; fixa as regras a respeitar quando da prática do crime e após o cometimento do homicídio e confirma o envio de uma nova carta acompanhada de mapa da área e, posteriormente, de uma terceira carta com a identificação do veículo automóvel da vítima e respetiva matrícula. *Y* e *Z* denunciaram a situação à PJ, o que o *A* sempre desconheceu. Dias depois o *A* questionou *P* sobre se conheciam alguém que pudesse cometer o homicídio, tendo este respondido afirmativamente e que iriam estabelecer o contacto com o executante. Alguns dias mais tarde, na sequência de novo contacto telefónico do arguido, *P* diz-lhe que o preço é de € 10000, devendo pagar metade antes do serviço, o que este aceitou, ficando de remeter nova carta com instruções mais detalhadas. Mais tarde, o *A* remeteu carta com o mapa da cidade;

---

[34] Figueiredo Dias, "Formas especiais do crime" – *Textos de apoio*, 2004, p. 8.

menciona que o alvo é uma mulher; identifica a residência; adianta os locais onde a mesma pode encontrar-se; acrescenta os cuidados a ter; reitera as cautelas indicadas na carta anterior e solicita que mantenham o contacto do executante para "trabalhos futuros". *Y* e *P* entregaram essa carta à polícia. Dias depois, o *A* remeteu carta contendo € 5000, aí identifica a marca, matrícula e modelo do veículo automóvel da vítima; a sua idade; indica duas datas para o cometimento do crime; impõe o cumprimento de todas as suas instruções e a destruição de todos os documentos. Uma vez mais, aqueles entregaram a carta e o valor à PJ. Porque em nenhum dos dias indicados pelo *A* o serviço encomendado foi efetuado, o mesmo contactou *P* para saber a razão de tal incumprimento. O *A*, que tinha plena intenção de causar a morte da sua mulher, só não o conseguiu por circunstâncias completamente alheias à sua própria vontade, nomeadamente pelo facto da pessoa ou pessoas contratada(s) não ter(em) levado a efeito tal plano, abortando desta forma o plano criminoso.

A 1.ª instância absolveu o *A*, integrando-o a situação na figura da instigação, não punível porque não resulta provado qualquer ato de execução ou começo de execução. O Supremo (acórdão de 16 de outubro de 2008, no proc. nº 07P3867) entendeu que se tratava de autoria mediata e como o regime do artigo 26.º não exige para a responsabilidade do autor mediato o início da execução pelo autor imediato, condenou o A, integrando a previsão de um crime de homicídio qualificado, na modalidade de autoria mediata, tentada (artigo 22.º, n.º 2, al. *c*).

O Supremo confundiu autoria mediata com instigação e no caso era desta figura que se tratava. A razão estava com os dois conselheiros que votaram vencido, pois a lei portuguesa não pune a tentativa de instigação, nem se encontrou espaço para um crime de **conspiração**, que existe noutras legislações. Aliás, também se não pune o chamado "oferecimento para delinquir", que é como que o reverso da presente situação. Na autoria mediata o "homem da frente" é um mero instrumento não responsabilizável, sem domínio moral ou material do facto. No caso os factos provados não permitem afirmar sequer a efetivação de qualquer acordo prévio. Ora, não há coautoria sem dolo de autor. A haver crime ele teria que ser tentado. O que o *A* fez, para ser considerado ato de execução, teria que preceder imediatamente o ato idóneo a produzir a morte.

O decidido foi posteriormente apreciado no pleno das secções criminais, que fixou por maioria a seguinte jurisprudência (Acórdão do Supremo Tribunal de Justiça nº 11/2009, de 18 de junho de 2009, *Diário da República*, 1ª série, n.º 139, 21 de julho de 2009): "É autor de crime de homicídio na forma tentada, previsto e punido pelas disposições conjugadas dos artigos 22.º, nºs 1 e 2, alínea *c*), 23.º,

A TENTATIVA

26.º e 131.º, todos do Código Penal, quem decidiu e planeou a morte de uma pessoa, contactando outrem para a sua concretização, que manifestou aceitar, mediante pagamento de determinada quantia, vindo em consequência o mandante a entregar-lhe parte dessa quantia e a dar-lhe indicações relacionadas com a prática do facto, na convicção e expectativa dessa efetivação, ainda que esse outro não viesse a praticar qualquer ato de execução do facto". Mas vários conselheiros votaram contra a solução encontrada.

IV. Tentativa acabada e crime frustrado; tentativa "fracassada"

Quando o agente pratica um **único** ato de execução dos vários que podem constituir o *iter criminis*, o seu facto é já um facto tentado. Pode assim acontecer que o agente não chegue a praticar **todos** os atos de execução exigidos para a consumação do crime. Como pode acontecer que o agente pratique todos esses atos de execução e mesmo assim a consumação não vem a ter lugar. Serão estes, respetivamente, os casos de **tentativa inacabada** (o agente não chega a esgotar a sua capacidade ofensiva contra o bem jurídico visado) e de **tentativa acabada** (o agente, que concluiu a execução, realizou *tudo* o que era necessário para obter o êxito desejado, que só não consegue pela interferência de circunstâncias alheias à sua vontade). A distinção entre tentativa acabada e tentativa inacabada serve para estabelecer a possibilidade de uma desistência voluntária, bem como os termos do esforço sério exigido ao desistente (artigo 24º).

A identificação da **tentativa acabada** – correspondente ao que no Código de 1886 se chamava, no artigo 350º, de "delito frustrado" – com interesse para a aplicação do artigo 24º, nºˢ 1 e 2, faz-se

– de acordo com a **representação** do agente,
– no **momento** da desistência,

a respeito da possibilidade da produção do resultado (face ao já realizado até esse momento[35] [36].

---

[35] Como diz o penalista brasileiro Damásio de Jesus, *apud* Cezar Roberto Bitencourt, *Teoria geral do delito*, Almedina, 2007, p. 423: "o crime é subjetivamente consumado em relação ao agente que o comete, mas não o é objetivamente em relação ao objeto ou pessoa contra o qual se dirigia".

[36] Na Alemanha é corrente o recurso ao plano do autor (ponto de vista *subjetivo*) para distinguir a tentativa acabada da inacabada. Informa o Prof. Figueiredo Dias, *DP/PG* I, p. 734, que é hoje doutrina praticamente unânime, no sentido de se tornar "indispensável recorrer às **representações** do agente sobre o estádio alcançado de realização do facto, *só elas podendo servir* para determinar se aquele fez já tudo o que intentava fazer para a realização integral do facto e toma por isso a sua verificação, sem mais, por *possível*". Cf. também Stratenwerth/Kuhle, *AT*, 5ª ed., 2004, p. 253.

O RISCO DE COMER UMA SOPA E OUTROS CASOS DE DIREITO PENAL

Caso nº 14   *A* quer-se ver livre da mulher e ministra-lhe uma dose de veneno na sopa em termos de lhe dar a morte. Quando a mulher se contorcia, desesperada com os efeitos do veneno, *A*, na convicção de ter feito tudo para a consumação do crime, mas arrependido, chamou uma ambulância e a mulher salvou-se.

Variante: *A*, no momento de se afastar, depois de ter colocado a dose de veneno na sopa destinada à mulher, não sabe se, na base dessa sua realização, terá ou não lugar a consumação e conta, por isso, com ambas as possibilidades.

O sujeito, na execução do próprio crime, pode ou não ir até ao fim. Pode desenvolver toda a atividade necessária à produção do resultado. Havendo **execução completa** pode por sua vez acontecer que o crime venha ou não a consumar-se[37]. Se o agente descarrega a arma na vítima atingindo-a em termos de lhe dar a morte, não está excluído que esta se salve por intervenção médica.

Tanto no caso anterior como na variante as representações do agente apontam para hipóteses de tentativa acabada.

Haverá tentativa inacabada, quando o autor, de acordo com o seu plano e a sua representação, entende que ainda não realizou tudo o que era necessário para a consumação.

Caso nº 15   Tentativa inacabada. *A* pensa, ao abandonar a vítima, que o aperto do pescoço a que a submeteu não foi suficiente para lhe causar a morte que inicialmente intentava.

Neste caso, são decisivas as razões do agente. Não é indiferente recorrer a um critério subjetivo ou a razões objetivas se, por ex., alguém deixa uma refeição envenenada para ser ingerida pela própria vítima ou servida por um terceiro que de nada se apercebe.

Outro conceito que aqui interessa é o de tentativa "**fracassada**" (dita também tentativa *falhada*), podendo acontecer que o agente (que já praticou um qualquer

---

[37] "Há consumação quando, digamo-lo em linguagem de sabor marcadamente normativista, o crime é perfeito. De forma que ficam fora desta categoria todas as situações anteriores em que se desenvolve o *iter criminis*, no qual aquelas se mostram clara e indiscutivelmente relevantes: a tentativa acabada e a tentativa inacabada. Por isso, julgamos que, por razões de clareza, se não deve nem pode falar em tentativa "consumada". Que os atos qualificáveis como tentativa se consolidam e não têm retorno, isto é, se mostram imodificáveis, é coisa de meridiana apreensão. Todavia, em uma lógica de perceção cronológica e itinerante dos diferentes estádios do crime, fácil é de ver que tudo tende para a consumação, para a "perfeição", e que só dessa maneira se pode falar quando todos, mas todos, os elementos do tipo foram preenchidos de forma cabal e plena", Faria Costa, *RLJ* ano 134º, p. 254.

A TENTATIVA

ato de execução) nada mais faz quando se apercebe que a vítima não era portadora dos valores que queria subtrair-lhe. Em casos como este, que podem corresponder tanto a uma tentativa acabada como inacabada, o agente apercebendo-se que falhou e que a consumação do crime já não é possível, tal como a representara, acaba por nada mais fazer, conformando-se, sem que possa no entanto dizer-se que desistiu.

Como já se deu a entender, estas distinções relevam, em princípio, no domínio da **desistência voluntária** e do **esforço sério** para evitar a consumação ou a verificação do resultado não compreendido no tipo (artigo 24º, nos 1 e 2). Não reclamam, contudo, diferentes molduras penais, aplicando-se em qualquer caso, a regra do artigo 23º, nº 2. Se alguém intenta cometer um determinado crime material (o homicídio, a burla, etc.), punido por lei também na forma tentada, sem que o resultado se dê e sem convergir no caso uma qualquer justificação ou desculpação, torna-se inevitavelmente culpado da prática de um crime tentado. Ainda assim, comportamentos posteriores do autor da tentativa, como a desistência, em certas condições específicas, ganham **relevância isentadora**: a tentativa deixa então de ser punível – "a tentativa deixa de ser punível quando o agente voluntariamente desistir de prosseguir na execução do crime, ou impedir a consumação" (artigo 24º, nº 1)[38].

V. A tentativa impossível (inidónea): artigo 23º, nº 3

Artigo 23º, nº 3: "A tentativa não é punível quando for manifesta a inaptidão do meio empregado pelo agente ou a inexistência do objeto essencial à consumação do crime"[39].

Caso nº 16   Durante uma caçada, *A* dispara para uns arbustos, na convicção de que aí se encontra um outro caçador, seu inimigo, que pretende matar com o disparo. Afinal, não era uma pessoa que ali se encontrava, mas uma peça de caça.

Certos casos de tentativa inidónea são puníveis. Este nº 3 soluciona uma das questões mais discutidas na doutrina: a da punibilidade da tentativa inidónea, dispondo que a tentativa não é punível quando for manifesta a inaptidão do meio

---

[38] Quando o desistente impede "a verificação do resultado não compreendido no tipo de crime" (ainda o artigo 24º, nº 1), do que se trata é de distinguir entre a consumação formal e a consumação material, como veremos a seguir.

[39] Quanto a dúvidas de inconstitucionalidade do artigo 23º, nº 3, Fernanda Palma, Da "Tentativa possível" em Direito Penal, p. 150.

empregado pelo agente ou a inexistência do objeto essencial à consumação do crime. Consagra-se legislativamente a punição do chamado *crime impossível*, que no regime anterior – como nota Maia Gonçalves, remetendo para a anotação ao acórdão do STJ de 21 de março de 1962 *BMJ* 115, p. 263 – a jurisprudência rejeitava.

Assim, a inidoneidade do meio ou a carência do objeto, salvo nos casos em que são manifestas, não constituem obstáculo à existência da tentativa. Acautele-se, porém, que para a questão da punibilidade se não dispensa, em complemento, a disciplina dos artigos 22º e 23º, nº 1: os atos de execução abrangem toda a tentativa punível. A lei equipara em geral e em princípio a tentativa inidónea à tentativa idónea (*salvo* quando a inaptidão dos meios ou a carência do objeto sejam manifestas).

- Exemplos de tentativa em que **falta o objeto**: o *A*, com intenção de apropriação, "subtrai" coisa própria na suposição de ser alheia (artigos 203º, nº 1, 22º, nºˢ 1 e 2, e 23º, nº 3); o *A*, com dolo homicida, dispara para a cama julgando que um seu inimigo ali se encontrava quando na verdade era a almofada que semelhava o vulto (artigos 131º, 22º, nºˢ 1 e 2, e 23º, nº 3).
- Exemplo de **meios inidóneos**: com dolo homicida, *A* "dispara" contra outra pessoa o revólver que está descarregado, mas que ele julga estar em condições de fazer fogo (artigos 131º, 22º, nºˢ 1 e 2, e 23º, nº 3).
- Exemplo de **inidoneidade de objeto** e **inidoneidade do meio**: é o "tiro a matar" com uma arma de fogo sem munições num cadáver (artigos 131º, 22º, nºˢ 1 e 2, e 23º, nº 3).

Se o bolso está vazio, pune-se a tentativa de furto? Sim, se a tentativa, apesar de ser realmente impossível, for suficiente para abalar a confiança comunitária na vigência e na validade da norma de comportamento. Concede-se, em favor dos pontos de vista objetivos, que a lei exige a prática de algo de objetivo, isto é, de atos de execução (embora estes não contenham um perigo real, mas um perigo tão-só aparente para o bem jurídico); a mais disso leva-se em conta um desvalor análogo ao que se verifica na tentativa possível e no crime consumado, como é próprio de posições subjetivas. Uma visão **subjetiva-objetiva da impressão** (ou da "aparência") é a assumida pelo Prof. Figueiredo Dias, com o entendimento de que assim se vai ao encontro do que é imposto pela exigência legal para impunibilidade da tentativa – "de que a inidoneidade do meio ou a carência do objeto se revelem como **manifestas**"[40].

---

[40] Numa lógica diversa da teoria da aparência ou da impressão, vd. Fernanda Palma, Da "Tentativa possível" em Direito Penal, p. 138, partindo de que, no caso do bolso vazio, a segurança da propriedade da vítima e a "segurança coletiva" são postas em causa. Para o Prof. Figueiredo Dias, *DP/PG* I, 2ª ed., 2007, p. 737,

Excurso. "O verdadeiro cerne da punibilidade da tentativa impossível reside na avaliação da perigosidade referida ao bem jurídico, sendo certo que nesta hipótese, em boas contas, o bem jurídico não existe; o que há é uma aparência de bem jurídico e neste sentido pareceria que a tentativa impossível, quando não fosse manifesta a inexistência do objeto, também não deveria ser punível, pois que falta o bem jurídico. Todavia tem de se fazer apelo, neste ponto, a uma ideia de normalidade – segundo as aparências – que se baseia num juízo *ex ante* de prognose póstuma. É que, entende-se, dado o circunstancialismo em que o agente atuou, o desvalor da ação merece ser punido não obstante não existir o bem jurídico. E merece-o porque denotou perigosidade em relação a um bem jurídico ainda que este assuma a forma de mera aparência. Mas mesmo que assim se não entenda é correto dizer-se que o Direito Penal ao visar primacialmente a proteção de bens jurídicos precipitados no tipo legal não pode esquecer, do mesmo passo, que a norma incriminadora – na sua dimensão de *determinação* – também proíbe as condutas que levam à violação ou perigo de violação daqueles bens jurídicos"[41].

A inidoneidade do meio ou a carência do objeto não podem deixar de ser aferidas através das regras da experiência tendo em conta as circunstâncias do caso, portanto *objetivamente*, segundo o critério da generalidade das pessoas relativamente à perigosidade da tentativa. A concreta perigosidade envolve-se num problema de limites qualitativos: existe tentativa inidónea quando, na perspetiva de um terceiro (caso do observador colocado no momento da atuação e sabedor de todas as circunstâncias conhecidas do agente ou que este podia ter conhecido), a execução do sujeito não podia, desde o início, chegar à consumação do delito pretendido; todavia, examinada *ex ante*, do ponto de vista do autor, o plano deste, racionalmente, podia alcançar a consumação. O critério baseia-se numa aparência/impressão objetiva de perigo aferida de acordo com um juízo *ex ante*. "A tentativa impossível será punível se, razoavelmente, segundo as circunstâncias do caso **e de acordo com um juízo ex ante, ela era ainda aparentemente**

"a distinção entre a **tentativa fracassada ou falhada** e a **tentativa impossível** surge como clara e imediata logo ao nível do agente: na primeira, o agente apercebe-se durante a execução da impossibilidade de realizar o facto e por isso o abandona; na segunda o agente acredita durante todo o processo de execução na impossibilidade de realizar o facto ilícito-típico intentado".

[41] Faria Costa, *Jornadas*, p. 165. Nos casos de tentativa impossível punível, que gira no espaço dos chamados crimes de perigo abstrato, põe-se em perigo o bem jurídico de forma abstrata (na tentativa idónea põe-se em perigo o bem jurídico de modo concreto). Assim afirma-se a punibilidade mesmo onde falta o bem jurídico e, por isso, inexiste real perigosidade, sendo que o ordenamento penal visa exclusivamente a proteção (direta) de bens jurídicos. "No entanto, a noção de bem jurídico beneficia ainda de reservas explicativas em ordem a fundamentar materialmente muitas das situações de, por exemplo, ausência de objeto", Faria Costa, *Jornadas*, p. 160 e ss.

O RISCO DE COMER UMA SOPA E OUTROS CASOS DE DIREITO PENAL

possível ou (como prefere exprimir-se o art. 23º-3) **não era já manifestamente impossível**"[42].

No caso dos caçadores, existe uma discrepância entre a representação e a vontade do agente em relação à realidade objetiva: o caçador queria matar uma pessoa, mas matou um animal, que não era objeto do seu dolo.

Há aqui uma situação oposta à do erro sobre a factualidade típica. De acordo com o regime do artigo 16º, nº 1, ocorrendo a situação de erro, exclui-se o dolo (ainda que o agente possa ser punido por negligência: artigo 16º, nº 3). "Nos casos de tentativa impossível (artigo 23º, nº 3) o facto (tentado) subsiste como um facto doloso (pois o dolo do facto típico não é afetado pela discrepância entre a representação do agente e a realidade)"[43].

Caso nº 17 Tentativa impossível punível (meio (in)idóneo). *A* quebrou o vidro duma janela do cartório da paróquia de *x*, em Viana do Castelo, correu os fechos que cerravam a janela e levantou a parte inferior da mesma, que era de guilhotina, com o propósito de aí se introduzir para se apoderar de dinheiro e objetos existentes no interior, mas foi surpreendido quando levantava a janela, tendo desistido dos seus intentos. Dentro da janela havia grades com a mesma configuração daquela, *i. e*, os retângulos ou quadrados têm as mesmas dimensões dos caixilhos dos vidros da janela, de modo a não serem notados do exterior, e disso o arguido só se apercebeu após ter subido a parte de baixo da janela. Tais grades não lhe permitiriam a entrada no cartório, atentas as suas dimensões, acórdão do STJ de 7 de janeiro de 1998, *CJ* 1998, tomo I, p. 151.

O Coletivo concluiu que a hipótese configurava precisamente um caso de tentativa não punível por absoluta inidoneidade do meio utilizado pelo *A*. Ponderou-se em especial não se ter provado que o *A* fosse portador de qualquer instrumento que lhe facultasse ultrapassar o dito obstáculo (como uma serra de metal ou coisa semelhante), sendo manifesto, em face das circunstâncias – os factos, de resto, ocorreram por volta das 14 horas – e segundo as regras da experiência comum que o *A* não conseguiria realizar os seus intentos.

O Supremo Tribunal concluiu que o *A* cometeu o crime de que vinha acusado, por tentativa impossível punível. O assalto ao cartório da paróquia, tentado pelo *A*, apesar de impossível, deve punir-se, dado que, de acordo com as circunstâncias

---

[42] Figueiredo Dias, "Formas especiais do crime" – *Textos de apoio*, 2004, p. 14; e *DP/PG* I; 2ª ed., 2007, p. 716.
[43] Cf. Teresa P. Beleza e Frederico de Lacerda da Costa Pinto, *O Regime Legal do Erro e as Normas Penais em Branco*, p. 12.

A TENTATIVA

do caso e nos limites de um juízo ex ante sobre a perigosidade, o mesmo era ainda aparentemente possível (sublinhando-se o que diz o artigo 23º, nº 3, não era já manifestamente impossível)[44].

VI. Outros casos de impossibilidade do crime

Na tentativa impossível – tentativa de um crime que nunca poderia ser consumado, a não ser na perspetiva inicial do sujeito (ou de quem mais se encontrasse nessa mesma situação) – o agente figura a existência de um elemento típico que na realidade não existe. Este erro, como já se observou, constitui o *reverso* do erro sobre os elementos essenciais do facto típico (artigo 16º, nº 1), em que o agente ignorou a existência de um elemento que na realidade existe. Se o agente, com dolo de matar, dispara sobre uma pessoa morta na cama, pensando ele que a pessoa está apenas a dormir, comete uma tentativa impossível (o objeto não existe mas ele pensa que existe: será um caso de *erro por excesso*, punível de acordo com o critério da teoria da impressão, acolhido no artigo 23º, nº 3, na expressão de Teresa P. Beleza e Frederico de Lacerda da Costa Pinto. Se o agente dispara sobre uma pessoa que está a dormir na cama, pensando ele que está morta, atua em erro nos termos do artigo 16º, nº 1, sendo punível nos termos do artigo 16º, nº 3. Se alguém dispara no escuro contra uma árvore, convencido de que está a alvejar a pessoa ali ao lado, pratica uma tentativa de homicídio. Mas se alguém na floresta dispara contra uma árvore no convencimento de que isso é punível pratica um crime impossível, a **tentativa é irreal**. Este último caso não é punível, por imperativo do princípio *nullum crimen sine lege*. Quando a descrição típica não existe, tanto a consumação como a tentativa são impossíveis: a atitude hostil ao direito não é só por si fundamento da punibilidade.

A referência legal básica, no atual Direito português, obtém-se através da indicação dos limites da punibilidade da tentativa inidónea, nos termos do nº 3 do artigo 23º.

Caso nº 18 Tentativa irreal. Pode alguém tomar a resolução firme de, por exemplo, matar o "mandarim" na China, como no livro do Eça. Maldosamente, *A* vai aplicando um estilete, com empenho pertinaz e meticuloso, à figura do mandarim, que a cada punhalada, na outra ponta do Globo, presumivelmente atormentado, espicha e vai-se agitando até ficar exangue.

---

[44] Também assim Paulo Saragoça da Matta, "Comentário breve da solução jurisprudencial", Maria Fernanda Palma (*coord.*) *Casos e Materiais de Direito Penal*, p. 341

O RISCO DE COMER UMA SOPA E OUTROS CASOS DE DIREITO PENAL

Não há aqui a ideia da tentativa inidónea, tal como dela nos ocupámos, mas o que habitualmente se chama de tentativa irreal ou supersticiosa. Esta, todavia, dando razão a Jescheck, não desestabiliza a confiança da comunidade na vigência do ordenamento jurídico e não é punida – a tentativa inidónea, será bom lembrá-lo, nem sempre se submete aos rigores da lei, mas às vezes o quadro é radicalmente outro. Na tentativa irreal, o dolo do "agente" (assim, entre aspas) não se dirige à realização das circunstâncias de um tipo penal realmente existente, como acontece na tentativa inidónea, e isso mesmo contribui para distinguir estas duas realidades. A inaptidão do meio escolhido para dar a morte ao mandarim é absolutamente manifesta (artigo 23º, nº 3).

Caso nº 19 Punibilidade universal do *public drinking*? A propósito: que é um crime putativo? "Essa palavra vem do verbo latino *putare*, que significa julgar, pensar e acreditar. Mas no delito putativo não existe crime. O exemplo clássico é o do comerciante que, em mercadoria tabelada – quando ainda as havia –, equivoca-se e cobra menos, pensando cobrar mais do que é permitido. É raro, mas enfim, elucida... Isso é que é crime putativo, porque a pessoa está julgando cometer um delito, porém, não o pratica"[45].

Há **crime putativo** se o autor pratica a magia crendo que a bruxaria continua a ser punível; ou se *A* e *B*, ambos maiores, têm relações homossexuais, julgando que estas são puníveis; ou se um turista americano crê que lhe é proibido beber vinho do Porto num jardim do Passeio Alegre, por admitir a punibilidade universal do *public drinking*[46]. O crime putativo representa, e isso é sublinhado pelo Prof. Figueiredo Dias,[47] "um fenómeno inverso do da falta de consciência do ilícito".

Outra particularidade da tentativa impossível está associada ao erro sobre a idoneidade do agente.

Caso nº 20 Impossibilidade da tentativa em função do autor. *A* foi condenado em dias de trabalho como jardineiro da câmara municipal da área da sua residência. Durante as horas de trabalho, tenta apropriar-se, em proveito próprio, de dinheiros da autarquia que, por circunstâncias não explicadas, lhe eram acessíveis.

---

[45] Magalhães Noronha, *Crimes contra o património*, BMJ 138, p. 58.

[46] Exemplo tomado de M. Killias, *Précis de droit pénal general*, 2ª ed., 2002, p. 69.

[47] Figueiredo Dias, *DP/PG* I, 2ª ed., 2007, p. 721, recordando, a propósito, que a tentativa representa, em certo sentido, um fenómeno inverso do erro sobre a factualidade típica.

A TENTATIVA

Mesmo que o *A* esteja convencido da sua qualidade "transitória" de "funcionário", realmente não a possui, rejeitando-se, por isso, a execução de atos próprios do crime de peculato (artigo 375º, nº 1). Conclusão: não são puníveis os *verdadeiros* casos de "tentativa impossível" por inidoneidade do sujeito[48].

VII. Casos especiais

Caso nº 21 Limites temporais da coautoria. Começo da tentativa na coautoria; teoria do domínio, pelo coautor, do facto global. Três assaltantes combinam que qualquer perseguidor deve ser abatido. Quando um deles ouve, atrás de si, um perseguidor, dispara sobre ele, enquanto os outros continuam a fuga[49].

A questão tem a ver com os limites temporais da coautoria. No caso de coautoria, a tentativa começa, para todos os participantes, a partir do momento em que um deles entra no estádio da execução. Há um *domínio do facto conjunto:* como o acontecimento global da coautoria pode ser imputado a cada um dos autores, cada ação de execução que um deles realiza, *segundo o plano,* é, simultaneamente, uma ação de execução de todos. Vistos os termos do plano conjunto, os três assaltantes seriam coautores do crime em apreço. A *solução global* baseia-se na imputação recíproca de atos: a atividade de cada coautor, na medida em que estiver de acordo com o plano comum, deve ser imputada a cada um deles como se se tratasse da sua própria. É como se as contribuições para o facto fossem as de uma pessoa com muitas mãos, muitos pés, muitas línguas... (Kühl).

A crítica que se faz à solução global, perante o princípio da legalidade e o artigo 26º do Código Penal português (Valdágua), é que neste se exige que o coautor tome "parte direta na... execução (do facto)".

A solução passará então pela conjugação do artigo 26º com as diversas alíneas do artigo 22º e a análise do plano de execução do facto acordado entre o agente e os outros comparticipantes, justamente porque a intervenção do coautor na fase executiva é um requisito essencial da coautoria[50].

Caso nº 22 Começo da tentativa na coautoria. Um casal planeou um furto em casa alheia, empregando chave falsa, ficando combinado que ambos

---

[48] Jorge de Almeida Fonseca, *Crimes de empreendimento e tentativa*, p. 110. Cf. também Figueiredo Dias, "Formas especiais do crime" – *Textos de apoio*, 2004, p. 15; e, agora, *DP/PG* I, 2ª ed., 2007, p. 722.
[49] Roxin, *AT* 1, p. 334.
[50] Valdágua, p. 182.

entrariam para subtraírem diversos objetos. O plano passava por uma primeira fase, em que o marido entraria sozinho. Quando este já tinha a chave metida na fechadura da porta e procurava abri-la, estando a mulher inativa, a aguardar a sua vez de intervir, de acordo com o combinado, apareceu o dono da casa[51].

A mulher é coautora da tentativa de furto: com a sua presença no local do crime "praticou já um ato de auxílio moral (...) e a esse ato deveria, segundo o plano comum, seguir-se, muito em breve, a intervenção dela na subtração, que é elemento constitutivo do respetivo tipo legal de crime (art° 22°, n° 2, alínea c))". Valdágua adverte que ao mesmo resultado chegaria a solução global, mas através da imputação, à mulher, do comportamento do marido, como se de uma conduta própria se tratasse, ou pela via do domínio ou condomínio do facto global pela mulher, dado o carácter essencial da sua tarefa (cooperar na subtração).

Caso n° 23   Consentimento desconhecido; artigo 38°, n° 4 do Código Penal *A*, de visita a casa do avô, tenta-se e tira da gaveta de uma secretária uma valiosa moeda comemorativa, desconhecendo que o avô, dias antes, lha tinha oferecido, dizendo para a empregada: "esta moeda já é do meu neto *A*".

Segundo o artigo 38°, n° 4, do Código Penal é punível com a pena aplicável à tentativa o facto praticado sem conhecimento da existência de consentimento do ofendido suscetível de excluir a responsabilidade criminal.

Na sua interpretação corrente, a solução do Código aplica-se ao consentimento e em todos os outros casos em que o agente atua sem conhecer uma situação justificadora realmente existente. Segundo o Prof. Figueiredo Dias, entrar-se-ia em contradição normativa se o Código, que aceita em princípio a punibilidade da tentativa impossível, "deixasse de punir, também a título de tentativa, aquele que atuou numa situação efetivamente justificante, mas sem como tal a conhecer"[52]. Há, porém, quem sustente que o n° 4 do artigo 38° tem a sua origem num persistente equívoco. Aí, "o facto não é efetivamente tentativa; o facto também não é ilícito porque é justificado; e o facto não é culpável" (Cavaleiro de Ferreira). A divergência de pontos de vista prende-se com a questão dos elementos subjetivos das causas de justificação. Para o Prof. Cavaleiro de Ferreira, que adotava uma conceção objetiva da ilicitude, os elementos subjetivos do crime pertencem à culpabilidade, pelo que as circunstâncias eximentes da ilicitude têm unicamente

---

[51] Exemplo clássico, referido também por Valdágua, p. 59 e 183.
[52] Figueiredo Dias, Pressupostos da punição, p. 61.

A TENTATIVA

natureza objetiva. Consequentemente, não será punido o agente cuja conduta se integre, objetivamente, numa norma de justificação[53].

Vejamos agora o conjunto dos seguintes factos:

Caso nº 24   Tentativa de ofensa corporal *simples (não punida)* seguida do resultado morte por imprevidência do "agressor". Numa esquadra de polícia, *A* saca da pistola, que em serviço tem sempre carregada, e vai para bater com ela na cabeça de *B*, que o insultara na véspera. Sem que, porém, tenha chegado a tocar no *B*, a pistola dispara-se, provocando a morte deste.

A não chegou a agredir *B* com uma pancada da pistola, como pretendia, não se consumou, nesse sentido, a ofensa do corpo ou da saúde. A arma disparou-se antes de atingir a cabeça de *B*, dando-se o evento mortal, que não estava nos planos de *A* e só poderá ser-lhe assacado se comprovados os pressupostos da negligência. Teoricamente, teremos então preenchidas em concurso efetivo (concurso ideal) uma "tentativa de ofensa à integridade física simples" (atenção: *não punível no nosso direito*) e 15º e 137º, nº 1 (homicídio por negligência). Um caso destes não entra na categoria dos crimes agravados pelo resultado, é punido apenas como crime de homicídio negligente e com a pena respetiva. Se a tentativa de ofensa à integridade física simples fosse punida, a dificuldade estaria superada, ao menos em via de princípio, tendo sido nesse sentido que a partir da 6ª Reforma, de 1998, o código penal alemão passou a punir também a tentativa desse crime fundamental, a exemplo do que acontece, por ex., com o dano e o furto.

Há autores que admitem a possibilidade da tentativa naqueles casos em que o núcleo do crime preterintencional se manifesta mais incisivamente no seu segmento doloso, aparecendo consequentemente o delito, no seu todo, estruturado como facto doloso. Suponha-se os exemplos a seguir:

Caso nº 25   Tentativa qualificada pelo resultado? *A*, munido de uma pistola municiada e pronta a disparar, dirigiu-se a *B* para o roubar, mas não chegou a obter esse resultado porque a arma se disparou quando o *A* carregou no gatilho, estando a vítima mortal a cerca de um a dois metros. O gesto deveu-se a imperícia, inexperiência e falta de conhecimento da forma de manuseamento da arma.

---

[53] Cf. Raul Soares da Veiga, Sobre o consentimento desconhecido, *RPCC* 3 (1991); Manuel da Costa Andrade, *Consentimento e Acordo*, p. 521 e ss. e 668; e Rui Carlos Pereira, "Justificação do facto e erro em Direito Penal", *Casos e Materiais de Direito Penal*, Coimbra, 2000, p. 150.

O RISCO DE COMER UMA SOPA E OUTROS CASOS DE DIREITO PENAL

Neste caso, o evento agravante foi produzido *através* da tentativa de roubo (o roubo não chegou a consumar-se), que se assume como o delito fundamental doloso. A tentativa é cominada com pena: artigos 23º, nº 1, e 210º, nº 1, ao contrário do que acontecia no caso nº 24. O evento agravante foi produzido por negligência (artigos 15º e 18º). O crime por que o *A* responde é o dos artigos 22º, 23º, 210º, nº 1, e 3[54][55].

Caso nº 26   Tentativa qualificada pelo resultado? *A* e *B* fazem montanhismo mas em certo momento desentendem-se e, na discussão, *A*, sem dolo homicida, atira uma pedra ao companheiro que se desvia mas perde o equilíbrio, despenhando-se no abismo.

O perigo específico do resultado mais grave relaciona-se aqui com o **desvalor da ação** praticada por *A*, logo: artigos 18º, 22º, 23º e 145º, nº 1. No caso, aparentado com aquele, já nosso conhecido, dos automobilistas que discutem na berma da autoestrada, se *A* vai para socar *B* e este, instintivamente, se desvia mas é apanhado por um camião e morre, o resultado agravante, que não estava abrangido pelo dolo do agente, é imputável à ação deste, não obstante a agressão não se ter consumado. Logo: punição nos parâmetros da tentativa de crime agravado pelo resultado: 15º, 18º, 22º, 23º, 73º, 143º, nº 1, e 145º, nº 1.

A estrutura do caso a seguir é diferente:

Caso nº 27   *A* e *B* são amigos. Apesar disso, em certa altura entraram a discutir porque cada um queria fazer valer a sua parcela de razão. Quando passaram às vias de facto, *A* meteu um dedo violentamente num olho de *B*. O facto de *B* com isso ficar cego era-lhe completamente indiferente. Tal porém não chegou a acontecer.

Regista-se aqui a realização plena do crime fundamental de ofensa à integridade física, na medida em que o *A* meteu um dedo no olho do amigo, ofendendo-o corporalmente. O dolo do *A* não chegou a dar lugar à cegueira e um evento mais grave não chegou a ocorrer.

A solução deve ser procurada nos seguintes parâmetros: admite-se uma tentativa do delito agravado se o resultado se liga à ação, mas não assim se ele se liga

---

[54] Um caso destes foi julgado pelo STJ (acórdão de 3 de novembro de 2005, *CJ* 2005 tomo III, p. 193). O Tribunal disse que não era necessário, face ao resultado não querido imputável ao arguido a título de negligência (crime preterintencional) ficcionar a consumação do crime de roubo para punir o respetivo agente, nos termos do artigo 210º, nº 3, do CP.

[55] Imaginemos agora que *A*, a seguir ao disparo mortal, tinha desistido voluntariamente de levar avante a sua de roubar a vítima. Seria caso de aplicar as consequência derivadas do artigo 24º quanto à tentativa de roubo?

A TENTATIVA

ao resultado do delito fundamental. Neste sentido, deve punir-se por tentativa de violação sexual agravada (artigos 164º e 167º, nº 3) se já da violência usada para lograr a violação resultar a morte da vítima, embora a violação não tenha sido consumada. "Mas já não se deve punir por tentativa de incêndio agravado (artigos 272º e 285º) se a morte resultar não do incêndio que não se logrou atear, mas de intoxicação de produto usado para o efeito"[56].

Cabe também perguntar se existirá uma *tentativa de homicídio qualificado* no nosso Código. Será que a especial censurabilidade ou perversidade indiciadas pelas circunstâncias do nº 2 do artigo 132º se circunscrevem "ao último grau de lesão da vida – a consumação – ou compreendem também as outras formas de crime?"[57]. E poderá conceber-se um crime de homicídio qualificado na forma tentada com dolo eventual? O acórdão do STJ de 6 de maio de 1993, *CJ*, ano I (1993), p. 227, considerou que o arguido – cuja conduta não pode deixar de revelar especial censurabilidade, por ser grande a sua torpeza – que atuou livre, voluntária e conscientemente, admitindo, ao efetuar o disparo contra o J – seu companheiro de café, apenas porque este pretendia dissuadi-lo de ir à procura da mulher e do amante para os matar–, que lhe podia causar a morte e *conformando-se* com tal resultado, o que só não veio a acontecer por o J ter sido prontamente socorrido, cometeu um *crime de homicídio qualificado na forma tentada (com dolo eventual)*: artigos 131º, 132º, nºs 1 e 2, c), 14º, nº 3, 22º, nºs 1 e 2, c), 23º, nº 2, e 74º, nº 1, *a*).

Poderão os crimes de mera atividade e de omissão pura manifestar-se na forma tentada? Enquanto crimes de dever, dir-se-ia que só com a violação do dever se verifica o comportamento típico e portanto, invariavelmente, na forma consumada. Para a Profª Fernanda Palma é no entanto concebível que em certas condições esteja prestes a violar o dever, por ter criado condições para o efeito, mas não execute integralmente o crime, podendo ser impedido de o fazer por fatores externos. E dá o exemplo daquele que para se introduzir em casa alheia obtiver, fraudulentamente, a chave dessa casa (artigo 190º). Ou se o agente começar a recolher dados, através de um inquérito, para elaborar um ficheiro relativo à filiação partidária e às convicções religiosas dos seus empregados (artigo 193º).

---

[56] Figueiredo Dias, "Formas especiais do crime" – *Textos de apoio*, 2004, p. 18; veja-se, agora, do mesmo autor, *DP/PG* I, 2ª ed., 2007, p. 725. No caso de alguém sequestrar outrem de modo a privá-lo da liberdade, para que não possa estar presente num julgamento que terá lugar daí a três dias (artigo 158º, nº 2, alínea *a*)), mas a vítima vier a ser libertada ao fim de poucas horas de cárcere, a punição justifica-se por tentativa e não por crime consumado – o agente não logra a verificação do evento agravante, embora tente ou consuma o delito fundamental (*idem; idem*). Cf. também Wessels/Beulke, *AT*, p. 204.

[57] Cf. Teresa Serra, *Homicídio qualificado*, p. 79 e ss.

VIII. Indicações de leitura

Acórdão do STJ de 6 de novembro de 2008, processo nº 08P2501.**Coautoria em um caso de tentativa impossível**. O A e o MF pretendiam recolher da horta e trazer para o interior do estabelecimento prisional um saco onde estariam 8 pedaços de canabis (resina) com o peso de 486,362 g, o qual havia sido colocado na horta por um terceiro não identificado. Para tanto, o MF, quando trazia um balde com adubo, aproximou-se do saco, que colocou dentro do balde dissimulado pelo adubo, depois entregou o balde ao A que, quando foi abordado por um dos guardas prisionais, de imediato retirou o saco, que atirou ao MF, gritando-lhe que o atirasse para fora do muro, o que este fez; na véspera da atuação do A e do MF, o saco tinha sido detetado por um guarda prisional, que deu conhecimento à chefia, que determinou que, por razões de segurança, fossem substituídos os pedaços de canabis por tubo com dimensões e peso semelhantes. Entendeu-se que o caso era de tentativa impossível levada a efeito em coautoria.

Acórdão do STJ de 15 de dezembro de 2005, *CJ* 2005, tomo III, p. 235: sustentando a inexistência da figura da tentativa no crime de tráfico de droga, por pertencer à categoria dos crimes exauridos ou de tutela antecipada. No sentido contrário, o acórdão do STJ de 15 de julho de 2008, no processo nº 08P1787: tem-se defendido "não ser configurável neste tipo de crime, que é de perigo abstrato, a figura da tentativa ou a da desistência. Mas se a droga não chegou a ser transportada, nem chegou a mudar de lugar, está-se perante o cometimento do crime do art. 21.º sob a forma tentada".

Acórdão da Relação de Lisboa de 23 de junho de 2004. **Tentativa impossível punível**. Não era manifesto que a morte do B tivesse resultado das lesões causadas pelo disparo; como referem ambos os arguidos, aquele ainda "respirava" quando foi atingido na cabeça. O A, julgando ainda com vida o B, desferiu-lhe vários golpes na cabeça com um instrumento idóneo a causar-lhe a morte, com o claro objetivo de alcançar esse resultado. Está-se, pois, perante a prática de uma **tentativa impossível, punível, de um crime de homicídio**.

Acórdão da Relação de Coimbra de 2 de março de 2005. **Crime de burla**. No crime de burla, de execução vinculada, a adequação deve estender-se aos sucessivos nexos causais, até ao resultado final – causar prejuízo. Os atos praticados pelo agente hão de ser adequados, já de si, a causar o referido resultado final. Consistindo, no caso, os atos praticados pelo agente, na simples remessa de "fax" a solicitar o envio de mercadorias, a crédito, nunca tendo chegado a verificar-se qualquer acordo de fornecimento, sem que se saiba, em cada caso, a razão da recusa nem constando da matéria provada que aquela simples "encomenda" (de mercadorias que nalguns casos os destinatários

A TENTATIVA

nem comercializavam) fosse adequada a obter o consentimento da vítima, não podem ser qualificados como tentativa, mas simples atos preparatórios.

Acórdão da Relação do Porto de 25 de fevereiro de 2004, proc. 0344749. **Dolo eventual e tentativa**.

Acórdão do STJ de 10 de dezembro de 1997 *BMJ* 472, p. 116: **idoneidade do meio**; manifesta inaptidão do meio empregado pelo agente.

Acórdão do STJ de 13 de março de 1996 *BMJ* 455, p. 257: punição do crime tentado; **dupla atenuação especial**; na punição da tentativa do que se trata é da fixação de uma moldura penal abstrata, a qual comporta portanto a atenuação especial do artigo 73º, do que resultaria que no fundo não se está perante uma dupla atenuação especial.

Acórdão do STJ de 14 de abril de 1993, *BMJ* 426 p. 180: os arguidos ainda estavam a fazer o carregamento dos materiais quando chegou a polícia. A situação é seguramente de furto consumado em relação aos objetos já carregados. No mais, o plano criminoso dos arguidos, que não foi completado, não passou da tentativa. No final, com todos os objetos que subtraíram, os arguidos cometeram um crime de furto consumado, independentemente do fim subjetivo que tinham de levar mais objetos. Portanto, consumado um crime de furto, com a subtração de materiais nos termos expostos, não mais se pode falar de tentativa desse mesmo crime. De tentativa só pode falar-se se justamente a consumação do crime não chegou a ter lugar.

Acórdão do STJ de 18 de junho de 1998, processo nº 256/98: no domínio dos crimes de tráfico de estupefacientes não é possível uma atuação enquadrável na figura da tentativa, dado que a previsão do respetivo tipo incriminador engloba todos os atos possíveis que teoricamente lhe podem vir a corresponder.

Acórdão do STJ de 24 de março de 1999, *BMJ* 485 p. 267: **Tentativa impossível**. Crime impossível. *A* acordou com *B* arranjar alguém que incendiasse uns armazéns, mas nunca foi intenção deste fazê-lo, já que este apenas pretendia receber do *A* e fazer seu o preço combinado pelo serviço e com isso ludibriá-lo. Ora, o comportamento do autor mediato será punido se ele determinou outro ou outros à prática do facto e desde que haja execução ou começo de execução do facto criminoso induzido ou praticado por determinação do autor mediato.

Acórdão do STJ de 28 de fevereiro de 1996, *CJ* 1996, tomo 1, p. 219: para a punibilidade da tentativa há que considerar o caráter externo da conduta e a sua apreensibilidade para a generalidade das pessoas e que o juízo sobre a existência ou inexistência do objeto tem que ser, em primeiro lugar, um juízo objetivo, pelo que não releva aquilo que o agente considera existente ou inexistente. Todavia, tem de fazer-se apelo, neste ponto, a uma ideia de normalidade, segundo as aparências, que se baseia num juízo de prognose póstuma.

Acórdão do STJ de 4 de janeiro de 1996, *CJ* 1996, tomo II, p. 161: Não se verifica uma atuação de crime impossível nos casos em que o agente pratica todos os atos necessários para a prática de um crime (de extorsão), mas o mesmo se não consuma, em resultado da atuação conjugada dos lesados, das autoridades policiais e de outro coarguido.

Acórdão do STJ de 7 de junho de 1995, *BMJ* 448 p. 115: Estando provado que os dois arguidos aprovaram entre si e decidiram apropriar-se das quantias monetárias que pudessem estar no interior do cofre do estabelecimento e, em execução desse projeto conjunto e com esse objetivo, enquanto um procurava forçar a fechadura da porta de entrada o outro vigiava a curta distância, tendo sido entretanto surpreendidos e detidos por agentes policiais, não obsta à verificação do crime de furto, na forma tentada, a circunstância de não terem ficado demonstrados, em julgamento, a existência e o valor das quantias eventualmente guardadas no referido cofre, porquanto: a) é inegável que os arguidos praticaram atos de execução; b) a inexistência dos valores a apropriar não era manifesta; c) segundo as regras da experiência comum, era previsível que o cofre conteria importâncias monetárias; d) os meios empregues pelos arguidos, nas exatas circunstâncias em que atuaram, foram adequados a alcançar a apropriação, isto é, a preencher o tipo legal do crime de furto; e) a falta de prova da existência e do valor das quantias monetárias eventualmente guardadas no cofre apenas acarreta a impossibilidade de qualificação do crime de furto tentado.

Acórdão do STJ de 13 de julho de 2005, processo 05P2109. **Tentativa de rapto**. O A parou o carro que conduzia ao lado da E e abriu a porta da frente do lado direito. Em seguida agarrou-a pelo cabelo e puxou-a violentamente para o interior da viatura, dizendo-lhe "ou entras ou mato-te". A E começou a gritar e o arguido largou-a e disse-lhe para se ir embora. O A agiu com o propósito de raptar a E para, desta forma, praticar crime contra a autodeterminação sexual da menor, só não conseguindo por a E ter começado a gritar.

Acórdão do Tribunal Constitucional de 30 de maio de 2001, DR II série de 18 de julho de 2001: qualificação dos factos como **crime de tráfico** na forma consumada, sendo que na perspetiva do arguido recorrente a factualidade apurada apenas permitiria a qualificação como detenção na forma tentada, por não ter havido efetiva disponibilidade sobre o produto.

Relazione della Commissione Ministeriale per la Riforma del Codice Penale, in Riv. ital. dir. proc. penale, 1999, p. 616 e ss.

Atas das sessões da Comissão revisora do Código Penal, parte geral, vol. 1 e 2, AAFDL, p. 184.

B. Petrocelli, Il delito tentato. Studi. Cedam, Padova, 1966.

Beleza dos Santos, RLJ, ano 66, p. 194 e ss.

A TENTATIVA

Bernd Heinrich, Die Abgrenzung von untauglichem, grob unverständigem und abergläubischem Versuch, Jura 1998, p. 393.

Cavaleiro de Ferreira, Lições de Direito Penal, Parte Geral I, 4ª ed., 1992.

Claus Roxin, Die Abgrenzung von untauglichem Versuch und Wahndelikt, JZ 1996, p. 981.

Claus Roxin, Resolução do facto e começo da execução na tentativa, in Problemas fundamentais de direito penal, p. 295.

Claus Roxin, Teoria da infração, Textos de apoio de Direito Penal, tomo I, AAFD, Lisboa, 1983/84.

Eduardo Correia, Direito Criminal, II, 1965, p. 229 e s.

Eduardo Correia, Direito Criminal. I – Tentativa e Frustração. II – Comparticipação Criminosa. III – Pena Conjunta e Pena Unitária, 1953.

F. Haft, Strafrecht, Allgemeiner Teil, 6ª ed., 1994.

Faria Costa, Formas do Crime, in Jornadas de Direito Criminal, CEJ, 1983, p. 152 e ss.

Faria Costa, O Perigo em Direito Penal, dissertação de doutoramento, 1992.

Faria Costa, STJ, Acórdão de 3 de julho de 1991 (Tentativa e dolo eventual revisitados), RLJ, ano 132º, nº 3903, p. 167.

Faria Costa, Tentativa e dolo eventual, separata do nº especial do BFD, Coimbra, 1987.

Ferrando Mantovani, Diritto penale. Parte generale, 1992.

Georges Vigarello, História da violação, séculos XVI-XX, Editorial Estampa, 1998, p. 156.

Herzberg, Das Wahndelikt in der Rechtsprechung des BGH, JuS 1980, p. 469.

Ignazio Giacona, L'idoneitá degli atti di tentativo come "probabilitá"?, Riv. Ital. Dir. Proc. Penale, 4 (1993), p. 1336.

J. Damião da Cunha, Tentativa e comparticipação nos crimes preterintencionais, RPCC, 2 (1992), p. 561.

J. López Barja de Quiroga, Derecho Penal, Parte general, III, 2001.

Jorge de Almeida Fonseca, Crimes de empreendimento e tentativa, Coimbra, 1986.

Jorge de Figueiredo Dias, "Formas especiais do crime" – Textos de apoio, 2004.

Jorge de Figueiredo Dias, Direito Penal, Sumários e notas, 1976.

Jorge de Figueiredo Dias, Direito Penal, Parte Geral I, 2ª ed., 2007.

José Ramón Serrano-Piedecasas Fernández, Fundamentación objetiva del injusto de la tentativa en el Código Penal, ADPCP, vol. LI, 1998.

Maria Fernanda Palma, Da "tentativa possível" em Direito Penal, 2006.

M. Isabel Sánchez García de Paz, El moderno derecho penal y la anticipación de la tutela penal, Valladolid, 1999.

M. Maia Gonçalves, Código Penal Português, 8ª ed., 1995.

Miguel Pedrosa Machado, Da tentativa como tipo de crime – Um parecer, in Formas do Crime, Textos Diversos, 1998.

Miguel Pedrosa Machado, Na fronteira entre o crime impossível e o crime putativo, in Formas do Crime, Textos Diversos, 1998.

Muñoz Conde/Mercedes Arán, Derecho Penal, Parte General, 1993, p. 373.

Paulo José da Costa Jr., Comentário ao Código Penal, Ed. Saraiva, 6ª ed., 2000.

Raul Soares da Veiga, Sobre o consentimento desconhecido, RPCC 3 (1991).

Siniscalco, La struttura del delitto tentato, Milão, 1959.

Teresa P. Beleza e Frederico de Lacerda da Costa Pinto, O erro sobre normas penais em branco.

Teresa P. Beleza, Direito Penal II, 1983, p. 396 e ss.

17 – A DESISTÊNCIA DA TENTATIVA

Na **tentativa** é essencial que não haja consumação do crime *por circunstâncias alheias à vontade do autor*. Na **desistência**, pelo contrário, é essencial que o resultado não se produza *por sua vontade*.

I. A desistência da tentativa: o regime de privilégio do artigo 24º

É perfeitamente compreensível que se alguém intenta cometer um crime, punido por lei também na forma tentada, sem que a infração chegue a consumar-se e sem convergir no caso uma qualquer justificação ou desculpação, torna-se inevitavelmente culpado da prática de um crime tentado. Ainda assim, e ao contrário do que sucede com a consumação,[1] comportamentos posteriores do autor da tentativa, em certas condições específicas, como as ligadas à desistência voluntária, ganham **relevância isentadora**: a tentativa deixa então de ser punível.

Consideremos de maneira breve o artigo 24º, que dá relevo à **desistência da tentativa** e ao **esforço sério**, estabelecendo os requisitos a que devem obedecer :[2]

– o nº 1 indica em alternativa a desistência voluntária de prosseguir na execução do crime e o impedimento voluntário da consumação do crime ou o impedimento da verificação do resultado não compreendido no tipo de crime;
– o nº 2 dispõe que quando a consumação ou a verificação do resultado forem impedidos por facto independente da conduta do desistente, a tentativa não é punível se este se esforçar seriamente por evitar uma ou outra.

---

[1] Mais exatamente: a **consumação material**, com a verificação do "resultado" em função do qual o legislador construiu a incriminação, mesmo quando ele não integra um elemento constitutivo do tipo.
[2] Nas situações de **comparticipação** do artigo 25º, bastará o **esforço sério do comparticipante desistente** no sentido de ser evitada a consumação material do facto. A isenção de pena tem lugar ainda que outros comparticipantes prossigam na execução do crime ou o consumam.

II. Fundamento da isenção da pena

1. A utilidade da contraconduta

Consumada a infração, já o seu autor a não pode apagar. Pode, ainda assim, fazer tudo o que estiver ao seu alcance para a atenuar e sobretudo para reparar os prejuízos. No Código, a ideia de utilidade da contraconduta, do *actus contrarius* do agente, pode encontrar-se também na PE, constituindo situações que se projetam normalmente no aligeiramento da sanção ou levam a que o tribunal decrete a dispensa de pena. Por exemplo, a pena pode ser especialmente atenuada se, em caso de rapto ou tomada de reféns, o agente voluntariamente renunciar à sua pretensão e libertar a vítima, ou se esforçar seriamente por consegui-lo (artigos 161º e 162º). Levam à dispensa de pena os "esclarecimentos ou explicações" dados em juízo pelo agente da ofensa de que foi acusado, aceites como satisfatórios (artigo 186º, nº 1). A renúncia à entrega da vantagem pecuniária pretendida e atos análogos que tenham lugar até ao início da audiência de julgamento em 1ª instância no crime de usura (artigo 226º, nº 5) tem como efeito a atenuação especial da pena ou então o facto deixa de ser punível. Em certos crimes de perigo comum e outros contra a segurança das comunicações, se o agente remover voluntariamente o perigo antes de se ter verificado dano considerável há lugar à atenuação especial ou mesmo à dispensa de pena. Veja-se ainda a retratação, por ex., no caso de falsidade de depoimento, a tempo de poder ser tomada em conta na decisão e antes que tenha resultado prejuízo para terceiro (artigo 362º, nº 1); e, com alguma semelhança, o caso da restituição ou reparação da coisa furtada ou ilegitimamente apropriada (artigo 206º).

De modo diferente, se o facto se encontrar ainda na fase da tentativa, o autor beneficia de **isenção completa**, deixando a conduta de ser punível, como na desistência (voluntária) prevista no artigo 24º, nº 1. A consequência não é assim simplesmente a atenuação especial ou a dispensa de pena. O diferente tratamento dado num caso concreto pela PE afasta o geral dos artigos 24º e 25º (prevalência da *lex specialis*), devendo acentuar-se que o desistente de uma tentativa de violação sexual não fica necessariamente eximido de responsabilidade civil por danos não patrimoniais causados à vítima.

2. Razão do privilegiamento a que conduzem as normas de desistência

Se o agente é, nas hipóteses de desistência voluntária, completamente isentado de pena é solução ditada por considerações de política criminal, nomeadamente a de facilitar a dissociação entre o agente e o seu projeto criminoso. De outro modo não se compreenderia que só a desistência lograda tivesse por

A DESISTÊNCIA DA TENTATIVA

efeito a isenção da pena[3]. Mas sobre o fundamento de uma disposição como o artigo 24º não existe consenso entre os autores. O mais antigo assenta na denominada *teoria do prémio*: a lei quis criar um motivo para que o autor desista do seu facto, tendo em vista o benefício da isenção da pena. Informa Bacigalupo[4] que muitos autores seguiram esta posição recordando a frase de von Liszt de que a lei outorgava "uma ponte de ouro" ao delinquente que se retirava da comissão do delito, mas a teoria foi criticada já por M. E. Mayer, pois não tendo a maioria das pessoas conhecimento desta ponte de ouro, mal poderia ser erigida em motivo de desistência. Mais modernamente, tem-se entendido que se trata de um caso de isenção da pena fundado no facto de que o autor, desistindo, demonstrou que a sua vontade criminosa não era suficientemente forte ou intensa, pelo que, tanto de um ponto de vista preventivo especial como preventivo geral a pena revela-se desnecessária. Melhor será entender que se trata de um **"pressuposto negativo de punibilidade"** por ausência de *dignidade punitiva* do facto global[5].

III. Qual o comportamento exigível ao agente para que este beneficie da isenção de pena por desistência?

Como já se observou, a tentativa supõe a prática de atos de execução de um crime que o agente decidiu cometer, sem que este chegue a consumar-se (artigo 22º, nº 1).

Os fundamentos da desistência podem relacionar-se com o estádio alcançado pela tentativa, uma vez que o artigo 24º, ao decretar o benefício da isenção, quer evitar a consumação material do crime mas exige que isso aconteça por "obra" do próprio agente, que fica obrigado a uma atividade própria. Nestas condições, ganha importância a proximidade existente entre a tentativa e a consumação do crime por não serem uniformes os pressupostos que presidem à desistência. O mesmo é dizer que importa distinguir entre tentativa acabada e tentativa inacabada, em que há diferenças relevantes, pois "o recuo ou desvio em relação ao percurso criminoso já percorrido há de ser, de algum modo, proporcional ao estádio mais ou menos avançado já atingido nesse percurso"[6].

---

[3] Veja-se Figueiredo Dias, *DP/PG* I, 2ª ed., 2007, p. 732; e Faria Costa, p. 165. Também Roxin entende que a desistência da tentativa é um problema específico de política criminal.
[4] Enrique Bacigalupo, *Princípios de derecho penal*, p. 202
[5] Figueiredo Dias, *DP/PG* I, 2ª ed., 2007, p. 673 e 755.
[6] Júlio Gomes, A desistência da tentativa, p. 82.

1. Tentativa inacabada/tentativa acabada

Retomemos os conceitos de tentativa inacabada: o agente não chega a esgotar a sua capacidade ofensiva contra o bem jurídico visado; e de tentativa acabada: o agente, que concluiu a execução, realizou **tudo** o que era necessário para obter o êxito desejado, que só não consegue pela interferência de circunstâncias alheias à sua vontade. E recordemos que a distinção entre tentativa acabada e tentativa inacabada serve para estabelecer a possibilidade de uma desistência voluntária, bem como os termos do esforço sério exigido ao desistente (artigo 24º).

Para poder desistir relevantemente exige-se que o agente, no momento de desistir, leve a cabo o comportamento que, do *seu* próprio ponto de vista, seja necessário para a evitação do resultado[7].

Caso nº 1 O agente já feriu a vítima a tiro, mas considera que o tiro não é mortal e cessa a agressão, desistindo de dar o tiro final, que conduziria à morte.

Nos casos de **tentativa inacabada**, o agente, no momento em que abandona o facto, está convencido de que o resultado se não verificará,[8] o que, nos termos a que nos remetemos, conduzirá à aceitação de que uma tentativa inacabada *pode tornar-se* em tentativa acabada – "quando o agente, que começou por pensar que a sua atuação anterior não poderia produzir o resultado, chega posteriormente à convicção de que esse será possivelmente o caso".

Nestes pressupostos, se em certos casos de tentativa inacabada a atividade criminosa, dirigida, inicialmente, à consumação material, ainda não desenvolveu todas as condições necessárias para a atingir, bastará o **abandono** pelo agente dessa sua atividade criminosa, dando por cessada a sua capacidade ofensiva contra o bem jurídico visado.

Tem a **tentativa acabada** de particular a exigência do abandono do plano pelo agente, embora isso não baste, por lhe caber o impedimento voluntário da consumação que seja consecutivo a uma atividade própria, eventualmente com o auxílio de terceiros. Estando já criadas todas as condições da realização do crime, a lei exige uma **intervenção ativa** destinada a impedir a consumação da realização em curso. Como o agente fez tudo para obtenção do resultado almejado, não lhe cabe outra alternativa que regredir na sua conduta para impedir o evento. Não basta o abandono do plano, faz-se mister uma conduta positiva e atuante (ativa), destinada a **impedir a consumação** do crime cuja realização se encontra em curso.

---

[7] Circunstância que, por sua vez, conduz a problemas de erro, de difícil solução (Stratenwerth/Kuhlen, *Strafrecht AT*, 5ª ed., 2004, p. 253).

[8] Figueiredo Dias, *DP/PG* I, 2ª ed., 2007, p. 734.

A DESISTÊNCIA DA TENTATIVA

Caso nº 2 O agente amordaça e amarra a vítima, colocando-a num saco, atado a uma pedra, atirando tudo ao rio.

"Terá o agente de atirar-se ao rio, clamar por socorro, ativar-se para dar marcha à ré na conduta encetada", diz Paulo José da Costa Jr. Se o ferimento foi a tiro, cabe-lhe chamar a ambulância para levar o ferido ao hospital. Como o agente praticou todos os atos de execução que deveriam produzir o resultado (o crime consumado), deve ele intervir ativa e voluntariamente no sentido de evitar a produção do resultado (v. g. administrando um contraveneno); e tem, para além disso, de conseguir evitá-lo. Claro que para tanto pode ter de servir-se da atividade de terceiros (um médico ou o pessoal de socorro, os bombeiros, etc.). Não se dispensa porém a inclusão de uma atividade própria, importando que "o desistente tenha posto em movimento **uma nova cadeia causal** dirigida a impedir a consumação do facto e esperar que esta não venha a ter lugar; não bastando que, no momento da consumação, o agente já não quisesse o facto"[9]. Não se lhe exige, no entanto, ao menos em via de princípio,[10] a utilização dos melhores meios disponíveis ou o esgotamento de todas as possibilidades de atuação que estejam ao seu alcance, bastando que a não produção do resultado lhe seja imputada como obra sua[11].

Caso nº 3 *A* lança *B* ao rio para o afogar, desiste, lança-se à água para o salvar, mas uns bombeiros que ali faziam exercícios é que acabam por retirar o *B*, que não sabia nadar, das águas revoltas da correnteza.

Se a atividade do agente não se revelou causal para o impedimento do resultado, sendo a consumação impedida por facto independente dessa conduta, o agente não será punível se ele se **tiver esforçado seriamente por evitar a consumação** (artigo 24º, nº 2). Se o desistente, apesar dos seus esforços, não consegue evitar que o resultado se produza, fica responsável pelo facto, a menos que a consumação tenha sido **impedida dolosamente pela própria vítima**, devendo então "porventura haver lugar para uma **aplicação analógica do disposto no artigo 24º, nº 2**"[12].

O agente voluntariamente assumiu o papel de "desistente" mas a consumação ou a não verificação vieram a ser conseguidas não por ele mas por um facto

---

[9] Figueiredo Dias, *DP/PG* I, 2ª ed., 2007, p. 740.

[10] Em situações limite, o pai, apesar de poder chamar em socorro do filho, que está em perigo de vida, um dos bons médicos da cidade, poderá cometer uma tentativa de homicídio por omissão, dada a sua posição de garantia (artigo 10º), se em vez disso faz apelo a um médico que sabe andar frequentemente embriagado.

[11] Sobre estes pontos, Stratenwerth *AT*, 5ª ed., 2004, p. 259.

[12] Figueiredo Dias, *DP/PG* I, 2ª ed., 2007, p. 743; e Jescheck, *AT*, p. 492.

independente da sua conduta, entrando um terceiro em cena. Esta intervenção de terceiro tem que ser acompanhada de um esforço sério do agente (Faria Costa: "esforço sério evidente") no sentido de impedir que o resultado (ou a consumação) se verifique. A cláusula de "esforço sério" é daquelas que comportam larga margem de prudente arbítrio do intérprete, observando a propósito o Dr. Maia Gonçalves que "parece certo que o pensamento legislativo se não basta com a simples atitude interior de repulsa, exigindo, para além disso, um comportamento exterior, ativo ou omissivo, que seja idóneo para evitar a consumação ou o resultado. Trata-se de uma intensificação das formas de tutela dos bens jurídicos e da proteção dos interesses ameaçados da vítima".

O Prof. Faria Costa fornece outro exemplo de resultado que é evitado por terceiro que dá um vomitório à vítima antes da chegada do médico trazido pelo agente que fez contramarcha na sua própria conduta. Não basta que o agente "demonstre somente a intenção de se esforçar, é necessário que exteriorize por atos que o seu propósito era, para lá de toda a dúvida razoável, evitar a consumação ou a verificação do resultado. Se *C* – sem conhecimento de *A* – não tivesse dado a *B* um vomitório este teria morrido antes da chegada do médico chamado por *A*. É indiscutível que se verifica nestas hipóteses um pouco de "álea". "Efetivamente, é a atuação de um terceiro que, ao cabo e ao resto, vai determinar a punição ou não punição do agente. Pondere-se, todavia, que a injunção de um juízo aleatório não tem à nascença uma carga de responsabilidade objetiva que é, como se sabe, de dever rejeitar. Encurtando razões: dir-se-á que se a consumação veio a ter lugar porque um terceiro não atuou o resultado final deve indiscutivelmente imputar-se ao agente (*sibi imputet*). Ele desencadeia um processo que posteriormente quer parar só que não o consegue. Decerto que o valor da ação da desistência quando muito será suficiente para neutralizar o desvalor da ação inicial mas já o não será para compensar o efetivo e real desvalor do resultado".

Consideremos agora a seguinte factualidade:

Caso nº 4 Começo de execução; tentativa inacabada; tentativa acabada. Uma mulher casada quer matar o seu marido, confeciona-lhe uma sopa envenenada e coloca-a sobre a estufa, na cozinha. O marido costuma, todos os dias, depois do regresso do escritório, tirar daí a refeição quente, já preparada. 1) A mulher está presente no momento da entrada do marido em casa, e observa o comportamento deste. 2) A mulher sai de casa antes da entrada do marido. Ela pretende regressar somente horas mais tarde, e espera vir a encontrar o marido morto[13].

---

[13] Cf. Roxin, *AT* 1, p. 321 e ss.

A DESISTÊNCIA DA TENTATIVA

Disparar contra alguém com dolo de matar, errando o alvo na atrapalhação do ato, tem uma configuração bem diferente comparado com aquele que acerta na vítima gravemente com a mesma intenção. Se o autor vai a meio da execução pode desistir, se já chegou ao fim da execução isso quer dizer que já fez tudo o que tinha a fazer, "já não tem nada de que desistir", como ensina a Prof.ª Teresa Beleza; e exemplifica: se uma pessoa resolver matar outra dando-lhe tiros e lhe dá os tiros, não pode desistir de dar os tiros, que já os deu, mas pode agarrar na pessoa, levá-la ao hospital, e conseguir que a pessoa seja salva, e não se dê o resultado que é a morte. Está aqui envolvida a boa compreensão do que seja a tentativa perfeita ou acabada e, por extensão, o que se entende por tentativa inacabada.

Na sopa envenenada, a especialidade está em que a mulher fez tudo o que era necessário da sua parte para a produção do resultado. Só que se trata de dois diferentes tipos de matéria de facto: no primeiro, ela detém nas suas mãos o acontecimento até ao seu último momento – a mulher pode, em qualquer altura, deitar fora a sopa, o processo causal pertence ainda à sua esfera de domínio. Como diz Roxin, no primeiro caso equipara-se estruturalmente a tentativa inacabada ao facto de que o autor detém, nas suas mãos, o acontecimento até ao seu último momento. Assim, tal como o autor pode em qualquer momento interromper a tentativa inacabada do crime, assim também a mulher pode, em qualquer momento, atirar fora a sopa.

No exemplo do Dom Casmurro, de Machado de Assis (também lembrado pelo penalista brasileiro Paulo José da Costa Jr.), Bentinho deposita veneno na xícara de café que Ezequiel, filho adulterino de sua mulher Capitu, vai beber, mas não ultima a tarefa, detendo-se em meio à tentativa de envenenamento. Quer dizer: "o envenenador", "que não chegou a executar tudo que estava a seu alcance, terá condições de suspender o processo executivo apenas iniciado. Basta a omissão, cessando sua conduta", explica o penalista brasileiro.

2. A "desistência" em caso de consumação

O regime legal da tentativa tem na sua base a ideia de que o crime não chegou à fase da consumação. A tentativa termina com a consumação *formal* (consumação "típica"). Ainda assim, é a própria lei que alarga o privilégio da desistência aos casos em que se verifica a *consumação formal*, mas não se chega a dar a *terminação* (com a consumação material), isto é: quando ainda não se deu o resultado "não compreendido no tipo de crime" (artigo 24º, nº 1, última parte). Reconhece-se a relevância do impedimento voluntário do resultado (do evento material) nos crimes que se consumam independentemente da produção do resultado.

653

Por influência do Projeto, explicava-se que um dos casos que se queria prever e regular era, por ex., o daquele que, tendo ministrado substâncias venenosas a outrem, "vem a impedir que este morra, *v. g.*, através da administração de um vomitório ou de uma lavagem ao estômago". Dir-se-ia que se o autor agiu com intenção de matar, o crime já se consumou, pelo que a situação seria mais exatamente equiparada à desistência do que uma desistência verdadeira.

No Código de 1886 (artigo 353º), o crime de envenenamento era um dos chamados "crimes formais". Seguia-se a tradição romana e francesa, tratando o envenenamento de forma especial em relação ao homicídio. Já nas Ordenações **o envenenamento tentado era equiparado ao consumado**: "Toda a pessoa que a outra der peçonha *para a matar*, ou lh'a mandar dar, *postoque de tomar a peçonha se não siga a morte, morra de morte natural*"[14]. Hoje, o envenenamento, como crime especial ("formal"), desapareceu do Código Penal, ainda que possa constituir um homicídio qualificado dos artigos 131º e 132º, nos 1 e 2, alínea *i*), ou uma ofensa à integridade física, igualmente qualificada, do artigo 146º, nos 1 e 2, e 132º, nº 2, alínea *i*), mas nem o nosso antigo código nem o código francês, como salientava Silva Ferrão, tratavam "de punir *o homicídio voluntario qualificado pelo veneno*, mas o *atentado*, e este consiste sempre *na propinação* ou *no emprego com a intenção de matar, de qualquer modo que estas substancias sejam empregadas ou administradas*".

Atualmente, o preceituado nesta última parte do nº 1 do artigo 24º poderá ter o seu campo de aplicação privilegiado nos crimes de perigo, enquanto crimes de consumação antecipada. Não se deve todavia esquecer as disposições afins dos artigos 286º (o agente remove voluntariamente *o perigo* antes de se ter verificado dano considerável) e 294º, nº 3, entre outras normas da parte especial. Problemático é saber, como acentua Costa Pinto, se aos crimes de consumação antecipada se deve ou não acrescentar os crimes *duradouros* ou *permanentes*, como por exemplo o "sequestro". "As dificuldades do problema decorrem, por um lado, de não se poder afirmar que estando preenchido o tipo da parte especial (por "detenção" da vítima, por exemplo) ainda não ocorreu materialmente a lesão do bem jurídico, pois é inequívoco que a liberdade da pessoa em causa já foi lesada; mas, por outro lado, reconhece-se que ainda reveste utilidade político criminal uma contra-atividade de um dos agentes que tente obstar à lesão progressiva (na terminologia própria destes tipos, à *"compressão"*) do bem jurídico, que terá lugar se se "mantiver presa ou detida" a vítima".

---

[14] Liv. 5º tit. 35º § 2º: cf. Silva Ferrão, *Theoria do Direito Penal*, vol. VII, 1857, p. 30; e *Ordenações Filipinas*, Livros IV e V, Fundação Calouste Gulbenkian, p. 1185.

3. O regime legal (artigo 24º): o abandono da prossecução do crime; o impedimento da consumação; a "desistência" em caso de consumação

O artigo 24º, nº 1, exige ao agente, nos casos de tentativa inacabada, que desista de prosseguir na execução do crime, isto é, que ele a abandone. Decisivo, neste contexto, é a representação do agente (o seu "ponto de vista) de que se abandonar a execução não terá lugar a consumação. Pode ainda assim acontecer (será caso de tentativa *pretensamente* inacabada) que o agente, contra aquilo que supõe, realizou já com o seu comportamento executivo todas as condições de verificação da consumação. O agente administrou já à vítima uma dose de veneno que erroneamente ele supõe não ser ainda mortal e abandona em seguida o seu projeto criminoso, vindo a vítima a falecer. Uma de duas: ou se pune o agente por negligência, ou se considera a desistência irrelevante, tal como o é a da tentativa acabada quando, apesar dos melhores esforços do agente para impedir a consumação, esta vem a verificar-se. No caso de tentativa acabada, o artigo 24º, nº 1, segunda alternativa, exige que o agente voluntariamente impeça a consumação através de uma atividade própria.

Tal como para a tentativa acabada, ao regime de privilégio contido no artigo 24º, nº 1, última parte, torna-se necessário, em primeira linha, que o agente impeça a verificação do resultado (do resultado "atípico, não compreendido no tipo de crime), obstando, ativamente, à consumação material do ilícito. Se a consumação material vier a não ter lugar por facto independente da conduta do desistente, bastará para que o agente fique impune o esforço sério deste no sentido de a impedir e que o resultado (o resultado "atípico", não compreendido no tipo de crime") não se tenha efetivamente realizado (artigo 24º, nº 2)[15]. Na PE há pelo menos o caso paralelo do artigo 299º, nº 4, porquanto pode não ter lugar a punição se o agente da associação criminosa impedir ou se esforçar seriamente por impedir a continuação dos grupos, organizações ou associações, ou comunicar à autoridade a sua existência de modo a esta poder evitar a prática de crimes.

Cabe aqui uma nota, sublinhada por Faria Costa, por tudo levar a concluir pelo afastamento da teoria do **arrependimento ativo**. "Esta visão das coisas, como é facilmente percetível, não consegue abarcar as situação de desistência em que o que verdadeiramente se exige é um *non facere*" (nos crimes de comissão por omissão a desistência terá que resultar de uma atividade e não de um simples não fazer). Ainda assim, haverá que sublinhar o facto de certos ordenamentos, como o brasileiro, darem relevo ao **arrependimento eficaz**, exigindo-se o êxito da atividade impeditiva do resultado, caso contrário o arrependimento não será

---

[15] Parece-nos ser esta a posição de Figueiredo Dias, *DP/PG* 1, 2ª ed., 2007, p. 745.

eficaz. Se o agente não conseguir impedir o resultado, escreve Cezar Bitencourt,[16] por mais que se tenha arrependido, responderá pelo crime consumado.

4. Tentativa fracassada

Se o agente reconhece o fracasso da sua tentativa jamais se poderá prevalecer dos "favores" da desistência – dizem sobretudo autores alemães.

Caso nº 5 Tentativa fracassada. *A*, que tem acesso ao cartão multibanco da sua amiga *B*, secretamente tomou conhecimento do respetivo PIN, que decorou. Sem nada dizer a *B*, e sabendo que atuava contra a vontade desta, *A*, que queria apoderar-se do dinheiro e depois restituir o cartão, fez as três primeiras marcações mas à quarta acionou uma tecla errada por ter colocado mal a mão na superfície do "caixa". *A*, que supunha ter feito a combinação correta, saiu do local frustrado, com as mãos a abanar, ruminando para si que a chave que tinha decorado afinal não seria a daquele cartão e que nada mais tinha ali a fazer.

Nestes casos de tentativa falhada ou fracassada, outros têm tal conclusão por inaceitável. Qualquer decisão não pode deixar de aplicar a lei e determinar se houve ou não desistência. Acontece que o *A* do nosso exemplo não desistiu de prosseguir na execução do furto que se propusera. Quando o *A* se retirou do espaço do multibanco, ia convencido de que o PIN seria outro, mas nada no seu comportamento revela que ele desistiu de prosseguir na sua tentativa de deitar a mão ao dinheiro alheio.

5. Um caso de desistência apenas "parcial"

É o caso de o agente, já no desenvolvimento do crime, voluntariamente renunciar à consumação duma circunstância que o qualifica, consumando, no entanto, o crime fundamental.

Caso nº 6 Renúncia a uma circunstância qualificadora do crime. *A*, que resolvera ir armado, entende às tantas deixar a arma pelo caminho, mas entra na moradia, onde deita a mão às joias, como desde o início tinha planeado.

Será relevante a desistência da qualificação "até à consumação do delito fundamental", verificando-se ainda nestes casos a 'reversão do processo lesivo' "em

---

[16] Cezar Roberto Bitencourt, *Teoria geral do delito*, Almedina, 2007, p. 430.

A DESISTÊNCIA DA TENTATIVA

favor dos interesses da vítima como obra do desistente", a qualificação deve-se, "ao menos nesta medida e para estes efeitos, autonomizar-se relativamente ao ilícito-típico do crime fundamental" (Figueiredo Dias).

6. A desistência nos crimes agravados pelo resultado

Caso nº 7 *A*, munido de uma pistola municiada e pronta a disparar, dirigiu-se a *B* para o roubar, mas não chegou a obter esse resultado porque a arma se disparou quando o *A* carregou no gatilho, estando a vítima mortal a cerca de um a dois metros. O gesto deveu-se a imperícia, inexperiência e falta de conhecimento da forma de manuseamento da arma.

Neste caso, que já analisámos noutra altura, o evento agravante foi produzido *através* da tentativa de roubo (o roubo não chegou a consumar-se), que se assume como o delito fundamental doloso. A tentativa é cominada com pena: artigos 23º, nº 1, e 210º, nº 1. O evento agravante foi produzido por negligência (artigos 15º e 18º). O crime por que o *A* responde é o dos artigos 22º, 23º e 210º, nºs 1 e 3.

Variante: Imaginemos agora que *A*, a seguir ao disparo mortal, tinha desistido voluntariamente de levar avante a sua de roubar a vítima. Seria caso de aplicar as consequência derivadas do artigo 24º quanto à tentativa de roubo?

"Se (...) o perigo típico, ligado à conduta tentada, já se atualizou no evento agravante, não parece *em princípio* adequado e justo privilegiar o comportamento unitário com a relevância da desistência (cuja "voluntariedade" deverá, de resto, ser questionável na generalidade dos casos); em situações deste teor, porém, parece justificar-se a quebra da aludida unidade e, se tal se tornar viável no caso, conceder ao agente a *atenuação especial* do crime fundamental apenas tentado"[17].

IV. A "voluntariedade" da desistência

Pode pois acontecer que a tentativa deixe de ser punível, mas a voluntariedade supõe uma decisão autónoma, derivada da livre iniciativa do sujeito, *i. e.* que não seja imposta por fatores externos. Ninguém pode desistir do que não se propôs, de modo que a exigência dum comportamento voluntário percorre todo o preceito legal e vale inclusivamente para os casos de tentativa acabada, sendo o seu significado de elevada valia para se compreender que uma tentativa levada a efeito de modo ilícito e culposo afinal acabe sem ser sancionada. Há quem acentue que

---

[17] Figueiredo Dias, *DP/PG* I, 2ª ed., 2007, p. 747.

O RISCO DE COMER UMA SOPA E OUTROS CASOS DE DIREITO PENAL

a desistência é voluntária se o agente diz: "não quero continuar a agir, mesmo podendo fazê-lo"; será involuntária, quando o agente "mesmo se quisesse, não poderia continuar na comissão do crime". "Posso, mas não quero" (desistência voluntária), "quero, mas não posso" (tentativa), é um derivado da chamada *fórmula de Frank*. Segundo esta fórmula, "voluntária é (...) a desistência apenas perante um motivo autónomo, autoimposto, quando, por outras palavras, o autor diz: eu não quero alcançar a minha finalidade, ainda que o conseguisse (...). Em todos os outros casos, a desistência é involuntária, nomeadamente quando o agente se diz: eu não consigo alcançar a minha finalidade, ainda que o quisesse"[18].

Quanto às motivações: se o agente quer impedir o resultado, **tornam-se indiferentes os motivos por que o faz**. Pode fazê-lo porque lho manda a consciência, por arrependimento ou vergonha, a rogo de terceiro ou às súplicas da vítima. "Desde que seja uma verdadeira desistência, i. é, desde que seja voluntária, são irrelevantes as motivações, não é necessário um como que "dolus bonus", não é preciso que a desistência represente como que uma reintegração no espírito de "fidelidade ao direito"; o que interessa é que desista e, assim, o bem jurídico acabe por não ser destruído; assim, a desistência, contra o que alguns dizem, nada tem a ver com uma como que negação retroativa da "dignidade penal" da conduta já praticada, pois que essa, uma vez existente, jamais se pode banir do mundo"[19]. Há contudo precisões a fazer. Só para dar um exemplo: quem por medo põe fim aos seus propósitos, já iniciados, de assaltar um banco desiste voluntariamente se a sua decisão não for ditada pelo medo mas se o medo constituir apenas um dos elementos dessa mesma decisão.

Caso nº 8 *A* quer violar uma mulher e para isso dirige-se a uma garagem nos fundos dum prédio de grandes dimensões, pondo-se à espreita, sem dar a entender os seus propósitos. Quando *B* se aproxima e se prepara para abrir o carro, *A* atira-se a ela, por detrás e de surpresa, derrubando-a. Enquanto lhe deita uma mão aos seios, desnuda-a da cintura para baixo, arrancando-lhe as cuecas, atando-a, em seguida, de pés e mãos com uma corda que tinha no bolso e fazendo-lhe uma mordaça com a gravata – tudo para conseguir as práticas sexuais, de cópula completa, que se propusera. Só que, no momento decisivo, repara na carteira de *B*, põe-se a revistá-la, mas não encontra dinheiro. Pega, todavia, no cartão multibanco de *B*, a quem, com uma navalha nas mãos e as palavras "senão retalho-te a cara", ordena que lhe dê o número secreto da conta bancária, ao mesmo tempo que lhe retira ligeiramente a gravata

[18] Figueiredo Dias, *DP/PG* I, 2ª ed., 2007, p. 750.
[19] Taipa de Carvalho, *A Legítima Defesa*, p. 381.

da boca. Logo que consegue decorar o código, *A* abandona sem mais a vítima, amarrada e amordaçada, no local, e dirige-se a uma caixa multibanco, apropriando-se aí de 300 euros da conta de *B*.

Punibilidade de *A* quanto ao crime de natureza sexual que este se propunha levar a efeito na pessoa de *B*?

A **desistência só é relevante** quando o agente, podendo prosseguir na execução do crime, a cessa sem ser coagido por circunstâncias extrínsecas, surgidas após o início da execução. **O abandono será involuntário e irrelevante** quando por exemplo aparece a polícia. A desistência supõe da parte do agente a possibilidade de escolher entre pôr termo à sua atuação ou prossegui-la, sendo a intervenção dos agentes um elemento extrínseco à atividade do assaltante que o impede de prosseguir a sua atividade e de levar até ao fim o plano que se propusera.

Outros casos são bem mais complicados[20]. Imagine-se que os propósitos de *A* eram de envenenar a mulher mas apercebe-se que contra as suas expectativas também a sua pequena filha provou do prato envenenado. *A* decide chamar um médico e contar o sucedido, salvando-se as duas. Observa Júlio Gomes que nesta hipótese de envenenamento a doutrina alemã alinha por maioria na desistência involuntária.

Confrontemos agora as explicações sumariadas sobre o regime legal com esta meia dúzia de exemplos referidos por Barja de Quiroga: o ladrão, no momento em que aplica o pé de cabra à porta da casa que julgava vazia, decide abandonar o plano de a assaltar, ao ouvir barulho vindo de dentro; o ladrão, que no interior da casa já reuniu uma porção de objetos, ouve as sirenas que indicam a chegada da polícia e foge; o agente deita por terra a sua vítima e obriga-a a tirar a roupa sob a ameaça de uma navalha, mas nesse momento sente medo de ser reconhecido e deita a fugir; num transporte público urbano, o carteirista deita a mão ao bolso da vítima, mas esta dá-se conta e faz um gesto instintivo de defesa, aproveitando o ladrão para fugir na paragem do autocarro; na casa onde penetrou, o agente consegue arrombar a gaveta do móvel onde supõe que haja dinheiro, mas como só encontra umas moedas vai-se embora sem nada; no autocarro, o ladrão consegue apoderar-se da carteira do passageiro do lado, mas como vê que não leva dinheiro, entrega-lha, gentilmente, explicando que ele a deixara cair.

Pode ainda acontecer que o agente desista por se ter apercebido que caiu em erro sobre a identidade da vítima (afinal a pessoa sobre quem ia disparar não era o amante da mulher) ou sobre as características do objeto da ação. Ou ainda

---

[20] Veja-se o **tratamento de casos** em Figueiredo Dias, *DP/PG*, 2ª ed., 2007, a partir de p. 751, incluindo alguns "casos difíceis e ainda hoje altamente constestáveis na solução", como aqueles "em que o desistente realiza uma parte do seu plano total mas desiste de uma outra parte que todavia podia realizar".

porque, não havendo erro sobre o objeto, o motivo da ação desaparece por outra razão: no exemplo do Prof. Figueiredo Dias, *M* está de facto perante o homem que toma por amante da mulher mas este convence-o de que está inocente daquilo que o agente lhe censura. Se o "regresso ao direito" se apresenta como "obra do agente" não haverá fundamento politico-criminal para negar o privilégio da desistência em casos destes.

V. Em casos de comparticipação (artigo 25º) releva o princípio da pessoalidade da desistência

No artigo 24º é condição absoluta de relevância eximente da desistência que a **consumação material** se não verifique. Do mesmo modo, também no que toca a desistência na comparticipação, "o legislador entendeu **estender o privilégio** àqueles casos em que se verificou já a consumação formal ou típica mas ainda não teve lugar o 'resultado' em função do qual o legislador construiu a incriminação apesar de ele não constituir elemento constitutivo do tipo"[21].

"No artigo 25º estabelece-se o princípio da *pessoalidade* da desistência da tentativa, cujos efeitos são estritamente pessoais. Só não é punível o próprio desistente, e não quaisquer comparticipantes, mas quando a desistência de um só evita a consumação do crime é manifesto que aos outros agentes cabe tão-só a pena correspondente à tentativa. Se há vários comparticipantes a impedirem voluntariamente a consumação ou a esforçarem-se seriamente para que ela se não verifique, nenhum deles é punível. Há nestes preceitos um fundo de política criminal que os autores apontam, o qual consiste em dividir os comparticipantes, mostrando-lhes que podem tirar proveito da dessolidarização e, através disso, evitar a produção do resultado antijurídico"[22]. Quis-se de alguma forma dividir os comparticipantes, mostrar-lhes que a dessolidarização pode ser útil – concorrendo assim de maneira não despicienda, diz-se nas Atas, para alcançar a finalidade que preside a toda a teoria da desistência: evitar que se produzam resultados criminosos.

---

[21] Figueiredo Dias, *DP/PG* I, 2ª ed., 2007, p. 844, que tem isso por indiscutível "na medida em que o art. 25º é aplicável aos casos em que o comparticipante logra 'impedir... a verificação do resultado' ou se esforça por a impedir". Segundo Costa Pinto, o Código consagrou **um regime diferenciado** para a desistência, "assente em diferentes graus de exigência condicionantes da relevância a atribuir à conduta do agente que vise salvaguardar o bem jurídico em perigo". No artigo 24º (quer no nº 1 quer no nº 2) é condição absoluta de relevância eximente que a consumação material se não verifique. Diferentemente, nas situações de comparticipação (artigo 25º) exige e basta-se o legislador com o esforço sério do comparticipante desistente no sentido de ser evitada a consumação material do facto, não fazendo depender a relevância isentadora da desistência da efetiva ausência de consumação.

[22] Cf. Maia Gonçalves, p. 257.

A DESISTÊNCIA DA TENTATIVA

Caso nº 9 *A* e *B* introduzem-se numa casa através de uma janela, com intenção de furtar alguns bens que lhes pudessem interessar. Já no interior da habitação, *A* verifica que conhece a dona da casa, abandonando o seu anterior propósito de prosseguir no assalto. Comunica a sua decisão a *B* e sai sem levar nada consigo.

Um caso destes foi tratado no acórdão do STJ de 14 de dezembro de 1995, que veio a ser publicado e anotado por Costa Pinto[23]. Muito em resumo, o Supremo considerou que o *A* se limitou a dar conhecimento ao *B* da sua decisão de desistir do assalto e a sair imediatamente da residência pelo mesmo sítio por onde entrara, acentuando que o *A* nada fez, nestas circunstâncias, para evitar a execução do crime de furto que o *B* efetivamente veio a consumar. Sendo assim, teve por relevantes, para efeitos de punição, os atos de execução do crime de furto que o *A* tinha decidido cometer. Pôs-se em relevo que o artigo 25º não prevê a desistência em sentido próprio, mas apenas o *arrependimento ativo do comparticipante*, que impedisse ou se tivesse esforçado seriamente para impedir a consumação ou verificação do resultado. Por isso mesmo puniu o *A* por tentativa.

Estava em causa o comportamento exigível a um comparticipante num facto penalmente ilícito que, por se traduzir numa renúncia à continuação da execução desse facto, permite invocar o efeito privilegiante do regime de desistência do artigo 25º. Costa Pinto é de parecer que ao *A*, após a manifestação de vontade em não prosseguir a execução do crime e o propósito de abandonar o local "nada mais" se lhe poderia exigir para fazer funcionar o artigo 25º. "Exigir-lhe um 'arrependimento ativo' dirigido a uma parcela do facto que lhe não foi imputada é ilegítimo num sistema penal em que a responsabilidade é estritamente pessoal"; "se o Tribunal entende que a consumação do crime não é imputável ao coautor que abandona a execução, não pode condicionar a relevância da desistência a um 'arrependimento ativo' dirigido ao impedimento dessa consumação".

Não bastará, porém, à relevância da desistência o abandono, pelo comparticipante, da sua conduta. Nestes parâmetros, "o privilegiamento torna-se excessivo na medida em que acaba por desligar-se por inteiro da sua razão de ser (a defesa de bens jurídicos) para se tornar um prémio atribuído em função de puros valores de ação". A nota mais característica do modelo consagrado no nosso CP está na "reversibilidade do processo lesivo". O processo lesivo pode ter-se consumado, mas se o comparticipante *se esforçou seriamente por impedi-lo* aceita-se o privilégio da desistência da tentativa de comparticipação[24].

---

[23] Costa Pinto, *RPCC* 7 (1997), p. 301 e ss.
[24] Veja-se Figueiredo Dias, *DP/PG* I, 2ª ed., 2007, p. 845.

O RISCO DE COMER UMA SOPA E OUTROS CASOS DE DIREITO PENAL

Caso nº 10   *A* inicia o assalto a uma residência para onde se deslocou numa carrinha emprestada para e feito por *B*, estando ambos conscientes de que os valores subtraídos, dado o seu tamanho, só poderiam ser transportados numa viatura desse género. Já dentro da moradia que pretendia assaltar, *A*, de súbito, desiste de prosseguir no assalto, para não ter que "malhar de novo com os ossos na cadeia".

A questão está em saber se o eventual privilégio da desistência do *A* se estende também ao *B*, seu cúmplice, sendo evidente que o assalto foi individualmente cometido. Nestes casos, a desistência do autor deve ser submetida ao regime do artigo 24º e não ao do artigo 25º, "apesar de no facto ter intervindo uma pluralidade de pessoas e, nesta aceção formal, terem intervindo comparticipantes"[25].

VI. A chamada tentativa qualificada

Caso nº 11   Durante uma discussão doméstica com sua mulher *B*, *A* pega numa faca de cozinha que estava logo ali à mão e, num golpe repentino, espeta-lha na região torácica, com intenção de a matar. *B* cai no chão e, numa grande aflição, sentindo que as forças começam a faltar-lhe, pede ao marido que a salve. *A* sabe que o golpe profundo provocado pela faca provocará a morte de *B* daí a pouco e arrepende-se do que fez. Imediatamente chama uma ambulância e *B* salva-se.

Punibilidade de *A*?

O tipo subjetivo da tentativa de homicídio encontra-se preenchido – *A* decidiu matar *B*, mas esta não morreu. *A* praticou atos de execução do crime que decidira cometer, ao agredir *B* na região torácica, onde lhe produziu um golpe profundo, capaz de provocar a morte (artigos 22º, 23º e 131º).

A agiu ilicitamente, sem justificação, não tendo o facto passado da tentativa, pois *B* continua viva.

Pode aqui falar-se de uma tentativa acabada, porquanto *B* não sobreviveria à agressão se não fosse a iniciativa do agressor e, tudo o indica, *A* estava convencido de que tinha feito tudo o que, do ponto de vista causal, era necessário para dar a morte.

Como o resultado não se produziu – a mulher foi salva pelos médicos – e o *A* se esforçou seriamente por evitar a consumação, a tentativa deixa de ser punível:

---

[25] Figueiredo Dias, *DP/PG* I, 2ª ed., 2007, p. 843; e Costa Pinto, *A relevância da desistência*, p. 270, com a opinião de a desistência do autor imediato e mediato deverem ser incluídas *no art. 24º*, não no artigo 25º.

A DESISTÊNCIA DA TENTATIVA

n°s 1 e 2 do artigo 24º. A contra-atuação do *A* foi coroada de sucesso: o seu esforço sério evitou a consumação. Estão também presentes todos os necessários elementos subjetivos: o *A* quis, com a sua atividade esforçada, evitar a morte da mulher, prevendo que sem isso o evento mortal se consumaria. Na tentativa acabada, para que se considere existente um esforço sério do agente para evitar a consumação, é necessário que haja um comportamento voluntário e ativo, idóneo para impedir que as forças da natureza por ele desencadeadas determinem o resultado.

A deixa de ser punível por tentativa de homicídio.

A lei limita-se à expressão "a tentativa deixa de ser punível", havendo divergências doutrinais quanto a saber se se trata de um fundamento pessoal de exclusão da pena ou de uma causa de desculpação ou de um **"pressuposto negativo de punibilidade"** por falta de *dignidade punitiva* do facto global[26].

Se o agente é nas hipóteses de desistência voluntária completamente isento de pena "é solução ditada por considerações de política criminal, nomeadamente a de facilitar a dissociação entre o agente e o seu projeto criminoso. De outro modo não se compreenderia que só a desistência lograda tivesse por efeito a isenção da pena"[27].

A, no entanto, ofendeu o corpo de *B*, provocando-lhe perigo para a vida (artigo 144º, alínea *d*).

Trata-se de um crime de perigo concreto. Na hipótese *sub judice* o perigo provocado pela atuação do agressor verificou-se, pois *B*, claramente, estava ferida de gravidade, perto de morrer, e só não morreu por causa do golpe desferido com a faca por ter sido imediatamente socorrida. Os elementos objetivos da incriminação encontram-se reunidos. Duvidoso é o elemento subjetivo, na medida em que *A* agiu com dolo homicida.

Parte da doutrina entende que o dolo homicida exclui, por definição, a existência de um dolo de ofensa ao corpo ou à saúde, o qual supõe que quem sofre uma ofensa corporal continuará vivo: quem agride não pode querer ao mesmo tempo o dano do corpo ou da saúde e a morte de outrem. A teoria unitária entende porém que o dolo de ofensa corporal está contido no dolo homicida. O homicídio e os crimes contra a integridade física são em princípio compatíveis, salvo os casos de agravação pelo resultado, pois a lesão corporal é o estado intermédio por onde passa o homicídio, ficando portanto abrangida pela intenção de matar[28].

---

[26] Figueiredo Dias, *DP/PG* I, 2ª ed., 2007, p. 673 e 755, que acentua: porque a desistência voluntária "significa desistência como obra *do agente*, a *ele* imputável, o privilégio liga-se estritamente à conduta *pessoal* do desistente e não se estende à de outros comparticipantes".

[27] Figueiredo Dias; ainda, Faria Costa, p. 165

[28] Küpper, *Strafrecht*, BT 1, 1996, p. 45; Eser, in S/S, § 212, nº de margem 17 e ss. Ainda sobre a relação que intercede entre o homicídio e as ofensas corporais: Faria Costa, *O perigo em direito penal*, p. 389.

Aderindo a esta visão das coisas, dir-se-á que *A*, ao atuar, representou tanto a produção de lesões do tipo das descritas como a decorrente situação de perigo para a vida de *B*. O dolo de dano na saúde e no corpo da vítima (ofensa à integridade física) é manifesto, e com ele o preenchimento do ilícito do artigo 144º, alínea *d*), face à representada situação de perigo, não havendo qualquer causa de justificação ou de desculpação.

Conclusão: A ofensa corporal, com as consequências apontadas, é irreversível para *A*: já não há lugar a uma contra-atividade que pudesse evitá-la. *A* cometeu pois, em autoria material, uma ofensa à integridade física grave do artigo 144º, alínea *d*). Poderá igualmente verificar-se a componente fáctica da violência doméstica (artigo 152º).

Considere agora a hipótese de a ambulância, quando seguia a caminho do hospital, ter ficado inapelavelmente atascada num engarrafamento. Resultado: não chegou ao hospital a tempo de *B* se salvar.

Veja-se a seguir a solução que o Supremo deu a um caso semelhante, considerando (por não ter reconhecido um esforço sério) apenas o arrependimento posterior ao crime, com o peso, quanto muito, da atenuação especial.

VII. Tentativa acabada e arrependimento post delictum

Caso nº 12 *A* vivia maritalmente com *B*, mas as relações de ambos estavam degradadas. O *A* não permitia que a *B* trabalhasse ou contactasse com outros homens e qualquer telefonema ou conversa era motivo para ciúme e pretexto suficiente para a agredir, o que vinha fazendo com regularidade, utilizando para o efeito um chicote feito com fios elétricos. A *B* já por diversas vezes se queixara do *A*, mas depois desistia e os processos eram arquivados. Em certa altura, na sua residência, ambos se envolveram em discussão por causa de um telefonema que ela atendeu, tendo o *A* sacado uma pistola municiada que a uma distância de cerca de 2 metros apontou à cabeça da *B*, e de seguida premiu o gatilho, disparando-a. O tiro atingiu a *B* na região fronto temporal esquerda, mas a bala fez ricochete e voltou a sair. Em seguida, o *A* arrependeu-se e levou a *B* ao hospital. A morte da *B* só não ocorreu por circunstâncias alheias à vontade do *A*, que agiu com intenção de lhe tirar a vida, acórdão do STJ de 18 de fevereiro de 1999, *CJ* 1999, tomo I, p. 217.

Escreve-se no acórdão: Perante o circunstancialismo descrito, não pode concluir-se que a conduta do *A* imediatamente posterior ao disparo constitua aquilo a que a lei chama de **esforço sério** (no sentido de real, sincero ou importante) para evitar a consumação do homicídio.

Na determinação de esforço sério do desistente para evitar a consumação do crime, ou a verificação do resultado, deve seguir-se um critério objetivo, moldado na teoria da causalidade adequada, em termos de poder concluir-se que o agente abandonou, ativamente, o projeto inicial e tudo fez dentro das suas capacidades e conhecimentos, para interferir no processo causal em movimento e evitar a consumação do crime que decidira cometer. Assim, na tentativa acabada, para que se considere existente um esforço sério do agente para evitar a consumação, é necessário que haja um comportamento voluntário e ativo, idóneo para impedir que as forças da natureza por ele desencadeadas determinem o resultado.

Do esforço sério, ativo, a que se refere o artigo 24º, haverá que distinguir o arrependimento *post delictum* em que o agente se limita a desenvolver uma atividade posterior ao crime, destinada a eliminar ou atenuar os seus efeitos danosos ou perigosos, a qual pode constituir apenas uma atenuante geral – a prevista na alínea e) do nº 2 do artigo 71º do Código Penal – ou uma atenuante especial – a prevista na alínea c) do nº 2 do artigo 72º do mesmo Código).

VIII. Outras indicações de leitura

Cavaleiro de Ferreira, Lições de Direito Penal, PG I, 1992, p. 417: "a desistência não é somente desistência voluntária de levar a cabo a execução ou consumação do crime, mas revogação da própria intenção ou resolução criminosa".

M. Killias, Précis de droit pénal general, 2ª ed., 2002, p. 72. O *repentir* sincère e a figura do *pentito* referem-se a crimes consumados: consumada a infração, já o seu autor a não pode apagar. Pode, ainda assim, fazer tudo o que estiver ao seu alcance para a atenuar e sobretudo para reparar os prejuízos. O código penal suíço fala a este propósito de "repentir sincère" (aufrichtige Reue) que é uma das circunstâncias atenuantes do artigo 64, e dá lugar às penas atenuadas previstas no artigo 65. O "repentir sincère" aproxima-se da figura do "pentito" do direito penal italiano, uma vez que se refere a crimes consumados. Em matéria de tentativa, fala-se de desistência e de arrependimento ativo, dependendo de estar ou não a tentativa acabada.

Acórdão da Relação de Lisboa, de 24 de abril de 1985, *CJ* 1985 tomo 2, p. 174: a desistência do propósito criminoso é uma circunstância pessoal, não comunicável aos comparticipantes, a qual só beneficia o desistente. Não existe desistência penalmente relevante quando o agente desiste depois de verificar que a situação ilícita de que é autor se não pode produzir em virtude de factos que lhe são estranhos, surgidos depois do início da execução dos primeiros atos constitutivos do ilícito criminal.

Acórdão do STJ de 16 de novembro de 2005, proc. n.º 3246/03-3. A voluntariedade só se verifica quando o agente desiste de prosseguir na execução do crime de forma espontânea, isto é, quando desiste não obstante poder prosseguir na execução daquele, pelo que a desistência após a constatação/verificação de que a situação ilícita se não pode produzir em virtude de factos estranhos ao agente, surgidos depois do início dos atos de execução, terá de considerar-se irrelevante.

Acórdão do STJ de 18 de outubro de 2006, proc. nº 06P3052, *relator*: Conselheiro Silva Flor. A desistência só é relevante quando o agente, podendo prosseguir na execução do crime, a cessa sem ser coagido por circunstâncias extrínsecas, surgidas após o início da execução, como a iminência de uma intervenção policial ou a reação dos ofendidos ou até de terceiros: a impunibilidade da tentativa funda-se no regresso ao direito operado pelo agente, o que significa um propósito deste neste sentido. Não se verifica uma desistência voluntária da execução do crime, no sentido de ato espontâneo, numa situação em que o recorrente, tendo chegado a ter a pasta com dinheiro em seu poder, só a largou em resultado da reação dos ofendidos, que se envolveram em luta consigo, durante a qual a pasta caiu, reação que levou o recorrente a fugir, deixando a mesma no chão. Em tal situação, não se excluindo em absoluto que ainda lhe fosse possível levar a pasta consigo, tudo se conjuga no sentido de considerar que o recorrente, perante a reação dos ofendidos, numa avaliação necessariamente muito rápida da situação, tendo como única preocupação o sucesso da fuga, que ficaria comprometido se fosse buscar a pasta para a levar consigo, optou por deixá-la no local e fugir de imediato. Consequentemente, a tentativa é punível.

Acórdão do STJ de 19 de março de 2009, no processo nº 09P0240, *relator*: Conselheiro Armindo Monteiro. É incompatível com o arrependimento ativo a circunstância de os arguidos se terem ausentado do local, deixando o assistente sozinho, gravemente ferido e a perder sangue em grande quantidade, não se tendo apurado que tenham providenciado qualquer meio de socorro – mesmo quando encontrados na estrada pela equipa do INEM, chamada pelo assistente, não foram capazes de indicar a residência deste. A desistência relevante não pode cingir-se a um ato de pura indiferença para com as consequências do crime perpetrado, de abandono da vítima, que não significa "dessolidarização" com o facto, o evitar que se produzam resultados criminosos. Um mero conselho de deixar de continuar-se a agressão não pode validamente interpretar-se como desistência, mas antes como suficiente a agressão na sua relação com o castigo projetado e, mais ainda, como domínio do facto que a arguida teve em toda a latitude, detendo nas suas mãos o continuar ou deixar de o fazer, abandonando o local quando o quis.

Acórdão do STJ de 20 de novembro de 2003, proc. nº 03P33225, *relator*: Conselheiro Simas Santos. Ficando provado que o arguido e um comparsa abordaram, pelas costas, um indivíduo que passeava na rua e, depois do arguido lhe agarrar um abraço, lhe exibir uma pistola (de pressão de ar) e o intimar para que lhe desse o telemóvel, ao mesmo tempo que dizia "se não queres levar um tiro", o indivíduo começou a gritar, pelo que o arguido começou a afastar-se, não se está perante uma desistência "voluntária", no sentido de espontânea, pois o arguido, apesar de ter abandonado os atos de execução do crime, fê-lo por medo de ser capturado, o que de resto acabou por suceder. Não houve, assim, uma atitude livre e espontânea de revogar a decisão criminosa anterior, mas um obstáculo exterior (os gritos da vítima), que lhe foi oposto contra sua vontade e que o forçou ao não prosseguimento da ação que torne relevante a desistência na tentativa, como causa de não punibilidade do ato, que encontra o seu fundamento no arrependimento ativo, numa reconsideração livre e espontânea que é feita antes de findar a execução dos atos criminosos ou antes da consumação do crime.

Acórdão do STJ de 28 de maio de 2008, no processo nº 08P1218, *relator*: Conselheiro Maia Costa. O artigo 31.º do Decreto-Lei nº 15/93, de 22 de janeiro, que estabelece uma atenuação especial da pena, prevê a chamada desistência ativa, que consiste no abandono da atividade delituosa ou na contribuição para o impedimento do resultado ou para o auxílio na recolha de provas do crime, por parte do agente. O abandono, para ser relevante para os efeitos daquele preceito, tem de ser voluntário, o que significa que ele deve ter lugar antes da intervenção de qualquer fator externo que interrompa, impeça ou dificulte a atividade criminosa.

Acórdão do STJ de 28 de outubro de 1998, proc. n.º 852/98. Na desistência da tentativa não basta que o arguido deixe materialmente de prosseguir na execução do crime, por razões de estratégia dada a dificuldade ou impossibilidade de prosseguir ou até de receio de intervenção de terceiros. Tem de haver uma decisão voluntária, uma atitude interior, espontânea, de revogar a decisão anteriormente formada de cometer o crime, por motivos próprios, assumidos, de reconsideração e não por meras razões de estratégia.

Acórdão do STJ de 28 de setembro de 1995, *BMJ* 449, p. 90: "arrependido" membro de "organizações terroristas".

Acórdão do STJ de 29 de outubro de 1998, proc. nº 670/98: o conceito de desistência, seja necessário ou não um arrependimento efetivo, terá sempre de passar pela exteriorização (e comprovação) de uma atitude voluntária de sustação do desenvolvimento do iter criminis, inequivocamente divisada.

O RISCO DE COMER UMA SOPA E OUTROS CASOS DE DIREITO PENAL

Acórdão do STJ de 4 de janeiro de 1996, *CJ* 1996, p. 161: a desistência colaborante, da tentativa, com relevo para a exclusão do procedimento criminal contra o desistente (artigo 25º do Código Penal), por força da sua natureza pessoal não comunica os seus efeitos aos coagentes da infração e pode exigir, para se verificar, por parte do desistente, a prática de atos de prosseguimento da execução do crime, em colaboração com os não desistentes, mas neste caso sempre em conjugação de esforços com as autoridades policiais e, eventualmente, com os ofendidos.

Acórdão do STJ de 6 de maio de 1998, *CJ* 1998, tomo II, p. 195: para que a desistência seja relevante quando haja participação não basta que, após dois dos participantes terem partido o vidro da porta do estabelecimento a assaltar, o terceiro comparticipante decide não entrar nesse mesmo estabelecimento.

Faria Costa, Formas do Crime, in Jornadas de Direito Criminal, CEJ, 1983, p. 152 e ss.

Frederico de Lacerda da Costa Pinto, A relevância da desistência em situações de comparticipação, 1992.

Frederico de Lacerda da Costa Pinto, Desistência de um comparticipante e imputação do facto cometido. Acórdão do Supremo Tribunal de Justiça de 14 de dezembro de 1995, *RPCC* 7 (1997), p. 301 e ss.

Frederico de Lacerda da Costa Pinto, Justificação, não punibilidade e dispensa de pena na revisão do Código Penal, Jornadas sobre a revisão do Código Penal, FDUL, 1998, p. 55.

Hans Kudlich, Grundfälle zum Rücktritt vom Versuch, *JuS* 1999, p. 240; p. 349.

Jorge de Almeida Fonseca, Crimes de empreendimento e tentativa, Coimbra, 1986.

Jorge de Figueiredo Dias, "Formas especiais do crime" – *Textos de apoio*, 2004.

Jorge de Figueiredo Dias, As "Associações Criminosas" no Código Penal Português de 1982 (Arts. 287º e 288º), separata da *RLJ*, nºs 3751 a 3760.

Jorge de Figueiredo Dias, Direito Penal, sumários e notas, Coimbra, 1976.

Jorge de Figueiredo Dias, Direito penal. Parte Geral, tomo I, 2ª ed., 2007.

Jorge de Figueiredo Dias, Sobre o estado atual da doutrina do crime, RPCC, 1 (1991), p. 9.

Jorge Ribeiro de Faria, Sobre a desistência da tentativa, separata do vol. LVII do *BFD* (1981), Coimbra, 1982.

Júlio Gomes, A desistência da tentativa, 1993.

Margarita Martínez Escamilla, Dos cuestiones básicas del desistimiento en Derecho Penal, in Política criminal y nuevo Derecho Penal, Libro Homenaje a Claus Roxin, 1997, p. 331.

Udo Ebert, Strafrecht, AT, 2ª ed., 1993.

18 – AUTORIA E COMPARTICIPAÇÃO

I. Generalidades

1. É para todos manifesto que um facto punível, um homicídio, um furto, etc., pode ser obra de um ou vários agentes. Quando alguém age sozinho, realizando pessoalmente e por inteiro a conduta típica, a eventual atribuição da responsabilidade penal só a essa pessoa diz respeito. Ainda que a grande maioria das incriminações da PE descrevam condutas construídas de acordo com o modelo do autor individual e que na elaboração da teoria geral do crime se tenha partido da realização singular do ilícito, frequentemente – como ensina a experiência – a atuação delituosa é produto da concorrência de várias condutas praticadas por sujeitos distintos, realizada, portanto, por uma *pluralidade de agentes* em **comparticipação**[1]. É quanto basta para complicar a questão da responsabilidade penal. As formas e o grau de (com)participação dos sujeitos que se agregam à pessoa do autor podem ser, com efeito, muito diversos: há contributos de importância mínima (conselhos genéricos, encorajamentos a quem já está resolvido a cometer o crime, fornecimento de instrumentos que qualquer um pode obter facilmente); noutros casos, a contribuição alarga-se e vai dirigida à realização com sucesso da conduta, tornando-se assim indispensável, como quando alguém fornece o segredo de um cofre que de outro modo ficaria inacessível.

Objeto de especial atenção vão ser os artigos 26º e 27º, sem que com isso se esqueça o artigo 28º, que veio permitir que a punibilidade de qualquer comparticipante portador de qualidades ou relações especiais se comunique aos restantes agentes da comparticipação. Se *A*, funcionário do tribunal, praticou, com outro, por exemplo o assistente *B*, o crime de falsificação agravado do artigo 257º – inventando ambos totalmente um ato judicial que não existiu e fabricando o documento

---

[1] O termo "comparticipação" emprega-o o Código, por ex., no artigo 7º, nº 1, e nas epígrafes dos artigos 25º (desistência em caso de comparticipação), 28º (ilicitude na comparticipação) e 29º (culpa na comparticipação).

em que se narra tal ato – o *B* praticou-o igualmente nessa forma agravada visto que, apesar de não ser funcionário público e a falsificação dizer respeito a um ato judicial inserido em processo desta natureza, torna-se-lhe *extensível* a incriminação por força do nº 1 do artigo 28º, até porque é inegável que o *B* sabia que o seu comparsa tinha a dita qualidade. É a este propósito que se fala do *intraneus* e do *extraneus*, expressões que de algum modo passam a designar o "autor" (aquele que tem a qualidade ou relação típica) e o "outro" que intervém no ilícito. Este artigo 28º estabelece que nas situações de comparticipação em crimes específicos (e este é um deles, é um crime de *funcionário*, "no exercício das suas funções") basta que a qualidade ou relação especial relativa à ilicitude ou ao grau de ilicitude se verifique num dos comparticipantes (no caso o funcionário) para que o outro seja também punido com a pena que cabe ao primeiro.

Veremos igualmente que a culpa é uma questão pessoal de cada interveniente: artigo 29º.

Por outro lado, teremos presente que no contexto do Direito Penal o conceito de *representação* surge na previsão normativa do artigo 12º do Código, que sanciona a punibilidade da atuação "em nome de outrem"[2]. É punível "quem age (...) em representação legal ou voluntária de outrem". Trata-se de uma fórmula que permite *estender a punibilidade* dos tipos penais de crime da parte especial que supõem determinados elementos pessoais ou uma atuação no interesse próprio também àquelas pessoas em que tais elementos típicos se não verificam (e que portanto não são destinatários próprios ou possíveis da norma incriminadora) mas que todavia atuaram como órgãos ou representantes de pessoa relativamente à qual se verificavam aqueles elementos pessoais ou aquele interesse próprio[3]. Com isto, o artigo 12º não regula nem quer regular qualquer problema de *comparticipação*.

2. Um ponto de interesse é o da responsabilidade penal das pessoas coletivas. Pode uma pessoa jurídica ser sujeito ativo de um crime? Tradicionalmente respondia-se a esta questão de forma negativa, dizendo que *societas delinquere non potest*. Os dois principais impedimentos eram a falta de capacidade "natural" de ação e a incapacidade de culpa (incapacidade de agir culposamente).

As orientações mudaram, entretanto. As portas começaram por ficar abertas no que toca às chamadas contraordenações. Atualmente, segundo o nº 2 do artigo 11º do CP, na redação da Lei nº 59/2007, de 4 de setembro, "as **pessoas coletivas e entidades equiparadas**, com exceção do Estado, de outras pessoas coletivas

---

[2] No direito civil, o conceito de representação tem atrás de si um regime envolvente mais do que centenário; veja-se, quanto ao mandato, o disposto nos artigos 1157º e 1161º, alínea *a*), do Código Civil.

[3] Figueiredo Dias, "Pressupostos da punição", *Jornadas de Direito Criminal*, CEJ, 1983, p. 51; Anabela Miranda Rodrigues *Conimbricense* II, p. 958; e Francisco Muñoz Conde/Garcia Arán, *Derecho Penal* PG, p. 208.

AUTORIA E COMPARTICIPAÇÃO

públicas e de organizações internacionais de direito público, são responsáveis pelos crimes previstos nos artigos 152.º-A e 152.º-B, nos artigos 159.º e 160.º, nos artigos 163.º a 166.º, sendo a vítima menor, e nos artigos 168.º, 169.º, 171.º a 176.º, 217.º a 222.º, 240.º, 256.º, 258.º, 262.º a 283.º, 285.º, 299.º, 335.º, 348.º, 353.º, 363.º, 367.º, 368.º-A e 372.º a 374.º, quando cometidos:

a) Em seu nome e no interesse coletivo por pessoas que nelas ocupem uma posição de liderança; ou

b) Por quem aja sob a autoridade das pessoas referidas na alínea anterior em virtude de uma violação dos deveres de vigilância ou controlo que lhes incumbem.

Tenha-se em atenção que os entes coletivos só agem através de pessoas "naturais", sendo necessário determinar o âmbito e a forma que deve assumir o **nexo de imputação** do facto à responsabilidade do ente coletivo.

Uma pessoa coletiva pode agora cometer, por ex., o crime de poluição (artigo 279º). Neste particular, sempre se puseram problemas específicos de imputação jurídico-penal, devido sobretudo à divisão, típica na empresa, entre *responsabilidade* e *ação* (a lesão do bem jurídico é, em muitas situações, levada a efeito por uma pessoa física que não é, neste aspeto, verdadeiramente responsável ou, pelo menos, não tem a responsabilidade exclusiva da ação"[4]. Como os entes coletivos só agem através de pessoas "naturais", torna-se necessário determinar o âmbito e a forma que deve assumir o **nexo de imputação** do facto à responsabilidade do ente coletivo. A lei, como se viu, dispõe que o facto será imputado ao ente coletivo quando o crime for cometido em nome do mesmo e no interesse coletivo por pessoas que nele ocupam uma posição de liderança, mas dispõe igualmente quanto à garantia de não produção de resultados típicos, isto é, quando a falta de vigilância ou controlo dos órgãos ou representantes do ente coletivo tenha tornado possível a prática do facto por uma pessoa ou sob a sua autoridade.

Aludindo a alguns daqueles crimes, por ex., o terrorismo e a poluição ambiental, o Prof. Figueiredo Dias recorda que eles são, pela lei, considerados verdadeiros crimes, tornando-se impossível defender que se as mesmas infrações forem cometidas por um ente coletivo elas já não constituem crime, mas meras contraordenações. Há razões para se admitir uma responsabilidade dos entes coletivos no direito penal **ao lado** da eventual responsabilidade das pessoas individuais que agem como seus órgãos ou representante (o chamado **modelo analógico**). Deste modo, "o legislador ordinário não é livre de qualificar a mesma conduta

---

[4] Anabela Miranda Rodrigues *Conimbricense* II, p. 957.

O RISCO DE COMER UMA SOPA E OUTROS CASOS DE DIREITO PENAL

como crime se levada a cabo por certos sujeitos típicos e como contraordenação se levada a cabo por outros"[5][6].

Pelo mesmo facto punem-se duas pessoas, a jurídica e a natural ou as naturais que a formam, num modelo específico de atribuição da responsabilidade penal, que nem é coautoria nem alguma outra forma de concurso de pessoas.

3. O tema da autoria e (com)participação no domínio da **criminalidade organizada** compreende uma vasta série de questões. Em que condições é autor, coautor ou autor moral de um crime o dirigente de uma organização criminosa que, por não tomar parte ativa na sua própria realização, o não comete por suas próprias mãos? Parece haver dificuldades jurídicas em responsabilizar penalmente a pessoa que se mantém na sombra. Note-se, por ex., quanto ao crime de **associação criminosa** (artigo 299º do CP), que "as diversas modalidades de ação integrantes do tipo objetivo de ilícito têm fundamentalmente a ver com a atividade do agente dentro da associação. Uma tal atividade tem de consistir em promovê-la, fundá-la, fazer parte (ser membro) dela, apoiá-la, chefiá-la ou dirigi-la. O juízo de desvalor não é o mesmo em todos os casos"[7][8].

4. Há duas ideias fundamentais a reger o concurso de pessoas no crime. Uma parte da equivalência entre os diversos contributos, de modo que autores e cúmplices estão todos no mesmo plano. É o modelo predominante nos países de influência anglo-saxónica. Outros sistemas punem todos os comparticipantes em função do seu próprio contributo, o que leva, no Código português, à atenuação especial da cumplicidade, prevista no artigo 27º.

As dificuldades avolumam-se quando procuramos traçar a linha que separa essas diferentes contribuições.

A seu tempo, tudo isto se esclarecerá. Por agora, é apenas de reter que ao mesmo indivíduo pode ser imputada a autoria material, imediata e singular, se executar o facto "por si mesmo" (artigo 26º, 1ª alternativa), sem a intervenção de outro ou outros. Se o faz por intermédio de outrem (artigo 26º, 2ª alternativa),

---

[5] Figueiredo Dias, *DP/PG* I, 2ª ed., 2007, p. 301.

[6] Há uma irrestrita responsabilidade das pessoas coletivas no campo do direito de mera ordenação social (artigo 7º do Regime Geral das Contraordenações (RGCO). De resto, "a aceitação da clara responsabilidade das pessoas coletivas começou pela sua aceitação no âmbito do direito de mera ordenação social", lembra o Prof. Faria Costa, *Noções Fundamentais*, 2ª ed., 2010, p, 42.

[7] Jorge de Figueiredo Dias, *Conimbricense* II, p. 1165 e ss. No crime de associação criminosa (artigo 299º, nº 5), delimita-se o âmbito do tipo, exigindo-se que a associação compreenda pelo menos três pessoas. Para distinguir a associação da mera comparticipação criminosa, requer-se a atuação concertada *durante um certo período de tempo.*

[8] O acórdão do STJ de 17 de abril de 1997, *BMJ* 466, p. 228, distingue entre **a comparticipação e a associação criminosa**. Atualmente (artigo 299º, nºs 1 e 5), existe grupo, organização ou associação criminosa, crime punido com pena de prisão de um a cinco anos, quando esteja em causa um conjunto de, pelo menos, três pessoas, atuando concertadamente durante um certo período de tempo.

é de autoria mediata que se trata. Por fim, tomando parte direta na execução do crime, por acordo ou juntamente com outro ou outros, compromete-se como coautor. Na sistemática do Código (artigo 26º, última alternativa), o instigador é punível como autor, mas para a instigação exige-se que "haja execução ou começo de execução.

Para além da **autoria**, outro conceito que vamos empregar, o de "**participação**", tem significado mais restrito do que o termo comparticipação. A cumplicidade é, seguramente, uma forma de "participação", quiçá até a única forma de "participação". Os cúmplices são meros auxiliares que não executam o facto, não realizam o tipo de ilícito, a sua intervenção nele é acessória, depende da existência de um outro personagem na execução de um facto doloso. À figura da **instigação** (artigo 26º: última alternativa típica) ligam-se características por assim dizer mistas. Para seguir o pensamento do Prof. Figueiredo Dias, "dentro da doutrina do domínio do facto", onde se encontram os "resultados e soluções mais corretos e justos", haverá que dividir o conceito "vulgar" de instigação (em sentido amplo):

- em certos tipos de atos (de "instigação-determinação") que são *autoria* (artigo 26º, 4ª alternativa); e
- noutro tipo de atos (de "instigação-auxílio moral", artigo 27º, 2ª alternativa), que são *cumplicidade*", e que poderão ser cunhados pelo termo **indução**.

Nesta perspetiva, que se demarca da visão tradicional, assente sobretudo no entendimento predominante em terras alemãs, dá-se um específico sentido à ideia que o artigo 26º, 4ª alternativa, exprime com a exigência de que "haja execução ou começo de execução". "A razão da exigência legal de que, nos casos de instigação, se tenha verificado o início da execução por parte do instigado (...) nada tem que ver com o princípio da acessoriedade como tal: é uma exigência politico-criminal ligada à ideia de que, sendo o processo de determinação essencialmente interno ou psicológico, entendeu a lei sublinhar de forma expressa que ela só pode considerar-se verificada quando conduza à prática pelo instigado de ato(s) que a revele(m) e execute(m)" (Figueiredo Dias).

Quanto à cumplicidade, por si só, ela não constitui qualquer crime (o cúmplice não realiza os elementos típicos previstos na norma incriminadora). Ninguém pode ser acusado de cumplicidade somente em abstrato, a cumplicidade liga-se sempre a uma concreta conduta de outrem, ou, quanto muito, a um facto doloso que outrem já começou a realizar e ainda está cometendo. É neste sentido que dizemos que ligada à responsabilização do cúmplice existe uma **acessoriedade** que também é de ordem "lógica".

Surgem dificuldades quando procuramos determinar as relações de acessoriedade entre a conduta do cúmplice e a do autor. Suponha-se que este é um inimputável que, se não pode cometer um crime, por ausência de culpa, ainda assim pode levar a efeito um ato típico e ilícito. É inaceitável que, num caso destes, o cúmplice fique impune, por ao autor principal se não poder impor uma pena. Como escreve o americano Fletcher,[9] se a responsabilidade do cúmplice é realmente acessória tem de estar ligada a "alguma coisa". O problema está em definir essa "qualquer coisa". Os **requisitos mínimos** da responsabilidade do cúmplice estabelecem-se modernamente dentro dos seguintes parâmetros: há um indivíduo que começou a executar uma conduta típica e ilícita, quer dizer: conforme à norma incriminadora e não justificada. Qualquer outro indivíduo que tenha dado um contributo penalmente relevante para essa prática deve responder a título de cumplicidade se por sua vez for julgado culpado. É a regra da **acessoriedade limitada**. O autor só será punido se realizar um ato ilícito e culposo. O cúmplice será punido só se for pessoalmente culpado, quer dizer, se não tiver a seu favor qualquer circunstância eximente. Podemos assim concluir que se o autor principal se conduz de forma típica mas não antijurídica (ilícita), porque, por exemplo, age em legítima defesa, o cúmplice, ainda que participando dolosamente, não responderá por qualquer crime. Subsistindo a legítima defesa, o autor principal não gera qualquer situação antijurídica.

5. No início da década de 1980, quando apareceu um novo código penal, já o "encobrimento" ("favorecimento pessoal") deixara de ser entendido como uma forma de participação no crime. E a razão era simples: não se podia *tomar parte* em algo que já estava *consumado*. As formas de encobrimento têm sem dúvida o seu próprio conteúdo de ilícito, na medida em que, ajudar o autor de um crime a alcançar o esgotamento material dos seus propósitos ou a conseguir defraudar a ação da justiça, faz com o que o ilícito cristalize e até se amplie materialmente, ao mesmo tempo que se frustra a reação punitiva (Quintero Olivares). Só que, note-se, o encobrimento não contribui para o ilícito anteriormente realizado. Não há uma (**com**)participação no crime já realizado. Qualquer forma de encobrimento fica assim submetida ao princípio da acessoriedade. E isso reflete-se na sanção própria do encobrimento que nada terá a ver com a do delito precedente (*ato prévio*). Nos artigos 231º e 232º incrimina-se a recetação – e o auxílio ao criminoso, para que este tire benefício da coisa ilicitamente obtida. O favorecimento pessoal como crime contra a realização da justiça foi autonomizado nos artigos 367º e 368º, ao lado do branqueamento de capitais (artigo 368º-A).

6. Um outro problema é de caráter processual: saber se o autor deverá ser responsabilizado para que possa efetivar-se a responsabilidade de outro

---

[9] George P. Fletcher, *Basic concepts of criminal law*, Oxford University Press, 1998.

comparticipante. No acórdão do STJ de 28 de julho de 1987, *BMJ* 369, p. 392, entendeu-se que não é possível a condenação de coautor moral na falta de identificação do coautor material. Mas o acórdão do STJ de 8 de março de 2007, proc.n.º 447/07-5 (com o sumário no *blog* "Cum Grano Salis") entendeu, com argumentos corretos, que o desconhecimento das identidades concretas dos coautores, provados que estejam os elementos que caracterizam a coautoria, é irrelevante para afirmação feita pelas instâncias da ocorrência da coautoria.

II. A autoria como causação; a autoria como execução; a autoria como domínio do facto

Caso nº 1 *A* quer matar o filho que acaba de dar à luz, mas sente-se muito fraca por ter tido um parto difícil e pede a B, sua irmã, que faça desaparecer o recém-nascido. B não tem qualquer interesse na morte do sobrinho, mas afoga-o na banheira, dando execução aos desejos da irmã ("Badewannenfall", RGSt. 74, p. 84 e ss.).

B matou outra pessoa, agindo com dolo homicida. Tendo executado o facto "por si mesmo" (artigo 26º, 1ª alternativa) é autora material de um crime do artigo 131º do Código Penal. *A* é instigadora, na medida em que, dolosamente, determinou outra pessoa à prática do facto. Todavia, quando o caso se colocou ao RG alemão, o tribunal considerou que a morte da criança só era importante para *A* e que *B* se limitara a ajudá-la, pondo nisso uma atitude puramente "altruística". Vistas as coisas assim, a figura central do acontecimento é a mãe da criança e *B* figura acessória, que só deverá ser punida como cúmplice e portanto com uma pena mais leve, como veio a decidir-se.

Ao longo dos tempos foram sendo ensaiadas diversas soluções para distinguir a autoria da participação. Uma delas corresponde à posição do RG naquilo que se tornou conhecido como "Badewannenfall" e que – diz-se – evitou que os juízes alemães condenassem a tia homicida a prisão perpétua. Noutra altura, o Supremo Tribunal Federal decidiu em termos semelhantes o caso "Stachynski": um agente duma potência estrangeira, por ordem dos seus superiores, matou dois exilados políticos em Munique. Sustentou-se igualmente que a falta de vontade de autor e especialmente do interesse no facto, que era do mandante, podem fazer com que aquele que o executa por suas próprias mãos seja excecionalmente tido por simples cúmplice.

Mas os fundamentos destes dois arestos foram, e continuam a ser, muito contestados.

1. A autoria como causação; conceito extensivo de autoria; conceito unitário de autoria; significado da participação

Nos casos mais simples, o aplicador do Direito encontra-se perante um crime cometido por uma única pessoa, seu autor singular (imediato). Mas, como já advertimos, podem intervir diversos indivíduos e dar-se a possibilidade, nos autênticos crimes de resultado descritos na PE do código, de se atribuir esse resultado aos vários agentes envolvidos, desde que estes tenham um *contributo causal* para o facto. Identifica-se então a causação do facto com a autoria, de forma que é autor do crime todo aquele que lhe tenha dado causa, entendendo-se esta "causa", nos termos gerais, segundo os critérios da causalidade adequada (Eduardo Correia).

Caso nº 2 *A* convence *B* a matar *X*. *B* concorda e consegue que *C* lhe empreste uma arma de fogo, com que mata *X* num dos dias seguintes.

Neste exemplo, *B* cometeu diretamente, por suas próprias mãos, o crime do artigo 131º, pois matou "outra pessoa". Todavia, *A* e *C* também "mataram" *X* e também são, por isso, *autores* de um homicídio, ainda que, um e outro, o tivessem cometido indiretamente. Neste sentido, o conceito de autoria é **extensivo** (lato) e abrange a própria cumplicidade – autor do homicídio será aquele que deu o tiro na vítima, mas também o que fornecera a arma.

Para a aplicação da sanção penal não é necessário partir dum regime diferenciado entre a autoria singular e as diversas formas de intervenção. Neste sentido, quem por qualquer forma contribuir para o facto é seu autor, bastando, para realizar a imputação ao agente, que se estabeleça a relação causal entre a conduta e o facto descrito na norma. Chega-se assim a um sistema unitário (*Einheitstäterbegriff*) em que qualquer intervenção se caracteriza pela respetiva causação ilícita e culposa do facto (especialmente do resultado típico), independentemente da participação dos restantes, qualquer que seja a sua importância. Constituindo a **causalidade** o único critério relevante, não intervém a regra da **acessoriedade**: a punibilidade de um é independente da punibilidade dos outros participantes, qualquer participação nunca será referida ao facto de outrem. A intensidade delitiva e a importância da colaboração de cada um para a totalidade do facto são relegadas para o momento da individualização da pena.

O sistema unitário tem os seus inconvenientes, desde logo porque nivela todas as contribuições, chama "ladrão" ao que assalta um banco com uma metralhadora e ao que lhe forneceu a meia para tapar a cara. Alheando-se da acessoriedade, as teorias unitárias só tratam de contributos isolados, aos quais falta uma referência comum; além disso, desconhecem as diferenças essenciais entre a realização de um crime e a influência dos outros intervenientes nessa mesma realização.

AUTORIA E COMPARTICIPAÇÃO

Nesta perspetiva amplia-se, sem justificação político-criminal, a punibilidade da tentativa: se *A* consegue uma arma para daqui a algum tempo matar *B*, seu inimigo, o ato é simplesmente preparatório e fica isolado, não carecendo de punição, se for *A* quem deve executar por si só tudo o que é necessário para o homicídio. Mas se houver divisão de trabalho, se a preparação cabe a *A* sendo outro o encarregado de descarregar a arma na pessoa da vítima, a ação preparatória, para as teorias unitárias, converte-se num contributo final (concluído) para o crime e deveria ser punida como tentativa mesmo que nada mais aconteça, justamente porque se prescinde da ideia de acessoriedade[10].

Se considerarmos autor todo aquele que tiver dado um contributo causal para a infração, torna-se impossível distinguir os diversos comportamentos através de critérios objetivos. Passou por isso a recorrer-se a um elemento subjetivo, conforme o sujeito atuava com *animus auctoris*, que seria um agir no próprio interesse, ou com *animus socii*, que supunha agir em interesse alheio. No caso "Badewanne" pode encontrar-se a aplicação destes critérios[11].

2. A autoria como execução; o autor como figura central do acontecimento típico

Na doutrina domina o chamado critério restritivo. Autor é, não já, simplesmente, como no modelo anterior, quem causa o resultado típico, mas quem executa a ação que causalmente produz o resultado. A autoria é referida à realização típica, à execução de todas as características do tipo objetivo e subjetivo do ilícito (cf. o artigo 26º: "é punível como autor quem **executar** o facto").

Se *B*, com dolo homicida, dispara o tiro que mata *X*, *B* é autor de um crime de homicídio, qualquer que seja a colaboração que lhe tenha sido prestada, mesmo que lhe falte a vontade de ser autor e independentemente do seu próprio interesse no facto. Qualquer outra pessoa que participa no facto desempenha um papel distinto. Pode ser o instigador, que se limita a determinar (no âmbito duma relação causal ou de motivação) outra pessoa à sua prática, ainda que se exija começo de execução. Pode também ser o cúmplice. Mas nem o cúmplice nem o instigador chegam a **executar** a ação típica. No artigo 26º, a "execução" fica reservada para quem realmente age – como autor direto singular (imediato), como coautor ou como autor mediato.

---

[10] Cf. Jakobs, *AT*, p. 595.

[11] Durante décadas, os nosso tribunais recorreram à velhíssima distinção de Farinacio entre "auxiliator causam dans" e "auxiliator causam non dans". O conceito de cumplicidade ficaria limitado ao chamado auxílio simples, *causam non dans*, ou seja, aquele auxílio sem o qual o crime não deixaria de se realizar igualmente (Eduardo Correia). A solução teve a sua origem nos fundamentos da antiga dogmática dirigida unilateralmente ao dogma causal.

3. A autoria como domínio do facto

No sistema do Código, importa determinar *quem executa* a ação típica. Afeiçoando esta ideia às modernas conceções da autoria como "domínio" do facto, concluiremos pela necessidade de (ainda mais exatamente) determinar **quem domina *a execução*** da ação típica, uma vez que, neste entendimento, **autor** é só aquele que está no "centro do acontecimento" (é a "*figura central* do acontecimento"), **é quem domina a realização (execução) do crime**, tendo o domínio objetivo do facto e a vontade de o dominar.

Domínio do facto significa, por outras palavras, "ter nas mãos o decurso do acontecimento típico abarcado pelo dolo"[12]. Trata-se de um conceito restritivo de autor que coincide com o agente que toma a execução "nas suas próprias mãos" de tal modo que dele depende decisivamente o *se* e o *como* da realização típica[13 14].

Há todavia algumas **restrições** a considerar[15]. A teoria do domínio do facto aplica-se, não há dúvida, àqueles que Roxin denomina Herrschaftsdelikte, aos "delitos de domínio", por oposição aos Pflichtdelikten: "delitos de (infração do) dever". Nestes outros casos, há que atender a diferentes critérios (complementares do domínio do facto), como a infração de um dever, a posição de garante, etc. Roxin foi de opinião de que, por ex., as infrações de omissão imprópria fundamentavam (sempre) a autoria na violação de um dever especial extrapenal, mas passou a haver opiniões a contrariar de algum modo esse ponto de vista, sustentando-se que em tais delitos se podem descortinar formas de domínio (um subtipo de domínio) – consistindo o fundamento do resultado que se quer ver evitado não no próprio movimento corpóreo, mas numa fonte de perigo dominada pelo autor. Dá-se até o exemplo da *baby-sitter*, a quem se deverá negar um dever de garante se não vier a assumir a custódia da criança a que se comprometera – e se a não assumiu, incumprindo o contrato, também não assumiu o controlo fáctico da

---

[12] Wessels, p. 154.

[13] Jorge de Figueiredo Dias, *Formas Especiais do Crime, Textos de Apoio à disciplina de Direito Penal*, 2004; e *DP/PG* I, 2ª ed., 2007, p. 765; Susana Aires de Sousa, "A autoria nos crimes específicos", *RPCC* 15 (2005); e Muñoz Conde/Garcia Arán, *Derecho Penal*, p. 386.

[14] A autoria não pode basear-se numa qualquer contribuição para a causação do resultado mas apenas, em princípio, na **realização de uma ação típica**. A ação típica deve ser entendida como unidade de sentido objetivo-subjetiva – e não, somente, como uma atuação revestida de uma determinada atitude pessoal ou como mero acontecer do mundo exterior. O facto aparece assim como a **obra de uma vontade dirigida ao acontecimento** (*die Tat erscheint damit als das Werk eines das Geschehen steuernden Willens*). Para a autoria, contudo, não só é decisiva a vontade de direção mas também o peso objetivo da parcela assumida por cada um dos intervenientes no facto. Deste modo, só pode ser autor quem domina o curso do facto, compartilhando-o de acordo com o significado da sua contribuição objetiva (Jescheck, p. 590).

[15] Além de que no domínio do facto se trata de um **conceito aberto**, "um parâmetro regulativo, cujo conteúdo é suscetível de aplicar-se às variadíssimas situações concretas da vida a que se aplica e que só na aplicação alcança a sua medida máxima de concretização", Figueiredo Dias, *DP/PG* I, 2ª ed., 2007, p. 768.

AUTORIA E COMPARTICIPAÇÃO

criança (não assim se o contrato é nulo e a própria, indiferente ao vício contratual, assume a custódia, exercendo o cuidado normal em tais situações: havendo um acidente, não se negará uma posição de garantia, portanto a infração de um dever, se a situação contar com todos os demais ingredientes).

Por conseguinte, tais crimes deverão ser *algumas vezes* arredados da categoria de crimes de infração do dever, com reflexos na configuração da base da autoria[16]. Num direito penal que protege bens jurídicos da forma ampla que vimos, o que importa não é a posse de um estado (*status*) mas o ser-se portador de uma *função* – e com a assunção da função. Voltemos outra vez à *baby-sitter*; ou ao que, a pedido do vizinho, lhe leva a passear o cão, consabidamente agressivo e perigoso. Perante a passividade do vizinho, às tantas o cão atira-se a um terceiro, atacando-o com inusitada ferocidade. Quem assim leva o animal em passeio exerce a função que antes aceitara, a qual, na circunstância, fundamenta uma relação de domínio, sendo capaz de engendrar uma posição de garante.

Impondo a lei um dever especial, fica definido o possível círculo de autores, como acontece nos delitos específicos próprios e nos delitos de dever. Agente será então, não quem detenha o domínio do facto, mas só quem, para além disso, se encontre vinculado pelo dever contido no tipo (Figueiredo Dias). Nos crimes omissivos impróprios, aquele que omite será, *habitualmente*, autor. Nos *crimes negligentes*, que se caracterizam precisamente pela perda do domínio final do facto, não se pode distinguir a autoria da participação: *é autor quem causa o facto por forma negligente* – é um conceito unitário.

Enquanto critério restritivo, a teoria do domínio do facto – em que o autor aparece como "figura central do acontecimento típico" – permite distinguir as diversas formas de autoria (imediata, mediata, coautoria); e permite compreender a diferença entre autoria e participação. Tem domínio do facto, desde logo, o autor singular imediato que realiza o ilícito típico diretamente, i. é, por si próprio, com **domínio da ação**. Autor é também aquele que domina o facto e a realização típica mesmo sem nela participar por si mesmo, porquanto domina o executante por coação, erro, ou através de um aparelho organizado de poder: é o autor mediato que tem o **domínio da vontade**. É coautor quem, dividindo as tarefas, realiza uma parte necessária da execução do plano conjunto, com **domínio funcional** do facto. Igualmente se pode perspetivar a instigação como autoria e não, simplesmente, como sendo, enquanto tal, punível. E uma vez que a possibilidade de concretizar o conceito de domínio do facto consiste em entender que o sujeito tem o poder de deixar correr, deter ou interromper a

---

[16] Confira-se agora o segundo volume do tratado de Roxin, p. 108 e 716 e ss. Outros pormenores em Bernd Schünemann, "El domínio sobre el fundamento del resultado", *Obras* I, p. 491 e ss,, onde também se ocupa do caso daquele que atua em nome de outro.

679

realização da ação típica – a cumplicidade (os atos de "auxílio" material ou moral) será em consequência relegada para os simples atos de ajuda, sem participação na decisão nem no domínio final do facto[17].

III. A autoria imediata

Nos crimes dolosos de comissão por ação, a circunstância de a autoria se deduzir diretamente da realização do tipo conduz à definição do **autor imediato** como aquele que *por si mesmo* **executa** uma ação típica cominada com pena e que detém, por isso, o **domínio da ação**. A autoria direta, imediata, é como que o protótipo da autoria, na medida em que esta significa preenchimento do tipo de ilícito. É a que menos problemas levanta (Roxin), pelo que lhe não faremos mais amplas referências.

IV. A autoria mediata

1. Todavia, o próprio artigo 26º reconhece a possibilidade de o facto ser executado *por intermédio de outrem*, o que significa a presença de duas pessoas na prática do crime: o **autor mediato** (o "homem-de-trás"), que realiza o ilícito *como próprio*, e o **"outro"** (o "homem-da-frente"), que é o executor ou intermediário, enquanto "instrumento humano", e que "pode ser jurídico-penalmente irresponsável ou parcialmente responsável". O princípio do domínio do facto, quando aplicado à autoria mediata, "exige que todo o acontecimento (o "facto", nos termos do art. 26º) seja obra do homem-de-trás, em especial da sua vontade responsável, só nesta aceção se podendo qualificar o homem-da-frente como instrumento"[18].

O Prof. Eduardo Correia,[19] aderindo a um conceito extensivo de autoria assente na teoria da adequação considerava supérflua a instigação, pois a mesma podia e devia ser compreendida no conceito de **autoria mediata, moral ou intelectual**, "desde que a este se dê um sentido lato que abranja todas aquelas

---

[17] Com o "domínio do facto" ganhou-se, diz o Prof. Figueiredo Dias, Formas Especiais do Crime – *Textos de Apoio à disciplina de Direito Penal*, Coimbra, 2004, "o essencial", "exatamente, um princípio normativo ligado à realização do ilícito típico e, por isso, decisivo para a compreensão e a descoberta do sentido daquilo que está em causa na autoria e na sua distinção da participação", acrescentando que "o conceito básico do domínio do facto pode e deve ser *afeiçoado* e *precisado segundo as circunstâncias do caso* e, nomeadamente, "à luz da análise das diversas espécies (também legais) de autoria e mesmo dos resultados que devam ser alcançados em tema de doutrina da participação".

[18] Jorge de Figueiredo Dias, Formas Especiais do Crime – *Textos de Apoio à disciplina de Direito Penal*, Coimbra, 2004, p. 2; e *DP/PG* I, 2ª ed., 2007, p. 775.

[19] Eduardo Correia, por ex., *Direito Criminal*, II, de 1965; cf., ainda, a ata da 12ª sessão, *Atas*, p. 194.

hipóteses em que *alguém causa a realização de um crime utilizando ou fazendo atuar outrem por si*". Nesta forma de ver, a causalidade devia continuar a entender-se como "o verdadeiro fulcro" à volta do qual girava a teoria da participação, de modo que, "se alguém determina, e por conseguinte prevê ou deve prever, atividades dolosas ou negligentes de outrem por força do seu comportamento, o resultado considera-se consequência normal, típica, não obstante entre eles se interpor uma vontade humana"[20].

Perante as novas conceções do agente que "domina" o facto, o "homem-de--trás" já não é em regra considerado autor mediato (mas instigador; ou coautor; ou cúmplice) quando o executor atua livre de erro e de forma plenamente culposa (com culpa dolosa), intervindo aqui o **princípio da autoresponsabilidade**. De uma maneira geral, admitir a autoria mediata quando o intermediário age por forma dolosa e plenamente responsável equivaleria a deixar nas mãos deste a decisão sobre a realização do facto. Se ambos são plenamente responsáveis, não intervém a autoria mediata[21].

A autoria mediata caracteriza-se como **domínio da vontade**, mas também como *domínio do saber* do sujeito de trás, nos casos em que o executor atua sob coação ou por erro (**domínio da vontade por coação; domínio da vontade por erro**)[22]. O autor mediato – diz Wessels – utiliza "mãos alheias" para cometer o seu próprio crime. O que caracteriza a autoria mediata é o papel dominante do "homem-de-trás", o instrumento deve encontrar-se em relação a ele numa posição de subordinação[23]. O autor mediato domina o acontecimento total, mas fica na sombra – deixa que o outro trabalhe por si e "lava daí as suas mãos".

2. Não existe unanimidade no tratamento das **constelações de casos** que neste âmbito se podem suscitar. A instrumentalização, o *servir-se* alguém de outra pessoa, pode conseguir-se através de ações que não têm de ser típicas. A própria vítima pode ser utilizada como instrumento. Há porém quem pretenda que se o

---

[20] Pergunta a Prof.ª Fernanda Palma: a autoria mediata será necessária? Resolve alguma categoria de problemas? "Na realidade, a figura da autoria mediata, contida no artigo 26º do Código Penal, é absolutamente justificável porque exprime uma ideia não "mecanicista" de execução, adequada aos processos sociais reais de domínio de processos causais". *RPCC* 9 (1999), p. 409. Em larga medida, a teoria do autor mediato surgiu quando se exigia a acessoriedade extrema para a participação: o autor principal tinha que realizar um ato ilícito e culposo, de forma que um inimputável nunca podia ser autor e, consequentemente, o indutor nunca podia ser castigado como instigador. Cf. Bustos Ramírez, p. 330. Sobre as origens da instigação, Eduardo Correia, *Problemas fundamentais*, p. 32.

[21] Isto, porém, só em via de princípio, dado que, como se verá mais adiante, o entendimento que corre sob a denominação de **teoria limitada da responsabilidade** procura compatibilizar, tanto nos casos de **erro sobre o sentido concreto da ação** como relativamente aos **crimes cometidos no quadro de um aparelho organizado de poder**, um homem da frente que atua de forma inteiramente responsável com um homem da retaguarda no papel de autor mediato.

[22] Claus Roxin, "Sobre la autoría y participación en el derecho penal", *Textos de apoio*, tomo II, p. 370.

[23] Wessels/Beulke, *AT*, p. 174; Kühl, *AT*, p. 630.

O RISCO DE COMER UMA SOPA E OUTROS CASOS DE DIREITO PENAL

portador do bem jurídico afetado e o instrumento são a mesma pessoa (há só dois sujeitos atuantes) estaríamos no domínio da autoria direta ou imediata.

Caso nº 3 *A* e *B* executam trabalhos na rede elétrica e *A* convence falsamente o companheiro de trabalho que a corrente está desligada. *B* é eletro-cutado.

A seria, por isso, autor imediato do crime de homicídio cometido dolosa-mente[24].

No indicado sentido, para haver autoria mediata seria necessária a intervenção de três pessoas: o sujeito de trás, o instrumento e a vítima. Como no caso a seguir, em que *A* é o (único) autor doloso e detém o domínio do facto; *B* (que atua **sem dolo**-do-tipo) não "vê" os factos e portanto não pode opor resistência a quem maliciosamente os maneja por detrás (Roxin):

Caso nº 4 *i*) *A*, médico, entrega a uma enfermeira, *B*, uma injeção letal, que esta ministra ao doente sem de nada suspeitar; *ii*) *A* caça na companhia de *B*, que só recentemente aprendeu a manejar a espingarda. Às tantas, *A* descobre a presença de *C*, seu inimigo mortal, a coberto de umas moitas, e faz sinal a *B* para que dispare nessa direção, a pretexto de matar um javali. *B*, convencido de que se trata duma peça de caça faz fogo e atinge mortalmente *C*.

O "executor" pode mesmo agir **sem culpa**, porque é inimputável: trata-se, por ex., de um menor de 16 anos (artigo 19º); ou é alguém que em razão de anomalia psíquica (que pode ser simplesmente transitória) se encontra incapaz de avaliar a ilicitude do facto ou de se determinar de acordo com essa avaliação (artigo 20º);[25] ou atua sem consciência do ilícito, por forma não censurável, mas

---

[24] O tratamento será diferente se a própria vítima detém o domínio do facto relativamente à sua autolesão (ou à destruição de coisa própria). Pode haver então instigação, se comprovada uma verdadeira determinação do homem-da-frente; ou não se comprova e o homem-de-trás fica impune (Jorge de Figueiredo Dias, Formas Especiais do Crime – *Textos de Apoio à disciplina de Direito Penal*, Coimbra, 2004, p. 4). Tenha-se em qualquer caso presente o que a Código dispõe sobre o incitamento ou o auxílio ao suicídio (artigo 135º) e pondere-se a hipótese em que *M*, um indivíduo masoquista, induz outrem a bater-lhe, fazendo-o sangrar. O primeiro não comparticipa mas é vítima do crime – o bem jurídico violado não é alheio. Falta a "não identidade" do "instigador" com a da "vítima" do crime (Kühl, *AT*, p. 671).

[25] Os casos de **imputabilidade diminuída** dão soluções diferenciadas conforme os autores. Admitindo a possibilidade de autoria mediata do homem-de-trás (dependente da valoração jurídica da situação em função do disposto no artigo 20º, nºs 2 e 3): Jorge de Figueiredo Dias, Formas Especiais do Crime – *Textos de Apoio à disciplina de Direito Penal*, Coimbra, 2004, p. 8. O legislador, com o artigo 20º, nº 2, "quis oferecer ao juiz uma **norma flexível** que lhe permite, *em casos graves e não acidentais*, em casos portanto em que a

AUTORIA E COMPARTICIPAÇÃO

intencionalmente criada pelo homem-de-trás ou por este explorada;[26] ou, ainda, atua em estado de necessidade desculpante.

Caso nº 5   *A* costuma vender droga num dos bairros da cidade mas sente-se acossado pela polícia, que o vigia, e paga 25 euros a *B*, de doze anos, para que este o faça por ele. *A* aproveita-se da inimputabilidade do menor para assumir o papel dominante. *A* serve-*se* do menor (não imputável): o crime é crime de *A*.

Configura-se igualmente a autoria mediata em caso de provocação pelo sujeito de trás de uma situação de legítima defesa ou de estado de necessidade justificante. O homem da frente pratica um facto justificado, portanto **licitamente**. Mas porque atua como instrumento, por ter sido ameaçado ou enganado sobre a verdadeira situação, "a autoria mediata do homem-de-trás deve ser aceite sempre que ele detenha o domínio do facto perante o instrumento e perante o atingido" (Figueiredo Dias). O instrumento também atua licitamente no seguinte exemplo, facultado pelo ilustre professor de Coimbra:

Caso nº 6   O juiz *A*, por puro sentimento de vingança contra *C*, ordena ao polícia *B* que proceda à detenção daquele, sabendo que, no caso, não estão presentes os pressupostos de legalidade da detenção.

B, o polícia, atuou justificadamente. Quanto a *A*: uma resposta no sentido da responsabilidade deste por sequestro, em autoria mediata, "é aceitável, na base, precisamente, do **conhecimento real da situação** pelo homem-de-trás, aliado ao domínio da vontade do executor e à circunstância de, face ao *engano* (ou à *ameaça*) neste produzido, ele dever levar a cabo a ação para assim agir de acordo com o direito: o *conjunto* destas circunstâncias oferece ao homem-de-trás o domínio do facto e conduz à afirmação da autoria mediata"[27].

Como já se advertiu, o entendimento que corre sob a denominação de **teoria limitada da responsabilidade** procura compatibilizar um homem da frente que atua de forma inteiramente responsável com um homem da retaguarda no papel de autor mediato. Nesta perspetiva, não existem sensíveis limitações nas hipóteses

---

prática do facto se revela já uma espécie de forma adquirida de existir psiquicamente anómalo, considerar o agente **imputável ou inimputável consoante** a compreensão das conexões objetivas de sentido do facto como facto do agente se revele ou não ainda possível relativamente ao essencial do facto".

[26] Quando o homem da frente atua, apesar do erro, de forma responsável, aplicando-se o princípio da autorresponsabilidade, chega-se à conclusão de que não há instrumento nem autoria mediata. Para a justificação desta posição, que não é unânime, veja-se Jorge de Figueiredo Dias, *loc. cit.*

[27] Jorge de Figueiredo Dias, *loc. cit.*

de "autor por trás do autor" (*Täter hinter dem Täter*), em que o próprio executante atua por si e com plena responsabilidade (*volldeliktisch handelndes Werkzeug*). A jurisprudência alemã considerou haver autoria mediata do "homem-de-trás" quando o executor desconhecia que o roubo que cometia com uma determinada espécie de arma, de acordo com a vontade do "homem-de-trás", podia provocar a morte da vítima, como veio a acontecer (*homicida por trás do ladrão*). O executor tinha agido em erro provocado (ou explorado) pelo homem-de-trás, mas essa circunstância não seria de molde a excluir o dolo, justificaram os juízes. Numa outra situação, apreciada pelo Tribunal Superior de Espanha, considerou-se um "alcalde" autor mediato de um "delito de daños" produzidos por gente da terra durante uma manifestação ilegal promovida pelo próprio autarca. Dado que o autarca teve um papel (preponderante) de *domínio* da decisão que conduziu aos factos, foi considerado autor mediato – "autor por trás do(s) autor(es)".

Veja-se ainda o

Caso n.º 7 *A e B encontram no sótão abandonado da casa uma granada não deto-nada. A quer desfazer-se imediatamente da granada para evitar que rebente dentro do edifício, mas hesita em arrojá-la pela janela, porque iria apanhar C, que se ocupa nos trabalhos de jardinagem. B, que odeia C, mas em cujos conhecimentos de explosivos A confia inteiramente, garante ser pequeno o risco de deflagração com a queda, embora saiba que isso não é verdade.*

O homem-de-trás cria um *erro sobre o risco*, que implica a autoria mediata. O engano sobre a possibilidade da produção do resultado lesivo, a morte ou a ofensa à integridade física do jardineiro, é causal da decisão do *B*, de arrojar a granada pela janela. É um caso nítido de manipulação do erro na pessoa pelo homem de trás que alguns entendem não ser suscetível de afetar em nada a responsabilidade do homem da frente. Reconhecendo-se a responsabilidade deste, deveríamos ficar pela figura da instigação. Mas não é esta a posição dominante.

No caso do "rei dos gatos" (*Katzenkönig*), muito discutido na Alemanha (a sentença é de 15 de setembro de 1988), o homem da frente, manipulado pelo de trás, atuou em erro de proibição tido por evitável. Apontou-se logo para a redução da sua culpa, embora não fosse caso de desculpação, que a eliminaria de todo. Para os tribunais e a doutrina dominante configurava-se uma autoria mediata mediante a utilização dum homem da frente que em si é punível, em razão do domínio relativamente mais intenso dos acontecimento por parte do homem de trás[28]. Abre-se aqui uma porta para o que alguns entendem por *graus*

---

[28] BGHSt 35, 347, e Roxin *AT* 2, p. 34 e ss.

de domínio do facto. Que se deve aceitar uma escala graduada de domínios do facto é opinião de Bernd Schünemann. O mais difícil encontra-se na definição da autoria mediata, devendo poder sustentar-se que os homens de trás se distinguem de um instigador ou cúmplice. Por outras palavras: que o seu influxo sobre os acontecimentos é decisivamente maior do que o do instigador ou cúmplice.

No domínio da chamada **criminalidade organizada** os "aparelhos organizados de poder" revelam uma estrutura bem mais complexa e apurada do que a do simples bando[29]. A introdução de uma nova subespécie do *domínio da vontade*, o chamado *domínio da organização* ("Organisationsherrschaft"), permitiu que alguns autores situassem na autoria mediata os casos de abuso de um aparelho organizado de poder. São casos limite de cometimento de crimes (especialmente homicídios) por pessoas que na esfera de um aparelho de poder organizado funcionam como "rodas de engrenagem", arbitrariamente permutáveis (*fungíveis*).

Caso nº 8 Fungibilidade. No livro de Mário Puzo, *The Godfather* (1969), adaptado ao cinema por Francis Ford Coppola, Michael Corleone planeou e ordenou a matança dos chefes das cinco famílias de Nova Iorque com completo domínio do facto e tendo às suas ordens um numeroso grupo de "colaboradores", todos empenhados em levar a cabo o trabalho e pôr "ordem" nos "assuntos da família". Qualquer dos executores é perfeitamente substituível, tornando-se irrelevante saber quem disparou contra os chefes mafiosos rivais, já que ninguém agiu sob coação nem foi enganado, mas como membro da poderosa organização.

Existem com efeito centros de poder rigidamente hierarquizados e dotados de forte disciplina interna que se aproveitam da disponibilidade sem condições do agente imediato para a realização do facto. O autor mediato é o membro da organização criminosa que, ocupando um posto dirigente e de mando, decide e ordena a prática de certos crimes sem chegar propriamente e tomar parte ativa na respetiva execução. Como "detém o poder e dá as ordens, domina o processo pela simples fungibilidade do *instrumento*, no sentido em que o instrumento pode ser substituído por outro, por a condição de instrumento não depender das características individuais da pessoa que executa o facto" (Teresa Serra).

---

[29] Muito discutido é o caso do **chefe do bando**, que algumas opiniões situam na coautoria, mesmo quando a intervenção se dá na fase preparatória, no momento de organizar ou projetar um facto criminoso. É certamente uma solução incorreta perante o artigo 26º do nosso Código, mesmo nos casos em que a atividade de planificação e de organização continua a produzir efeitos durante a execução do crime, pois se o chefe do bando não toma parte nesta falta-lhe o domínio funcional do facto. Se não se intervém na própria execução, faltará a referência jurídico-penal do domínio. Verificando-se os elementos da instigação e havendo pelo menos começo de execução por parte do(s) instigado(s) será este o papel que melhor lhe cabe.

O RISCO DE COMER UMA SOPA E OUTROS CASOS DE DIREITO PENAL

Os dirigentes de tais aparelhos, sem se levantarem das secretárias e portanto sem participarem na execução dos crimes (não são coautores porque a imagem rectora da coautoria é a da realização/execução conjunta), são os verdadeiros mandantes e *senhores do facto:* o "Schreibtischtäter" tem o domínio do facto, não obstante a completa responsabilidade do executor. Estas condições estruturais com percursos previsíveis podem existir designadamente em estruturas organizativas estatais, empresariais ou análogas e em hierarquias de (co)mando. Num tal caso, o "homem por detrás" é o autor na forma de autoria mediata – atua com conhecimento destas circunstâncias, aproveitando-se para a realização do facto também, em especial, da disponibilidade incondicional do agente imediato, e querendo o resultado como efeito da sua própria ação[30].

É uma situação típica do tráfico de estupefacientes. Há enormes somas de dinheiro que começam por circular no mais baixo da pirâmide, onde se concentram os elementos fungíveis (facilmente permutáveis...) do comércio da droga, até que chegam às instâncias finais do branqueamento ou lavagem do dinheiro, onde a repressão raramente se exerce.

Estas situações, porém, não parece que caibam nem na autoria mediata nem na coautoria, e que melhor se integram na instigação, pelo menos sempre que se possa afirmar claramente o princípio da responsabilidade.

3. A realização do facto *através de outro*, apreciada nos quadros do domínio do facto (como "obra" do homem-de-trás), exige que todos os pressupostos de punibilidade concorram na pessoa deste.

Caso nº 9 *A* manda *B*, que ele sabe andar pelos 13 anos de idade, entrar na moradia de *C* e daí retirar todos os objetos valiosos que encontrar. *B* entra na moradia de *C* partindo o vidro de uma janela do rés do chão e alcançando por aí o interior, donde quinze minutos depois se retirou com uma mala cheia de coisas pertencentes a *C*, que entregou ao *A*.

O autor do crime de furto é o *A*, em autoria mediata. Uma vez que a entrada se fez por arrombamento, interessa determinar se a qualificação correspondente (artigo 204º, nº 2, alínea *e*)) se encontra coberta pelo dolo do autor mediato, por nele deverem concorrer todos os pressupostos de punibilidade. Se se concluir que era esse o modo normal de, na circunstância, o "ladrão" aceder ao interior da moradia, o dolo de *A* estender-se-á também à qualificativa apontada.

---

[30] Teresa Serra, "A autoria mediata através do domínio de um aparelho organizado de poder", *RPCC* 5 (1995), p. 312. Na jurisprudência alemã BGHSt 40, 218 – Mittelbare Täterschaft hoher DDR-Funktionäre, decisão de 26 de julho de 1994. Sobre os desenvolvimentos jurisprudenciais, Roxin, "Die Abgrenzung von Täterschaft und Teilnahme in der höchstrichterlichen Rechtsprechung", in: 50 Jahre Bundesgerichtshof. *Festgabe aus der Wissenschaft*, IV, 2000, p. 177.

AUTORIA E COMPARTICIPAÇÃO

4. Tradicionalmente, associados à autoria mediata, mas para a excluir, encontram-se os **crimes de mão própria**, nos quais a lei parece exigir que seja a pessoa descrita no preceito que leva a cabo a execução (E. Correia). Uma vez que autor de um crime de mão própria é apenas aquele que *pessoalmente* o pratica – e portanto de forma imediata –, fica excluída a autoria mediata. É certo que qualquer pessoa pode praticar um destes crimes, *não pode é praticá-lo por intermédio de outrem*, portanto de forma mediata. Antigamente, o exemplo corrente era o do *incesto*, mas a generalidade dos ordenamentos jurídicos deixou de o punir[31]. No direito alemão aponta-se o caso do juramento falso; adotando-se um conceito extensivo de autor, nada obsta a que, v. g., quem determina outrem a prestar um juramento falso se considere autor de tal delito[32].

É uma difícil questão de interpretação determinar quais os tipos penais que em concreto se adaptam à figura de crime de mão própria. No nosso Código, atente-se no artigo 170º (importunação sexual) e no artigo 292º (condução de veículo em estado de embriaguez). Outro será, a nosso ver, o crime de "evasão" de quem se encontrar legalmente privado da liberdade (artigo 352º). Cf., sobretudo, a anotação de Paula Ribeiro de Faria[33] quanto à hipótese de punir como autor mediato aquele que deliberadamente utiliza o agente como instrumento da prática do crime, encontrando-se este em estado de inimputabilidade devido à ingestão em excesso de bebidas alcoólicas, ou de punir como instigador aquele que dolosamente determina o condutor à prática do facto havendo começo de execução [34].

Caso nº 10   *A convida e permite que o seu filho de 12 anos conduza na via pública o automóvel em que ambos se faziam transportar. Acórdão da Relação do Porto de 24 de novembro de 2004.*

---

[31] "Se pedíssemos a dez antropólogos modernos que designassem uma instituição humana universal, é provável que nove deles escolhessem a *proibição do incesto*; na realidade, muitos deles já a qualificaram expressamente como a única universal", escreveu Alfred Kroeber. Para explicarem a proibição do incesto, alguns invocaram causas exclusivamente naturais. Outros veem nela apenas um fenómeno de origem puramente cultural. Hoje em dia a maior parte dos antropólogos concorda em que esta proibição pode ser considerada como fazendo parte tanto da natureza como da cultura", François Jacob, *O ratinho, a mosca e o homem*, Gradiva, 1997; cf. também Faria Costa, *O Perigo em Direito Penal*, p. 190 (26). No Código Penal português, ao contrário do alemão (§ 173, *Beischlaf zwischen Verwandten*), não se pune o incesto, mas certos crimes sexuais nele previstos são agravados se a vítima for ascendente, descendente (...) do agente (cf. o artigo 177º, nº 1, alínea *a*)).

[32] Cramer, *S/S*, p. 435.

[33] Paula Ribeiro de Faria, *Comentário Conimbricense*, II.

[34] Quanto ao falso testemunho como crime de mão própria e às dificuldades que suscita: Alberto Medina de Seiça, *Conimbricense*, III, p. 488, e Susana Aires de Sousa, *RPCC* 15 (2005), p. 361. O acórdão do STJ de 10 de outubro de 1990 *BMJ* 400, p. 291, referiu-se "à introdução em cada alheia/violação de domicílio" como um crime de mão própria.

Deve o *A* ser punido, na qualidade de instigador, pelo crime de condução sem habilitação legal, materialmente cometido pelo filho? Foi este o sentido da decisão da Relação do Porto. Cf., no entanto, a anotação a esse acórdão na *RLJ* ano 135º, Março-Abril de 2006:[35] "entendemos que o pai deve ser punido como autor mediato do crime do artigo 3º do DL nº 2/98, de 3 de janeiro, e dos artigos 26º e 28º do CP. Em primeiro lugar, de acordo com o princípio da autorresponsabilidade, haverá autoria mediata do homem de trás quando o instrumento atua em estado de inimputabilidade e, consequentemente, sem o domínio do facto (como acontece na instigação). Em segundo lugar, ainda que o crime em causa possa inserir-se na categoria dos crimes de mão própria, daí não pode resultar uma exclusão automática da aplicação do artigo 28º, nº 1, por aplicação da ressalva prevista na parte final deste número".

V. A coautoria

Caso nº 11   Por volta das 5 da manhã, *A* e *B* dirigiram-se ao posto de abastecimento da Rua do Paraíso a fim de aí se abasteceram de gasolina. Cerca de uma hora mais tarde regressaram ao local. *A* saiu do carro e dirigiu-se ao escritório, onde se encontrava o empregado *M*. *A* tirou de um dos bolsos uma pistola de 9 milímetros, carregada e pronta a disparar. Apontou-a ao peito de *M* e ordenou-lhe que se deitasse no chão e lhe desse todo o dinheiro que tivesse em seu poder e se encontrasse no escritório. O *M*, no chão, deu-lhe todo o dinheiro que tinha e indicou-lhe a gaveta onde se encontrava o restante. *A* de imediato rebentou a fechadura da gaveta, e, prevalecendo-se sempre da perturbação e insegurança, bem como do convencimento de *M* de que aquele não hesitaria em atingi-lo na sua integridade física, retirou dali a quantia de 85 contos que levou consigo. Antes de sair do escritório, *A* disse a *M* que permanecesse deitado, após o que *A* saiu e fechou a porta, retendo *M* no interior, contra a vontade deste. *A* voltou para o carro onde o aguardava *B* e dali se afastaram de imediato. *A* e *B* agiram de comum acordo quanto ao propósito de se apoderarem do dinheiro que o *A* encontrasse no interior do escritório, a fim de repartirem entre ambos o produto, apesar de saberem que tais valores lhes não pertenciam e que agiam contra a vontade do seu legítimo dono. Parte da quantia de que se apropriaram, dois

---

[35] Jorge de Figueiredo Dias/Susana Aires de Sousa, "Autoria mediata do crime de condução ilegal de veículo automóvel".

AUTORIA E COMPARTICIPAÇÃO

contos, pertencia ao *M*, que veio mais tarde a ser indemnizado pela sua entidade patronal. O *M* esteve fechado no escritório durante cerca de 10 minutos, até um outro empregado se ter apercebido do que se passava. Não se provou que o *B* tenha participado por qualquer forma, dado o seu acordo ou tenha tido prévio conhecimento da resolução de fechar *M* dentro do escritório e da destruição da gaveta. Cf. o acórdão do STJ de 22 de fevereiro de 1995, *BMJ* 444, p. 209.

O tribunal condenou *A* pela prática, em coautoria, de um crime de roubo (artigo 210º), e, em concurso real, ainda pela prática de um crime de sequestro (artigo 158º) e de um crime de dano (artigo 212º). E condenou *B*, mas apenas como coautor do roubo e do dano. Como melhor havemos de ver, cada coautor responde *apenas* até onde vai o acordo recíproco. Consequentemente, nenhum deles será responsável pelos **excessos** do outro.

1. É indispensável uma decisão conjunta (componente subjetiva) e uma execução conjunta da decisão

É indispensável uma decisão conjunta e uma execução conjunta da decisão, mas os termos em que isso acontece têm de ficar claramente caracterizados. Conforme a definição legal (artigo 26º), várias pessoas podem ser coautores, tomando parte direta na execução, por acordo ou juntamente com outro ou outros. Interessa-nos sublinhar que, na distinção entre a autoria singular imediata e a coautoria, o autor singular executa o facto por si mesmo, enquanto o coautor toma parte direta na sua execução – e fá-lo por acordo ou juntamente com outro ou outros.

É indispensável uma decisão conjunta e uma execução conjunta da decisão. Há na coautoria um **(con)domínio do facto** (domínio "coletivo" do facto), quando se pretenda acentuar que a execução se leva a efeito em conjunto; ou, quando se queira pôr em evidência a **repartição de tarefas**, uma atividade delituosa que repousa no trabalho desse "conjunto" (*team work*), com *domínio funcional* do facto.

Se num determinado caso apenas *A* realiza os elementos objetivos e subjetivos do ilícito, e se o faz sem justificação e de forma culposa, então *A* é autor singular – imediato – desse crime: *A* executou o facto por si mesmo e executou-o integralmente.

A nossa lei começa por fazer assentar a coautoria num **acordo**, mas bastará a **consciência e vontade** da colaboração de várias pessoas na realização dum tipo legal de crime. Escreve, por exemplo, o Prof. Faria Costa:[36] "Para definir uma

---

[36] Faria Costa, *Jornadas*, p. 170.

decisão conjunta parece bastar a existência da consciência e vontade de colaboração de várias pessoas na realização de um tipo legal de crime ("juntamente com outro ou outros"). É evidente que a forma mais nítida, comum e normal, de adesão de vontades na realização de uma figura típica é a do "acordo prévio", que pode mesmo ser tácito. Do mesmo modo, e em princípio, cada coautor é responsável como se fosse autor singular da respetiva realização típica[37].

Caso nº 12 O assalto a um banco é levado a cabo por dois indivíduos. Conforme tinham combinado, *A* faz mão baixa do dinheiro enquanto *B* ameaça os clientes e o caixa.

Na coautoria não precisa cada um dos agentes de realizar totalmente o facto correspondente à norma penal violada, podendo executá-lo só parcialmente. Os diferentes atos que integram o roubo (artigo 210º, nº 1) – um dos ladrões coloca as pessoas presentes na impossibilidade de resistir enquanto o outro subtrai o dinheiro – são contributos para o plano criminoso comum do assalto ao banco, realizado em coautoria. O coautor, ao contrário dos cúmplices, tem um domínio sobre o sucesso total do facto: recusada a sua colaboração, o mesmo fracassa. Este poder, decorrente da essencialidade da função que desempenha no plano, incide sobre a totalidade do facto, o que permite que o mesmo lhe seja integralmente imputado, apesar da sua execução por esse interveniente ser apenas parcial. No nosso exemplo, cada um dos dois ladrões executa uma função que é essencial para o bom êxito do plano comum. É o chamado *domínio funcional do facto*. Acontece o mesmo se o assalto ao banco for assim executado: um dos ladrões fica no carro com o motor a trabalhar e pronto a arrancar, outro trata de desligar o alarme do edifício bancário, um terceiro vigia a aproximação de carros suspeitos, o quarto mantém em respeito o caixa do banco apontando-lhe uma pistola, enquanto o quinto recolhe o dinheiro. Também aqui todos serão coautores, ainda que só o comportamento dos dois últimos realize os elementos típicos do crime de roubo (violência, subtração: artigo 210º, nº 1). Mesmo a conduta do que fica ao volante se integra na coautoria, mas já seria, provavelmente, cumplicidade o contributo

---

[37] O coautor toma parte direta na execução, por acordo ou juntamente com outro ou outros, de forma que o chefe de bando que não toma parte na execução do assalto não assume o papel de coautor nos crimes assim praticados. Já o vimos acima. Mas é necessário acentuar que nenhum dos dois termos desta relação é compatível com uma visão atomística da coautoria, observa Conceição Valdágua, p. 125, não só o "acordo" mas também o requisito "juntamente com outro ou outros" pressupõe algo que unifique (junte) os contributos do vários coautores para além do resultado da soma desses contributos. Não será, pois, de coautoria a história dos dois sobrinhos que aspiram à herança do tio e que, cada um por si e no desconhecimento recíproco do que faz o outro, lhe ministram o que, um e outro, erradamente supõe ser uma dose letal de veneno. Morrendo o tio, o caso é de *autoria paralela* em homicídio tentado, pois não houve acordo, nem os dois sobrinhos atuaram "juntamente" um com o outro.

do taxista que pelo dobro do preço normal da corrida, conscientemente, acede a levar os ladrões ao local do crime.

Os coautores levam a cabo um facto próprio (comum), de maneira que se não poderá falar aqui do *princípio da acessoriedade*, que é típico da participação. Os partícipes colaboram num facto alheio: não se lhes aplica o *princípio da imputação recíproca* de esforços e contribuições, que é exclusivo da coautoria.

2. Se os intervenientes atuam independentemente um do outro, não será caso de coautoria

Caso nº 13 A entrou no banco de pistola empunhada simplesmente para fazer ver ao caixa que se lhe continuasse a perseguir a mulher o mataria. B, que aguardava a sua vez de ser atendido, dando-se conta do que estava a acontecer, fora de qualquer combinação, aproveitou para deitar a mão a um maço de notas.

Neste caso, teremos dum lado um crime de ameaça (artigo 153º), do outro um crime de furto (artigo 203º), mas exclui-se a coautoria.

Caso nº 14 Coautoria alternativa: X segue para sua casa em Matosinhos, umas vezes pela Avenida da Boavista outras pela Circunvalação. A e B, seus inimigos, querem a todo o custo matar X. Para que a ação não falhe, executam assim o plano combinado: A espera-o armado no primeiro trajeto e B, ao mesmo tempo, no segundo. É B quem mata X, que nesse dia escolheu a Circunvalação para seguir para casa.

Quem impede a vítima de se defender para que outro a esmurre comete com este o crime de ofensa à integridade física (artigo 143º), não é simplesmente seu cúmplice. Mas no caso anterior, será A coautor do crime de homicídio? Ou A não terá passado da fase dos atos preparatórios? Haverá, simplesmente, cumplicidade da sua parte? Na chamada **coautoria aditiva,** vários indivíduos, previamente acordados, realizam cada um uma ação que por si só se dirige à realização completa do tipo, tendo a atuação conjunta o sentido de garantir que as falhas de atuação de uns sejam compensadas com os acertos de outros e que assim seja praticamente certa a produção do resultado. O exemplo de escola é o de um número elevado de terroristas que, para não falharem a morte dum político, se colocam cada um numa janela próximo do local em que há de passar o político e, quando este passa, disparam todos ao mesmo tempo, como fazem os pelotões de fuzilamento, não se sabendo que bala ou balas lhe produzem a morte, mas sabendo-se que umas o atingem e outras não.

Se os intervenientes atuam independentemente um do outro, não será caso de coautoria nem de participação. Se por ex., *A*, que quer envenenar *B*, seu marido, para casar com o amante *C*, e lhe mistura na bebida uma dose de veneno, ainda assim insuficiente para provocar a morte de uma pessoa, e se, desconhecendo a iniciativa de *A*, *C*, o amigo, mistura idêntica dose não letal de veneno na mesma bebida, de forma que as duas juntas chegam para provocar a morte do odiado marido, a hipótese é de causalidade cumulativa, também situada no âmbito das chamadas **autorias paralelas** – ou **autoria acessória**[38]. As autorias paralelas aparecem igualmente ligadas ao cometimento de crimes de dever, como vimos acontecer nos casos de omissão imprópria com pluralidade de "intervenientes", mais exatamente omitentes.

3. Nenhum dos coautores será responsável pelos excessos do(s) outro(s)

Como já se acentuou, cada coautor responde apenas até onde vai o acordo recíproco.

Caso nº 15 *A* e *B* pretendem apoderar-se dum valioso quadro a óleo que *X* tem em casa. Fica entendido entre ambos que *A* entrará na moradia e que *B* ficará a vigiar, mas como lhes repugna ter que enfrentar os moradores, aguardam uma ocasião em que, tudo o indica, a casa ficará vazia, para passarem à ação. *B* faz até passar a sua colaboração pelo facto de não terem que enfrentar qualquer dos moradores. *A* entra na vivenda mas logo vê que está alguém em casa. Para assegurar o êxito da operação, em vez de discretamente se retirar, como ainda podia fazer, *A* apanha um sabre que pende da parede e surpreende o único morador, a quem, sob a ameaça da arma, obriga a acompanhá-lo até junto do quadro, com que foge.

Poderemos sustentar que há coautoria entre *A*, como agente dum roubo, e *B*, como agente de um furto? Repare-se que o uso da violência contra uma pessoa – elemento do roubo – corre unicamente por conta de *A*, pois *B* não a aprovara, pôs até como condição da sua colaboração que nenhum deles a usaria. Veja-se, em complemento deste, o caso nº 11.

No caso nº 11 pode ainda perguntar-se se é acertada a condenação de *B* também por um crime de dano. O *A* teve necessidade de rebentar a gaveta para retirar o dinheiro do seu interior; é evidente que se trata de um ato que acompanha frequentemente a execução de um crime de roubo, devendo ter sido considerado

---

[38] Luzón Peña, p. 363, Stratenwerth, p. 252.

AUTORIA E COMPARTICIPAÇÃO

por ambos, pelo menos tacitamente, quando tomaram a decisão de realizarem o assalto. No que respeita ao sequestro, é bem possível que o *B*, se fosse posto perante a hipótese de ter que encerrar o *M* no escritório concordasse com isso, mas é claro que não se pode afirmar, sem mais, um acordo tácito, pois a situação não será muito frequente. Podemos partir da seguinte ideia: se um dos agentes, na execução da tarefa que lhe foi confiada, usar um meio não previsto aquando da elaboração do plano criminoso, que porventura preencha os elementos de um outro tipo legal de crime, será de responsabilizar todos os compartes também como coautores desse novo crime se tal meio for normalmente previsível e estiver frequentemente interligado à execução do crime planeado. Nesse caso, não se torna necessário que tenha havido expressa anuência de todos. Cf. ainda o acórdão do STJ de 22 de fevereiro de 1995, *cit.*

Outro ponto para que a doutrina chama a atenção incide sobre *o erro sobre a pessoa ou o objeto* que, se for irrelevante para um dos coautores, do mesmo modo o será para os demais. Nos *crimes qualificados pelo resultado*, é possível a coautoria desde que exista dolo de todos, quer dizer: pelo menos no crime doloso fundamental. No que respeita ao elemento negligente, tem de inquirir-se se ele ocorre relativamente a cada interveniente concreto, porque aí não há comparticipação[39].

4. O comportamento do vigilante

Os casos práticos colocam por vezes problemas que nem sempre recebem respostas uniformes. Por ex., o de saber se a execução conjunta poderá dar-se quando os intervenientes estão longe um do outro ou se a contribuição executiva para o facto comum pode ocorrer em momentos distintos. Já demos o exemplo dos dois interessados na morte do seu inimigo comum, que escolhe caminhos diferentes para chegar a casa. Um dos matadores embosca-o num ponto, o outro espera-o no caminho alternativo. **Do ponto de vista temporal**, as contribuições podem ocorrer durante toda a fase de execução, i. e, no intervalo compreendido entre o começo da tentativa e a consumação do facto: a empregada doméstica que, entendendo-se com o namorado, lhe fornece a chave do móvel onde este, no dia seguinte, vai buscar uns maços de notas que lhes não pertencem, enquanto ela distrai a dona da casa no jardim anexo. Mas a questão principal tem a ver com o comportamento do vigilante, aquele que, por ex., durante um furto, fica na rua, de atalaia, *vigiando,* enquanto outro ou outros transpõem o muro da moradia que todos *querem* assaltar. Repare-se que dum modo geral o vigilante não levanta suspeitas, quem está de fora raramente o associa aos que atuam na cena do crime propriamente dita.

---

[39] Sobre estes pontos, Wessels/Beulk *AT*, p. 172; e Jakobs *AT*, p. 618.

O RISCO DE COMER UMA SOPA E OUTROS CASOS DE DIREITO PENAL

"O vigilante é coautor se isso for necessário para a realização do facto, se portanto dessa atuação se puder dizer que tem as características de uma função independente nas tarefas de cada um. Se, por ex., um bando de criminosos leva consigo, pela primeira vez, um "aprendiz", para o ir iniciando no exercício da "profissão", e o põe a vigiar num lugar sem importância, o caso será de cumplicidade. A realização do plano não fica dependente da contribuição do aprendiz. Os outros poderiam atuar, fazendo-o sem ele, ainda que para tanto tivessem que providenciar por um "sentinela" para um lugar importante. Se o ficar de atalaia representa ou não o papel dum coautor dependerá das circunstâncias de cada caso" (Roxin). Ficando o arguido na rua a vigiar enquanto os restantes coarguidos penetravam na residência do ofendido para aí subtraírem diversos bens é coautor do crime de furto, pois sem a ajuda do vigia, o assalto não se faria jamais nas condições de segurança e viabilidade.

Ficando o arguido na rua a vigiar enquanto os restantes coarguidos penetravam na residência do ofendido para aí subtraírem diversos bens é coautor do crime de furto, pois sem a ajuda do vigia, o assalto não se faria jamais nas condições de segurança e viabilidade (acórdão do STJ de 4 de novembro de 1993, Jurisp. Penal, p. 74). As circunstâncias em que os arguidos atuaram nos momentos que antecederam o crime podem ser indício suficiente, segundo as regras da experiência comum, desse acordo tácito; já no que diz respeito à execução, não é indispensável que cada um deles intervenha em todos os atos ou tarefas tendentes ao resultado final, basta que a atuação de cada um, embora parcial, se integre no todo e conduza à produção do resultado (acórdão do STJ de 22 de fevereiro de 1995, *BMJ* 444, p. 209; *CJ*, ano III (1995), p. 221; acórdão do STJ de 18 de março de 1993, *CJ* 1993, p. 195).

5. Coautoria sucessiva?

Caso nº 16 Tratando-se de coautoria sucessiva, só a partir do ingresso do agente se pode equacionar a sua responsabilidade criminal na comparticipação. *A*, agindo conscientemente, em conjugação de esforços e identidade de fins, com o propósito de conseguir lucros, conhecendo as características estupefacientes da heroína e da cocaína transacionadas e sabendo que a sua detenção, guarda, aquisição e venda eram proibidas por lei – passou, a certa altura, a colaborar na atividade que *B*, *C* e *D* vinham desenvolvendo já há vários meses de venda dessas substâncias. Tendo havido persistência da atuação conjunta e sendo *A* uma das principais contempladas pelos benefícios da ação é de coautoria que se trata e não se simples cumplicidade. *A* tinha o domínio do facto. Mas só a partir do ingresso do agente

AUTORIA E COMPARTICIPAÇÃO

se pode equacionar a sua responsabilidade criminal na comparticipação. Acórdão do STJ de 22 de março de 2001, *CJ* 2001, tomo I,
p. 260.

O acordo dá-se em regra **antes** de começar a execução – realidade que às vezes
aparece associada à palavra *Komplott*.

A questão que aqui se suscita é mais exatamente a de saber até que momento
é ainda possível ser-se coautor de um crime que já está a ser executado por outro
ou outros, se até à consumação típica (formal) ou se o pode ser para além desse
momento, até ao exaurimento, ao esgotamento do crime, com a sua consumação
material.

Diz-se que se a ofensa do bem jurídico já está consumada se já foram realizados
os correspondentes elementos típicos, qualquer atuação posterior não renova
nem amplia essa ofensa. Dando o exemplo do furto: se este já foi formalmente
consumado, qualquer comportamento situado entre esse momento e a consumação material escapa ao enquadramento na norma incriminadora. *A* não será
(co-)autor nem cúmplice do crime cometido por *B*, seu conhecido, se o ajuda a
pôr em lugar seguro diversos objetos furtados, que doutro modo seriam apreen-
didos pela polícia, que ia no encalço do ladrão. A intervenção do *A*, desencadeada
posteriormente à consumação típica, contribuiu para o esgotamento do crime
de furto, mas não realizou os seus elementos típicos. Realizou, isso sim, tudo o
indica, a tipicidade do artigo 232º (auxílio material), por ter o *A* auxiliado outra
pessoa a aproveitar-se do benefício de coisa obtida por meio de facto ilícito típico
contra o património.

Isto não significa que a coautoria se não possa verificar na forma de *coautoria
sucessiva*. Ex.: *A* sabe que *X* tem umas dezenas de televisores num armazém e
resolve furtar-lhos. Sozinho, arromba o portão, e traz os aparelhos para o quintal
anexo ao armazém, mas não tem forças para carregá-los e conclui que sem o auxílio
de um terceiro tudo irá por água abaixo. Por isso, telefona a *B*, que aceita e vai
ao local ajudar no carregamento dos aparelhos que *A* leva para casa. Quando da
intervenção de *B*, o furto já estava formalmente consumado, mas a consumação
material ocorreu com a contribuição de *B*, verificada ainda *durante* o crime, que
para isso foi essencial. A principal questão que aqui se coloca é como responsabilizar o coautor sucessivo, pois dificilmente se aceitará que a decisão comum
tenha "efeitos retroativos".

No caso nº 16, só a partir do ingresso do agente se pode equacionar a sua
responsabilidade criminal na comparticipação. O sujeito não pode ser responsabilizado pelo que outros fizeram antes da sua intervenção. Só se poderá imputar-
-lhe em coautoria (sucessiva) a parte do ilícito que realmente dominou (se não
for caso de responder acessoriamente por cumplicidade nesse facto), pois só

O RISCO DE COMER UMA SOPA E OUTROS CASOS DE DIREITO PENAL

nessa medida se explica o (con)domínio do facto e a lesão do correspondente bem jurídico. Aliás também só assim se verifica a conexão subjetiva de vontades necessária para a coautoria ou, seja, para explicar a realização conjunta do facto.

Estes casos de coautoria sucessiva não devem ser confundidos com a prática de certas modalidades de furto qualificado, por ex., se *A* vai à frente e sozinho arromba a porta de entrada duma loja, onde a seguir se introduz com *B*, como tinham combinado, e donde levam o que encontram – o caso integra-se no crime de furto qualificado com introdução por arrombamento do artigo 204, n.º 2, alínea *e*), que ambos praticam em coautoria. O plano é comum e compõe-se de ações sucessivas que supõem a lesão típica do património da vítima.

Caso n.º 17 *A* dá vários murros na pessoa de *B*. Depois, aparece *P* e ambos continuam a socar *B*, em conjugação de esforços e de intenções.

O crime ficou consumado com o primeiro murro, mas se *P* acorre e ambos continuam a socar *B*, em conjugação de esforços e de intenções, haverá comparticipação, são coautores.

A questão demandaria no entanto outros desenvolvimentos se a primeira agressão, levada a efeito só por *A*, tivesse sido causa de lesões graves, as quais, enquanto elemento qualificativo do crime, sempre teriam de estar envolvidas no dolo do agente. Ora, pretender responsabilizar *P* por crime qualificado de ofensa à integridade física (artigo 144.º) envolveria necessariamente a afirmação de um *dolus antecedens* que não é um dolo em sentido técnico. *P* só será responsável pelo crime básico do artigo 143.º, n.º 1.

Considere, ainda, a responsabilidade de *A* que deu vários murros em *B* e desapareceu, mas logo *P* aproveita a oportunidade para se vingar de *B* que está por terra. Dá-lhe por sua vez diversos pontapés. Não há comparticipação. Cada um deles comete o "seu" crime.

VI. A instigação

1. Deverá a instigação imputar-se, juntamente com o auxílio, à "participação"?

a) A proximidade entre o autor mediato (que executa o facto por intermédio de outrem) e o instigador (que determina outra pessoa à prática do facto, desde que haja execução ou começo de execução) articula-se numa constelação típica que no código alemão se explica pela diferença entre **autoria e participação**, onde a instigação se integra. Porém, como já vimos, o Código português junta, no artigo 26.º, a autoria mediata e a instigação, como eco do que acontecia no código antigo, onde ambas formavam a categoria mais alargada da **autoria moral**. O instigador atua no momento anterior ao facto: a conduta deste limita-se a "determinar" outrem à prática do crime, ficando dependente de uma execução por este iniciada. Mas pune-se como cúmplice quem, dolosamente e por qualquer forma, se limita a prestar auxílio material ou moral à prática por outrem de um facto doloso (artigo 27º, nº 1), cabendo-lhe a atenuação especial obrigatória, adequada à forma de participação não essencial – secundária ou acessória. Fica de qualquer modo por resolver se "participação" é só cumplicidade ou se abrange também a instigação e se esta deverá excluir-se da autoria, ainda que o instigador seja *punível como autor* (artigo 26º).

b) A figura da instigação é fruto da dogmática alemã que, no que toca à *causalidade do comportamento do instigador,* se encontra dividida[40].

Na definição do que seja "determinar" (*bestimmen*) outra pessoa à prática do facto, criando nela a decisão de o cometer, alguns autores colocam bem poucas exigências, bastando-lhes, para o preenchimento do tipo objetivo da instigação, qualquer meio de influenciar outrem psiquicamente, não havendo necessidade de comunicação direta do instigador com o instigado. Em princípio, qualquer meio é idóneo para a instigação, desde que envolva uma influência psíquica, escreve Jescheck. Atende-se à contribuição do instigador para a decisão de cometer o crime recorrendo à causalidade ("condicio sine qua"). Será, por isso, suficiente um simples conselho, uma mera indicação ou sugestão, um desafio, um palpite ou um qualquer estímulo quanto à oportunidade de cometer o delito, a promessa de uma recompensa, um pedido, ou a expressão de um desejo. Como se vê, incluem-se aqui comportamentos concludentes, como são as ofertas e as promessas. Também se indicam outras formas de determinação concludentes, como pode acontecer em casos de dissuasão apenas aparente, ou fazendo gestos cujo significado não deixa dúvidas a ninguém. Nesta perspetiva, em que os meios são indiferentes, não se colocarão obstáculos de monta à aceitação da instigação indireta, na forma de instigação à instigação do facto principal[41].

Nas ações humanas apresentam-se muitas vezes causalidades de natureza psicológica, de motivação, portanto, não de acontecimento para acontecimento,

---

[40] No entanto, por meados do século dezanove, já em Portugal se ensinava que "Por instigação pode qualquer ser autor, quando incita e instiga outro, que tem disposição para cometer um crime, mas que não acaba de resolver-se a que o faça, empregando instâncias, promessas ou dádiva; é porém necessário que as instigações sejam tais, que sem elas o crime se não chegaria a perpetrar; porque se elas só servirem de avivar o ódio, sem que o instigador tenha em vista o fim criminoso, e sem elas o crime existiria, em tal caso é somente cúmplice". Basílio Alberto de Sousa Pinto, *Lições de direito criminal portuguez*, Coimbra, Imprensa da Universidade, 1861, p. 86.

[41] Da exclusão da punibilidade da instigação à instigação, na perspetiva do Autor do Projeto, cf. a ata da 12ª sessão, *Atas*, p. 196: "quando, no nº 3, se fala em "diretamente", pretende-se excluir a punibilidade de uma instigação à instigação". Cf., mais adiante, o caso da boite Meia Culpa.

mas de pensamento para acontecimento. Por isso mesmo, é legítimo perguntar: será suficiente qualquer comportamento que leve a ideia do crime ao seu autor? Ou será necessário, no mínimo, que a influência anímica, o influxo psíquico do instigador sobre o instigado seja acompanhado por um contacto recíproco – por uma qualquer forma de comunicação, por ex., verbal, ou até por uma espécie de pacto entre ambos?

Caso nº 18   *A* acaba de assaltar um banco e é perseguido por *B,* que o segue, a correr, uns 20 metros atrás. Adivinha-se que, não tarda, *B* acabará por agarrar o ladrão do banco. Para evitar o pior, *A* pega num maço de notas trazidas do banco e atira-o para o chão, certo de que *B* não vai desprezar a oportunidade de encher os bolsos, deixando-o em paz, até porque mais ninguém viu a cena.

Adotando-se uma fórmula restritiva, no exemplo do ladrão que atira o maço de notas para serem apanhadas por quem o persegue não haverá instigação a um crime, ainda que a situação criada seja suficientemente estimulante para levar o perseguidor a abandonar os seus propósitos iniciais. Mas, se aceitarmos que os meios indutivos são indiferentes, como fazem os partidários da teoria da causação, o ladrão será instigador do crime contra a propriedade cometido pelo perseguidor que cai na tentação de deitar a mão às notas com intenção de se apropriar delas, sabendo-as alheias.

Alguns seguidores das teses restritivas consideram, por ex., que só se justifica aplicar ao instigador a pena do autor do crime principal se a sua falta de domínio da situação – na medida em que o instigador se mantém distanciado do crime – for compensada por uma influência especialmente intensa sobre o criminoso: o instigador teria que acender o rastilho para a execução do crime, só então é que o impulso dado com uma determinada finalidade chegaria para o desencadear.

Ainda assim, mesmo quando instigador e autor do crime comunicam entre si, nem todos os meios de "determinar" outra pessoa deverão ser aceites como idóneos. Se por ocasião do atropelamento dum peão *A* diz para o condutor que se "raspe" senão a chuva intensa dá-lhe cabo do fato novo – não é possível falar sequer de uma influência sobre a vontade, as palavras têm uma natureza indutora bem mais fraca do que a situação criada na perseguição do ladrão de bancos. Questão pertinente, a este nível, é a de quem dá conselhos na área do direito, por ex., os advogados. E se um indivíduo, *F,* que acaba de cometer um crime de violação se vira para outro, *C,* que está ao lado e lhe diz: "também queres?", proporcionando-lhe uma oportunidade favorável, que o pode fazer cair em tentação? Parece que não haverá instigação na medida em que o primeiro não quis influenciar a vontade

AUTORIA E COMPARTICIPAÇÃO

do *C*. E se o criminoso está necessitado de dinheiro para fugir para o estrangeiro e alguém lhe diz: "então tens que assaltar um banco!" São casos (casos-limite) em que é legítimo pôr a questão duma "instigação" relevante.

2. A "instigação-determinação" a um concreto facto punível; a "instigação" que é autoria e a "indução" que é cumplicidade

A doutrina portuguesa mais recente[42] interpreta o artigo 26º – "instigador é aquele que dolosamente **determinar** outra pessoa à prática de um facto ilícito típico (doloso)" – em termos "muito mais estritos" do que aqueles que a doutrina alemã confere ao conceito paralelo de *bestimmen* constante do § 26 do StGB, e de que atrás deixámos um ligeiro apontamento. "Instigador não é, para estes efeitos, aquele que incentiva, aconselha, meramente sugere ou reforça o propósito de outrem de cometer um ilícito típico; tão-pouco aquele que simplesmente o induz àquele cometimento, ajudando-o a vencer as resistências físicas, intelectuais ou morais, ou mesmo afastando os últimos obstáculos que o separam do crime". Este não é autor, mas só, se disso for caso, participante sob uma forma alargada de cumplicidade".

"Instigador, no sentido do art. 26º é unicamente quem **produz** ou **cria** de forma cabal – podia talvez dizer-se, pedindo ajuda à língua francesa: 'fabrica *de toutes pièces*' – no executor a *decisão* de atentar contra um certo bem jurídico-penal através da comissão de um *concreto ilícito típico*; se necessário inculcando-lhe a ideia, revelando-lhe a sua possibilidade, as suas vantagens ou o seu interesse, ou aproveitando a sua plena disponibilidade e acompanhando de perto e ao pormenor, a tomada de decisão definitiva pelo executor". O instigador – que possui deste modo o domínio do facto sob a forma de **domínio da decisão** – surge então como "verdadeiro senhor, dono ou dominador se não do ilícito típico como tal, ao menos e seguramente da decisão do instigado de o cometer". O ilícito, "sendo embora inevitavelmente obra *pessoal* do homem-da-frente, faz aparecer o acontecimento (também ou sobretudo) como *obra do instigador* e dá ao seu contributo para o facto o caráter de (co)realização de um ilícito e não de mera "participação" (externa ou 'estrangeira') no ilícito de outrem".

Caso nº 19   *A* mata *C* a tiro, dando satisfação ao pedido que o irmão *B* lhe fizera.

A e *B* são ambos "autores" da morte de *C*. Foi *A* quem atirou a matar, mas *B* aparece como verdadeiro senhor da decisão. Como instigador, *B* deverá ser castigado com a *mesma* severidade que a lei decreta para o autor imediato, o *A*

---

[42] Jorge de Figueiredo Dias, Formas Especiais do Crime – *Textos de Apoio à disciplina de Direito Penal*, Coimbra, 2004, p. 18 e ss. Entretanto, *DP/PG* 1, 2ª ed., 2007, p. 798 e ss.

que, consciente e voluntariamente, disparou sobre a vítima. Esta igualdade de tratamento, no que toca às consequências do facto, corresponde à identidade que é possível estabelecer, por via da **correalização do ilícito**. Logo que determinado o instigado, este assumiu (também) o domínio do facto, sem por isso o fazer perder ao instigador ("sucessividade do domínio do facto")[43].

3. A figura do omnimodo facturus

Quem não poderá ser instigado é o que já estiver determinado a cometer o facto concreto, o *omnimodo facturus*: não se abrem portas que já estão escancaradas[44]. Se *A* procura convencer *B* a matar *C*, indivíduo odiado por meio mundo, mas *B* já tinha tomado a decisão de o eliminar, a instigação tentada não é punível. Para Puppe, "já é estranha a própria ideia de que se possa 'ter um dolo' antes do facto, como se se possuísse algo que se carregasse consigo, mas é justamente essa a ideia que subjaz ao conceito de omnimodo facturus", que, na teoria da instigação, se costuma distinguir daquele que está meramente inclinado a praticar o facto[45].

Não longe deste tema estão aquelas situações em que o comportamento de alguém corresponderá à "última gota que faz transbordar o copo", se por ex., *A* estava "quase" decidido a cometer o crime, mas só o faz quando *B*, com a sua insistência, lhe remove os últimos escrúpulos – a mostrar que as questões de causalidade serão então cada vez mais ténues. Também é razoável afirmar que quem ainda hesita ou faz depender a prática do facto de uma condição, por exemplo, uma recompensa, pode ser instigado, já que na instigação se trata de criar uma vontade de praticar o facto até aí não existente[46]. Mesmo o indivíduo cuja inclinação para o crime é conhecida poderá sofrer uma influência decisiva por parte de outrem, que então será instigador do crime cometido.

Quem aceite os pressupostos da instigação-determinação formulados pelo Prof. Figueiredo Dias, deverá ter especialmente em atenção que "a possibilidade de verdadeira determinação não é excluída pela circunstância de o instigador se mostrar decidido a cometer crimes de certa espécie (*v. g.*, o homicida profissional): basta que a decisão pelo facto concreto seja criada ou produzida, nos termos referidos, pelo instigador".

Suponha-se agora que *A* está decidido a cometer um roubo, mas *B* convence-o a ir armado. *A* estava decidido (*omnimodo facturus*) a cometer um crime de roubo

---

[43] O domínio do facto é apresentado como um "conceito aberto", que deixa ao intérprete a latitude conveniente na apreciação das constelações de casos provenientes da vida real. Não há, em suma, critérios rígidos para o domínio do facto.

[44] F. Haft, p. 206.

[45] Wessels/Beulke *AT*, nº de margem 26.

[46] Stratenwerth, p. 246.

AUTORIA E COMPARTICIPAÇÃO

simples (artigo 210º, nº 1), antes da intervenção de *B*. Aconselhado por este, acabou por cometer um roubo agravado ao levar consigo uma pistola proibida, municiada e pronta a disparar, que exibiu à vítima (artigo 210º, nᵒˢ 1 e 2, alínea *b*), e 204º, nº 2, alínea *f*). Como castigar *B*? Pela instigação de um crime de roubo agravado, foi a resposta dos tribunais alemães: o homem-de-trás foi além da decisão do ladrão e instigou-o a um crime mais perigoso na sua forma de execução e cujo conteúdo de ilícito é bem mais elevado.

A conclusão foi muito criticada: o facto de simplesmente se exceder a decisão criminosa não significa determinar outra pessoa a cometer o crime, por isso se não justifica a condenação pelo roubo agravado. Como a lei sanciona autonomamente o emprego de arma proibida, a instigação será ao crime que integre a violência e ao crime do artigo 86º da Lei das Armas. Objeto de reflexão será, a mais disso, a possibilidade de castigar *B* por cumplicidade (psíquica) no roubo.

Na hipótese inversa, a do ladrão que estava decidido a cometer um roubo com arma, que o *B* convence a não levar, na medida em que se detete uma *diminuição do risco*, não se justifica a punição de *B*. O que se justifica é a aplicação da teoria da imputação objetiva à participação[47].

Os autores alinham ainda soluções para outras hipóteses de "mudança" induzida: troca de agentes do crime, alteração do objeto ou dos motivos do crime, câmbio de modalidade criminosa, etc.

Fala-se também na **troca de dolo**. Uma vez que o autor pode ser instigado até ao início da tentativa, a figura está relacionada com aqueles casos em que o autor inicialmente visa determinado objeto da ação (furtar um relógio), mas depois, durante a execução do facto, muda de ideias e passa a visar outro objeto, desistindo do relógio em favor do dinheiro em caixa.

4. A questão da concretização do crime principal e do seu autor. Elementos subjetivos da instigação; duplo dolo

A instigação relaciona-se com um facto concreto e com uma pessoa determinada, quanto muito com um círculo de pessoas determinado. O instigador determina outra pessoa, uma certa pessoa, a praticar um crime concreto. Não sendo este o caso, pode ainda configurar-se, em certos termos, a instigação pública a um crime, como se prevê e pune no artigo 297º, nº 1. Mas também se não pune a tentativa desta forma autónoma de instigação.

No que toca à concretização (individualização) do facto principal, bastará a simples indução ao cometimento do crime e as indicações abstratas do tipo de ilícito a executar, do género: "tens que deitar a mão a uns milhares de euros".

---

[47] Kühl, *AT*, p. 688.

Entende-se, por outro lado, que não tem que ser concretizado nem o lugar e o tempo do crime, nem a pessoa da vítima.

O dolo do instigador deverá abranger todas as circunstâncias que tornam o facto punível. Incluem-se aqui certos elementos subjetivos específicos – o instigador tem que saber, por ex., que o executor de uma burla por si induzido atua com intenção de obter enriquecimento ilegítimo, ainda que esta intenção não seja exigida ao instigador. O dolo do instigador determina a medida da correspondente responsabilidade pelo desvalor do crime cometido. Indo o criminoso com o seu crime além daquilo a que o instigador o tinha querido determinar não se poderá responsabilizar o instigador por esse **excesso**. Se a instigação foi a um furto e o instigado usa de violência sobre a vítima para lhe arrancar a carteira, circunstância que aquele não representou nem quis, a punição do instigador não pode passar do furto. Se o instigado comete um **crime diferente**, não se pode responsabilizar o indutor como instigador dele, por não o ter querido. Se a coisa não chega a ser subtraída, como queria o indutor, mas o induzido vai comprá-la ao ladrão, tornando-se autor duma recetação, não pode condenar-se o primeiro pela correspondente instigação – falta-lhe o dolo relativamente ao crime cometido e a tentativa de instigação ao furto não é punida, como já se observou.

A questão do dolo do instigador está ligada aos casos de **error in persona**, que aparecem frequentemente nos testes escritos e que apreciamos noutro lugar. Recorde-se o caso Rose-Rosahl e o outro, mais recente, conhecido por Hoferben- -Fall ou Rose-Rosahl II.

Quem aceite os pressupostos da **instigação-determinação** (Figueiredo Dias) deverá ter presente que "pertence à essência da instigação a determinação de outrem a um *concreto* facto punível", pelo que, ao dolo do instigador, pertencerá também "a **representação dos concretos elementos e circunstâncias do ilícito- -típico respetivo**; não bastando em caso algum a representação abstrata de que o comportamento do instigado constituirá um qualquer facto punível: o dolo do instigado tem de dirigir-se àquele mesmo facto que o instigado praticar"[48]. A restrição, relativamente à doutrina tradicional, implica também que se houver excesso por parte do instigado, o instigador só responderá na medida do seu dolo, sem prejuízo da responsabilidade por negligência relativamente ao ilícito mais grave produzido.

---

[48] O dolo do instigador não tem de compreender, mesmo nesta perspetiva, a **espécie** e o **modo da execução**: "basta que ele se refira ao concreto ilícito-típico nos seus elementos constitutivos": a **pessoa da vítima** constitui parte essencial do ilícito-típico, "pelo que o erro do instigado sobre ela parece dever aproveitar ao instigador, só ficando em aberto a possibilidade de ser eventualmente imputada uma tentativa – todavia não punível – de instigação". Jorge de Figueiredo Dias, Formas Especiais do Crime – *Textos de Apoio à disciplina de Direito Penal*, Coimbra, 2004, p. 28, e *DP/PG* 1, 2ª ed., 2007, *loc. cit.*

5. Agente provocador; agente infiltrado; agente encoberto

O dolo do instigador deverá, por um lado, abranger o seu próprio comportamento indutor, a determinação de outrem a um facto ilícito típico; por outro, deverá dirigir-se à consumação dum facto doloso: "quem, dolosamente, determinar outra pessoa à prática do facto" (artigo 26º). Mas isso não obsta a que se puna a instigação de um crime que não passou da tentativa. Dizem alguns setores que quem não será punível é o **agente provocador** ("agent provocateur"; "Lockspitzel") que determina outra pessoa à prática do facto para a incriminar, com vontade de que o facto não passe da tentativa (situação que arrasta a questão do dolo de simples tentativa).

Caso nº 20 *A* conhece um grupo de delinquentes que hesita em lançar-se na aventura de assaltar uma ourivesaria da "Baixa". Como quer ver alguns deles presos, entra em contacto com a polícia e convence os assaltantes a atuar a uma certa hora, propondo-se, eventualmente, acompanhá-los. Os assaltantes são presos no interior do estabelecimento, onde a polícia os aguarda, sem que algum deles chegasse a meter ao bolso alguma das inúmeras peças de ouro ali existentes.

A Lei nº 101/2001, de 25 de agosto, que revoga os artigos 59º e 59º-A do Decreto-Lei nº 15/93, de 22 de janeiro, e o artigo 6º da Lei nº 36/94, de 29 de setembro, ocupa-se das **ações encobertas** para fins de prevenção e investigação criminal. Consideram-se ações encobertas aquelas que sejam desenvolvidas por funcionários de investigação criminal ou por terceiro atuando sob o controlo da Polícia Judiciária para prevenção ou repressão dos crimes indicados no mesmo diploma, com ocultação da sua qualidade e identidade. Visa-se com elas a descoberta de material probatório. A identidade fictícia com que os agentes da polícia criminal podem atuar é atribuída por despacho do ministro da Justiça, mediante proposta do diretor nacional da PJ. O artigo 6º desta Lei trata de isentar de responsabilidade o **agente encoberto** que, no âmbito de uma ação encoberta, consubstancie a prática de atos preparatórios ou de execução de uma infração em qualquer forma de comparticipação *diversa* da *instigação* e da *autoria mediata*, sempre que guarde a devida proporcionalidade com a finalidade da mesma[49].

---

[49] Para o Prof. Figueiredo Dias não existirá obstáculo teórico-dogmático "à punição da instigação a um facto tentado, uma vez que certamente também o agente encoberto procurará que o facto instigado não atinja a consumação nem conduza à efetiva lesão do bem jurídico ameaçado".

6. Age ilicitamente quem instiga o instigador? A instigação indireta

Na prática há muitos casos de **instigação em cadeia** (*instigation en cascade*). Em certas condições será instigador quem induz outrem a instigar um terceiro à prática do facto e este tem, pelo menos, começo de execução. Na "instigação em cadeia", o instigador nela integrado não necessita saber nem o número, nem o nome dos escalões intermédios, nem o nome do autor principal, bastando-lhe uma representação concreta do facto principal[50].

O caso mais conhecido de "instigação à instigação" parece ser o da *boite* "Meia Culpa", de Amarante. O dono do "Diamante Negro" pretendeu, em recurso, que por nunca ter contactado *diretamente* com os autores materiais a sua intervenção só poderia configurar instigação a uma instigação, o que (em seu entender) seria de rejeitar como modalidade de comparticipação criminosa[51]. O Tribunal de Círculo de Penafiel entendeu que o facto de a determinação ser direta não exige, nem pressupõe, que haja um contacto direto entre o instigador e os executores materiais, nada obstando a que esses contactos sejam estabelecidos por um terceiro que atua como mero intermediário. Do que se tratava, nessa ótica, era de uma instigação ao facto principal realizada através de um intermediário. No acórdão do STJ de 27 de janeiro de 1999[52] escreveu-se que a intervenção desse recorrente "não foi a de mero instigador que se limita a incentivar ou a aconselhar alguém a decidir-se pela prática de uma ação ilícita. Aqui, toda a conceção e idealização da ação lhe pertencem. Ele é a inteligência e a vontade da ação e dos resultados. Ele detém desde o início até final o completo domínio da ação criminosa". No entendimento vertido pelo Supremo, não tendo havido contacto direto entre o mandante inicial e os executores materiais do crime, do que se trata é de autoria mediata. No contributo de Ana Catarina Sá Gomes para "Casos e Materiais de Direito Penal"[53] pode ler-se um resumo da matéria de facto saída do julgamento e um comentário breve dessa solução jurisprudencial. Aí se diz que, contrariamente ao que foi defendido pelo STJ, "o facto de o mandante inicial ter planeado com

---

[50] Jescheck, *AT*, p. 622. O § 30, I e II, do StGB, que trata da tentativa de participação, prevê também a figura da "participação em cadeia" (cf. Stratenwerth, p. 364; Jakobs, p. 670). Cf., entre nós, o acórdão da Relação de Lisboa de 10 de julho de 1985, *CJ*, ano X, tomo 4, p. 158). Tenha-se em qualquer caso presentes os termos em que o Prof. Figueiredo Dias apresenta aquilo a que chama a **instigação-determinação a um *concreto* facto punível**.

[51] No CP 1886 exigia-se que a instigação fosse *direta* (artigo 20º, nº 3, por referência aos que por ajuste, dádiva, etc., ou por qualquer meio fraudulento e *direto* determinaram outro a cometer o crime; artigo 22º, nº 1, por referência aos que *diretamente* aconselharam ou instigaram outro a ser agente do crime). Era esse o entendimento do Prof. Eduardo Correia, *Direito Criminal – Tentativa e Frustração – Comparticipação Criminosa*, p. 154.

[52] Que aqui citamos pela consulta de uma fotocópia do processo nº 1146/98.

[53] Casos e Materiais de Direito Penal, p. 331.

AUTORIA E COMPARTICIPAÇÃO

algum pormenor a execução do crime não o transforma, por esse motivo, em autor mediato do mesmo. Autor mediato não é aquele que planeia, mas aquele que, de alguma forma, domina a vontade do autor material. Ora, no caso em análise, a vontade de praticar o crime, embora induzida, é dos autores materiais do facto criminoso. Quem detém a vontade de ação são os autores materiais, e não quem planeou tal ação. O mandante apenas criou a vontade de praticar o crime aos autores materiais, embora de acordo com um plano que arquitetou. É assim de verdadeira instigação a atuação do mandante inicial". Como, no caso, o mandante instigou outra pessoa a praticar o crime, "tendo este último, em cumprimento do combinado, concluído o contacto com os autores materiais do crime, que o executaram", tratar-se-á de uma verdadeira "instigação indireta ou, dito por outras palavras, de uma coinstigação", ainda admitida pela parte final do art. 26º do Cód. Penal e, como tal, punível. No fundo, o que importa "é que se consiga estabelecer o **nexo causal** entre a ação do instigador inicial (determinação) e a do autor material (prática do facto)".

Para João António Raposo,[54] que igualmente se ocupa do caso da boite Meia Culpa, a palavra "**determinar**" (parte final do artigo 26º), no contexto em que aparece inserida, está indissoluvelmente ligada na língua portuguesa ao sentido de **motivar decisivamente** uma resolução criminal ali onde ela antes não existia. No caso "Meia Culpa" só o primeiro elemento da cadeia, o dono do "Diamante Negro", deveria ser qualificado como instigador. O intermediário deveria ter sido punido como cúmplice. Nas situações em que o agente do meio da cadeia funciona como mero veículo de transmissão da vontade do agente detrás, fazendo chegar essa vontade ao autor, só o elo mais recuado deve ser punido como instigador. O intermediário, nestas hipóteses, não instiga verdadeiramente, mas limita-se a comunicar a instigação de outrem, devendo, nessa medida, ser apenas punido como cúmplice.

Para o Prof. Figueiredo Dias[55] "não se descortina, em geral, argumento válido que, segundo o nosso direito penal vigente, possa opor-se à punibilidade de princípio da instigação em cadeia". Ponto é que, "relativamente à conduta de cada um dos elos da cadeia, se possa afirmar que ele determinou – ainda que só de forma *mediata* – o executor à prática do **facto ilícito-típico**, tendo este dado início à execução", supondo-se, naturalmente, a presença dos elementos com que se tece, no entender do ilustre Mestre, a instigação-determinação: a "instigação à instigação" será então um caso particularmente frisante da **sucessividade do domínio do facto**. Quem possuir o necessário **domínio da decisão** "é autor a

---

[54] João António Raposo, A punibilidade nas situações de instigação de "instigação em cadeia",
[55] Jorge de Figueiredo Dias, Formas Especiais do Crime – *Textos de Apoio à disciplina de Direito Penal*, Coimbra, 2004, p. 31.

O RISCO DE COMER UMA SOPA E OUTROS CASOS DE DIREITO PENAL

par de outros autores"; quem o não possuir, apesar de integrar um elo da cadeia, desempenhará, eventualmente, como mero intermediário (transmissor), o papel de *cúmplice*.

Caso nº 21 *A* propôs a *B* a destruição da Meia Culpa, sugerindo-lhe que encontrasse alguém para fazer o serviço. *C* e outros executaram o serviço a troco de dinheiro, depois de para isso terem sido contactados por *B*.

A e *B* são instigadores dos crimes praticados por *C* e outros. Para duas das opiniões apontadas não repugnaria, ou seria até a solução adequada (estabelecida que fosse a correspondente base fáctica), que o *B*, enquanto intermediário (assim o designou o Tribunal de Círculo), fosse punido como simples cúmplice.

Uma outra modalidade, certamente mais "fraca", mas com estrutura semelhante, poderia ser configurada para a hipótese de um dos elos da cadeia, por sugestão do primeiro interessado, convencer um terceiro, não ao cometimento do crime, mas a "dar uma ajuda", portanto como mero auxiliar.

7. Instigador/instigado

No exemplo em que *A* faz tudo para que *B*, sozinho, vá assaltar um banco que lhe indica, mas *B* rejeita a proposta e mantém-se tranquilo em casa, o caso configura uma tentativa de instigação, não punível. A instigação não é autónoma – não se pune a tentativa de instigação, prevista no § 30, I, do StGB, mas que não foi adotada no direito português – e só é ilícita e punível quando do lado do instigado houver pelo menos "começo de execução". O artigo 26º, *in fine*, torna-a dependente de uma execução por outro iniciada.

O chamado **oferecimento para delinquir** não está previsto no Código Penal português, mas consta do § 30, correspondente ao antigo § 49 *a*) do StGB alemão, onde se punia quem, baldadamente, procurava determinar outrem ao crime, se oferecia para a sua prática, aceitava esse oferecimento ou com outros se concertava para a prática dele. A disposição inspirou-se na oferta para matar o chanceler Bismarck, feita ao arcebispo de Paris por um caldeireiro belga e tomou o nome deste, ficando a ser conhecida como "parágrafo Duchesne[56]. Por outro lado, não existe uma instigação negligente! O dolo do instigador deve ser dirigido à consumação do facto pelo autor material, mas pode acontecer que o crime fique no estádio da tentativa. Haverá então instigação de um crime tentado: *A* pede a *B* que mate *C*. *B* cumpre o prometido, mas falha a pontaria.

---

[56] Cf. a Ata da 13ª sessão, *Atas*, p. 206.

8. Instigação e aliciamento

As situações de aliciamento são caracterizadas por "o homem-de-trás levar o executor a praticar o facto tipicamente ilícito *em contrapartida* da realização de determinada prestação, de coisa ou de facto, que o homem-de-trás lhe proporciona (ainda que não tenha de ser ele, pessoalmente, a realizá-la)". Tendo havido consenso, a decisão final sobre o cometimento do facto caberá ao homem-de--trás. São casos de verdadeira instigação e de domínio da decisão, nos quadros do princípio da autorresponsabilidade[57]. Veja-se um desses casos na última parte da alínea *b*) do n.º 1 do artigo 176.º: "utilizar menor em fotografia, filme ou gravação pornográficos, independentemente do seu suporte, ou o **aliciar** para esse fim".

VII. A cumplicidade

1. Cumplicidade e participação

Chegado a este ponto e ponderadas as consequências da **instigação** como **determinação de outrem a um *concreto* facto punível** (Figueiredo Dias), o conceito de "participação" acaba por se esgotar no de cumplicidade ("sob as diversas concretizações que esta possa assumir"). Neste contexto, participação e cumplicidade são sinónimas. "Prestar auxílio material ou moral" (artigo 27.º, n.º 1) tanto é um ato de cumplicidade como de participação em facto alheio.

2. Para a teoria do domínio do facto, ao cúmplice cabe, mais modestamente, o papel de figura periférica, não essencial

Caso n.º 22   *C* e *J* planearam de comum acordo assaltar uma dependência bancária em dia que também escolheram. Como carro de apoio, utilizaram um automóvel pertencente a *D*, que emprestara a viatura ao *C* para melhor concretizarem o assalto. Na execução do plano traçado, *C* e *J* fizeram-se transportar nesse carro. De seguida arrancaram em alta velocidade até um sítio a uns 5 quilómetros do banco assaltado, deixaram o carro e passaram para outro, distanciando-se, sempre em grande velocidade. *D* agiu livre e conscientemente, com o propósito de ajudar *C* e *J* a concretizar o referido assalto.

---

[57] Outros pormenores em Jorge de Figueiredo Dias, Formas Especiais do Crime – *Textos de Apoio à disciplina de Direito Penal*, Coimbra, 2004, p. 26, e Conceição Valdágua, "Figura central, aliciamento e autoria mediata", *Estudos Cunha Rodrigues* I, p. 923.

O legislador português, nos crimes dolosos por ação, destaca a cumplicidade da autoria, como se pode ver dos artigos 26º e 27º. Certo é que, muitas vezes, precisaremos de qualificar um determinado comportamento ou como autoria ou como cumplicidade, o que não é tarefa de somenos importância, sabendo-se que a pena do cúmplice é a aplicada para o autor, mas especialmente atenuada (artigo 27º, nº 2). Para a teoria do domínio do facto o autor aparece como *figura central* do acontecimento típico. Ao cúmplice cabe, mais modestamente, o papel de *figura periférica*, não essencial. O papel do cúmplice esgota-se com a prestação do auxílio. No momento seguinte reduz-se à posição expectante de quem aguarda os acontecimentos. Isso o distingue do contributo do coautor que, de algum modo, é condição dos demais atos e do sucesso do empreendimento[58].

3. Aplicação da regra da acessoriedade: quando começa a cumplicidade punível?

Para a punição do cúmplice é necessária a *prática por outrem* de um facto doloso. É o que se alcança do artigo 27º, nº 1. A cumplicidade é uma forma de **participação em facto alheio**, é participação de um não-autor no facto de um autor. É a **regra da acessoriedade**: para a punição da cumplicidade supõe-se que outrem realize uma atividade executiva.

Caso nº 23   *A, B e C* combinam minuciosamente um assalto mas porque são indolentes não fazem nada para cumprir o plano comum. *D* tinha--lhes emprestado, para esse fim, um robusto pé de cabra.

Não se pode sequer falar de tentativa, não chega a haver atos de execução do crime planeado, pelo que não é possível a participação. Se *D*, para ajudar os assaltantes preguiçosos, conscientemente lhes tivesse emprestado um pé de cabra para o assalto, não se chegava a uma situação de cumplicidade punível. Pressuposto da participação é a existência de um facto (doloso) **típico** e **ilícito** de outrem (regra da **acessoriedade limitada**), que pode ser simplesmente tentado: exige-se que o facto tenha atingido um certo estádio de realização e que assim se torne punível. O caso anterior será de **cumplicidade falhada** ou **sem êxito**, como lhe chama o Prof. Figueiredo Dias, para quem, punir a tentativa nestas condições, seria aproximar-se "perigosamente" da punição de meras intenções.

Houve tempo em que a teoria da participação se construía a partir do robustecimento da vontade criminosa do agente. O cúmplice (mas sobretudo o instigador, enquanto, sem relevante oposição, se pensou este como participando em

---

[58] Costa Pinto, p. 278.

AUTORIA E COMPARTICIPAÇÃO

facto alheio) conduziria outrem a *peccare*, de forma que o alargamento da punição aos participantes passou a encontrar o seu fundamento na "corrupção" que eles levam a cabo na pessoa do autor material: o participante conduziria outrem à delinquência e à culpa. É um raciocínio dentro da chamada *acessoriedade rigorosa*, supondo a punição do cúmplice que outrem pratique um facto culposo e não simplesmente ilícito. Se o autor material do facto fosse um inimputável, a participação ficava excluída. Mas o Código não permite que a punição do cúmplice fique dependente da culpa de outrem, como, por último, se retira do artigo 29º, onde se dispõe que cada participante é punido segundo a sua culpa, independentemente da punição ou do grau de culpa dos outros participantes. A punição de um nunca pode ficar dependente da culpa do outro, com o que, atualmente, se rejeitam os pressupostos da *acessoriedade rigorosa*.

Hoje em dia, o fundamento da punibilidade da participação/cumplicidade faz-se assentar num **facto principal** com determinadas características: supõe-se a relevância de se "prestar auxílio" a **outrem** (artigo 27º, nº 1). A participação constrói-se no âmbito da acessoriedade limitada, em contraste com as exigências da acessoriedade rigorosa, cujos contornos passavam por um facto típico e doloso, ilícito, mas sempre culposo.

4. Na cumplicidade tem de haver duas pessoas envolvidas

Dispõe o artigo 27º, nº 1, que é punível como cúmplice quem, dolosamente e por qualquer forma, prestar auxílio material ou moral **à prática** *por outrem* de um facto doloso. Tem que haver duas pessoas envolvidas: a que pratica o facto principal (facto doloso e ilícito) e a que, dolosamente, lhe presta auxílio à sua prática. O dolo é sempre referido à "realização de um facto que preenche um tipo de crime" (cf. a redação dos diversos números do artigo 14º), consequentemente a um **facto ilícito**, que tanto pode corresponder a um crime comum, como a um qualquer delito especial, próprio, por ex., o crime de atestado falso do artigo 260º, nº 1. Não pode, por isso, abranger-se no conceito de participação o facto justificado, por ex., por legítima defesa, ou o facto negligente. Rejeita-se assim a teoria da *acessoriedade mínima*, segundo a qual bastaria que o autor realizasse o tipo de um crime, mesmo que o fizesse ao abrigo de uma causa de justificação.

5. Não se pune a cumplicidade tentada, mas pune-se a cumplicidade na tentativa

A lei não prevê a cumplicidade tentada, mas pune-se a cumplicidade na tentativa, *i. e*, o auxílio à prática do crime que não chega a consumar-se por circunstâncias alheias à vontade do seu autor. Ex.: *A* põe à disposição de *B* a pistola de que este necessita para matar X. Se o tiro falhar, o auxílio é à prática, por B, de um crime de homicídio doloso na forma tentada (artigos 22º, nos 1 e 2, 23º, nos 1 e 2, 27º, nos 1 e 2, 73º, nº 1, a) e b), e 131º). Pode, no entanto, acontecer que, de posse da pistola, B não chegue a utilizá-la. Não obstante o auxílio de A se fazer acompanhar da decisão de ajudar na prática de um crime de homicídio, A – que fez tudo o que tinha a fazer – não será punido por cumplicidade, pois B não chegou à fase dos atos de execução.

6. Deverá o comportamento do cúmplice ser causa do resultado criminoso?

Objetivamente, a cumplicidade consiste em, por qualquer forma, prestar auxílio material ou moral **à prática** por outrem de um facto doloso. Este auxílio não pode ser entendido como todo e qualquer contributo em favor do crime ou de quem o comete. Cúmplice é só aquele que presta um contributo **real** à atuação do autor, não basta a simples colocação de certos meios para que a exigência legal de "prestar auxílio" fique preenchida: não basta que alguém forneça uma manta para o ladrão se resguardar do frio enquanto aguarda o momento azado de agir. Por outro lado, a conduta do cúmplice não se identifica com a do autor, já que este está comprometido, em maior ou menor medida, com a realização típica, sendo punível como autor quem **executar** o facto: é assim que se inicia o artigo 26º.

De nada interessa que a atividade ou prestação do cúmplice seja essencial ao facto do autor: o que releva é que essa atividade ajude o autor a praticar o facto, *mas sem intervir na sua perpetração*. No caso nº 22, D, com o empréstimo do seu automóvel, auxiliou um projeto criminoso que previamente conhecia, embora tal projeto se pudesse realizar por outros meios. Isso, porém, não interessa para o estabelecimento da figura da cumplicidade, mas sim que o empréstimo do automóvel integrou um auxílio ao facto doloso de que o agente tinha pleno conhecimento. Vejamos a seguir mais alguns elementos, indispensáveis à boa compreensão do tema.

Caso nº 24 A vai cometer um assalto e B, conscientemente, transporta-lhe a escada que lhe permitirá aceder ao primeiro andar do prédio onde pretende entrar para aí deitar a mão a uma avultada quantia. A está decidido a realizar um determinado assalto e C fornece-lhe a chave para abrir a porta da casa. No local, A mete a chave na fechadura, mas não consegue fazê-la rodar. Por fim, parte o vidro duma janela e, por aí, entra na moradia, donde subtrai duas valiosas (mais de sete mil contos) peças de ourivesaria. Haverá cumplicidade de C (artigos 27º, nos 1 e 2, 73º, nº 1, a) e b), e 204º, nº 2, a) e e), do Código Penal)?

Variante Suponha-se agora que as chaves serviam perfeitamente mas revelaram-se supérfluas porque a porta estava aberta.

AUTORIA E COMPARTICIPAÇÃO

Saber se o comportamento do cúmplice deverá ser causa do resultado crimi-
noso, *i. é*, se se deve *exigir da parte deste um contributo causal* para o crime, *ou se basta
que o favoreça*, eis uma das questões que enxameiam esta área do direito penal.
Do ponto de vista causal, poderemos concluir como segue:

- Quem auxilia o ladrão levando-lhe a escada até ao local do crime (se não for
  caso de coautoria) é punido como cúmplice do furto praticado, mesmo que
  o próprio agente a pudesse ter levado para a usar com êxito, dispensando
  a ajuda alheia. A causalidade existe, já que não são de acolher quaisquer
  considerações hipotéticas.
- No caso das chaves que para nada servem não há qualquer contribuição
  causal para o resultado criminoso: a correspondente cumplicidade tentada
  não é punível.
- O facto de as chaves, no último exemplo, se mostrarem supérfluas, porque
  a porta estava aberta, não afasta a causalidade. Do mesmo modo, pode
  afirmar-se a cumplicidade do vigilante (cuja atuação não deva qualificar-se
  como coautoria), mesmo que nenhum perigo se detete durante o assalto.

Para os adeptos da **teoria do favorecimento**, basta que o resultado criminoso
seja facilitado ou favorecido, por qualquer forma, pelo comportamento do cúmplice. De facto, no artigo 27º, nº 1, a punibilidade do cúmplice não depende da
comprovação de uma qualquer relação causal. A prestação de auxílio é dirigida "à
prática" do crime alheio. Consumando-se o ilícito, só se pune o auxílio prestado à
atividade criminosa, sem dependência da sua repercussão no resultado. Faltando
o resultado, a cumplicidade é ainda punível, embora só como **cumplicidade no
crime tentado**. Em suma, o resultado criminoso, não sendo "obra" do cúmplice,
não pode, enquanto tal, ser-lhe imputado –a punibilidade do cúmplice não está
dependente das relações causais que se suscitem no âmbito da autoria.

Em geral, poderá sustentar-se que o auxílio relevante para a cumplicidade
é só aquele que, comprovadamente, **aumentou o risco** para a vítima e, consequentemente, as possibilidades de sucesso do criminoso. Só quem dolosamente
melhora as condições de êxito do criminoso e aumenta o risco da vítima é que
participa numa agressão ao bem jurídico. Consequentemente, só será cúmplice
quem com o seu auxílio possibilitar ou intensificar a lesão do bem jurídico ou
facilitar ou assegurar a prática do crime, desde que esse papel se não integre
na (co)autoria ou na instigação. E esse auxílio pode acontecer "por qualquer
forma", dando conselhos ou atuando, tanto faz – a lei não especifica os meios que
podem constituir um auxílio material (arranjar uma ferramenta, proporcionar
uma ocasião favorável ou o transporte para o local do crime, ou ficar a vigiar,
enquanto esta atuação não signifique uma parcela da execução do crime) ou

moral (o remover dos últimos escrúpulos do ladrão relativamente à planeada atuação, o dar conselhos sobre a forma de agir no local, a promessa dum *álibi*, o cimentar da decisão criminosa, a garantia de ajuda por ocasião da fuga proporcionando alimentação ou abrigo). Diz um partidário da **teoria do aumento do risco**: Se com o seu comportamento o cúmplice aumentou o risco, que se realizou na correspondente lesão do bem jurídico, consumou-se então a cumplicidade (artigo 27º, nº 1). Se não se puder comprovar esse aumento de risco, o que poderá existir é uma cumplicidade tentada, que todavia não é punível[59]. O fundamento da punição da cumplicidade não está na causação do resultado criminoso mas na intensificação das *chances* de ele ocorrer, com o consequente aumento do risco para o bem jurídico atingido.

Caso nº 25 Em noite de agosto, *A* esforça-se durante horas por abrir uma caixa multibanco e alcançar as notas que estão ali tão perto. Quando, já sem forças, recolhia as ferramentas para se ir embora de mãos a abanar, aparece-lhe *B*, que de tudo se tinha apercebido, e que lhe fornece uma saborosa bebida fresca. *A*, com as forças retemperadas, retoma o trabalho e consegue apropriar-se do dinheiro.

Quem sustentar que a cumplicidade existe desde que o resultado criminoso seja facilitado ou favorecido, por qualquer forma, pelo comportamento do cúmplice, tem aqui um bom exemplo: o êxito criminoso não depende completamente da ajuda do cúmplice, mas foi por este facilitado. Mas a solução já seria diferente se o ladrão não estivesse "esgotado".

Serão cúmplices os dois clientes dum bar que, ao entrarem, deparam com uma cena de violação prestes a acontecer e que logo começam a bater palmas, em apoio do violador? É o mesmo que perguntar se as atitudes de solidariedade e de apoio são autênticas ajudas, capazes de fortalecer a decisão de cometer o crime como forma de auxílio moral. De qualquer modo, o auxílio, para ser cumplicidade, não poderá implicar da parte do participante a prática de qualquer ato de execução. Se o agente vai além do auxílio simples e, tomando uma decisão conjunta com os restantes comparticipantes, pratica um ato necessário de execução do plano criminoso, torna-se ele próprio coautor do facto (acórdão do STJ de 5 de abril de 1995, *BMJ* 446, p. 7). O cúmplice, ao contrário do autor, não executa o facto, por si ou por intermédio de outrem, nem toma parte direta na sua execução, nem determina outra pessoa à prática do facto, pois somente favorece ou presta auxílio à execução, ficando fora do facto típico (acórdão do STJ de 16 de janeiro de 1990, *BMJ* 393, p. 241).

[59] H. Otto, *Grundkurs Strafrecht, AT*, 5ª ed., p. 305.

AUTORIA E COMPARTICIPAÇÃO

À luz destes pressupostos, em crimes do tipo dos de tráfico de estupefacientes, é difícil a qualquer dos comparticipantes escapar ao rótulo de autor ou permanecer fora do conceito de autoria, dada a dimensão e amplitude da previsão das respetivas normas incriminadoras. Acórdão do STJ de 4 de junho de 1998, *BMJ* 478, p. 7[60].

Caso nº 26   Enquanto o *A* mantinha com a ofendida *C* relações de coito anal e lhe introduzia no ânus objeto não apurado, o *B*, não obstante ter constatado a oposição manifestada pela *C*, que se debatia e exteriorizava as dores que sentia, manteve-se junto deles e, deliberadamente, nada fez para impedir que o *A* concretizasse esses atos. Após tais atos sexuais, *A* e *B* vestiram a *C*, que se encontrava semi-inconsciente e sangrava abundantemente da vagina e ânus e, ao invés de a levarem a um hospital, transportaram-na para casa, onde chegados, cerca das 04h30, tocaram à campainha e tendo-lhes sido aberta a porta de entrada do prédio, largaram a *C* no chão, no átrio do prédio, indiferentes à sua sorte.

Responsabilidade jurídico-penal de *B*, segundo o acórdão do STJ de 31 de março de 2004, proc. 04P136 (tem um voto de *vencido*): absolver o *B* como cúmplice dos crime de violação e coação sexual praticados pelo *A*. Considerou-se, nomeadamente, que "no domínio da causalidade relevante na cumplicidade, não basta uma qualquer solidarização ativa que não seja causal do resultado. A pura passividade não é auxílio material, e também, por si só, não releva auxílio ou influxo psíquico em relação ao facto do agente. Não é possível concluir, no que ao comportamento do *B* respeita, pela intervenção enquanto cúmplice dos crimes de violação e coação sexual praticados pelo *A*. Com efeito, a simples presença física, sem a prova de qualquer conformação dirigida ao facto (a oferta de auxílio, o conforto por palavras, a garantia e a intenção de contribuição para o resguardo) não é mais que um não ato, mesmo em deliberada omissão; o facto de permanecer não constitui elemento nem revelador do

---

[60] Veja-se no entanto o acórdão do STJ de 15 de fevereiro de 2007, proc. 07P014: Resultando dos factos provados que o arguido não teve qualquer intervenção na decisão de traficar a droga, assim como a não tinha na respetiva execução, por se encontrar "acamado" e que apenas surge a "ajudar" a arguida, aliás, numa tarefa secundária de acondicionamento de embalagens e recorte de plásticos, limitando-se a usufruir vantagens da atividade que sabia criminosa, o arguido não dominava o facto. Era um *auxiliator simplex* ou *causam non dans*. Mas, como *auxiliator*, só o pode ser do crime principal – no caso do artigo 21.º – e não de um qualquer crime autónomo como seria o do artigo 25.º proposto pelo recorrente. O que sucede é que, por ser cúmplice e não autor, ou coautor, a pena que lhe é aplicável será a do autor, mas especialmente atenuada – art.º 27.º, n.º 2, do Código Penal. A solução é discutível, veja-se, por exemplo, a opinião de João Varela, na anotação a este acórdão, publicada na *RPCC* 17 (2007), p. 507.

dolo de auxílio, nem causal do apoio ao facto do coarguido. Por outro lado, 'nada fazer para impedir' situa-se já fora do plano lógico da cumplicidade; o auxílio não pode consistir no não cumprimento ou na frustração do facto, ou em não retirar o objeto do crime da disponibilidade, ou da continuação da disponibilidade do agente".

7. Deverá ser punido como cúmplice o comerciante que vende veneno para os ratos ao cliente que o utiliza para matar outra pessoa?

Caso nº 27 Atormentado pelo ciúme, *A* vem alimentando em silêncio o propósito de matar *B*. Procurou já abatê-lo a tiro (...). Dias depois, passou pela drogaria do seu amigo *D* e pediu uma embalagem de certo veneno para ratos, que sabia ser um composto de arsénio, cujas propriedades mortíferas, também para o homem, bem conhecia, e acrescentou entre dentes, naquele jeito próprio dos tímidos, que era para "uma ratazana" que aparecia lá pela sala de mesa. *D*, que já se havia apercebido da ciumeira que afligia o amigo e logo admitiu a possibilidade de *A* pretender matar com aquele veneno (cujas aludidas propriedades sobejamente conhecia) o referido *B*, satisfez o pedido: nem lhe desagradava que a sua suspeita se concretizasse (*B* já lhe tinha frustrado uma conquista). *B* veio a morrer num acidente, quando a ambulância em que era transportado ao hospital, na sequência de intoxicação provocada por Ângelo, se despistou. Mas a autópsia revelou que, se assim não fora, *B* morreria inevitavelmente em consequência da intoxicação. De uma prova de admissão ao CEJ.

Questão controversa: a de saber se um comportamento corrente, idêntico a tantos outros do dia a dia – por ex., a venda dum veneno ou duma faca numa loja comercial, sabendo o vendedor que o objeto vai ser utilizado num homicídio –, pode constituir uma cumplicidade punível. Noutros setores da vida, pense-se ainda em ações de conteúdo aparentemente neutro, como a abertura, por um advogado, duma conta bancária para facilitar o branqueamento de capitais pelo seu cliente. Poderá qualificar-se de branqueamento de capitais o pagamento em dinheiro pelo arguido ao advogado seu defensor num processo por tráfico de droga, sabendo este, ou estando em condições de saber, que o dinheiro provinha de facto criminalmente ilícito? Ou quando alguém, conscientemente, fornece gasolina aos assaltantes dum banco que procuram a fuga de carro. Um dos casos mais antigos deste género foi julgado pelo Tribunal do Reich em 1906, pondo-se a questão de saber se o fornecimento de pão ou de vinho a um bordel

AUTORIA E COMPARTICIPAÇÃO

favoreceria os comportamentos imorais que ali tinham lugar[61]. Decidiu-se que o fornecimento do vinho era uma cumplicidade, mas não o do pão, porque só o vinho tem as qualidades afrodisíacas capazes de fomentar as atividades próprias duma casa do género.

Alguns autores transportam para casos como o que acima se relata os pressupostos da *adequação social* ou da *adequação profissional,* para limitarem a aplicação da fórmula legal "prestar auxílio". Outros colocam a solução predominantemente no dolo: ao lado do saber (momento intelectual do dolo) será necessário, para que haja dolo de cúmplice, que este queira, também ele, o resultado criminoso (elemento volitivo), não bastando uma consciência segura da ocorrência desse resultado. Outros autores exigem a criação (ou potenciação) *em medida inadmissível* dum **risco desaprovado** pela ordem jurídica, deslocando o problema para as questões de imputação.

8. Auxilium post delictum. Auxilium in delicto. Auxilium ante delictum

Já não é possível a cumplicidade se o crime está não só formalmente consumado, como por vezes é possível e acontece no furto, por exemplo, mas também terminado, *i. e*, exaurido. Qualquer "auxílio" será então elemento típico de uma disposição autónoma, ou do crime do artigo 232º (auxílio material), ou do artigo 231º (recetação) ou do artigo 367º (favorecimento pessoal), que é uma forma de encobrimento. Pense-se no caso em que *A*, para ser simpático com *B*, que já lhe prestou favores semelhantes, guarda consigo o ouro que este acabara de furtar. Ou quando *A*, sabendo que *B* é autor dum furto em determinado local, onde, na atrapalhação da fuga, deixou vestígios que imediatamente o comprometem, trata de eliminar esses vestígios, subtraindo-os à investigação policial.

Há quem tenha como possível a cumplicidade "sucessiva", que ocorre quando o crime, já formalmente consumado (no roubo já ocorreu a subtração da coisa por *meio* de violência sobre a pessoa), ainda não se encontra exaurido, terminado.

Caso nº 28   Para ajudar o ladrão que foge com o produto do roubo, *A* lança-se à vítima, impedindo-a, como esta pretendia, de perseguir o criminoso.

A será cúmplice do crime efetivamente cometido, mas só se a decisão do *B* tiver sido anterior à consumação típica[62].

---

[61] Schünemann *GA* 1999, p. 224.
[62] É de roubo impróprio (artigo 211º) a hipótese, de algum modo inversa a esta, de alguém se atirar ao ladrão para, em flagrante delito de furto, o obrigar a restituir as coisas subtraídas, reagindo este com violência.

O RISCO DE COMER UMA SOPA E OUTROS CASOS DE DIREITO PENAL

A solução para o roubo, enquanto crime complexo (com uma dupla natureza, de coação e furto), deverá situar-se nos seguintes parâmetros: "se o ato de auxílio deve ter lugar, segundo o decidido, logo após a vítima ter sido ferida mas antes de ter sido furtada, estaremos face a uma cumplicidade no roubo; mas já não assim se o ato de auxílio se liga ao autor depois de a violência estar já consumada: então o cúmplice só deve responder pelo ato parcial em que efetivamente participou, no caso, pelo furto"[63]. Se a atividade do cúmplice é acionada antes da consumação, pune-se a colaboração deste no facto *alheio* nos termos do artigo 27º, o que igualmente significa que a referência se faz ao roubo agravado, se for o caso.

O critério emprega-se noutras hipóteses, como a burla, que é crime de intenção. Se a decisão de prestar auxílio tiver sido tomada antes de se ter verificado o resultado típico (prejuízo da vítima), é de cumplicidade que se trata e não de favorecimento (pessoal ou real).

Em casos como o sequestro – de feição duradoura, que se consuma com a realização típica, mas só fica exaurido quando o agente, por sua vontade ou por intervenção de terceiro (pense-se na violação de domicílio), põe termo à situação antijurídica –, pode verificar-se a cumplicidade no ilícito-típico de outrem.

9. Necessidade de um duplo dolo

É punível como cúmplice quem, dolosamente e por qualquer forma, prestar auxílio material ou moral à prática por outrem de um facto doloso (artigo 27º, nº 1). Fala-se aqui de um *duplo dolo* – com dois pontos de referência: o dolo do cúmplice a respeito do seu próprio auxílio e da correspondente aptidão para favorecer o crime do autor; e o dolo do cúmplice a respeito do facto principal. O dolo do cúmplice é dolo de consumação dum crime doloso, diz a generalidade da doutrina alemã. Contra, porém, outros autores (por ex., Figueiredo Dias), por também o crime tentado conter um conteúdo de ilícito-típico "ao qual pode dirigir-se com sentido o auxílio; e também ele representa um ataque ao bem jurídico". Mas não é necessário que o cúmplice tenha do crime que favorece um conhecimento perfeito, basta que conheça os seus elementos essenciais. Há de notar-se, para melhor compreensão destes fenómenos, que o instigador induz outrem a praticar um determinado crime – por vezes, está-se mesmo perante um determinado resultado criminoso. O cúmplice, pelo contrário, contribui de modo difuso para o crime, não ambiciona, de modo necessário, a sua realização, mas sabe e aceita que o seu comportamento se pode manifestar num crime, mesmo que nada mais faça.

---

[63] Com esta posição (de Stratenwerth) concorda o Prof. Figueiredo Dias. Formas Especiais do Crime – *Textos de apoio*, Coimbra, 2004, p. 7, com outras indicações. Cf. também R. Rengier, *BT* I, 9ª ed., p. 133; e Jakobs *AT*, p. 675, a propósito do momento temporal da cumplicidade.

10. Insistindo na diferença entre autoria e cumplicidade; a intervenção secundária do cúmplice

Os cúmplices, como intervenientes acessórios, são no Código figuras marginais, a quem falta o domínio do facto e que aí foram relegados para o artigo 27º, que os pune com a pena fixada para o autor especialmente atenuada, consequentemente, adequada à forma de participação não essencial ou secundária. Comparando os artigos 26º e 27º, vê-se que os cúmplices, que apenas favorecem ou prestam auxílio à execução (*...à prática por outrem*), ficam **fora do ato típico** – se o agente ultrapassa o mero auxílio e executa uma parcela do plano criminoso, não poderá deixar de ser havido também como autor do facto ilícito e já não como cúmplice. Recordando o que se escreve no acórdão do STJ de 16 de janeiro de 1990, *BMJ* 393, p. 241, o cúmplice, ao contrário do autor, não executa o facto, por si ou por intermédio de outrem, nem toma parte direta na sua execução, nem determina outra pessoa à prática do facto, pois somente *favorece ou presta auxílio à execução*, ficando fora do facto típico.

Mas nem sempre se distinguiu assim o cúmplice da figura do coautor. Entre nós (para além de se empregar, como já se observou, a distinção de Farinacio, entre "auxiliator causam dans" e "auxiliator causam non dans", ou seja: quem não dá causa será simplesmente cúmplice), a **teoria dos bens escassos** serviu frequentemente para afirmar que qualquer contribuição com um bem escasso para a produção do resultado se enquadrava na (co)-autoria e que a contribuição consistente num bem abundante – não escasso – seria caso de cumplicidade. A teoria foi desenvolvida por Gimbernat no seguimento da doutrina do domínio do facto, à qual se apontava a incapacidade para fornecer um critério de delimitação entre autoria e cumplicidade. Uma bomba de alguns quilos de trotil (ou a peça que já se não fabrica mas que falta numa máquina que vai imprimir notas falsas) seria um bem escasso, porque é coisa que se não pode comprar como quem compra uma faca ou uma navalha. A contribuição de quem fez a bomba ou a conseguiu por qualquer forma seria uma intervenção essencial (necessária) e o raciocínio serviria – com outros complementos que para aqui não vêm – para afirmar se alguém é autor ou se é cúmplice. Distinguindo-se conforme se "aporta un medio sin el qual no se hubiera podido realizar el hecho delictivo", se o meio não abunda, na prática o critério pode ser visto como relativo, por valer para o crime ocasional, mas não, por ex., para uma organização criminosa, que não terá dificuldade em obter o que lhe faz falta para cometer determinado delito.

Na Alemanha, para a distinção entre o coautor e o cúmplice, a jurisprudência ainda há pouco se orientava predominantemente por critérios subjetivos, pela vontade de colaboração (*animus*), mas faz também apelo a elementos objetivos, de forma que o domínio objetivo indicia, em regra, o *animus auctoris*, a vontade do sujeito, que passa a definir-se como **"vontade de domínio do facto"**.

Caso nº 29   *A* empresta o seu próprio carro a *B* e a *C* para que estes nele se desloquem até uma estação de serviço, com venda de combustíveis. A intenção é assaltar os escritórios no final da tarde e levar todo o apuro desse dia. *A* desloca-se noutro carro para o local do assalto e permanece aí, armado, pronto para o que der e vier, fingindo aguardar a sua vez de encher o depósito, enquanto os outros dois se dirigem às instalações, cada um deles munido de uma pistola de 9 mm. Uma hora depois, já a bom recato, *A*, *B* e *C* dividem o dinheiro subtraído em partes iguais.

Serão *A*, *B* e *C* coautores, ou a coautoria envolverá apenas *B* e *C*, sendo *A* mero cúmplice? Entre os três houve uma decisão conjunta e todos participaram na execução, de acordo com o plano comum: *A*, *B* e *C* são coautores.

A contribuição de *A* para o facto tem certamente caráter relevante do ponto de vista causal. E foi, como as de *B* e *C*, consciente e querida (*elemento subjetivo* da coautoria). Por outro lado, *A* empresta ao empreendimento criminoso uma atividade que tem uma natureza decisiva. É certo que *B* e *C* são os principais protagonistas do assalto, mas *A* assumiu o papel de guarda-costas, ficando de vigia, *pronto para o que der e vier*. Entre os três houve um *pactum scelleris*, um acordo prévio para a comissão do roubo com repartição de tarefas. E todos participaram na execução, agindo mancomunados,[64] conforme o plano convencionado, com inteiro domínio do facto. Cada um deles atuou e deixou atuar os outros dois, de modo que o que cada um deles fez pode ser imputado aos outros, que atuaram de acordo com ele – todos realizaram, conjuntamente, os elementos do correspondente tipo penal. Pode bem falar-se de uma *imputação recíproca* das diversas contribuições causais, sendo que todos os intervenientes respondem pela totalidade do facto comum. Só não seria assim se um dos coautores se tivesse excedido por sua conta, relativamente ao plano acordado, sem que os outros tivessem dado o seu consentimento a esse excesso –em tal caso, o *excesso* não poderia ser imputado aos restantes, sendo evidente que para lá do que foi acordado não há imputação recíproca.

11. Como castigar as atuações que constituem simultaneamente cumplicidade e instigação?

A situação corresponderá à hipótese de um concurso aparente.

---

[64] **Mancomunar** significa isso mesmo, o pôr-se de comum acordo, em geral secretamente, para atingir determinado fim ilícito, reprovável (*Dicionário da Academia*, 2º volume).

AUTORIA E COMPARTICIPAÇÃO

VIII. Outros casos de excesso e erro

Caso nº 30 *A* convence *T* a subtrair uma pulseira de ouro que *B* tinha deixado à vista, com outras coisas, na mesa do café, quando momentaneamente dali se ausentou. Como *B* entretanto regressou e colocou a pulseira no braço, *T* resolveu usar a violência para dela se apropriar, o que conseguiu.

Punibilidade de *A*?

Havendo *excesso,* porque, por ex., o autor imediato foi além do que o instigador queria, este só responde na medida do seu dolo, ao menos eventual –, ressalvada a responsabilidade por negligência nos termos gerais. Ex.: a intenção era matar *A*, mas o executor rouba também a vítima[65]. Quanto ao *error in objeto vel in persona* do autor imediato (irrelevante para este), há quem o trate na Alemanha como *aberratio ictus* na esfera do instigador, cujo dolo não cobria o objeto atingido pelo autor do facto (consequência: tentativa de instigação, § 30 I), e quem o declare irrelevante para ambos.

IX. A chamada participação necessária

Certos crimes contam com diversos personagens, em diferentes papéis, mas só um é punido. Na usura (artigo 226º), autor é quem explora situação de necessidade do devedor, com a particularidade de ser o comportamento deste que, em princípio, faz desencadear o crime. Outro caso a ter em consideração é, por ex., o abuso sexual de crianças ou de menores dependentes (artigos 172º e 173º). Ou a tirada de presos (artigo 349º). A lei, todavia, pune apenas a atividade de um desses intervenientes: o burlado nunca será punido, nem mesmo em situações de extrema ingenuidade perante a lábia do burlão (artigo 217º, nº 1). Suponha-se, porém, que o *educador* (cf. o artigo 173º) só pratica um ato sexual de relevo com menor de 17 anos que lhe havia sido confiado para educação porque este o instigou. O menor, não obstante tratar-se de um sujeito imputável (artigo 19º), não podendo ser autor também não há razões para o apontar como instigador, já que o tipo de ilícito lhe outorga um privilégio que tem a ver com a sua situação pessoal de dependência. As coisas passam-se de modo diferente no favorecimento de credores (artigo 229º, nº 1). Como este preceito visa proteger o conjunto de credores, qualquer um deles pode ser instigador do favorecimento. Outro caso de *instigação*

---

[65] Para um caso de alteração do plano criminoso o acórdão da Relação do Porto de 24 de maio de 1989, *BMJ* 387, p. 648.

O RISCO DE COMER UMA SOPA E OUTROS CASOS DE DIREITO PENAL

necessária pode ver-se no artigo 134º, nº 1 (homicídio a pedido da vítima). No artigo 349º, alínea *b*), pune-se quem instigar, promover ou, por qualquer forma, auxiliar a evasão de pessoa legalmente privada da liberdade. É a chamada *tirada de presos*. Quem instiga a evasão é autor do crime do artigo 349º e é punido com pena de prisão até 5 anos, mas o evadido, mesmo que tenha promovido a evasão (mesmo que a tenha instigado), é punido com a pena do artigo 352º (pena de prisão até 2 anos).

X. Autorias paralelas e "comportamento negligente conjunto"

Como vimos noutra ocasião, se *A*, que quer envenenar *B*, seu marido, para casar com o amante *C*, lhe mistura na bebida uma dose de veneno, ainda assim insuficiente para provocar a morte de uma pessoa, e se, desconhecendo a iniciativa de *A*, *C*, o amigo, mistura idêntica dose não letal de veneno na mesma bebida, de forma que as duas juntas chegam para provocar a morte do odiado marido, a hipótese é de causalidade cumulativa, situada no âmbito das chamadas **autorias paralelas**, as quais, todavia, costumam ocorrer, na maior parte das vezes, com atuações negligentes.

Caso nº 31   O excesso de velocidade do condutor levou à morte de uma criança que, inadvertidamente, atravessava a estrada por manifesta falta de cuidado da mãe.

Detetamos aqui duas causas que convergem no evento, mas "o atropelamento explica apenas parcialmente a morte da criança, tal como o próprio comportamento negligente da mãe"[66].

As autorias paralelas aparecem igualmente ligadas ao cometimento de crimes de dever, como vimos acontecer nos casos de omissão imprópria com pluralidade de "intervenientes", mais exatamente omitentes.

Outro exemplo, vindo de Espanha: num encontro no campo, José deixa ficar a espingarda carregada, sem acionar a patilha de segurança. Uma amiga pergunta-lhe se está carregada e José, despreocupadamente, responde-lhe que não. A jovem aponta a arma a um terceiro, dizendo-lhe, em tom de brincadeira: "Tony, vou-te matar!", apertando o gatilho e produzindo a morte instantânea deste. Neste caso, o resultado produz-se pela soma das intervenções do dono da arma e da jovem que a manejou. A solução, na ausência de dolo, pode ser a de fazer responder cada um deles por crime negligente, portanto consumado. A questão

---

[66] F. Palma, *RPCC* 9 (1999), p. 549.

AUTORIA E COMPARTICIPAÇÃO

está relacionada com a da autoria nos crimes negligentes (**autorias paralelas**), onde todo aquele que infringe o cuidado devido em relação a um resultado lesivo deve responder como autor[67].

Caso nº 32 *A* e *B* trabalham no último andar dum prédio em construção. Quando ambos se movimentavam no transporte duma pesada barra metálica, por pura imprevidência, deixaram-na precipitar-se na rua onde um transeunte foi atingido gravemente.

Só depois de se averiguar se cada um deles agiu com falta de cuidado é que se poderá afirmar a autoria paralela de *A* e *B*. O caso evoca, de algum modo, o das *pedras rolantes* (rollende Steine-Fall; rolling stones)[68]. Um pescador é atingido por uma de duas pedras que *A* e *B* puseram a rolar num plano superior. O pescador morreu sem que se pudesse determinar se foi a pedra empurrada por *A* ou a pedra empurrada por *B* a causadora da morte. Dá-se por comprovado que cada um deles empurrou a "sua" pedra e que tudo foi feito por decisão de ambos, assim se desenvolvendo uma **atividade negligente conjunta** que criou um risco não permitido. Deve consequentemente imputar-se a *A* e *B* um homicídio negligente.

Caso nº 33 *A*, sem sequer ter olhado, diz ao condutor do camião que pode fazer marcha-atrás; o condutor, apesar de ter reparado que o outro nem sequer olhara para trás, faz a manobra e colhe uma pessoa que por ali atravessava.

Autor de um **crime negligente** pode ser não apenas o autor imediato, como o autor atrás do autor, desde logo, o mandante ou o incitador de um comportamento que, por ex., vem a terminar por um homicídio negligente: o patrão que manda o motorista circular a velocidade excessiva em virtude da qual ocorre a morte de um peão, ou aquele que dá droga a um dependente que com ela vem a morrer de *overdose*. Frequentes são na verdade os casos de **autoria paralela**, em que o resultado é produzido imediatamente por um, mas só porque outro anteriormente violou um dever objetivo de cuidado ou o risco permitido. Por ex., *A* mata *B* com uma manobra do seu automóvel absolutamente proibida e perigosa, porque obteve a

---

[67] Seria diferente (e de diferente solução), o caso de *A* que matou *B* dolosamente quando este, dirigindo-se, depois de ameaçado, a uma saída de emergência que segundo os regulamentos deveria manter-se aberta, não pôde escapar, uma vez que a porta, por negligência, fora deixada trancada por *C*: nada há que obste em princípio à afirmação de um homicídio doloso cometido por *A* e um homicídio por negligência cometido por *B* em autoria paralela (Figueiredo Dias, *Conimbricense* I, p. 114).

[68] Veja-se, sobretudo, K. Kühl, *Strafrecht AT*, 4ª ed., 2002, p. 814 e ss.; e Jorge de Figueiredo Dias, Formas Especiais do Crime – *Textos de Apoio à disciplina de Direito Penal*, Coimbra, 2004, p. 33 e 38.

O RISCO DE COMER UMA SOPA E OUTROS CASOS DE DIREITO PENAL

carta de condução com os favores de *C*, que o aprovou no exame de condução, apesar de se ter apercebido da sua inaptidão. E se *A* vem a morrer por ter sido atropelado no momento em que *B*, com falta de cuidado, dirige a manobra do condutor dum camião que faz marcha atrás sem ter visibilidade? A negligência será unicamente de quem dirige a manobra, embora não conduzisse o camião. É a atuação de *A* que no caso se encontra vinculada ao *risco* como critério de referência da imputação – e que, consequentemente, é a conduta típica[69] [70].

XI. O artigo 28º (breve apontamento)

Em situações de comparticipação em factos cuja ilicitude dependa de qualidades ou relações especiais do agente (por ex., o artigo 360º), basta que um deles as detenha para que a pena aplicável se estenda a todos os outros. Para a Profª Teresa Beleza,[71] no artigo 28º podem ser abrangidas as seguintes situações típicas:

- Situações de coautoria em que só um (só alguns) dos coautores tenha(m) as qualidades ou relações especiais exigidas no tipo específico (próprio ou impróprio).
- Situações de comparticipação em que só um (ou alguns) dos participantes (cúmplices ou instigadores) detenha(m) essas qualidades, não as tendo o autor.
- Situações de comparticipação em que algum ou alguns dos participantes detenham qualidades especiais, mas não as tendo o autor nem outros participantes.
- Possivelmente, situações de autoria mediata em que as qualidades exigidas não se verificam no autor mediato mas tão só no executor do facto ou no autor imediato não responsável.

---

[69] Sobre toda esta matéria, Jorge de Figueiredo Dias, *Conimbricense*, p. 113; e Formas Especiais do Crime – *Textos de Apoio à disciplina de Direito Penal*, Coimbra, 2004, p. 33 e 38, que, sobre a questão da **coautoria negligente** entende que "esta deverá ser admitida, se bem que não, todavia, sob a forma que assume nos delitos dolosos, isto é, como decisão conjunta *dirigida* à realização do tipo objetivo; antes sim como criação (ou potenciação) *conjunta* de um risco não permitido que se exprime na realização típica". Poderá então falar-se de um **comportamento negligente conjunto**.

[70] Uma nota final para assinalar outras matérias complicadas, que podem igualmente ser férteis em **concurso de causas** (causas preexistentes, causas simultâneas, causas supervenientes), havendo que cuidar da rigorosa determinação da causalidade, procurando estabelecer o *ubi consistam* (o fundamento, o ponto de apoio). Pense-se no médico que omitiu a aplicação de soro antitetânico ao paciente hospitalizado por ferimentos decorrentes de esfaqueamento, resultando a morte deste por processo infecioso. Não se exclui que a conduta do médico tenha sido *concausa* do facto. Sobre estas questões parece sobremaneira útil a leitura de Ferrando Mantovani, *Diritto penale*, parte generale, 3ª ed., 1992, p. 185.

[71] Teresa Pizarro Beleza, "Ilicitamente comparticipando – o âmbito de aplicação do artigo 28º do Código Penal". *Estudos em homenagem ao Prof. Eduardo Correia*, separata, 1988.

AUTORIA E COMPARTICIPAÇÃO

O artigo 28º vem permitir que a punibilidade de qualquer comparticipante portador de qualidades ou relações especiais se comunique aos restantes agentes da comparticipação. Mesmo que seja o partícipe (instigador ou cúmplice) a exibir a circunstância especial, a punição pode transmitir-se ao autor "leigo". Ou seja, a ligação centrípeta entre a gravidade do facto central (de autoria imediata, mediata ou de coautoria material) e a do facto periférico de participação (instigação ou cumplicidade) é aqui eliminada[72]. Não será necessário recorrer ao artigo 28º quando um *extraneus* convence (instiga) um *intraneus* (por ex., um funcionário) a praticar um facto típico doloso (por ex., um crime de funcionário): no artigo 26º, última parte, a instigação já acolhe a punibilidade da situação. No caso do acórdão do STJ de 26 de janeiro de 2000 *BMJ* 493, p. 272, o arguido *I*, escrivão de direito, praticou o crime de falsificação (artigo 256º, nº 4), inventando totalmente um ato judicial que não existiu e fabricando o documento em que se narra tal ato. O *H* participou no facto, ainda que como simples cúmplice. Apesar de não ser funcionário público e a falsificação dizer respeito a um ato judicial inserido em processo desta natureza, torna-se-lhe extensível a incriminação por força do nº 1 do artigo 28º. É inegável que o *H* sabia que o seu coarguido tinha aquela qualidade de escrivão do processo.

A interpretação do artigo 28º tem como pressuposto necessário o quadro legal estabelecido nos artigos 26º e 27º que lhe são imediatamente anteriores. "Trata-se de uma norma que complementa aquele quadro legal nos casos especiais por ela previstos. Queremos com isto dizer que o artigo 28º não pretende substituir-se ao artigo 26º enquanto fundamento de um critério de autoria. Antes parte do critério da autoria pressuposto neste artigo para o complementar em situações específicas"[73].

XII. Início da tentativa

Nos casos em que o autor mediato, o coautor ou o instigador não chegam a atingir a consumação delitiva ou mesmo naqueles em que outro coautor ou o homem-da-frente não chegam a produzir qualquer atividade, importa determinar o início da tentativa. Alguns autores apontam para uma solução **individual**, no sentido de se levar apenas em consideração a atuação do autor mediato, de cada coautor ou do instigador; outros para um **modelo global ou de conjunto** que leve em conta a relevância comum das várias formas de comparticipação criminosa.

---

[72] Maria Margarida Silva Pereira, "Da autonomia do facto de participação", *O Direito*, 126º (1994), p. 575.
[73] Susana Aires de Sousa, "A autoria nos crimes específicos", *RPCC* 15 (2005), p. 356, com outros dados.

A questão é geralmente encarada como muito polémica e está dependente desde logo das regras previstas para a tentativa (artigo 22º e ss.). Note-se ademais que a **desistência da tentativa** corre a cargo do autor mediato, quando for o caso, implicando com a disciplina do artigo 24º; e que se a desistência for por ação de um dos coautores, o caso já releva das exigências do artigo 25º (desistência em caso de compartipação).

Para a instigação faz-se valer a solução global, dado a própria lei (artigo 26º, última alternativa) exigir que "haja execução ou começo de execução". "O homem-da-frente é *plenamente responsável* e por isso a atuação do instigador só se torna imediatamente perigosa para o bem jurídico ameaçado se e quando o instigado der início à execução" (Figueiredo Dias).

No âmbito da autoria mediata, adianta-se o exemplo do médico, já nosso conhecido, que deixa a seringa (que encheu de veneno sem a enfermeira saber), logo de manhã, para ser injetada horas depois, na sua ausência. Acontece porém que a seringa foi entretanto substituída e deitada ao lixo, sem que a enfermeira sequer lhe chegasse a tocar. Dir-se-á que a tentativa não pode ter início antes da atuação da enfermeira. É certo que o médico já realizou um primeiro ato de execução dirigido à morte do doente, mas este, por si só, não parece decisivo. Já o seria se o médico tivesse entregado a seringa envenenada à enfermeira, para que esta injetasse o doente logo a seguir, mas a enfermeira escorrega e a seringa quebra-se. Neste segundo caso, existiria já "um perigo típico 'imediato' (iminente) para o bem jurídico ameaçado" (Figueiredo Dias),[74] pelo que deverá considerar-se iniciada a tentativa do autor mediato, portanto ao nível da "solução individual".

Caso nº 34 Três assaltantes combinam que qualquer perseguidor deverá ser abatido. Quando um deles ouve, atrás de si, um perseguidor, dispara sobre ele, enquanto os outros continuam a fuga[75].

No caso de coautoria, a tentativa começa, para todos os comparticipantes, a partir do momento em que um deles entra no estádio da execução. Há um *domínio do facto conjunto*: como o acontecimento global da coautoria pode ser imputado a cada um dos autores, cada ação de execução que um deles realiza, *segundo o plano*, é, simultaneamente, uma ação de execução de todos. A *solução global* baseia-se assim na imputação recíproca de atos: a atividade de cada coautor, desde que esteja de acordo com o plano comum, deve ser imputada a cada um deles como se se tratasse da sua própria. É como se as contribuições para o facto fossem as de uma pessoa com muitas mãos, muitos pés, muitas línguas... (Kühl).

---

[74] Jorge de Figueiredo Dias. *Formas Especiais do Crime*, Textos de apoio, Coimbra, 2004, p. 36.
[75] Roxin, AT 1, p. 334.

A crítica que se faz à solução global, perante o princípio da legalidade e o artigo 26º do Código Penal português (Valdágua), é que neste se exige que o coautor tome "parte **direta** na ... execução (do facto)". A solução passará então pela conjugação do artigo 26º com as diversas alíneas do artigo 22º e a análise do plano de execução do facto acordado entre o agente e os outros comparticipantes, justamente porque a intervenção do coautor na fase executiva é um requisito essencial da coautoria[76].

Considere-se o exemplo clássico do casal que planeou um furto em casa alheia, empregando chave falsa, ficando combinado que ambos entrariam para subtraírem diversos objetos. O plano passava por uma primeira fase, em que o marido entraria sozinho. Quando este já tinha a chave metida na fechadura da porta e procurava abri-la, estando a mulher inativa, a aguardar a sua vez de intervir, de acordo com o combinado, apareceu o dono da casa. A mulher é coautora da tentativa de furto: com a sua presença no local do crime "praticou já um ato de auxílio moral (...) e a esse ato deveria, segundo o plano comum, seguir-se, muito em breve, a intervenção dela na subtração, que é elemento constitutivo do respetivo tipo legal de crime (artº 22º, nº 2, alínea c)". Valdágua adverte que ao mesmo resultado chegaria a solução global, mas através da imputação, à mulher, do comportamento do marido, como se de uma conduta própria se tratasse, ou pela via do domínio ou condomínio do facto global pela mulher, dado o caráter essencial da sua tarefa (cooperar na subtração).

XIII. Outras indicações de leitura

Artigo 350º, nº 1, do CP: declara punível o funcionário que "por qualquer forma auxiliar" a evasão de um preso. O "auxílio" em causa constitui uma autêntica "autoria".

Lei nº 101/2002, de 25 de agosto (Regime jurídico das ações encobertas para fins de prevenção e investigação criminal): O respetivo artigo 6º trata de isentar de responsabilidade o **agente encoberto** que, no âmbito de uma ação encoberta, consubstancie a prática de atos preparatórios ou de execução de uma infração em qualquer forma de comparticipação diversa da instigação e da autoria mediata, sempre que guarde a devida proporcionalidade com a finalidade da mesma.

Sistema comparticipativo do Direito de Mera Ordenação Social: vd. Frederico de Lacerda da Costa Pinto, O ilícito de mera ordenação social e a erosão do princípio da subsidiariedade, RPCC 7 (1997), p. 18.

---

[76] Cf. Valdágua, p. 182.

Acórdão da Relação de Coimbra de 14 de fevereiro de 2007, CJ, 2007, tomo I, p. 56: Difamação em articulado; **comparticipação do advogado subscritor**.
Acórdão da Relação do Porto de 12 de dezembro de 2007, no processo nº 0740044. **Comparticipação. Peculato**. A qualidade de funcionário exigida pelo tipo do art.º 275º do Código Penal transmite-se a um coautor não funcionário, pois a ressalva do art.º 28º n.º1 do Código Penal, tem em vista e contempla os casos dos chamados "delitos de mão própria". Que com essa ressalva se tem em vista os crimes de mão própria, resulta claro das Atas, e o peculato não é um crime de mão própria.
Acórdão da Relação do Porto de 6 de março de 1991, CJ 1991, tomo I: é **coautora do crime de violação** a mãe que, sistematicamente, procura convencer a filha, através de espancamentos, a dedicar-se à prostituição, acenando-lhe, além disso, com chorudos proventos.
Acórdão do STJ *BMJ* 390, p. 147: A e B deram boleia a C e ao companheiro desta, D. Em certa altura do percurso, A e B declararam à C que queriam manter com ela relações de cópula completas, o que a C recusou. D aproveitou uma paragem do carro e correu a pedir socorro, mas o condutor arrancou, levando nele a C. Mais adiante pararam e a C tentou fugir, mas foi agarrada por A e B, que a impediram, pela força, de se defender, até que ela se estatelou no chão. O A manteve então relações de cópula completa com a C, ao mesmo tempo que o B a imobilizava. Depois, o B manteve relações da mesma natureza com a C, em idênticas circunstâncias. O Tribunal condenou A e B como coautores de dois crimes de violação. O Supremo recordou que **a violação não tem o caráter de mão própria**: o facto ilícito "em si" não é a cópula, mas o forçar uma mulher a ter cópula (hoje em dia qualquer pessoa a sofrer um dos atos típicos do artigo 164º, nº 1). Trata-se de coautoria e não de autorias paralelas: cada um dos dois arguidos praticou em concurso real dois crimes de violação.
Acórdão do STJ de 10 de janeiro de 2008, CJ 2008, tomo I, p. 183: roubo; **coautoria na detenção de arma utilizada apenas por um arguido**.
Acórdão do STJ de 11 de dezembro de 1991, CJ 1991, tomo III: coautoria do crime de rapto – e não cumplicidade – de quem, depois de prévio acordo, conduz a carrinha onde a ofendida é transportada e telefona para a mãe dela a fazer exigências.
Acórdão do STJ de 11 de fevereiro de 1998, Processo n.º 1191/97 – 3.ª Secção: o **crime de administração danosa** em unidade económica do setor público ou cooperativo é um crime específico próprio, que só pode ser praticado por quem detiver certas qualidades pessoais, nomeadamente o estar incumbido da respetiva gestão; no caso de **comparticipação criminosa**, basta que aquelas qualidades pessoais se verifiquem relativamente a um dos comparticipantes para que a pena correspondente se torne aplicável aos demais (art.º 28, n.º 1, do CP).

AUTORIA E COMPARTICIPAÇÃO

Acórdão do STJ de 12 de setembro de 2007, Proc. n.º 2605/07: O **bando**, situa-se, de acordo com as melhores regras interpretativas, a meio caminho entre a coautoria e associação; o bando é um minus, integrante do tipo, relativamente à associação, um grupo desarticulado, em que os seus membros gozam de relativa autonomia, mas visando a prática de crimes em comum, sem líder, distribuição de tarefas e especialização.

Acórdão do STJ de 14 de abril de 1999, *BMJ* 486, p. 110. Existe coautoria material nos casos em que, sem que haja um acordo expresso, as circunstâncias de facto em que os arguidos atuaram são reveladoras, segundo as regras da experiência comum, de um **acordo tácito** assente na existência da **consciência e vontade** de colaboração.

Acórdão do STJ de 14 de junho de 1995, CJ 1995, tomo II, p. 230: Um dos requisitos da coautoria é a participação direta na execução do facto, conjuntamente com outro ou outros, num exercício conjunto do domínio do facto, numa contribuição objetiva para a realização, que tem a ver com a causalidade, embora possa não fazer parte da execução, como por exemplo, a conduta do motorista do veículo onde se deslocam os assaltantes dum banco; para a verificação do acordo **basta a existência da consciência e vontade de várias pessoas na realização de um tipo legal de crime**, basta provar a adesão de vontade de cada um à execução do crime.

Acórdão do STJ de 15 de julho de 1992, CJ 1992, tomo II: **coautoria do ladrão que fica de vigia** enquanto o outro entra na casa de habitação do ofendido contra a sua vontade, donde retirou valores que distribuíram entre eles.

Acórdão do STJ de 15 de outubro de 1998 Proc. n.º 731/98. Na definição da coautoria material é necessário que se verifique uma decisão conjunta, tendo em vista a obtenção de um determinado resultado e uma execução igualmente conjunta. Para além disso, e quanto ao primeiro requisito, basta um acordo tácito, com a **simples consciência bilateral ou plurilateral** referida ao facto, **com o conhecimento pelos agentes da recíproca colaboração** [nota: há autores para quem é insuficiente a simples consciência de colaboração], sem que se exija que se conheçam entre si. No que respeita à execução conjunta, não é indispensável que o agente intervenha em todos os atos ou tarefas em ordem a ser alcançado o resultado final, antes relevando, que a atuação de cada agente, ainda que parcial, se integre no todo e conduza essencialmente à consumação do tipo de legal de crime que se tenha em vista.

Acórdão do STJ de 17 de abril de 1997, *BMJ* 466, p. 228: distinção entre a comparticipação e a associação criminosa.

Acórdão do STJ de 18-12-1997 Processo nº 918/97 – 3ª Secção; e anotação ao acórdão do STJ de 4 de junho de 1998, *BMJ* 478 p. 7. Comparticipação; "mais duas pessoas"; bando; associação criminosa.

O RISCO DE COMER UMA SOPA E OUTROS CASOS DE DIREITO PENAL

Acórdão do STJ de 22 de março de 2001, CJ 2001, tomo I, p. 260: **coautoria sucessiva.**

Acórdão do STJ de 22 de março de 2001, processo nº 473/01, 5ª secção: **sem autor não pode haver cúmplice mas já pode conceber-se autoria sem cumplicidade,** o que mostra o **caráter acessório** desta figura.

Acórdão do STJ de 23 de junho de 1994, *BMJ* 438, p. 261: crime de incêndio; cumplicidade: o cúmplice fica fora do ato típico, somente favorece ou presta auxílio à execução.

Acórdão do STJ de 24 de março de 1999, *BMJ* 485, p. 267: A acordou com B arranjar alguém que incendiasse uns armazéns, mas nunca foi intenção deste fazê-lo, já que apenas pretendia receber do A e fazer seu o preço combinado pelo serviço e com isso ludibriá-lo. Ora, o comportamento do autor mediato será punido se ele determinou outro ou outros à prática do facto e desde que haja execução ou começo de execução do facto criminoso induzido ou praticado por determinação do autor mediato.

Acórdão do STJ de 26 de fevereiro de 1992 *BMJ* 414, p. 251. Não é autor de extorsão (nem de furto) quem, guiando a mão alheia, faz com que esta assine cheques de que se apodera em seguida. Neste caso, para o Supremo, o que houve foi falsificação e burla, uma vez que a pessoa estava sem condições físicas ou psíquicas para manifestar atos de vontade e para os executar. Veja-se no entanto a anotação ao artigo 223º (extorsão) no *Conimbricense* II.

Acórdão do STJ de 28 de janeiro de 1993, CJ 1993, tomo I: cumplicidade dos que, intervindo no acordo, ajudaram a cimentar as vontades dos que executaram uma das inúmeras burlas cometidas.

Acórdão do STJ de 28 de julho de 1987, *BMJ* 369, p. 392: não é possível a condenação de coautor moral na falta de identificação do coautor material.

Acórdão do STJ de 3 de março de 1971, *BMJ* 205, p. 123: assalto à agência do Banco de Portugal na Figueira da Foz; coautoria, cumplicidade.

Acórdão do STJ de 3 de novembro de 1994, CJ 1994, tomo III: a rixa: artigo 151º do CP; **crime de participação em rixa;** pressupõe que não há acordo ou pacto prévio entre os intervenientes e que, se houver esse acordo, entramos no campo da comparticipação nos crimes de ofensas corporais ou de homicídio.

Acórdão do STJ de 3 de outubro de 1990, *BMJ* 400, p. 284: crime de roubo, coautoria, cumplicidade.

Acórdão do STJ de 31 de março de 2004, CJ 2004, tomo I, p. 239: a passividade não constitui auxílio, ou mesmo auxílio minimamente causal; sem elementos reveladores da causalidade não se pode responder à questão de saber se há auxílio ou se houve favorecimento do facto principal. Tem um voto de *vencido.*

Acórdão do STJ de 4 de junho de 1998, *BMJ* 478, p. 7: sobre a comunicabilidade das circunstâncias qualificativas dos furtos, resultante do artigo 28º, que contempla tanto a autoria mediata como a imediata.

Acórdão do STJ de 7 de dezembro de 1994, *BMJ* 442, p. 93: para que possa afirmar-se que o arguido agiu em comparticipação criminosa, basta ter-se provado que ele contou com a colaboração de outrem para levar a efeito ou concretizar os seus desígnios criminosos, mesmo que esse outro não tenha sido identificado, já tenha falecido ou ainda não tenha sido julgado pelos mesmos factos.

Acórdão do STJ de 7 de janeiro de 2004, proc. nº 03P3213. A noção de **bando** (artigo 24º, alínea j), do Decreto-Lei nº 15/93, de 22 de janeiro), figura de pluralidade, de concertação e também de organização, situa-se no plano da construção, entre as dimensões da comparticipação em relação à qual se apresenta como um plus diferenciador, e a organização de nível e relevo que integre já o conceito, tipicamente relevante, de associação criminosa. Para integrar a noção de "bando" hão de, assim, ser relevantes a existência de um grupo de pessoas, o sentimento e a vontade de pertença, uma estruturação organizatória mínima na direção e na divisão de tarefas, a permanência no tempo e a predeterminação de finalidades, a atuação conforme plano previamente elaborado e em conjugação de esforços, o conhecimento por todos da atividade de cada um, e a divisão entre os elementos do grupo dos proventos obtidos com a atividade.

Acórdão do STJ de 7 de outubro de 1998 Proc. n.º 802/98. Havendo acordo prévio dos agentes das infrações cometidas, e a aceitação prévia, por cada um deles, de todos os atos que se seguissem para o executar, desde que cometidos por um deles, não importando quem, está integrado o conceito de coautoria – artigo 26º do Código Penal.

Acórdão do STJ de 8 de março de 2007, Proc. n.º 447/07-5 (com o resumo no *blog* "Cum Grano Salis"): o desconhecimento das identidades concretas dos coautores, provados que estejam (como estão) os elementos que caracterizam a coautoria, é irrelevante para afirmação feita pelas instâncias da ocorrência da coautoria.

Acórdão do STJ de 9 de maio de 2001, CJ 2001, tomo II, p. 187: agravação pelo resultado; coautoria, cumplicidade.

Sentença da Corte d'Assise d'Appelo di Perugia (*caso Andreotti*), *Il Foro Italiano* 2003, p. 335 e ss.: relevância do consenso tácito como forma de participação *moral* num crime (morte do jornalista Pecorelli) cometido por outros.

Atas das sessões da comissão revisora do Código Penal, Parte geral, vol. I e II, ed. da AAFDL.

Claus Roxin, Sobre la autoria y participación en el Derecho Penal, Textos de apoio, AAFDL, 18º texto, p. 363 e ss.

Claus Roxin, Teoria da infração, Textos de apoio de Direito Penal, tomo I, AAFD, Lisboa, 1983/84.

Conceição Valdágua, "Autoria mediata em virtude do domínio da organização ou autoria mediata em virtude da subordinação voluntária do executor à decisão do agente mediato?", *Liber discipulorum Figueiredo Dias*, 2003.

Conceição Valdágua, Início da tentativa do coautor (contributo para a teoria da imputação do facto na coautoria), 1993.

Conceição Valdágua, O início da tentativa do coautor no Direito Penal alemão, 1988.

E. Gimbernat Ordeig, Autor y cómplice en Derecho Penal, Madrid, 1966.

E. Gimbernat Ordeig, Delitos cualificados por el resultado y causalidad, Madrid, 1990.

E. Mezger, Derecho Penal, Parte general (libro de estudio), 1957.

Eduardo Correia, Direito Criminal, II, 1965.

Eduardo Correia, Problemas fundamentais da comparticipação criminosa, Col. Studium, 1963; e separata da Revista de Direito e de Estudos Sociais, anos IV e VI, n⁰ˢ 1 a 3.

Eric Hilgendorf, Was meint "zur Tat bestimmen" in § 26 StGB?, Jura 1996, p. 9.

Esteban Juan Pérez Alonso, La coautoría y la complicidad (necessaria) en derecho penal, Granada, 1998.

F. Muñoz Conde, Derecho Penal, Parte general, 1993.

Frederico de Lacerda da Costa Pinto, A relevância da desistência em situações de comparticipação, 1992.

Frederico de Lacerda da Costa Pinto, O ilícito de mera ordenação social e a erosão do princípio da subsidiariedade da intervenção penal, RPCC, ano 7 (1997), p. 7.

Friedrich Geerds, Täterschaft und Teilnahme, Jura, 1990, p. 173.

G. Jakobs, Strafrecht, AT, 2ª ed., 1993 – há tradução espanhola, publicada em 1995.

G. Stratenwerth, Derecho Penal, parte general, I (el hecho punible), 1982.

H.-H. Jescheck, Lehrbuch des Strafrechts: allgemeiner Teil, 4ª ed., 1988, de que há tradução espanhola.

Henrique Salinas Monteiro, A comparticipação em crimes especiais no Código Penal, Universidade Católica Editora, Lisboa, 1999.

J. Damião da Cunha, Tentativa e comparticipação nos crimes preterintencionais, RPCC, 2 (1992), p. 561.

João António Raposo, A punibilidade nas situações de instigação de "instigação em cadeia, in "O Direito" 2001 IV.

Johannes Wessels, Strafrecht, Allgemeiner Teil, 17ª ed., 1987. Há traduções em português e em espanhol, a partir de edições anteriores.

Jorge de Figueiredo Dias, As "associações criminosas" no Código Penal Português de 1982 (artigos 287º e 288º), 1988.

AUTORIA E COMPARTICIPAÇÃO

Jorge de Figueiredo Dias, Autoría y participación en el dominio de la criminalidad organizada: el "dominio-de-la-organización" (exemplar datilografado).

Jorge de Figueiredo Dias, Direito Penal, sumários e notas das Lições, 1976.

Jorge de Figueiredo Dias, Direito Penal. Parte Especial. Tomo I, 2ª edição, 2007.

Jorge de Figueiredo Dias, Formas Especiais do Crime, Textos de Apoio à disciplina de Direito Penal, 2004.

Jorge Fonseca, Crimes de empreendimento e tentativa, 1986.

José de Faria Costa, Formas do crime, Jornadas de Direito Criminal, CEJ, 1983.

Jose Manuel Gomez Benitez, El domínio de hecho en la autoría (validez y límites), Anuario de Derecho Penal y Ciencia Penal, 194, p. 103.

José Ulises Hernández Plasencia, La autoria mediata en Derecho Penal, Granada, 1996.

Juan Bustos Ramírez, Manual de derecho penal español, parte general, 1984.

K. Kühl, Strafrecht AT, 4ª ed., 2002.

Manuel Simas Santos, anotação ao acórdão do STJ de 29 de fevereiro de 1996, RPCC 6 (1996), especialmente, p. 632 e ss.

Manuela Valadão e Silveira, O crime de participação no suicídio e a criminalização da propaganda do suicídio na revisão do Código Penal (artigos 13º e 139º), Jornadas sobre a revisão do Código Penal, FDUL, 1998.

Maria Margarida C. Silva Pereira, Da autonomia do facto de participação – Um estudo referente ao Código Penal de 1982, O Direito, ano 126 (1994), III-IV.

Martin Killias, Précis de droit pénal général, 2ª ed., 2001.

Michael Heghmanns, Überlegungen zum Unrecht von Beihilfe und Anstiftung, GA 2000, p. 473 e ss.

Miguel Pedrosa Machado, Para uma síntese do conceito jurídico-penal de comparticipação, in Formas do Crime, Textos Diversos, 1998.

Silva Sánchez, Responsabilidade penal de las empresas y de sus órganos en derecho español, in Fundamentos de um sistema europeo del derecho penal. Libro-Homenaje a Claus Roxin, 1995.

Susana Aires de Sousa, A autoria nos crimes específicos, RPCC 15 (2005).

Teresa Pizarro Beleza, A estrutura da autoria nos crimes de violação de dever – Titularidade versus domínio do facto?, RPCC, 2 (1992).

Teresa Pizarro Beleza, Direito Penal, 2º vol., 1983.

Teresa Pizarro Beleza, Ilicitamente comparticipando – o âmbito de aplicação do artigo 28º do Código Penal. Estudos em homenagem ao Prof. Eduardo Correia, separata, 1988.

Teresa Serra, A autoria mediata através do domínio de um aparelho organizado de poder, RPCC 5 (1995).

Wessels/Beulke, Strafrecht. Allgemeiner Teil, 32ª ed., C.F. Müller, Heidelberg, 2002.

19 – PROBLEMAS DE CONCURSO

Caso nº 1 I – *A* encontra-se numa situação financeira bastante delicada e projeta arranjar dinheiro com o assalto a um banco. Sabe mais ou menos o tipo de estabelecimento adequado e acaba por encontrar uma filial da Caixa, numa localidade do distrito de Aveiro, com um sistema de alarme aparentemente antiquado e com uma saída para a autoestrada, logo ali a meia dúzia de quilómetros. *A* tem perfeita consciência de que não pode realizar sozinho o assalto, de modo que associa um seu antigo companheiro de "negócios" – *B* – ao plano assim pacientemente elaborado. No dia combinado, *A* e *B* deslocam-se para as proximidades da agência bancária num Mercedes antigo, a que conseguiram deitar a mão pouco antes, mediante o estroncamento da porta. Levavam consigo uma pistola metralhadora e não lhes foi difícil "convencerem" o motor do carro a trabalhar com uma ligação direta, em que ambos eram especializados. II – Estacionaram o carro perto do banco, num local donde podiam facilmente encaminhar-se na fuga para a autoestrada, saíram, levando *A* a arma escondida debaixo do casaco, e entraram na agência, mas logo *A* se dá conta da presença de dois polícias uniformizados entre os clientes e faz sinal de retirada para o companheiro, abandonando ambos o local. III – Contudo, poucos dias depois vão pôr de novo o plano em marcha, deixando desta feita a arma no carro, depois de *A* chegar à conclusão de que na agência estava só o gerente, que lhe seria fácil imobilizar de surpresa enquanto *B* deitava a mão ao dinheiro. Realizado com êxito o assalto, como tinham planeado, *A* e *B*, com o dinheiro num saco, entram no Mercedes, para iniciarem a fuga. IV – Ao ver que um transeunte, desconfiado, ia para anotar a matrícula do carro, o *A* dispara uma rajada de aviso para o ar com a pistola metralhadora, a qual, conforme era vontade de *A*, não atingiu ninguém. *A* e *B* fugiram do local sem serem identificados, tendo abandonado o Mercedes em Aveiro, onde dividiram o dinheiro roubado no banco, separando-se em seguida.

O RISCO DE COMER UMA SOPA E OUTROS CASOS DE DIREITO PENAL

O prático que se ponha no papel do juiz que elabora a sentença, a partir dos factos provados e não provados e dos motivos, de facto e de direito, que fundamentam a decisão (artigo 374º do CPP), se é verdade que muitas vezes se ocupa singelamente de um arguido que com uma só ação, ou com várias, cometeu um só ou vários crimes, também frequentemente se confronta com a presença de mais do que um arguido, acusados, num mesmo processo, da prática de mais do que um crime, podendo estes ser tipicamente diferentes.

Processualmente, estas questões aparecem implicadas com a dedução de uma acusação que não seja *manifestamente* infundada (artigo 311º, nos 2 e 3, do CPP), a partir da qual se define e fixa o "objeto do processo" quanto à pessoa ou pessoas acusadas e no que respeita à factualidade que se lhes imputa. Nesta medida, especifica-se o tema do debate e da controvérsia, demarcando, de forma necessária, os **limites da função jurisdicional**, ressalvado o disposto nos artigos 1º, alínea *f*), 284º, 285º, 303º, 358º, 359º e 379º do mesmo CPP, quanto à alteração dos factos descritos nessa mesma acusação, ou na pronúncia, se a houver.

O anterior caso prático, que já vem de um capítulo anterior e aqui se renova, envolve-se nas questões do **concurso**, que se seguem imediatamente a outras tarefas do juiz, nomeadamente a **escolha** e **medida da pena** cabida a cada uma das infrações singulares a que a matéria de facto é subsumível e pelas quais o arguido deva ser condenado (artigos 70º e ss. do CP).

I. Noção de concurso e teoria do concurso

Quando falamos de concurso (verdadeiro ou próprio) estamos a supor dois ou mais tipos de ilícito que concorrem sem que um afaste o outro (o mesmo é dizer: sem que um absorva ou – formalmente – faça recuar o outro). Se o ladrão, a mais de deitar a mão ao relógio da sua vítima, ainda por cima a viola, preenchendo com a sua ação os tipos de ilícito do furto (artigo 203º) e da violação (artigo 164º), o caso só pode ser de concurso. A questão está em saber como tratar as consequências resultantes da prática dos dois diferentes tipos de crime em concurso. A teoria do concurso responde a essas perguntas que por um lado se envolvem com particularidades da doutrina geral do crime, por outro ligam-se à doutrina das consequências jurídicas.

Sintetizando, diremos que a **teoria do concurso** tem como ponto de partida clarificar a seguinte *questão*: quais as opções, no seio do direito penal, quando uma e a mesma pessoa – seja com uma só ação, seja com várias ações – viola vários tipos de crime ou viola o mesmo tipo de crime várias vezes de modo ilícito e culposo, podendo ser em qualquer modalidade de autoria ou de comparticipação.

PROBLEMAS DE CONCURSO

1. Concurso verdadeiro ou próprio: artigo 30º, nº 1

O artigo 30º, nº 1, vai ao encontro dessas realidades, consignando que o número de crimes determina-se pelo número de tipos de crime efetivamente cometidos (o que tradicionalmente se chama concurso real), ou pelo número de vezes que o mesmo tipo de crime for preenchido pela conduta do agente (que tradicionalmente se vem chamando concurso ideal). Num caso e no outro, comete-se mais do que um crime, além, através de diferentes condutas, aqui, através de uma só conduta.

Ainda que a norma faça referência à **conduta** do agente, a contagem do número de crimes aparece associada ao **tipo** de crime[1]. No artigo 30º, nº 1, para além da expressão dominante "tipo de crime" não deixaremos de acentuar igualmente a expressão "número de vezes" que o mesmo tipo de crime for preenchido pela *conduta* do agente.

Com recurso à sua ordem cronológica, no caso nº 1 as condutas de *A* e *B* podem ser distribuídas por diferentes complexos fácticos, indicando-se os respetivos tipos de crime e as correspondentes normas violadas. O ponto nevrálgico da ação situa-se no complexo III, com o roubo consumado, eventualmente agravado.

   I. Atos preparatórios: artigo 21º; crime consumado de furto do carro, em coautoria: artigos 14º, 26º, e 203º, nº 1; danos na porta estroncada e no sistema de ignição: artigos 14º, 26º e 212º, eventualmente, 213º, nº 1; artigos 26º do CP e 86º, nº 1, da Lei das Armas;

  II. Roubo agravado tentado: artigos 22º, 23º, 26º e 210º, nºs 1 e 2, alínea *b*); artigos 26º e 86º, nºs 1 e 3, da Lei das Armas;

 III. Detenção de arma proibida: artigos 26º e 86º, nºs 1 e 3, da Lei das Armas; roubo: artigos 26º e 210º, nº 1.

 IV. Crimes contra a liberdade pessoal: artigos 153º e 154º e 155º, nº 1, alínea *a*); artigos 26º e 86º, nºs 1 e 3, da Lei das Armas.

Se for caso de sancionar qualquer dos arguidos, a sentença condenatória especifica os fundamentos que presidiram à escolha e à medida da pena ou das penas aplicadas (artigo 375º do CPP). A partir da **moldura penal** correspondente, que por ex. no furto simples é de prisão até três anos ou pena de multa de 10 a 360 dias (artigos 203º, nº 1, e 47º, nº 1), o juiz fixa uma pena para cada crime (*pena singular* ou parcelar). Sendo várias as penas aplicadas, por serem diversos os crimes cometidos, haverá, por fim, que condenar numa pena única (artigo 77º), em que

---

[1] Recordemos que à figura do tipo penal confia-se a delimitação do âmbito do ilícito penalmente relevante, na medida em que descreve as características definidoras do *conteúdo* de ilícito típico da conduta proibida: "Quem matar outra pessoa..." (artigo 131º; artigo 137º).

O RISCO DE COMER UMA SOPA E OUTROS CASOS DE DIREITO PENAL

serão considerados em conjunto os factos e a personalidade do agente (**sistema de pena conjunta**)[2]. Quer isto significar que não se acumulam materialmente as penas concretamente aplicadas ao agente por cada um dos crimes conhecidos para fixação do limite máximo da moldura penal do concurso, nem se impõe uma pena correspondente ao crime mais grave, embora, no caso do artigo 79º (crime continuado), a lei mande aplicar, unicamente, a pena correspondente à conduta mais grave que integra a continuação criminosa. A forma ideal é a do **cúmulo jurídico** de punição do concurso de infrações, como já entendia o Prof. Eduardo Correia. Há lugar à aplicação de uma **pena conjunta**, abrangendo, relativamente a cada agente, todas as penas dos crimes em concurso.

A opção pela pena única permite ou até exige uma nova apreciação de todos os factos quando sobrevenha o conhecimento de outros crimes, posteriormente ao julgamento (cf. o artigo 78º, com a epígrafe "conhecimento superveniente do concurso"). A **pena única do concurso**, formada no sistema de pena conjunta e que parte das várias penas parcelares aplicadas pelos vários crimes, deve ser fixada dentro da **moldura do cúmulo** (com os limites máximo e mínimo definidos no artigo 77º, nº 2), levando-se em conta os factos e a personalidade do agente.

Veja-se, a ilustrar, o

Caso nº 2   *A* foi condenado no processo 22/09 por dois crimes de roubo qualificado nas penas de seis anos e três meses de prisão para cada um, e ainda por dois crimes de detenção de arma proibida, na pena de um ano e três meses de prisão, para cada um. Nesse mesmo processo 22/09 apurou-se também (por conhecimento "superveniente") que em processo anterior o *A* fora definitivamente condenado na pena de cinco anos de prisão, por um crime de furto qualificado; e em seis meses de prisão por um crime de furto simples. O crime de furto qualificado teve por objeto uma máquina multibanco, cujo conteúdo foi apropriado, depois de produzida uma explosão por meio de uma botija de gás, que provocou danos materiais, inclusivamente no prédio onde a mesma se encontrava instalada. Por sua vez, os crimes de roubo qualificado consistiram no "assalto" a carrinhas de transportes de valores, com apropriação de quantia total superior a cem mil euros. A mais disso, verificou-se que o *A* sofreu condenações, anteriores aos factos agora em apreciação, sendo uma delas por crime de roubo simples. A seu favor pode invocar-se o seu comportamento no estabelecimento prisional.

---

[2] Segundo Figueiredo Dias, *DP/PG* I, 2007, p. 979, **a pena conjunta** é "fundada em uma combinação de princípios da *acumulação material* e do *cúmulo jurídico*, tendo este por base uma consideração judicial conjunta dos factos e da personalidade do agente".

PROBLEMAS DE CONCURSO

Concluiu-se que a **imagem global** dos factos e da personalidade não é, porém, favorável, face à elevada ilicitude dos crimes praticados, e ao sentimento de alarme público que provocam, sendo as exigências de prevenção geral e especial muito fortes. Nos crimes "novos" (os entretanto conhecidos) avulta o de furto qualificado, que pesa significativamente na ponderação geral dos factos e da própria personalidade do arguido.

Neste contexto, numa moldura penal (moldura concursal) cujo mínimo é de cinco anos e seis meses de prisão e o máximo de vinte anos e seis meses de prisão (veja-se como o artigo 77º, nº 2, manda proceder), a **pena única** de onze anos de prisão mostra-se inteiramente conforme às necessidades da prevenção, não excedendo os limites da culpa.

Em muitos casos, o conhecimento destas questões dá-se no mesmo processo, onde se investiga e decide uma pluralidade de crimes imputados ao mesmo agente. Menos frequentemente, pode acontecer, como acabamos de ver, que num processo se conheça e decida quanto a um crime (ou a um complexo de crimes) e só depois se tome conhecimento, *nesse* processo, da existência de outro ou outros por crime(s) diferente(s) cometido(s) pelo mesmo agente. Esta segunda hipótese envolve o "conhecimento superveniente de concurso de crimes" e tem assento no artigo 78º do CP. Acarreta, ademais, uma aproximação à matéria dos artigos 24º e 29º (conexão e apensação dos processos) do CPP. E está dependente das regras de competência e da tramitação previstas nos artigos 471º e ss. do CPP. Releva sobretudo a questão de determinar em qual dos diversos processos se deverá proceder ao cúmulo jurídico, com a finalidade de encontrar a pena única.

Mais adiante veremos que os casos de **concurso de penas** aparecem quase exclusivamente ligados à pequena e média criminalidade, configurando-se numa série de delitos que se estendem por curtos períodos de tempo. Igualmente veremos como tudo isto se relaciona com a chamada *sucessão de crimes* e a *reincidência*.

2. Relações entre tipos penais; consequências

Substancial e funcionalmente, estes enunciados comportam condições contextuais de tal modo variadas que, para boa compreensão, se não pode renunciar a outras verificações possíveis, por vezes associadas a longas e enredadas questões de direito substantivo e inclusivamente processuais.

Desde logo, relevará o que a Constituição dispõe no artigo 29º, nº 5, pois "ninguém pode ser julgado mais do que uma vez pela prática do mesmo crime" (princípios *non bis in idem* e da confiança própria do Estado de direito democrático),

O RISCO DE COMER UMA SOPA E OUTROS CASOS DE DIREITO PENAL

suporte da **proibição da dupla valoração**[3]. Circunstância que determina a definição do que seja o "mesmo crime" ou "crime diverso", articulando este preceito constitucional com o já referido artigo 30º, nº 1, do CP, por forma a concluir que não há outros crimes que não os que são como tal considerados pela lei penal substantiva (Figueiredo Dias).

Vejamos, a exemplificar, as relações de um tipo penal como o da falsificação documental – cujo núcleo se encontra no artigo 256º – com o tipo legal de burla do artigo 217º. Pretende saber-se se o uso numa burla de documento falsificado deve julgar-se unicamente como burla ou se, pelo contrário, é possível aplicar os dois tipos penais ao mesmo complexo fáctico, concorrendo um ao lado do outro. Isto porque, não obstante a sua natureza heterogénea, que acentua a incompatibilidade entre os tipos, ambos se podem aproximar, construindo-se uma **relação de interferência**,[4] sempre que o burlão lance mão de um falso para conseguir os seus propósitos.

Que se trata desses dois crimes em concurso real ou efetivo (pluralidade), tem sido a opção do Supremo Tribunal. O determinante, segundo jurisprudência fixada (acórdão de 19 de fevereiro de 1992), é serem "diversos e autónomos, entre si, **o bem jurídico violado pela burla** e **o bem jurídico protegido pela falsificação**", ou seja, respetivamente, o património do ofendido e a fé pública dos documentos necessária à normalização das relações sociais. A insistente posição do Supremo parte da inexistência, em tais crimes, de uma **relação de coincidência**, ou sequer afinidade, nos correspondentes valores ou bens jurídicos – que conduziria às soluções do denominado *concurso aparente*. Há por isso que imputar aos seus agentes, por força dessa jurisprudência fixada – sem ofensa do *ne bis in idem* – a participação em um concurso real de crimes tal como é definido e punido nos artigos 30º, nº 1, e 77º, o que leva o juiz a fixar uma pena singular por cada um dos crimes (concurso efetivo), fixando em seguida a pena única correspondente dentro do sistema de pena conjunta.

Outras vozes sustentam que sendo o documento usado *o mais das vezes* instrumental do crime de burla, para cuja execução serviu, melhor se entenderia que, não obstante as duas normas concorrentes, o respetivo desvalor já estaria contido

---

[3] Cf., por ex., o acórdão do STJ de 24 de outubro de 2006, proc. nº 06P3163; e Figueiredo Dias, *DP/PG* 1, 2ª ed., 2007, p. 234. Acompanhando o disposto no artigo 71º, nº 2, do CP, não devem ser tomadas em consideração pelo *juiz* para determinação da medida da pena circunstâncias que o *legislador* já tomou em consideração ao estabelecer a moldura penal do facto. Há de o juiz, como corolário, esgotar a apreciação de toda a matéria (de todo o ilícito-típico) que o processo comporta.

[4] Ao destacarmos conceitos como os de "interferência", "subordinação", "coincidência" e "heterogeneidade", apoiamo-nos sobretudo em Joachim Hruschka, *Strafrecht nach logisch-analystischer Methode*, 2ª ed., 1988, p. 387 e ss., que não dispensa o confronto com o artigo de Klug, "Zum Begriff der Gesetzeskonkurrenz", *ZStW* 68, p. 399 e ss.

PROBLEMAS DE CONCURSO

na moldura penal da burla (que assim se assumiria como norma preferente), prevalecendo este tipo de crime. Os documentos são falsificados para serem usados e se o agente, desde o início, pratica uma falsificação para cometer um crime de burla (o esquema crime-meio, crime-fim) só deverá ser punido pelo crime de burla que assim incorpora o crime-meio[5], pelo menos desde que o crime-fim seja o *crime mais grave*[6]. Para os que discordam da jurisprudência fixada, seria então caso de fixar apenas uma pena pelo crime de burla, negando-se a pluralidade de infrações. Mas isso ocorreria apenas "quanto à *falsificação* praticada como *meio* de astuciosamente provocar o engano"[7].

Podemos encontrar outro tipo de interferência (talvez melhor se dissesse "aproximação") no crime de furto de veículo (artigo 203º) posto em contraste com o crime de furto de uso de veículo (artigo 208º). Seja, num caso e no outro, o objeto da ação o mesmo – um veículo alheio. Para a consumação do primeiro, enquanto furto da coisa, bastará que o agente que subtraiu uma bicicleta a transporte numa furgoneta, situação que estará longe, provando-se a intenção de apropriação, de se compatibilizar com o furto de uso dela. Se o agente, no momento seguinte, resolve vir de sua casa montado na bicicleta e a põe na porta do proprietário, querendo restituí-la, nada se modifica por já se encontrar consumado o crime de furto da coisa alheia. Balanço final: duas ações tendo por objeto a bicicleta, mas um só tipo de crime violado[8].

Relações de **subordinação** podem ocorrer quando todos os atos que preenchem o primeiro tipo preenchem também o segundo, sem que o contrário seja verdadeiro. O âmbito de aplicação do segundo tipo está incluído no âmbito de aplicação do primeiro. É o caso do tipo do roubo (artigo 210º) que contém todos os elementos do furto (artigo 203º). Quando o agente, com ilegítima intenção de apropriação, subtrai coisa móvel alheia com violência contra a pessoa, preenche, com a sua atuação, o tipo de ilícito do roubo, mas também o tipo de ilícito do

---

[5] "A burla é um crime complexo, em que o meio empregado, a atividade exercida para induzir o outro em erro, poderá constituir, ela própria, também a prática de um outro tipo legal de crime. Se assim for, quais os crimes que devem ser imputados ao agente? Só o crime de burla? Ou também o crime de falsificação de documentos, apesar de ele ter falsificado o documento com o exclusivo intuito de praticar a burla?", Helena Moniz, *O crime de falsificação de documentos*, 1993, p. 83. Para outras soluções, veja-se, por ex., Luís Duarte d'Almeida, *O "Concurso de Normas" em Direito Penal*, Almedina, 2004, p. 63 e ss.

[6] Para evitar efeitos privilegiadores infundados, restringe-se, em geral, "a eficácia de alguns critérios de 'consunção' (como o que atende à relação meio/fim entre os crime 'concorrentes') aos casos em que para o crime que, segundo esses critérios, deva prevalecer, se preveja em lei pena mais grave", Luís Duarte d'Almeida, *O "Concurso de Normas" em Direito Penal*, p. 75.

[7] Luís Duarte d'Almeida, *O "Concurso de Normas" em Direito Penal*, p. 81.

[8] A restituição da bicicleta não transforma uma apropriação efetivamente conseguida num simples crime de uso do veículo (artigo 208º). A restituição do objeto do furto pode, quanto muito, servir para um dos fins que se propõe o artigo 206º (efeitos da restituição ou reparação).

furto, embora prevaleça o desvalor daquele, recuando, por isso mesmo, a norma do artigo 203º, que não será aplicada.

Continuemos por mais um momento com o crime de roubo (artigo 210º). O emprego da violência (crime-meio) pode ser bastante para alcançar a finalidade que o ladrão se propõe de subtrair a coisa móvel alheia. A construção do crime de roubo, em que avulta a inflição de ofensa corporal grave para o crime resultar agravado (artigo 210º, nᵒˢ 1 e 2, alínea *a*), última parte), deixa perceber que a causação de ofensas corporais simples *já estão contidas no desvalor do crime de roubo simples*. Duas ações, a típica de constrangimento e a típica de subtração, convergem no preenchimento de um único tipo de ilícito. Outro tanto resultará do artigo 158º, nᵒˢ 1 e 2, alínea *b*). Não custa assim compreender porque se tem o crime de roubo como um crime *complexo*.

O problema do concurso de crimes supõe, como já se terá intuído, que se encontra resolvida a relação dos tipos entre si (relação de interferência, relação de subordinação, etc.). Pode uma conduta (para retomar a expressão contida no artigo 30º, nº 1) adequar-se a mais do que um tipo penal, como quando *A* usa de violência contra *B* (crime-meio) para subtrair valores na posse deste (crime-fim). Se da conduta resultam *ferimentos leves* em *B* não encaminhamos esta circunstância para o artigo 143º – o correspondente desvalor contém-se – diríamos: já está incorporado – no desvalor do crime mais grave, o de roubo. Mas se da conduta resultam antes *lesões graves*, o conteúdo do artigo 144º (que isola os casos de privação de **importante** órgão ou membro; a desfiguração **grave** e permanente; a afetação **grave** da capacidade de trabalho, etc.) servirá como interposto de compreensão na agravação do roubo (artigo 210º, nᵒˢ 1 e 2, alínea *a*)), sem que a norma do artigo 144º venha a ser aplicada. Mas há mais: a hipótese que se segue – uma questão, pouco comum, de roubo seguido de homicídio doloso – convida a um tratamento completamente diferente.

Caso nº 3 Acórdão do STJ de 16 de outubro de 2008, no processo nº 08P2811, *relator*: Conselheiro Santos Carvalho: *A*, *B* e *C* estavam a finalizar o furto (qualificado) no estabelecimento assaltado. Tinham acabado de colocar os objetos furtados no veículo quando *O* se fez notado no andar de cima. *C*, que se encontrava a uma distância não inferior a cinco metros, e empunhava uma arma de fogo, ao ver o *O* assomar à varanda, apontou-lhe a arma à parte superior do corpo e fez dois disparos. Os bagos de chumbo atingiram o vidro e a persiana da portada, partindo-os, e embateram no *O*, atingindo-o. Se os chumbos provenientes dos disparos tivessem atingido o coração ou outro órgão vital teriam provocado a morte do *O*, o que apenas não aconteceu por motivos alheios à vontade de *A*, *B* e *C*.

A violência aponta em primeira linha para um crime de *roubo impróprio* (artigo 211º): os disparos foram feitos com o propósito de *A*, *B* e *C* melhor poderem fugir do local e assim conservarem os objetos furtados, numa clara situação de flagrante delito – situação punível com as penas do *roubo* do artigo 210º.

Todavia, uma situação de roubo a que se siga um homicídio doloso originará um concurso de crimes, não um só crime, de natureza complexa, como o de *latrocínio*, que deixou de existir enquanto tal no código de 1982. Por outro lado, como esclarece o acórdão, os assaltantes não utilizaram com a ação violenta (os disparos contra uma pessoa) quaisquer dos meios constitutivos do crime de roubo (roubo "próprio" do artigo 210º), sabendo-se que as penas deste são, conforme os casos, aplicáveis ao chamado "roubo impróprio". E isto se diz porque o roubo consome algumas formas de violência, mas uma forma de absorção como a descrita está excluída quando a morte da vítima for intencionalmente desejada pelo agente. E foi isso que aconteceu, ainda que, como a morte não chegou a ocorrer, o crime não passe da tentativa (homicídio doloso tentado: artigos 22º, 23º e 131º).

3. Da unidade natural de ação à unidade jurídica de ação

Já considerámos o disposto no artigo 30º, nº 1, dando definitiva **preferência ao tipo de crime** como elemento da distinção entre unidade e pluralidade. Contudo, não se pode deixar de reconhecer que a diferença entre **um só** e **vários atos**, que no sistema alemão fundamenta estruturalmente a diferença entre concurso ideal e real, não é puramente formal. Para dar um exemplo do Prof. Figueiredo Dias, quando alguém falha a tentativa de matar outrem com uma pancada na cabeça e, por isso, estrangula-o em seguida, o critério de distinção adequado será o da "visão natural das coisas" (*natürliche Betrachtungsweise*), existindo **unidade de ação** quando os comportamentos separados se encontram tão estreitamente ligados, de um ponto de vista cronológico, espacial e subjetivo, que formam um todo aos olhos de um terceiro observador[9].

Excurso. A forma mais simples de agir coincide com um impulso da vontade (um ato de vontade, uma resolução de vontade) que causa um movimento corporal. Existe **ação em sentido natural** quando uma resolução se realiza numa manifestação de vontade (BGHSt 1, 20; 18, 26). Pode-se designar esta ação como "unidade natural" ou simplesmente como "unidade de ação". O decisivo, para autores germânicos, por ex., Peter Bringewat,[10] consiste em que – vista à luz

---

[9] Figueiredo Dias, *DP/PG* 2ª ed., 2007, p. 984. Assim também a jurisprudência dominante na Suíça, Philippe Graven, *L'infraction pénale punissable*, 2ª ed., 1995, p. 336.

[10] Peter Bringewat, *Die Bildung der Gesamtstrafe*, p. 14.

de uma conceção natural da vida – uma só manifestação de vontade (Willens-betätigung) se realizou, como uma unidade, num movimento corporal. Tem-se por indiferente que deste movimento corporal tenham derivado um ou mais resultados típicos. Também para a jurisprudência alemã, verifica-se uma unidade natural de ação quando, comprovada uma pluralidade de formas de conduta penalmente relevantes, se deteta entre elas uma íntima conexão, tanto espacial como temporalmente, de tal forma que a atuação do indivíduo, no seu todo, se desvela, objetivamente, aos olhos de um terceiro, como uma unidade – e tudo isso desde que cada ato singular provenha de uma decisão de vontade unitária (BGH, decisão de 16 de dezembro de 2010 – 4 STR 492/10). Plúrimas manifestações de vontade (ações naturais) podem formar uma unidade natural de ação, por ex., se os atos parcelares se unem numa estreita conexão de espaço e tempo: um furto num supermercado, levando o agente coisas diferentes subtraindo seguidamente cada uma delas. Se *A* desfere cinco murros seguidos na pessoa de *B* não viola cinco vezes o tipo de ilícito do artigo 143º, só lhe podendo ser atribuído um crime de ofensa à integridade física: *A* violou a norma-incriminadora uma vez. Para a consumação, tanto monta que a agressão se fique por um único murro ou por meia dúzia deles. Um murro, ou até um bofetada, já basta para realizar o tipo de ilícito do artigo 143º, nº 1, por assim se ofender o corpo de outra pessoa. Unidade e pluralidade não se diferenciam através dos resultados tipicamente realizados. Prevalece na Alemanha a opinião de que mesmo quando com o lançar de uma granada, ou com um só tiro de pistola, morrem duas ou mais pessoas (violação plúrima de bens jurídicos eminentemente pessoais: a vida de *A*, a vida de *B*, a vida de *C*; a integridade física de *D* e *E*) o caso poderá corresponder a uma ação em sentido natural, bastando para tanto que os diferentes resultados típicos sejam provenientes da mesma e única manifestação de vontade.

Uma vez que a conduta, o comportamento do agente, tanto pode consistir num só facto ou em vários *factos naturais*, a anterior referência a "um só ato", a "uma só ação exterior", à "unidade do facto", à "unidade de ação", a "vários atos" ou a expressões semelhantes, merece, ainda assim, alguns desenvolvimentos, por lhes estarem ligadas certas qualificações ou determinadas consequências penais. Aliada à sua projeção temporal e envolvida no correspondente elemento subjetivo do ilícito, a conduta naturalística funciona, desde logo, como *índice* de uma unidade ou pluralidade de resoluções criminosas. Quando *A* mata *B* com *um* só tiro de pistola comete *um* único crime: a *uma* decisão de vontade de *A* corresponde a unidade natural da conduta, *um* único movimento corpóreo, o de disparar a pistola na direção de *B* – à unidade de ação dolosa segue-se a da norma jurídica violada. Mas quando *A* mata *B* e *C* com a explosão de uma granada serão dois os homicídios da responsabilidade de *A* se este, não obstante a unidade natural da

PROBLEMAS DE CONCURSO

conduta (*um* único movimento corpóreo, o de arremessar a granada para o local onde estavam as duas vítimas), quis matar um e outro: à unidade de ação segue-se a subsunção da conduta, por duas vezes, ao mesmo preceito incriminador – hipótese conhecida tradicionalmente, entre nós, como de **concurso efetivo**, ideal homogéneo –, e em ambos os casos a título de dolo. Se porém a morte de uma das vítimas nem chegou a ser prevista a imputação, nessa parte, só poderá ocorrer na base de um juízo negligente, supondo que no caso convergem os correspondentes elementos. Num outro exemplo, se *A* mata *B* com um tiro e na semana seguinte dá uma violenta bofetada em *C*, serão dois os crimes a cargo de *A*: a uma pluralidade de manifestações de vontade com uma pluralidade de movimentos corpóreos correspondem duas normas incriminadoras violadas – hipótese de **concurso efetivo** (concurso real) –, sendo também plúrimo o juízo de censura a título de dolo. O mesmo acontecerá se o padrasto abusa durante meses do enteado de dez anos (artigo 171º): tantos crimes quantas as vezes que o tipo foi preenchido pela conduta do agente na base de uma pluralidade de manifestações de vontade.

Quem já entrou em contacto com a PE do Código compreende sem grande esforço interpretativo que o autor de um crime de roubo (artigo 210º) executa uma pluralidade de atos. Para a subtração da coisa com (ilegítima) intenção de apropriação exige-se uma relação de *meio-fim* entre o **ataque à pessoa** e o **ataque à coisa**: o emprego da violência ou ameaça deve ser um *meio* para conseguir ou para assegurar a subtração (*fim*). Ao desenvolver-se em dois atos, um que preenche o tipo da coação (artigo 154º), outro que realiza o tipo do furto (artigo 203º), o roubo constitui um crime especial em que se juntam, numa **unidade jurídica**, o furto (crime-fim) e o atentado contra a liberdade ou a integridade física das pessoas (crime-meio). É nesse sentido, um crime complexo.

Caso nº 4 O crime de tráfico de estupefacientes é um crime de atividade ou de trato sucessivo, pelo que se tem por **unificada** a prática repetida de atos do tipo dos indicados no artigo 21º do Decreto-Lei nº 15/93, de 22 de janeiro.

Tem-se vindo a entender que se trata de um crime exaurido, de trato sucessivo e execução permanente – uma figura em que a incriminação da conduta do agente se esgota nos primeiros atos de execução e em que a repetição dos atos, com produção de sucessivos resultados, é ou pode ser imputada a uma realização única. A perfeição/consumação atinge-se com a prática de um só ato.

Haverá também essa unidade, **unidade de conduta típica**, num crime com a estrutura da violação (artigo 164º, nº 1). Outro exemplo de unidade de conduta típica será o das falsificações documentais (artigo 256º). As falsificações são crime

O RISCO DE COMER UMA SOPA E OUTROS CASOS DE DIREITO PENAL

de dois atos, punindo-se o agente logo que este pratica o primeiro ato, que é o meio de levar a cabo um ato posterior, o do *uso* do documento falso. A principal consequência é que aquele que se envolve nos dois atos só virá a ser punido por um deles. Por isso se vê neste desenho típico uma unidade delitiva.

Existe aliás uma pluralidade de atos, além de outros, na formação do tipo

– de passagem de moeda falsa de concerto com o falsificador (artigo 264º): a contrafação de moeda *e* o ato de a pôr em circulação (BGHSt 34, 108);
– quando o violador *repete* a cópula com a vítima por altura de uma mesma relação sexual não consentida, pratica um só crime (artigo 164º);
– também um crime como o de sequestro (artigo 158º) se reconduz à *unidade típica*, não obstante uma série de atos parcelares necessários à detenção e ao deixar a vítima, de forma mais ou menos prolongada, privada da sua liberdade. Os crimes permanentes consumam-se com a realização típica, mas só ficam exauridos quando o agente, por sua vontade ou por intervenção de terceiro (pense-se no caso da violação de domicílio), põe termo à situação antijurídica.

A primazia é a do critério da unidade e pluralidade dos tipos legais de crime violados. Porquê?

Muito em resumo, porque a unidade natural de ação não satisfaz. Já o Prof. Eduardo Correia[11] lhe opunha resistências, escudando-se em que a teoria naturalística, enquanto índice da unidade do crime, não fornece soluções corretas. **A "unidade" só pode ser jurídica.** A própria doutrina alemã distancia-se frequentemente do conceito de "unidade natural de ação": tem-se a ideia por confusa, imprecisa e insegura[12]. Stratenwerth/Kuhlen[13] falam de um critério altamente indeterminado, "visando permitir que o aplicador alcance, em cada caso, a solução que julgue mais razoável"[14].

Dando razão aos críticos, pode partir-se[15] da atividade criminosa de *A*:

---

[11] Eduardo Correia, *Direito Criminal* II, 1965, p. 200 e ss. Para Beling, na análise do Prof. Cavaleiro de Ferreira, *A tipicidade na técnica do direito penal*, p. 26, "é o tipo que nos dá o critério procurado". Só o tipo dá estrutura definida à massa informe de atos que ele cimenta e une. A ação é para Beling algo de fugidio, quase inapreensível ou sem extensão.

[12] Maiwald, *Die natürliche Handlungseinheit*, 1964, p. 70 e ss. e Maurach/Gössel/Zipf, *Strafrecht Allgemeiner Teil*, II, 1. p 64.

[13] Stratenwerth/Kuhlen, *AT*, 5ª ed., p. 398.

[14] Figueiredo Dias, *DP/PG* 2ª ed., 2007, p. 985 e 259, concluindo, na sua critica à ideia da unidade natural, que o critério de distinção entre a unidade e a pluralidade de crimes em função da ação cede o passo ao da unidade de **realização típica** e, por esta via, também ou primordialmente ao **tipo legal de crime**. Seja o caso do roubo (artigo 210º): atos de coação e atos de subtração, formando uma unidade jurídico-penal.

[15] Veja-se, por ex., Jörg Scheinfeld, *Der Tatbegriff des § 24 StGB*, p. 80.

Caso nº 5 *A* deita veneno na sopa destinada à mulher e à filha. Logo que a filha acaba de comer, *A*, ciente de que tanto ela como a mãe vão morrer, arrependido e desesperado, faz tudo o que está ao seu alcance para salvar a filha, o que um médico consegue, com uma derradeira lavagem ao estômago. A mãe, sozinha e desamparada, ingere um vomitório e vem a ser encontrada com vida, mais de uma hora depois, acabando igualmente por se salvar.

Estamos perante uma única ação natural, a de envenenar a sopa. Este ponto de partida não antecipa, porém, com a necessária clareza, as consequências ligadas à decisão de o pai (que resolvera matar mãe e filha) ter impedido, com êxito, a verificação da morte da filha, desistindo e alcançando com isso a impunidade concedida pelo artigo 24º, benefício que não se associa ao que aconteceu com a mãe, que apesar de tudo sobreviveu. Não obstante a unidade natural da ação, a sequência factual impele o intérprete a concluir pela violação plúrima de tipos de crime de homicídio (o atentado à vida da mulher *e* da filha), ainda que o pai viesse a beneficiar da isenção por uma das tentativas.

Às reflexões sobre a unidade da ação, podem somar-se outras, igualmente pertinentes.

Caso nº 6 Para o crime de furto resultar hiperqualificado (dois a oito anos de prisão) através da alínea *e*) do nº 2 do artigo 204º, torna-se necessário que quem furtar coisa móvel alheia o faça "penetrando em habitação", etc. Daí a pergunta, que envolve adequada interpretação, quando se pretenda subsumir uma dada factualidade nesta norma: será necessária a entrada (a penetração) de corpo inteiro ou bastará que o agente que arrombou a janela por ela alcance a peça valiosa que repousa no interior, sem ser necessário a entrada de corpo inteiro? A pergunta aparece ainda com maior pertinência quando se chame a atenção para a alínea *f*) do nº 1 do mesmo artigo 204ª, aplicável a "quem furtar coisa móvel alheia, introduzindo-se ilegitimamente em habitação", etc. Terá que ser de corpo inteiro? Ou bastará lançar o braço para "agarrar" a coisa? A qualificação por uma ou outra alínea não é de modo nenhum despicienda, por no caso da alínea *f*) a sanção ser muito mais suave (pena de prisão até cinco anos *ou* pena de multa até 600 dias).

No caso anterior, sempre terá de se optar por uma nas normas incriminadoras (em acentuada conexão) em desfavor da outra, em vista da proibição da dupla valoração.

As questões interpretativas e de subsunção têm um vasto alcance, pois se é certo que no caso anterior uma das normas preenchidas cede o passo à norma dominante (recuando), uma tal solução será de recusar, pela natureza das coisas, quando envolva a aplicação de **tipos heterogéneos**. Não há nada mais seguro do que a afirmação de não poder a mesma ação preencher simultaneamente o tipo de ilícito do furto e o tipo de ilícito do abuso de confiança, porque pura e simplesmente se excluem. No furto a subtração é elemento típico; no abuso de confiança a (futura) vítima entrega a coisa móvel alheia, confiando em quem a recebe para um determinado fim.

Continuando primordialmente nos domínios da interpretação e subsunção, o artigo 147º consagra um dos vários crimes agravados pelo resultado previstos no Código – entre outros, por ex., o artigo 210º, nos 1 e 2, alínea *a*), última parte. Quem voluntariamente mas sem dolo homicida ofender outra pessoa corporalmente e por negligência lhe produzir a *morte* comete **um só crime**,[16] um crime agravado pelo evento, embora o facto seja subsumível a duas normas incriminadoras (no caso, a do artigo 143º, nº 1, e a do artigo 137º, nº 1). Não funcionando as regras do concurso de crimes, a hipótese revelará então a "íntima fusão" de um facto doloso, que é já um crime, e um resultado negligente, que determina a agravação da responsabilidade. É esta agravação da pena nos crimes com a descrita estrutura que os autores procuram explicar, a par dos critérios em face dos quais deve fazer-se a imputação ao agente do evento mais grave.

Escrutinam-se problemas semelhantes com os crimes de perigo comum [e os crimes contra a segurança das comunicações] que contam com a criação de um perigo entre os seus elementos típicos, pressupondo o perigo para uma pessoa, enquanto "representante da comunidade", o que significa que, independentemente do número de vítimas, existe apenas *um crime*, de tal modo que a punição pelo dano não consome a punição pelo crime de perigo. José Damião da Cunha[17] nota que "haverá um só crime do artigo 291º, nº 1, se o desvalor do evento próprio do crime de condução perigosa como resultado de perigo se mostrar individualizado numa vítima, ou mesmo num conjunto delas, ou num bem". Se a mais do perigo que se elege *no* crime do artigo 291º se tiver verificado a morte ou a lesão grave de outra ou outras pessoas justifica-se a acusação e eventual punição por tantos crimes negligentes quantas essas outras pessoas mortas ou vitimadas gravemente na sua integridade física. Se for o caso, e mesmo que um conjunto de pessoas tenham sido afetadas pelo perigo, a acusação invocará a prática de

---

[16] O crime é tratado como uma **unidade** e não como um evento agravante unido a um crime fundamental (assim, Figueiredo Dias, *DP/PG* I, 2ª ed., 2007, p. 746) ou considerado como uma simples junção de dois tipos penais.

[17] José Damião da Cunha, *O Caso Julgado Parcial*, p. 481,

PROBLEMAS DE CONCURSO

um crime do artigo 291º, nº 1 (condução perigosa de veículo rodoviário) com a agravação ditada em razão da morte da vítima *x*: artigos 285º, e 294º, nº 3, requerendo, nomeadamente, que se decrete a proibição de conduzir (artigo 69º, nº 1, alínea *a*)), e de tantos crimes negligentes dos artigos 137º e 148º quantas as *outras* pessoas mortas ou vítimas de ofensa à integridade física.

4. O crime continuado

Há quem sustente ser o "crime continuado" uma forma especial de manifestação da **unidade jurídica de ação** – por ex., Wessels. No artigo 30º, nº 2, diz-se que "constitui *um só crime* continuado a realização do mesmo tipo de crime ou de vários tipos de crime que fundamentalmente protejam o mesmo bem jurídico, executada por forma essencialmente homogénea e no quadro da solicitação de uma mesma situação exterior que diminua consideravelmente a culpa do agente". Numa visão material das coisas, o crime continuado é **uma unidade jurídica construída sobre uma pluralidade efetiva de crimes**[18].

Caso nº 7　*A* e *B* entram por arrombamento numa moradia cujos donos estão ausentes, de férias, no estrangeiro. Tanto procuram que acabam por descobrir o sítio do cofre, implantado numa das paredes da sala, mas não conseguem abri-lo com as ferramentas que transportam. Antes de abandonarem a moradia pela porta das traseiras, aproveitam e enchem uma mala de viagem com roupas e joias. Logo ali, porém, *A* e *B* decidem voltar na manhã seguinte e entrar pela mesma porta, para então abrirem o cofre. E acautelam-se, levando com eles a chave da porta, que se encontra ali à mão. No dia seguinte, conforme tinham planeado, regressam à moradia. Mas também não foi desta vez que conseguiram abrir o cofre. *A* e *B* contentam-se com mais umas roupas com que enchem outra mala.

Ao crime continuado aplicam-se as regras dos artigos 30º, nos 2 e 3, e 79º, impondo-se a pena cabida à conduta mais grave que integra a continuação, embora com a possível alteração derivada do nº 2, devido ao posterior conhecimento de uma conduta mais grave que integre a continuação.

No artigo 30º, nº 2, diz-se que "constitui **um só crime** continuado a realização do mesmo tipo de crime ou de vários tipos de crime que fundamentalmente protejam o mesmo bem jurídico, executada por forma essencialmente homogénea e no quadro da solicitação de uma mesma situação exterior que diminua

---

[18] Jung, *JuS* 1989, p. 291.

consideravelmente a culpa do agente". Numa visão material das coisas, a particularidade mais relevante consiste em ser o crime continuado **uma unidade jurídica** construída sobre uma **pluralidade efetiva de crimes**.

Mas se os atos que fazem parte da continuação constituem um único crime, ainda assim, o juiz não fica dispensado de na sentença enumerar esses diversos atos. Além disso, o limite temporal da atividade do agente tem importância para a prescrição (artigo 119º, nos 1 e 2, alínea *b*), do CP) e para a aplicação da amnistia. No âmbito processual, os efeitos traduzem-se em que o crime continuado constituirá um único objeto processual, ainda que de modo peculiar, podendo acontecer que "se, depois de uma condenação transitada em julgado, for conhecida uma conduta mais grave que integre a continuação, a pena que lhe for aplicada substitui a anterior" (artigo 79º, nº 2). Mesmo assim, o caso julgado forma-se sobre **toda** a relação de continuação.

A ideia do crime continuado, recordam autores alemães, desenvolveu-se como forma de evitar os rigores do princípio da acumulação e na base da humanização do sistema penal. Segundo o sistema de acumulação material o juiz deveria aplicar ao culpado tantas penas quantas as que correspondessem aos crimes cometidos – *quot crimina tot poena*. As dificuldades surgem quando se trata de executar um tal sistema e isso foi intuído já nos começos do século dezanove: havia ladrões que tinham às costas dezenas de furtos, de forma que, adicionando-se materialmente as penas de cada crime, chegava-se ao resultado risível de ter que executar para cima de duzentos anos de prisão, numa estranha progressão que conduzia a níveis de desmedida severidade que nada tinham em comum com as ideias generosas da ressocialização. A conversão da soma das diversas penas concorrentes numa pena conjunta, com limites que não podiam ser excedidos, foi um dos caminhos propostos para fugir aos rigores do concurso efetivo. A especial acuidade do concurso real da mesma espécie e particularmente de furtos é sublinhada no âmbito do direito estatutário,[19] que mandava enforcar o autor de três desses crimes. O crime continuado foi elaborado – diz-se – com base no *favor rei*, para permitir àqueles que tivessem recaído no terceiro furto escapassem à pena de morte[20]. Originariamente, a economia de trabalho estava igualmente na origem do crime continuado: se numa sucessão de crimes idênticos o réu era julgado e só depois se descobria que a série era ainda mais longa, o caso julgado impedia[21] que se conhecesse dessas outras condutas não incluídas na acusação – processualmente poupava-se aos operadores judiciários uma quantidade de tarefas árduas, inúteis

---

[19] Os *statuta* foram "inventados" (cf. Martin Killias, *Précis de droit pénal*, 2ª ed., 2001, p. 4) pelas cidades italianas. Puniam os atentados à paz pública, incluindo certas infrações sexuais.

[20] Eduardo Correia, *A Teoria do Concurso*, p. 164; e Paulo José da Costa Jr., *Direito Penal Objetivo*, p. 134.

[21] A tanto de opõe hoje em dia a recente introdução de um nº 2 ao artigo 79º.

PROBLEMAS DE CONCURSO

e fastidiosas. Outra saída, que correspondia certamente às "necessidades da vida", foi a de tratar unitariamente as séries delituosas, sem violar as regras legais então vigentes.

No ensino do Prof. Eduardo Correia, para a afirmação do crime continuado deverá:

a) Ser plúrima a realização do mesmo tipo de crime ou de vários tipos de crime que fundamentalmente protejam o mesmo bem jurídico

Se tiver havido um só desígnio criminoso, o crime há de ser necessariamente único, já que subsumível a um mesmo tipo criminal, ou seja, ofensivo de idêntico bem jurídico. Ao invés, se o comportamento do réu revelar uma pluralidade de resoluções poder-se-ão pôr – e só então -as hipóteses de pluralidade de infrações *ou* de crime continuado. Tendo havido mais do que uma resolução, a regra será o concurso efetivo de crimes, constituindo a continuação criminosa uma exceção a aceitar quando a culpa se mostre "consideravelmente diminuída, mercê de fatores exógenos que facilitaram a recaída ou recaídas". **Apesar de nas hipóteses de continuação tudo partir não de uma resolução mas de várias** (de "realização plúrima fala o artigo 30º, nº 1, o que impede a formação do crime "continuado"). Pode existir relação de continuação, por ex., quando as atividades se realizam em parte como tentativa e em parte na forma consumada ou entre o furto simples e o furto agravado, mas não entre o furto e a burla, se se concluir, como entende-mos, que não protegem "fundamentalmente" *o mesmo bem jurídico*. Tratando-se de bens eminentemente pessoais (vida, integridade física, liberdade, honra), exclui-se a forma continuada. A lei é agora perentória. Com a redação dada ao nº 3 do artigo 30º pela Lei nº 40/2010, de 12 de outubro, "o disposto no número anterior não abrange os crimes praticados contra bens eminentemente pessoais". Deste modo, os casos de continuação criminosa acontecem nos crimes contra a propriedade e contra o património, que não têm características pessoais e por isso podem incluir a ofensa, por ex., ao património de mais do que uma pessoa. Mas não será caso de aplicar a figura nem ao roubo (artigo 210º, nº 1), nem ao abuso sexual de crianças (artigo 171º), mesmo tratando-se da mesma vítima. Nestes casos, a regra será a da pluralidade de crimes: tantos tipos de crimes efetivamente cometidos ou preenchidos pela conduta, tantos os crimes por que o arguido haverá de responder, nessa medida sendo, eventualmente, condenado.

No crime continuado, às diversas condutas correspondem diversas resolu-ções. "Simplesmente, estas resoluções não são entre si autónomas, mas, pelo contrário, estão numa dependência tal que nunca se pode considerar uma delas sem necessariamente ter de se tomar em conta a anterior" (Eduardo Correia e Beleza dos Santos).

b) A realização criminosa deve ser executada por forma essencialmente homogénea

Entende-se normalmente que, para este efeito, não há identidade entre a autoria e a participação, *i. é*, se num caso o agente atua no papel principal e no outro como simples auxiliar ou cúmplice. A homogeneidade das diversas formas de comissão acontece em regra quando se preenche o mesmo tipo de ilícito, incluindo-se porém as correspondentes formas qualificadas, por ex., nos casos múltiplos de furto. Por outro lado, deve poder reconhecer-se uma certa conexão temporal e espacial entre as diversas atividades criminosas: saber se o gatuno aproveitou duas ou três noites seguidas para se abastecer num mesmo armazém. Exige-se certamente uma proximidade temporal entre as diferentes condutas, mas também uma mais ou menos estreita proximidade espacial para que a realização criminosa se mostre essencialmente homogénea.

c) A realização criminosa deve ser executada no quadro da solicitação de uma mesma situação exterior que diminua consideravelmente e culpa do agente

"É justamente em homenagem a uma **ideia de menor exigibilidade** que o crime continuado ganha solidez dogmática, mesmo que só se admita, no plano subjetivo, uma "linha psicológica continuada" (Faria Costa). A nossa jurisprudência, para a afirmação do crime continuado, exige uma *proximidade temporal* entre as sucessivas condutas, bem como a manutenção da *mesma situação externa*, apta a proporcionar as subsequentes repetições e a sugerir a menor censurabilidade do agente (cf., por ex., o acórdão do STJ de 8 de fevereiro de 1995, *BMJ* 444-178). De forma que não constitui crime continuado a realização plúrima do mesmo tipo de crime se não forem as circunstâncias exteriores que levaram o agente a um repetido sucumbir, mas sim o desígnio inicialmente formado de, através de atos sucessivos, defraudar o ofendido. Na situação tratada pelo acórdão, *A, B e C* combinaram apoderar-se, em conjunto, de quantias entregues à guarda de *F*, de que o primeiro era empregado há cerca de 10 anos. Perante a matéria provada, aceitou-se que podia ter havido unidade de resolução, mas o mesmo não aconteceu com a exigível *proximidade temporal* entre as concretas condutas em que se traduziu a execução daquele propósito e ainda com o requisito legal da *mesma situação exterior*, a constituir *solicitação* para a prática continuada dos crimes, em termos de poder concluir-se, razoavelmente, que diminuíra *consideravelmente* a sua *culpa* (palavras do acórdão, cuja leitura integral se recomenda, e onde se observa que o advérbio *consideravelmente* tem uma carga valorativa que não pode ser ignorada). A ideia de que a execução se operou num quadro de solicitação que dispensaria uma revisão ou reformulação do projeto inicialmente gizado

PROBLEMAS DE CONCURSO

por *A*, *B* e *C* foi contrariada pela evidente diferenciação dos locais dos crimes, e das pessoas que ali se encontravam e a quem os executores materiais tinham de dirigir-se para obter a entrega dos valores pretendidos.

d) A homogeneidade deverá estender-se ao dolo

Na Alemanha ainda não terminou a controvérsia em torno dos elementos subjetivos da continuação criminosa. Subjetivamente, exige-se também a **homogeneidade do dolo** do agente. Discute-se no entanto se se trata de um *dolo de conjunto*, abrangendo o dolo, *ab initio*, a totalidade dos atos individuais que integram o crime continuado e abarcando-a nas suas manifestações essenciais de tempo, lugar, pessoa lesada e forma de comissão; ou se se trata de um **dolo de continuação**, aquele que existe quando a nova resolução renova a anterior, como que numa "linha de continuidade psíquica"[22].

No assalto à moradia, no momento em que o facto se inicia o dolo dos agentes não se manifesta como dolo conjunto (ou dolo global) – só depois, quando *A* e *B* abandonam a moradia e decidem voltar, portanto, já na fase da sua realização, é que a resolução se renova; e como a nova resolução está para a anterior como que numa linha ininterrupta, nenhuma razão se mostra válida para negar o crime continuado. A maioria dos autores contenta-se com este dolo de continuação, bastando para a homogeneidade do dolo que qualquer resolução posterior de cometer o facto se apresente na continuação da anterior.

Mas já não seria assim se o gatuno se bastasse com a *decisão genérica* de aproveitar as oportunidades que lhe fossem aparecendo[23]. Do mesmo modo, uma grande separação temporal entre os diversos crimes e a falta de diminuição da culpa apreciada no "dolo global", são fatores que podem afastar a continuação criminosa (acórdão do STJ de 24 de maio de 2000, *CJ* 2000, II, p. 202).

Excurso. O exemplo clássico em que a execução das diversas atividades aparece **"facilitada"** era o do adultério (nos ordenamentos que, historicamente, o puniam criminalmente), com o que ele significava de tentações e cedências. Nesta visão das coisas, o segredo da conexão das atividades que formam o chamado crime continuado vai ancorar na considerável *diminuição da culpa* do agente que lhe anda ligada – e o fundamento desse menor grau de culpa deve ser encontrado

---

[22] *Stree*/Schönke/Schröder, *Strafgesetzbuch*, 25ª ed., p. 683.

[23] A jurisprudência alemã tem vindo a entender, já desde o Tribunal do Reich, que quem toma a resolução genérica de cometer quantas burlas de uma determinada classe lhe forem possíveis não atua na forma continuada – não é suficiente a mera "decisão genérica" de realizar crimes de determinada natureza na oportunidade conveniente, não bastando o plano de efetuar furtos "cuja execução seja ainda incerta quanto ao modo, tempo e lugar".

no momento *exógeno* das condutas, na disposição exterior das coisas para o facto. "Pelo que o pressuposto da continuação criminosa será, verdadeiramente, a existência de uma relação que, *de fora*, e *de maneira considerável*, facilitou a repetição da atividade criminosa, tornando cada vez menos exigível ao agente que se comporte de maneira diferente, isto é, de acordo com o direito"[24].

II. O tipo penal como a chave para determinar a unidade ou pluralidade de crimes

Seguindo a sequência do artigo 30º, nº 1, quando um agente realiza vários tipos de crime ou comete várias vezes o mesmo tipo de crime (é indiferente que o tenha feito com uma ou várias ações criminosas), existem duas possibilidades que devem ser postas em destaque:

Ou há unidade do facto punível – um único crime;
Ou existe um concurso efetivo ou verdadeiro.

Já fomos dando a entender que, para os nossos propósitos, não lidaremos, de forma relevante, com o conceito de unidade ou pluralidade de ações (= condutas; = atividades; =comportamentos) criminosas – o que conta é que a pessoa tenha preenchido o mesmo **tipo legal** várias vezes ou tenha realizado vários tipos de crime. "O tipo legal é o portador, o interposto da valoração jurídico-criminal, ante o qual se acham colocados os tribunais e o intérprete". "A possibilidade de subsunção duma relação da vida a um ou vários tipos legais é, praticamente, a chave para determinar a unidade ou pluralidade de crimes em que tal relação se sintetiza ou desdobra"[25]. Para o Prof. Eduardo Correia, acresce a importância do **bem jurídico**, pois pluralidade de crimes significa pluralidade de valores jurídicos negados. Se o agente preenche diversos tipos legais de crime estaremos face a uma pluralidade de infrações, sendo diversos os valores jurídico-criminais, diferentemente de quando se nega apenas um tipo penal, situação constitutiva de uma única infração. O bem jurídico assume na questão da tipicidade um relevo primacial e insubstituível[26].

---

[24] Eduardo Correia, *A Teoria do Concurso*, p. 205 e ss.; e *Direito Criminal II*, p. 209. O exemplo do adultério da mulher que tem o marido na guerra é oferecido por Welzel para ilustrar uma situação de continuação.

[25] Eduardo Correia, *A teoria do concurso em Direito Criminal* I – Unidade e Pluralidade de Infrações, Almedina, 1963, p. 91.

[26] Havemos de ver, no entanto, e fica desde já a prevenção, que "não é esta razão para que os restantes elementos típicos sejam minimizados e para esquecer que a certos propósitos deve mesmo recorrer-se, para além da análise de todos eles, a uma consideração *global* do sentido social do comportamento que integra o tipo. Só assim se podendo ter a esperança de aceder à compreensão do sentido jurídico do comportamento delituoso", Figueiredo Dias, *DP/PG* 2ª ed., 2007, p.

Além disso, na definição de concurso efetivo de crimes não basta o elemento da pluralidade de bens jurídicos violados. Exige-se a pluralidade de juízos de censura.

Os tribunais portugueses têm seguido, década após década, o critério proposto pelo Prof. Eduardo Correia da **pluralidade de juízos de censura**, traduzido por uma **pluralidade de resoluções autónomas** (de resoluções de cometimento dos crimes, em caso de dolo; de resoluções donde derivaram as violações do dever de cuidado, em caso de negligência). Mesmo com um só ato, o agente pode ofender vários interesses jurídicos ou repetidamente o mesmo interesse jurídico. Se a tais ofensas corresponderem outros tantos juízos de censura, verifica-se o **concurso efetivo** de crimes.

Para dizer com ao acórdão do STJ de 26 de outubro de 2011, proc. nº 1441/07, *relator*: Pires da Graça, perfilha-se o chamado critério teleológico para distinguir entre unidade e pluralidade de infrações. Existe unidade de resolução criminosa, quando, segundo o senso comum sobre a normalidade dos fenómenos psicológicos, se puder concluir que os vários atos são o resultado de um só processo de deliberação, sem serem determinados por nova motivação. Por outro lado, desde que haja uma única resolução a presidir a toda esta atuação, não existe crime continuado, mas um só crime.

Neste contexto, o número de juízos de censura determina-se pelo número de decisões de vontade do agente: uma só resolução, um só ato de vontade, é insuscetível de provocar vários juízos de censura sem desrespeito do princípio *ne bis in idem*. Mesmo sendo a ação exterior uma só, a manifestação da vontade do agente, quer sob a forma de intenção quer de negligência, pode ser plúrima, daí a sequência:

- tantas manifestações de vontade,
- tantos juízos de censura,
- tantos crimes que correspondem a outros tantos **bens jurídicos** violados[27].

À unidade de tipo legal preenchido não importa definitivamente a unidade da conduta que o preenche; pois sendo vários os juízos de censura, outras tantas vezes esse mesmo tipo legal se torna aplicável e deverá, por conseguinte, considerar-se existente uma *pluralidade* de crimes.

Caso nº 8 *A* queria matar *B* e para isso, a uns dez metros de distância deste, disparou um tiro de arma caçadeira que lhe acertou na zona torácica, dando-lhe morte quase imediata. Alguns projécteis foram igualmente

---

[27] No caso da extinção da vida, o bem jurídico é "pertença" de cada ser humano. Se *A* mata *B* e *C*, mesmo a partir de uma só ação, viola duas vezes o bem jurídico: a vida de *B* e a vida de *C*.

O RISCO DE COMER UMA SOPA E OUTROS CASOS DE DIREITO PENAL

atingir *C*, que estava logo ali. *A* não tinha previsto que, com a dispersão do tiro, também a integridade física de C podia ser atingida, como aconteceu, pois *C* ficou ferido.

Neste exemplo, *A* disparou *um* único tiro e com ele atingiu *duas* pessoas. *A* tomara a resolução de matar *B*, o que veio a acontecer, preenchendo a sua conduta, pela qual pode ser censurado, desde logo, o crime de homicídio doloso (artigo 131º). *A* não previu que *C* poderia ser atingido; não atuou quanto a ele com dolo homicida nem com dolo de ofensa à sua integridade física. Ainda assim, *A* pode ser censurado pela sua falta de cuidado: não previu, mas *devia* e *podia* ter previsto que *C* iria ser atingido, tornando-se responsável por um crime de ofensa à integridade física por negligência (artigos 15º e 148º, nº 1) – em concurso efetivo com o anterior: um único disparo produziu os dois eventos, a morte de um e as lesões corporais no outro, ofendendo interesses jurídicos de *B* e de *C*. A essa atuação corresponde um juízo de censura na forma de dolo, outro na forma de negligência inconsciente – por isso se verifica o concurso efetivo de crimes (ainda sob a forma de concurso *ideal*).

Apreciámos com a necessária gama de pormenores a posição tradicional, que encontra razões na doutrina do Prof. Eduardo Correia.

Aludimos ao exemplo, porventura mais impressivo, que leva a peito o critério operativo de distinção assente, primordialmente, no bem jurídico. Insistimos na jurisprudência fixada pelo acórdão de 19 de fevereiro de 1992, considerando "diversos e autónomos, entre si, **o bem jurídico violado pela burla** e **o bem jurídico protegido pela falsificação** (...), ou seja, respetivamente, o património do burlado e a fé pública dos documentos necessária à normalização das relações sociais". Que se trata dos dois crimes em concurso real ou efetivo (pluralidade), tem sido a opção do Supremo Tribunal.

Já no que toca à colocação em circulação de moeda falsa ou atividades equiparadas e crime de burla, a jurisprudência aparece dividida. O acórdão do STJ de 13 de outubro de 2004, no processo nº 04P3210, *relator*: Conselheiro H. Gaspar, preferiu o concurso aparente (regra da consunção), dado tratar "adequadamente, por referência aos crimes de colocação em circulação de moeda falsa ou atividade equiparada e de burla, a problemática da distinção do bem jurídico protegido, seu sentido e alcance".

De modo diferente decidiu o acórdão do STJ de 04.10.2007, proc. n.º 2309/07-5, no *blog* "Cum grano salis", *relator*: Conselheiro Simas Santos, "por imposição da jurisprudência fixada em lugar paralelo, pois que, na questão do concurso entre a falsificação e a burla decidiu esse Tribunal, em acórdão uniformizador de jurisprudência, que "no caso de a conduta do agente preencher as previsões

754

PROBLEMAS DE CONCURSO

de falsificação e de burla do artigo 228º, nº 1, alínea *a*), e do artigo 313º, nº 1, respetivamente, do Código Penal, verifica-se concurso real ou efetivo de crimes" e a moeda falsa não é mais do que *falsum* específico, pelo que lhe é aplicável esta mesma doutrina, devendo concluir-se pelo concurso real.

Tem o Supremo Tribunal, ao menos quanto a este caso, levado a peito a doutrina tal como foi formulada pelo Prof. Eduardo Correia[28]. A atividade do agente preenche diversos tipos legais de crime. Como assim se negam diversos valores jurídico-criminais, estamos perante uma pluralidade de infrações.

Recorrendo a uma metodologia analítico-teleológica, e ao conceito de sentido material (social) de ilicitude do comportamento global, o Prof. Figueiredo Dias propõe-nos mais aperfeiçoado critério de unidade e pluralidade. "O que tem de contar para determinação da unidade ou pluralidade de crimes não são por uma parte ações externas, como tal indiferentes ao sentido do comportamento; nem por outro lado tipos legais de crime como entidades abstratas, mesmo que concretamente aplicáveis ao caso. O que se tem de contar são **sentidos da vida jurídico-penalmente relevantes que vivem no comportamento global**"[29]. Deste modo, "é a unidade ou pluralidade de sentidos de ilicitude típica, existente no comportamento global do agente submetido à cognição do tribunal, que decide em definitivo da unidade ou pluralidade de factos puníveis e, nesta aceção, de crimes".

Levemos desde já em abono da tese assim sustentada que punir casos em que os conteúdos de ilícito – segundo o seu sentido no contexto do comportamento global – se intercetam parcialmente em maior ou menor medida significaria sempre violar o princípio jurídico constitucional da proibição de dupla valoração. Por outro lado, deverá relevar para efeitos de determinação da medida concreta da pena "o conteúdo do ilícito que excede o sentido de ilícito dominante".

Daí, a bipartação entre

a) "O caso (normal) em que os crimes em concurso são na verdade recondutíveis a uma pluralidade de sentidos sociais autónomos dos ilícitos-típicos cometidos e, deste ponto de vista, a uma pluralidade de fatos puníveis – hipóteses que chamaremos de **concurso efetivo** (art. 30-1) próprio ou puro"[30]; e

b) "o caso em que, apesar do concurso de tipos legais efetivamente preenchidos pelo comportamento global, se deva ainda afirmar que aquele comportamento é dominado por um único sentido autónomo de ilicitude, que a ele corresponde

---

[28] Para a jurisprudência, este regime apenas sofre a exceção do Regime Jurídico das Infrações Fiscais não Aduaneiras, de que se ocupou o acórdão nº 3/2003, de 07.05.2003, proc. n.º 735/1999.

[29] Figueiredo Dias, *DP/PG* I, 2007, p. 988. Em nota recorda-se o argumento de Mezger/Blei de que quem tem um cavalo branco de corrida não possui dois cavalos, um branco e outro de corrida.

[30] A forma de punição prevista no artigo 77º apenas será aplicável aos casos de **concurso efetivo**.

755

uma predominante e fundamental unidade de sentido dos concreto ilícitos típicos praticados – hipóteses que chamaremos de **concurso aparente**, impróprio ou impuro".

Esta bipartição (concurso efetivo/concurso aparente) coloca a questão de saber a qual deveremos agora dar prioridade expositiva. Pensamos que se num deles um tipo de crime faz recuar os outros, logicamente deve o concurso aparente preceder o que chamamos concurso efetivo. Saber se alguma norma recua perante outra, que na relação entre elas aparece como a norma dominante, é pressuposto da indagação material da unidade ou pluralidade de crimes. Antes de se afrontar este problema ("o problema substancial da unidade ou pluralidade do facto punível segundo o conteúdo do ilícito típico revelado"), haverá com prioridade, diz o Prof. Figueiredo Dias, que determinar se as normas em abstrato aplicáveis não se encontram numa *relação lógico-jurídica* tal (numa relação, poderia dizer-se de "lógica hierarquia") que, em verdade, apenas uma dela ou algumas delas são aplicáveis[31].

Eis a maneira de trabalhar recomendada pelo Prof. Figueiredo Dias:[32] haverá que eventualmente começar por determinar se uma pluralidade de normas ou de leis incriminadoras convocadas em abstrato por um certo conteúdo singular de ilícito

– são concretamente aplicáveis uma ao lado das outras;
– ou se, diferentemente, há uma(s) norma(s) que prevalece(m) sobre a(s); outra(s) e exclui(em) por conseguinte a sua aplicação.

"Se, face às normas concreta e efetivamente aplicáveis, vários tipos legais se encontrarem preenchidos pelo comportamento global existirá concurso, mas não necessariamente concurso efetivo ou puro. Este pode não existir se se verificar que à pluralidade de normas efetivamente aplicáveis corresponde, apesar dela, um sentido jurídico-social de ilicitude material dominante, verificando-se então um concurso aparente ou impuro. Se apenas um tipo legal foi preenchido, será de presumir que nos deparamos com uma unidade de facto punível; a qual no entanto também ela pode ser elidida se se mostrar que um e o mesmo tipo especial de crime foi preenchido várias vezes pelo comportamento do agente".

Este critério, inteiramente justificado, leva, naturalmente, a que a chamada unidade de normas ou de leis (tradicionalmente, concurso legal ou concurso

---

[31] Figueiredo Dias, *DP/PG* I, 2ª ed., 2007, p. 992; também João da Costa Andrade, *Da unidade e pluralidade de crimes*, Coimbra, 2010, p. 14; e Fritjof Haft, *Strafrecht*, Allgemeiner Teil, 6ª ed., 1994, p. 264.

[32] Já, por exemplo, nas "Formas especiais do crime", *Textos de apoio* de 2004, p. 11 e 12.

PROBLEMAS DE CONCURSO

aparente) preceda, na exposição, o chamado concurso de crimes. Como escreve Luís Duarte D'Almeida, a operação de seleção da norma ou normas penais externamente aplicáveis pressupõe sempre, da parte de quem tenha a seu cargo a decisão do caso, um conhecimento refletido dos diversos tipos incriminadores vigentes: é esse o lugar verdadeiro de muitos dos estudos que têm encontrado abrigo numa pretensa categoria de "concurso de normas". Daí a conclusão de ser prioritário o estudo da Parte Especial.

III. A unidade de normas ou de leis; especialidade, subsidiariedade, consunção

Consideremos, no seguimento de exemplos já dados, que um "tipo de crime" pode decompor-se em vários atos *idênticos*, seja o caso de alguém que agride outra pessoa com uma "chuva de murros". Noutras situações, como o roubo ("coação" mais "furto"), também pode decompor-se, mas em atos *diferentes*. A partir daqui surgem na teoria do concurso problemas que merecem cuidada atenção. A "chuva de murros" ou a "cascata" de insultos valem tanto **para a perfeição típica** do crime de ofensas à integridade física (artigo 143º) ou do crime de injúria (artigo 181º) quanto um só murro ou uma só palavra ofensiva. Diferentemente, o tipo do roubo (artigo 210º) constrói-se na base da fusão de outros dois tipos, de furto (artigo 203º) e coação (artigo 154º), que juridicamente se unem passando a exprimir-se num tipo complexo que leva consigo, em primeira linha, o constrangimento de outra pessoa a "entregar" ou "deixar que lhe levem" coisa móvel. Como normas aplicáveis poderemos contabilizar sucessivamente os artigos 154º, 203º e 210º. Enquanto norma aplicável – por se revelar como norma dominante – aparece esta última, a do artigo 210º, perante a que as duas outras se não aplicam. A aplicação deste último preceito criminal abarca o comportamento ilícito na sua totalidade: a infração mais gravosa esgota o desvalor contido na infração mais leve[33].

O ilícito dominante, que engloba o desvalor comum das infrações parcelares – refletido no *quantum* da moldura penal – faz recuar (concurso aparente de normas diversas) as normas dos artigos 154º e 203º, restando aplicar a norma do artigo 210º, que passa a ser a norma "aplicada".

O concurso é, nestas hipóteses, um **concurso aparente na forma de consunção**, e um **"concurso de normas"**, que visa os casos de especialidade

---

[33] Se cumulássemos as três normas, desembocaríamos numa inaceitável violação do princípio – cujo conteúdo material se extrai do artigo 29º, nº 5, da Constituição (princípios *non bis in idem* e da confiança própria do Estado de direito democrático) – de proibição de *dupla valoração*: "os tipos em conflito cobrem, todos eles, total ou parcialmente, um *mesmo* segmento da realidade desvalorada".

O RISCO DE COMER UMA SOPA E OUTROS CASOS DE DIREITO PENAL

(concorrência de normas por especialidade) e os casos de subsidiariedade (relações de interferência ou de sobreposição de tipos em concorrência, para além da subsidiariedade expressa ou tácita)[34]. São fórmulas não contempladas na lei, mas dependem na sua aplicação de regras interpretativas. Há quem por isso as situe em sede de interpretação, negando-lhe inclusão sistemática na unidade e pluralidade de infrações[35]. Por outro lado, têm como contraponto da sua "aparência" a "efetividade" do "verdadeiro" concurso (concurso real ou efetivo), disciplinado no artigo 30º, nº 1. Quanto à sistematização, ao número e à designação das formas ditas aparentes ou em concurso de normas não há unanimidade entre os autores, e nem todos estão sequer de acordo quando se trata de integrar os casos concretos num dos diversos grupos que vamos descrever a seguir, a *especialidade*, a *subsidiariedade* e a *consunção*.

Excurso. Pretendendo ressalvar o caso do concurso aparente já no Projeto se continha o termo "efetivamente", que veio a ser transposto para o artigo 30º, nº 1, do Código, mas não se julgou oportuno explicitar na lei regras como a consunção e a especialidade, por serem simples regras doutrinais ou de interpretação do tipo legal de crime (*Ata* da 13ª sessão). Na mesma linha, o projeto alemão de 1962 renunciava a dar diretrizes precisas para o tratamento do concurso de normas, deixando-as para a praxis jurídica, consciente da riqueza e da multiplicidade das relações que a vida pode oferecer.

As várias categorias do concurso de normas têm mais valor classificatório do que prático. Falta aqui uma regra geral, pelo que são especialmente numerosas as questões duvidosas e discutíveis (Stratenwerth).

Não deixaremos ainda de sublinhar que a jurisprudência nacional faz passar a distinção entre o concurso efetivo e o tradicional concurso aparente pelo critério da identidade ou diferença dos bens jurídicos. Paradigma desta orientação é o acórdão de fixação de jurisprudência de 19 de fevereiro de 1992, onde se faz apelo, para se apurar a distinção entre unidade e pluralidade de crimes (de falsificação e burla), à proteção do mesmo interesse ou de interesses diversos.

Vejamos agora, com outro pormenor, as diversas formas apontadas, com a advertência de que o chamado concurso aparente foge às malhas do artigo 77º e nele se integram todos aqueles casos em que apesar de o comportamento global ser subsumível a uma pluralidade de tipos legais concretamente aplicáveis, todavia deve concluir-se pela unidade do sentido social de ilicitude do facto punível.

---

[34] O concurso aparente, ao menos para certas conceções mais recentes, coincide com o que chamávamos "consunção"; a designação "concurso de normas" absorve os casos de especialidade e subsidiaridade (*concorrência de normas*) e sujeita-se predominantemente a um papel interpretativo.

35 Por ex., Rodriguez Devesa, p. 194; e Juan Bustos Ramírez, p. 92.

1. Especialidade

Existe relação de especialidade quando uma norma penal se nos apresenta com todos os elementos de uma outra, distinguindo-se desta unicamente por conter pelo menos um elemento adicional que abarca a situação concreta a partir de uma perspetiva especial. Dito doutra maneira: é o caso de uma lei (a *lex specialis*) que contém todos os pressupostos típicos duma outra (a *lex generalis*) e, para além destes, pelo menos mais uma característica específica que a especializa. Ambos os tipos são abstratamente aplicáveis, mas como na sua aplicação a norma especial derroga a norma geral (é a velha regra de direito: *lex specialis derogat legi generali*) só um deles, o que contém elementos especializadores, se aplica à situação concreta. Rodriguez Devesa explica que, sendo *a+b* os elementos da lei geral e *a+b+e* os da lei especial, resulta ser *e* o elemento especializador. Assim se compreende que, neste contexto, o intérprete não tenha que olhar aos comportamentos que se lhe apresentam, mas somente aos preceitos abstratamente aplicáveis, sendo indiferente a natureza – privilegiante ou, conforme os casos, qualificante – do elemento típico especializador: há sempre especialidade, diz Jescheck, na relação entre o tipo fundamental (*Grundtatbestand*) e as suas variantes (*Abwandlungen*) qualificadas ou privilegiadas.

Exemplo da prática jurisprudencial: o arguido destruiu a fechadura da porta de entrada de uma residência e do interior desta retirou diversos bens, ficando preenchida a previsão do artigo 204º, nº 1, alínea *f*), do Código Penal, e igualmente a da alínea *e*) do nº 2 do mesmo artigo. Na situação descrita as normas concorrentes apresentam-se numa relação de especialidade – a punição de uma engloba a da outra e a matéria de facto é subsumível a ambas as normas – prevalecendo a qualificação do crime punido com a pena mais grave sobre o da punição mais leve.

Relação de especialidade comporta sempre o tipo fundamental (artigo 131º) e o respetivo tipo agravado ou privilegiado (artigo 132º e 133º). Naquele, a lei geral; nestes a lei especial.

Outros exemplos:

– O artigo 160º (rapto) é norma especial relativamente à norma do artigo 158º (sequestro);
– O artigo 163º, nº 1 (coação sexual) é norma especial relativamente à norma do artigo 154º (coação);
– O artigo 163º, nº 2 (coação sexual) é norma especial relativamente à norma do artigo 153º (ameaça);
– O artigo 164º (violação) é norma especial relativamente à norma do artigo 163º (coação sexual);
– O artigo 223º (extorsão) é norma especial relativamente à norma do artigo 153º (ameaça) e do artigo 154º (coação);

– O artigo 259º (danificação ou subtração de documentos) é norma especial relativamente à norma do artigo 203º (furto) e do artigo 212º (dano);
– O artigo 278º (danos contra a natureza) é norma especial relativamente à norma do artigo 212º (dano).

Alguns autores apresentam a ideia da **exclusão** como o contraponto da especialidade[36]. Será o caso do furto e do abuso de confiança, entre os quais intercedem relações de heterogeneidade: a mesma conduta não pode preencher *ao mesmo tempo* os dois indicados tipos de ilícito. Os tipos dos artigos 203º (furto) e 205º (abuso de confiança) têm formas de execução diferentes, são tipos heterogéneos, excluindo-se reciprocamente – não poderá haver furto se a coisa (alheia) foi entregue ao agente, não poderá haver abuso de confiança quando a coisa (alheia) tiver sido subtraída pelo agente. Havendo concurso, será sempre concurso real.

2. Subsidiariedade: expressa ou formal; tácita ou material

A subsidiariedade *expressa ou formal* é fácil de reconhecer quando se atende às relações que entre certos preceitos se estabelecem pelo facto de uns condicionarem expressamente a sua eficácia à não aplicação de outro ou outros. O lançamento de projétil contra veículo é punido com pena de prisão até 6 meses ou com pena de multa até 60 dias, *se pena mais grave lhe não couber por força de outra disposição legal.* O preceito do artigo 293º é subsidiário se o projétil atingir o veículo e dolosamente aí causar danos ou lesões corporais num passageiro: as disposições aplicáveis passam a ser as que previnem o dano ou sancionam os atentados à integridade física, com exclusão daquela outra infração.

Outros exemplos:

– Artigo 150º, nº 2 (intervenções e tratamentos médico-cirúrgicos);
– Artigo 208º. nº 1 (furto de uso de veículo);
– Artigo 215º, nº 1 (usurpação de coisa imóvel);
– Artigo 292º (condução de veículo em estado de embriaguez);
– Artigo 297º, nº 1 (instigação pública a um crime);
– Artigo 298º, nº 1 (apologia pública de um crime);
– Artigo 302º, nº 1 (participação em motim);
– Artigo 355º (descaminho ou destruição de objetos colocados sob o poder público);
– Artigo 375º, nºs 1 e 3 (peculato);
– Artigo 379º, nºs 1 e 2 (concussão);
– Artigo 382º (abuso de poder).

[36] Assim, Jescheck *AT*, p. 667.

PROBLEMAS DE CONCURSO

Em casos destes, as diversas normas têm uma direção de proteção idêntica ou semelhante, a qual preside também às constelações de casos conhecidos como de *subsidiariedade tácita ou material*, derivada exclusivamente da sistematização legal. Atende-se então a uma certa relação lógica entre os preceitos criminais, aos fins que os determinam ou aos elos que os suportam, podendo falar-se de subsidiariedade quando as normas descrevem diferentes estádios ofensivos de um mesmo bem jurídico. Assim, se uma norma descreve a colocação em perigo e a outra inclui nos seus pressupostos típicos a lesão de um determinado bem jurídico, de tal forma que um concreto comportamento caia no âmbito de aplicação de ambas, será caso de subsidiariedade – são diferentes as formas de ataque do bem jurídico, num caso **menos intenso**, no outro **mais intenso**.

Os atos preparatórios puníveis representam, relativamente à correspondente tentativa punível (e esta em relação à correspondente infração consumada), uma forma de desenvolvimento desigual do mesmo ataque delitivo, sendo a primeira a forma menos grave. Havendo identidade de dolo, a forma preparatória exclui-se e aplica-se a forma tentada ou a consumada, conforme os casos. A cumplicidade é a forma mais leve de comparticipação, portanto subsidiária quando concorre com a forma de proteção mais intensa que é a instigação. Quando, noutro exemplo, duas normas se dirigem à proteção do mesmo bem jurídico, a forma mais enérgica de proteção (por ex., a dolosa) faz recuar a menos enérgica (por ex., a negligente): cf., por exemplo, a dupla variedade subjetiva (dolo e negligência) contida no artigo 292º.

As situações serão menos nítidas quando se trata de bens jurídicos que não coincidem inteiramente. Em geral, o crime de perigo é afastado pelo correspondente crime de dano ou de lesão efetiva, como no caso do crime de exposição ou abandono (artigo 138º) de que resulta a morte, face ao crime de homicídio do artigo 131º. Mas só assim será na medida em que o perigo não ultrapasse o concreto dano verificado, como muitas vezes sucederá com os chamados "crimes de perigo comum".

Pôr fogo a edifício pode integrar, concomitantemente, o crime de dano dos artigos 212º ou 213º e o de perigo comum do artigo 272º, nº 1. As regras de um excluem as do outro, conforme se mostrem mais fortemente sancionadoras.

Do mesmo modo, a norma do artigo 200º cede relativamente à do homicídio cometido por omissão (artigos 10º, nºs 1 a 3, e 131º). Fala-se até da sua *função de reserva*[37]. A omissão de auxílio só entra em questão onde não exista um dever de garante do agente pela não verificação de um resultado típico. A interpretação do artigo 10º do Código Penal deve fazer-se em si mesma e por si mesma, independentemente da interpretação que se faça do artigo 200º. E se deste modo os

---

[37] Seier, *Jura* 1983, p. 223.

O RISCO DE COMER UMA SOPA E OUTROS CASOS DE DIREITO PENAL

âmbitos dos dois preceitos em alguma área se cobrirem, deve aí dar-se decidida prevalência ao artigo 10º sobre o artigo 200º[38].

Outros exemplos:

- O artigo 148º (ofensa à integridade física por negligência) é norma subsidiária relativamente à norma do artigo 143º (ofensa à integridade física simples);
- O artigo 158º (sequestro) é norma subsidiária relativamente à norma do artigo 210º (roubo) quando a duração da privação de movimentos não ultrapassar o objetivo da subtração com violência sobre a pessoa;
- O artigo 158º (sequestro) é norma subsidiária relativamente à norma do artigo 164º (violação) sempre que a duração da privação de movimentos não seja desproporcionada ao objetivo da violação;
- O artigo 143º (ofensa à integridade física simples) é norma subsidiária relativamente à norma do artigo 164º (violação) **mas apenas** na medida em que o uso da violência física não seja desproporcionado ao objetivo da violação.

Fará sentido falar de relação de subsidiariedade entre tentativa de um crime e a sua consumação? Os arguidos ainda estavam a fazer o carregamento dos materiais quando chegou a polícia. A situação é seguramente de furto consumado em relação aos objetos já carregados. No mais, o plano criminoso dos arguidos, que não foi completado, não passou da tentativa. No final, com todos os objetos que subtraíram, os arguidos cometeram um crime de furto consumado, independentemente do fim subjetivo que tinham de levar mais objetos. Portanto, consumado um crime de furto, com a subtração de materiais nos termos expostos, não mais se pode falar de tentativa desse mesmo crime. De tentativa só pode falar-se se justamente a consumação do crime não chegou a ter lugar, acórdão do STJ de 14 de abril de 1993, *BMJ* 426 p. 180[39].

3. Consunção

Como modalidade da consunção, alguns autores alinham em primeiro lugar as constelações de factos acompanhantes (**facto típico acompanhante** de outros delitos). Nestes casos, não chega a suceder, como na "especialidade", que o ato realiza *necessariamente* a descrição típica de vários preceitos: o que acontece é

---

[38] Cf. Figueiredo Dias *RLJ* 116, 1993, p. 55; e Haft *AT*, p. 266, aludindo à circunstância de se tratar de bens jurídicos que não são inteiramente coincidentes.

[39] Cf. também Faria Costa, *Conimbricense* II, p. 52.

PROBLEMAS DE CONCURSO

que *normalmente* a realização de um facto típico arrasta consigo a de outro, de tal forma que o legislador, ao estabelecer uma norma penal qualificada, já terá levado em conta a circunstância de que o facto costuma aparecer associado a outro com um conteúdo de ilícito essencialmente menor, como acontecerá quando um gatuno entra numa moradia por arrombamento[40]. A realização do furto qualificado em habitação vai *normalmente* acompanhada da penetração por arrombamento (facto típico acompanhante). Para encontrar a moldura penal do furto assim sobrequalificado (artigo 204ª, nº 2, alínea *e*): pena de prisão de 2 a 8 anos) o legislador atendeu ao conjunto delitivo que supõe a subtração, a violação de domicílio e o dano, de forma que a aplicação concreta da norma que prevê o crime menos grave deve considerar-se excluída, de acordo com o princípio *"lex consumens derogat legi consuntae"*[41].

A utilização de um automóvel sem autorização (artigo 208º, nº 1) vai geralmente acompanhada da apropriação da gasolina do depósito, facto que, por direitas contas, se dissolve no desvalor do furto do uso da viatura. Outro exemplo sugestivo[42] é o da violação de correspondência: para abrir uma carta fechada, ou uma encomenda, que lhe não seja dirigida, o agente, via de regra, produz estragos em coisa alheia (artigos 194º, nº 1, e 212º, nº 1), mas se o fizer para tomar conhecimento do conteúdo da carta o sujeito indiscreto será unicamente sancionado pelo atentado à privacidade (artigo 194º, nº 1: facto principal), que só pode ser realizado produzindo danos no envelope, i. é, mediante a realização do facto acompanhante.

Caso paralelo: o da falsificação material por rasura ou por um processo semelhante que implique um dano no suporte documental. O artigo 256º, nº 1, alínea *a*), consome a norma do artigo 212º, nº 1.

Uma boa parte dos casos práticos envolve o dano produzido, por ex., quando da violação de domicílio. Se o crime for cometido por meio de arrombamento, a previsão é a qualificada do nº 3 do artigo 190º, mas pode acontecer que o intruso produza apenas uns riscos nas portas ou paredes,[43] sem que se possa falar em arrombamento, o dano será então facto típico acompanhante do crime contra a reserva da vida privada. Jescheck adverte, porém, que não se deve ter como consumido o dano quando o ladrão aniquila algo particularmente valioso, por ex., uma janela da igreja, para aí poder cometer um furto. Com efeito, a infração acessória distancia-se do que é corrente e apresenta-se com um conteúdo de ilícito próprio.

---

[40] Santiago Mir Puig, p. 740; e Jescheck *AT*, p. 669.

[41] Mas já assim não será se, por força do nº 4 do artigo 204º, não houver lugar à qualificação do furto. Em casos destes, a infração pelo dano ganhará autonomia: hipótese de concurso efetivo, proposta pelo Prof. Costa Andrade, referindo opinião coincidente dos autores alemães que cita.

[42] Geppert, p. 426.

[43] Exemplo do Prof. Costa Andrade, *Conimbricense* II, p. 234.

O RISCO DE COMER UMA SOPA E OUTROS CASOS DE DIREITO PENAL

Como os autores frequentemente advertem, lançamos mão do princípio da consunção quando não existe uma modalidade mais específica para solucionar o concurso de leis, de forma que, nos trabalhos práticos, o método que se recomenda é o seguinte: primeiro analisamos a questão sob o ponto de vista da especialidade; se esta não for aplicável, procuramos fazê-lo dentro da subsidiariedade; por último, abordamos o assunto na perspetiva da consunção[44].

Tem razão Rodriguez Devesa quando escreve: Nunca vi nenhuma sentença que condenasse por homicídio e ao mesmo tempo pelos danos causados na roupa pelo disparo que provocou a morte ou pela facada que provocou feridas mortais na vítima. A pena do homicídio já engloba o desvalor da utilização dos meios escolhidos para dar a morte. Repare-se, por outro lado, que na relação de consunção estamos perante condutas heterogéneas: são diferentes os bens jurídicos protegidos no homicídio e no dano, num é a vida, no outro a propriedade. Nas relações de especialidade e de subsidiariedade trata-se em todos os casos dos mesmos bens jurídicos. São relações que se estabelecem em abstrato. A relação de consunção, pelo contrário, depende de características concretas.

No que toca ao âmbito e aos pressupostos do facto posterior não punível (**facto posterior copunido**): como escreve Jescheck,[45] a ação típica que se segue ao crime e que tem unicamente em vista assegurar, aproveitar ou garantir a vantagem conseguida com o primeiro ato, é consumida: *i*) quando se não viola qualquer outro bem jurídico e *ii*) o dano não se amplia quantitativamente para lá do já ocasionado. Neste caso, a relação típica entre a infração primária e o ato posterior que com ela concorre consiste em que, regra geral, o agente tem que realizar também a ação posterior caso pretenda que o facto principal tenha para si algum sentido. Por isso, a apropriação da coisa furtada por parte do ladrão não constitui uma apropriação indevida (abuso de confiança) que deva ser vista autonomamente. Com esta solução pretende-se evitar que o mesmo ilícito seja sancionado duas vezes. Aceite geralmente como ato posterior não punido é o caso do ladrão que queima a coisa que furtara, quando chega à conclusão de que afinal não lhe serve para o que pretendia. Do mesmo modo, se alguém furta uma bicicleta e mais tarde, para afastar de si as suspeitas de furto, a deita ao rio, fazendo com que aí desapareça, não se poderá falar de um concurso efetivo de crime de furto e de dano: o prejuízo objetivamente causado não aumenta para além do já ocasionado pelo furto e o conteúdo criminal do dano acha-se já consumido pela punição do furto.

Nestas situações também há quem defenda o concurso real entre furto e dano. Se o ladrão atira a bicicleta para o rio, amplia com isso o dano do proprietário, acentuam alguns autores.

---

[44] Cf., por ex., Geppert, p. 425, e Mir Puig, p. 740.
[45] Jescheck, *AT*, p. 669; cf., também, Geppert, p. 428; E. Correia, *Unidade e Pluralidade*, p. 142

PROBLEMAS DE CONCURSO

Do que não há dúvida é que se alguém furta um quadro valioso, não comete depois um crime de apropriação indevida (i. é, de abuso de confiança: artigo 205º, nº 1) quando o vende a terceiro de boa fé, ainda que esta venda possa integrar, em concurso real, um crime de burla (artigo 217º, nº 1), por resultar afetado o património deste *outro* portador do bem jurídico que é simultaneamente enganado pela atuação de quem se lhe apresenta falsamente como proprietário do quadro. É a orientação de há muito dominante. Por vezes é a própria previsão legal que se antecipa ao juízo de consunção, como na alínea *f*) do nº 1 do artigo 256º que se restringe ao uso de documento falsificado ou fabricado, mas necessariamente por outra pessoa. Quem usar documento que ele próprio falsificou é punido apenas pela falsificação, já não pelo uso. Sendo a falsificação um crime de perigo abstrato, ela antecipa a punição relativamente ao uso que o próprio agente, concretizando o perigo, venha a fazer do objeto da primeira ação. Noutro exemplo, se ao furto se segue a venda da coisa furtada pelo próprio autor da subtração dela, não será o ladrão instigador de uma posterior recetação dolosa (artigo 231º, nº 1) do produto do furto: para que o crime de recetação exista é necessário que o agente do facto prévio seja pessoa diversa do recetador – na expressão legal, objeto da recetação é a coisa que foi obtida "por outrem" mediante facto ilícito típico contra o património.

Exemplo de um **ato anterior não punido**: *A*, a quem foram confiadas as chaves de uma viatura, apropria-se delas por forma ilegítima. Mais tarde, serve-se das chaves para furtar o carro quando este se encontrava na garagem do seu proprietário. Os atos anteriores não puníveis têm um significado prático pouco acentuado. Assim, por ex., Blei,[46] que refere os atos preparatórios e a tentativa nas suas relações com o crime consumado que na maior parte das vezes são tratados como casos de subsidiariedade. No nosso exemplo, a apropriação ilegítima das chaves aparece, no conjunto dos factos, com as características de um ato preparatório e num estádio primário do ilícito; na medida em que se dirige ao mesmo objeto da ação não deve ser punido autonomamente, já que o peso decisivo radica no furto da viatura.

Entre nós fez carreira a noção de **consunção impura**. O Prof. Eduardo Correia aponta o exemplo de Binding em que a lei descreve um tipo de crime que só se distingue de outro por uma circunstância tal que apenas se pode admitir tê-la querido o legislador como circunstância qualificativa agravante – verificando-se todavia que a pena para ele cominada é *inferior* à do tipo fundamental. A noção de consunção impura aplica-a o Prof. Eduardo Correia a casos de interferência, que na nossa exposição caem no conceito de subsidiariedade (cf., supra, as relações que medeiam entre o furto e o roubo). E justifica-a como a válvula de segu-

---

[46] Blei, *Strafrecht I AT*, 1983, p. 361,

rança de todo o sistema de concurso aparente, atenta a necessidade de atender a casos-limite "que a construção naturalística do concurso só arbitrariamente considera"[47].

Ainda hoje, nas relações entre a violação e a coação sexual (crime fundamental), podem verificar-se casos em que a punição por um dos crimes exclui a punição pelo outro, restando saber qual deles prevalece. Se A decidiu violar B, mantendo com ela relações sexuais de cópula, e tudo faz nesse sentido, empregando inclusivamente a força, sem que, contudo, chegue a haver penetração por circunstâncias alheias à vontade de A, o comportamento proibido preenche ao mesmo tempo o ilícito do artigo 163º, nº 1 (crime de coação sexual consumada) e o dos artigos 22º, nos 1 e 2, 23º, nos 1 e 2, 73º, nº 1, alíneas a) e b), e 164º, nº 1 (tentativa de violação). A aplicação de ambas as normas equivaleria a sancionar duplamente a mesma situação concreta. Qual das duas deverá então ceder, excluindo-se a sua aplicação ao caso? A coação sexual é punida com pena de prisão de 1 a 8 anos; para a tentativa de violação, a lei oferece a moldura penal de prisão de 7 meses e 6 dias a 6 anos e 8 meses. A moldura do crime tentado é inferior à do tipo fundamental que é a coação sexual, de forma que o agente deverá ser punido "pela coação sexual consumada"[48].

Outros casos de concurso aparente:

- O homicídio doloso (artigo 131º) afasta a punição por homicídio por negligência (artigo 137º);
- O homicídio doloso (artigo 131º) afasta o crime de exposição ou abandono (artigo 138º);
- O infanticídio (artigo 136º) afasta o crime de exposição ou abandono (artigo 138º);
- A ofensa corporal agravada pelo resultado morte (artigos 18º e 147º) afasta a punição do homicídio por negligência (artigo 137º);
- O homicídio tentado (artigos 22º, nos 1 e 2, 23º, nos 1 e 2, e 131º) afasta a punição das ofensas à integridade física provocadas pelo agente que atua com intenção de matar (artigo 143º);
- A punição do homicídio doloso (artigo 131º) abrange a omissão de auxílio (artigo 200º) imputável a quem atuou com intenção de matar;
- O ilícito do artigo 143º (ofensa à integridade física simples) é tipo de recolha ou de interceção, intervindo em via residual, relativamente aos demais tipos dolosos de ofensa à integridade física (artigos 144º, 146º, 147º);

---

[47] Direito Criminal II, p. 207.
[48] Assim, a opinião do Prof. Figueiredo Dias, *Conimbricense*, PE, tomo I, p. 474.

PROBLEMAS DE CONCURSO

– A punição do agente pelo crime de violação de domicílio qualificado nos termos do artigo 190º, nº 3, consome o crime de dano. Cf. a anotação do Prof. Costa Andrade, *Conimbricense*, I, p. 713, que refere, no mesmo sentido, o acórdão do STJ de 21 de julho de 1987, *BMJ* 369 p. 317.

– É punido unicamente como homicida (artigo 131º) quem, para ocultar o seu crime, oculta o cadáver da sua vítima, não concorrendo no caso a sanção pelo crime de profanação de cadáver do artigo 254º, nº 1, alínea a)[49].

Levando em conta o disposto no artigo 30º e a lição do Prof. Eduardo Correia, entende a jurisprudência que o concurso efetivo de crimes é real quando o agente pratica vários atos que preenchem autonomamente vários crimes ou várias vezes o mesmo crime (pluralidade de ações) e é ideal quando através de uma mesma ação se violam normas penais ou a mesma norma repetidas vezes (unidade de ação). Porque, a par da categoria de concurso efetivo de crimes temos a de concurso aparente – onde as leis penais concorrem só na aparência – excluindo umas as outras, segundo regras de especialidade, subsidiariedade ou consunção, o critério operativo de distinção entre categorias há de reverter ao bem jurídico e à concreta definição que esteja subjacente relativamente a cada tipo de crime.

Caso nº 9 *A* e *B* apresentaram cartões de crédito para a pagamento de despesas realizadas, o que não revela qualquer adjunção de uma atuação espe-cífica no sentido de convencerem outrem da validade e genuinidade de tais cartões, o que é confirmado pela circunstância de as transações e os pagamentos ocorreram geralmente como ocorrem segundo os costumes e as práticas do comércio, confiando quem aceita o cartão para pagamento na integridade e na fiabilidade da garantia associadas ao referido meio de pagamento. Subjacente à aceitação dos cartões como meio de pagamento está, apenas, a confiança que os usos do comércio lhe associam como equivalente, legal e funcional, de moeda, ou seja, a consideração do valor de confiança e integridade no sistema monetário e dos diversos meios de pagamento equiparados, disse ainda o acórdão, concluindo que o critério teleológico aponta no sentido de uma situação de consunção pura.

---

[49] São relativamente frequentes os casos de homicídio acompanhado da ocultação ou destruição do cadáver. No acórdão do STJ de 8 de junho de 1955, *BMJ* 49 p. 208, um tal Rafael dos Anjos Cristão, ao ver passar José Pimentel "Pé de Cão", na suposição de que ele andava a requestar a sua mulher, descarregou-lhe repetidas e violentíssimas pancadas, matando-o, como era sua intenção. O Cristão comunicou depois o facto a um seu cunhado e ambos levaram o cadáver do "Pé de Cão" para o meio de uma seara de centeio, onde o deixaram ficar. Discutiu-se no processo se havia, por banda do cunhado, encobrimento (cf., agora, o artigo 367º) ou ocultação de cadáver.

Nesta base, chegou o acórdão do STJ de 13 de outubro de 2004, no processo nº 04P3210, *relator:* H. Gaspar, à conclusão de não existir concurso real (efetivo), antes concurso aparente, quando da confluência dos espaços de proteção dos crimes de colocação em circulação de moeda falsa (ou atividade equiparada) e de burla. No entender deste acórdão só o concurso aparente, por força da regra da consunção, trata adequadamente a problemática da distinção do bem jurídico protegido, seu sentido e alcance.

IV. Concurso de crimes efetivo ("o número de crimes"; o "número de tipos de crime"; o "número de vezes"): artigos 30º, nº 1, e 77º

Caso nº 10 *A* abordou, diretamente, ou através de colaboradores, os potenciais clientes, sugeriu negócios, convencendo-os de que os mesmos se teriam de fechar muito rapidamente, no máximo em dois ou três dias, preferindo entregas em numerário, fazendo crer que propiciava bons investimentos, oferecendo preços convidativos e projetando a possibilidade de lucros significativos. Perante cada novo cliente, a *A* tinha de fazê-lo acreditar nas suas explicações, na sua condição de proprietária de uma imobiliária e de solicitadora de execução, onde estavam penhorados os bens oferecidos a negócio. Se cada vez que atuava a *A* tinha de fazer crer que os bens oferecidos a negócio estavam penhorados e que poderiam ser adquiridos antes da venda judicial, pagando o interlocutor apenas o valor da dívida exequenda; tinha de convencer de que tinha bons contactos nos tribunais, junto de bancos e empresas de leasing e que, graças a esses privilegiados contactos, conseguia transacionar os bens a valor inferior ao do mercado.

Concluiu o acórdão do STJ de 22 de junho de 2011, processo nº 3776/05.5, *relator:* Conselheiro Raul Borges, que assim, a cada nova oportunidade de encaixe financeiro, a *A* renovava a resolução criminosa, de modo a arrecadar as várias quantias monetárias, *sem qualquer elemento exógeno ou exterior que facilitasse a repetição da atividade criminosa*, isto é, que diminuísse ou mitigasse a sua culpa. Pelo contrário, foi a própria a contribuir para a repetição de situações novas, que foram por si desejadas, procuradas e queridas. Ficou demonstrada a existência de um concurso efetivo de crimes de burla qualificada.

Os crimes em concurso são na verdade recondutíveis a uma pluralidade de sentidos sociais autónomos dos ilícitos-típicos cometidos e, deste ponto de vista, a uma pluralidade de fatos puníveis. É o chamado concurso efetivo, próprio ou

PROBLEMAS DE CONCURSO

puro. Isto porque o que tem de contar – como entende o Prof. Figueiredo Dias na interpretação do artigo 30º – para determinação da unidade ou pluralidade de crimes "**são sentidos da vida jurídico-penalmente relevantes que vivem no comportamento global**": a ação, na sua globalidade, há de revelar uma pluralidade de sentidos de ilícito autónomo tendentes à aplicação concreta de uma pluralidade de normas penais. Deste modo, "é a unidade ou pluralidade de sentidos de ilicitude típica, existente no comportamento global do agente submetido à cognição do tribunal, que decide em definitivo da unidade ou pluralidade de factos puníveis e, nesta aceção, de crimes".

Este tipo de considerações tem sobre a característica da "resolução" (no caso afirma-se que a cada nova oportunidade a *A renovava* a sua resolução criminosa) a vantagem de apontar para a unidade de sentido de ilícito revelada pelo comportamento. A "pluralidade de resoluções autonómas", conceito herdado pela jurisprudência da doutrina desenvolvida pelo Prof. Eduardo Correia em conexão, nomeadamente, com a pluralidade de juízos de censura é, afinal, compatível com a unidade, estejam em causa bens jurídicos eminentemente pessoais ou não. Aliás, através de uma única resolução poderá haver concurso efetivo de crimes. São os limites do próprio conceito, tanto no domínio dos bens jurídico pessoais como em outras situações. Exemplifica o Prof. Figueiredo Dias: se **através de uma única resolução** *A* ofende corporalmente o casal *B* e *C*, que passeia de braço dado no parque, há concurso efetivo de crimes porque o tipo de ofensa à integridade física foi violado duas vezes; mas também isso acontecerá se *A* furta a carteira de *B* e a bolsa de *C*. As fragilidades do conceito, tomado isoladamente, revelam-se igualmente com o caso de *A* que pratica atos sexuais de relevo para tanto coagindo *B* (artigo 163º), por ex., acariciando-lhe a zona vulvar (sem penetração de alguma espécie) e que, no mesmo contexto situacional, toma a resolução de alargar as "carícias" a outras zonas do corpo da vítima: *A* "não deve ser punido por *vários* crimes de coação sexual"[50].

Como já se terá compreendido, as coisas serão mais claras quando deparamos com tipos que visam proteger bens de caráter eminentemente pessoal.

Caso nº 11 *J* saiu de casa, dizendo que ia trabalhar, mas munido da espingarda de caça, devidamente municiada. Com intenção de assaltar alguém, a fim de obter dinheiro, dirigiu-se para uma mata, perto da localidade onde habitava. Cerca de meia hora mais tarde viu passar *E*, rapariga que conhecia, mas deixou-a seguir, por acreditar que ela voltaria a passar por ali mais tarde, de regresso a casa, altura em que certamente

---

[50] Figueiredo Dias, *DP/PG* I, 2ª ed., 2007, p. 1008, e João da Costa Andrade, *Da unidade e pluralidade de crimes*, p. 226.

traria dinheiro de vendas que ia realizar. Cerca de 3 horas mais tarde, *J* apercebeu-se da chegada de *E* ao local, e intercetou-a. Acercando--se dela, apontou-lhe a espingarda e disse-lhe para lhe dar a carteira. *E*, incrédula, procurou minimizar a ameaça da arma, retorquiu-lhe que ele estava a brincar e que inclusive tinha vindo da feira com o pai dele. Porém, *J* persistiu na ameaça, com a arma, dizendo-lhe que lhe desse a carteira, pois estava a falar a sério. *E* ficou assustada e começou a gritar, enquanto *J* se aproximava dela, até cerca de um metro. Nesse momento disparou a arma, atingindo *E* na cabeça, derrubando-a instantaneamente. De seguida, *J*, julgando-a morta, até porque se notava já perda de massa encefálica, arrastou a vítima, pegando-lhe pelos braços, e deslocou-a para fora da estrada, até bem dentro da mata. Aí, tirou-lhe a carteira, que somente tinha uma pequena quantia em dinheiro, que guardou para si, um fio de ouro e um relógio de pulso. Da mesma forma, saiu de casa dois dias depois, com a arma, com intenção de assaltar alguém para obter dinheiro. Aproximou-se do automóvel onde estava *F* e, quando este o avistou, logo disparou. Estando o *F* ferido, ordenou-lhe que lançasse para o chão o dinheiro que trazia, para se apoderar dele. Mais tarde voltou a disparar, por se convencer que viria a ser descoberto quando a vítima fosse receber tratamento. Acórdão do STJ de 29 de maio de 1991, *BMJ* 407, p. 205.

J cometeu por duas vezes o crime de roubo do artigo 210º. Para se apropriar do dinheiro, como pretendia, utilizou violência, ameaçando com o emprego da arma de fogo que levava consigo para o efeito, o que aponta para a agravação do nº 2, alínea *b*). Mas a punição do roubo não consome o homicídio: o artigo 210º, nº 1, basta-se com a simples violência. Repare-se que se qualquer dos agentes produzir perigo para a vida da vítima ou lhe infligir, pelo menos por negligência, ofensa à integridade física grave, a pena é substancialmente agravada nos termos do respetivo nº 2, alínea *a*). Por outro lado, no nº 3 prevê-se a morte de "outra pessoa" (e o crime pune-se então na moldura penal do homicídio: artigo 131º), mas nem neste número nem no anterior se prevê a morte da vítima do roubo. Ao provocar a morte daquelas duas pessoas com dolo homicida, *J* cometeu, com o emprego de arma de fogo, dois crimes de homicídio qualificado: é patente a especial perversidade e censurabilidade, reveladas pela forma como ambos os crimes foram preparados e executados, com avidez, e para preparar, facilitar e executar o roubo (alíneas *c*) e *e*) do nº 2 do artigo 132º).

No acórdão acentuou-se que o roubo é um crime complexo, na medida em que o seu autor viola não só um bem jurídico de caráter patrimonial, mas também

PROBLEMAS DE CONCURSO

um bem jurídico eminentemente pessoal. Por isso se entendeu que, cometido tal crime por um determinado agente relativamente a várias pessoas, são-lhe imputáveis tantos crimes dessa espécie quantas as pessoas ofendidas. No crime de roubo, o elemento pessoal assume um relevo particular, na medida em que ficam postas em causa a liberdade, a integridade física e até a vida do visado. Os requisitos do crime continuado encontram-se completamente fora de propósito. Os bens jurídicos atingidos comportam uma natureza eminentemente pessoal e foram diversas as pessoas atingidas.

Diremos, ademais, que a **pluralidade das vítimas** de roubo e de homicídio "deve considerar-se sinal seguro da pluralidade de sentidos do ilícito e conduzir à existência de um concurso efetivo". Se isso mesmo é indiscutível no que toca aos dois homicídios, pode igualmente abranger, sem esforço, os dois crimes de roubo realizados que, embora encaixados, sistematicamente, nos crimes patrimoniais, se trata de tipos indiscutivelmente "complexos", "em que um dos bens jurídicos que se tutela assume natureza eminentemente pessoal"[51].

Caso nº 12 Conduta negligente com pluralidade de eventos. *A* seguia conduzindo um veículo automóvel. Ao aproximar-se de um entroncamento com sinalização luminosa, ultrapassou o sinal luminoso vermelho, mantendo a velocidade de que vinha animado, excessiva para as condições da via, e foi embater noutro carro que iniciou a marcha na estrada que ali entronca ao surgir-lhe o sinal verde de poder avançar. Do embate resultou a morte dos dois ocupantes do segundo carro. *A* representou a probabilidade de um acidente mas não com as consequências apontadas (morte de duas pessoas), tendo agido sem o cuidado que estava obrigado e de que era capaz.

Pergunta-se se, neste contexto em que o dolo não entra, à pluralidade de vítimas (duas) deverá, ou não, corresponder a pluralidade de tipos negligentes violados.

O problema da unidade ou pluralidade de infrações negligentes tem uma "cor própria" (Eduardo Correia), sabido que a construção dos crimes dolosos e dos crimes negligentes desafia a unidade de critérios.

a) O Supremo Tribunal de Justiça, sobre a questão de saber se existe um ou vários crimes quando da conduta negligente resultem várias mortes ou consequências para a integridade física de outras pessoas, respondia, tradicionalmente, com o critério da unidade. Como fundamento, adiantava-se que quando o agente

---

[51] Figueiredo Dias, *DP/PG* 1, 2ª ed., 2007, p. 1008, mas também, com muito interesse, João da Costa Andrade, *Da unidade e pluralidade de crimes*, p. 226 e ss.

771

não prevê os resultados típicos só será possível formular um juízo de censura por cada conduta negligente: apesar da pluralidade de eventos, não há lugar a um desdobramento em infrações plurais.

Por força da intervenção doutrinária,[52] passou por vezes a entender-se que a unidade comportamental nos crimes negligentes não exclui a possibilidade de uma pluralidade dos juízos de culpa, quando mais de um evento tenha sido causado e sempre que os resultados da ação pudessem ser imputados ao agente, por poderem ter figurado no seu âmbito de previsão. Deste modo, se porventura vários bens jurídicos como a vida de A, B e C tiverem sido sacrificados, a pluralidade de vítimas determina a pluralidade de tipos incriminadores preenchidos.

Paradigma desse entendimento será o processo da hemodiálise de Évora[53] com oito mortes verificadas por negligência inconsciente. Segundo o acórdão do STJ de 7 de outubro de 1998, *CJ* 1998, tomo III, p. 183, sendo oito as mortes verificadas (por negligência), está-se perante um concurso de crimes, já que por oito vezes se encontra violado o mesmo dispositivo legal: artigo 137º, n.º 1, do CP. Tendo as oito mortes resultado como consequência necessária, direta e única da conduta negligente – omissão dos deveres de fiscalização da qualidade da água tratada para diálise – do arguido, que se prolongou de meados de 1992 a 22 de março de 1993, verifica-se uma situação de concurso ideal.

Optando também pelo concurso ideal de crimes, num caso de pluralidade de eventos – morte de uma pessoa e ferimentos noutra – resultantes direta e necessariamente da mesma conduta negligente, cf. o acórdão do STJ de 7 de janeiro de 1959, *BMJ* 83, p. 309, com a curiosidade de se referir a um acidente com um trator numa mina sita em Malém, no "Estado Português da Índia".

Enquadrando-se o anterior caso nº 12 na figura do concurso ideal (artigos 30º, nº 1, e 77º),[54] cumpriria encontrar a pena única/conjunta aplicável, começando por determinar a pena concreta cabida a cada um dos dois crimes cometidos, nos termos do artigo 71º do CP; seguidamente, construir-se-ia a moldura do concurso (artigo 77º. nº 2, do CP) que teria como limite máximo a soma das diversas penas parcelares e como limite mínimo a pena concreta mais grave; finalmente,

---

[52] Sobretudo Pedro Caeiro/Cláudia Santos, *RPCC* 6 (1996).

[53] Cf. o que atrás se disse, no Capítulo que trata da "negligência".

[54] Advirta-se que os casos designados tradicionalmente por de **concurso ideal** podem caber no concurso efetivo (artigo 77º): *A*, com uma só ação mata e lesa a integridade física de duas pessoas. De modo diferente, e sem assento no concurso efetivo, se apesar de a conduta se integrar em diversos tipos, encontrarmos no comportamento global um sentido de ilicitude absolutamente dominante e fundamental, como será o caso do crime instrumental ou do crime meio ou o da conexão espácio temporal das realizações típicas ou os diferentes estádios de evolução ou de intensidade da realização global. Cf. Figueiredo Dias, *DP/PG*, 2ª ed., 2007, p. 1012 e ss.

considerando conjuntamente os factos e a personalidade do agente, encontrar-se-ia a pena única a aplicar.

b) Um ilustre conhecedor do direito penal como é o Conselheiro Henriques Gaspar, relator, por vencimento, do acórdão do STJ de 13 de julho de 2011,[55] tem como certo que "a infração da norma de determinação se analisa diferentemente no caso de negligência" e que nos crimes cometidos por negligência "a pluralidade dos juízos de censura em que se analisa a culpa há de derivar também da pluralidade de resoluções tomadas e executadas que causaram as violações jurídico-criminais. Mesmo na negligência por violação do dever de cuidado a que o agente, 'segundo as circunstâncias e os seus conhecimentos pessoais e capacidade era obrigado', a norma deixou de ter a força determinadora que queria alcançar, e tantas vezes quantas as resoluções tomadas ou que poderia esperar que o agente tomasse; nestas circunstâncias, outros tantos juízos de censura são possíveis, pois às diversas resoluções corresponde uma reiteração da ineficácia da vontade de determinação". Na negligência, a pluralidade de processos resolutivos depende da forma como o acontecimento exterior se desenvolveu, "atendendo fundamentalmente à conexão temporal que liga os vários momentos da conduta do agente, que revele externamente se o agente renovou ou não renovou os respetivos processos de motivação pela norma de determinação". O acórdão remete para a opinião de Faria Costa enquanto salienta que a estrutura normativa complexa do tipo legal nas ações negligentes de resultado danoso "consubstancia duas realidade normativas": a definição das condutas e resultados proibidos de realização não vinculada e a ideia da necessária violação do dever objetivo de cuidado, sendo também certo que nestas ações "o agente em caso algum quer o facto e como viola o dever de cuidado "não pode controlar, em termos de cognoscibilidade, os resultados, porque, precisamente, desde logo, não os quis".

Nesta suposição, o acidente de que resultaram duas vítimas explica-se pela violação de um dever de cuidado, objeto de um juízo de censura. O agente não representou sequer a possibilidade da ocorrência da morte de terceiros. O juízo de censura não pode, por isso, ser plural, em relação aos concretos resultados verificados.

c) Diferentemente, entende Figueiredo Dias que "se através de uma mesma ação são mortas várias pessoas estar-se-á perante uma hipótese de concurso efetivo, sob a forma de concurso ideal, com absoluta indiferença por que a negligência tenha sido consciente ou inconsciente. Noutra ocasião escreve[56]: "relativamente

---

[55] Publicado na *Revista de Legislação e de Jurisprudência*, ano 141, setembro/outubro de 2011, p. 25, com uma "Anotação" do Prof. José de Faria Costa.

[56] Veja-se, respetivamente, *Conimbricense* I, em comentário ao artigo 137º; e *DP/PG* I, 2007.

a todos os tipos que protegem bens de caráter eminentemente pessoal, a pluralidade de vítimas – e, consequentemente, a pluralidade de resultados típicos – deve considerar-se sinal seguro da pluralidade de sentidos do ilícito e conduzir à existência de um concurso efetivo". Para aí apontam, em geral, várias razões: *ou* porque o resultado, nos crimes negligentes, não constituiria senão uma condição objetiva de punibilidade, *ou* porque, na impossibilidade de se recorrer aqui à unidade ou pluralidade do processo resolutivo (processo que, nos crimes negligentes, a ter existido, não pode relacionar-se tipicamente com o resultado), o agente seria, nestes casos, passível de um único juízo de culpa; *ou* – e essencialmente – porque à unidade de ação corresponderia a unidade da violação do dever objetivo de cuidado. Mas acautela: "quanto a estes argumentos, já o nosso tratamento da negligência revela as razões de discordância. Nomeadamente, quanto ao último, parece esquecer que o dever objetivo de cuidado de que na negligência se trata não é um dever geral, mas o dever tipicamente referido a um certo evento". "Esta circunstância deve conduzir à conclusão de que também em casos como os de que agora curamos são individualizáveis tantos sentidos de ilícito quantas as vítimas da lesão do dever objetivo de cuidado tipicamente corporizado em cada um dos resultados ou evento típicos, verificando-se por consequência, em princípio, um concurso efetivo".

d) Confessamos que se nos torna difícil aceitar alguns dos pressupostos em que assenta a tese do ilustre relator do acórdão do STJ de 13 de julho de 2011. Oportunamente (Capítulo 4), tomámos posição quanto à distinção entre normas de determinação e normas de valoração. Certo que com elas ainda podemos compreender o que se encontra (negativamente) valorado na conduta que descrevem, dando ao juiz os elementos para uma apreciação em conformidade. Simultaneamente, continuam no seu papel de determinação, na medida em que apelam (convidam) ao afastamento do que têm por ilícito. Mas praticamente só isso. Por outra parte, no Capítulo 6, comentando a ideia de que quem se decide contra os bens jurídicos mostra uma maior maldade ou insensibilidade e por esse motivo deve ser mais gravemente castigado do que o autor negligente, concluímos que os autores que entendem que o dolo e a negligência não formam parte do ilícito, mas só da culpa, são os que acentuam que o crime doloso é mais grave do que o simplesmente negligente. Não tem sido essa a nossa posição de princípio. Certo que também não olhamos para o evento nos crimes negligentes de resultado como condição objetiva de punibilidade. Estamos com a corrente que entende que se o condutor provoca um acidente na estrada com duas vítimas mortais, como no caso que temos em vista, comete dois crimes de homicídio negligente, quer tenha atuado conscientemente ou de modo inconsciente. Enquadrando-se a morte de várias pessoas através da mesma ação, a questão remete para o concurso efetivo, "com absoluta indiferença por que a negligência tenha sido consciente ou

PROBLEMAS DE CONCURSO

inconsciente"[57]. O *A* do nosso exemplo não podia deixar de estar advertido para a circunstância de que conduzir "a queimar vermelhos" pode levar à violação de bens jurídicos de terceiros indeterminados, incluindo de caráter eminentemente pessoal. No caso prático, começaríamos por determinar a pena concreta cabida a cada um dos dois crimes cometidos, nos termos do artigo 71º do CP; seguidamente, construir-se-ia a moldura do concurso (artigo 77º. nº 2, do CP) que teria como limite máximo a soma das diversas penas parcelares e como limite mínimo a pena concreta mais grave; finalmente, considerando conjuntamente os factos e a personalidade do agente, encontrar-se-ia a pena única (pena conjunta) a aplicar.

Caso nº 13   Concurso efetivo ideal homogéneo: *A* faz deflagrar uma bomba que vai matar os dois inimigos que *A* quer ver mortos com a explosão do engenho.

Não sendo caso de concurso aparente, à situação concreta aplicam-se as duas normas (a morte de uma pessoa: artigo 131º; a morte da segunda pessoa: artigo131º), por ambas se encontrarem em relação de concurso efetivo (verdadeiro ou genuíno, como também se lhe chama), na forma de concurso ideal, homogéneo.

Caso nº 14   Concurso efetivo ideal heterogéneo: *A* lança as pedras contra o autocarro que passa na autoestrada sabendo que vai produzir estragos na viatura e ferimentos no motorista, como vem a acontecer, e querendo isso mesmo.

Só há concurso de crimes quando ele for efetivo (veja-se no artigo 30º, nº 1, o advérbio "efetivamente"). Cairemos nesta hipótese – de concurso ideal efetivo, em que de um mesmo agente, cuja conduta se analisa numa unidade de facto, se pode dizer que cometeu vários crimes – sempre que os interesses jurídicos protegidos pelas diferentes normas "sejam de tal modo distintos entre si que a aplicação de uma dessas normas não conseguiria garantir a totalidade da censura objetiva que a esse facto deve ser dirigida pela ordem jurídica" (Pedrosa Machado).

Caso nº 15   *A*, voluntariamente, mata *B* de manhã e à tarde atinge *C* a tiro, sem lhe provocar a morte.

No caso imediatamente anterior, o agente será punido em concurso efetivo pelos dois crimes realizados, na forma de concurso real. Pode suceder que os crimes cometidos sejam iguais entre si (por ex., dois roubos), ou diferentes (por

---

[57] Figueiredo Dias, *Conimbricense* I, p. 114.

O RISCO DE COMER UMA SOPA E OUTROS CASOS DE DIREITO PENAL

ex., um roubo e uma violação). No primeiro caso haverá concurso real homogéneo, no segundo o concurso real será heterogéneo. Mas é outra vez o concurso efetivo, porque o mesmo agente cometeu vários crimes e vai ser punido por esses crimes.

Um outro aspeto relevante suscita-se na convergência entre os crimes de condução perigosa e os crimes de homicídio e de ofensas negligentes. Rezam os conjugados artigos 285º e 286º que aos casos previstos nos artigo 287º a 291º resultar morte ou ofensa à integridade física grave de outra pessoa, o agente é punido de forma agravada.

Geram-se aqui duas posições, de que João Palma Ramos[58] se faz eco: no acórdão do STJ de 22 de novembro de 2007 defende-se a existência da relação de consunção no tocante aos artigos 137º, nº 2, e 291º, considerando que este tem um campo de aplicação mais abrangente. Mas não se descarta outra solução, em casos concretos que podem corresponder aos de negligência "grosseira".

Outros exemplos de concurso efetivo têm o seu espaço de apreciação na PE. Ainda assim, sempre poderemos exemplificar com mais os seguintes: Haverá concurso efetivo entre:

i) o homicídio negligente (artigo 137º) e a omissão de auxílio (artigo 200º);

ii) quando a duração da privação de movimentos (artigo 158º: sequestro) ultrapassar o objetivo da subtração com violência sobre a pessoa (artigo 210º: roubo);

iii) comete um crime de rapto o arguido que, sem conhecer a ofendida, de 11 anos, a leva no seu automóvel, com a promessa de a levar ao local que ela desejava, e, no percurso para uma praia, não obstante os protestos e choros da ofendida, a retém dentro do veículo durante hora e meia, e, para satisfazer as suas paixões lascivas (...), acórdão do STJ de 30 de abril de 1997, *CJ*, 1997, p. 189; cf., porém, o acórdão do STJ de 25 de março de 2010, que se pronunciou pelo concurso de crimes;

iv) o artigo 143º (ofensa à integridade física simples) é norma subsidiária relativamente à norma do artigo 164º (violação) mas apenas na medida em que o uso da violência física não seja desproporcionado ao objetivo da violação. Se a valoração da ofensa corporal como meio utilizado de execução do crime de violação esgotar a sua apreciação jurídica, haverá somente o crime de violação, acórdão do STJ de 8 de maio de 1997, *BMJ* 467 p. 275. Se ultrapassar a medida já considerada na punição da violação, haverá concurso efetivo entre os dois crimes;

v) a *ratio* do art. 200º é a preservação dos bens jurídicos vida, integridade física e liberdade substanciais, mediante a imposição da prática da ação adequada

---

[58] João Palma Ramos, "Crimes rodoviários: especificidades da negligência", *Revista do CEJ*, nº 11, p. 92.

PROBLEMAS DE CONCURSO

a neutralizar a respetiva situação de perigo. Daqui impor-se a conclusão de que haverá um concurso efetivo de crimes de omissão de auxílio, quando estiverem várias pessoas em situação de perigo para um dos bens jurídicos tutelados pelo art. 200º[59];

vi) no crime preterintencional do artº 147º, nº 1, do Código Penal, o crime base, só por si já punível, é doloso, e o resultado é imputado a título de negligência, do que resulta uma punição substancialmente mais grave, em atenção à especial perigosidade inerente à ação praticada que conduziu àquele resultado. Esta punição mais grave não obsta, porém, a que o agente do respetivo crime cometa também em concurso real o crime de omissão do dever de auxílio (acórdão do STJ de 7 de março de 1990);

vii) artigo 299º (associação criminosa): em princípio, representará plurali-dade de infrações (concurso efetivo) a concorrência entre o crime *de* organização (de associação criminosa) e os crimes *da* organização (Prof. Figueiredo Dias, As "Associações criminosas" no Código Penal Português de 1982 (arts. 287º e 288º), p. 73). Não viola o princípio *ne bis in idem*, constante do nº 5 do artigo 29º da Constituição, a interpretação das normas dos artigos 21º, 24º e 28º do DL nº 15/93, de 22 de janeiro, em termos de concluir que os crimes de tráfico ilícito de estupefacientes e de associação criminosa se encontram numa relação de concurso real, por serem diferentes os bens jurídicos tutelados por cada um desses normativos (acórdão do TC nº 102/99;

viii) os crimes de peculato e de falsificação de documento encontram-se numa relação de concurso real, acórdão do STJ de 18 de janeiro de 2001, *CJ* 2001, tomo I, p. 218;

ix) o bem jurídico protegido com a punição do crime de condução perigosa de veículo rodoviário do artigo 291º do CP é a segurança do tráfico rodoviário; verifica-se concurso real dos crimes de condução perigosa de veículo rodoviário e de homicídio por negligência, quando o arguido conduz com violação grosseira das regras de circulação automóvel, resultando um perigo para a vida de outrem e, com essa conduta, provoca a morte de outra pessoa, acórdão do STJ de 18 de outubro de 2000, *CJ* 2000, tomo III, p. 207;

---

[59] Assim, Prof. Taipa de Carvalho, *Conimbricense*, I, p. 862. Cf., também, por ex., Molina Fernández, in Bajo Fernández e outros, *Compendio de Derecho Penal* (Parte Especial), vol. II, p. 176: "sendo várias as pessoas deixadas ao desamparo estaremos perante um concurso de crimes, o qual será ideal se o socorro contemplar uma única atuação do omitente e real se cada pessoa requer uma atuação própria. Do mesmo modo, parte da jurisprudência entende que se verificam dois crimes, em concurso real, quando o arguido abandona criminosamente duas pessoas sinistradas, uma vez que a vida humana e a integridade física das pessoas aí protegidas são bens eminentemente pessoais (acórdão do STJ de 28 de abril de 1994, cit. por Simas Santos – Leal Henriques, Jurisprudência Penal, p. 113). Mas a justificação está longe de poder convencer.

x) ainda que consumados através da mesma ação, existe uma situação de concurso real entre os crimes de passagem de moeda falsa e de burla, acórdão do STJ de 14 de março de 2002, CJ 2002, tomo I, p. 229;

xi) o autor de um crime de tráfico de estupefacientes pode cometer, em concurso efetivo com esse crime base também um crime de branqueamento de capitais, obtidos em consequência daquela atividade, acórdão do STJ de 29 de junho de 2002, *CJ* 2002, tomo II, p. 225.

xii) os crimes de difamação agravada e de denúncia caluniosa não se encontram entre si numa relação de especialidade, mas de concurso efetivo;

xiii) o artigo 138º, nº 3, alínea *b*), contempla o resultado morte (na forma negligente) resultante da exposição ou do abandono a que a vítima é dolosamente sujeita. Quem, voluntariamente, *mas sem dolo homicida*, se conduzir de acordo com o disposto no artigo 138º, nº 1, e por negligência produzir a *morte* (ou uma *lesão da integridade física grave*) da vítima comete um crime punido com as molduras resultantes da agravação das indicadas alíneas *a*) e *b*) do nº 3. Verificado um destes resultados, mas em consequência de uma outra fonte de perigos, "o princípio será o de afirmar um concurso entre este crime e o crime negligente produzido",[60] o mesmo é dizer que o elemento mais grave se consuma como crime autónomo na ausência de um nexo causal;

xiv) entre o crime de homicídio e aquele que se tem em vista preparar, facilitar, executar ou encobrir, poderão interceder problemas de concurso: – se este outro crime for praticado quando o ladrão mata tendo em vista a subtração de dinheiro na posse da vítima (*avidez*), deverá ser punido com a pena do homicídio qualificado, que engloba o desvalor do roubo igualmente consumado; – se o agente que praticou um roubo espontaneamente mata a vítima do roubo para o encobrir, o caso limita-se ao homicídio qualificado, que consome aquele; – se o homicídio for duma testemunha incómoda (outra pessoa), haverá roubo e homicídio, em concurso;

xv) no caso específico do concurso entre o crime de incêndio (artigo 272º) e o de dano (artigo 212º) – embora já se tenha defendido a tese da unidade criminosa (consunção impura) com o pretexto de que ambos (incêndio e dano) visam a proteção do mesmo interesse jurídico, pelo que aquele, mais fortemente sancionador, exclui este, segundo a regra da consunção – também por vezes se parte da natureza de crime de perigo concreto para vários bens jurídicos do crime de incêndio para se concluir pelo concurso efetivo, *se os bens danificados não foram os únicos bens postos em perigo*[61];

---

[60] J. M. Damião da Cunha, *Conimbricense* I, p. 124.
[61] Cf. o acórdão do STJ de 19 de maio de 1993, *BMJ* 427, p. 256, e na mesma linha de orientação, o acórdão da Relação do Porto de 7 de março de 1984, *CJ* p. 247: verifica-se um concurso de infrações quando, com

xvi) no assalto a um banco, não se pode considerar terem sido cometidos tantos crimes de roubo quantas as pessoas ameaçadas ou constrangidas. Se quem foi desapossado do dinheiro foi o banco e não cada um dos empregados ameaçados, o crime de roubo será um só, sob pena de duplicação da punibilidade, tendo em conta o aspeto patrimonial do roubo. Conclusão donde derivará, quanto a nós, uma outra: a de que a importância do elemento pessoal no tipo legal do roubo é suscetível de implicar a autonomização de um dos crimes (crime-*meio*) contra a liberdade pessoal, entrando a concorrer efetivamente com o crime de roubo. Sendo esta a solução quanto ao objeto "dinheiro", sempre ficará para apurar, pelo menos em relação a um dos "caixas" visados, se o comportamento de assaltante preenche ainda o tipo de ilícito da coação (artigo 154º);

xvii) quando acompanhada da intenção de apropriação, a subtração do cartão multibanco (um *cartão de débito*, diferente do cartão de garantia ou de crédito previsto no artigo 225º) – que vai servir para retirar dinheiro do caixa, usando o ladrão o código secreto –, pode ser tratada como um *ato anterior copunido*, de forma idêntica à subtração da chave de uma viatura de que alguém se pretende apropriar ilegitimamente. O que então relevará é que o *A*, de posse do cartão, limitou-se, primeiro, a usá-lo para levantamento numa máquina ATM, depois, para pagar aos comerciantes, uma vez que o cartão multibanco é um autêntico instrumento para pagamento imediato. O acórdão da Relação de Coimbra de 15 de maio de 2002 considerou que se não tratava de burla comum, do artigo 217º, justificando porquê, mas de *burla informática*, por ter o agente *interferido no resultado de tratamento de dados, intervindo, sem autorização, nesse processamento* (artigo 221º, nº 1);

xviii) pode-se entender que haverá concurso efetivo quando se podia roubar sem tanta violência (por ex., o acórdão do STJ de 2 de outubro de 2003, *RPCC* 15 (2005)). Na "anotação" (Cristina Líbano Monteiro)[62] a este acórdão coloca-se o *problema* nos seguintes moldes: "em que momento se ultrapassa a fronteira do crime complexo de roubo e se torna necessário convocar outro tipo legal para acautelar um bem jurídico que a norma incriminadora do roubo também protege?". "Não será suficiente a moldura penal do roubo para nela encontrar a medida da pena adequada a este tipo de comportamento? Precisamente por ela própria ser já, de algum modo, uma moldura de concurso, a penalidade do roubo oferece uma **amplitude** bastante para distinguir não só entre bens jurídicos atingidos (penso agora sobretudo nos pessoais, que podem variar), como também entre lesões mais e menos profundas ou extensas de cada um deles. (Para

---

a sua conduta, o agente viola o disposto no artigo 253º – crime de incêndio – e 308º – crime de dano – do CP 82. Veja-se também o acórdão da Relação de Lisboa de 27 de março de 1996, *CJ* 1996, p. 149, acerca das relações entre o dano e o lançamento de projétil contra veículo (artigo 293º).

[62] Cf. também Helena Moniz, *Agravação pelo resultado?*, p. 428.

além de permitir ainda avaliar a gravidade da 'parte' patrimonial do delito)". De qualquer forma, para além dos "casos normais", não se põe de parte a possibilidade de encontrar casos de concurso efetivo entre roubo e sequestro: "Além das hipóteses de claro desfasamento contextual e daquelas em que há vítimas diferentes", outras porventura existirão (roubo praticado durante um sequestro prolongado e já em curso...);

xix) no Código, boa parte dos crimes de perigo comum [e dos crimes contra a segurança das comunicações] incluem a criação de um perigo entre os seus elementos típicos, pressupondo o perigo para uma pessoa, enquanto "representante da comunidade", "o que significa que, independentemente do número de vítimas, existe apenas *um crime* (que preclude toda a consideração do "real" número de vítimas). "Haverá um só crime do artigo 291º, nº 1, se o desvalor do evento próprio do crime de condução perigosa como resultado de perigo se mostrar individualizado numa vítima, ou mesmo num conjunto delas, **ou num bem**"[63].

V. Regras da punição: artigos 77º, nᵒˢ 1 e 2, e 78º; artigo 79º

A sentença condenatória indica a pena correspondente a cada crime. A pena do concurso é uma pena única (pena "conjunta"), a que o juiz chega pela consideração da "moldura penal do concurso" que tem como limite máximo a soma das penas concretamente aplicadas aos vários crimes (não podendo ultrapassar 25 anos tratando-se de pena de prisão e 900 dias tratando-se de pena de multa) e como limite mínimo a mais elevada das penas concretamente aplicadas aos vários crimes". Na determinação concreta da pena correspondente ao concurso de infrações são considerados em conjunto os factos e a personalidade do agente. A determinação da pena do concurso, segundo o que se dispõe nos artigos 77º e 78º do Código Penal, comporta duas fases distintas, servidas por critérios diferentes. Na primeira, o tribunal determina cada uma das penas parcelares concretamente correspondentes a cada crime, utilizando relativamente a cada um deles os critérios estabelecidos no artigo 71º do Código Penal. Na segunda fase cabe então fixar a pena única (pena conjunta), na medida da qual a lei estabelece que se considerem, em conjunto, os factos e a personalidade do agente – artigo 77º, n.º 1, *cit.* – tendo igualmente em conta as exigências gerais da culpa e da prevenção – artigo 71º, n.º 1, do mesmo Código – bem como os fatores mencionados no nº 2 do mesmo artigo, referidos agora à globalidade dos crimes.

---

[63] Assim, José Damião da Cunha, *O Caso Julgado Parcial*, p. 481, onde se nota que a dimensão "processual" da configuração destes tipos legais que "contêm elementos "exoneradores" do âmbito de relevância da prova no que toca a "resultados" – e no que toca à imputação de todo um conjunto de resultados".

PROBLEMAS DE CONCURSO

Para a punição do crime continuado vale o disposto no artigo 79º, assente, sempre, na conduta mais grave que integra a continuação, estando agora a porta aberta, através do nº 2, à recomposição da pena entretanto aplicada em julgamento se entretanto for conhecida uma conduta mais grave do que a primeira utilizada, desde que integre a continuação. E isso mesmo que o tribunal tenha que superar o caso julgado formado na primeira (e que pode não ser a definitiva) fase do julgamento. É como que uma contrapartida dos benefícios aportados ao arguido pelo sistema da continuação criminosa.

VI. O conhecimento superveniente do concurso: artigos 77º e 78º

Frequentemente, os não iniciados sentem dificuldades na aplicação dos artigos 77º e 78º (conhecimento superveniente do concurso).

1. Concurso de penas

Os casos de **concurso de penas** aparecem quase exclusivamente ligados à pequena e média criminalidade, configurando-se numa série de delitos que se estendem por curtos períodos de tempo. Como os processos são demorados, pode acontecer que o Ministério Público acabe por dirigir uma única acusação contra o mesmo sujeito pelos factos que integram essa série de crimes – o juiz irá depois apreciá-los na sentença e, sendo caso disso, aplicará uma pena a cada crime; por fim, a sentença encontrará a pena única, em obediência às regras do concurso. O mesmo pode vir a dar-se por força das regras da conexão (artigos 24º e ss. do CPP): juntam-se os diversos processos contra o mesmo sujeito, cada um com a sua acusação, e todos são julgados como se fosse um único processo. Num caso como no outro só terá havido um julgamento. Por exemplo: *A* cometeu sucessivamente o crime 1, o crime 2, e o crime 3. Organizaram-se outros tantos inquéritos, mas por aplicação das regras da conexão acaba por haver um só julgamento. A sentença condena *A* pelo crime 1, pelo crime 2 e pelo crime 3, vamos supor, respetivamente, nas penas de 7 meses de prisão, 9 meses de prisão e 12 meses de prisão (artigo 71º). Na sentença será fixada a pena única (nº 1 do artigo 77º) dentro da moldura penal do concurso, que terá como limite máximo a soma das indicadas penas concretas (7+9+12=28 meses de prisão), e como limite mínimo a mais elevada das penas concretas, 12 meses de prisão (nº 2 do artigo 77º). A pena única poderá fixar-se em um ano e sete meses de prisão, considerando-se nesta, em conjunto, os factos e a personalidade do agente (nº 1 do artigo 77º). Neste exemplo, o agente praticou mais do que um crime antes de transitar em julgado a condenação por qualquer deles.

O RISCO DE COMER UMA SOPA E OUTROS CASOS DE DIREITO PENAL

Pode no entanto acontecer que estando o arguido condenado definitivamente por um (ou mais) crimes – sem que a pena esteja totalmente expiada – se descubram infrações anteriores que formam uma acumulação com a já julgada. Pode até acontecer que o arguido foi julgado e definitivamente condenado por todos os seus crimes e que não se lhe fixou uma pena única, sendo caso de concurso. Intervém então o artigo 78º, nos 1 e 2.

2. Concurso, sucessão de penas, reincidência

O que se disse não deixa ver claramente onde estão as situações de acumulação de infrações. Se *A* praticou sucessivamente o crime 1 e o crime 2 e em seguida é condenado pelo crime 1 e depois pelo crime 2, há manifestamente concurso e o juiz do segundo julgamento deve aplicar a *A* uma pena única que engloba as duas penas parcelares. Mas se *A* pratica o crime 1 pelo qual é definitivamente condenado, e só depois (estando definitivamente condenado) comete o crime 2, não há concurso de penas: o segundo crime não foi praticado antes da primeira condenação (nº 1 do artigo 78º) [64].

Como regra prática, convém alinhar por ordem cronológica os crimes (cr.) e as condenações definitivas, transitadas em julgado (cond.). Assim,

i) cr.1, cr. 2, cond. 1, cond. 2;
ii) cr. 1, cond. 1, cr. 2, cond. 2;
iii) cr. 1, cr. 2, cr. 3, cond. 1, cr. 4, cr. 5, cond. 2;
iv) cr. 1, cr, 2, cond. 1, cond. 2, cr. 3, cr. 4, cond. 3, cond. 4.

A hipótese *i*) é de concurso, mas não a hipótese *ii*), que é de sucessão de penas, podendo haver reincidência (artigos 75º e 76º). Na hipótese *iii*) devem ser aplicadas ao arguido duas penas únicas distintas, a primeira engloba as penas parcelares aplicadas aos cr. 1 e cr. 2, a outra engloba as dos cr. 3 e cr. 4. Também na hipótese *iv*) se devem aplicar duas penas únicas distintas, uma relativamente aos cr. 1 e cr. 2, que o arguido cometeu antes do trânsito em julgado da condenação por qualquer deles; outra relativamente aos cr. 3 e cr. 4, que foram cometidos depois do trânsito em julgado da cond. 2. Entre estes dois grupos de crimes interpôs-se a cond. 2, verificando-se assim o desrespeito pela solene advertência nela contida. Por essa razão, e porque o contrário é abertamente rejeitado pelo disposto nos artigos 77º e 78º, é que o Supremo, em variadas ocasiões (por ex., no acórdão de 4 de dezembro de 1997, *CJ*, 1997-III, p. 246), negou o cúmulo jurídico "por *arrastamento*", e portanto a formação de uma pena

---

[64] Estamos, naturalmente, fora de qualquer hipótese de crime continuado.

conjunta dos cr. 1 a 4., devendo antes aplicar-se duas penas únicas (conjuntas), como se disse. No acórdão alude-se, incidentalmente, à sucessão de crimes e à reincidência específica[65].

VII. Indicações de leitura

Código da Estrada, artigo 136º, nº 2 – "As sanções aplicadas às contraordenações em concurso são sempre cumuladas materialmente". O regime do concurso material está igualmente consagrado no artigo 25º do RGIT (Regime geral das infrações tributárias, aprovado pela Lei nº 15/2001, de 5 de junho) para as sanções aplicadas às contraordenações.

Acórdão do TC nº 212/2002: artigo 77º, nº 1, do Código Penal; entendimento quanto a ser o momento decisivo para a aplicabilidade da figura do cúmulo jurídico e da consequente unificação das penas o trânsito em julgado da decisão condenatória – com a consequência de que a prática de novos crimes, posteriormente ao trânsito de uma determinada condenação, dará origem à aplicação de penas autonomizadas.

Anotação ao acórdão do STJ de 17 de setembro de 1997, *BMJ* 469, p. 189 (com numerosas referências sobre a unidade de resolução criminosa e a unidade de infrações).

Acórdão da Relação de Lisboa de 24 de novembro de 1992 *CJ*, 1992, p. 167: concurso aparente de infrações; facto posterior não punível.

Acórdão do STJ de 11 de janeiro de 2012. proc. 5745/08, relator: Conselheiro Armindo Monteiro. Quando uma **pena suspensa** se encontra em cúmulo jurídico, pode essa suspensão não ser mantida, na formação do respetivo cúmulo, sem que isso implique ofensa de caso julgado. No **concurso superveniente de infrações** tudo se passa como se, por pura ficção, o tribunal apreciasse, contemporaneamente com a sentença, todos os crimes praticado pelo arguido, formando um juízo censório único, projetando-o retroactivamente. Cf., ainda,

---

[65] O cúmulo dito "por *arrastamento*" contraria os pressupostos substantivos previstos no artigo 77º, nº 1, do Código Penal de 1995, e artigo 78º, nº 1, do Código Penal de 1982, designadamente por nele se ignorar a relevância de uma condenação transitada em julgado como solene advertência ao arguido, quando, relativamente aos crimes que se pretende abranger nesse cúmulo, uns são anteriores e outros posteriores a essa condenação. 21-05-1998 Processo n.º 1548/97 – 3.ª Secção. Cf. também o acórdão do STJ de 7 de fevereiro de 2002, *CJ* 2002, tomo I, p. 202, igualmente publicado na *RPCC* 13 (2003), com um comentário de Vera Lúcia Raposo. Neste comentário pode ler-se que uma construção popular na jurisprudência insiste em empurrar para o cúmulo jurídico: *a*) as penas dos crimes cometidos posteriormente ao trânsito em julgado de uma condenação ainda não cumprida; *b*) as penas dos crimes que, não obstante constituírem objeto de uma decisão definitiva, são posteriores a outros crimes que ainda o não foram, mas em relação aos quais não se verifica um concurso.

o acórdão do STJ de 29 de março de 2012, Proc. nº 117/08, relator: Conselheiro Santos Carvalho.

Acórdão do STJ de 21 de junho de 2007, proc. nº 1894/07-5. A punição por **reincidência** pressupõe um quadro de facto onde assente claramente um grau culpa agravado, por extensivo à renovação culposa do ato traficante apesar de condenação anterior.

Acórdão do STJ de 14 de fevereiro de 1951, *BMJ* 23 p. 161: elementos históricos do crime continuado – a doutrina, mesmo antes do Decreto nº 20.146, sempre admitiu tal categoria de infrações (crime contínuo ou continuado), sem a restringir ao furto (por exemplo, Navarro de Paiva, *Estudos de Direito Penal*, pág. 59; Caeiro da Mata, *Direito Criminal Português*, vol. 2º, pág. 208; sem qualquer reserva, jà Pereira e Sousa dividia os crimes, quanto ao objeto, em simples e continuados, repetidos e concorrentes (*Classe de Crimes*, ed. de 1803, pág. 8, nota 12).

Acórdão do STJ de 14 de junho de 2006, proc. nº 06P1581. É de acolher a jurisprudência maioritária do Supremo Tribunal, segundo a qual a obrigatoriedade da realização do cúmulo jurídico de penas de prisão, nos termos dos artigos 77.º e 78.º do CP, não exclui a que tenha sido **suspensa na sua execução**, suspensão que pode ou não ser mantida, orientação esta que o TC julgou não ser inconstitucional (acórdão nº 3/06, de 6 de janeiro de 2006 DR II série, de 6 de fevereiro de 2006).

Acórdão do STJ de 19 de abril de 2007, proc. nº 06P4701. Só quando o agente se encontra de novo, e sem que ele o tenha procurado ou provocado, perante uma situação anteriormente aproveitada com sucesso para a prática de um crime, se pode dizer que há uma disposição exterior favorável à repetição criminosa suficientemente intensa para unificar as duas condutas num único crime (continuado). Não existe continuação criminosa se a repetição criminosa não resultou de uma renovação de oportunidades para o arguido, que lhe facilitasse a repetição da conduta anterior, mas sim a procura e a criação de novas situações, planeadas e organizadas, para praticar novas.

Acórdão do STJ de 24 de outubro de 2006, proc. nº 06P2941. Para proceder ao cúmulo jurídico de penas em concurso de infrações quando só algumas beneficiam de **perdão**.

Acórdão do STJ de 26 de outubro de 2011, proc. nº 441/07.8, relator: Pires da Graça. Sendo distintos os bens jurídicos tutelados pelos tipos legais de crime de burla e de falsificação de documento e não se verificando, entre eles, qualquer relação de especialidade, subsidiariedade ou consunção nem se configurando nenhum dos crimes em relação ao outro como facto posterior não punível, deve continuar a concluir-se que a conduta do agente que falsifica um documento e o usa, astuciosamente, para enganar ou induzir em erro o burlado integra (suposta, naturalmente, a verificação de todos os elementos essenciais de cada um dos tipos), efetivamente, em concurso real, um crime de falsificação de documento e um crime de burla.

Acórdão do STJ de 5 de dezembro de 2008, no processo nº 08P2817, "na situação vertente o que existiu efetivamente foi uma ação de violência contra a ofendida, constrangendo-a à entrega de um título e de elementos adjacentes que permitiam o acesso a coisa móvel – dinheiro –, que integra tipicamente um roubo (art. 210.º do CP), mais especificamente do que o constrangimento, por meio de violência, a uma disposição patrimonial (art. 223.º do CP). A posterior utilização do **cartão de débito** por meio do número de código nada acrescenta à resolução que conformou a obtenção dos referidos elementos: constitui apenas o acabamento, em unidade, da mesma ação empreendida, sem autonomia típica ou valorativa. Há que concluir que estão integrados os elementos do crime de roubo, perdendo qualquer autonomia, ou estando mesmo tipicamente excluída, a integração do crime de burla informática".

A. Harald Greib, Verblüffend einfach: Die nachträgliche Bildung der Gesamtstrafe nach §§ 55 StGB, 460 StPO, JuS 1994, p. 690.

Beleza dos Santos, Crime Continuado, Revista de Legislação e de Jurisprudência, ano 75 (1943), p. 337.

Edmund Mezger, Derecho Penal, Parte General, Libro de estudio, 1958.

Eduardo Correia, Direito Criminal, II, p. 208 e ss.

Eduardo Correia, Unidade e Pluralidade de Infrações, 1963.

Faria Costa, Formas do crime, Jornadas de direito criminal, CEJ, p. 177.

Gimbernat Ordeig, La responsabilidad por el resultado, in Delitos cualificados por el resultado y causalidad, 1990, p. 165.

Gomes da Silva, Direito Penal, 2º vol. Teoria da infração criminal. Segundo os apontamentos das Lições, coligidos pelo aluno Vítor Hugo Fortes Rocha, AAFD, Lisboa, 1952.

H.-H. Jescheck, Lehrbuch des Strafrechts, Allg. Teil, 4ª ed., 1988.

Harro Otto, Grundkurs Strafrecht, AT, 1996.

Helena Moniz, Burla e falsificação de documentos: concurso real ou aparente? Assento nº 8/2000 do Supremo Tribunal de Justiça de 4 de maio de 2000. RPCC 10 (2000), p. 457.

Helena Moniz, Violação e coação sexual?. Anotação ao acórdão do STJ de 2 de junho de 2005, RPCC 15 (2005), p. 307.

Joachim Hruschka, Strafrecht nach logisch-analystischer Methode, 2ª ed., 1988, p. 389 e ss.

João da Costa Andrade, Da unidade e pluralidade de crimes, Coimbra. 2009.

Johannes Wessels, Derecho Penal. Parte General. 1980.

O RISCO DE COMER UMA SOPA E OUTROS CASOS DE DIREITO PENAL

Jorge de Figueiredo Dias e Manuel da Costa Andrade, O crime de fraude fiscal no novo direito penal tributário português (Considerações sobre a Factualidade Típica e o Concurso de Infrações), RPCC 6 (1996).

Jorge de Figueiredo Dias, Direito Penal Português, as Consequências Jurídicas do Crime, 1993.

Jorge de Figueiredo Dias, Direito Penal, Parte Geral I, 2007.

José Lobo Moutinho, Da unidade à pluralidade dos crimes no direito penal português, Universidade Católica, Lisboa, 2005.

K. Tiedemann, Die Anfängerübung im Strafrecht, 2ª ed., 1993.

Klaus Geppert, Grundzüge der Konkurrenzlehre (§§ 52 bis 55 StGB), Jura 1982, p. 358 e ss. e 418 e ss.; e Jura 2000, p. 598; e p. 651.

Luís Duarte d'Almeida, O "Concurso de Normas" em Direito Penal, Almedina, 2004.

Maria Fernanda Palma, Problema do concurso de circunstâncias qualificativas do furto, RPCC, 2 (1991).

Maria T. Castiñeira, El delito continuado, Bosh, Barcelona.

Matthias Wolff, Grundfälle zur Gesamtstrafe, JuS 1999, p. 800.

Miguel Pedrosa Machado, Formas do Crime, 1998.

Rodriguez Devesa, Derecho Penal Español, PG, 15ª ed., 1992.

Santiago Mir Puig, Derecho Penal, parte general, 1990.

Teresa Pizarro Beleza, Direito Penal, 2º vol., p. 994.

v. H.-Heinegg, Der Fortsetzungszusammenhang, JA 1993, p. 136.

v. H.-Heinegg, Prüfungstraining Strafrecht, Bd. 1, 1992, p. 413.

20 – ADENDA: MODELOS DE COMPREENSÃO DO FACTO PUNÍVEL

I. Regresso ao sistema analítico

O sistema analítico divide o comportamento criminoso nos seus diversos elementos: a tipicidade, a ilicitude e a culpa, eventualmente, acrescentando elementos adicionais, como a punibilidade. Esta tripartição contribui para se chegar a um melhor processo decisório, sistematizando e racionalizando o caso a resolver. Jescheck chega a afirmar que sem a articulação sistemática do conceito de crime a solução de um caso jurídico permanece "insegura e dependente de considerações emocionais". "As características gerais do conceito do crime, que se resumem na teoria do crime, possibilitam uma jurisprudência racional e uniforme e ajudam, de um modo essencial, a garantir a segurança jurídica"[1].

O elemento mais importante do processo analítico é a separação da ilicitude e da culpa enquanto dois degraus de valoração cuja correta identificação representa, por assim dizer, o ponto de partida da dogmática penal. Se o facto típico (a ação que preenche todos os elementos ou circunstâncias típicas) for também ilícito significa ser contrário à ordem jurídica. Trata-se de uma conduta que contraria o que a ordem jurídica exige a qualquer pessoa.

Como logo se intui, os dois indicados degraus valorativos – ilicitude e culpa – dispõem-se numa relação gradual lógica.

A comprovação da ilicitude é pressuposto da culpa e significa que um facto, quanto à sua conformidade com o direito objetivo, foi objeto de averiguação, sob o ponto de vista da ação como do resultado.

Uma vez que a ilicitude é objeto da censura, não há culpa sem ilicitude – sem que se detete, no caso, um ilícito-típico.

A comprovação da culpa significa poder afirmar-se que um facto pode ser censurado pessoalmente ao agente. O que designamos por "culpa" acrescenta

---

[1] Jescheck, *Lehrbuch des Strafrechts*, Allgemeiner Teil, 4ª ed., 1988, p. 175; também, citado por Claus Roxin, *Politica criminal y sistema del derecho penal*, 2ª ed., 2002, p. 35.

à ilicitude um novo momento, que consuma o crime e o torna punível (ressalvado algum caso de não-punibilidade). A ilicitude é uma relação entre ação e ordem jurídica, que acaba por ligar o primeiro termo ao último. A culpa não se esgota nessa relação, porquanto fundamenta a censura pessoal ao agente por não ter omitido a ação antijurídica, quando o podia ter feito. A conduta do agente não é aquela que o direito lhe exigia, muito embora ele lhe pudesse ter seguido as prescrições por também ter podido responder positivamente ao apelo da norma.

II. Os diversos sistemas em particular

Podemos assentar no caráter indiscutível da tipicidade, da ilicitude e da culpa. Já não assim quanto ao conteúdo de cada um desses elementos.

Essenciais para o **sistema clássico** (v. Liszt, Beling, Radbruch) eram (já o expusemos atrás) o conceito causal (naturalístico) de ação e a efetiva separação entre os elementos externos (objetivos) e internos (subjetivos) do crime.

– Todos os elementos externos do crime eram analisados na tipicidade e na ilicitude;
– Todos os elementos internos eram elementos da culpa.

A consequência redundava em o sistema clássico se servir de um conceito objetivo de tipicidade, à margem de qualquer valoração. Recorria-se a uma ilicitude objetiva e formal. Tudo o que fosse objetivo pertencia à ilicitude, tudo o que revelasse subjetivo integrava-se na culpa. Neste sentido, para a ilicitude de uma ação, só interessava a produção do resultado, a morte de uma pessoa, a destruição de coisa alheia. Enquanto conceito formal, a tipicidade, como primeiro elemento da noção de crime, reduzia-se à pura descrição externa da ação e, eventualmente, do resultado, sem recurso a qualquer valoração.

O sistema clássico caracterizava-se ainda por uma "culpa psicológica", concebida como um simples nexo psíquico entre e facto e o seu autor (a simples relação psíquica do agente com o seu facto), que tanto podia revestir a forma dolosa como a negligente – dolo e negligência constituíam as duas *formas* de manifestação da culpa e só se distinguiam entre si pela intensidade da relação psicológica. Os penalistas distinguiam o juízo de culpa (*A* é culpado disto ou daquilo) do comportamento culposo a que o mesmo se referia. A conduta culposa identificava-se com a disposição psíquica e mental do sujeito no momento da prática do facto. O que o sujeito fez, ou o fez com vontade (e então a ação antijurídica é o suporte da culpa) ou não o fez com vontade (e então não será declarado culpado). O centro

ADENDA: MODELOS DE COMPREENSÃO DO FACTO PUNÍVEL

nevrálgico do conceito de culpa psicológica reside nesta diferença. O sujeito ou atuou com vontade ou sem ela. O direito penal acolhia-se a um conceito de natureza empírica.

O sistema clássico fazia-se, sem dúvida, acompanhar duma clara ordenação dos elementos do crime. Apontam-se-lhe, porém, desvantagens. Por exemplo, tratando-se da morte duma pessoa, o resultado, no que à ilicitude respeitava, era encarado sempre da mesma maneira: como contrário ao direito.

À distinção procedia-se na culpa.

Vamos ilustrar com o

Caso nº 1 Para o sistema clássico, preenche o tipo (isto é: preenche todos os elementos típicos: "matar outra pessoa") do homicídio do artigo 131º aquele que liga o interruptor da luz e com isso provoca a explosão do artefacto que outro, sem o conhecimento do primeiro, ali tinha instalado, para matar o dono da casa. Por "matar outra pessoa", preenche o tipo do homicídio do artigo 137º aquele que conduz o seu automóvel de acordo com as regras de trânsito e vem a colher mortalmente um ébrio que inopinadamente se atira para diante do carro.

Num caso e noutro, o agente, porém, agiu sem culpa e deve ser absolvido.

O sistema clássico tinha igualmente dificuldades no respeitante à punição da tentativa, na qual se não descortinava um resultado nos moldes em que ele era então concebido.

Foi Frank quem deu um novo e decisivo contributo, adotando um **conceito normativo de culpa** ao declarar que *"culpa é censurabilidade"*. Frank argumentava contra a teoria psicológica da culpa, dizendo: "aquele que se defende, matando em situação de legítima defesa o inimigo que o ataca, está em relação ao resultado com a mesma disposição anímica do autor dum homicídio por avidez. Apesar disso declaramos culpado o último mas não o primeiro, aquele que matou em legítima defesa. Ora, se isto é assim, então teremos de concluir que à culpa pertence algo mais do que a simples relação do sujeito para com o resultado. Se um e o outro querem a morte do respetivo adversário, dúvidas não restam de que o defendente e o atacante pretendem exatamente o mesmo".

Ação:

I. Tipicidade

Tipicidade da ação; nos crimes de resultado, o resultado previsto no tipo e a correspondente conexão entre ação e resultado, a *causalidade*.

II. Ilicitude. Ausência de causas de justificação.

III. Culpa

1. Capacidade de culpa.
2. Dolo. Infração do dever de diligência.
3. Ausência de causas de desculpação.

IV. Outros pressupostos de punibilidade (excecionalmente).

Modelo estrutural causal (neo-clássico)[2]

A doutrina dos elementos subjetivos do ilícito consolidou-se quando se reconheceu que num determinado número de crimes a punibilidade da ação depende muito especialmente da vontade do agente. Tome-se o exemplo da contrafação de moeda (artigo 262º). O crime é exclusivamente doloso (o agente sabe que falsifica moeda e quer isso mesmo). Só que esse elemento de caráter genérico não é suficiente, uma vez que a própria norma expressamente exige a intenção (elemento subjetivo) de pôr a moeda em circulação. Se alguém fotocopia a cores uma nota de cem euros, para se divertir e colocar o trabalho realizado na gaveta, não há crime de falsificação de moeda, não obstante a existência do dolo geral (consciência e vontade de contrafazer moeda). Outro crime exclusivamente doloso é o furto (artigo 203º, nº 1), que a mais do dolo do tipo exige a intenção de apropriação. Sem este elemento (subjetivo), o agente que subtraiu coisa móvel alheia não comete tecnicamente esse tipo de ilícito.

Quer isto significar que em certos crimes (de elementos específicos), como os que acabámos de referir, as circunstâncias externas (objetivas), quando desligadas de outros elementos, sofrem de ambiguidade ou de indiscernibilidade, tanto podem ser fatores de um crime, como podem ter apenas reflexos no direito civil e só nele, não obstante nos dois apontados casos se poder afirmar que o agente atuou dolosamente.

Exemplos destes foram determinantes na formulação da teoria dos elementos subjetivos do ilícito, por certos tipos de crimes descreverem circunstâncias dessa natureza (subjetiva) que hes são próprias. Não se compreende uma imputação por furto se o autor não agiu com intenção de apropriação da coisa subtraída.

Foi esta descoberta que afastou muitos estudiosos da compreensão objetiva da ilicitude e conduziu à sua subjectivização. Estava aberto o caminho à *pessoalização* do ilícito (antijuridicidade), na medida em que se demonstrara

---

[2] Cf. Baumann/Weber/Mitsch, *Strafrecht, AT*, 10ª ed., p. 177.

ADENDA: MODELOS DE COMPREENSÃO DO FACTO PUNÍVEL

"a impossibilidade lógica de se conceber a antijuridicidade de certos factos se não se determinasse antes o sentido da vontade humana que estivera por detrás deles: por exemplo, a referência ao dolo é necessária para a qualificação da ação como crime tentado"[3].

Ação:

I. Tipicidade/Ilicitude

1. Tipo objetivo: nos crimes de resultado, resultado e causalidade.
2. Tipo subjetivo.

a) Dolo
b) Outros elementos subjetivos do ilícito.

II. Ausência de causas de justificação.
III. Culpa.

1. Capacidade de culpa.
2. Ausência de causas de desculpação.

Modelo estrutural "final"[4]

III. O tipo de ilícito enquanto ponto de partida do sistema

Já vimos que alguns autores edificam a teoria do crime a partir do tipo-de--ilícito, que assim constitui o ponto de partida do sistema, integrando-se a conduta humana (como ação ou omissão) nesse elemento.

A valoração de um comportamento como lícito ou ilícito é o momento fundamental de todo o problema jurídico-penal. "Importa sempre tomar em conta, para além do desvalor do resultado do comportamento, os elementos configuradores do desvalor da ação, através do qual esta surja como obra de uma pessoa, neste sentido, ligada a um centro ético de imputação: **todo o ilícito penal é ilícito pessoal**. Ora, para além das realizações típicas dolosas ou negligentes – no sentido, quanto às primeiras, de que o agente previu e quis a realização, e, quanto às segundas, de que ele violou um dever objetivo de cuidado e/ou criou um risco não permitido – é o domínio do acaso ou do acontecimento natural, em suma, é o domínio onde se torna impossível a recondução da realização típica à pessoa

---

[3] Paulo de Sousa Mendes, *O torto intrinsecamente culposo*, 2007, p. 371.
[4] Cf. Baumann/Weber/Mitsch, *Strafrecht, AT*, 10ª ed., p. 177.

do autor. Podendo por isso sem mais concluir-se que o dolo e a negligência, na aceção referida, são elementos constitutivos do tipo (subjetivo) de ilícito"[5].

Como a seu tempo se verá, o dolo e a negligência são entidades complexas, englobando um conjunto de elementos constitutivos dos quais uns relevam ao nível do tipo de ilícito subjetivo, outros constituem *matéria de culpa*.

Para a teoria do ilícito pessoal, é da combinação do desvalor do resultado e do desvalor da ação que decorre a ilicitude do facto. Tipicidade e ilicitude apresentam-se deste modo como dois diferentes elementos valorativos, que apenas se separam para efeitos sistemáticos e para a concreta resolução de casos.

IV. Na elaboração de casos práticos atenderemos a modelos de valoração gradual

Função dos juristas, diz-se, é a de resolver "casos". Um caso (um complexo factual) é um acontecimento, um episódio ou pedaço da vida, que se submete à apreciação jurídica. Aplicamos leis aos casos; os casos são resolvidos com o concurso de normas jurídicas.

Excurso. Num primeiro momento, o julgador empenha-se na "descoberta" dos factos, emprega critérios lógicos, jurídicos, cognoscitivos, valorativos[6]. A maior parte das vezes utiliza raciocínios *indutivos*, faz como nas ciências empíricas, considerando, por exemplo, que "se há fumo, há fogo". Nestas circunstâncias, a regra resulta dos factos, deriva da observação repetida de factos reais, contingentes, permitindo uma inferência do seguinte tipo: "o número de habitantes de x é de três milhões; destes, dois milhões têm o cabelo preto; B é habitante de x; conclusão: B tem o cabelo preto". Aplica-se um juízo de tipo indutivo quando o intérprete examina casos semelhantes e formula uma *regra da experiência*: de casos particulares, chega-se à existência de uma regra geral. Mas a inferência indutiva é **não demonstrativa**, assenta unicamente na observação de regularidades[7]. É de

---

[5] Figueiredo Dias, *DP/PG* I, 2ª ed., p. 271.

[6] Na fase seguinte, de *justificação* (artigo 205º, nº 1, da CRP), o julgador fundamenta a conclusão a que chegou, mediante argumentos de natureza igualmente variada, para mostrar que a decisão adotada se fundamenta em boas razões. A fundamentação "dá a razão", dizia o Lobão, em 1817. É a obrigação de *dar conta*, através de um texto constituído pelas necessárias sequências explicativas, Manuel de Almeida e Sousa, de Lobão, *Segundas Linhas sobre o Processo Civil*, Parte I, Lisboa, na Impressão Régia, 1817, p. [685].

[7] As conclusões dos raciocínios indutivos não são "certas", são "endoxais", e é por isso que, "numa visão estritamente positivista da racionalidade, se considera a premissa maior da indução como sendo uma pálida imitação da premissa maior da dedução demonstrativa", Emmanuelle Danblon, *Rhétorique et rationalité*, Ed. de l'Université de Bruxelles, 2003, p. 32.

ADENDA: MODELOS DE COMPREENSÃO DO FACTO PUNÍVEL

Bertrand Russel[8] o exemplo do peru indutivista, que o dono alimentava, regularmente, todos os dias às nove horas, o que permitiu ao bicho "alçar-se a teorias de maior subtileza acerca das uniformidades do universo". A deceção chegou na véspera do Natal, quando o homem acabou por lhe torcer o pescoço. O julgador recorre igualmente a raciocínios *dedutivos*, do tipo dos raciocínios matemáticos, onde a regra é imposta aos factos, fundamentando-se nas relações lógicas entre os enunciados: considera que "sempre que na Avenida da Boavista aparece um sinal vermelho, há a ordem para parar". A inferência dedutiva parte de uma regra geral ("todos os homens são mortais") e, dado um caso ("Socrates é homem"), infere uma conclusão ("Sócrates é mortal"). O intérprete completa um juízo dedutivo quando aplica ao caso em exame a regra geral a que antes chegara. É sobejamente conhecido que os argumentos dedutivos preservam a verdade: "se as premissas são verdadeiras, as suas conclusões *têm* de ser verdadeiras. Entraríamos em contradição se afirmássemos as premissas e negássemos a conclusão"[9]. Utilizando um tal processo de derivação ou inferência, chega-se à *demonstração*.

Na resolução de casos práticos, atenderemos a modelos de valoração gradual, para serem aplicados em etapas sucessivas, numa multiplicidade e num escalonamento de relações, por existir uma hierarquia normativa dos graus de imputação. Vamos ver em que termos.

A doutrina penal define correntemente o crime como um comportamento (ação ou omissão) *típico*, *ilícito* e *culposo*, acrescentando, nalguns casos, requisitos de *punibilidade*.

Aqueles três elementos básicos, tipicidade, ilicitude e culpa são diferentes entre si e ordenam-se de tal forma que cada um pressupõe a existência do anterior; faltando um deles já não será preciso examinar se concorrem os que se lhe seguem. É um método de escalonamento gradual. O julgador ou o aplicador do direito tem de valorar, em diversas fases ou em diferentes níveis, o comportamento de um possível criminoso antes de chegar ao juízo definitivo que o declara ou não

---

[8] Bertrand Russel, *Os problemas da filosofia*, Coimbra, 1959, p. 109.
[9] Cf. Nigel Warburton, *Elementos básicos de filosofia*, Gradiva, p. 172; e Aristóteles, *Retórica*, 1418a. Veja-se no entanto um apanhado das limitações da lógica formal (com a "gramática básica" da operatória que ela disponibiliza) em Fernando José Bronze, *Lições de Introdução ao Direito*, 2ª ed., 2006, p. 766 e ss. Sobre a necessidade de completar a lógica formal com outro tipo de considerações: Desidério Murcho, *Pensar outra vez: filosofia, valor e verdade*, p. 113 e ss. Atente-se sobretudo nos vários modelos de raciocínio dedutivo, podendo mencionar-se os raciocínios condicionais ("se...então") e os categóricos. Duas inferências válidas podem ser feitas envolvendo condicionais: o modo *ponens* – "se chover, levo a minha gabardina; chove, levo a minha gabardina" (cf., por ex., Yannis Delmas e René Lalement, *A lógica ou a arte de raciocinar*, p. 55) e o modo *tollens*, o modo que nega e que é o nome dado à prova indireta, como no chamado *argumento de Holmes*: "Se o cão não conhecesse bem o visitante, teria ladrado; o cão não ladrou; logo, o cão conhecia bem o visitante", A. Weston, *A arte de argumentar*, p. 70)

O RISCO DE COMER UMA SOPA E OUTROS CASOS DE DIREITO PENAL

merecedor de uma sanção penal. Ao determinarmos os pressupostos mínimos do agir criminoso cumprimos o primeiro degrau de valoração, integrando a matéria fáctica numa norma penal, levando a cabo uma operação constitutiva de um juízo de ilicitude como desvalor de ação (ou, como é mais comum, como desvalor de ação e de resultado, como a seu tempo foi explicado). Dado ser o sistema do facto punível sequencial (categorial-classificatório), não pode proceder-se ao tratamento sistemático de um determinado problema de forma arbitrária, por existir uma hierarquia normativa dos graus de imputação,[10] tendo que se tratar em cada um deles as questões que lhe são próprias, utilizando os critérios valorativos que lhes correspondam. Se o arguido tem de ser absolvido, então que o seja o mais cedo possível, na tipicidade, se for o caso, sem que seja necessário analisar a ilicitude e muito menos a culpa.

Faltando nessa conduta os elementos objetivos ou subjetivos pertinentes ao juízo de imputação penal, poderemos já então excluí-la do leque das condutas típicas.

Recorde-se o caso do "furto" do uso do carro de bois, que não entra na previsão do artigo 208º.

Estando presentes todos os elementos típicos e ausente qualquer causa de justificação (o facto preenche então um ilícito-típico, atento o efeito indiciário da tipicidade), haverá lugar a uma revaloração em sede de culpa, perscrutando-se a posição assumida pelo agente perante a ordem jurídica: o agente conduziu-se de forma contrária ou indiferente ao direito (culpa dolosa); ou foi simplesmente descuidado ou leviano (culpa negligente)? Não se excluindo, ainda aqui, que a ausência de culpa possa conduzir à irresponsabilização do agente pelo seu facto. Quanto a este ponto, a decisão concreta limita-se, pois, à **constatação formal** de que não concorrem situações de inimputabilidade e de causas de desculpa: o juiz (ou o aplicador do direito) aplica um "esquema formal segundo o qual a culpa é uma pura consequência do ilícito"[11].

Dito isto, para que o nosso trabalho se desenvolva de forma metodicamente correta,[12] começaremos pelo exame da situação fáctica, tentando interpretá-la em toda a sua extensão.

---

[10] W. Hassemer, *Einführung in die Grundlagen des Strafrecht*, 2ª ed., 1990, p. 203.

[11] Fernanda Palma, O Princípio da Desculpa em Direito Penal, 1995, p. 13.

[12] As publicações especializadas de língua alemã frequentemente contêm regras técnicas de trabalho de casos, podendo destacar-se *von* Heintschel-Heinegg, *Prüfungstraining Strafrecht*, Band 1: Methodik de Fallbearbeitung; Klaus Tiedemann, *Die Anfängerübung in Strafrecht*; Wessels/ eulke, *Strafrecht. Allgemeiner Teil*; Gunther Arzt, *Die Strafrechtsklausur*; Bernd Schünemann, "Introducción al razonamiento sistemático en derecho penal", in *Obras* I, p. 259 e ss.; e Roxin, Schünemann e Haffke, *Strafrechtliche Klausurenlehre mit Fallrepetitorium*. Para os "Textos de Apoio de Direito Penal", AAFDL (1983/84), o Dr. Jorge de Castilho Pimentel coligiu uma série de "notas para um método de trabalho de casos", tendo por referência a última das obras agora indicadas.

ADENDA: MODELOS DE COMPREENSÃO DO FACTO PUNÍVEL

Segue-se a abordagem jurídica, procurando saber quais os tipos penais a levar em conta e as formas de realização do facto, se, por ex., se trata de um comportamento ativo ou omissivo, se o crime se revela consumado ou não passa da tentativa, se o sujeito agiu com dolo ou simplesmente com falta de cuidado, se o seu papel é essencial (autoria) ou apenas acessório (cumplicidade) no conjunto dos contributos com que o crime se tece. A nossa atenção há de incidir especialmente na pergunta: "qual a responsabilidade jurídico-penal dos intervenientes *A, B* e *C*?". Num tal contexto, esta deverá ser entendida como a única questão a responder, mesmo que seja evidente a participação de outros sujeitos no facto (por ex., uma parte significativa dos habitantes de um bairro, ou a maioria dos estudantes duma turma). Na exposição, evitaremos considerações inúteis, por nos interessarem apenas os pontos de direito ligados às questões básicas da hipótese fáctica. Será porventura conveniente a divisão da matéria nas suas partes mais significativas, avaliando-as e escrutinando-as umas a seguir às outras, começando, vamos supor, com o que aconteceu no interior da instituição bancária, passando depois para as peripécias da fuga, quando um dos assaltantes disparou uma rajada contra os curiosos que já se acotovelavam na rua, ferindo um deles com gravidade, para finalmente repararmos na forma como foi dividido o produto do assalto. O papel de cada um dos intervenientes tem de ser pormenorizadamente verificado, podendo acontecer, por ex., que todos estejam na pele de coautores. Há que estabelecer nexos, umas vezes de causa a efeito, outras de simples afinidade. No momento seguinte procuraremos encontrar para cada um dos complexos fácticos em que dividimos a matéria os tipos incriminadores que encaixam na hipótese concreta. Pode ser que ós acontecimentos no interior do banco devam subsumir-se à norma do artigos 210º, nº 1 (por não terem sido usadas armas), ou à dos artigos 210º, nᵒˢ 1 e 2, alínea *b*), por referência ao artigo 204º, nº 2, alínea *f*), e 26º, segunda alternativa (por ter sido exibida uma pistola metralhadora, como o grupo de assaltantes tinha previsto que se fizesse, o que por sua vez convocará o artigo 86º, nᵒˢ 1 e 3, da Lei das Armas). A nossa exposição não poderá contrariar as regras da lógica. Deste modo, se nos propomos responsabilizar alguém por tentativa, será desacertado omitir a verificação de que a mesma é punível (artigo 23º, nº 1). Incorreríamos em erro crasso se atribuíssemos a alguém uma tentativa de ofensa à integridade física simples (artigos 23º, nº 1, e 143º, nº 1), querendo vê-la punida. A instigação supõe sempre a presença do "outro" que deu início à prática do facto e a menção disso mesmo no nosso trabalho. Jamais afiançaremos, de forma definitiva, que *A* e *B* são coautores sem primeiro destacarmos os factos que os comprometem nessa qualidade. Será incompreensível a menção do tipo qualificado do artigo 132º, sem que antes se examine se, no caso, concorrem os elementos típicos objetivos e subjetivos do homicídio, que não figuram nessa norma mas no artigo 131º, imediatamente

O RISCO DE COMER UMA SOPA E OUTROS CASOS DE DIREITO PENAL

anterior. E por falar nestes elementos, em regra, faremos referência aos de caráter objetivo, só depois pesquisaremos os alicerces do dolo – a menos que se trate da tentativa, porque aqui o elemento subjetivo tem de estar por completo realizado e se assim é virá à cabeça. A própria enumeração das circunstâncias objetivas tem regras próprias. Se intentarmos enquadrar uma conduta no crime de dano (artigos 212º, nº 1, e 213º), temos de examinar se foi destruída ou danificada uma coisa e se essa coisa era alheia (ou se pertencia ao património cultural e se sim, se estava legalmente classificada, etc.). É nos elementos de facto que o aplicador do direito faz incidir os seus conhecimentos jurídicos, caminhando, através de sucessivas correlações, até encontrar a completa identidade entre os elementos de facto e os de direito que lhe correspondem no Código Penal. Se todos os elementos constitutivos do crime de furto do artigo 203º, nº 1, se encontram preenchidos, a atuação de A é idêntica à que nessa mesma norma se prevê e castiga. O que é relevante para o juízo jurídico obtém-se das normas jurídicas que seja possível aplicar ao caso. É num ir e voltar (Engisch), entre a situação de facto e a proposição jurídica, entre a ação efetivamente realizada e a ação contemplada no texto jurídico de referência, que consiste o mecanismo intelectual que configura a subsunção: a aplicação concreta processa-se mediante uma contínua ação recíproca, um ir e vir da perspetiva entre a premissa maior e a situação concreta da vida. Dizendo por outras palavras: "Os casos da vida candidatos à inserção no 'Tatbestand' legal nunca são "os mesmos", pelo que a questão de saber se um determinado caso pertence ao universo de casos do preceito é respondida através de sucessivas aproximações entre um e outro, de um vaivém entre o preceito legal e o caso, nomeadamente comparando este com casos típicos já "subsumidos" ao preceito por via do labor doutrinal e jurisprudencial"[13]. Aplaina os caminhos da nossa compreensão o silogismo judiciário, em que a regra de direito (premissa maior) é assim enunciada: quem com intenção de apropriação, subtrair dolosamente coisa móvel alheia, é punido. Ora, os factos (premissa menor) revelam que A, no dia 12 de janeiro, pelas 22 horas, na estação de S. Bento, no Porto, subtraiu voluntária e conscientemente a mala de viagem de B, com intenção de dela se apropriar. Por conseguinte (conclusão), A praticou um crime previsto e punido pelo artigo 203º, nº 1, do CP. Nos casos menos complicados, e para não esquecermos pormenores de relevo, adotaremos de preferência uma estrutura que leve a peito a sucessão cronológica dos factos. Podemos acompanhar essa sequência e ir atentando nas condutas de A, B, C, etc. Nas situações mais complexas aconselha-se a divisão da matéria como já atrás se disse, tratando as partes desmembradas, uma a uma, com respeito pela sua coerência própria. Suponha-se que no início do caso A revela a B e C, no exclusivo interesse destes, onde podem

---

[13] Augusto Silva Dias, "*Delicta in se*", p. 397, nota (917).

ADENDA: MODELOS DE COMPREENSÃO DO FACTO PUNÍVEL

facilmente deitar a mão a uns sacos de café que *D* sem dúvida nenhuma lhes comprará por avultada quantia, segundo o seu próprio palpite. *A* chega, inclusivamente, a pôr à disposição de *B* e *C* uma sua viatura, que dará à vontade para ambos transportarem todo o produto. *A* não participa no assalto, mas o *B* e o *C* desentendem-se às tantas, quando no local são descobertos. Contra a vontade do *B*, por várias vezes firmemente manifestada, o *C* saca duma pistola que, pelo sim pelo não, levara consigo, e atinge a tiro um dos donos do armazém de café. Aqui, seria completamente despropositado iniciar o trabalho com a apreciação da responsabilidade do *A*, por a mesma estar dependente ou ser acessória do que cada um dos outros dois, em conjunto ou separadamente, acabou por fazer. Uma vez que o *A* não é figura central da ação, dele só se poderá garantir que determinou, instigou os outros dois a deitar a mão ao café e que os ajudou com o empréstimo da furgoneta, mas a sua responsabilidade só se aclara depois de aferirmos a atividade dos atores principais. Suponhamos ainda que nos deparamos com alguém que se defende da agressão de outrem. Mal andaríamos se deixássemos passar sem a adequada análise a questão dos meios empregados para repelir a agressão, pois configurando-se excesso o facto é seguramente ilícito, de acordo com a regra do artigo 33º. Finalmente: se nos depararmos com um caso de favorecimento pessoal do artigo 367º praticado pelo cônjuge ou um parente até ao segundo grau do agente (entre outros), concluiremos, de um ponto de vista sistemático, que uma tal causa pessoal de exclusão da pena (*não punível*, segundo o nº 5) só poderá ser apreciada e declarada quanto aos seus efeitos eximentes após a apreciação sucessiva da tipicidade, da ilicitude e da culpa. O parente que beneficia o agente a ponto de impedir, frustrar ou iludir a atividade probatória ou preventiva da autoridade competente, com intenção ou com a consciência de evitar que essa outra pessoa, que praticou um crime, seja submetida a pena ou medida de segurança, atua com conhecimento dos elementos típicos e ilícitos da sua conduta, podendo por isso ser censurado, mas o legislador renuncia à pena em atenção à pressão fora do comum que comanda a ação do favorecente, quando essa "relação parental" igualmente se comprovou.

Espera-se, claro!, que os problemas sejam corretamente localizados e depois discutidos, tornando manifesta a linha de pensamento e seguindo as regras da lógica, para que o leitor imediatamente se situe no emaranhado das questões. A discussão dos pontos jurídicos básicos passa pelo recurso à fecundidade explicativa dos prós e dos contras mais conhecidos da doutrina e da jurisprudência, num texto que todavia não precisa de ser construído como um mosaico de citações. Para uma boa prestação são, obviamente, indispensáveis os adequados conhecimentos, obtidos com estudo sério, honesto e plenamente interessado, sendo de bom tom distanciarmo-nos da tenacidade obtusa dos que incansavelmente reiteram uma qualquer opinião.

Recordemos os elementos estruturais do crime doloso consumado (por ação):

I. Tipicidade

   1. Tipo objetivo
   2. Tipo subjetivo

II. Ilicitude: ausência de causas de causas de justificação
III. Culpa
IV. Pressupostos de punibilidade independentes do dolo ou da culpa
V. Eventualmente: queixa; ou: não verificação da prescrição.

Os elementos do facto simplesmente tentado podem assim configurar-se quanto à 1ª parte (da tipicidade):

Tipicidade

   1. Exame prévio:

     a) O crime não chega a consumar-se (o tipo objetivo não se encontra preenchido);
     b) Punibilidade da tentativa (artigos 22º e 23º, nº 1).

   2. Tipo subjetivo

     a) Dolo (decisão de cometer um crime) dirigido à realização de todos os elementos objetivos do ilícito (artigo 22º, nº 1)
     b) Eventualmente, outras características subjetivas específicas.

   3. Tipo objetivo: prática de atos de execução (artigo 22º, nº 2).

Muito esquematicamente, a estrutura dos crimes negligentes poderá ser assim ordenada:

I. Tipo-de-ilícito

   1. Ação ou omissão da ação devida.
   2. Violação do dever objetivo de cuidado.
   3. Produção do resultado típico nos crimes negligentes de resultado.
   4. Previsibilidade objetiva do resultado, incluindo o processo causal.
   5. Imputação objetiva desse resultado à ação do sujeito.

II. Tipo-de-culpa

   1. Censurabilidade da ação objetivamente violadora do dever de cuidado.
   2. Previsibilidade individual.
   3. Exigibilidade do comportamento lícito.

ADENDA: MODELOS DE COMPREENSÃO DO FACTO PUNÍVEL

Por fim, a do crime doloso de omissão imprópria:

I. Tipo objetivo do ilícito:

    1. A produção do resultado típico.
    2. A não execução da ação adequada a evitar o resultado, mau-grado a real possibilidade física de o evitar – artigo 10º, nº 1.
    3. A causalidade da omissão e a imputação objetiva do resultado.
    4. A posição de garante de quem omite – artigo 10º, nº 2.

II. Tipo subjetivo do ilícito.
III. Inexistência de causas de justificação.
IV. Inexistência de causas de desculpação.

Vamos agora passar à exemplificação destas sugestões e conselhos, ocupando-nos de variados casos práticos. Um deles, da maior atualidade, em vista da responsabilidade penal das pessoas coletivas, presente no artigo 11º, é o resolvido por Teresa Quintela de Brito[14] e já lhe fomos fazendo referência. Deixaremos dele um breve apontamento, com a sugestão de leitura do original.

Caso nº 2 O sistema de tratamento das águas residuais de uma fábrica de produtos químicos, propriedade de uma sociedade anónima, encontra-se inativo há mais de quinze dias, por a respetiva administração o não ter mandado reparar apesar de imediatamente alertada para o efeito. Os tanques atingiram a sua capacidade máxima.

A responsabilidade criminal das pessoas coletivas e a dos agentes individuais é cumulativa, mas também autónoma. O desenvolvimento faz-se com assento em várias situações possíveis. A primeira: o responsável pela segurança da fábrica abre o sistema de comportas ou ordena a um subalterno a abertura da mesma, de tal forma que as águas residuais não tratadas correm para o curso de água vizinho onde causam danos substanciais. A segunda situação: um dos trabalhadores do setor de águas residuais, vendo que os tanques atingiram a sua capacidade máxima e que o sistema de tratamento continua avariado, abre as comportas, poluindo gravemente o curso de água vizinho.

Caso nº 3 A e B, que noutras ocasiões já se desentenderam, encontram-se no bar onde habitualmente tomam uns copos. B, que estava disposto a fazer as pazes, dirige-se ao A enquanto fazia o gesto de tirar um maço de cigarros do bolso. O A, julgando (erroneamente) que o outro vinha para

[14] Teresa Quintela de Brito, "Responsabilidade criminal de entes coletivos", *RPCC* 20 (2010).

o agredir com algum objeto que trazia consigo, aplica-lhe dois murros na cara, fazendo-o cair. *B* sofreu lesões necessariamente determinantes de doença por oito dias.

Ofensa à integridade física (artigo 143º, nº 1).

i) Tipicidade: (1) *A* ofendeu *B* corporalmente, com dois murros, provocando-lhe lesões necessariamente determinantes de doença. (2) *A* atuou dolosamente, sabendo que agredia outra pessoa e querendo isso mesmo (artigo 14º, nº 1).

ii) Ilicitude: Objetivamente, *A* poderia prevalecer-se de uma causa de justificação por legítima defesa (artigos 31º, nºˢ 1 e 2, alínea *a*), e 32º) se *B* realmente viesse para o agredir. Acontece que não foi isso que aconteceu, pois *B* só queria tirar um cigarro do bolso. *A* não logra objetivamente justificação para a sua conduta. *A*, todavia, agiu na suposição errónea de que *B* ia para o agredir – e se tal fosse o caso existiria uma ofensa à integridade física de outra pessoa. Para defesa do correspondente valor seria então necessário o emprego da força física e portanto o uso que dele o *A* estaria justificado, de acordo com o disposto no artigo 32º. Ora, uma vez que, assim, o *A* atuou em erro sobre um estado de coisas que, a existir, excluiria a ilicitude do facto, à situação aplica-se o disposto no artigo 16º, nºˢ 1 e 2, ficando excluído o dolo. O *A* só poderá ser punido por negligência (artigos 16º, nº 3, e 148º, nº 1). Se não se puder afirmar que o *A* violou um dever de cuidado, então fica excluída a punição, mesmo só por negligência (artigos 15º e 148º).

iii) Conclusão: o *A* não cometeu o crime do artigo 143º, nº 1.

Ofensa à integridade física por negligência (artigo 148º, nº 1)

i) Tipicidade: *A* ofendeu *B* corporalmente, provocando-lhe lesões por não ter observado o necessário dever de cuidado. Ao A impunha-se que em lugar de agir precipitadamente tivesse aguardado até que a situação estivesse suficientemente esclarecida. Não o tendo feito, atuou negligentemente,

ii) Ilicitude: Não se descortina qualquer causa de justificação; o facto é ilícito.

iii) Culpa: O *A*, de acordo com as suas capacidades pessoais, estava em condições de corresponder ao cuidado objetivamente devido.

iv) Conclusão: *A* praticou um crime previsto e punido no artigo 148º, nº 1.

Caso nº 4 *A* decide matar *B* a tiro de pistola. *A* dispara contra *B* a curta distância, mas mesmo assim não consegue atingir um orgão vital, indo o tiro alojar-se no ombro da vítima

ADENDA: MODELOS DE COMPREENSÃO DO FACTO PUNÍVEL

Enquanto as características típicas de um determinado crime não se encontram todas preenchidas, o crime não estará consumado. Apesar disso, seria precipitada a conclusão de ser a ação atípica e, por consequência, não punível. Podemos, na verdade, configurar as seguintes hipótese:

- No caso anterior, o crime de homicídio voluntário (artigo 131º) não se mostra consumado: *A* não matou *B*, este continua vivo. A ação de *A* preenche todos os elementos do tipo do artigo 143º (ofensa à integridade física simples), que bem pode ser qualificada, tendo em atenção o disposto nos artigos 143º e 145º, nos 1, alínea *a*), e 2, e 132º, nos 1 e 2, alínea *h*).
- Apesar de nem todos os elementos típicos do artigo 131º se mostrarem preenchidos, o crime de homicídio resulta tentado, uma vez que o *A* praticou atos de execução do crime que decidira cometer (artigos 22º, 23º e 73º e 131º), devendo ser punido em conformidade.

Parecerá, à primeira vista, que a subsunção do facto teria de ser feita em dois tipos de crime, mas uma valoração posterior obriga a aplicar somente uma das duas normas em presença, excluindo a outra. Temos duas normas aplicáveis, mas só uma é aplicada (a norma dominante, que logo se vê ser a dos artigos 22º, 23º e 131º). A aplicação desta abarca o comportamento ilícito na sua totalidade: a infração mais gravosa esgota o desvalor contido na infração mais leve. Se num caso de homicídio para roubar a vítima fizéssemos convergir os efeitos de todas as normas da parte especial do Código aplicáveis (por exemplo, as do furto e da coação), resultaria uma múltipla e repetida valoração da mesma situação concreta. Os penalistas socorrem-se do instituto a que se deu (impropriamente) o nome de "concurso" aparente para em último termo evitar a repetição insustentável da sanção. O fundamento do "concurso aparente" reside no princípio *ne bis in idem*: "os tipos em conflito cobrem, todos eles, total ou parcialmente, um *mesmo* segmento da realidade desvalorada". No caso anterior, a ofensa deverá ser mais exatamente entendida como um estado intermédio no caminho para o crime de homicídio voluntário, mesmo quando este se verifica apenas na forma tentada. Bom é notar que no dolo homicida se contêm tanto o dolo de dano da integridade física alheia como o dolo de perigo para a vida ou para a produção de lesões mais graves do que as efetivamente produzidas na vítima da agressão, ou do perigo geralmente associado ao meio utilizado pelo agressor[15].

---

[15] A moderna **teoria unitária** entende que o dolo de ofensa corporal está contido no dolo homicida. Os crimes de morte e os crimes contra a integridade física são em princípio compatíveis, salvo os casos de agravação pelo resultado, pois a lesão corporal é o estádio intermédio (*Durchgangsstadium*) por onde passa o homicídio. Cf. Küpper, *StrafR*, BT 1, 1996, p. 45; Eser, in *S/S*, 25ª ed., p. 1518.

O RISCO DE COMER UMA SOPA E OUTROS CASOS DE DIREITO PENAL

Caso nº 5 *B* obtinha bilhetes de identidade e cartões de contribuinte "apanhados" a outras pessoas. Com eles, abria contas nos bancos. Procedia assim para que uns seus amigos, os "mafiosos" de Leste, depositassem quantias apreciáveis, que o *B*, num segundo momento, transferia para outras contas que os do Leste lhe indicavam. A atividade desenvolvida permitia-lhe viver sem grande esforço e de maneira desafogada. Num dos últimos dias de janeiro de 2007, *B* abrira na CGD, agência da Boavista, uma conta com documentos roubados (BI e cartão de contribuinte) a um tal Luís Rebelo, que o *B* não conhecia nem nunca tinha visto. Tais documentos tinham-lhe sido emprestados por *C*, um seu conhecido de outras aventuras. O *C* chegou mesmo a ajudá-lo a praticar a assinatura, para melhor a poder falsificar no banco. Foi na agência da Boavista que o *B*, ao balcão e com as indicações fornecidas pelo funcionário preencheu e assinou todos os impressos e a ficha de assinaturas, como se verdadeiramente se tratasse do tal Luís Rebelo. No dia seguinte, deu-se conta de que os "mafiosos" já tinham depositado cem mil euro, de forma que, tal como haviam combinado, transferiu noventa mil euro para uma conta estranha, num banco com nome português em Cabo Verde, com sede nesse pais africano. Igualmente preencheu e assinou com o nome do Luís Rebelo um cheque sobre a conta que abrira, emitido ao portador, no valor de dez mil euro, que equivalia à sua comissão. Guardou essa quantia no bolso, em notas. O *B* sabia que o dinheiro ficava a salvo dos olhos da polícia. Tinha como um dado adquirido que não prejudicava ninguém nem o cidadão cujos documentos utilizara. É certo que os "mafiosos" ficavam a lucrar, porque o dinheiro (que julgava ser da prostituição infantil) era difícil de lavar de outra forma. Vivia dessa atividade havia uns três ou quatro anos, o que não o incomodava particularmente, porque tudo se passava para lá de Berlim, onde noutros tempos era o Leste, com outros costumes e exigências. *B* saiu do banco e foi procurar o amigo *C*, a quem ficara de devolver os documentos roubados. Assim fez, após o que decidiu deitar fora os documentos referentes à conta bancária, que já lhe não faziam falta. Em companhia do *C* atirou-os para um caixote do lixo[16].

Estabelecer a responsabilidade penal de *B* e *C*.

Propõe-se um modelo de solução abreviada. Uma forma idêntica à que se segue pode começar por ser utilizada em outros casos, para em seguida se ampliar.

---

[16] Elaborado com ideias colhidas no texto do CEJ de 2009, no acórdão do STJ de 28 de maio de 2010, no proc. nº 18/07.1 e em W. Gropp, P. Küpper e W. Mitsch, *Fallsammlung zum Strafrecht*, 2002, p. 305.

ADENDA: MODELOS DE COMPREENSÃO DO FACTO PUNÍVEL

Servirá como um primeiro rascunho. Os sinais (+) e (-) exprimem respetivamente uma conclusão positiva e uma negativa.

Tenha-se em conta que o núcleo da atividade criminosa reside no crime de branqueamento de capitais do artigo 368º-A, nº 3 e (eventualmente) 6, do CP. Para tanto foi necessário abrir a conta na sucursal da Caixa com uma identidade falsa (para não deixar rasto), através da falsificação dolosa de documento. Acresce a passagem do cheque ("falso", em razão da assinatura), para pagamento da "comissão".

i) Quanto à abertura da conta. Crime de uso de documento de identificação alheio do artigo 261º, nº 1 (+)

a) Tipicidade: elementos objetivos (+) e subjetivos (+).
b) Ilicitude: ausência de causas de justificação (+).
c) Culpa: ausência de causas de desculpa (+).

Problema: o uso de documento de identificação alheio (artigo 261º) não pode ser confundido com a modalidade típica da alínea *e*) do nº 1 do artigo 256º ("Usar documento", etc.).

ii) Quanto à abertura da conta com identidade falsa. Crime de falsificação de documento do artigo 256º, nº 1, alínea *c*) (+)

a) Tipicidade: elementos objetivos (+) e subjetivos (+).
b) Ilicitude: ausência de causas de justificação (+).
c) Culpa: ausência de causas de desculpa (+).

Problema: o que está em causa é o abuso da assinatura de outra pessoa para falsificar documento. Estabelecer a correta identificação da ajuda de *C* a *B* para "afinar" a assinatura (alheia).

iii) A lavagem do dinheiro. Crime de branqueamento de capitais do artigo 368º-A, nº 3 (+) e 6 (+).

a) Tipicidade: elementos objetivos (+) e subjetivos (+).
b) Ilicitude: ausência de causas de justificação (+).
c) Culpa: ausência de causas de desculpa (+).

Problemas: o branqueamento de capitais (artigo 368º-A) enquadra-se nos crimes contra a realização da justiça – de modo diferente, o crime de recetação do artigo 231º, por ser crime patrimonial. É crime autónomo que tem como

O RISCO DE COMER UMA SOPA E OUTROS CASOS DE DIREITO PENAL

pressuposto um crime anterior, no caso, o recurso à prostituição de menores (artigo 174º). Dever-se-á justificar a agravação por conduta de forma habitual (nº 6 do artigo 368º-A), diferente do modo de vida (por ex., no artigo 204º, nº 1, alínea *h*)).

iv) A passagem do cheque. Crime de falsificação de documento do artigo 256º, nº 1, alínea *c*) (+) e 3 (+).

a) Tipicidade: elementos objetivos (+) e subjetivos (+).
b) Ilicitude: ausência de causas de justificação (+).
c) Culpa: ausência de causas de desculpa (+).

Problema: o crime é o agravado do nº 3 por se tratar de cheque.

Caso nº 6 "O Rei dos Gatos". Os três arguidos Peter, Bárbara e o polícia Michael viviam juntos, numa situação nada habitual, caracterizada como de "relações neuróticas intrincadas", todos eles dominados pelo misticismo, as aparências e as superstições. Devido a isso, conseguiram os indicados Peter e Bárbara, convencer o Michael, pessoa facilmente influenciável, da existência de um "Rei dos Gatos", que desde há séculos vinha sendo dominado pelo Mal e por isso significava uma ameaça para o Mundo. Em meados de 1986, a Bárbara soube do casamento do seu antigo companheiro com uma tal Annemarie. Possuída de raiva e ciúme, decidiu com Peter servir-se das superstições do Michael para matar a Annemarie. Em conversa com Michael convenceu-o de que o rei dos gatos exigia, devido aos muitos erros por ele cometidos, uma vítima com a figura da Annemarie. Se o não conseguisse teria o Michael que deixar a Bárbara, e mais: milhões de pessoas por esse Mundo inteiro seriam aniquiladas pelo poder do Rei dos Gatos. Michael conhecia a punibilidade do que se lhe pedia, deixou-se porém levar por uma crise de consciência, quando a Bárbara, com insistência, colocou em destaque o perigo para os milhões de pessoas – tratava-se em suma de uma missão "ordenada por Deus". Peter entregou ao Michael a sua navalha e deu-lhe um conselho: que golpeasse a Annemarie pelas costas na sua loja de flores. Em 30 de julho de 1986, o Michael entrou na florista pela porta de trás com o pretexto de comprar flores e de surpresa e de forma insidiosa espetou a navalha doze vezes no pescoço, na cara e em várias outras partes do corpo da Annemarie, com intenção de a matar. Quando outras pessoas começaram a acorrer, o Michael desistiu de continuar, mas saiu convicto de que a Annemarie iria morrer. Aconteceu,

ADENDA: MODELOS DE COMPREENSÃO DO FACTO PUNÍVEL

no entanto, que a Annemarie, apesar dos golpes e das feridas graves provocadas, sobreviveu. O Michael, que atuou voluntariamente, com conhecimento da ilicitude, mas com *deficit* de conhecimento, não foi declarado inimputável. Ao perito e ao juiz não restaram porém dúvidas quanto à sua imputabilidade diminuída BGHSt 35, 347, decisão de 15 de setembro de 1988.

a) Punibilidade de Michael. Como a Annemaria não morreu (continua viva), só se poderá imputar a Michael a tentativa de um crime de homicídio. E na realidade Michael praticou atos de execução do crime de homicídio que decidira cometer (artigos 22º, 23º e 131º). Trata-se de **tentativa de um crime de homicídio qualificado**, praticado com meio insidioso (artigo 132º, nos 1 e 2, alínea *i*)). Tendo-se provado o dolo direto quanto à intenção de matar, não se suscitam dúvidas quanto a uma especial perversidade, de suporte ao crime de homicídio qualificado tentado. Como ao perito e ao juiz não restaram porém dúvidas quanto à sua imputabilidade diminuída (artigo 20º, nos 1 e 2), o Michael, que atuou com conhecimento da ilicitude, embora com *deficit* de conhecimento, não foi declarado inimputável.

Não há lugar à afirmação de uma desistência da tentativa (artigo 24º, nº 1) por o Michael ter parado de agredir a Annemarie quando se apercebeu da chegada de terceiros. A voluntariedade, elemento da desistência isentadora, supõe uma decisão autónoma, derivada da livre iniciativa do sujeito, *i. e.*, que não seja imposta por fatores externos.

Também não existem elementos relativos a qualquer causa de justificação.

Apesar de a defesa ter suscitado a questão da estado de necessidade desculpante, a verdade é que não se verificavam os correspondentes pressupostos do artigo 35º, nomeadamente a existência de um perigo atual. O homem da frente, manipulado por aqueles dois à sua retaguarda, atuou em erro de proibição tido, porém, por censurável (artigo 17º): além do mais, tratava-se de um indivíduo que trabalhava no meio policial. Apontou-se logo para a redução da sua culpa, dada a imputabilidade diminuída, reconhecendo-se que não seria caso de desculpação, que a eliminaria de todo.

b) Punibilidade de Peter e Bárbara. Nenhum deles vinha acusado de instigador dos factos praticados por Michael (repete-se: um imputável diminuído, mas tratado como tal, por não se ter operado a conversão permitida pelo artigo 20º, nº 2, que, a ter ocorrido, faria dele um inimputável e, em consequência, imporia a sua absolvição: artigo 376º, nº 3, do CPP). *P* e *B* são ambos autores materiais de um crime de homicídio qualificado dos artigos 131º e 132º, nos 1 e 2, alínea *e*): motivo fútil. Para os tribunais e a doutrina dominante configurava-se uma autoria mediata mediante a utilização de um homem da frente que em si

O RISCO DE COMER UMA SOPA E OUTROS CASOS DE DIREITO PENAL

é punível, em razão do domínio relativamente mais intenso dos acontecimento por parte dos personagens que atuaram de trás[17]. O Michael serviu-lhes aqui de instrumento dos seus desígnios criminosos, não obstante tratar-se de um imputável (mas imputável diminuído). A solução vale da mesma forma, em face da lei portuguesa.

Caso nº 7 *A* bebeu "até cair para o lado". Estava regaladamente acomodado no sofá, com a televisão à sua frente. Às tantas aparece em casa a namorada (portadora da chave que lhe permitia entrar). O *A* mal se tinha nas pernas, mas ainda arranjou maneira de "espetar" duas bofetadas na rapariga, censurando-a por tê-lo deixado sozinho naquele vazio de diversões. A *N* apresentou queixa. No julgamento verificou-se que no momento da agressão, o *A* se encontrava possuído de uma grave, embora episódica, anomalia psíquica, por ingestão de álcool. Além disso, comprovou-se que o mesmo, por força disso, se encontrava incapaz de avaliar a ilicitude do facto ou de se determinar de acordo com essa avaliação. O juiz declarou *A* inimputável no momento da prática do facto. Não se comprovou que a embriaguez fosse pré-ordenada.

Para casos destes valerá o artigo 295º (embriaguez e intoxicação), do CP, se a anomalia psíquica se traduzir em embriaguez ou outro estado tóxico não pré-ordenado. A *alic* só existe onde a inimputabilidade é provocada, com o dolo *intencional,* o que aqui não aconteceu.

É o próprio quem se coloca em estado de embriaguez completa – não há intervenção de terceiros. Mesmo assim, esse é, em si, um fenómeno "socialmente tolerado", embora depois, quando nesse estado o embriagado pratica "um facto ilícito típico", já passa de facto socialmente tolerado a facto com eventuais repercussões penais. O ato praticado em estado de embriaguez "completa" não se liga a uma conduta socialmente censurada (como ocorre por ex., na *rixa*, em que os participantes se acometem tumultuariamente), mas ao simples ato de consumir álcool. É em estado de inimputabilidade (que tem de ser demonstrada e declarada em julgamento) que o sujeito pratica o facto ilícito (no caso as duas bofetadas na rapariga).

A pergunta inevitável é se o mesmo cometeu um crime e qual. Ora, como logo se alcança, o crime praticado (não obstante a situação de inimputabilidade no momento da prática do facto: artigo 20º, nº 1) é o do artigo 295º (crime de embriaguez e intoxicação). Dadas as circunstâncias descritas, nunca o juiz poderá absolver ou condenar pelo crime de ofensa à integridade física. Nem a pena

[17] BGHSt 35, 347, e Roxin *AT* 2, p. 34 e ss.

ADENDA: MODELOS DE COMPREENSÃO DO FACTO PUNÍVEL

(decorrente da moldura legal de prisão até cinco anos ou multa até 600 dias) poderá ser superior à prevista no artigo 143º, nº 1, dada a limitação imposta pelo nº 2 do artigo 295º.

Por falar em absolvição, recordar-se-á a opinião de Taipa de Carvalho: "sempre que se prove que, relativamente ao arguido, a prática de um facto era inteiramente imprevisível, então deverá considerar-se que a conduta (aquela embriaguez completa) caía fora do âmbito de proibição da norma, pois segundo o juízo *ex ante*, tal conduta não era suscetível, não continha a virtualidade de levar o agente a praticar o facto; isto é, tal conduta não se poderia qualificar de perigosa, e, portanto, não era típica". Para quem concordar com esta solução e encontrar os pertinentes elementos consolidados a favor do *A*, só poderá seguir o caminho da atipicidade da conduta. Quem assim proceda, enfrenta um ilícito que a maioria encara como de perigo presumido, mas que assim se assume como crime de aptidão (também dito crime de perigo abstrato-concreto).

Na resolução do caso prático devemos começar pela verificação do facto ilícito típico praticado em estado de embriaguez: as duas bofetadas na rapariga (artigos 295º e 143º). Após se ter comprovado que o agente (no plano da culpa), no momento da prática da facto, se encontrava nas condições previstas no artigo 20º, nº 1, haverá que indagar se a situação conforma os elementos de uma *actio libera in causa* (*cit.* artigo 20º, nº 4). Excluindo-se esta, avançaremos para a análise dos elementos do artigo 295º, dando por estabelecido que o agente praticou um facto ilícito típico em situação de inimputabilidade, pelo qual não poderá ser sancionado. Segue-se, pois, a comprovação da ilicitude (o que significa haver razões para sustentar a tipicidade da ação) e da culpa relativamente ao crime de embriaguez e intoxicação, nos termos expostos, sem que todavia se passe por alto a indagação de uma causa de justificação relativamente à embriaguez ou de desculpação, para além da presença ou do dolo ou da negligência.

Caso nº 8 Imputabilidade diminuída > inimputabilidade. *A* foi acusado pelo MP de ter maltratado em dias sucessivos tanto o pai como a mãe, com quem vivia, e de lhes ter extorquido dinheiro. Realizado exame às faculdades mentais do *A*, verificou-se tratar-se de indivíduo portador de anomalia psíquica grave (esquizofrenia), cujos efeitos o mesmo em certas alturas não dominava, sem que por isso pudesse ser censurado. Tinha, no entanto, no momento da prática do facto, a capacidade para avaliar a ilicitude deste, podendo ter-se determinado de acordo com essa avaliação sensivelmente diminuída. Em julgamento provaram-se factos passíveis de serem integrados no artigo 152º (violência doméstica) tanto em relação ao pai como à mãe e ainda factos passíveis de constituírem extorsão (artigo 223º).

O RISCO DE COMER UMA SOPA E OUTROS CASOS DE DIREITO PENAL

Agora cruzam-se questões substantivas e processuais. Assim:

1º Deverá o arguido ser responsabilizado pelos seus atos, na condição de imputável diminuído? Quais as consequências? Nos casos ditos de imputabilidade diminuída ou de imputabilidade duvidosa[18] comprova-se a existência de uma anomalia psíquica (no caso a esquizofrenia) mas sem que se tornem claras as consequências que daí devem fazer-se derivar relativamente ao elemento normativo-compreensivo exigido; casos pois em que é pouco clara ou simplesmente parcial a compreensibilidade das conexões objetivas de sentido que ligam o facto à pessoa do agente[19]. As consequências que desta conceção derivam para a determinação do grau de culpa e da medida da pena do imputável diminuído divergem radicalmente das que são pensadas dentro da visão tradicional[20]. Se, nos casos de imputabilidade diminuída, as conexões objetivas de sentido são ainda compreensíveis e aquele deve, por isso, ser considerado imputável, então as qualidades especiais do seu caráter entram no objeto do juízo de culpa e por elas o agente tem de responder. Se essas qualidades (qualidades da pessoa) forem especialmente desvaliosas de um ponto de vista jurídico-penalmente relevante (pense-se na crueldade e brutalidade que em regra acompanha os psicopatas "insensíveis"; ou na pertinácia dos "fanáticos") elas fundamentarão (ao contrário do que acontecia na visão tradicional) uma agravação da culpa e um aumento da pena; se pelo contrário elas fizerem com que o facto se revele mais digno de tolerância e de aceitação jurídico-penal estará justificada uma atenuação da culpa e uma diminuição da pena.

---

[18] Imputabilidade atenuada, na expressão de Cristina Maria Costa Coelho, *A doença mental (des)culpada, um modelo de avaliação da responsabilidade criminal*, Coimbra, 2007, trabalho realizado nos quadros da psiquiatria e da saúde mental. O conceito de imputabilidade atenuada, accentua a autora a p. 143, "não se encontra claramente definido no nosso Código Penal, sobretudo porque habitualmente se traduz numa atenuação da pena, nomeadamente em indivíduos com perturbações da personalidade". E acrescenta: "Se nalguma situações esta atenuação é justificável, noutras, contudo, parece-nos mais adequada a determinação de um plano individualizado de reabilitação e ressocialização em função da doença ou dos problemas mentais em causa".

[19] Consulte-se Jorge de Figueiredo Dias, *DP/PG* I, p. 539.

[20] Na linha de uma culpa concebida como "poder de agir de outra maneira" (como capacidade individual de motivação de acordo com a norma) a solução seria óbvia, escreve o Prof. Figueiredo Dias, *local cit.*: à diminuição daquela capacidade haveria de corresponder necessariamente uma diminuição da culpa e por conseguinte uma obrigatória atenuação da pena. Todavia, a anomalia psíquica que onera o agente e torna a sua capacidade de compreensão e de inibição sensivelmente diminuída faz precisamente com que o agente seja especialmente perigoso para a comunidade e exija por isso, em nome da legítima proteção desta, uma reação criminal mais forte e em regra mais longa. O que, as mais das vezes, se procurava alcançar através do tratamento do agente dentro de um sistema dualista de reações criminais: a ele se aplicaria uma pena atenuada referida à culpa do facto, mas acompanhada de uma medida de segurança que obviasse à sua especial perigosidade.

ADENDA: MODELOS DE COMPREENSÃO DO FACTO PUNÍVEL

2º Poderá o juiz declarar o arguido inimputável, levando em conta os factos apurados no seu conjunto e a norma do nº 2 do artigo 20º? Se assim acontecer, quais as consequências? Haverá lugar a medida de segurança de internamento (artigo 91º)? Por quanto tempo?[21]. Quais os pressupostos? E se a acusação não tiver invocado a perigosidade do *A*? Haverá lugar a algum cúmulo jurídico, tendo especialmente em conta que vítima dos maus-tratos foram tanto o pai como a mãe (artigo 77º, nº 1, onde releva a "condenação")?[22] Qual a natureza da sentença a proferir (artigo 376º, nº 3, do CPP)? Sendo a sentença absolutória, mas havendo lugar a aplicação de medida de segurança, qual então o seu conteúdo? E no que diz respeito a responsabilidade por custas (artigo 513º)? E quanto à execução da decisão que eventualmente decrete o internamento (artigo 501º e ss)?

Caso nº 9 *A* tinha um cavalo, cuja estalagem e cuidados estavam, desde 2003, ao cuidado de *B*. O cavalo, apesar de ser um puro lusitano, tinha cerca de 20 anos, um valor comercial de € 750 e importava um custo mensal de manutenção de € 250. Desde que estava aos cuidados de *B*, nunca *A* ou a sua família foram visitar ou montar o cavalo. Em 2006, o cavalo adoeceu. *B* achava que o estado de saúde do cavalo era muito grave, facto que comunicou a *A*. *A* deu ordem de abate do cavalo. *B* chamou *C*, médico veterinário, para ver o cavalo. *C* concluiu que o estado do cavalo não era grave e que seria facilmente tratável com medicação, existindo uma probabilidade de recuperação quase certa. *B* comunicou tal facto a *A*, que, pese embora tal facto, deu nova ordem de abate. *B* não queria abater o cavalo porque se havia afeiçoado pelo animal. *C* disse que não procederia ao abate do animal, uma vez que tal facto se revelava desnecessário face ao estado de saúde do mesmo e começou a tratar medicamente do animal. Quando *A* soube que o médico estava a tratar do animal, disse que o mesmo era para abater e, no seguimento da recusa do médico, disse que iria buscar o cavalo e levá-lo para a sua quinta, onde não faltava quem procedesse ao abate. Ato contínuo, *C*, o médico veterinário, congeminou um plano para evitar o abate do cavalo. Arranjou, junto do criador do cavalo, fazendo-se

---

[21] Cf., entre outros, o acórdão do STJ de 12 de abril de 2000, *CJ* ano VIII (2000), tomo 2, p. 172 sobre **medidas de segurança** e **pressupostos da duração mínima do internamento**; crime de homicídio voluntário qualificado, com uma anotação na *RPCC* 10 (2000). Considerou-se incorreta a decisão do tribunal *a quo* em integrar os factos na previsão do artigo 132º do Código Penal, para o qual relevam somente questões atinentes à culpa – o ilícito típico em questão para efeitos de aplicação da medida de segurança seria o do artigo 131º.

[22] A amostragem da pluralidade de factos cometidos pelo mesmo inimputável pode servir como elemento significativo da perigosidade (artigo 91º), mas só isso.

passar pelo filho do proprietário, um documento de venda do animal onde no nome do proprietário após o nome do seu pai, na tentativa de registar o cavalo em nome deste. Enviou tal documento para a entidade competente do registo do cavalo. No dia seguinte telefonou para tal entidade para ver se conseguira registar o animal, tendo-lhe sido dito que tal era impossível, uma vez que o animal se encontrava registado em nome de *A*. Nesse momento, e face à impossibilidade de registar o animal, desistiu do plano. *C*, o médico veterinário, agiu sempre com intenção de salvar a vida do cavalo, o qual era, nesse momento, fonte de prejuízo. Apurou-se ainda que na região os proprietários não têm o costume de proceder ao registo dos seus cavalos.

Terá havido crime de falsificação?

No caso levantam-se problemas fundamentais, atenta a natureza do crime de falsificação documental, de perigo abstrato. Só para ilustrar: que dizer de o médico intentar passar o cavalo para o nome de outrem, na forma apontada?; configurará a *intenção* de obter um "benefício ilegítimo", característica típica desta forma de ilícito?

Na medida em que o médico veterinário "arranjou", junto do criador do cavalo, fazendo-se passar pelo filho do proprietário, um documento de venda do animal onde, no local conveniente, após o nome do seu pai, na tentativa de registar o cavalo em nome deste, pode estar-se em presença do abuso da assinatura de outra pessoa para falsificar ou contrafazer documento (artigo 256º, nº 1, alíneas *a*) e *c*)).

Quanto à natureza de documento, não se suscitam quaisquer dúvidas. Trata-se de uma declaração corporizada em escrito, tal como é definida na alínea *a*) do artigo 255º; logo: de um documento.

Questionável é a autenticidade. Um documento é *falso*, se não provém da pessoa à qual aparentemente se liga. O médico usou o nome do próprio pai, e fê-lo com conhecimento e vontade, consequentemente, com dolo, para conseguir registar o cavalo.

O **juízo de perigo** deverá ser analisado numa perspetiva ex ante (perigosidade da conduta),[23] levando portanto em conta o momento temporal em que a factualidade relevante aconteceu. O facto de o cavalo se encontrar registado em nome de *A* – como se comprovou *a posteriori* e agora sabemos – não seria previsível no momento da ação, por na região os proprietários não terem por norma registar os seus cavalos.

---

[23] Os juízos *ex ante* são prognoses acerca do futuro: têm por objeto predizer o que irá suceder quando já se sabe o que sucedeu e se simula, como se não se soubesse.

ADENDA: MODELOS DE COMPREENSÃO DO FACTO PUNÍVEL

Se porventura se concluir que o *C* buscava com a sua ação um "benefício ilegítimo", deverá ser punido por falsificação.

Em todo o caso, e não obstante se dever reconhecer o aparecimento de "um evento" causado pela atividade do médico veterinário – capaz, por isso, de gerar um resultado material – a última palavra sobre a sua natureza de crime de mera atividade ou de resultado dependerá também do momento consumativo. Ora, se o documento, assim analisado, não era capaz de enganar quanto à sua aparência normal, dir-se-á, primeiro, que o critério *ex ante* leva a que se considerem perigosas circunstâncias fácticas que num segundo momento se verifica serem de todo inofensivas;[24] depois, que a questão pode cair na execução imperfeita, devendo então condenar-se o *C* por tentativa – provavelmente, tentativa inidónea, por manifesta inaptidão do meio empregado para o registo (artigo 23º, nº 3, *a contrario*). Bom é contudo reconhecer que o momento consumativo do crime de falsificação documental se entende normalmente como associado à mera atividade do sujeito – e esta é ponderada unicamente pela via legiferante, o perigo aparece como "manifesto", ou, se quisermos recorrer à expressão do Prof. Faria Costa – "o perigo, enquanto elemento oculto e que não é sequer chamado ao mundo da imediata discursividade dogmático-penal, influencia, decisivamente, toda a compreensão dos crimes de perigo abstrato"[25]. Fica por isso como que estabelecido perante a natureza da ação, não podendo o juiz dele se ocupar – o documento é **falso**, porque dele se pode deduzir que a declaração não provém da pessoa à qual aparentemente se liga (o dono do cavalo que, inclusivamente, o tinha registado).

Caso nº 10   *A* e *B* que, após prévia combinação e em conjugação de esforços e intentos, munidos de uma machada, desferiram, ora um, ora outro, diversas pancadas numa viatura automóvel cuja dona se encontrava no seu interior, juntamente com mais duas pessoas, causando-lhe estragos, tendo agido livre e conscientemente, e querendo provocar na dona do veículo e seus ocupantes receio pelas suas integridades físicas[26].

O artigo 214º contempla formas de **dano com violência**, relevando, a acrescer ao dano em coisa (violência sobre coisa), a prática de violência contra uma pessoa, a que se equipara a ameaça com perigo iminente para a vida ou a

---

[24] Manfredi P. Giusino, I reati di pericolo tra dogmatica e politica criminale, Giuffrè, ed., 1990, p. 215.

[25] José Francisco de Faria Costa, *O Perigo em Direito Penal*, p. 622.

[26] Cf. o acórdão da Relação do Porto de 8 de janeiro de 1998, processo 9840249, *relator*: Desembargador Cachapuz Guerra.

integridade física, ou pondo a vítima na impossibilidade de resistir, propiciando uma primeira articulação mimética dos artigos 212º e 213º com o artigo 210º, nº 1 (roubo). O crime de dano com violência configura-se como uma extensão dos artigos 211º e 213º ("Se os factos descritos nos artigos 212º e 213º..."), só podendo ser compreendido em articulação com a disciplina em que os primeiros se envolvem. No caso, *A* e *B* praticaram, em coautoria, um crime de dano com violência dos artigos 212º e 214º.

ÍNDICE

BREVE NOTA À 2ª EDIÇÃO	7
BIBLIOGRAFIA SELECIONADA	9
1 – Questões fundamentais	13
2 – Interpretação e analogia	71
3 – A doutrina geral do crime	105
4 – Generalidades sobre o crime consumado de comissão dolosa	161
5 – Nexo de causalidade. Imputação objetiva	199
6 – Dolo e erro do tipo	259
7 – Causas de justificação. Norma proibitiva, norma permissiva	333
8 – A legítima defesa	371
9 – O direito de necessidade; ou: o "mal menor" como causa de justificação	407
10 – Elementos sobre a culpa	429
11 – Crimes agravados pelo resultado	487
12 – A negligência	519
13 – O crime doloso de comissão por omissão	559
14 – O crime de comissão por omissão negligente	591
15 – Etapas de realização do facto doloso punível	595
16 – A tentativa	607
17 – A desistência da tentativa	647
18 – Autoria e comparticipação	669
19 – Problemas de concurso	733
20 – Adenda: modelos de compreensão do facto punível	787